中国安全生产年鉴

CHINA'S WORK SAFETY YEARBOOK

(2002)

煤 炭 工 业 出 版 社

编辑委员会

编 辑 部 成 员

王捷帆　杨乃莲　邓云峰　刘新建　王国慧　孙世昌　张晓学
孙士英　黄兆谦　田　园

特约撰稿人名单

（以姓氏笔画为序）

于立志　马全林　马玲玉　马蒋富　尹希佳　牛东农　牛金杰
王文怀　王力军　王群力　邓云峰　邓　谦　左秀庆　田锦平
白秋艳　白瑞理　石家骏　刘小琳　刘远能　刘晓延　刘衢立
孙士英　孙世昌　孙原训　朱　劼　许应华　何　骥　宋立崧
宋岗印　张永山　张向明　张　沉　张金涛　张恩惠　张晓东
张海荣　张福发　张德安　李文忠　李叶枝　李生盛　李仲刚
李传新　李远鹏　李　俊　李炳荣　李　哲　李　铭　李鹏程
李增波　李德龙　杜红岩　杜　渐　吴向勇　杨　辉　杨乃莲
杨怀慧　陈万才　陈礼明　陈绍顺　陈春杰　周金忠　房　红
郑乐宪　郑雪峰　金永祥　侯永民　姚洪远　娜仁高娃
宫道平　胡冬中　胡希臣　胡翊坤　荆大勤　贺青华　赵　坤
赵春桥　赵晓宁　倪克祥　唐正华　徐克生　徐德蜀　殷　莉
翁发春　耿　凤　耿凤翔　耿孝辉　聂国桥　郭　力　郭喜林
钱宜伟　高　岩　宿振荣　曹宗理　崔大照　常　虹　梁亚平
符布明　隋　旭　隋　静　黄兆谦　黄爱兴　葛兆林　韩俊杰
韩维力　褚健生　樊　伟　潘利兵　黎玉峰　霍芬香　戴　洁
魏丽萍

国家安全生产监督管理局党组成员：王显政（中）、闪淳昌（右二）、赵铁锤（左二）、王德学（右一）、赵岸青（左一）

（张沉　摄）

2002年7月9日至10日，全国安全生产工作座谈会在北京召开

（张沉　摄）

国家经贸委主任李荣融在2002年中国国际安全生产论坛会上致辞

（张沉　摄）

2002年中国国际安全生产论坛会场

（张沉　摄）

2002年论坛会上，王显政局长、闪淳昌副局长会见美国劳工部副部长戴维·劳伦斯基

（夏勇　摄）

国家经贸委李荣融主任（中）、国家安全生产监督管理局王显政局长（左四）、赵铁锤副局长（右四）、赵岸青副局长（左二）等有关领导出席中国国际安全生产及职业展览会

（张沉　摄）

2002 年“全国安全生产万里行活动”启动仪式在中华世纪坛举行。国家经贸委李荣融主任(前排左五)、国家安全生产监督管理局王显政局长(前排右三)等领导出席

(夏勇　摄)

2002 年“全国安全生产万里行启动仪式”上，国家安全生产监督管理局王显政局长在接受中央电视台记者的采访

(张沉　摄)

2002 年 12 月，中国劳动保护科学技术学会第四次全国会员代表大会在京召开

（张沉　摄）

2002 年 10 月 31 日，国务院新闻办召开《安全生产法》新闻发布会

（夏勇　摄）

2002年安全生产监督管理先进个人获奖现场

（张沉　摄）

攀枝花钢铁(集团)公司

攀枝花钢铁公司位于中国川滇交界的四川省攀枝花市，是我国西部最大的钢铁基地、最大的钒钛制品和铁路用钢生产基地、西部最大的无缝钢管生产基地和世界三大产钒企业之一。

攀钢始建于1965年，经过30多年的不懈努力，创造了许多共和国冶金系统之最。

在2.5平方公里的山坡上，建成了一座年产400万吨钢的大型钢铁联合企业，树起了冶金建设史上的一块“微雕”丰碑，被世界誉为微雕钢城；用普通高炉成功冶炼钒钛磁铁矿，破解了世界难题，打破了外国专家划定的禁区；首创雾化提钒工艺，使中国由钒进口国一跃成为钒出口国；“全长热处理钢轨”和“生产高强度热处理钢轨方法和装置”获得美国和中国专利，成为我国最大的重轨生产厂商，也是中国惟一的重轨出口商；攀钢氮化钒生产线的建成，打破了美国独家垄断地位；拥有钛产业发展前沿核心技术，建成了国内首条200吨 /年纳米钛白生产线。

在新的世纪，攀钢人正为实现江泽民同志为攀钢制定的“建成现代化的钢铁钒钛基地”的战略目标而努力拼搏，创造更加辉煌的未来。

公司领导分别为获得2002年度攀钢安全工作先进单位颁奖。右一为董事长洪及鄙，右二为党委书记黄容生，右三为总经理罗泽中

攀钢厂处级干部《安全生产法》宣贯学习班

地址：四川省攀枝花市向阳村
邮编：617067
电话：0812-3394123
传真：0812-3392222

绿水碧树环绕的攀钢公司主厂区

瑞典进口 76CNC 型数控弯管机

100 万吨 / 年重油催化裂化装置

西陵长江大桥

海监船

职业安全健康管理体系认证证书

OCCUPATIONAL SAFETY & HEALTH MANAGEMENT SYSTEM (OSHMS) CERTIFICATE

兹证明

武昌造船厂

中国湖北省武汉市武昌区紫阳路 2 号 430060

国家经贸委职业安全健康管理体系审核规范：2001

国家安全生产监督管理局安全科学技术研究中心认证中心

OSHMS

WUCHANG SHIPYARD

The Auditing Standard of OSHMS, SETC

PRODUCTION AND ASSISTANT ACTIVITIES OF COVETIONAL SUBMARINE AND AUXIALIARY MILITARY SHIP, DESIGN, DEVELOP, PRODUCTION AND ASSISTANT ACTIVITIES OF SHIP BELOW 7000T, FABRICATION, INSTALLATION AND ASSISTANT ACTIVITIES OF STEEL STRUCTURE OF BRIDGE, WATERPOWER PROJECT, NETWORK, WHOLE EQUIPMENT, THREE KINDS OF PRESSURE VESSEL

获职业安全健康管理体系认证证书

中国渔政船

500 平方米 / 小时自航链斗式挖泥船

武船用 14 个月的周期，完成了京珠高速公路武汉军山长江大桥全部钢箱梁、节段制造任务

中国华能集团公司

China Huaneng Group

中国华能集团公司是国有发电企业集团，截止到2002年末，全公司共有全资和控股的发电企业48家，职工42248人，可控装机容量3814.52万千瓦，其中在建可控装机容量764.6万千瓦。在公司党组的领导下，华能广大职工牢固树立“安全是效益、安全是信誉、安全是竞争力”的思想，围绕“努力把华能办成实力雄厚、管理一流、服务国家走向世界，具有国际竞争力的企业集团”的总体发展战略目标，狠抓安全生产不放松。2002年，公司在完成发电量1523.46亿千瓦时、比上一年增长14.97%的情况下，实现了无人身死亡和重伤事故877天、无重大及以上设备事故898天的记录，全年一般设备事故率同期下降16.7%；一类障碍率同比下降22.51%。

华能集团公司总经理李小鹏主持召开公司安全委员会会议

落实责任制是搞好安全生产的关键。新年伊始，在公司年度工作会议上，总经理李小鹏与公司各直属单位的行政正职分别签订了安全生产责任状，将安全生产的目标和责任层层分解，做到安全生产人人有责。依法治理提高全员的法制观念和安全意识是搞好安全生产的根本。2002年11月1日，《安全生产法》正式实施，《安全生产法》以规范安全生产为重点，以强化安全监督执法为手段，立足于事故预防，突出了实现安全生产法制建设，明确了安全生产责任。公司各单位从讲政治、保稳定、促发展的高度，积极采取自学、讲座、看录像教学片和知识竞赛等多种形式，广泛开展学习、宣传《安全生产法》的活动，同时还开展了“关注安全、关爱生命”的主题活动，进一步强化了广大职工的安全生产意识。整治设备、提高机组健康水平是搞好安全生产的基础。2002年，公司进一步加大了对设备的技术改造和检修维护的资金投入力度，34个公司直管火电企业的机组等效可用系数达到了92.19%，同比增加了0.29%，机

2002年华能集团公司安全生产工作会议

全国第[illegible]一流火力发电厂华能大连电厂

组的大修全优率也有较大的提高。强化管理、加强监督是安全生产的保证。安全第一、预防为主，为了搞好公司的安全生产工作，首先在预防上下功夫。公司全年举办了两期“危险点分析与预控”研讨班，邀请有关专家授课，传授经验，研究新的管理理念，开拓安全生产管理新思路，并纳入到操作票、工作票和检修文件包中，逐步形成人人、事事分析“危险点”的良好氛围；广泛开展“安全性评价专家查评”工作，组织公司安评专家组，先后对19个直属发电企业进行了专家查评和复查工作，查评工作本着“贵在真实、重在整改”的精神，真实地反映了各企业的安全管理和设备状况，并通过及时、有针对性的整改，大大降低了企业安全生产的风险度；积极引进先进的安全管理系统：公司把形成PDCA安全工作机制作为重点工作，积极宣传OHSMS18000“职业安全健康管理体系”，组织各企业共派出数百人，分8次参加职业安全健康管理体系内审员培训班，年末，华能大连和汕头电厂通过了OHSMS18000贯标。2002年，公司安全生产取得了历史最好成绩，集团公司及直属的39个发电企业和27人受到国家电力公司安全生产表彰。

华能国际电力股份有限公司安全生产工作会议

华能集团公司第一个风力发电站——华能南澳风力发电站

地址：北京市海淀区学院南路40号
邮编：100088
电话：010-62291284

华能集团公司第一个水电厂——华能太平驿水电厂

确保安全生产　促进改革发展
——中国东方航空云南公司2002年安全工作回顾

2002年是中国东方航空云南公司与民航云南省管理局、民航昆明空中交通管理中心改革分立后运行的第一年,也是与中国东方航空集团公司联合重组的第一年。一年来,公司以“三个代表”重要思想为指导,深入贯彻党的十六大精神,坚持“安全第一、预防为主”的方针,认真贯彻落实民航总局、东航集团公司的安全工作指示,以教育夯实安全为基础,以管理促安全,积极采取安全防范措施,完善安全保障体系,努力提高安全工作整体水平,较好地完成了安全生产工作任务,为改革重组后公司的稳步发展奠定了坚实的基础。2002年,公司共安全飞行70818小时,起降97498架次,同比上年分别增长14%和13%,并圆满完成了孟加拉国总理和老挝总理的专机任务、党的十六大代表参会的重要飞行任务以及联合国专家对我国申报世界自然遗产的“三江并流”的空中考察任务。

中国东方航空集团副总裁、云南公司总经理罗朝庚(左一),云南公司党委书记张晓东(左二)深入基层检查安全工作

东航云南公司党委高度重视安全工作,始终坚持把安全工作摆在首位。公司领导坚持亲自参加安全运行值班,经常深入基层、亲临现场,发现并解决问题。为加强安全工作,公司提出了确保安全的8项举措,并与各主要运行单位签订了安全责任书,认真落实安全工作责任制。为增强员工依法管理、按章操作意识,公司制定下发了《进一步加强安全生产中思想政治工作的通知》,认真做好确保安全生产的思想政治工作。公司要求员工坚持以《民航法》、《安全生产法》和相关的规章制度为工作准则,严格要求,严格管理,增强安全工作的主动性。同时,公司坚持不懈地开展安全教育。公司围绕安全生产的主题开展了以“四抓四促、安全长驻”为主题的劳动竞赛、“让不安全事件远离身边”的安全大讨论、“查组织领

技术精湛、经验丰富的机务维修队伍是公司安全的重要保障力量

导、查作风纪律、查规章制度、查安全隐患”为内容的安全整顿等多种形式的教育宣传活动，开创了公司安全工作的新局面。另外，公司提出的安全工作“两抓六防”、“五抓五要”、“四抓四促”，安全教育“三个紧密结合、三个力戒”，“主题安全教育日”等具体要求及活动，丰富了安全文化内涵，拓宽了安全工作的思路。“4·15”、“5·7”空难发生后，公司迅速召开紧急会议，结合工作实际提出了8项整改措施和27条具体措施，有效地保障了公司的安全生产。

公司深知安全是由人来保障的，员工素质是“安全大厦”的“基石”。为此，公司着力加强对全体员工的业务素质培训，尤其注重对安全生产直接保障部门员工的培训，加大了空勤人员的培训力度，组织机务人员参加各项业务学习，举办了“如何避免重着陆”等专题研讨会，进行了安全运行、危险品知识的培训。这些活动增强了公司员工的自身素质，适应了新形式下公司安全生产的需要。

公司安全生产目标的实现主要得益于制度的保障。东航云南公司选聘了运行监察员，建立持续监督检查的安全保障制度。各单位建立自纠自查体系，做到发现问题及时整改，“内外结合、互为补充”，有力地保证了公司各项工作的正常进行。公司制定完善了《现场运行质量管理规定》等具体实施细则，为安全飞行提供强有力的制度支持；严格技术管理，加强人员排查，对不合格者进行理论补课和模拟机训练，精心组织，周密安排，保证重要节日、重大活动以及日常的安全保障和安全运输任务的完成；公司建立了飞行预先准备系统、飞行运行控制系统和工程维修管理系统，并在兴建货运中心的同时，组建货运安检，优化了安全工作的整体功能；加强对人员、车辆的管理，严格操作程序，确保航空地面安全。同时，公司加强对引进的新机型、新机场和新航线的动态监控，并针对省内航线的特殊情况，合理搭配机组力量，严格按照规定放行飞机，加强外部协调，做到防患于未然，切实保障公司的安全生产。

安全是民航永恒的主题。中国东方航空云南公司将按照东航集团公司的统一部署，继续认真贯彻落实有关指示精神，努力提高安全工作整体水平，为云南经济的发展以及新东航的腾飞作出积极贡献。

训练有素、技术过硬的飞行人员

安徽省安监局

国家安全生产监管局局长王显政在合肥骆岗机场检查工作

安徽省政府召开安全生产电视电话会议

安徽省主办规模宏大的《安全生产法》咨询日活动

安徽省委、省政府高度重视安全生产

安徽省在全国率先成立了由省长担任主任、副省长任常务副主任、30个省直部门正职负责人任成员的省政府安全生产委员会，负责研究解决安全生产中的重大问题。全省所有市、县、区都成立了市长、县长、区长任主任的政府安全生产委员会。

安徽省委、省政府把安全生产摆在重要位置，实行特事特办、急事急办，形成了领导重视、部门协作、依法监管、讲求实效的政府安全工作机制。

安徽省安全生产监督管理局树立“法制、监管、规范、服务”的工作方针，认真履行职责，严格安全监管，安全监管机构的地位和作用不断提升。

地 址：安徽省合肥市屯溪路306号
邮 编：230001
电 话：0551-2871155

安徽省编写、发行的安全生产图书和音像资料

安徽省劳保科研所总投资52亿元建设项目职业安全卫生预评价报告评审会

安徽省特种作业人员安全技术培训中心(筹)组织培训考试现场

安徽省劳动保护宣传教育中心二十年如一日坚持安全生产宣传和培训工作

山东省高速公

SHANDONG PROVINCIAL

山东省高速公路有限责任公司是经省政府批准成立的国有独资大型企业，投资建设和经营管理山东省境内高速公路。公司下设鲁东、鲁西、鲁南分公司及信息管理总中心，控股山东基建股份有限公司，威海市商业银行。

公司始终坚持服务人民、奉献社会的宗旨，坚持安全责任重于泰山的管理理念，贯彻“安全第一，预防为主”的安全生产方针，建立职业安全健康管理体系（OSHMS），实现安全管理长效机制和自我约束机制，努力为社会提供一个安全畅通的高速公路运行环境。2002年公司被评为山东省交通系统安全管理活动先进单位。

山东省高速公路有限责任公司大楼

严密监控

公司领导检查安全工作

大地欢歌

路有限责任公司

EXPRESSWAY CO., LTD

济南黄河二桥

济南黄河大桥

消防演练

整装待发

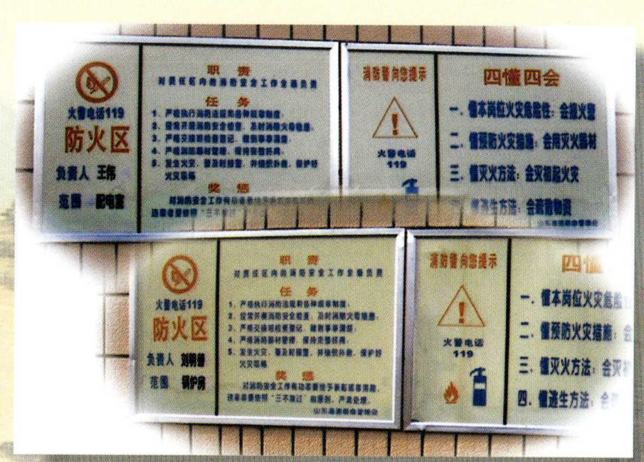

建章立制

地址：山东省济南市舜耕路21号
邮编：250002

广州铁路(集团)公司

广州铁路（集团）公司（以下简称集团公司）隶属于铁道部，是自主经营、独立核算、自负盈亏、具有法人资格的经济实体。前身是广州铁路局，于1993年2月正式成立，注册资金83亿元，现有铁路营业长度4151公里，员工172522人。2002年，集团公司认真贯彻《安全生产法》，积极建设京广南段标准示范线，不断推进人员素质 、行车设备、安全管理三达标工作，实现了行车、劳动安全年。截止2002年12月31日，集团公司实现了无责任行车特别重大事故、重大事故826天，实现了历史性突破。

依据ISO9000标准，运用系统安全评价方法，对铁路运输安全可靠性进行定性和定量评价，从而纠正系统安全问题，提高安全可靠度。

2002年，广铁集团公司规范了安全评估工作，制定了《广州铁路（集团）公司安全质量管理体系》。该体系规定了集团公司安全目标、安全生产责任机制、安全生产控制机制、安全生产监督机制、安全生产激励机制和事故责任追究制度等六个方面的安全控制制度，共纳入安全等12系统的333个安全管理有效文件，进行安全生产过程控制管理。2002年，对集团公司安全系统进行了2次安全评估工作，对车务、货运、机务、工务、电务、车辆等运输系统安全性进行了安全评价，共评价项目4681项，确定纠正措施967项，运输系统达标率达到92.3%，比2001年提高了0.7个百分点，运输安全可靠性保持在较高水平。

为满足铁路列车高速度、大编组，旅客乘车安全舒适等运输市场的需要，集团公司率先在南京广线建设标准示范线。从1998年开始，集团公司先后投入16亿元人民币，从根治翻浆冒泥、淘汰69型轨枕、铺设区间无缝线路等9项重点项目入手，对京广南段实施标准示范线建设。

京广南段标准示范线建设是按照“内实外美，经济适用”的总原则，把目标细化为“七无一优三化”：无失格公里，无翻浆冒泥，无69型轨枕，无隧道滴水成线，无路肩缺损，无平交道口，无绿化空白地段；线路质量创优；实现区间线路无缝，

党委书记、董事长江林洋（左二）、总经理吴俊光（右二）陪同铁道部部长刘志军（左三）检查京广线南段标准示范线建设情况

优质曲线、优质道岔达标率均达到95%以上，全线优良率力争达到75%；实现轨道结构现代化，维修养护作业机械化，管理科学化。2002年，京广线道口实现了立交化，正线全面完成Ⅰ级道碴上道工作，69型轨枕全部下道，维修养护大型机械化作业实现清筛、起道整理、稳定、整形等作业一次完成，线路质量明显提高。2002年12月轨检车动态检查线路，三级扣分11处，综合评定优良，线路质量完全达到一级干线标准。

在管理方面，集团公司全面推行ISO9002标准，到2002年底，全集团128个运输站段有111个完成了ISO9002标准化质量体系建设，进入运行或运试行阶段。集团管内京广线所有运输站段已实施 ISO9002标准，并已通过集团公司的内部认证，运输安全过程全面受控，运输安全持续稳定。集团公司的“安全评估工作法”、“京广南线示范线建设”和“贯彻 ISO9002标准工作”均得到铁道部领导的充分肯定和高度赞扬。

地　址：广州市中山一路151号
邮　编：500088
电　话：020-61321550

广州铁路（集团）公司调度指挥大楼

副总经理陈章连（右二）在现场进行安全评估审核

兖矿集团公司济三煤矿

矿长　李位民

党委书记　吴刚

济宁三号煤矿是兖州矿业集团煤业股份有限公司融资收购的一对设计生产能力500万吨／年的新建矿井，也是目前全国立井开拓设计生产能力最大的矿井。矿井2000年12月28日正式投产以来，安全基础牢固，杜绝了重大人身伤亡事故和非人身事故。

济三煤矿的建设与发展，先后经历了三个阶段。一是筹建阶段。500万吨的矿井仅用5年零8个月就安全、优质、高效建成试生产，比同类型矿井缩短建设周期3～5年。二是试生产阶段。1999年矿井正式投入试生产后，坚持走科技兴矿之路，按照完善系统、优化设计、突出效益、勇于创新的原则，一手抓矿井安全生产，一手抓配套工程建设，2000年12月27日顺利通过了国家验收委员会的检查验收，并获得了年度中国煤炭建筑行业最高奖（太阳杯）。三是正式投产阶段。矿井于2000年12月28日正式投入生产。投产之初，瞄准“中国第一、世界一流”目标提出了“三年三大步”，即2001～2003年原煤产量分别实现500万吨、800万吨、1000万吨台阶式跨越发展的总体战略规划。围绕这个目标，以推进安全技术、制度、管理创新和机制调整入手，稳固安全生产基础，为原煤生产的大幅度攀升提供了强有力的保障。2001年，矿井投产当年生产原煤510.8万吨，通过了特级高产高效矿井验收和环境、质量体系认证（环境体系认证编号：142001064；质量体系认证编号：SCO3），胜利实现了“当年投产、当年达产、当年盈利、

优美的矿区环境

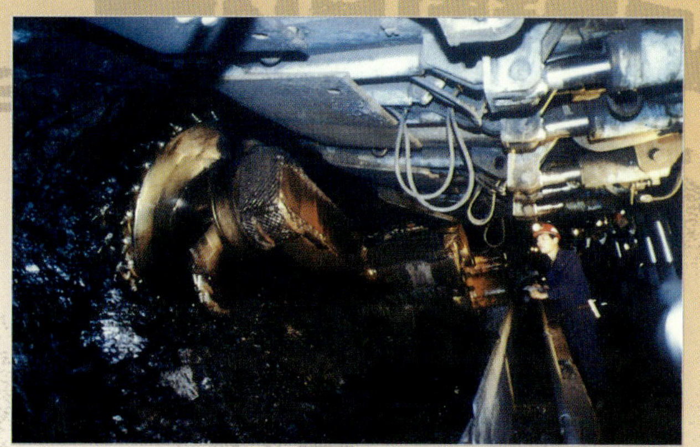

高产高效的综采放顶煤工作面

2002年济三煤矿原煤产量达到803万吨，创出中国煤炭生产史上的奇迹

当年达标”的奋斗目标，创出了中国煤炭特大型矿井建设史上的崭新纪录。2002年原煤产量完成803万吨，全员效率达到30.2吨／工，圆满实现了第二步奋斗目标。与此同时，千万吨技改工程有序推进，构建成了年产千万吨的高产平台，使济三煤矿在短期内迅速发展成为集团公司最新的经济增长点，为锻造兖矿品牌，扩大兖州煤业在上市公司中的知名度和品牌信誉提供了强力支持。相继获得了全国建设系统最高奖（鲁班奖）、省煤炭系统双文明先进单位、省级文明单位等多项荣誉和称号。《高效洁净安全特大型现代化矿井的创建与实践》荣获中国煤炭工业科技进步特等奖，创出了中国煤炭行业作为单个矿井获此殊荣的先例。原国务院副总理吴邦国来矿视察时，称赞济三矿“是世界上最好的煤矿之一”，对各项工作给予了充分的肯定。2002年6月18日，济三煤矿作为全国煤矿惟一受检单位，接受了全国“安全生产万里行”检查团的检查，受到了检查团的高度评价。

地 址：山东省济宁市任城区石桥乡
邮 编：272169
电 话：0537—2628146
传 真：0537—2628556

矿长李位民（右一）、党委书记吴刚（右二）在生产一线现场指导安全生产

生产调度通信指挥中心办公大楼

中华人民共和国广西海事局

中华人民共和国广西海事局是在全国水监体制改革中将原属地方管理的港监机构成建制划转交通部而成立的部直属海事机构之一，是交通部暨中华人民共和国海事局在全国惟一一个沿海、沿江、沿边的少数民族自治区域设立的水上交通安全监督管理的主管机关，具有依据国家法律、法规和国际公约对广西沿海、内河所有通航水域实施水上交通安全监督管理、防止船舶污染水域的行政执法职能。广西海事局在局机关设13个职能处室、10个分支局（或直属处，均为正处级）、33个海事处。

交通部部长黄镇东（前左二）、交通部海事局常务副局长刘功臣（后左四）在广西壮族自治区政府常务副主席王万宾（前左一）、广西海事局长耿文福（前右二）等陪同下视察漓江航运安全。

广西海事局辖区地处大西南地区出海通道和连接“中国－东盟自由贸易区”的交通枢纽，水上交通处于特殊的战略地位。现有内河通航里程5600公里，以西江为干线，内河运输直达粤、港、澳；海岸线1595公里，近海海域12.9万平方公里，主要海港与120多个国家开通了海上贸易航线。由于广西属西部开发省区，河流以山区河流为主，加上水运经营主体多元化、运输船舶多样性，水上交通安全监督管理任务繁重。

广西海事局自2000年1月28日组建以来，在交通部、部海事局和自治区党委、政府的正确领导和亲切关怀下，在各有关部门的大力支持和帮助下，以水上交通安全监督管理为己任，以加快自身的建设和发展，服务于自治区党委、政府的“富民兴桂新跨越”的发展战略，建设水上绿色通道为主题，锐意进取，夯实基础，各项工作都有了长足的进步与发展，基本形成了与新体制要求和促进

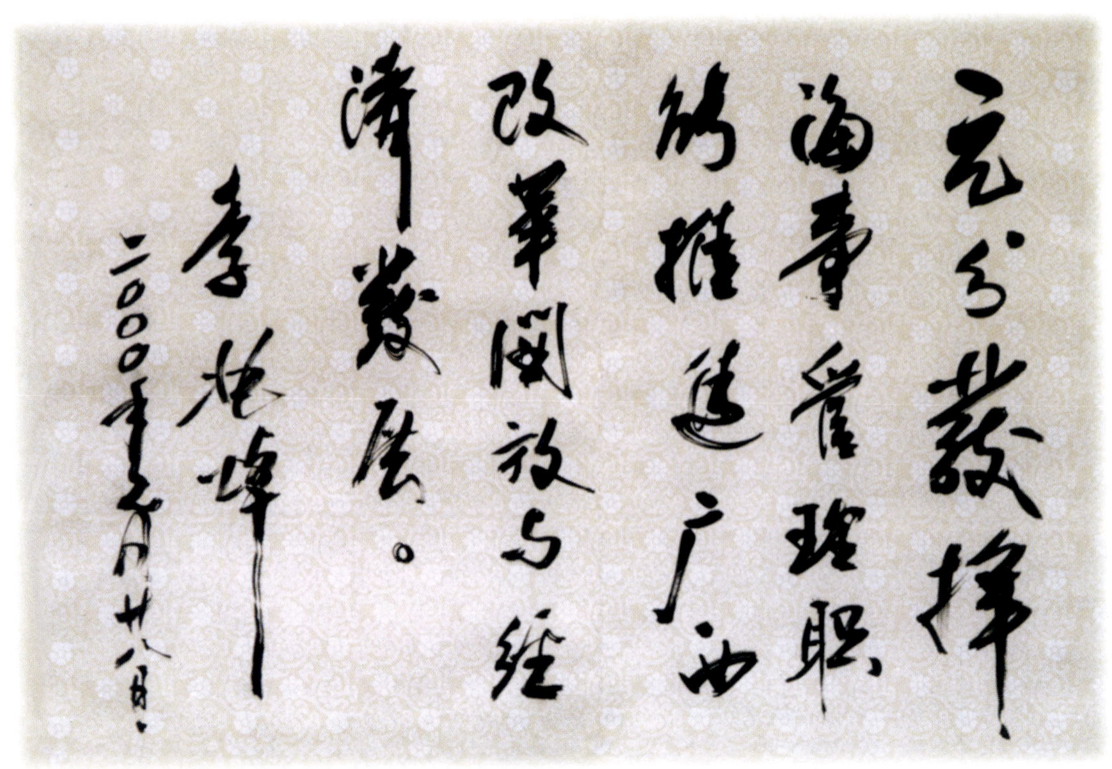

全国政协副主席李兆焯在任广西壮族自治区人民政府主席期间给广西海事局的题词

漓江航段船舶通航秩序井然

水运生产力发展相适应的水上交通安全监督管理新格局和管理模式。3年来，通过持续开展“水上运输安全管理年”活动，促进了辖区整体安全形势的好转，全辖区连续3年未发生10人以上的重特大恶性事故，事故次数和事故死亡人数同比大幅下降。各级海事机构积极建立了长效管理机制，推动管理上台阶、上水平。广西海事局培养了27名港口国安全检查员，获得了交通部关于对外国籍船舶进行港口国安全检查(PSC)的授权。沿海各海事局全面开展了对外国籍船舶进行港口安全检查（PSC），结束了广西不能开展对外国籍船舶进行港口国安全检查的历史。桂林漓江船舶卫星定位(GPS）安全监督系统投入试运行，开创了利用先进科技手段对山区河流实施通航管理的新路子。全局上下建立和完善了搜救值班制度和水上交通险情报告制度，2001～2002年，组织指挥水上搜救共77次，获救船舶43艘，有571人获救。各级海事机构规范内部管理，提高全员素质，依法行政，文明执法，为广西改革开放和经济发展营造一个安全畅通的水上运输环境，作出了积极的贡献。

港区巡航检查

地 址：广西省南宁市嘉宾路2号
电 话：0771—5532819
邮 编：530028

郑州煤炭工业(集

郑州煤炭工业（集团）有限责任公司始建于1958年，时名新密矿务局，1989年1月1日更名为郑州矿务局。1996年1月18日，经原煤炭工业部批准，组建为国有独资公司，是国家大型一类企业、国家二级企业、原煤炭工业部首批现代企业制度试点企业之一，是煤炭行业第一家发行股票并上市的企业。

郑煤集团公司地跨新密、登封、新郑3个市（县）及郑州市郊区，矿区东有京广、西有焦枝、北有陇海三大铁路干线环抱，又紧邻省会郑州，区位优势十分明显。矿区面积1000平方公里，煤炭总储量26.4亿吨，目前已开发利用的储量占总储量的25%。矿区主要煤种有贫煤、贫瘦煤和无烟煤，低硫、中灰、高发热量，符合环保要求，是优质的工业动力煤和生活用煤，主要用于发电、冶炼和民用。煤炭除供应中南、华东等地区外，还出口日本、东南亚等国家和地区。现有资产总额49.2亿元，职工4.3万人，独立核算单位40个，其中有裴沟、超化、米村、大平、告成、芦沟、王庄、弋湾8对生产矿井，裴沟、超化、大平、米村、告成矿为高瓦斯矿井，王庄、芦沟矿为低瓦斯矿井。煤炭生产能力850万吨／年，拥有电厂两座，装机总容量11.2万千瓦；自营铁路103公里；机械制造3500万吨／年；水泥产量20万吨／年。目前，已基本形成了以煤炭生产为主，建材、电力、铁路和机械制造等多种经营为辅，互相促进、共同发展的经营格局。

近年来，集团公司各方面都有长足发展。煤炭产量每年稳定在650万吨以上，2002年产量达到890万吨，连续10年实现安全生产，百万吨死亡率控制在1以下。1993年率先在全煤行业实现扭亏为盈，此后利润逐渐年增长。2002年实现利润4266万元，职工人均收入突破1万元。科技进步发展较快，装备了4个放顶煤综采工作面，建成了3个百万吨综采队，采煤机械化程度达到40%以上，多种经营、第三产业发展迅速，年创产值6亿多元，占全公司总产值的1/3以上。先后荣获国家二级企业、中国煤炭工业优秀企业（金石奖）、河南省

董事长 李国安

总经理 陈建生

党委书记 苏万里

团）有限责任公司

重合同守信用AAA企业、国有重点煤矿科技进步十佳企业、质量标准化矿务局、全国能源系统思想政治工作先进单位称号。1995年进入中国工业企业500大、500优和中国国有企业500强的先进行列。综合经济效益名列行业前十名。被国家经贸委和中国人民银行确定为国家优先扶持发展的300家重点国有企业之一，是全国520家和河南省政府15户重点企业之一，

2002年，集团公司安全工作的主要成绩是：(1) 以“一通三防”为重点，深化安全专项整治工作；(2) 推进质量标准化工作创新，巩固发展质量标准化成果；(3) 加强安全宣传教育，推进企业安全文化建设；(4) 加大安全责任追究力度，认真落实安全生产责任制；(5) 坚持不断开展多种形式的安全监督检查活动，以安全检查促进整改工作。

地址：河南省新密市
邮编：452371
电话：0371-9782540

安监局长 禹海盈

总经理陈建生（中）与矿领导一起到井下检查安全情况

郑煤集团公司定期召开安全办公会议，讨论研究安全生产工作

程技术发展总公司

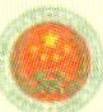

安全评价机构资质证书

（副　本）

青岛赛飞特安全咨询事务所有限公司

（地址：山东省青岛市市南区东海中路26号3单元501）

资质类别：专项安全评价

证书编号：APJ－0032－Y、ZX－2003

业务范围：危险化学品专项安全评价

危险化学品生产、储存、使用企业安全评价；危险化学品经营单位（I类、II类、III类）安全评价。*****

有效期至：2004年12月31日

核　准

二〇〇二年九月十八日

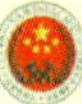

SAFETY ASSESSMENT ORGANIZATION
Qualification Certificate

(counterpart)

Tsingdao Saifeite Consultative Office of Safety (Ltd.)

(Address: No. 82 Donghai Rd., Shinan District, Qingdao Shandong, P.R.China)

Qualification Category: Specific Safety Assessment

Registration No.: APJ-0032-ZX-2003

Scope of Business: Dangerous Chemicals Specific Safety Assessment

Safety Assessment for Organization of Dangerous Chemicals Production, Storage and Usage.

Safety Assessment for Organization of Dangerous Chemicals Business (I, II, III).

*****

Issue Date: 2002,09,18

Expiration Date: 2004,12,31

APPROBATION

Wang Xiansheng
Director General
State Administration of Work Safety(State Administration of Coal Mine Safety Supervision)
People's Republic of China

安全评价机构资质证书

（副　本）

青岛赛飞特安全咨询事务所有限公司

（地址：山东省青岛市市南区东海中路26号3单元501）

资质类别：安全预评价

证书编号：APJ－0032－Y、ZX－2003

业务范围：陆地石油和天然气开采业，黑色金属矿采选业，有色金属矿采选业，非金属矿采选业，食品制造业，烟草加工业，纺织业，石油加工、炼焦业，化学原料及化学制品制造业，医药制造业，化学纤维制造业，橡胶制品业，塑料制品业，非金属矿物、建材、玻璃、陶瓷制品业，黑色金属冶炼及压延加工业，金属制品业、机械设备制造业，铁路运输设备制造业，汽车、摩托车、自行车制造业，船舶制造业，电气机械及器材制造业，通信设备、计算机及电子设备制造业，仪器仪表及文化、办公机械制造业，火力发电、热力的生产和供应业，燃气生产和供应业，水的生产和供应业，建筑业，仓储业，港口业，废弃资源和废旧材料回收加工业，有色金属冶炼及压延加工业。*****

有效期至：2004年12月31日

核　准

二〇〇三年五月十二日

SAFETY ASSESSMENT ORGANIZATION
Qualification Certificate

(counterpart)

Qingdao Saifete Consultative Office of Safety Ltd.

(Address: 501 Third Unit No.26 Donghaizhong Road, Shinan District, Qingdao, Shandong, P.R. China)

Qualification Category: Safety Pre-assessment

Registration No.: APJ-0032-Y,ZX-2003

Scope of Business: Land Petroleum and Natural Gas Extraction,Ferrous Metal Mineral Mining and Preparation,Nonferrous Metal Mineral Mining and Preparation,Nonmetal Mineral Mining and Preparation,Foodstuff Production,Tobacco Processing,Textile Industry Petroleum Processing and Coking,Raw Chemical Material and Chemical Products,Medical and Pharmaceutical Products,Chemical Fiber Products,Rubber Products,Plastic Products,Nonmetal Minerals, Building Material, Glass and Ceramic Products,Smelting and Pressing of Ferrous Metals,Smelting and Pressing of Nonferrous Metals,Metal Products and Mechanical Equipment Manufacturing,Railway Transport Equipment Manufacturing,Automobile, Motorcycle and Bicycle Manufacturing,Ship Building,Electric Machinery and Facility Manufacturing,Telecommunication Equipment, Computer and Electronic Equipment Manufacturing,Instruments, Meter, Cultural and Office Machinery Manufacturing,Spent Resource and Material Recycling and Processing,Thermal Power Generation, Heat Production and Supply,Gas Production and Supply,Water Processing and Supply,Construction Industry,Ports,Storage Services. *****

Issue Date: 2003,05,12

Expiration Date: 2004,12,31

APPROBATION

SAWS. SACMSS. Officially Approbated

Wang Xiansheng
Director General
State Administration of Work Safety(State Administration of Coal Mine Safety Supervision)
People's Republic of China

上海印钞厂

上海市劳动模范、上海印钞厂厂长　罗鸿翔

上海印钞厂隶属中国人民银行系统，系中国印钞造币总公司直接领导的大型骨干印钞厂，国家大型一档企业：拥有先进的印钞技术和设备，具有设计、雕刻、制版和胶、凹、凸印刷综合生产能力；主要承担人民币、增值税发票、银行票据、有价证券、邮票、邮资品、有奖定额发票等高级防伪印刷品的印制任务，也是全国唯一生产护照的企业。近两年中，该厂研制和生产了新版第五套人民币首发百元券和国庆五十周年流通纪念钞。

检测流水线

该厂一贯奉行“安全第一，质量是生命”的理念，有一套先进、严密、特殊的工艺技术和管理制度，先后通过2000版ISO9001质量管理、OHSAS18001职业安全卫生管理、ISO14001环境管理三大体系国际认证和职业安全健康管理体系的国内认证。

生产场景

该厂凭借雄厚的技术力量、先进的生产管理和良好的社会信誉，获得2000年世界印刷企业500强中国入选登记企业产销综合值第一位。企业资信度保持AAA级，被评为上海市“重合同，守信用单位”。该厂1995年至

2002年连续四次获得“上海市文明单位”称号；2000～2001年度获“上海市优秀工业企业形象单位”称号；1995～1996年、1999～2000年被评为上海轻工系统安全生产先进企业；1999～2000年被评为上海市安全生产先进企业；2002年获交通安全市级达标单位。

职业安全健康管理体系审核会

“特安级”复评会

目前，该厂正根据人民银行总行的要求，抓紧“十五”规划的实施，一个达到国际先进水平的、对外开放的，代表中国印钞行业最高水平的“窗口”企业，将以迷人的风采展现在世人面前。

武装押运人员

地　　址：中国上海市曹杨路158号　　邮　　编：200063
电　　话：021—52931111　　传　　真：021—52931038
电子邮件：shychch@163.net

兖矿集团

兖矿集团鲍店煤矿地处中国文化圣地——孔孟之乡，是我国自行设计施工、实际年产能力600万吨的大型现代化矿井，配有年入洗600万吨的现代化洗煤厂一座。井田跨邹城、兖州两市，北依东岳泰山和历史名城曲阜，东靠京沪铁路和104国道，西临京杭大运河和京九铁路，地理位置优越，水陆交通便利。

矿井自1986年6月投产以来，依靠科技进步，大力推进高产高效矿井建设，矿井装备水平和管理水平不断提高，实现了采掘综合机械化、井下运输连续化、主井提升自动化、安全监控微机化和办公设施现代化，原煤产量、全员效率、经济效益连年攀升，已累计为国家贡献原煤4892.35万吨，上缴利税14亿多元。

该矿煤炭资源丰富，煤质品种齐全，主要煤炭产品有：筛选混煤、2号精煤、洗动力煤、洗混煤、大块煤等品种，具有低灰、低硫、高发热量、高挥发分、中等粘结性等特点，既可作炼焦配煤和动力煤，又可作为炼油 、造气及液化的原料，用途十分广泛，畅销于国内外市场。2000年9月，被中国质量学会和商品学会联合评为"全国同行业第一品牌"、"中国煤炭行业知名出口品牌"，主要出口产品为"兖矿牌"2# 精煤和1# 动力煤，出口日、韩等国家和地区，深受国内外客户好评。

该矿坚持企业可持续发展战略，积极培植、发展非煤替代产业，现已初步形成以煤泥发电、机电制修、建筑建材、木器加工、服装商贸等于一体的多元化非煤发展格局，年非煤产值过亿元。

该矿坚持"以改革促发展"的企业发展理念，加

矿长　陈学伟

党委书记　刘殿平

鲍店煤矿工厂区

鲍店煤矿

快推进“三项制度”改革，大力开展体制创新、机制创新和管理创新，积极与国际惯例接轨，顺利通过了ISO9002质量管理体系（0301Q0079ROL）、ISO14001环境管理体系（14 2001 044,14 2001 045）和ISO10012计量确认体系〔99量企（国）字0464号〕的审核认证，并保持了有效运行。2003年，又建立了OHSAS18001职业安全健康管理体系，通过系统化的预防管理机制，实施全员、全过程、全方位的安全管理，控制风险，改进绩效，彻底消除各种事故隐患，逐步建立了融“质量、环境、安全”管理为一体的管理体系，矿井整体素质和现代化管理水平不断提高，已经连续实现安全生产3周年。同时，积极配合、参与社会文化及环保等公益事业，矿井凝聚力、向心力及综合形象进一步增强。先后被上级命名为质量标准化特级矿井、现代化矿井、煤炭工业二级企业、现场管理先进单位、部特级高产高效矿井、重合同守信用企业、全煤系统环保“十佳”企业，全国首批文明煤矿、全国“十佳煤矿”、山东省“双十佳煤矿”、六好区队建设的榜样等荣誉称号，并连续13年保持了省级精神文明单位称号，矿井呈现出秩序稳定、政通人和、健康快速发展的良好局面。

矿领导深入基层现场办公

现代化综采工作面

地　址：山东省邹城市
邮　编：273513
电　话：0537—5552665
传　真：0537—5552306

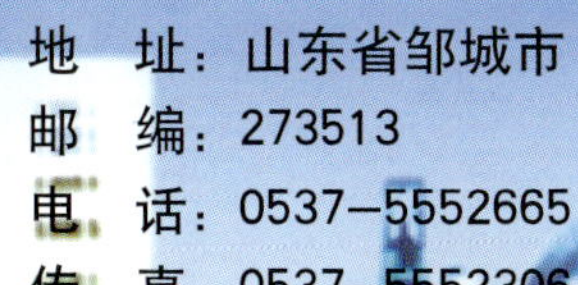

江西省

2002年6月8日江西省安全生产宣传咨询日活动开幕式在南昌市八一广场隆重举行

中共江西省委、省人民政府总揽解放思想加快发展大局，高度重视和强化安全生产工作，组建全国第一个直属省政府的正厅级行政机构—江西省安全生产监督管理局。负责综合监督管理全省安全生产工作，指导、协调和监督各有关部门、行业承担的安全生产监督管理工作。

江西省安全生产监督管理局自成立以来，以十六大精神为指针，全面贯彻“三个代表”重要思想，弘扬井冈山革命精神，坚持“安全第一、预防为主”的方针，强化三大支柱（法律法规、科学技术、安全文化），健全四大网络（安全监管、信息救援、教育培训、监管队伍），致力四个创新（观念创新、体制创新、作风创新、措施创新），深化六大专项整治。

省安委会各成员单位分兵把口，各级地方政府尽职尽责，安全生产责任制层层落实，企业安全生产主体地位得到强化，全省形成了齐抓共管的可喜局面。

全省安全生产工作取得明显成效，安全生产形势进一步好转，基本上实现了“两杜绝一减少”（杜绝特大死亡事故，杜绝校园内死亡事故，减少重大和一般事故）的目标，努力开创安全生产工作新局面，为全面建设小康社会和江西在中部地区崛起创造安全稳定的社会环境。

集团公司总经理阎鑫元（右二）、副总经理张春明（右一）、南钢董事长傅民安（左二）、南钢总经理唐飞来（左一）检查安全生产工作

集团公司定期召开企业领导人和安全部门负责人会议，总结部署安全生产工作

江西省冶金集团公司系省属经济组织，共有直属企业25个，职工86000余人。长期以来，集团公司领导高度重视安全生产工作，做到“思想到位，组织到位，责任到位”。认真组织经常性的安全生产大检查，保证各项安全措施的落实，进一步健全、完善企业安全生产软、硬件设施，特别是集团公司成立三年来生产技术投入达42亿元，是三十余年来投入最多的时期，其中安全设施、设备投入也最多的，极大地改善了现场的安全条件，从而稳定了全公司安全生产局面。

安全生产监督管理局

江西省安全生产监督管理局查俊如局长（图一中）、华人民副局长（图二中）、龙卿吉副局长（图三左三）、许学政副局长（图四中）、曾从安纪检组长（图五左二），深入企业、深入基层、深入现场、开展多种形式的安全生产监管活动

省电信公司王孝槐总经理（前排右三）到南昌电信器材厂检查安全生产工作

景德镇市电信分局在2003年安全生产月活动中举行签名活动

江西省电信公司成立3年来，在公司党组的正确领导下，狠抓企业内部的安全生产管理工作，在不断健全和完善各项安全生产管理制度的基础上，坚持每季组织开展一次全省电信企业的安全生产大检查、互查和抽查等活动，切实把安全生产各项工作落到实处，每次检查做到：有组织、有重点、有总结、有通报、有整改、有落实、及时把检查中发现的各类事故隐患消除在萌芽状态，确保了企业未发生任何重大责任事故的良好态势。

省地矿局局长周纪成（左一）、副局长于龙江（左二）在全局安全生产会议上为安全生产达标单位授奖

省地矿局员工在施工工地工间休息时阅读《质量与安全》杂志

江西省地矿局高度重视安全文化建设，突出各级组织对员工生命健康的人文关怀，通过宣传党和国家及省局相关的方针、政策、法律、法规、制度、宣传生产基本知识，营造关注安全、关爱生命的氛围。主要手段是：把安全文化宣传作为一项公益事业来办，以报刊、简报、宣传栏为载体，在潜移默化中强化人们的安全生产观念。

山西虹安科技有限公司

SHANXI HONGAN KEJI YOUXIAN GONGSI

山西虹安科技有限公司是从事安全防护产品研究、开发、生产、销售与进出口业务的专业公司，与美国纽创尼克（Neutronics Inc）公司合作生产的BioPak 240LW正压氧气呼吸器，被评为国家级新产品。自主研制的HAY系列正压氧气呼吸器、HAJ系列呼吸器检测仪、HAZ系列化学氧自救器、HYSD-II型矿井移动声控救灾通讯电话、RHZKF正压空气呼吸器和便携式气体检测仪等产品深受用户欢迎。我公司同时是德国德尔格（Drager）公司矿用安全产品在中国地区的总代理。

公司被认定为国家级高新技术企业，并通过ISO9001质量体系认证(注册号：0501A00146ROS)和ISO10012计量体系认证[证书编号：(99)量企(国)字(0339)号]。全面罩正压氧气呼吸器获山西省科技进步二等奖，是科技部2002年国家科技成果重点推广计划项目；HAY 120正压氧气呼吸器通过科技部创新基金项目验收。煤矿安全产品通过国家防爆产品质量监督检验中心的检验，获得煤炭工业安全标志准用证。正压氧气呼吸器被公安部列为公安消防特勤部队的防护装备，并被公安部消防局选定为消防员防护装备的标准产品。2002年，在美国内华达州举办的第三届国际金属与非金属矿山救护比武大赛中，

质量体系认证证书

注册号：0501A00146R0S

兹证明

山西虹安科技有限公司

--- 中国·山西省·太原市学府西街太原国家高新技术产业开发区III-5区

（邮政编码：030006）

质量体系符合

GB/T19001-1994(idt ISO9001:1994)标准

该质量体系适用于

HAY240 正压氧气呼吸器

的设计、开发、生产和服务

颁证书日期：2001年10月10日

证书有效期：2003年12月14日止

中国新时代质量体系认证中心

国家认可注册号：SC 05

国际认可论坛多边承认协议（IAF/MLA）集团承认

质量休系认证证书

国家安全生产监督管理局

感谢信

山西虹安科技公司：

你公司为我国参加第三届国际金属与非金属矿山救护比武代表团提供了BioPak 240LW正压氧气呼吸器和多功能气体检测仪，并派董事长李谦同志随团提供技术服务，为中国代表队取得优异成绩做出了重要贡献。

特发此信，以示感谢。

感谢信

HAY120 正压氧气呼吸器

地址：山西省太原市学府西街太原高新技术产业开发区III-5区

邮编：030006

电话：0351-7026026 7026498 7026912

传真：0351-7029753

山西虹安科技有限公司

SHANXI HONGAN KEJI YOUXIAN GONGSI

我公司提供的BioPak 240LW正压氧气呼吸器荣获呼吸器席位竞赛第一名，矿井移动声控救灾通讯电话取得了优异的成绩并得到了国际救护专家的认可和好评。HAY 120正压氧气呼吸器被应用于抗击“非典”斗争的第一线，有效地保证了医务人员的救治安全。

“虹安科技，求实进取”，是我们一贯的追求。虹安人将一如既往地恪守“以诚为准，以信为本”的服务宗旨，热诚为国内外新老客户服务。

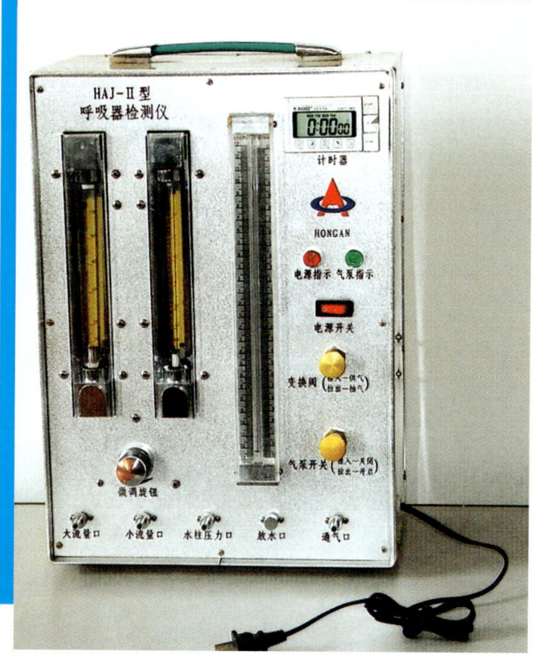

HAJ-II 型呼吸器检测仪

HYSD-II 型矿井移动声控救灾通讯电话

HAY240 正压氧气呼吸器

RHZKF 正压空气呼吸器

地址：山西省太原市学府西街太原高新技术产业开发区Ⅲ－5区

邮编：030006

电话：0351-7026026 7026498、7026912

传真：0351-7029753

晋城煤业集团

山西晋城无烟煤矿业集团有限责任公司（简称“晋城煤业集团”）是在原晋城矿务局基础上组建的国有独资公司，是山西省人民政府授权经营的企业，是国家确定的全国520家重点企业之一，是山西省60户优势企业和13家重点骨干企业之一，是我国优质无烟煤重要的生产基地。企业信用度AAA级。截止2002年底，公司总资产123亿元，全民所有制员工29514人。

企业成立于1958年。现有古书院矿、王台铺矿、凤凰山矿、成庄矿、寺河矿5对生产矿井，设计生产能力为1710万吨／年。其中：古书院矿300万吨／年，王台铺矿210万吨／年，凤凰山矿400万吨／年，成庄矿400万吨／年，寺河矿400万吨／年。在建的赵庄矿井设计生产能力600万吨／年。集团公司目前有晋城蓝焰煤业股份有限公司、晋城宏圣建筑工程有限责任公司、山西铭基房地产开发有限公司、山西晨光印业有限责任公司4个控股子公司，及机电总厂、铁运处、供电工区、设计院、技术中心、电信中心、矿区总医院、矿中、党校、职业安全培训中心等生产辅助、多种经营、医疗、卫生、教育、后勤服务单位。

集团公司办公楼

安全目标责任书签字仪式

公司所产煤炭为中等变质程度无烟煤，主要产品有洗中块、洗小块、洗末煤和优质煤等7个品种。产品除具有一般无烟煤低灰、低硫、高发热量的优点之外，还特别具有机械强度高的特点，因而块率高，入炉率高；热稳定性好，高温下不爆裂，透气性好，产气率高；灰熔点高，不结焦，易于排渣等独特的优点，是优质的化工、冶金、发电及建材用煤。

公司所属各矿均建有配套的矿井洗煤厂，块煤、末煤实现了全粒级入洗，可根据用户的不同需求加工出不同规格质级的产品。借助于优厚的自然资源条件及先进的洗涤加工手段（100%入选，90%以上入洗）和完善的质量管理体系，各品种质级产品均分别获得过国家、省、部优质产品称号。其选末煤适用于建材、烧结、发电和民用等行业；洗末煤主要用于冶金喷吹，深受国内外冶金生产企业欢迎；洗块煤是集团公司的拳头产品，综合性能优越，是国内最适合于化工造气的无烟煤，具有无可替代的比较优势。产品质量管理体系完善，检测手段先进，可以保证向用户提供优质产品。近年来，集团公司商品煤年销量稳定在1000万吨以上，已构建起以“化工、冶金、电力、出口”为支柱的四大目标市场体系，其他如建材、烧结、民用等市场需求也在逐年稳定增长。

QAC®

职业安全卫生管理体系认证证书

兹证明

山西晋城无烟煤矿业集团有限责任公司

职业安全卫生管理体系试行标准：1999

体系认证书

晋城煤业集团是全国安全生产先进单位。1986年以来，全公司百万吨死亡率年平均为0.28，2001年，公司建立了职业安全健康管理体系，并且顺利通过了中国质量协会质保中心的审核认证，成为全国第一家建立职业安全健康管理体系的特大型煤炭企业。2002年，公司研制开发的《晋城煤业集团职业安全健康管理体系信息系统》，通过中国煤炭工业协会鉴定，荣获全国煤炭工业科学技术进步三等奖。

晋城煤业集团寺河煤矿简介

矿井全貌

山西晋城无烟煤矿业集团有限责任公司寺河煤矿座落在山青水秀的太行山麓，沁水之滨，是晋城煤业集团一座新建的特大型现代化矿井。矿井工业场地位于山西省晋城市沁水县嘉峰镇，紧邻侯月铁路，距全国最大的坑口无烟煤火力发电厂—阳城电厂20余公里，地理位置优越，交通运输便利。

寺河煤矿矿井设计生产能力为400万吨/年，井田面积91.2平方公里，地质储量11.93亿吨，可采储量5045亿吨，服务年限97.2年。主采煤层3# 煤平均厚度在6米以上，所产无烟煤是良好的动力用煤和优质化工原料。

安全嘱托卡

寺河煤矿矿井采煤工艺为综采长壁工作面一次采全高，掘进使用连采机，辅助运输为无轨胶轮车，选煤工艺为重介分选，装车系统采用KSS定量装车系统。主要设备全部从国外引进，技术和装备达到了世界先进水平。

寺河煤矿矿井1996年12月正式开工，2002年11月8日竣工投产。项目批准总概算256358万元，截止2002年底，累计完成投资258162万元。目前全矿在册人员1551人。

寺河煤矿坚持“先抽后采，监测监控，以风定产”的十二字方针，突出“一通三防”和瓦斯治理，强化安全意识，创建安全环境，适用安全设施，安全工作保持了良好的发展态势，自开工建设以来，连续6年实现了安全事故为零的目标。

现代化大采高综采工作面

面对新的机遇和挑战，在中国经济转型变革过程中成长起来的年轻的寺河煤矿，为了实现晋煤集团“二次创业、十年百亿”的战略构想和宏伟目标，正以与时俱进的战略目光、百折不挠的昂扬斗志和极富勇气的大胆改革，向着国际一流的现代化矿井迈进。

地址 ：山西省晋城市北石店乡
电话 ：0356—36681203
邮编 ：048006

正泰集团公司

正泰集团公司是我国生产高低压工业电器的民营企业。2002年，其综合实力被国家评为“500强中国民企”的第4位。其主导产品为低、中、高压工业电器、成套输配电设备、通讯电器、建筑电器、汽车电器、仪器仪表等。员工人数达13000多人，拥有3大工业园区，在全国有800多家销售公司。同时，在北美、南美、西欧、东欧、中东、南非、澳洲、东南亚等地设有分支机构，营销网络遍及国内及30多个国家和地区。产品为我国重大工业项目所选用，其中包括长江三峡工程、北京首都机场、中国中央电视台、山西阳城发电厂、武汉钢铁厂、大庆油田等。2002年，销售额达80多亿元。

正泰集团公司通过了ISO9000质量体系、ISO14000环境体系（证书编号：15102E5103R11）、ISO9000质量体系2000版转换及OHSAS18000职业健康安全体系的认证（注册号：OHS2002.001）。

正泰所有产品均领取国家生产许可证或通过了CCEE、CCC安全认证，部分产品通过了国际CB安全认证、美国UL认证、芬兰FI认证、比利时CEBEC认证、荷兰KEMA认证、德国VDE认证等，多项产品被评为国家、省、市名牌产品，并被全国20多个省、市列为“免检”产品。1999年，正泰商标被国家工商行政管理局认定为“中国驰名商标”。

自建立安全体系以来，公司严格遵守职业安全健康相关法律、法规，不断改善制造过程的安全条件，以“零事故”为准则，自我约束、持续改进。为认真贯彻《中华人民共和国安全生产法》，确保安全健康体系的高效运行，2002年，公司进一步完善了安全管理组织和应急响应机构。各分公司根据危险源的级别划定了责任区域，并以“谁主管，谁负责”的原则，每年逐级签订安全责任书。重大危险源采取定职定责定岗，运用经济杠杆的方式实施安全专项否决权，有效地控制了事故的发生。

2002年，公司举办了年度安全教育图片巡回展览，放映专题影片《人命关天》，历时2个月，参观人数达8000多人。同时，举办安全意识教育培训、安全操作技能培训，合计30多期，培训了5000多人。11月，组织了数千人参加安全疏散演习，医疗抢救、防爆救火、交通管制、通讯指挥等专业小组在演习中得到了实战演练。

正泰工业园

正泰集团 OHSAS 第二次监督检查首次会议

2002年，根据体系要求，分司对进入企业范围的第三方进行了严格控制，其中包括土建施工、机电安装、水暖装修、车辆运输及职工家属进行了安全教育，签订了安全责任书，使年度安全事故率为零0。

为实现本企业对社会的安全承诺，公司产品向智能化、电子化方向发展，没有给社会制造新的危险源。同时，技术改造严格贯彻“三同时”的方针，新引进的设备，其安全控制系统作为首选依据之一。为保障职工的人身安全，正泰对职工实施了养老保险和健康安全体检。

今后，正泰将进一步贯彻安全生产法，落实安全责任，对安全工作做到年年讲、月月讲、天天讲，常抓不懈，使安全管理工作上一个新台阶。

正泰先进的车间

地 址：浙江省温州市北白象镇正泰高科技工业园
邮 编：325603
电 话：0577-62877777

中国矿业大学能源

能源科学与工程学院的前身是始建于1936年的焦作工学院采矿系，是中国矿业大学历史最悠久的院系之一。采矿工程学科、安全技术及工程学科是国家重点学科；学院设有矿业工程博士后科研流动站；采矿工程学科和安全技术及工程学科均设有”长江学者奖励计划“特聘教授岗位，具有博士、硕士学位授予权；防灾减灾及防护工程具有硕士学位授予权，管理科学与工程（工业工程方向）可授予工学硕士学位；矿业工程和工业工程可授予工程硕士学位。

能源科学与工程学院师资力量雄厚，现有教师72名，其中教授28名、副教授30人，教师中具有博士学位的34人，正在攻读博士学位的11人。拥有一批蜚声国内外的知名专家，现有中国工程院士2人，博士生导师20名，先后有4人被评为国家有突出贡献的中青年专家，2人获国家杰出青年科学基金，2人入选国家七部委“百千万人才工程”二层次，25人次获省部级以上人才工程基金和荣誉称号。采矿工程和安全科学及工程学科分别于1993年、1999年被评为江苏省高校优秀学科梯队。

能源科学与工程学院现设有采矿工程系、安全科学及消防工程系、交通运输系、工业工程系、露天开采研究所等5个教学科研单位；设有采矿工程、安全工程、交通运输、工业工程和消防工程五个本科专业，目前在读本科生近1200人，硕士研究生160余人，博士研究生40余人。

能源科学与工程学院建院庆典大会

学院两学科被评为国家重点学科

周世宁院士（左一）给“211工程”验收专家组介绍燃烧测试分析系统

地址：江苏省徐州市
邮编：221008
电话：0516–3884978

科学与工程学院

国家安全生产监督管理局领导视察瓦斯煤尘爆炸实验室

俞启香教授（右三）接受国家领导人颁奖

“211 工程”验收专家组在矿井火灾综合模拟实验系统现场

大同煤矿

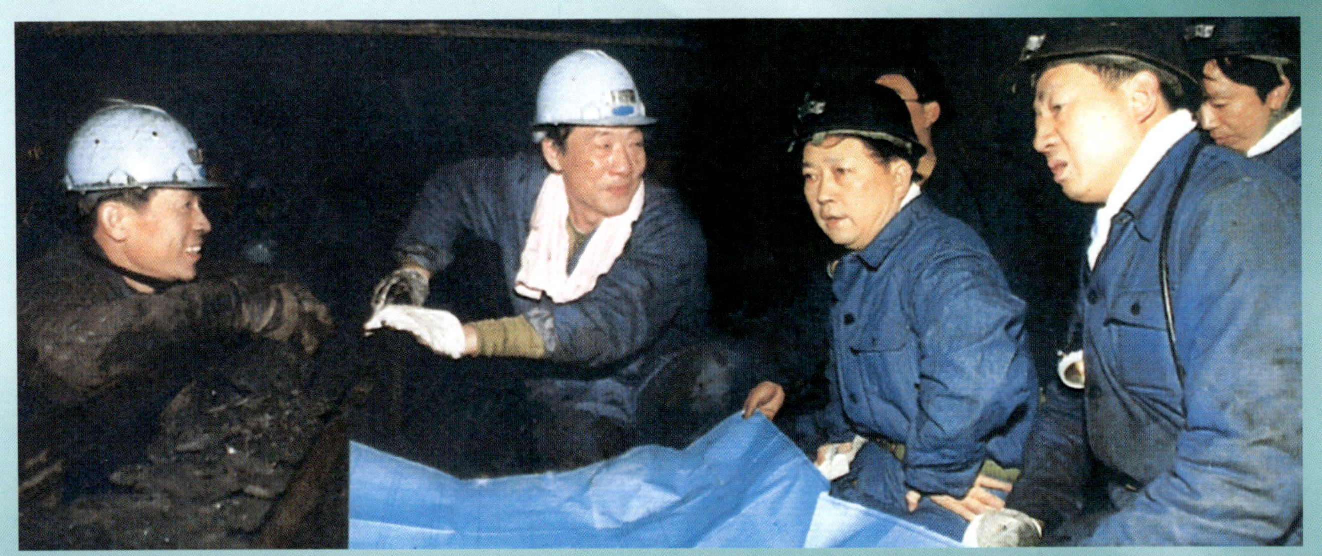

大同煤矿集团公司董事长、党委书记朱晓喜（左二），副董事长、总经理彭建勋（左三）深入井下，研究安全生产

大同煤矿集团公司是2000年7月由大同矿务局改制组建，以煤炭生产为主业，以建筑安装、机械制修、化工建材为支柱产业的综合性特大型煤炭企业，是国家512户重点企业之一，国务院批准的120家企业集团试点单位之一。"大友"牌煤炭产品是国家质检"质量信得过产品"，是国内少有的多用途优质烟煤，以低灰、低磷、高发热量享誉国内外。目前所生产的大友1、大友2、洗末煤、洗中块、洗大块、大末等10多个品种，畅销国内26个省（区、市），远销日本、法国、台湾等11个国家和地区。企业总资产147亿元，在岗职工近9万人。

2002年，大同煤矿集团公司在党中央、国务院、省委、省政府的正确领导和亲切关怀下，实施"扭亏脱困、调整重组、壮大发展"的三步走发展战略，多项指标创出历史最好水平，煤炭产量达4008万吨，销售收入实现80亿元，原煤效率达4.7吨，固定资产投入8.2亿元，百万吨死亡率0.149。

2002年，大同煤矿集团公司认真落实上级安全指示精神，坚持"安全第一，预防为主"的方针和"管理、装备、培训"并重的原则，以技术为先导，以构建安全长效机制为目标，安全工作稳步发展。以提高员工安全素质为根本，采用业余、脱产、半脱产等多种方式加强员工安全培训。以《安全生产法》为准绳，重新修订完善了安全管理规章制度。以管理现代化为目标，采取"典型引路，以点带面，循序渐进，整体推进"的方法，深化、细化现场管理，新建标准盘区35个，11对矿

工程技术人员在四老沟矿大采高工作面研究锚杆锚索联合支护技术在大断面条件下的应用

集团公司

井和5个生产厂达部级标准，质量标准化工作取得了新突破。以科技创新为手段，加大投入，超前防范：严格落实瓦斯防治"十二字"方针，从通风网络解算入手，不断优化网络结构；实出瓦斯防治关键，完善了安全监测系统；推广使用了大功率局扇和大直径风筒，满足长距离掘进需风；推广了锚杆锚索联合支护技术，强化了放顶工作；加强了机电设备的维修和保养，完善了各类保护，消灭了超长距离供电；加强了地面锅炉压力容器、电梯等特种设备、校园、危险化学品、非煤矿山、公共聚集场所消防的监督管理，安全工作整体推进。广泛开展群众性安全工作，营造了"关注安全、关爱生命"的社会氛围。

安全生产永无止境，高起点上再创佳绩。2003年，大同煤矿集团公司正在精心组织"千日安全无事故"活动，同煤人将以扎实苦干、严谨务实的精神，全面推进安全工作稳步发展，为实现"八年亿吨，实现小康"的宏伟目标而努力奋斗。

地址：山西省大同市
邮编：037003
电话：0352-7012813

大同煤矿集团公司董事、副总经理吴汉廷（左一）在忻州窑矿低位放顶煤综采工作面检查指导工作

大同煤矿集团公司运用物探和钻探的方法，收集基础技术资料，分析研究水患治理方案，科学有效地治理矿井水患

大同煤矿集团公司各级工会组织积极发挥女工、家属的作用，构筑了牢固的安全二道防线。图为女工、家属到井口为井下工人送"安全"兜肚

大同煤矿集团公司晋华宫矿用亲情构筑安全平台，在换班室设置了员工"全家福"照片。员工入井前既可以重温安全知识，又能感受家庭的温馨，从而增强了安全意识。图为员工入井前观看"全家福"照片

峰峰矿务局机械总厂

TZ 天择

FENGFENG KUANGWUJU JIXIE ZONGCHANG

峰峰矿务局机械总厂地处晋、冀、豫三省交界的河北省邯郸市峰峰矿区滏阳河畔。西依太行支脉鼓山，东临京广铁路、邯济铁路、京深高速公路及107国道，交通便利，通讯便捷，周边地区是华北最大的能源煤炭、冶金钢铁、建材水泥、陶瓷基地，电力供应充足，水资源丰富，具有良好的机械工业发展基础。

齿轮厂一角

本厂建厂于1946年，以其悠久的历史和雄厚的机械制造能力称雄于冀南大地，为保证峰峰矿务局煤炭生产及邯郸周边地区机械、建材业的发展作出了巨大贡献。是煤炭工业重点设备配件机械制造定点供应厂家，冶金备件供应服务中心核心单位，国家科学研究院的协作试制厂家，中国冶金企协装备分会设备备件委员会、中国金属学会高线小型轧机装备技术委员会、北京四新冶金设备技术中心的生产基地，北京冶金设备研究院试制厂。生产的产品行销全国煤炭、建材、冶金航天等行业二十四个省、市（区）。数次获得部质量标准化特级厂、省级重合同、守信用单位等荣誉称号，是国家二级计量单位，煤炭工业二级企业。1998年12月通过了ISO9002质量体系认证，于2001年通过了ISO9001：2000版认证，并入选1999年度《中华人民共和国年鉴》。2003年2月通过了ISO14001环境管理体系认证。

我厂现有职工1540余人，其中生产一线职工近1千人。有各类专业技术人员200余人，其中高级工程师28人，技师40余人。现占地面积34万平方米，资本金近亿元，年综合制造能力一万余吨，具有很强的机械设备制造、开发和配套能力。

我厂拥有铸、锻、铆、焊、热处理及机加工、电气、检测等各类设备680余台，包括：冶炼设备4台，铸造设备18台，金切设备230多台，电气设备193台，起重运输设备88台，检测设备30多台，铸造方面拥有5t、3t电弧炼钢炉、2t冲天炉及0.5t中频电炉，可铸造15t以内优质炭素钢及合金钢铸件、500kg有色金属铸件。

我厂检测手段完善，拥有物理、化学、金相、无损探伤、三坐标测量机等各种检测手段，计量检测水平及手段在周边地区同行业属首位。

我厂具有很强的齿轮加工能力，拥有多种齿轮加工设备和热处理设备，产品加工精度齿轮类可稳定地达到6–8级精度。大模数齿轮加工在煤炭工业齿轮加工中占有重要地位。我厂能够加工模数不大于36mm，直径不大于2000mm的硬齿面齿轮和齿轮箱。我厂综合制、修能力为10000t/年，其中铸钢3500t/年，铸铁1000t/r年，有色金属铸造50t/年，冶炼4500t/年，锻造1000t/年，热处理2500t/年，煤矿设备修理1100t/年。

近年来，机械总厂职工团结一致，齐心协力，内抓管理，外抓市场，不遗余力地在强化内部管理、转变办厂方针、调整产品结构、开发新产品方面做了大量卓有成效的工作。

环境管理体系认证证书

注册号：1203E10019R0L

兹证明

峰峰矿务局机械总厂

河北省邯郸市峰峰矿区鼓山中街2号

邮政编码：056200

建立的环境管理体系符合

GB/T24001-1996-ISO14001：1996标准

通过认证范围如下：

MG型采煤机、刮板输送机、轻重型液压支架、乳化液泵站、大中型齿轮箱、煤矿、冶金、水泥生产设备配件的设计、生产和服务的相关活动及其相关场所所涉及的环境管理

发证日期：2003年4月8日

有效期至：2006年4月7日

北京新世纪认证有限公司

总经理：

2003年4月8日

国家认可注册号：SC 12

质量管理体系认证证书

CERTIFICATE OF QUALITY SYSTEM CERTIFICATION

This is to certify that the quality system of

The General Machinery Plant of Fengfeng Coal Mining Administration

No. 2, Gushan Middle street, Linshui Town, Fengfeng Mine District, Handan City, Hebei Province, P.R.China

Post Code: 056200

is in conformity with

GB/T19002-1994 idt ISO9002: 1994 standard.

This certificate is valid to the following product(s)/service

MG-type miner, scrape conveyer, light and heavy-weight hydraulic supports, emulsion pump, large and medium-sized gear boxes, the complete equipments and associated spare parts used for industries of coal , metallurgy and construction

Issue date: 01-12-1999

Beijing New Century Certification Centre of Quality System

IAF/MLA GROUP ACCEPTED

Director:

Date:01-12-1999

Registration Number: SC 12

环境管理体系认证证书

峰峰矿务局机械总厂

TZ 天择

FENGFENG KUANGWUJU JIXIE ZONGCHANG

目前我厂主要产品包括：

煤炭机械类：采煤机、刮板输送机、掘进机、轻型放顶煤液压支架、绞车、矿车、箕斗、胶带输送机、乳化液泵站、行星减速器、洗选设备、矿用各种非标配件。

冶金设备类：650 型以下各类轧机、高钢度轧机、人字齿轮座、放散阀、布料器、圆盘卸灰机、推钢机、飞剪、剪床、破碎机、推焦杆、重型齿轮箱、高速齿轮减速机、冷床及各种机械设备零配件等。

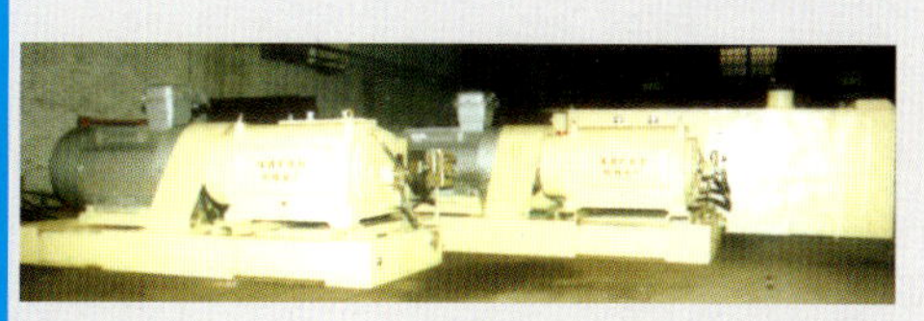

MRB 400/31.5乳化液泵站

SGD630/220 副板输送机

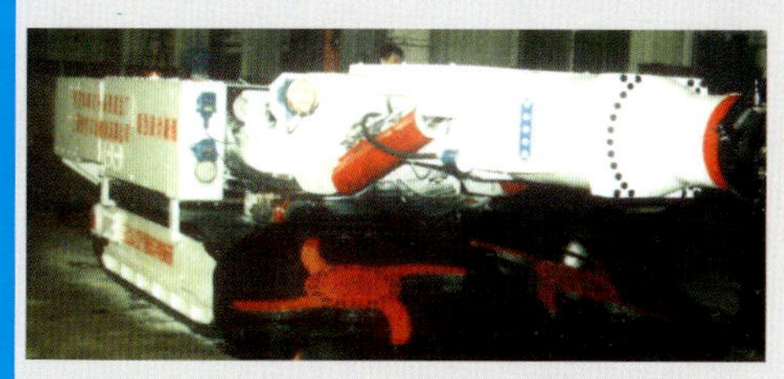

EBZ—110/132PY 型悬臂式掘进机

通用设备类：减速机（软、中、硬齿面），双包络环面蜗轮、蜗杆减速机，齿轮联轴器等。

我厂经过多年的完善和提高，在企业管理和企业规模能力等方面均名列全国同行之前，在周边地区也以其雄厚实力而远近闻名，特别是我厂现主导产品：大型齿轮箱、齿轮联轴器、高强度轧机、冷床等成套设备以及露天采煤机、薄煤采煤机等产品均符合国家产业发展规划，并能批量生产，产品畅销全国24个省、市、自治区的 200 余家单位，并得到了他们的一致赞誉和信赖。同时我厂与冶金煤炭多家设计研究单位结合，具有相当的成套设计开发能力，企业发展空间很大。

ZFZ 2000/15/23 型液压支架

2003 年我厂决心谋求更大发展，计划扩大生产规模，在东厂区新建重型机械加工中心，该建筑 6000m2 框式结构，投资 500 万元，本着互利互惠原则，拟在全国范围内寻求经销伙伴，扩大销售市场，准备在西北、东北、西南等地建立销售网点，成立代理处、特约经销机构；研制开发电牵引采煤机、重型刮板运输机、大流量乳化液泵站以及冶金行业等各类新产品，为此面向全国招商引资。该厂热忱欢迎国内外各界朋友光临惠顾，洽谈业务和合作开发项目，并竭诚为用户提供产品设计、制造、安装调试、技术改造、技术咨询等全面优质服务。

我厂全体职工真诚欢迎海内外各界人士来我厂考察，投资合作，寻求共同发展之路，共获长远利益。

FMG150/350—WD型电牵引采煤机

地址：河北省邯郸市峰峰矿区新市区鼓山中路 2 号
邮编：056200
电话：(0310) 5012229
传真：(0310) 5111313

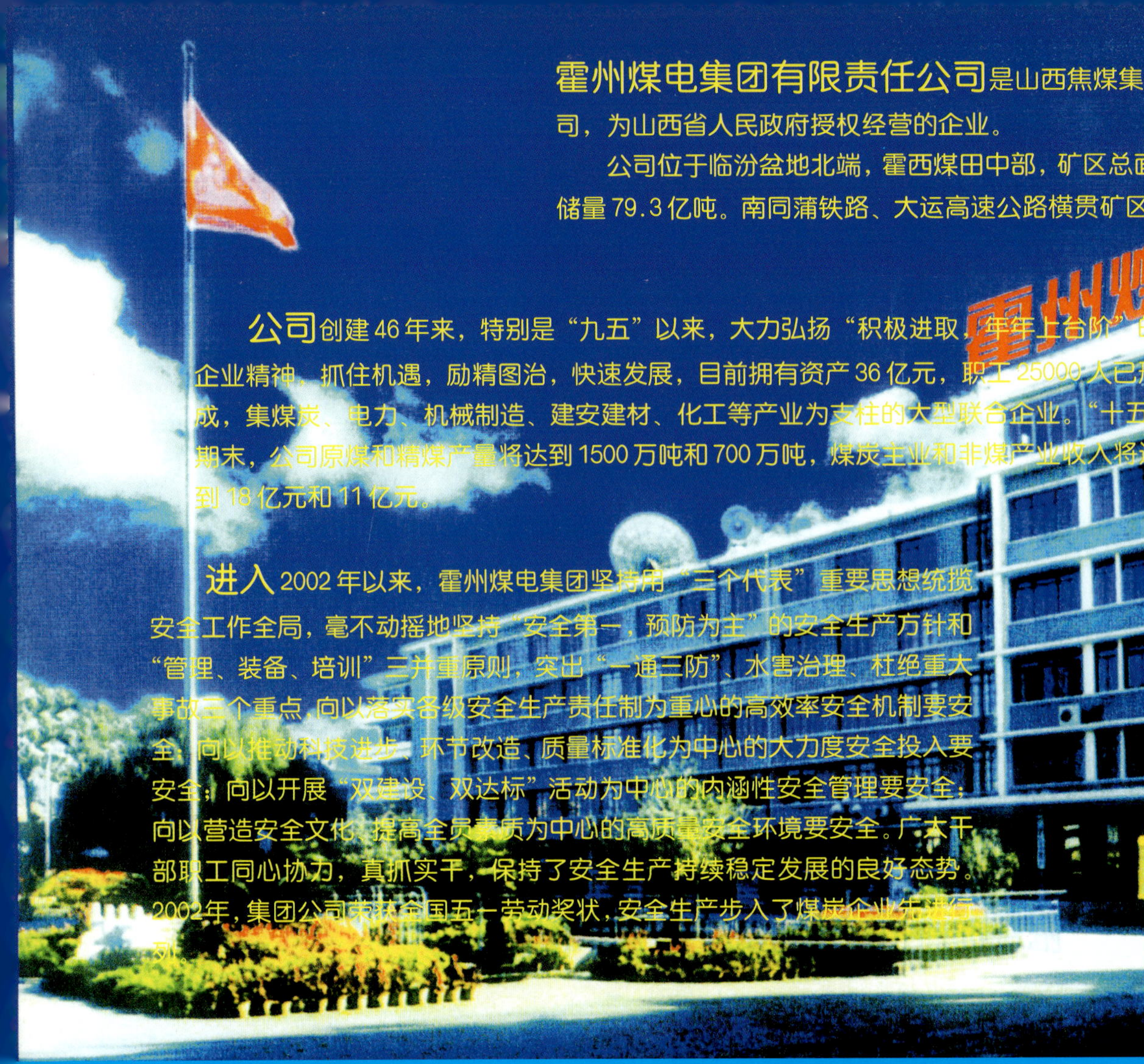

霍州煤电集团有限责任公司是山西焦煤集团有限责任公司的子公司，为山西省人民政府授权经营的企业。

公司位于临汾盆地北端，霍西煤田中部，矿区总面积872平方公里，地质储量79.3亿吨。南同蒲铁路、大运高速公路横贯矿区全境，交通十分便利。

公司创建46年来，特别是“九五”以来，大力弘扬“积极进取，年年上台阶”的企业精神，抓住机遇，励精图治，快速发展，目前拥有资产36亿元，职工25000人已形成，集煤炭、电力、机械制造、建安建材、化工等产业为支柱的大型联合企业。“十五”期末，公司原煤和精煤产量将达到1500万吨和700万吨，煤炭主业和非煤产业收入将达到18亿元和11亿元。

进入2002年以来，霍州煤电集团坚持用“三个代表”重要思想统揽安全工作全局，毫不动摇地坚持“安全第一，预防为主”的安全生产方针和“管理、装备、培训”三并重原则，突出“一通三防”、水害治理、杜绝重大事故三个重点，向以落实各级安全生产责任制为重心的高效率安全机制要安全；向以推动科技进步、环节改造、质量标准化为中心的大力度安全投入要安全；向以开展“双建设、双达标”活动为中心的内涵性安全管理要安全；向以营造安全文化、提高全员素质为中心的高质量安全环境要安全。广大干部职工同心协力，真抓实干，保持了安全生产持续稳定发展的良好态势。2002年，集团公司荣获全国五一劳动奖状，安全生产步入了煤炭企业先进行列。

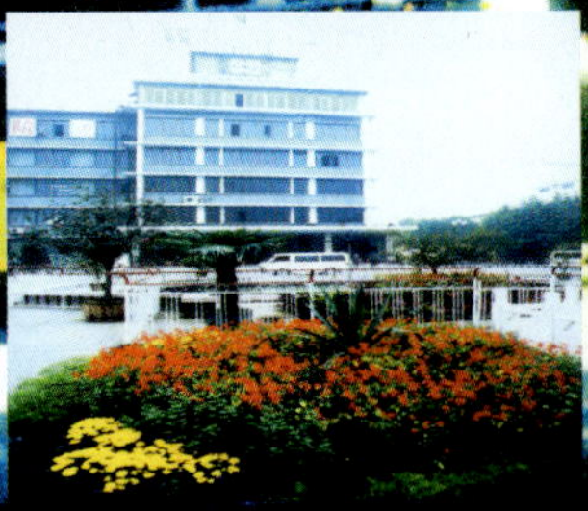

霍州煤电集团有限责任公司

HUOZHOU MEIDIAN JITUAN YOUXIAN ZEREN GONGSI

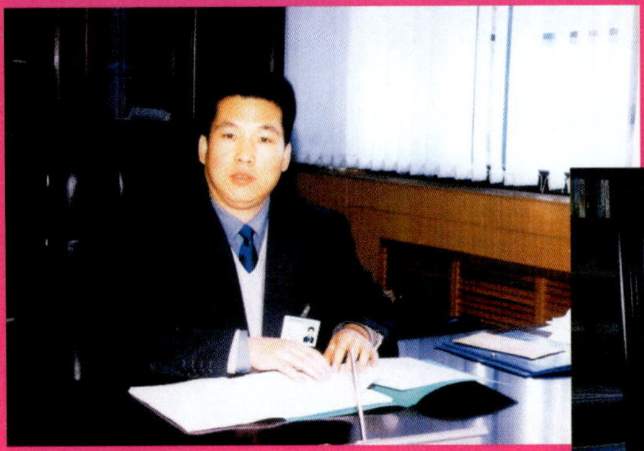

董事长、总经理 白培中

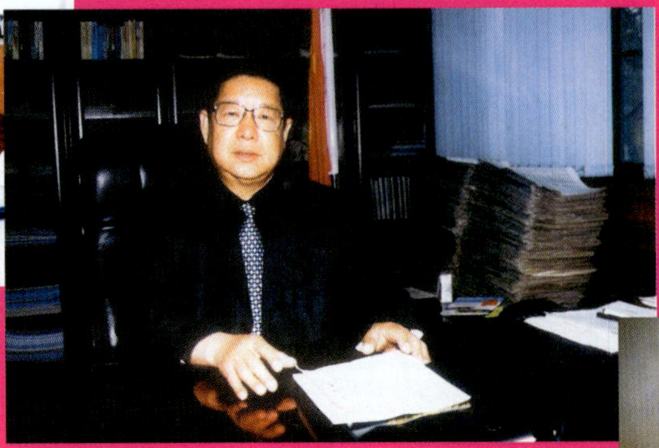

党委书记、副董事长 房大山

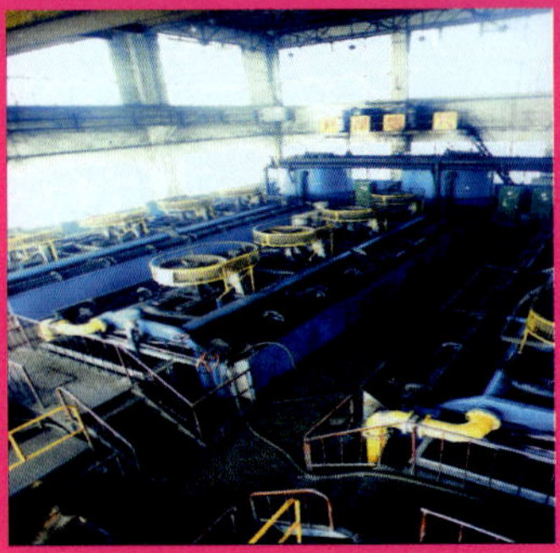

具有国际先进水平的浮选生产线

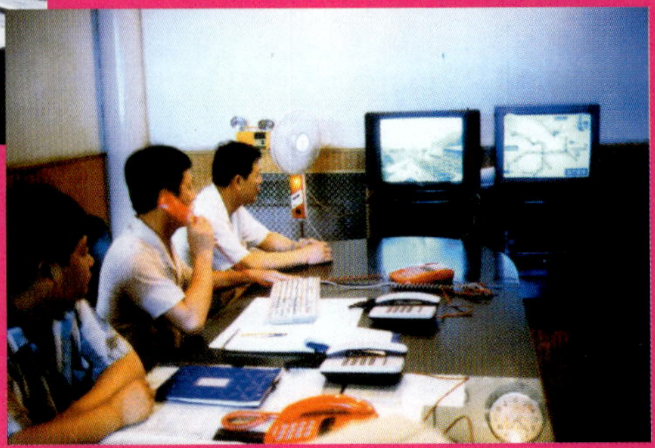

现代化的瓦斯监测监控系统

地址：山西省霍州市鼓楼东大街188号
邮编：031400
网址 www.Huocoal.com.cn
电话：0357-5631301
传真：0357-5622752
E-mail：hzkwj@public.lf.sx.cn

中国葛洲坝水利水电工程集团有限公司是一个有32年的发展历史，以水利水电工程建筑安装为主体、集建材、机电安装、化工、造船、加工制造、金融、旅游服务等工业、第三产业为一体的大型综合企业。具有水利水电工程施工总承包特级、公路工程施工、市政工程施工总承包、机场场道工程、核承压设备安装、起重设备安装、房屋建筑施工总承包、送变电工程施工、地基与基础工程一级资质和对外承包工程等28项等级资质资信，享有对外经贸业务权和国际招标业务经营权。

集团公司现有员工43000余人，专业技术人员12000人，其中具有高级职称1240人，中级职称4100人，初级职称5200人，技师和高级技师700人；拥有各类设备20300台套，具有土石方挖填5000万M3，混凝土浇筑400万M3，金属结构制作安装3万吨，大型水轮发电机组安装1500MW，水泥生产300万吨的年综合生产能力。

2002年，集团公司始终以"生产必须安全，安全促进生产"为宗旨，紧紧围绕安全保证体系、施工作业环境和全员安全素质三个环节，开展全员、全方位、全过程、全天候安全管理，讲科学、建体系、重投入，狠抓现场监督，严格过程控制，使集团公司整体安全管理水平进一步提高，全员安全意识不断增强，施工作业环境不断改善。连续第七年被湖北省政府、省安全生产委员会授予"安全文明生产红旗单位"荣誉称号。

地址：湖北省宜昌市清波路1号
邮编：443002
电话：（0717）6713010
传真：（0717）6857953

集团公司张野总经理、杨继学书记在三峡导流明渠截流现场指挥

中国葛洲坝水利水电工程集团有限公司

1 三峡工程2003年8月实现首批机组发电目标，图为三峡二期工时的壮观场面

2 图为由葛洲坝人承担安装任务的首批发电机组——三峡左岸电厂5号机转轮吊装时的情景

中国新兴建设开发总公司

总 经 理
法人代表 于敦才

中国新兴建设开发总公司（原中国人民解放军总后勤部工程总队）创建于1953年，现为房屋建筑工程施工总承包特级资质企业。1996年通过ISO9002质量管理体系认证，2000年和2001年先后通过环境管理体系和职业安全健康管理体系的认证，成为全国最早"三证"齐全的建筑施工企业之一。公司始终贯彻"安全第一，预防为主"的方针，坚持以人为本，全面实施标准化、规范化管理，先后创全国文明安全工地2个、北京市文明安全样板工地6个、北京市文明安全工地81个，1999年和2001年被评为全国安全生产先进单位。

人民大会堂万人大厅

军事博物馆

中央军委办公大楼

中共中央党校综合楼

建设中的CBD财富中心

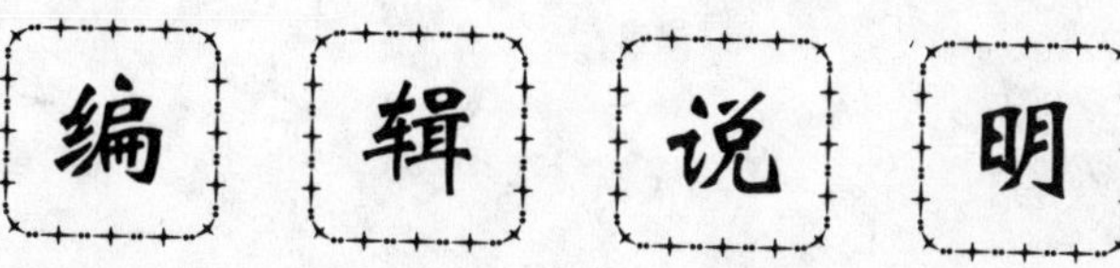

编辑说明

一、《中国安全生产年鉴》（2002 中文版）是由国家安全生产监督管理局组织各省、自治区、直辖市和国务院有关部门编写的。它全面反映了2002 年全国安全生产工作的深刻变化和所取得的成绩。《中国安全生产年鉴》是一本资料性的工具书，是政府有关部门、企业和安全科技人员以及大专院校有关专业师生和相关专业人员有关安全生产的重要参考用书。

二、本年鉴共分十三部分，即党和国家领导关于安全生产工作的讲话，国家经贸委、国家安全生产监督管理局（国家煤矿安全监察局）领导关于安全生产工作的讲话，综述，有关领域的安全生产工作，行业安全生产工作，各省、自治区、直辖市安全生产工作，安全生产宣传教育与培训工作，安全科学技术研究工作，安全生产工作经验交流选编，重大事故案例选编，全国事故及职业病统计资料，安全生产法律、法规、规章及文件，安全生产大事记及安全生产先进单位和个人名单。

三、有关事故及职业病统计资料部分，以国家安全生产监督管理局等有关部门发布的数据为准。

四、本年鉴的编辑和出版工作是在全国和地方有关部门的大力支持下共同完成的。谨向为本年鉴提供稿件和资料的单位和有关同志表示衷心的感谢。

五、在编辑和出版过程中，出现的一些错误和不足之处，敬请读者批评指正。

序言

王显政

2002年是我国安全生产工作事业发展史上极其重要的一年。“三个代表”的重要思想和党的十六大精神，为全党全国各项工作指明了方向，也为我们做好新时期的安全生产工作提供了明确的指导方针和强大的精神动力。《中华人民共和国安全生产法》的颁布实施，标志着我国的安全生产工作开始迈入法制的轨道。

党的十六大把“三个代表”重要思想同马克思列宁主义、毛泽东思想和邓小平理论一道，确立为我们党必须长期坚持的指导思想。安全生产与“三个代表”思想有着内在的必然联系。安全生产事关国家财产和人民群众生命安全，反映了最广大人民群众的最根本利益；安全生产是科学技术和社会进步的重要标志，体现了先进生产力发展的客观要求；以“关爱生命、关注安全”为主旨的安全文化，是社会主义精神文明建设的重要内容，反映了先进文化的发展方向。我们要认真学习领会十六大报告“高度重视安全生产，保护国家财产和人民群众生命的安全”的重要论述，牢记中央领导同志“权为民所用，情为民所系，利为民所谋”的殷切教导，坚持执政为民，进一步强化搞好安全生产的使命感、责任感和紧迫感，继续扎实有效地抓好安全生产各项工作，把“安全第一，预防为主”的方针落到实处。

《中华人民共和国安全生产法》的颁布实施是2002年安全生产工作领域的一件大事，是我国安全生产法制建设的重要里程碑。这部法律的制定和出台，充分反映了党和政府执政为民的本质特征，充分体现了党中央依法治国的方略，对于增强全社会安全生产法律意识，规范政府、生产经营单位和从业人员等方面的安全生产行为，依法加强安全生产监督管理，具有重要的作用。

21世纪的前20年，是我国必须紧紧抓住而且可以大有作为的重要战略机遇期。全党和全国人民正在努力为之奋斗的小康社会，是生产发展、生活富裕、生态良好的社会；同时也是劳动者生命安全和身体健康得到切实保障的社会。搞好安全生产是全面建设小康社会的题中应有之义。在全面建设小康社会的历史进程中，安全生产工作面临着新的挑战和机遇。

现阶段我国社会的主要矛盾，仍然是人民群众日益增长的物质文化需要同落后的社会生产之间的矛盾。落后的社会生产反映在安全生产上，必然是伤亡事故多发，职业危害严重。目前我国的非公有制经济量大面广，又处在发展阶段。由于一些生产经营单位安全意识比较淡漠和缺少必要的安全投入，设施设备简陋，不具备基本的安全生产条件，应当依法予以关闭或采取停产停业整顿措施。部分大中型国有企业，也普遍存在着安全生产欠账较多、技术装备落后、从业人员素质低等问题。此外，在公共安全方面，目前还没有形成有效的资金投入机制，科研工作和共性技术开发相对滞后，基础设施很不完备。受社会生产现状的制约，我国的安全生产必然要经过一个循序渐进、逐步好转的过程。只要我们树立信心，充分发挥社会主义制度的优越性和广大人民群众的积极性，从我们的基本国情和实际需要出发，采取积极有效、切实可行的对策措施，就完全可以缩短西方国家所普遍经历的由事故高发到基本稳定、再到好转这样一个安全生产周期，在有效遏制重、特大事故的同时把事故总量降下来，实现安全生产与全面建设小康社会战略目标的同步发展。

十届全国人大第一次会议通过的机构改革方案，又决定将国家安全生产监督管理局调整为国务院直属机构。这一重大决策，充分体现了党中央、国务院对安全生产工作的高度重视，同时也反映了市场经济条件下强化政府社会管理和市场监管职能的客观需要，为进一步加强安全生产工作，促进全国安全生产状况的稳定好转，提供了强有力的体制保障。

我们要在“三个代表”重要思想指导下，牢记胡锦涛总书记“两个务必”的要求，以机构改革和体制创新为动力，更好地履行好党和国家赋予我们的职责。要以贯彻《中华人民共和国安全生产法》为主线，紧紧围绕着建立安全生产的长效机制、实现全国安全生产状况稳定好转这一总体目标，继续抓好体制、法制和队伍建设“三件大事”，加快安全生产法律、信息、技术装备保障、宣传教育、培训和应急救援“六个支撑体系”建设，努力推进安全生产理论、体制和机制、监管手段、科学技术和安全文化“五项创新”，深入抓好安全生产专项整治、企业安全评估、长远发展规划、监督检查等重点工作。进一步加大安全生产监管、监察执法力度，做到有法必依，执法必严，违法必究。靠我们持续不懈的艰苦努力，把我国的安全生产工作事业扎扎实实地向前推进。

2003 年 6 月 30 日

目　录

第三部分　综　　述

第四部分　有关领域的安全生产工作

第五部分　行业安全生产工作

第六部分　各省、自治区、直辖市安全生产工作

第七部分　安全生产宣传教育与培训工作

第八部分　安全科学技术研究工作

第九部分　安全生产工作经验交流选编

第十部分　重大事故案例选编

第十一部分　全国事故及职业病统计资料

第十二部分　安全生产法律、法规、规章及文件

第十三部分　安全生产大事记及安全生产先进单位和个人名单

第一部分

党和国家领导关于安全生产工作的讲话

吴邦国同志在全国安全生产电视电话会议上的讲话

（2002年2月7日）

刚才国家经贸委主任李荣融通报了去年全国安全生产的有关情况，福建、湖北、广东、山西四个省就本省安全生产工作发了言。下面，我讲两点意见：

一、充分肯定去年安全生产工作的成绩

从刚才通报的情况看，去年全国安全生产形势总体上明显好转，突出表现在全国重、特大事故发生起数和死亡人数比上年均有较大幅度下降，重点行业、重点领域的安全生产专项整治取得阶段性成果。去年全国一次死亡10人以上特大事故的起数和死亡人数分别比上年下降18.1%和27.6%。工矿企业特大事故起数和死亡人数下降30%和20.6%。其中煤矿特大事故起数和死亡人数下降37%和30%。特大火灾事故起数和死亡人数下降77.8%和92.4%。烟花爆竹爆炸事故起数和死亡人数下降23%和43%。道路交通特大事故起数和死亡人数下降33%和30%。水上交通特大事故起数持平，死亡人数下降31.4%。民航全年没有发生飞行和空防安全事故。这些成绩来之不易，应予充分肯定。

党中央、国务院历来高度重视安全生产工作，江泽民总书记、朱镕基总理等中央领导同志多次作过重要指示。为加强安全生产工作，国务院采取了一系列重大举措。一是成立了国务院安全生产委员会，组建了国家安全生产监督管理局，健全了监督管理机构，加强了监督检查。二是发布了《国务院关于特大安全事故行政责任追究的规定》等法律法规，强化了安全生产责任制。三是部署了五个方面的专项整治，有效遏制了一些地区和行业重、特大事故多发的势头。四是加大了对特大事故的查处力度。各省、自治区、直辖市和国务院有关部门认真贯彻落实党中央、国务院的工作部署，普遍重视和加强了安全生产工作。针对本地区、本部门的薄弱环节和突出问题，进一步明确目标，落实责任，采取措施，强化监管，做了大量扎实而富有成效的工作。正是由于上下的高度重视，扎实工作，才使得安全生产专项整治工作取得了阶段性成果。这充分说明，党中央、国务院采取健全机构、完善法制、明确责任、强化督查、突出重点、集中整治的安全生产工作思路和方法是正确的，是行之有效的。

在充分肯定去年安全生产工作取得成绩的同时，必须清醒地看到，安全生产专项整治取得的成果只是阶段性的，不能估计过高，安全生产的基础还很不牢固。去年全国各类伤亡事故和死亡人数仍有上升，个别领域和个别地区重、特大事故接连发生。尤其值得注意的是，今年1月份，全国发生特大事故9起、死亡156人，其中煤矿就发生6起。安全生产形势仍很严峻。对此我们必须有充分认识，工作不能有丝毫的松懈。当前安全生产工作有四个带有普遍性的问题，要引起我们高度重视：

一是部分地方领导对安全生产重视不够，工作进展不平衡。一些地方特别是县、乡领导对贯彻落实党中央、国务院关于安全生产的一系列指示精神态度不坚决，工作不得力，甚至存在消极抵触情绪，使专项整治工作流于形式。一些应关闭整顿的小煤矿、个体运输户、烟花爆竹小作坊、小火药厂点和公共娱乐场所，有的明停暗开，有的未经验收就擅自恢复生产。

二是非公有制企业仍是安全生产工作的薄弱环节。一些不具备基本安全生产条件的非公有制企业见利忘义、违法生产，事故不断。去年非公有制企业发生的事故起数和死亡人数分别占全国58%和67%，其中特大事故起数和死亡人数分别占74%和72.2%。

三是安全生产基础工作还比较薄弱。相当一部分企业长期以来对安全生产设施投入严重不足，历史欠账较多，一些新建企业违反安全生产设施建设“四同时”的规定，安全设施不完善情况下就投入生产，埋下了事故隐患。更为普遍的是，一些企业安全生产责任制不落实，制度不健全，无专人负责安全生产工作，安全生产方面的培训、教育流于形式。

四是一些腐败问题影响和阻碍了安全生产专项整治和事故查处。有的领导干部直接参与办矿办厂，或者收受贿赂，充当非法业主的保护伞，使非法业主有恃无恐。

这些问题必须认真加以解决。否则，重、特大事故将难以遏制，来之不易的安全生产有所好转的局面将发生逆转，专项整治取得的阶段性成果将难以巩固。各地区、各部门要充分认识当前安全生产形势的严峻性和工作的艰巨性，高度重视，克服畏难和厌战情绪，增强责任感和紧迫感，坚持不懈地把安全生产工作抓紧抓实抓好。

二、努力做好今年的安全生产工作，促进安全生产形势稳定好转

今年是我们党和国家历史上具有重要意义的一年。做好安全生产工作，对于巩固和扩大安全生产专项整治阶段性成果，促进安全生产形势稳定好转，保障人民群众的生命财产安全，具有特殊重要的意义。各地区、各部门要以江泽民同志“三个代表”重要思想为指导，深入贯彻落实党的十五届六中全会精神，切实转变作风，按照“安全第一，预防为主”的方针，立足防范，落实责任，突出重点，强化监督，以对党、对人民群众生命财产安全高度负责的精神，把安全生产的各项工作落到实处。这里我强调四点：

（一）继续深入开展安全生产专项整治工作

去年部署开展的安全生产专项整治工作取得了明显成效。实践证明，以重、特大生产安全事故和公共安全事故多发、人民群众普遍关注的行业和领域为重点，集中开展专项整治，是解决安全生产薄弱环节和主要问题的有效措施。今年要在去年工作的基础上，以危险化学品安全管理、煤矿安全为重点，继续深入开展五个方面的安全生产专项整治工作，务求取得实效。

一是全面开展危险化学品安全管理专项整治工作。这几年，危险化学品泄漏和丢失等安全事故时有发生，并呈逐年上升势头，对人民群众生命财产构成严重威胁，造成了极坏的社会影响。江总书记等中央领导同志对此高度重视，多次批示，要求对危险化学品从各个环节上加强管理，确保广大人民的生命安全。为此，国务院修订发布了《危险化学品安全管理条例》，并决定由国家经贸委牵头，会同有关部门在全国范围内开展专项整治工作。各地区、各部门要按照统一部署，认真贯彻执行《条例》，从生产、经营、储存、运输、使用和废弃物处置等各个环节，狠抓危险化学品的安全整治，切实加强监督管理，严禁非法生产、经销、运输和使用危险化学品。一要从生产使用环节入手，关停一批非法的、不具备安全生产条件的和严重污染环境的危险化学品生产厂、生产线，以及使用危险化学品的小金矿、小电镀厂等，消除事故隐患。二要加强危险化学品的储运管理，严禁使用不符合安全要求的车辆、船舶等运输工具运输危险化学品。三要严格危险化学品的包装管理。四要加强对危险化学品经营企业和销售网点的清理整顿，依法规范销售行为。五要对氰化物等剧毒化学品实行全程动态跟踪管理。通过整顿，强化危险化学品的安全管理，坚决遏制危险化学品重、特大事故的发生。

二是深入开展煤矿安全专项整治。煤矿事故占到全国工矿企业生产安全事故的六成，搞好煤矿安全生产，就抓住了工矿企业安全生产的大头。目前煤炭市场趋于平衡，煤价上涨，一些小煤矿见利忘义，铤而走险，对煤矿安全生产构成极大威胁。各地区和有关部门要按照郑州现场会和国办68号文件精神，把关闭整顿小煤矿的工作一抓到底，巩固和扩大整治成果。一要对“四个一律关闭”的小煤矿坚决关实关死，严防死灰复燃。二要做好乡镇煤矿的整顿验收工作，严把复产验收关和核发“四证”关，确保整顿验收的质量。验收合格的方可恢复生产，对验收不合格的，要采取强硬措施，坚决关闭。三要加大国有煤矿的安全整治力度，对存在重大隐患的要停产整顿。四要加大煤矿安全监察执法的力度，对由于监督不力造成的生产安全事故，要追究监察执法部门领导和直接责任人的责任。

三是狠抓民爆物品和烟花爆竹的安全整治。对已经取缔的非法小火药厂、烟花爆竹小作坊以及经销民爆器材和烟花爆竹的网点，要加强监控，严防死灰复燃。生产和销售烟花爆竹的单位要建立健全并严格执行各项管理制度，落实有关安全生产设施。执法监督部门要加大对这些单位日常监督检查工作的力度，确保安全生产。要切实加强对硝酸铵生产、销售、使用的监督管理。要在充分调查研究的基础上，做好被用于非法制造土炸药的硝酸铵的改性工作。

四是下大力量抓好交通运输的安全整治。道路交通事故死亡人数占全国事故死亡总人数的八成以上，遏制道路交通事故上升的势头，对安全生产形势稳定好转至关重要。道路交通安全工作量大面广，做好这项工作难度也很大，正是因为这样，更要加大工作力度。要以预防公路客运重、特大事故和整顿规范水上运输秩序为重点，加强客货运输安全管理，扭转交通运输群死群伤事故多发的局面。

五是继续深入开展公众聚集场所的消防安全整治。要认真贯彻执行《消防法》等法律法规，落实消防安全责任制，加强公共消防设施的建设，提高防御火灾能力。对重大火灾隐患要跟踪监督，限期整改。

以上五项专项治理工作的有关牵头单位，要在总结去年工作的基础上，召开专题会议，部署今年的工作。

(二) 加强安全生产基础工作

企业要落实安全生产责任制，建立健全安全生产的各项规章制度并严格执行，改变那种责任不清、纪律松弛、管理不严、有章不循的状况。要有专人具体负责安全生产工作，并赋予相应的权力。要加强日常的监督检查，发现隐患，及时整改，坚决制止和纠正违章指挥、违章作业、违反劳动纪律的“三违”现象，把安全生产的各项制度和要求真正落到实处。要继续搞好安全培训，提高职工队伍的安全素质和自我保护能力，对从事特种作业人员必须按照国家有关规定，经过严格培训，考核合格后持证上岗。要加强安全生产宣传教育工作，组织开展好以“安全责任重于泰山”为主题的“安全生产月”活动，强化全民安全生产意识。

要加大安全生产投人。企业要集中力量完善安全生产设施，弥补安全欠账，消除隐患，改善作业环境和条件。今年国家技改贴息资金将重点支持国有大中型企业安全生产设施的更新改造，地方政府也要加大支持力度。煤矿安全投入欠账比较多，要抓住煤炭生产形势好转的有利时机，围绕“一通三防”，加强安全技术改造，完善各项安全生产监测和防范措施，提高安全生产综合防御能力。要防止急功近利、只顾眼前利益的短期行为，所有建设工程项目都必须严格执行安全设施和主体工程同时设计、同时施工、同时验收、同时投入使用的“四同时”规定，绝不能以节省投资为借口削减安全生产的必要设施。

(三) 强化安全监督管理

各级安全生产监督管理部门要认真履行职责，切实负起责任，充分发挥安全监管部门综合监督、管理和协调的作用，加大安全生产监督工作力度，增强安全生产监督的权威和威慑力。各级安全监管机构要围绕安全生产工作重点，加强对重点行业、重点领域和重点地区、重点单位以及重大危险源的日常监控和专项督查，发现问题限期纠正，最大限度地消除事故隐患。要把非公有制企业纳入全社会安全生产监督管理的范围，加大监管力度。对发生的各类事故，要一查到底，依法严肃查处事故责任人。同时要充分发挥舆论的监督作用，形成宣传舆论和社会监督氛围。

各地要结合机构改革，建立健全分级管理的安全生产监管体系，做到机构、人员、职能、经费“四落实”。成立国家煤矿安全监察局是市场经济条件下做好煤炭安全生产工作的重大措施。目前一些省级煤矿安全监察局与煤炭行业管理部门仍然是两块牌子、一套班子，自己监督自己，难以有效履行安全监察职能，不利于公正执法。这里我再次强调，省级煤矿安全监察局与煤炭行业管理部门必须彻底分开，使煤矿安全监察机构的工作重心真正转到煤矿安全监察执法上来。各地对不适应煤矿安全监察工作的领导要坚决调整。这项工作要在今年一季度完成，不能再拖。

（四）进一步落实安全生产责任制

安全生产工作事关人民群众的根本利益，事关改革、发展、稳定的大局。各地政府一把手是本地区安全生产工作的第一责任人，必须对本地区安全生产工作负总责，确保一方平安。县乡处于安全生产工作的第一线，也是安全生产监督管理工作的薄弱环节，落实县乡责任是今年落实安全生产责任制的重中之重。各地要按照《国务院关于特大安全事故行政责任追究的规定》的精神，制定实施细则，加大对县乡领导干部安全事故行政责任的追究力度。对发生的重、特大安全责任事故，不仅要追究直接责任人的责任，还要追究领导干部的行政责任。同时要按照“谁审批、谁负责”的原则，对承担涉及安全生产经营审批和许可事项的主管部门和有关责任人员，也要追究相应责任。

最后，我再强调一下春节期间的安全生产工作。各地区、各部门、各单位要按照中办、国办和国务院安全生产委员会有关通知要求，切实做好节日期间的安全生产工作。“春运”已进入高峰，要把春运的各项工作进一步精心组织安排好，确保公路、铁路、水路、航空运输的安全畅通，确保民工有序流动，确保广大人民群众出行的安全。要切实加强烟花爆竹、危险化学品的管理，严禁携带易燃易爆物品和危险化学物品乘坐汽车、火车、轮船、飞机等交通工具。对节日期间举办的各种大型娱乐活动，主办单位和有关部门要切实负起责任，精心组织，确保万无一失。要把旅游场所、娱乐场所、大型商场、机场、车站、码头、油库等公共场所和要害部门作为安全防范的重点，落实各项防范措施，制定应急预案，加强安全保卫，保证全国人民过一个安全、祥和、欢乐的新春佳节。

吴邦国同志在全国安全生产电视电话会议上的讲话

（2002年5月14日）

关于今年的安全生产工作，去年12月31日国务院安全生产委员会第二次全体会议进行了认真研究，在今年2月7日全国安全生产电视电话会议上，已经作了全面部署。从刚才李荣融同志通报的情况看，在各方面的共同努力下，今年一季度特别是“两节”、“两会”期间，全国安全生产形势总体上比较平稳，特大事故发生起数和死亡人数与去年同期相比，分别下降12.5%和17.6%。但是，安全生产形势很不稳定，突出表现在两个方面：一是进入4月份以来，重特、大事故接连发生，特大事故发生起数和死亡人数，比去年同期分别上升6.3%和33.9%。二是发生了“4·15”和“5·7”两起严重空难事故，伤亡惨重，影响恶劣，给国家和人民群众生命财产造成重大损失。安全生产形势相当严峻。

党中央、国务院对此极为重视，江总书记、朱镕基总理多次作出重要指示。5月8日朱镕基总理主持召开国务院第58次常务扩大会议，专题研究当前安全生产工作，要求各地区、各部门、各单位都要切实树立安全第一的观念，高度重视和集中精力抓安全生产。这次电视电话会议，就是要贯彻落实国务院常务扩大会议精神，进一步部署安全生产工作，使大家真正警醒起来，采取有力措施，坚决遏制重、特大安全事故多发的势头。下面，我讲三点意见：

一、牢固树立安全第一的思想，集中精力抓安全保稳定

党中央、国务院历来高度重视安全生产工作。江总书记、朱镕基总理反复强调，一定要树立安全第一的思想。这两年，国务院先后采取一系列措施，建立健全安全生产监管机构，完善有关法律法规，制定特大安全事故行政责任追究制度，多次部署安全生产专项整治并取得阶段性成果。特大事故发生起数和死亡人数，去年比前年分别下降18%和27%，今年一季度比去年同期分别下降12.5%和17.6%。但是，前面已经讲到，安全生产形势很不稳定，特别是进入4月份以来，特大事故接连发生，安全生产形势相当严峻。当前安全生产工作中存在的突出问题，主要是工作落实不下去，管理严不起来。一些地方和单位安全生产工作没有真正落实到基层、落实到人，没有实实在在地抓到底，只停留在一般性的工作布置上。安全生产责任制和各项规章制度没有严格执行，要求不严、管理不严，对“三违”现象熟视无睹，监督检查流于形式，对事故责任的追究查处不严厉、不彻底，大事化小，小事化了。

造成这种状况的根本原因，说到底是思想认识上有差距，重生产、轻安全，没有真正把安全生产摆到第一的位置。抓安全生产，一定要从解决思想认识问题着手。要充分认识安全生产的极端重要性。安全生产关系到国家和人民群众生命财产安全，关系到人民群众的切身利益，关系到改革开放、经济发展和社会稳定的大局，关系到党和政府在人民群众中的形象。各级领导一定要站在实践江总书记“三个代表”重要思想的高度，以对党对人民高度负责的精神，从改革发展稳定的大局出发，牢固树立安全第一的思想，增强责任感、紧迫感，正确处理安全、稳定和经济发展的关系，抓安全、保稳定、促发展，把安全生产作为当前和今后一个时期重中之重的工作，集中精力，突出重点，狠抓落实，采取强硬措施，强化监督，严格管理，坚决遏制重、特大事故上升的势头。

在这里，我要特别强调两条。一是各级领导特别是一把手是安全生产的第一责任人，要对本地区、本单位的安全生产负总责。要全面落实安全生产领导责任制。必须做到守土有责，确保一方平安。要带头严起来，带头抓落实，一级抓一级，逐级负责，把安全生产责任制和各项措施真正落到实处。

二是要坚决克服麻痹、松懈和厌战情绪。安全生产工作涉及到各行各业、各个地区、各个部门，哪个单位都有安全生产的问题。各地区、各部门、各单位对安全生产工作都必须常抓不懈，警钟长鸣，安全生产这根弦，一时一刻也不能放松。在这里我要特别指出的是，民航、铁道、交通、石油石化、电力、军工等行业，是安全事故防范的重点领域，一旦出事就是大事，必须引起各方面的高度重视。越是改革发展任务重，越要狠抓安全生产。

二、继续深入开展安全生产专项整治工作

以重、特大生产安全事故和公共安全事故多发、人民群众普遍关注的行业和领域为重点，集中开展专项整治，是解决安全生产薄弱环节和主要问题的有效措施，仍然是今年安全生产工作的中心任务。关于今年的专项整治工作，去年底和今年2月份的两次会上都进行了部署，各地区、各部门、各单位要按照专项整治工作的总体要求和各项具体的实施方案，切实负起责任，尽快把各项工作扎实有效地开展起来。国家经贸委要尽快部署开展危险化学品安全管理的专项整治工作，从生产、经营、储存、运输、使用和废弃物处置等各个环节加强管理，坚决遏制危险化学品事故的发生。要进一步加大煤矿安全专项整治力度，在继续关停、整顿小煤矿的同时，高度重视国有大矿的安全整治，抓好“一通三防”工作，严禁超通风能力生产，严防瓦斯、煤尘事故。要针对薄弱环节，继续狠抓民爆物品和烟花爆竹、道路交通、公众聚集场所消防安全的专项整治。

我在这里特别强调，针对安全生产出现的新情况和新问题，民航、铁路、水上交通、石油石化、电力、军工等行业必须高度重视安全生产工作，要针对本行业突出问题，抓住薄弱环节，进行专项整治。要采取强有力措施，进一步健全制度，明确责任，严格管理，严肃纪律，强化监督检查，狠抓落实，坚决消除事故隐患，切实防止重、特大事故的发生。

民航系统一定要以两次空难事故为戒，把安全生产放在头等重要的位置，采取一切强硬措施，坚决防止类似空难事故的发生。要严格按照法律法规和运行手册，组织和实施飞行。要加强对飞机的安全检查和维护，严禁飞机违规、带故障飞行。严禁机组人员疲劳飞行，严格空中交通管制。要严格按规定发放和检验机场控制区证件，切实对机场控制区进行封闭式分区管理。要落实机组空中防范措施，特别是严格执行驾驶舱门锁闭制度。要采取特别严格的地面安全检查措施，认真执行各项安全检查制度，坚决把危险、违禁物品和可疑人员堵截在地面。公

安、安全、民航等部门要紧密协作，加强情报信息工作，通过各种渠道和手段，及时发现劫机和破坏飞机、机场设施的线索，严厉打击各种破坏民航安全的刑事犯罪活动，务必将各种危及民航安全的犯罪行为，特别是恐怖活动，消灭在预谋阶段。

铁路部门要加强对线路、桥梁、隧道、道口、机车车辆、通信信号等设备的养护维修，确保安全运行。要严格劳动纪律和作业纪律，搞好调度指挥。要加强车站和旅客乘车管理，严格易燃、易爆和危险化学品的检查，防火、防爆、防破坏。各级地方政府要加强铁路沿线治安综合治理工作。严防重、特大铁路列车事故的发生。

水上交通安全管理要加强对渤海湾、舟山水域、琼州海峡、西南山区河流和长江干线等“四区一线”重点水域的整顿，加强对客渡船、客滚船、高速客轮、旅游船和危险化学品运输船等“四客一危”重点船舶的管理，认真做好航运市场秩序和通航秩序的整治工作，不合格的船舶要坚决取缔，不合格的船员要严禁上岗，严禁超员超载运输，严禁在恶劣天气条件下行船。防止群死群伤重、特大水上交通事故发生。

军工行业要切实加强枪支弹药、爆炸物品的管理，特别是准备关闭破产的军工企业，一定要加强对原材料、半成品、产成品的管理，要有专人负责，严防丢失被盗事件发生。

电力行业要加强对电厂、电站、电网的安全运行管理和电网的统一调度，加强日常安全检查和维护，严格操作规程，严肃调度纪律，防止各类事故的发生。

石油石化行业要对钻井队、采油区、炼油厂、化工厂、油气管线、油库、加油站等重要装置、设施进行一次全面彻底的检查，查隐患、堵漏洞，防患于未然。

以上安全生产整治的牵头部门和单位，都要根据本次会议的精神，切实负起责任，把各项措施尽快落到实处。各级经贸委要认真履行职责，加强对安全生产工作的指导、协调和监督检查。要围绕安全生产工作重点，加强对重点行业、重点领域和重点地区、重点单位以及重大危险源的日常监控和专项督查，发现问题限期纠正，坚决消除事故隐患，对发生的各类事故要严厉查处，促进安全生产形势尽快好转。

另外再强调两点：一是各地区和有关部门要高度重视和加强森林防火，按照国家林业局森林防火办公室的部署，做好各项工作；二是要高度重视和加强学校的消防安全，抓紧农村校舍的危房改造，严防事故发生。

三、立即组织开展全国安全生产大检查

根据国务院第58次常务扩大会议的精神，国务院办公厅即将下发《关于立即组织开展全国安全生产大检查的紧急通知》，各地区、各部门、各单位，要按照《紧急通知》的要求，结合安全生产的专项整治工作，深入进行安全生产大检查。检查要做到全面彻底，不留死角。检查的主要内容，一是安全生产责任制、规章制度的建立健全和执行情况，二是事故隐患监控和整改情况，三是安全生产监督管理力量配备和职责履行情况，四是事故调查处理和行政责任追究规定执行情况，五是不具备基本安全生产条件的小矿、小厂关闭整顿和对非公有制企业安全生产监管情况。

这次大检查务求实效，力戒形式主义，不得大轰大嗡。一是检查采取自查与抽查结合起来的办法。在各地、各行业、各单位进行自查的同时，国务院责成国家经贸委组织若干个检查组，对省级政府、国务院有关部门和中央大型企业，进行突击抽查。要充分发挥新闻舆论的监督作用，结合“安全生产万里行”活动，组织新闻单位进行明察暗访，对发现的问题及时揭露和曝光。

二是检查要与整改相结合。坚持边检查边整改，以检查促整改。要针对查找出来的突出问题，指定专人负责，采取有效措施，限期整改，及时消除事故隐患，该关闭的一律关闭，该停运的一律停运，该停业整顿的一律停业整顿。

三是检查要与责任追究相结合。对检查出来的突出问题，要按照《国务院关于特大安全事故行政责任追究的规定》，严厉责任追究，绝不手软，该是哪一级领导负责的，就要追究那一级领导的责任。对检查中发现早应依法关闭的小厂小矿，至今还没有关闭的，一定要严厉追究业主的刑事责任，还要追究所在地区县乡领导的行政责任，该撤职的撤职，该降级的降级，该开除的开除，该法办的法办。为了加大这次大检查的工作力度，对安全生产事故和重大隐患负有责任的地方各级政府和中央企业负责人，国务院安全生产检查组有权提出行政处分的建议。做到有责必究，有罪必罚。

今年是我们党和国家历史上非常重要的一年。做好今年的安全生产等各项工作，维护政治上安定团结和社会稳定的大局，具有十分重要的意义。各地区、各部门、各单位一定要以江总书记“三个代表”重要思想为指导，认真贯彻落实国务院第58次常务扩大会议精神，尽职尽责，扎实工作，坚决防止重、特大生产安全事故发生，为改革发展和社会稳定创造良好的条件。

吴邦国同志致2002中国国际安全生产论坛暨中国国际安全生产及职业健康展览会的贺信

对“论坛暨展览会”召开表示祝贺，并请转达对与会代表和来宾的问候！

我国历来高度重视安全生产，确立了“安全第一，预防为主”的方针，始终把安全生产工作放在突出的位置来抓，要求警钟长鸣、常抓不懈，坚决防止和减少生产安全事故。希望通过此次论坛和展览会，学习借鉴国外先进经验，加强国际间交流与合作，提高我国安全生产监督管理水平。

吴邦国

2002年10月9日

第二部分

国家经贸委、国家安全生产监督管理局（国家煤矿安全监察局）领导关于安全生产工作的讲话

国家经贸委主任李荣融在全国安全生产电视电话会议上的讲话（摘要）

（2002年2月7日）

去年4月28日召开的全国安全生产电视电话会议，全面部署了五项安全生产整治工作。经过集中整治，一大批非法和不具备基本安全生产条件的小矿、小厂、交通运输工具，以及公共娱乐场所等受到清理，退出了生产领域和市场，一大批事故隐患得到整改；许多企业安全生产基础工作加强，安全生产条件改善；全国特大事故频发势头得到遏制，安全生产状况逐步好转。

第一，民用爆破器材和烟花爆竹的安全整治。全国共检查涉爆单位29.8万个，督促整改7.5万处事故隐患；取缔爆炸物品产销厂点19.8万个。对1466家民爆器材生产、流通企业进行全面检查，责令停产整顿160家，关闭54家。

第二，道路和水上交通运输安全整治。全国共拆除非法改装车3万多辆，查获假机动车牌号、假行驶证、假驾驶证3万个，无牌、无证机动车50.7万辆。在水上交通整治中，490多艘客船、1500多艘货运船，共计3.73万客位和79万吨的老旧船只被强制拆解或停航。

第三，危险化学品储运的安全整治。交通管理等部门对从事危险化学品运输、经销的有关资质进行了全面的清理核查。取消和暂停了20043户不符合资质条件的经营业户，取消和停运了27214辆不符合标准的车辆，个体户已全部退出危险化学品运输市场。

第四，公共聚集场所消防安全整治。全国累计检查了94万个单位，督促整改火灾隐患152万处，依法取缔歌舞厅、录像厅等公共娱乐场所1.1万个。去年全国发生一次死亡10人以上的特大火灾事故2起，死亡38人，比上年减少7起，少死亡463人，分别下降77.8%和92.4%。

第五，煤矿安全整治。国有煤矿累计停产整顿756处，限期整改的897处，分别占国有煤矿总数的27%和32%，整改各类隐患2万多处。采取了“四个一律关闭”、“四证”发放和复产验收权上收到省级人民政府等硬措施。1997年全国小煤矿为8.2万处，到2000年底减少到33977处，去年又关闭了12269处，小煤矿减少了近6万处。其中关闭国有煤矿办的小井1208处。全国煤矿一次死亡10人以上的特大事故起数和死亡人数，比上年分别下降37%和30%。

除上述五个方面的专项整治外，各地人民政府和铁路、民航、国防科工、建设、旅游、林业、文化、教育、广播电视和石化等系统，也从各自实际情况出发，有针对性地组织开展了安全整治活动，并取得了一定的成效。北京、上海、天津、宁夏、福建、湖北、河北和安徽等省（自治区、直辖市）整治成效比较显著，有的全年杜绝了一次死亡10

人以上的特大事故，有的把特大事故降低到1起。

据统计，2001年工矿企业共发生职工伤亡事故11382起，死亡12454人，分别比上年上升6.1%和5.9%。其中矿山企业伤亡事故4371起，死亡7492人，分别比上年上升27.4%和11%。矿山企业中，煤矿伤亡事故3082起，死亡5670人，比上年少死亡128人；非煤矿山企业伤亡事故1289起，死亡1822人，同比分别上升81.8%和91%。非矿山企业发生伤亡事故7011起，死亡4962人，分别比上年下降4%和1%。

全国共发生火灾（不含森林、草原等火灾）215863起，死亡2314人，伤3752人，直接经济损失13.9亿元，分别比上年同期上升14.14%和下降23.4%、14.8%、8.4%。

发生道路交通事故76.03万起，死亡10.6万人，伤54.9万人，直接经济损失30.9万元，同比分别上升23.2%、13.3%、33%和15.9%。其中，一次死亡10人以上的特大事故39起，死亡639人，同比分别下降32.8%和29.8%。万车事故死亡率总体呈下降趋势，去年下降到万分之十五点七。

发生水上交通事故644起，死亡和失踪490人，同比分别上升12.6%和下降5.2%。其中，一次死亡10人以上的特大事故7起，死亡162人，同比起数持平，死亡人数下降31.4%。

铁路全路发生重大事故11件，比去年减少6件，下降37.5%。第四次提速调图实现了安全、平稳、有序。发生铁路路外伤亡事故12335件，死亡8409人，同比分别下降7.4%和5.7%。

民航系统没有发生运输飞行事故、通用航空事故及重大航空地面事故，已连续18个月保持运输飞行安全。

2001年，全国共发生一次死亡10人以上特大事故140起，死亡2556人，分别比上年下降18.1%和27.6%。其中一次死亡30人以上的特大事故16起，死亡707人，同比起数持平，死亡人数减少514人，下降42.1%。最大的两起事故是：江苏徐州贾汪区"7·22"特大瓦斯煤尘爆炸事故，死亡92人；广西南丹"7·17"特大透水事故，死亡81人。

工矿企业共发生一次死亡10人以上的特大事故64起，死亡1328人，分别比上年下降29.7%和20.6%。其中煤矿49起，死亡1015人，同比下降37.2%和30%。

国家经贸委主任李荣融在全国安全生产电视电话会议上的讲话

（2002年5月14日）

今年以来，各地区各部门认真贯彻落实《中共中央办公厅、国务院办公厅关于做好2002年元旦、春节期间有关工作的通知》和国务院召开的全国安全生产电视电话会议精神，以及关于做好"两会"期间安全生产工作的要求，高度重视安全生产，继续深化五项整治工作，第一季度全国的安全生产形势比较稳定，特大安全事故同比下降，为确保全国人民过好"两节"和"两会"的顺利召开，创造了条件。

2002年1~4月份（其中4月份为调度数），全国共发生各类伤亡事故268996起，死亡31541人，同比分别下降14.4%和18.4%。其中，一次死亡10人以上特大事故48起，死亡868人，同比减少4起，少死亡58人，分别下降9.6%和7.5%。

总的看，第一季度全国安全生产形势总体上比较平稳，一次死亡10人以上特大事故共发生35起，死亡546人，同比分别下降12.5%和17.6%，没有发生一次死亡超过30人的特大事故。但是，进入4月份以来，重、特大安全生产事故连续发生，从4月1日至5月10日，全国共发生一次死亡10人以上特大事故17起，死亡487人。特别是在不到1个月的时间内，连续发生2起死亡超过

100人的特大坠机空难，给人民生命财产造成巨大损失，在国内外造成恶劣的影响。

4月4日，广东省潮州市凤凰镇一私人农用车，载27人去山上采茶，由于其传动部分断裂，造成翻车事故，15人死亡；

4月6日，中国核工业集团公司所属794矿，在作业过程中，违反安全操作规程，发生炮烟中毒事故，死亡12人；

4月8日，黑龙江省鸡西矿务局东海煤矿回采工作面发生瓦斯爆炸事故，死亡24人；

4月11日，河北省一辆由江西发往河北的载有杀虫剂等化学品的大货车与河南省一辆由广东发往河南的双层卧铺客车同向行驶，超车追尾，在湖南岳阳路段翻车，起火爆炸，死亡29人；

4月15日，中国国际航空公司B767－200/2552号飞机执行北京至釜山航班任务，在韩国釜山金海国际机场落地时撞山坠毁，机上166人，死亡122人，失踪6人，事故原因正在调查中；

4月24日，四川省攀枝花煤业有限公司花山煤矿发生瓦斯爆炸事故，死亡23人；

4月26日，沈大线发生的铁路旅客列车与货运列车相撞重大事故，极其危险。辽宁省沈阳矿务局的矿106次运煤货车，因司机在值乘中睡觉，未按规定采取停车措施，越过出站信号机（显示红灯）进入牵出线与由大连开往丹东的K643次旅客列车在张台子站相撞，致使K643次机车及7位车辆脱轨，矿106次机车及4位车辆颠覆、12位车辆脱轨，旅客17人受伤；

5月4日，贵州省毕节地区一无证非法小煤矿（个体独眼井）发生瓦斯爆炸事故，死亡23人；

5月7日，中国北方航空公司由北京飞往大连的CJ6136航班，在大连湾海域上空起火，坠入海中，机上有旅客103人，机组人员9人，共计112人，全部遇难，事故原因正在调查中。

此外，3月上旬，连续发生3起危险化学品运输泄漏事故，虽未造成人员伤亡和严重污染，但影响很大。这3起事故是：

3月6日，广西壮族自治区正龙黄金物资供销中心雇用的一辆东风牌个体运输车，核载8吨，而装载20.9吨氰化钠运往贵州省黔西南州，行驶至324国道广西壮族自治区田东县境内路段时，发生翻车事故，车上80多桶氰化钠被抛出车外；

3月9日，江苏省连云港市一个体工程队雇用的一辆核载3吨的解放牌个体运输车，从江苏装载熏蒸杀虫剂农药磷化铝粉剂4吨、片剂1吨，运往安徽省阜阳市，在行驶至安徽省亳州市利辛县境内时，因驾驶员疲劳驾驶，驶入路边5米深的水沟，车上部分磷化铝被抛入水中，遇水发生剧烈化学反应，并燃烧放出有毒气体；

3月11日，广东省茂名市一辆核载5吨的个体槽罐车，装载12.49吨二甲苯运往中山市，行驶至南海市时，由于车辆严重超载，左后轮半轴突然断裂，车轮脱出，撞断罐体阀门，致使二甲苯全部泄漏。

以上3起危险化学品运输事故，经抢救和采取措施，及时控制了险情，虽未造成重大危害，但其性质是严重的。

上述一系列重、特大事故的发生，反映了当前安全生产形势非常严峻。我们要认真贯彻落实这次电视电话会议精神和要求，坚决遏制各类重、特大事故的发生，努力实现安全生产状况的明显好转。

国家经贸委主任李荣融在全国危险化学品安全管理专项整治工作电视电话会议上的讲话

（2002年5月21日）

根据国务院58次常务扩大会议精神和2月7日、5月14日两次全国安全生产电视电话会议的要求，最近，国家经贸委、安全监管局、公安部、监察部、铁道部、交通部、卫生部、工商总局、质检总局、环保总局等10个部门联合下发了《关于开展危险化学品安全管理专项整治工作的通知》（以下简称《通知》）。今天这个会议，就是对此项工作作进一步动员和部署，希望各地区、各有关部门和单位按照《通知》要求，全面深化整治，采取有效措施，坚决防止危险化学品重、特大事故的发生，实现危险化学品安全管理状况的明显好转。

一、高度重视危险化学品的安全管理，确保人民群众生命财产安全

近几年，危险化学品泄漏、丢失和运输危险化学品翻车等事故时有发生，对人民群众生命财产安全构成严重威胁，造成极坏的社会影响。江总书记、朱总理等中央领导同志对此高度重视，明确指示要对危险化学品从各个环节上加强管理，确保广大人民的生命安全。去年，国务院在部署五项安全生产专项整治中，专门把危险化学品的储存运输列为重点内容，由交通部牵头，在全国范围内集中开展了专项整治，取得一定成果。在整治中，各级政府、各有关部门和单位按照国务院的要求和交通部的部署，对从事危险化学品运输、经销单位的有关资质进行了全面清理核查，取消和暂停了两万多户不符合资质条件的经营业户，取消和停运了2.7万辆不符合标准的车辆，个体户大部分退出危险化学品运输市场。针对危险化学品安全管理中出现的新情况、新问题，今年1月9日，国务院52次常务会议审议通过了新修订的《危险化学品安全管理条例》（以下简称《条例》），并于3月15日实施，为危险化学品的安全管理进一步走向法制化提供了保障。

前一阶段的专项整治虽然取得一定效果，但只是局限在运输环节，整个危险化学品的安全生产状况并没有明显好转，重、特大事故仍时有发生。去年8月，广西玉林地区发生了2.5公斤氰化钠误售案，11月河南洛宁发生翻车泄漏氰化钠事故，都造成严重的社会影响。今年以来，全国危险化学品生产、储运、使用等方面的重大事故又明显增多。3月6日，广西正龙黄金公司雇用的一辆核载8吨的个体运输车，共载20.9吨氰化钠运往贵州，途中发生翻车事故，车上80桶氰化钠被抛出车外。3月9日，江苏连云港市一个体工程队雇用的一辆核载3吨的运输车，装载5吨农药运往阜阳途中，因司机疲劳驾驶，翻入5米深的水沟，部分农药被抛入水中，燃烧释放出有毒气体。3月11日，广东茂名市一辆核载5吨的个体槽罐车装载12.49吨二甲苯运往中山市，因严重超载，使后轮半轴断裂，车轮脱出撞断罐体阀门，致使二甲苯全部泄漏。这些事故由于抢救处理及时，没有造成人员伤亡，也没有造成严重环境污染和重大财产损失，但社会影响非常恶劣。这充分暴露出危险化学品的专项整治不深入、不扎实，反映出在危险化学品的安全管理上，仍然存在着责任不落实、措施不落实、工作不到位和监管不到位等问题，必须引起各方面的高度重视。

应该看到，随着石油、化工产业的发展，化学品已涉及到每一个人的日常生活。由于大多数化学品具有易燃、易腐蚀、有毒害等固有危险性，使我们在利用其益处的同时，有可能受到伤害，因此，必须切实加强安全管理，避免其可能带来的对生命、健康、环境及财产的伤害和损失。近些年，由于对危险化学品的安全管理重视不够，造成重、特大事故，遭致惨重损失的案例，在国际国内屡见不鲜。特别需要引起我们注意的是，近年来，一些犯罪分子、恐怖分子也利用危险化学品进行投毒或其他危害社会的破坏活动。对此，我们必须高度警惕，严加防范，坚决防止危险化学品重、特大事故的发生和落入犯罪分子、恐怖分子手中。

危险化学品的管理事关人民群众的生命财产安全。当前危险化学品安全管理工作中问题很多，强化监管的任务繁重，加强危险化学品的安全整治工作迫在眉睫、势在必行。各地、各有关部门和危险化学品的从业单位，一定要认真学习和领会江总书记、朱总理等中央领导同志关于安全生产和危险化学品安全管理方面的一系列重要指示精神，从已发生的危险化学品事故的沉痛教训中，深刻认识加强危险化学品安全管理工作的极端重要性，从实践“三个代表”重要思想的高度，从维护改革、发展、稳定大局的高度，切实按照《条例》和《通知》要求，坚持“安全第一，预防为主”的方针，加强危险化学品的安全监管工作，深化对危险化学品的安全整治，力求取得更大的成效。

二、突出重点，标本兼治，全面深入开展危险化学品的安全专项整治工作

危险化学品管理的安全整治，是今年全国安全生产专项整治的三个重点之一。对这项整治工作，国务院领导同志十分重视。朱总理在中央经济工作会议上强调指出，要加强危险化学品、易燃易爆品生产、运输、仓储和使用全过程的管理，确保万无一失。吴邦国副总理在全国经贸工作会议和两次安全生产电视电话会议上都强调，要以新修订的《条例》为依据，对危险化学品的生产、运输、仓储、销售、使用和废弃物处置等各个环节进行全面整治，切实加强管理。

根据国务院领导同志的指示，这次危险化学品安全专项整治工作的总体要求是，以江总书记“三个代表”重要思想为指导，认真贯彻落实《条例》，坚持“安全第一，预防为主”的方针，突出重点，依法整治，标本兼治，综合治理，通过专项整治，规范危险化学品市场经济秩序，依法关闭不符合安全生产基本条件的危险化学品从业单位，取缔危险化学品非法经营厂点，严厉打击利用危险化学品进行的各种犯罪活动，促使危险化学品生产、运输、仓储、销售、使用和废弃物处置各个环节建立健全并全面落实安全管理制度，消除事故隐患，提高防御能力，有效防止危险化学品重、特大事故的发生，实现危险化学品安全管理状况的明显好转。

针对当前危险化学品安全管理上存在的突出问题，这次专项整治工作的重点对象：一是剧毒化学品和液化气体从业单位；二是不具备基本安全生产条件以及不符合有关资质要求的危险化学品从业单位；三是存在重大隐患的从业单位。专项整治的主要任务：一是依据新修订的《条例》的规定，严格各种资质许可证书的审核发放，严禁非法生产、经销和运输危险化学品。二是从整顿生产使用企业入手，对采用国家明令淘汰的落后工艺、装备及不具备基本安全生产条件的危险化学品生产企业，一律予以关闭。对不符合安全和环保要求的使用危险化学品的小金矿、小电镀厂等，坚决予以取缔。三是加强危险化学品的储运管理，严禁使用不符合安全要求的车辆、船舶等运输工具运输危险化学品，严禁在内河、内湖运输剧毒化学品。严格执行剧毒化学品公路运输通行证等制度，对允许运输危险化学品的，要严格按照《条例》规定，对其包装、运输各个环节加强管理。四是对剧毒化学品实行审批登记制度，加快建立全国危险化学品安全管理数据库，逐步建立起化学事故应急救援体系。

这次危险化学品安全管理的专项整治，一定要坚持依法办事，真整实治。要认真贯彻执行《条例》，加大监督执法力度，严肃查处各种违法违规行为。凡是违反《条例》规定的，该取缔的必须取缔，该关闭的必须关闭，该停产停业整顿的必须停产停业整顿，构成犯罪的要依法追究刑事责任。要结合专项整治进一步加强危险化学品安全管理的法制建设。要以《条例》为依据，对本地区、本部门过去颁布的有关规章、规定认真组织清理，该废止的废止，该完善的完善，以维护全国有关危险化学品安全管理法律法规的统一性。

危险化学品安全管理的专项整治，一定要坚持标本兼治、综合治理。要立足治本，抓好源头，坚决把住企业设施、安全评价、市场准入、审批发证等环节，通过深入整治全面提高危险化学品安全管理水平。要加强安全生产督察工作，搞好事故隐患整改和重大危险源的评估与监控，针对不同情况进行分类指导和分级管理，把事故消灭在萌芽状态。要把专项整治与建立健全安全管理制度、促进依法经营和依法监管结合起来；与推进科技进步和搞好技术升级结合起来；与整顿和规范市场经济秩序结合起来；与产业结构调整和促进规模经营结合起来，在加强危险化学品日常监督的同时，要高度重视和尽快建立有效的监管机制，实现危险化学品安全管理长治久安。

三、加强领导，协调行动，狠抓落实，确保危险化学品专项整治工作收到实效

第一，要切实加强领导，落实责任。根据国务院确定的安全生产专项整治要坚持“全国统一部署，地方政府负责，部门指导协调，各方联合行动”的工作要求，这次危险化学品的专项整治工作由国家经贸委和国家安全生产监督管理局牵头，会同公安部、监察部、铁道部、交通部、卫生部、工商总局、质检总局、环保总局等有关部门，具体负责全国危险化学品的安全专项整治工作。各省、自治区、直辖市人民政府都应成立由政府主管领导任组长、各有关部门参加的危险化学品安全整治工作领导小组，统一领导、协调整治工作。要按照10个部门联合下发的《通知》要求，结合本地的实际情况，制定具体的整治方案，精心组织实施。

危险化学品整治涉及的环节多、部门多，必须协调配合，落实责任，各司其职，各负其责，齐抓共管。各级经贸、安监部门要加强与有关部门的联系，主动做好工作。要按照“谁发证，谁负责”的原则，严把审批关、发证关、签字关。对于领导不力、失职渎职、营私舞弊人员，要严肃查处并追究有关单位领导的责任。凡整治不力，酿成重、特大事故的，要依据国务院302号令，不仅依法追究业主的法律责任，还要依法追究地方政府有关领导人的行政责任。

第二，要加快整治进度，确保按期完成任务。按照《通知》要求，整治工作的主要任务要在今年底、明年初完成，时间紧迫，任务繁重。各地、各有关部门和单位，应按照总体要求，在确保质量的前提下，加快整治进度，确保按期完成任务。要增强紧迫感，把计划、部署、行动各个阶段的任务衔接好，全部工作要立足早完成。对动作迟缓、进度不快的，上级有关部门应搞清原因，加强指导和督促，确保不拖后腿；对无重大客观原因而无限拖延进度的，应在分清情况的前提下，采取必要的组织措施。要突出工作重点，抓住重点地区、重点企业，解决好关键问题，整体向前推进。要分轻重缓急，搞好工作衔接，避免出现卡壳、停滞、断档现象，使工作有序、连续进行。对工作行动快、整治任务完成好的地区和企业，可整好一批验收一批，不要拖到最后一起验收。要在搞好典型引路的基础上，及时搞好阶段性总结，理出经验，发现问题，改进工作，不断推动整治工作深入、健康地发展。

第三，要严格执行标准，加强督察和验收，确保整治工作的质量。各地的专项整治工作要严格按照标准进行。对经自查整改达不到规定要求的危险化学品从业单位，要责令立即停产限期整顿。被责令停产整顿的企业，经整改达到有关要求申请恢复生产的，必须经省级人民政府或授权部门批准后方可恢复生产，限期不达标的，要予以关闭。危险化学品安全专项整治工作的验收，由各省(区、市)整治领导小组统一组织，分级验收。验收工作组要严格按照国家有关法律法规、整治方案和验收标准开展验收工作；检查组内部要按照“谁签字，谁负责”的原则，各负其责。对已责令停产整顿的企业，验收合格后，要经省级整治领导小组批准方可恢复生产。国务院有关部门将组成联合检查组，对各地的专项整治工作进行抽查。对验收或抽查不合格的地区，要责令其继续整改，限期完成整治任务。

第四，要改进工作作风，加强调查研究。各级领导同志要按照十五届六中全会精神，努力转变工作作风，认真开展调查研究，努力探索适合我国危险化学品安全生产监督管理的新路子。一是要开展对安全整治工作中的难点和问题的调查研究，抓住深层次问题进行科学分析，抓紧提出解决问题的思路和政策措施。二是要开展对危险化学品从业单位安全监管机制的调查研究，提出指导意见，促进各级政府和企业尽快建立健全安全生产自我约束和激励机制，切实落实安全生产责任制。三是要加强对各类事故本质和内在规律的研究，及时采取相应对策，有效遏制事故的发生。四是要围绕如何建立危险化学品安全生产长效机制问题开展调查研究，努力探索建立新形势下安全生产的长效机制。

第五，要加大安全生产宣传教育工作力度，强化舆论监督作用。

今年6月份，要开展“全国安全生产月”和“安全生产万里行”活动。各地、各有关部门和单位一定要抓住契机，在危险化学品专项整治工作中大力开展安全宣传教育工作，以营造良好的安全生产氛围。要通过各种媒体，采用多种形式，大力宣传党的安全生产方针政策、中央领导同志关于危险化学品安全管理的一系列重要指示和有关法律法规、行业规章；抓住正反两方面的典型，在搞好正面引导的同时，也要对典型事故进行曝光，分析事故案例，揭露不法行为，并对整改情况进行跟踪报道，总结经验教训，以提高广大干部职工的法制意识和安全意识。要利用有关报刊，开辟危险化学品安全整治工作栏目，积极开展安全生产宣传教育活动。同时，要组织、指导各地搞好安全培训工作，加强对危险化学品从业单位经营管理者以及特种作业人员、新上岗职工的安全培训工作，大力普及安全知识，切实提高全员的安全素质和自我保安意识，并坚持实行持证上岗制度。

同志们，危险化学品安全管理专项整治工作从现在起，就要在全国各地全面展开。做好这项工作，事关人民的生命财产安全和社会的稳定，我们一定要坚定信心，统一思想，克服困难，开拓进取。要通过依法全面整治，尽快扭转危险化学品安全管理形势严峻的局面，实现危险化学品安全管理状况的明显好转。

国家经贸委主任李荣融在全国安全生产电视电话会议上的讲话（摘要）

（2002年9月25日）

进入三季度以来，特别是国务院组织开展安全生产大检查以来，各地区、各部门狠抓落实，切实加强安全生产工作，全国安全生产形势逐步趋于好转。一是特大恶性事故大幅度下降。1～8月，全国发生的一次死亡30人以上的特大恶性事故起数和死亡人数，与去年同期相比分别下降61.5%和30.1%，其中工矿企业分别下降56%和46%。工矿企业中煤矿同比下降57%和39%。道路、水上交通没有发生特大恶性事故。二是事故起数和死亡人数增幅下降。1～7月，全国伤亡事故起数和死亡人数同比上升9%和4.5%，增幅比去年同期分别减少了11.7和5.9个百分点。道路交通事故死亡人数同比上升4.6%，但同期全国车辆增加了14%，万车死亡率为12.3，比去年同期的15.4明显下降。三是煤矿重大事故和百万吨死亡率明显下降。1～8月，煤矿重大事故死亡人数同比下降22.7%。原国有重点煤矿、国有地方煤矿和乡镇煤矿的百万吨死亡率都有较大幅度下降。四是一些地区安全生产工作成效比较明显。1～8月，全国有11个省（区、市）没有发生特大事故。其中天津、海南、宁夏3省（区）没有发生重大事故。上海、北京、江苏、福建4个省（市）重大事故同比下降幅度较大。

在肯定成绩的同时，也要清醒地看到存在的问题。一是事故总量仍然过大。1～7月，全国共发生各类伤亡事故631264起，死亡75741人。其中道路交通事故446964起，死亡60859人，分别占事故总量和死亡人数的70.8%和80.35%。二是特大事故时有发生。1～8月，全国发生特大事故92起，死亡1388人。三是基础工作比较薄弱，隐患很多。从前一段安全生产大检查的情况看，很多地区、行业都存在着一些重大危险源和重大安全隐患，稍有不慎就有可能发生事故，甚至大事故。当前安全生产形势仍然相当严峻，安全生产工作任务仍然十分繁重。

党的十六大即将召开。这是我们党在新世纪召开的第一次全国代表大会，也是在我国加快推进社会主义现代化的新阶段召开的一次重要会议。为党的十六大创造良好的社会环境，是当前最大的政治任务。在9月23日召开的国务院安委会第三次会议上，邦国副总理强调指出：一定要按照“三个代表”的要求，从维护改革发展和稳定大局出发，牢固树立安全第一的思想，以对党和人民高度负责的精神，高度重视、切实把安全生产工作抓实抓好。我们要认真贯彻国务院领导同志的指示精神，增强责任感和紧迫感，拿出更大的决心，更充沛的精力，更加严密过硬的措施，做好安全生产工作，确保全国安全生产形势基本平稳。

一、进一步强化各级领导安全生产责任制，严格实行责任追究

最近，国务院安委会办公室组织进行了安全生产综合督查和专项督查。从督查情况看，“落实不下去，严不起来”仍是当前安全生产工作中的突出问题。“严不起来”表现在多个方面，最主要的是各级领导安全生产责任制没有得到严格的贯彻实行。一些单位重大安全隐患迟迟不能整改，或者整改标准低；一些地方安全生产监管机构不健全，监管力量薄弱；个别省区对小煤矿非法开采制止不力，已关闭小矿擅自恢复生产，死灰复燃现象比较严重，小煤矿事故接连发生。所有这些，都与安全生产责任制不落实有着直接的关系。下一步的安全生产工作，还是要紧紧抓住各级领导责任制这个关键，各级领导干部特别是一把手，是安全生产的第一责任人，必须对本地区、本部门和本单位的安全生产负总责，做到守土有责，确保一方平安。各级领导要带头严起来，一级抓一级，逐级负责，逐级抓好落实。

特别要强调的是，县乡两级处在安全生产工作的最前沿，也是目前最薄弱的环节。要进一步强化县乡两级干部的安全责任意识。对非法小矿小厂泛滥、安全生产长期被动的县乡，要作为重中之重，限期解决。

继续严格执行《国务院关于特大安全事故行政责任追究的规定》。对失职渎职，酿成重、特大事故的直接责任人，一定要依法严肃查处，决不手软。要把安全生产责任追究与打黑除恶、惩治腐败、社会治安综合治理紧密结合起来，深挖一些事故背后的“恶根”，坚决打掉“保护伞”。

二、组织开展安全生产大检查，防患于未然

国务院安委会第三次全体会议决定，在党的十六大召开之前，要组织开展一次全国范围的安全生产大检查活动。检查的重点内容：

一是要严厉查处应关未关和明停暗开的小矿小厂，严防死灰复燃。对应关未关的，地方政府要立即采取关闭取缔措施；对已关闭小矿小厂擅自非法恢复生产的，要没收其全部非法收入，并严肃追究当事人的法律责任和相关人员的行政责任。

二是要彻底排查煤矿“一通三防”安全隐患。瓦斯灾害严重的煤矿，必须认真贯彻“先抽后采，监测监控，以风定产”的方针，依法保证安全生产投入，完善瓦斯防治设施和设备，提高矿井防灾、抗灾能力，从源头上避免特大事故的发生。

三是认真检查交通运输安全情况。公路和水路交通要严厉查处交通运输工具带“病”运行、严重超载、农用车载客和疲劳驾驶等违规违章现象。民航要认真抓好飞行、机务、空管、安检等关键环节，保证航空运输安全。

四是要对爆炸物品和危险化学品的安全管理进行全面检查。通过检查，促使各有关方面加强对易燃易爆物品和危险化学品的生产、包装、储存、销售、使用等各个环节的监督和管理。坚决取缔无证非法生产的小火药厂、烟花爆竹作坊和危险化学品个体运输户。严肃查处私自藏匿雷管、炸药等爆炸物品的非法行为。

五是搞好公众聚集场合的安全检查，防止出现群死群伤事故。对广场、车站、码头、机场、大型商场、公园、旅游景点、游乐场、影剧院、歌舞厅、网吧、宾馆饭店等公众聚集场合的安全状况，要全面进行一次检查。层层建立以消防安全为重点的安全责任制，并抓好落实。消防设施、安全条件不完善的，要立即采取整改措施。存在重大安全隐患的，必须马上停产、停业整顿。同时要制订事故应急预案，加强安全保卫，做到万无一失。

三、深化安全生产专项整治，搞好安全生产督查，在抓落实上狠下功夫

各地区、各部门要按照国务院的统一部署，继续深入开展以道路交通安全、煤矿安全和危险化学品安全为重点的专项整治。对不具备基本安全条件的企业，该关的关，该停的停，该整顿的整顿。对不符合安全要求的运输车辆，该取缔的取缔，该停运的停运。依法建立健全各项安全管理规章制度，在集中开展专项整治的基础上，逐步纳入规范化管理的轨道。

开展督查和检查，对于推动安全生产专项整治和各项安全措施的落实，是必不可少的重要环节。要认真总结经验，形成制度，长期坚持下去。继续有针对性地开展综合督查和专项督查活动，对督查中发现的问题，要督促有关地方政府和单位采取措施进行整改，直到整改完成；对重大危险源和重大隐患，要定期在新闻媒体上公布，并向有关省区和单位下达重大隐患限期整改通知书，使安全生产工作真正做到有布置，有检查，有落实。

四、认真学习宣传和贯彻《中华人民共和国安全生产法》，依法加强安全生产工作

《中华人民共和国安全生产法》以下简称《安全生产法》将于11月1日起正式施行。要进一步加大宣传力度，强化全民安全生产法律意识，为法律的正式施行创造有利的舆论环境。要抓住贯彻实施《安全生产法》的有利时机，全面加强安全生产工作，形成长效机制。一是依法加强政府对安全生产的监督管理。各级政府要加强对安全生产工作的领导，支持、督促有关部门依法履行安全监管职责，及时协调解决安全生产工作中的重大问题。二是要依法搞好生产经营单位的安全生产保障工作。严格执行《安全生产法》确立的企业主要负责人安全生产责任制度、企业主要负责人安全资格制度、企业安全生产工作机构和人员力量配置制度、工伤社会保险制度等重要法律制度，进一步提高各类生产经营单位特别是非公有制企业的本质安全水平。三是要依法规范广大从业人员的生产安全行为。要组织广大员工认真学习《安全生产法》，了解掌握法律关于从业人员安全生产权利义务的各项规定，动员他们积极参与安全生产工作，自觉遵守安全生产法律法规和规章制度，制止违章违纪现象。通过努力，把安全生产工作尽快纳入法制轨道，推动我国安全生产状况的稳定好转。

国家经贸委主任李荣融在2002中国国际安全生产论坛暨中国国际安全生产及职业健康展览会开幕式上的讲话

（2002年10月10日）

很高兴出席中国国际安全生产论坛暨中国国际安全生产及职业健康展览会开幕式。我代表国家经济贸易委员会向出席会议和展览会的各位代表表示欢迎！

中国政府一贯重视安全生产工作，把安全生产作为国家的一项基本政策，坚持“安全第一，预防为主”的方针。近几年，在我国经济持续快速发展的同时，各级政府坚持把安全生产工作放在突出位置，作为整顿和规范市场经济秩序的重要内容来抓，经过不断开展专项整治，加强制度建设和日常管理，强化监督检查，促使全国安全生产形势总体趋于稳定，特别是工矿企业的安全生产状况趋于稳定好转。

但是也要看到，由于我国生产力发展水平不均衡，安全生产工作的基础还很薄弱，尤其是面广量大的非公有制中小企业亟待提高，一些重大事故隐患仍未消除，安全生产形势依然严峻，与发达国家相比还有很大的差距。为此，我国政府始终强调，要坚决贯彻“安全第一，预防为主”的方针，并通过法律规范和政策导向，促进各生产经营单位加大安全措施的投入，依靠科技进步，提高安全管理水平，建立安全生产的长效机制。同时要进一步扩大安全生产领域的对外交流与合作。此次中国国际安全生产论坛暨中国国际安全生产及职业健康展览会，对学习和借鉴国外安全生产技术和管理经验及开展国际合作具有重要意义。国务院领导对论坛和展览会非常关心，吴邦国副总理专门发来了贺信。希望通过各位的共同努力，把论坛和展览会办好，办出成效。

祝2002中国国际安全生产论坛暨中国国际安全生产及职业健康展览会获得圆满成功！

国家经贸委副主任石万鹏在全国安全生产工作会议上的讲话（摘要）

（2002年1月15日）

一、要坚持不懈贯彻“安全第一，预防为主”的方针。各地区、各部门必须从保稳定、促发展、维护人民群众根本利益的政治高度，切实抓好安全生产工作的“四个转变”：一是从各类安全事故的事后查处向事前预防转变，把工作重点放到预防为主上来；二是从只抓国有企业向抓各种经济成分企业转变，特别要加强私营、个体经济成分企业的安全监察；三是从传统的安全生产管理模式向现代化安全生产管理模式转变，依靠科技进步和科学管理促进企业建立安全生产自我约束机制；四是让企业经营者、职工由“要我抓安全”向“我要抓安全、我会抓安全”转变。

二、今年的安全生产工作要抓巩固、抓提高，重点抓好危险化学品以及小煤矿的综合整治。危险化学品整治，要按照邦国副总理的指示，一是完善法律法规，加强监察执法。《危险化学品安全管理条件》（修订案）已经国务院常务会议原则通过，正式颁布后，各地区、各部门要认真学习宣传和贯彻实施。二是从生产使用环节入手，坚决关停一批危险化学品的生产厂和生产线，关停一批非法使用氰化物等危险化学品的小金矿、小电镀厂等，从源头上根除隐患。三是加强危险化学品的储运管理，严格按照《条例》规定，加强包装运输等重要环节的管理，对剧毒化学品要实行审批登记，全程跟踪管理。小煤矿的安全整治，要继续落实郑州现场会和国办68号文件精神，对“四个一律关闭”的对象，一定要关实关死，严防死灰复燃。随着煤炭市场的好转、煤价的恢复性上涨，已关闭的小煤矿反弹的可能性非常大，这也是国务院领导最担心的事情。如果出现反复，小煤矿死灰复燃，我们这几年的工作将前功尽弃，煤炭行业刚刚出现的转机就会失去，对经济运行秩序也会产生严重影响，因此，必须一抓到底。所有煤矿都要健全安全生产责任制，落实安全措施，加大安全投入，提高防范事故的能力。

三、加强安全生产监督检查，切实落实特大安全事故行政责任追究的规定，严肃查处各种事故。围绕明年的安全生产工作，要加大监督和监察的工作力度。对安全整治的各阶段、重点地区、重点部位都要安排督促检查工作。督促检查工作要有针对性，有明确要求。要组织技术骨干参加检查，防止检查走过场。加强对重大事故隐患和危险源的监控，落实责任，落实措施。要充分发挥新闻媒体等各种宣传工具的作用，搞好舆论监督。在坚持正面宣传为主的同时，抓住典型，揭露存在的问题。

四、坚持标本兼治，把安全生产工作纳入法制化、规范化轨道。一要加强安全生产的法制建设。二要理顺安全监管的职能，切实做到各尽其职，各负其责。国家安全生产监督管理局作为安全生产的综合管理部门，要大胆履行职责，做好日常的综合协调工作。三要加强安全生产监管执法队伍的建设。省、地（市）、县各级政府都要重视安全生产监管队伍的建设，确保各项安全法律法规的贯彻实施。四要促使各类企业建立安全生产的自我约束机制。要加强安全生产防范体系建设，建立安全生产技术保障与支撑体系，把工作重点落实到企业。

五、要认真贯彻落实党的六中全会精神，转变作风，狠抓落实。

国家经贸委副主任欧新黔在煤矿安全整治会议上的讲话（摘要）

（2002年4月9日）

一、国民经济运行良好，工业生产呈现较快增长势头，煤炭行业经济形势继续呈现恢复好转

从目前掌握情况看，一季度，国民经济开局良好，工交经济运行中出现了一些积极变化。煤炭行业经济形势继续恢复性好转。但部分地区已出现供大于求的迹象。一是煤炭产量增长过猛，部分地区已经出现供大于求的迹象。1～3月份，全国煤炭产量达到2.64亿吨，同比增长16.4%，其中山西、山东、黑龙江等重点产煤省区和企业的增幅均在27%以上。产量的过快增长，已经超出了市场需求，致使一些地区的煤炭价格开始呈下滑态势。二是煤炭出口增速大幅回落。扩大出口的形势将更加严峻。三是关闭整顿小煤矿工作进展不平衡。个别地区安全生产条件差、证照不全的小煤矿仍在生产，今年以来已发生了几起无证小煤矿瓦斯爆炸事故。部分省区停产整顿小煤矿的复产验收进展缓慢，截止到2月底，河北、辽宁、安徽、湖北、云南、甘肃、青海等省的小煤矿经过省级有关部门验收的比例低于40%。在煤炭市场好转后，有些地区放松了对已关闭小煤矿的监督检查，为死灰复燃提供了可乘之机。

以上问题必须引起我们的高度重视，否则，煤炭行业将会再度滑落到产品供大于求、企业经营困难的被动局面。为此，最近国家经贸委连续下发了《关于进一步加强关闭整顿小煤矿工作的通知》和《关于加强煤炭行业总量调控工作的通知》，希望各单位能够结合本地实际情况，抓好落实，务求实效，坚决遏制盲目增产和已关闭小煤矿死灰复燃严重的势头，继续推进压缩过剩、落后生产能力的工作，已淘汰的生产能力，绝不能以任何借口和形式恢复生产，确保煤炭行业经济形势进一步好转。

二、突出小煤矿这个重中之重，采取过硬措施严防死灰复燃，巩固发展煤矿安全整治成果

解决好小煤矿的问题，是煤炭工业经济结构调整的中心任务，也是煤矿安全生产工作的关键环节。在煤矿安全专项整治中，要始终紧紧盯住小煤矿这个重中之重，狠抓关闭整顿和各项整治措施的落实。

当前小煤矿的问题突出表现在：一是该关的不关，由于少数地方工作不到位，对非法矿主打击不力，一部分不具备安全生产条件、本应关闭的小煤矿，未能按要求予以关闭。目前一些地方还存在"两证"不全的非法矿井。二是关井标准低，造成关而不实，关而不死，为这些矿井重新恢复生产保留了有利的条件。在煤炭市场销售转旺和高额利润驱动下，各地小煤矿死灰复燃现象大有愈演愈烈的趋势。如不拿出过硬措施迅速制止，一个时期来的煤矿安全整治成果就有可能丧失，煤矿安全状况的稳定好转就难以实现，国有煤炭企业扭亏增盈的好势头也难以长期保持下去。为此，各地政府要把关闭整顿小煤矿的工作继续摆在重要位置上，继续下功夫抓紧抓好，确保国务院办公厅2001年25号明电、68号文件的各项要求以及郑州现场会精神，得到不折不扣的贯彻落实。

一是要抓好复产验收，验收不合格的立即关闭。停产整顿小煤矿的复产验收工作，必须严格按照规定的标准，在确保质量的前提下抓紧进行。凡验收不合格，未能通过省级政府的批准并重新核发"四证"的小煤矿，必须一律列入关闭取缔对象，立即予以关闭，不得以任何借口拖延。

二是所有关闭的小煤矿，都必须按照规定标准关实关死，不留后患。所有关闭的小煤矿，都要收缴吊销其所有的证照；生产建设技术资料和地质资料，要统一收缴到煤炭管理部门；火工用品由当地公安部门进行清理和统一处理；矿井井筒要毁闭，井口场地要平整，矿井设备和供电、通讯线路、供水管路要全部拆除，不留从业人员，矿井财产得到妥善处理。主管部门对被关闭矿井检查验收，填写“关闭矿井报告单”，按隶属关系上报；在省级报纸发布关闭矿井公告。

三是加强监督检查。近期，各地政府要组织煤炭行业管理、工商、公安、电力和煤矿安全监察等部门，联合进行关闭整顿小煤矿工作的检查和执法。发现已关闭小煤矿、停产整顿未经验收或验收不合格小煤矿非法恢复生产的，要没收其全部非法所得，强制关闭，依法追究小煤矿业主的刑事责任。并按照省级人民政府制定的行政责任追究办法，逐级追究地方政府主要领导以及火工品、电力供应、矿区流动人口和劳动用工管理等有关部门主要负责人的责任，涉及腐败问题的要从重从严查处。对经批准恢复生产后管理松弛、重新出现严重安全隐患的小煤矿，要责令其立即停产整顿，在规定期限内达不到要求的一律关闭。

四是要加强宣传，发动群众进行监督。各地要把国家关闭整顿小煤矿和深入开展煤矿安全整治的有关精神，传达贯彻到各级干部和矿区群众中去，做到家喻户晓，人人皆知。加大宣传教育力度，把煤矿安全整治和关闭整顿小煤矿的工作，置于社会各界和广大群众的监督之下。对已关闭小煤矿死灰复燃的，违法违规导致重、特大事故的，对抗安全整治造成严重后果和恶劣影响的，领导干部充当非法矿主保护伞的，要在严肃查处的同时，在媒体上进行揭露和曝光。

在抓好小煤矿这个重中之重的同时，还要切实抓好国有地方煤矿的安全整治，明确国有地方煤矿的安全整治责任，加强和改进安全生产基础工作，坚决扭转这类煤矿事故多发的局面；切实搞好国有重点煤矿的安全工作，用好国家安全技术改造政策，完善矿井“一通三防”设施设备，防止盲目突击生产，坚决遏制重、特大事故的发生。

三、加强领导，搞好组织协调，确保整治工作的顺利进行

国务院已经明确，包括煤矿安全整治在内的五项安全整治，由地方人民政府负责组织实施。各地政府要落实煤矿安全整治领导责任制，切实解决好县、乡基层干部的思想认识问题，增强各级干部抓好整治工作的自觉性。要按照这次会议的统一部署，参照国家煤矿安全监察局下发的深入整治方案，紧密结合实际，尽快拿出本地区整治工作具体方案，明确整治重点和步骤、措施，把煤矿安全整治工作落到实处。

煤矿安全监察机构在煤矿安全整治中，肩负着十分重要的职责，必须全力以赴，密切配合。要把煤矿安全整治工作的实际效果，煤矿安全状况是否得到明显改善，作为衡量监察执法工作成效的重要标准。要自觉坚持“预防为主”的监察工作方针，要把事后监管与事前监管结合起来，把监察执法的着眼点往前移，及时发现和消除煤矿事故隐患，有效纠正影响煤矿安全的错误行为。要把整治工作的难点作为监察执法的重点，加大监察执法工作力度，依法关闭不具备基本安全生产条件的小煤矿；依法制裁已关闭小煤矿死灰复燃现象；依法纠正违法违规指挥和作业行为；依法查处煤矿事故，追究事故责任，通过强有力的行政执法，促进煤矿安全整治工作。

煤矿安全整治是一项艰巨的任务，牵扯到方方面面。要在地方政府的统一领导下，在煤矿安全监察机构、煤炭行业管理部门的协调配合下，调动国土资源、工商管理、公安、检察、电力、税务等相关部门的积极性，分口把关，协同作战，形成煤矿整治工作的强大合力。

国家经贸委副主任欧新黔在安全生产工作座谈会上的讲话（摘要）

（2002年7月9日）

一、认清当前安全生产形势，提高认识，狠抓落实

安全生产事关人民群众生命财产的安全，事关改革开放稳定的大局。任何时候，任何情况下，都要把安全生产作为第一位的大事认真抓实抓好，常抓不懈。虽然在安全生产上我们做了许多工作，取得一些成效，但当前安全生产形势仍需高度重视。

根据国务院第58次常务扩大会议和国务院办公厅《关于立即组织开展全国安全生产大检查的紧急通知》的要求，在各地自查的基础上，国务院组织了14个检查组，共142人，从5月下旬开始，分别对相关的部委、民航、铁路、水上交通、石化、电力、军工6个系统，广东、山西、湖南、黑龙江、河南、四川、贵州7个省，进行了重点抽查。从检查情况看，各省、自治区、直辖市和国务院有关部门对安全生产重视程度普遍有所提高，工作有所加强，但通过检查也查出了许多问题。主要有：

1．安全生产工作中存在形式主义

有的单位抓安全工作，只停留在会议上，一个接着一个地开会。以会议贯彻会议，以文件贯彻文件，以讲话贯彻讲话，对上面的批示照搬照抄，既不调查研究，也不督促检查；有的单位未在实际工作中把对安全工作的基本要求与本单位的具体情况结合起来，安全工作缺乏针对性；有的单位有令不行，有禁不止，规章制度形同虚设，管理混乱、漏洞百出、事故频发；还有的口号多，行动少，追求表面，把安全工作的方针政策、规程制度变为口号，使安全第一的工作在一片落实声中落空。

形式主义也导致安全工作出现了从上到下层层衰减，逐级弱化的趋势，正像邦国同志提出的安全生产工作“落实不下去，严不起来”的问题十分严重。特别是县、乡两级对安全的重视程度很不够。这次国务院派出的14个检查组，各有关部门的领导带队，采用抽查、检查等多种形式，深入企业，查找、研究、解决安全工作中存在的问题，在深入基层、深入实际、调查研究方面带了好头。

2．没有处理好生产、效益、安全的关系

在转轨时期，有的企业只追求效益、速度，忽视安全，在安全设施上没有足够的投入，更没有采用科学的安全措施，造成安全设施欠账太多，装备老化，事故隐患十分严重。有的地方对所辖范围重大事故隐患的监控和排除措施不落实，整改不力，无人负责，酿成大祸。

3．对落后的小矿、小厂关闭整顿工作进展不平衡，对非法开采制止不力

由于地方政府特别是县、乡两级政府思想认识有差距，关闭整顿工作不到位，死灰复燃现象严重。有的利欲熏心，只顾赚钱，无视法律法规规定，对非法开采的企业未采取强有力措施予以关闭，甚至把企业包给个体业主。

4．安全监管力量配置和职责履行方面存在较大的差距

有的地区至今没有建立安全生产监管机构，甚至没有专职安全监管人员。有的没有建立完善的安全制度，难以进行有效、规范、严格的管理。

5．在事故调查处理和行政责任追究上存在严不起来的问题

检查组对7省去年以来发生的83起特大事故查处情况进行抽查，发现一些地方对事故查处不及时、不严肃，对责任者姑息包庇，甚至易地做官。

6．在建立安全生产长效机制上，研究不够，尚需付出更大的努力

要调查、了解市场经济发展给安全生产管理带

来的新问题，转变工作方法，坚持依法行政、依法管理。

当前，我们正在深入学习江总书记的“5·31”重要讲话，加深对“三个代表”重要思想的理解。“三个代表”最根本的就是代表最广大人民群众的利益，这是“三个代表”的本质。遏制重、特大事故，促进全国安全生产状况的稳定好转，是实践“三个代表”重要思想的具体体现，也是坚持“执政为民”的具体要求。我们必须从讲政治、促发展、保稳定的高度，增强抓好安全生产工作的责任感和紧迫感，牢固树立安全第一的思想，正确处理安全与生产、安全与效益的关系，以对党和人民高度负责的精神，尽职尽责地抓好安全生产工作。

关于这次大检查的情况，已经专门向邦国副总理作了汇报。邦国副总理听取检查组汇报后指出，虽然各地区、各部门在加强安全生产方面做了大量工作，取得一定成效，但必须清晰地认识到，安全生产工作中还存在许多亟待解决的深层次问题，安全生产形势仍相当严峻，要有长期作战的思想准备，必须常抓不懈，警钟长鸣。要在严格管理、狠抓落实方面下功夫。按照邦国副总理的指示，下一步要认真做好大检查后的整改与督察工作。由国家安全生产监督管理局负责，对大检查查出的问题进行梳理，把发现的重大事故隐患作为下一步监察的重点，实施全面督察：一是由监察部牵头，有关部门参加，开展贯彻落实国务院 302 号令、实行特大安全事故行政责任追究情况的督察；二是由公安部牵头，有关部门参加，开展道路交通安全专项整治进展情况的督察；三是由国家煤矿安全监察局组织实施，开展煤矿安全监察执法落实情况的督察。

二、树立安全第一，预防为主的思想，认真做好几个方面工作

1．履行好安全生产的职责

安全生产的职责问题，应该说是很明确的问题，但仍须进一步明确：这就是每个部门、行业、单位都存在安全管理问题，要把安全与生产、安全与经济运行、安全与行业管理紧密结合起来，把安全管理渗透到生产、经营的各个环节。国家安全生产监督管理局则要按照《安全生产法》的规定，对全国安全生产工作实施综合监督管理，做好安全生产的执法监管工作。

2．认真做好基层工作和安全基础工作

各个行业、企业、单位有自己不同的安全内容，要针对本部门具体情况制定相应的安全制度和措施，把安全的基层工作及安全设施、设备、培训等基础工作真正抓好，并落实到基层，落实到单位，落实到个人。要坚持安全教育经常化，牢固树立“安全第一，预防为主”的思想。要以对党、对国家、对人民高度负责的精神，按“三个代表”要求，牢记江总书记“隐患险于明火，防范胜于救灾，责任重于泰山”的教导，克服形式主义。各级领导干部必须把精力和时间放在抓落实上，要坚持经常、定期进行安全教育，凡有关安全的国家法律和部门规章，每年要组织系统反复学习，使从业人员知法、懂法、守法，实现依法管理。各有关宣传部门和单位要采取多种形式，经常反复做好安全法律、法规、安全科普知识、增强安全防范意识的宣传教育工作。把跟着事故跑的被动抓安全的状态变为抓基层、抓基础工作、抓事前监督的主动开展工作。

3．重视安全投入、排除安全隐患

在安全生产管理上我们一贯强调的是“安全第一，预防为主”，这次《安全生产法》在总则中对这一原则作了明确规定。因此，安监部门要在“预防”两字上多做文章，要真正实现“安全第一，预防为主”。我认为，除了增强安全意识外，还要加大安全生产的资金投入。当前我国安全生产工作基础薄弱，安全投入严重不足，“6·20”鸡西事故也暴露出我国煤矿安全生产投入严重不足的问题。有人统计，目前我国对安全的投入占 GDP 的比重不足 1%，而在发达国家预防资金投入占 GDP 的 3.3%，要提高中国的安全生产水平，需要加大安全生产的投入。一方面需要国家和各级政府对安全生产加大投入，解决技术装备及涉及公共利益重大安全隐患问题；另一方面企业一定要把安全措施资金的投入放在首位，做到不符合安全规程、未排除隐患决不开工。

4．安全生产责任制问题

这次国务院组织 14 组的安全大检查，其中重要的内容之一是各级领导安全生产责任制落实情况。检查中发现各级政府都对安全生产的重视程度越来越高，基本建立了安全生产责任制，形成了比较健全的责任体系，但在安全生产责任制上又普遍存在着形式主义、落实不下去的问题。因此，各级政府及安监部门要本着对党和人民高度负责的精神，确实把安全生产责任制落到实处，主要领导要负起责任。部门之间、单位之间，遇到安全工作的交叉问题，要尽快明确职责，做到各司其职，通力合作。这次《安全生产法》确定了“生产经营单位的主要负责人对本单位的安全生产工作全面负责”的制度，各级安监部门要督促基层单位建立起安全生产责任制。形成对领导干部和企业负责人有效地安全生产责任追究制度。

总之，要以《安全生产法》实施为契机，认真落实《安全生产法》和其他安全法规中确立的领导责任追究制度、直接责任人严肃查处制度、事故救援制度等。

三、要把学习、宣传贯彻《安全生产法》作为一件大事抓紧、抓好

已经审议通过正式颁布的《安全生产法》，是我国第一部全面规范安全生产的专门法律，是各类生产经营单位及其从业人员实现安全生产所必须遵循的行为准则，是各级政府及其有关部门进行安全生产监督管理和行政执法的法律武器。这部法律的出台，历时20多年，实属不易，我们要倍加珍惜。各地、各行业、各单位要采取多种形式，组织干部、工人逐条逐句地学习法律条文，熟悉所确立的基本法律制度，掌握精神实质。特别是各级安全生产监管部门和煤矿安全监察机构的工作人员，要先学一步，学深学透，进一步增强依法行政的自觉性，提高安全监督与安全监察的执法素质。

《安全生产法》将于11月1日起开始实施，要做好施行前的各项准备工作。国家安全生产监督管理局负责综合协调，各相关部门密切配合，抓紧研究制定《安全生产法》实施细则和各项配套法规、规章，依法修订各行业的安全规程、安全标准。地方也要尽快研究制定地方性法规。其中已经列入今年立法计划的项目，要抓紧组织实施。

依据《安全生产法》的有关规定，为强化安全生产的监督管理，要建立健全各级安全生产监管机构，抓紧做到机构、人员、经费落实到位，理顺关系，明确职责，尽快形成全国分级管理的安全生产监管体系。要真正建立健全安全生产责任制，各级领导要带头严起来，一级抓一级，逐级负责，改变那种责任不清、纪律松弛、管理不严、有章不循的状况。要加强管理，狠抓落实，对安全工作一定要反复抓，抓反复，常抓不懈，警钟长鸣，为实现“安全第一，预防为主”努力工作。

同志们，安全生产作为我们国家的一项基本政策，越来越成为全社会关注的热点。从事安全生产监督管理工作的同志，肩负的责任是光荣而又艰巨的。希望大家继续发扬艰苦奋斗、开拓进取的精神，以更加深入扎实的工作作风，落实好今年的各项任务，促进全国安全生产状况的稳定好转，以新的成绩迎接党的十六大的胜利召开。

国家经贸委副主任欧新黔在国务院新闻办公室记者招待会上的讲话

（2002年10月29日）

《中华人民共和国安全生产法》经九届全国人大常委会第28次会议审议通过，将于11月1日正式生效实施。《安全生产法》作为安全生产领域的基本法律，全面规定了安全生产的方针、原则、制度、具体要求及责任。它的出台反映了我国政府对安全问题的高度重视，反映了人民群众对安全生产的愿望和要求，也是安全生产全面纳入法制化的标志。我们要认真学习《安全生产法》，学会在市场经济条件下用法律手段管理安全工作。

《安全生产法》在总则中明确规定:安全生产要坚持“安全第一,预防为主”。这一指导方针要贯穿在安全生产和经济运行的各个环节。执行这一指导方针的目的是从根本上防止和减少安全事故的发生,保障人民生命和财产的安全,促进经济发展,真正做到在生产与安全发生矛盾时,生产必须服从安全;在效益与安全发生矛盾时,效益必须服从安全。

《安全生产法》确立了许多重要制度，如生产经营单位的责任制度；经营单位负责人为安全责任人制度；政府的监管制度；行政责任追究制度；从业人员的权利义务制度；安全救援制度；事故处理制度；隐患处置制度；关键岗位培训制度等等。《安全生产法》的实施，对于全面加强我国安全生产法制建设，强化安全生产监督管理，规范生产经营单位的安全生产，遏制重大、特大事故，促进经济发展和保持社会稳定，具有重大而深远的意义。

《安全生产法》明确生产经营单位是安全生产的主体,对生产经营必须具备的安全生产条件、安全管理机构、人员配置、主要责任人的职责、法律责任等作了严格、明确的规定。同时明确了从业人员的权利和必须履行的义务,要求从业人员必须提高自身的安全素质和安全意识,提高做好安全工作的自觉性。这是“安全第一,预防为主”的基础保证。

《安全生产法》明确了政府及安全监管部门在安全生产工作中的地位、任务和责任，各级政府及安全监管部门对安全生产负有重要的职责。各级人民政府特别是地方人民政府要切实把安全生产放在首位，处理好安全生产与稳定发展的关系，实现生产的安全、持续、稳定发展。安全生产监督管理部门要履行好法定的监督管理职责，做好安全生产的监督管理工作。

我们今天召开实施《安全生产法》新闻发布会，就是要通过进一步宣传《安全生产法》，实现安全生产工作的依法行政；就是要通过舆论和媒体形成全社会人人关注安全的氛围，使各行各业切实做到安全生产；就是要促使安全生产工作必须做到“常抓不懈、警钟长鸣、预防为主、狠抓落实”。

抓好安全工作的重点是：抓好落实，力戒形式主义。

抓好安全工作的关键是：抓好基层工作和安全基础工作。

安全责任重于泰山。我们要深入学习、宣传安全生产法，认真贯彻执行《安全生产法》，促进全国安全生产状况不断好转，促进经济的稳定发展。

国家安全生产监督管理局（国家煤矿安全监察局）局长王显政在全国非煤矿山安全整治工作会议上的讲话（摘要）

（2002年6月19日）

一、要充分认清非煤矿山安全整治工作的重要性，切实加强对这项工作的领导

我国是个矿业大国，非煤矿山点多面广，是重要的基础性产业之一。据国土资源部门2001年的初步统计，我国已经开发的矿种达181种，持证开采的矿山163992个，其中，非煤矿山123670个。如果加上各种证照不齐的矿山，总数有20多万个。去年，全国统计的非煤矿山事故有1313起，死亡1932人，其中一次死亡10人以上的特大事故9起，死亡214人，比上年上升125%和185.3%。对这个数字的准确度，我看还得打一个问号，原因就是我们的信息统计工作目前还很不健全，许多事故并未统计上来。就我国矿山的安全生产现状来看，生产力发展水平较低，从业人员素质不高，目前在世界上还处在一个较低水平，问题很多，也很严重。据国土资源管理部门掌握的情况，我国有矿业城市300多个，每年因采矿地面塌陷造成的损失高达4亿元以上。做好非煤矿山安全生产工作，不仅关系到人民群众的生命财产安全，而且关系到社会的稳定和矿业经济的持续健康发展。

去年广西南丹“7·17”特大透水事故后，国家局党组把非煤矿山的安全整治列为安全专项整治的一项重要内容，加大了工作力度。经过近一年来的工作，不少地方在非煤矿山安全整治工作上取得了一些成果。今年截至6月16日，全国非煤矿山事故发生410起，死亡548人，其中特大事故2起，死亡22人，同比均有所下降，但存在的问题仍然很多，其中最主要的，就是进展不平衡，对整治措施落实不下去，事故责任追究严不起来。不少地方对非煤矿山企业的底数不清，情况不明，工作无从下手。因此，各地要进一步提高对非煤矿山安全生产工作重要性的认识，要从实践“三个代表”重要思想的高度，从讲政治、促发展、保稳定的高度，切实加强对非煤矿山安全整治工作的领导，采取有力措施，遏制各类重、特大事故发生，促进非煤矿山安全生产状况的稳定好转。

二、突出重点，依法行政，努力把非煤矿山安全生产纳入法制化管理的轨道

六部委（局）联合下发的《关于加强非煤矿山安全整治工作的意见》，明确了今年全国非煤矿山安全整治工作的指导思想、整治目标和工作重点。这次会议，又对整治工作提出具体的要求。各地、各单位一定要在分析把握本地非煤矿山安全生产基本状况的基础上，针对存在的突出问题集中排查，坚持办矿标准、办矿条件；严格市场准入，把住入口，严格监控危险源，消除重大事故隐患；特别是要建立企业安全评估、事故隐患排查制度；各级领导、安监人员实行安全责任制，真正做到预防为主，关口前移；认真研究非公有制企业加强安全生产监督的制度措施；依法管矿、办矿；集中抓好各类小金矿特别是大量使用氰化钠等剧毒物品的小金矿及事故频发、破坏资源、污染环境、不具备基本安全生产条件的采石场和稀有贵重金属矿山的安全整治工作，尤其要加强对各类私营、个体小矿山和小采石场的整治工作力度。另外，对非煤矿山井下开拓系统、通风系统、排水系统及地面的危险化学品库、尾矿库、爆破器材库、采矿场、混汞法选金设施和金矿露天氰化堆浸场，也要搞好治理。要依法取缔各类非法矿山，关闭不具备基本安全生产条件的各类小矿山、小采石场，搞好安全基础设施建设。通过整治，消除重大隐患，提高防御能力，使非煤矿山的重、特大事故得到有效遏制。

搞好专项整治，必须坚持依法行政。要严格依照有关安全生产的法律法规和规章规程开展非煤矿山安全整治工作，加大监督执法力度。扶持合法、正规开采的，限制违规的，取缔非法的。

在开展整治工作的同时，为适应建立社会主义市场经济体制和加入WTO的新形势、新要求，要尽快建立健全非煤矿山安全生产法律法规体系，依法监督管理非煤矿山安全生产，把非煤矿山安全生产工作尽快纳入法制化轨道。要依据国家的产业政策，切实加强对各种矿产资源的管理，正确处理经济发展同人口、资源、环境的关系，坚持资源开发与节约并重。资源是不可再生的，不能干吃祖宗饭、断子孙粮的蠢事。要把节约放在首位，提高资源综合利用率，统筹规划矿产资源开发，实行资源有偿使用制度，推进资源资产化管理，合理开发利用和保护资源。

三、转变作风，狠抓落实，把非煤矿山安全整治的各项措施真正落到实处

面对非煤矿山安全专项整治的艰巨任务，要取得新的成效，必须弘扬求真务实的工作作风。从去年安全整治工作的情况看，凡是作风深入，认真抓落实的地区和单位，整治的成效就大。反之，以会议落实会议、以文件贯彻文件，不仅不会收到实效，而且还会给工作带来被动。所以，对非煤矿山安全整治工作，必须在抓紧、抓实、抓细上下功夫。对上级的指示和部署不能满足于一般化的号召，要认真研究本地区、本部门的客观实际，把握矛盾的特殊性，有针对性地提出解决问题的办法和措施，这是抓落实的出发点和落脚点。因此，在专项整治工作中，一定要选好切入点，拿出硬措施，在“实”字上下功夫。要加强监督检查，锲而不舍，一抓到底。

在建立和完善市场经济体制的进程中，安全生产工作面临许多新情况、新问题。各级领导机关，要腾出时间和精力多深入基层，搞好调查研究，努力探索适应市场经济条件的非煤矿山安全监管新路子，特别要研究对非公有制矿山企业加强安全监管的新措施，促进各类矿山企业建立健全安全生产自我约束和激励机制，切实落实安全生产责任制，加强安全投入，搞好基础建设，提高综合防范事故的能力。

认真履行职责　依法强化监管
努力开创全国安全生产工作新局面（摘要）

——国家安全生产监督管理局（国家煤矿安全监察局）局长王显政在安全生产工作座谈会上的讲话

（2002年7月9日）

这次座谈会，主要是贯彻落实最近一个时期国务院领导同志关于安全生产的重要指示，总结上半年的工作，分析当前的安全生产形势，按照国务院的统一部署，安排下半年的工作任务，进一步统一思想，完善思路，认真履行好国家赋予我们的职责，依法强化安全监管，加大安全监察执法力度，遏制重、特大事故多发的势头，促进全国安全生产状况的稳定好转，开创新的局面。

一、认清当前安全生产的形势，增强做好安全生产工作的责任感和使命感

国家安全生产监督管理局组建两年来，在宝明同志为首的局党组领导下，认真贯彻落实党中央、国务院的一系列重要指示，一手抓机构组建和队伍建设，一手抓安全生产监督管理和煤矿安全监察，为减少特大事故和死亡人数，促进全国安全生产状况的趋于好转，付出艰苦努力，取得了很大成绩。主要标志：一是基本建立起全国统一、垂直管理的煤矿安全监察体制；二是加快了安全生产法制建设步伐，具有中国特色的安全生产法律法规体系正在逐步建立；三是分级管理的安全生产监管体系开始建立；四是开展了安全生产专项整治，并取得阶段性成果。

经过上下的努力工作，全国安全生产状况总体上向稳定好转的方向发展。全国除民航、道路交通外，其他行业事故都是下降的。但是，由于我国安全生产工作基础比较薄弱，安全生产的形势依然严峻。一是全国事故总量居高不下。1～5月份全国共发生各类事故447043起，死亡52834人，同比分别上升9%和5.8%。二是特大事故时有发生，有时还比较集中。截止到6月30日，全国共发生特大事故68起，死亡1371人，同比事故起数下降1.5%，死亡人数上升9.6%。今年除两起空难之外，煤矿、道路交通等方面的特大事故也比较多。上半年全国煤矿共发生特大事故28起，死亡579人。特别是国有大矿特大事故明显增多，像淮南局的芦岭矿、开滦局的林西矿、攀枝花局的花山矿、鸡西局的东海矿，都发生了特大的瓦斯爆炸事故，尤其是鸡西局城子河煤矿“6·20”特大瓦斯爆炸事故，死亡115人，在社会上造成恶劣影响；上半年道路交通发生特大事故27起，死亡407人，同比分别上升8%和7.4%。三是事故隐患普遍存在且相当严重。从今年两次安全大检查的情况看，安全上的隐患可以说无处不在，而且很多隐患没有认真整改。

分析当前安全生产工作中的突出问题，仍是邦国副总理指出的“落实不下去，严不起来”。具体表现在：

一是思想认识上有差距，责任制不落实。在一些领导同志的头脑里“安全第一”的思想树得不牢，抓安全生产的积极性从上到下呈现层层衰减、逐级弱化趋势。特别是一些县、乡政府和企业的负责人，仍然摆不正安全与生产、安全与效益的关系，存在着重生产、轻安全的倾向，安全生产责任制不落实。鸡西城子河煤矿的“6·20”特大瓦斯爆炸事故，就是由于在“一通三防”上责任不落实，管理不到位而导致的。

二是生产力发展水平低且参差不齐。特别是大量非公有制小企业、小网点，技术落后，质量低劣，根本不搞安全投入，作业条件差，事故频发。今年以来全国发生的68起特大事故中，非公有制经济成分的占了60%。5月份煤矿发生的9起特大事故，都在小煤矿。2月18日河北唐山古冶区一非法个体游戏厅发生火灾，死亡17人。6月16日北京海淀区一非法个体网吧发生火灾，死亡21人。

三是企业安全生产基础工作薄弱，安全投入严重不足，安全防御能力下降。据统计，全国561处国有大中型矿井中，高瓦斯矿井占277处，其中有154处未建立瓦斯抽放系统，有231处无安全监控系统，安全欠账达30多亿元。一些资源枯竭的小矿山，企业关门走人了，但尾矿库等安全隐患留下了，严重威胁着人民群众的生命财产安全。

四是安全生产监督管理不到位，责任追究不严。一些单位对安全生产规章制度执行不严，对"三违"现象熟视无睹。一些地方监督检查流于形式，对事故责任者追究查处不严厉、不彻底，大事化小，小事化了。一些被列为关闭整顿的小企业、小煤矿、个体运输户、烟花爆竹小作坊、小火药厂点和一些公共娱乐场所等，以停代整，明停暗开。个别地方已关闭取缔的小矿小厂又死灰复燃。

五是安全生产监督管理体制不健全。目前各地的安全生产监管机构形式多样，全国分级管理的安全监管体系还不健全，尤其是地（市）县两级，安全监管机构不落实，人员不到位，职责不清，不适应市场经济条件下强化政府安全生产监管职能的客观要求。

随着改革的不断深化、经济的持续发展和社会的全面进步，也对安全生产工作提出新的要求，使我们面临着一系列新的挑战。主要表现在以下几个方面：

一是搞好安全生产，减少伤亡事故，是我们党和国家的性质决定的，也是人民群众根本利益之所在，更是忠实实践江总书记"三个代表"重要思想的具体体现。

二是我国加入世界贸易组织，要求安全生产工作必须上一个新的台阶。

三是建立社会主义市场经济体制，要求安全生产监管工作必须与之相适应。安全监管作为市场经济监管体系的一个子系统，是建立正常的市场经济秩序的重要环节。随着经济体制改革的深化，随着非公有制经济成分的大量出现，以及承包、租赁、股份合作等经营形式的多样化，迫切需要探讨市场经济条件下实施安全生产有效监管的新思路、新方法和新途径。

四是安全生产作为衡量社会进步和文明程度的一个重要标志，必须不断开创新局面。

面对新形势、新任务，我们确实在思想观念、工作方式、自身素质等方面存在一些不适应的问题。尤其是按照党中央、国务院的要求，距全国人民的期望，还有很大差距。对此，我们要看到差距，认清努力的方向，以与时俱进、奋发向上的精神状态，主动迎接各方面的挑战。应该看到，尽管目前安全生产领域存在的问题很多，但是有利条件也很多：首先是党中央、国务院高度重视，各级政府和有关部门安全生产责任制进一步落实，相继采取一系列措施；其次是安全生产法律法规体系逐步健全，特别是《安全生产法》审议通过，为依法强化安全监管提供了法律保障；三是全社会"关爱生命、关注安全"的舆论氛围正在形成，舆论监督和群众监督的力度加大；四是一些地区和单位在安全生产实践中探索出好的经验，涌现一批先进典型，起到了引路作用；五是通过开展五项安全专项整治和安全监察，一些重点地区、重点行业事故多发的被动局面正在扭转；六是我们的一些老部长、老同志，具有丰富的实践经验，他们多年的辛勤工作，为我们奠定了很好的基础。因此，我们要坚定信心，竭尽全力把工作做实做好，力求取得更大的成效。

二、关于今后一个时期的工作思路

今后一个时期工作总的思路是：在邓小平理论和江总书记"三个代表"重要思想指导下，认真贯彻落实党中央、国务院关于安全生产的一系列指示，坚持"安全第一，预防为主"的方针，立足防范，依法行政；关口前移，强化监管；深化整治，综合治理，促进全国安全生产状况的稳定好转。

按照这个总体思路，着眼于建立安全生产长效机制，要着重抓好"三件大事"、构建"五个支撑体系"、处理好"五个关系"、推进"五项创新"。

抓好"三件大事"：

第一，依据国家赋予的基本职能，进一步完善工作机制。新颁布的《安全生产法》第九条明确规定："国务院负责安全生产监督管理的部门依照本法，对全国安全生产工作实施综合监督管理"。这一规定，将国家赋予我们的职能法制化。依据这一规定和国家局的“三定”方案，我们担负的职责主要概括为三个方面：一是煤矿安全监察执法；二是安全生产综合监督管理；三是承担安委会办公室的日常工作。为了履行好这些职能，我们必须建立“国家监察、行业管理、企业负责、群众监督”的安全生产工作格局，努力做到：煤矿安全监察要做实，安全监管要到位。

煤矿安全监察做实，就是要提高执法的水平和效能，强化执法的权威，增强执法的效果。在这方面，要有针对性地制定必要的工作规则，比如，安全监察工作的内部责任考核、分级定期报告、领导干部的定期述职、监察执法情况的分析统计、事故处理结果的跟踪监察等等，都要有统一的规范，以保证监察执法工作的顺利实施。

安全生产监管工作到位，就是要全面履行好安全生产综合监督管理职能，并在实施监管中树立国家安全生产综合监督管理的权威。目前，在我国安全生产管理体制上，有两种情况：一是有行业管理部门的企事业单位的安全工作，主要是行业主管部门负责；二是没有行业管理部门的工矿商贸企业的安全工作，主要是由地方政府负责。针对这个现状，我们作为安全生产综合管理部门，必须依法对各行各业的安全生产实施综合的监管，同时，要充分发挥行业主管部门和地方政府的作用，建立健全各级安全监管机构和责任体系，建立必要的工作联系和协商机制，加强沟通，搞好督促、指导，加强监督检查，做好协调服务，主动配合做好工作。

第二，切实加强安全监管和安全监察执法队伍建设。提高安全监管和煤矿安全监察执法工作的水平，必须要有一支高素质的行政执法队伍。应该说，我们目前这支队伍总体上是好的。但是随着市场经济法制建设的加强和完善，对行政执法的要求越来越高，我们必须不断改善自身的素质，提高执法水平，才能适应新形势下安全监管和安全监察行政执法的需要。目前，我们一些同志甚至领导同志，对于如何行使安全执法职能并不熟悉，思想观念和工作方式都没有完全转变过来，特别是一些省级煤矿安全监察机构，在将行业管理职能分离出去之后，至今仍没有把全部精力转到监察执法上来，甚至存有某种失落感。另外在正确使用执法文书，以及执法程序、执法手段等方面，也存在着一些问题。这些问题，既有客观上的原因，但更多的是主观上的因素。所以，要把执法队伍的建设作为一项长期的任务，持之以恒地抓下去。特别是煤矿安全监察这支队伍，是国家在精简机构、压缩人员的情况下，专门拿出2800个行政编制组建的，是下了决心的，我们必须充分发挥好这支队伍的作用，认真履行好国家赋予的职责。

针对当前队伍建设的现状，要分层次、有重点地采取措施，解决存在的突出问题。

对于国家局机关来讲，要着重抓好思想作风建设，提高工作的质量和水平，强化服务意识。要提倡多做预测性、前瞻性、基础性的工作，倡导求真务实的精神，大兴调查研究之风，摸实情、说实话、办实事、求实效。要深入基层，深入实际，加强法规和政策的研究，善于发现和总结典型，运用典型指导工作。要提高调研质量，搞有情况、有分析、有建议的调研，发现带有倾向性的问题，提出解决的办法。

对省级安全监管部门和煤矿安全监察机构来讲，要着重抓好观念和职能的转变。要在认真学习领会“三定”方案的基础上，找准自身的定位，明确自身的职责，尽快把领导精力全部转到安全监管和煤矿安全监察执法上来。要强化我们这个系统的统一性，上下形成一个安全行政执法的整体，确保各项指令的畅通，确保行动的协调一致。要建立监察执法报告制度，建立工作绩效考核制度，形成有效地约束和激励机制。对完不成党组下达的安全控制指标的，对主要领导要采取必要的组织措施。

对煤矿安全监察办事处来讲，要着重抓好执法素质和能力的提高。办事处处在煤矿安全监察执法的第一线，是队伍建设的基础，国家局和省局机关都要加强对办事处工作的指导。办事处的主要任务就是监察执法，不要设专人担负安全监察以外的业务。要强化对办事处执法工作的考核，建立健全监察执法工作责任制，加强执法监督，促使办事处尽职尽责地履行好监察职责。

除此之外，还要加强对分级管理的各级安全监管机构队伍建设的指导，搞好学习培训，提高安全监管的素质和水平，形成全国统一的安全生产监管体系。

第三，以贯彻实施《安全生产法》为契机，推动安全生产法制建设。按照“依法治国”的基本方略，必须促进安全生产监督管理工作尽快走上法制化轨道，切实做到有法可依、有法必依、执法必严、违法必究。要抓住《安全生产法》出台的有利时机，抓紧研究制定实施细则和各项配套法规、规章，全面修订各行各业的安全规程、安全标准，对过去法律法规中不相适应的内容加以修改、完善，尽快形成安全生产的法律法规体系，依法规范各个方面的安全生产行为。同时，要做好地方性法规规章的收集汇总，抓好交流和指导。近两年各级地方性法规很多，这也是我们基层工作执法的依据之一，要引起高度重视。通过多种形式的宣传教育，强化人们的安全法律意识，提高贯彻执行安全生产法律法规的自觉性。要切实加强安全监察行政执法，严格依照法律法规搞好安全生产的监督管理，确保各项法律制度的贯彻实施。要认真贯彻落实国务院302号令，强化安全责任追究，加大行政处罚力度，对违犯安全生产法律法规的行为，对重、特大事故的责任者，一定要依法严肃查处，该撤职的撤职，该降级的降级，该法办的法办，真正做到有责必究、有罪必罚。

构建“五个支撑体系”：

安全生产作为一项系统工程，必须在坚持依法行政的同时，调动社会上各方面的力量，发挥中介组织的作用，采取多种手段，形成安全生产监督管理的大格局。为此，我们要构建“五个支撑体系”：

一是安全生产法律法规体系。刚才已经讲到了，就是要抓住《安全生产法》出台的有利时机，抓紧研究制定实施细则和各项配套法规、规章，做到在安全生产工作中，有法可依，有章可循。

二是安全信息工程体系。这是分析安全生产形势，及时掌握安全动态，为领导决策提供科学依据的重要保障。要加快安全生产信息网络建设，疏通各种信息沟通的渠道，加强信息的统一管理，搞好安全生产数据的调度和统计，形成上下贯通、反馈快捷、客观真实的安全信息网络体系。

三是安全技术保障体系。要加强安全生产的科研工作，明确安全科技攻关的主攻方向，提高安全监管的科技含量。要加强安全设备、劳动防护用品的安全认证和监督管理工作，进一步规范安全生产检验检测机构和中介组织的认证认可和管理工作，依靠科技进步，建立安全生产预防机制。

四是宣传教育培训体系。围绕提高安全监察人员和企业经营者安全管理水平以及全民的安全文化素质，建立功能齐全的安全培训基地，逐步将培训机构、考核标准、证书管理、培训大纲、师资和教材建设等管理工作规范化、制度化。加强安全文化建设，构建辐射全社会的安全生产宣传网络，提高宣传教育的整体效果，努力营造全社会“关爱生命、关注安全”的舆论氛围。

五是特大事故应急救援体系。包括矿山事故和危险化学品事故的应急救援。要对现有的应急救援资源进行调整和优化，有选择、分区域建立若干个基地，配备必要的现代化装备，加强人员的技能训练，对特大事故能够及时实施有力的救援和处理，从而把事故损失减少到最低程度。

围绕构建这“五个支撑体系”，我们要尽快就体系框架提出总体方案，同步考虑充分利用中介组织、科研机构、高等院校的力量，以形成支撑体系的有效延伸。

处理好“五个关系”：

国家局作为国家经贸委管理下的负责综合管理全国安全生产工作、履行国家安全生产监督管理和煤矿安全监察职能的行政机构，要按照国务院的有关规定，在国家经贸委的领导下，依法履行职能并处理好以下几个方面的关系。

一是国家局的安全生产综合管理与行业主管部门专门管理的关系。国家局所承担的安全生产综合管理职能，是带有全局性和整体性的，应该而且必须把各行各业、方方面面的安全生产工作综合管理起来。而行业管理部门所承担的安全生产监督管理工作，是专业性的或某一方面的。国家局既要指导、协调和监督行业管理部门所承担的专项安全监管工作，又不能取代行业管理部门在安全生产上的职能，要加强协调联系，相互支持配合，充分发挥行业管理部门的作用。

二是国家安全生产监督管理与地方政府安全生产监督管理的关系。国家局行使的是国家安全生产监管职能，具有权威性和统一性。国家局对地方政府所承担的安全生产监管工作应进行监督检查和业务指导，目的是推动地方政府加强对本地区安全生产工作的领导，落实各级安全生产责任制。我们必须注重依靠和善于发挥地方政府的作用，落实各项安全生产工作任务。

三是地区煤矿安全监察机构与地方政府煤炭行

业管理部门的关系。前者是中央政府派驻的执法机构，后者是地方政府煤炭行业管理部门。各有各的任务，其工作渠道和工作手段是不同的，两者是一种配合协作关系。过去是合在一起干，既当“裁判员”又当“运动员”。现在已基本将机构、职能、人员分开，今后要各司其职、各负其责，相互配合，共同推动煤矿安全生产工作。

四是安全监管与煤矿安全监察的关系。安全监管与安全监察是两种职能，这两种职能目前在国家局是合在一起的，内部有分工。由于两者毕竟是有区别的，因此在实际工作中必须把握好度，比如在法律法规的规范上，在政策的导向上，在管理的方式上，都应该有所区别，有所侧重。但是不论是监管还是监察，目的都是为了把事故和死亡人数降下来，所以必须相互支持、相互配合、形成合力。

五是国家煤矿安全监察局与煤炭工业协会等社团组织的关系。两者都是独立的法人，具有不同的职能。行业协会等中介组织作为政府联系企业的桥梁和纽带，随着市场化进程的加快，作用会越来越明显，我们必须注重发挥协会等社团组织在煤矿安全生产管理中的作用。受国家经贸委委托，国家局领导协会党的建设和思想工作；指导、监管协会的财务和国有资产；维持协会行政后勤服务不变。我们要在国家经贸委授权范围内，积极支持协会独立自主地开展工作，保障协会的办公条件和工作环境。

推进“五项创新”：

一是思维定式的创新。国家安全生产监督管理和煤矿安全监察职能，与专业经济部门的安全生产管理职能是完全不同的。我们必须转变思想，更新观念，明确定位，正确履行职责职能。对该干而且能干好的事情，要竭尽全力坚决干好；对不该干、不该管的事情，要坚决放手。要下决心跳出习惯思维和传统套路，把主要精力放在安全生产的综合监管上来，放在监察执法上来，放在加强法规、政策的调查研究上来。要重视发挥中介组织的作用，形成政府安全生产监督管理的支撑保障和服务体系。

二是事故防范机制创新。要把安全监管和安全监察工作的立足点始终放在防范事故上，坚持打主动仗。围绕着如何做到关口前移，有效预防各类事故，制定和实施一系列对策办法。比如，对企业实行安全评估，实行分类指导；实行事故隐患责任追究。对隐患不整改的，要视同发生事故一样予以追究责任。还有，对非法生产经营的和不具备基本安全生产条件的企业，要通过报纸公告、新闻发布等形式，让群众监督、舆论监督。要强化各级安全生产责任制，加强安全生产基础工作，及时发现和消除事故隐患，提高综合防范能力，把“安全第一，预防为主”的方针真正落到实处。

三是安全生产监管手段的创新。市场经济条件下政府对安全生产的监管，必须综合运用法律、经济和行政手段，进行综合治理。为此，要下决心健全和完善安全监管和监察执法机制，依法强化国家安全生产监管机构的执法主体地位，把行政执法作为我们的基本职能，依法规范各行各业和各方面的安全生产行为；要重视发挥经济政策的导向作用，从实际出发，研究和探讨一些切实管用的经济政策，运用经济杠杆调动企业抓安全的积极性；认真贯彻执行国务院302号令，加大各类生产安全事故特别是特大事故的行政责任追究力度，促使各级健全落实安全生产责任制。

四是对非公有制企业安全监管方式的创新。目前，非公有制企业特别是小企业安全生产问题较多，矛盾突出。2001年非公有制小企业发生死亡事故的起数和死亡人数，分别占全国的58%和67%；其中特大事故的起数和人数高达74%和72%。要扭转安全生产被动局面，必须强化对非公有制小企业的安全监管，探索和采取得力的监管措施。深圳、江苏、福建等地在小企业推行注册安全主任制度，以及一些地区实行安全生产风险抵押金制度等做法，都值得各地借鉴。

五是安全生产科技创新。实现全国安全生产状况的根本好转，必须建立在依靠科技进步和提高劳动者素质的基础上。要适应市场经济和现代化建设的新形势、新要求，从我国国情出发，研究制定安全科技发展规划，明确安全科技攻关的主攻方向，积极推广和采用新技术、新设备、新工艺、新材料，增强安全生产的综合防御能力，提高安全监管的科技含量。

以上这个总体工作思路，希望与会的同志们在讨论中提出进一步充实、完善的意见。

三、关于下半年的几项重点工作

第一，做好《安全生产法》的学习、宣传和贯彻实施工作。

《安全生产法》的出台，是我国安全生产法制建设上的一件大事。这是我国第一部全面规范安全生产的专门法律，是我国安全生产法律体系的主体法，是各类生产经营单位及其从业人员实现安全生产所必须遵循的行为准则，是各级政府及其有关部门进行安全生产监督管理和行政执法的法律依据，是制裁各种安全生产违法犯罪行为的有力武器。各级领导干部、生产经营单位及其从业人员，都要从实践“三个代表”要求的高度，认真学习和贯彻《安全生产法》。

各地、各行业、各单位要采取多种手段，掀起宣传学习贯彻《安全生产法》的群众热潮。要抓紧研究制定《安全生产法》实施细则和各项配套法规、规章，对过去法律法规中不相适应的内容加以修改、完善，依法修订各行各业的安全规程、安全标准，尽快形成安全生产的法律法规体系。其中已经列入今年立法计划的项目，要抓紧实施。特别是对国务院1989年颁布的34号令、1991年颁布的75号令要抓紧修改，两令合一，对事故的分级、事故调查处理程序等，作出统一的规定，依法规范事故的报送和查处工作。另外，要抓紧研究制定《石油开采安全条例》、《矿山救护条例》、《化学事故应急救援条例》、《特种设备安全监督管理条例》等。此外，还要做好地方性法规规章的收集汇总，抓好交流指导。依据《安全生产法》，要切实加大安全监察行政执法的力度，严格依照法律法规，搞好安全生产的监督管理，确保各项法律制度的贯彻实施。

第二，突出重点，深化安全生产专项整治工作。

要按照国务院的统一部署，采取有力措施，落实好深化五项安全整治的各项措施。其中煤矿和危险化学品的专项整治要作为重点，下大力量抓好抓实。

煤矿的安全生产专项整治，当前要突出国有大矿的安全整治。按照国办发（2002）17号明电要求，吸取鸡西煤矿“6·20”事故的教训，围绕国有大矿的“一通三防”，加强对重大瓦斯隐患的治理与督察，凡是超通风能力生产的、煤与瓦斯突出而未采取综合防治措施的、生产布局和通风系统不合理的以及未安装井下瓦斯安全监控系统的矿井，一律停产整顿，整顿后经验收合格，才能恢复生产。要落实好国有煤矿的安全技改项目，强化安全基础工作，继续推进质量标准化和现代化矿井建设。要督促各地继续抓好小煤矿的关闭整顿。凡是今年3月底前没有通过省级政府验收、重新核发“四证”的，由地方政府予以关闭，对关闭矿井要通过新闻媒体予以公告。该关不关的以及死灰复燃的，对矿主要绳之以法，没收全部非法所得，并追究地方政府的行政责任。针对当前煤矿透水事故多发的问题，要切实加强汛期煤矿的防汛工作，对井下排水系统不健全的小煤矿，要责令停产整改。

按照六部委局联合下发的《关于加强非煤矿山安全整治工作的意见》，针对非煤矿山企业存在的突出问题，集中抓好各类小金矿，特别是大量使用氰化钠等剧毒物品的小金矿及事故频发、破坏资源、污染环境、不具备基本安全生产条件的采石场和稀有贵重金属矿山的安全整治工作，尤其要加强各类私营、个体小矿山和小采石场的整治工作力度。依法取缔各类非法矿山，关闭不具备基本安全生产条件的各类小矿山、小采石场。另外，对非煤矿山井下开拓系统、通风系统、排水系统及地面的危险化学品库、尾矿库、爆破器材库、采矿场、混汞法选金设施和金矿露天氰化堆浸场，也要搞好专项治理，消除重大隐患。

危险化学品的安全整治，按照5月21日电视电话会议的部署，狠抓各项整治措施的落实，特别要抓好危险化学品生产、储存、运输、销售和使用单位的清理整顿。生产单位中凡采用国家明令淘汰的落后工艺、装备，以及不具备基本安全生产条件的企业，要一律予以关闭；对运输单位，要从严核发运输车辆及其负载容器的检验合格证明。禁止在内河、内湖进行剧毒化学品运输；经销单位中，对非法经营的网点要坚决取缔，对不符合规定要求的经营单位要限期整改，整改后仍达不到要求的，吊销其营业执照，予以关闭；使用单位中，对不符合有关安全、环保、职业病防治等规定，使用氰化物的小金矿、小电镀厂、小电子器件生产企业等，要予以关闭。

在专项整治中，要认真落实国务院302号令，加大行政责任追究的力度。对今年以来发生的所有重、特大事故，都要按照“四不放过”的原则，从严查处。对处理决定的落实情况，要搞好追踪监察，一抓到底。凡是不落实的，要追究领导的责任。

第三，搞好全国安全大检查的督促落实工作，加强日常的安全监督与监察。

前段由国务院组织的全国安全生产大检查很有成效，对各地、各有关部门促进很大。7月5日，吴邦国副总理专门听取了这次大检查的情况汇报，对大检查的成效给予了充分肯定。这次大检查较之过去，在检查的对象、内容和方式方法上都有许多新的突破，我们要认真总结归纳。对于大检查中发现的各种重大隐患，以及各检查组提出的整改意见，要进行梳理，分类排队，抓好跟踪督察，搞好“回头看”，对整改不力的，要追究责任。按照国务院领导的要求，下半年要围绕煤矿安全监察执法、落实国务院302号令、道路交通安全整治等三个重点，分别进行专项督察。

针对这次大检查中发现的带有倾向性的共性问题，各地要认真研究具体的政策措施，并借鉴这次大检查的经验，切实加强日常的监督与监察，特别是对重大的危险源、事故多发的重点地区和单位，要加强监控，及时发现和消除隐患，遏制重、特大事故的发生。要研究采取“关口前移、超前预防”的具体措施，如对企业实行安全评估，分一、二、三类等级，对三类的发黄牌警告，列入重点监控对象；实行事故隐患责任追究制，发现隐患，要下达执法通知，不认真整改的，要视同发生事故一样予以责任追究。又如，要建立不安全企业公告制，定期在新闻媒体公布不安全企业名单，发挥舆论监督作用。

第四，加强安全生产宣传教育和培训工作。

“全国安全生产月”和“安全生产万里行”活动已经告一段落。下一步要认真总结经验，并以月促年，围绕学习贯彻《安全生产法》，搞好宣传教育，进一步强化人们的安全意识。对目前已经建立的安全生产新闻发布会制度，要不断完善，提高质量，掌握舆论主动权。同时，充分发挥《中国安全生产报》等报刊的作用，定期公布各省的安全事故情况，搞好舆论监督。同时，以《安全生产法》为内容，搞好安全培训。特别对非公有制经济成分的个体、私营业主，依法进行强制性安全培训，培训经考试合格后，重新颁发安全资格证书，没有资格证书的，不允许上岗。继续搞好对安全监管人员和煤矿安全监察人员的业务培训，着重提高行政执法的素质和水平。这些工作都要抓好落实，讲求实效。

第五，进一步扩大开放，加强安全生产监管方面的国际交流与合作。

面对市场经济的发展和我国加入世贸组织的新形势，必须积极主动地扩大对外开放。围绕我国安全生产工作的中心任务，全面开展与国际劳工组织等国际机构的多边交流，有重点地发展与发达国家的双边合作关系，借鉴国际通用的安全生产规则与标准，加强和改进安全生产监督管理工作。要加快事故统计和报告制度、职业安全和健康管理体系与国际接轨的步伐。大胆引进、吸收、消化发达国家安全生产科技成果，积极推动安全产业的发展。充分利用国际上的新技术、新设备、新材料，加强安全生产的基础建设，提高综合防范能力。有重点、有计划、分期分批开展安全生产监督监察人员的境外培训。今年10月份，我们与国际劳工组织将联合在北京举办“中国国际安全生产论坛暨职业安全健康技术与设备展览会”。届时，请各地、各单位踊跃参加。

第六，切实加强机关的思想作风建设。

各级安全生产监管部门和煤矿安全监察机构的党组织要组织广大党员、干部认真学习江总书记在中央党校的“5·31”重要讲话，要抓住与时俱进这个关键，围绕保持党的先进性这个核心，突出执政为民这个本质，加深对“三个代表”重要思想科学内涵的理解，按照“三个代表”的要求，进一步加强思想作风建设，落实各项廉洁自律的制度。新形势下，我们面临许多新情况、新问题，要切实加强和改进调查研究工作，提倡深入实际、勤于思考的风气，善于发现和总结运用典型，指导面上的工作。领导干部，每年必须至少拿出一份有分量、有指导性的调研报告。

国家安全生产监督管理局（国家煤矿安全监察局）局长王显政在全国煤矿安全生产电话会议上的讲话（摘要）

（2002 年 7 月 7 日）

进入二季度以来，煤矿重、特大事故接连发生，安全生产形势相当严峻。鸡西“6·20”事故发生后，朱镕基总理、吴邦国副总理等领导同志都作出了重要指示，国务院办公厅下发了通报。7 月 5 日下午，吴邦国副总理在听取全国安全生产大检查汇报会上，再次严肃指出：煤矿是工矿商贸企业中伤亡最多的行业，一定要把煤矿安全整治作为安全生产专项整治的重点，一抓到底；要坚决关闭整顿小煤矿，彻底排查国有大矿的安全隐患，切实搞好“一通三防”，下决心把事故大幅度降下来，确保安全生产。

为了贯彻落实国务院领导同志的一系列指示和国办发明电 17 号文件精神，推动煤矿安全状况的稳定好转，国家煤矿安全监察局党组决定召开这次全国煤矿安全生产紧急电话会议。

我再强调三点：

第一，要认真贯彻落实国办发明电 17 号文件精神，以鸡西“6·20”事故为戒，采取有力措施遏制重、特大事故发生。鸡西事故损失惨重，教训非常深刻。国有煤矿人多摊子大，一旦发生瓦斯爆炸事故，势必死伤众多，在国内外造成极为严重的影响。因此，必须认真贯彻落实国办发明电 17 号文件精神，吸取教训，举一反三，把国有大矿的“一通三防”作为重中之重来抓。各煤炭企业必须依法保证安全生产投入，按规定提取安全技措费用，保证设施、设备的正常运转；必须坚持以风定产，不得超矿井通风能力生产；高瓦斯煤层、煤与瓦斯突出矿井必须坚持先抽后采，凡没有进行瓦斯抽放或没有开采保护层的矿井，一律不得生产；必须加强对瓦斯煤尘的监测，高突矿井采掘工作面没有设置瓦斯监测断电装置，未实现瓦斯超限自动报警、自动断电的矿井，一律停止生产；必须认真执行矿井“一通三防”各项规程和标准，凡不符合规程和标准的，都要停产整顿，认真整改。

从现在起到党的十六大召开，还有两个多月的时间。各国有煤矿、煤炭行业管理部门和煤矿安全监察执法机构，一定要针对薄弱环节，采取过硬措施，严防特大事故的发生。

第二，对安全大检查中查出的隐患和问题，要认真进行整改，搞好专项督查。在前段开展的全国安全生产大检查中，各地都查找出煤矿安全方面的许多隐患。对此必须引起高度重视和警觉。要建立安全隐患整改责任制，把责任落实到人头，限期完成整改任务。对整改不力或顶着不办的，要追究责任。重大隐患和重要问题，企业主要领导要亲自抓。各级监察机构要加强跟踪监察，确保整改措施落到实处。要继续深入开展安全检查，不留死角，收到实效，防患于未然。

第三，要认真学习宣传和贯彻《安全生产法》。《安全生产法》已经公布，将于 11 月 1 日起开始施行。我们要以法律的出台和施行为契机，在认真学习宣传和贯彻法律的基础上，把煤矿安全工作纳入法制轨道。一方面，煤矿企业要严格执行《安全生产法》的有关规定，建立健全安全生产责任制，依法加强安全生产教育培训和日常管理，及时发现和消除事故隐患，确保安全生产；另一方面，各级安全监察机构要依照《安全生产法》的要求，规范监察行为，加大行政执法力度，及时纠正和制裁各种违法违规现象，确保《安全生产法》和相关法律法规在煤矿企业的贯彻落实。

国家安全生产监督管理局(国家煤矿安全监察局)局长王显政在煤矿瓦斯治理现场会上的讲话（摘要）

（2002年8月30日）

这次现场会的主要任务是，深入贯彻落实国务院领导同志关于煤矿安全生产的一系列重要指示和国务院办公厅《关于黑龙江省鸡西矿业集团公司“6·20”特大瓦斯事故的通报》精神，紧紧围绕防治瓦斯这个煤矿安全的要害问题，交流煤矿治理瓦斯工作的经验，按照“先抽后采、监测监控、以风定产”的方针，研究部署煤矿瓦斯治理工作，并切实加大对国有大矿安全生产进行重点监察监控的力度，有效遏制煤矿特大瓦斯事故的发生，实现煤矿安全生产状况的稳定好转。

一、认清形势，明确任务，把瓦斯防治作为煤矿安全工作的重中之重来抓

正确地分析和把握形势，是我们确定工作思路的基本依据，也是做好各项工作的前提。今年以来，在国家实施积极的财政政策和进一步扩大内需等一系列宏观政策的调控下，国民经济继续保持平稳快速增长，上半年国内生产总值同比增长7.8%，1～7月份全国累计工业增加值同比增长11.8%。煤炭行业实现利润45.5亿元，同比增加33.1亿元，增长2.7倍，其中国有及国有控股煤炭企业实现利润33.9亿元，增加26.8亿元，增长3.8倍。1～7月份，煤炭产量同比增长1.4亿吨，增幅24.7%；其中重点矿增产0.66亿吨，增长19.6%。从总体上看，在国民经济平稳快速增长、煤炭消费持续增加的拉动下，煤炭工业的经济运行状况明显好转。主要反映在，煤炭销售继续保持较大的增长幅度，煤炭价格继续平稳回升，销售收入稳定增加，煤炭货款回收保持良好势头。

在总体经济形势继续保持良好态势的情况下，国民经济运行中存在两个突出问题，一是规范有序的市场经济秩序还没有形成，尚需继续加大整顿和规范的力度；二是安全生产形势依然严峻，重、特大事故仍时有发生。

对于全国安全生产的总体状况，我们要有一个基本的、正确的估价。近几年党中央、国务院采取了一系列重大举措，先后成立了国家煤矿安全监察局和国家安全生产监督管理局，下发了302号令，组织安全大检查，加强对安全生产的监管和监察，促使全国安全生产状况趋于稳定好转。这是总的估价，请同志们务必把握住。今年以来，全国除民航、道路交通事故有所上升外，其他行业事故都呈下降趋势，特别是工矿企业特大事故下降幅度较为明显。上半年工矿企业的重大事故起数和死亡人数同比分别下降12.5%和16.8%；特大事故起数和死亡人数同比分别下降8.8%和6.3%。另外，一些地区安全生产状况明显好转。上半年，北京、天津、吉林、上海、福建、海南、西藏、青海、宁夏、新疆等10个省（区、市）没有发生特大事故。但是，就全国来看，重、特大事故还没有得到有效控制，有时事故比较集中。特别是二季度以来连续发生3起百人以上特大事故（两起空难和鸡西“6·20”瓦斯爆炸事故），在国内外造成了严重影响。当前安全生产工作上需要解决的突出问题：一是“安全第一”的观念还没有牢固树立起来，一些地方和企业仍存在重生产、轻安全的倾向；二是生产力发展水平低，基础工作薄弱，直接制约安全生产，特别是大量非公有制小企业，事故比较多，事故起数、伤亡人数已占全国的60%～70%；三是淘汰落后生产能力存在较大差距，一些非法小矿和小厂，该关不关，该整不整，或者关闭以后又死灰复燃；四是目前全国尚未形成高效运作、监管有力的安全监管工作体系和工作机制，甚至出现监管力量层层衰减和“高位截瘫”现象。

针对安全生产工作中存在的问题，国家局党组按照国务院领导同志的指示，在前段认真分析形势、调查研究、广泛征求各方面意见的基础上，提出了今后一个时期安全生产工作的总体思路，概括起来讲就是，抓好以完善工作机制、推进安全法制建设、加强执法队伍建设为主要内容的“三件大事”；构建安全生产法律法规、安全信息工程、科学技术保障、宣传教育培训、特大事故应急救援“五个支撑体系”；推进思想观念、工作职能、防范机制、监管手段和安全科技等“五项创新”。这个思路提出以后，得到各方面的认可，并且已经成为大家的共识。目前，各地、各行业、各单位正在按照这个思路狠抓落实。

国家局党组提出的总体工作思路的核心，就是抓好“三件大事”。“三件大事”：一是要建立一个好的机制。目前的安全生产监管和煤矿安全监察体制，是带有开创性的，是体制上的改革与创新，需要不断探索和完善。长期以来，安全生产工作都是部委内设司局行使监管职能。由内设机构过渡到独立的行政机构是一大进步。这就要求我们在工作方法、工作思路、运行机制等方面有一个大的变化，努力把煤矿安全监察工作做实，使安全生产监管工作到位。建立高效、规范有序的运行机制，在工作方法上要坚持分类指导、突出重点的原则；企业是安全工作的主体，要认真贯彻落实党和国家安全生产方针，内部建立严格有效的责任机制，并通过加强管理抓细抓实，实现本质安全；作为社会要形成关爱生命、关注安全的氛围，增强全民族的安全意识，提高安全素质。通过政府、企业、社会的全方位努力，建立起抓好安全生产长效机制。二是要全面加强安全生产法制建设，构建一套完备的安全生产法律法规体系，做到有法可依，依法行政，有章可循，规范执法，把安全生产监管与监察工作纳入健全的法制化轨道，使安全生产有可靠的法律保障。三是要建设一支过硬的、高素质的安全监督与监察执法队伍，靠这支队伍履行好国家赋予的职责，落实安全生产的各项任务。这支队伍既包括国家专门的行政执法队伍，也包括企业从事生产安全工作的队伍。抓好“三件大事”的着眼点，在于建立安全生产的长效机制，实现安全生产状况的根本性好转。

按照抓好“三件大事”的基本要求，要把煤矿安全监察工作做实，就必须坚持预防为主的方针，关口前移，推进工作机制和工作方式的创新。作为国家局来讲，要改变过去行业管理部门的那套工作方式，从直接领导转到指导协调上来，从行政干预转到监察执法上来，既要大胆行使监督与监察的职权，又要推动和促进煤炭企业抓好基础工作和基层工作，努力实现安全生产的长治久安。正是为了贯彻这一指导思想，我们才决定召开这次现场会，以瓦斯治理为突破口，来推动煤矿的安全生产工作。

煤矿作为高危行业之一，安全生产始终是天字号的头等大事。近年来，国家采取一系列重大举措加强对煤矿安全生产的监督管理。一是对国家煤矿安全监察体制进行了改革，于2000年建立了全国统一、垂直管理的煤矿安全监察体系，组建了2800人的监察执法队伍，加强了煤矿安全行政执法工作；二是国务院专门制定了《煤矿安全监察条例》，于2000年12月1日起施行，为煤矿安全监察执法提供了法律武器；三是国务院在部署开展五项安全整治中，把煤矿安全生产作为重点，集中开展了专项整治，在去年取得阶段性成果的基础上，今年继续深化；四是针对小煤矿存在的问题，国务院办公厅在去年先后下发了25号、68号文件，采取了“四个一律关闭”和乡镇煤矿全部停产整顿的硬措施，并在河南郑州召开现场会进行动员部署；五是近几年国家经贸委一直高度重视煤矿安全生产工作，在技术改造上增加投入，同时对企业安全投入、安全管理做出明确要求，对促进煤矿安全生产状况好转起到了重要作用。

各地、各煤炭企业通过贯彻落实上述措施，促使煤矿安全生产状况开始向好的方向转化。去年全国煤矿共发生事故3082起，死亡5670人，比上年少死127人，与事故高发的1994年相比较，少死1346人，下降19%，与1997年、1998年相比减少近600人。其中，重大事故336起，死亡1587人，比上年减少55起，少死196人，分别下降14%和11%；特大事故49起，死亡1015人，比上年减少29起，少死735人，分别下降37.2%和30%。今年1～7月份，全国煤矿发生重大事故168起，死亡724人，同比减少40起、少死290人，分别下降 19.2%和 28.6%；发生特大事故 35 起，死亡 743 人，同比增加 3 起，多死 11 人，分别上升 9.38%和 1.5%。其中一次死亡 30 人以上恶性事故 3起，死亡 207 人，同比减少 4 起，少死 133 人，分别下降 57.14%和 39.12%。煤矿事故死亡人数虽然下降的幅度不是很大，但是，这些数字是在瞒报现象大为减少，而且挤掉了大约 4%～5%水分的情况下统计的。这充分说明煤矿安全上的成绩是显著的。这些年大家为促进煤矿安全生产状况的好转，确实是克服了重重困难，付出了艰苦的努力。

但是，我们要清醒地看到，煤矿安全生产形势依然比较严峻，重、特大事故仍时有发生，有时还比较集中。在全国安全生产事故死亡人数中，除道路交通之外，在工矿企业中，煤炭行业仍是死亡人数最多的。而且在煤矿伤亡事故中，瓦斯事故是居首位的，危害也是最严重的。特别是今年发生的鸡西“6·20”事故、吉林白山市“7·4”事故、黑龙江鹤岗市“7·8”事故等，充分暴露出煤矿在“一通三防”和瓦斯灾害防治方面存在的诸多问题，反映出瓦斯治理已成为煤矿安全生产工作中的薄弱环节，对此必须引起高度重视。

当前煤矿面临的瓦斯治理任务非常艰巨，但有利条件也很多：一是党中央、国务院对安全生产工作高度重视，各级安全生产责任制正在进一步落实；二是《安全生产法》将于 11 月 1 日施行，为煤矿安全生产工作提供了法律保障；三是我国煤矿瓦斯防治装备和技术日臻成熟，只要狠抓落实，就一定能够控制重、特大瓦斯事故的发生；四是通过专项安全整治，关掉了一批不具备安全生产条件的小煤矿，消除了一些瓦斯事故“爆炸点”；五是不少高瓦斯矿井在瓦斯治理工作上探索出了好的经验，涌现出阳泉、铁法、沈阳、淮南等一批瓦斯治理的先进典型，起到了示范引路的作用。我们一定要从整体上看到煤矿安全所取得的成绩和严峻形势，看到煤矿安全的重点和难点以及抓好煤矿安全的有利条件，从而统一思想，坚定信心，确立“煤矿安全，瓦斯为天”的理念，把瓦斯治理作为煤矿安全管理和安全监察工作的重中之重，增强治理瓦斯的责任感和紧迫感。以铁的手腕、过硬的措施、务实的精神，扭住瓦斯治理，抓实抓好，抓出成效。

二、坚持“先抽后采，监测监控，以风定产”的工作方针，致力于建立防范瓦斯事故的长效机制

根据我国煤矿安全生产的实际情况，在认真总结借鉴煤矿瓦斯治理工作经验教训的基础上，国家局提出了“先抽后采、监测监控、以风定产”的十二字工作方针。确定这样一个方针，主要是从瓦斯防治在煤矿安全生产工作中极为重要的特殊位置考虑的，是建立在对瓦斯防治规律性认识这个基础之上的，是把它作为抓好“三件大事”的重大举措和一个主要突破口提出来的。

第一，瓦斯灾害始终是煤矿安全生产的大敌，目前已成为制约煤矿安全生产的主要矛盾。我国煤矿的瓦斯灾害是比较严重的，在原国有重点煤矿 576 处矿井中，高瓦斯矿井、煤与瓦斯突出矿井有 277 处，占 48%，并且 95%以上的矿井具有煤尘爆炸危险。改革开放以来，随着煤矿开采工艺、开采技术手段的不断改进，矿井开采规模的不断扩大，矿井开采深度的不断延伸，煤层瓦斯涌出量越来越大，高瓦斯矿井越来越多，安全上的隐患也越来越多。瓦斯事故特别是重、特大瓦斯事故在煤矿事故中占的比例也越来越高。据统计，1976 年我国煤矿的综采比例仅有 2.9%，当时的顶板事故死亡人数比例为 38.7%，而瓦斯事故死亡人数比例仅为 20.2%。到了 2000 年，煤矿的综采比例上升到 56.7%，顶板事故死亡人数比例降到 26.2%，这充分说明科技进步对改善企业安全状况的巨大推动作用。但是，瓦斯事故死亡人数的比例却上到 54%。当年全国共发生特大瓦斯事故 69 起，死亡 1326 人，分别占当年煤矿特大事故总起数和死亡总人数的 92%和 94.4%。从 1998 年至今，全国煤矿共发生一次死亡 30 人以上的特大事故 35 起，死亡 1750 人。其中，瓦斯事故 30 起，死亡 1556 人，分别占 85.7%和 90%。可见，煤矿瓦斯问题已成了我们实现煤矿安全的最大障碍，是随时会引爆的主要危险源，是我们必须解决的心腹大患。不把瓦斯事故控制住，就不能实现全国煤矿安全生产状况的稳定好转，也无法保障煤炭工业的持续健康发展。

第二，瓦斯事故具有极强的破坏力和巨大的危害性，已成为危及矿工生命安全的最大“杀手”。我国历史上曾发生过多起一次死亡百人以上的特大瓦斯爆炸事故。如 1950 年 2 月 27 日，河南新豫煤矿公司宜洛煤矿发生特大瓦斯爆炸，死亡 174 人；1960 年 5 月 9 日，山西大同老白洞煤矿发生特大瓦斯爆炸事故，死亡 684 人；2000 年 9 月 27 日，贵州水城木冲沟煤矿发生特大瓦斯爆炸事故，死亡162人；今年6月20日，鸡西矿业集团城子河煤矿发生特大瓦斯爆炸事故，死亡124人。据统计，1990~1999年10年间，仅煤矿瓦斯重大事故就造成20625名矿工死亡。瓦斯事故不仅严重危及矿工的生命，而且给死难矿工家属也造成极大的痛苦和难以挽回的损失，所造成的社会影响也是很坏的，既损害了煤矿的形象，也严重影响队伍的情绪和矿区的稳定。我们必须从实践“三个代表”重要思想的高度，从保护矿工根本利益出发，以对煤矿工人深厚的感情，下决心把瓦斯治理好。

第三，我国煤矿瓦斯管理上存在大量问题和隐患，亟待加大治理工作的力度。经过几十年的持续努力，我国煤矿瓦斯治理工作取得了较大的进展，取得了一定的成效，也在实践中总结摸索出治理瓦斯灾害的成功经验。特别是国有大矿目前已基本具备控制特大瓦斯事故的能力和手段。但是，由于煤矿安全生产工作基础比较薄弱，加之管理粗放的问题，在瓦斯防治工作上许多应采取的措施没有得到落实，大量的隐患没有得到有效而及时的治理。包括国有重点煤矿在内的许多煤炭企业，安全投入严重不足，通风系统及配套设施装备落后，“一通三防”设施不健全。许多高瓦斯矿井、煤与瓦斯突出矿井没有建立瓦斯抽放系统，监测监控系统装备不全、功能落后，设备严重老化或者带病运转，矿井防灾、抗灾和救灾能力低。据统计，全国277处高瓦斯矿井，其中有154处未建立瓦斯抽放系统，有231处无安全监控系统，有80套瓦斯监控系统失修，安全欠账达40多亿元。而数量众多的小煤矿，瓦斯防治装备和措施差距更大，有的根本不具备控制瓦斯事故的能力。尤其在煤炭经济形势出现好转时，一些煤矿超通风能力突击生产，造成通风系统紊乱，工作面风量严重不足，稍有不慎，就会酿成大祸。这些问题，究其原因，最根本的还是没有牢固树立“安全第一，预防为主”的思想，没有摆正安全与生产、安全与效益的关系，在安全投入、技术措施、现场管理等方面，存在“落实不下去、严不起来”的问题。这些问题具有普遍性，已经成了制约煤矿安全的顽症，必须引起高度重视。

国家局确定的“先抽后采、监测监控、以风定产”的十二字方针，正是针对上述问题提出来的。大家在讨论中对这一方针也基本形成了共识，主要有以下几点。

一是“十二字方针”反映了对瓦斯防治工作规律性的认识，概括了瓦斯治理的3个最基本的环节，是科学的方针。瓦斯事故虽然破坏性极强，危害极大，但瓦斯防治是有规律可循的，瓦斯事故是可以避免的。多年来，我们组织科研力量对瓦斯赋存及涌出、煤与瓦斯突出机理进行了深入的研究和多次的试验，基本找出了其中的规律，“十二字方针”就是这一规律的总结和概括。“先抽后采”，这是瓦斯防治的基础，是从源头上治理瓦斯灾害的治本之策和关键之举。“监测监控”，这是预防瓦斯事故的重要防线和保障措施。当作业区瓦斯接近爆炸的临界点时，监测监控设备及时发出警报，从而采取果断措施，做到防患于未然。“以风定产”，这是防治瓦斯的最基本的生产管理措施，也是防止井下瓦斯积聚的先决条件。这三条是相辅相成的有机的整体，抓住了这三条，就等于牵住了瓦斯治理的牛鼻子，就可以从根本上解决问题。只要坚持按“十二字方针”办事，重、特大瓦斯事故就完全可以避免。如山西阳泉集团公司经过多年探索实践，对瓦斯治理坚持“只认瓦斯不认人；瓦斯超限就是事故；宁停三分，不抢一秒”的管理机制，形成了集通风、抽放、监测为一体的瓦斯管理体系，并掌握了综采工作面瓦斯涌出规律，有针对性的采取了一系列措施，形成了“密钻孔、大孔径、高抽巷、大管路”的抽放格局；在中厚煤层回采工作面采用外错尾巷、厚煤层综放工作面采用内错尾巷的“一进两回”通风系统，保证了通风系统的稳定。正是坚持这些行之有效的措施，阳泉公司连续24年没有发生重大瓦斯事故。这些瓦斯治理的规律、措施都是坚持“十二字方针”的重要体现。像阳泉这样的高瓦斯矿井能够做到24年没有重大瓦斯事故，其他矿也完全可以做到。

二是“十二字方针”体现了预防为主、关口前移的要求，是煤矿长期治理瓦斯实践经验的总结。瓦斯作为煤矿的五大灾害之一，历届国家煤炭工业管理部门都非常重视瓦斯防治工作，特别是近10年来，把防治瓦斯作为煤矿安全生产的头等大事来抓，先后制定了许多有效的规章制度和配套措施。比如，原煤炭部1993年6月颁布的《关于国有煤矿防治重大瓦斯煤尘事故的规定》，就提出高瓦斯掘进工作面必须实行“三专两闭锁”，煤与瓦斯突出危险的采掘工作面必须实行“四位一体”综合防突措施，并提出瓦斯抽放矿井实行“多钻孔、严封闭、综合抽”的九字方针。1994年9月，以部长令的形式重申了防治国有、地方、乡镇煤矿重大瓦斯事故的“三个十条”规定。1996年6月，煤炭部专门在山西阳泉矿务局召开防治瓦斯现场经验交流会，全面推广了阳泉局健全通风、抽放、监控三大系统，坚持先抽后采、以风定产的经验。同时结合淮南局当年发生的“6·23”特大事故，决定在淮南建设瓦斯治理示范工程，坚持先抽后采。当时淮南局年抽放量不到1000万立方米，目前已经接近1亿立方米，见到了效果。1997年4月，煤炭部又专门颁布了《矿井瓦斯抽放管理规范》。1998年1月，煤炭部发布的第一号文件又针对防治瓦斯灾害，提出“六个不准”的要求。以上这些规定，都体现在2001年新修订的《煤矿安全规程》中。可以说，“十二字方针”的确立，是对煤矿长期治理瓦斯灾害实践经验的高度概括，也是用血的教训换来的。

三是“十二字方针”是被先进典型经验反复印证的防治瓦斯灾害的正确方针。这次会上，大家通过现场参观和经验交流，普遍感到这些典型很有代表性，也很有说服力。像铁法公司，从建矿初期就建立了10对永久性的瓦斯抽放系统，1974年以来累计抽放瓦斯3亿立方米以上，从1992年起连续10年消灭了瓦斯事故。沈阳公司过去是瓦斯事故的重灾区，近年来，他们投入6000万元先后为高瓦斯矿井配备了瓦斯抽放系统和监测监控系统，并在采取顶底板抽放、老区埋管抽放、工作面打钻抽放的基础上，对重点采煤工作面普遍实行预掘抽放巷，设立泵站进行抽放，提高了瓦斯抽放力度，全公司连续3年消灭了瓦斯事故。四川芙蓉公司、安徽淮南公司都是高瓦斯矿井，曾发生多起特大瓦斯事故，近几年，通过安装瓦斯抽放系统，加强通风管理，消除了事故隐患，已连续多年没有发生过重大瓦斯事故。这些典型经验充分说明，不管瓦斯灾害多么严重，只要尊重科学规律，坚持按“十二字方针”办事，把工作做到位，把各项措施落实，就一定能够控制煤矿重大瓦斯事故的发生。对这些典型的经验，各煤炭企业要很好地学习借鉴。

四是“十二字方针”也借鉴了国外在防治煤矿瓦斯方面的先进经验和成功做法。世界上一些采煤工业发达国家，在瓦斯防治上很早就具备了较为完备的技术，20世纪70年代初就已经形成了科学完善的瓦斯抽放系统和监测系统，而且在瓦斯的综合利用上，也走出新的路子。从整体发展水平上看，我国与世界先进产煤国家相比，在瓦斯防治上仍然处在较低的发展阶段，差距很大。如我国煤矿的瓦斯抽放量仅为前苏联的15%左右，平均吨煤抽放量远远小于日本、德国、波兰等国。比如在瓦斯抽放方面，美国普遍采用采前地面钻孔抽放瓦斯，抽出率在70%以上，比我国瓦斯抽出率高出50%，并且地面抽出量大，可大幅度减少通风量，降低通风费用，有效地降低生产成本。又如在监测监控方面，英国有世界上最先进的监测系统，能在井下环境进行多参数连续监测。美国匹兹堡研究中心研究出的一种气袋取样系统，可以分析到0.0001的瓦斯浓度。面对我国加入世贸组织和国际竞争日趋激烈的新形势，我们应该借鉴发达国家的先进经验，努力提高煤矿安全生产管理水平和防治瓦斯灾害的能力，促进煤矿安全生产状况稳定好转。

总之，“十二字方针”的提出，凝聚着几代人同瓦斯灾害做斗争的成果，体现了我们对瓦斯防治规律性认识的深化。因此，“十二字方针”是科学的正确的方针，认真贯彻这一方针是我们惟一的选择。希望大家通过这次会议，进一步从理论与实践的结合上，加深对“十二字方针”的理解，真正确立煤矿安全重在抓瓦斯防治、防治瓦斯必须坚持“十二字方针”的思想观念，下定决心，抓住防治瓦斯这个重中之重，扎实工作，努力实现煤矿安全生产的长治久安。

三、统一思想，明确责任，真抓实干，把瓦斯防治的各项措施落到实处

防治瓦斯是一项复杂的系统工程，也是同自然灾害做斗争的科学实践，需要方方面面的努力工作，需要采取全方位综合治理措施，既要抓全面，又要抓重点；既要治“标”，更要治“本”，只有标本兼治，重点推进，瓦斯治理工作才能收到事半功倍的效果。下一步煤矿安全工作，就是以瓦斯防治为突破口，坚持“先抽后采、监测监控、以风定产”的方针，围绕瓦斯治理工作，狠抓落实，强化管理，搞好督查，务求实效。

第一，要加强瓦斯防治工作的组织领导，建立瓦斯防治工作的责任体系。

依据即将施行的《安全生产法》，煤炭企业必须建立健全安全生产责任制度，企业的主要负责人对本单位的安全生产要全面负责。所以，这里必须明确，煤矿企业的主要负责人是瓦斯治理的主要责任人，总工程师对“一通三防”技术负总责。要切实加强对瓦斯治理工作的组织领导，煤炭企业要建立和完善通风瓦斯管理机构，切实做到人员到位、职责到位、工作到位。要依据《煤矿安全规程》的规定，健全完善瓦斯防治工作的各项规章制度，包括瓦斯抽放、监测监控、通风管理等方面，都要明确责任，逐级签订责任书，将责任层层分解，逐级落实到企业主要负责人、各职能管理机构和各区队负责人、班组长以及每个岗位的职工。要建立健全瓦斯检查、管理和日报审批等管理制度，结合具体情况制定工作计划，确定瓦斯防治工作重点，抓好日常性的管理。同时，加强对职工的培训和教育，特别是要抓好对瓦斯管理人员和特种作业人员的培训，提高人员素质。培训合格的，持证上岗。各级煤炭管理部门要加强对瓦斯防治工作的统一领导，有针对性的制定瓦斯治理的工作规划、措施，做好年度瓦斯鉴定、通风能力核定等基础性工作。

第二，切实加大安全投入，完善防治瓦斯的基础设施，提高综合防范能力。

安全生产没有投入和装备不行，不管困难多大，保安全的钱一定要舍得花，这是人命关天的大事。《安全生产法》明确规定：“生产经营单位应当具备的安全生产条件所必需的资金投入，由生产经营单位的决策机构、主要负责人或者个人经营的投资人予以保证，并对由于安全生产所必需的资金投入不足导致的后果承担责任。”这是强制执行的法律规范。凡是不执行的，必须承担法律责任，必将受到法律的惩处。

煤炭企业要抓住当前煤炭市场经济形势逐步好转的有利时机，加大安全投入，补还安全欠账。要按照《煤矿安全规程》的规定，围绕瓦斯抽放、监测监控、以风定产等瓦斯治理的关键环节，完善井下通风系统，高突和高瓦斯矿井要建立瓦斯抽放系统，装备安全监控系统，所有下井人员要按标准配备使用自救器，掘进工作面配备高效低耗的对旋式局部通风机，使用大直径的风筒。继续落实好“四项装备”，完善瓦斯防治装备和安全设施，该上的设备、仪器要上全上齐，对那些陈旧的、运转性能不稳定的系统和设施设备，要及时进行改造更换。要加强设备仪器的维护、检修，不断提高矿井安全装备管理水平。

对于国有煤矿瓦斯治理的项目，各级政府要给予必要的政策扶持。煤炭企业要用好安全生产技术改造资金，真正把钱用在关键处，花在“刀刃”上。各省级煤矿安全监察局和煤矿安全监察办事处，要对安全技术改造资金的使用情况进行监察，防止挪用、浪费。

第三，依靠科技进步，加强技术管理，建立完善瓦斯治理的技术保障体系。

科技是第一生产力，更是推动安全工作的强大动力。煤矿瓦斯治理是同自然灾害做斗争，必须讲科学，依靠先进的科学技术搞好防范。目前瓦斯抽放技术和开采解放层技术，工作准备周期长，成本高，投入大，迫切需要研究开发技术含量高、应用成本低、治理效果好的瓦斯治理技术。要针对关键性技术难题，加大攻关力度，尽快研究开发出一批新的瓦斯防治技术和装备。当前煤矿瓦斯防治技术攻关的重点，要放在应用高新技术解决煤矿瓦斯防治的关键技术上，主要是研究解决煤与瓦斯突出的预测预报技术，单一高瓦斯低透气性煤层瓦斯抽放技术，性能可靠、高效稳定的安全监控系统，低瓦斯矿井的瓦斯综合治理技术等。通过瓦斯防治技术的发展和创新，有效预防重、特大瓦斯煤尘事故的发生，牢牢掌握煤矿安全生产的主动权，把“安全第一，预防为主”的方针真正落到实处。

煤炭企业要主动与科研单位和大专院校协作，针对瓦斯防治中需要迫切解决的重大课题，联合开展科研攻关，尽快把先进的瓦斯治理技术和装备等科研成果转化为现实的生产力，应用到生产中去。科研机构、高等院校要建立煤炭行业瓦斯防治技术咨询服务系统，随时解决煤炭企业瓦斯防治工作中遇到的实际问题。要着重做好瓦斯防治方面的政策研究，引导煤炭企业建立瓦斯防治的工作机制；要积极推广应用性能先进的安全监控系统、稳定可靠的瓦斯检测仪器、完善优良的瓦斯抽放系统等高新技术设备，进一步做好瓦斯治理新技术、新工艺、新设备、新材料等科研成果的转化、推广应用工作。

第四，强化监督与监察，把监察执法工作的重点转到瓦斯防治上来，做到关口前移，防患未然。

瓦斯防治作为煤矿安全生产工作的重中之重，也是下一步煤矿安全监察与监管工作的重点。各级煤炭管理部门、煤矿安全监察机构务必高度重视，紧紧围绕着落实“先抽后采、监测监控、以风定产”这十二字方针，把工作重点尽快转到瓦斯防治上来，真正做到关口前移，重心下移，采取强有力的措施，遏制重、特大瓦斯事故的发生。

最近，国家局为贯彻落实《国务院办公厅关于黑龙江鸡西矿业集团公司“6·20”特大瓦斯爆炸事故的通报》精神，提出了《关于对瓦斯灾害严重的国有煤矿实行重点监控的意见》。决定将近年来曾发生过特大瓦斯爆炸事故的，高瓦斯及煤与瓦斯突出的，瓦斯隐患严重以及安全欠账较多的45个矿务局（公司）列为重点监控对象。为调动各方面的力量，广泛参与这些煤矿的安全监督与监察工作，国家局还将从有关煤炭社团组织、科研机构和院校、省级煤矿安全监察和煤炭行业管理部门、国有大中型煤矿聘请1000名特聘安全监督员，同时，我们还将同全国总工会一起聘请一批群众安全监督员。这支特聘监督员和群众监督员队伍是国家监察执法队伍和煤炭行业安全管理队伍的重要补充，利用这支队伍对矿井通风系统情况以及以风定产情况、瓦斯监控系统装备情况、“四位一体”综合防突措施落实情况、瓦斯检查制度制定与落实情况等实行重点监督与监控。把国家监察与专家监督结合起来，把重点监控与群防群治结合起来。

凡是高瓦斯矿井、煤与瓦斯突出矿井，要坚持“先抽后采”、“不抽不采”的原则，严格按标准规定建立完善瓦斯抽放系统。今后，凡瓦斯灾害严重的矿井而又没有进行瓦斯抽放的，严禁开采。凡是没有建立瓦斯抽放系统的高瓦斯矿井、煤与瓦斯突出矿井，必须及时配齐抽放设备，建立瓦斯抽放系统，不得以任何借口拖延。已建立瓦斯抽放系统的矿井，要按照《煤矿安全规程》的规定进行完善，更换老化的设备。煤矿安全监察机构、煤炭管理部门要组织对高瓦斯矿井、煤与瓦斯突出矿井进行专项检查，凡是没有建立瓦斯抽放系统或系统不完善的，要依法下达限期整改或停产整顿的现场处理决定或行政处罚决定。

第五，把瓦斯治理工作与煤矿安全生产专项整治结合起来，加大隐患整改力度。

煤矿安全生产专项整治已经进入关键时期，各地、各单位一定要按照国务院的统一部署，继续抓好煤矿安全生产专项整治的各项工作，主要有三个方面：首先，要把落实瓦斯防治工作的专项要求在煤矿安全专项整治中摆在重要位置突出出来。凡是各类高瓦斯和高突矿井，达不到治理要求，“十二字方针”不落实的，都要采取措施，进行专项治理，真正把“十二字方针”落到实处。特别是对保留下来的合法小煤矿，要对其通风能力进行核定，以风定产，防止超能力生产。对高瓦斯矿井坚持先抽后采，并装备瓦斯监测监控设备。第二，要继续采取有力措施关闭不符合标准的小煤矿。只有将不具备安全生产条件、高沼和高瓦斯矿井而又没有任何瓦斯安全装备和措施的小煤矿坚决予以关闭，才能给瓦斯治理工作创造一个比较良好的外部环境。第三，采取硬措施，严防小煤矿死灰复燃。对无证非法小煤矿死灰复燃现象严重、重特大瓦斯事故频发的地区，煤矿管理部门和煤矿安全监察部门要研究制定强硬措施，把相关责任落实到各级政府主要领导和各有关部门负责人，并依据国务院302号令，出了问题，依法逐级追究其行政责任。

第六，把落实瓦斯防治的“十二字方针”与煤矿的结构调整结合起来，促进煤炭工业的持续健康发展。

首先，要把以风定产与煤炭总量的控制结合起来，坚决制止超通风能力突击生产。今年上半年国有煤矿产量增长过快过猛，同比增加近20%。一些国有煤矿不顾安全条件，超通风能力突击生产，不仅给煤炭总量控制造成很大压力，而且给安全生产带来严重隐患。今年国有大矿发生的几起特大瓦斯爆炸事故，几乎都是超通风能力突击生产酿成的。所以，要继续搞好总量控制，坚持以风定产，不安全不生产。

其次，要把瓦斯抽放与瓦斯的综合利用结合起来，充分发挥瓦斯的实用价值。瓦斯抽放技术的应用，不仅可以有效降低煤层瓦斯含量，为以后开采提供较好的安全基础，而且抽放出来的瓦斯可以变废为宝，为我们提供优质洁净的能源。据推算，1000立方米的瓦斯大约可顶4吨标准煤。我国煤层瓦斯赋存丰富，初步预测储量约35万亿立方米，具有广阔的开发前景，但现在的瓦斯开发利用规模较小，利用率也比较低，平均不到20%。现在许多先进采煤国家都建立了瓦斯电站，取得了很好的经济效益和社会效益。我们要采取措施，加大煤层气综合开采利用的力度，坚持因地制宜的发展方针，井下抽放与地面开发相结合，走产业化发展的路子。对储量比较丰富和条件比较适宜的地方，要积极吸取各方面的资金，进行开发利用。这种把安全与发展统筹考虑，一并推进的办法是一举两得的好事，是今后的发展方向。对此，我们要有战略眼光，积极探索和实践。

国家安全生产监督管理局(国家煤矿安全监察局)局长王显政在全国安全生产电视电话会议上的讲话(摘要)

(2002年9月25日)

今年以来，各地区、各行业、各部门认真贯彻落实党中央、国务院关于安全生产工作的一系列重要指示和工作部署，继续深化五项安全整治，强化监督管理，为促进全国安全生产状况的稳定好转，做了大量工作。

一、全国事故总量及分类情况：今年1~7月份全国共发生各类伤亡事故631264起、死亡75741人，同比上升9%和4.5%。其中：

——道路交通事故447000起，死亡60859人，死亡人数同比上升4.6%，占全国事故死亡总人数的80%。万车死亡率为12.3，比去年的15.4有明显下降。

——煤矿事故2046起，死亡3620人，死亡人数同比上升4.8%，占全国事故死亡总人数的4.78%。百万吨死亡率下降，其中国有重点煤矿为1.5，同比下降13.6%；地方国有煤矿为3.72，同比下降26.4%；乡镇煤矿为15.1，同比下降6.2%。

——非煤矿山企业事故871起，死亡1132人，同比少死亡5人，下降0.4%。

——非矿山企业事故4127起，死亡3071人，同比多死亡294人，上升10.6%。

——火灾事故169823起，死亡1462人，同比事故死亡人数下降1.1%。

——水上交通事故426起，死亡和失踪213人，同比死亡人数下降30.2%。

——铁路路外事故6953起，死亡4863人，同比死亡人数下降2.1%。

——航空飞行事故2起，死亡131人。

二、一次死亡3~9人的重大事故：1~7月份全国共发生1411起，死亡5853人，同比事故起数上升0.9%，死亡人数下降4.8%。其中：

——道路交通发生968起，死亡3998人，同比死亡人数上升0.8%，事故起数占全国重大事故总数的68.6%，死亡人数占重大事故死亡总数的68.3%；

——煤矿发生178起，死亡796人，同比减少37起，少死亡241人，分别下降17.2%和23.2%；

——非煤矿山企业发生46起，死亡176人，同比分别下降35.2%和43.9%；

——非矿山企业发生118起，死亡467人，同比分别上升31.1%和37.4%；

——重大火灾事故发生65起，死亡259人，同比分别下降17.7%和14.5%；

——水上交通发生28起，死亡118人，同比分别下降3.4%和2.1%；

——铁路路外发生4起，死亡20人，同比分别下降42.9%和51.2%。

三、一次死亡10~29人的特大事故：1~8月份全国共发生92起，死亡1388人，同比增加14起，多死亡189人，分别上升17.9%和15.8%。其中：

——道路交通发生30起，死亡435人，同比增加7起，多死亡89人；

——煤矿发生38起，死亡618人，同比增加11起，多死亡201人；

——非煤矿山企业发生2起，死亡22人，同比减少3起，少死亡73人；

——非矿山企业发生5起，死亡56人，同比增加2起，多死亡14人；

——水上交通发生1起，死亡和失踪25人，同比减少3起，少死亡34人；

——特大火灾事故发生3起，死亡61人，同比事故起数持平，多死亡16人。

四、一次死亡30人以上特别重大事故，1～8月份全国共发生5起，死亡372人，同比减少8起，少死亡232人，分别下降61.5%和30.1%。其中：

——民航发生1起，死亡128人；

——煤矿发生3起，死亡207人，同比减少4起，少死亡133人；

——非煤矿山企业发生1起，死亡37人，同比起数持平，少死亡44人。

这5起事故分别是：

4月15日，中国国际航空公司一架从北京飞往韩国的客机，在釜山金海国际机场降落坠毁，机上166人，死亡128人。

6月20日，黑龙江省鸡西矿业集团城子河煤矿发生一起瓦斯爆炸事故，井下共139人，有124人遇难。

6月22日，山西省忻州地区繁峙县沙河镇义兴寨金矿发生爆炸事故，死亡38人。

7月4日，吉林省白山市江源县松树镇富强煤矿，非法生产造成井下瓦斯爆炸事故，死亡39人。

7月8日，黑龙江省鹤岗市南山区鼎盛煤矿发生瓦斯爆炸事故，死亡44人。

此外，9月3日，湖南省娄底市双峰县秋湖煤矿发生煤与瓦斯突出事故，死亡39人。

五、1～8月份，安全状况较好的地区：

未发生3人以上重大事故的有：天津、海南、宁夏3个省（区、市）；

比去年同期3人以上重大事故下降幅度较大的有：上海、北京、江苏、福建4个省（市）；

没有发生10人以上特大事故的有：北京、天津、上海、江苏、浙江、福建、广西、海南、甘肃、青海、新疆等11个省（区、市）。

国家安全生产监督管理局（国家煤矿安全监察局）局长王显政在2002中国国际安全生产论坛暨中国国际安全生产及职业健康展览会开幕式上的讲话

（2002年10月10日）

经过中外各方面的共同努力，2002中国国际安全生产论坛暨中国国际安全生产及职业健康展览会今天隆重开幕了。值此，我谨代表国家安全生产监督管理局，并以组委会的名义向出席本次会议的各位领导、各位代表表示热烈的欢迎和衷心的感谢！

安全生产工作事关人民群众生命财产的安全，中国政府一贯重视安全生产工作，并把安全生产作为国家的一项基本政策，确立“安全第一，预防为主”的方针。我国政府庄严承诺：“向世界上对我们人类的安全与和平、生存与健康构成严重威胁的现象做斗争，并将此作为我们工作的重点和优先领域”。近几年，我国政府采取一系列重大措施，组建专门的机构加强对安全生产的综合监督管理,制定颁布了《中华人民共和国安全生产法》,建立了安全生产权责追究的制度,把全国安全生产工作逐步纳入规范化和法制化管理的轨道,促使全国安全生产状况总体上趋于好转。

世界上最宝贵的莫过于人的生命,安全生产工作的根本目的是维护劳动者的生命与健康,保证经济持续、快速、健康地发展。作为国家安全生产监督管理部门,我们深感责任重大。在中国加入WTO和全球经济一体化的大背景下,21世纪中国安全生产工作面临着严峻的挑战,与此同时,社会经济结构的调整、重组和优化也为中国的安全生产工作提供了难得的机遇。面对新形势、新任务,我们正在学习和借鉴国外先进的管理经验,探索和寻找适合中国国情的安全监管模式,努力促进中国安全生产形势的稳定好转。

2002中国国际安全生产论坛暨中国国际安全生产及职业健康展览会为我们的政府公务人员、企业家、专家学者与世界各国同行进行广泛的交流与合作提供了很好的机会,对学习和借鉴国外先进的经验,改进中国安全生产和职业健康状况,逐步缩小与发达国家的差距具有重要意义。

金秋10月,秋风送爽。在全国人民还沉浸在欢度国庆喜悦之中时,我们相聚在北京共同探讨安全生产和职业健康这一神圣话题具有特别的意义。预祝大会获得圆满成功,祝朋友们身体健康、工作顺利、生活愉快!

国家安全生产监督管理局(国家煤矿安全监察局)局长王显政在国务院新闻办公室记者招待会上的讲话

(2002年10月29日)

《中华人民共和国安全生产法》将于今年11月1日施行。现在,我简要谈谈当前我国的安全生产形势,并就《安全生产法》贯彻实施的有关情况,以及下一步的安全生产工作,作一简要介绍。

安全生产是我们国家的一项基本政策,党中央、国务院历来非常重视,近年来,相继采取一系列重大举措加强安全生产工作。一是对国家安全生产监管体制进行改革,先后成立了国家煤矿安全监察局和国家安全生产监督管理局,在国家经贸委管理下,统一履行全国安全生产综合监管和煤矿安全监察职能。二是出台了《安全生产法》、《国务院关于特大安全事故行政责任追究的规定》和《煤矿安全监察条例》等法律、行政法规,加强了安全生产法制建设。三是将安全生产列入整顿和规范市场经济秩序的重点内容,集中开展了五项安全生产专项整治活动,并加大了安全生产监督监察的工作力度。通过贯彻落实这些措施,全国安全生产状况总体稳定,趋于好转。

据统计,今年截止到10月20日,全国共发生一次死亡10人以上特大事故99起,死亡1831人。与去年同期相比,减少12起,少死亡273人,分别下降10.81%和12.98%。其中一次死亡30人以上的特别重大事故发生6起,死亡411人,同比减少8起,少死亡228人,分别下降57.1%和35.7%。特别是道路交通的万车死亡率由去年的15.4下降到今年的12.3;煤矿的百万吨死亡率,国有重点煤矿由去年的1.62下降到今年的1.43,国有地方煤矿由4.83下降到3.45,乡镇煤矿由19.87下降到13.18,效果是比较明显的。

但是,由于我国安全工作基础薄弱,加之生产力发展不均衡,目前的安全生产形势依然严峻。事故死亡的绝对人数仍呈上升趋势,重大、特大事故时有发生。究其原因，主要是安全生产责任制不落实，特别是县乡两级对安全生产重视不够；大量非公有制中小企业成为制约当前安全生产的薄弱环节；企业安全投入缺乏约束机制；从业人员安全素质普遍较低。要实现安全生产状况的根本好转，尚需进行长期不懈的艰苦努力。

今年6月29日，九届全国人大常委会第28次会议审议通过了《中华人民共和国安全生产法》。这部法律的颁布施行，对于强化人们的安全法律意识，依法规范企业的安全生产行为，加强政府对安全生产的监督管理，具有重大的意义。这部法律颁布以来，通过全国各地广泛深入地学习、宣传、贯彻，形成了全社会学法、知法和守法的氛围。与此同时，抓紧有关配套法规、规章的制定工作，搞好各级安全生产执法人员的培训，为《安全生产法》11月1日起正式实施，做好了思想上、舆论上和工作上的准备。

下一步，我们要以施行《安全生产法》为契机，坚持以江泽民同志"三个代表"重要思想为指导，抓好机制、法制和队伍"三件大事"，努力构建安全生产法律、信息、技术保障、事故应急救援、宣传教育和培训"六个支撑体系"，积极推进思想观念、工作职能、防范机制、监管手段和安全科技"五项创新"，促进全国安全生产状况的稳定好转。

第一，进一步做好《安全生产法》的学习宣传和实施工作。要通过各种形式的学习宣传活动，使《安全生产法》的基本法律制度深入人心。加快制定配套法规和规章，对现行的安全生产标准进行修改、完善，为加入有关国际公约做好准备。强化安全生产行政执法工作，依法查处安全生产违法行为和重大、特大事故责任者，切实做到有法必依，执法必严，违法必究。

第二，突出重点，继续深化安全生产专项整治。特别要加强对国有大型煤矿重大瓦斯隐患的治理。督促各地继续抓好非法和不具备安全生产条件小煤矿的关闭整顿工作。抓好危险化学品生产、储存、运输、销售和使用单位的清理整顿，不符合法定条件的一律关闭。

第三，立足防范，强化督察。要搞好经常性的监督检查，对发现的重大隐患和突出问题，要督促地方政府和有关单位落实整改措施。针对安全生产中的深层次问题，认真研究制定具体政策措施。围绕"关口前移，超前预防"，实行事故隐患责任追究制和不安全企业、重大危险源公告制，充分发挥舆论监督和群众监督的作用，建立安全生产的长效机制。

总之，要通过各方面的共同努力，促使我国安全生产状况进一步好转。

国家安全生产监督管理局(国家煤矿安全监察局)局长张宝明在全国安全生产工作会议上的讲话(摘要)

(2002年1月15日)

一、新世纪安全生产工作开局良好，全国安全生产工作特别是五项安全专项整治取得阶段性成果

去年，党中央、国务院相继作出一系列重大决策，为强化安全生产监督管理工作，提供了强大动力，指明了前进的方向。一是成立了国务院安全生产委员会，组建了国家安全生产监督管理局，健全了国家安全生产监管体制；二是颁布了《国务院关于特大安全事故行政责任追究的规定》等法规，建立了权责追究的法律制度，进一步强化了各级政府的安全生产责任制；三是将安全生产纳入整顿和规范市场经济秩序工作之中，针对安全生产上的薄弱环节和突出问题，集中开展五项安全专项整治，尤其是加大了关闭整顿小煤矿的工作力度。去年，全国伤亡事故上升幅度减缓，一些重点行业事故大幅度下降。如全国煤矿事故死亡5395人，比上年减少403人。1～11月份火灾事故死亡2013人，比上年同期减少459人；铁路路外事故死亡7670人，比上年同期减少518人。特别是全国一次死亡10人以上的特大事故减少，而且没有发生超过100人的恶性事故。一次死亡30人以上的特大事故15起，死亡673人，比上年分别下降6.3%和44.9%。

一是突出抓了五项安全生产专项整治工作。

民用爆破器材和烟花爆竹的安全整治。全国公安机关共检查涉爆单位29.5万个，督促整改6.5万处事故隐患；取缔爆炸物品生产、经销厂点23.7万个。各地民爆器材主管部门对1466家民爆器材生产、流通企业进行全面检查，责令停产整顿160家，关闭54家。

交通运输安全整治。全国公安机关纠正道路交通超载违章100多万起，拆除非法改装车3万多辆次，查获无牌无证机动车50.7万辆。去年全国发生特大交通事故21起，死亡391人，分别比上年下降47.2%和36.5%。水上交通整治查处违章船舶1.48万艘，对10万余名船员进行了安全知识检查，全年水上交通事故死亡和失踪人数比上年减少142人。

危险化学品储运的安全整治。交通管理等部门对从事危险化学品运输、经销的有关资质进行了全面的清理核查。取消和暂停了20043户不符合资质条件的经营业户，取消和停运了27214辆不符合标准的车辆，个体户已全部退出危险化学品运输市场。

公共聚集场所消防安全整治。全国累计检查了94万个单位，督促整改火灾隐患152万处，依法取缔歌舞厅等公共娱乐场所1.1万个。去年全国发生重、特大火灾事故35起，死亡60人，直接经济损失6000万元，分别比上年下降36.4%、72.7%、64%。

煤矿安全整治。突出了国有大矿“一通三防”的整改和小煤矿的关闭整顿。全国国有煤矿被责令停产整顿的有756处，限期整改的897处，分别占国有煤矿总数的27%和32%，整改各类隐患2万多处。对小煤矿的关闭整顿，取得明显成效。1997年全国小煤矿为8.2万处，到2000年底减少到33977处，去年又关闭了12269处，小煤矿减少了近6万处。其中关闭国有煤矿办的小井1208处。关闭整顿小煤矿不仅对煤炭行业结构调整、控制总量、扭亏脱困起到重要作用，而且促进了煤矿安全生产状况的好转。去年全国小煤矿事故死亡3478人，比上年减少474人，下降12%。全国煤矿一次死亡10人以上的特大事故49起，死亡1101人，比上年减少29起，少死亡439人，分别下降37.18%和30.28%。煤矿安全整治前后对比变化更为明显。去年1～5月全国煤矿平均每月发生特大事故6起，6～12月下降到平均每月3起。

除上述五个方面的专项整治外，非煤矿山、石化、建筑、铁路、民航、林业和教育等系统和领域，也从各自实际情况出发，有针对性地组织开展了专项安全整治。特别是非煤矿山企业从8月份开始进行安全整治后，重、特大事故多发的势头得到遏制。

二是加强了安全生产法制建设，加大了安全监察和行政执法的力度。认真做好《安全生产法》草案的起草、修改工作。适应新形势的要求，先后对《民用爆炸物品管理条例》、《危险化学物品安全管理条例》等行政法规和《煤矿安全规程》进行了修订。制定发布了《煤矿安全监察条例》的配套规章10部；制定了《煤矿安全监察执法程序》和《执法手册》，规范了各级煤矿安全监察人员的执法行为，运用现代化设备和手段，实现了对煤矿安全生产的有效监控。去年，围绕煤矿安全整治，国家煤矿安全监察局先后组织了六次有重点的督察活动，时间近3个月，对17个重点产煤省区、62个地市的安全整治进行了现场督察。各省局和各办事处，以《煤矿安全监察条例》为依据，加大煤矿安全监察和行政处罚的力度，有效推动了小煤矿的关闭整顿工作。各省区也从实际出发，制定出台了一些地方性法规、规章，为加强安全生产监管工作提供了法律手段。

《国务院关于特大安全事故行政责任追究的规定》颁布之后，各地进一步加大了事故查处和行政责任追究的力度。去年全国发生的一次死亡30人以上的特大伤亡事故，都及时进行了调查处理。通过查处事故，严肃追究有关行政人员的责任，维护安全生产法纪，起到了很好的警示作用。

三是全面开展了安全生产宣传教育工作，舆论导向和舆论监督普遍有所加强。去年，国家局先后与中宣部、司法部、全国总工会和共青团中央等部门联合发文，明确要求把安全生产宣传教育列入各地党委宣传部门的工作重点。在全国普遍开展了“安康杯”竞赛和“青年安全生产示范岗”等群众性安全生产活动。五月份以“落实安全规章制度，强化安全防范措施”为主题，组织开展了全国第11届“安全生产周”活动。创办了《中国安全生产报》，吴邦国副总理亲自题写了报头。

四是建立健全安全生产监管体制，加强机构和队伍的建设。国家局挂牌之后，坚持一手抓安全生产的监管和煤矿安全监察，一手抓机构组建和班子、队伍建设，建立起正常的工作秩序。各省、自治区、直辖市党委、政府都从实际出发，加强了安全生产监管机构的建设。山东、江西、重庆、陕西等19个省（自治区、直辖市）已经组建了安全生产监管机构。随着机构的建设，全国分级管理的安全生产监管体系正在逐步形成。此外，安全生产信息工作、技术装备保障工作和培训工作等，也都取得了新的进展。

回顾去年的工作，我们体会较深的有以下几点：

第一，必须坚决贯彻落实党中央、国务院对安全生产工作的重大决策，才能统揽全局，把握正确方向。

第二，必须突出重点，抓住关键环节和主要矛盾，才能把握工作的主动权。

第三，必须加强安全生产的法制建设，加大安全监察和行政执法力度，才能加快安全生产监督管理工作法制化的进程。

第四，必须切实搞好宣传教育，充分发挥舆论监督的作用，才能形成有利于安全生产的社会舆论氛围。

第五，必须建立健全安全生产的监管体系，动员各方面的力量，相互配合，综合治理，才能取得成效。

二、正确认识安全生产工作的形势，增强责任感和紧迫感，促进安全生产状况的稳定好转

2001年的安全生产监督管理和煤矿安全监察工作，虽然取得一定的成绩，安全生产状况虽然趋于稳定，但不能估计过高，不能有任何盲目乐观情绪。认真分析安全生产面临的形势，可以说仍很严峻。

首先是伤亡事故和死亡人数居高不下，一些行业呈上升趋势。去年1～11月，全国共发生各类伤亡事故94万多起，死亡116858人，同比分别上升26.5%和8.8%。其中，全国道路交通事故死亡95226人，占全国事故死亡总数的81.5%，比上年同期上升11.3%；非煤矿山企业事故死亡1654人，比上年同期上升87%；非矿山企业事故死亡4233人，比上年同期上升9.3%；水上交通事故死亡和失踪732人，比上年同期上升21.4%。

其次是一次死亡30人以上的特大恶性事故仍时有发生。去年全国共发生15起，其中煤矿8起，道路交通4起，水上交通1起，非煤矿山1起，非矿山事故1起。

再就是一些地区连续发生特大事故，形成社会热点问题。

安全生产形势严峻，主要问题是：一是思想认识有差距，在一些领导同志的头脑里“安全第一”的思想树得不牢。二是安全生产专项整治工作进展不平衡。按照国务院的统一部署和工作要求，一些地区整治工作进展迟缓。三是企业安全生产基础工作薄弱，事故隐患普遍存在。四是受社会上腐败风气的影响，在安全监管上有法不依、执法不严的问题比较严重。五是一些地方安全生产监督管理机构不顺，力量不足，工作不到位。

目前我国正处于一个新的历史发展时期，新形势下安全生产工作面临许多新情况、新问题，对安全生产监管工作也提出新的要求。我们必须牢牢把握住历史的契机，以更大的决心，更强的力度，更实的作风，努力做好今年的各项工作，把全国安全生产工作推向一个新阶段。

三、振奋精神，再接再厉，努力开创安全生产工作的新局面

2002年全国安全生产工作的总体要求是：坚持以邓小平理论和江总书记“三个代表”重要思想为指导，贯彻落实党的十五届六中全会、中央经济工作会议、国务院安委会二次会议精神和全国经贸工作会议精神，把安全生产工作继续作为整顿和规范市场经济秩序的重要内容，认真执行“安全第一，预防为主”的方针，立足防范，落实责任，深入整治，强化监管，推进创新，促进安全生产工作上台阶、上水平，实现全国安全生产状况的进一步好转，创造安全生产稳定的社会环境，迎接党的十六大的胜利召开。

2002年安全生产监督管理工作的总体目标是：(1) 基本理顺分级管理的全国安全生产监督管理体制，健全煤矿安全监察执法体系；(2) 基本形成全国安全生产宣传教育网络，营造全社会关注安全的舆论氛围，进一步强化全民的安全意识；(3) 以安全生产法律法规为依据，构建依法行政、政策引导、技术支撑的监督管理工作格局；(4) 巩固和深化安全生产专项整治成果，遏制特大事故，实现安全生产状况的进一步好转。

第一，坚持标本兼治、突出重点，务求实效，把安全生产专项整治工作推向深入。

一是强化对危险化学品的专项整治和管理。要以新修订的《危险化学品安全管理条例》为依据，对危险化学品生产、运输、仓储、销售、使用和废弃物处置等各个环节进行全面整治，切实加强管理。严格各种资质许可证书的审核发放，严禁非法生产、经销和运输危险化学品。对危险化学品生产企业，凡属工艺落后、达不到一定生产规模、不具备安全生产条件的，一律予以关闭，非法生产的要依法取缔。对危险化学品使用单位，特别是大量使用氰化钠等剧毒物品的各类小金矿和电镀企业，要进行重点清理整顿，该关闭的坚决关闭。对危险化学品经营企业和销售网点，要彻底清理整顿，依法规范销售行为。对危险化学品的储存、运输，要在去年整治基础上继续深化，全面落实有关危险化学品储运的各项制度，严禁使用不符合安全要求的车辆、船舶等运输工具运输危险化学品；严禁个体业主从事危险化学品的销售和运输。对剧毒化学品要实行全过程跟踪管理。建立起危险化学品的管理机制，搞好注册登记工作，抓紧建立化学事故应急救援体系。

二是深入搞好煤矿及非煤矿山的安全整治。对停产整顿的小煤矿，要严把复产验收关和核发“四证”关，确保整顿验收的质量。对验收不合格的，坚决采取关闭措施。对“四个一律关闭”的小煤矿，必须按照六条标准关实关死，并加强监督与监察，落实县乡领导责任制，严防死灰复燃。对私自违法恢复生产的小煤矿，不仅要严厉制裁矿主，而且要依法追究地方政府和有关部门领导的行政责任。要建立健全小煤矿定期安全评估和“四证”年检制度，今后年检不合格的小煤矿，要及时依法吊销“四证”，予以关闭。对黑龙江、贵州、山西、湖南的小煤矿，要实行重点监察。

要紧紧围绕“一通三防”，继续搞好国有煤矿的安全整治。用好国家下拨的安全生产技术改造资金，对各单位安全技术改造资金的使用情况进行监督检查，防止挪用等现象。通过安全生产技术改造，完善井下通风和瓦斯煤尘监测系统，及时更换那些陈旧的设施设备，提高煤矿的综合防御能力。在煤炭市场逐步转旺的情况下，要特别防止国有大矿超通风能力突击生产。

非煤矿山企业要以各类小金矿和采石场为重点，治理存在的重大安全隐患，坚决关闭非法的、布局不合理的以及不具备基本安全生产条件、破坏资源、污染环境的小矿山。

三是下大力量抓好交通运输的安全整治。加强对客车运营的安全管理，下决心扭转目前道路交通事故多发的现状。对非法拼装车、非法改装车、报废车、冒牌车、无证车，要坚决予以取缔；对造成重大伤亡事故和严重违章的汽车驾驶员，要取消其驾驶员资格。水上交通运输，要继续开展运输安全管理年活动，着重抓好“四客一危”、“四区一线”的水运安全治理工作，落实乡镇船舶安全管理责任制，进一步整顿和规范航运市场秩序。

四是继续搞好公众聚集场所的消防安全整治。全面贯彻《消防法》和《机关、团体、企事业单位消防安全管理规定》，落实各级消防安全责任制，加强公共消防设施的建设，提高综合防御能力。对专项整治中没有整改完毕的火灾隐患，要跟踪监督，限期整改。

五是继续搞好民爆器材和烟花爆竹的安全整治。要以贯彻实施新修订的《民用爆炸物品管理条例》为契机，加强监督检查，促使从业单位建立健全并严格执行各项管理制度。加大执法力度，对已经取缔的非法小火药厂、烟花爆竹小作坊以及经销民爆器材和烟花爆竹的网点，要加强监控。

第二，贯彻“安全第一，预防为主”的方针，立足防范，强化监管，把各项安全生产的措施真正落到实处。

一是要大力推进安全生产法制建设，使安全工作进一步走上法制化轨道。《安全生产法》有望6月份出台，这是我国第一部安全生产的主体法律。出台之后，要在全国立即掀起宣传、学习、贯彻的热潮，并要抓紧制定各项配套法规、规章，抓紧

《矿山安全法》及《实施细则》等安全法律、法规的修改。要配合有关部门，组织修订各行各业的安全技术标准和安全规程，努力构建安全生产法律法规体系。

依据国务院302号令，进一步明确事故分级和事故调查处理权限，并把行政责任追究落实到实处，对重、特大事故，要按照“四不放过”的原则，一查到底，及时结案，对事故责任者，要以事实为依据，以法律为准绳，该法办的法办，该追究行政责任的追究行政责任。

要进一步健全和完善煤矿安全监察执法机制，提高行政执法工作水平。(1) 要认真学习和掌握执法的基本依据。特别是对《矿山安全法》、《煤炭法》、《煤矿安全监察条例》及其相关法律、法规的主要内容和各项法律制度，学懂弄通，掌握法律武器。(2) 要认真执行煤矿安全监察程序，做到依法监察。(3) 要进一步加大依法实施行政处罚的力度，依法严惩煤矿安全违法行为。(4) 要正确使用行政执法文书。各级监察人员要真正掌握在什么情况下，哪一道执法程序使用哪种执法文书，掌握执法文书的制作、使用、送达方法，避免那种现场检查无笔录、调查不取证、行政处罚不制作执法文书的现象。

二是要加强安全生产的宣传教育和培训，进一步强化全民的安全意识。今年6月份要在全国组织开展“安全生产月”活动，主题为“安全责任重于泰山”。对目前已经建立的定期安全生产新闻发布会制度，要不断完善，提高质量。同时，充分发挥《中国安全生产报》的作用，坚持定期公布各省的安全事故情况，搞好舆论监督。与中央电视台等新闻单位联合开展“安全生产万里行”活动。要以“普及安全知识，落实安全责任”为内容，搞好安全培训，提高全民和职工队伍的安全素质和自我保安能力。要落实《“十五”安全生产培训规划》提出的阶段性目标和措施，完善培训的各项制度，理顺安全培训体制，逐步将培训机构、考核标准、证书管理、培训大纲、师资和教材建设等管理工作规范化、制度化。今年要继续搞好对企业经营者、安全主管和特种作业人员的安全培训，做到持证上岗。特别对非公有制经济成分的个体、私营小企业业主，要分期分批依法进行强制性安全培训，培训经考试合格后，重新颁发安全资格证书。

三是加强经常性的监督检查，督促企业建立和完善安全防范设施。各级安全生产监督管理部门与煤矿安全监察机构要加强经常性的监督检查，并设立举报电话和举报信箱，有条件的要设立举报电子信箱，广泛发动群众举报各种安全隐患和事故。对重点行业、重点地区、重点单位和重大危险源，要加强普查、评估、建立安全档案，制定监控和治理方案，落实责任，搞好防范，消除隐患。

要搞好安全生产技术改造，完善安全防范设施。所有建设工程项目，都必须严格执行安全设施和主体工程同时设计、同时施工、同时投入使用的原则。要大力推进安全技术改造与创新，尤其是关键环节、要害设施及事故多发、易发领域，要大力推广使用新设备、新工艺、新材料、新技术。要扩大安全方面的国际交流与合作，搞好技术引进与消化工作。

第三，建立健全安全生产监督管理体制和工作机制，全面推进安全生产工作的创新。

要进一步理顺安全生产监督管理体制，坚持国务院统一领导，地方政府各负其责，主管部门各司其职，有关部门相互配合，安全监管部门综合管理协调。要结合地方政府机构改革，适应新形势下安全生产监管工作的需要，逐步建立健全省（自治区、直辖市）、地（市）、县（市）安全生产分级监管机构，做到人员、职能、责任、经费“四落实”。同时，在乡镇设立必要的安全监管人员。努力探索建立社区安全监管体制、群防群治体制和上下贯通、层次分明的安全监管网络。

要建立健全以安全生产责任制为核心的安全工作制度。各级政府要层层签订安全生产责任书，明确本年度安全生产的目标，把安全生产监督管理的责任落实到人，并与年终的政绩考核挂钩，兑现奖惩的政策。建立健全安全生产工作制度，逐步把安全生产纳入规范化、制度化管理的轨道。

要不断完善安全生产监督管理工作机制。通过政府监管、法律规范、政策导向、经济制约、宣传教育等手段，逐步建立安全生产的约束机制和激励机制。所有矿山企业都必须依法为井下职工办理意外伤害保险，推广实行小煤矿安全风险抵押金制度。结合改革工伤保险制度，要逐步提高因工死亡抚恤标准，加大企业伤亡事故的经济责任。要充分发挥各类社会中介组织的作用，为企业安全生产提供多方面的技术咨询服务。

要逐步建立安全生产技术保障与支撑体系。今年要完善“五个体系”建设：一是安全生产宣传教育体系。抓紧组建安全宣教中心，构建辐射全社会的宣传网络。二是安全培训体系。抓紧对现有的培训基地进行审查认定，加强基地和基础建设，制定培训计划，落实培训任务。三是安全信息体系。加快安全生产信息网络建设，提高政府网站的运行质量；搞好安全数据统计，加强调度和信息反馈，确保各种安全信息、数据的准确、及时。四是煤矿救护和危险化学品应急救援体系。要有选择、分区域建立救护中心，加强队伍建设，提高装备水平。五是安全技术保障体系。加强安全设备、劳动防护用品的安全认证和监督管理工作，进一步规范安全生产检验检测机构和中介组织的认证认可和管理工作，建立安全生产预防机制。

第四，以贯彻落实党的六中全会精神为动力，切实加强安全监督与安全监察队伍的作风建设。

强化责任意识和大局观念，提高整体素质，树立廉洁、高效、求真务实的好形象。进一步切实抓好各级领导机关思想作风建设，按照六中全会《决定》“八个坚持、八个反对”的要求，解决好在思想观念、办事效率、工作作风上存在的问题，进一步解放思想，转变作风，深入实际，求真务实。今年作为调查研究年，各级领导同志要带头下去搞调研，研究新情况，拿出新成果，总结新经验，解决新问题，在抓落实上狠下功夫，开创安全生产监管和煤矿安全监察工作新局面。

国家安全生产监督管理局(国家煤矿安全监察局)局长张宝明在安全生产宣传工作会议上的讲话(摘要)

(2002年3月26日)

一、安全生产宣传工作的开展，为五项整治的顺利进行和全国安全生产状况的好转，发挥了重要作用

国家安全生产监督管理体制改革以来，各地、各部门把宣传教育工作摆在重要位置上，认真贯彻“两手抓”、“两手都要硬”的方针，一手抓安全生产的监督管理和监察执法，一手抓安全生产的宣传教育，采取一系列措施，使这方面工作不断得到加强和改进。国家局先后与中宣部联合发出了《关于加强安全生产宣传教育工作的通知》；与司法部联合发出了《关于加强安全生产法制宣传的通知》；并与中宣部、全国总工会、团中央、广电总局等部门联合发文，部署在全国开展“安全生产周”、“安全生产月”、“安康杯”、“青年安全示范岗”等活动。召开了第一次安全生产宣传教育工作座谈会；建立了安全生产新闻发布制度；创办了《中国安全生产报》；切实加强与新闻媒体的联系与合作，及时反映安全生产工作的进展情况，相继披露和公布了一些重、特大事故的调查处理情况，有力地促进了安全专项整治和全国的安全生产工作。各地、各单位按照国家和地方政府的要求，紧密结合安全生产工作的实际，创造性地开展各项安全生产宣传教育活动，取得了明显成效，并在实践中创造了许多新鲜的经验。

通过一个时期来的实践，我们对安全生产宣传教育工作的本质特征及其功能，有了一些初步的认识和体会。第一，安全生产宣传工作必须坚持以“三个代表”重要思想为指导，才能保持正确的导向。安全生产宣传教育与“三个代表”有着本质上的联系。抓好安全生产宣传教育，就是以实际行动学习实践“三个代表”的重要思想。第二，安全生产宣传工作必须纳入全社会宣传教育工作的总体部署之中，才能协调进行，形成合力。必须把安全生产宣传教育工作纳入党的宣传思想工作、社会主义精神文明建设的总体布局中，统一部署和实施。第三，安全生产宣传工作必须立足于构筑安全思想防线，才能把“安全第一，预防为主”的方针真正落到实处。落实安全防范措施，很大程度上就是要通过广泛深入的宣传教育，增强全民的防范意识。抓住了宣传教育这一重要环节，就夯实了安全生产工作的思想基础。第四，安全生产宣传工作必须发挥好舆论监督的作用，才能逐步形成安全生产的制约机制。广西南丹“7·17”特大事故的揭露，就是新闻媒体发挥了重要作用。充分发挥各类新闻媒体的优势，对好的典型进行宣传推广，对安全生产工作中存在的突出问题、重大隐患，及时进行揭露和曝光；对特大事故的查处情况，及时予以公布。同时通过新闻媒体，对安全生产工作中有关热点问题展开讨论，进行正确的舆论引导。这些都会产生积极的影响，促进各级政府和广大企业认真负责地抓好安全生产工作。

二、认清面临的严峻形势和艰巨任务，增强抓好安全生产宣传工作的责任感和使命感

分析安全生产工作存在的问题，都与宣传教育工作有联系。一是从领导的重视程度讲，应该说省市一级的领导同志是非常重视的，但是在县、乡、村基层干部中，还有相当一部分对安全生产工作重视不够，不能正确处理安全与生产、安全与发展地方经济、眼前利益与长远利益的关系。二是从企业职工的安全意识上看，比较淡漠，违章指挥、违章作业和违反劳动纪律的现象比较普遍。三是从全社会对安全生产的关注程度看，目前尚未形成浓厚的安全舆论氛围。四是对大量非公有制小企业业主，缺乏严格的思想教育和规范化管理，一些业主见利忘义，要钱不要命，对安全生产构成严重威胁。五是安全生产领域的腐败现象，直接影响安全生产工作的正常进行，成为导致重、特大事故发生的重要原因之一。

当前安全生产中存在的突出问题，实质反映出思想认识上的问题，反映出企业基础差、职工素质低的问题，反映出领导干部的思想作风问题。所以，促进安全生产状况的进一步好转，必须把安全生产宣传教育工作作为加强安全生产监督管理以及监察执法的重要手段和关键环节来抓，充分发挥宣传教育工作在安全生产工作中不可替代的重要作用。

针对当前安全生产中存在的问题，今后一个时期，要坚持不懈地加强对各级领导干部进行党的安全生产方针政策的宣传教育，进一步从实践“三个代表”的高度，提高对安全生产重要性的认识，增强贯彻执行党中央、国务院关于加强安全生产一系列重要指示的自觉性，健全和完善安全生产责任制，克服地方保护主义、形式主义等倾向，在抓落实上狠下功夫。要重视和加强对广大职工的安全生产宣传教育，把党和国家安全生产方针政策传达贯彻到工厂、车间和岗位，帮助职工了解掌握安全生产知识，提高安全技术素质，自觉遵章守纪，坚决杜绝违规违章指挥和作业。充分发挥党组织和群众团体的作用，组织开展群众性的形式多样的“反三违”活动，依靠广大职工的努力，筑起牢固的安全生产防线。要重视和抓好全社会的安全生产宣传教育，充分发挥新闻媒体的舆论导向和监督作用，倡导和发展有中国特色的安全文化事业，营造“关爱生命，关注安全”的社会舆论氛围。让社会大众普遍接受基本的安全教育，具有一定程度的安全常识和自我保安能力，能够有效防范各类事故的发生。

三、紧紧围绕今年安全生产工作的中心任务，把安全生产宣传教育工作抓紧抓细抓实

今年安全生产宣传教育工作的总体思路是：以“三个代表”重要思想为指导，坚持“安全第一，预防为主”的方针，遵循“团结、稳定、鼓劲，以正面宣传为主”的原则，自觉服从、服务于全党全国工作大局和安全生产工作的中心任务，加强安全生产方针政策、法律法规的宣传教育，集中力量认真做好“安全生产月”、“安全生产万里行”和《安全生产法》的宣传教育工作，在全社会唱响“关爱生命，关注安全”的安全文化主旋律，促成全社会齐抓共管安全生产的新局面，为2002年安全生产工作任务的顺利完成，提供强有力的思想保证、精神动力和舆论支持，创造安全稳定的社会环境，迎接党的十六大胜利召开。

按照这一总体要求，今年要突出抓好以下六项重点工作：

（一）围绕深入开展五项安全生产专项整治，加大宣传教育工作力度。在深入整治的过程中，宣传教育工作要先行一步，并贯穿始终。继续利用各种宣传形式，大力宣传党中央、国务院关于加强安全生产的一系列重要指示，宣传深入开展安全生产专项整治的必要性和重要性，克服松劲厌战和消极畏难情绪；大力宣传与专项整治相关的政策法规以及整顿的重点、标准等，把“依法整治，综合治理，巩固提高，务求实效”的要求落到实处，确保整治工作有步骤、按计划进行；大力宣传整治工作中出现的先进典型和先进经验，为全国和各地的专项整治工作树立标杆。要突出危险化学品和煤矿安全整治这两个重点，搞好跟踪宣传报道，盯紧盯住那些隐患严重、整治任务重的地区和单位，针对整治工作中出现的问题，搞好宣传教育，指导推动基层解决问题，确保整治工作取得预期的成效。

（二）认真搞好第一个全国安全生产月活动。今年“安全生产月”活动的主题定为“安全责任重于泰山”。确定这一主题，一是落实江总书记“隐患险于明火，防范胜于救灾，责任重于泰山”的指示，进一步提高全党、全民对安全生产工作的认识；二是按照“三个代表”的要求，强化各级领导的安全责任意识，落实安全生产责任制，加强对安全生产工作的领导；三是引导全体公民从国家法律赋予的权利和义务的角度，维护自身、家庭成员、工作条件与生活环境的安全，并承担相应的责任，共同做好安全生产工作。

今年是开展“安全生产月”活动的第一年，各地区、各行业、各部门、各企业和社区，除组织参加全国统一开展的一些大型活动外，都要紧紧围绕“安全责任重于泰山”这一主题，从实际出发，组织开展一些有较大规模和较大影响的群众性安全生产宣传教育活动。特别是6月9日为安全生产活动咨询日，要在企业、校园、公园、社区等场合，组织开展丰富多彩、群众喜闻乐见的主题活动。中央和地方各新闻媒体，要在“安全生产月”期间，开设必要的专题栏目，集中进行宣传报道。各级宣传教育部门、安全生产监管、监察机构以及工会、共青团组织，要在地方党委、政府领导下，全力以赴做好组织实施和协调配合工作，共同策划组织好“安全生产月”活动，努力形成全国上下一体的宣传态势，取得更广泛的社会影响和良好效果。

（三）同心协力搞好“安全生产万里行”活动。开展这一活动的主要目的，就是要借助宣传媒体的优势，大力宣传党中央、国务院关于安全生产的方针、政策，普及安全生产法律法规知识，让“安全第一，预防为主”的方针更加深入人心。今年的万里行活动将在6月份“安全生产月”活动中启动。具体路线是，从北京出发，途经天津、山东、安徽、江苏、上海等省市，历时近一个月。万里行活动过程中，将组织记者采访团深入到各地区、各部门和企业，就安全生产中的重点、热点和难点问题进行采访，集中报道，表彰先进，弘扬科学，鞭策落后。同时，倾听群众的呼声反映，及时向有关部门汇报，促进问题的尽快解决。

今年万里行活动涉及到的有关地区和单位，要周密组织，尽心尽力搞好配合协作。要敢于正视和揭露本地、本单位安全生产工作中的问题，不护短，不文过饰非，把广大群众反映强烈的热点问题，作为宣传报道的重点。要组织干部和职工群众认真收视、收听、阅读万里行活动的宣传报道，组织开展讨论，使这项活动真正收到实效。

（四）抓好安全生产法律法规的学习、宣传和贯彻。《安全生产法》是我国第一部安全生产主体法律，出台之后，要立即在全国掀起一个声势浩大的学习、宣传、贯彻《安全生产法》的热潮。要使各项法律制度、法律规定尽快被社会各界所了解和掌握，依法规范安全生产及其监督管理行为，把安全生产真正纳入法制化轨道。要把《安全生产法》的立法过程，作为法律宣传的第一步。要积极参与法律草案的修改和完善，提出我们的意见和建议。对法律出台之后如何开展宣传学习活动，要胸中有数，从人员力量、设施条件、教材等方面，提前做好必要的准备工作。与此同时，要继续抓好现行的安全生产法律法规，如《危险化学品管理条例》、《煤矿安全监察条例》等的学习宣传和贯彻，依法搞好当前的各项安全生产工作。

（五）探索和开展建设安全社区活动。“安全社区”是世界卫生组织重点推广项目，目前已在不少国家取得了进展。不久前，国家安全生产监督管理局、香港职业安全健康局在上海联合召开了“建设安全社区报告会”。上海、北京等城市的经验表明，建设安全社区活动是增强群众安全意识、搞好城市安全生产工作的一条有效途径。各地安全生产监管机构要发扬与时俱进精神，积极探索，大胆创新，通过建设安全社区活动，充分挖掘利用社区内部资源，发挥治安、消防、工商、医疗卫生、居委会、家委会等机构团体的作用，把安全工作落实到每个街道、居委会、村镇，落实到每个生产经营厂点、每家每户和每个社区成员，把安全责任和压力向最基层传递，把事故防范的关口向前移，夯实安全生产工作的基础。

（六）充分发挥新闻媒体的作用，搞好舆论导向和舆论监督。随着大众传播媒介的日益发展，我们必须充分利用新闻媒体反应迅速、覆盖面宽、形象直观的优势，搞好正确的舆论导向，实施有效的舆论监督，以正确反映安全生产的状况，揭露和批评安全生产领域存在的腐败现象。各地、各部门要加强对宣传舆论工作的指导，加强与新闻媒体的联系，始终把握好正确的舆论导向，旗帜鲜明地唱响安全生产的“主旋律”。新闻宣传工作要介入事故调查，以增强重、特大事故调查处理的透明度。对一些领导干部搞权钱交易、充当不法业主保护伞、干扰安全生产工作的，或因失职渎职造成重、特大事故的，要大胆揭露。重、特大事故的调查处理结果，要及时向社会公布，以警示、教育广大干部和群众，促进安全生产工作。

四、发扬开拓创新、与时俱进的精神，开创安全生产宣传教育工作的新局面

一是要进一步加强对安全生产宣传工作的领导。各地、各部门、各单位，在安全生产工作中，要确立“两手抓、两手硬”的思想，把安全生产宣传教育摆在安全生产监督管理工作的重要环节，列入议事日程，与安全工作同步研究，同步安排，同步实施。各级宣传教育部门，各级安全生产监管机构都要加强这方面的工作，搞好指导协调。要在搞好日常性宣传教育的基础上，从实际出发，每年都要有重点、有目的地组织开展一些较大的宣传教育活动，形成舆论高潮。重要的宣传教育活动，主要领导要直接出面进行组织协调。要加强调查研究，及时发现和解决工作中出现的新情况和新问题。

二是适应市场经济的发展需要，推动安全生产宣传教育工作的机制创新。在市场经济条件下，安全生产宣传教育工作不论是思维方式，还是活动方式以及工作运行机制，都要不断改进创新，以适应新形势新任务的要求，增强安全生产宣传教育工作的吸引力和凝聚力，更好地发挥其对安全生产的保证和促进作用。安全生产宣传工作必须坚持“以人为本”的原则，注意研究人们在安全生产中的思想、行为变化规律，研究不同层次的社会群体对安全生产的心理需求，研究以预防为主的宣传教育内容和手段，增强安全生产宣传工作的针对性，推进宣传工作的科学化和社会化。上海、深圳等地的经验表明，安全生产宣传教育工作有着广阔的市场和商机，要积极推进安全生产宣传教育的产业化，引导安全文化类企业和安全文化研究机构加大安全文化市场开发力度，实现经济效益和社会效益的统一。同时，在宣传教育工作中引入竞争机制，鼓励各种新思路、新创意和新点子，推动安全生产宣传教育手段、途径和方式方法的创新。

三是要加强沟通和联系，努力构建安全生产的网络体系。安全生产宣传教育工作作为一项系统工程，必须动员方方面面的力量，形成全党动手、全民动员、齐抓共管的宣传格局，发挥宣传教育工作的整体效应。因此，要树立全国安全生产宣传教育工作“一盘棋”思想，维护安全生产宣传教育工作的统一性和整体性。中宣部、国家局和有关部门关于安全生产宣传教育工作的各项部署，各地、各单位要认真贯彻落实，并把工作进展情况以及存在的困难和问题，及时反映上来。各级安全生产监管机构的宣传教育部门、新闻媒体以及安全文化企业、社会团体等，要相互配合，加强联系，协同作战，围绕一个共同的目标，齐心协力抓好安全生产宣传教育工作这件大事。

国家安全生产监督管理局(国家煤矿安全监察局)局长张宝明在煤矿安全整治会议上的讲话(摘要)

(2002年4月9日)

一、正确估价煤矿安全生产专项整治取得的成果，清醒地认识煤矿安全生产的形势

去年，国务院作出开展五项安全生产专项整治的部署之后，在地方政府的组织领导下，各有关部门和煤矿安全管理与监察机构，相互配合，狠抓落实，经过11个月的艰苦努力，煤矿安全生产专项整治取得了阶段性成果。截止到今年3月底，全国共关闭小煤矿12257处，包括国有煤矿矿办小井1284处。全国小煤矿总数由整治前的35000处，减少到23000处。与1997年的8.2万处比，小煤矿减少近6万处。这次通过检查验收的小煤矿17956处，剩下的4972处小煤矿也将予以关闭。

通过关闭整顿小煤矿，实现了“三个促进”：第一，促进了煤炭经济结构的调整和优化。煤炭总量严重过剩的局面得到缓解，各类煤矿的生产结构趋于合理，1997年全国煤炭产量13.7亿吨，这几年都控制在10亿吨左右。原国有重点煤矿、国有地方煤矿和乡镇煤矿的产量比例由过去的4:2:4变为6:2:2。第二，促进了煤炭经济状况的好转。生产经营秩序明显改善，煤炭行业开始呈现出“三下一上”（总量、库存和货款拖欠下降，价格恢复性上涨）的发展态势，去年全行业实现扭亏为盈。第三，促进了煤矿安全生产状况趋于好转，具体体现在三个下降：一是煤矿事故死亡总人数有所下降。去年全国煤矿事故死亡5670人，比1997年减少1413人，比2000年减少128人。二是煤矿特大事故明显下降。去年全国煤矿共发生10人以上特大事故49起，死亡1011人，比1997年减少46起，少死亡919人，比2000年减少29起，少死亡439人，分别下降34%和28%。今年一季度，全国煤矿没有发生一次死亡30人以上特大事故。一次死亡10人以上特大事故9起，死亡177人，比去年同期减少6起，少死亡103人，分别下降40%和36.8%。煤矿安全整治前后对比变化更为明显。去年1~5月份全国煤矿平均每月发生特大事故6起，6月至今年3月下降到平均每月3起。三是原国有重点煤矿百万吨死亡率明显下降。去年原国有重点煤矿产煤6亿吨，死亡781人，百万吨死亡率1.3（含矿办小井），比上年下降18%。

总结去年以来的煤矿安全生产专项整治工作，主要有以下几个特点：

一是领导重视，各地政府积极组织实施。在国务院的领导下，对煤矿安全整治和关闭整顿小煤矿，先后召开三次会议，下发三个文件，作出明确规定，去年是工作力度最大的一年，采取了“四个一律关闭”、“四证”发放和复产验收统统上收到省里等硬措施。其次是各级政府对贯彻落实国务院通知精神，态度积极，工作主动，把安全整治作为整顿和规范市场经济秩序的重点来抓。去年4月20日煤矿安全生产专项整治会议和4月28日全国安全生产电视电话会议之后，各地都认真研究制定煤矿安全专项整治方案，组建了专门的班子，落实各级责任制，政府主要领导亲自抓，亲自组织检查，亲自参加验收。煤矿安全专项整治能够取得阶段性成果，是与地方政府的统一领导分不开的。

二是加强了煤矿安全监察执法工作。适应新形势的要求，国家局先后制定发布了《煤矿安全监察条例》的配套规章和规范性文件38个；修订颁布了《煤矿安全规程》；制定了23种煤矿安全监察执法文书，规范了各级煤矿安全监察人员的执法行为。去年，围绕煤矿安全整治,国家局先后组织了六次有重点的督察活动,时间近3个月,先后对17个重点产煤省区、62个地市的安全整治进行了现场督察,有效推动了小煤矿的关闭整顿工作。各省局和各地区安全监察办事处,以《煤矿安全监察条例》等法律法规为依据,加大煤矿安全监察和行政处罚的力度,去年以来到今年2月底,现场监察21万人次,其中下井18.3万人次。下达行政处罚决定1.6万余份,其中罚款1886万元。责令停止生产或停产整顿矿井10015处,吊销生产许可证2014个,下达撤出作业人员命令书1331份。这些都有力地促进了煤矿安全生产专项整治工作的开展。

三是依法查处重、特大事故,实行权责追究制度。《国务院关于特大安全事故行政责任追究的规定》(国务院令302号)颁布之后,引起各级政府领导同志的高度重视,各地进一步加大了事故查处和行政责任追究的力度。同时,将权责追究的制度向下延伸,强化县、乡领导在关闭整顿小煤矿中的责任,有力促进了煤矿安全整治工作。去年全国煤矿发生的一次死亡30人以上的特大事故,国务院安委会和国家局都及时进行了调查处理。特别是对陕西的两起煤矿特大事故、江苏徐州的小煤矿特大瓦斯爆炸事故以及11月中下旬山西连续发生的5起小煤矿特大瓦斯爆炸事故等,都进行了通报和事故调查处理。严肃追究有关领导人员的行政责任,起到了很好的警示作用。

四是围绕"一通三防",加强安全技术改造。在煤矿安全整治中,各地普遍加大了煤矿安全的资金投入,仅山西、河北、河南、四川、黑龙江五省投入小煤矿整改资金就达17亿元,主要用于购置安全装备和设施。已经验收的小煤矿普遍实现了机械通风、双电源供电和两个安全出口;一些小煤矿实行了正规壁式采煤,完善了通风系统。此外,国家也加大了对国有重点煤矿安全技改资金的投入,共安排103个安全技措项目,落实技改资金近20亿元。有81家煤炭企业、146处矿井的通风系统、81处矿井的瓦斯抽放系统、56处矿井的安全监控系统将实施技术改造。项目的实施将进一步改善煤矿"一通三防"的安全生产状况,使矿井综合抗灾能力得到较大幅度的提高。

在充分肯定煤矿安全整治取得阶段性成果的同时,我们还要清醒地看到整治工作中存在的问题,主要是工作发展不平衡:一是部分地区,特别是县乡领导对小煤矿的关闭整顿抓得不够,工作不到位,甚者有抵触情绪,致使关井的质量不高,没有严格按照关井的"六条标准"去实施,存在已关闭的小煤矿死灰复燃,对违法生产的小煤矿姑息迁就。二是部分地区检查验收把关不严。对验收不负责任,达不到标准的小煤矿也通过了验收,致使一些不具备基本安全生产条件的小煤矿蒙混过关,存在严重安全隐患。三是整治工作不彻底,存有死角和空档。还存在"四个一律关闭"的小煤矿没有按要求关闭。另外,去年的安全整治,各地都侧重抓了小煤矿的关闭整顿和国有大矿的整改,但是对国有地方煤矿的整治,抓得不够,整改不力,存在的隐患较多。四是技术落后,从业人员素质低。不少小煤矿仍采用落后的开采方式,采煤工作面形不成全负压通风系统,有一部分矿井井下还使用畜力运输。

由于这些问题的存在,进入2002年以来,一些地区煤矿又连续发生重大事故,一季度全国煤矿安全生产形势仍是严峻的。一是事故起数和死亡人数呈上升趋势。截止到3月底,全国煤矿发生各类伤亡事故556起,死亡994人,比去年同期上升57.9%和13%。二是国有地方煤矿事故增多。一季度国有地方煤矿共发生事故96起,死亡185人,事故起数同比上升21.5%。三是乡镇煤矿事故增加,死灰复燃的小煤矿尤为严重。一季度乡镇煤矿发生事故362起,死亡670人,比去年同期上升112.9%和40.5%。其中无证非法小煤矿发生事故42起,死亡136人,占乡镇煤矿事故起数和死亡人数的11.6%和20.3%。

对以上这些问题,我们必须深刻反思,清醒认识,举一反三,严肃对待。要充分估计到今年煤矿安全生产的不利因素,把困难估计足。要特别看到,随着煤炭市场出现转机,煤价上涨,煤矿出煤的积极性很高。各类煤矿特别是国有大矿和国有地方煤矿,急于补还亏损,超能力和超通风能力生产,发生重、特大事故的潜在危险比任何时候都要大。另外,小煤矿死灰复燃的问题也越来越严重。不仅小矿矿主受利益驱使,铤而走险,要钱不要命,而且一些地方政府特别是县乡的领导同志,受地方保护主义的影响,也想让小煤窑重新"活"起来。从去年四季度以来,这个问题就开始显现。因此,我们必须认清问题的严重性,认清形势的严峻性,认清整治的艰巨性,认清工作的紧迫性,在去年专项整治的基础上,继续把煤矿安全整治工作推向深入。

二、统一思想,坚定信心,深化煤矿安全生产专项整治,促进煤矿安全生产状况的进一步好转

深化煤矿安全生产专项整治,是国务院确定的今年五项安全整治的两个重点之一,也是煤矿安全生产工作的中心任务。为什么要深化整治?主要是:第一,煤矿井下作业是事故多发行业,煤矿的安全问题是突出的。前段煤矿的安全专项整治,只是取得了阶段性成果,安全整治工作任务还十分繁重,而且前段整治工作中的漏洞和问题还比较多,需要继续深化。第二,由于煤矿安全欠账较多,技术落后,人员素质低,整体素质差,特别是小煤矿管理水平低,生产工艺落后,抗灾能力弱,煤矿安全生产状况并没有根本改观,必须在前段整治的基础上深化、提高。第三,安全生产仍是今年整顿和规范市场经济秩序的重点。九届全国人大五次会议通过的《政府工作报告》,强调要“加强生产、交通安全管理,健全安全责任制。切实纠正各种违规违章指挥和作业现象,防止重大安全事故的发生”。“坚决依法关闭破坏资源、技术落后、污染环境、不具备安全生产条件的厂矿。”对此,我们要统一思想,坚定信心,按照国务院的统一部署,继续推进煤矿安全整治工作的深入开展。

下一步深化煤矿安全专项整治的总体要求是:以江总书记“三个代表”的重要思想为指导,贯彻落实九届全国人大五次会议和全国安全生产电视电话会议精神,以煤矿安全生产的法律法规和《煤矿安全规程》为依据,坚持“安全第一,预防为主”的方针,依法整治,淘汰落后,强化监察,提高水平,标本兼治,综合治理,促进煤矿安全生产状况的进一步好转。

深化煤矿安全整治的总体目标是:坚持结构调整,发展大矿,关闭小矿,淘汰落后的矿。小煤矿在现有基数上,再关闭30%,力求到年底将小煤矿数量减少到1.5万个左右;全国煤矿事故死亡人数和重、特大事故起数比去年下降10%;煤矿安全装备水平和技术素质得到明显改善。

关于深化煤矿安全专项整治的具体安排,国家局专门提出一个《实施方案》,希望认真组织实施。下面,我强调几点:

一是继续关闭不符合标准的各类小煤矿,坚决淘汰落后的生产能力。继续关闭小煤矿,是深化煤矿安全整治的重中之重。最近,朱总理在山西考察时多次指出,发展煤矿的思路要改,小煤矿绝对不能再搞,要逐步消灭小煤矿,开采大煤矿。强调小煤矿、小炼焦浪费资源、破坏生态、污染环境、事故不断,必须继续依法进行整顿、关闭。在这方面,态度要积极,责任要落实,措施要得力,工作要到位,绝不能明关暗不关。朱总理的重要指示,一针见血,切中要害,不仅明确了煤炭工业的发展思路,而且对继续关闭整顿小煤矿提出更加明确的要求。我们必须以此为指导,加大关闭整顿小煤矿的工作力度。对今年3月底检查验收不合格的和剩余的所有小煤矿,要坚决采取关闭措施,绝不能姑息迁就。除此之外,凡是达不到国家局制定的《小煤矿安全生产基本条件》的,达不到规定的生产规模的,开采高硫高灰煤的,高沼和瓦斯突出的都要予以关闭,即使已经通过验收的,也要重新采取关闭措施。

所有纳入关闭范围的小煤矿,都必须按照国家规定的“六条标准”关实关死,严防死灰复燃。如果放松警惕,小煤矿一旦死灰复燃,这几年关井压产的成果、关闭整顿的成果就付之东流,煤炭行业刚刚好转的形势很可能发生逆转。对此,必须高度重视,切不可麻痹大意。在这个问题上,要研究制定防止小煤矿死灰复燃的硬措施。坚持“谁验收、谁签字、谁负责”的原则,落实县、乡领导责任制,并依据国务院302号令,制定具体的责任追究办法,把相关责任落实到各级政府主要领导和各有关部门负责人,逐级备案,出了问题逐级追究行政责任。加强巡查,强化监督执法。对私自违法恢复生产的小煤矿,不仅要严厉制裁矿主,没收全部非法所得,而且要依法追究乡镇和县(区)主要领导及火工品、供电、劳动用工等管理部门主要负责人的行政责任。涉及腐败问题的,要从严从重惩处。

二是抓紧建立促使小煤矿搞好安全生产的制约机制。从长远看,煤炭工业不能走“小土群”的发展路子,今后各地不再批准开办小煤矿,现有的小煤矿要逐步减少,落后的要淘汰。各地对整顿验收后保留下来的小煤矿,都要以新颁布的《煤矿安全规程》为依据,按照《小煤矿安全生产基本条件》继续深入整改。要促其加大安全投入,完善安全设施,提高防御能力。对确实达不到安全生产基本条件的,要及早采取关闭措施,不要等发生重、特大事故以后再被迫关闭。小煤矿必须坚决淘汰落后的开采工艺和运输方式，改进采掘布局，采取壁式正规开采，形成完善的通风系统；井下严禁使用非防爆机动车和畜力运输，严禁使用非防爆设备。针对目前小煤矿矿长普遍缺乏安全生产知识、管理素质低下的实际问题，今年要对所有小煤矿的矿长进行强制性安全培训，经培训考试合格的，重新核发矿长任职资格证书。否则，吊销矿长资格证书，不允许上岗。对弄虚作假获取资格证书的，一经查出，要严肃处理。

适应市场经济的新形势，现阶段要采取必要的经济手段和产业政策，限制小煤矿的发展。当前所有小煤矿必须依法为矿工建立意外伤害保险，否则不允许生产。今后有关管理部门要根据小煤矿的安全生产状况，建立定期安全评估及“四证”年检制度，小煤矿达不到《煤矿安全规程》的要求以及凡是年检不合格的小煤矿，都要及时依法吊销“四证”，予以关闭。

三是要加强对地方国有煤矿的安全专项整治。现在看，相当一批国有地方煤矿在安全整治中是走了过场，问题越来越突出。许多国有地方煤矿的安全生产条件并不比小煤矿好多少，存在的隐患很多。去年，地方国有煤矿就发生各类事故632起，死亡1044人，比上年增加102起、217人。其中特大事故发生9起，死亡189人，比上年增加6起、124人。今年以来也是事故频发。所以，下一步要按照去年国务院河南现场会和国办25号明电、68号文件的要求，对国有地方煤矿进行安全生产专项整治补课。各地要组织力量对国有地方煤矿的安全生产状况进行一次全面检查，凡是在“一通三防”上存在重大隐患以及今年以来发生重、特大事故的，要一律停产整顿，限期整改。整改后经过验收合格的，才能恢复生产。对那些已经出卖或承包给个人的国有地方煤矿，要视同乡镇煤矿对待，凡是不具备安全生产基本条件的，要予以关闭。对那些规模小、破坏资源、污染环境和技术落后、事故多发的小矿，也要予以淘汰。要把整改、关闭的责任和措施落实到企业，落实到具体负责人头上，加强监督监察，消除事故隐患，迅速扭转国有地方煤矿重、特大事故多发的势头。

四是紧紧围绕“一通三防”，继续搞好国有重点煤矿的安全整治。国有重点煤矿是煤炭工业的主导力量，也是安全科技投入的主体，必须把安全生产的基础工作夯实。要按照新的《煤矿安全规程》继续进行排查整改。凡安全设施不完善，安全技术措施不落实，存在安全隐患的，要限期整改；存在重大隐患的一定要停产整顿。在煤炭市场发生变化的情况下，尤其要防止国有大矿超能力和超通风能力突击生产。要坚持“科技兴安”的方针，大力推进国有大矿的安全技术改造与创新，要围绕“一通三防”的关键环节、要害设施及事故多发、易发领域，要大力推广使用新设备、新工艺、新材料、新技术。对国家去年安排的103项安全技术改造项目，要认真抓好落实，用好国家下拨的安全技改资金，真正把钱用在关键处，花在“刀刃上”。今年争取再安排一批安全技改项目。各省级煤炭管理机构、煤矿安全监察局和办事处，要对各单位安全技术改造资金的使用情况进行监督检查，防止挪用等现象的发生。通过安全生产技术改造，完善井下通风和瓦斯煤尘监测系统，及时更换那些陈旧的设施设备，提高煤矿的综合防御能力。

三、进一步健全和完善煤矿安全监察执法机制，不断提高行政执法工作的水平

煤矿安全监察体制改革以来，我们坚持一手抓煤矿安全专项整治，一手抓基础建设，特别是法制建设，在地方政府和各有关部门的大力支持下，经过全系统两年来的艰苦努力，监察执法工作取得了明显的进展。一是基本形成了具有中国特色的煤矿安全监察法律法规体系；二是建立健全了全国统一、垂直管理的煤矿安全监察执法队伍；三是基本建立起煤矿安全监察执法的工作体系和运行机制；四是煤矿安全监察工作得到了各级政府和部门、企业的支持、配合和认可。这两年煤矿安全生产状况趋于好转，是与加强安全监察执法工作分不开的。实践证明，党中央、国务院作出的改革煤矿安全监察体制的重大决策，是正确的、有效的。

但是，由于独立的煤矿安全监察体制建立时间不长，工作处于起步阶段，加之管理体制上的原因，在安全监察执法工作中还存在一些问题，主要的：一是工作层次不高，监察执法缺乏应有的力度和权威；二是煤矿安全监察机构的职能，特别是省级机构还没有完全转到监察执法上来，仍然习惯于行政性的管理方式；三是监察执法工作不够规范，必要的工作制度尚不健全，在正确使用执法文书，以及执法方法和手段等方面，也存在着一些问题，因而一定程度影响了执法工作的效果。这些问题，既有客观上的原因，但更多的是主观上的因素，是我们自身的工作没有真正到位。

关于下一步如何加强煤矿安全监察执法工作，我们也提出了一个《意见》，希望认真贯彻落实。下面，我再强调几点：

第一，充分认识煤矿安全监察执法的重要性，增强搞好执法工作的责任感和使命感。在煤矿实行国家安全生产监察制度，是贯彻党中央依法治国方略、维护矿工生命财产安全的重大举措，也是体现国家意志、带有强制性的一项法律制度。党中央、国务院对煤矿安全监察执法工作非常重视，在国务院政府机构改革精简的情况下，撤销了所有的国家局，专门组建国家煤矿安全监察局，实行全国垂直管理的体制。近两年，镕基总理、邦国副总理等中央领导同志多次作出重要指示，要求我们健全完善安全监察执法工作机制，强化行政执法工作，要有规范的制度，明确执法依据，做到执法机构到位，执法人员到位，执法工作到位，促进煤矿安全生产状况的好转。要加快省级煤矿安全监察机构与煤炭行业管理部门的分离，为集中精力做好煤矿安全监察执法工作，创造更加有利的条件。我们一定要抓住时机，转变职能，紧紧围绕深化煤矿安全整治，竭尽全力做好监察执法工作，履行好国家赋予我们的职责。

第二，自觉坚持“预防为主”的安全生产方针，把监察执法工作立足点放到预防事故上来。“安全第一，预防为主”是安全生产工作的总方针，也是煤矿安全监察执法必须遵循的方针。这一方针的确立，是建立在对煤矿安全生产工作基本规律和特点的认识基础之上的。煤矿安全监察执法的对象，是政府部门和企业的安全管理行为；监察执法的立足点，在于努力防范和减少煤矿重大事故。检验煤矿安全监察执法工作是否富有成效，最重要的一条，是看监察对象是否切实加强了安全生产，煤矿事故是否明显下降。这就决定了我们的监察执法工作，必须把预防事故作为首要的根本性任务，进一步转变观念，从煤炭行业管理转到煤矿安全监察上来，自觉做到“三个前移”：一是执法工作的立足点前移，从事后查处转到事前防范上来，要超前工作，加强事前监察，加强对隐患治理的监察，加强对“三违”现象的监察，发现问题及时采取行政处罚和停产整改的措施，消除事故隐患，不要等到出了事故再去处罚和追究；二是监督监察的关口前移，要从煤矿建设工程“三同时”、建立健全政府及其有关部门安全责任制、加强企业安全生产的管理等基础环节入手，严格监察执法，从源头上把好安全生产关；三是防范事故的重心前移，紧紧围绕“一通三防”这个关键环节，加强对煤矿安全生产第一线的监督监察，特别是各煤矿安全监察办事处，要切实加大现场监察执法力度，对通风系统不合理的、瓦斯监测设施不完善的、现场管理不执行操作规程的，要当场处置，该停产的停产，该处罚的处罚，尤其是发现有威胁职工安全的紧急情况，必须当场作出处理决定，保障煤矿职工安全。

第三，把握和处理好煤矿安全监察领域的若干关系，切实改进监察执法工作。主要是这三个方面的关系要处理好：一是煤矿安全监察执法与煤矿安全管理工作的关系。首先要明确二者是监察与被监察的关系。但从一定意义上讲，监察也是服务。我们在监察中要履行好服务的职能，比如促进政府部门加强对煤矿安全工作的监督管理，促进煤矿企业做好安全工作，改进安全条件，提供各方面的安全信息等。但是目标都是一个，就是实现煤矿安全状况的稳定好转。二是煤矿安全监察机构与地方政府煤炭行业管理部门的关系。前者是中央政府派驻的执法机构，后者是地方政府行业管理部门。两者既是相互监督的关系，也是配合协作关系。过去是合在一起干，既当“裁判员”，又当“运动员”。现在按照国务院领导的指示精神，已经将机构、职能分离，今后要各司其职、各负其责。三是监察执法工作与煤矿安全生产专项整治的关系。国务院已经明确，煤矿安全整治以及关闭整顿小煤矿等工作，由地方各级人民政府负责组织实施。各级安全监察机构的责任，就在于依法监察，督促整治，通过加大行政执法力度，有力推动这方面的工作。

第四，要加强煤矿安全监察工作的统一管理。由于煤矿安全监察实行全国统一、垂直管理的体制，所以必须强化我们这个系统的统一性，上下形成一个安全行政执法的整体，确保各项指令的畅通，确保行动的协调一致。现在我们有些基层的领导同志缺乏这种意识，缺乏应有的组织纪律性，该及时汇报的不汇报，该及时沟通的不沟通，这种状况要尽快改变。要把执法情况的统计、分析和研究，作为各级监察机构重要任务，摆上工作日程。要建立监察执法报告制度，逐级进行执法统计。下级监察机构要定期向上级机构报告执法情况，提供执法工作的具体数据。要像过去抓国有重点煤矿经济效益和盈亏指标那样，定期召开执法情况分析会。要把执法分析与煤矿安全状况分析结合起来，从执法分析入手，剖析煤矿安全状况变化，找出规律性的东西。同时，根据煤矿伤亡事故的频率、分布、趋势和苗头等，研究改进行政执法的办法措施，提出下一步行政执法的重点，增强监察执法的针对性和实效性。

第五，努力提高执法队伍的素质，规范执法工作。提高行政执法工作的质量和效率，必须有一支高素质的执法队伍。应该说，我们这支队伍总体上是好的，特别是办事处的同志，工作很辛苦，也很有成效。但是随着入世以后市场经济法制建设的加强和完善，对行政执法的要求越来越高，监督也越来越严格。我们必须不断改善自身的法律素质，提高执法水平，才能适应新形势下煤矿安全监察行政执法的需要。

要加强法律知识的学习。了解和掌握法律，是执法人员的基本功。一切与煤矿安全相关的法律、法规和规章，都需要认真学习、熟练掌握。特别是现场监察的同志，对《煤矿安全监察条例》和《煤矿安全规程》，一定要了如指掌，难不倒，问不住。掌握了法律武器，就要坚持依法行政。

要规范执法程序，正确使用执法文书。充分认识法律程序的重要性，准确掌握监察执法的程序，坚持按程序履行执法职能。各级监察人员要真正掌握在什么情况下，哪一道执法程序使用哪种执法文书，掌握执法文书的制作、使用、送达方法，避免那种现场检查无笔录、调查不取证、行政处罚不制作执法文书的现象，维护执法文书的严肃性。

要严肃执法，维护执法权威。煤矿安全监察制度是以国家政权为后盾的法律规范。执法人员代表国家履行煤矿安全监察职能，要言出法随，令行禁止。不允许以情代法，徇私舞弊。在安全整治中，要进一步加大依法实施行政处罚的力度，严惩煤矿安全违法行为。必须把煤矿安全监察行政处罚的种类、适用范围以及实施行政处罚的程序搞清楚，做到事实清楚，依据合法，程序严格，处罚准确。特别对那些自恃有后台、有靠山的“钉子户”，要盯住不放，一查到底，决不能退缩妥协。

要加强执法监督，树立安全监察的良好形象。各级煤矿安全监察机构，要认真搞好党风廉政建设，加强对安全监察人员的管理和监督，用好手中的权力，公正执法，不徇私情。要严格遵守各项廉洁自律的规定，经得住各种诱惑和考验，保持廉洁奉公的本色。

如同任何事物一样，煤矿安全监察执法也要经历一个由不完善到完善，由不成熟到成熟，由水平较低到水平较高这样一个循序渐进的过程。这项工作我们过去没有搞过，没有现成的路子可走，全靠在实践中探索。我们的监察执法队伍，基本上来自煤矿现场，对行政执法的新角色有一些不适应，是正常的难以避免的。关键是要善于总结，善于学习，善于吸取经验教训，不断改进工作，在实践中不断提高我们的监察执法水平。

国家安全生产监督管理局(国家煤矿安全监察局)局长张宝明在全国非煤矿山安全整治工作电话会议上的讲话(摘要)

(2002年4月16日)

一、非煤矿山安全整治情况及安全生产形势

去年四季度以来，针对我国非煤矿山安全生产的严峻形势，特别是吸取广西南丹发生的“7·17”特大透水事故的教训，各地区、各有关部门和广大

矿山企业按照国务院关于安全整治的统一部署，有重点地开展了非煤矿山的安全整治工作，取得了一定成效：一是非煤矿山的安全生产法规制度建设和基础工作得到了初步加强，矿山企业特别是大中型企业的整体安全防御能力有了一定的提高；二是今年一季度非煤矿山安全生产形势总体上趋于稳定，事故起数和伤亡人数比去年同期略有下降；三是从去年四季度以来，未发生一次死亡30人以上的特大恶性事故。

但是，非煤矿山的安全整治工作发展不平衡，安全生产工作中还存在许多问题，主要有：一是部分地方政府领导不能正确处理安全与生产、安全与效益、安全与发展的关系，对整治工作态度不坚决，工作不得力。尤其是一些县乡政府，措施不落实，工作不到位，甚至以停代整、以停代关、明停暗开，使整治工作流于形式。二是注重了治标，忽略了治本。非煤矿山特别是小矿山安全基础差、安全投入少、技术含量低、办矿标准低、管理水平低的状况没有得到明显改变。三是一些个体矿主或承包户，急功近利，要钱不要命。他们不重安全投入，不抓安全培训，不搞“三同时”审查，“三无”和“三违”现象严重。四是一些非法矿山一证多井，超层、越界和重叠开采，以采代探，既破坏了宝贵的矿产资源，又导致事故多发。五是许多危险源未得到有效控制和治理，一些重大事故隐患未得到及时整改。

由于上述问题的存在，我国非煤矿山的安全生产形势依然严峻。一是事故起数和死亡人数呈上升趋势。据统计，去年全国非煤矿山共发生伤亡事故1313起，死亡1932人，比上年上升85.2%和102.5%。其中一次死亡10人以上的特大事故9起，死亡214人，比上年上升125%和185.3%；一次死亡3~9人的重大事故114起，死亡479人，比上年上升72.7%和83.5%。二是事故大多发生在集体企业和个体、私营企业。去年这类矿山企业共发生事故877起，死亡1409人，分别占非煤矿山事故起数和死亡总数的66.8%和72.9%。三是事故集中发生在有色金属、非金属矿山行业。去年这两个行业共发生事故1030起，死亡1562人，分别占非煤矿山企业事故起数和死亡人数的78.45%和80.85%。四是事故多发地区比较集中。主要在广西、浙江、云南、广东、辽宁、河南6个省区。特别指出的是，瞒报并造成死亡81人的广西南丹“7·17”特大透水事故，暴露出的诸多问题集中反映了中小矿山特别是非法开采的私营个体矿山企业问题的严重性，必须引起各有关部门、各级领导同志的高度重视。

总之，非煤矿山的安全生产工作任务繁重，加强非煤矿山的安全整治工作迫在眉睫、势在必行。我们一定要提高认识，加强领导，切实加大非煤矿山安全整治工作的力度，力求取得更大的成效。

二、加强非煤矿山安全整治工作的总体要求、工作重点及目标

非煤矿山安全整治的总体要求是：以江泽民总书记“三个代表”的重要思想为指导，认真贯彻落实九届全国人大五次会议和全国安全生产电视电话会议精神，坚持“安全第一，预防为主”的方针，立足防范，依法整治，强化监管，标本兼治，综合治理。通过整治，取缔非法矿山，关闭不具备安全生产基本条件的矿山，淘汰落后的小矿山，消除重大事故隐患，遏制住重特大事故多发的势头，加强非煤矿山的安全管理，从整体上提高非煤矿山的安全素质和防御能力，实现非煤矿山安全生产状况的明显好转。

非煤矿山安全整治的重点：一是各类小金矿特别是大量使用氰化钠等剧毒物品的小金矿及事故频发、破坏资源、污染环境、不具备基本安全生产条件的采石场和稀有贵重金属矿山；二是各类私营、个体小矿山和小采石场；三是地下开采的主要是井下开拓系统、通风系统、排水系统及地面的危险化学品库、尾矿库、爆破器材库、采矿场、混汞法选金设施和金矿露天氰化堆浸场；四是采矿秩序混乱和事故多发的地区。

非煤矿山安全整治的主要目标：一是依法取缔各类非法矿山，关闭“三无”和不具备基本安全生产条件的各类小矿山、小采石场；二是矿山的安全技术含量和安全技术水平明显提高，安全素质明显改观，防御能力明显增强，消除重大事故隐患；三是重、特大事故得到有效遏制，一般事故大幅度下降。其中一般事故起数、伤亡人数要比去年减少20%，重、特大事故要减少30%，遏制特别重大的恶性事故，实现安全生产状况明显好转。

三、加强非煤矿山安全整治工作的措施及要求

第一，要进一步提高认识，切实加强对非煤矿山安全整治工作的领导。我国非煤矿山点多面广，是重要的基础性产业之一。做好非煤矿山安全生产工作，不仅关系到人民群众的生命财产安全，而且关系到社会的稳定和矿业经济的健康发展。各地区、各有关部门和所有矿山企业都要从讲政治的高度，认真实践“三个代表”的重要思想，坚持“安全第一，预防为主”方针，采取标本兼治、综合治理、疏堵结合的办法，深化非煤矿山的安全整治工作。各地区应成立由政府主管领导任组长、各有关部门参加的非煤矿山安全整治工作领导小组，落实责任制。要完善方案，科学安排，精心组织。整个整治工作的阶段安排和步骤，原则上按去年国家安全监管局的部署进行。考虑到目前整治任务的实际情况，验收时间延长到四季度。各地要根据这一安排，抓紧深化整治工作，切实做到真整真治，绝不能走过场、留死角或以停代整、以停代关、明关暗开；对于取缔或关闭的企业一定要关死、关住，严防死灰复燃。

各有关部门要在本地区整治工作领导小组的统一领导下，各司其职、各负其责、密切配合、协调行动。各级安全生产监管部门要加强与公安、监察、国土资源、工商、环保等部门的联系，主动做好工作。要按照“谁发证，谁负责”的原则，严把审批关、发证关、签字关。对于领导不力、失职渎职、营私舞弊人员，要严肃查处并追究有关单位领导的责任。凡整治不力，死灰复燃严重的，不仅要依法追究矿主的法律责任，还要依法追究有关责任人的行政责任。

第二，要突出重点，依法开展整治工作。六部、局联合下发的《关于加强非煤矿山安全整治工作的意见》，明确了今年全国非煤矿山安全整治工作的重点。各地各单位一定要结合实际，突出重点地区、行业、企业、部位、环节，特别是各类个体、私营的小矿山、小采石场，要集中进行整治。各类矿山企业都要突出做好防垮坝、防爆炸、防污染（中毒）、防透水、防冒落（片帮、坍塌）工作，并完善各主要生产工艺系统，改善作业环境和安全生产条件。要严格依照有关法律法规和行业规章开展非煤矿山安全整治工作，加大监督执法力度，认真查处各种违法违规行为。对未取得国土资源管理部门颁发的采矿许可证、未经工商行政管理部门登记注册擅自采矿的，以及国家产业政策、环保法规和自然资源法规明确禁止开采的，应立即依法予以取缔；构成犯罪的，要依法追究刑事责任。对依法设立的非煤矿山企业不具备基本安全生产条件，以及未履行安全、环境影响评价“三同时”制度，或虽履行了相关评价手续，但未按要求落实措施的，应依法责令其限期整改或停产整顿，经整改整顿仍达不到要求的，必须坚决予以关闭。

在开展整治工作的同时，为适应建立社会主义市场经济体制和加入 WTO 的需要，要尽快建立健全与新形势相适应的非煤矿山安全生产法规体系，依法监督管理非煤矿山安全生产，把非煤矿山安全生产工作尽快纳入法制化轨道。

第三，要坚持预防为主，实行标本兼治，搞好综合治理。非煤矿山安全整治工作要与整顿和规范市场经济秩序、整顿和规范矿业秩序、调整产业结构和推动技术进步、健全法律法规和制度、强化基础建设和日常监督管理、加强作风建设和反腐败等项工作结合起来。要牢固树立安全第一、预防为主的思想，将安全工作的重心切实转移到加强预防事故工作上来。要立足治本，抓好源头，做到标本兼治，通过深入整治，全面提高非煤矿山安全生产和监督管理水平。尤其要充分利用治理整顿矿产资源管理秩序的有利时机，通过经济、法律和行政等多种手段，从源头上对那些违法开采、以采代探和乱采滥挖，以及交叉重叠探采等危及安全生产的矿山企业进行彻底整治。要加强安全生产督察工作，搞好事故隐患整改和重大危险源的评估与监控，针对不同情况进行分类指导和分级管理，把事故消灭在萌芽状态。

第四，要严格执行标准，加强验收督察，确保验收工作的质量。各地区的整治验收工作要在省（区、市）整治领导小组的统一领导下，严格按照标准进行。验收标准由各省（区、市）整治领导小组根据有关非煤矿山安全生产的法律法规和标准，结合本地实际情况制订，并报国家安全生产监督管理局备案。验收工作组要严格按照国家有关法律法规、安全规程、整治方案和验收标准开展验收工作；工作组内部要按照“谁签字，谁负责”的原则，各负其责。对验收合格的矿山企业，要经省级整治领导小组批准方可恢复生产。对整治后仍达不到验收标准和基本安全生产条件的矿山企业，要依法予以关闭。对已通过验收的矿山企业，要抓深化和提高，巩固整治工作成果。国务院有关部门将根据各地整治工作的进展情况，组织有关专家对验收工作开展督察和重点抽查。要及时总结和推广省、地、县、乡和企业各层面在安全整治工作中的好经验，建立整治示范工程，并适时组织召开现场经验交流会，推动非煤矿山安全整治工作向纵深发展。

第五，要改进工作作风，加强调查研究。各级领导同志要按照十五届六中全会精神，努力转变工作作风，认真开展调查研究，努力探索适合我国非煤矿山安全生产监督管理的新路子。一是要开展对安全整治工作中的困难和问题的调查研究，抓住深层次问题进行科学分析，抓紧研究制定或争取有关政策。二是要开展对非煤矿山企业安全生产监管工作机制的调查研究，提出指导意见，促进各级政府和企业尽快建立健全安全生产自我约束和激励机制，切实落实安全生产责任制。三是要开展对非公有制矿山的安全生产工作如何实施有效监督管理的调查研究，提出解决问题的途径和办法，切实提高监管效果。四是要加强对各类事故本质和内在规律的研究，及时采取相应对策，有效遏制事故的发生。五是要围绕如何建立非煤矿山安全生产长效机制问题开展调查研究，努力探索建立新形势下安全生产的长效机制，进而实现长治久安的目的。

第六，要加大安全生产宣传教育工作力度，强化舆论监督作用。今年6月份，要在全国开展“安全生产月”和“安全生产万里行”活动。各地、各有关部门一定要抓住契机，在非煤矿山整治工作中大力开展安全宣传教育工作，以营造良好的安全生产氛围，形成全社会人人关爱生命、人人关注安全的有利局面。要通过各种媒体，采用多种形式，大力宣传党的安全生产方针政策、中央领导同志关于安全生产的一系列重要指示和有关法律法规、行业规章；抓住正反两方面的典型，在搞好正面引导的同时，也要对典型事故进行曝光，分析事故案例，揭露不法行为，总结经验教训，以提高广大干部职工的法制意识和安全意识。要利用有关报刊，开辟非煤矿山安全整治工作栏目，积极开展安全生产宣传教育活动。同时，要组织、指导各地搞好非煤矿山安全培训工作，加强对企业经营管理者，特别是非公有制矿山企业的经营者或承包人以及特种作业人员、新上岗职工的安全培训工作，大力普及安全知识，切实提高全员的安全素质和自我保安意识。

同志们，非煤矿山安全整治工作时间紧迫，任务繁重。我们一定要坚定信心，统一思想，克服困难，开拓进取。要通过依法全面整治，尽快扭转非煤矿山安全生产形势严峻的局面，实现非煤矿山安全生产状况的明显好转，为矿业经济和整个国民经济的发展作出贡献。

国家安全生产监督管理局(国家煤矿安全监察局)局长张宝明在全国危险化学品安全管理专项整治工作电视电话会议上的讲话

(2002年5月21日)

近年来，危险化学品事故时有发生，对人民群众生命财产安全构成严重威胁。江总书记、朱镕基总理等党和国家领导人对此非常关注，多次强调指出，要切实加强危险化学品的管理，有效遏制这类事故的发生。为此，国务院及时修订发布了《危险化学品安全管理条例》，并决定在全国范围内开展危险化学品安全管理专项整治。根据国务院领导同志的指示精神，国家经贸委、国家安全生产监管局会同公安部、交通部、质检总局、环保总局、铁道部、卫生部、工商总局和监察部等有关部门，联合制定下发了整治方案。下面，我就整治方案作如下说明。

一、整治工作的指导思想和整治重点

这次危险化学品安全管理专项整治工作，要以江总书记“三个代表”重要思想为指导，深入贯彻落实党中央、国务院整顿和规范市场经济秩序工作会议、九届人大五次会议精神，以《危险化学品安全管理条例》和相关法律法规为依据，对危险化学品生产、储存、经营、运输、使用和废弃物处置等各个环节，全面进行整顿治理。通过集中整治，规范危险化学品管理工作，全面落实《条例》规定的各项监督管理措施和管理责任，健全防范措施，消除事故隐患，有效遏制危险化学品重大、特大事故的发生。

整治的重点：一是剧毒化学品和液化气体从业单位；二是不具备安全生产基本条件以及不符合有关资质要求的危险化学品从业单位；三是存在重大安全事故隐患的从业单位。同时，要依法严厉打击利用危险化学品从事各种违法犯罪的活动。

二、整治的主要内容

这次危险化学品安全管理专项整治的内容，主要是以下六个方面：

一是整顿危险化学品生产、储存和使用企业。所有生产、储存和使用危险化学品的企业和单位，都要按照《条例》和有关法律法规，严格进行整治。生产单位中，凡采用国家明令淘汰的落后工艺、装备，以及不具备基本安全生产条件的企业，要一律取消生产资格，予以关闭，吊销营业执照；对无证照、非法从业的单位，要依法查处取缔。使用单位中，对不符合有关安全、环保、职业病防治等法律法规的规定，使用氰化物的小金矿、小电镀厂、小电子器件生产企业等，要予以关闭，吊销其营业执照。

二是整顿危险化学品经营企业和销售网点。依法规范危险化学品的销售行为。按照《条例》和国家标准，重新审查、核发危险化学品经营许可证。对经营场所、经营设施、从业人员素质及安全管理措施等不符合规定的，要限期整改；整改后仍达不到要求的，取消其经营危险化学品的资格，吊销其营业执照。对剧毒化学品的经营，实行严格管理，从严审查资质条件。督促企业健全各项安全管理制度，落实安全防范措施。坚决取缔各类非法经营场点和销售网点。

三是深入进行危险化学品运输整治。要全面贯彻落实危险化学品运输资质认定制度，以及危险化学品运输从业人员资格管理制度。对不符合资质条件、不具备资格的单位和人员，要强制停止其危险化学品运输活动。要组织力量，对所有从事危险化学品运输的车辆、船舶等运输工具，及其负载的槽罐、设备和设施的安全技术状况，进行一次全面检查，从严核发危险化学品运输车辆及其负载的槽罐和其他容器的检验合格证明，从严进行危险化学品运输车辆的证照审验。对剧毒化学品运输的各个环节实行严格管理，认真执行剧毒化学品公路运输许可管理制度，落实安全管理的措施和责任；坚决禁止在内河、内湖进行剧毒化学品运输，防止发生泄漏污染河流湖泊。

四是整顿危险化学品的包装管理。要依照《条例》规定，对用于危险化学品的包装物和容器，包括用作运输工具的槽罐，实行定点生产。从事危险化学品生产、分装的企业和单位，必须使用定点企业生产、并经国家法定检验机构检验合格的包装物和容器，不得采购和使用非定点企业产品或未经检验合格的产品。使用中的危险化学品压力容器，应按照有关规定，定期进行检查检验。

五是整顿危险化学品从业单位的安全管理。所有危险化学品从业单位，都要依照《条例》和有关法律法规的规定，认真进行整顿治理，建立健全安全管理制度，落实安全生产责任制。要认真执行危险化学品安全技术说明书和安全标签制度。从业单位要对剧毒化学品实行全程动态跟踪管理，建立健全生产、储存、使用和销售、购买等各环节的登记制度，落实储存、保管安全管理措施，如实登记销售、购买和发放、领用等环节的流向记录，严防丢失、被盗。对危险化学品生产操作人员、仓库保管员、运输驾驶员、押运人员、运输船船员、经营业务人员等各类从业人员开展安全教育和培训，实行持证上岗制度。

六是落实危险化学品安全管理职责，强化监督管理。要按照《条例》和有关规定，落实责任，进一步加强基础工作，建立健全各项规章制度，严格实施监督管理。要全面实施危险化学品登记制度，建立全国危险化学品安全管理数据库，为危险化学品的安全管理、事故预防和应急救援提供技术、信息支持。地方各级政府和危险化学品从业单位，都要尽快制定和完善化学事故应急预案，逐步建立起化学事故应急救援体系。

三、整治的方法步骤

全国危险化学品安全管理专项整治工作，从2002年5月份开始，年内基本完成。分四个阶段进行：

一是宣传发动和组织部署阶段。时间约1个月。各地区、各有关部门要利用各种媒体，采取多种形式，大力宣传党和国家安全生产工作方针政策和有关法律法规，宣传国务院安委会开展危险化学品安全整治的工作部署、政策措施和有关要求。各省、自治区和直辖市人民政府，要成立由政府领导挂帅，经贸、安全监管和相关部门负责同志组成的专项整治工作领导小组，结合本地实际，制定实施方案，周密部署，精心组织实施。

二是调查摸底和企业自查整改阶段。时间约2个月。在这个阶段里，各地要组织开展调查，摸清本地区危险化学品从业单位和危险化学品包装物生产企业的底数，包括企业数量、分布、经营范围、规模和安全管理状况，主要危险源及其分布等基本情况，然后确定本地区整治工作的重点内容和重点单位，有的放矢地开展整治。同时，要部署、指导并督促危险化学品从业单位，对照《条例》和有关规定，开展自查自纠和事故隐患整改工作。

危险化学品从业单位的自查整改完成后，应就本单位贯彻执行《条例》和有关法律法规的情况，写出自查整改报告，报当地人民政府危险化学品安全管理专项整治领导小组办公室。需要申领许可证或资质认可证件的企业，按规定的程序办理。

三是集中整治阶段。时间约3个月。地方各级人民政府要组织有关部门，成立联合检查组，开展集中整治。对自查整改达不到《条例》和有关规定的要求，或者不具备安全生产基本条件的危险化学品从业单位，要责令其立即停业整顿。停业整顿后达到要求的，须经省级人民政府或其授权部门批准，方可恢复生产；经停业整顿仍达不到规定要求的，要坚决予以关闭，吊销其营业执照。对拒不执行《条例》规定，违法违规，顶风而上的单位和个人，要坚决打击，毫不手软。对专项整治期间发生的危险化学品重、特大事故，要按照国务院302号令和最近召开的全国安全生产电视电话会议精神，依法从快从重进行查处，该撤职的撤职，该开除的开除，该罚款的罚款，该法办的法办，做到有责必究，有罪必罚。

四是检查验收阶段。时间约2个月。上级政府要对下级政府的专项整治工作进行验收。国务院有关部门组成联合检查组，对各地的专项整治工作进行抽查。对验收或抽查不合格的地区，要责令其加大工作力度，落实整治措施，限期完成整治任务。

同志们，危险化学品的生产、储存、经营、运输、使用和废弃物处置，历来是事故多发领域，一旦出事，很可能给人民生命财产安全带来重大损失。危险化学品安全管理专项整治，是今年安全生产工作的重点任务之一。我们一定要以江总书记“三个代表”重要思想为指导，认真贯彻落实国务院第58次常务扩大会议精神，贯彻落实2月7日、5月14日两次全国安全生产电视电话会议精神，按照10个部门联合制定的危险化学品专项整治方案，切实负起责任，抓紧抓好专项整治工作，促进危险化学品安全管理状况的稳定好转，不断开创安全生产工作的新局面！

国家安全生产监督管理局(国家煤矿安全监察局)副局长闪淳昌同志在全国预防道路交通事故工作会议上的讲话(摘要)

(2002年3月24日)

一、在党中央、国务院领导下，2001年的安全生产工作取得了阶段性进展

去年是新世纪的第一年，也是我国安全生产监管体制改革的开局起步年。各地区、各部门认真贯彻党中央、国务院的决策和中央领导同志的一系列重要指示，推动了2001年的安全生产工作特别是五项安全整治的顺利进展。与其他各项整治一样，道路交通安全专项整治也取得了较好的成效。在国务院安委会的统一领导下，在公安部的安排部署下，各地政府及其公安、交通等部门积极行动，以治理超载违章为重点，在全国开展了道路交通安全秩序整治工作。经过努力，全国重大、特大道路交通事故大幅度下降。去年共发生一次死亡10人以上的特大道路交通事故39起，死亡639人，同比分别下降32.8%和29.8%。交通事故万车死亡率呈现逐年下降趋势，2001年为15.5。同时，还初步遏制了运输市场供大于求、运价偏低的情况，促进了部分地区运价的提高，改善了运输企业的效益状况。在气候比较干燥的华北地区，因车辆运输严重超载造成的环境污染也明显减少。今年春运和“两会”期间，各地、各部门加强领导，周密部署，确保了安全、平稳、有序。

二、正确认识道路交通安全面临的形势，增强做好道路交通安全工作的责任感和紧迫感

在充分肯定成绩的同时，还应当清醒地看到，由于在涉及道路交通安全的人、车、路、环境等方面，不利因素还大量存在，在专项整治中治标多，治本不够，而且不少措施还没有真正落到实处；加上我国经济、社会的持续快速发展，车辆大幅度增加，而总量结构复杂，混合交通情况严重，造成目前道路交通安全形势仍然比较严峻。一是伤亡事故和伤亡人数仍然过多。2001年全国共发生各类事故1000629起，死亡130491人。其中道路交通事故76.03万起，死亡10.6万人，伤54.9万人。与上一年度相比，分别上升了23.2%、13.3%和33%。二是特大恶性事故时有发生。去年全国共发生一次死亡30人以上的特大恶性事故15起，其中道路交通4起，死亡137人，同比增加3起、58人，分别上升300%和73.4%。三是存在着回潮反弹的可能。在集中整治的高压态势下，一些非法营运户被迫停业停运，各类违规违章行为被迫收敛。稍有放松，就有可能故态复萌、死灰复燃，使专项整治的成果丧失掉。对此，必须有足够的认识。四是道路交通安全状况的根本好转需要一个较长的过程。车况、路况和环境条件的彻底改善，驾驶员素质的提高，全民交通安全意识的增强，都不是一朝一夕、一蹴而就的事情。那种希望经过一个阶段的集中整治或者采取几项措施，就能从根本上解决问题的想法是不现实的，必须有持久战的思想准备。五是市场经济条件下经济成分、经济利益、生活方式和用工形式的多样化，给道路交通安全带来许多新情况、新问题，提出了新挑战。

进入2002年以来，一些地方重大、特大事故多发的情况又有抬头。截至3月20日，在道路交通方面，发生一次死亡10人以上特大事故16起，死亡237人，同比分别上升33.3%和34.7%。2月17日，湖南省常德市常德欣运集团石门分公司一辆核载25人的大客车，实载60人，途中翻入深谷，造成25人死亡；2月25日，湖南省龙山县第二汽运公司一辆双层卧铺客车，核载32人，实载

53人，途中翻车，造成22人死亡；3月10日，重庆市开县运输公司一辆大客车载客30余人，在云阳县境内爆炸起火，翻到路边坡下，造成21人死亡；3月14日河北省邯郸市一大客车与一辆河南大货车在107国道永年县境内相撞并起火，造成16人死亡，25人受伤；3月15日，湖北省恩施自治州利川市一辆中巴客车，核载22人，实载34人，途中翻下100米深的山崖，造成22人死亡。

进入3月份以来，又连续发生了几起化学危险品运输事故。3月6日，一辆核载8吨，实载20吨氰化钠的大货车在广西百色境内翻车，少量装有氰化钠的铁皮桶被抛出车外，所幸未造成人员伤亡和氰化钠泄漏；3月9日，一辆载有7吨磷化铝的汽车在安徽利辛县境内翻入阜涡河爆炸起火，现场燃烧反应又产生磷化氢等有毒气体，虽然事态得到了有效控制，但对河水及周边环境已经造成污染；3月11日，广东茂名新昌化工有限公司一辆装有二甲苯的油罐车因后轮轴断裂，汽车倾斜，压断油管，造成大量二甲苯倾泻，造成河流污染。

这些重大、特大事故，给人民生命和国家财产造成了重大损失，令人触目惊心，严重影响了社会稳定，损害了我国的国际形象。造成这些重大、特大事故的具体原因可能各有不同，但基本原因可归纳为五个方面：一是见利忘义。特别是一些非公有制小企业和个体运输户，受利益机制驱使，要钱不要命，超速超载、疲劳驾驶、带“病”行驶等，以致酿成大祸。二是安全生产责任制不落实。特别是基层干部和企业班组、驾驶员的安全责任制不落实，有令不行，有禁不止，有章不循。三是不同程度存在着地方保护主义。一些地方政府的同志主要是县、乡两级，缺乏大局观念，不能正确处理安全生产与发展地方经济的关系，有些还担心一搞安全专项整治会把地方经济“搞死”，因此抓安全避重就轻，或者搞形式主义，明整暗不整，甚至弄虚作假，消极对抗。四是安全生产法制不健全。一方面，现行法律法规难以适应市场经济条件下强化安全监管的实际需要；另一方面，有法不依、执法不严、违法不究现象仍然比较严重。五是企业安全生产基础工作薄弱。一些企业安全生产投入不足，安全欠账增加，设施、设备陈旧，甚至长期带病运转。

上述问题的存在，清楚地表明了道路交通领域和全国安全生产形势的严峻性，表明了下一步工作的艰巨性。我们务必统一思想，认清形势，增强责任感和紧迫感，克服麻痹松劲厌战情绪，在前一阶段工作的基础上，拿出更大的决心和更加切实有效的措施，进一步强化监督管理，深化专项整治，把预防道路交通事故和道路运输安全工作，继续推向前进。

三、进一步加大道路交通安全整治工作力度，促进道路交通安全形势的稳定好转

要落实地方各级政府特别是市、县、乡政府责任制，强化主要领导在道路交通安全方面的责任，建立健全工作机构，切实加强对道路交通运输安全工作的领导。江苏省强化各级政府的安全生产责任，把乡镇道路交通事故纳入乡镇政府考核内容，落实安全管理责任制的做法应大力推广。整治工作要突出重点。江苏省在认真调查分析的基础上，围绕“四危五重”（危险的客运车辆、危险品运输车辆、危险桥梁、危险路段；重点市县、重点线路、重点单位、重点驾驶员和重点违章），全面加强管理的经验也值得各地借鉴。整治工作要坚持标本兼治、综合治理原则，达到以下四个标准：第一，重、特大交通运输事故按照“四不放过”的原则得到严肃查处，犯罪分子受到应有的惩处；第二，有关的法律法规得到完善，法制建设得到加强；第三，各有关部门的责任进一步明确，建立起责权明确的执法体制和长效管理机制；第四，专项整治收到明显成效，人民群众比较满意。

在继续抓好客运安全的同时，要把危险化学品运输安全作为一个重点认真抓好。国务院修订发布了《危险化学品安全管理条例》。吴邦国副总理在布置今年全面开展危险化学品安全管理专项整治工作时，要求各地区、各部门要认真贯彻执行《条例》，从生产、经营、储存、运输、使用和废弃物处置等各个环节，狠抓危险化学品的安全整治，切实加强监督管理，严禁非法生产、经销、运输和使用危险化学品。《条例》对公安交通等有关部门在预防危险化学品运输事故方面的职责做了明确规定。各级公安机关和有关职能部门要全面落实危险化学品运输的各项制度，严禁使用不符合安全要求的车辆运输危险化学品，坚决遏制危险化学品运输事故的发生。

（一）加强道路交通安全宣传教育力度。各级领导要高度重视道路交通安全宣传教育工作，提高认识，加强领导，统筹规划，充分运用新闻舆论手段，发挥新闻媒体在宣传教育工作中的重要作用，把各项宣传教育工作有声有色地开展起来。要增强宣传教育的针对性和时效性，大力普及道路交通安全法律法规，增强全民的交通安全意识，动员社会公众参与到道路交通安全活动中来。比如对超载问题，超长途客车有无两名合格驾驶员的问题，驾驶员在驾驶过程中打手机的问题等等，可以发动广大乘客进行监督。各地要公布举报电话、信箱等，形成人人关心交通安全的良好氛围。

（二）认真搞好事故多发点段的综合整治。各地区、各部门、各单位要坚持边检查、边整改的原则，将重大事故隐患的监控和整改纳入重要的议事日程。对查出的不符合安全生产条件的各种问题，要立即采取有力措施，进行整改。要加大安全生产投入，依靠科技进步，积极治理重大事故隐患。对一时难以根治的重大事故隐患，要有计划、有步骤地整改，人盯死守，严密监控，防患未然。

事故多发点段容易引起道路交通事故，给人民的生命财产安全造成损失。要把事故多发点段的治理，作为当前遏制重大交通事故重要一环，切实抓紧抓好。江苏、湖北等地的经验中，很重要的一条，就是加强对事故多发点段的排查和整治，消除公路事故“黑点”。从高邮市运河大堤安全防护工程等实践的情况看，原来经常出现事故的地方，整治以后，事故大幅度下降。在对事故多发点路段的排查整治中，公安部门深入调查摸底，提出建议，当好参谋；政府牵头，公安交通和城建等部门多管齐下，对事故多发点段进行改造，内容包括裁弯改直、修建防撞墙、增设防护墩、修建弯道中心立体分隔线、进行路面粗化处理、增大摩擦系数、设置警告标志等等。这些经验，值得认真总结和推广。

事故多发点段的形成有多方面的原因：一是弯多、坡陡、靠边。多山省份的特点是“盘山路、回头弯、坡连坡、弯连弯”，南方水网地区又有其不同的特点。这就需要我们具体情况具体分析，采取具体的整治措施。二是原设计施工中可能存在先天不足问题。三是发生自然灾害、维修不及时。四是环境变化，经济发展，车速提高，行人和摊点增多，加上监督管理不到位，人为干扰和违规行为增多，如堆物、炸石、放牧、人车争道等，导致事故多发。道路交通安全状况是动态和不断变化的。即使一些平常比较安全的路段，在特定条件下也可能变得不安全，变得事故多发。因此，治理事故多发点段应当从实际情况出发，及时采取措施。治理措施要尽可能配套、完善，确保事故多发点段的整治收到较好效果。

加强事故多发点段的整治主要依靠各级政府。国务院 302 号令明确要求，地方各级政府每季度至少召开一次会议，分析、布置、督促、检查本地区安全防范工作，排查包括公路交通运输在内的各类隐患。同时，还要注意发动群众，加强社会监督。国家经贸委李荣融主任强调说，事故多发点段等重大隐患要公布于众，让全社会都来监督整改情况。

要多方筹措资金，千方百计解决好治理资金的来源问题。在这方面，关键还要依靠各级政府实行责任制。有些省区采取了“省里补一点、地州投一点、县市挤一点”的办法，实践证明是切实可行的。与此同时，我们也在积极向财政部反映，争取建立重大事故隐患整改基金，还要争取保险公司拿出一部分资金进行隐患整治。事故少了，保险公司的赔付也就少了，这样可以形成良性循环。

（三）认真贯彻国务院 302 号令，加大事故查处力度，促进安全责任制的落实。要进一步明确道路交通安全执法责任和责任追究制度，做到执法必严，违法必究。发生特大事故时，不仅要追究直接责任人的责任，而且要追究有关领导干部的责任。同时按照“谁审批、谁负责”的原则，追究承担涉及安全生产经营审批和许可事项的主管部门和有关责任人员的责任。正如李岚清副总理所指出的：只处理肇事者而不处理行政管理者，大家只要权而不负责，不但不能治本，而且若直接行政管理者都不负责任，玩忽职守，当地主要负责人一人怎么负责，岂不是每天都坐在“火药桶”上！

根据国务院 302 号令和有关规定，今后不分行业、部门，一次死亡 10 人以上的事故定为特大事故；凡一次死亡 30 人以上的特大事故，由国务院或国务院委托的部门派出调查组负责调查处理。去年，国务院安委会办公室、国家安全生产监督管理局会同公安、交通、监察、总工会等部门，对“8·23”、“9·21”两起特大道路交通事故进行了调查处理，两起事故的调查处理意见，已经国务院同意，国家安全生产监督管理局批复结案。在这两起事故中，受到党纪、政纪处分的有30多人。我们一定要从中吸取教训，依法履行好党和国家赋予的神圣职责。

（四）加强配合，形成合力，共同抓好道路交通事故预防工作。抓好道路交通安全，不仅仅是公安交警部门的责任，也是政府各部门的责任，是全社会的共同责任。不但需要各级公安交警部门发挥主力军作用，还需要各相关部门的大力支持和密切配合，我们要按照国务院反复强调的“全国统一领导、地方政府负责、部门指导协调、各方联合行动”的要求，形成政府组织领导、部门各负其责、全社会共同参与的工作机制。与此同时，还要加强各地区之间的协作、配合。在道路交通事故的调查处理和监管工作中经常遇到这样的情况，甲地的车翻在乙地；甲地放行了严重超载的车辆，给乙地增加了工作难度等等。此外，还有一个主动与军队、武警配合，联手治理军车违章和假冒军车的问题。所以全局观念和大局意识在道路交通安全管理工作中尤为重要。

公安部作为道路交通的执法部门和专项整治的牵头部门，在制定、部署、落实实施方案和行政执法方面做了大量工作。国家经贸委、公安部、交通部联合下发的《关于进一步规范卧铺客车生产、使用和管理有关工作的通知》，公安部、交通部和国家安全生产监督管理局共同发布的《关于加强公路客运交通安全管理的通告》，对道路交通安全专项整治工作起到了积极的推动作用。各地安全生产监督管理机构在当地政府的统一领导下，也都为此做了大量的工作，取得了一定的成效。对一些好的做法和经验，要认真进行总结，进一步加强同公安、交通等部门的联系和沟通，在道路交通安全宣传教育、事故调查处理和事故多发点段排查整治等方面，积极参与，相互配合，相互支持，共同做好道路交通事故预防工作。

各地交通等部门在交通安全和对道路运输进行行业管理方面，也做了大量工作，发挥了重要作用。希望进一步加大安全管理的力度，在道路运输企业、车辆的有关资质和驾驶员的选派等方面，进一步把好安全关；加大交通安全新产品、新技术的推广使用，促进交通运输企业提高安全管理水平；在公路设计、改造工作中，充分听取公安交警部门的意见，加快事故多发点段的整治改造，搞好道路及配套设施建设，为安全行车提供有利条件。

今年是转变作风之年，调查研究之年。我们大家要团结一致，进一步转变工作作风，加强调查研究，注重工作实效，为最大限度地预防和减少道路交通事故而努力。

国家安全生产监督管理局（国家煤矿安全监察局）副局长闪淳昌在全国道路交通事故预防工作电视电话会议上的讲话（摘要）

（2002年7月5日）

一、认清安全生产形势的严峻性，把道路交通事故预防工作摆到重要位置上来

一个时期来特别是扬州会议以来，各地、各单位按照国务院安委会、公安部的统一安排部署，在地方党委和政府的直接领导下，围绕深入开展道路交通安全整治，有效预防道路交通事故，做了大量的富有成效的工作。不少省（区、市）的道路交通安全状况，明显趋于好转。但是，各地工作进展不平衡。一些地方特别是一些基层单位的领导同志，思想认识存在差距，整治工作不到位，防范措施不落实，导致道路交通事故居高不下，重、特大事故时有发生。

吴邦国副总理曾经指出：当前安全生产工作中存在的最大问题，就是严不起来，落实不下去。最近，国务院安全生产检查组对有关系统和省区进行的重点检查表明，安全生产工作中形式主义和走过场、弄虚作假等现象还相当严重；不少地方和单位的道路交通安全监管，也确实存在着不少漏洞和问题，存在着执法不严、违法不究和迁就姑息现象，迫切需要改进和加强。

道路交通安全是全国安全生产工作的重头戏。道路交通事故防范工作是否得力，对于全国安全状况能否稳定好转，党中央、国务院关于安全生产的一系列重要指示能否全面落到实处，有着举足轻重的作用。同时，道路交通安全又关系到全社会，关系到每个人，广大人民群众都在密切关注着我们的工作。目前，我国的道路交通安全形势还很严峻，专项整治和事故预防工作的任务还很艰巨。各地区、各部门和各单位的负责同志，一定要从“三个代表”的高度，从全国安全工作的大局出发，充分认识这方面工作的重要性，增强责任感、使命感和紧迫感。要自觉坚持“安全第一，预防为主”的方针，立足防范，强化监管，以整治公路行车秩序和事故多发点段为重点，针对薄弱环节，采取坚决有效的措施，最大限度地预防和减少道路交通事故，特别是群死群伤特大道路交通事故。

二、以宣传贯彻《安全生产法》为契机，依法加强和改进道路交通安全工作

《安全生产法》已经公布，并将于11月1日施行。我们要认真学习、宣传和贯彻《安全生产法》和道路交通安全相关法律法规，依法规范道路交通安全各类行为，大力推进道路交通安全工作。

第一，依法强化道路交通企业内部管理，建立健全安全生产责任制，狠抓基层，夯实基础。按照《安全生产法》的有关规定，所有从事交通运输的生产经营单位，特别是从事危险化学品和易燃易爆危险品的企业，都要进一步加强内部安全管理，健全机构，配备专、兼职安全管理人员，完善安全生产条件，保障安全生产和安全运输。要建立严格的安全生产责任制，把安全责任落实到每个管理岗位和每个从业人员；要健全完善安全规章制度和操作规程，教育和督促从业人员严格遵守交通安全法律法规，严格执行企业的安全规章制度和操作规程；要保证安全生产的必要投入，加大更新改造力度，及时淘汰报废车辆和严重危及安全生产的工艺和设备；要搞好对营运车辆和设施设备的维修、保养和检测，严格日常检查，及时发现和消除事故隐患，确保安全运行。

第二，依法强化对道路交通安全的监督管理，把道路交通安全监管纳入法制轨道。以贯彻实施《安全生产法》为契机，努力推动安全监管思想观念创新、体制创新、管理创新、机制创新和手段创新。针对当前运输市场经营成分多元化、用工形式多样化的实际，积极探索对非公有制经济成分的个体、私营运输业户实施有效监管的方法途径。要加强对交通运输企业和从业人员贯彻执行法律法规情况的监督检查，及时发现、纠正和制裁各种违法违规现象，特别要对危险化学品运输的单位，要严格核发运输车辆及负载容器的证明。对这次安全大检查中查出的隐患和问题，要紧紧抓住不放，定责、限期进行整改，并向社会公布，搞好跟踪监察，确保整改措施落实。要加强宣传教育，以“保护生命，拒绝违章”为主题，继续开展内容丰富、形式多样的宣教活动，大力宣传《安全生产法》和道路交通安全法律法规，组织引导群众制定《村民交通安全须知》、《居民文明交通须知》、《驾驶员文明行车守则》等自律性行为规范，提高社会公众的交通安全素质，增强自我保护意识，自觉维护交通安全。要重视发挥舆论监督和群众监督的作用，通过新闻媒体宣传好的典型，推广先进经验。对反面典型要予以曝光，发动群众举报违法违规行为和消极落后现象，把道路交通安全工作置于广大群众的监督之下。

第三，依法严格执行道路交通事故责任追究制度，严肃事故查处和责任追究。《安全生产法》和道路交通安全相关法律法规，对事故调查和责任追究作出了明确规定。要结合贯彻国务院302号令，进一步明确道路交通安全执法责任和行政责任追究制度，做到执法必严，违法必究，彻底解决“严不起来，落实不下去”的问题。各级安全生产监督管理机构要积极配合公安、交通等部门做好交通事故的调查处理工作。对已经发生的道路交通事故，要严格按照“四不放过”的原则，抓紧查处结案。不仅要追究肇事者的责任，还要按隶属关系，严肃追究主管部门和地方政府领导的责任。对承担涉及车辆牌证发放、检验检测和其他许可事项的部门和有关责任人员，按照“谁审批、谁负责”的原则，追究其责任。损失严重、影响恶劣的典型事故案例，要在新闻媒体上公开报道。通过认真查处事故原因，严肃责任追究，教育广大企业和干部群众，吸取事故教训，举一反三，查隐患堵漏洞，搞好安全生产工作。

三、加强领导，团结协作，开创道路交通安全工作新局面

道路交通安全涉及方方面面，是一项社会系统工程。从安全技术规范到牌证管理；从人、车、路、环境的治理，到针对不同层次、不同群体、不同年龄人员的宣传教育，都必须实施综合治理。搞好道路交通安全管理工作，不仅仅是公安、交通和安全监管等几个部门的责任，更是各级政府和全社会共同的责任。要按照“全国统一领导，地方政府负责，各部门协调配合、社会各方面联合行动，齐抓共管”的总体要求，调动各方面的积极因素，齐心协力共同抓好。

各地政府安全生产委员会办公室和安全生产监督管理机构，要发挥综合协调职能。把《2002年全国预防道路交通事故方案》中提出的任务和要求，进行分解和细化，落实到具体部门和执法单位。督促各职能部门加强协调配合，分工协作，确保落实。要结合本地区实际，组织有关部门定期分析交通安全形势，查找差距，研究对策，明确重点，推进工作。

各级安全生产监督管理机构要认真履行安全生产监督管理职能，在各级政府的统一领导下，积极做好道路交通安全管理的协调指导、监督检查工作。要按照《安全生产法》的有关规定，重点加强对交通运输企业，特别是客运企业、危险化学品运输企业的监督检查工作；要主动配合公安、交通等部门做好道路交通事故多发点段的排查和治理工作，并按照当地政府关于排查和治理道路交通事故多发点段的部署和要求，积极协调和督促有关部门加快治理进度，消除隐患；要与有关部门配合，认真总结本地区在开展道路交通事故预防、加强道路交通安全整治方面的先进的经验，指导推动面上的工作。

要支持、配合公安交管部门进一步加大执法力度，严格查处无证驾驶、疲劳驾驶、酒后驾驶、车辆超载、违章超车、夜间违章使用灯光、违章停车等违章行为；严厉查处无营运证车辆和报废车辆，切实消除车辆隐患。支持、配合各级交通部门充分发挥行业管理职能，在道路运输企业资质审核、营运车辆的检验检测、客运站场的监督检查、驾驶员的安全教育及选派上岗方面进一步把好安全关；加大交通安全新产品、新技术的开发研究和推广使用，加大公路设计和改造的资金投入。配合公安、交通部门加快事故多发点段的整治改造，进一步搞好道路及配套设施建设。

总之，要依靠各级政府和各有关部门的共同努力，逐步建立起“有隐患及时发现，有部门具体负责，按职责落实整改，有责任严肃追究，全社会共同参与”的交通事故防治体系，全面落实道路交通安全管理责任制，进一步强化道路交通事故预防的各项措施，促进道路交通安全形势的明显好转。

国家安全生产监督管理局(国家煤矿安全监察局)副局长闪淳昌在部分中央企业安全生产工作座谈会上的讲话(摘要)

(2002年9月6日)

近年来，各中央企业的安全生产工作取得了较好的成绩，归纳起来，主要有：一是认真贯彻落实党中央、国务院关于安全生产工作的指示，加强对安全生产工作的领导，保证了安全生产工作的顺利开展。中央企业大都成立了以集团公司主要负责人为组长的安全生产领导小组或安全生产委员会，定期召开会议，部署安全生产工作，研究和分析企业内部的重大安全生产问题，有力地促进了企业各级领导安全生产意识的提高，保证了安全生产工作的开展。二是深入开展安全宣传教育活动，提高干部职工的安全意识。特别是在今年开展的“安全生产月”活动中，精心组织，充分利用电视、广播、报纸、板报、演讲、知识竞赛、标语等形式，突出“安全责任重于泰山”这一主题，开展了丰富多彩的宣传教育活动，并以月促季、以月促年，推动了各项安全生产工作的稳步发展。三是加强安全生产工作的基础建设，完善安全生产管理体系。各中央企业狠抓安全生产基础建设，修订和完善安全生产规章制度，认真开展建设工程项目的“三同时”工作，落实安全投入，开展安全性评价和安全技术改造，完善安全设施等。四是强化现场监管，搞好班组建设。狠抓各项规章制度的落实，特别是在现场的落实。强化现场的监管力度，杜绝“三违”。五是健全安全生产管理机构，落实安全责任。大多数中央企业目前已成立了专门的安全管理机构，配备了综合素质高的安技人员，保证了企业内部安全生产监管工作的开展和安全责任的落实。

各中央企业虽然在安全生产方面取得了一定的成绩，但存在的问题仍不能忽视，特别是一些重、特大事故在中央企业时有发生。我们的任务是尽量减少伤亡事故的发生，发生了事故要千方百计把损失降到最低限度，并按照“四不放过”原则，总结教训，举一反三。希望各中央企业都能认真吸取事故的经验教训，促进自己的安全生产工作。

江总书记5月31日在中央党校的重要讲话中强调指出：“在新世纪新阶段，发展要有新思路，改革要有新突破，开放要有新局面。”这是新时期总书记向我们提出的新要求。为了把党中央、国务院关于安全生产工作的一系列指示精神落到实处，尽快开创安全生产工作的新局面，国家安全生产监督管理局确定了今后一个时期的安全生产工作思路，提出：抓好完善工作机制、队伍建设和法制建设“三件大事”；构建安全生产法律法规、信息工程、技术保障、宣传教育、培训、特大事故应急救援“六个支撑体系”；推进思想观念和职能、事故防范机制、对非公有制企业安全监管、科学技术等“五个创新”；同时，还要妥善处理好各方面的关系，调动方方面面抓安全生产工作的积极性。根据上述要求，中央企业的安全生产着重抓好以下几个方面的工作：

一、充分认识贯彻实施《安全生产法》的重要意义，提高自觉性和责任感

《安全生产法》的公布和实施，一是有利于依法规范生产经营单位的安全生产工作。生产经营单位是安全生产的主体。《安全生产法》对其生产经营所必须具备的安全生产条件、主要负责人和安全生产职责等都作了严格、明确的规定。这对促进生产经营单位提高安全管理水平，具有重要意义。二是有利于各级政府对安全生产工作的领导。《安全生产法》明确规定了各级人民政府在安全生产中的地位、任务和责任。真正贯彻落实《安全生产法》中的要求，处理好安全生产与稳定和发展的关系，把安全生产当作重要工作来抓，采取有力措施，就会遏制重大、特大事故，促进经济发展。三是有利于安全生产监督管理部门和有关部门依法行政，加强监督管理。《安全生产法》规定了各级安全生产监督管理部门及有关部门的安全监督管理部门的职责，所以各部门要依法各司其职，相互协作，齐抓共管，共同促进安全生产工作。四是有利于保障职工的安全生产权益和提高从业人员的安全素质。五是有利于制裁各种安全生产违法行为，形成一个强大的法制氛围，震慑违法犯罪分子，实现安全生产。

二、加强领导，落实责任，开创安全生产工作新局面

1．进一步完善以安全生产责任制为核心的规章制度，并切实贯彻落实

要高度重视安全生产的各项工作，建立并严格执行安全生产责任制，强化日常监督管理，严厉惩处造成安全事故的直接责任单位和责任人。要认真解决好安全生产工作中落实不下去，严不起来的问题，防止重大、特大事故的发生。各生产经营单位主要负责人要加强对安全生产工作的领导，建立健全各级安全生产责任制和目标责任制，完善各项规章制度，精心组织企业的安全生产工作。各单位要从上到下，层层落实责任，签订安全生产责任书，明确年度伤亡事故控制目标和措施，并对责任制的落实情况，做到有布置、有检查、有考核、有评比，并与年终的分配和政绩考核挂钩。

2．进一步建立健全安全生产管理机构

各企业要按照《安全生产法》的要求，建立健全安全生产管理机构，并选拔具有相应安全生产知

识和管理能力的高素质人员担任安全管理人员。各单位的安全生产管理机构，要认真履行责任，当好主要负责人的参谋助手，教育和督促从业人员执行本单位的安全生产规章制度和安全操作规程，并根据本单位的生产经营特点，对安全生产状况进行经常性检查；对检查中发现的安全问题，应当立即处理；不能处理的，应当及时报告有关负责人，并把检查和处理情况记录在案。

3. 进一步加大安全培训教育力度

各企业要进一步加大对从业人员进行安全生产教育和培训力度,保证从业人员具备必要的安全生产知识,熟悉有关的安全生产规章制度和安全操作规程,掌握本岗位的安全操作技能。国家实行企业主要负责人安全资格制度,依法对危险物品生产、经营、储存企业及矿山、建筑施工企业主要负责人的安全资格进行考核,未能取得安全资格的不得担任企业主要负责人。特种作业人员在独立上岗前,必须进行与本工种相适应的、专门的安全技术理论和实际操作考核,对经考核合格的特种作业人员颁发操作资格证书,未取得特种作业操作资格证书者不能上岗。安全培训工作,是落实预防为主的基础工作,按照"以人为本、科教兴安"和"统一规划、归口管理、分类指导、分级实施"的原则,需要充分发挥各中央企业的作用。希望各企业根据相关法规,一方面抓紧做好各企业主要负责人和特种作业人员安全培训和考核的组织工作,另一方面要做好企业内部从业人员的安全生产教育和培训,不断提高人员素质,以适应形势发展的需要。注册安全工程师执业资格制度即将实施,我们相信,随着安全生产事业的发展,安全工程师将逐步成为人们尊敬的职业。

4. 进一步落实安全投入

各企业要保证安全生产条件所必需的资金投入；企业的主要负责人要保证本单位安全生产投入的有效实施；对由于安全生产所必须的资金投入不足导致后果的，要承担责任。

5. 加快科技进步

各企业要注重安全生产科学技术的研究和推广应用，加大技术改造和安全改造的力度，积极采用新工艺、新技术、新材料和新设备，提高本质安全度和安全水平。国家对严重危及生产安全的工艺、设备实行淘汰制度，企业不得使用国家明令淘汰、禁止使用的危及生产安全的工艺和设备。

6. 大力推广职业安全健康管理体系认证工作，建立健全企业自我约束机制

要大力抓好职业安全健康管理体系认证的推广工作，特别是国有大中型企业、外向型企业，要建立起国际通行的、规范化的现代企业安全生产管理制度，增强国际市场的竞争能力，建立起预防为主、持续改进的安全生产自我约束机制。

三、夯实基础，狠抓落实，标本兼治，常抓不懈

1. 狠抓基础和基层工作

目前，重、特大事故频繁发生，事故隐患大量存在，现场"三违"现象严重，表明我们的安全基础还很薄弱。各企业要依照《安全生产法》和有关法规的规定，把安全基础和基层工作当作安全工作的核心所在，下大力气抓好、抓实。

2. 继续深化五项专项整治工作

对于在全国安全生产大检查以及自查中发现的各种重大隐患，各单位必须高度重视，制定整改方案，认真进行整改，狠抓落实。对马上能整改的问题，要立即整改；对需要一定条件和时间才能整改的事故隐患，要确定整改的责任单位、责任人、时间和目标，并进行跟踪检查。对依靠自身力量难以整改的问题，应及时向地方政府或上级有关部门反映，争取支持，创造条件加以解决。对整改不力的，要依法追究行政责任；对由此而造成重大事故的，要依法严肃查处。

3. 深入开展重大危险源的普查和监控

各企业要对本单位的重大危险源通过辨识和安全评估，做到心中有数，分级管理，实施有效监控。特种设备要通过年检、抽检，加强日常维护保养和配置必要的安全装置，确保安全运行。

4. 建立安全生产的长效机制

为使我国的安全生产工作尽快走上良性、持续发展的轨道，就要坚持"安全第一，预防为主"的方针，建立以企业为主体，以人为本，科教兴安，标本兼治，综合治理的长效机制，努力实现"四个转变"，即：安全生产工作由事后查处向事前转变；安全监察重点从国有企业向非公有制经济成分转变；安全生产管理方式从计划经济下的传统方式向依法、依靠科技进步和经济政策的现代化方式转变；生产经营单位的负责人和广大职工从"要我安全"向"我要安全、我会安全"转变。

国家安全生产监督管理局(国家煤矿安全监察局)副局长赵铁锤在全国煤矿安全生产电话会议上的讲话(摘要)

(2002年7月7日)

这次电话会议，主要是传达贯彻国务院领导同志最近对煤矿安全生产工作的重要指示，通报近来全国煤矿发生的重大事故情况，分析面临的形势任务，紧急动员起来，吸取教训，举一反三，采取得力措施，迅速扭转重、特大事故上升势头，确保今年全国煤矿安全生产奋斗目标的实现。

一、关于当前煤矿安全生产形势

今年以来，广大煤矿企业、各级煤炭管理部门和煤矿安全监察机构，认真贯彻落实党中央、国务院关于安全生产工作的一系列指示精神，继续深入开展煤矿安全专项整治，加强管理，强化监察，取得了一定成效。1～6月，全国煤矿事故死亡总人数，重、特大事故起数和死亡人数，与去年同期相比都有所下降；多数省区和多数煤矿企业的安全生产状况好于以往。但是，部分省区连续发生重、特大事故，特别是发生了鸡西“6·20”特大瓦斯爆炸事故，造成目前煤矿安全生产形势相当严峻。

5月4日，全国发生3起小煤矿特大事故，共死亡59人。即：山西运城地区河津市富源煤矿(无证)透水事故，死亡21人；湖南娄底涟源市一处小煤矿煤与瓦斯突出事故，死亡15人；贵州毕节地区威宁县一处无证小煤矿瓦斯爆炸事故，死亡23人。

5月15日，湖南省发生两起小煤矿特大事故，共死亡30人。即：邵阳市文坪镇红旗煤矿透水事故，死亡12人；娄底市新化县一处小煤矿煤与瓦斯突出事故，死亡18人。时隔10天，湖南省娄底市枫坪镇一处小煤矿又发生煤与瓦斯突出事故，死亡15人。

特别是6月20日，黑龙江省鸡西矿业集团公司城子河煤矿西二采区发生特大瓦斯爆炸事故，事故波及该采区两个采煤工作面和三个掘进工作面。发生事故时现场有139人，其中24人生还，115人遇难。遇难人员中，包括正在井下检查工作的鸡西矿业集团公司总经理赵文林同志，城子河煤矿的矿长、书记，集团公司办公室主任等多名领导干部。损失惨重，令人非常痛心。鸡西“6·20”事故发生后，党中央、国务院领导同志非常重视，立即作出重要批示，要求全力抢救，妥为善后。国务院办公厅及时发出通报，要求各地、各单位引以为戒，防止发生连锁反应。有关部门和黑龙江省的负责同志迅速赶赴现场，组织开展抢险和事故调查。目前抢救工作已经结束，事故原因正在深入调查。现场勘察和初步分析表明，这是一次重大责任事故。导致事故的直接原因，是由于停电、停风，造成该矿西二采区排水巷瓦斯积聚，并达到爆炸界限；排水电器设备的防爆性能出现问题，在重新启动时引发瓦斯爆炸。事故暴露出该矿在安全生产管理、矿井一通三防方面，存在较多的漏洞和问题。

6月24日，河北省蔚县三处未经省级验收批准而私自生产的小煤矿发生水灾事故。其中涌泉庄乡涌发煤矿16名工人被困井下，估计生还的可能性很小。

7月4日，吉林省白山市江源县一处小煤矿非法生产发生瓦斯爆炸。当时井下共有39人，目前已找到2具尸体，其余的估计也都已经遇难。

以上这些事故都发生在国务院第58次常务扩大会议和全国安全生产电视电话会议之后，发生在“安全生产月”期间，充分说明了煤矿安全生产形势的严峻性，说明了煤矿安全整治和关闭整顿小煤矿工作的长期性、艰巨性和复杂性，再一次敲响了煤矿安全的警钟，应该引起我们的高度重视。

二、当前煤矿安全生产工作中存在的主要问题

当前煤矿安全生产工作中存在的问题，概括地讲，还是吴邦国副总理所指出的：落实不下去，严不起来。主要是：

第一，安全生产责任制不能落到实处。一些煤矿企业尽管建立了安全生产责任制，但并不认真实行，安全生产工作停留在纸面上和口头上，收到上级文件后原文照转，以文件贯彻文件，以会议贯彻会议的现象比较严重。个别企业长期不召开安全生产工作会议，对党中央、国务院的指示和上级的部署，不传达，不贯彻，不落实。一些地方在组织开展安全生产检查中，重形式走过场。前面刚刚查过，后面就发生事故。

第二，重大安全隐患的监控和整改措施不落实。一些国有煤矿企业特别是老企业，投入不足，设备老化，矿井防灾、抗灾能力持续下降，一通三防隐患严重。更严重的是，企业领导对安全生产思想认识不到位，管理不到位，整改措施不到位。鸡西矿业集团公司就是一个例子。一段时间来，煤矿安全监察部门针对该集团公司安全欠账多、隐患严重的情况，先后6次发出监察整改通知，均以经济困难为由拒绝或推迟整改。这次大检查期间，国务院检查组第11组的人员检查了城子河煤矿，发出了停产整改通知。但该矿仍继续生产，以致发生“6·20”特大瓦斯爆炸事故。教训非常深刻。

第三，关闭整顿小煤矿进展不平衡，对非法开采制止不力。一些地方政府特别是县、乡两级领导，对关闭整顿小煤矿仍然存在着这样和那样的思想障碍；关闭整顿工作抓得不实，对小煤矿死灰复燃、非法开采、违法生产打击不力。吉林省白山市江源县发生瓦斯爆炸事故的富强煤矿，2000年3月4日曾发生过瓦斯爆炸事故，但松树镇政府只考虑经济效益，将本应依法关闭的这个小煤矿转卖给个体户。这次事故发生的前一天，白山煤矿安全监察办事处在该矿监察后下达了停止井下作业的决定，并将井下作业人员带至地面，但矿主当天夜间又违法组织生产，酿成特大事故。河北省蔚县发生的几起非法小煤矿水灾事故，是在出事之后才暴露出来的。

第四，煤矿安全整治不深入，整治标准不高，要求不严。一些地方和单位对煤矿安全整治的艰巨性、持久性认识不足，产生了松劲厌战情绪。有的擅自降低整治标准，该停产的不停产，该整改的不整改。个别煤炭企业的领导人不顾矿井通风和安全条件，冒险组织生产，超能力突击生产；甚至无视监察部门下达的限期整改、停产整顿指令，违法违规生产。这也是一些煤矿发生事故的重要原因。

三、关于下一步工作

下一步的煤矿安全生产工作，总体上讲，就是要认真贯彻国务院第58次常务扩大会、全国安全生产电视电话会和吴邦国副总理在安全生产大检查汇报会上的重要指示精神，按照国办发17号明电要求，以鸡西“6·20”事故和接连发生的小煤矿事故为戒，以学习宣传和贯彻《安全生产法》为契机，强化责任感、使命感和紧迫感，紧紧抓住国有大矿“一通三防”和小煤矿死灰复燃这两个重点，做到“三严格、三落实”，即严格煤矿安全专项整治标准和要求，严格事故追查和责任追究，严格煤矿安全监察行政执法；落实各级领导安全生产责任制，落实安全隐患整改措施，落实监察执法责任制。做到关口前移，重心下移，扎实工作，严密防范，坚决遏制重、特大事故多发势头，确保2002年煤矿安全生产奋斗目标的实现。

为此，要突出抓好以下六个方面的工作：

（一）继续深入开展煤矿安全生产大检查，加大隐患整改力度。各地、各单位要按照国办《紧急通知》和国办关于鸡西事故的《通报》要求，继续组织力量，对本地区的煤矿和所属单位的安全生产，全面彻底、从严从细进行检查，不留任何死角，确保收到实效。特别是个别在前段大检查中工作不认真，搞形式、走过场的单位；敷衍了事、边检查边发生事故的单位等，一定要重新补课，认真挖隐患、查漏洞。要建立隐患整改责任制，凡检查出来的安全隐患和问题，都要记录在案，明确整改的责任单位和责任人，区分轻重缓急，确定整改的期限。重大安全隐患，要向煤矿安全监察机构备案，接受监察督促。对寻找种种借口、拒绝进行整改或整改不力，以及在规定期限里不能完成整改任务的，要依照有关法律法规和国务院302号令的规定，严肃追究有关人员的责任。通过深入开展大检查，实实在在地推动煤矿安全生产工作。

（二）切实抓好国有大矿“一通三防”，坚决防止重特大事故。各国有煤矿要认真吸取鸡西“6·20”事故的教训，严格按照国办发17号明电的要求，做到“四个一律停产整顿”：凡超通风能力生产的矿井；煤与瓦斯突出而未采取综合防突措施的矿井；生产布局和通风系统不合理的矿井；未安装矿井安全监控系统或系统运行不正常的高瓦斯矿井和煤与瓦斯突出矿井，都必须停止生产进行整顿。

煤炭企业要把“一通三防”摆在重中之重位置上，集中精力抓紧抓好。要按照规定提取安全技措专项费用，保证矿井“一通三防”方面的投入，保证相关设施、设备的正常运转。要坚持总工程师对“一通三防”工作全面负责，健全完善各项责任制度，加强监测、检验、监控等基础工作。要认真贯彻落实《煤矿安全规程》相关的规定，完善矿井“一通三防”系统，制定和落实防治瓦斯煤尘灾害的措施。要切实加强现场管理，特别是采用局部风扇通风的掘进工作面，因检修、停电等原因停风时，必须撤出人员，切断电源；恢复通风前必须检查瓦斯，瓦斯浓度超过规定界限时，要制定排放和安全措施；只有瓦斯浓度符合安全标准，才能恢复局扇通风和电气设备的供电。总之，要接受教训，举一反三，全面加强和改进国有大矿“一通三防”工作，决不允许鸡西“6·20”事故重演。

（三）严格标准，严格要求，把关闭整顿小煤矿的工作落到实处。坚决克服松劲厌战情绪，继续深化煤矿安全专项整治。抓住小煤矿死灰复燃、非法开采这个关键，采取得力措施，把整治工作推向深入。对那些已经列为关闭对象的小煤矿，尚未通过省级政府验收并重新核发“四证”的小煤矿，明停暗开、时停时开的小煤矿，都要坚决依法予以关闭。要严格执行关井的六条标准，炸毁井筒，填平场地，遣散从业人员，并在地方报纸上发布公告，消除死灰复燃的可能性。要认真贯彻国务院领导同志的指示精神，落实县、乡政府领导在关闭整顿小煤矿工作方面的责任制。

（四）严格煤矿事故查处和责任追究。煤矿发生的重、特大事故，都要按照“四不放过”的原则，一查到底，做到有责必究，有罪必罚，绝不手软，绝不姑息迁就。遵照国务院领导的指示精神，要把安全生产责任追究与打黑除恶、惩治腐败、社会综合治理紧密结合起来，深挖一些事故背后的“恶根”，坚决打掉“保护伞”。要加强煤矿安全生产的舆论监督和群众监督，对一切忽视安全生产、违犯安全生产法律法规的行为，要大胆揭露；一些影响较大的煤矿事故查处结果，要在新闻媒体上公开曝光。已经结案的事故，要跟踪和督促处理决定的落实情况，确保对责任人的处理落实到位。没有结案的必须在规定期限内结案，要公开宣布处理结果，接受社会监督和群众监督。

（五）认真学习宣传和贯彻《安全生产法》，依法加强煤矿安全生产工作。《安全生产法》已经公布，并将于11月1日起正式实施。各地、各单位要立即行动起来，掀起一个学习宣传和贯彻《安全生产法》的热潮。各国有煤炭企业要认真学习宣传和贯彻，按照安全生产法的规定，对企业的安全生产工作进行一次全面的对照检查。查一查“安全第一，预防为主”的方针是否落到了实处；安全生产责任制是否建立和健全；安全生产投入是否及时，安全设施是否完善；安全生产宣传教育和培训工作是否开展了起来。要以学习宣传和贯彻《安全生产法》为契机，使煤炭企业安全生产得到实实在在的加强和改进，提高企业的本质安全水平，从根本上保障安全生产。

（六）加大煤矿安全执法监察力度，关口前移，严密防范。各级煤矿安全监察机构和监察人员要进一步明确职能定位，切实转变作风，履行监察执法职责。要抓住煤矿安全生产的关键环节，特别是局、矿两级干部的责任制落实情况，矿井安全生产和一通三防系统情况，安全技措资金的提取和投入情况等，实施监察执法，提高执法效率和水平。自觉履行职责，忠于职守。对存在严重安全隐患的煤矿，要依法下达停产整顿、停止作业、限期整改等监察执法指令。对拒不执行的，按未遂事故处理；酿成事故的，要严格依法查处。通过秉公执法，严格执法，树立起监察机构的执法权威。国家局打算在近期内，组织开展煤矿安全监察执法情况的专项督察，重点督察煤矿监察机构下达的执法通知书的贯彻落实情况。通过专项督查，推动煤矿安全监察执法工作。

国家安全生产监督管理局(国家煤矿安全监察局)副局长王德学在全国非煤矿山安全整治工作会议上的讲话(摘要)

(2002年6月19日)

非煤矿山安全整治的总体要求是：以江泽民总书记“三个代表”重要思想为指导，认真贯彻落实九届全国人大五次会议和全国安全生产电视电话会议精神，坚持“安全第一，预防为主”的方针，立足防范，依法整治，强化监管，标本兼治，综合治理。通过整治，取缔非法矿山，关闭不具备安全生产基本条件的矿山，淘汰落后的小矿山，消除重大事故隐患，遏制住重、特大事故多发的势头，加强非煤矿山的安全管理，从整体上提高非煤矿山的安全素质和防御能力，实现非煤矿山安全生产状况的明显好转。主要目标：一是依法取缔各类非法矿山，关闭“三无”和不具备基本安全生产条件的各类小矿山、小采石场；二是矿山的安全技术含量和安全技术水平明显提高，安全素质明显改观，防御能力明显增强，消除重大事故隐患；三是重、特大事故得到有效遏制，一般事故大幅度下降。其中一般事故起数要比去年减少20%，重、特大事故起数要减少30%，遏制特别重大的恶性事故，实现安全生产状况明显好转。

一、要进一步提高认识，切实加强领导，确保整治工作的顺利进行

非煤矿山情况复杂，整治任务繁重而艰巨，要确保整治工作的顺利进行和整治任务的全面完成，必须加强领导。众所周知，非煤矿山产业是我国重要的基础产业之一。它点多面广分散，从业人员众多，基础工作薄弱，是事故的多发领域。搞好非煤矿山的安全整治，做好非煤矿山的安全生产工作，不仅关系到广大人民群众的生命财产安全，关系到矿业经济的健康发展，而且关系到我国国民经济的整体发展水平，关系到可持续发展战略的正确实施，关系到社会的政治稳定，是一件具有重大现实意义和深远历史意义的大事。各地区、各有关部门和所有非煤矿山企业都应从讲政治的高度，从实践“三个代表”重要思想的高度，来认识和对待非煤矿山的安全生产和安全整治工作，从而切实加强领导，强化组织，狠抓落实，真正把非煤矿山安全整治工作搞好。各级地方政府应把安全整治工作纳入议事日程，经常研究、经常过问、经常部署、经常检查，做到领导强化、措施硬化、任务细化、工作深化，以把握整治全局，突出整治重点，冲破各种阻力，引导和推动整治工作更好地开展。应成立由各级地方政府主管领导任组长、各有关部门参加的非煤矿山安全整治工作领导小组，具体负责整治工作，做到责任明确，科学安排，精心组织，狠抓落实。各有关部门要在各级领导小组的统一领导下，落实责任，明确分工，各司其职，各负其责，相互支持，密切配合，协调行动，共同搞好整治工作。各级安全生产监督管理部门要同国土资源、监察、公安、工商、环保等部门加强工作联系，及时通报情况，及时交换意见，及时研究对策，主动做好工作。企业的法定代表人要直接领导整治工作，并要做到党政工团齐抓共管，一级抓一级，一级带一级，开展好全员化、全方位的安全整治工作。各地、各单位都应加强工作的考核，坚持奖优罚劣，以起到表彰先进、鞭策后进的作用。要按照“谁发证，谁负责”的原则，严把审批关、发证关、签字关，对于领导不力、失职渎职、营私舞弊人员，应严肃予以查处。要认真贯彻国务院302号令，强化行政责任追究，对整治不力，出现死灰复燃和伤亡事故的，不仅要依法追究矿主的法律责任，还应严厉追究当地政府和有关部门负责人的责任。

二、要加大宣传力度，形成良好氛围，强化舆论监督

搞好非煤矿山的安全整治工作，必须加强宣传教育工作，大造舆论声势，形成有利的氛围。同时，也要切实加强舆论监督。因此，各地、各有关部门和单位应通过各种媒体，采用各种形式，大力宣传党的安全生产方针、中央领导同志关于安全生产的一系列重要指示和有关法律法规、行业规章；宣传深入搞好非煤矿山安全整治的意义和总体要求；宣传安全整治和安全生产搞得好的单位和个人，从而进一步提高广大干部职工的思想认识，增强搞好整治工作的自觉性。要抓住正面典型，发挥榜样的作用，搞好舆论导向。与此同时，也要剖析典型案例，公开予以曝光，揭露不法行为，总结经验教训，搞好舆论监督，以提高广大干部职工的法制意识和安全意识。要认真贯彻全国安全生产宣传教育工作会议精神，突出主题，坚持方向，把握重点，面向基层，做好非煤矿山安全生产及安全整治的宣传教育工作，尤其要抓住6月份开展“安全生产月”、“安全生产万里行”活动的契机，采取有力措施，强化、深化对非煤矿山安全生产及安全整治的宣传教育工作，让党的安全生产方针、安全生产法律法规和非煤矿山安全整治的内容、要求行万里，行遍神州大地，切实营造起人人关爱生命、人人关心健康、人人关注安全、人人参与整治的社会氛围及环境。要利用有关报刊，开辟非煤矿山安全整治工作栏目，积极开展安全生产宣传教育活动。此外，各级安全监管机构还要充分发挥综合监管的作用，组织、指导各地各有关方面按照分工、权限搞好非煤矿山安全培训工作，加强对企业经营管理者，特别是非公有制矿山企业的经营或承包人以及特种作业人员、新上岗职工的安全培训工作，大力普及安全知识，切实提高全员的安全素质和自我保安意识。

三、要突出重点，加大力度，依法整治

按照六部委（局）的《意见》要求和全国非煤矿山安全整治电话会议精神，非煤矿山安全整治的重点是：各类小金矿特别是大量使用氰化钠等剧毒物品的小金矿及事故频发、破坏资源、污染环境、不具备基本安全生产条件的采石场和稀有贵重金属矿山；各类私营、个体小矿山和小采石场；地下开采的主要是井下开拓系统、通风系统、排水系统及地面的危险化学品库、尾矿库、爆破器材库、采矿场、混汞法选金设施和金矿露天氰化堆浸场；采矿秩序混乱和事故多发的地区。

各地、各有关部门和单位都应结合本地区、本部门、本单位的实际，突出重点，抓住关键，加大力度，搞好整治。要坚持真整真治，绝不能走过场、做表面文章，绝不能虎头蛇尾、前紧后松，绝不能该取缔的不取缔、该关闭的不关闭、该整改的不整改，绝不能留死角或出现死灰复燃问题。在整治的全过程中，应加大执法力度，坚持依法整治，按照《矿山安全法》、《矿产资源法》、《环境保护法》、《危险化学品安全管理条例》及《金属非金属地下矿山安全规程》、《金属非金属露天矿山安全规程》等法律、法规和行业规章，认真查处各种违法违规行为。凡未取得国土资源管理部门颁发的采矿许可证、未经工商行政管理部门登记注册擅自采矿的，以及国家产业政策、环保法规和自然资源管理法规明确禁止开采的，应立即依法予以取缔；对其他各类不具备办矿资质和相关要求的非煤小矿山、小采石场，应坚决予以关闭；对依法设立的非煤矿山不具备基本安全生产条件，以及未履行安全、环境影响评价“三同时”制度，或虽履行了相关评价手续，但未按要求落实措施的，应依法责令其限期整改或停产整顿，经整改整顿仍达不到要求的，也要予以关闭；对已经取缔、关闭的各类矿山，一定要彻底取缔，关实、关住、关死；对有关人员触犯刑律的，应依法追究其刑事责任。要通过依法整治，促进依法办矿、依法管矿、依法治矿工作的加强，使非煤矿山从开办到生产经营管理的全过程和对矿山的安全生产监管全面走向法制化轨道。

四、要标本兼治，综合治理，努力探索非煤矿山安全生产的长效机制

非煤矿山安全生产方面的深层次问题很多，要真正达到整治目的就必须立足治本，实行标本兼治，搞好综合治理。治本就是要抓源头，抓防范，从安全评价和“三同时”入手，加大安全投入，提高工程项目、设备设施的安全技术含量，提升企业的本质安全水平。同时取缔、关闭非法和不具备安全基本条件、环保要求的小矿山、小采石场，彻底整改重大事故隐患，监控和治理好危险源，消灭危险源。综合治理就是要多管齐下，把非煤矿山安全整治与整顿和规范市场经济秩序，与整顿矿产资源管理秩序，与调整产业结构和推动技术进步，与健全法律法规和制度、加强日常监督管理，与危险化学品安全管理和民爆物品管理的专项整治，与加强作风建设和反腐败等项工作结合起来，通过政治的、经济的、法律的和行政的多种手段，全面彻底地从源头上解决问题。要以改革创新的思路，搞好整治工作。通过体制、机制、制度、管理、技术、方法等方面的创新，做到疏、堵结合，在做好取缔、关闭、整顿工作的基础上，在符合法律法规规定的前提下，促进合法合规企业的结构调整与资产重组，搞好对非煤矿山的全面整合，推进各类企业的改组联合，真正提高办矿标准，做到大矿大办、小矿联办、新矿精办、老矿新办，从而提高矿产资源的开发水平和矿山企业的基础管理水平、技术装备水平、规模效益水平，推进非煤矿山的现代化、科学化、信息化、大型化建设，达到依法办矿、有序办矿、科学办矿、规模办矿、安全办矿的目的，进而加强矿山企业的安全基础设施建设，提高安全技术素质、安全管理素质，彻底改善安全生产条件，改变安全生产状况。各级安全生产监督管理部门应引导非煤矿山企业本着创新的精神，探索建立适应市场经济体制和现代企业制度要求的安全生产工作体制和工作机制，切实有效地开展安全工作，以安全保生产，以安全保效益，以安全保稳定，以安全促发展。

要通过专项整治，发现问题，解决问题，切实把非煤矿山尤其是非公有制小矿山、小采石场安全生产中的深层次矛盾和问题找到、找准、找透，围绕产业政策、办矿标准、市场准入和强化监管、事前防范、综合治理、责任落实、法制建设等各方面，深入研究，大胆实践，积极探索，逐步完善，尽快形成一整套科学、易行、有效的确保非煤矿山安全生产的长效机制，并努力运用长效机制，解决好安全生产工作中带有全局性、根本性、战略性的问题。要切实把住审批发证关、教育培训关、安全条件关、市场准入关、办矿标准关、责任追究关等各道关口，从而使我们的工作更加卓有成效，使事故得到有效遏制，使我们的工作重心真正转移到以预防为主的轨道上来，能有更多的精力抓前瞻性、战略性、全局性、长远性、方向性的工作，逐步从高压态势向平常态势、从非常状态向正常状态、从突击整治向常防常治、从注重治标向立足治本的方向转变，彻底摆脱防不胜防，被事故牵着鼻子走的被动局面，促使非煤矿山乃至整个安全生产监管工作走向超前防范、主动出击、良性循环和长治久安的道路。同时，要加大非煤矿山企业健康、安全、环保(HSE)认证体系的推广工作力度，搞好与国际接轨，加快非煤矿山安全监管工作的现代化步伐。

五、要切实加快整治进度，确保按期完成任务

今年时间已过去近二分之一了，我们的整治工作任务还远远没有完成。各地、各有关部门和广大非煤矿山企业，要按照六部委（局）关于进一步搞好非煤矿山安全整治工作的总体要求，切实增强紧迫感，只争朝夕，提高效率，在确保质量的前提下，加快整治进度，确保按期完成整治任务。整治不能打糊涂仗。各地要在摸清非煤矿山底数，搞好分类排队的前提下，突出工作重点，分清轻、重、缓、急，有计划、有步骤地大力向前推进。这次会议之后，各地、各有关部门和单位要紧急行动起来，对计划进行再调整，对工作进行再部署，对任务进行再落实，对指标进行再分解，高质量快节奏地开展整治工作，切实把各项工作往前抢、往前做，任务往前赶。对动作迟缓、进度不快的，上级有关部门应搞清原因，加强指导和督促，确保不拖后腿；对无重大客观原因而无限期拖延进度的，应在分清情况的前提下，采取必要的组织措施。要搞好工作衔接，一环扣一环地进行，避免出现等待、观望、拖延、卡壳、停滞、断档现象。要加强计划性，防止打乱仗，使工作有序、连续、有条不紊地进行。要在搞好典型引路的基础上，及时搞好阶段性总结，找出经验，发现问题，改进工作，不断推动整治工作的深入、健康、快速发展。

六、要严格执行标准，搞好验收工作，确保整治质量

非煤矿山整治能不能搞好，把好验收关十分重要。各地的整治验收工作应在省（区、市）整治领导小组的统一领导下，严格按照标准进行。验收标准由各省（区、市）整治领导小组根据有关非煤矿山安全生产的法律法规和标准，结合本地实际情况制定，并报国家局备案。为了保证全国验收标准的统一性，国家局将制定一个指导意见，供各地在制定标准、完善标准和验收时参考借鉴。验收工作组要严格按照国家有关法律法规、安全规程、整治方案和验收标准开展验收工作，不能放宽条件、降低标准，更不能马虎从事和走过场；工作组内部应按照“谁签字，谁负责”的原则，分口把关，各负其责，做好工作。对验收合格的矿山企业，须由验收人员和乡、县、市政府负责人逐级签字，并经省级整治领导小组批准方可恢复生产。为了确保验收质量，国家安全生产监管局将组织力量，采取异地互检互验的方法，对各省（区、市）的整治验收工作进行重点抽查，以加强督促检查，从中发现问题，及时总结经验，对好的予以表扬，对存有偏差的予以纠正。对整治后仍达不到基本安全生产条件的矿山企业，应依法予以关闭；对已通过验收的矿山企业，应做好整治工作总结，以巩固整治工作成果；对已提前完成整治任务的，应好一批、验一批，不能都推到后期搞突击验收。验收合格的应在恢复生产的过程中进一步完善、巩固、提高。各级非煤矿山安全整治领导小组也应加强对整治工作的督查指导和对验收工作的督查指导，组织有关专家和工作人员开展巡视活动，并做到督查与整改相结合，督查与责任追究相结合，及时解决存在的问题，惩处弄虚作假和违法违规违纪行为，使整治和验收工作严格、顺利、有序地进行。

中国煤炭工业协会会长范维唐在煤矿瓦斯治理现场会上的讲话（摘要）

（2002年8月29日）

煤炭行业是我国工业生产中伤亡事故最严重的行业，每年煤矿事故死亡人数占全国矿山行业死亡人数的80%以上，占全国工矿企业死亡人数的50%以上，居全国各行业的首位。我国煤矿每年的死亡人数均大大超过了世界其他采煤国家死亡人数的总和。1991～2001年间，在一次死亡3人以上重大死亡事故中，瓦斯事故死亡人数占总死亡人数的比重始终保持在71%～83%之间。虽然2001年3人以上瓦斯事故死亡总人数开始有所下降，但必须看到去年以来发生的几起煤矿特大瓦斯爆炸事故，不仅造成了煤矿重大伤亡和经济损失，也引起了社会的震动。触目惊心的煤矿瓦斯爆炸事故告诉我们，必须深刻地认识煤矿安全生产，尤其是瓦斯治理的严峻形势，增强抓好瓦斯治理的紧迫感、责任感，认真贯彻“先抽后采、以风定产、监测监控”十二字方针，同心协力开创煤矿安全生产的新局面。

一、正确认识煤矿安全生产和瓦斯治理的严峻形势，增强抓好瓦斯治理工作的紧迫感、责任感

煤矿开采是一种特殊的地下生产活动，受到瓦斯、火灾、水灾、尘害及顶板等自然灾害的严重威胁。近年来，随着煤矿开采强度的加大、采掘深度的延伸，自然灾害的威胁更加突出。主要表现在瓦斯涌出量增加，粉尘危害严重，煤炭自然发火也更加难以控制，不少矿井原有的通风系统及防治技术、装备已不能满足安全生产的需要。在诸多的煤矿重、特大安全事故中，瓦斯事故尤为突出。

党和国家对煤矿安全生产工作高度重视，制定了一系列的安全法规和规定，加大了安全生产的监察监督。各地煤矿把安全生产工作摆在了首要位置，严制度、严管理，依靠科技进步，安全生产基础得到了加强，形成了一系列综合配套技术、装备和瓦斯治理经验，有效地抑制了煤矿重、特大灾害事故的发生。

（一）改革开放以来特别是“九五”以来，我国煤矿瓦斯治理工作取得了长足的进展

一是“改善煤矿安全状况综合配套和关键技术研究”列入“九五”国家重点科技攻关项目。该项目充分发挥煤炭行业科研院校及示范矿区煤炭企业的整体优势，通过近5年的集中攻关试验，解决了煤矿安全生产的许多关键技术和共性技术，取得38项重大科技成果，使我国矿井防灾减灾的总体

综合能力在“八五”的基础上得到了进一步的完善配套，并建成了平顶山矿区瓦斯灾害综合治理示范基地和阳泉矿区瓦斯抽放与利用试验基地。项目在研究试验和实施过程中，据不完全统计，已获得直接经济效益 1.343 亿元，间接经济效益 6.124 亿元。在瓦斯预测方面，我国研究了地勘钻孔瓦斯解吸与影响因素，确立了统一的较完善的煤层瓦斯含量、矿井瓦斯涌出量的预测方法，实现了从瓦斯含量测定、涌出量预测，到矿井瓦斯地质绘图的微机化、自动化和规范化，其预测准确率达 80% ~ 85%。

二是在煤层瓦斯抽放这一治本措施方面，我国煤矿根据不同矿区的特点，形成了本层、邻近层、穿层和采空区瓦斯抽放多种方法。到 2001 年底，全国已有 185 个煤矿建立了井下瓦斯抽放系统和地面输气系统。2001 年抽放量达 9.8 亿立方米。其中阳泉为 1.5 亿立方米，抚顺为 1.2 亿立方米。晋城、淮南和盘江的瓦斯抽放量也都迅速增加。

目前，我国煤矿瓦斯平均抽放效率低，仅为 23%。根据各矿区的经验，我国现有的井下瓦斯抽放技术和装备水平，抽放率的提高还有很大空间，条件好的矿区有的可以达到 50%。我国井下瓦斯抽放技术已经成熟，如阳泉采用 200 毫米大直径岩石穿层钻孔抽放，抚顺采用大直径长距离高负压抽放系统，铁法近年成功采用地面采空区垂直钻井和井下水平长钻孔抽取瓦斯。目前主要任务是推广应用高效瓦斯抽放技术，以及将各种抽放技术有机地结合起来，实现综合抽放，提高抽放效率。

三是在煤与瓦斯突出防治工作方面，基本形成了预测、防突措施、效果检验和安全防护措施的四位一体，我国的防突技术已进入世界先进水平。防突技术在改进、完善、提高开采保护层、预抽煤层瓦斯、超前排放钻孔、深孔松动爆破和水力冲孔等技术措施外，重点研究了机采、机械化工作面的防突技术，建立了一套突出区域预测、长钻孔控制预裂爆破、水力疏松相结合的综采工作面防突工艺。在机掘工作面重点研究了与掘进机形成机械、液压、操作为一体的全液压防突钻孔、割槽装置及工艺技术。“九五”期间研制了 QFZ－22 型轻便防突钻机，集强力钻孔与防卡钻功能于一体，是实施超前排放钻孔的高效、轻便钻机。对地质构造破坏带和严重煤与瓦斯突出矿井，提高了整套综合治理突出技术，在四位一体的防突措施基础上，发展为合理采掘部署、突出预测预报、防突措施、效果检验、安全防护的五步配套综合防突系统。

（二）我国煤矿瓦斯治理工作，与先进国家相比，还有较大差距

一是我国煤矿矿井数量多，大、中、小矿井并存，多数矿井装备落后、人员素质差、管理水平低。从煤矿的员工素质看，除国有重点煤矿有一部分受到专业训练的职工外，不少工人缺乏必要的安全知识，尤其是乡镇煤矿的临时工大多数是没有安全生产知识的农民。员工素质低、安全意识差已经成为煤矿亟待解决的问题，也是煤矿事故容易发生的重要原因之一。

二是自然灾害严重，煤层赋存条件较差。我国煤矿与世界各主要产煤国家比较，不仅地质构造比较复杂，而且自然灾害也较为严重。随着矿井延深，矿井瓦斯涌出量增大，突出频繁及自然发火和煤尘爆炸危险性增大，使得全国煤矿实现安全生产在客观上增加了难度。

三是安全投入不足，欠账多，抗灾能力低下。煤矿工人与自然灾害做斗争，必须有相应的物质手段保障。如瓦斯灾害的防治，必须从通风、抽放、监测、科研等诸多方面予以保证。

四是在煤炭工业经济体制转型和结构调整的过程中，出现了一些新情况、新问题。一些单位在安全与生产、安全与效益发生矛盾的时候，往往容易产生忽视安全与健康的倾向，短期行为表现突出；对质量标准化工作、现场管理工作也有不同程度的放松。

（三）瓦斯事故多发已成为制约我国煤矿安全状况稳定好转的最主要因素

2001 年全国煤矿事故死亡 5670 人，瓦斯事故死亡 2436 人，占总死亡人数的 43%。在一次死亡 3 人以上和 10 人以上的重、特大事故中，瓦斯事故所占比重最大。在 1991 ~ 2000 年间，瓦斯事故死亡人数总体呈上升趋势。1991 年，一次死亡 3 人以上瓦斯事故死亡 1364 人，2000 年死亡 2662 人，10 年中增加近一倍。每年 10 人以上特大死亡事故中，瓦斯事故死亡人数占总死亡人数的比重基本在 80% 以上。特别是近年来发生的几起煤矿瓦斯特大事故，造成了重大伤亡和经济损失，教训深刻，必须引起高度重视。

二、认真贯彻“先抽后采、以风定产、监测监控”十二字方针，把瓦斯防治工作建立在依靠科技进步的基础之上

先抽后采，就是在高瓦斯煤层开采前，先将煤层中的瓦斯进行抽放，以减少开采过程中的瓦斯涌出量，为安全生产创造条件。以风定产、监测监控，是在通风能力允许的情况下生产，以防止瓦斯积聚和浓度超限。提高监测监控的管理水平，能有效地防止瓦斯事故的发生。这十二字方针，是几十年来煤矿瓦斯防治实践经验的概括和总结，凝聚了广大煤矿干部和职工的心血，反映了瓦斯防治工作的客观规律。

(一) 大力发展瓦斯治理科学技术，以瓦斯抽放和监测监控为重点，加强基础理论和应用研究

为了提高煤矿主要灾害防治技术的可靠性，加强有关方面的基础理论研究是很重要的一环，它可以为防治技术措施提供理论依据，也将为防治技术的提高指明方向。比如对瓦斯在煤、岩层和采空区运移规律的研究，可以为正确制定瓦斯排放、抽放方法提供依据，提高瓦斯抽放效率。要抓紧进行瓦斯、煤尘共存条件下着火及爆炸机理研究，地应力、瓦斯和煤岩体结构在煤与瓦斯突出及冲击地压中的作用，煤与瓦斯突出、冲击地压发生的条件及发展过程研究，煤自然发火过程、危险程度、最短自然发火期及其影响因素研究等。通过对煤与瓦斯突出和冲击地压发生机理的研究，掌握各种地质构造和开采条件下，突出发生条件和发展的过程，可以为预测煤与瓦斯突出、冲击地压防治技术措施创造条件。

矿井抽放率低是我国与国外先进采煤国家的差距。我国低透气性煤层较多，提高瓦斯抽放效率仍然是我国煤矿瓦斯治理中的一个需要解决的问题。提高煤与瓦斯突出的日常预测、预报准确度，开发区域性预测煤与瓦斯突出危险性的方法和手段是另一个瓦斯灾害治理中需要解决的问题。预知突出的危险性可以及早采取措施，防止人员伤亡，也可以改变现在步步为营的预防方法，提高在防治突出灾害上的经济性。又如，井下隐蔽火源的探测也是世界性的技术难题。由于不清楚采空区的发火点在何处，往往采用大包围的办法，花费很大的经济代价，才把火灾扑灭，有时甚至花了代价仍不能把火灾熄灭掉。所以，在煤矿瓦斯、火灾、尘害、水害等主要灾害治理上都有一些关键技术需要研究、突破，把目前的技术措施提升一个层次，更好地为煤矿安全生产提供保障。

(二) 抓住瓦斯治理和煤矿安全工作中出现的新问题，探索和采用新的科技手段

由于开采深度加大，高度集中生产，对井下通风方式就要求进行相应改革。由于煤矿井下的环境条件有别于地面，例如空气中有爆炸性气体、爆炸性煤尘、空间狭小等，对新技术的应用提出了更苛刻的条件。使用大功率电牵引采煤机，供电电压就需要由1140（660）伏逐步升级到3300伏。由此就带来了开关电控、供电电缆等配套技术都要提高防爆等级才能适应这种要求。

一矿一面高度集中化的生产方式，必然要求供风的重点趋向一翼一面。如何保障全矿井的安全可靠，不均衡通风的理论问题、通风技术问题以及可靠的通风设施问题都需要进行研究。

在煤矿灾害预测和监测技术方面，要进行瓦斯、煤尘爆炸危险性预测、煤矿突发性动力灾害预测技术、矿井火灾预测和监测技术、煤矿水害监测、预报技术等研究。

在煤矿灾害治理技术方面，要进行集约化矿井通风网络安全性评价和通风系统可靠性、瓦斯煤尘爆炸预防与应急控制技术、矿井火灾预防与监控技术、矿井水害防治技术、煤矿尘害防治技术等研究。

在煤矿安全信息技术方面，要进行煤矿灾害动态数据库，煤矿灾害危害源辨识、评估及分级管理技术，煤矿突发事故应急预案及救灾辅助决策系统，煤矿灾害预测虚拟现实技术等研究。通过对煤矿安全生产科技与关键技术研究，把研究成果不断地应用到煤矿安全生产中，努力提高矿井防灾能力，消除安全隐患，杜绝和尽量减少重、特大事故的发生。

(三) 把煤层气开发与瓦斯治理紧密结合起来，保证煤矿安全生产，提供高效、洁净能源，促进煤炭工业产品结构的调整

瓦斯抽放是调整煤炭产品结构，发展洁净能源、减少温室气体排放、保护环境、增加效益的有效途径。美国黑勇士煤田吉姆沃尔特资源公司所属井工矿普遍采用采前地面钻孔抽放煤层气（瓦斯），抽出率可达到70%。美国的经验表明，地面抽放

抽出量大，可大幅度减少通风量、降低通风费用，降低煤矿生产成本，并能最有效地防止瓦斯爆炸。澳大利亚研制的井下定向长钻孔技术先进，在我国铁法和平顶山等煤矿的应用取得较好效果。

三、加强对煤矿瓦斯治理和安全工作的指导、协调和服务，同心协力开创煤矿安全生产新局面

中国煤炭工业协会及各省、自治区、直辖市行业协会，要紧紧围绕国家局党组的中心任务，密切配合各级煤矿安全监察机构，充分发挥协会应有的桥梁纽带作用，切实搞好指导、协调和服务。

（一）配合各级煤矿安全监察机构，搞好瓦斯灾害严重矿井的重点监控工作

一是要强化煤矿企业瓦斯防治和安全生产领导责任制。

二是加强企业内部监控，改善装备条件。所有瓦斯灾害严重的国有煤矿，都应依照国家局的要求，加强瓦斯灾害监控，特别是对重点矿井实施重点监控；要建立矿井瓦斯灾害预警系统，准确掌握瓦斯灾害情况，及时解决矿井“一通三防”方面的隐患和问题，落实防治措施。

三是学习推广铁法、阳泉等企业的经验，加强瓦斯管理，搞好瓦斯抽放，严格按照矿井通风能力组织生产，切实加强监测监控。认真贯彻“先抽后采、以风定产、监测监控”的十二字方针，坚持装备、管理和培训并重的原则，加强设备运转的管理和维护，及时淘汰严重危及生产安全的设备和工艺，加强日常性管理和现场管理，健全落实瓦斯防治各项规章制度，杜绝违章、违规指挥和作业；加强对职工的培训教育，增强职工瓦斯事故防范意识，提高岗位保安、业务保安和自主保安能力。

四是根据国家局的要求，做好定期报告工作。凡列为重点监控的国有煤矿，都要向煤矿安全监察机构定期报告瓦斯防治工作进展情况，按要求提供相关报表和数据。各级煤矿安全监察机构和特邀监督员、群众监督员以及煤炭企业内部安全工作机构，对重点监控对象要采取定期检查、突击检查、跟踪监察等多种方式，把责任落实到人。

（二）依法加大煤矿安全生产投入，提高矿井防灾、抗灾和救灾能力

各类煤矿企业，要按规定提取维简费和安全技措资金，确保“一通三防”方面的投入，严防搞短期行为，防止削弱煤矿的抗灾能力。煤矿安全技术改造的主要内容要以“一通三防”为重点，健全完善通风系统、瓦斯抽放系统、监测系统及抢险救灾系统，从而提高矿井的综合抗灾能力，消除灾害隐患，把重特大事故降下来，力争在现有的基础上，矿井防灾抗灾能力明显提高，控制重特大瓦斯爆炸事故的发生，促进煤矿安全生产稳定好转。

新出台的《安全生产法》，对企业安全投入问题作出了明确的规定。要坚决纠正少数干部在安全生产方面存在的重生产、轻安全，重产出、轻投入等认识，防止不顾安全、突击生产、要钱不要命的倾向。煤炭企业必须依法搞好安全投入，及时淘汰严重危及安全的工艺和设备，保证设施、设备的安全运转。当前煤炭经济运行形势有所好转，煤炭企业要抓住时机，多拿出一些资金进行安全配套补欠。

煤炭工业协会正在对煤矿安全生产基础工作、“一通三防”欠账情况进行调查研究，通过各种渠道进行反映，争取国家政策；要协助煤矿安全监察机构对煤炭企业安全投入情况进行监督，指导督促煤矿增加安全投入。

（三）进一步加强和改进煤矿安全生产管理工作，实现安全管理科学化、规范化、现代化

不少煤矿企业安全管理仍然未完全脱离粗放型管理的方式，难以适应矿井灾害事故复杂多变的情况，这也是灾害事故多的因素之一。利用现代科学技术和管理科学，用网络信息技术建立煤矿灾害事故数据库、知识库和专家系统等现代化手段对煤矿的安全生产进行科学管理已经是当务之急。利用这些手段和技术可以对灾害事故进行科学预测，掌握矿井的安全动态，正确识别和评价灾情，以作出正确的决策。对不适应生产技术发展要求的瓦斯防治技术标准，应组织力量进行修订或制定新的技术标准。新研究成功并已在安全生产中应用，被煤矿企业接受的新技术、新工艺、新装备和新材料，也应尽快制定行业标准和技术规范。

要切实按照从严从细的要求，强化煤矿的生产技术管理和现场管理，健全安全技术管理体系，落实各项安全技术措施。一定要完善通风系统，坚持以风定产，高突矿井必须坚持先抽后采；要保障煤矿安全的重要装备设施，特别“一通三防”的装备和监测监控设施的健全完善，质量达标，正常运转；要开展反“三违”斗争，强化职工遵章守纪的

意识，认真执行各项安全规程、规定，照章办事；煤矿各级领导干部要坚持深入井下，深入实际，隐患不排除，绝不放过；要严格实行责任追究，严格执行有关安全生产的法律、法规以及专项治理的各项规定，做到有法必依、执法必严、违法必究，真正做到能够严得起来，措施落到实处。

20世纪80年代后期和90年代，全国煤矿轰轰烈烈地开展的“质量标准化、安全创水平”活动，通过规范质量标准、强化质量管理，使安全生产建立在坚实可靠的工程质量、设备运行质量和工作质量的基础之上，从而提高了煤矿安全生产水平。全国煤矿百万吨死亡率由1985年的7.63，下降到1996年的3.85，下降50%，其中国有重点煤矿百万吨死亡率由1986年的2.97，下降到1996年的1.17，下降60%，由此大大地改变了煤矿“脏、乱、差”的形象，提高了经济效益。可以说，质量标准化是煤矿安全生产的一大法宝。我们要在总结经验的基础上，结合贯彻实施新的《煤矿安全规程》，对深入开展“质量标准化、安全创水平”活动，充实内容，完善标准，改进方式方法，做好煤矿安全生产基础工作。

（四）把思想统一到国家局党组的部署上来，加强全国煤矿安全工作的沟通和协调

在不久前召开的全国安全生产工作座谈会上，显政同志代表国家局党组，提出了下一步工作的总体思路。特别是机制、队伍和法制“三件大事”，反映了社会主义市场经济条件下安全生产工作的客观规律，抓住了主要矛盾和关键环节，具有纲举目张的意义。抓好“三件大事”，是实现包括煤矿安全在内的全国安全生产状况稳定好转的根本途径。因此，得到了国务院领导同志的充分肯定，同时也得到了安全生产监管系统和煤炭行业的广泛赞同。

煤矿安全是全国安全生产的重中之重。我们煤炭行业的同志，一定要自觉贯彻国家局党组的指示精神，把思想和行动统一到国家局党组的决策上来。要树立全国煤矿安全工作“一盘棋”的思想，强化全局观念和纪律观念，进一步加强行业内部安全生产及其他各项工作的沟通和协调。各单位要把安全生产工作中的好经验、好做法，以及工作中遇到的困难和问题，及时向国家局和煤炭工业协会反映，以便于掌握全局，推动安全生产的各项工作。

对煤矿瓦斯治理工作，我们一定要有决心，有信心。总结我国煤矿瓦斯治理工作的成绩和经验，找出与世界先进产煤国家的差距，才能明确今后的发展方向。美国煤矿在20世纪初期，瓦斯事故也很严重，经过采取国家立法、培训，加大科技和资金投入等措施，使瓦斯事故大大降低，煤矿百万吨死亡率降到了0.039。世界上先进采煤国家能够做到的，我国煤矿经过不懈的努力，也一定能够做到。

第三部分

综　　述

2002年全国安全生产工作综述

在党中央、国务院的正确领导下，在人民群众的广泛关注和支持下，各地区、各部门、各单位以及各级安全监督管理和煤矿安全监察机构认真贯彻落实党中央、国务院关于安全生产的一系列重要指示，从维护全国安全稳定的大局出发，加强对安全生产工作的领导，认真开展安全生产专项整治，采取有力措施，治理重大安全隐患，遏制重、特大事故的发生，扭转地区和行业事故多发的局面，促使2002年全国安全生产形势总体稳定、趋于好转。

一、2002年全国安全生产的总体状况

党中央、国务院一贯高度重视安全生产，2002年以来，又相继采取一系列重大举措加强安全生产工作。2月7日和5月14日，国务院先后两次召开全国安全生产电视电话会议，吴邦国副总理作了重要讲话。民航两起空难发生后，国务院专门召开第58次常务扩大会议，决定立即在全国开展安全大检查。随后，吴邦国副总理又专门听取了14个检查组的汇报。鸡西煤矿“6·20”事故发生之后，国务院办公厅下发了17号明传电报，要求加大国有煤矿监察执法力度。6月29日，九届全国人大常委会第28次会议审议通过了《中华人民共和国安全生产法》，并于11月1日正式施行。9月23日，国务院安委会召开第三次全体会议，研究部署国庆节、十六大期间的安全生产工作，吴邦国副总理作了重要指示。会后召开了全国安全生产电视电话会议。12月31日，国务院安委会召开第四次全体会议，部署2003年特别是春节和“两会”期间的安全生产工作，吴邦国副总理在会上强调：“新形势下的安全生产工作只能加强，不能削弱，必须警钟长鸣，常抓不懈”。

2002年，各地区、各行业、各部门认真贯彻落实党中央、国务院关于安全生产工作的一系列重要指示和工作部署，深化安全生产专项整治，强化监督管理，做了大量工作，全国安全生产形势总体稳定，趋于好转。特大、特别重大事故下降，伤亡事故相对指标下降，一些地区和行业的重大、特大事故有所控制。

据统计，全国工矿企业共发生伤亡事故13960起，死亡14924人，同比分别上升15.0%和6.1%。其中，一次死亡3~9人的重大事故612起，死亡2544人，同比分别上升0.5%和下降4.2%；一次死亡10~29人的特大事故55起，死亡843人，同比分别下降6.8%和7.7%；一次死亡30人以上的特别重大事故10起，死亡454人，同比事故起数持平，死亡人数下降7.4%。

全国共发生火灾事故（不含森林、草原等火灾）258315起，死亡2393人，同比分别上升19.2%和2.5%。未发生一次死亡30人以上的特别重大事故。

发生道路交通事故773137起，死亡109381人，同比分别上升2.4%和3.3%。未发生一次死亡30人以上的特别重大事故。

发生水上交通事故735起，死亡和失踪463

人，同比分别上升14.1%和下降5.5%。其中，发生一次死亡30人以上特别重大事故1起，死亡40人，同比分别下降50%。

发生铁路路外伤亡事故11922起，死亡8217人，事故起数和死亡人数分别下降3.3%和2.3%。没有发生一次死亡10人以上特大事故。

民航系统发生3起飞行事故，死亡134人。其中，一次死亡30人以上事故1起，死亡129人。

2002年，全国的安全生产总体上呈现如下特点：

一是特大事故明显减少。2002年全国发生一次死亡10人以上特大事故的起数和死亡人数，都比2001年下降10%。其中一次死亡30人以上的特别重大事故的起数和死亡人数，分别比2001年下降31.3%和16%。2000年全国发生特大事故171起，大约2天1起；2001年为140起，大约2.6天1起；2002年为127起，大约3天1起。

二是一些重点行业和领域安全状况好转。以往煤矿一年死亡近万人，从2000年以来，降到6000人以内。全国煤炭百万吨死亡率2001年为5.07，2002年在煤炭产量大幅度增长的情况下，百万吨死亡率控制在4.64，比2001年下降12.4%。道路交通1997年万车死亡率为17.5，2001年降到15.46，下降2.04；2002年在全国车辆增加14%的情况下，万车死亡率为12.3，比2001年下降3.1，且没有发生一次死亡30人以上的特别重大事故。水上交通事故，1997～2001年平均每年下降12.2%，死亡人数平均每年下降6.0%。2002年水上交通事故死亡人数比2001年下降了16.6%，特大事故起数和死亡人数都比2001年下降50%。

三是事故起数和死亡人数增幅下降。在近几年安全统计工作不断加强，数据准确性提高的情况下，全国事故起数和死亡人数的增幅逐年下降。1997～2001年，全国的事故平均每年上升22.9%；死亡人数平均每年上升5.1%。2002年事故增幅为5.2%，死亡人数增幅为4.2%，比2001年分别减少15.3和5.8个百分点，比前5年平均减少17.7和0.9个百分点。

四是部分地区安全生产形势稳定好转。2002年，北京、天津、上海、青海四省（市）未发生一次死亡10人以上特大事故。北京、天津、上海、江苏、浙江、福建、海南、西藏、青海、宁夏、新疆的工矿企业未发生一次死亡10人以上特大事故。

二、2002年安全生产主要工作

1．安全生产法制建设和执法工作取得重大突破

通过多方努力，《安全生产法》于2002年6月29日颁布，11月1日正式施行。各地、各有关部门在认真搞好宣传教育的同时，组织起草了相关的地方性配套法规和部门规章。由国家安全生产监督管理局直接起草的有近30多件。各省（区、市）政府都依据国务院302号令制定了安全责任追究的具体办法。安全生产法律、法规体系初步健全。

依据安全生产的法律法规，国家经贸委、监察部等有关部门及各地区强化安全生产的行政执法。对2002年发生的两起空难以及鸡西煤矿“6·20”、山西繁峙金矿“6·22”、吉林白山“7·4”、黑龙江鹤岗“7·9”、重庆“12·18”沉船等一次死亡30人以上的特大事故，按照国务院的要求，有关部门联合组织了调查处理，加大安全生产执法力度，绝大部分已经结案。各级煤矿安全监察机构认真履行职责，2002年共现场监察矿井2.6万个、5.5万次，监察覆盖面84.7%；现场制作监察笔录4.3万份，下达撤出作业人员命令书905份，责令关闭矿井1106处，下达现场处理决定书2.4万份，其中行政处罚决定书9492份，行政罚款2817万元。对这些执法决定，执行率约占65%。此外，各级煤矿安全监察机构对近年来煤矿重、特大事故依法进行查处和批复，结案率达到73%。

2．以事故多发行业和领域为重点，安全专项整治不断深化，取得了阶段性成果

根据国务院的统一部署，2002年进一步加大了安全生产专项整治的力度。

（1）煤矿的安全整治。在2001年已关闭12257处小煤矿的基础上，2002年以来又关闭3151处。现有25543处小煤矿，已通过省级验收的23586处，占92.34%，其中已核发“四证”的15458处，占65.54%。国有大矿安全整治突出抓了瓦斯治理，提出了“先抽后采、监测监控、以风定产”的十二字方针，聘请了一大批群众安全监督员，对45个瓦斯灾害严重的国有煤矿进行重点监控。

（2）非煤矿山安全整治。重点抓了小金矿以及事故频发、破坏资源、污染环境、不具备基本安全

生产条件的采石场和稀有贵重金属矿山的整治。全国已关闭、取缔各类非法和不具备基本安全条件的非煤矿山23705处，正在整改的72500处，已通过验收的18098处。

(3) 危险化学品安全整治。对危险化学品生产、储存、运输、销售和使用单位进行了全面清理整顿。其中停产整顿2300户，关闭或吊销营业执照2500户。

(4) 民用爆破器材和烟花爆竹安全整治。重点检查了411家生产企业、1665家流通企业和直供用户，发出整改通知书1796份，关闭生产经营单位128家，停产整顿114家。

(5) 道路和水上交通运输安全整治。集中排查了事故多发点段和隐患10484处，已治理6210处，治理率59.2%。查处交通违章1704.2万起，暂扣驾驶证63.6万个。继续把“四客一危”和“四区一线”水域作为道路和水上交通运输安全整治的重点。

(6) 公众聚集场所消防安全整治。2002年以来共检查了57万多家单位，依法责令停业1.4万多家，取缔非法娱乐场所1万多家，吊销营业执照5600多家，督促整改火灾隐患44万多处。

此外，石化、建筑、铁路、民航、林业和教育等系统，也从各自实际出发，有针对性地组织开展了安全专项整治，并取得一定成效。

3. 加强了安全生产的检查、督察，效果明显

2002年以来，组织了4次全国性督察活动。国务院第58次常务扩大会议之后，由国家经贸委和有关部门主要领导带队，组成14个安全生产检查组，分别对5个部委、6个系统和7个省进行了重点抽查。吴邦国副总理专门听取了大检查的情况汇报并对整改工作提出要求。按照吴邦国副总理的指示，又组成9个督察组，对7个省的整改情况进行了跟踪督察。同时，由公安部、交通部、监察部等部门和国家局一起，就煤矿安全监察执法、《国务院关于特大安全事故行政责任追究的规定》(国务院令302号) 落实情况和道路交通安全整治联合进行了三个方面的专项督察。此外，公安部、国防科工委、建设部、卫生部、教育部、国家质检总局等部门也组织了相关的安全督察活动。通过督察，不仅及时发现解决了一大批事故隐患和问题，更重要的是强化了各级政府的安全责任意识，收到了警钟长鸣的效果。

4. 加大了安全生产设施的技术改造力度，加强了安全生产的基础工作

两年来，国家先后4次安排了151个煤矿安全技改项目，总投资39.2亿元，用于年产原煤100万吨以上的国有重点煤矿，以及新疆生产建设兵团的部分重点煤矿的“一通三防”系统设备和设施的更新换代与升级，并更新了重点救护队的装备。同时，加大了对企业安全生产基础工作的检查和督察力度，在督促指导下，煤矿安全投入普遍有所增加，2002年原国有重点煤矿维简费支出吨煤增加1.6元。

5. 安全文化建设不断加强，“关爱生命、关注安全”的舆论氛围日渐浓厚

年初，国家局与中宣部、广电总局、全国总工会、团中央联合召开了首次全国安全生产宣传教育工作会议，明确了工作的指导思想和重点内容，6月份组织开展了全国第一个“安全生产月”活动。同时，与人民日报、新华社、中央电视台等新闻单位联合组织开展了“安全生产万里行”活动，对北京、天津、山东、安徽、江苏、上海6省市安全生产工作中的经验和问题进行集中报道，产生了积极影响。《安全生产法》颁布之后，各地采取多种形式开展群众性的宣传教育活动，在全国形成了强大的宣传声势。

国家局还与全国总工会共同组织开展了“安康杯”竞赛活动；与共青团中央联合组织开展了创建“青年安全监督岗”活动；并且充分发挥新闻舆论的作用，建立了新闻发布会制度，定期公布安全生产信息。2002年仅在中央电视台新闻联播、焦点访谈等栏目播出安全生产的专题节目就达70多个。一些瞒报事故、违犯安全法律的行为被媒体曝光之后，引起各方面的关注，促成了问题的解决，舆论监督的作用越来越明显。

6. 努力推动安全生产监管体系建设

这项工作在各方面的支持推动下明显加快。到2002年底，全国已有26个省（区、市）建立了省级安全生产监管机构。上海、山东、江苏、广东、陕西等省（市）的一些市、县、区也设立了安全生产监管机构。另外，国家局围绕构建安全生产法律、信息、科技保障、宣传教育、培训、矿山应急救援等六个安全生产支撑体系，做了大量基础性的

工作，取得了明显进展。

7．加快安全生产支撑体系建设

为适应政府部门依法履行安全生产监管、监察职责的需要，国家局党组提出构建安全生产法律、信息、技术装备保障、宣传教育、培训、矿山应急救援六个支撑体系。经过深入调查研究和反复修改论证，2002年底，六个支撑体系的方案已经成熟，并开始投入组建和运作，有些已经发挥了积极的作用。

围绕着安全生产支撑体系建设，初步建立了安全生产调度统计信息网络，提高了伤亡事故报送和统计工作的质量和效率；改进政府网站和局域网，及时向国内外公布安全生产信息，提高了办公自动化程度；成立了安全生产宣传教育中心，将一部分政府承担的职能转移出来，探索安全生产宣教工作和安全文化市场化、社会化运作的新路子；组建了华北科技学院，使安全生产普通教育、在职培训工作有了一个好的开端；调整充实了国家安全生产专家组，动员和组织各位专家积极参与安全生产大政方针的调研论证，法律法规、规章规程和标准的起草制定，以及事故调查、隐患评估、安全检查、科技进步等方面工作；召开了劳动保护科学技术学会第四次全国会员代表大会，充分发挥学会、协会等各类社团组织的作用，形成了同心同德干事业的好局面。

8．加强安全生产工作领域的国际交流与合作

经过多方努力，目前已与世界上20多个国家和地区的相关机构、部门开展了安全生产领域的交流和合作。

三、当前安全生产工作中存在的主要问题

一是事故伤亡总量居高不下。2002年，各类事故死亡总数超过14万人，其中道路交通11万人，工矿企业约1.4万人。平均每天约有380人丧生于各类事故。

二是特大事故虽有所下降，但是仍不能有效控制。去年全国共发生特大事故127起，死亡2313人。其中一次死亡30人以上特别重大事故11起，死亡594人。特别是“4·15”空难和鸡西煤矿的“6·20”瓦斯爆炸事故，损失惨重，国内外影响很大。从前一段安全生产大检查的情况看，不少地区、行业都存在着一些重大事故隐患，安全生产工作如履薄冰，稍有不慎就有可能发生事故，甚至大事故。

三是瞒报事故仍时有发生。近几年，通过媒体曝光、严肃查处，对瞒报事故的现象有所遏制，但是仍有一些非法业主置法律法规于不顾，事故发生后不仅不组织抢救，还破坏现场，转移尸体，甚至逃之夭夭，性质严重。

第四部分

有关领域的安全生产工作

公安部全国消防安全工作概述

公安部消防局

2002年，在党中央、国务院和地方各级党委、政府和公安机关的领导下，各级公安消防部门以“三个代表”的重要思想为指导，紧紧围绕经济建设这一中心和改革、发展、稳定的大局，坚持“预防为主，防消结合”的方针，认真贯彻落实部党委“一手抓业务建设，一手抓队伍建设，两手抓，两手都要硬”的指导思想，按照国务院批转的《关于“十五”期间消防工作发展指导意见》的要求，大力改进和加强消防工作和队伍建设，取得了显著成效，抗御火灾的整体能力有了较大提高，有效预防和遏制了重特大火灾特别是群死群伤火灾事故的发生，为我国经济建设和社会发展创造了良好的消防安全环境。

一、深入开展公众聚集场所和加油站消防安全专项治理，抓好遗留火灾隐患整改工作

为巩固和深化2001年公众聚集场所消防安全专项治理成果，报经国务院同意，2002年4月15日，公安部、国家安全生产监督管理局联合下发了《关于深入开展公众聚集场所消防安全专项治理的实施方案》。根据第九届全国人大常委会消防法执法检查报告中关于“公安部在今年第三季度将全国尚未整改的30余万处火灾隐患分别情况，确定整改措施和期限，下达指令，并向全国人大内务司法委员会作出专题报告”的要求，2002年7月5日，公安部迅速下发了《关于抓紧整改2001年公众聚集场所消防安全专项治理遗留火灾隐患的通知》。7月26日，公安部会同国家经贸委、教育部、监察部、建设部、文化部、卫生部、国家工商行政管理总局、国家广播电影电视总局、国家旅游局和国家安全生产监督管理局等10部委局联合召开了“深化公众聚集场所消防安全专项治理抓紧整改火灾隐患”电视电话会议，对深化公众聚集场所消防安全专项治理、抓紧整改30余万处遗留火灾隐患的工作进行了再动员、再部署。各地根据公安部通知精神和国家11部委局电视电话会议的要求，加强组织领导，采取有效措施，深化专项治理工作，取得了显著成效。专项治理期间，全国共组织消防安全检查组2.2万多个，检查单位57万多家，查出并依法督促整改火灾隐患44万多处，共依法取缔非法设置、经营的歌厅、舞厅、录像厅、电子游戏厅等公共娱乐场所1.1万多家。同时，整改遗留火灾隐患工作也取得了显著成效。截至年底，遗留的30余万处火灾隐患中已经整改了28万多处，整改率为93%。剩余的火灾隐患中，1万余处正在按整改计划抓紧整改，8000余处已制定了整改计划。还有3000余处整改难度较大，涉及规划布局的调整、建筑结构的改动或者需要大量整改资金等，有关地方、部门正在抓紧组织论证，制定整改计划。

与此同时，4月份以来，根据国务院办公厅的统一部署，各级公安消防部门会同经贸、工商等部门，对加油站的消防安全进行了专项治理。据统计，专项治理期间，各地共检查加油站88096家，发出《责令限期改正通知书》26904份，责令停业整改4130家，取缔了违法设置、经营的加油站3363家。通过治理，消除了一大批火灾隐患，乱批、滥建加油站的问题也得到了初步遏制。

二、大力推动机关、团体、企业、事业单位和社区消防安全责任制的落实，提高单位和社区防范火灾事故的能力

为推动单位消防安全责任制的落实，各级公安消防部门加大了《机关、团体、企业、事业单位消防安全管理规定》（公安部第61号令，以下简称《规定》）的宣传、贯彻和实施力度，促使广大社会单位增强消防安全责任主体的意识，规范和加强自身的消防安全管理，健全和落实单位消防安全责任制、部门班组和岗位防火安全责任制，落实防火检查、防火巡查、火灾隐患整改、用火（用电、用油、用气）安全管理、安全出口和疏散通道管理、消防设施维护、职工消防培训等要求，切实提高自防自救能力。针对近年来城市社区尤其是居民家庭火灾呈上升势头的新情况、新问题，我局在认真调查研究的基础上，以部名义会同民政部总结、推广了山东济南、青岛等地加强社区消防建设的经验，指导各地进一步建立和完善社区消防工作的领导体制和运行机制，不断强化社区消防的综合功能，大力推进社区消防安全责任制的落实，为广大居民群众安居乐业创造了良好的消防安全环境。

三、以加强消防特勤队伍建设为重点，大力提高队伍灭火和抢险救援实战能力

为全面提高灭火救援的实战能力，各级公安消防部队根据火灾形势和消防保卫任务的新特点，坚持“练为战”的指导思想，深入开展了岗位练兵活动，加强了灭火战术、技术研究，强化了灭火和抢险救援专业训练，大大提高了部队战斗力。为进一步加强抢险救援工作，8月，我局召开了公安消防部队抢险救援工作会议，杨焕宁副部长和陈家强局长在会上讲话。会后，公安部下发了《关于进一步加强和规范消防部队抢险救援工作的通知》，指导各地进一步拓展抢险救援职能，规范和加强抢险救援工作。同时，各级公安消防部队加强了处置爆炸、纵火投毒、生化袭击等恐怖破坏事件的准备工作，制定了恐怖破坏事件消防救援的应急预案，强化了专业训练和模拟演练。9月8日，我局在北京成功举行了公安消防部队北京协作区反恐怖应急救援演习，受到了部领导和国家有关部门领导的充分肯定。据不完全统计，2002年，全国公安消防部队共参加灭火救援37.7万起，出动消防车64.1万辆次、警力408万人次，救助遇险人员4883人，抢救、保护财产价值130多亿元。

四、大力加强消防法制建设，规范和加强消防执法监督工作，进一步提高了消防执法监督水平

根据全国人大消防法执法检查报告中关于“修改消防法，进一步完善与社会主义市场经济体制相适应的消防法律体系”的要求，我局专门成立了消防法修改工作小组，制定了工作计划，广泛开展立法调研，加快《消防法》的修订步伐。同时，对《消防监督检查规定》（公安部第36号令）、《建筑工程消防监督审核管理规定》（公安部第30号令）等部门规章抓紧进行修订。此外，针对一些火灾事故暴露出的建筑物安全疏散以及新型建材防火性能等方面的问题，我局积极会同有关部门抓紧制定、修订相关的技术规范和消防产品标准，进一步完善消防技术规范、标准体系。

为进一步规范和加强消防执法监督工作，各地公安消防部门广泛开展了消防监督执法规范化建设、消防监督执法检查等工作，改进和加强了经常性的消防监督工作。根据国务院关于改革行政审批制度的部署和要求，我局取消了10个消防行政审批项目。按照“科学、公正、廉洁、高效”的原则，积极推进消防监督机制改革，对建筑工程消防监督审核实行了审、验分离，努力建立程序严密、制约有效的建筑工程消防监督审核权运行机制；将原由我局承担的消防产品市场准入的审批发证职能移交给了新成立的消防产品合格评定中心（具有独立法人资格的非营利性事业单位）承担，从而在消防产品的监督管理机制上实现了政企、政事分开。同时，各级公安消防部门全面实行了消防监督执法人员经考试合格持证上岗制度，进一步健全了执法检查、执法质量考核评议、执法过错责任追究等制度，加强了警务督察和明察暗访，对执法不严、执法不公，甚至执法犯法、贪赃枉法的消防监督人员依法严肃查处，确保严格、公正、文明执法。

五、大力推动城市、城镇消防规划制定工作和公共消防基础设施建设

为了进一步提高城市、城镇抗御火灾的整体能力，我局积极会同有关部门，采取有力措施，进一步推动城市、城镇消防规划的制定和公共消防基础设施的建设。一是指导各地根据《消防法》的规定，通过制定地方性消防法规和规章，明确了各部门、各行业、各单位在公共消防基础设施的规划、建设、维护、管理等方面的具体责任。截至目前，各省、自治区、直辖市以及有立法权的较大市已制定出台了这方面的地方性法规和规章 43 部。二是会同建设部总结、推广了山东威海等地在小城镇消防规划与建设方面的成功经验，抓紧做好小城镇消防规划工作，加强公共消防基础设施建设，夯实小城镇消防安全基础，提高小城镇的消防安全保障功能。三是根据国务院批准的《公安部关于进一步加强我国消防特勤力量建设的请示》，国家计委、财政部已同意在 3 年内安排 2 亿元资金，用于补助消防部队特勤装备建设。截至目前，全国已建成 36 个消防特勤大队、199 个消防特勤中队，配备了一大批防化救援车、防化洗消车等处置特种灾害事故的装备和器材。

六、周密部署，强化督察，圆满完成了党的十六大消防安全保卫的各项任务

党的十六大消防安全保卫是全局工作的重中之重。我局对此极为重视，年初专门作出了部署。根据新的形势和任务，9 月下旬，又下发了《关于切实做好党的十六大消防安全保卫工作的通知》，对做好党的十六大消防安全保卫工作提出了具体明确的要求。各级公安消防部队以高度的政治责任感和紧迫感，加大工作力度，对易造成群死群伤火灾事故的公众聚集场所、学校、医院、幼儿园和石油化工企业等易燃易爆单位，以及个体、私营企业等，严格监督检查。北京市公安消防部门在当地党委、政府和公安机关的统一领导下，会同有关部门对召开党的十六大所涉及的重要场所、要害部位以及社会面上的重点单位进行了全面、彻底的消防安全检查，严格落实了各项防范措施，消除了一大批火灾隐患。为督促各地工作措施的落实，十六大召开前夕，局领导分别带队，深入十六大会场、代表住地、大会新闻中心及消防安全重点单位进行了周密细致的检查，督促各单位严格落实各项防范措施，确保了十六大期间的消防安全万无一失。

七、大力加强队伍建设，努力提高队伍的整体素质

各级公安消防部队按照江总书记“五句话”总要求，认真贯彻部党委“一手抓业务建设，一手抓队伍建设，两手抓、两手都要硬”的指导思想，大力加强思想政治建设，认真开展了作风教育和职业道德教育两个专题教育活动，各级领导班子、干部队伍建设得到加强，广大官兵的宗旨观念、求实意识、职业道德水平有了明显增强。认真开展了干部教育培训工作，加大分级培训和岗位轮训力度，队伍的整体素质有了明显提高。同时，坚持“依法从严治警”方针，认真贯彻执行《公安消防部队机关正规化管理若干规定》、《公安消防部队基层正规化管理若干规定》,紧紧围绕“人、车、枪”三个重点环节和“小、远、散”三个重点方面,大力加强部队的正规化建设,不断提高了队伍的正规化管理水平。为确保管理制度和措施的落实,各级部队认真执行《公安消防部队督察工作实施办法》,对部队日常管理和消防监督执法等情况进行明察暗访,及时纠正了存在的问题和不足,保证了部队的高度稳定和集中统一,保障了各项工作任务的圆满完成。

卫生部职业卫生及职业病防治工作概述

卫生部卫生法制与监督司

2002年，卫生部及全国卫生行政部门，围绕认真贯彻落实《中华人民共和国职业病防治法》，开拓了全国职业卫生工作的新局面，将职业卫生工作纳入了法制化的轨道。在法制建设、职业卫生监督检查、职业卫生标准以及宣传教育等方面都取得了好的成绩。职业卫生工作、职业病防治、劳动者和弱势群体权益保护问题引起了全社会的广泛关注。

6月6日，国务院在京召开了全国职业卫生工作电视电话会议。中共中央政治局常委、国务院副总理李岚清就认真贯彻落实《职业病防治法》，保护劳动者健康及其相关权益做了重要讲话。

李岚清副总理在讲话中强调，各级党委、政府和有关部门要充分认识当前职业病防治工作面临的严峻形势，从实践“三个代表”重要思想的高度，以对人民极端负责的精神，切实加强职业卫生工作，坚决遏制职业病危害蔓延的势头，维护和保障劳动者的身体健康和合法权益。

李岚清强调，预防、控制和消除职业病危害，是全社会的共同职责。各级政府要切实加强领导，进一步建立健全职业病防治责任制，科学制定职业病防治规划并认真组织实施，加大对职业病防治工作的投入。卫生、经贸、劳动保障和工商等有关部门都要明确职责、密切配合，确保职业病防治工作的有效开展。要广泛深入地开展职业病防治宣传活动，提高全社会的职业卫生法律意识，把政府管理、行业自律和群众监督有机结合起来，促进职业病防治工作健康发展。

一、全国开展“职业病防治法宣传周”活动

《中华人民共和国职业病防治法》（以下简称《职业病防治法》），于2002年5月1日起施行。为了宣传贯彻《职业病防治法》，卫生部于2001年12月下发了《关于认真学习、宣传贯彻 < 中华人民共和国职业病防治法 > 的通知》（卫法监发［2001］332号），安排部署全国《职业病防治法》宣传贯彻工作，并决定每年的4月最后一周为全国《职业病防治法》宣传周。2002年3月，卫生部会同中华全国总工会联合下发了《关于加强 < 中华人民共和国职业病防治法 > 宣传工作的通知》（卫法监发［2002］67号），对全国第一个《职业病防治法》宣传周作出了具体部署。2002年4月25日至26日宣传周期间，卫生部在人民大会堂隆重召开了全国《职业病防治法》高层研讨会，会上举办了百家企业贯彻实施《职业病防治法》倡议签名活动。卫生部、中华全国总工会还联合举办了《职业病防治法》知识竞赛。5月1日，全国各地按照卫生部的统一部署，积极开展了各项宣传活动。北京市、浙江省、上海市举行了大型《职业病防治法》咨询活动，四川省、山东省、山西省、江苏省、陕西省、广东省、河南省、安徽省、湖北省等也开展了各类咨询活动。贵州、河北等省召开了宣传贯彻《职业病防治法》的电视电话会议。青海省、山东省举办了《职业病防治法》宣传贯彻座谈会。广东省举办了宣传贯彻《职业病防治法》专题文艺晚会，四川省举办了宣传《职业病防治法》的“权益保障”专题节目，湖北等省举办了大型知识竞赛活动。据不完全统计，宣传周期间，全国共出动职业卫生工作人员25100名，宣传车3403台，发放宣传资料3157100份，直接咨询群众617690人，悬挂宣传横幅、标语73318条，展示宣传展版7961块。

宣传周期间，电视、报纸、广播等各新闻单位利用多种形式对《职业病防治法》宣传活动作了大量的报道，中央电视台《焦点访谈》以“用法律保护健康”、“毒害生命黑作坊”为题作了深入报道，《新闻调查》播出了“远离职业病”专题报道，中央电视台新闻30分、健康之路、生活、劳动就业等栏目对我国职业病防治现状及老百姓关心的职业病问题进行了宣传和报道。据统计，宣传周期间全国各地共发布职业病防治的新闻报道 1201 次。通过《职业病防治法》宣传周活动的开展，对全社会了解和关注《职业病防治法》，增强劳动者的职业病防治和自我保护意识，促进法律实施起到了很好的推动作用。

二、中国职业卫生法律体系框架基本建成

为了贯彻实施《职业病防治法》，卫生部会同有关部门积极配合国务院加快我国职业卫生法律体系的建设。在多年深入调查研究的基础上，较短时间内提出了具有中国特色并与国际接轨的，符合依法治国和社会主义市场经济建设要求的法律体系框架，推进了《职业病防治法》的全面贯彻实施。我国现行职业卫生法律体系，由法律、行政法规、行政规章以及有关技术法规与标准组成。具体内容包括：

1．法　律

《中华人民共和国职业病防治法》规定了我国职业卫生防治法的目的、适用范围、调整对象、工作方针与基本原则、各项职业病防治法律制度、有关当事人（用人单位、劳动者、职业卫生技术服务机构、各级政府）各方的权利义务关系以及法律责任。职业病防治贯彻预防为主、防治结合、分类指导、综合治理的方针。法律强调用人单位在用工过程中必须承担保护劳动者健康的法定义务，是防治职业病的第一责任人；劳动者在从事劳动过程中依法享有职业卫生保护权利，职业病患者依法按照国家劳动保障有关规定享受职业病待遇；法律促进发展并规范职业卫生技术服务市场，鼓励研制、开发、推广、应用有利于职业病防治的新技术工艺和材料，向用人单位和劳动者提供高质量的职业卫生服务，立足于从源头控制和消除职业病危害。国务院和县级以上地方各级人民政府制定职业病防治规划，纳入国民经济和社会发展计划，有计划地限期治理职业危害、淘汰落后工艺、技术和材料。

2．行政法规

根据《职业病防治法》第十八条的授权，国务院制定发布了《使用有毒物品作业场所劳动保护条例》，对劳动者从事有毒物品作业的职业卫生保护和职业中毒防治工作作出了具体规定：①对从事使用有毒物品作业实行职业卫生安全许可管理；②对从事高毒作业的危害检测与控制管理、健康监护、应急救援和警示告知等作出了特别规定；③明确规定禁止使用童工；④明确了职业中毒患者的工伤待遇规定等。关于职业性放射性危害的预防控制问题，在国务院 1987 年制定发布的《放射性同位素与射线装置放射防护条例》中已经作出相关规定，因此该条例是职业病防治法在放射性职业病防治方面的配套行政法规。

3．部门规章

根据职业病防治法授权，卫生部从四个方面建立健全了职业病防治法配套规章：规范用人单位职业病防治活动；规范职业卫生技术服务活动；规范卫生行政执法行为；职业病防治技术法规，包括职业卫生标准、技术规范等。

卫生部近期发布的配套规章和规范性文件有：《职业病目录》（会同劳动和社会保障部发布）、《职业病危害因素分类目录》、《职业病危害项目申报管理办法》、《建设项目职业病危害分类管理办法》、《职业健康监护管理办法》、《职业病诊断与鉴定管理办法》、《职业病危害事故调查处理办法》、《国家职业卫生标准管理办法》、《建设项目职业病危害评价规范》、《职业卫生技术服务机构管理办法》。根据《中华人民共和国职业病防治法》和国务院《放射性同位素与射线装置放射防护条例》的规定，卫生部清理修订了放射防护规章，下发了《放射工作卫生防护管理办法》、《放射防护器材与含放射性产品管理办法》、《放射工作人员健康管理规定》和《放射事故管理规定》（与公安部联合发布）。

4．职业卫生技术法规与标准

职业卫生技术法规与标准包括职业卫生专业基础标准、工作场所作业条件卫生标准、职业接触限值标准、职业照射放射防护标准、职业防护用品卫生标准、职业危害防护技术导则、职业病诊断标准等。根据《职业病防治法》第十三条规定，卫生部修订了原《工业企业设计卫生标准》（TJ36－1979），发布了《工业企业设计卫生标准》（GBZ1－2002）和《工作场所有害因素职业接触限值》（GBZ2－2002）。修订后的《工业企业设计卫生标准》适用于工业企业建设项目（新建、扩建、改建和技术改造、技术引进项目）的职业卫生设计及评价，进一步强化了工业企业基本卫生条件的设计要求，详细规定了工业企业的选址与整体布局、防尘与防毒、防暑与防寒、防噪声与振动、防非电离辐射及电离辐射、辅助用室等设计卫生要求，以保证工业企业的设计符合保护劳动者健康、预防职业病的要求。职业接触限值是职业性有害因素的接触限量标准，指劳动者在职业活动过程中长期反复接触对机体不引起急性或慢性有害健康的容许接触水平，是评价工作场所卫生状况及其是否存在健康危害的重要依据。化学性职业危害因素的职业接触限值，根据其危害性质不同，分为"时间加权平均容许浓度（PC－TWA)、最高容许浓度（MAC）和短时间接触容许浓度（PC－STEL)"。标准规定了工作场所的329种有毒物质、47种粉尘、1种生物因素和8种物理因素接触限值。有关职业性放射性危害执行国家放射卫生防护标准。职业病诊断标准经修订、增补后共110项。

三、卫生部等九部门联合开展有毒有害化学品生产、销售和使用专项整治工作

2002年3月，河北省高碑店市和北京市丰台区发生外地农民工苯中毒事件后，引起了国务院领导同志的高度重视，朱镕基总理、李岚清副总理先后分别做了一系列重要批示。为了切实保护劳动者的身体健康和生命安全，维护劳动者的合法权益，进一步规范劳动用工和生产经营秩序，国务院发出了《关于河北省高碑店市农民工苯中毒事件的通报》（国发［2002］9号)。针对一个时期以来各地不断发生类似严重职业中毒事件，国务院责成卫生部牵头，会同经贸（安全监管)、劳动保障、公安、工商、质检、税务和全国总工会，在全国范围内开展了有毒有害化学品生产、销售和使用专项整治(以下简称专项整治)，并作为全国整顿和规范市场经济秩序的一个重要组成部分。

专项整治工作要求以"三个代表"重要思想为指导，从讲政治、保稳定、促发展的高度，本着对国家、对人民高度负责的精神，认真贯彻"预防为主、防治结合"的方针，改善劳动者作业条件，减少重大事故的发生，切实保障劳动者的生命安全、身体健康及其他合法权益。遵循"政府领导、部门配合、社会参与；齐抓共管、标本兼治、综合治理；突出重点、分步实施、讲究实效；集中整治与日常监督相结合"的原则。依据《中华人民共和国职业病防治法》、《使用有毒物品作业场所劳动保护条例》、《危险化学品安全管理条例》等法律法规和国家职业卫生标准，通过宣传动员、企业自查自纠、集中整治和总结验收四个阶段，重点整治箱包加工、皮革加工、玩具制造、制鞋、家具制造、装饰材料加工等的行业生产、销售和使用含苯及其化合物的胶粘剂的企业和个体工商户，重点检查私营企业、集体企业、外商投资企业和个体工商户。

截止到2002年底，据29个省市的不完全统计，全国共出动卫生监督员168294人次，检查企业69876家，检测企业36904家，对检查中发现的问题，加大了行政处罚力度，给予责令限期整改18091家、警告9928家、罚款836家，共计罚款759.4万元，责令停业整顿1860家，取缔和关闭1127家。职业病危害严重的不利趋势得到了一定程度的遏制。

四、全国开展职业卫生监督抽查工作

根据《卫生部关于印发2002年国家卫生监督抽检工作计划的通知》（卫法监发［2002］3号）的要求，卫生部组织开展了2002年国家职业卫生监督抽查工作。各地卫生行政部门按照《职业病防治法》的要求和2002年国家卫生监督抽检工作计划的统一部署，针对粉尘危害严重，尘肺病、职业中毒多发的行业、企业展开抽查工作，抽查主要涉及采矿、煤炭、机械、纺织、冶金、化工、地质矿产、电力、有色金属、家具、建筑材料等行业。

根据全国28个省、直辖市、自治区的报告，此次共抽查各类企业19527个，其中国有企业3571个，集体企业3035个，私营企业6952个，境外投资企业3015个，其他企业2954个。主要抽查企业职业卫生组织机构及管理制度、职业卫生培训及个人防护情况、职业病危害项目申报及建设项目管理情况、职业病防护措施实施状况、工作场所职业病危害因素及从业人员的职业健康检查情况等内容。

对于检查中发现的违法经营活动和行为，各地卫生行政部门依据《职业病防治法》的规定给予行政处罚，其中：警告企业4446个，罚款企业149个，责令停建企业8个，停业或关闭企业39个，总处罚率23.7%。

此次抽查发现，国有企业职业卫生工作开展时间较长，职业卫生总体状况好于集体企业、私营企业、境外投资企业、其他企业。国有企业为劳动者配备适当的个人防护用品的合格率达到87.3%；配备专职或兼职的职业卫生专业人员的合格率达到

87.3%；虽然全国各类型企业职业病防护设施配备率低，但设备正常运转率均在80%以上。抽查还发现职业卫生工作还存在企业职业卫生组织机构、制度不健全，职业卫生专业人员缺乏，企业职业卫生教育培训有待加强，职业病危害项目的申报率低，从业人员体检率低，职业卫生监督执法力量薄弱等问题。为此，卫生部对2002年的国家职业卫生监督情况进行了通报，并提出了进一步加强职业卫生工作的要求。

五、调查处理河北省高碑店市发生农民工苯中毒事件

3月27日，中央电视台《焦点访谈》节目报道，在河北省高碑店市的皮包厂打过工的一些河南农民工发生苯中毒，并且有6人已经死亡，记者暗访了河北省白沟镇附近的一些乡，几乎家家都做皮包，这些家庭作坊没有营业执照，没有厂名，生产规模不大，工作住宿条件十分简陋，使用的大都是装在简易塑料桶里的胶水，没有任何商标，也没有生产厂名。这种胶水比一般的胶水含苯量高，而打工者在使用时根本没有防护措施，再加上这些皮包加工厂大部分都有严重超时间用工的现象，工人做工、睡觉、吃饭同在三合一的作坊里，直接接触到含有对人体有害化学物质苯的胶水，而接触过量的苯则是导致这些打工者患病的直接原因。

河北省高碑店市白沟镇农民工苯中毒事件，引起了国务院领导同志的高度重视。3月28日，朱镕基总理作出重要批示："此案可能带有全国性(北京丰台已发现类似事件)，为了保护劳动人民生命健康，严明法纪，必须首先严厉惩处有关人员，对非法经营（均为地下工厂，无证生产）、偷税逃税、使用童工、无视劳动保护害人致死等违法犯罪行为依法治罪；二要保护劳工利益，责令涉案企业、工场发还工资，给予民工补偿，对中毒致死人员给予抚恤费，致病者给予医疗赔偿；三要举一反三，加强劳动保护立法，对使用苯类有毒物质作为溶剂的胶粘剂、装饰材料等的企业，必须规定明确的劳动保护条件（如产品质量认证、车间通风条件、检测手段等）。最后应将此事通报全国，要求各省、区、市组织全面检查，有案必查，有错必纠，对人民生命健康负责，对违法违规、伤天害理者绳之以法。"遵照朱镕基总理的指示，3月28日，由劳动保障部、国务院办公厅、公安部、卫生部、工商总局、环保总局、质检总局、安全监管局、全国总工会等9个单位和有关专家组成的国务院调查工作组，赴河北省高碑店市对农民工苯中毒事件进行调查。卫生部派出了5人组成的专家组，参加国务院调查工作组。据调查，高碑店市共有接触含苯胶粘剂的农民工5282人，截至2002年底，认定在高碑店市从事箱包生产的农民工中，因苯中毒死亡5人，确诊为苯中毒25人，其中重度中毒22人、中度中毒2人、轻度中毒1人。调查组对当地使用的9种胶粘剂进行检测，检出苯、正己烷、甲苯、二甲苯等有毒有害物质，在公安等有关部门的配合下，对发生苯中毒的作业场所进行了生产现场模拟试验，在3个箱包加工作坊，使用业主常用的3种胶粘剂进行生产现场模拟，采集16个空气样品进行检验分析。结果表明：16个样品中，有10个样品苯浓度超过国家卫生标准，最高浓度达2040毫克/立方米，（当时国家标准为40毫克/立方米），超标50倍，4个样品甲苯浓度超标，最高达949毫克/立方米（当时国家卫生标准为100毫克/立方米），超标8.5倍。经过综合分析，调查组认定，由于使用含苯胶粘剂的生产场所缺少必要的通风设备和个人防护用品，特别在冬季窗户关闭，室内空气不流通，含苯胶粘剂在生产过程中挥发的含苯、甲苯等有害气体难以排出室外，农民工长时间生活和工作在高浓度的苯及其他有害气体作业场所，是导致中毒和死亡的直接原因。

4月16日，国务院下发了《国务院关于河北省高碑店市农民工苯中毒事件的通报》（国发[2002] 9号）。《通报》指出，河北省高碑店市中毒事件的发生，使劳动者的生命健康受到极大危害，造成恶劣的社会影响，损害了党和政府的形象，也影响了当地的经济发展，性质是极其严重的，教训是十分深刻的。为了保护劳动者的身体健康和生命安全，维护劳动者的合法权益，严肃法规政纪，国务院要求，河北省要从高碑店市农民工苯中毒事件中深入反思，充分认识到问题的严重性，按照"三个代表"的要求，以对党、对人民群众高度负责的精神，严肃认真地处理好这一事件，并举一反三，研究制订严格管理措施，切实抓好职业卫生、安全生产和农民工权益保障工作。《通报》指出，鉴于此类问题在全国其他地方也不同程度地存在，为了杜绝此类事件的发生，国务院决定，在全国范围内开展一次有毒有害化学品生产、销售和使用的专项整治，并作为全国整顿和规范市场经济秩序的一个重要内容。

根据《通报》要求，河北省对高碑店市农民工苯中毒事件进行了查处，并追究有关人员的责任，共有12人以重大劳动安全事故罪被判处有期徒刑，15名行政人员受到行政处分。5月23日，卫生部牵头，国家经贸委、劳动保障部、公安部、国家工商总局、国家质检总局、国家税务总局、国家安全生产监管局、全国总工会等9部门联合开展了全国有毒有害化学品生产、销售和使用的专项整治工作。

六、卫生部颁布首批国家职业卫生标准

根据《职业病防治法》第十一条规定，2002年4月8日卫生部颁布了第一批国家职业卫生标准，于2002年6月1日起实施。

首批国家职业卫生标准共有157项，其中强制性标准143项，推荐性标准14项。这些标准中包括工业企业设计卫生标准、工作场所有害因素职业接触限值、职业病诊断标准、职业照射放射防护标准和职业性危害因素检测、检验方法等，其中工业企业设计卫生标准、工作场所有害因素职业接触限值、职业病诊断标准和职业照射放射防护标准基本属于强制性标准。此次发布的职业病诊断标准110项，按照《职业病防治法》规定，对原91项职业病诊断标准进行了修订，新制定了19项诊断标准；工作场所有害因素职业接触限值规定了工作场所的329种有毒物质、47种粉尘、1种生物因素和8种物理因素的接触限值；主要涉及放射卫生的标准有62项。

首批国家职业卫生标准是在原有的职业病防治工作规范和标准的基础上，为配合《职业病防治法》的实施，考虑了我国加入WTO的要求和现实国情，广泛征求了各部门意见，重新制定和修订的。如将原工业企业卫生设计标准（TJ36－1979）修订后分为工业企业设计卫生标准和工作场所有害因素职业接触限值，原标准中涉及的与环境保护有关的环境卫生标准部分不再进行规定，进一步强化了基本卫生条件方面的设计要求，以保证符合保护劳动者健康、预防职业病的要求；同时参考发达国家的职业接触限值的制定，对化学性职业危害因素职业接触限值的规定采用了最高容许浓度（MAC）、时间加权平均容许浓度（PC－TWA）和短时间接触容许浓度（PC－STEL），既考虑了在实际工作中的应用，也考虑了与国际接轨。首批国家职业卫生标准的颁布，推动了《职业病防治法》的贯彻实施，也为今后职业卫生标准的制定和修订打下了基础。

国家质检总局特种设备安全监察工作概述

国家质检总局锅炉压力容器安全监察局

2002年，在总局党组的领导下，锅炉局全体同志认真贯彻落实“三个代表”的重要思想，继续深化改革，坚持依法行政，认真落实各项措施，确保特种设备安全运行，促进经济健康发展。

一、2002年特种设备安全工作取得重大成就，实现了突破性进展

2002年，全国各地质检部门，特别是特种设备安全监察机构在特种设备安全监察工作中取得了重大成就，实现了突破性进展。

1．圆满完成七类特种设备的普查整治任务

为确保在用特种设备的安全运行，有效控制和降低各类事故的发生，国家质检总局决定，自2001年4月起，在全国范围内开展锅炉、压力容器、电梯、起重机械、厂（场）内机动车辆、客运索道、游乐设施等七类特种设备的普查整治工作，并同时进行气瓶、压力管道的专项普查整治试点。这次特种设备普查整治是建国以来范围最广、内容最详、要求最高的一次重要活动，它关系到能否形成有法必依、执法必严、违法必究的工作局面，关系到能否建立完善与社会主义市场经济相适应的新的监督管理运行机制，关系到能否在遏制重特大事故上取得实质性突破。

各地质量技术监督部门高度重视普查整治工作，积极争取地方政府的支持和领导，并结合本地实际，及时研究部署，创造性推进工作。上海、浙江、湖南、安徽、天津、河北、黑龙江、四川、吉林等省、市政府发文部署或成立普查整治领导小组，形成了在政府领导下，经贸委、安监、工商、公安、建设等部门联动的工作机制。31个省级局全部成立了由局长任组长的普查整治工作小组，建立并推行普查整治工作责任制。据统计，各地为普查整治筹措专项经费达到1.17亿元。各地开拓进取，迎难而上，在总局推广试点经验基础上，充分发挥检验机构、大型企业和乡镇、社区基层政府的作用，大大加快了工作进度。辽宁省仅用了一年时间基本完成普查整治任务，为全国各地作出了表率，增添了信心。在普查整治中，各地质检部门得到了许多宝贵的工作经验，如普查与“土锅炉”专项整治相结合、普查与社会化法制宣传相结合、普查与建立安全责任制相结合、普查与动态监管机制的形成相结合、普查与加快地方立法相结合、普查与安全监察改革创新工作整体推进等成功做法。这些宝贵的经验，已经并将继续推动特种设备安全监察工作的不断发展。

为确保普查整治的工作质量，加大对各地工作督促和指导的力度，总局决定对各省普查整治工作组织验收检查，并制定颁发了具体验收条件。截止到2002年12月20日，全国31个省、自治区、直辖市质量技术监督局历经20个月，比原计划提前一年，全面完成了普查整治的既定任务，并全部通过总局组织的验收。20个月来，各地质检部门，特别是安全监察机构的同志们开拓进取，艰辛劳动，无私奉献，克服了时间紧迫、任务繁重、技术处理难度大和部分地区机构划转不到位的诸多困难，表现出了极强的责任意识和敬业精神，涌现出大量的感人事迹。

2002年的特种设备普查整治工作取得了以下六点成效：一是查清了设备底数和安全状况，七类特种设备总量达292.71万台（套），比普查前2000年的统计数增加了35.6%；二是消除了大量事故隐患，停用或报废有重大隐患的设备67875台（套），占普查设备总量的2.3%；三是为动态监督管理机制的形成奠定了基础，通过普查的设备全部录入计算机；四是开展了广泛的法制宣传教育，营造了全社会关注特种设备安全的社会氛围，质检部门“在服务中监督”的社会形象大大加强；五是锻炼了安全监察队伍，使工作重心真正实现了向使用环节的转移，促进了安全监察责任制的建立和完善；六是各类事故得到初步遏制，2002年未发生特种设备的特大事故，基本实现了“杜绝特大事故，遏制重大事故，减少一般事故”的目标。实践证明，特种设备普查整治工作的开展是及时的，成效是显著的，意义也是重大的，它是落实安全监察到位的前提，是长效机制建立的基础，是遏制重特大事故发生的举措，也是安全监察工作创新发展的有益实践，必将对我国特种设备安全事业的发展产生重要的影响。

2. 特种设备安全立法建设取得突破性进展

经过一年多的艰辛努力，《特种设备安全监察条例》的立法工作取得突破性进展。该《条例》将于2003年初颁布。该《条例》是我国特种设备安全监察工作中的一件大事，是我国特种设备安全监察法制建设的一个新的里程碑，标志着特种设备安全监察事业开始进入一个全新的发展时期。

《特种设备安全监察条例》的颁布，是确保人民生命财产安全、促进经济发展、维护社会稳定的迫切需要，是许多特种设备生产、使用单位多年的愿望，更是各级质检部门，特别是安全监察机构长久的期盼。近年来，特种设备数量迅速增加，使用范围日益扩大，特种设备安全问题正在成为人民大众关注的一个热点问题。1982年2月6日国务院发布的《锅炉压力容器安全监察暂行条例》已与国情不相适应，电梯、起重机械等特种设备安全监察至今尚无法规可依。立法滞后成为特种设备安全监察的突出障碍。国务院高度重视特种设备安全工作，2002年初将其列入了当年第一类立法计划。总局将其作为工作重点，倾注了大量人力、物力，积极配合国务院法制办、中编办开展工作，先后赴北京、上海、广东、浙江、江苏、海南、湖北、四川、陕西等地进行了12次调研，多次与中央、国务院15个部门交换意见，充分协商。在国务院法制办的主持下，经过反复研究、修改，形成了《特种设备安全监察条例》（草案），并将尽快颁布。伴随着新《条例》的产生，特种设备安全监察工作已经站在新的历史起点，即将开始新的历史征程。

近四年来，全国人大代表600多人次先后提出议案，要求制定《中华人民共和国特种设备安全法》，最近全国人大财经委已向人大常委会提出书面报告，建议将该法的制定列入第十届人大立法计划。为了履行加入WTO的承诺，统一国内外锅炉压力容器制造许可监督管理办法，总局颁发了《锅炉压力容器制造监督管理办法》（总局22号令）。该办法是我国通过WTO组织向各成员国进行通报的第一个行政规章。2002年初步拟订了我国特种设备安全监察法规体系表，据此组织完成了《电梯监督检验规程》、《起重机械监督检验规程》、《游乐设施监督检验规程》等30多项安全技术规范的制、修订工作，进一步完善了特种设备安全监察的立法建设。

地方立法建设成效显著。在江苏省人大、政府的高度重视支持下，《江苏省特种设备安全监察条例》于2002年12月17日经江苏省九届人大常务会议第23次会议审议通过。这部《条例》是全国第一部省级特种设备安全监察的地方性法规，也是我国第一部全面规范特种设备安全监察管理的专门法规。它客观地反映了江苏省安全监察的实践经验和工作要求，具有较强的针对性、操作性和前瞻性。该《条例》的发布不仅在江苏省，而且在全国产生了很大的影响，对地方立法起到了积极的推动作用。此外，《淄博市承压设备安全监察条例》、《深圳经济特区锅炉压力容器压力管道质量监督与安全监察条例》也都相继出台。近年来，湖北省人民政府、南京市人民政府也先后颁布了有关特种设备安全监督管理的政府令。与此同时，广东省、海南省、浙江省、北京市、上海市等地特种设备安全监察立法工作先后纳入规划，有的已进入工作程序。

3．特种设备安全监察的其他工作取得长足发展

山东、福建、陕西、宁夏、广东、江苏、安徽、湖南等省安全监察责任制进一步落实，现场监察力度不断加强，设备登记率、定期检验率、持证上岗率、事故结案率明显提高，2002年特种设备检验数量增加15%，定检率比上年增加3%以上。各地以普查整治为契机，加快信息化建设步伐，武汉、苏州、沈阳、广州等一批城市质检部门不懈探索，进一步完善安全监察与检验信息管理系统建设；总局在推进国家数据库建设的同时，支持各地以普查登记数据为基础，建立省级数据库，努力实现动态监督管理；目前，广东、湖南、海南、四川等省的部分数据已即时进入国家数据库。在开展七类特种设备普查整治的同时，积极开展气瓶、压力管道普查整治试点工作，广东惠州，浙江丽水，山东淄博，江苏镇江、南通，湖北荆州、荆门，湖南怀化，辽宁辽阳、葫芦岛等10个城市（或市辖区）积极探索和推进气瓶产权制度改革，取得良好效果；吉林，辽宁抚顺、大连，上海宝山，四川自贡，广东茂名，陕西渭南，甘肃酒泉，宁夏石嘴山，贵州贵阳等10个城市开展压力管道普查整治，取得了阶段性成果。四川、安徽等省积极探索安全监察实现方式改革，促进工作的规范、高效、公正、透明；湖北省局积极推行电子政务，以网站为龙头，建立了比较完备的信息系统，提高了工作质量和效率。检验机构通过联合重组，推进规模化建设的改革取得进展，上海市将区、县检验机构合并，拟组建统一的上海市特种设备检验检测研究院；吉林、河北、云南、海南、安徽、青海、宁夏、福建、山西、广西等省（区）的检验机构与省会城市检验机构合并；一批县级检验机构取消独立法人资格，并入所在市（地）检验机构；检验机构联合重组、规模化发展所产生的积极效果正在体现。社会化宣传教育工作大大加强，利用“六一”在全国范围内继续开展了“为了孩子的安全快乐、为了明天”的特种设备安全宣传活动，在报刊杂志上开辟专栏专版宣传报道特种设备普查整治，以及游乐设施、气瓶、“土锅炉”专项整治和立法建设等动态，使特种设备安全监察工作得到了更为广泛的关注、理解和支持。山东省局及时抓住两起检验事故的教训，针对内部管理的薄弱环节，在全省特种设备安全监察、检验系统部署开展“七落实”的安全检查，制订措施，明确责任，加强队伍建设，规范内部管理，进行了有益的尝试。组织完成了对8个主要工业国家和地区特种设备安全监察体制的研究，为立法工作提供了依据，为安全监察工作的改革创新提供了可借鉴的经验；同时积极开展了与欧盟理事会企业部、美国ASME及NBBI、德国TUV、罗马尼亚锅炉压力容器起重机械安全监察局的交流与合作。

国家质检总局成立以来，特种设备安全监察工作取得历史性成就，实现了突破性进展。在面临诸多困难的情况下，质检系统仅用了20个月的时间，在全国范围内高质量地完成了七类特种设备的普查整治工作，为动态监督管理长效机制的形成奠定了必要的基础。质检部门的同志不辱使命，积极推进特种设备安全监察立法工作，在国务院法制办等有关部门的支持下，抓紧调研，充分协调，克服重重困难，仅用了15个月的时间，完成了从立法立项到国务院即将颁布的过程。这两件具有重大意义的事件，必将载入特种设备安全监察的史册，已经并将继续对我国特种设备安全监察工作产生深刻的影响。与此同时，各级质检部门安全监察责任制的建立、改革创新工作，以及地方法制建设等都取得了进展，设备登记率、定期检验率、持证上岗率、事故结案率不断提高，各项基础工作得到全面加强，特种设备安全监察工作得到了更为广泛的关注和支持。这些成绩的取得，是党中央、国务院和各级党委、政府重视的结果，是有关部门和社会各界支持配合的结果，更是各级质检部门不畏困难、团结奋进、开拓创新、扎实工作的结果。

二、进一步认清形势，增强信心，牢牢把握党的十六大的灵魂，用“三个代表”重要思想统领特种设备安全监察工作

特种设备安全监察工作，乃至整个质检工作，是我国经济工作的重要组成部分，对此，党中央和国务院领导同志予以高度重视。1999年1月16日，江泽民同志曾专门就锅炉压力容器安全问题作出过重要指示：“像锅炉这类压力容器，它的质量好坏，直接关系到国家财产和群众生命的安全，切不可稍有疏忽。对锅炉这类产品，从制造到安装，每一环节都必须进行严格的质量检验，不合格的绝对不允许出厂和使用”。“运行中的锅炉，也必须定期严格检查，及时发现和消除隐患，防患于未然。人命关天的事，一定要慎之又慎，确保万无一失。”近年来，其他党和国家领导人多次对特种设备安全工作提出过要求，作出过批示。各地党和政府领导同志也都高度重视特种设备安全监察工作，有的定期听取汇报，及时作出工作部署；有的作出批示，跟踪督察；有的深入一线，调研检查；有的加大投入，强化基础；有的采取措施，逐级落实安全责任；有的积极推动法制建设，地方立法取得突破性进展。

2002年，在国家质检总局的领导下，各地质检部门思想统一，目标明确，工作扎实。通过艰辛的付出，七类特种设备普查整治任务提前完成；《特种设备安全监察条例》即将出台，全过程安全监督的基本制度得到加强和完善；安全监察方式的改革闪烁出创新的亮点，工作重心向使用环节的转移已经实现，工作效率明显提高；检验机构联合重组、实施规模化发展的改革初见成效；以安全责任制为核心的各项基础工作进一步增强。全国安全监察、检验系统的同志们表现出积极向上的精神状态，特种设备安全监察工作正在呈现出良好的发展态势。

当然，目前特种设备安全监察工作仍然面临着诸多的困难和问题：一是特种设备安全责任制尚未完全落实，仍存在安全监察的“死角”；二是特种设备动态监督管理机制尚未全面建立，不能及时发现和掌握设备的变化和流动情况；三是特种设备安全监察尚未实现全覆盖，气瓶、压力管道的专项整治工作任务更重，难度更大；四是改革创新力度仍显不够，尚不适应工作需要；五是法制管理基础总体薄弱，非法制造、非法安装、非法使用的现象屡禁不止；六是特种设备事故仍呈高发态势。2002年与上年同比，严重以上事故起数和死亡人数均呈上升趋势，特别是起重机械重大事故连续多次发生，至今这类事故的高发态势仍未得到有效遏制。

对于当前特种设备安全形势，必须保持清醒的头脑，客观认识，全面把握。既要看到安全监察工作不断加强取得成效的一面，抓住机遇，乘势而上；又要看到形势严峻、任重道远的一面，充分认清安全监察工作的艰巨性和复杂性，面对挑战，迎难而进。做好安全监察工作最重要的一条，就是牢牢地把握十六大的灵魂，自觉运用“三个代表”的重要思想统领特种设备安全监察工作。“三个代表”的重要思想是马克思主义理论创新的伟大成果，是我们党的立党之本、执政之基和力量之源，是对一切工作具有普遍指导意义的强大思想理论武器。在特种设备安全监察工作中认真贯彻“三个代表”重要思想，就必须深刻理解“三个代表”重要思想与特种设备安全监察工作之间的有机联系，坚持解放思想、实事求是、与时俱进，使我们的工作充分体现时代性、把握规律性、富于创造性。

1．特种设备安全监察工作必须反映先进生产

力发展的要求

特种设备安全运行状况，与一个国家、一个地区经济发展水平、科技进步水平和综合管理水平密切相关。各类事故高发的深层次原因实质上是生产力发展水平的落后。根据2002年特种设备各类事故发生原因的分析统计，从制造、安装角度看，产品质量低下是事故多发的直接原因，占事故起数的9.9%；从管理角度看，企业对特种设备维护保养不善，占事故总起数的30.7%；从劳动者素质角度看，误操作或违章操作等原因导致的事故，占事故总起数的38.1%；从经济与社会发展角度看，我国现阶段仍处于社会主义初级阶段，人民日益增长的物质文化需要同落后的社会生产力之间的矛盾仍然是我国社会的主要矛盾，在法制不健全、法治意识不强的情况下，这种矛盾往往导致利益驱动下的冒险行为，“要钱不要命”的悲剧时有发生，非法制造、非法安装、非法使用特种设备导致的事故，占事故总起数的21.3%。因此，尚不发达的生产力是导致事故多发的物质基础。

要确保安全，减少事故，必须使特种设备安全监察工作适应先进生产力发展的要求。为此，必须努力做好下述工作：一是坚持改革创新，努力探索安全监察工作的新机制、新方式。特种设备安全监察是行政管理的一种形式，行政管理总体属于生产关系的范畴，从生产关系要适应生产力发展这一原理出发，要坚决改革安全监察管理体制和工作机制中不适应先进生产力发展要求的内容。二是要尽快建立适应先进生产力发展要求的法规标准体系。特种设备安全法规既是安全监察人员依法行政的依据，也是特种设备生产、使用所遵循的行为准则，必须努力提高法规标准的技术水平，促进我国制造业发展和使用管理水平的提高。三是必须注重劳动者素质的提高。劳动者的技术素质关系到特种设备的产品质量，也直接影响着设备的安全运行，对劳动者必须开展必要的安全素质教育，坚持持证上岗的基本制度。四是注重依靠科技进步加强特种设备的安全管理。信息技术是推动当今经济社会发展的主要动力，要积极应用信息技术推动特种设备安全监察工作的发展，尽快建立动态监督管理机制，实现安全监察工作方式的根本变革；同时，要努力提高检验技术机构的装备水平，鼓励科技创新，为安全监察工作提供有力的技术支撑。技术装备既要购买引进国际先进设备，更要提倡自制和创造新的有自主知识产权的我们自己的设备，不能在技术设备上依赖国外。

2. 特种设备安全监察工作必须依托先进文化的建立和发展

特种设备安全监察的宗旨是减少事故、保障安全。实现安全目标，最根本的因素是人民大众的安全意识、安全知识和安全行为。从这个意义上讲，安全监察工作需要依托先进的安全文化理念。保障生命财产安全，是人民群众最重要、最基本的需求，反映在人民大众生产、生活的各个方面，大力普及安全知识，用先进的安全文化理念影响人、警示人、教育人，从而增强全社会的安全意识，是预防事故最重要，也是最有效的措施。

在特种设备安全监察工作中，应充分重视安全知识传播、宣传的作用、教育的作用和文化影响的作用，利用广播、电视、报纸、广告等一切媒体和群众喜闻乐见的宣传方式，营造良好的安全文化氛围。结合当前我国特种设备安全工作的实际，应特别注意培育和弘扬先进的文化理念。一是要弘扬“关爱生命、关注安全”的文化理念，教育人们如何保护自己。在生产和生活的全过程充分贯彻“安全第一，预防为主”的安全方针，自觉遵守法规和安全技术规范的规定，通过自我约束，抵制一切不安全的行径。二是要弘扬“保护自己、保护他人”的文化理念。使人们认识到保护自己和他人是一种社会责任。要坚决反对违章指挥、违章操作、违反劳动纪律的现象，使人们认识到这是一种害人、害己、害社会的不道德的行为。三是要弘扬以法治国和以德治国的精神，要有“知法守法”的法制文化理念。当前各类特种设备事故很多发生于非法制造、非法安装和非法使用，这种宣传应使违法者感到震慑，由于违法行径造成的危害，将会受到法律的制裁。四是要弘扬努力提高劳动者素质的文化理念。劳动者素质不仅关系到产品的质量，也直接关系到设备运行的安全可靠性。劳动者有受教育的权力，同时也有依法具备相应素质的义务，通过广泛的素质教育，提高全民安全知识水平。五是要弘扬“科技兴安”的文化理念。促进安全科技创新，加快信息化建设，鼓励采用有利安全的新技术、新工艺、新材料，形成注重科学、崇尚科学、普及科学的文化氛围。

3. 特种设备安全监察工作要力求实效，充分体现最广大人民的根本利益

贯彻“三个代表”重要思想，本质在坚持执政为民。我们的一切工作都要以全心全意为人民服务为根本宗旨，以维护人民利益为最高准则。特种设备是涉及人民群众生命财产安全、危险性较大的特殊设备、设施，“减少事故、保障安全”是特种设备安全监察工作的出发点和最终归宿，特种设备安全监察工作任何时候都不能有丝毫的懈怠，只有起点，没有终点。

各级质检部门，特别是各级安全监察机构，必须切实做到“五个落实”，力求工作的实效。一是动态监管机制要落实。对分管行政区域的特种设备，不仅普查时底数清，状况明，普查结束后，在设备变动情况下，即时状态也要清。只有落实动态监管，才能做到胸中有数，才能防患于未然。二是安全责任要落实。各级质检部门的安全监察、检验机构都要建立安全责任制，出了事故要坚决按照“四不放过”的原则进行调查处理，若确因监督、检验失职，除追究事故当事者的责任外，还必须追究监督、检验的连带责任。三是服务企业要落实。企业是生产的主体，也是安全责任的主体。质检部门在履行职责、严格监督的同时，也应主动服务于企业，指导企业加强管理，查处隐患，制订措施，落实责任，寓监督于服务之中。四是宣传教育要落实。要积极推动企业的特种设备安全教育，要积极组织社会化安全文化宣传活动。尤其是特种设备作业人员，必须做到持证上岗，确保设备的安全运行。五是队伍建设要落实。队伍建设是安全监察工作力求实效的关键，努力提高思想素质，强化责任意识；努力提高作风素质，强化服务意识；努力提高业务素质，强化把关的能力。

“三个代表”重要思想所蕴含的关键是坚持与时俱进，核心是坚持党的先进性，本质是坚持执政为民。用“三个代表”重要思想统领特种设备安全监察工作必须牢牢把握这三个基本认识，在观念上要解放思想、实事求是、与时俱进，在作风上要继续保持艰苦奋斗、谦虚谨慎、戒骄戒躁，在工作上要务必做到求真务实、狠抓落实、力求实效。只有这样，才能不断地把特种设备安全监察工作推向前进！

全国总工会劳动保护工作概述

2002 年，工会劳动保护工作坚持以邓小平理论和江泽民同志“三个代表”重要思想为指导，紧紧围绕工会工作的总体思路，依照“安全第一，预防为主，群专结合，依法监督”的原则，狠抓源头参与，突出机制建设，强化现场监督，努力维护广大职工的安全健康合法权益。

一、加大立法和政策参与，积极宣传贯彻相关法律、法规

全国总工会先后参与了《安全生产法》、《职工工伤保险条例》、《伤亡事故报告和调查处理条例》、《劳动防护用品监督管理规定》等法律、法规的制、修订过程，并协同有关部门制定了与《职业病防治法》相配套的多项规法、规章。努力做到参与有见解、有高度，使法律法规比较好地反映广大职工对劳动安全卫生工作的意愿和要求。同时，加大了对《工会法》、《职业病防治法》、《安全生产法》等法律法规的宣传、贯彻力度。与卫生部、国家安全生产监督管理局联合，在广大职工中开展了《职业病防治法》、《安全生产法》知识竞赛活动，为深入贯彻落实这些法律法规奠定了基础。为了做好《职业病防治法》实施前的准备，将《职业病防治法》的宣传推向一个新的高潮。3 月，全国总工会与卫生部联合下发了“关于加强《中华人民共和国职业病防治法》宣传工作的通知”，对在广大职工中开展《职业病防治法》的宣传工作进行了全面部署，并在中央人民广播电台录制了题为“劳动者健康谁来维护”的节目，印制了《职业病防治法》宣传组画，组织了《职业病防治法》知识竞赛，参赛职工达 50 多万人。在 4 月 25 日至 5 月 1 日的《职业病防治法》宣传周期间，各地工会加强了对《职业病

防治法》宣传活动的集中报道，深入企业开展宣传咨询活动。卫生部、全国总工会与全国人大和国务院有关部门还联合召开了《职业病防治法》高层研讨会，全总副主席徐锡澄作大会发言，会上百家企业发出“贯彻《职业病防治法》倡议活动”。国务院采纳全总与卫生部的建议，于6月6日召开了“全国职业卫生工作电视电话会议”，中央政治局常委、国务院副总理李岚清作重要讲话。全总副主席周玉清到会讲话，对各级工会贯彻落实《职业病防治法》，更好地维护职工的健康权益提出了明确要求。《安全生产法》颁布后，全总高度重视对该法的学习和宣传工作，7月11日，以办公厅名义下发了“关于学习宣传贯彻《安全生产法》的通知”，对各级工会学习、宣传和贯彻《安全生产法》提出了明确要求。为了使工会干部准确把握《安全生产法》的精神实质和具体内容，全总劳动保护部还在该法实施前的10月10日至16日举办了工会干部《安全生产法》培训班，邀请参与起草《安全生产法》的相关部门领导，介绍该法的立法指导思想、基本内容、学习贯彻该法应把握的原则、我国安全生产法律体系框架等问题。全总领导也就工会贯彻《安全生产法》的任务、内容及要求作了讲授。为了使广大职工深入学习和理解《安全生产法》的相关内容，学会运用法律维护自身权益，全总劳动保护部与国家安全生产监督管理局政策法规司联合编写了《安全生产法问答工人读本》。

二、深入实际调查研究

围绕当前安全生产工作中暴露出来的突出问题，全国总工会进行深入调查研究，提出了切实可行的解决问题的意见和建议。针对煤炭行业伤亡事故多发的情况，通过对两起事故的剖析，写出了《从两起特大瓦斯爆炸事故看煤矿安全生产工作中存在的突出问题》调查报告，揭示了存在问题的主要根源，提出了相应的对策建议。建议受到了国务院有关部门的高度重视和采纳。针对连续发生职业危害尤其是职业中毒事件，组织人员对中小企业职业中毒情况进行了调查研究，写出了《从鞋业职业卫生的突出问题看职业危害的治理途径》调查报告，并就报告的内容与有关部委进行沟通。为了使工会劳动保护工作不断适应形势发展的要求，在认真分析当前工会劳动保护组织建设状况及存在问题的基础上，完成了《关于工会劳动保护组织网络状况的调研报告》，为进一步加强工会劳动保护组织网络建设提供借鉴和帮助。同时，对铁路工会系统职代会保安全的经验及时进行总结，完成了《充分发挥职代会对企业安全生产的决策与监督作用》的调查报告，为下一步提出推进职代会保安全工作的指导性意见奠定了基础。在认真研究近年来劳动保护工作资料的基础上，完成了国际劳工局关于中国工会的劳动保护工作的调研报告。

三、召开铁路系统企业职代会保安全工作经验现场会暨劳动保护工作会议

5月22至23日，全国总工会在湖北襄樊召开了“铁路系统企业职代会保安全工作经验现场会暨全国工会劳动保护工作会议”。各省、自治区、直辖市总工会主管劳动保护工作的主席、部长，各全国产业工会的代表，铁路系统安全生产部门的代表及新闻记者170多人到会。铁道部党组成员全国铁路工会黄四川主席和国家安全生产监督管理局的有关领导应邀出席了会议。全总劳动保护部部长张成富主持了会议，全总书记处书记纪明波在会上作了题为《抓住机遇，迎接挑战，锐意创新，努力开创工会劳动保护工作新局面》的报告。会议听取了全国铁路总工会、河北沧州大化集团公司工会等九家铁路内外企业工会在发挥职代会作用、推进企业安全生产工作的典型经验，对襄北机务段、车务段的职代会工作进行了实地参观学习。与会代表还结合纪明波同志的工作报告，认真分析了当前全国的安全生产形势和工会所面临的任务，围绕在新时期如何加强工会劳动保护工作的议题进行了充分讨论。会议代表一致认为：在当前和今后一个时期，工会劳动保护工作必须以江泽民同志“三个代表”的要求为指针，认清形势，提高认识，增强责任感和使命感，注重机制建设，改进工作方法，拓宽工作领域，理直气壮地为维护职工安全健康合法权益办实事；要加快工会劳动保护信息传递，为工会参政议政提供依据；要进一步适应形势的要求，构筑比较完善的工会劳动保护监督检查体系，培养一批工会劳动保护专家。会后，各地工会积极贯彻会议精神，四川、北京、海南等省推出多项措施，推动工会对企业安全生产工作的源头参与力度，一些省、市还出台了“发挥职代会作用，促进企业安全生产工作的意见”。

四、继续深入开展“安康杯”竞赛活动

2002年，“安康杯”竞赛活动坚持突出“安全第一，预防为主”的方针，广泛开展了以“加强宣传培训，促进安全生产”为主题的安全生产知识普及、培训活动，提出了力争全年伤亡事故有所下降，重大、特大伤亡事故得到控制的总体目标，要求优胜企业必须实现“二〇〇二”，即两个提高：提高企业管理者安全技术水平和管理水平，提高企业职工安全生产知识水平和自我保护意识；两个为零：死亡事故为零，重伤事故为零；两个加强：加强企业安全管理，加强工会群众监督。据不完全统计，31个省、自治区、直辖市的近70000个企业、3500万职工参加了竞赛，突破了上年的水平。为了及时交流各地开展“安康杯”竞赛活动的经验，“安康杯”竞赛活动办公室还收集整理了各地开展竞赛情况，及时把好的经验和应引起注意的问题通过简报传递信息，先后编发10期《简报》，指导活动的开展。全总劳动保护部还先后派员对上海、新疆、甘肃、北京的“安康杯”竞赛进行了检查和指导。6月，全国总工会与国家安全生产监督管理局共同组织召开了“安康杯”竞赛研讨会，围绕竞赛的主题、内容、形式、范围、考核、宣传等问题进行了认真研讨，进一步统一了认识。年初，全国总工会与国家安全生产监督管理局还联合对2001年度在“安康杯”竞赛活动中取得优异成绩的429家企业和90个竞赛组织单位进行了表彰。

五、设立劳动安全卫生举报电话，为维护职工合法权益提供便捷服务

在5月22日全总召开的“铁路系统企业职代会保安全工作经验现场会暨全国工会劳动保护工作会议”上，向各新闻媒体公布了全国总工会劳动安全卫生维权举报电话和电子信箱，有关负责人明确表示，对职工举报的各类问题，将逐一调查处理，必要时，联合政府有关部门共同查处，重大案件将敦促政府有关部门依法予以严惩。电话号码和信箱地址于5月23日见诸《工人日报》。这是工会发动职工参与对企业安全生产工作监督的重要举措，目的在于依靠职工对隐瞒事故不报、对存在重大事故隐患长期不进行治理、对严重威胁职工安全健康以及侵犯职工劳动安全卫生合法权益的各类事件进行举报，加大工会的维权力度。维权电话公布后，年内先后接到举报电话30余个，除回答职工咨询的各类问题外，有10项交全总的相关部门处理，3项委托省、市总工会进行调查了解，问题均已获得解决。

六、履行监督职责，积极参加安全生产督察活动

按照国务院的统一部署，3月和6月全国总工会派员对天津、北京、湖南、江西、山西等省市对贯彻落实全国安全生产电视电话会议和贯彻落实国务院第58次常务扩大会议精神的情况进行督察。督察组对重大安全隐患的监控整改、安全责任制的制订实施、重大事故的结案处理等情况进行了检查。将发现的问题与被检单位交换了意见，并提出了整改意见和要求。8月，按照国务院的要求，八部委和全总对有毒有害化学品专项整治工作开展情况进行了督察。全总派员分赴北京、辽宁、重庆、四川、湖南和湖北对有毒有害化学品专项整治工作开展情况进行了督察。督察组每到一地，认真听取汇报，查阅档案资料，查看生产现场，对专项整治工作提出指导性意见。各基层工会也加大了对安全生产工作的监督检查力度，许多省、市工会都参加了与省、市相关部门共同组织的安全生产专项整治和安全检查工作。年内，全国总工会还就深入开展群众性安全监督检查活动，明确提出了突出工作重点、强化现场监督的要求，并把每年明察暗访一二个企业作为对工会劳动保护监督检查员工作实绩的考核内容。为了指导各地工会开展群众性劳动保护监督检查工作，在元旦、春节前夕，下发了《全国总工会办公厅关于元旦、春节期间做好工会劳动保护群众监督检查工作的紧急通知》，同时在《工人日报》上全文刊载，引起各地重视。

七、参加伤亡事故和职业危害事件的调查处理

2002年，全国总工会先后派员参加了对30起特大伤亡事故和职业危害事件的调查处理，是1985年以来参加事故处理最多的年份。张成富部长等3名部门局级领导先后参加了国际航空4·15空难、北方航空公司5·7空难事故和山西繁峙县金矿隐瞒事故真相的恶性事件、广西南宁市二塘煤矿火灾事故等14起伤亡事故、事件的查处工作，对查找事故原因、责任人员的处理以及善后工作提出了工会意见和建议。高碑店农民工苯中毒事件披露后，受全总书记处委托，派员与劳动和社会保障部共同对其进行初步调查，朱镕基总理对这一事件作出批示后，全总劳动保护部再次派员参加国务院工作组赴高碑店市白沟镇，并明确表态，要求对侵害职工安全健康合法权益的行为依法查处。同时，全总与卫生部联合下发《关于对制鞋、箱包等行业违法使用苯及其化合物进行专项整治的紧急通知》，要求各级卫生行政部门、工会组织立即针对制鞋、皮革制造、箱包及玩具制造等职业中毒事故多发行业进行专项整治。

八、重视宣传工作，扩大工会劳动保护工作的社会影响

2002年，全国总工会加大宣传力度。一是设计并开通了全国工会劳动保护计算机网页，利用网络宣传工会劳动保护工作。网页平台的建立和技术支持项目已基本完成，信息的采编、输入、更新等工作逐步展开，并通过制订网页管理办法，规范网页的管理和运行。二是经与《中国安全生产报》社、《劳动保护》和《现代职业安全》杂志社协商，为工会劳动保护群众监督工作开辟专栏、专页。目的在于宣传工会开展的各项展示工会组织、工会劳动保护干部和广大职工参与安全生产管理与监督的工作成果，披露侵害职工安全与健康合法权益的严重侵权事件，反映职工对安全生产工作的评议、建议和要求，报道各地及企业工会开展劳动保护工作的信息、动态，使这些刊物上经常有工会的声音，扩大工会劳动保护工作的影响。

九、通过培训提高工会劳动保护干部和广大职工的素质

针对各级工会机构改革中劳动保护工作人员变化较大的情况，全总劳动保护部于9月20日至29日在中国工运学院举办了“工会劳动保护监督检查员培训班”。书记处书记纪明波为培训班讲了第一课，全总劳动保护部、国家安全生产监督管理局、卫生部、劳动和社会保障部、国际劳工局北京局等有关部门领导及中国地质大学、工运学院的专家学者们就安全卫生形势与任务、国家相关法律、国际劳工公约、安全文化、工伤保险等内容进行了讲解。为了进一步在广大职工中普及安全生产知识，全国总工会与国家安全生产监督管理局联合下发了“关于开展全国职工安全生产知识电视培训活动”的通知，对各地组织企业开展职工安全生产培训提出了要求，收到了很好效果。

第五部分

行业安全生产工作

铁路交通运输安全工作

铁道部安全监察司

2002年，全国铁路职工认真贯彻落实党中央、国务院关于安全生产的重要指示和部党组的部署，紧密结合铁路运输安全工作实际，深入开展安全生产专项整治和安全大检查，紧紧围绕“规范管理、强基达标”，大力推进安全基础建设，做了大量艰苦细致的工作，促进了全国铁路安全生产形势的稳步发展。全国铁路行车事故总件数明显减少，全年发生行车事故608件，其中重大事故13件，大事故8件，险性事故37件，一般事故（A类）550件，总件数比2001年减少223件，下降29.8%；全年发生重大路外伤亡事故8件，比2001年减少3件，下降27.3%；成都铁路局实现全年无重大事故；郑州、济南铁路局实现全年无重大、大事故；呼和浩特铁路局实现全年无重大、大事故、险性事故。安全周期延长，1月、5月、11月、12月，全路实现了4个“安全月”。运输安全的相对稳定，为推进铁路改革与发展，落实新一轮资产经营责任制，实现客货运输收入的大幅度增长，奠定了良好的基础。

一、深入开展安全生产大检查

按照党中央、国务院关于确保安全生产的要求和部党组的部署，全国铁路部门紧密联系实际，开展了一系列安全生产大检查。3月份，为吸取埃及旅客列车火灾事故教训，组织开展了为期1个月的以站车防火防爆为重点的大检查，全面查找整改了火灾、爆炸安全隐患，对一些消防安全隐患突出的单位和场所进行了停业整顿。5月中旬至6月中旬，为认真贯彻落实国务院第58次常务扩大会议精神和国务院领导关于加强安全生产的重要指示，深入开展了以查“安全意识、安全管理、设备质量、职工两纪”为主要内容的安全大检查。7月下旬至8月上旬，为吸取沈阳局“7·17”客车重大事故教训，保证暑运安全，组织开展了以确保客车安全为重点的大检查。9月10日至9月底，针对货车车辆溜逸等惯性事故有所抬头的趋势，开展了以“查规章制度、查现场作业控制、查防溜设备、查站区治安防范”为主要内容的安全大检查。10月10日至10月底，深入贯彻落实党中央、国务院的重要部署，开展了以“保安全、保稳定、迎接十六大”为主要内容的安全生产大检查。各单位对查出的问题普遍建立了问题库，责任到人，限期整改，解决了一大批安全隐患，为稳定安全形势发挥了积极作用。

二、以客车安全为重点，继续开展安全生产专项整治

各单位把深化安全生产专项整治作为确保客车安全特别是提速客车安全的重要措施，制定整治计划，落实整治责任，组织力量对危及行车安全的突出隐患和问题开展攻关，取得了重要进展。一是规范了危险品运输的安全管理。铁道部制定了一系列强化危险品运输的规章制度，严格控制爆炸品、剧毒品等危险品货物运输的审批手续和运输过程，对办理危险品运输的车站、专用线及危险货物托运人的资质重新进行了审查登记，对剧毒品运输各个环节实行了跟踪管理和签认制度。二是加强了施工安全管理。各单位认真落实铁道部关于加强营业线施工安全管理的规定，加大施工安全过程控制力度，落实设备管理单位的安全监督职责，积极探索实行“天窗”修和利用科技手段保证施工安全。三是道口事故明显减少。进一步加大道口安全管理力度，强化道口设备质量，严格看守和监护作业标准的落实。四是强化了货物装载和超限货物运输的安全管理。对超限货物、笨零货物、钢材、木材、军用物资等重点货物办理站点，实行资质认证、装车质量签认和途中控制制度，严防“三重一超一落”。五是加强了专用线和专用铁道货物运输的安全管理。对货物受理、承运以及到达交付等各个环节的安全保证制度、措施进行了整顿完善，规范了运输协议和共用协议，加强了专用线货运员及企业运输员业务培训，强化了交接检查。六是车站、旅客列车、公众聚集场所消防安全整治取得较大进展，发现和整改了一批站车火灾隐患。七是锅炉压力容器和液化气罐车安全整治效果明显。八是安全生产的行政审批项目得到了全面清理。

三、落实逐级负责制，规范安全管理

各单位结合实际，积极进行探索和实践，在安全规范管理上迈出了新的步伐。一是安全管理逐级负责制不断深化。积极探索建立“以落实逐级负责制为主线，以领导负责、岗位负责为重点，以严格考核、责任追究为保证”的安全责任保证体系，明确各层次的责权利，从严考核，加大了对各级领导干部履行安全生产职责情况的检查监督。各单位普遍落实了安委会制度，各级领导班子定期分析、研究安全工作的重要问题，加强了对本单位安全工作的指导。各专业部门加强对专业技术工作的检查指导和监督，认真落实技术标准，专业技术管理有了新的加强。二是安全管理机制建设不断完善。各级普遍建立了上下结合、纵横连锁的安全考核机制，三项制度改革在很多单位得到了进一步深化，干部任用竞聘范围逐步扩大，职工竞争上岗办法不断细化，职工收入挂钩力度明显增大，促进了安全管理责任的落实，增强了对安全生产的激励约束。三是规章制度进一步规范。多数单位修订完善了“行规”、“站细”和“段细”，清理了各种临时性的制度、办法、措施，规范了设备的“用、管、修”制度，安全管理基础有了新的加强。四是积极探索有效的安全管理方式。在创建提速达标示范线、建设安全优质段以及采用ISO9000系列标准强化安全过程控制等方面进行了积极的探索。

四、积极采用新的安全技术装备，强化设备基础

各单位进一步强化设备养护维修，整治设备隐患和病害，加快新技术、新设备的应用，不断增强对安全生产的保障能力。一是设备日常养护维修工作进一步加强。各铁路局根据列车速度提高、重载列车增加、列车密度加大的实际情况，加强和改进设备维修工作，深入研究探索修制改革，坚持养护维修标准，设备养护维修质量不断提高。二是为确保春运、暑运、黄金周等关键阶段的运输安全，对机车车辆、线桥隧涵、通信信号等主要行车设备存在的隐患和突出问题进行了全面整治。机务部门加强了对提速机车走行部、制动系统隐患的整治力度。车辆部门制定了加强提速客车检修工作的30条规定，解决了提速客车转向架摇枕吊杆断裂的问题。工务部门及时组织更换重伤钢轨、失效轨枕，整治路基、桥隧病害，线路基础得到新的加强。电务部门全部完成了提速区段半自动闭塞进站、预告信号机外移工作，对30个非标计算机联锁车站进行了改造。三是积极采用新的安全技术装备。许多单位加大投入，统筹规划，不断提高设备的科技含量，增强了对运输安全的保障力度。按照铁道部统一规划，部分客运机车安装了LKJ2000型监控装置；在22B、25B型客车上加装了漏电报警装置；年货物发送量150万吨以上的较大装车站安装轨道衡263台。

五、强化教育培训，努力提高职工素质

各单位坚持以人为本，在提高职工素质上做了大量工作。一是深入开展“三个代表”思想教育，加强安全生产中的思想政治工作，引导广大职工站在对人民群众生命财产负责的高度，增强安全责任意识，牢固树立安全第一的思想，增强了职工遵章守纪的自觉性。二是广泛开展《安全生产法》的学习宣传活动。铁道部专门召开了安全生产委员会会议，就学习宣传贯彻《安全生产法》进行了专题研究，并向全路进行了部署。全路各单位按照铁道部的要求，结合实际，认真贯彻落实。许多单位编写宣传手册，制作辅导讲座录像片等，充分利用各种媒体，加大宣传力度，为法律的实施奠定了良好的基础。三是狠抓职工技术业务培训。各单位认真落实铁道部关于加强职工培训的规定，按照每人两年内不少于10天脱产培训的要求，以突出强化实作能力、非正常情况下作业能力和应变能力为重点，普遍开展了业务技能和岗位培训。四是充分发挥各级组织在安全生产中的合力作用。工会、共青团各级组织充分发挥优势，开展丰富多彩的安全生产教育活动。各级工会组织广泛开展“百千万”安全系列竞赛和“安康杯”竞赛等活动，各级共青团组织广泛开展了“青工安全优胜杯”竞赛活动，形成了群众性保安全的氛围。

六、加强铁路稳定工作，大力整治铁路治安秩序

各单位认真贯彻落实党中央、国务院关于安全稳定工作的重要部署，以维护铁路稳定、维护队伍稳定、维护治安稳定、保证安全畅通为重点，做了大量艰苦细致的工作。全路各级组织和领导干部以高度的政治责任感，靠前指挥，狠抓落实，维护了铁路安全稳定。各级公安机关以打击爆炸破坏铁路设施、掠盗运输物资、盗抢旅客财物为重点，多次集中开展了“严打”整治斗争，有力地打击了犯罪分子的嚣张气焰。坚持打防结合的原则，加强治安综合治理，深入开展护路联防和创建安全文明铁道线活动，大力整顿沿线治安秩序，为运输安全创造了相对稳定的治安环境。

2002年，尽管全国铁路部门在确保运输安全方面做了大量工作并取得了明显成效，但存在的问题不容忽视。全年发生行车重大事故13件，同比增加2件，其中客车重大事故4件，占30.8%；发生行车大事故8件，同比增加4件，增加1倍，其中客车大事故3件，占37.5%；发生险性事故37件，其中客车险性事故8件，占21.6%。这些事故反映出安全基础仍然不牢，安全隐患和漏洞还大量存在。

一是部分职工两纪松弛、素质不高的问题比较突出。2002年，全路几次发生多工种、多岗位、多环节系列违章违纪造成的行车重大事故。有些职工缺乏非正常情况下作业的应急处理能力。不少职工不能及时掌握新技术设备的性能，发生问题不会处理，导致事故发生。

二是行车设备隐患较多。部分设备质量不稳定，材质和结构存在缺陷。一些提速机车、客车设备存在安全隐患，部件裂损时有发生，部分机车质量不高、故障频繁。有的线桥隧涵维修质量不高，线路基床病害严重。部分区段通信信号设备故障多，轨道电路分路不良。一些区段接触网故障时有发生。

三是安全管理不够规范。部分单位规章制度不健全，逐级负责制考核不严格，现场作业监控不到位。一些单位忽视专业技术管理，技术标准、技术监督等方面的工作有所放松。部分新技术装备运用后，缺乏相应的技术规范和维护标准。施工安全控制仍然比较薄弱，一年中，几次发生由于施工前超范围准备，或是违章施工、盲目放行造成的行车事故。

四是铁路治安环境复杂，爆炸、破坏铁路案件的性质严重，货盗问题仍然比较突出，群体拦截列车事件增加，威胁铁路运输安全。

交通安全生产工作

交 通 部

一、水上交通安全生产

2002年，在党中央、国务院的正确领导下，交通系统各单位按照交通部党组的要求和部署，结合各地区实际情况，做了大量卓有成效的工作。在全国认真组织开展了第三个“水上运输安全管理年”活动并重点开展了航运市场秩序整顿，对“四区一线”等重点水域进行了3次安全生产大检查，并有针对性地开展了液货船检查、验船质量检查和打击超载、“三无”船舶执法行动等专项活动。从全国范围来看，水上交通安全管理工作的社会环境在逐渐变好，水上交通安全形势总体基本平稳，重特大恶性责任事故得到有效遏止。全年没有发生死亡失踪50人及以上的特大恶性责任事故。

1.“水上运输安全管理年”活动圆满结束，基本实现“四个明显、一个确保”的活动目标

自2000年开始，交通部党组决定在全国交通系统开展“水上运输安全管理年”活动，并连续开展3年。在活动过程中，部按照宣传发动、专项整治、规范提高的工作思路，分别部署了不同阶段的工作任务。2002年，是“水上运输安全管理年”活动深化提高的一年，也是活动取得实效最关键的一年。一年来，交通系统各单位坚持长效管理原则，深化安全管理责任制，夯实水上安全管理基础，巩固水上交通安全专项整顿成果，强化市场管理，重点整改安全隐患，水上交通安全管理的基础工作得到了进一步加强。在“水上运输安全管理年”活动中，各地区、各单位认真进行自查，总结经验，肯定成绩，取得了很好的经验。

三年来，“水上运输安全管理年”活动取得了显著效果，通过广泛宣传，水上交通安全工作得到了社会的高度重视，逐步形成了珍惜生命、重视水上交通安全的良好氛围；通过建立健全规章制度，安全管理逐步走上了规范化管理轨道；通过明确职责，安全管理责任得到了进一步落实；通过加强水上交通安全管理工作的规律性研究，逐步找到了“四客一危”船舶（客滚船、客渡船、旅游船、高速客船和危险品运输船）和“四区一线”水域（渤海湾、琼州海峡、舟山水域、西南山区河流和长江干线）这些管理重点。2000~2002年，全国水上运输船舶交通事故造成死亡失踪人数分别为529人、490人、463人，3年合计与1997~1999年相比减少475人，下降比例达到24%。应该说，全国水上交通安全形势正逐渐向好的方向发展，正逐步趋于平稳。

三年来的“水上运输安全管理年”活动，加深了我们对如何做好水上交通安全工作的认识和体会，积累了一些成功的经验：抓好水上交通安全工作必须以“三个代表”重要思想为指导，坚持与时俱进；抓好水上交通安全工作必须紧紧依靠地方政府，坚持综合治理；抓好水上交通安全工作必须标本兼治，坚持长效管理与专项整治相结合的工作思路；抓好水上交通安全工作必须遏止重特大水上交通事故，稳定安全态势，坚持改善船舶技术状况、提高船员素质。

实践证明，2000年开展“水上运输安全管理年”活动以来，交通部作出的各项交通安全管理工作决策是正确的，是符合“三个代表”要求的，是坚持与时俱进的。三年来，水上交通安全生产意识明显增强，安全规章制度明显完善，安全管理责任明显加强，安全管理水平明显提高，确保了水上交通安全形势稳定，有效避免了特大恶性责任事故的发生。水上交通安全工作取得的这些成效，是交通系统广大干部职工共同努力的结果，为今后水运事业的发展奠定了更加坚实的基础。

2.加强法制建设，依法加强水上交通安全管理工作

多年来，交通部积极开展调查研究，努力推动《内河交通安全管理条例》的修订工作。2002年，新修订的《内河交通安全管理条例》出台并于当年8月1日实施。新《条例》解决了大量实际工作中存在的无法可依的问题，进一步明确了乡镇船舶安全管理的县乡政府责任，加大了对违章行为的处罚力度，同时也明确了交通管理部门的责任。为加大宣传贯彻力度，交通部先后在大型水运企业安全管理座谈会、全国非水网地区水上交通安全管理工作会议上进行了宣传贯彻，并于8月下旬在广州召开专题宣传贯彻会。通过宣贯新条例，进一步强化了安全管理的法律意识，全面加强水上交通安全管理工作，为形成长效管理机制奠定了基础。各地区、各单位充分认识到了新《条例》的及时性、重要性，纷纷出台措施，适应新《条例》的规定，加强内河水上交通安全管理。

在促进有关法规出台的同时，交通部也出台了相关规章，如为加强客滚船安全管理，交通部专门出台了《海上滚装船舶安全监督管理规定》；为加强事故统计管理，交通部修订出台了《水上交通事故统计办法》等。

3.深入开展安全生产大检查，以检查促安全隐患的整改

2002年，我们根据工作实际情况，开展了一系列安全检查活动，并针对检查中发现的安全隐患，狠抓整改工作的落实。5月下旬，根据全国安全生产的严峻形势，交通部提前行动，防患于未然，分别由部领导带队对舟山水域、渤海湾水域等

重点地区进行了安全生产专项检查。6月上中旬，按照国务院统一部署，我们又带领国务院安全生产检查第四组对西南山区和琼州海峡地区进行了水上交通安全大检查。10月下旬，为迎接党的十六大胜利召开，交通部又部署开展了交通安全生产大检查，并重点对渤海湾水域、舟山水域、琼州海峡、西南山区及长江上游等“四区一线”重点水域进行了安全检查。另外，春运期间我们也组织了安全生产检查组对重点地区开展安全检查。针对检查中发现的问题和隐患，及时督促有关部门制定切实可行的整改措施，并狠抓落实。通过开展一系列声势浩大的检查活动，一大批事故隐患被及时发现并消除，违章行为得到有效遏制，安全责任得到了普遍落实，收到了良好效果。

在组织大检查的同时，交通部还专门组织了为期1个月的2次技术性检查。一是船舶检验质量检查：重点对国内沿海、内河航行的油船、化学品船、货船改建油船的检验质量进行检查，共查各类船舶132艘次，涉及各级船舶检验机构共48家，共查出缺陷2140项，平均每船16项，有效地促进了船检质量的提高。二是我国沿海、长江干线和珠江水域液货船舶专项安全检查，重点是油船、散装化学品船、液化气船，共查船舶2059艘，查出缺陷12908项，对26艘船舶实施了滞留，有效地加强了危险品运输船舶的安全管理。

4. 深化市场秩序整顿，全面加强市场监管

按照国务院的部署，在巩固整治成果的基础上，2002年我们继续深化市场秩序整顿工作，进一步扩大整治范围，不仅集中清理登记客运和危险品运输的航运企业，还对普通货船运输市场进行了整治。另外，2002年重点开展了运输市场四项整顿，即川江滚装船公司化整顿、长江涉外旅游船市场整顿、渤海湾滚装船运输市场结构调整、琼州海峡客滚船整顿。通过整顿，有11家旅游船公司和17艘船舶被取消长江涉外旅游船经营资格；引导川江滚装船个体经营向企业法人转变，已批准成立11家船公司；原经营渤海湾客滚船运输的16家客滚运输企业，已调整为现有的7家，自2002年起，不允许进口或从其他航区引进二手客滚船经营渤海湾水路客滚运输；对经营琼州海峡客滚船运输的公司进行了整合重组，经营企业从原12家调整到现在的5家。目前各有关公司均达到交通部关于运输船舶经营资质的要求。根据交通部2号部令，琼州海峡共有2艘客滚船被强制报废，并实现运力更新。有关航运企业根据运输市场需求和企业情况，纷纷提出运力更新计划，2002年底，运力更新、改造达25%。琼州海峡客滚船技术状况有明显好转。

通过采取一系列措施，有效地规范了运输市场，为安全管理创造了良好的条件，安全管理水平得到进一步提高。

5. 加强现场监督检查，高度重视滚装船安全监督管理

规章制度的落实必须在最基层、在现场，因此去年交通部加大了现场监督管理力度，要求对“四客一危”船舶加强现场监督管理，严防超载；对特种船舶的船员进行现场操作性检查，并采取违章记分的办法。

滚装运输风险性较大，因此是水上交通安全管理的一个重点，需要采取一些特殊措施加强管理。为加强滚装船舶管理，交通部出台了《海上滚装船舶安全监督管理规定》（交通部2002年第1号令），对海上滚装船的经营资质、船舶及船员条件、检验及监督检查等进行了规范，使滚装船安全监督管理有章可循。另外，针对川江滚装船体断裂现象时有发生问题，2002年对川江滚装船结构强度、完整稳性、破舱稳性等进行了一次复核。在此基础上，督促川江滚装船码头全部配备了合格的地秤，并加强了对滚装船载车情况的监督检查。根据接连发生滚装船事故或险情的现象，交通部都及时发出通知，要求对滚装运输公司、船舶和从业人员进行整顿，不符合要求的坚决停航。

6. 创新管理思路，积极组织联动执法行动，打击超载、“三无”船舶

小型船舶超载问题近年来比较严重，成为影响水上交通安全形势稳定的一个重要因素。在长江干线等水域，由于船舶超载及“三无”船舶违章航行造成的水上交通事故占50%以上。为了认真贯彻党的十六大精神，为全面建设小康社会创造良好的水运环境，稳定水上交通安全形势，交通部自2002年12月中旬开始，组织湖北、江西、安徽、江苏、上海、河南、山东、浙江省（市）地方海事部门及江苏、上海、长江海事局等11个海事单位开展了联动执法行动，对长江武汉以下水域、黄浦

江、京杭运河及其支流开展了声势浩大的打击超载、“三无”船舶行动。这次行动宣传声势大，整治力度大，各单位主动协调配合，互通信息，取得了良好的效果。这种联动执法形式为以后开展安全管理专项活动提供了新的思路和方法。

二、公路运输安全生产工作

2002年11月30日，交通部在山东召开了全国道路运输安全生产管理现场会议，总结了全国道路运输安全生产管理工作，推广了山东交通安全生产的经验和做法，研究了新形势下加强和改进道路运输安全管理工作的新办法，布置了加强道路运输安全管理的新措施。

一年来，交通部切实加强了道路运输安全管理，一是明确交通部门在道路运输安全生产管理工作中的职责，确立了“抓好源头、抓好预防和搞好事前监督”的安全工作指导思想；二是开展市场秩序的整顿，客运安全生产形势明显好转，客运超载现象有了很大的改观，杜绝了客运站出站超载问题；在公路运输危险化学品运输专项整治方面亦取得成效，危险化学品运输中存在的业户多、规模小、车辆技术等级不达标等问题基本得到了解决。

水利安全生产工作

水利部安全生产领导小组办公室

2002年，水利系统以“三个代表”的重要思想为指导，根据党的十六大精神，从全面建设小康社会的战略高度，以对党对人民高度负责的精神，牢固树立“安全第一”的思想，深入贯彻落实《安全生产法》，认真落实各级安全生产责任制，把水利安全生产工作列入重要议事日程，坚持不懈地抓紧抓好。通过加大安全投入，以预防重大责任事故为重点，强化安全生产监督管理和检查，及时消除安全隐患，有效地控制了重大安全事故，水利安全生产形势比较平稳。2002年，水利系统没有发生特大安全事故，直属单位没有发生重大伤亡事故，为防汛抗旱和顺利完成各项水利生产建设任务营造了良好的安全生产环境，保障了广大水利职工的安全和健康。

一、认真贯彻国务院安全生产会议精神，抓好水利安全生产工作

2002年5月8日，朱镕基总理主持召开国务院第58次常务扩大会议，对安全生产工作进行部署后，我部领导高度重视，正在外地陪同温家宝副总理考察南水北调的汪恕诚部长专门打电话，责成敬正书副部长立即召开党组会和司局长会议，传达国务院会议精神并结合水利特点，研究部署加强水利安全生产工作。5月9日，我部分别召开了党组会议，以及司局长和直属单位主要负责人会议，并以部发文形式对切实加强水利安全生产工作提出具体要求。

通过传达贯彻国务院会议精神，提高了对安全生产工作的认识，进一步增强了“安全第一”的观念和搞好安全生产工作的紧迫感、责任感。各级水利单位迅速学习贯彻国务院会议精神，按照“三个代表”的要求，从改革、发展、稳定的大局出发，以对党对人民高度负责的精神，集中精力抓好安全生产，根据本单位实际，采取有效措施，坚持不懈地抓好安全度汛和水利安全生产工作，做到为官一任，保一方平安，确保水利安全生产系统不发生重大安全事故。部属各流域机构、勘测设计和科研等单位在机构改革中，做到安全生产工作只能加强，不能削弱，确保机构改革期间安全生产工作能够正常有效开展，思想不乱，管理不断，队伍不散。各单位进一步健全各级安全生产责任制，并做到层层分解责任，将安全生产责任落实到每一个岗位、每一个人。各单位行政一把手对安全生产工作负总责，各职能部门按照各自职责分工，各司其职，各负其责，切实加强安全生产制度建设，建立和完善各项安全生产规章制度和安全操作规程。对管理不严、责任制不落实、有章不循、违章指挥、违章操作发生责任事故的有关领导和责任人进行严肃查处，决不姑息迁就。

二、组织开展安全生产大检查，及时消除事故隐患

2002年5月14日，国务院召开全国安全生产电视电话会议后，我部发出传真电报，在全国水利系统部署开展水利安全生产大检查。在各单位自查的基础上，6月下旬至7月上旬，我部组织百名工程技术和建设管理人员，由司局级干部带队，组成22个检查组，分赴25个省区对工程建设和施工安全情况进行集中检查，现场检查了78座病险水库除险加固工程，重点检查病险水库尤其是中小型病险水库的度汛安全和施工安全。

这次检查的主要内容：一是安全生产责任制的落实和安全规章制度建立与执行情况；二是安全组织机构的设置和安全人员配备情况；三是病险水库除险加固和水库安全管理情况；四是油库、炸药库、锅炉、压力容器等安全管理情况；五是施工安全管理和施工现场安全防护情况；六是交通安全和车辆、船舶安全管理及维护保养情况；七是水库旅游设施设备的安全管理情况；八是水利多种经营企业安全管理情况；九是职工、民工安全教育培训、特种作业人员持证上岗和遵章守纪情况；十是事故隐患监控和整改、事故调查处理和行政责任追究情况等。检查组深入病险水库施工现场认真检查，召开水利主管部门、工程建设单位、施工单位和监理单位参加的座谈会，并对检查中发现的问题提出了整改意见。各单位都落实了整改措施，及时消除了隐患。

三、立足于防大汛、抗大洪，确保安全度汛

2002年5月，我部发出《关于立即开展水库防洪安全大检查的紧急通知》，要求各水利管理单位做好防汛的各项准备工作，开展汛前安全检查。部水文局也发出通知，要求做好汛期水文安全测报和突发性水污染事故的监测工作。我部由部领导带队，分9个检查组分赴长江、黄河、淮河、海河、珠江、松花江、辽河、太湖等江湖流域进行防汛安全检查。要求各水利管理单位做好防汛的各项准备工作，落实各级领导安全度汛工作责任制，抓紧水毁工程修复和堤防险工险段隐患处理，完善江河、水库防洪调度方案，补充储备防汛抢险物资，落实蓄滞洪区的措施，做到领导、组织、队伍、预案、物料五落实。汛前完成度汛应急工程建设，加快病险水库、堤防、涵闸除险加固工作，防止突发性大强度局部暴雨引起的中小型水库垮坝。在建水利工程抓紧制订应急度汛的措施，落实安全责任制和各项安全度汛措施。要求山区和沿海地区汛期做好山地灾害和防台风工作。

由于措施得力，2002年因超标准洪水，全国共垮坝5座。其中小（1）型水库1座、小（2）型水库4座，没有发生人员伤亡，为1954~2001年有垮坝记录以来垮坝最少的年份，基本实现了“标准内洪水不垮坝，超标准洪水不死人，把灾害损失降到最低”的预期目标。

四、做好病险水库除险加固工作，消除安全隐患

病险水库是我国防洪体系的薄弱环节，我部十分重视病险水库除险加固工作，组织编制了《全国病险水库、水闸除险加固专项规划》，计划到2003年底使列入规划的729座大中型病险水库基本销号，2005年底完成617座西部一般中型和西部重点小1型病险水库的除险加固，其他29067座中小型病险水库由各级地方负责，在“十五”期间完成除险加固任务。我部提出了2010年水利发展主要目标，到2010年，全国大江大河干流堤防建设全面按规划达标，现有重点病险水库全部得到除险加固，基本建成大江大河防洪减灾体系，确保重点城市和重点地区的防洪安全。这一目标的实现，必将为水库的安全运行和效益的充分发挥奠定坚实的基础。

1998年以来，水利部利用国债资金进一步加大对地方病险水库的投入力度，在全国范围内开展了建国以来最大规模的病险水库除险加固，完成了一大批病险水库除险加固任务。截止到2002年底，共安排中央资金112亿元，对影响城市、人口密集区、重要工业与交通设施安全的770座重点病险水库进行了除险加固，并已完成441座，恢复了这些水库的防洪、兴利库容，消除了安全隐患，保障了下游人民生命财产和国家重要基础设施的安全。这项工作全部完成后，可恢复防洪库容157亿立方米，保护耕地1400万公顷，保护人口1.7亿。

五、加强小型水库安全管理，确保安全运行

随着近年来大江大河大湖的初步治理，一大批大中型病险水库得到除险加固，大江大河干流防洪体系得到进一步完善，防洪减灾能力有了较大提高。但是数量庞大的小型水库由于各种原因，普遍存在着安全责任不落实、管理粗放甚至无人管理；水库病险率高，工程设施设备不配套、老化失修、带病运行等问题，成为防洪体系中的薄弱环节和危及人民群众生命财产安全的重要隐患。

2002年初，我部组织有关单位在全国范围内进行了深入调查研究，摸清了存在的问题，理清了工作思路。5月，我部召开了全国小型水库安全管理工作会议，把加强小型水库安全管理确定为今后一个时期的重点工作之一。会后印发了《关于加强小型水库安全管理工作的意见》，在明确责任主体、落实安全责任，健全管理机构、落实管理经费，加强安全检查、推进规范管理，搞好前期工作、加快除险加固，加大培训力度、提高管理人员素质，积极推行水库降等运行与报废制度等方面提出了具体要求。要求各地做好小型水库安全管理工作，确保水库安全度汛。

六、强化河道采砂管理，坚决遏制非法采砂

近些年来，长江河道非法采砂猖獗，管理混乱，致使堤防损毁、航道阻塞、治安恶化，严重影响了长江防洪和通航安全，引起了中央领导和社会各界的广泛关注。我部会同沿江各省市开展了以禁采为主要措施的治理整顿，加大了打击力度，有效地遏制了长江河道非法采砂活动。2002年1月1日《长江河道采砂管理条例》实施，实现了长江河道采砂的统一管理。沿江各级水行政主管部门依法加大了监管力度，长江中下游河道没有发生一起因非法采砂造成的堤防损毁、航道阻塞以及恶性治安案件，为建立依法、科学、有序的长江河道采砂秩序奠定了良好的基础。

为进一步做好长江河道采砂管理工作，我部采取了四个方面的措施：一是会同有关省市，继续保持对非法采砂的严打态势，巩固来之不易的禁采成果；二是提高对长江河道采砂开禁后管理工作艰巨性和复杂性的认识，抓紧做好相关准备工作；三是做好专门管理机构、专职管理人员、执法装备和专项管理经费的落实；四是督促沿江各省市进一步做好长江河道采砂的监督管理工作，并抓紧做好《长江河道采砂管理条例》的配套法规建设和相关基础工作。

目前，全国其他河道采砂管理工作还比较薄弱，也存在着与原来长江类似的突出问题。管理的责任主体不明确，乱采现象严重，危及河道安全。我部已向中央编办建议，在这次政府机构改革中参照长江的做法，明确全国河道采砂的管理体制和管理责任。我部将总结长江河道采砂管理工作的经验，按照授权尽早出台《河道采砂许可管理办法》，建立和完善有关法规规章，加大监督检查和执法力度，切实做好全国河道采砂管理工作，确保全国河道防洪安全。

七、规范河道管理范围内建设项目管理，确保河道防洪安全

近年来，随着我国社会经济的发展，在河道管理范围内的建设开发活动大量增加，全国河道管理范围内违章建设现象还不同程度的存在，严重影响河道的行洪安全。在对全国进行的普查中，共发现违章建设项目746个，包括桥梁、码头、管道、通讯输电设施、隧道、厂矿、游乐场、围河造地等。存在的主要问题有：一是一些地方领导法律意识淡薄，行政干预严重，违章问题突出；二是一些国家重点工程未经水行政主管部门审批就开工建设；三是不按照水行政主管部门审查意见要求和标准建设；四是河道主管部门缺少必要的监督控制手段。

为保证河道的行洪安全，我部一直高度重视河道管理范围内建设项目管理工作。根据《河道管理范围内建设项目管理的有关规定》要求，河道管理范围内的建设项目，必须按照河道管理权限，经河道主管机关审查同意后，方可按照基本建设程序履行审批手续。各流域机构和各级水行政主管部门，按分级负责的原则，加强了对河道管理范围内建设项目的审查，各类违章建设现象得到有效遏制。我部重点开展了以下五个方面的工作：

(1) 组织修订《河道管理条例》、《河道管理范围内建设项目管理的有关规定》，完善有关法规规章，使河道管理范围内建设项目的管理工作进一步规范化、制度化。

(2) 加强宣传，提高全社会对依法管理河道重要性和必要性的认识，争取地方政府的支持，把河道管理范围内建设项目管理与防洪责任联系起来。

(3) 加大执法力度，加强监督检查，推动全国河道管理范围内建设项目管理工作取得突破性进展。

(4) 加强管理基础工作建设，继续推进河道确权划界工作，加快河道岸线利用和整治规划、河口整治规划等有关规划的制定与实施。

(5) 加强各级河道管理单位的组织建设，结合水管单位体制改革，明确河道管理单位工作经费和业务专项经费来源，配备必要的执法装备，强化执法手段，建设一支高素质的管理和执法队伍，确保河道防洪安全。

八、组织开展水利系统“安全生产月”和水利交通安全知识竞赛等活动

2002年6月，我部组织开展了以“安全责任重于泰山”为主题的水利系统“安全生产月”活动。在“安全生产月”期间，各单位充分利用广播、电视、电影、报刊、板报、标语、宣传画等宣传手段，进行广泛深入的安全生产宣传教育，认真学习《安全生产法》，深刻领会江泽民总书记对安全生产工作的一系列重要指示精神，通过组织学习安全生产法律法规、规章制度和操作规程，使职工的安全素质和遵章守纪的自觉性明显提高。通过安全现场会、安全知识讲座、安全演讲、安全征文、安全展览等多种群众喜闻乐见的安全宣传教育活动，让安全生产家喻户晓，深入人心。

为配合水利系统“安全生产月”活动，宣传普及交通安全知识，提高水利系统各级领导、车管干部和车辆驾驶人员的交通安全意识，有效地遏制交通事故的发生，2002年5~9月，我部举办了“长江杯”全国水利交通安全知识竞赛活动。竞赛组委会组织编印了《水利交通安全知识问答》1万册，编写了《水利交通安全知识竞赛试题》(100题)，刊登在2002年6月8日的《中国水利报》上。除《中国水利报》原有发行的6万份外，还增印了2.5万份。本次竞赛活动共回收有效答卷近3万份。全国共有26个省、自治区、直辖市的3000多个单位参加了竞赛活动。

为宣传普及《安全生产法》和提高水利交通安全管理水平，10月和11月分别举办了水利系统《安全生产法》、《职业病防治法》学习班和水利车辆安全管理培训班，水利系统基层单位安全干部、车队长和驾驶员共170多人参加了培训。

九、抓好水利工程施工安全和车船交通安全，积极防范恶性火灾、爆炸和交通事故

针对水利施工伤亡事故时有发生的情况，2002年，我部开始组织修订《水利水电建筑安装安全技术工作规程》，并进一步加强水利施工安全监督管理和安全检查。要求水利工程建设和施工单位确保施工安全生产。施工组织设计要有明确的安全交底。洞挖工程、基础开挖、爆破作业、高处作业和高边坡必须有可靠的安全防护措施。油库、炸药库、仓库和临建房屋要符合安全要求，有严格的管理制度和防雷、防雨措施。施工机械和设备要加强维护保养和日常检查，确保安全运行。加强了施工人员，尤其是特种作业人员和民工的安全教育，做到持证上岗，坚决杜绝违章行为。

结合民用爆破器材和烟花爆竹、道路和水上交通运输、煤矿安全、化学危险品储运、公众聚集场所消防等五项安全生产专项整治工作，根据水利实际，重点加强炸药库、油库、仓库、锅炉、压力容器、宾馆、招待所、餐厅、娱乐场所、办公用房、集体宿舍等的安全管理和监督检查，加强水库旅游和水上作业、车船运输安全管理，完善各项安全生产规章制度和安全操作规程，按要求配备消防器材，严防火灾、爆炸和淹溺事故。

根据防汛抗旱、水利施工、水文测报车辆使用强度大和水利工作点多、线长、面广，以及车辆行驶路况差的特点，督促各单位加强车辆、船舶的安全检查和维护保养，加强对驾驶员的安全教育，严禁超载超速、无证或疲劳驾驶和车船带病运行，防止发生恶性交通事故。

十、做好安全工程系列职称评审和注册安全工程师审核上报工作

根据1998年人事部和劳动部《安全工程专业中、高级技术资格评审条件（试行）》，我部组织制定《水利安全工程专业中、高级技术资格评审条件（试行）》，成立水利部安全工程系列高级专业技术职务评审委员会。从1999年起进行水利安全工程系列职称评审，到2002年，部直属单位共评审通过高级职称17人、中级21人、初级1人，为安全管理和技术人员安心安全工作创造了良好条件。

根据人事部、国家安全生产监督管理局《关于印发〈注册安全工程师执业资格制度暂行规定〉和〈注册安全工程师执业资格认定办法〉的通知》（人发［2002］87号）精神，我部组织有关专家审核了部属各单位上报的注册安全工程师执业资格申报材料，对符合申报条件的人员进行了推荐。

农业安全生产工作

农业部人事劳动司、农机监理总站

一、农业安全生产工作概况

2002年，农业部门认真贯彻党中央、国务院关于加强安全生产工作的指示精神，继续坚持“安全第一，预防为主”的方针，切实加强对农业安全生产工作的领导，建立健全农业安全生产管理体制，层层落实责任制，深入开展渔业、农业机械、乡镇企业、饲料工业、农药安全、农垦等行业的安全生产调查研究和专项整治，逐步增加农业安全生产资金的投入，积极指导各地加强农业安全生产各项工作。通过各有关部门和广大职工群众的共同努力，2002年农业安全生产总体上呈现出“大体稳定，趋于好转”的态势。全年事故发生率、人员伤亡和损失程度，特别是重、特大事故都有下降，为促进农业和农村经济的健康发展发挥了作用。

2002年，农业部门在抓好农业安全生产工作方面有以下七个特点：

1. 各级领导高度重视，加强组织落实

各地、各单位牢记江泽民同志关于“安全生产责任重于泰山”的教导，从落实“三个代表”重要思想的要求出发，进一步提高对安全生产工作重要性的认识，普遍把安全生产工作摆在十分突出的位置，作为部门和单位的头等大事和重点工作来抓。

为加强对安全生产的领导和指导，农业部年初即印发了《农业部关于切实加强安全生产工作的意见》，明确了全年农业安全生产工作的思路、重点和措施。去年，为抓好安全生产工作，国务院召开了第58次常务扩大会议，国务院办公厅下发了开展安全生产大检查的《紧急通知》，国务院安全生产委员会召开了第三次、第四次全体会议，国家安全生产监督管理局也召开了全国安全生产工作会议，中央和国务院领导同志对安全生产工作多次作出指示。对这些精神和要求，农业部及时进行传达和贯彻落实。部领导亲自组织研究和部署农业安全生产工作，全年共组织召开了5次安全生产委员会（扩大）会议，分别印发了关于加强农业安全生产工作的《紧急通知》两个，开展了两次安全生产大检查。我们共组织12个检查组，分赴广东、辽宁等20个省（区市），对渔业、农机、乡镇企业、畜牧兽医、农垦等农业行业的安全生产情况，以及农产品质量安全、草原防火等重点问题进行了检查；对部机关、部直属单位的安全管理情况也进行了检查。对检查中发现的问题和事故隐患，及时采取措施进行整改，并切实做好节假日前、汛前、雷雨季节、洪水过后、草原火灾易发季节的安全防范工作。各地农业部门按照党中央国务院和我部的具体要求，积极行动，狠抓落实，通过开展安全生产检查、实行专项整治、落实整改措施以及开展安全生产宣传、教育和知识培训等多种形式，努力将安全生产事故和损失降到最低限度。

2. 认真落实安全生产责任制，建立健全规章制度

各地农业部门普遍建立了安全生产责任制，明确一把手为安全生产第一责任人、主管领导直接负责，并层层签订安全生产责任书，将责任制逐级分解。如广东、海南两个垦区把安全责任层层分解落实，形成了总局、企事业单位、农场作业区（分公司、车间）、生产队（班组）四级领导安全责任管理体系，使安全生产责任横向到边、纵向到底，上下贯通。江苏、辽宁两省乡镇企业行政管理部门及时制定年度安全生产工作目标和措施，将安全生产责任逐级分解落实到省、市、县（区、市）、乡（镇）或村、企业，基本做到了一级抓一级，一级对一级负责。与此同时，各地农业行政主管部门根据新形势下农业安全生产的特点，努力加强规章制度建设。如海南农垦总局制定了《安全生产奖惩条例》、《安全生产责任制度》、《安全生产教育制度》、《安全生产检查制度》、《安全技术措施计划制度》、《事故报告和调查处理制度》、《制胶生产岗位操作

规程》等一系列管理制度，使安全生产管理工作逐步做到制度化、规范化。

3. 强化农业行业安全生产监管力量，积极履行职责

各级农业行政管理部门积极加强农业行业安全生产管理机构和队伍建设。农业部为适应新阶段农业发展和农业安全生产新形势的需要，及时充实调整了安全生产委员会组成单位及人员，明确部安委会负责领导、监督和管理农业行业的安全生产工作，同时明确了部安委会办公室、部安委会各成员单位的职责任务。部内各行业司局都有负责抓安全生产的处室和人员。特别值得一提的是，在机构编制十分紧张的情况下，我部去年撤销了一个机构，专门成立了草原监理中心，进一步充实了草原防火指挥部的力量。各地农业部门按照上下一致的原则，均建立了安全生产工作管理机构，并配备了经验丰富、业务熟练、责任心强的工作人员。如农机行业建立了从部到省、地（市）、县、乡甚至到村和企业的安全管理机构和人员，仅县以上的监理机构就有2700多个，职工2万多人，乡一级从事安全监理工作的人员达4万多人；广东垦区共有安全生产管理人员1100多人，其中专职管理人员110人。同时，各级农业行政管理部门主动协调，积极落实责任和经费，保证安全生产管理机构按照职能和职责正常开展工作。

4. 突出工作重点，开展专项整治

各地对一些涉及农业安全生产的关键环节和可能引发事故的重点行业进行了专项整治，实行重点监管，有效地降低了事故的发生率和损失程度。广西、河南开展了农用运输车、拖拉机交通安全专项治理整顿活动，重点查处了“黑车非驾”、超速超载、违章载人等严重违章行为，严厉打击拼装农用运输车的违法行为。浙江、辽宁对“三无”和“三证不齐”渔船进行了清理整顿。内蒙古、吉林将饲料生产企业中的粉尘和锅炉、高压设备以及电路作为监管的关键环节，多次发出通知和进行实地检查，督促生产企业进行整改和重点监控。内蒙古把草原防火作为农业安全生产的一项重点工作来抓，加大投入和管理力度。江苏把包括乡镇化工企业在内的化工企业作为重点治理行业，配合有关部门积极开展专项整治。全省8002家化工企业全部纳入专项治理范围，治理覆盖面达100%，验收合格企业6664家，合格率达83.3%，不合格企业1188家，彻底关闭企业150家。围绕农产品质量安全，湖南、浙江两省各级农业部门加大了对农资市场的监管和整治力度。湖南对全省69家农药生产企业和980个农药产品进行了专项治理和整顿，特别是加大了对“瘦肉精”非法生产、经营和使用的打击力度，取得了明显成效。2001年因“瘦肉精”污染而被深圳通报、禁运的10个生猪县（市），经深圳市验收合格后准许再次进入深圳市场，其中长沙市的生猪尿检阳性率也从2000年的22%下降至2002年10月的5.2%。

5. 加强事故隐患监控，积极开展整改工作

各级农业部门坚持边检查边整改、以检查促整改、能立即整改的马上整改、客观原因暂时整改不了的想方设法限期整改，及时消除了事故隐患。如辽宁省乡镇企业行政管理部门组织力量对全省1436家企业进行了安全生产检查，共查找出事故隐患1250项，其中重大事故隐患68项，目前已整改904项，限期整改346项，隐患整改率达72%以上。该省检查组针对抚顺市顺城区河北乡鹰洛采石场和丹东凤城市暖河硼矿等企业存在的重大隐患，依照《乡镇企业法》等有关法律法规的规定，对企业给予停止生产并限期整改的处罚。江苏省对乡镇企业中查找出来的隐患，及时下达整改通知书，并要求整改企业做好记录，建立台账，做到整改时间、整改责任、整改措施、整改经费、整改复查“五落实”。辽宁海城市乡镇企业局共检查乡镇矿山企业125家，查封27家，限期整改30家，尤其是对超高、超宽、暴露面积过大的12家洞采镁石的企业实行封停，对15家独眼井作业的洞采滑石企业实行封停。

6. 加强事故调查处理，严格执行责任追究制度

农业系统认真贯彻国务院及有关部门的规定，结合农业行业的实际，建立起了从上到下比较健全的事故报告制度，并能够严格执行事故报告制度，及时进行事故的调查处理。如广东、海南两个垦区按照有关规定，由各管理局和直属单位按规定时间将安全事故报总局，总局汇总后报给农业部农垦局、农业部安委会和省安委会。在对事故的调查处理中，垦区主管部门积极与当地的劳动、公安、监察等部门配合，督促和协助地方做好事故调查处理

工作，查找出原因，制定整改方案，追究事故责任人。

7. 广泛开展宣传教育，不断强化安全生产意识

《安全生产法》于2002年11月1日起正式施行之后，农业部门抓住这一契机，认真开展学习宣传和贯彻实施活动，使《安全生产法》不断深入人心，取得了积极效果。农业部安委会利用《农民日报》、《中国乡镇企业报》、《中国农机安全报》和中央电视台7频道等新闻媒体，开展了以《安全生产法》为重点的农业安全生产宣传教育活动，组织各行业司局结合行业安全生产工作撰写学习体会和贯彻《安全生产法》的专题文章，并在上述媒体上进行连续报道。农业部副部长、部安委会副主任齐景发还就农业系统如何学习宣传和贯彻实施《安全生产法》接受了中央电视台农业频道的专题采访。在学习宣传《安全生产法》的同时，部安委会还举办了由安委会全体成员、机关各司局和京内直属事业单位负责安全生产工作的领导和处室负责人参加的《安全生产法》专题培训，邀请国务院安全生产委员会办公室副主任、国家安全生产监督管理局副局长闪淳昌同志作了专题讲座，收到了良好效果。

各地农业安全生产管理部门和单位，也采取了多种形式开展学习宣传和警示教育活动，提高了广大干部群众的安全生产意识。如天津市渔业行政主管部门在伏季休渔和冬季、春节期间对渔民开展《安全生产法》和渔业安全生产操作规程的集中培训，并通过发送《致渔民的一封信》等形式，加强教育，提高渔民依法安全作业的自觉性。在2002年“安全生产月”和《安全生产法》宣传活动期间，河南省乡镇企业系统共出动车辆1900余辆(次)，张贴标语10万多条（幅)，参加人员约2万多人，受教育人数约50多万人。

2002年，全国农业机械总动力达到5.79亿千瓦，比2001年增长5.27%；拖拉机保有量达1487.65万台，增长5.8%；联合收割机保有量达31万台，增长10%；农用运输车数量达956万辆，增长10%；排灌动力机械达1572万台，增长4.3%。农业机械化继续保持高速度、高质量的发展态势，农机总动力持续增长，农业机械化水平稳步提高，为农业和农村经济发展作出了积极贡献。

农业机械化的迅猛发展，使农机安全监督管理的对象增加，内容拓宽，技术要求提高，工作更加复杂，任务更加艰巨。农机安全监理继续坚持走以法治机的道路，全面承担起国务院批准农业部“三定”方案规定的组织实施拖拉机、联合收割机、农用运输车等农业机械的安全监理工作任务。

农业部农机监理总站作为负责农机安全监理具体工作的农业部直属事业单位，其主要职责是组织和领导全国各级农机安全监理机构开展农机安全生产检查；承担农机安全技术检验标准、驾驶（操作）人员考试办法、农机安全作业规程等监理法规的研究、起草和论证工作；承担农机事故统计分析，提出防范措施，协助地方处理重、特大农机事故；组织开发农机监理装备，推广农机监理所需的仪器、设施和设备；组织编写农机安全宣传材料和农机监理人员培训教材；开展农机监理人员培训与业务交流活动；承担农机监理计算机软件开发和组织农机监理信息网络建设工作。总站为进一步落实农机安全生产责任制，开展了大量卓有成效的工作。

1. 全国农机管理法规体系基本形成，农机安全监理网络逐步发展壮大

为了加强对农业机械的安全生产管理，根据国家有关法律法规和中央政策精神，全国绝大部分省份从本地实际出发，纷纷制定了有关地方性农机法规。全国已有25个省（自治区、直辖市）人大常委会通过了农机管理条例，明确规定：由各级农机监理部门负责对本辖区内的拖拉机等农业机械实施牌证管理，对农机驾驶（操作）人员进行安全教育培训并核发驾驶证等安全监理工作。其中有20个省（自治区、直辖市）的法规明确规定：农用运输车的安全监理工作由农机部门负责。

2002年，全国县以上农机监理机构达到2900个，其中：省级农机监理机构31个，地市级农机监理机构348个，县区级农机监理机构2521个。乡镇农机管理服务站也都具有农机安全管理职能。全国共有专职农机监理人员7万人，其中，县以上3.4万人（其中科技人员16495人，占49.2%)，乡镇3.6万人。在乡镇还有兼职农机监理人员5万人，各行政村均配备了农机安全员，形成了适应农机分散管理特点，行政执法与技术服务相结合的农机安全监理体系和网络。

2. 切实开展农机专项治理，确保农机安全生产

2002年，农业部在全国开展了“农机质量安全年”活动，以清理“黑车非驾”为重点，进行了农机安全整治。农业部农机监理总站针对“黑车非驾”是当前造成农机事故发生的主要违章行为，组织进行了交叉检查，开展以严厉打击“黑车非驾”为重点的农机专项整治活动。各级农机监理机构充分发挥农机监理网络优势，加强对农业机械的牌证管理，组织基层农机监理人员和农机安全协管人员下乡进村，对无牌行驶和无证驾驶行为进行了一次全面清理，全国共清理无牌证“黑车”663万辆(台)，无证驾驶的“非驾”人员585万人，利用3~9月为期180天的全国农机清理整治“黑车非驾”专项活动，全面提高了农业机械和驾驶（操作）人员的牌证核发率和年检审率，大大降低了农机事故发生率。当年全国共发生农机事故17971起，死亡2578人，重伤5416人，直接经济损失6679.7万元，农机事故率与去年同期相比降低12.3%，农机重、特大事故和伤亡人数与去年同期相比分别降低8.5%和11.5%。开展农机专项治理活动，改善了农机安全生产环境，从源头上消除了农机事故隐患，确保农机安全生产。

3.加强农机监理执法队伍建设，提高农机监理人员岗位培训水平

农机监理执法队伍建设必须适应我国农业机械使用特点和安全管理的要求，满足农业生产安全和道路交通安全的需要。在从事农机安全监督管理工作的同时，还要开展农机安全生产的技术服务。2002年，为了进一步提高农机监理队伍执法水平，增强服务“三农”意识，农业部农机监理总站结合《全国农机管理人员培训工程》计划，率先与上海市农机监理所共同研制开发了《全国农机驾驶（操作）人员考试题库》，并在全国农机监理系统开展了以提高农机监理执法队伍素质为目标的岗位培训工作。要求各级农机监理机构积极推行政务公开制度，转变工作作风，提高办事效率，自觉接受群众监督。

在对农机监理人员岗位培训时，通过开展“全国农机驾驶操作人员试题库及测试系统”、全国农机监理检测技术培训、《安全生产法》讲座等一系列培训活动，全面提高农机监理从业人员的执法水平，增强了为农服务意识。在对农机手进行安全教育时，充分利用农机管理服务网络，发挥乡村农机管理、监理人员的作用，组织开展农机安全村活动，既加强农机手安全意识和安全法规教育，也广泛宣传安全操作常识，既做好农机手的安全教育，也做好农机手家属的安全宣传教育。

4.强化农机安全生产宣传教育和安全生产检查

加强农机安全生产宣传教育和开展农机安全生产检查，是消除农机事故隐患、防范农机事故的有效措施和重要手段。2002年，农业部农机监理总站为认真贯彻落实国务院第58次常务扩大会议和全国安全生产工作电视电话会议精神，先后组织对天津、河北、辽宁、河南、安徽、江西、福建、广西等省的农机安全生产检查。针对农机作业量大、面广的特点，采取多种形式加强农机安全生产宣传教育。各级农机监理部门充分利用电视、广播、报刊、标语、网络等宣传媒体，大张旗鼓地宣传有关农机安全生产的政策法规，全面提高广大农民群众的农机安全生产意识，牢固树立“安全第一，预防为主”的观念，加强农机安全监督管理。

农业部农机监理总站结合6月份开展的“全国安全生产月”活动，组织全国省级农机监理人员开展农机安全生产检查互查活动。重点查处无牌行驶、无证驾驶、超速超载、违章载人等违章行为，坚决防止重、特大农机事故的发生。通过省级间农机安全生产工作的互相交流，总结典型经验，认真贯彻落实《安全生产法》和《国务院关于特大安全事故行政责任追究的规定》等一系列有关农机安全生产的法律法规，建立健全农机安全生产责任制，进一步促进了农机监理文明执法、优质服务工作的开展，减少了农机事故隐患，得到了各级政府的高度关注。

5.开展“文明监理、优质服务”示范窗口单位的创建活动

农业部在全国农机监理系统开展“文明监理、优质服务”示范窗口单位的创建活动，使广大农机监理执法人员牢固树立全心全意为人民服务的思想，依法行政、文明执法，勤政为民、廉洁奉公，树立良好的职业道德风尚，加强与农民群众的联系。同时也有利于提高农机安全管理工作水平，减少农机事故的发生，保障人民群众生命和财产安全。按照《“文明监理、优质服务”示范窗口创建条件》要求，全国农机监理系统积极开展创建“文

明监理、优质服务”示范窗口活动，内强素质，外树形象，对提高农机监理队伍整体素质、规范执法行为、改善技术装备条件、增强为农服务意识和促进农机安全生产发挥了重要作用。农机安全监理工作的健康发展，得到了广大农民机手的欢迎和社会各界的好评。2002 年，农业部推出了第三批全国“文明监理、优质服务”示范窗口单位 123 个。

6. 建立健全农机事故报告工作制度

我国的农业机械数量大，分散在广大农村，农业机械既要从事农田作业，又要上公路运输农副产品和农业生产资料，农业机械的安全监督管理，是农业生产安全监理与道路交通安全管理的双重管理。引发农机事故的主要原因：一是农民机手的安全意识淡薄，如无牌行驶和无证驾驶；二是部分农机手技术素质低，操作失误；三是部分农业机械维修保养不当，技术状态差，机件失灵。农业部农机监理总站建立了有关农机事故统计报告工作暂行规定，健全了农机重、特大事故报告制度。农机事故统计报告工作实现了按省、类别进行计算机填报统计。

7. 提高农机安全检测的现代化水平，积极开发推广农机安全检测仪器设备

农业机械使用中的安全性，是关系广大农民群众生命和财产安全的大事。为了提高农机安全检测的现代化技术水平，提高农机安全检测的准确性和权威性，2002 年，农业部农机监理总站结合农机安全检测的实际，积极开发推广使用 3 批农机安全检测仪器和设备。通过现场演示、培训交流、专家技术人员讲授等方式，推动了新技术的消化吸收和新设备的使用，提高了农机安全生产管理水平，特别是农机安全性能检测工作的科学化、现代化水平。全国农机监理系统的装备水平有了明显提高。

8. 推动全国农机监理计算机软件的统一开发和研究

为了实现全国农机监理业务管理计算机软件的统一，提高农机监理工作效率，适时掌握农业机械操作人员及农机具的使用情况，组织完成了《农机监理信息管理系统通用要求》的编制，主要包括五个部分：《农机监理计算机软件开发设计规范》、《农机监理信息管理系统流程设计规范》、《农机监理信息管理系统机车、驾驶员数据标准》、《农机监理信息管理系统网络建设导则》和《农机监理计算机软件测试评价标准》。

建筑施工安全生产工作

建设部工程质量安全监督与行业发展司

2002 年，建设部认真贯彻落实国务院第 58 次常务扩大会议及国务院各次安全生产电视电话会议精神，紧密结合全国建设系统安全工作实际，在建筑施工领域认真开展安全生产检查和安全专项治理工作，紧紧围绕完善安全生产法规标准，健全规章制度，提高施工现场安全防护水平，落实安全生产责任制，努力控制和减少施工伤亡事故，全年特大事故减少，百亿元产值死亡率下降，建筑施工安全生产形势总体平稳。

一、加强领导，强化政府监督管理，实施安全目标管理

建设部认真落实国务院关于安全生产工作部署，成立了以汪光焘部长为组长，郑一军、仇保兴副部长为副组长的建设部安全生产领导小组。印发了《建设部安全生产管理委员会工作制度》和《建设部有关部门安全生产工作职责》，明确了有关领导、部门安全生产职责和工作制度。根据建设部工作部署，各地普遍调整或成立了以建设厅长为组长、分管副厅长为副组长的安全生产领导小组；制订了落实国务院 302 号令《国务院关于特大安全事故行政责任追究的规定》和建设部《建设领域安全生产行政责任规定》（建法［2002］223 号）的具体办法或规定；建立安全例会制度，定期召开会议研究部署安全生产工作。根据国务院行政管理体制改

革的精神，部门、行业管理逐步转向政府对建筑市场的监督管理。各地建设行政主管部门制定安全工作监督管理目标，施工企业制订安全生产工作目标，层层签订安全生产管理责任状，狠抓安全工作目标和责任的落实工作。

二、突出重点，部署专项治理，组织开展安全生产检查

根据国务院和国家安全生产监督管理局关于安全专项整治的工作部署，建设部根据建筑施工行业事故多发的实际，组织开展了预防施工坍塌、高处坠落、塔吊倒塌和房屋拆除倒塌等的安全专项治理。各地、各级建设行政主管部门和施工单位成立专项治理领导小组，制定专项治理措施，加强专项治理措施落实的监督和检查，限制、淘汰和禁止使用危及生产安全的工艺、设备，如限制人工挖孔桩的应用范围，实行深基坑开挖方案备案制度，淘汰简易龙门架、井架提升机、简易塔吊等。一些地区特别是城市针对旧城改造房屋拆除工作量大、事故多发的情况，制订房屋拆除的专项治理措施，出台了房屋拆除安全监督管理规定，强化了政府安全监督管理工作。

为贯彻国务院第58次常务扩大会议和全国安全生产电视电话会议精神，使安全生产责任和各项安全措施落到实处，建设部印发了《建设部关于立即组织开展建设系统安全生产大检查的紧急通知》，在各地开展安全生产检查的基础上，组织了5个检查组进行抽查。各地建设行政主管部门和施工企业根据全年工作部署，广泛组织开展施工安全检查工作，政府主管部门检查的重点是地方、企业安全生产自查情况、安全生产责任规章制度的建立和落实情况、事故隐患的监控和整改情况、安全监督管理机构及人员配置和职责履行情况、事故调查和处理及责任追究的执行情况等五个方面。企业在检查各项责任制度落实情况的同时，也加强了对基坑开挖、塔吊拆装、脚手架搭设等事故多发环节的检查，特别是加强了工程建设标准安全强制性条文的贯彻执行和落实检查。

三、加快法规建设，推进安全标准化工作

在工程建设领域完善建筑施工安全生产法规体系，认真贯彻落实《建筑法》和《安全生产法》，建设部抓紧《建设工程安全生产管理条例》的制定修改工作，加快了《建设工程施工现场管理规定》、《建筑安全生产监督管理规定》、《工程建设重大事故报告和调查程序规定》等行政法规以及《建筑安装工程安全技术规程》、《工具式脚手架安全技术规范》、《建筑施工模板工程安全技术规范》、《拆除工程安全技术规范》等施工安全技术标准规范的修订工作。在工程建设技术标准体制改革中，强化工程建设强制性条文的安全保障作用，修改印发了2002版《工程建设标准强制性条文》（房屋建筑部分），推动了施工安全标准化工作。

四、统一部署，认真开展安全生产宣传教育培训工作

2002年6月，各地区、各施工企业根据建设部统一部署，广泛开展了以“安全责任重于泰山”为主题的安全生产月活动。以江总书记“三个代表”重要思想为指导，从讲政治、保稳定、促发展的高度，认清做好安全生产工作的重要性。普及安全生产法律、法规和安全知识。各地区、各施工单位认真落实安全教育培训工作的规范化、制度化和标准化，在进场教育、班组教育和岗位教育中进行安全技能、知识教育，牢固树立“安全第一，预防为主”的思想。2002年8月，建设部印发了《关于在全国建设系统组织开展学习宣传〈中华人民共和国安全生产法〉活动的通知》，部署各地区、各施工单位广泛深入开展《安全生产法》的学习宣传活动和贯彻工作，以提高安全生产依法行政、依法管理的水平。2002年9月，建设部组织了两期有各地区建设行政主管部门、安全监督机构建筑安全专职管理负责人参加的安全培训班，集中学习国家安全生产法律法规、建筑安全生产规章、安全标准规范，以及依法行政法律法规和有关规定，交流了安全生产监督管理工作经验。各地区充分利用广播、电视、报刊等宣传媒体和工具，举办专栏、节目、专刊等开展安全讲座、安全咨询、安全知识竞赛、经验交流、重大事故暴光，采用多种形式营造安全氛围，倡导安全文化，强化安全意识。

五、加强基础建设，深入开展创建文明工地活动

各地区继续深入开展学上海创建文明工地活动，以贯彻执行《建筑施工安全检查标准》（GJG59－1999）为基础，落实施工现场安全管理、文明工地、脚手架、基坑支护与模板工程、“三宝”“四口”防护、施工用电、物料提升机与外用电梯、塔吊、起重吊装与施工机具等十项重点内容的管理和预防工作。贯彻国际劳工组织《建筑业安全卫生公约》（167号公约）工作与我国建筑行业安全法规标准和规范的制定和执行相结合，努力提高和完善施工现场安全管理和防护水平，改善工地劳动条件和生活环境。有的地区还推行了文明施工与环境保护相结合的“绿色施工”，有的地区建立了城市市政管线施工与文明施工相结合的统一协调管理机制。建筑施工企业注意建立和完善企业安全管理技术标准，有条件的还进行了职业安全健康管理体系认证。2002年，各地区注重建立创建文明工地的长效机制，制定了相关的管理规定和办法，将开展这项工作的状况与市场管理、企业招标投标、表彰奖励相结合和挂钩，突出了安全生产业绩重要性的政策导向。与此同时，创建文明工地活动不断由高资质施工企业向低资质施工企业拓展；不断由中心城市向边远地区发展；不断由建筑施工企业向市政工程、装饰装修工程企业及建筑附属场、站和相关单位延伸。各地区进行了创建文明工地经验交流和表彰工作，推动了创建文明工地活动的开展。

六、建立健全市场机制，加大查处力度，强化安全监督管理

2002年，各地区注重建立和完善安全生产优胜劣汰的市场机制，相应制定并实施建筑施工企业安全生产业绩考评办法，将企业安全生产、文明施工、企业资质、市场准入及评优相挂钩。各地区建设行政主管部门对一批安全生产文明施工存在严重问题整改不力的，给予黄牌警告，并作为企业和项目负责人的不良行为予以记录和公示；对因此造成重大伤亡事故的，除依法追究责任单位和责任人的事故责任外，依据建设部有关规定给予暂停施工进行整改、降低或取消资质等级以及个人执业资格的处罚。与此同时，也追究建筑市场各行为主体如建设单位、监理单位的责任并给予处罚，对有关主管部门负责人的管理责任也依法予以追究。2002年，建设部对8家发生重大伤亡事故的一级建筑施工企业给予降低资质的处罚。

七、积极推行建筑意外伤害保险工作

各地区根据建设部2002年安全生产工作部署，继续推进建筑意外伤害保险工作的开展。有24个地区制定了开展建筑意外伤害保险工作的指导意见或实施办法，并逐步扩大建筑意外伤害保险实施地域范围。为指导这项工作的开展，建设部下达了建设工程意外伤害保险制度研究的课题，并于2002年3月和9月组织了课题阶段研究成果和实施工作研讨会。2002年，建设部与中国保险监督管理委员会对开展建筑意外伤害保险工作进行联系沟通，研究制定有关工作指导意见。

八、加强建筑安全科研工作

为推动建筑安全工作的发展，提高建筑安全决策和应用管理水平，建设部在2002年组织多项建筑安全科研项目的研究工作，有《建筑业企业安全管理信息系统的研究》、《信息技术在建设工程安全管理中的应用研究》、《建设工程意外伤害保险制度研究》、《建筑安全基础数据及决策支持系统研究》、《建设工程安全评价体系研究》等。与此同时，建设部组建了高层次的安全专家队伍，30名来自地区、部门、科研院所和中央大企业的专家、教授、高级管理和技术人员被聘为建设部建筑安全专家组成员，开展建筑安全科研、培训教育、调查研究和专项安全检查督察工作。

信息产业安全生产工作

信息产业部

2002年电子信息产业全行业安全生产形势是好的，大多数单位的领导对安全生产工作比较重视，管理工作落实比较好，没有发生重大责任事故和重要设备损坏事故。但也应看到，仍有一些单位由于安全意识淡薄、管理不严，还存在着不少事故隐患，违章作业也时有发生，应引起大家的重视。

为贯彻党中央、国务院对安全生产工作的重要指示，信息产业部党组及时召开了党组办公会议，针对信息产业的实际情况，结合国办明码电报(2002) 11号文件的要求，就抓好信息产业行业安全生产工作进行了部署，向全行业发出了有关安全生产工作的紧急通知，提出了以“三个代表”为指导，以发展和稳定为大局，坚持安全第一，预防为主，正确处理安全与效益的关系，把安全生产工作放在首位。组织开展安全生产大检查和“全国安全生产月”活动，查找隐患，限期整治，建立健全安全生产各项规章制度，认真落实安全生产责任制，推动了全行业安全生产工作。

一、信息产业安全生产工作概况

2002年信息产业系统主要抓了以下工作：

1. 认真贯彻、学习《安全生产法》

《安全生产法》是安全生产的基本法律，适用于我国境内所有从事生产经营活动单位的安全生产。《安全生产法》确立了安全生产的基本法律制度，规范了生产经营单位的安全生产行为，明确了生产经营单位主要负责人的安全责任，为保障人民群众生命和财产安全，依法强化安全生产监督管理提供法律依据。同时，也为依法惩处安全违法行为、强化安全生产责任追究、减少和防止安全生产事故、促进经济发展提供了法律保证。《安全生产法》是各级安全生产监督管理部门对安全生产实施监督管理的法律依据。

部党组要求各地区、各单位要采用各种形式，大张旗鼓地进行宣传，让全行业职工都了解《安全生产法》、贯彻《安全生产法》，做到深入人心，提高广大职工群众的安全生产意识，增强安全生产法律意识，进一步做好安全生产工作。

2. 组织修订《电子信息产业安全生产管理规定》

原电子部下发的《电子工业各级安全生产责任制规定》，在促进各地区、各单位完善安全生产责任目标，健全各项规章制度和开展安全教育与考核等方面，起到了积极的推动作用。按照《安全生产法》的要求，原规定的内容和措施已不能适应新的形势。为了切实贯彻《安全生产法》，部立即着手组织有关省市主管部门、企事业单位和协会，组成修订小组，研究和部署了对原规定进行修订的各项工作。

3. 开展安全大检查

各省、市信息产业部门和企事业单位，为贯彻党中央、国务院和省市政府对安全生产工作的重要指示并根据信息产业部紧急通知精神，积极采取措施，部署和组织开展了安全大检查和“安全生产月”活动。江西省信息产业厅厅长和三位副厅级领导，亲自带领各检查组，深入基层，调研和检查有关地区和企业的安全生产情况。各地区主管部门在安全生产大检查中认真贯彻“安全第一，预防为主”的方针，强调做好安全生产工作的重要性，查隐患，找漏洞，认真落实安全生产责任制，明确各级人员责任，落实措施。他们针对电子企事业单位安全生产工作的重点，加强对电器设备、有毒物品、易燃易爆场所、动力站的管理，防止火灾及爆炸事故的发生，防止中毒和剧毒化学品失盗事件的发生，确保人民生命安全。他们在检查中要求各单位要把安全工作落到实处，要天天讲安全、抓安全，不能有丝毫马虎。

通过安全大检查，发现的主要问题有：部分企业安全生产责任制尚未落实到人；一些生产场所消防设施陈旧失灵；不少企业电源线老化，线路引接混乱；有的变压器长期暴露在外并且没有明显的安全标识；一些单位的危房尚未整修仍在使用；设备带病运行等。对检查出来的问题，明确了责任，大部分隐患及时得到了整改；对剩下的部分问题，各单位制订了计划，限期整改。湖北省长江有线电厂在安全生产大检查中，共查出各类安全隐患123项，其中117项隐患由各部门及时进行了整改，剩下6项由工厂制定整改计划，限期完成，对完不成整改的部门纳入经济责任制考核。上海第21研究所检查出隐患14项，及时通知各有关部门进行整改，其中有7项属于违反安全规定的，还分别追究责任给予罚款处理。通过安全大检查，提高了各单位领导和广大职工的安全生产意识，使各单位更加重视安全生产；帮助企业查找了事故隐患，并督促整改；落实了安全生产责任制，明确了责任；总结了各地区和各单位在安全生产工作中的经验。为了巩固安全生产大检查的成果，各企事业单位在“安全生产月”活动中，开展了形式多样的安全生产教育活动：悬挂宣传横幅，升安全旗，编发安全生产简报、板报、专刊，利用单位内部有线广播、闭路电视宣传安全生产知识，举办安全知识培训等，使安全月活动家喻户晓，人人皆知，让全体职工和家属都关心安全生产。湖北省孝感市信息产业局还组织本地区电子行业职工观看电影《人命关天的事》，邀请消防人员和有关专家讲解防火、防盗、防伪的知识。电子第28研究所除了组织全所职工观看《人命关天的事》电影，还组织全所安全员观看《隐患在你身边》电影，安排特种作业人员、所领导、中层干部参加安全培训学习。通过这些生动的安全教育，不少单位对生产要害岗位实行了重点控制，明确责任人；有的企业和研究所根据工作岗位的需要，还制定了严格的“禁烟管理制度”、“班后防火拉闸制度”等措施；有的单位在抓不安全因素的同时，还狠抓了人的不安全行为；还有一些企业，对“安全生产月”期间违章作业人员进行了严厉查处。大多数单位通过安全生产教育，都签订了新的安全生产责任书，建立了各项规章制度，对生产设备进行了全面检查，使设备处于良好状态，安全生产秩序得到了改善。广大职工表示，“安全生产大检查”和“安全生产月”虽然过去了，但“安全责任重于泰山”的警钟时刻鸣响着，我们每个职工都要以“我要安全和我会安全”的使命感和责任感，最大限度地消除身边的事故隐患，预防和减少各类事故的发生，这是我们认真贯彻“三个代表”要求的最好实践。

二、电信行业安全生产工作

近年来，电信行业发展迅猛，电信网络已经成为国家的重要基础设施和神经传输系统，保障电信网络的安全畅通对于维护社会稳定、促进经济发展、保障人民群众生活起到了非常重要的作用。信息产业部领导高度重视安全生产管理工作，严格按照国务院安全生产会议精神，根据电信行业特点，对全行业的安全生产工作进行研究部署，采取了一系列积极有效的措施，确保通信网络安全畅通。同时，各省、自治区、直辖市通信管理局克服了诸多困难，在各级地方政府的领导下，在国家安全生产监督管理局的指导下，坚持“安全第一，预防为主”的方针，加强对各地电信运营企业安全生产工作的指导、监督，保障国家和人民生命财产安全，促进国民经济持续、快速、健康发展。

2002年，信息产业部结合电信行业的自身特点，将安全生产与保障电信网络安全畅通工作相结合，将电信行业安全生产工作的重点放在以下三个方面：①严防各类事故发生，减少人民生命财产损失；②加强对生产运营企业安全生产的宣传工作，从思想上提高认识，确保电信网络安全畅通；③做好重要时期的重要通信保障工作。主要工作如下：

(1) 认真贯彻国务院第58次常务会议和全国安全生产电视电话会议精神，组织召开了“通信安全生产电视电话会议”，吴基传部长在电视电话会议上对当前全国通信行业的安全生产形势进行了通报，重点指出了当前通信安全生产方面存在的问题，并要求各级运营企业切实提高对通信安全生产的认识，高度重视安全生产工作，认真研究解决当前工作中存在的问题。对通信行业安全生产工作进行了部署，要求全行业按照国务院第58次常务会议和全国安全生产电视电话会议精神，把安全生产作为当前和今后一个时期工作的重中之重，集中精力，突出重点，狠抓落实，切实防止重大安全事故的发生。同时，布置开展一次全行业的安全生产大检查，通过认真查找安全隐患和管理漏洞，确保通信网络安全畅通，为国民经济和社会发展提供优质安全的通信服务。

(2) 下发了《关于切实保障通信安全畅通的紧急通知》，要求各电信运营企业、各省（区、市）通信管理局做到：①严格落实领导责任制，保障通信安全畅通；②认真开展保障通信安全畅通的专项整治活动；③加强舆论监督，严惩违法乱纪行为。要求各通信管理局、各通信企事业单位都要切实加强领导，加强职工思想教育，严格各项安全生产制度，兢兢业业做好自己的工作。

(3) 制定并下发了《电信运营业重大事故报告制度》，对电信运营行业安全生产的各类事故（包括生命财产事故、电信网络阻断事故、互联互通事故等）规定了明确指标，要求发生重大事故应按规定的时间和程序报告相应的政府主管部门，并规定对于未及时、如实上报事故情况的单位应给予处罚。该《制度》实行以来，相关电信运营企业基本能够按照《制度》要求，及时上报事故情况，对于各级行业管理部门及时掌握电信网络运营情况，督促解决网络故障，切实维护电信用户权益起到积极作用。

(4) 认真执行并圆满完成了党的十六大期间通信保障任务。信息产业部从上到下高度重视此次通信网络安全保障工作，把此次通信保障工作当作一项重要政治任务完成。要求各电信运营企业按照“三个代表”的要求，从讲政治的高度，从大局出发，充分认识确保重要时期通信网络安全畅通的重要性，在重视经济管理、促进业务发展的同时，切实担负起这次通信网络安全保障的重任。要求各电信运营企业认真安排落实此次通信保障任务，要把工作做细、做扎实，力争以安全、优质、高效的服务向党的十六大献礼。信息产业部先后几次向相关电信运营企业下达了关于确保党的十六大至2003年“两会”期间通信网络安全保障有关工作要求，并多次召开了由企业负责同志参加的会议，对具体工作进行了布置。要求各电信运营企业在党的十六大召开前确保完成以下几项工作：建立应急通信保障指挥调度领导小组和应急通信保障队伍，制订应急通信保障预案，并结合本企业实际情况进行必要的演练；进一步完善网络安全保障规章制度、操作维护规程等安全措施，落实安全责任制；对通信网络重点部位安全给予重点保障，主要包括网管系统、信令网、同步网等；制订话务过载应急处置预案、重要通信线路传输中断应急处置预案、重要用户通信中断应急处置预案等；加强对通信枢纽“四防”工作，对相关网络和设备进行检修和测试，及时排除事故隐患等。为加强对通信网络安全保障工作落实的监督和指导，我部组成两个专项检查组，分赴中国网通、中国联通、中国移动、中国电信进行检查。检查组分别听取了各运营公司关于通信网络安全保障工作的汇报，并对重要通信枢纽、网管系统等进行了实地检查。

这次执行通信保障任务，是对电信行业安全生产工作的一次促进和检验，反映出各大电信运营企业安全意识较强，工作有力，任务完成情况较好。

安全生产工作是一项长期而艰巨的重要工作，我们将在认真总结以往安全生产管理工作经验的基础上，充分认识确保通信网络安全畅通的重要性，在重视经济管理、促进业务发展的同时，狠抓通信行业安全生产，确保通信网络安全畅通。

民航运输安全工作

中国民航总局航空安全办公室

一、2002年安全工作概况

2002年民航全行业认真学习、实践“三个代表”的重要思想，全面贯彻中央领导同志对安全工作的重要指示和国务院安全生产工作部署，落实总局各项安全工作措施，坚持“安全第一，预防为主”的方针，加强安全工作的组织领导，加快整章建制、人员培训和安全基础建设，认真落实安全生产责任制，开展全行业安全大检查，深入治理安全隐患，加大了安全管理和监察力度。特别是在“4·15”和“5·7”事故后，全行业坚决贯彻国务院和民航总局安全工作紧急会议精神，统一思想，坚定信心，狠抓了9项安全措施的落实，保证了国家重要节日、重大会议、特别是党的十六大期间的航空安全，圆满完成了中央领导专机保障任务，为六大航空企业集团重组和全行业生产效益的提高创造了良好条件。

2002年，全行业预计完成运输总周转量160亿吨公里，同比增加13.3%；运输旅客8400万人次，同比增加11.6%；货邮运输量200万吨，同比增加17%。全年飞行总量200.1万小时，同比增加10%；飞行152.6万架次，同比减少3.7%。其中，运输飞行186万小时、117万架次，同比分别增加11.1%和6.9%；通用飞行14万小时、35万架次，同比下降3.7%和5.7%。

2002年，全行业发生运输飞行事故2起，通用飞行事故2起，航空地面事故4起；飞行事故征候116起，事故征候万时率0.58，同比上升0.01，万架次率0.76，同比上升0.06；中航浙江、南航珠海、南航广西、南航贵州、中国邮政、山东股份、中海直、飞龙、龙垦、双阳航空公司，华北、东北、西北管理局，白云机场、油料公司等单位全年未发生飞行事故征候。

2002年，我们在抓安全生产方面做了大量的工作，在健全安全管理体制、整章建制、培训人员、引入先进科技手段等方面都取得了一定的成效。

二、主要工作

1. 提高思想认识，明确安全责任

2002年初，在全国民航工作会议和安全会议上，总局全面分析了“9·11”恐怖事件对世界政治、经济，特别是对民航安全的影响，要求全行业认真领会中央领导同志的重要指示，把航空安全放到国家发展战略的全局中认识和评价，从实践“三个代表”重要思想和维护国家安全的高度，认识民航安全工作的极端重要性。强调民航政企分开、企业重组，政府和企业的安全工作不能脱钩，政府对航空安全的控制力不能削弱。无论是航空公司、机场公司及其他民用航空企业都要建立责、权明晰的安全管理体系，安全责任要层层落实。《中华人民共和国安全生产法》颁布后，在民航局长、总经理会议和管理局局长会议上，杨元元局长再次强调了总局、地区管理局以及民航企事业单位的安全责任，要求全行业进一步加强民航改革期间的安全工作，加快政府安全监察体系和企业安全管理体系建设，按照“五严”的要求，狠抓安全工作落实，确保飞行安全。

2002年，总局继续与地区管理局、航空公司、机场等30家单位签订了《航空安全责任书》。根据2001年各单位安全情况，对实现安全目标的31家单位法定代表人、负责人给予了奖励，对安全工作成绩突出的南航、厦航、新华航和飞行学院分别授予了安全奖杯。对未实现安全目标的1家航空公司及法定代表人给予了处罚。同时，华北、华东、中南、西南、西北、东北、乌鲁木齐管理局以及各航空公司、机场、飞行学院等单位也层层签订了安全责任书，细化了安全目标。为强化安全责任意识，中南局和南航依照《国务院关于特大安全事故行政责任追究的规定》，制定下发了“中南局航空安全行政处罚规定”和“南航安全行政责任追究暂行规定”。华东局在对山东省局的改革试点工作中，确立了安全责任划分的原则，明确了机场移交前后地区管理局、监管办、机场及地方各自的安全责任，制定了以安全监管为中心的监管办行业管理职责(细则)。中国、东方、南方三大航空集团挂牌后，中航集团立即召开了专机管理委员会会议，研究部署专机安全管理工作，领导分工负责，确保专机安全，并成立了航空安全办公室。东航集团成立了集团安全管理委员会，制定了集团公司“安全责任承包”、“安全奖惩”等8项安全管理工作制度，明确集团内部各方的安全责任，提出了集团公司安全工作总体思路。南航集团成立了航空安全部，主要职责是掌握安全动态，提出安全建议。

2. 加快法规建设，加大执法力度

近年来，民航安全法规不断完善，但一些规章、标准仍缺乏系统性、完整性和科学性，有的与国际上通行的规章、标准差异较大，带有行政命令和经验管理的色彩，跟不上市场经济和民航管理体制的变化。根据政企分开、转变职能、依法行政的要求，2002年，总局进一步对安全法规建设提出要求，抓紧清理和修订原有的安全法规，尽快使民航各项规章和标准与国际接轨，健全完善民航安全管理各系统的规章、标准和规范性管理文件。总局制定、修订了《一般运行和飞行规则》（CCAR－91FS)、《民用航空驾驶员和飞行教员合格审定规则》(CCAR－61FS－R1)、《航空产品型号合格审定程序》(AP－21－03R2)、《中国民用航空专机工作细则》、《民用航空危险品安全运输管理规定》等35部规章、标准和规范性文件，下发了《关于认真落实规章、提高安全运行标准有关问题的通知》，对航空公司运行管理、内部监督、飞行训练、飞行时间、持续适航和维修等方面提出了具体要求。同时，废止了34个政策性安全管理文件。民航各企事业单位也加快了整章建制工作。华北、东北局修订了通用航空管理规定，督促通用航空企业规范运行。为保证航空企业联合重组的平稳过渡，国航、东航、南航、海航等航空公司认真研究过渡时期的安全生产工作，积极组织修改运行手册，制定各类人员差异训练提纲，统一机组飞行动作和程序，做好补充运行合格审定准备工作。东航股份公司制定了公司“客舱安全严重差错标准”、“危险品运输管理规定”等11项规章制度。

在执法方面，按照有关规章，总局和华北、中南、西北管理局对海航集团进行了合并运行合格审定；华北、华东管理局完成了对彩虹公务机公司、金鹿公务机公司、扬子江航空快运公司的运行合格审定。此外，总局组织华北、华东、东北、西北管

理局对西北航进行了飞行运行联合检查，并和各管理局对23家运输航空公司（分公司）执行运行手册情况，进行了跟踪检查，对发现的问题进行了通报。8月份，鉴于俄罗斯货包机运行中存在的严重安全隐患，总局和华北局暂停了俄罗斯货包机在华北地区的货包飞行，对俄12家从事货包业务的航空公司重新进行审核。在适航维修和审定方面，局方对国内363家维修单位进行了清理整顿，向296家单位重新颁发了维修许可证，40家单位被取消了维修资格；开展了国内航空零部件市场的整顿，对54家生产单位的193个机载设备和零部件生产许可证（函）件进行复查、换证，淘汰有问题的产品。依据《民用机场使用许可规定》，总局重点对12个不同类别机场的飞行区适用性进行了检查，并采取管理局牵头，省（区、市）局交叉检查的方式对其余运输机场进行了检查，指出存在的问题，提出整改要求。空管部门组织全系统管制员进行了理论和技能考核，重点检查管制员业务素质和指挥程序；同时，完成了82个机场高度表拨正程序和过渡高度层改革；制定了缩小垂直间隔（RVSM）的规章制度和培训规程，在三亚飞行情报区顺利实施了缩小垂直间隔飞行。另外，航空公司在落实规章和手册方面也有提高，能够按照121部的要求建立和完善运行管理机构，配齐专业人员，积极修订、更新手册，组织贯彻工作。

3．开展安全大检查，深入治理安全隐患

2002年第二季度，民航相继发生“4·15”和“5·7”运输飞行特大事故，发生了2起劫机未遂事件，飞行、机务、空管人为事故征候也有所增加。在严峻的安全形势下，中央领导同志多次对民航安全工作作出重要指示，国务院召开了第58次常务扩大会议和全国安全生产电视电话会议，分析了全国安全生产形势，组织了以民航等行业为重点的全国安全生产大检查。为贯彻党中央国务院要求，民航总局先后召开2次安全工作紧急会议，提出了立即在全行业开展安全大检查、全面普查飞机、加强飞行总量控制、加强飞行运行管理、加强机场控制区管理、加强空防安全工作、落实安全责任制、对重点单位进行重点检查和整顿等9条安全措施。总局领导分别带队，组成6个检查组，分赴各地进行安全检查，并参与国务院组织的安全大检查工作。华北、华东、东北管理局积极配合国家安全生产检查组，对北京、沈阳、宁波、厦门等地的5家航空公司、4家机场和空管单位从组织管理、规章制度、工作作风、业务培训等方面进行了专项检查。各管理局、省（市、区）局、航空公司、机场、飞行学院以飞行安全、空防安全为重点，针对今年以来发生的人为责任不安全事件，进行安全整顿，按照“四不放过”原则，对有关人员及领导进行了查处，对个别问题多的航空公司，暂停了部分航线的飞行，对不称职的飞行员给予了停飞处理。据统计，在对全行业持有运输驾照的4500余名飞行人员的技术排查中，有107人因不合格受到技术处理。各航空公司还认真对近两年所放机长的飞行经历、时间和军转民驾驶员补充训练情况进行了核查，加强对老旧飞机的监控和维护，完成了500多架飞机的普查，对部分飞机提前安排了检修；各机场也加大了人身检查和开包检查密度，取消在机场控制区外的货检，严格控制要客范围，对要客随员实行安检。各单位还对发生的事故征候以及严重的不安全事件进行了复查，对没有追究安全责任或处罚过轻的重新进行了处理。全年有268人次因发生飞行事故征候受到行政和技术处理。7月底召开的民航局长、总经理会议，认真分析了上半年民航形势，提出了民航工作基本思路，要求全行业按照“五严”的要求，进一步加强民航安全工作。同时，总局组成由各管理局参加的3个检查组，对部分航空公司（分公司）进行了飞行标准交叉检查；开展了飞机腐蚀情况专项检查；加快了飞机防撞系统、增强型近地警告系统、驾驶舱门加、改装工作；限时完成空管雷达防撞功能的开发；开通了总局安全信息网站，实现了总局、管理局安全信息联网。经过全行业的不懈努力，下半年民航运输安全形势明显好转。

4．强化安全教育、培训，促进人员素质提高

2002年，民航各单位继续加大安全教育和培训力度，不断拓宽教育思路，把学习宣传安全生产法律法规、加强安全教育和业务技能培训紧密结合起来，促进了人员思想和业务素质的提高。

全行业积极参加了全国总工会、国家安全生产监督管理局组织的“安康杯”竞赛活动，制定了飞行、机务、空管、机场、油料等系统的考核标准，并于年中召开了全行业“安康杯”竞赛经验交流会，东北管理局、西北航飞行部、南航汕头公司、

中航油西南公司等12家单位做了经验介绍。《安全生产法》颁布后，华北、华东、东北、西南、西北管理局和南航、云航、上海机场等单位举办了《安全生产法》培训班，邀请国务院法制局、国家安全监督管理局的领导和专家授课辅导，将讲课材料复制成光盘下发到基层。民航团委以《安全生产法》颁布为契机，在团员青年中开展了“安全教育五个一”活动。根据中宣部、国家安全生产监督管理局、全国总工会、共青团中央关于开展“全国安全生产月”活动的通知精神，6月份，全行业开展了“安全生产月”活动。地区管理局、航空公司、机场、飞行学院以及油料公司等单位普遍成立了领导小组，积极组织安全宣传教育活动，举办了“安全生产月”宣传日、咨询日，设立安全咨询台，在候机楼、售票处等公共场所广泛发放宣传品，讲解安全知识。南方航空公司组织飞行员和各部门管理人员观看了1997年南航“5·8”事故的仿真录像，结合“4·15”和“5·7”事故，深刻反思。南方、北方、山东、上海等航空公司组织了以反劫机、防炸机为内容的空防安全演练，进一步提高空勤组机上防火、灭火和反劫机处置能力。其他单位还举办了安全知识和业务技能竞赛，营造良好的安全氛围。

在深入开展安全生产宣传教育的同时，民航各部门与民航安全技术中心、管理干部学院、民航学院、飞行学院等科研单位、院校合办培训基地和培训班，充分利用培训基地和设施对从业人员进行业务技能培训。总局先后举办了运行监察员及持续适航检查员培训班15期，695人参加；安全管理人员、事故调查员及飞行品质监控培训12期，374人参加；举办了3期民用机场应急救援培训班；组织了由空管中心（站）领导参加的空管管理培训班；总局还抽调部分长期从事空防安全工作的业务骨干及院校人员，结合国内外航空保安工作新情况，编写了空防安全教材；组织召开了减少进近着陆事故、航空维修、航空保安、应急救援、飞行安全等技术研讨会，请国际民航组织、FAA、波音公司、空客公司等专家讲课，充分借鉴国际的先进经验和技术，加强以飞行、机务、空管、安检人员为重点的业务培训，提高了保证安全的能力。此外，为适应民航管理体制变化，2002年底，总局机关分4期对全体干部进行了“转变职能，依法行政”脱产轮训，收到较好效果。

三、存在的问题

2002年，全行业发生飞行事故4起，其中运输飞行事故2起，通用飞行事故2起，死亡246人，报废飞机4架；还发生4起航空地面事故。另外，发生飞行事故征候116起，与上年同比增加13起，其中机组原因21起，同比减少7起；机械机务原因48起，同比增加2起；空管原因5起，同比增加1起；航务管理原因1起，同比增加1起；机场地面保证原因4起，同比增加1起；鸟击等意外原因34起，同比增加12起；其他原因3起，同比增加3起。存在的问题主要有以下几个方面：

1. 航空事故较多

（1）运输航空发生2起飞行事故。4月15日，中国国际航空公司B767/2552号机执行北京—釜山航班任务，在韩国釜山金海机场进近过程中撞山失事，构成特大运输飞行事故，机上人员166人（机组11名，旅客155名），生还37人，死亡129人。根据国际民航公约附件13的标准，此次事故由韩国组织调查。中国民航本着实事求是、客观公正的原则，积极参与、配合韩国调查当局进行了全面调查。调查表明，事故原因是机组在天气复杂的情况下，未严格按程序飞行，违章操作所致；韩国空管也负有指挥责任（事故结论尚未最后作出）。5月7日，北方航空公司大连分公司MD82/2138号机执行北京—大连航班任务，在大连机场进近过程中，客舱起火，飞机失去操纵，坠海失事，机上乘客103人、机组9人全部死亡。在国务院“5·7”空难处理领导小组的领导下，在国家安全生产监督管理局的组织下，事故调查工作已经结束，已认定是乘客张丕林在飞机上纵火导致的人为破坏事故。

（2）通用航空发生2起重大飞行事故，死亡5人，报废飞机2架。6月11日，山东省竞技体育学校运五/8776号机执行灭蝗任务时，机组违章作业，在未发现作业区信号员的情况下，观察不周，偏离作业区，盲目下降高度，致使飞机撞在黄河水文站用于测量水文的跨河高架钢缆上，飞机坠毁，2名机组人员死亡。9月2日，空管局飞行校验中心奖状VI/7023号机在四川西昌机场执行校飞任务，由于机组违反飞行程序，偏离规定航线，误入山区云中飞行，导致飞机撞山失事，机上3人死亡。

（3）发生4起航空地面事故。6月13日，由于上海浦东机场行李车司机未按规定路线行驶，造成行李车驾驶室与B737飞机挂碰，飞机前货舱蒙皮严重损坏。9月29日，南航湖北分公司机务人员在为B737飞机排故后，忘将燃油手柄恢复到关断位，机组航前准备时也未发现，导致冷转左发时，左发起火，严重受损。同日，广州飞机维修有限公司机务人员进行B757飞机试车时，因未拉停留刹车手柄，导致飞机向前滑动，一名机务人员右腿严重压伤。12月7日，长安航空公司机务人员在咸阳机场停机坪为冲八飞机试车，当双发扭矩达到70%左右时，飞机突然向前滑动，冲过施工围栏，滑动287米后，与机场未启用的新候机楼廊桥相撞，机身前部及左、右机翼和双发螺旋桨严重受损。经调查事故的主要原因是飞机在湿道面、气温接近结冰、不具备双发同时试大车的条件下，由于公司机务试车人员在飞机滑动后处置错误，加之公司管理不到位导致的特别重大航空地面事故。

2．个别航空公司问题突出

除2起运输飞行事故外，在64起运输飞行责任事故征候中，国航、南航机械机务问题突出，西南航发生的5起事故征候均是人为原因造成的。此外，6～10月份，由于机组原因，国航BAe146飞机、西南航B737、B757飞机以及南航B737、B777飞机还相继发生2起飞机落地时偏出跑道、1起进近中低于安全高度和3起小于1/2间隔的严重事故征候。

3．违章违纪严重，同类问题一再发生

2002年，飞行、机务、空管方面均发生多起严重违章事件，时间集中，重复性强。

飞行方面5起冲出、偏出跑道的事故征候，有3起发生在8月份，并且都是在飞机着陆、天气下雨的情况下发生的。

机务维修方面发生10起人为责任事故征候，比去年增加3起，尤其是几起因维修工程管理松懈，少数人员责任心不强，业务技能低造成的事故征候十分典型。另外，发动机空中停车问题依然没有大的改观，共发生27起，占机械原因事故征候70%以上，影响了飞行正常。

空管方面5起管制原因的事故征候，集中发生在华东和中南地区。其中华东地区2起均发生在4月份。

上述事故发生的原因有以下几条：一是民航安全基础建设比较薄弱，从业人员素质，包括部分企业负责人的管理水平不高，部分机场保障设施、设备陈旧；二是安全法规、规章、标准体系不够完善；三是部分航空企业在安全管理、安全培训方面人力、物力、财力投入不足。但目前民航安全工作中最薄弱的问题，主要还是企业管理人员的管理能力和从业人员的综合素质亟待提高。2002年发生的飞行事故和人为责任事故征候，大都是从业人员思想麻痹、违章操作造成的，究其根源主要是管理不严所致，尤其是有的单位在安全形势相对平稳、生产压力大、改革任务重的情况下，对安全隐患缺乏足够的认识，忽视安全，放松管理，安全工作流于形式，抓落实不够。如在引进新飞机后，飞行员技术培训跟不上，在转机型、升标准、放机长或教员方面把关不严，出现一些机长、教员不称职的情况。在2002年21起机组原因事故征候中，突出反映出训练不严格、不到位的问题。另外，从航空公司发生的事故征候中可以看出，有2/3以上的事故征候发生在分公司、子公司和地方公司，在暴露出这些单位安全管理薄弱问题的同时，也在一定程度上说明政府职能部门对这些单位的监管力度不够，特别是对航空公司的持续性监察工作有待进一步加强。

林业安全生产工作

全国木材行业管理办公室

我国已进入加快推进社会主义现代化，全面建设小康社会的新阶段，正努力开创生产发展、生活富裕和生态文明的新局面。林业确立了以保护和发展森林资源为中心，以科教兴林和依法治林为手段，以“确立以生态建设为主的林业可持续发展道路，建立以森林植被为主体的国土生态安全体系，建设山川秀美的生态文明社会”为战略目标，切实抓好林业六大工程建设，全面实现林业跨越式发展的战略。目前，全国森林面积达到23.8亿亩，活立木蓄积量达到124.9亿立方米，森林覆盖率提高到了16.55%。

随着林业建设步伐的加快，林业安全生产管理工作也得到了前所未有的重视。2002年7月31日，国家林业局周生贤局长在全国林业厅局长座谈会上讲话中指出：“要切实抓好林业安全生产工作，要从讲政治、讲大局的高度出发，进一步提高对安全生产重要性的认识，切实树立起安全第一的观念。要认真吸取民航、交通、煤炭等部门的教训，举一反三，引以为戒，切实做好森林防火、林业生产、后勤保障等方方面面的安全工作。对贮木场、油库、高压容器、易燃易爆物品存放等重点单位、重点部位，要加强防范，消除事故隐患。对技术装备落后、陈旧老化的设备，要加强安全检查和维修。对缺乏安全保障的森林旅游线路和休闲娱乐场所，要严禁开放。同时，要加强值班调度工作，严格执行事故报告制度。”一年来，作为林业安全生产工作的行业管理部门——全国木材行业管理办公室及地方各级林业主管部门，在国家林业局和国家安全生产监督管理局的领导下，认真宣传和贯彻《安全生产法》及有关领导指示精神，坚持“安全第一，预防为主”的管理方针，始终把安全生产放在林业各项工作的突出位置，保持了林业行业安全生产的良好势态。

一、安全生产管理

随着林业发展的宏观战略转移和林业功能定位的根本转变，林业安全生产管理工作也由过去单纯的产业安全转变到现在的产业发展安全和生态体系建设生产安全并重的安全生产管理模式。

1. 充分发挥行业管理职能，全面强化安全生产管理

安全生产事关林业发展和社会稳定，事关人民群众生命和财产安全。全国木材行业管理办公室是全国林业安全生产的行业管理部门，根据国务院、国家林业局、国家安全生产监督管理局的安排部署，结合林业生产实际，认真履行“企业负责，行业管理”的职责，要求各级林业部门按期填报《林业安全生产季报表》，并定期（半年）汇总安全生产情况，不断完善重大特大事故专报制度，及时掌握安全动态，对发生重大特大安全生产事故利用媒体公告的形式予以通报，强化各级领导安全生产责任制，充分发挥了群众监督和舆论监督的作用。2002年元旦前，为保证节假日期间的安全生产工作，下发了《国家林业局关于做好2002年元旦、春节期间安全生产工作的通知》（林发明电［2001］37号），明确要求各地、各有关单位，节前进行全面的安全生产大检查，对存在安全隐患的重点部位和单位进行了专项整治。节日期间整个林业行业没有发生火灾及重大特大安全生产事故。

一年来，各级安全管理部门切实树立“安全第一”的思想，认真实践“三个代表”，从改革、发展、稳定的大局出发，坚持一把手负总责，分管领导具体抓，把安全生产的各项要求规范在文件上、落实在行动上，无论是大会小会，还是出差调查，从不忘记过问安全生产，尤其是对存在的安全隐患，更是倍加重视，督促整改，从而保证了安全生产，充分发挥了行业管理职能。如吉林省松江河林业局实施了领导值班“十项”规定，使安全隐患整改率达100%，安措经费提取率100%，连续多年取得了优异成绩。

2. 进一步完善规章制度，重点落实安全生产责任制

2002年初，为进一步做好林业行业安全生产管理和指导工作，全国木材行业管理办公室在对当前林业安全工作现状和存在的问题进行了认真研究的基础上，提出了变被动管理为主动预防的工作思路，起草了《国家林业局安全生产工作要点和思路》，进一步完善和健全了林业安全生产管理体系，制定了相关信息反馈、安全评估、事故隐患追究、持证上岗、安全生产督查、信息发布等一系列规范化制度。安全生产目标责任制是安全管理的核心内容，是加强安全生产工作的一项行之有效的重要措施。国家林业局及各地方林业主管部门重点抓安全生产目标责任制的落实，确定企业法人代表为安全生产"第一责任人"，做到主要领导亲自抓，分管领导带头抓，安全部门具体抓，形成了党政工青齐抓共管的安全生产工作格局。在严格执行"谁主管谁负责"、"管生产必须管安全"的原则基础上，把安全责任指标列为生产经营的重要内容，层层分解，落实到局、厂（场）、工段、班组和个人，层层签订包保合同和安全生产责任状，明确包保责任，在安全生产管理上不留死角、不出空挡，形成分管一条线、协管连成片的安全生产管理体系。把安全生产指标作为一项重要内容纳入承包合同和各级领导的任期目标，以考核企业、干部和承包者的政绩。在具体工作中，做到管理到位、责任到位、监督到位，定岗定责、目标明确、权责清楚、奖罚分明。对发生特大安全事故的企业领导和地方政府部门负责人，将依据《国务院关于特大安全事故行政责任追究的规定》予以处罚。

3. 积极开展安全检查，全面消除事故隐患，堵塞安全漏洞

安全检查是有效控制事故发生、消除事故隐患的一项有效措施，各地林业部门对此给予了高度重视，形成了局（厂）季检、林场（车间）月检、工段周检、班组日检的安全检查制度。检查方法有：自检与互检相结合，定期检查与经常性检查相结合，综合性普查与重点专业性检查相结合。各地根据林业生产的实际情况，制定了事前的工作预案，并抽调专业人员组成工作组，依据法律、法规、规程及标准进行仔细认真的检查。主要开展了元旦、春节、五一、十一等节日的安全检查，"全国安全生产月"活动情况检查，春秋季的森林防火专项检查，冬季生产作业的专项安全检查，交通运输安全检查，建设项目"三同时"检查，转季生产安全检查，防火、防爆和防洪工作安全检查，劳动防护用品及其生产企业管理检查等。对检查中发现的事故隐患，及时提出了整改意见，对"三违"人员进行严肃处理；情节严重的，进行停产整顿，并下达隐患整改指令书，限期整改，经验收合格才能恢复生产。否则，发生事故将从重从严处罚有关责任人。各企业在隐患整改上舍得花钱，许多领导都表示"宁可笑着花钱，也不哭着花钱"，"安全就是效益"。如在安全生产月期间，黑龙江省森工总局成立了以总局长为组长的安全检查领导小组，深入到3个林管局和直属企事业单位，共检查了8个林业局、20个基层单位，及时整改了一批事故隐患，保证了林业的生产安全。

二、事故统计

2001年，全国林业系统职工死亡139人、重伤133人、轻伤1450人，与2000年相比，分别减少41人、68人和196人，降幅分别为22.78%、33.83%和11.91%。2002年全国林业系统职工死亡143人、重伤107人、轻伤1271人，除死亡人数比2001年增加4人，重伤和轻伤人数同比分别减少26人、179人，降幅分别为19.55%和12.34%。从整体来看，林业安全生产稳步发展，杜绝了10人以上的特大伤亡事故，一般性死亡和重伤事故亦呈递减趋势。成绩的取得，主要在于国家林业局领导和各地林业主管部门对林业安全生产工作的高度重视，并将安全生产工作纳入重要工作日程，坚持做到思想认识到位，责任落实到位，防范措施到位，检查监督到位。

近三年全国林业系统职工伤亡事故情况见下表。

近三年全国林业系统职工伤亡事故统计表

年度	死亡（人）	重伤（人次）	轻伤（人次）
2000	180	201	1646
2001	139	133	1450
2002	143	107	1271

注：表内数据来自于国家林业局编《中国林业统计年鉴》2000、2001、2002卷。

三、森林防火

森林防火是林业安全生产中最重要、最关键的环节，事关林业建设成果的巩固，关系到林区经济发展、社会稳定和人民生命财产安全。长期以来，各级林业主管部门都将森林防火工作作为林业工作的头等大事来抓，制定了一系列管理制度和防范措施。在防火期到来前，各级林业主管部门组织力量清山、清林；防火期内，坚决封山，加强对入山人员的管理，做到凭证进山；防火戒严期，发布戒严令，严禁一切野外用火；重要节日和高火险时段，加大对火灾多发区的巡查力度和密度，交通要道、坟地等重点防火地点要重点设防，死看死守。通过林业系统上下共同努力，森林防火工作取得了较好成绩。2001年共发生森林火灾4933起，比2000年下降了16.9%；受害森林面积39998公顷，比2000年下降了54.7%；因森林火灾受伤38人、死亡20人，分别比2000年下降了60.1%和75.3%。2002年共发生火灾7527起，受害森林面积47630公顷，因森林火灾伤亡98人，与前三年均值相比，受灾森林面积和人员伤亡分别下降了19.8%和55.3%，森林受害面积仅为3‰。特别是取得了扑救建国以来最为严重的2002年内蒙古“7·28”夏季雷击火的全面胜利，创造了主要依靠人力扑灭大范围雷击火的奇迹，把损失降低到了最低限度，确保了森林资源安全和林区的社会安定。

1. 各级党政领导高度重视，把森林防火工作当作大事、要事来抓

2002年初，温家宝同志就森林防火作出了重要批示，为做好全年工作指明了方向。在扑救内蒙古“7·28”雷击火期间，朱镕基、温家宝、张万年、王忠禹等中央领导多次发来慰问信，极大地鼓舞了扑火士气。扑火最关键时刻，国务院召开紧急协调会议，研究解决了扑火工作中的困难。火灾扑灭后，党中央、国务院、中央军委联合发出慰问电，对扑火救灾工作给予了高度评价，对生态建设提出了殷切希望。每年从9月15日开始，我国东北、内蒙古国有林区进入秋季森林防火紧要期，南方林区处于冬季森防准备阶段，国家林业局在9月17日召开的全国秋（冬）季森林防火工作会议上，对秋冬季森林防火作出全面部署，要求各地紧急动员，落实各项森林防火措施，各种扑火力量进入临界状态，严令不得出现任何纰漏，确保秋冬季森林防火工作万无一失。国家林业局局长周生贤提出了五条要求：一是广泛扎实开展宣传教育，增强全社会特别是林区群众的森林防火意识，短期内对基层领导和防扑火人员进行一次培训；二是加强组织领导，确保森林防火责任制的全面落实；三是确保各项防范措施到位，严格管理野外用火，加强巡查和航空护林，关键部位死看死守；四是搞好值班调度制度和火情监视，确保政令信息畅通；五是武装森林警察部队、航空护林部队和各类专业半专业森林消防队伍进入临战状态，严阵以待，一旦发生火情，实施重兵围歼，打早、打小、打了。10月9日，国家林业局发出紧急通知，要求各地采取超常规措施，切实做好秋冬季森林防火工作，实施科学化、法制化、全民化、专业化、标准化、规范化、信息化防火，为党的十六大胜利召开营造良好的社会氛围。

地方各级政府按照国家对森林防火的统一部署，把森林防火工作作为维护社会稳定、促进经济发展、确保人民生命财产安全的一件大事来抓，吉林、内蒙古、黑龙江、云南、四川等重点林区党政主要领导，对森林防火工作亲自部署、亲自检查、亲自抓落实，协调解决实际困难，有力强化了森林防火工作的组织领导。如2002年夏秋两季，湖北省大部分地区出现了历史上罕见的持续高温和干旱，森林火险等级居高不下。省委省政府审时度势，决定从9月15日起提前一个半月进入防火期，并以省政府文件对全省森林防火工作进行了全面动员部署。在进入森林重点防火期之前的10月25日，省护林防火指挥部及时召开了全省护林防火工作会议，要求各地各部门把上级领导的要求落到实处。

2. 不断强化森林防火行政首长负责制和单位责任制，层层签订责任状

温家宝同志2001年提出了关于地方政府森林防火行政领导责任制的“五条标准”，赋予森林防火行政领导负责制明确内涵后，各地进行了认真地贯彻落实。2002年1月31日和10月25日，湖北省副省长分别代表省政府和省护林防火指挥部与各市、州、直管市、神农架林区的主要负责人签订了《湖北省2002年森林防火责任状》和《湖北省2003年森林防火责任状》，并建立和完善了省护林防火指挥部领导成员定点督办责任制，进一步加强了对重点火险市（县、区）森林防火工作的领导和督办。各地也参照省护林防火指挥部的做法，普遍实

行了行政首长责任制和指挥部成员单位分片包干、定点督办负责制。黑龙江大兴安岭结合实际量化细化了“五条标准”，内蒙古在全面执行行政领导负责制的基础上，认真落实了各系统、各部门、各单位的防火责任和放火指挥部成员单位包片责任，吉林省对森林防火实行了“一票否决”，云南省严格执行森林火灾责任追究制度等，有力地推动了森林防火行政领导负责制的全面落实。

3. 各部门、各单位团结协作，齐抓共管，为做好森林防火工作提供了有力保障

计划财务部门等增加森林防火专项经费投入，气象部门适时发布森林火险天气预报和高火险天气警报，及时提供火场气象信息服务，民航、空军等部门妥善安排航空护林飞机，铁道部门切实加强铁路沿线防火工作，及时运送扑火人员和物资，新闻媒体加大对森林防火的宣传力度，旅游、公安、农业、邮电、民政、建设、环保、外交等部门密切配合，尽职尽责，对森林防火工作出力献策。武警森林部队官兵、公安民警、人民解放军指战员积极投身防火、扑火工作，出色地完成了各项防火扑火任务。

4. 不断提高森林防火科技含量，有效地增强了森林防火的综合能力

国家林业局森林防火预测预警监测信息中心的正式成立，为做好全国森林火灾预测预报、卫星林火监测、火情信息传递等工作创造了必要条件。近一半的省（自治区、直辖市）也建立了功能较完善的防火指挥中心并与国家林业局防火指挥中心联网，指挥调度更加方便快捷。国家加大了航空护林工作力度，全年共租用航空飞机116架次，比2001年增加17%，并加大了飞机直接灭火等先进防火手段的推广应用。同时，中央和地方继续加大对重点火险区综合治理力度，使火情瞭望检测系统、防火阻隔系统、防火通信网络系统、信息指挥系统、扑火机具等设施设备建设得以逐步改善，提高了森林防扑火的综合能力。

5. 狠抓森林防火基础设施和扑火队伍建设，努力提高预防和扑救森林火灾的综合能力

为了加强森林防火基础设施建设，大兴安岭林业集团投资3028万元新建和改造防火公路330公里，新建防火瞭望塔29座和塔房1160平方米，新增各种防火车23辆、设备1000余套及大量的扑火装备，使大兴安岭的防火瞭望监测和扑火面积达到830万公顷，并将在全国建立起先进的森林防火通讯信息和计算机网络系统。

经国务院和中央军委批准，组建了以防火值勤、灭火作战为中心任务的四川、西藏、新疆3个新的森林总队，经过半年多的紧张筹备，部队顺利完成建营选址、土地划拨、接收抽组部队、集中整训部队以及部队营建项目开工等多项任务。2002年10月10日，3个森林总队分别在成都、拉萨和乌鲁木齐同时举行挂牌仪式，保护西部森林资源、加强西部生态建设、支持西部大开发、维护民族团结、实现林业跨越式发展和国家可持续发展战略从此有了一支新的生力军。到目前，全国共有7个森林总队（原有黑龙江、吉林、内蒙古、云南4个总队），森林部队的执勤作战范围已覆盖我国东北、西南两大国有林区及新疆林区，为实现天然林保护等林业六大系统工程提供了有力的保障条件。

内蒙古自治区大兴安岭北部林区2002年7月28日因雷击引发建国以来最为严重的夏季森林火灾。在国家林业局、内蒙古自治区党委、人民政府的统一领导下，在总参谋部、武警总部、铁道、气象、民航、北京军区等部门及单位和黑龙江、吉林省的大力支持下，坚决贯彻中央领导同志批示及指示精神，精心组织，周密部署。国家林业局周生贤局长、马福副局长、内蒙古自治区副主席傅守正、武警森林指挥部主任何旺林，赶赴火场一线，果断决策，严密组织，团结协作，全力以赴，带领16000多名官兵和人民群众，以对国家林业资源和人民生命财产安全高度负责的精神，发扬“特别能吃苦、特别能战斗”的精神，经过连续23个昼夜的英勇奋战，于8月19日将这场森林大火全部扑灭，取得全胜。这次扑火行动，创造了在气象条件极为不利、地形地貌十分复杂、运兵给养异常困难、地下火与地表火立体蔓延的情况下，主要依靠人力扑灭大范围雷击火的奇迹，把损失降低到了最低限度，受到了党中央、国务院、中央军委的高度赞扬。

6. 严格监督检查，实行依法治火

全国各地认真贯彻落实《森林法》和《森林防火条例》，坚持“预防为主，积极消灭”的方针，不断完善组织机构和联防机构，克服困难，锐意进取。一是大力推进森林防火的法制建设；二是各级护林防火指挥部和林业主管部门始终把防火检查、

督办作为落实各项防扑火措施的重要手段来抓，深入林区基层，明察暗访，边检查边整改；三是依法查处各类森林火灾案件，有效地遏制违法犯罪活动。黑龙江省金山屯林业局在各级党委、政府的高度重视和正确领导下，认真贯彻落实“预防为主，积极消灭”的森林防火方针，始终把森林防火作为林区第一件大事、第一位任务、第一项职责来抓，强化领导，落实责任，广泛宣传，严管火源，依法治火，积极加强森林防火检查，在各项措施的落实上下真功夫，取得了连续50年无重、特大森林火灾的好成绩。吉林省林业厅实施全社会抓森防，保证了林业连续22年无重大森林火灾，火灾成灾率一直控制在0.06‰以下。

四、安全生产法规宣传教育与技术培训

抓好安全生产工作的关键在于增强各级领导干部、安全管理人员、技术人员和职工群众的安全意识，提高安全操作技能，即进行安全生产法规、安全知识、安全文化、安全技术的教育与培训，不断提高干部职工的管理水平和业务素质，为林业安全工作提供人才保障和智力支持，这是一项治本措施。在日常工作中，各级林业主管部门认真组织学习、宣传、贯彻国家有关安全生产的法律、法规、标准、规程，摆正安全与生产、安全与效益的关系，在预防上下功夫，真正做到安全生产“五同时”，使安全生产工作有法可依，有法必依，执法必严。

宣传教育是提高安全生产意识的前提，是做好安全工作的重要环节。借《安全生产法》颁布之机，在全行业广泛深入地开展了学习贯彻《安全生产法》、《职业病防治法》、《机关、团体、企业、事业单位消防安全管理规定》、《使用有毒物品作业场所劳动保护条例》和《禁止使用童工规定》等有关法律法规，使安全生产法律法规深入人心、家喻户晓，人人遵守，牢固树立“安全第一”的思想。

根据国家的有关规定，结合林业生产实际情况，各地在林业生产淡季有计划、有组织、集中精力分批分期对从事生产的特种作业人员进行培训、复审及换发证工作。对新上岗工人，坚持开展已经制度化的三级安全生产教育；对转岗工人进行岗位培训。有的企业还在学校和家庭中开展“关注安全献爱心”活动，把安全意识融入生活的各个角落，形成人人抓安全、人人要安全的良好社会氛围。

根据国家安全生产监督管理局的有关部署，在全行业开展了以“安全责任重于泰山”为主题、以“治理隐患，减少事故”为重点的“全国安全生产月”活动，在总结历次“安全生产周”活动经验的基础上，各地制定了活动方案，采取职工动员会、安全生产知识竞赛、安全生产演讲比赛、板报一条街展览、电视、广播、报刊宣传报道，宣传漫画、标语、咨询点、散发传单、升挂安全旗等多种形式，广泛深入地进行生产宣传教育活动。内蒙古大兴安岭林管局在“全国安全生产月”活动期间，通过《林海日报》进行了安全生产知识竞赛活动，悬挂大型横幅标语213幅，安全生产法规挂图、宣传画2.2万张，安全旗、彩旗1.3万面，张贴标语3.1万条，制作永久性标语牌620块，散发宣传资料3.7万份，出动宣传车120台次，出板报、宣传漫画100期，广播安全生产稿件313篇次，报刊专栏刊出稿件100篇，电视专栏宣传稿件、滚动字幕播出800件（次），安全生产知识竞赛56场，“安全责任重于泰山”演讲300场，设咨询点90余处，安全板报展览1000余块，组成安全检查组70个，检查431个基层生产单位，共查处事故隐患380处，整改率100%。在《安全生产法》实施之际，参加了《中国安全生产报》组织的百题安全知识竞赛活动，参赛人数达8000余人。云南省林业厅在“全国安全生产月”期间，开展了安全生产知识竞赛活动，有35%的职工、52%的党政工领导参加了答题。

《林业劳动安全》杂志为了与国际接轨，在2002年进行了改版，其版式、装帧、印刷、内容都有所提高；把握正确的舆论导向，适时宣传党和国家的有关方针、政策；积极探讨新形势下的安全管理模式，介绍先进的安全管理经验；报导实用的安全生产信息，推广有效的安全科学技术。该杂志已成为林业安全行业教育培训的教材、了解信息的窗口、交流经验的园地，在行业内发挥了巨大的作用。

五、组织机构及队伍建设

林业系统各企事业单位都能做到安全工作处处有人抓、事事有人管，从上到下基本上都设立了安全生产委员会、安全生产领导小组及安全机构。大部分企业在改制的过程中，进一步加强了安全管理工作，并按要求配备了安全管理人员和专兼职安全员，真正做到改革后安全机构健全，人员不减，使安全管理部门在工作中有地位，监察有权威，整改有力度，管理有成果。但是，个别企业在机构改革、企业改制中，撤并了安全管理机构，弱化了安全管理队伍。

六、存在的问题

在安全生产方面，工作不平衡，少数单位只注重经济效益，忽视了安全生产。少数单位领导和部分私营业主思想认识不高，安全生产管理工作松懈，职责制度不健全，工厂操作技术规程、安全措施不规范，对职工的安全教育不到位，对一些事故隐患不愿投入资金整改清除。

在安全管理机构设置方面，安全管理机构设置五花八门，有的自成体系，有的与机电、设备、生产、交通、人事、人教、人劳、科教、劳资、防火、政宣、森林公安等部门合署办公，造成安全生产机构隶属关系混乱，不利于国家监察和行业管理，在一定程度上削弱了企业的安全生产工作。

在护林防火方面，突出表现在个别企业森林防火设施、设备不完善，投入不足，基础设施和装备水平比较落后，不适应现代化建设和林业事业发展的要求。

因此，我们要进一步加强林业安全生产管理和监督工作，提高基层单位的安全知识水平和安全意识，完善安全生产责任制，管理机构、人员、经费落实到位，积极消除事故隐患，促进林业安全生产和护林防火工作取得更大的成绩。

国防科技工业安全生产工作

国防科工委安全生产监督管理局

国防科工委实行行业管理的核、航天、航空、船舶和兵器工业十大军工集团公司及地方军工，共有企业和科研院所1486家，职工总数180万人。

国防科工委实行行业管理的民爆行业现有定点生产企业421家，国家级检测中心（站）4个，经营企业1700余家，各类销售网点4500余家，全行业从业人员近30万人，分布于全国各省、区、市内。

为了加强国防科技工业的安全生产工作，2001年12月，中央编办批复国防科工委成立民爆器材监督管理局（安全生产监督管理局），主要职责为："负责研究拟订国防科技工业安全生产法规、规章及管理制度并负责监督实施，承担核、航天、航空、船舶、兵器行业重点企事业单位安全生产的监督管理及民用爆破器材生产、流通的行业管理和安全生产的监督管理工作。"

一、2002年国防科技工业安全生产工作情况

2002年，国防科工委按照国家安全生产工作的总体要求和部署，结合国防科技工业和民爆器材行业实际，积极宣传贯彻《安全生产法》等安全生产法规，加强法规体系建设，认真组织开展"安全生产周"和"安全生产月"活动，深入开展安全生产大检查和专项整治工作，强化安全生产监督管理，加大事故隐患整改力度，狠抓责任制落实，各项工作取得了明显成效，全行业安全生产工作总体上保持良好。

1. 领导重视，责任明确，分级负责，层层落实

国防科工委及国防科技工业系统各单位历来十分重视安全生产工作，始终坚持"安全第一，预防为主"方针，从实践"三个代表"重要思想和抓安全、保稳定、促发展的高度，把安全生产工作作为关系国防科技工业改革、发展、稳定大局的大事来抓。为贯彻党中央、国务院关于国防科技工业建设和安全生产工作的指示精神，2002年，委领导多次主持召开了专题会议、委主任办公会议和国防科技工业安全生产联席会议，具体贯彻落实国务院安全生产委员会第二次全体会议、国务院第58次常务扩大会议及"5·14"全国安全生产电视电话会议等会议精神和文件通知的要求，提出了国防科技工

业各阶段安全生产的工作重点和工作部署。使国防科技工业安全生产工作分阶段、分步骤、有重点、逐步深化地向前推进。

2002年，国防科工委结合国防科技工业和民爆行业安全生产工作的特点，先后下发了《2002年国防科技工业安全生产工作要点》、《关于做好2002年民爆行业安全管理工作的通知》、《国防科工委关于认真开展“全国安全生产月”活动的通知》、《关于做好军工企事业单位安全生产大检查工作的通知》、《国防科工委关于加强国庆节和党的十六大期间安全生产工作的通知》、《关于加强关闭破产军工企业枪支弹药等危险物品管理的通知》和《国防科工委关于加强危险化学品安全管理的紧急通知》等，对国防科技工业和民爆行业安全生产工作，特别是加强易燃易爆、剧毒、放射性物品和枪支弹药的管理工作进行了全面的有针对性的部署。

各军工集团领导对安全生产工作十分重视，分别成立了安全生产委员会，一把手亲自抓安全生产工作的部署，研究解决重大安全生产问题。多数集团建立了专门的安全生产管理机构，加强了对成员单位安全生产工作的监督和管理。各军工单位普遍完善了安全生产规章制度、操作规程，建立了安全生产责任制，制定了事故应急预案。各地方国防科技工业主管部门加大了对本地区军工单位和民爆企业安全生产工作的监管力度，并积极协调地方有关部门帮助军工和民爆企事业单位解决了大量涉及安全生产的问题。

2．贯彻《安全生产法》，进一步加强法规建设

《安全生产法》发布后，全行业广泛开展《安全生产法》学习宣传活动，同时，国防科工委结合国防科技工业特点和安全监管工作的需要，着手开展安全生产监督管理法规建设工作。

（1）组织开展《国防科技工业安全生产监督管理及应急体系研究》等软课题研究工作，为国防科技工业安全监督管理提供理论支持。

（2）制定并下发了《国防科工委机关部门安全生产监督管理职责》，进一步明确了国防科技工业各部门、各单位的安全生产监督管理职责。

（3）下发了《关于收集国防科技工业现行安全生产规章和规范标准的函》、《关于推荐国防科技工业行业安全生产专家的函》、《关于做好伤亡统计等安全生产信息工作有关问题的通知》，布置军工系统安全生产规章与标准的收集工作，着手建立国防科技工业安全生产专家库和安全信息统计体系工作。

3．安全生产专项整治工作取得显著成果

（1）不断强化安全生产监督检查和隐患整改力度。各部门和单位在进行安全检查时注重实效，不断改进方法，把定期检查、突击检查、巡回检查、跟踪检查、全面督察、专项检查以及自查、互查等各种方式结合起来，灵活运用，增强了安全检查的针对性和实效性，取得明显成效。

2002年，国防科技工业根据国务院第58次常务扩大会议精神，在组织开展的全行业安全生产大检查活动中，国防科工委、省级国防科技工业管理机构和各军工集团共派出检查组132个（其中国防科工委10个、军工集团公司68个、省级国防科技工业管理机构54个），参加安全检查的管理人员及专家约5100人，检查了588个军工重点企事业单位，对于促进安全生产大检查和安全隐患整改的深入开展，发挥了积极作用。

各省级国防科技工业管理机构和各集团公司针对检查中发现的问题督促企业认真组织整改，对“三违”现象进行严肃查处，对重大事故危险源进行重点监控，组织制定了重特大事故应急预案。兵器工业集团公司为最大限度压缩危险生产岗位作业人员，对火炸药行业危险工位重新进行定员定量核定，将火炸药企业中10人以上的危险工位由309个核减到96个，减小了一旦发生事故对人员造成的伤害。

（2）销毁处理了大量废旧枪支弹药和危险化学品。随着国防科技工业企业能力的调整和改革的深化，一些破产企业中积存的枪支弹药、爆炸危险品的妥善处置等影响安全的问题逐步暴露出来，为解决这一突出问题，国防科工委和有关集团公司按照国发［2002］7号文件的要求，认真组织销毁处理工作，并取得初步成效。兵器工业集团公司对列入破产计划中并已进入破产程序的11家企业积存的有关危险品进行了销毁处理，销毁处理了报废航弹42颗，各类炮弹、火箭弹2000多发，各种火工品108万件，废旧炸药、发射药100吨；此外，对外贸公司积存的已无出口前景的枪支5836支、枪弹133万发也进行了销毁处理。兵器装备集团组织销毁了枪弹1048万发、炮弹13万发。实施这些措施

后，减少了危险源，保障了社会安全与稳定和改革工作的顺利进行。

(3) 民爆器材专项整治成效显著。民爆器材专项整治工作中，重点开展了：民爆器材流通企业储存仓库专项整改验收、专用运输车辆推广使用工作；配合公安部门建立爆炸物品流向监控制度，对雷管实行编码打号和流向网络化监控；对民爆生产企业的1219项产品的《民爆器材产品生产许可证》进行了换证工作，对1700多家民爆器材流通企业进行了清理整顿。在对民爆行业411家生产企业、1665家流通企业及直供用户的检查中，共计查出隐患10362项，发出整改通知书1796份，关闭了生产企业20家、流通企业108家，停产整顿企业114家。通过专项整治，民爆器材生产和流通企业的生产、运输、仓储条件大为改观，提高了整个民爆行业的安全生产保障水平。

4. 加大投入，改善安全生产条件

为帮助军工集团公司落实有关安全隐患的整改工作，国防科工委积极协调解决国防军工单位安全生产工作中的问题。2002年，组织参与了陕西845厂、794矿等单位隐患整改和复产建设项目的安全评审，协调落实有关安全技术改造经费，在促进整改的同肘，防止重大新建、改建工程出现新的安全隐患。

国防科技工业各有关单位认真贯彻安全生产"三同时"的方针，在保障军工科研生产的同时，也对安全生产设施进行了改造。国防科工委通过重点工程研制保障条件建设和国债技改资金等，对部分承担重点型号研制生产任务的单位投入大量安全技术改造资金，使这些企业的安全生产基础条件得到了较大改善，消除了影响企业自身和周边社会安全的重大隐患。

各有关省级国防科工委（办）积极协调地方有关部门，落实各种优惠政策，减免了大量税费，对军工企事业单位的安全技术改造给予了大力支持和帮助。

5. 安全生产教育宣传广泛深入，职工的安全生产素质不断提高

随着各单位对安全生产教育的重视并逐步加强，国防科工委、各军工集团公司和各地国防科技工业主管部门结合"安全生产周"或"安全生产月"活动，在国防科技工业全系统范围内通过计算机网络、电视、广播、报纸、宣传栏等多种媒体，认真组织开展了安全生产法规和安全生产知识的宣传教育活动；各军工企事业单位通过《安全生产法》培训、安全生产知识竞赛、安全知识和技能培训，不断提高干部职工安全生产业务素质。船舶工业集团公司组织编写了《生产安全事故案例选编》，收集了我国船舶系统近年来发生的典型事故案例，用血的教训教育和警示广大员工。航天科技集团公司狠抓领导安全生产管理培训工作，在繁忙的研制生产工作中，先后对78个单位的267名行政正职和主管副职领导集中进行了培训考核。航空第一集团公司对新进厂职工、特种作业人员普遍进行安全生产培训和考试，保证持证上岗。船舶两集团公司除了加强对本单位职工的教育，还加强了对外包工的安全技术培训。随着安全生产宣传教育工作的不断深入，国防科技工业"安全第一，预防为主"、"从要我安全，到我要安全"的安全文化正逐步深入人心、全员职工的安全生产意识不断加强。

6. 2002年国防科技工业及民爆企业伤亡事故及处理的简要情况

2002年国防科技工业企业伤亡统计结果表明，国防科技工业安全生产形势比较稳定，十大军工集团发生伤亡事故起数和死亡人数与2001年度相比均有所下降。

民爆器材行业2002年共发生伤亡事故12起，其中炸药类企业1起、雷管类企业8起、索管类企业2起、实验室1起。

按照国务院《特别重大事故调查处理程序暂行规定》等规定，国防科工委会同有关单位按"四不放过"原则，对国防科技工业年内发生的核工业集团公司七九四矿重特大生产安全事故进行了认真调查处理；并对以往发生特大生产安全事故企业的有关责任人处理工作落实情况进行了督查。

7. 不断探索，改进管理方法

为了加强和改进安全生产管理工作，提高全行业的安全生产水平，国防科技工业各有关单位努力学习国内外安全生产管理的先进经验，不断探索新的更加科学合理的安全生产管理方法。

航天、兵器的几个集团公司在整个集团范围内开展了"安全性评价"工作，比以往的运动式安全检查工作更加科学、规范，对所属企业安全管理水平的提高、安全状况的改善起到了十分重要的促进

作用。

各军工集团公司还积极推进职业安全健康管理体系建设，引入先进安全管理制度，完善安全监管体系。船舶重工集团率先开始试点，武昌造船厂成为国防科技工业系统第一个通过职业安全健康管理体系认证的企业。兵器工业安全技术研究所和国防科工委民爆服务中心取得了职业安全健康管理体系认证机构的资质。

由于各级领导高度重视，上下同心，多方协调，齐抓共管，2002年，国防科技工业系统安全生产工作得到了进一步加强，安全生产形势总体上保持平稳。

中国核工业安全生产工作

中国核工业集团公司安全环保质量部

“安全第一，质量第一”和环境保护是我国的基本方针和基本国策，是“三个代表”的重要体现，也是全面建设小康社会的前提和重要标志。安全是核工业的生命线，直接关系到社会与环境安全和核事业的顺利发展。面对我国近几年严峻的安全生产形势，集团公司加大了安全生产和环境保护监管的力度，2002年没有发生核事故、辐射事故和环境污染事故，废液、废气排放满足国家要求，职业照射控制在管理目标以内，较好地实现了目标要求，确保了重大工程重要节点的顺利实现，集团公司的安全工作保持了平稳的态势。

一、集团公司加强对安全生产工作的领导

中核集团公司高度重视安全生产工作，2002年，集团公司召开了3次全系统的安全生产电话会议。4月8日召开的安全生产电话会议通报了七九四矿特大安全事故，根据会议精神，集团公司开展了全面的安全生产大检查工作。9月27日和10月29召开的电话会议分别就加强国庆节和党的十六大期间的安全生产工作进行了安排。集团公司安全生产领导小组全年共召开了10次安全生产领导小组会议。安全生产领导小组根据今年各个阶段的实际情况，分别讨论了2002年集团公司安全生产计划，事故处理、安全生产大检查、七九四矿安全整改与验收、集团公司的应急计划等工作。为了加强集团公司安全生产管理，部署集团公司的安全生产工作，集团公司7月份在秦皇岛召开了安全生产工作会议，这次会议是集团公司成立以来的第二次全系统安全生产工作会议，来自50个成员单位和部门的84位代表出席了本次会议。会上，李定凡总经理代表党组作了重要讲话；王炳华副总经理就核电站的安全运行问题作了重要发言；国防科工委张广钦副主任、科工委办公厅孙忠慧副主任到会并作了重要讲话；国家安全生产监督管理局金磊夫司长就学习《安全生产法》作了辅导报告；孙勤副总经理对会议作了全面总结。秦山核电站等7个单位介绍了经验，七九四矿报告了“4·6”事故的沉痛教训。这次会议对于加强核工业系统安全生产工作起到了强有力的促进作用。

二、开展安全生产大检查

围绕集团公司主导产业的发展和结构调整，2002年，集团公司强化了安全管理基础建设，开展了“安全生产月”等活动，在促进全员安全文化的提高方面开展了大量的工作。同时，突出重点，加大了安全检查、隐患监控和质量监督的力度。2002年，中核集团公司连续进行了3次安全生产大检查，在集团公司的历史上是检查力度较大的一年。4月份开展了春季安全生产大检查工作；6月按照国务院的要求开展了全面的安全生产大检查；10月为了迎接党的十六大的胜利召开，开展了第三次安全生产大检查工作。特别是6月份组织的安全生产大检查工作，集团公司党组高度重视，李定凡总经理亲自动员并具体部署，集团公司所有党组成员都亲自带队进行检查。集团公司分6个大组、13个小组对47个单位进行了检查，各个检查组均根据具体情况邀请了专家参加。要求各个检查组对检查情况负责，检查后，每个检查组都以书面的形

式向各单位反馈了意见。检查结束后，孙勤副总经理主持安全生产领导小组会议对安全大检查的情况进行了总结，并对问题的整改提出了要求。各单位对问题的整改是十分重视的，加大了整改力度，对一时难以整改的安全隐患加强了监控。矿冶局汲取七九四矿事故的教训，通过安全检查，要求7个矿山的10个矿井进行停产整顿，通风整改取得明显效果。特别是七九四矿，认真汲取事故教训，筹措资金进行整改，使矿山的安全基础设施得到了彻底整治，通过了有国防科工委和地方安全生产监督管理部门参与的验收，也得到了国家有关部门的理解。由于对安全生产大检查中发现的问题和隐患的整改有跟踪、有监督、有落实，集团公司各单位广大职工的安全意识得到了提高，安全生产责任制得到了加强，安全生产条件有了一定的改观。

2002年，国家也加强了安全检查的力度，6月6日，国家安全生产监督管理局和国防科工委的领导、专家和记者10人组成的国务院第七检查组，由国防科工委张广钦副主任带队对集团公司的安全管理情况进行了检查。集团公司李定凡总经理向检查组作了集团公司安全生产管理的报告。检查组认真查阅了集团公司党组关于安全生产工作的会议记录和集团公司安全生产领导小组会议的记录，并查阅了集团公司关于安全生产方面的管理文件。检查组对集团公司的安全生产工作予以了肯定。6月9日，国务第七检查组和国务院第六检查组分别对七九四矿和秦山核电站进行了安全检查。

三、强化事故应急预案工作，开展职业安全卫生管理认证

强化事故应急预案是《安全生产法》的要求。2002年，集团公司组织对各单位应急预案进行了调查。在调查的基础上，9月2日至6日，在太原举办集团公司应急预案编制培训班，来自集团公司总部、科技系统、矿冶系统、燃料系统以及安防系统等从事应急工作的技术与管理人员共43名接受了培训。学员们学习应急预案的基本内容、重大危险源的识别、应急组织及其职责划分、应急设施和设备的配备、应急执行程序的编写、应急培训以及应急预案的演练和修订。根据培训情况，这些单位对原有的应急预案进行了修订。集团公司也完善总部应急计划，经集团公司讨论通过后发布。

为了使安全生产管理科学化和规范化，集团公司倡导各单位进行管理体系的认证工作。职业安全健康管理体系的认证工作，今年进行了试点工作，集团公司的两家单位经过了认证。

四、贯彻《安全生产法》

《安全生产法》的颁布和实施是2002年我国安全生产管理中的一件大事，是我国在安全生产法制建设中的一个里程碑。集团公司采取各种形式广泛宣传《安全生产法》，在7月份召开的集团公司安全工作会议上，专门请专家进行了讲座。在集团公司党组的高度重视下，分层次进行了广泛学习，从各单位的主要领导到班组，都认真进行了学习，《安全生产法》贯彻到最基层。由于大量有效工作，在国家安全生产监督管理局组织的《安全生产法》知识竞赛中，集团公司获得了优秀组织奖。

但集团公司在安全生产管理中还存在一些薄弱环节。七九四矿2002年4月6日发生的特大安全事故是核工业历史上最大的一次工伤死亡事故，是因通风管理严重不善、井下通风系统处于瘫痪状态、矿山抢救不当而导致的重大责任事故。事故发生后，集团公司领导高度重视，迅速派人赶往事故现场进行处理和调查。通过这起特大事故，集团公司举一反三，查隐患，进行整改，使集团公司安全管理基础工作得到加强。

2003年，集团公司将继续贯彻落实《安全生产法》等国家的有关法律和法规，实行目标管理，层层落实各级安全生产和质量管理责任制，完善各项管理制度，加强现场班组建设，加强教育培训工作，积极进行安全文化建设，使安全和质量工作进一步规范化、制度化和程序化。继续加强安全隐患的监控工作，加大监督检查力度，促进安全隐患整改。同时鼓励企业进行安全与质量信息化建设，开展职业安全卫生体系认证，推动科技进步，以现代化的管理方式，提高安全和质量管理水平，确保集团公司安全、清洁的良好形象，为核事业的稳步发展保驾护航。

中国航天科工集团公司安全生产工作

中国航天科工集团公司科研生产部

一、概　况

2002年，是航天科工集团公司强化管理的一年。在这一年里，航天科工集团公司的安全生产工作以中央领导关于安全生产工作一系列重要指示为指针，在国家主管部门的指导下，坚决贯彻“安全第一，预防为主”的方针，认真学习、宣传和贯彻《安全生产法》，按照夏国洪总经理关于安全生产要以“建制、宣传、教育、检查、整改、奖惩”等6个环节为重点开展工作，紧紧围绕科研生产，特别是型号大型试验这个中心，全面实行安全生产目标管理，完善安全生产管理制度，狠抓作业现场安全生产管理，推行企、事业单位安全性评价，开展安全生产培训教育，强化民品、三产和临时性任务的安全管理，为型号科研生产及民品、三产工作的顺利进行，起到了保驾护航作用。

一年来，在航天科工集团公司安全生产委员会的领导下，通过全体职工的共同努力，全年仅发生1起死亡事故，死亡1人；7起重伤事故，重伤10人，全面完成了2002年安全生产任务。三院、六院、七院、066基地、068基地、云南航天总公司、河南航天总公司、254厂、307厂、719厂、8511所、801厂、824厂、四部、物资中心、服务中心等单位都实现了重伤事故为零。

二、全面落实安全生产责任制，实行安全生产目标管理

(1) 2002年1月，航天科工集团公司以1号文件下发了《航天科工集团公司2002年安全生产工作要点》，全面部署安全生产工作，确定了安全生产管理目标：全系统重伤人次控制在0.15‰以内，死亡人数不超过0.04‰，完成8个单位安全性评价验收和20项重大隐患整改工作。

(2) 2月25日，航天科工集团公司召开了全系统安全生产工作会，各院、局、基地及主要生产经营单位主要负责人、主管领导和业务部门领导共80多人参加了会议。会议总结了2001年安全生产工作，表彰了7个安全生产先进单位，全面部署了2002年安全生产工作。夏国洪总经理强调航天科工集团公司安全生产要以“建制、宣传、教育、检查、整改、奖惩”等6个环节为重点开展工作。6个环节中，建制又是重点，就是要建立健全安全生产各项规章，特别是各级人员的岗位责任制，规范各岗位行为，使安全生产方方面面的工作都有人管。建制后，要通过各种方式进行宣传教育，做到家喻户晓，人人皆知，充分认识安全生产的重要性，自觉遵章守纪。通过检查、整改、奖惩，加以落实，真正做到“安全第一，预防为主”，消除隐患，杜绝违章，防止事故发生。

会上，夏国洪总经理与23个单位的行政第一责任人签订了《安全生产责任书》。各单位再与其所属单位层层签订《安全生产责任书》，将安全生产责任目标层层分解，全面落实到厂（所）、公司、子公司、车间、研究室、班组和个人，形成逐级负责和人人负责的管理网络。

责任书的内容包括：①死亡指标；②重伤指标；③完成重大隐患整改；④完成安全性评价。

在签订安全生产责任书的同时，第一责任人交纳一定数量的安全抵押金，年终考核时，视责任书完成情况，按考核办法进行奖罚。

三、严格作业现场管理，坚决整治隐患

1. 加强作业现场安全检查和事故隐患整改

2002年2月1日，航天科工集团公司某厂发生重大燃烧事故，造成4人重伤、4人轻伤，安全生产形势十分严峻。为扭转不利局面，集团公司迅速作出在全系统范围内开展安全检查的决定，并下发了“关于做好安全生产检查工作的通知”，明确了检查的内容、重点和要求。这次安全检查，采取各单位自查和集团公司抽查相结合的办法。自查查出的问题，列《隐患整改登记表》，报集团公司备案。

按照集团公司要求，各单位加大了检查力度，三院、066基地建立了每月由领导干部带队的巡查制度，取得了良好的效果，事故较往年有了大幅度下降。据统计，全系统在自查中，共查出事故隐患12042个，已整改11951个，整改率达99%以上。在自查的基础上，集团公司组织了16个检查组对40个主要生产经营单位进行了两次抽查，共查出事故隐患297个，进行了通报并跟踪检查，截止到年底，绝大多数隐患已整改完。通过自查、抽查和整改，加强了安全生产管理，有效地遏制了安全生产的不利势头。

2．实施专项治理，消除重大危险隐患

集团公司根据各单位上报的事故隐患项目和业务部门已掌握的情况，审查确定了20项容易发生事故且对科研生产影响较大的重大事故隐患项目，实施专项治理，并作为2002年考核项目限期完成。同时，要求各责任单位未完成整改工作前，要采取有效措施（个别危险性大的项目要做到严防死守)，防止发生事故。整改方案应加大技术含量，淘汰不安全的旧设备和落后工艺，采用先进成熟的新技术、新设备、新工艺和新材料。整改方案必须评审后才能实施。重大隐患确定后，受到有关责任单位高度重视，按照集团公司布置，认真安排整改计划，积极制定整改方案，落实整改经费，明确负责人。截止到年底，已有16项完成整改工作，有4项主体工程已完成。

四、开展安全性评价，安全生产管理上新台阶

近年来，为了推动安全性评价工作，航天科工集团公司制定了《工厂安全性评价》、《事业单位安全性评价》、《火化工安全性评价》3个标准，并在16个单位进行试点，获得了圆满成功，取得了宝贵经验。2002年，在已经取得成绩和经验的基础上，集团公司决定在全系统范围内全面开展安全性评价工作，并下发了《开展安全性评价工作》的专题文件。各单位都按照集团公司的要求，行政正职亲自挂帅，负责落实评价专业领导机构，制定具体工作计划，认真开展自评工作，并在人、财、物等方面给予大力支持。许多单位采取走出去、请进来的办法，或者到已通过集团公司复评验收的单位现场请教，或者请专家传经送宝，帮助培训骨干，再结合本单位实际情况加以创新。各级业务主管部门也及时做好督促、检查和指导工作。二院、三院、061基地、066基地还适时对自评单位组织预评。在此期间，集团公司于8月中旬在六院389厂专门召开了安全性评价现场经验交流会，帮助和指导自评单位开展工作。在各单位完成自评和预评的基础上，集团公司分别组织对二院699厂、210所、三院159厂、六院359厂、066基地红阳厂、068基地磁电有限公司及111厂、801厂等8个单位进行了复评验收。经审查，上述8个单位除111厂、801厂是安全级外，其余6个单位均达到优秀级。值得表扬的是，二院210所在开展安全性评价工作活动中很有创意，有机地将“5S”活动融入到安全性评价工作中，使得开展安全性评价工作效果十分显著，也受到了各级领导的好评。

各单位通过开展安全性评价工作，生产作业现场安全文明生产状况有了很大改善，安全管理的规范化、标准化有了很大提高，干部、职工安全意识和自我防护能力有明显增强，事故隐患和“三违”现象明显减少，进一步完善了安全管理规章制度，使安全生产管理上了新台阶。一些单位干部职工在开展安全性评价之初，觉得有些麻烦，通过安全性评价后，经过反复检查、反复整治，不断改进，生产现场的环境和秩序、职工的精神面貌等等，各方面都有了较大的改观，大家普遍反映，开展安全性评价工作，再苦再累也值得。

五、大力开展多种形式的安全宣传教育，提高各类人员安全素质

1．“安全生产月”活动

在全国第一个“安全生产月”活动中和《中华人民共和国安全生产法》出台后，集团公司专门下发了“关于开展安全生产月活动的通知”和“关于学习、宣传、贯彻《中华人民共和国安全生产法》的通知”，要求各单位充分利用各种宣传工具，广泛宣传安全生产政策、安全生产知识和《安全生产法》，组织广大职工听广播、收看电视讲座和集团公司组织编写的“科研生产事故选编”录像片，举办各种培训班，教育广大职工遵章守纪，营造良好的安全生产氛围。通过开展多种形式的教育活动，极大地提高了干部职工的安全意识。在此期间，二院举办了45期各种培训班，066基地、068基地举办安全知识竞赛活动，新新集团公司、新乐集团公司积极参加地方组织的培训活动，307厂组织播放了38场安全生产事故录像片，并组织了一线工人进行安全生产知识考试，还有不少单位参加了当地组织的“安康杯”知识竞赛活动。

2．加强新职工、特种作业人员和调换工种人员培训

按照航天科工集团公司要求，各单位加强了新职工、特种作业人员、复工和调换工种人员培训。据统计，2002年，全系统新职工三级教育率达100%，特种作业人员培训合格率达100%，复工和调换工种人员培训率达100%。

3．加强领导干部和专职技安人员的培训

为提高厂（所）长和专职技安人员的安全素质，航天科工集团公司于6月18日至20日和10月20日至22日，先后组织了两期厂（所）领导干部安全生产培训班，共有220名厂所领导参加了培训，已取得“教育培训证书”。5月13日至15日，举办了专职技安员培训班，有86名专职技安员参加了培训，取得了“教育培训证书”。上述培训班聘请了有关专家教授授课，收到了很好的效果。10月下旬，集团公司与国家经贸委安全科学技术研究中心共同举办了一期《职业安全健康管理体系培训班》，聘请了国家经贸委安全科学技术研究中心、国家职业安全健康管理体系认证中心有关专家授课，有33人取得了国家职业安全健康管理体系实习审核员的资格。

六、加强辅助岗位和临时任务的安全管理

1．加强辅助单位和辅助岗位的安全管理

2002年，航天科工集团公司在加强科研生产和安全生产管理的同时，也注重加强了对服务中心、服务公司等后勤保障单位的安全管理，并列为2002年一项重要工作进行考核。要求这些单位，认真贯彻执行国家有关安全生产法律法规和集团公司有关规章制度，做好安全生产工作。这些单位也能按照集团公司的要求，针对人员分散、工作战线长、流动性大的特点，制定相应的管理制度，坚持安全工作没有小事的观念，基本上做到了在抓经济效益的同时，不忘抓好安全生产工作，并取得了很好的成绩。

2．加强临时性任务的安全管理

随着科研生产任务的发展，临时性任务越来越多，范围也越来越大，涉及的专业也越来越广，临时性任务的安全管理是个薄弱环节。为了加强临时性任务的安全管理，8月6日，航天科工集团公司专门下发了《关于临时性作业安全管理的通知》，规定了有关人员的职责、工作程序、安全要求，做到有章可循、有法可依。

中航工业第一集团公司安全生产工作

中航工业第一集团公司航空产品部

2002年，在集团公司各级领导的高度重视下，经过全体干部职工的共同努力，集团公司圆满地完成了全年的各项科研生产任务，实现了全年的安全生产及事故的控制目标，取得了显著成绩。

一、全面贯彻落实中央领导关于加强安全生产的重要指示，贯彻落实国务院全国安全生产电视电话会议和国防科工委“高新工程科研安全生产会议”的精神

2002年，全国的安全生产形势依然严峻，中央领导高度重视，并多次作出重要批示。对此我集团公司及时组织全体干部、职工认真学习，全面贯彻落实中央领导关于加强安全生产和防范安全事故的重要指示精神；传达贯彻国务院全国安全生产电视电话会议和国防科工委“高新工程科研安全生产会议”的精神，使中央领导同志的重要指示及国务院安全生产办的精神迅速落实到基层。各级领导都从讲政治、保稳定、促发展的高度，以对国家和人民高度负责的精神，正确处理安全生产和防范安全事故与发展经济的关系，坚持“安全第一，预防为主”的方针，采取强有力的措施，狠抓安全生产责任制的落实及事故隐患的检查及整改工作，确保安全生产万无一失。

二、落实各级安全生产责任制，建立健全各项安全生产规章制度，实行安全生产目标管理

(1) 2002年3月，中航工业第一集团公司召开了安全生产工作会议。集团公司杨育中副总经理、国家安全生产监督管理局有关领导出席了会议并在会议上作了讲话。集团公司系统89个企事业单位的120多人参加了会议。杨育中副总经理在会议上总结回顾了2001年安全生产工作，指出了安全生产工作所面临的形势，提出了2002年安全生产工作的任务和要求。大会对中航第一集团公司2001年度安全生产工作10个先进单位、9个先进集体、18名先进个人进行了表彰。112厂、132厂、172厂、410厂、430厂、624所、625所等单位介绍了他们在安全生产方面的先进经验。

(2) 各企事业单位基本建立了以行政一把手为本单位安全生产第一责任人的安全生产委员会。建立健全了各级各类人员的安全生产责任制。特别是一些从事危险设备操作工种和危险场所，安全责任明确到人。做到了一级抓一级，层层有人抓，各尽其责，强化监督，从严管理，全方位做好安全生产工作。

(3) 各企事业单位坚持“安全第一，预防为主”的方针，建立健全各项安全生产规章制度，制定各级各类人员的安全生产责任制，并落到实处。做到了每个部门、每个岗位均有章可循。

(4) 各企事业单位实行了安全生产目标管理，建立了一整套从上到下的各级安全生产管理网。绝大多数单位都能够将年度计划中的安全生产目标，层层分解到分厂、车间、有关职能处、室，由各单位的总经理（厂长、所长）或主管安全生产的领导与各基层单位签订“安全生产目标经济承包书”。有的单位采取上交风险抵押金的形式，与各基层单位签订“风险抵押金安全生产目标经济承包书”，定期检查完成情况，年底考核目标完成后，返还风险抵押金并进行奖励。这种形式有力地加强了安全生产管理工作，有效地控制了伤亡事故的发生。

三、狠抓生产现场的安全管理，大力开展清洁生产，创造文明有序的科研生产环境

组织各企事业单位把安全生产的重心放在狠抓生产现场的安全管理上面，创造出了很多成功的经验。在各企事业单位大力开展“6S”生产现场管理（整理、整顿、清扫、清洁、态度、安全），使我们的生产现场和生产环境得到了很大改观。我们就是通过广大职工的努力，改变生产环境，养成良好的工作习惯，从而达到提高工作效率、提高职工素质、树立企业形象、确保安全生产的目标。

四、组织各企事业单位深入开展安全生产五个专项整治工作，加大事故隐患的治理整改力度，巩固和扩大安全生产五个专项整治的成果

在2001年全系统开展安全生产五个专项整治工作的基础上，2002年我们组织各企事业单位深入开展安全生产专项整治工作，加大了安全生产宣传力度，采取多种形式提高全员的安全技术素质，进一步修订和补充完善了各项安全管理制度。绝大多数单位普遍加强了对化学毒品的管理，各单位都健全了制度，明确了责任。很多单位对火工品、炸药、枪支进行了进一步的清理整治，严格清查火工品、火炸药库房的家底，摸清库存情况；对超期、报废的爆炸危险品进行重点整治，能回收的回收，该销毁的销毁，彻底消除长期遗留的安全隐患，并且完善制度，加强管理。为了确保试飞安全，132厂、112厂、162厂等主机厂对试飞站进行了清理整顿，健全了各项规章制度，对存在的安全隐患制定了整改措施。黎明公司、460厂、430厂等发动机厂对发动机试车规程、设备、油料管理、检测手续进行了清理整顿，在试车区加强了消防监督，确保重大试验、试车的安全进行。对易燃易爆危险场所进行重点整治。各单位对锅炉房、变电站、空压站、油库、氧气站、煤气站等易燃易爆场所进行清理整顿，健全各种规章制度，完善各种质量检测手续，严格执行交接班制度，采取切实有效的防火措施，现场消防器材齐备完好，具体操作人员必须持证上岗。

五、落实《国务院办公厅关于立即组织开展安全生产大检查的紧急通知》［国办发明电（2002）11号］的精神，开展各种形式的安全大检查活动，消除生产过程中的安全隐患

在“安全生产月”期间，集团公司根据《国务院办公厅关于立即组织开展安全生产大检查的紧急通知》［国办发明电（2002）11号］精神，配合国务院安全生产大检查第七组，于2002年6月8日对430厂进行了安全生产大检查。根据国防科工委办公厅《关于做好军工企事业单位安全生产检查工作的通知》（委办安［2002］55号）的精神，配合国防科工委安全生产检查组，于6月10日对172厂和630所进行了安全生产大检查；集团公司安全生产检查组，于6月11日至14日又先后对514厂、115厂、148厂、114厂、113厂进行了安全生产大检查。对这些单位的锅炉房、空压站、制氧站、乙炔站、煤气站、变配电站等危险部位进行了重点检查。目前，514厂投资150万元引进天然气工程，关闭了煤气站，彻底消除了不安全隐患。其他单位对查出的安全隐患，正在采取有力措施，及时治理整改；对查出的重大安全隐患，由于各种原因一时难以整改的，集团公司督促有关单位采取措施，严防死守，确保不发生重大安全事故，并想方设法协调各种关系，尽快落实整改工作。

六、开展多种形式的“安全月”及“百日安全无事故”活动

(1) 集团公司领导在接到《国防科工委关于认真开展“全国安全生产月”活动的通知》(科工委［2002］186号）的文件之后，结合国务院全国安全生产电视电话会议及《国务院办公厅关于立即组织开展安全生产大检查的紧急通知》精神，组织全系统广大干部职工开展以“安全责任重于泰山”为主题的“安全生产月”活动，集团公司转发了《国防科工委关于认真开展“全国安全生产月”活动的通知》(科工安［2002］186号)，对所属各企事业单位开展“安全生产月”活动提出了具体要求。各级领导要高度重视安全生产工作，以“三个代表”的重要思想为指导，坚持“安全第一，预防为主”的方针，按照《国防科工委关于认真开展“全国安全生产月”活动的通知》(科工安［2002］186号）的精神，周密筹划，精心组织，认真组织好2002年的“安全生产月”活动。

(2) 加大安全宣传教育力度，进一步提高了广大干部职工的安全意识。为了进一步提高广大干部职工的安全意识，132厂、172厂、112厂、511厂、603所等担负了重点型号科研生产任务的单位，为了确保型号任务的顺利完成，将“安全生产月”活动延长为“安全生产百日无事故”的安全竞赛活动。从而在全系统范围内造成了一种安全生产以日促月、以月促年的声势，使安全生产工作成为各项工作中一个永恒的主题。

(3) 6月5日，集团公司在北京举办了“安全责任重于泰山”的主题报告会，请国家安全生产监督管理局领导作报告，在京地区所属各单位中层以上干部共计200多人参加了报告会。报告会引起了极大的反响，使所有到会人员受到了深刻的教育，收到了良好的效果。

(4) 各单位以“安全文化”为先导，采取各种形式，广泛深入地宣传安全生产的方针。利用各单位的闭路电视、黑板报、广播、小报专刊等形式，宣传安全生产的基本常识，提高广大干部职工的自我保护意识。他们在本单位拉横幅、贴标语、挂宣传画，使广大干部职工懂安全、要安全、会安全、保安全。大张旗鼓地宣传安全生产工作中的好典型、好做法，形成了“人人遵章守纪、事事注意安全”的良好风气，营造了浓厚的企业安全文化。

(5) 各单位组织全体干部职工参加安全知识有奖答题竞赛活动；有的单位组织职工进行“安全生产在我心中”、“我唱一只安全歌”、“感悟生命”的演讲比赛和黑板报比赛；有的单位组织各级主管安全生产的领导谈对“安全责任重于泰山”的感想和认识，从而增强了各级领导安全生产的责任感和使命感；通过各种安全文化的宣传教育，使广大干部职工逐步认识到，安全不仅只是简单的不发生事故，而是反映了我们的一种向往与追求，一种知识技能及达到的水平，一种企业与社会的文明程度。也就是说，安全文化就是保护人心健康，尊重人的生命，实现人的价值的新的文化。

七、坚持对各类人员的安全教育及培训工作

各企事业单位都能够坚持对各类人员的安全培训工作，特别是对特殊工种的复审培训工作，使特殊工种的工人全部持证上岗。

八、重伤死亡事故的调查和处理情况

由于各企事业单位领导的高度重视，安全生产部门卓有成效的管理和督察，使集团公司所属各企事业单位2002年的安全事故得到了有效控制。全年共发生两起死亡事故，造成2人死亡。全年共发生7起重伤事故，造成7人重伤。凡发生安全事故的单位都本着“三不放过”的原则，对职工进行教育；配合地方劳动部门对伤亡事故进行调查处理和结案。

总之，经过全年不懈的努力和扎实的工作，使集团公司的安全生产工作取得了很大成绩。我们要不断总结经验，继续贯彻“安全第一，预防为主”的方针，落实以安全生产责任制为中心的各项安全生产规章制度。在企业结构调整、改组改制的形势下，不断研究、探索、实施安全生产的新思路、新模式和新方法，为集团公司科研生产的顺利完成，创造一个良好的工作环境。

中航工业第二集团公司安全生产工作

中航工业第二集团公司生产调度试飞部

2002年，中航第二集团公司认真贯彻国家及有关部门的要求，有针对性的开展了各项活动，加强安全生产工作，取得了一定成绩。

一、总结经验，表彰先进，布置工作

2002年，根据国家安全生产监督管理局安全生产工作要点的有关要求，集团公司于1月份下发了《中国航空工业第二集团公司安全生产工作要点》，明确了集团公司的总体工作思路，即从“讲政治、保型号、促稳定”出发，落实国家对安全生产工作的总体要求，以飞行安全、危险点及重点型号科研生产现场整顿为重点，以改革的精神狠抓管理，促进企业在经营管理行为中建立安全生产的激励机制、约束机制、监督机制，打基础、抓现场、反违章、降事故，推动安全生产工作向以自我约束机制为核心的规范化、标准化管理迈进。工作目标是：推动各企事业单位建立完善的规章制度和落实，促进规范化管理；做到两个杜绝，两个减少（杜绝重、特大事故，杜绝各类等级飞行事故，减少飞行事故征候和重复性伤亡事故），使伤亡事故比去年有所下降。

3月5日至7日，在常州召开了全行业范围内的安全生产工作会议，对2001年的安全生产工作进行了总结，实事求是地分析了当前集团公司安全生产工作所存在的问题，提出了集团公司2002年安全生产的工作重点，重申了安全生产工作的目标。此次会议上，182厂、3147厂、120厂、503厂、420厂、608所被评选为2001年度安全生产先进单位，372厂被评选为2001年安全生产优秀单位。

二、加强安全生产检查及专项治理

4~6月，认真组织落实国家及有关部门的各项要求，重点开展了安全生产专项治理整顿和国家第一次安全生产月活动，从六个方面入手，以电气安全为重点，开展了全行业的安全大检查和整顿工作，检查了65个企事业单位，通过量化考核，检查并督促整改了一批事故隐患，锻炼了一批安全专职人员，确保了各项工作的顺利进行。

7月，在吉林长春召开了集团公司安全生产专项治理整顿总结会议，总结了在安全生产大检查和专项治理整顿工作中发现的问题，布置了复查的有关事项，并在会上以讲座的形式学习了《安全生产法》。

三、加强安全生产的宣传教育和整章建制工作

根据工作要点安排，针对安全评价、职业安全健康体系、专职技安干部现场技能，分别于5月14日至21日、10月15日至21日、12月6日至9日开展了3期安全生产培训教育。

6月，配合国家安全生产月活动，在集团公司总部开展了一次《安全生产法》知识答卷。

12月，根据实际工作的要求，集中力量对《集团公司奖惩办法》、《安全性评价规程》、《各级人员安全生产责任制》等一批规章制度进行了重新修订。

四、加强国际交流和合作

为跟踪国际先进安全生产管理经验，组织有关企业安全生产管理人员于9月25日至10月7日赴德国进行安全生产方面的考察。

中国船舶工业集团公司安全生产工作

中国船舶工业集团公司企业部

2002年，中国船舶工业集团公司（以下简称"中船集团公司"）认真贯彻落实党中央、国务院关于安全生产工作的一系列指示精神，始终坚持"安全第一，预防为主"的方针，针对船舶行业安全生产的特点和集团公司2002年制定的安全生产工作要点，在落实安全生产责任制、狠抓现场作业管理、完善安全生产管理规章制度、加强职工安全教育培训方面做了大量工作。

一、集团公司领导高度重视安全生产工作

2月7日，国务院召开全国安全生产电视电话会议后，中船集团公司以《关于贯彻安全生产电视电话会议精神，开展"安全月"活动的通知》布置所属单位，在3月份开展"安全月"活动，重点加强生产基建现场管理和防燃爆安全管理，组织有针对性的检查和整改。5月14日，国务院办公厅发出《关于立即组织开展安全生产大检查的紧急通知》（以下简称《紧急通知》）后，中船集团公司以《关于认真开展"全国安全月"活动的通知》，认真组织和部署各企事业单位开展以"安全责任重于泰山"为主题的"安全月"活动。

为了加强对安全生产工作的领导和监督，中船集团公司也在原中船集团公司安全生产领导小组基础上，调整充实人员，成立了以陈小津总经理为主任，李柱石副总经理、张希平总经理助理为副主任的中船集团公司安全生产委员会，指导集团公司系统的安全生产工作。

5月21日上午，中船集团公司召开安全生产视频会议，各地区公司、企事业单位安全生产第一责任人，重点企业分管安全生产的副厂长（副总经理）和安全技术处长、集团公司安委会全体成员参加了会议。胡明和常务副总经理和李柱石副总经理分别作了重要讲话，要求各企事业单位认真贯彻国务院办公厅《紧急通知》，在全系统开展全面的安全生产大检查，必须做到不留死角，务求实效，力戒形式。同时，要求党政一把手亲自抓，要求层层落实。

5月下旬，召开重点企业安全处长会议，进一步落实开展"全国安全月"活动，进行安全生产大检查工作。

二、完善安全管理体系，落实安全生产管理责任

中船集团系统各企业已形成惯例，元旦后的第一个会议是安全生产会议，一月份各企业安全生产第一责任人与下属部门签订安全生产责任书，并且逐级层层签订。

沪东中华造船（集团）公司董事长顾宝龙与马国栋总经理签订了安全生产责任书，马国栋总经理与20位分管领导签订了安全生产责任书，各分管领导又分别与44位中层单位安全生产第一责任人签订安全生产责任书，各单位内部也逐级进行了安全生产责任制的签约，落实安全生产责任，增强安全生产责任意识。

江南造船（集团）公司、广船国际股份有限公司、上海船厂、外高桥造船有限公司、澄西船厂、黄埔造船厂、江新造船厂、上海航仪总厂、无锡海鹰企业集团公司、南京绿洲机器厂、708所、十一所等企事业单位也都认真签订了安全生产责任制，逐级落实安全生产责任。

1月底前，集团公司所有单位都按照要求完成了安全生产责任书的签订工作，有外包工程队的单位也完成了同外包工程队负责人安全生产协议书的签订工作。

三、认真组织"全国安全生产月"活动

根据国务院和国防科工委关于立即开展安全生产大检查和认真开展"全国安全生产月"的精神和要求，以及中船集团公司《关于认真开展"全国安全生产月”活动的通知》，各企事业单位开展了以“安全责任重于泰山”为主题的安全月活动。

(1) 上海船舶工业公司于5月20日召开安全生产防火委员会会议，各企事业单位主管安全生产的领导参加了会议。会议要求在贯彻落实两个会议和《紧急通知》的基础上，结合上海市的布置，增加大件起吊、道路交通安全、防汛防台工作等3项检查内容，认真开展好安全生产大检查。从6月10日~17日，由主要领导带队组织了3个检查组，对上海地区所属企业进行检查；组织2个检查组，对江苏、安徽地区企业进行检查。

(2) 江南造船（集团）公司于5月15日召开了党政中层以上干部会议，传达全国安全生产电视电话会议精神，布置各下属单位认真开展安全生产大检查。5月20~27日，各事业部、分厂自查阶段，要求各单位党政一把手在自查报告上签字，确认检查结果。6月上旬，由公司董事长等党政领导带队，组成3个检查组进行全面检查。6月中旬，对重点部门以及隐患整改情况进行复查。

(3) 沪东中华造船（集团）公司于5月16日召开各部门安全生产第一责任人会议，传达全国安全生产电视电话会议和陈良宇市长讲话精神，布置立即开展安全生产大检查。5月16~21日，为各事业部、分厂、生产管理部门自查阶段。5月22日，召开各部门党政一把手和安全生产、消防、交通、环保、防汛防台等5个委员会成员会议，传达集团公司视频会议精神，检查各部门、事业部开展安全生产自查情况。5月23日，印发《关于开展2002年“安全生产月”活动的通知》，全面部署“安全月”活动和开展安全生产大检查。5月24日，召开了外来工程队经理（队长）安全生产专题会，要求各外来工程队不折不扣贯彻全国安全生产电视电话会议精神，组织安全生产大检查，切实防范安全生产事故。6月上旬，由总经理带队成立了3个检查组，对所属范围进行全面的、突出重点的检查，6月下旬再进行一次复查，并和集团公司一起研究在自查的基础上，做好迎接国务院安全生产检查组、国防科工委、上海市等上级部门的检查，以及配合好“安全生产万里行”活动。

(4) 上海船厂在上海船舶工业公司和集团公司安全生产会议后，发文布置下属各单位开展安全生产大检查，并召开了54个外来工程队法人代表会议，布置落实安全生产工作。全厂首先悬挂400面宣传彩旗，营造安全生产氛围，做好发动工作。6月1~9日，各单位自查。6月11~15日，厂领导带队分2组进行全面检查，重点是涂装作业、危险化学品、大件起吊、安全用电、防汛防台、外来工程队安全生产责任制等。6月18日，各单位写出安全生产大检查总结。6月19~22日，由厂领导带队对整改情况进行复查。

(5) 外高桥造船有限公司全部员工签订了《安全承诺卡》，举办明火作业、起重安全、安全工程师等3个培训班，对作业长以上人员进行专项安全培训，开展“安全生产合理化建议”活动。在二级单位自查的基础上分别组织了现场文明生产检查、设备安全管理检查、安全规章制度执行情况检查、外来工程队安全管理检查，检查了各部门三级安全教育档案情况。通过检查，发出整改单12张、处罚通知单28张，要求限期整改隐患。

(6) 广州管理局于5月16日发文，对所属企事业单位开展安全生产大检查做了具体部署。6月5~6日，到文冲船厂检查工作，重点检查安全生产责任制落实情况、外来工程队安全生产管理和今年发生的2起外包工事故处理、整改情况。在各单位自查的基础上，由该管理局局长带队、各厂分管安全的副厂长、安全技术处长参加，组成检查组，按国务院“紧急通知”要求进行全面检查。

(7) 黄埔造船厂于5月9日召开安委会扩大会议，各部门一把手参加，学习报纸上刊登的国务院第58次常务扩大会议精神，布置安全生产工作。5月13日，厂长带队分5个组对全厂进行安全生产大检查。5月25日，召开了全厂“安全月”活动动员会，传达国务院两次会议和集团公司视频会议精神，布置安全生产大检查。在各下属单位自查基础上，6月7日、6月13日由厂党政一把手带队按《紧急通知》精神对全厂进行全面彻底的检查。6月25日，对检查的整改情况进行复查。

(8) 九江船舶工业公司在集团公司安全视频会议后，召开8厂1所主要领导、安全技术处长会议，布置安全生产大检查工作，重点抓好6214厂、9318厂两个船厂的安全生产工作。在各企事业单位自查的基础上，6月13日~18日，由九江公司领导带队进行全面检查。

四、安全生产监督检查情况

（1）6月，国务院安全生产检查组第7组，来集团公司指导安全生产管理工作，检查了集团公司有关安全生产规章制度、文件、基础资料，并组织座谈交流，听取了集团公司安全工作汇报。检查组对集团公司在安全生产方面所做的大量工作给予了肯定，对检查的结果表示满意，并针对船舶工业的特点提出了更高的要求。

（2）针对船舶行业产品建造节点的特点，在事故高发季节和重大节日期间，集团公司有重点地对下属单位进行安全督察，在5月底和11月初，先后检查了重点生产单位的安全生产情况，重点对在建产品的现场安全管理情况进行监督检查，对能引起高处坠落、燃爆、物体打击、触电等多发事故的危险源和有关安全设施进行了现场检查整改，有效地防止了事故的发生。

五、认真宣传贯彻落实《安全生产法》

为配合学习、宣传、贯彻《安全生产法》，集团公司企业部下发了《关于学习宣传贯彻〈中华人民共和国安全生产法〉的通知》，要求各企事业单位领导带头认真学习，努力提高单位各级领导、全体职工安全生产的法律意识，完善安全管理规章、制度、体系，真正把《安全生产法》的学习贯彻落到实处。

各单位根据集团公司要求，认真开展宣传贯彻《安全生产法》活动。有的单位根据法律要求认真修订有关安全管理规定，有的聘请权威部门专家到单位举办讲座，有的组织开展《安全生产法》知识竞赛，有的利用厂报、安全简报、黑板报等登载《安全生产法》或开展有奖竞猜，有的利用班前会、安全例会组织学习讨论。

六、安全生产管理教育培训

安全培训教育是领导干部和员工接受新的安全管理理念，提高安全生产管理认识和水平的重要途径，因此，集团公司一贯重视安全培训教育，重点抓好领导干部、新进厂员工、特种作业人员、外包工的安全培训教育工作。3月份，集团公司与中船重工集团公司联合举办了可燃性气体测试技术培训班，对重点造修船厂、海军系统以及其他地方船厂的123名测爆人员进行了培训和复训。

江南造船（集团）公司为了落实各级安全生产责任制，加强现场生产安全监督管理力度，公司安全生产环境部着手对各级书记、车间主任、计调员、工段长等举办“兼职安全员”培训，872名工段长以上党、政干部和计调员、建造师等，于5月底前分22个班进行了培训、考核，6月9日至6月底，又对813名班组长分13批进行了集中轮训，最后进行了考核。

外高桥造船有限公司对安全管理干部、特种作业人员、外包工都进行了安全教育培训，公司组织25位安全管理人员参加了上海市安监局举办的安全干部培训班，经培训考核，23人取得市安全干部上岗证书；对新进厂3839名员工（含外包工）进行了入厂安全教育，累计教育87次；对19名特殊工种作业人员进行了上岗培训，累计培训525人次，全部取得操作证或具备上岗资格。

南京绿洲机器厂对2002年工厂新聘用的6名中层干部均通过市安监局安全培训，厂级领导、中层干部安全培训率达100%；举办特种作业复训班4个，共144人；外包工培训班6个，共207人；特殊定岗、转岗工种20人，都通过了市有关安全培训，取得操作证书。特殊工种、外包工持证上岗率达到100%。

其他造修船厂和船舶配套厂也根据自身实际，按照集团公司相关规定，有重点地安排安全教育培训计划，做到了“提高认识，教育全面，持证上岗，安全生产”。

七、安全生产伤亡事故情况

2002年，中船集团公司共发生死亡事故3起，死亡3人；重伤事故19起，重伤19人。其中，死亡事故中高处坠落2起，死亡2人；物体打击1起，死亡1人；重伤事故中高处坠落6起，重伤6人；物体打击3起，重伤3人；车辆伤害3起，重伤3人；机械伤害1起，重伤1人；起重伤害1起，重伤1人；其他事故5起，重伤5人。与2001年相比，除去沪东中华造船（集团）有限公司“7·17”600吨龙门起重机倒塌特大事故外，死亡事故和死亡人数（死亡事故6起，死亡6人）分别下降了50%。

伤亡事故的主要特点是：①高处坠落事故仍是2002年集团公司安全事故发生的重点，从集团公司2002年发生246起轻伤事故中，高处坠落事故约占1/3，这与船舶建造的特点有关，随着船舶建造的吨位越来越大，船体和分段的高度也越来越高，稍有不甚就有可能发生事故；②厂内外交通事故有所上升；③防止燃爆事故仍是安全管理工作的重中之重，燃爆事故极易发生群死群伤事故，社会影响恶劣，因此应该进一步严格动火审批制度、涂装作业测爆制度；④物体打击事故频频发生，由于立体交叉作业多，如果生产组织不到位就会发生事故，因此物体打击事故历年来都是多发的事故类型；⑤触电事故仍有发生，船舶建造需要大量的电焊和切割作业，并且作业环境复杂，极易发生事故。

2002年，中船集团公司安全生产管理工作在国家安全生产监督管理局和国防科工委的指导和帮助下，在控制伤亡事故发生率、完善安全管理规章制度、加强现场安全监督检查、推进安全生产管理体系建设等方面做了大量工作，使得集团公司安全生产状况进一步好转，安全管理逐步走向法制化、制度化、规范化，为今后更好地工作奠定了坚实的基础。

中国船舶重工集团公司安全生产工作

中国船舶重工集团公司生产经营部

一、安全生产工作的基本状况

2002年，中国船舶重工集团公司安全生产工作的突出特点是目标明确、重点突出、管理力度加强、工作量大。集团公司领导对安全生产工作是非常重视的，从总部到各成员单位，紧紧围绕集团公司“两大目标、三大任务”的总体发展思路，按照集团公司“一个方针、三个保障、一个目标和效果”的安全生产工作指导思想，本着抓紧、抓严、抓实、抓重点的精神，扎实地开展各项工作，经过总部领导及各部门领导及广大职工的不懈努力，基本达到了预期的效果，取得了较好的成绩。主要表现在：一是杜绝了重大、特大伤亡事故的发生，杜绝了重大火灾、爆炸事故；二是各级领导对安全生产工作的重视程度普遍提高。在国家安全生产监督管理局、国防科工委有关部门的指导下，不仅较好地完成了国务院及有关部委布置的安全生产工作，而且开展了富有成效的活动，加大了安全管理力度，在基础建设、体制建设、规章制度建设、队伍建设等方面做了大量工作，保障了集团公司生产经营目标的实现。

二、主要工作

1. 组织开展“安全生产月”活动

集团公司系统今年开展了两次“安全月”活动。在继续开展好本系统每年3月份“安全月”活动的同时，重点布置了全国“安全生产月”活动。针对违章是目前事故的主要直接成因，集团公司系统“安全月”活动的主题是“落实责任严管理，遵章守纪反三违”，其目的是落实集团公司第三次工作会议精神和集团公司领导关于抓实抓好“两会”期间的安全生产工作的指示精神；落实安全生产责任制和反对违章作业、违章指挥、违反劳动纪律。通过活动，切实促进了安全生产责任制的落实，层层签订了安全生产责任状，强化了管理，加大了反对违章的力度，整改了部分事故隐患，治理整顿了作业现场。

6月份，按照国务院安全生产委员会的布置，开展了全国“安全生产月”活动。这次活动的主题是“安全责任重于泰山”。集团公司从上到下都十分重视这次“安全生产月”活动，许多单位成立了活动领导小组，并召开专题会议，提早研究制定活动方案；对活动内容、要求及实施计划作出具体安排，切实做到了工作有计划、有布置、有检查，在落实上下功夫。普遍召开了动员大会，层层动员，主要领导在会上作动员报告，谈学习党和国家领导人对安全生产工作指示的体会和认识，强调安全生产工作的重要性，分析目前安全生产形势，研究落实安全生产责任等问题。狠抓事故隐患治理，强化安全防范措施。许多单位的领导亲自带队或参加现场安全检查，及时纠正违章和整改事故隐患，进一步落实安全生产责任，强化管理，保持“安全生产月”活动善始善终，达到了预期效果。

2．进行安全生产大检查

5月底至6月中旬，按照国务院的部署，组织了安全生产大检查。集团公司领导十分重视这次安全生产大检查工作，在接到国务院通知后，立即召开了总经理办公会议，成立了以党组书记、总经理李长印任组长，党组成员、副总经理董强任副组长，各部主任为组员的集团公司安全生产大检查领导小组；根据国防科工委、中央企工委、全国安全生产电视电话会议精神和要求及集团公司实际，对集团公司落实国务院安全生产大检查的有关问题进行了认真的研究，作出了布置，制订安全生产大检查方案。并决定，党组成员要结合工作安排，参加到安全生产大检查中去。

董强副总经理按照李长印总经理的指示，专门召开会议，研究制定安全生产大检查工作方案。经李长印总经理批准下达了集团公司安全生产大检查的通知并转发国务院关于开展安全生产大检查的通知。

组织了3个检查组的23名专家对22个重点单位进行了检查。各组检查做到了查前有方案，查中有程序，查后有反馈。既肯定了有特色、有力度、效果显著的安全生产管理方法和经验，指出存在的问题，又能提出整改建议。使安全检查成为一次互相监督、相互学习交流的机会。

这次安全生产大检查发动之彻底，声势之浩大，检查范围之广，检查工作之细致，都是前所未有的。安全生产大检查，为切实保障职工的安全健康和军工科研生产、建设项目的安全发挥了积极和重要的作用。经对集团公司系统45家单位的不完全统计，参加各级安全检查组检查的人员有7185人次；各单位共组织检查2968次；查出事故隐患3659项，已经整改3470项，整改率达到95%。

3．学习、宣传、贯彻《安全生产法》

集团公司发出《关于宣传贯彻〈中华人民共和国安全生产法〉的通知》后，各级领导充分认识了贯彻实施《安全生产法》的重要意义，提高了学习、宣传、贯彻的自觉性。特别是厂（所）级领导，将学习《安全生产法》作为第二季度中一次办公会的必要内容，深刻领会其立法宗旨和精神实质，掌握《安全生产法》所确立的基本法律制度和生产经营单位管理职责。同时各级工会和党群组织充分利用广播、闭路电视、黑板报、宣传栏、厂报等各类安全生产媒体，广泛深入、扎实有效地宣传《安全生产法》，形成强大的舆论氛围和宣传声势，使《安全生产法》深入人心，家喻户晓。

各成员单位对学习贯彻《安全生产法》的工作极为重视，按照集团公司的要求，对学习贯彻《安全生产法》进行了计划安排，并实施了《安全生产法》的学习贯彻计划。据不完全统计，全系统共428名厂级领导、12422名各级管理人员、49148名一线员工参加了学习，这次学习动员之彻底、宣传之广泛、组织之完善，都是近几年来最好的。

大连造船重工将国家颁布的安全、消防、职业病防治、清洁生产等7项法规汇编成册，工段长以上管理人员人手一册。继8月3日、4日利用双休日举办了两期安全员培训班后，于8月17日又对全公司各单位行政一把手和主管生产的负责人、机关处室行政领导等中层干部进行了培训，请市主管部门负责人讲解了《安全生产法》实施的重要意义和作用，使参加培训人员进一步明确了法律赋予的责任和义务。

平阳机械厂为加深广大干部、职工对《安全生产法》的理解，并为贯彻实施打好基础，9月3日～10日生产安全技术处、党委宣传部共同组织了“学习、宣传、贯彻《安全生产法》答题”活动，并分“职工试题”和“领导试题”两部分进行。班组长以上人员、技术安全员答“职工试题”546份；厂级领导和中层干部119人在厂办公大楼科技报告厅集中参加了“领导试题”的答题活动。在两个半小时的时间里，大家认真查阅资料、积极答题，进一步加深了认识。

711所中心组进行了《中华人民共和国安全生产法》的学习，所长、书记、总工程师等共19人参加了学习。为了营造学习、宣传《安全生产法》的舆论氛围，在原有安全宣传品的基础上，新挂了宣传横幅，张贴了宣传画和宣传标语，发放了《安全生产法》手册1720本，做到人手一册。举办了《安全生产法》讲座，请上海市安全生产监察局的同志对全所班组长以上领导干部进行培训。

4．对危险化学品进行专项清理整顿

4月初，集团公司对危险化学品清理检查工作进行布置，这次专项清理检查，是继去年火工品、爆炸品专项检查后，国务院安全生产专项清理整顿第二阶段的工作内容之一。这次清理检查促进了第344号国务院令《危险化学品安全管理条例》的贯彻，基本达到了：一是“家底清楚、心中有数”；二是监管措施和规章制度落实到位；三是发现问题从速解决，过期或已经没有使用或保留价值的危险化学品彻底销毁的目的。

5．举办安全生产（科研）处长培训班

9月16日至21日在大连造船重工有限责任公司举办了安全生产（科研）处长培训班。集团公司77个成员单位、80余名安全生产处长和主管参加了培训班。培训班请国内资深安全生产专家刘铁民、罗云、杨有启等教授及卫生部有关负责同志讲授了《安全生产法》、《职业病防治法》、职业安全健康管理体系、安全管理原理以及电气和起重的安全管理技术等知识。

参加学习的同志反映，这次培训非常及时，非常必要。通过学习，一是掌握了《安全生产法》、《职业病防治法》及安全生产管理的有关知识；二是获取了一定的安全生产信息；三是进一步加深了对安全生产工作重要性、长期性、艰巨性的认识；四是增强了做好安全生产工作的信心。许多参加学习的同志表示，回单位后，要将学到的东西运用到实际工作中去，不断提高自己的管理水平，把安全生产、科研工作做好。

在学习过程中，学员与授课老师就实际问题积极开展双向交流，气氛极为活跃。这次培训班对宣传贯彻“两法”，提高安全生产管理的系统化、专业化水平都将发挥积极的推动作用。

6．组织开展船厂防燃爆工作交流检查工作

8月下旬组织对主要船厂防燃爆工作进行交流检查，并对过去检查中发现的一些问题进行复查。参加这次交流检查的共8个船厂、22人。检查由安全、保卫、消防等部门有丰富经验的专业人员进行。检查过程非常认真，通过检查，使各单位看到了问题，也学习到了先进的经验，促进了防燃爆工作的开展。据统计，检查中共发现大小问题35项，已经整改32项，整改率为91.4%。这次检查有以下特点：

（1）重视。参加本次检查的8家船厂，都认真学习了集团公司《关于开展主要造修船厂防燃爆工作检查的通知》，事前有方案、检查有重点、情况有报告。天津公司朱贻声副总经理于8月12日在山海关船厂召开会议，对天津公司4家船厂的防燃爆对口交流检查进行整体协调，布置检查的要求和重点。

（2）认真。这次各检查组本着对集团公司和兄弟单位负责的态度认真工作，在“习以为常”的现象中发现问题，反馈意见，确实体现了对兄弟单位认真负责的态度。

（3）交流。各厂在防燃爆工作上都有一些好的做法。如大连造船重工对危险的重点、难点工程的严格管理手段；大连新船重工“关口前移”，把工作做在前面的有效做法；武昌造船厂通过定置管理，实现生产现场整洁有序；青岛北船重工安全员单船责任制和每日会议制等，都给参加检查的同志留下了深刻的印象。

7．对山海关船厂、武汉铸锻重工安全生产管理进行专项整治

2001年11月对山海关船厂进行外包工安全管理诊断后，2002年3月初又对山海关船厂外包工安全管理整改计划进行了一次大节点跟踪。12月份对山海关船厂专项整治进行了验收。经过一年多的整改，诊断组所提出的问题和建议都已基本得到解决和落实，达到了验收标准。专门成立了外包工管理部门，理顺了各职能部门的关系；外来生产单位的安全管理工作已经纳入到工厂安全生产的统一管理的轨道，对外来生产单位的资质、人员、设备工厂建立了一整套的管理制度和考核办法，外来生产单位入厂，经过严格的审查、履行相应的手续和安全培训，改变了过去那种入厂人员混乱、人员分不清楚的局面；重新制定了安全管理规定和技术安全操作标准；加大安全生产的投入，不断完善安全生产设施；从全厂竞聘了8人充实到安全管理岗位，充实了安全技术处的力量；加大了管理和处罚的力度；加强了个人防护的能力，工厂采取统一管理发放质量合格的防护用品产品，严格执行“凡进入工作现场，安全带、安全帽、工作鞋一样都不能缺少”的规定。

武汉铸锻重工已连续两年发生死亡事故，特别是在“安全月”活动中，又发生了今年第二起死亡事故。针对其管理方面存在着许多其自身还没有充分认识、又不能有效控制的薄弱环节，为了帮助武汉铸锻重工尽快提高安全管理水平，使安全生产管理工作跟上生产总量不断上升的步伐，按照董强副

总经理的意见，于2002年8月6日至8日进行了一次安全管理的专项诊断。

8．开展了职业安全健康管理体系建设工作

2002年12月30日，经过国家安全生产监督管理局安全科学技术研究中心认证中心技术委员会批准，颁发了证书。武昌造船厂成为船舶重工集团公司、全国造船行业第一家职业安全健康管理体系注册企业。武昌造船厂进行职业安全健康管理体系建设，是在参加2000年4月集团公司安全生产工作会，听取了认证中心吴宗之副主任的讲座后，进行酝酿，于2002年7月开始的。先后成立了职业安全健康管理体系工作小组、文件编写小组、危害辨识、风险评价领导小组等。由于是船舶行业第一家进行职业安全健康管理体系建设的单位，缺少参考资料，难度相对要大一些。工厂领导充分认识到了这一点，反复对各级领导、内审员、全体职工进行职业安全健康管理体系知识的宣传贯彻，组织学习审核规范和国家安全生产法律、法规，深刻领会审核规范的实质，逐步完善了体系文件，确定了职业安全健康重大危害因素，并于2002年8月15日开始试运行。经过3个多月的运行和持续改进后，提出了审核报告。

对此，董强副总经理要求，总结武昌造船厂“体系”审核工作的经验，并予以推广。“体系”的建立，应重点选择若干军工、民船、配套等骨干企业推进，以点带面。

建立职业安全健康管理体系，一直是中船集团公司积极推进的一项工作，武船建立体系的过程，提供了很好的经验，将更有利于今后工作的开展。5月中旬，集团公司在武汉召开了职业安全健康管理体系研讨会，武昌造船厂介绍了建立职业安全健康管理体系的经验，探讨了集团公司企业推进职业安全健康管理体系建设的思路及特性问题。2002年，渤船重工、淄博蓄电池厂已经开始职业安全健康管理体系认证工作，预计今年底通过认证。还有一些企业已经做好准备，争取在“十五”期间完成。

中国兵器工业集团公司安全生产工作

中国兵器工业集团公司生产经营与安全部

2002年，兵器集团公司认真贯彻“三个代表”重要思想，在党组的正确领导和广大干部职工的共同努力下，认真开展“安全生产月”活动，继续狠抓安全生产专项治理整顿，积极组织安全生产大检查，堵塞管理漏洞，加大对“三违”的处罚力度，整改一大批事故隐患；认真宣传贯彻并抓好《职业病防治法》、《安全生产法》等国家法规的教育培训，积极开展安全性评价和涉及易燃易爆项目的安全预评审。通过一系列的工作，为2002年集团公司科研和生产经营总目标的顺利完成提供了安全保障。一年来，我们紧密围绕集团公司科研和生产经营总目标，主要开展了以下几方面的工作：

一、集中力量开展了《安全生产法》的宣传贯彻和相关法规制度的建设

《职业病防治法》、《安全生产法》相继颁布后，我们在西安、兴城、昆明分别举办了厂（所）级领导、技安处长、职工医院院长宣传贯彻培训班，进一步加强各级领导的法律意识；同时，下发了学习宣传贯彻《安全生产法》和《职业病防治法》的通知，要求系统内全体员工通过学习《安全生产法》和《职业病防治法》，认识并切实履行起自己应负的法律责任和义务，把安全生产全面推向法制化管理的轨道。在加强宣传教育工作的同时，我们紧紧围绕《安全生产法》所确立的安全生产监督管理、生产经营单位安全保障、生产经营单位安全生产责任、从业人员的安全生产权利义务、安全生产责任追究、事故应急和处理等方面的法律内容，重新理顺安全管理思路，在制定《中国兵器工业集团公司安全生产奖惩及重特大事故行政责任追究的规定（试行）》的基础上，针对“三违”（违章指挥、违章操作、违反劳动纪律）现象，又制定印发了《中国兵器工业集团公司关于发生安全生产违章责任事故对领导人员进行责任追究的补充规定（试行）》和《“反违章，保安全”奖罚规定（试行）》，加大了对“违章”人员和事故责任者追究的力度，努力杜绝“三违”现象，使全体职工逐步树立起“我要安全”的安全生产观念。

二、加快了安全管理专职人员的知识更新和业务素质的提高

集团公司十分重视安全生产专职管理人员的知识更新与业务素质的提高，致力于建立一支业务精干、责任心强的安全技术管理队伍。随着我国加入世贸组织和国际经济一体化，建立企业“职业安全健康管理体系”势在必行。为了迎接挑战，我们及时在辽宁兴城举办了“职业安全健康管理体系”内审员和外审员培训班，目前已有89人取得了国家职业安全健康管理体系注册审核员证书，为企业建立“职业安全健康管理体系”奠定了人才基础。10月份，组织部分成员单位负责安全生产的领导和技术、管理人员，参加了由国家安全生产监督管理局和国际劳工组织主办的“国际安全生产论坛暨中国国际安全生产及职业健康”展览会，进行了包括安全生产法律法规、安全卫生设施及安全生产最新科研技术、设备和产品等方面的交流活动，使大家进一步了解安全生产领域的科技新成果和新发展，开阔了安全技术与管理人员的视野。

三、认真组织开展了“安全生产月”活动，取得明显效果

根据国家有关部门联合下发的《关于开展2002年“全国安全生产月”活动的通知》要求，及时制订下发了开展“安全生产月”活动的方案，以“安全生产月”为契机，组织各成员单位参加了“安康之星”全国安全文化有奖趣味竞答活动，通过浅显易懂的方式，将安全知识传授给广大员工，丰富了他们的安全生产知识，增强了他们的安全生产意识；邀请安全生产领域两位知名教授分赴东北、中南、西北和华北四个片区为企业做安全生产巡讲；组织企业选购国家经贸委指定的安全教育资料、法规标准和音像资料；举办中层干部、特种作业人员、危险岗位操作人员、科研试制人员等专题安全培训班，提高各类人员的安全生产技能。各企业和研究所结合自身实际，积极组织开展了丰富多彩的安全生产活动；许多单位“一把手”在闭路电视上发表“安全生产月”活动讲话，利用厂报、广播、标语、横幅、电视台专访等形式宣传安全生产法规政策等内容；播放“人命关天”安全教育片；在全体职工中开展“安全寄语”征文活动；创办“青年安全生产示范岗”和安全知识宣传教育园地；对自查出的事故隐患，用ABC分析法分门别类的落实到每个责任人，限期整改。通过开展“安全生产月”活动，极大地调动了广大干部职工积极参与安全生产活动的热情，寓教于乐，强化了广大干部职工的安全意识，大力营造全系统“关爱生命、关注安全”的氛围，使安全生产月活动的主题“安全生产责任重于泰山”深入人心。

四、按照“四不放过”原则，严肃查处事故和抓好事故后的防范措施

针对2001年年底某厂科研所发生的爆炸事故，在查清原因、追究责任的基础上，注重吸取教训和抓好防范措施。集团公司制定和印发了《兵器工业集团公司军品弹药科研合同管理与安全评审暂行办法》，并召开“吸取事故教训和全面管理整顿现场会”，把安全整顿与科研管理、生产管理、人事管理、财务管理等结合起来，并在火炸药行业开展了以安全为主线、以科研试制为重点、以三项制度改革为动力的全面管理整顿。重新核定岗位“定员定量”，规范操作行为，堵塞管理漏洞。将10人以上的危险作业工序从309个减少到96个，并消除了一批事故隐患。针对“三违”（违章指挥、违章操作、违反劳动纪律）现象，组织制定了《“反违章，保安全”奖罚规定》和《关于发生安全生产违章责任事故对领导人员进行责任追究的补充规定》，加大了对“违章”人员和事故责任者的处罚力度，使全体职工真正树立起“我要安全”的观念，努力杜绝“三违”现象。

根据历次事故的教训，我们认为，反“三违”的责任必须落实到班组，为此，集团公司制定并印发了《开展“安全生产优秀班组”和“安全生产标兵”活动暂行办法》，把班组安全管理建设作为企业保障安全生产的重要措施之一。

五、抓好日常安全监督检查和专项治理整顿，促进事故隐患整改

2002年，集团公司组织了多次安全生产大检查，如元旦、春节期间，“五一”、“十一”期间，全国安全生产电视电话会议之后，国家重要政治活动之前（如全国人大、政协“两会”、党的十六大等），以及6月份的“全国安全生产月”活动，对所属企业进行了有重点的安全大检查，为保证企业的安全生产起到了指导和督促作用。

2002年，集团公司继续进行安全生产专项治理整顿，开展了以爆炸危险品、危险化学品、公共场所防火为主的五个方面专项治理整顿，取得了明显成效。进一步规范了易燃易爆危险品的生产、储运和销售；继续查出和整改了一大批事故隐患；清理和销毁处理了一大批过期、报废、失效的爆炸危险品，也使得列入破产计划的企业能够顺利进入破产程序；枪支弹药的安全管理得到加强，安全处理了一批报废枪支；补充完善了危险场所应急预警方案，尤其是重大燃烧爆炸危险源和重点消防部位。从而在发生事故时，尽最大可能减少事故的伤害程度和财产损失。加强了办公区和集中住宅区的防火安全管理，添置了必要的设备设施。

六、继续推进“安全性评价”和“安全技术改造”，把好“三同时”关，把“预防为主”方针落到实处

开展“安全性评价”是贯彻“安全第一，预防为主”方针的具体措施。2002年集团公司组织专家对5个成员单位的安全性评价工作分别进行了终评验收和复审终评验收。在积极推进安全性评价，促进企业自我改造的同时，我们积极争取国家安全技术改造的投入，“十五”期间，已批准12个单位的安全技术改造项目，投资约6亿元。这些安全技术改造项目的实施对于提高企业的本质安全化程度会起到十分重要的作用。

对这些安全技术改造项目，我们与计划部门配合，从项目立项开始，就进行“三同时”把关，对设计阶段、建设阶段和竣工验收阶段进行全过程安全监督。在工程竣工验收前，我们先组织专家进行安全评审，此外，对高新武器项目、技术改造项目、军品能力调整等项目也注意进行“三同时”把关。

七、2002年的事故情况

2002年，我们在安全生产方面做了大量的工作，取得了一定的成绩，但是仍然发生了一些伤亡事故。全年共发生重伤以上事故20起，同比事故起数下降25.9%；因工重伤25人，重伤人数同比增加了4人，千人重伤率0.057，因工死亡6人，同比死亡人数减少了13人，万人死亡率0.14，低于国家下达的千人重伤率0.35和万人死亡率0.6的指标，全年无特大或特大以上事故。

2003年，我们要全面贯彻落实党的“十六大”精神，落实“三个代表”重要思想，以保护广大职工群众的根本利益为宗旨，以集团公司2003年安全生产工作要点为指导，重点抓好班组安全标准化建设，全面整顿危险品生产超员、超量、超储问题，加大安全技术改造力度，力争“十五”末期企业本质安全有一个较大的提高。

中国兵器装备集团公司安全生产工作

中国兵器装备集团公司经济运营部

2002年，兵器装备集团认真贯彻执行党和国家领导人关于安全生产工作的指示精神，坚定不移地将“安全第一，预防为主”的方针落实到实际工作中，继续加强对成员单位的安全生产监督管理，职工伤亡事故得到有效控制，保持了稳定的安全生产局面。

一、领导重视，安全生产工作成果显著

在每年一月份集团公司召开的年度工作会上，集团公司总经理向全体成员单位的主要负责人强调做好安全生产工作。2002年，集团公司提出了“贯彻法规标准，立足防范，重点治理隐患，加强监督检查，搞好教育培训，强化安全性评价，认真查处事故，把安全生产工作点前移，从源头上遏制各类重特大事故发生”的工作方针。集团公司领导高度重视安全生产，时刻关注成员单位的安全生产情况，分别于2002年2月和7月，两次召开了安委会全体会议，及时研究安全生产问题的解决办法，布置安全生产工作。集团公司领导到企业检查工作时都同时检查安全生产，并具体提出有关要求；集团公司的各部门领导和企业的领导也都认真贯彻党中央、国务院关于安全生产的一系列重要指示精神，加强领导，落实经费，采取有效措施，解决安全生产中出现的问题，使安全生产工作取得明显成效。在2002年中，共发生12起伤亡事故，其中，死亡事故1起，死亡1人，重伤事故11起，重伤11人；没有发生重大燃烧爆炸事故。

二、坚持安全生产的法制建设

为及时规范和指导成员单位的安全生产工作，集团公司在2001年修订的《中国兵器装备集团公司安全生产责任制度》等八项安全生产规章制度于2002年一季度印发到各成员单位。这八项安全生产规章制度被装订成册，成为许多单位重要的文件资料，并应许多单位的要求，又印刷了数十册后寄送给有关单位，以供这些单位进行厂内安全教育。集团公司还组织了培训，使这八项规章制度在所有成员单位中得到顺利的贯彻执行。

2002年，集团公司把改革脱困列为重点工作之一，对部分成员单位进行了改制和破产重组。这些企业不可避免遇到人员安置问题，而且，部分企业还存有易燃易爆等危险物品，使这些企业的安全生产工作更为复杂和困难。为使改革脱困工作能够顺利进行，集团公司进一步加大了对破产重组企业安全监督管理的力度，及时到位地解决安全问题，并制定和下发了《中国兵器装备集团公司破产企业安全生产管理规定》，使破产重组企业的安全生产责任、人员配置、事故隐患治理和监控、安全教育等工作有章可循。

三、不断提高本质安全生产条件

2002年，在安全技术改造投入方面，仍采取企业自筹为主、集团公司补助为辅的原则，促使有关成员单位加快安全技术改造的步伐。在集团公司投入了一定的安全技术改造资金的条件下，所属的化工企业为增强灭火自救能力又添置消防车，危险品生产企业进行了生产线上的电气控制系统、汽油清洗、喷涂作业场所的防爆设施的安全技术改造，这些企业消除了危险源，本质安全条件得到改善。

安全性评价方法不但促使有关单位比较全面地提高安全生产管理水平，特别重要的是改善了企业本质安全条件。2002年，集团公司有2个成员单位通过了安全性评价验收，达到了安全级企业的水平。这两家企业分别投入了2400多万元和100多万元用于安全设施改造，明显改善了安全生产条件。

四、以专项整治为重点，抓好重点监控单位的安全生产监督管理

集团公司在2002年呈现出稳定的安全生产局面，保持了重大燃烧爆炸事故为零的记录，其关键在于深入开展了专项整治工作，抓好了对重点监控单位的安全生产监督管理。2002年，集团公司对危险品生产单位即重点监控的单位进行了多次安全大检查，始终把防范重大燃烧爆炸事故作为最重要的工作目标去努力。对于这些单位存在的安全问题，采取严格而又可行的措施，进行监督整改，采用紧急投入安全技术改造资金等办法，坚决防范重大伤亡事故。

这些重点监控的危险品生产单位由于种种原因存有大量的废旧弹药及火工品，构成重大事故隐患，长期以来仅依靠严防死守的办法防范。2001年，有1个成员单位在存有少量的火工品的库房发生了不明原因的爆炸。虽然爆炸的火工品量小，没有造成人员伤亡，财产损失也非常小，但这是敲响的警钟。所以，在2002年年初，集团公司第一次安委会会议决定，把废旧弹药及火工品的销毁列为当年重点的、必须完成的专项整治工作。因此，集团公司在2002年逐厂摸清了这些危险品的存量，召开专题会，进行研究布置，还与这些单位的厂级领导签订责任书，并筹措资金，给这些单位补助了一定的销毁费用，进而明确提出了当年必须完成销毁任务。2002年年底，通过有关单位的书面报告以及经过集团公司组织的专项检查确认，在集团公司和各成员单位的努力下，销毁工作全部顺利完成，根治了重大事故隐患。

五、持续积极地开展安全生产宣传教育工作

安全生产宣传教育始终是集团公司的重点工作之一。2002年一季度，根据国家安全生产监督管理局印发的《2002年全国安全生产宣传教育工作要点》制定了集团公司的宣传教育工作计划，并召开安全生产宣传教育工作会安排布置相应的工作，而且，列入安全检查的项目中。

2002年，集团公司安全技术教育中心认真开展了教育和培训工作。采取了举办培训班和派老师到厂进行培训等办法，及时传播安全技术知识。集团公司的《安全生产简报》全年12期发行到各成员单位的班组，及时向企业传递安全生产信息。集团公司的《中国兵器报》多次登载有关文章，及时报导安全生产方面的重大新闻。特别是在2002年的全国“安全生产月”活动中，集团公司的这些宣传和舆论工具为推动和指导成员单位开展新世纪第一个“安全生产月”活动，发挥了重要和积极的作用。

2002年6月，当《中华人民共和国安全生产法》颁布后，集团公司于9月和10月，举办了两期《安全生产法》培训班，对所有成员单位的厂级领导和主管部门的领导进行了培训，为各成员单位贯彻实施《安全生产法》奠定了基础。

电力工业安全生产工作

国家电力公司发输电运营部

电力工业的安全生产有其突出的重要性，这是电力在国民经济中所处的地位和作用以及电力生产本身的客观规律所决定的。电力工业不仅是单纯的生产性企业，而且是具有发、输、配同时进行、同时完成这一特点的商业和服务性行业，同时具有处在高温、高电压等较为恶劣的工作环境之中，技术密集、企业规模大、工作范围广、从业人员繁杂等特点，是一种比较容易发生事故较为危险的行业。电力工业的安全不仅是自身发展和提高经济效益的基础，还关系到全社会的经济效益，关系到社会稳定和改革开放的顺利进行。因此，安全生产是电力工业永恒的主题。

一、与时俱进，全面加强安全生产管理

2002年，国家电力公司党组坚持以“三个代表”重要思想为指导，坚决贯彻党中央、国务院关于电力体制改革的决策和部署，正确把握和处理改革、发展、稳定的关系，坚持把安全生产作为一切工作的基础，采取一系列措施，保持安全生产形势的稳定。针对电力体制改革时期安全生产的特点和体制改革对安全生产带来的影响，公司党组认真贯彻《安全生产法》，明确安全工作“六个不变”，发布了国家电力公司1号令、2号令，颁发了《关于加强当前电网安全管理的若干规定》，积极配合国务院安全生产检查组的检查工作，认真组织开展安全生产大检查，全面落实安全生产责任制。

经过公司系统全体干部职工的共同努力，电力行业克服了电煤紧缺、自然灾害多、夏季高峰负荷突增等不利因素的影响，保持了电网的安全稳定；出色地完成了元旦、春节、“五一”、“十一”期间的节日保电工作，完成了人大、政协“两会”的保电任务。2002年，公司系统没有发生特大事故，没有发生人员责任的重大电网事故，人身伤亡事故、电网事故、设备事故都呈下降趋势，公司系统安全生产状况取得了历史最好成绩。

二、落实责任，坚决防止重特大事故发生

党中央、国务院对安全工作十分重视，党的十六大报告明确提出“高度重视安全生产，保护国家财产和人民生命的安全”。安全生产是直接关系人民群众的头等大事，是实践“三个代表”重要思想和全面建设小康社会的具体体现。2002年国家颁布了《安全生产法》，这部法律规范了生产领域各方面的安全行为，同时明确生产经营单位管理者的责任，充分体现了党和国家对安全生产工作的高度重视。结合公司系统安全生产情况，在电力体制改革实施过程中，国家电力公司再一次强调和明确了安全生产的责任，切实加强安全工作的组织和领导，认真落实安全措施，坚决防止重特大事故的发生。

(1) 明确责任，加强领导。做好安全工作，关键在于落实各级人员的安全生产责任制，尤其落实主要领导同志的安全生产责任制。在电力体制改革实施过程中，各单位主要负责人坚决履行安全生产第一责任人的职责，加强安全生产的组织和领导。

(2) 集中精力，严格管理。目前我们的安全生产基础还很薄弱，特别是设备健康水平、自动化水平与世界先进国家相比还有很大的差距，这些差距需要通过加强管理来弥补。2002 年，公司系统采取前所未有的力度加强安全工作，事故得到明显控制，安全生产取得了历史最好成绩。

(3) 落实措施，严防发生重特大事故。公司系统把防止发生重特大事故，特别是大电网事故作为公司的主要工作来抓。针对不同时期安全工作的特点，认真组织分析安全工作存在的薄弱环节，积极提出对策，落实预防性措施。强化调度管理，严肃调度纪律，保证调度系统的命令畅通。针对主网架的薄弱环节和电网运行的突出问题进行分析研究，提出具体措施，完善事故处理预案。加强对继电保护和安全自动装置的严格管理。结合安全大检查、安全性评价过程中发现的问题，认真组织整改，积极落实整改措施，做到责任明确、资金到位、按期完成。

三、健全机制，加强安全生产制度化建设

制度化管理是现代企业管理的必然趋势，是安全生产工作的基础。规章制度既是管理经验的结晶，也是事故教训的总结。加强安全管理，严格执行规章制度，坚决制止各种违章行为，是防止事故重复发生、稳定安全生产局面的重要手段。同时，全面推进安全生产的制度化、规范化、科学化管理，也是一项长期艰巨的工作。实践证明，我们经过几年来的不断完善已形成的一整套规章制度，对安全生产发挥了重要的作用。但随着改革的不断深入和科学技术的飞速发展，原有的一些规章制度已不能完全适应新形势的要求。为了适应形势发展的需要，做到安全工作的各项责任体系清晰明确，使安全管理工作逐步由运动式管理方式向制度化管理方式过渡，建章立制工作仍然是件艰巨的任务。针对电力体制变化，特别是技术的进步，2002 年国家电力公司做了如下工作：

(1) 根据现场工作需要和现行《电业安全工作程规》中存在的问题，组织编写了《电力安全工器具预防性试验规程》，并颁布实施。已着手进行《电业安全工作规程》的修订工作。

(2) 《输电网安全性评价》自 2000 年颁布试行，国家电力公司已经组织专家对 10 个网省公司的输电网进行了安全性评价，对电网事故的超前预防起到了积极作用。2002 年在各网省公司积极开展安全性评价的基础上，组织了对《输电网安全性评价》修改完善的准备工作。

(3) 为及时准确地掌握事故信息，修改了《电业生产事故调查规程》的有关条款，并印发实施。

(4) 为加强电力体制改革时期的安全生产工作，确保电网不发生重大事故，颁发了“加强当前电网安全管理若干规定”，配合国家经贸委起草了“加强电力安全生产调度工作确保电网安全稳定运行的通知”。

(5) 组织修编了《防止电气误操作装置管理规定》。

(6) 组织修编了《安全生产监督人员培训教材》。

四、突出重点，切实抓好安全基础工作

(1) 安全生产要强调“严、细、实”的管理作风。“严”就是要严格管理，严格要求，敢抓敢管，一丝不苟，在安全管理上突出一个严字。“细”就是要深入实际，从细微处做起，从点滴做起，要见微知著，防微杜渐。“实”就是踏踏实实，从实际效果出发，不是停留在口头上，不是只写在文章里，一切工作必须讲实效，狠抓落实。

(2) 严格执行“两票三制”。公司系统内发电、供电企业及在发供电企业内工作的其他组织、个人必须按规定严格执行两票（工作票、操作票）三制（交接班制、巡回检查制、设备定期试验轮换制）。加强对现场两票的监督、检查、考核工作，维护工作票制度、工作许可制度和工作监护制度的严肃性。

(3) 严格安全监督，尤其是生产现场的安全监督必须到位。切实加强生产现场劳动条件和作业环境的整治，抓好习惯性违章工作，抓好安全措施的落实工作。在生产现场作业环境或工作内容发生变化时，认真进行危险点分析，严格按照安全规程和有关规定组织落实相应的安全措施，确保作业安全。对于违反安全规定，不按规章制度执行的各种不安全行为坚决予以制止，并按规定给予处罚。对于因监督不力致使现场安全措施不落实的违章现象，按规定严肃处理。

(4) 加强安全意识教育和岗位培训，增强事故防范和处理能力。公司系统通过各种形式的安全教育和安全活动，增强各级人员的安全意识，提高贯彻执行规章制度的自觉性。加强岗位培训和技术管理工作，对新型设备特别是新型安全自动控制装置，使相关人员切实掌握技术原理和安全规程，提高事故防范能力，防止发生人为原因的设备事故和电网事故。加强事故分析和事故预演工作，提高运行人员的异常分析能力和事故处理能力，保证在事故情况下做到全面分析、准确判断、正确处理。

(5) 高度重视体制改革对职工思想状况的影响，正确处理好改革与安全的关系。电力体制改革过程中安全管理的最大困难是部分干部职工的思想波动，精力不集中。针对体制改革不同阶段安全生产的特点，国家电力公司研究影响安全生产的各种因素，提出对策和建议，将影响降至最低。在体制改革涉及到个人时，及时掌握生产一线人员的思想动态，认真研究其给安全生产带来的影响，把思想工作做细、做实，保证了干部职工队伍的思想稳定。

五、加强领导，做好组织协调工作

(1) 受国家安全生产监督管理局的委托，组织对大同电厂二期扩建工程、通辽电厂三期扩建工程两个项目的劳动安全卫生预评价大纲的评审工作。

(2) 参加国务院安全检查组的安全检查，同时配合做好检查组对公司系统的安全检查，结合公司系统的实际情况，组织安排公司系统的春季、秋季安全大检查和“十六大”的保电工作，按照国务院安全检查组提出的检查意见，进行认真的对照检查和贯彻落实工作。

(3) 完成国家安全生产监督管理局交办的工作，主要是《我国电力安全生产的形势、差距、对策》课题研究。

(4) 积极推行科学的安全管理方法，抓好《输电网安全性评价》和《25项反事故措施》的落实，组织专家完成浙江、安徽、山东、吉林、辽宁、东北、河南、江西电网的安全性评价工作。

六、理清思路，认真做好日常工作

(1) 《安全生产法》于2002年颁布实施，国家电力公司及时在网省公司的领导层面进行宣传贯彻，并举办二期《安全生产法》的培训班，协助做好网省公司的培训，同时结合《安全生产法》和电力体制改革对公司系统安全管理的规定进行清理。

(2) 组织召开了4次安全生产电视电话会议、1次安全生产工作会议和1次安监部主任会议，明确了公司系统安全生产的工作任务，要求认清形势，理清思路，统一思想，对稳定系统内部的安全生产局面起到了积极的作用。

(3) 在公司系统安全形势平稳的情况下，没有放松安全情况的通报工作，及时提出反事故的措施要求，保持安全生产信息畅通，全年完成十期安全情况通报和十三期事故快报。

(4) 对性质严重的事故进行了调查和分析工作。

(5) 按照国家有关部门的要求，做好国电公司注册安全工程师执业资格认定的申报工作。

(6) 针对体制的变化、公司系统安全管理制度的修编，以及安监人员变动大的情况，举办了一期安监工程师培训班。

(7) 为加强安全生产教育和宣传，提高《电力安全技术》、《电力安全录像专辑》的出版质量和发行工作，使其更好地服务于电力安全生产，召开了《电力安全技术》、《电力安全录像专辑》业务工作会议。

2002年，公司系统各级领导和广大职工面对生产和改革的形势，坚持“安全第一，预防为主”的方针；坚持“安全生产六个不变”的原则；坚持除人力不可抗拒的自然灾害外，通过努力，所有事故都可以预防，任何隐患都可以控制的信念；坚持求真务实的安全管理手段。使得整个公司系统设备健康状况得到改善，安全生产管理水平得到进一步提高，职工素质大大增强，公司系统安全生产状况取得了历史最好成绩。

中国石油天然气集团公司安全生产工作

中国石油天然气集团公司质量安全与环保部

2002年，中国石油天然气集团公司所属企业认真贯彻落实国务院、国家安全主管部门一系列文件和集团公司工作会议精神，宣传实施《安全生产法》等法律法规，狠抓各级责任制的落实和目标管理，及时修订各项规章制度，全面推进HSE（安全、环境与健康）管理体系建设，扎实开展石油安全专项“四防”、“六整治”活动，在管理创新、机制创新、制度创新方面有较大突破，继续保持了稳定的安全形势。2002年，各项安全生产控制指标，创历史最好水平。其中未上市企业，与2001年相比事故起数、死亡人数、直接经济损失分别下降22.22%、33.3%、40.4%，重伤人数下降6.25%；股份公司所属地区公司，与2001年相比，事故起数下降了30.1%，有50个地区公司实现了重大以上事故为零的目标，各单位交通、火灾事故也较上年大幅度下降。

2002年集团公司所属的大庆石油管理局、辽河石油勘探局、大连石油化工公司等14个未上市企业荣获集团公司安全生产先进企业称号。其中大庆、辽河、大港、四川、大连石化等5个企业实现了三连冠。有7753个基层站队、车间实现了“零死亡、零伤害、零事故”。

一、进一步加强对安全生产的领导，坚持依法治企，安全目标责任制得到稳步落实

中国石油天然气集团公司始终把落实各级领导责任制确定为企业安全管理的重要任务来抓，将实现“四个杜绝、三个不超、一个确保”（四个杜绝是：杜绝井喷失控和井喷着火爆炸事故；杜绝重大火灾、爆炸事故；杜绝一次死亡3人（含3人）以上的工业生产事故，交通（同等及以上责任）、火灾事故；杜绝一次直接经济损失100万元（含100万元）以上事故。三个不超是：全员千人死亡率不超过0.03‰（油气勘探开发服务企业不超过0.05‰）、千人重伤率不超过0.30‰（负伤率不超过1.0‰）、千台车死亡（有责死亡）率不超过2.0‰。一个确保是：确保企业公共场所的安全稳定。）的安全生产管理目标、“两控四达标”的健康考核指标，纳入企业年度生产经营考核，建立了严格的激励约束机制。未上市企业坚持目标管理、责任考核制度，将指标逐级分解，任务层层落实，有针对性地采取了“分级管理，分系统负责”、签订安全合同、安全风险抵押金考核和事故责任追究制度等多种管理模式和方式，实行“严考核、硬兑现”，强化了现场“三标”（标准化现场、标准化班组和标准化岗位）管理和“一岗一责、一职一责”制度的落实，促进了各项考核指标逐年提高。

股份公司加大领导干部安全生产责任制的考核力度，严格奖惩兑现，取得明显成效。一是安全生产业绩考核效果显著。从2000年开始，已经连续三年把安全生产指标作为地区公司主要领导的业绩考核指标，有29个地区公司连续三年实现重特大事故为零的目标。二是“管生产必须管安全”和“谁主管、谁负责”的原则得到强化。各专业公司、地区公司进一步细化了各级领导、职能部门负责人和管理人员的安全生产责任制，并将责任制考核与业绩考核、经济责任制考核挂钩。同时，实行安全生产“一票否决制”，促进了安全生产责任制的有效落实。三是推行安全生产目标管理，层层分解安全指标，建立了安全生产激励约束机制。各地区公司都建立了安全生产目标管理考核制度和风险抵押金制度，严格考核兑现。

二、深化HSE管理体系，“两书一表”的基层体系管理取得长足进展

按照“以人为本、预防为主、控制风险、持续改进”的管理理念和“突出重点、注重实效、分类指导、整体推进”的工作思路，集团公司未上市企业相继召开钻井、井下、炼化检维修3个专业“两书一表”（HSE作业计划书、HSE作业指导书、HSE现场检查表）经验交流会和“创优升级”、“风险管理软件”研讨会，运用典型进行示范，加大推进和实施HSE管理体系的工作力度，突出抓了动态风险管理在基层的实施，取得了较好的效果。未上市企业在普遍建立和实施HSE管理体系的基础上，主要工程技术服务和生产服务的基层组织已普遍实行“两书一表”，部分机械加工、运输、供水供电等后勤服务单位结合实际，按照要求编制了作业指导文件。炼化企业也加快步伐，大面积开展以装置、车间为重点的“两书一表”管理，并运用到炼化装置检维修中，使HSE风险管理在基层得到具体落实，推动了“两书一表”精品活动的展开，丰富了集团公司HSE管理体系内涵，形成了具有特色的基层组织HSE管理模式。施工队伍基本上实现与国际管理惯例接轨，闯市场的整体竞争力得到提高。据统计，有5023个基层单位实施了“两书一表”管理，57家二级单位当年通过了HSE/OSH管理体系审核认证。

股份公司所属各专业公司和地区公司稳步推进了健康安全环境管理体系的建立与实施，以风险管理为重点，将多年来行之有效的安全管理方法有机地融入到体系当中，把落实安全生产责任制、班组安全“三标”建设、岗位员工巡回检查制度和安全作业票制度等纳入体系管理，增强了实用性和可操作性。在大港油田、独山子石化健康安全环境管理体系试点工作，取得了一定的经验。2002年下半年，对大港油田、独山子石化、大连石化和西北销售等4个地区公司的健康安全环境管理体系进行了审核，有力地推动了体系建设，为下一步开展体系内审积累了经验。

三、安全监督机制全面建立，新的监督管理模式有效运行

集团公司未上市企业从建立长效安全管理监督机制出发，狠抓安全监督组织建设工作。确立了管理与监督工作“职责分、目标合，职权分、考核合，过程分、标准合”的原则，在基本配备、配齐安全总监、副总监的基础上，按照《集团公司安全监督管理办法》，规范和约束监督管理行为。勘探开发等上游企业普遍开展安全监督试点，总结出了按专业或生产特点设置安全监督站，“钻井采取单井监督，井下作业采取划片监督，物探、炼建采取项目监督”的监督模式；新疆石油管理局结合地方保险业务，对监督方式开展了第三方运作的有益尝试。炼化企业也结合自身实际不断总结适合炼化特色的安全监督新模式，安全监督试点工作已逐步展开。目前，集团公司未上市企业已有28个单位设置安全总监或副总监，二级单位设置了总监、副总监467人，13个企业按照专业或生产施工特点建立191个安全监督站，130人经培训已取得集团公司安全监督资质；股份公司共设置地区公司专职安全总监29人，兼职安全总监35人，地区公司所属厂（矿、公司）专职安全总监158人，兼职安全总监389人，基层车间（大队）安全监督3223人，形成了比较完善的安全监督体系，安全监督人员素质明显提高。一个“企业行政正职负总责、主管领导负管责、安全总监负监责”的全新机制和异体监督模式在中油集团已基本建立起来，成为现代安全管理的亮点。

四、突出行业重点，石油安全专项“四防”、“六整治”活动效果明显

2002年，按照国家和集团公司的要求，围绕生产经营这个中心，以专项整治为主线，以专业检查为重点，以加强节日、季节、生产启动期安全为保障，中国石油集团各单位组织了形式多样的安全生产大检查和专业检查，开展了以“四防、六整治”（四防：防井喷、防爆炸、防火灾、防特大交通事故。六整治：加强井控工作；加强民爆物品、危险化学品和放射品使用安全管理；加强油气站库和加油站的安全管理；加强炼化装置和锅炉、压力容器管道的安全管理；加强重大工程施工作业现场的安全管理；加强交通运输安全管理。）为主要内容的安全生产大检查，有效地防范了重特大事故的发生。经统计，未上市企业共组织检查281次，查处问题11235个，关闭不符合安全生产条件的场所40座。在国家督查的同时，集团公司组成了6路检查组和3路专业检查组，对21个未上市企业和地区分公司的109个二级单位、202个生产施工现场进行了检查，查处问题485项，巩固并扩大了安全专项整顿效果。6月份，由国家环保总局、国家安全生产监督管理局领导带队，人民日报、新华社、中央电视台等组成的国务院安全生产第五检查组，检查了中国石油天然气集团公司所属的辽河石油勘探局及辽河石油分公司、大连石化及大连石化分公司等单位，对集团公司实行安全生产目标责任制、推行HSE管理体系、探索安全总监制等做法给予了高度评价。在综合整治取得成效的基础上，集团公司突出抓了危险化学品专项检查和剧毒品的调研，重点检查炼化企业的关键生产装置和要害生产部位25个，易燃易爆场所、锅炉压力容器及管道、危险化学品及人员聚集的公共场所38处；对丙烯氰装置进行了检查调研，基本上摸清了危险化学品和剧毒品底数及存在的问题，为进一步深入开展危险化学品整治奠定了基础。

五、围绕安全生产中心任务，夯实基础工作，不断提高员工素质

一年来，集团公司各单位按照国家主管部门的要求，结合企业实际，抓准薄弱环节，采取有力措施，借助各种媒体，大力宣传安全生产法律法规，不断夯实基础工作，取得了很好的效果。

一是有声有色地组织安全宣传培训。坚持把安全生产宣传教育活动作为预防事故和提高员工素质的有效途径，不断赋予新的内容。根据新形势、新体制的要求，重点加强对企业领导人员和安全监督人员的培训。2002年，未上市企业普遍把《安全生产法》、《职业病防治法》等法律宣传贯彻工作纳入“四五”普法教育当中，把对国家法律的贯彻落实作为实践“三个代表”重要思想、维护和保障职工生命安全和合法权益的政治高度来认识。《安全生产法》颁发后，集团公司专门邀请国家安全生产监督管理局领导作了专题讲座，集团公司和股份公司有关领导和两个机关各部门负责人以及在京单位党政一把手110多人参加了学习培训。随后举办了企业局、处干部培训班，系统地学习了《安全生产法》、《职业病防治法》和职业安全卫生管理体系，培训企业领导干部60多人。股份公司组织了安全总监学习班，专门邀请国家法制办领导对《安全生产法》进行讲解。所属单位举办《安全生产法》学习班37期，有3000多人参加了学习。为配合国家危险化学品专项整治，集团公司质量安全环保部与思想政治工作部联合组织了《安全生产法》知识竞赛、《安全生产法》宣传杯活动，近13万人参加了竞赛答卷，国家安全主管部门、集团公司领导应邀进行了抽奖，给10个企业颁发了先进组织单位奖。在“安全生产月”期间，集团公司马富才总经理发表《站在“三个代表”重要思想高度，认真学习贯彻〈安全生产法〉》的署名文章，大庆、辽河、新疆等16个未上市企业的主要领导也先后在《中国石油报》上撰写文章，在各单位领导发表署名文章的带动下，广大干部职工贯彻落实《安全生产法》的学习活动达到了高潮，通过普法活动广大员工知法、懂法、守法意识不断增强，安全工作正逐步纳入法制管理的轨道。通过《安全生产法》的宣传，促进了广大干部和员工安全生产责任意识的提高。

二是针对交通安全管理。10月份召开了未上市企业交通安全专业会议，通报了情况，查找了问题，提出了交通整顿6个方面的工作要求。会上交流了大庆、辽河、新疆、大港、四川、大连、兰炼等15个企业好的做法。针对车辆对外运输、出租、租赁、转让等新情况，2002年，还继续开展了机动车车籍清理专项整顿工作，清退了1200台车籍，规避了可能引起的事故安全责任及财产赔偿问题。

三是推广现代安全科技成果和管理方法。中国石油天然气集团公司始终坚持走安全管理与安全科技相结合的道路，积极鼓励和支持企业采用新技术，充分利用现代管理方法，加强安全技术管理，获得了可喜成果和回报。2003年向国家安全主管部门申报的管材所、管道局、辽河、华北、大港、大庆石化等6家企业的12项安全科技成果，有5项获奖。其中《中油集团HSE管理体系》、《管材的在线检测及有效寿命预测》分别获得国家安全科技成果一等奖。另有1项获二等奖，2项获三等奖，为企业安全环保工作提供了科技保障。

四是进行百万工时统计试点，促使安全信息统计规范化。按照专业性质、生产特点、事故几率和严重后果，在钻井、物探、井下、测井、炼化检维修等专业，我们试行与国际接轨的百万工时统计新办法，已有了初步经验，为全面建立集团公司安全事故、百万工时统计体系打好了基础。

六、深化安全生产合同管理，加强安全生产规章制度建设，推进了安全生产法制化进程

实行安全生产合同管理是安全生产管理制度的创新，是企业发展的内在需要，也是依法治企的重要举措。股份公司法律事务部、人事部和质量安全环保部在2002年2月份共同组织了安全生产合同管理学习班。各地区公司按照中国石油股份公司的要求和部署，认真抓好落实工作。许多单位还制定了一些配套规章制度，严格合同落实情况的监督检查，严格合同考核兑现。目前，已有54个地区公司2个合同签订率达到100%。同时，各单位按照《安全生产法》的要求进一步完善了安全生产规章制度，规范了安全生产管理工作，使中国石油股份公司安全生产管理法制化进程向前又迈出了一步。

中国石油化工集团公司安全生产工作

中国石化集团公司安全环保局

一、概 述

中国石化经重组改制，于2000年、2001年先后在境外境内上市。主要从事石油天然气勘探开发、炼油化工、管道运输、施工作业、油品化工产品销售等业务板块。拥有胜利、中原、河南、新星等9个油田企业，燕山、上海、齐鲁、扬子、镇海、仪征等35个石油化工企业和北京、天津、河北、广东等20个省、市、区石油公司，以及一批科研、设计、工程建设等企业。

集团公司高度重视安全生产工作，石油石化企业具有“高温高压、易燃易爆、有毒有害、连续作业、链长面广”的行业特点，决定了安全生产始终是我们的重要环节，必须永远把安全摆在首位，一时一刻不能放松。

中国石化始终坚持“安全第一、预防为主、全员动手、综合治理”的安全生产方针，坚持“全员、全过程、全方位、全天候”安全监督管理原则，实施安全生产“一岗一责制”，将安全生产的责任制层层落实到人，确保安全监督管理不放松。

中国石化集团设立有由党组成员、股份公司副总裁张家仁任主任的安全监督委员会，定期研究公司的安全生产重大问题。集团公司党组将研究安全生产工作作为党组会议的重要内容；每年召开的第一个专业会议就是安全工作会议，每次安全工作会，集团公司党组主要领导都要参加会议，对安全工作提出具体要求和部署；在总部生产经营调度会上，安全工作作为一项重要内容，进行汇报、分析、讨论、研究。石化集团设有安全环保局（股份公司安全环保部），对公司的安全工作实行统一归口管理。集团公司设有安全专家组，在安全环保局的领导下，直接参与安全监督、管理和事故调查工作。

各直属企业都设有安全监督处，各二级单位（厂、分公司、项目部等）都设立了安全处（科），在基层单位（车间、油库、站、队）设立了专职安全工程师或专职安全员，班组设有兼职安全员。公司从上到下有一个组织健全、人员充实、责任明确的安全生产监督管理网络，实行严格的安全监督管理。

集团公司建立了一整套行之有效的规章制度和管理办法，并认真组织贯彻落实，为确保安全生产起到良好的基础保证作用。安全管理制度主要包括安全监督管理、安全技术管理、防灾管理、职业卫生管理、消防管理、安全生产保证基金管理等六大类60多项制度，有安全生产责任制、事故管理制度、安全教育、安全检查、安全检修、安全用火、进设备作业、高处作业、临时用电、起重作业、隐患治理、消防达标、关键装置要害（重点）部位安全管理规定等，还制定有安全生产禁令。结合安全生产实际情况，每年组织各层次的安全大检查和专项安全检查。对新建、改建、扩建项目实施安全设施、消防设施、劳动保护设施与主体工程同时设计、同时施工、同时投入使用的“三同时”监督。

2002年，集团公司和股份公司各企业、各部门认真贯彻落实党中央、国务院关于加强安全生产的指示精神，认真学习贯彻《安全生产法》，加大安全生产工作力度，实现了安全生产总体平稳，事故的主要考核指标呈明显下降趋势，保持了生产稳定、企业稳定、职工稳定，为集团公司各项目标的实现创造了条件。

二、实行安全生产“一岗一责”，层层落实安全生产责任制

为全面贯彻落实安全生产方针和各项安全管理制度，集团公司重点抓好各级各岗位的安全生产责任制的落实，重点抓好各级“一把手”的岗位责任制落实，强调各级“一把手”是所在单位安全工作的第一责任人，在安全生产上必须做到：始终把握好安全生产的方针政策，研究新情况新问题，提出新思路新措施；逐级抓好安全生产责任制的落实；对本企业、本单位的重大隐患心中有数，抓好治理；抓好生产装置技术改造和基本建设安全管理的“三同时”。各企业建立健全了安全生产责任制考核制度，坚持“谁主管谁负责”的原则，严格考核，确保了各项安全生产管理制度落实到每一个岗位、每一名员工，确保安全生产人人有责。

三、大力推行 HSE 管理体系，不断提高安全管理水平

2001 年 4 月 4 日，中国石化集团的安全、环境与健康（HSE）管理体系正式启动，全面实施。HSE 管理体系是坚持以人为本、全员参与、关心生命安全、身心健康和可持续发展的科学管理体系。2002 年，集团公司聘请国际知名咨询机构，在企业中逐家开展 HSE 管理体系建立咨询工作。截止到 2002 年底已有广州石化、茂名石化、九江石化、江汉油田、浙江石油等 25 家企业开始建立 HSE 管理体系，并发布运行。通过全面推行 HSE 管理体系，认真进行风险识别与工作危害分析，提高了全体员工的安全意识，规范了工作程序和个人 HSE 行为，最大限度地减少了事故发生，为建立安全生产的长效机制奠定了基础。

四、积极进行隐患治理，提高装置本质安全性

由于历史原因，集团公司的一些建设时间较早的装置和厂区存在着安全隐患，威胁生产安全。我们将隐患看做是影响安全生产的“心腹之患”，下大力气强化隐患的治理工作。多年来，投入了大量的人力、物力消除隐患。我们将大量的安全保证基金用于隐患治理中，持续改进，不断提高装置的本质安全性，目前共计积累 33.3 亿元。

在隐患治理上，采取专家评估、分级管理的办法，对隐患治理做到“四定”，即定整改方案、定资金来源、定项目负责人、定整改期限。重点治理了包括海上石油平台消防设施改造、完善钻井平台安全保护设施、炼化企业生产装置消防水系统改造、大型油罐安全设施、销售企业油库消防设施和汽油拱顶罐改造、半地下油泵房改造、加油站罐室式结构改造和完善防爆设施等一批隐患治理项目。

为准确客观评价在用装置的安全可靠性和隐患，我们还邀请国际知名的塞寄维克公司、挪威船级社等评价机构，采用国际先进标准系统地对关键生产装置、海上平台进行定量安全评价，根据评价结果，确定装置的风险等级，制定整改措施和防范预案、安全评价为隐患治理和提高装置本质安全提供了依据。

五、坚持开展安全检查，促进安全生产管理

根据企业的特点和性质，长期开展不同层面、不同专业的安全隐患检查，常抓不懈，持之以恒。几年来，我们制定了《安全检查标准》和分专业的《关键装置要害部位安全检查重点》，对工艺、设备、储运、仪表、变配电、消防、检维修和工业卫生等专业管理提出了安全检查标准和要求，不断提高安全检查的质量和水平。

我们始终坚持开展定期或不定期安全检查。总部坚持每年组织一次全系统的安全大检查，上半年组织一次安全调研检查，全年不定期组织安全抽查。下属各企业每季组织一次、二级单位每月组织一次、车间每周进行一次安全检查。此外，还要结合季节特点，组织专项安全检查，如防雷、防汛、防台风检查，节假日前的安全检查等。生产一线坚持行之有效的巡回检查制，形成了全天候的检查网。

为贯彻 5 月 8 日国务院第 58 次常务扩大会议和 5 月 14 日全国安全生产电视电话会议精神，集团公司结合石化集团实际，立即在全系统开展了安全生产大检查。安全环保局组织了 7 个检查组，抽调了 62 名处级以上干部，分赴 7 个油田企业、16 个炼化企业、10 个石油公司进行了安全大检查。对查出的问题一追到底，提出整改要求和指导性建议，提高了检查效果。

六、加强安全教育培训，提高全员安全素质

不断提高全员安全意识和安全技能是实现安全生产的重要途径。我们开展了两类安全教育，一是安全意识的养成教育，二是安全知识技能教育，并全面实行持证上岗制，提高全员的安全意识和安全技能，规范作业行为，防止和避免人为失误。

安全教育分 4 个层次，第一层是企业领导干部；第二层是安全管理干部和技术人员脱产培训；

第三层为一线生产、作业人员，除了新工人的入厂安全教育外，还坚持开展班组安全活动，学习安全技能、吸取事故教训、开展事故预案演练等；第四层是特殊工种作业人员，如焊工、锅炉压力容器操作工的教育培训取证，坚持特种作业人员培训取证后持证上岗。

对外来施工人员、承包商实行严格的安全管理和教育，外来施工人员入厂前必须进行严格的安全教育，考试合格后发放入厂作业许可证。

七、重视安全生产“三同时”，重视安全装备的配置

抓安全生产必须重视源头治理，加强生产建设项目的“三同时”监督管理，确保新建项目安全设施高起点，不缺项、不欠账。同时，我们注意安全技术投入，积极采用新型安全装备和技术，提高装置本质安全度。例如炼化企业约150套关键装置上配置了带有智能化自诊断的紧急停车系统和故障安全控制系统。开展了包括油品、化学品罐区在内的标准化罐区整改，对液态烃储罐进行改造，增设自动化控制和监控设施，提高罐区本质安全水平。

集团公司重视并加强了消防装备建设，自1993年以来，共投资3.63亿元，进口了93台大型消防干粉车、泡沫车、联用车、举高车。组建了消防区域联防，按照企业间的相互距离，组成了山东齐鲁、南京地区等7个区域联防小组，充分发挥全系统消防装备的作用和协同作战能力。

八、安全活动

集团公司坚持每年开展元月安全活动和国家统一组织开展的6月份安全生产月活动。元月份安全活动从1990年开始，到2002年已经坚持13年，新年伊始，抓好起步，通过开展多种形式的安全宣传活动，增加了安全知识，提高了安全意识，促进了安全管理。

九、安全生产先进单位

石化集团公司每年开展一次安全生产先进评比，表彰奖励安全生产先进单位、安全生产先进管理者、安全生产先进职工。2002年共评出26家集团公司安全生产先进单位、45名安全生产先进管理者和182名安全生产先进职工，其中胜利石油管理局、高桥石化公司等企业分别连续17年、8年被评为集团公司安全生产先进单位。

中国海洋石油总公司安全生产工作

中国海洋石油总公司健康安全环保部

中国海油顺应党中央、国务院对国有企业改革发展的要求，不断提高国内外市场竞争力，在整体发展过程中始终坚持“安全第一，预防为主”的方针。以员工为第一财富，在提供清洁能源的同时创建优秀的健康安全环保管理业绩，持续改进不断提高。在2002年做了大量的工作，取得了一定成绩。

一、圆满完成2002安全管理年度目标

公司各级领导始终把安全放在生产管理的首位，积极理顺管理界面，狠抓基础工作，年初设立安全环保管理年度目标以及与之相适应的、可以测量的指标体系。各单位按照目标和指标体系制定切实可行的安全管理措施，部分基层单位还根据自身的特点，层层签订安全、消防责任书，明确责任，使安全工作落到实处。有目标、有措施、有责任保障了全年工作的顺利开展，在全公司领导和员工的共同努力下，2002年生产平稳，无任何重大事故和责任死亡事故发生，全面实现了公司健康安全环保管理目标。

二、建立并严格执行职业健康安全管理体系，并持续改进不断提高

总公司在多年的实践中深刻的认识到安全管理必须要有系统的观念和方法，并将管理体系的建立和执行作为公司安全管理的主要手段。体系强调“预防为主”的思想，其基础是“危害辨识”，核心是“过程控制”。按照这种理念，依照管理体系的基本模型，积极推动公司HSE体系的有效运行，并按照PDCA理论促进体系的持续改进。通过体系的有效运行，将健康、安全和环境管理，从过去单一部门的管理，变成公司统一行为，成为规范化和程序化的管理。

主管领导在年度工作会上亲自部署，具体规划，结合各单位的不同情况制定错落有序的管理方案，以此全力推动安全管理体系的建立和执行。2002年推动体系工作有几个特点：其一，重点开展了危害辨识、危险评价和控制的工作，将危害辨识、危险评价和控制作为建立和完善体系的基础。渤海石油公司18个二级单位在建立体系之前，广泛开展危害辨识和危险评价，进而制定了有针对性的管理程序和防范措施，超前做好危险因素的控制，同时随着生产作业的变化和工程项目的增加，及时对危害因素进行了辨识、评价与控制。其二，编制并发布体系的单位以不同形式组织不同层次的宣贯培训，使大家了解并掌握体系，用体系的要求规范自己的行为。其三，在体系贯彻过程中，进行内部审核和管理评审，还有的单位做了外部审核认证或上级审核。如有限公司总部组织了对湛江、深圳分公司管理体系的上级审核。其四，各单位从企业管理的实际出发，对需要多种体系同时运转的情况，进行了体系的整合，如中海油田服务股份有限公司按国际海事组织和国家海事局的要求，海上船舶需执行国际安全管理规则（ISM规则），建立船舶安全管理体系（SMS）。在企业重组过程中整合各公司的船舶安全管理体系，编制公司统一的船舶安全管理体系。同时，根据公司重组后组织机构和管理模式发生的重大变化，在建立QHSE一体化管理方面做了大量的工作，编制了大量的QHSE体系文件，带动了各事业部和分公司的QHSE的管理，提高了效率，规范了管理。

三、认真学习《安全生产法》，提高遵法的自觉性

学习研究新颁布的法律、法规，研究其适用性并在各项工作中加以落实。2002年安全生产法和职业病防治法颁布并生效，配合这两部法规的出台，从总部机关到各直属单位都组织了学习讲座，各级安全管理部门和工会联合部署学习安全生产法的要求。开展了《安全生产法》知识答题、知识竞赛活动。仅在渤海地区的26个单位就有14171人参加了答题活动。参加单位之广、人员之多是近年来少有的。为贯彻危险化学品管理条例的有关要求专门组织了监督管理人员培训。同时主动与主管部门沟通、研究落实法规的措施和办法。在政府有关部门法规的编制、修改和贯彻过程中，积极参与、及时沟通、反馈意见、组织活动得到政府有关部门的理解、支持和肯定。

为进一步落实安全责任，年初制定了总公司、有限公司2002年HSE目标及考核办法，初步编制完成了总公司、有限公司重大事故行政责任追究制度。

四、积极推广使用危害辨识方法，加强风险管理和控制

在安全管理体系中最基础的工作是进行危害辨识，只有知道存在什么危害才能作出适当的危害控制措施。南海东部公司阳江油气公司和三水化工公司在建立《安全管理体系》时，进行了系统的危害辨识、风险评价，列出了重大风险清单，并制定了相应控制程序文件与作业文件。一线员工直接参与生产实际，最清楚自己岗位存在安全管理漏洞或隐患，公司动员全体员工查找工作岗位上的隐患、提出建议。11月份进行的《安全生产法》测验共收集了100多条意见和建议，其中有些是以前未认识到的。安全部门将这些意见和建议整理后召开专门会议，讨论整改措施，并将意见和建议反馈给相关单位落实整改。

天津分公司对重大施工项目实施风险控制，这些重大项目如：锦州9-3和歧口18-1打调整井、绥中36-1C平台和F平台打井、锦州9-3天然气综合利用的海上施工改造工程、绥中36-1不停产切割更换管线、锦州20-2上下游和渤西上下游的停产检修、明珠号清舱、渤南油田现场工艺设施及系统改造前的清洗作业在作业实施前，主管部室或项目组编制风险分析报告，由安全环保部组织会议进行评估。项目的安全施工方案由安全环保部审查后由分公司主管副总经理签字批准，在现场施工前安全环保部组织检查组对现场的落实情况进行检查，确保联合作业的安全顺利进行。

五、加强“三基”工作，夯实管理体系的基础

2002年总公司要求各单位加强“三基”工作（即基层工作、基础工作和基本功训练），结合安全管理体系的实施，各单位认真组织每一次安全会议和班组安全活动，抓紧安全教育与培训，作业前对危害因素进行辨识与评价，安全检查过程一丝不苟，规范档案资料，清理安全管理中的工作职责、界面、工作标准、工作流程，建立管理、支持和应急资源数据库。这一系列工作为提高安全管理工作水平打下了坚实基础。

东海公司以提高安全环保管理水平和提高员工素质为出发点抓“三基”，做了几项实实在在的工作。一是在基层生产单位灌输新的安全环保理念和先进的安全环保管理方法；二是结合《职业安全卫生管理体系》中《操作文件》的修订、完善、确认和实施，真正做到遵守法律、法规和规章制度，规范作业程序和操作规程；三是完善应急预案，落实应急在岗人员责任，加强演练，做好应急准备与响应，提高员工应变能力；四是执行《职业安全卫生管理体系》中的《程序文件》，提高安全环保管理水平；五是苦练基本功，防止违章作业和误操作；六是加强安全环保资料和原始记录管理，增强追溯性效果。

六、在新建，改、扩建工程项目中落实安全“三同时”

2002年组织安全评价报告的油气田和陆地项目包括：渤南油气田、春晓油气田、曹妃甸11－1/11－2油田、惠州19－1/2/1油田、涠洲12－1北油田、歧口18－2油田、锦州20－2改造项目、渤中25－1油田、海南天然气化肥及东方1－1气田终端项目等。经过项目的评价审核和投产项目的作业许可检查，使投入生产的油气田项目和下游生产设施具备了符合标准的安全环保条件。

湛江分公司做好文昌13－1/2油田投产准备，加强人员的上岗培训，使之胜任其岗位工作，投产时员工证书齐全、有效，做到了持证上岗；同时做好投产前的调试工作和投产的物质准备工作；编制了文昌13－1/2油田《安全手册》和《投产方案》，并经审查通过。对“南海奋进号”浮式生产储油装置安全预检查存在的问题，进行了积极的整改，并派专人进行督促、跟踪。针对文昌13－1/2油田水深、海况恶劣、原油尾输、防台风压配载的实际问题，组织了文昌13－1/2油田“油田防台撤离方案研讨会”，制定了完整的应对措施。由于各项准备充分满足油田投产的安全条件，投产作业许可检查一次通过。

七、通过安全培训，提高人员素质

为全面提高人员素质，公司对安全培训工作十分重视，本着缺什么补什么的原则，针对性地进行培训工作，保持了安全培训常抓不懈。2002年组织了包括：机关生产人员出海安全救生培训、法规知识培训、风险分析培训、SOS急救培训、事故调查与统计培训、体系文件内审员培训、新员工上岗培训、海上救生五小证培训、防硫化氢井控培训、海事安全管理培训、消防知识培训、安全体系推进员培训、国际安全管理规则内审员培训、安全生产法培训、建筑施工作业安全培训、承包商安全管理培训、特种设备和特种作业人员安全培训、安技干部资质培训、《消防法》和“公安部61号令”培训、HAZOP及工作安全分析、气象知识、船舶及海上设施安全管理、行为安全学和OSHA的记录办法等各种类型的安全专题培训，全年各单位培训班培训的总数达到9466人次。公司将持证上岗、按期轮训作为制度，保证了人员的有效持证。

通过以上培训，使每一位员工的安全意识、法规意识、自我保护意识都不同程度地得到了提高，同时也极大加强了员工的安全技能和有关操作技能。

八、发动全体员工参与安全活动

2002年，公司上下广泛发动群众，积极开展安全活动。在6月份开展的全国“安全生产月”活动中各单位紧密结合本单位实际，按照公司的部署和活动主题，认真组织，抓紧落实，使活动既有声势，又重实效，收到了很好效果。通过悬挂大幅标语、张贴标语和宣传挂图、出黑板报，观看安全教育录像片，以及组织安全体系和安全知识答卷，使大家普遍受到了安全法规与安全知识的教育。海南化学公司成立“安康杯”竞赛活动领导小组按照全国、海南省总工会和安全生产监督管理局“安康杯”竞赛通知精神，在2001年获得“全国安康杯竞赛活动优胜奖”的基础上，进一步在全公司职工中深入开展了以“加强宣传培训、促进安全生产”为主题的“安康杯”竞赛活动，制定了开展“安康杯”竞赛活动的实施方案，并召开了“安康杯”总结表彰大会暨2002年动员大会。在安全生产月中，开展了“保安全生产，为生命承诺”的安全生产月签名活动，领导带头签名，到公司视察工作的海南省省长汪啸风一行也签了名，从而带动了全体职工的积极参与。通过开展“安康杯”竞赛活动，形成了以主管部门为主，党政工团齐抓共管的良好局面。

深圳分公司组织全体人员参与填写“安全自我评估表”、“行为安全自查表”和“行为安全观察表”。促使员工养成注意安全的第二本能；学会用双眼去观察和注意安全及不安全的状况；学会用头脑去思考如果不安全的状况没有处理，会有什么后果，以及掌握纠正不安全状况的方法。通过这些活动，让员工明白安全是每个人的责任，确信所有工作环境中发生的职业伤害和职业病都是可以预防的；使管理层知道要为预防职业伤害和职业病负责。活动中收到了近百份表格，从中发现许多需要改进的工作。

九、针对特殊作业，加强管理和巡查力度

在建章立制、完善各项安全规章制度，健全管理体系的过程中，各级管理人员始终将特殊作业的风险防范作为管理的要点，不留死角，不遗漏。如油田服务公司的陆路交通和仓储消防安全，一度与海上一线作业相比管理的力度较轻，在意识到车辆交通安全和仓储消防安全也是安全工作重要组成部分之后，加强了此项工作的领导，建章立制，对仓储安全设施全面检查；在车辆交通安全方面，严格驾驶员安全管理，教育驾驶员自觉遵守交通法规，不疲劳驾驶，安全礼让，坚持安全例会制度和车辆保养制度，严禁公车私开，遏制住了一度交通事故频发的被动局面。南海东部公司总经理亲自签发了《关于驾乘人员系安全带的规定》。“规定”要求各种车辆必须按座位数配齐安全带（含前、后排座位），并在醒目位置上贴上系安全带的警示；行车途中，不论是在一般道路上，还是在高速公路上，也不论是短途，还是长途，驾乘人员都必须系好安全带；司机开车前有责任提醒和督促乘车人员系好安全带，对不按规定系好安全带的，司机有权拒绝发车。为保障规定的落实，一方面宣传教育，另一方面由安全保卫部牵头，党群办、协调办、汽车公司有关人员组成检查组，组织了系安全带的专项检查，将检查结果通报全公司。由于公司领导的重视，进行了广泛的宣传贯彻，严格的监督检查，乘车系安全带在东部公司职工已成为习惯，形成了良好安全文化。

重点单位专项整改，加强防范。研究中心耗资50万元对档案库房原消防系统进行了改造，把原来的水喷淋灭火系统改造成先进的FM200气体灭火系统，并将库房用的窗帘进行了助燃处理。磁带库和岩心库分别增加了手动气体灭火器的配置，岩心库增加了抽湿器等设备。

南海西部公司位于雷州半岛，这里是全国三大雷区之一，每年的雷害损失不小，特别是电力系统和弱电设备遭到雷击后，直接影响到公司的生产和职工的生活。公司领导十分重视，在雷雨季节前组织检查和检测，成立检测小组，明确标准和要求，对湛江基地的2900多根避雷针、76台变压器和46套消雷器进行了全面的检查和检测，整改问题20多个。经湛江市防雷中心抽检，取得合格证书。年底，公司又拨出专款对使用多年的避雷针和消雷器铁塔进行了维修、保养和加固，确保了避雷设施的有效性和安全性。

对风险较高的作业组织专项检查，如聘请国外专家对公司租用的直升机进行了全面检查，同时组织安排对油田、钻井船和工程船的作业许可和认可检查达79次。

十、将承包商安全管理纳入公司安全管理体系

规范承包商管理是公司安全管理体系的重要部分。安全管理部门对承包商的资质与能力进行严格的评审与选择；一些单位实行承包商许可制度；在施工作业现场加强承包商的安全监督与管理，组织现场检查，针对存在的问题，召开了专题会议，提出具体要求，同时不断补充完善承包商安全管理规定。

十一、建立并运行各种应急救援预案，提高对重大事故或险情的应救能力

应急准备是海洋石油作业不可缺少的重要内容，总部和各直属单位结合自身的实际，年度修改了应急计划，季度更新应急联络卡，与国内外应急管理公司和石油公司沟通交换信息，提高应急管理理念，着手建立国际应急资源库。同时推动渤海环保服务专业公司的组建和成立。

对火灾、爆炸、溢油、船舶或海上设施遇险、井喷、破坏性地震、风暴潮、特大交通事故、公众聚集场所重大险情等方面，作了应急处理方案的修订和完善，建立了应急救援指挥网络。一些单位结合体系的建立将应急预案作为体系中“应急预案与响应程序”的支持文件，同时加强各种应急演习和应急救援工作，提高了员工应急自救能力和公司整体应急响应能力。

上海分公司为降低台风影响和损失，召开防台会议，修订了防台程序。为提高公司应急反应能力，培养一支高素质的应急反应队伍，开展了应急管理研究项目，组织了一期应急培训和一次综合安全演习。

十二、推进 HSE 信息管理

编辑出版 2000～2001 年 HSE 专题报告，有限公司每季向投资者及 API 报送事故情况及工时统计资料，以“良好作业实践”为题目编辑出版了一系列安全健康管理的指导性文件，同时组织翻译一批国际 HSE 信息资料，并将 OGP、SPE 等国际组织发布的最新 HSE 动态转发到各直属单位。

十三、推进事故、事件管理的规范化

为实施 OSHA2002 年版新要求，专门组织了相关资料的翻译整理，并召开一次研讨会，同时将事故、事件原因进行了规范管理，介绍并推动“事故原因综合分析图”的使用。

十四、加强人员健康管理

公司高层极为重视人员的健康管理，多次要求提高对员工健康的重视程度。天津分公司组织了对全体员工的身体检查，并请渤海职工医院的人员针对体检情况举行了健康知识讲座。同时对所有出海作业人员实施健康证制度，做到必须经过医院体检合格后才能出海工作。

通过辛勤的努力，全公司生产作业平稳，一些单位还受到来自不同方面的表彰，如渤海公司被天津市人民政府评为天津市 2002 年度安全生产先进单位，并荣获国家安全生产监督管理局和全国总工会授予的“全国安康杯竞赛优胜企业”称号。

化学工业安全生产工作

中国化工安全卫生技术协会

2002 年是我国安全生产工作中极其重要的一年。国家先后颁布和实施了《中华人民共和国安全生产法》、《中华人民共和国职业病防治法》、《危险化学品安全管理条例》及《使用有毒物品作业场所劳动保护条例》，标志着我国安全生产、职业病防治工作全面纳入了法制化的轨道，对保护人民群众的生命安全及规范生产经营单位的安全生产工作具有非常重大的意义。中国化工安全卫生技术协会（以下简称“安协”）在新形势下，坚持“三个代表”的重要思想，发扬与时俱进的精神，以宣传贯彻“二法二条例”为重点，充分发挥中介组织的作用，做了大量有实效的工作，促进了化工安全卫生工作的健康发展。

一、制订、完善化工安全卫生标准

自 2000 年以来，安协以协会内部标准的形式，将制订、完善化工安全卫生标准作为重点工作来抓。在 2002 年，制订（审查）了《纯碱生产安全技术操作规程》（氨碱法、联碱法）、《液氯移动式压力容器检修安全规程》、《硝基漆生产安全技术规程》、《沥青漆生产安全技术规程》、《醇酸树脂漆、氨基树脂漆生产安全技术规程》、《双氧威生产安全技术规程》、《甲基硫菌磷生产安全技术规程》、《三唑磷生产安全技术规程》、《三氯硫磷生产安全技术规程》、《乙草胺生产安全技术规程》、《哒嗪酮生产安全技术规程》、《马拉硫磷生产安全技术规程》和《大化肥生产安全技术规定》等 13 个内部标准，以安协的名义颁发了 2 个内部标准：《离子膜法烧碱生产安全技术规定》和《石油化工企业健康教育与健康促进工作标准》。这些标准集中了行业的智慧，对会员单位和化工行业的安全卫生工作起到了促进作用。

二、组织开展安全检查，推动企业的安全管理工作

在 2002 年，安协在氮肥（大、中、小）、石油化工、农药及染料行业开展了安全检查工作。大化肥分会组织 2 个组，检查了 7 家企业；中、小氮肥分会组织 1 个组，检查了 6 家企业；石油化工分会组织 1 个组，检查了 7 家企业；农药分会组织 4 个组，检查了10家企业；染料分会分上海、天津2个片区进行了检查。检查前，各分会制订了本行业的安全检查表，检查结束后，写出了检查总结报告，对检查中发现的问题进行通报，推动了企业的安全生产工作。

三、协助政府部门开展工作

协会是联系政府和企业的桥梁和纽带，为化工行业安全生产工作服务。在2002年，安协协助国家安全生产主管部门做了大量工作。6月份，派人参加了国家安全生产监督管理局组织的对《危险化学品经营许可管理办法》、《危险化学品包装物定点管理办法》、《企业设立和新、改、扩建项目管理办法》的讨论、修改工作。7~8月份，参加了国家安全生产监督管理局组织的对河南省的安全督察工作；9月份，派人参加了国家安全生产监督管理局组织的对广东省的“危险化学品安全管理专项整治”的督察；9月份，还派人参加了秦皇岛市东部垃圾处理厂爆炸事故的分析。11月份，应国家安全生产监督管理局的要求，对原化工部颁布的安全卫生法规、规章和标准进行了整理，共收集了法规、规章82件、安全卫生标准340件。按系统分类进行整理、编号，分为废止、保留和修订三类，上报国家安全生产监督管理局。12月份，参加了国家安全生产监督管理局组织的对《化工企业安全管理规定》的讨论、修改工作。另外，协会还派人多次参加国家安全生产监督管理局组织的对有关法律、条例的宣讲和建设项目预评价报告的专家评审工作。

四、组织编写教材和资料，开展培训和宣教工作

为配合溶解乙炔行业换发生产许可证工作，安协组织编写了《溶解乙炔安全培训教材》，并先后在昆明、大连、郑州、成都、南京、武汉、西安和太原等地举办了8期培训班，共培训了574家企业的816名学员，为溶解乙炔行业生产许可证的换发工作做了准备。

为贯彻“两法两条例”，安协编辑了宣贯材料，并利用每个分会活动的机会，请有关专家到会宣讲有关法规和条例，促进了会员单位对安全生产法律法规的学习。

安协在2002年出版了《化工安全实用工作手册》(上、中、下册)、《1983年以来国内典型化工事故案例选编》和《国外化工事故案例精选》，受到了企业及安全管理部门的欢迎。国家安全生产监督管理局安全监督管理二司于9月份向各省、自治区、直辖市、计划单列市及新疆生产建设兵团安全生产监督管理机构、有关单位发出了《关于推荐〈化工安全实用工作手册〉等3本资料的函》(安监管司管二函字［2002］31号),《推荐函》说：《手册》、《选编》和《精选》是贯彻实施《安全生产法》、《职业病防治法》、《危险化学品安全管理条例》和《使用有毒物品作业场所劳动保护条例》，开展培训教育的实用工具书和参考资料，《手册》可基本满足化工、石化、炼油、医药等行业及危险化学品生产、储存、运输、使用、经营单位依法搞好本行业、本单位职业安全卫生工作的需要，也能满足各级安全生产监督管理机构依法履行职责，做好危险化学品安全监督管理工作的实际需要。

五、组织内外交流

安协每年组织撰写“安全大家谈”论文，进行交流。2002年共收到论文43篇，通过评选，评出一等奖2名，二等奖3名，三等奖4名。医疗管理专业委员会也开展了一年一度的学术交流活动。2002年共征集到学术论文196篇，经专家评审，筛选出143篇印成专辑，有22篇论文入选医疗管理专业委员会年会交流。

安协在2002年分别组织石油化工、氯碱、化工机械等企业赴东欧和美国进行了考察，了解了国外化工行业安全管理的先进经验和做法，开阔了视野，与有关单位建立了联系。

六、为会员单位服务，帮助会员单位解决实际问题

应陕西永坪炼油厂的要求，安协组织有关专家赴陕西永坪炼油厂对该厂在2000年12月12日和2002年2月2日发生的在成品油油罐采样过程中的闪燃事故进行了调查。通过查看现场，查阅有关资料，召开座谈会等，对两起事故进行了原因分析，并对应采取的防范措施提出了十一项建议，解决了炼油企业的一大安全技术难题。

七、表彰先进

2002年初，安协表彰了2001年度化工安全卫生工作先进会员单位和个人。根据确定的评比条件和评选程序，评选出117个企业为安协安全卫生工作先进会员单位，6个行业分会为协会先进行业分会，2个专业委员会为协会先进专业委员会，458位干部为安协安全卫生工作优秀带头人，2位同志为协会先进工作者，31位同志为“安全大家谈”论文获奖者。通过表彰先进，对化工、医药企业的安全生产工作起到积极的推动作用。

机械工业安全生产工作

中国机械工业安全卫生协会

2002年中国机械工业安全卫生协会（以下简称“中机安协”）在新形势下坚持“三个代表”的重要思想，发扬与时俱进的精神，充分发挥中介组织的作用，从实际出发，做了大量的工作，促进了中国机械工业安全卫生工作的健康发展，主要做了如下工作。

一、制订完善机械工业安全卫生标准

自2001年以来，中机安协修订和制定了机械工业各项安全标准。2002年组织修订了《机械工厂安全性评价标准》（修订本），并组织了印发，以指导全国机械行业的安全性评价工作。国家经贸委颁发了《职业安全卫生管理体系试行标准》。结合这一标准，2002年中机安协制定了《机械工业职业安全卫生管理体系试行标准》，得到了国家经贸委的认可，并以国家经贸委的名义向全国进行了转发。同时，我们又结合机械工业的实际情况，组织编写了《机械工业职业安全卫生管理体系试行标准应用指南》，并出版发行，以指导机械、汽车企业建立职业安全健康管理体系，收到了良好的效果。根据国家经贸委发布的《职业安全健康管理体系审核规范》（以下简称审核规范），我们在《机械工业职业安全卫生管理体系试行标准应用指南》的基础上，组织修订为《职业安全健康管理体系审核规范机械工业实施指南》，既符合审核规范的要求，又更具有可操作性，以指导机械、汽车企业建立职业安全健康管理体系。

二、开展“特级安全企业”的咨询和复评工作

机械行业执行《机械工厂安全性评价标准》已多年，中机安协2002年重新任命机械工业安全评价师600多名、安全卫生监察员178名，为全行业开展安全性评价的咨询服务和进行安评认证，以推动全行业的安全预防工作。协会先后组织对上海乾通汽车附件有限公司、上海汽车铸造总厂、上海易初摩托车有限公司、中国一拖、柳工机械股份有限公司、武汉汽轮发电机厂、江铃汽车股份有限公司、上海锅炉厂有限公司、上海电机厂有限公司等单位进行了咨询和认证，并批准为特级安全企业。2002年3月份又对江淮汽车股份有限公司进行了特级安全级企业的复评，使该单位安全生产工作取得了很好的效果。

三、开展建立职业安全健康管理体系试点工作

武汉锅炉厂、广东科龙电器股份有限公司、上海动力股份有限公司和上海通用汽车公司先后通过了职业安全健康管理体系认证。2002年中机安协职业安全健康管理体系咨询中心正对云南动力股份有限公司东方锅炉厂等单位进行咨询，预计2003年通过认证。中机安协将这些单位的经验和做法及时在《机电安全》杂志上刊登，以推动全行业的体系认证和试点工作。

四、组织论文发布、管理经验交流、评选先进

2002年在银川召开了机械工业安全与卫生论文发布和经验交流会，收到论文和经验材料43篇，会上进行了经验交流。经大家认真讨论评选，有7篇论文获得三等奖、8篇获优秀奖。2002年，有120家企业代表参加了中机安协第四次代表大会。并有7篇论文在大会上进行了交流，达到了相互学习、取长补短、共同提高的目的，以推动行业的安全生产与工业卫生工作。会上评选出24个先进单位，并进行了表彰。

五、积极组织中机安协下属各专业委员会开展活动

中机安协和各专委会，在行政管理部门的重视和支持下，在各会员单位努力和支持下，积极开展安全卫生活动，充分发挥中介组织的作用，对各会员单位的安全卫生工作起到了很大的推动作用。

2002年各专业委员会在中机安协的领导下进行了换届选举，增添了新生力量。国家安全生产报还对锅炉专委会会议情况进行了报道，对促进全行业的安全生产和各个专业委员会的工作起了很大的作用。

六、开展培训工作

中机安协除了对安全性评价诊断师进行培训以外，还组织两期职业安全健康管理体系内审员培训班，每期60~70人，对部分企业建立职业安全健康管理体系起到指导作用。2002年我们还深入基层，如到云南动力股份公司进行现场培训，有力推动了职业安全卫生管理体系的建立。

七、做好《机电安全》杂志的出版发行工作

《机电安全》杂志是机械、汽车行业惟一的安全工业卫生杂志，由中机安协主办。此杂志及时报道国家最新法律法规、领导指示精神、安全卫生知识、政策法规知识、各厂的安全工作经验体会、隐患排除、典型案例、应急预案等，有力地促进了全行业的安全生产卫生工作。

八、积极开展“安全生产周”、“安全生产月”活动的宣传教育工作

2002年在国家安全生产监督管理局的领导和指导下，中机安协组织编写了机械工业安全生产周（月）活动全员宣传教育专辑，2002年发行了205万份，以指导全行业开展宣传教育活动，增强广大干部职工的安全意识和自我保护能力，提高了安全素质，推进了企业安全生产工作。

第六部分

各省、自治区、直辖市安全生产工作

北京市安全生产工作综述

2002年，北京市的安全生产工作在市委、市政府的正确领导下，通过各地区、各部门、各单位的共同努力，安全生产监督管理工作顺利开展，安全生产责任制进一步得到落实，安全生产宣传教育工作不断深入，圆满完成了“两节”、“两会”、“五一”、“十一”和“十六大”等重要时期的安全保障任务，保持了首都安全生产形势的基本稳定。

一、深入开展安全专项整治工作

一是把煤矿安全整治摆在重要位置上来抓。我市下发了《关于印发〈深化煤矿安全专项整治实施方案〉的通知》，进一步明确了各部门的职责，制定了检查验收方案和审核发放“四证”的程序与要求，严格按照规定标准对现有207个乡镇煤矿进行验收，并重新核发了煤炭生产许可证和矿长资格证。同时，下大力气遏制小煤矿非法开采。门头沟区政府派出工作组长期驻守斋堂镇，严厉打击非法开采活动。

二是加大非煤矿山安全整治力度。在进一步调查掌握全市非煤矿山企业情况的基础上，大力整顿采矿秩序，严格矿山验收标准，大幅度压减非煤小矿山的数量。一年来，全市关闭非煤矿山976家，关闭比例达60.8%。通过整治，非煤矿山企业发生死亡事故的起数和人数比2001年分别下降了66.7%和72.7%。全市非煤矿山小、散、乱的局面得到控制，安全生产条件日趋改善。

三是开展危险化学品的安全整治工作。危险化学品的运输安全整治工作取得阶段性成果，消除了一批影响安全运输的隐患，安全管理力度明显增强，安全运输秩序明显改善，运输车辆技术状况明显提高。国务院《危险化学品安全管理条例》（以下简称《条例》）颁布后，及时召开了危险化学品专项整治动员大会，制定了专项整治工作标准，举办了危险化学品安全管理培训班，成立了专家组，进行了调查摸底工作，为贯彻实施《条例》奠定了基础。

四是集中开展公众聚集场所消防安全专项整治。在两年的专项整治中，各级公安消防部门共出动警力2万余人次，检查单位2.36万个次，发现和纠正违章行为4.26万件，责令127个单位停业整改，责令13个单位停止使用，依法取缔53个单位。经过集中治理，取得了比较明显的成效。

二、全面开展安全生产大检查

按照党中央、国务院对安全生产工作的总体部署，2002年，我市持续深入开展安全生产大检查活动。为保证“两节”、“两会”、“五一”、“十一”和“十六大”等重要时期的安全和稳定，市政府领导三次带队深入基层检查安全生产，市安全生产委员会组织有关委、办、局对部分地区和单位进行安全检查和督查，有力地推动了安全工作的开展。特别是在党的十六大期间，市、区县两级安全生产监督管理部门对代表驻地及周边生产经营单位进行严格细致的检查，各地区、各部门全面检查所属单位的安全生产情况，消除了一大批事故隐患，为“十六大”的胜利召开创造了良好的安全生产环境。

据不完全统计，2002年，全市各地区、各部门召开安全生产会议4594次，组织各种形式的安全生产检查5.05万次，参检人数达22.5万人次，检查覆盖率在85%以上，查出并整改事故隐患9.5万余项。同时有关部门在对生产经营单位检查中，实施处罚3623次，责令446个单位停产整顿，关闭了一批不具备安全生产条件的企业。

三、强化安全生产宣传教育工作

一是认真宣传贯彻《安全生产法》。为尽快使广大干部职工了解、掌握《安全生产法》，增强遵法、守法意识，各级政府组织了多种形式的《安全生产法》培训班，共培训企业负责人、经营管理者1万余人。各单位及时组织开展本单位的《安全生产法》宣传、贯彻和培训工作。《安全生产法》施行后，市、区县两级安全生产监督管理部门又组织了282个检查组，对各地区、各部门、各单位贯彻落实《安全生产法》的情况进行了全面检查。

二是积极开展安全生产月活动。2002年6月，我市围绕“安全责任重于泰山”这一主题，深入开展了安全生产宣传教育活动。全市各地区、各部门、各单位积极营造安全生产氛围，充分利用广播、电视、报纸等新闻媒介，开展了多种形式的宣传活动。共举办各种宣传咨询活动1.5万场次，设立各类安全专栏、板报等宣传园地1.8万多个，发放宣传材料64万份，有300万职工群众参加了各种宣传教育活动。这一活动受到各级领导的高度重视，副市长刘海燕在北京电视台作了动员讲话，国家经贸委主任李荣融、国家安全生产监督管理局局长王显政、北京市领导孟学农以及有关部门负责人参加了在北京举行的安全生产万里行启动仪式和安全生产咨询活动。

三是举办了北京—香港安全知识竞赛活动启动仪式和“京港杯”安全知识竞赛等项活动，全市有近50万干部职工参加了答卷。组织召开了北京国际安全社区建设研讨会和WTO与中国安全生产专题报告会，制定北京安全社区建设发展规划，研究探讨有关工作的原则、模式、标准和程序。这些活动的开展，促进了安全生产工作的深入开展，引起了全社会对安全生产的关注。

四、严肃查处因工伤亡事故

2002年，市、区县两级安全生产监督管理部门按照“四不放过”的原则和重大安全事故行政责任追究的规定，认真调查因工伤亡事故，严肃处理事故责任者。为深刻吸取以往事故教训，努力减少伤亡事故发生，市有关部门组织召开由事故单位法定代表人参加的事故分析会，深入查找造成事故的原因，认真总结交流经验，对企业进一步加强安全生产工作，有针对性地采取安全防范措施，起到了积极的作用。

五、加强安全生产监督管理工作

一是为适应安全生产工作的需要，2002年9月，经市委、市政府和国家安全生产监督管理局（国家煤矿安全监察局）批准，我市正式成立安全生产监督管理局和煤矿安全监察办事处，实行合署办公。目前工作已全面展开。

二是根据《北京市兼职安全监察员管理试行办法》，在市属各局、总公司提名的基础上，聘请237名安全生产专业管理人员为我市首批兼职安全监察员。兼职安全监察员队伍的组建，为我市全面贯彻、落实《安全生产法》打下了坚实的基础。

三是为增加安全管理的科技含量，聘请多名安全生产领域的高级管理人员、学科带头人和高级安全工程技术人员，组成北京市安全生产专家组，以充分发挥我市安全管理科技人员的技术优势。

四是在1997年开展重大危险源普查的基础上，全市又重新对重大危险源（包括危险化学品）进行了详细的普查，确定各类重大危险源1048项。通过普查，进一步掌握了危险源的分布情况和危险状况，为今后加强安全管理，防范重大事故提供了充分依据。目前有关部门已将重大危险源数据录入到北京市重大危险源数据库中，进一步进行整理、归纳和分析。

五是根据国家有关规定，抓紧做好危险化学品管理的前期准备工作，制订了危险化学品经营许可、包装物及容器定点审批程序，并对首都经贸大学等三家危险化学品安全评价机构资质进行了审查。

回顾一年来的工作，我们深刻体会到，做好安全生产工作，必须全面贯彻“三个代表”的重要思想，始终坚持“安全第一，预防为主”的方针，不折不扣地执行国家和市委、市政府关于安全生产的工作要求，结合首都安全生产工作的实际，努力构建安全生产长效机制；必须严格执行《安全生产法》等法律、法规，不断加大行政执法力度，严肃查处违法行为，将安全生产工作纳入法治轨道；必须紧紧依靠各级政府、各个部门对安全生产工作的支持，充分发挥各方面的积极性，形成齐抓共管、总体推进的强大合力；必须创造性地开展工作，努力实现安全生产观念、体制、手段、科技和文化的创新，把安全生产工作提高到一个新水平。

综上所述，在过去的一年，我市安全生产工作取得一定进展。但是，应当同时看到，我市安全生产工作距市委、市政府的要求还有一定差距，还存在着一些不容忽视的问题，安全生产面临的形势依然严峻。主要有以下问题：

(1) 各类事故没有得到有效控制。据统计，2002年全市共发生6种非正常死亡事故1566起，死亡1778人，与2001年相比分别上升1.9%和4.77%。其中交通肇事死亡1449人，同比上升3.59%；因工死亡139人，同比下降6.45%；煤气中毒死亡68人，同比上升18.06%；火灾死亡67人，同比上升148.2%；游泳淹溺死亡5人，同比持平；食物中毒未发生死亡事故。虽然我市未发生10人以上特大安全事故，但重大安全事故发生频繁，造成了严重的人员伤亡和较大财产损失，同时也产生了一定的社会影响。其中：发生3人以上道路交通事故18起，死亡63人，同比分别上升28.57%和36.96%；发生3人以上煤气中毒事故6起，死亡27人，同比分别上升200%和285.7%；发生3人以上火灾事故4起，死亡36人，同比分别上升400%和360%。

2002年，全市有2个地区火灾事故突破控制指标；有4个地区煤气中毒事故突破控制指标；有2个地区游泳淹溺事故突破控制指标。

(2) 存在着忽视安全的倾向，安全管理工作薄弱。在市场经济条件下，一些地方和企业领导片面追求经济效益，在企业调整中盲目撤并安全管理机构，削减安全管理人员，使安全生产基础管理工作趋于薄弱，出现安全法律法规贯彻不力，安全生产投入不足，安全管理不到位的现象。有的单位安全生产只停留在会议、文件上，在实际工作中没有具体措施和要求，安全生产责任制不落实，更缺乏有效的监督和责任追究机制，工作流于形式。个别企业重生产、轻安全，甚至受利益驱使“要钱不要命”，违法从事生产经营活动。

(3) 安全生产教育工作滞后。一些单位安全培训缺少针对性，培训质量不高，造成职工安全意识差，自保互保能力低。特别是农民工不经培训教育就上岗作业现象还很普遍，导致职工违章作业、违反劳动纪律、冒险蛮干的情况十分严重，事故居高不下。

(4) 安全生产管理体制不能适应当前形势的需要。随着社会经济的发展，企业主管部门对企业由直接管理转变为间接管理，导致出现大量集体、私营以及承包、股份等形式的无主管部门的企业，由于这些企业点多面广，安全基础工作薄弱，自我约束能力差，因而形成不少安全管理的死角和难点。传统的安全生产管理方式已不能适应当前的工作。目前我市安全生产监督管理力量仍然薄弱，其人员数量、资金和技术装备不能满足工作的需要，特别是全市绝大多数区县还没有设立专门的机构，安全生产监督管理体制还未理顺。

以上问题需要我们高度重视，认真加以分析，在今后的工作中下大力气予以解决。

天津市安全生产工作综述

2002年，在市委、市政府的直接领导下，我市认真贯彻落实党中央、国务院关于安全生产工作的一系列重要指示和要求，通过全市各方面的共同努力，取得了一定成效，全市安全生产形势继续保持稳定，安全生产事故同比稳中有降，全年无特大事故发生。据统计，2002年全市安全生产因工死亡事故69起，死亡76人，其中重大死亡事故1起，死亡3人，无特大事故发生。与上年同期相比，死亡事故减少5起，下降6.8%；死亡人数减少3人，下降3.8%。1～11月份，全市共发生消防火灾7613起，直接经济损失408万元，死亡24人，无特大火灾和群死群伤恶性火灾事故发生。全年共发生一般以上道路交通事故10217起，死亡1218人，与上年同期相比分别上升3.38%和8.85%

一、2002年安全生产工作的简要回顾

1. 提高认识，强化职责，进一步加强对安全生产工作的领导

全面贯彻落实全国电视电话会议精神。2002年以来，全国安全生产形势较为严峻。党中央、国务院十分重视安全生产工作，国务院、国家经贸委先后6次组织召开全国安全生产电视电话会议，部署工作重点，提出具体要求。我们在市委、市政府的直接领导下，紧密结合我市实际，对6次全国会议精神进行了全面的贯彻落实。据统计，我市18个区县和开发区、保税区、科技园区以及74个委局、集团总公司都由党政一把手亲自主持召开会议，专题部署落实措施和实施方案。经委系统要求所属集团总公司要把安全生产工作摆到每个时期的重要议事日程，将贯彻落实全国会议精神同自身实际相结合，帮助企业在建立有效的安全管理机制和完善生产作业条件上下功夫。工经两委主要领导都亲自督促抓落实；交委系统专门成立了“安全督查组”，由主任亲自带队，深入一线窗口单位进行督促检查；建委系统结合本行业施工特点，主任亲自率队，各级领导身先士卒，狠抓事故隐患整改，堵塞漏洞，确保一方平安；商业系统要求所属单位要在提高处置突发事件能力上下功夫，细化了领导干部目标责任制；河西区注重发挥地域管辖职能，重点对辖区内非公有制小型企业开展专项检查，共检查单位156家，查出安全隐患346项，全部落实了整改；塘沽区抓住全国会议的有利契机，集中力量对重点和难点问题开展综合治理，并取得了实效。

坚持并进一步深化“三项制度”。“三项制度”是我市落实国务院特大安全事故行政责任追究制度所推出的重大举措。目前，全市各区县、委局、集团总公司也都相继建立和完善了“三项制度”，推动了安全工作的开展。西青区2002年召开安全生产工作联席会议4次，区长亲自主持，注重解决实际问题。该区南营房出租企业安全管理混乱，“三合一”厂房就有10家，区安委会召集相关部门研究解决方案，并实施重点督办，使问题得到解决。南开区每季度召开一次区长办公会议，专题研究部署安全生产工作。区安委会提倡“三个一”的例会制度，即开一次现场会，搞一次调研，开展一次专项检查。该区安全生产事故起数和死亡人数同比明显下降。民航天津管理局坚持四个会议制度，即“航空安全形势分析会议制度”、“民航驻津单位安全部门负责人会议制度”、“国防动员领导小组会议制度”和“国防动员办公室主任会议制度”，分析形势，交流经验，及时消除事故隐患。9月份他们又建立了民航驻天津机场各单位协调会议制度，形成了天津地区民航系统航空运行保障的良性机制。

狠抓各级领导安全生产责任制的全面落实。2002年以来，我们在全市范围内继续推行安全生产目标责任制和安全生产风险抵押制度。工、交、建、商、农各委与所属86个局、集团总公司签署了安全生产目标责任书，交纳风险抵押金2000万元。实行安全生产一票否决制度，建立起安全管理目标与个人收入挂钩的制约机制，落实安全工作一把手“负全责”。港务局下属35个单位领导班子成员向港务局递交了安全责任目标认定书，交纳安全生产风险抵押金48.83万元，实行全员风险抵押。地方铁路管理局逐级落实安全责任制，奖罚严明。2002年共查出7起违章事件，9人被处罚，处罚金额达1.2万元，对有功人员共奖励2640元，截止到年底全局实现无行车重大事故7040天，无人身死亡事故6484天，连续实现安全生产第19个安全年。市政工程局大力开展“创建文明工地”活动，把安全生产作为业绩考核的一项重要内容。全集团逐级签订安全施工包保责任书，定期进行考核，并把考核结果直接与经济利益挂钩。

2. 深入一线，注重实效，扎实开展各项安全生产大检查

大检查持续不断，形式多样。年初，我们组织开展了元旦、春节和“两会”期间的安全检查，又开展了“五一”、“十一”黄金周安全大检查，随即又组织了全国“安全月”、“安全万里行”安全大检查；为了贯彻落实全国安全生产电视电话会议精神，我们重点开展了专业性检查，主要包括房屋租赁安全大检查，暑期和冬季专项检查，以及防硫化氢中毒、防一氧化碳中毒等专业性检查；“十六大”期间，我们又在全市范围内开展了“百日安全无事故”活动。与此同时，我们还接待了全国人大“关于落实《消防法》执行情况”的专项检查和国家劳动部、卫生部共同组织的“关于职业病防治情况”的检查。这些大检查持续不断，形式多样，取得了比较好的成效，获得了国家安全生产督查组的充分肯定。

领导带队，注重实效。在各项检查活动中，各

区县、委局、集团总公司主要领导亲自挂帅，具体组织实施，普遍采取了领导带队和专业人员相结合，重点时期和日常检查相结合的检查方法。工经两委领导先后4次带队深入100余家企业检查指导安全生产工作，针对查出的问题，集中召开相关单位一把手会议，进行全面分析，限期整改。工业系统领导带队检查已经成为制度。二轻集团在检查中提出了“四个亲自”、“两个到位”（即：党政一把手必须亲自组织，亲自部署提要求，亲自检查、抽查，亲自讲评和奖惩；党政一把手的“四个亲自”必须到位，专职和兼职安技队伍必须到位），事故同比明显下降。保税区全年共组织了6次大规模的安全大检查活动。大检查落实了管委会“检查要细，奖惩要严，完善制度，消除隐患”的十六字要求，使该区域安全生产形势进一步向好的方面发展。河东区每次检查都有一位区长带队，他们把重点部位和要害部门作为检查重点，对重大危险源点的监控进一步加强。

“百日安全无事故”活动取得实效。为了确保“十六大”期间的安全生产和社会稳定，我们在9～12月组织开展了“百日安全无事故”活动。在整个活动过程中，全市各级、各单位紧紧围绕活动主题，层层发动，开展专项检查和形式多样的宣传教育活动，做到人人参与，人人受教育。电子仪表工业总公司在活动中，针对“三违”现象回潮，事故隐患重复出现，开展了“专项整治回头看，事故隐患再整改”大行动；同时，总公司“安全专家组”深入中小企业进行监督检查和安全评价，查出较大隐患80项，限期进行了整改。北辰区为了把“百日安全无事故”活动搞扎实，区政府成立了活动领导小组，制定活动方案，并召开全区动员大会，重点抓了“一学四查”，即：《安全生产法》的学习宣传，国庆前大检查，“国庆节”、“十六大”期间的自查、抽查和督查。天钢集团公司开展了“事故离我有多远”的大讨论，并组织专项检查441次，共自查隐患317项整改率100%，实现了9～12月份连续4个月安全无事故的历史最好水平。据统计，活动期间全市共出动检查人员11346人次，检查企业45384家，整改消除了一大批事故隐患，有效地防止了同类事故的发生，在整个活动期间，全市无特大事故发生，各类事故同比有所下降。

市政府办公厅督查室、市安委会办公室组成安全工作联合督查组，会同市安监局、市公安局、市公安消防局、市交管局、市质量技术监督局等执法部门，从9月18日至11月18日在全市范围内开展了督查活动，对大型商场、宾馆、学校等重点单位实施督查。坚持采取整体推动与专业人员检查相结合，发现隐患、问题与具体帮助指导相结合，日查与夜查相结合，全面督查与重点单位反复督查相结合。在督查过程中做到突出四个字“快、严、细、实”，即：深入基层要快，检查工作要严，解决问题要细，落实工作要实。

加大投入，注重整改。由于各级领导高度重视，采取了有效的检查方式和方法，注重安全资金投入，夯实了安全生产工作的基础管理，一大批难点和突出问题得到了集中整治。石化公司全年安全投入资金3650万元，主要用于炼油厂、化工厂、化纤厂等10项重大隐患的治理。建委系统的建工集团在所有施工现场推行“三相五线制度”，做到三级控制、二级保护，集团投资上千万元更新200套龙门架，2002年专项治理投入总计3000万元；燃气集团对所属13个重点单位和车用燃气加气站等单位60余个部位进行检查，对29项隐患全部进行了整改。商委系统的天津石油公司，全年整改隐患622个，安排隐患治理投资45项802万元。交委系统的交通局全年共出动检查2339次，参加人员8465人次，查出隐患1762项，已整改1556项，投入整改资金43万多元，其余隐患正在整改当中。

据统计，全市总计检查企业和施工现场5.8万家，发现问题和事故隐患近4万项，事故隐患基本得到整改。

3．重点防范，综合整治，安全生产专项治理取得成效

危险化学品专项整治全面展开。依据《危险化学品安全管理条例》的规定，我市制定了全市危险化学品专项整治实施方案。各区县相继成立了由政府主管领导挂帅，经委、安全生产监管、公安等相关部门参加的危险化学品专项整治领导小组。目前，11个区县、45个集团公司完成了普查摸底工作。通过审查，全市从事危险化学品生产、使用单位1230家，生产、储存单位106家，纯使用单位178家，纯储存单位19家，运输单位93家；生产、使用危险化学品从业单位普查登记工作仍在进行当中。我市约1408家危险化学品从业单位进行了专

业知识培训教育。全年共印刷《危险化学品安全管理条例》13000册，配合市经委举办危险化学品从业单位法人培训班8期，共培训1200多人次。对新建项目实行审批制度和安全评价制度，使我市新建项目投产后，基本做到了本质安全。我市交通部门依法整顿了危险化学品运输市场，截止到目前，对93家运输危险品企业资质进行了审定，对1465部运输危险化学品车辆进行了技术状况核实，给3000多名司机重新核发了证件，对1200余名押运人员进行了培训。凡不符合安全资质的单位、车辆或个人一律禁止进入危险化学品运输市场。

烟花爆竹非法生产专项治理取得阶段性成果。按照市领导要求，市安委会办公室协调了市公安局、农委、工商局、质量技术监督局、供销社等部门组成清理整顿工作督办协调小组，成立了“清理整顿办公室”，进驻静海县实施现场办公，静海县政府也抽调225名干部，组成12个工作组。市清理整顿办公室会同静海县政府一是以安全为前提，以稳定为重点，扎实做好清理整顿的调查摸底工作。经核查：全县实有烟花爆竹生产户425家，爆竹成品67亿头（价值4000万元），烟花113万个（价值1130万元）。二是为了确保安全，在深入细致作好群众思想工作的基础上，对全县所有烟花爆竹成品实行集中封存。为了减少烟花爆竹生产户的经济损失，我们协调了有关部门，明确了销售政策，规范了销售办法，10月中旬，市公安局部署警力，对封存成品实施有序销售。截止到目前，全县实际销售烟花、爆竹成品分别占库存的70%，尚有30%成品未销售出，该工作正在进行当中。

房屋出租安全专项整治效果显著。为了吸取北辰区刘家房子爆炸事故教训，消除非法生产经营活动造成的各种不安全因素，各区县行动快速，注重发挥公安派出所、综合执法队伍、居委会、村委会的作用。各集团总公司对各自企业闲置厂房外租情况也进行了普查登记，对厂房外租管理中的薄弱环节，定制度，定措施，严格实施监控。红桥区在房屋出租专项整治工作上克服了人手少、工作多、任务重的困难，与全区各街、局及有关单位密切配合，对全区房屋租赁认真进行清理。据统计，全区非居民房屋租赁共计803家，承租企业638家，承租户2892家。全区违章建筑715间，从事易燃易爆10间108平方米。不具备安全生产条件的外租厂房，全部予以清理。渤海化工集团公司对所属单位在房屋外租问题上，重申严格审批手续，严格安全监督，严格安全检查，严格安全管理。据该公司调查统计，共有56个单位对外出租房屋，承租单位310家，其中属于生产104家、经营82家、仓储12家、餐饮51家，其他用途61家。

据初步统计，截止到目前，全市出租居民用房从事生产经营活动的户数共9848家，其中不合法户273家，约占2.7%。

“锅、容、管、特”普查登记工作全面展开。市质量技术监督管理局对全市“锅、容、管、特”进行普查整治，并于12月前通过了国家总局的验收。2002年，全市共普查“锅、容、管、特”在用设备60857台（套），其中：锅炉10143台，压力容器26306台，电梯5307部，起重机械1729台，厂内机动车6809辆，游艺设备563台。目前，这些设备的基本数据资料已全部录入计算机，建立了市、区县两级数据库，为有效实施安全监察的动态管理机制奠定了基础。

开展消防专项治理。公安消防部门始终把防控大火作为消防工作的出发点和落脚点。一是狠抓了消防工作社会化的推动工作，提高公民安全意识；二是狠抓了执法质量和服务经济措施的落实，使执法水平、办事效率进一步提高；三是狠抓了执勤备战和战训改革。2002年以来，先后组织了集贸市场、宾馆饭店、商场、医院、学校、歌厅舞厅、洗浴场所、网吧等人员聚集场所的专项治理活动，年内，全局共组织开展了9次专项治理活动，共检查治理单位17795家（次），发现火灾隐患24608件，督促整改13469件，有效地防止和控制了火灾事故的发生。消防系统2002年1~11月份共接警14379起，扑救火灾7613起，抢险救援和社会救助6766起，保护国家和人民财产安全价值6.9亿元。

积极开展道路交通综合治理整顿。自年初开始，先后6次开展了以8项严重违章为重点的集中整顿公路交通秩序活动，局领导带头，全员上路，对重点路口、路段增设警力，并会同市安委会办公室出台了道路交通事故隐患告示制度。对52处交通事故多发点段，采取了有效地治理，持续开展交通安全检查活动，及时消除交通安全上的隐患。全年，共检查单位4.7万人次，检验机动车32万辆次，教育驾驶员56万人次，对4600个安全隐患单位给予黄牌警告。

4．加大力度，营造氛围，安全生产宣传教育工作得到加强

《安全生产法》的宣贯效果显著。6月29日《安全生产法》颁布后，我市制定了《安全生产法》宣传贯彻实施方案，进行了形式多样的社会宣传活动，印发《安全生产法》单行本14万册，分发各企事业单位，组织各级单位认真学习，边学习边对照、边检查、边整改，举办企事业单位负责人《安全生产法》学习辅导讲座班。10月19日在全市举办了《安全生产法》宣讲报告会，国家安全生产监督管理局闪淳昌副局长做宣讲报告。11月1日组织《安全生产法》咨询日活动，在市中心设立咨询点。各区县、委局、集团总公司也都组织了各具特色的宣贯活动。东丽区向全区各界发放《安全生产法》单行本7000余册，举办5期不同行业和层次的《安全生产法》宣传贯彻培训班，咨询日当天，广播、电视都开办专题栏目，主管长发表电视讲话，最大限度地宣传《安全生产法》。武清区把宣传贯彻《安全生产法》深入到居委会、住宅小区，把安全生产有关知识印制成宣传卡发到中小学生手中。

"安全月"、"安全万里行"活动蓬勃开展。2002年6月是首届全国"安全生产月"。"安全万里行"是为配合"安全生产月"而组织的一项大型新闻采访活动，此项活动在全市开展得既轰轰烈烈又扎实有效。各区县、委局、集团总公司绝大多数都能结合自身实际，把活动开展得有声有色。和平区重点利用广播、电视、报纸等新闻媒体进行舆论宣传，并对辖区内5000多名职工代表进行了安全知识考核，使安全生产深入人心，家喻户晓。自来水集团在活动中利用布标、板报、橱窗、挂图、班组园地等宣传形式，大造声势，共组织5039名在岗职工进行安全法规知识考核，教育率达100%。"安全生产月"、"安全万里行"活动的开展，使我市干部职工集中受到了一次深入系统的安全生产法律知识教育。

安全生产教育培训工作全面启动。2002年以来，市安全生产监督管理局对企事业单位主要负责人依法实行安全资格上岗培训制度。目前，全市已举办厂长经理培训班73期，获得安全资格证书7826名；特种作业人员培训150期68800人。各区县也对辖区内企事业的主要负责人全部进行了培训，收到了良好的效果。

5．夯实基础，开拓创新，安全生产的科技含量有所提高

机构建设，逐步完善。目前，全市21个区县中的18个区县已组建了安全生产监督管理局，完善了监管职能并卓有成效地开展了工作。全市各区县、委局、集团总公司的安委会作用得到进一步加强。各级安委会办公室工作例会、督办等制度得到进一步完善。为了克服街道、乡镇级安全生产监管的死角和盲区，安全监管工作重心下移，关口前移，势在必行。2002年市安全生产监督管理局在到街、镇调查研究的基础上，将西青区设为先行试点，在这方面西青区政府高度重视，全区9个街镇建立了安全生产监督管理办公室（属正科级），人员编制27名，对该区安全生产工作的开展和稳定全区的安全生产形势起到了很好的作用，使区域安全生产监管工作得到加强。2002年，全市部分委局、集团总公司也充实了安全生产管理队伍。

预防为主，关口前移。为了堵住和减少因生产厂房而发生的重特大事故源头，市和区县安全生产监管局重点做好以下几项工作：一是在"三同时"审查验收上严格把关。截止到目前，市安全生产监督管理局审查验收项目72项，其中设计审查42项，验收40项。二是有计划地对全市重大危险源进行重新复核和登记，目前对全市2730余个重大危险源进行了建档登记。要求企业要建立专项制度，责任到人，措施到位，加大安全投入，依法完善事故应急求援预案，并定期组织演练。三是从市到区县安全生产监管局绝大部分都建立了隐患举报制度，接受社会监督。市安全监管局2002年向社会公布隐患举报制度，热线电话在晚报刊登。从公布热线到现在共接待投诉132起，每起投诉做到了件件有回音，并将处理情况登记备案。

改进机制，开拓创新。一是为提高专业队伍素质，我市2002年在理工学院建立"安全工程学院"招收大学生70名，与此同时，安全工程学院在原机械系三年级基础上，按照安全工程专业的课程设置培养一年。安全工程硕士教育点也已基本确立，将用2～4年时间完成安全工程博士教育点审批。二是按照市政府信息化建设的要求，2002年我市加快了建设天津市安全生产信息化网络进程，安全

信息平台初步形成。目前全市绝大部分区县和部分委局、集团总公司实现了与市级安全生产网络的连接，并于11月1日正式开通使用，计划到2003年，区县、委局、集团总公司要同街镇、企业分公司之间搭建起二级安全生产网络。另外，我们正在准备实施安全监管系统的网络化。提出了对重大危险源、危险化学物品等运用GIS技术实施监控的可行性方案。三是积极推进职业安全健康管理体系认证试点工作。目前，我市两家认证机构、3家咨询机构取得了国家相应资质。这项工作部分区县也正在逐步展开。四是市安全生产监督管理局会同市人事局制定出台了《天津市工程技术安全工程专业工程师、高级工程师资格评审标准》，为了提高职称评审质量，市安全监管局在全市范围内开展了高、中评委人选申报。经过高、中级评委会两次评审出我市首批安全工程师104名，其中高级44名，中级60名。

综观2002年，全市安全生产工作主要有以下五个特点：

一是全市各级领导高度重视安全工作，责任感和自觉性进一步提高。在市委、市政府的带动下，各区县、委局、集团公司认真落实一把手负责制，把安全工作摆在突出位置，从实践“三个代表”重要思想的高度，从讲政治、保稳定、促发展的大局出发，针对薄弱环节和疑难问题开展工作，安全工作的责任感和自觉性普遍提高。

二是政府督查与重点整治紧密结合，确保薄弱环节的治理取得实效。2002年，市委、市政府高度重视安全工作，先后4次对重点工作实施督查、督办。各区县、各委局、集团总公司反响强烈，责任意识明显加强，一把手负责制日趋完善，变被动治理为主动防范，一大批事故隐患得到整改和消除，一些多年难以解决的疑难问题获得突破性进展。由于督查工作目标明确，使薄弱环节的综合治理收到实效。

三是持续、深入地开展安全生产大检查，成效比较显著。2002年，我市持续开展了“两节”、“两会”、暑期、冬季以及“十六大”期间的安全生产大检查，一年之中没有间断，力度之大、范围之广明显超过往年。大检查突出了针对性和专业性，紧密结合我市现状，力求解决实际问题，注重实效，为全市安全生产形势的持续稳定发挥了巨大的推动作用。

四是奋战在安全生产管理一线的广大干部职工敬业爱岗，脚踏实地，连续作战，敢打硬仗，成为我市安全生产工作的中坚力量和宝贵财富。他们长年累月摸爬滚打，不辞辛劳艰苦奋斗，但长期保持旺盛的工作热情，不断克服厌战情绪和麻痹思想，认真履行职责，为我市安全生产工作付出了艰辛的劳动和巨大的贡献。

五是努力适应市场经济的需求，建立和培育安全管理的长效机制。安全工作要努力适应市场经济的需求，制定长期发展战略，实施人才培养计划，不断加大安全管理的科技含量，努力实现安全工作的长治久安，建立和培育安全管理的长效机制。

二、当前安全生产工作存在的主要问题

第一，社区管理仍然薄弱，区域管辖原则有待落实。据统计，目前我市绝大部分街道、乡镇没有成立安全生产委员会，职责不明确，安全工作无机构管理，无人员负责，区域管辖原则在基层无法落实，安全工作不能适应市场经济的快速发展。

第二，一些基层企事业单位安全管理机构和人员严重薄弱，安全管理职能设在其他部门或科室，专业管理人员流失，青黄不接；在岗人员兼职过多，人心不稳，安全生产无人抓、不会抓或管理很不得力的现象仍然没有得到有效控制。

第三，工作不深入，责任不落实，上面热热闹闹，下面冷冷清清，信息传递渠道不畅，上下脱节，“中梗阻”现象比较突出。2002年冬防检查中，市安委会、市安全生产监督管理局三令五申，严禁使用自制炉具或砖砌炉灶取暖。由于“中梗阻”现象存在，工作不能深入到基层，导致我市10天内连续发生3起一氧化碳中毒事故，6人死亡。其中一起导致3人死亡，构成重大事故。

第四，私营企业、小型企业、无主管部门企业安全管理基础薄弱，自我约束机制远远没有建立起来，有关部门对这些企业监管不力，死角和盲区仍然存在，成为我市安全管理的薄弱环节。

第五，安全投入不足，隐患整改不力，安全欠账过多，一些企业短期行为严重，不重视安全生产，致使一些事故隐患长期存在，成为突发恶性事故或重特大事故的潜在因素。

上海市安全生产工作综述

2002年是我国进入WTO后的第一年，也是安全生产工作面临新的机遇与挑战的第一年。一年来，在党中央、国务院领导高度重视下，在江泽民总书记“三个代表”重要思想的指引下，本市安全生产工作按照市委、市政府的总体要求，坚持“安全第一，预防为主”的方针，全面部署安全生产工作；全面进行安全生产责任书和承诺书的层层签订，狠抓安全生产的基础工作与安全生产工作责任制的落实；突出重点抓整治，进一步强化了安全生产监察执法的力度；围绕着构建五大网络体系（即安全责任网、安全监管网、信息保障网、宣传教育网、中介服务网），进一步完善了安全生产信息数据库，逐步规范了企业的安全生产行为；不断地完善市区县安全生产监察三级监察管理网络体系；通过全市各级政府和部门领导的上下共同努力与积极配合，安全生产工作不断得到强化，上海市的安全生产形势继续保持平稳的态势，特大事故得到了有效的遏制，取得了明显的成效，在全市经济总量大幅度增加的前提下，职工因工死亡事故减少。据统计，2002年共发生死亡事故297起，死亡318人，与2001年相比，死亡起数下降0.67%，死亡人数下降8.88%，并已列入2002年全国未发生死亡10人以上特大事故的4个省市之一，为上海经济持续、稳定发展提供了安全保障。

1．市委、市府领导高度重视，全面部署安全生产工作

市委、市政府领导积极贯彻落实党中央、国务院领导对安全生产工作所做的一系列重要批示，落实国务院召开的全国安全生产工作会议精神与要求，带头抓安全生产工作，抓检查、抓整改。原上海市委书记黄菊多次在全市性的安全生产工作会议上强调安全生产工作是一项涉及到社会稳定的大事，各级领导一定要高度重视，抓紧、抓好，并提出了具体的要求。现任市委书记、原市长陈良宇多次在市政府常务工作会议、全市安全生产工作会议上强调指出：各地区、各部门的领导一定要从学习和实践“三个代表”的高度，认识抓好安全生产工作，并亲自带队进行安全生产检查。2002年，上海市政府召开了11次全市性的安全生产工作会议。每次会后，都及时部署了当前的安全生产工作。按照市委、市政府的要求，对本市的危险化学品从业单位、建筑行业、重点企业进行专项整治与检查，在全市范围内开展安全生产大检查，以严格认真、讲究实效的工作作风，把安全生产工作做深、做细、做实，安全生产整改措施落实、落实、再落实。现任市委书记、市长陈良宇、常务副市长蒋以任分别亲自带队进行安全检查，采取事前不打招呼、突击安全检查达7次，对危险化学品生产、使用、储存单位中存在隐患的整改情况，亲自过问，从而确保隐患治理、整改工作落到实处。通过检查和督促整改，取得了明显的效果，从而确保节日、“两会”等重大活动期间的安全生产。市委、市政府领导对贯彻国务院安全生产工作电视电话会议精神、学习宣传贯彻《安全生产法》、抓好上海市六项安全专项整治等安全工作提出了重要意见，由于市委、市政府对安全生产工作的高度重视，确保了本市安全生产工作的顺利开展。

2．强化目标管理，健全考核制度，建立和完善安全生产责任网

为了切实强化安全生产责任制，真正体现安全生产责任制“纵向到底、横向到边”，健全和完善适应市场经济运行规律的安全生产监督管理机制，建立起市、区（县）、街镇三级行政管理责任书逐级签约的制度，明确目标、加强督查、落实责任，自上而下地建立和落实安全生产责任制，定期督查并运用行政手段和经济手段来加强考核。通过层层签订安全生产责任书，强化了安全生产责任。上海市各行业、各区、县根据上海市安全生产工作意见

和下达的控制指标，同下属的企业、街道、乡镇等部门相续签订了安全生产责任书，将安全生产责任制的落实及安全生产工作的效果作为考核领导的重要依据。强化安全生产工作一级抓一级、一级对一级负责的保障监督机制，把“一把手是第一责任人”的观念深入到各行各业。2002年2月7日，在市安全生产工作会议上，常务副市长蒋以任代表市政府同31个区、县和委、办、局的正职领导签订了安全生产责任书；各地区、各系统按照各自的责任和目标，结合本地区、本系统、本行业的实际情况，进行细化分解，分别同街道、乡镇、有关职能部门、公司（企业）签订了安全生产责任书；各企业单位又同全体职工签订了全员安全生产承诺书，真正把责任落实到基层、落实到每个职工。为了及时掌握各级政府、部门安全生产责任制的履行情况，2002年，按照上海市安全生产领导小组办公室的统一安排，于年中、年终两个阶段，组织人员对本市各区、县政府，各委、办、局，开展了安全生产责任书的履职情况的督查与考核，将督查意见以书面形式反馈并由被督查的单位主要领导签字认可。促进了各级政府对安全生产工作的重视。同时实施警示与黄牌警告制度、约见制度，强化责任落实，对在检查中发现违反安全生产法律、法规的行为和安全管理不严、措施不落实，以至发生重大事故的企业，实施警示与黄牌警告；在对有关责任人员和有关领导依法追究其责任之外，同时对发生事故企业的法人代表、分管领导进行工作约见。以约见的方式，帮助企业查找事故发生的原因和存在问题，指出安全管理中存在的问题，提出整改意见；对安全检查的情况、隐患的整改实施各级领导签字认可制度，使安全检查工作不走过场，确保检查效果。通过责任制的签约和督查，进一步强化了各级领导的安全生产责任意识。

3．深化安全生产体制改革，建立和健全覆盖全社会的安全生产监管网

（1）加快区、县安全生产监察机构的建立，理顺关系，确保工作正常进行。根据市政府的要求，市安全生产监察局与市编办、市府督查室等部门就区、县安全生产监察局人员编制、机构设置、组建进程等积极磋商，并与各个区、县人民政府保持信息沟通，具体指导组建工作。在各方的共同努力下，全市19个区、县的安全生产监察机构，于2002年5月底全部挂牌成立。为建立上下对应的安全生产监察体系，强化监察职能，起到了组织保证。

（2）全面推进社区安全生产管理体系和网络建设，建立社区安全生产管理机制。随着社会主义市场经济的迅猛发展和经济体制的变化，安全生产管理方面也出现了新情况、新问题，特别是私营经济、民营经济等多种成分的中、小企业大量涌现，这既对上海市的经济发展起到了积极的推动作用，但同时也由于部分小企业的经营者安全意识淡薄，自身管理不规范，安全责任不明确，安全措施不到位、不落实，加上政府的监察又未全部覆盖，导致近几年小企业伤亡事故不断，伤亡人数急剧上升，而且重大事故时有发生。针对这一新情况、新问题，为了防止安全监督和监察可能出现的盲区、空白点，使安全生产监督、监察工作“重心下移，关口前移”，把工作落实到社区，作为政府职能的延伸。社区安全管理在全市安全生产工作中有着很重要的地位和不可替代的作用。2002年在浦东新区、杨浦区、静安区、虹口区4个街、镇建立安全生产监督机构试点工作的基础上，加大了社区安全管理的推广力度，采取积极创造条件、以点带面、全面铺开的办法，扩大社区安全管理工作的覆盖面。目前，上海市浦东新区、虹口区、杨浦区、静安区、闸北区、宝山区、普陀区、长宁区等地区，通过社会招聘录用，将一批有丰富经验、专业知识强的同志充实到街道、乡镇安全监督机构中。市安全生产监察局及时组织培训，对考试合格者，颁发证书，做到持证上岗。目前，其他区县的街道、乡镇安全生产监督机构建设工作正在加快推进。2002年3月14日，国家安全生产监督管理局在上海召开了“建设安全社区”大型报告会，对本市社区安全管理工作的开展给予了肯定。

4．提高安全生产监察的科学管理水平，建立和完善安全生产信息保障网

（1）建立起上海市重大危险源地理信息系统与数据库。为了充分发挥上海市重大危险源数据库的作用，加强安全生产监察信息系统软件的应用和推广，为实施安全生产动态监控提供信息保障，不断地完善上海市重大危险源地理信息子系统，使重大危险源地理信息子系统的查询、统计、地理信息的演示等方面的功能更加简便、科学。结合上海市开

展的危险化学品安全专项整治的普查工作，依据《重大危险源辨识》国家标准，对本市原有的重大危险源重新进行辨识，确定重大危险源单位1938家。并且将重大危险源单位的基本信息全部输入电脑，更新和完善了原重大危险源数据库，逐步健全本市重大危险源单位地理信息系统，建立工作机制，确保安全信息的及时性和有效性。同时按照"上抓监控、下抓管理"的监管模式，以企业自我管理为主，市、区、县、行业主管部门实施分级监控，把管理、监控、治理有机结合起来，形成本市对重大危险源全方位、多层次的监管、监控格局。要求区、县和行业主管部门把重大危险源的监控和治理工作，作为本地区、本系统安全生产工作的重中之重，摸清重大危险源的动态情况，掌握"险情图"，制定监控方案，明确责任部门和责任人，加大监控和治理力度，提高本质安全度。通过这几年实施监控，确保了这些重大危险源安全、有序地运行，至今未发生重、特大事故，取得了很好的效果。

(2) 建立起上海市危险化学品安全管理数据库。为了掌握危险化学品从业单位的基本情况，实现本市危险化学品的动态管理，在摸清家底的基础上，投入使用了一套"上海市危险化学品数据库信息管理系统"软件，实施数据动态跟踪管理，为危险化学品安全管理、事故预防和应急救援工作提供技术和信息支持。并将这套系统下发到各区县、街镇以及市直接监管单位，逐步在市、区县、街道、乡镇、直管企业中建立起危险化学品安全管理的三级数据库系统。2002年，已有4011家从事危险化学品生产、储存、使用等六大环节的单位进入数据库，真正做到即时可监、即时可管、即时可查、即时可处。

(3) 围绕政务公开，增强安全生产工作透明度，加快信息化的建设。为了增强安全生产工作的公开性和透明度，充分发挥上海市安全生产信息网的作用。依靠专业技术人员的力量，对原安全生产信息网进行了完善，适时地增加了教育培训、中介组织等模块，并对安全网的有些功能提出修改意见，使安全网得到完善。同时，及时收集信息，上载安全生产方面的文件、动态及有关的国家规定和标准，使安全生产工作信息实现公开、透明，并得到了快速传递，为企业开展安全生产工作起到指导作用。据统计，2002年上网浏览约有48000多人次。

(4) 建立上海市安全生产专家库。为了更好地为企业服务，协助开展安全生产监察工作，建立起上海市安全生产专家库。首先，印发"关于推荐安全生产专家的通知"；其次，建立起安全生产专家管理数据库。通过各单位的大力推荐，上报各类安全生产专家约有115名，并且已全部输入计算机，实现数据库管理，为查询、调用有关安全生产方面的专家做好准备。

5. 加大安全生产宣传教育力度，建立和健全宣传教育网

(1) 开展"安全生产月"活动，提高全社会的安全意识。2002年6月份，根据国务院安全生产委员会的统一安排，在全国范围内开展以"安全责任重于泰山"为主题的"安全生产月"活动。在"安全生产月"期间，上海市市委常委、常务副市长蒋以任通过上海电视台发表电视讲话，对本市"安全生产月"活动进行了动员和部署；以当前安全生产中存在的突出问题和典型事故案例为素材，与上海话剧艺术中心合作，创作了一台以《非常责任》为剧名的大型安全生产话剧，并在6月1日上海市"安全生产月"开幕式上，进行了首次公演，得到了市领导的充分肯定。这台话剧自6月7日到8月底在全市共巡演了68场，近7万名职工、市民在观看中接受了一次形象生动的安全教育。同时市安监局会同市总工会、市消防局、市交巡警总队、市质监局等执法部门举行的大型安全生产咨询活动，为广大市民提供政策咨询、答疑等服务；同时还邀请市人大代表、市政协委员对本市的社区安全管理和重点企业的安全生产工作进行视察、检查。特别是为迎接"全国安全生产万里行"记者采访团来上海检查指导，专门组织动员、组织落实，不仅使万里行活动在上海能顺利进行，而且使上海市的安全生产工作得到了综合检查的难得机会，有力地推动了上海市安全生产科学管理水平的提高。

为了学习宣传《安全生产法》，2002年9月9日，专题召开了《安全生产法》宣贯大会，上海市各区县、各委、办、局分管安全的领导，集团公司、大型企业主管安全的领导等有近千人出席。特邀请国家安全生产监督管理局的领导专门作《安全生产法》的辅导报告，蒋以任常务副市长又对深入学习宣传和认真贯彻提出了具体要求。为了掀起学

习《安全生产法》的高潮，举办了《安全生产法》知识竞赛，同时在市、区县以及会同总工会、公安局、技监局等部门，统一组织了《安全生产法》的社会宣传咨询活动。通过各种宣传方式，把《安全生产法》的法律意义、内容，向全社会进行广泛宣传，使各级领导和职工“知法、懂法、守法”。

(2) 加强安全教育培训，提高和规范企业安全管理水平。针对中小企业安全管理不到位、制度不健全、措施不落实的情况，集中组织了中小企业厂长经理安全培训，讲解有关法律、法规，分析案件，以召开座谈会的形式，帮助中小企业的厂长、经理，增强自我安全管理的能力，提高企业的管理水平。同时，开展对企业安全生产管理人员和特种作业人员的培训，2002年已培训厂长、经理6326名，安全干部15270名，特种作业人员201441名。

(3) 开展对外来从业人员的安全培训，提高安全意识。上海市所发生伤亡事故的情况反映，因工死亡人员中外来务工人员约占60%左右。针对本市外来务工人员安全意识、安全技能和自我保护、相互保护能力不足的情况，开展对外来从业人员集中组织安全教育培训的试点。同时还对本市外来从业人员相对集中的港务、电力、船舶系统，专门组织了外来从业人员安全培训，对进一步增强外来从业人员的安全意识，提高操作知识和技能，起到了积极作用。

6. 围绕规范市场秩序，加快建立安全生产中介服务网

随着政府职能的转变，以及上海市各类中小企业的不断发展、壮大，安全生产中介组织的作用和地位越来越显得重要。根据国家局印发“关于加强安全评价机构管理的意见”要求，对本市已建立的安全评价机构，以及职业安全健康管理体系认证、咨询、培训等机构，加强监督管理，同时对符合条件、技术力量强的机构予以发展，为企业服务。为适应本市危险化学品安全专项整治工作开展的需要，对本市符合资质条件的申报单位，经过审核，推荐上报至国家局，经国家局组织专家复审通过，上海4家单位获得从事本市危险化学品安全专项评价的资质，并已开展工作。为贯彻“危险化学品经营许可证管理办法”和本市许可证发放工作的开展，确定本市3家单位试点开展危险化学品经营单位从业人员的业务专业培训。目前，本市从事安全生产评价、咨询、认证、培训等机构，根据安全生产工作的需要，本着公平、公正、公开的原则，正在有序开展。通过这些机构的运作，将使企业的安全管理逐步走向规范化、体系化。

7. 突出重点，全面开展安全生产大检查和专项整治

为了积极贯彻落实朱镕基总理在国务院第58次常务扩大会议上对安全生产工作的重要指示、国务院“5·14”全国安全生产电视电话会议精神和陈良宇市长、蒋以任常务副市长在市安全生产工作会议上的讲话要求，根据国务院关于在全国范围内开展安全生产大检查的通知要求，市安办、市安监局及时发出通知，部署安全生产检查内容与要求，同时加大对季节性、节日期间、重大政治活动期间安全生产检查的力度。重点抽查了建筑行业、危险化学品从业企业。为了使检查不流于形式，查有记录，首先制定了检查表，其次确定检查的重点，再次邀请危险化学品方面的专家和所在地安全生产监察部门监察人员共同参加检查。分管理、现场两个组进行检查，对查处的问题，都及时填写检查表，当场反馈检查情况，肯定成绩，提出存在问题和改进意见。检查表经被检查单位领导、检查组组长签字后各留一份，达到查有记录，改有依据。这种形式的检查，受到被检查单位的欢迎，反映良好。各地区、各系统对于查出的问题，要求企业、单位明确责任人和时间，落实整改。通过严格执法，跟踪督查，使一大批事故隐患得到整改，对一时不能整改的，各单位都采取了监控措施，制订了应急预案。

8. 开展安全专项整治，建立起危险化学品安全管理机制

2002年本市继续开展了以民用爆破器材和烟花爆竹、道路交通运输、公众聚集场所消防、水上交通运输、危险化学品（生产、经营、使用、储运、运输和废弃物处理）、建设工程吊装及施工安全等为重点的六项专项整治工作。为了使本市安全专项整治工作落到实处，取得实效，在市政府的领导下，上海市安全生产监察局、市公安局、市消防局、市海事局、市建委、市技监局、市卫生局、市交通局等部门分别牵头负责，通力合作，资源组合，制定了本市开展安全专项整治工作的总体方案，并由上海市政府办公厅转发，全面开展安全专

项整治工作。

特别是根据5月21日全国危险化学品专项整治工作会议和市政府会议的精神，国家经贸委、安全生产监督管理局等10个部门发出《关于开展危险化学品专项整治工作》以及上海市今年开展六项专项整治工作的要求，同时为贯彻国务院344号令和国家经贸委关于危化物品安全管理有关规定，市安全生产监察局与市公安局、市卫生局、市工商局、市技监局、市环保局等10个行政执法部门，联合下发了“关于本市开展危险化学品专项整治的通知”，全面开展专项整治工作。制订了“突出重点，依法整治，综合治理，实施统一领导，条块分抓，以块为主，按级负责，注重实效”的工作原则，确立了整治工作的“三个重点”和“六项任务”以及“十项基本制度”。从危险化学品生产、使用、经营、运输、储存、处置这六大环节入手，摸清家底，清理整顿，建章立制，规范管理，建立了长效管理机制。据普查初步统计，本市危险化学品从业单位5219家，其中生产单位811家，储存单位488家，经营单位1832家，运输单位62家，使用单位2008家，废弃物处置57家；总计从业人员54万多人。初步核定生产、储存、使用单位构成重大危险源的有1938家。另外，运输车辆3952辆，液化气瓶运输车辆229辆，剧毒品运输车辆175辆；内河运输单位43家，其中液化气瓶船舶运输9家，个体运输单位5家，船舶355艘，总吨位21053吨，码头79个（其中一级危险化学品码头64个），年吞吐量120万吨。

为配合专项整治工作的开展，提供法律法规及技术支持。确定了“一个片，八个点”的试点单位，实行了安全承诺制，建立了危险化学品安全技术档案，现场悬挂安全标牌，危险化学品产品设立24小时应急救援服务电话；储存单位建立库区平面图和物流图；剧毒化学品从业单位实行全过程动态跟踪管理；印发了“关于在本市危险化学品从业单位建立起十项基本制度的通知”，对本市危险化学品从业单位提出了安全管理十项制度要求。标本兼治，综合治理，严格把住危险化学品的源头，做到多管齐下，真正治本，先后组织人员开展专项检查近2409人次，查处非法从业单位34家，发出整改指令书60多份；同时印发了“关于在本市危险化学品从业单位建立起十项基本制度的通知”，为以点带面，在全市建立起危险化学品安全管理打下基础。

为了掌握危险化学品从业单位的基本情况，实现本市危险化学品的动态管理，研制开发了“上海市危险化学品安全管理软件”，并下发到各区县、各街镇以及市直接监管单位，下发软件320套。为宣传贯彻国务院颁发的《危险化学品安全管理条例》，普及危险化学品知识，指导各区（县）、街道（乡镇）、各生产经营单位开展危险化学品安全专项整治工作，制作发放了具有查询、检索功能的“危险化学品安全管理”法规、标准等资料光盘约600盘。同时，充分发挥化工专业单位的技术支撑作用，为建立危险化学品的技术档案提供技术支持与保障。据统计，为企业制作安全技术说明书（MSDS）和安全标签计800多份，危险化学品作业场所安全作业卡950张；为危险化学品运输单位提供化学品物理性质鉴定659次，危险性评估30多家单位。逐步在本市危险化学品从业单位中建立起危险化学品档案，也为建立危险化学品应急救援预案做了基础准备。

为建立危险化学品生产、经营、储存、使用等各个环节的长效管理机制，为贯彻实施国家经贸委颁发的三部“危险化学品安全管理办法”，在本市设立了“上海市危险化学品登记注册办公室”，印发了“关于贯彻实施《危险化学品登记管理办法》及本市开展危险化学品登记工作的通知”、“关于贯彻实施《危险化学品经营许可证管理办法》及本市开展危险化学品经营许可证发放工作的通知”，开展了登记工作和本市危险化学品经营单位重新审核、发证、安全业务知识培训与安全评价；为加强对危险化学品的安全管理，规范经营秩序，建立起上海市危险化学品交易市场。为提高对专项整治的认识，加强对《危险化学品安全管理条例》的理解，明确专项整治工作的目的和要求，组织各区（县）、各街道（乡镇），各局、控股（集团）公司等有关单位分管安全的领导及安全干部的危险化学品业务培训，参加培训人数达1750人。

9．积极推动职业安全健康管理体系认证工作，提高企业现代安全生产管理水平

为提高企业的市场竞争力，积极开展了职业安全卫生管理体系的认证工作，指导企业建立起现代科学的管理模式，实现安全生产预防为主、持续改

进的目的，提高企业安全管理水平。2002年，我局专门下发了“关于开展职业安全健康管理体系认证的通知”，组织召开了“上海市职业安全健康管理体系认证工作动员会”，结合全国安全生产电视电话会议及市安全生产工作会议的精神，以“责任重于泰山”的“安全生产月”活动为契机，组织召开职业安全健康管理体系报告会，以会议宣讲和通过特邀单位的经验介绍及有关专家的讲解，积极宣传了职业安全健康管理体系知识，推动了职业安全健康管理体系工作的开展。开展职业安全健康管理体系培训计24期，培训人数800多人，30多家单位通过了职业安全健康管理体系认证。

10．围绕伤亡事故统计的准确性、及时性要求，做好伤亡事故统计工作

为了做好伤亡事故统计工作，提高统计质量，确保事故统计数据的准确性、正确性和及时性，根据国家安全生产监督管理局“关于实行伤亡事故统计新的报表制度”的要求，以及全国伤亡事故统计工作会议的精神，积极做好准备，贯彻执行。一是印发了“关于贯彻执行伤亡事故统计报表制度的通知”及新的报表。二是召开了全市伤亡事故统计工作专题会议，通过会议，明确了各区县、局（公司）的统计范围，统一了各项统计指标含义以及填表的方法；重申了伤亡事故快报、月报的时间规定，从而使伤亡事故新的统计报表制度得到贯彻落实。三是充分运用伤亡事故统计分析系统应用软件，及时统计和分析因工死亡事故情况，每月上旬印发本市企业死亡事故情况分析表，每月中旬按国家安全监督管理局的规定，运用远程网络技术，准时上报本市伤亡事故月报表。

11．规范劳防用品市场，杜绝假冒伪劣劳防产品的流通，把好劳防用品质量关

为确保劳动防护用品的安全可靠，规范劳防用品市场，加强特种劳防用品的管理，首先制订了本市特种劳防用品生产、经营许可受理的工作程序。其次，规范管理，严格把关，对申请特种劳动防护用品生产、经营的单位，采取产品的抽样检测检验，检验合格，符合经营条件，经审核合格，发放经营许可证；对外省市进沪经营特种劳防用品的单位，实行备案制和准许经营许可制。据统计，2002年，核准、颁发特种劳防用品经营许可证单位110家，外省市进沪经营特种劳防用品47家。第三，充分准备，做好特种劳防用品生产许可证、经营许可证换证工作。通过组织召开特防用品生产企业会议，传达国家有关文件，布置特防用品生产许可证换证工作。本市59家企业计122产品许可证经我局上报国家局得到换证；与商委联合下发“关于对本市特种劳防用品经营许可证换证的通知”，为防假冒证书，设计印制了“上海市特种劳动防护用品经营许可证书”，同时组织专家，分成2组，对换证申报的材料审核，现场审查，目前先对第一批75家单位于1月6日起开始审查，在查实的基础上进行查处。对本市工业、建筑等行业的有关单位进行了劳防用品使用情况的调研，为加强劳防用品管理、制定制度作了基础准备。第四，加强对特种劳动防护用品检测检验机构的管理，结合2002年机构复审，对机构在管理制度等方面提出了改进意见，使其在管理上和检测检验报告上更加规范、严密，并推荐上报国家局为特种劳防用品检测检验中心上海分站。

河北省安全生产工作综述

2002年，是我们党和国家历史上具有重大意义的一年，是河北省经济建设取得显著成就的一年。全省各级、各部门和各单位认真贯彻落实党中央、国务院关于安全生产工作的一系列指示精神和部署，在国家安全生产监督管理局和省委、省政府的正确领导下，从实践“三个代表”和维护改革、发展、稳定大局的高度出发，认真分析研究解决新形势下安全生产工作出现的新情况、新问题，切实采取有效措施，不断加大工作力度，依法监管，深入整治，各项工作取得了一定成绩，全省安全生产形势总体稳定、趋于好转。

一、安全生产基本情况

2002年，全省共发生各类生产安全事故48407起，死亡6827人，伤28931人，直接经济损失19042.5万元，与上年同期相比，四项指标全面下降，均好于上年水平。其中：事故起数、受伤人数和直接经济损失分别下降3.5%、1.7%和9.8%，少死亡1人。2002年共发生一次死亡3~9人的重大事故26起，死亡100人，同比分别下降18.8%、29.6%；一次死亡10人以上的特大事故共发生5起，死亡89人，其中煤矿3起、火灾1起、道路交通1起。下半年没有发生一起死亡10人以上的特大事故，全省全年没有发生一起死亡30人以上的特别重大安全生产事故。

(1) 工矿企业（不含煤矿）共发生事故164起，死亡209人，伤73人，直接经济损失1282.1万元，分别比上年同期上升17.9%、23.7%、69.8%和25.1%。全年没有发生一起死亡10人以上的特大事故。

(2) 煤矿共发生事故113起，死亡194人，受伤37人，直接经济损失765万元。与上年同期相比，事故起数、直接经济损失分别下降5.8%、13.1%；死亡人数和受伤人数分别上升6.6%、54.2%。

(3) 道路交通共发生事故37895起，死亡6182人，受伤28662人，直接经济损失13368.5万元。与上年同期相比，事故起数、死亡人数、受伤人数和直接经济损失分别下降7.7%、0.6%、1.7%和5.9%。

(4) 火灾事故共发生10018起，死亡83人，受伤95人，直接经济损失3411.1万元。与上年同期相比，事故起数上升15.9%；死亡人数、受伤人数和直接经济损失分别下降8.8%、32.6%和29.8%。

(5) 特种设备共发生事故15起，死亡10人，受伤16人，直接经济损失160万元。与上年同期相比，死亡人数下降37.5%；事故起数、受伤人数和直接经济损失分别上升87.5%、23.1%和83.9%。

(6) 铁路路外共发生事故202起，死亡149人，受伤48人，直接经济损失55.8万元。与上年同期相比，事故起数、死亡人数、受伤人数和直接经济损失分别上升5.2%、0.7%、6.7%和10.7%。

各类事故占全省事故总数的比例依次为：煤矿0.23%、道路交通78.3%、火灾20.7%、特种设备0.03%、铁路路外0.4%。

二、主要工作及成效

为促进全省安全生产明显好转，全省各级、各部门和各单位紧密联系本地、本部门和本单位实际，做了大量卓有成效的工作。

1. 加强安监机构建设

截止到2002年底，全省11个设区市已全部成立安全生产监督管理局，人员到位70%。全省共有172个县（市、区），其中74个县（市、区）成立了安全生产监督管理局，占总数的43%。在省委、省政府的领导下，省安全生产监督管理局于5月正式组建到位并开展工作，履行全省安全生产综合管理职能。为推动市县机构组建，一是按照全省政府机构改革的统一部署，积极主动与省编办沟通、协调，取得了省编办的支持，对全省11个设区市的机构建设提出了要求；二是主动到机构组建较慢的市进行督促；三是利用会议和下去检查进行督促。市县机构进一步完善，监管力量得到加强。

2. 强化安全生产的专项整治

2002年，通过专项整治，全省道路交通事故起数、死亡人数、受伤人数和经济损失四项指标，分别比上年下降7.7%、0.6%、1.7%和5.9%；火灾事故死亡人数、受伤人数和经济损失三项指标，分别比上年下降8.8%、32.6%和29.8%；煤矿及非煤矿山，民用爆破器材和烟花爆竹，危险化学品生产、经营、运输等，通过专项整治，安全生产条件和管理秩序有了明显改善。

(1) 在民用爆破器材和烟花爆竹专项治理中，省公安厅、乡镇企业局、省供销社、省国防工办等部门与各市、县（市、区）及有关部门密切配合，采取联合检查、明察暗访、专项督查等方式，广泛深入地开展专项治理和专项清理活动。共收缴各种炸药2万多公斤，雷管4万余枚，烟花爆竹5万多头，易燃易爆物品3万多公斤；查出隐患1834处，发出限期整改通知书1729份，取缔烟花爆竹非法生产窝点242个，吊销许可证35个。省公安厅还与省乡镇企业局联合下发了《河北省烟花爆竹生产企业安全生产管理考核办法》，对全省99家生产企业和140家销售企业进行了全面细致的安全检查，整改各种隐患242处。省公安厅与省供销社等部门强化对春节前烟花爆竹的管理工作，重点对烟花爆竹的销售、集贸市场、燃放地点的设置等进行认真安排，有效遏制了群死群伤事故的发生。

（2）在公众聚集场所消防安全专项整治中，按照公安部、国家安全监督管理局的通知要求，省公安消防局、省安全监督管理局等有关部门互相配合，周密部署，对公众聚集场所消防安全专项整治工作提出了明确要求。并会同工商、文化等部门以检查消防安全手续、安全出口、灭火和应急疏散预案、应急照明及消防器材设施配备情况为重点，对公共场所特别是网吧开展了拉网式消防安全大检查。共检查单位2万多家，其中检查网吧、游戏厅3813家；查出火灾隐患68927处，整改45744处，关闭取缔189家，行政处罚469家，对528家有较大火灾隐患的单位责令其停业整改。

（3）在煤矿安全专项整治中，煤矿监察局、省煤炭办会同地方政府及其有关部门加大执法检查力度，共组织到现场检查8000余次，制作现场检查笔录5000余份，作出现场处理决定2000多份，对发现的各类隐患督促企业限期进行整改。同时，加大乡（镇）煤矿安全专项整治工作力度，全省乡（镇）煤矿安全专项整治累计投入资金4亿多元，关闭非法及验收不合格小煤矿490个，对经验收合格的535个乡（镇）煤矿，颁发通知书恢复了生产。强化煤矿企业的基础安全管理，先后建立了安全评估、项目审查、安全技措经费提取、国有重点煤矿重大安全生产情况报告制度和监察执法定期通报制度，煤矿专项整治工作开始向规范化和制度化方向发展。

（4）在非煤矿山专项整治中，省和各市都成立了由安监、公安、监察、国土等部门组成的非煤矿山安全整治工作领导小组，制定了专项整治方案、整治标准和验收办法。全省先后查处无证采矿1911起、越界开采190起，下达整改意见书904份，查扣采矿设备916台（件），炸毁矿点241个、井口432眼，推倒房屋897间，责令停产整顿665家，关闭512家，43名违法当事人被追究刑事责任。

（5）在危险化学品专项整治中，按照国家经贸委、公安部等10部委的统一部署和要求，制定了专项整治方案，成立了河北省危险化学品安全管理专项整治工作领导小组，对全省危险化学品单位进行了调查摸底和集中整治。全省现有危险化学品生产经营的企业8199家，其中生产企业1007家，经营企业1987家，储存企业231家，使用企业4962家，包装物生产企业12家。通过集中整治，依法停产整顿企业106家，取缔和关闭非法从业单位1074家。

（6）在道路交通和水上运输专项治理中，省交通厅以水上运输和道路危险货物运输为重点，围绕规范运输秩序和通航秩序，加强车辆、船舶检验，严把市场准入关；对不符合规定的运输户进行整顿，取缔不符合规定营业户2520个，淘汰达不到标准的危险货物运输车2100辆，累计培训危险货物运输从业人员3万余人，使现有危险货物运输车辆和企业基本达到了交通部标准。公安交管部门认真研究道路交通事故发生的特点和规律，对全省所有道路“黑点”和公路隐患进行了排查整治，共排查出事故“黑点”355个，公路隐患点119处，整治率达78.4%。

3．精心组织安全生产大检查和专项检查

省委、省政府领导高度重视安全生产工作，多次指出安全生产工作要做深、做细、做实。根据领导指示，按照国家和省委、省政府的统一部署，2002年先后开展了五次全省范围的安全生产大检查。五次检查分别是：6月份全省安全生产大检查、7月份全省汛期安全大检查，9月份保证“国庆节安全生产大检查”，10月关闭非法和验收不合格乡镇煤矿大检查，11月份确保“十六大”期间安全大检查。为组织好每次大检查，省、市、县安委会都认真研究制定检查方案，广泛开展自查、互检、联查、巡查活动。据统计，全省各市、县共检查单位2万多家企业，对200多家企业给予停产、停业整顿和关闭处罚。为指导、督促大检查工作的深入开展，省安委会全年共抽调厅（局）级干部38人（次），参加检查的人员200多名，检查县（市、区）120个（次），检查单位400多个，查出突出的共性问题和较大的事故隐患200余项，整改了一批隐患，关闭和取缔了一批不具备安全生产条件和非法生产的企业。

4．强化企业基础安全管理

按照国家安全监督管理局和国家人事部的要求，积极推行注册安全工程师制度，完成了第一批国家注册安全工程师的考核申报工作。同时，强化统计信息和事故报告制度，组建省安全生产专家组和安全评价审查专家组，为科学规范地搞好安全生产工作提供了保障。针对当前企业存在的一些共性问题，各级安监机构围绕贯彻实施《安全生产法》，加大监管力度，强化对企业经营者的安全教育和特种作业人员的培训考核工作，尤其是对矿山、危险化学品和建筑行业企业经营者和安全管理人员的安全教育，收到了比较好的效果。对建设项目实施安全评价和安全设施“三同时”管理，建立了我省危险化学品和非煤矿山安全评价机构，省政府办公厅印发了《关于进一步加强建设工程项目安全评价和安全“三同时”工作意见》的通知，促进了建设工程项目安全评价和安全“三同时”工作的开展。

5．落实各项安全生产责任制，强化责任追究

根据国务院办公厅《关于认真落实安全生产责任制的意见》和国家局《关于加强安全生产监督管理工作的意见》，各级、各部门、各单位建立和完善安全生产责任制，层层签订安全生产责任状，把工作目标和责任落实到责任人，形成了一级抓一级、层层负责的安全生产责任体系，严格责任制度，强化责任追究，对完不成安全生产工作任务或发生事故的有关责任人，按照《国务院关于特大安全事故行政责任追究的规定》和河北省人民政府办公厅《关于重大安全事故行政责任追究的暂行规定》，进行了责任追究。据统计，2002 年我省共发生重特大安全事故 29 起（不含 9 起重特大交通事故），其中特大事故 4 起（不含 1 起特大交通肇事事故）。在已批复结案的重特大事故中，共有 57 人被有关部门追究行政责任，有 14 人被司法机关依法追究刑事责任。在所发生的属于责任事故的 4 起特大事故中，共有 39 人被有关部门追究行政责任，有 5 人被司法机关依法追究刑事责任。

6．贯彻实施《安全生产法》，加快安全生产法制建设

为全面学习贯彻实施《安全生产法》，省安委会办公室转发了国家安全监督管理局关于学习贯彻《安全生产法》的有关文件，提出了具体的学习贯彻意见。付双建副省长在河北日报和河北经济日报发表署名文章，进一步强调了贯彻实施《安全生产法》重要意义，对全省深入学习贯彻《安全生产法》提出了明确要求。省安全监督管理局还专门组织召开了《安全生产法》实施工作座谈会，起草了《河北省实施<安全生产法>办法》（草案），已提交省政府法制办和省人大。

7．组织开展“安全生产月”，广泛进行宣传教育

6 月份，组织开展了以“安全责任重于泰山”为主题的“安全生产月”活动，在全省营造“关注安全，关爱生命”的舆论氛围。紧紧围绕“安全责任重于泰山”这一主题，认真开展一系列丰富多彩、形式多样的安全生产宣传教育活动，全省各地共出动宣传车 2600 余辆，悬挂宣传标语 4000 余条，发放宣传单 120 余万份，撰写宣传板报 9000 余期，收得了较好的社会效果。

全省各级、各部门和各单位，充分利用广播、电视、报纸、培训等多种形式，大力开展安全生产宣传教育活动。省安监局与省总工会组织开展了职工安全生产知识电视培训活动和“安康杯”竞赛活动，省安委会办公室会同河北日报社共同开办“防范胜于救灾，责任重于泰山”专栏，宣传安全生产法律、法规和安全生产先进典型；同省电视台合作，在河北新闻联播中宣传报道省、市有关部门和单位安全生产专项整治情况，对违反安全生产法律、法规，存在事故隐患的单位进行公开曝光。团省委开展“青年安全示范岗”活动，对在广大企业中宣传安全生产知识，促进企业安全生产工作起到了促进作用。我省组织的危险化学品安全管理知识竞赛活动，受到国家局和全国总工会的联合表彰，荣获全国危险化学品安全管理知识竞赛组织奖。

三、存在的问题

尽管安全生产工作取得一定进展，在一些方面也取得一些成绩，但从总体上看，一些制约安全生产的深层次矛盾和问题还没有得到根本解决，突出表现在以下几个方面：一是安全隐患仍大量存在，生产安全事故时有发生，死亡人数居高不下，尤其是 2002 年上半年发生了 5 起一次死亡 10 人以上的特大安全事故，死亡 89 人，同比增加 4 起，多死亡 76 人。二是企业安全生产管理工作比较薄弱，长期以来，一些企业安全生产投入不足，安全欠账比较多，安全设施、设备陈旧，安全生产隐患尚未彻底根除。特别是一些非公有制小企业，生产方式落后，不具备基本安全生产条件，甚至有一些个体私营企业的业主“要钱不要命”，不顾工人死活进行蛮干，在发生事故后采取逃避的办法，瞒报、虚报、迟报事故真相的情况时有发生，仅 2002 年全

省就有多起事故举报并经调查属实。三是安全生产监督管理体制尚不够健全，监管力量不足，基层安全生产的管理和监管工作还不到位。目前全省尚有70%左右的县（市、区）未成立安全生产监督管理机构，已经组建机构的市、县（市、区）也存在着监管力量不足、安全监管保障条件不具备等问题，难以履行法律赋予的综合监管职责。四是个别地方、部门、企业，特别是一些基层单位领导对安全生产工作缺乏全面和深入的认识，不能正确理解和认识发展经济和安全生产的关系，安全责任不落实，工作不到位。

河北省煤矿安全生产工作综述

2002年，全省煤炭战线广大干部职工及全体煤矿安全监察人员，认真贯彻落实党中央、国务院领导同志关于安全生产工作的一系列重要指示，全面贯彻实施《安全生产法》，坚持“安全第一，预防为主”的方针，加强了煤矿安全生产管理，加大了煤矿安全监察执法力度，促使全省煤矿安全生产形势总体趋向稳定好转。

2002年，全省共产原煤5714万吨，同比增产291万吨，增幅为5.4%，原煤产量为1998年以来最高水平。全省煤矿百万吨死亡率为3.38。全省煤矿共发生死亡事故107起，死亡195人，同比增加6起，增加13人。其中，国有重点煤矿发生死亡事故42起，死亡55人，同比减少2起，增加4人；国有地方煤矿发生死亡事故16起，死亡50人，同比增加1起、21人；乡镇煤矿发生死亡事故49起，死亡90人，同比增加7起，减少死亡12人。全省共发生3人以上重特大事故11起，死亡89人，同比减少3起，增加死亡7人。其中特大事故3起，死亡56人。这3起特大事故分别是：1月26日承德市暖儿河煤矿瓦斯爆炸事故，死亡29人；4月25日开滦林西矿瓦斯爆炸事故，死亡11人；6月24日张家口市蔚县涌发煤矿洪水淹井事故，死亡16人。上半年这3起特大事故的发生使全省煤矿安全生产面临严峻的考验和巨大的压力。在严峻的形势下，各级政府、煤炭管理部门、煤炭企业进一步落实安全生产责任制，强化安全管理，狠抓事故隐患整改；各级煤矿安全监察机构有针对性地组织开展了专项监察，加大了执法力度。通过各方面的共同努力，迅速扭转了上半年煤矿安全生产被动局面，下半年杜绝了10人以上特大事故，其他事故也明显减少。从全年发展趋势看，全省煤矿安全生产形势总体上趋向稳定好转，主要体现在：一是事故起数与死亡人数增幅大大降低。2002年，全省煤矿死亡事故起数增幅为5.94%，死亡人数增幅为7.14%，分别比上年降低111.04和106.86个百分点，而且这个数字是在事故查处力度不断加大，数字准确性大大提高的情况下取得的。二是全省煤矿百万吨死亡率低于全国平均水平。2002年，全省煤矿百万吨死亡率为3.38，比全国低1.26。三是部分地市和重点煤炭企业的煤矿安全状况稳定好转。邯郸市和邢台市的死亡人数比2001年有了较大幅度的下降；邯郸、邢台、石家庄、保定、秦皇岛市未发生10人以上特大事故；开滦、峰峰、邢台的百万吨死亡率都控制在1以内，井陉局全年未发生死亡事故。

分析2002年煤矿安全事故的特点和原因，一是瓦斯、顶板仍是最大事故隐患，分别造成68人、63人死亡，占到了全部伤亡人数的三分之二强。二是部分煤矿特别是小煤矿安全装备水平低，安全基础薄弱，安全整治不平衡，造成事故多发。近两年的专项整治取得了很大成果，但仍然存在一些问题。多数企业安全欠账没有得到根本解决，特别是部分经营困难和改制的煤矿安全投入不足，仍有大量安全隐患；国有地方煤矿普遍整治力度不大；乡镇煤矿经过整治，验收通过的小煤矿安全装备水平上了一个大台阶，但由于其先天不足，安全基础仍很薄弱。不具备安全生产条件、未通过验收应当关闭的小煤矿，仍存在关而未闭、闭而不死，甚至

"死灰复燃"的现象。三是政府、部门和企业对煤矿安全生产的重视程度、管理力度仍有差距。四是煤矿安全监察执法工作虽然全面铺开，但存在着执法经验不足、执法手段单一、执法力度不大的问题。

一、全面落实《安全生产法》，煤矿安全管理得到加强

随着全社会对安全生产的日益关注和《安全生产法》的实施，各级政府、煤炭管理部门及煤炭企业普遍提高了对搞好安全生产工作的认识，增强了责任感和使命感，依法强化了煤矿安全生产管理，并取得了一些经验。归纳起来，有以下几点：一是层层落实安全生产责任制，建立健全了各项规章制度。二是进一步强化了以"一通三防"为重点的安全生产管理。坚持"先抽后采，监测监控，以风定产"的十二字方针，强化对通风系统、瓦斯管理、瓦斯监测监控和瓦斯抽放系统的管理与检查。三是以加强现场安全管理为核心，不断探索新的煤矿安全管理机制。如开滦集团公司制定了重大事故隐患界定标准及分析排查考核制度，并在全局实施安全工程建设、安全责任制度建设、安全文化建设，以"三个建设"来全面提高安全管理水平；峰峰局为超前预测预报各种事故隐患，构筑了全局安全信息网络系统，并在安全生产活动月中，带领全体职工进行集体安全宣誓，激励和强化职工的安全意识；邢台矿业集团公司严格"不安全不生产、隐患不消除不生产、措施不落实不生产"的"三不"原则；蔚州矿业公司完善了各项安全管理制度，不断加强现场监督检查工作，坚持每周三安全大检查活动，保证措施落实到位；邯郸矿务局对"三违"人员进行过"五关"帮教，努力提高职工的自主保安能力和安全意识；盛源集团公司开展每月一次的安全大检查活动和每周五的"安全活动日"活动；井陉局坚持区队干部跟班制度，实行安全质量标准化动态检查，实现了全年无工亡；兴隆矿务局工会及党团组织开展了"青年安全监督岗"岗员上岗活动；八宝山煤矿对井下五个系统进行全面排查，做到不留死角，并按事故隐患排查制度认真整改。以上这些措施都取得了较好的效果。

二、依法监察，创新手段，实现执法到位

2002年，全省各级煤矿安全监察机构严格履职，认真监察，大胆执法，确保了监察到位。全年共监察各类矿井7630矿次，下井次数达15284次，人均下井170次，监察覆盖率达100%，共制作现场检查笔录4917份，作出现场处理决定书2466份，下达撤出作业人员命令书28份，制作立案决定书183份，责令关闭煤矿221处，下达行政处罚决定书438份，行政罚款238万元，责令停止生产或者停产整顿矿井19处，制作强制执行申请书1份，向地方政府提出加强和改善安全建议书119份，向地方政府提出安全通报70份。在不断加大执法力度的同时，各煤矿安全监察办事处积极探索，大胆创新，努力提高监察执法效能。如邯郸办事处在对峰峰局黄沙矿"用局扇代替主扇通风"一案中，依当事人申请，启动了听证程序。经过双方当庭明辨、质证，最后矿方心悦诚服地接受了行政处罚，在全省乃至全国煤矿安全监察系统首开运用听证程序对国有大矿实施停产整顿的先河；邢台办事处在全省率先推行煤矿安全程度评价制度，并有针对性地实施"重点监察"和"异地监察"新举措；张家口办事处推行的"三、四、五"严细监察法以及唐山办事处继续坚持监察与服务相结合的原则，都收到了良好的执法效果。

三、认真查处事故，严格责任追究

按照《安全生产法》、《煤矿安全监察条例》和《行政处罚法》等法律法规的有关规定，继续开展事故查处工作，并严格追究有关责任者的责任。2002年，全省煤矿伤亡事故应结案117起，实际结案117起，按时结案率为100%。全年受理事故举报案件48件，查实24件，查否21件，另有3件正在核查，在查实的24件中共造成29人死亡。在已结案的事故中，共有584名事故责任者受到处理，其中建议追究刑事责任10人，给予党纪处分的24人（6人并处）；给予行政处分的556人（其中开除处分75人，留职查看17人，撤职132人，降职113人，记大过21人，记过68人，警告130人）。受到处理的人员中煤矿企业副矿级以上负责人34人，涉及公务员中正、副乡镇（科）级20人，正、副县（处）级8人，副市级1人，因事故罚款153万元，因事故被责令停产整顿的矿井1处、被关闭的矿井1处。

四、突出重点，开展煤矿安全专项监察

针对煤矿安全生产的特点和形势的需要，全年组织开展了多次专项监察。一是对煤矿安全专项整治进行专项监察。重点监察整改措施是否落实，安全投入是否保证，重大事故隐患是否得到整改。对已列入关闭范围但未关闭、死灰复燃以及未通过整顿验收的乡镇煤矿进行了监察，对整改后不具备基本安全生产条件未通过验收的小煤矿，依法下达了关井通知单。二是对水库区、河床内的小煤矿进行了专项监察。为吸取蔚县涌发煤矿“6·24”淹井事故教训，对井口位于泄洪道或受洪水威胁的小煤矿进行了认真排查，对不符合条件的184处小煤矿全部下达了《关闭矿井决定书》。三是对一批特殊条件下的国有重点矿井进行了专项监察。对破产重组矿、拟破产矿、军转矿、基建矿以及被列入国家重点监测监控对象的高瓦斯矿井等进行了重点监察。四是组织对煤矿矿用设备、仪器仪表以及矿用安全标志专项监察。对开滦、兴隆矿务局进行了专项监察，监察的重点是矿井提升装置、变电所硐室及主要通风机装置、矿用甲烷测定仪与矿用安全标志实施情况等，对其存在使用国家明令禁止的淘汰产品、安全监控系统没有故障闭锁功能以及个别矿用产品没有或缺少安全标志的问题进行了现场处理。

五、立足防范，关口前移，建立完善监察制度

在认真贯彻实施《安全生产法》、《煤矿安全监察条例》等法律法规的同时，不断研究建立完善各项监察工作制度。一是对全省煤矿实行了安全程度评价制度。在研究分析全省各类煤矿现状的基础上，分别制订了国有大中型煤矿和小煤矿的评价标准，并组织人员分组分片进行宣讲督查，狠抓落实。通过安全程度评估，对辖区内煤矿安全现状做到心中有数，为分类指导和重点监察打下了基础。二是作为关口前移的一项重要措施，对基建井、改扩建井和整顿后保留的小煤矿，要求必须委托具备相应资质的设计单位编制“安全专篇”设计。三是制订了煤矿安全技术措施专项费用提取与使用的监督监察办法，明确规定了各类煤矿安技措费用的提取标准和使用范围以及监察处罚办法。四是建立了国有重点煤矿重大安全生产情况报告制度和监察执法定期通报制度。1～12月份，各级监察机构向地方政府通报和发送建议书119份，其中多数被采纳，极大地促进了地方政府对煤矿安全生产的监管工作。五是出台了煤矿安全监察行政处罚手册和煤矿主要设备及安全仪器仪表的监察要点。六是为了进一步规范我省煤矿事故调查处理工作，编制了煤矿事故调查处理工作程序和煤矿伤亡事故调查要点。七是为规范安全培训工作，编写了《河北省小煤矿培训教材》，起草了《河北省煤矿主要经营管理者安全技术资格培训考核管理暂行办法》和《河北省煤矿特种作业人员安全技术培训考核管理暂行办法》。2002年共举办乡镇煤矿矿长培训班2期，培训280人；举办了国有重点煤矿矿长、主管安全及生产的副矿长、总工程师培训班3期，培训143人；培训乡镇煤矿技术负责人70人；培训特种作业人员5930人，其中，国有重点煤矿特种作业人员2830人。

六、继续深化安全专项整治，煤矿安全基础得到巩固

按照国家的统一部署，2002年，全省各类煤矿继续开展了深化整治。各级政府、煤炭管理部门和煤炭企业按照省政府下发的《河北省深化煤矿安全专项整治实施意见》，结合实际，研究制定了深化方案和措施，落实了责任，推进了煤矿安全专项整治工作的深入开展。主要成效有：一是对全省通过各级政府验收的乡镇煤矿进行了全面排查、重新审批，严格按照《河北省安全专项整治验收标准》以及新版《煤矿安全规程》、《小煤矿安全生产基本条件》等规定全面进行整治。二是继续关闭非法和不具备基本安全生产条件的小煤矿，严厉打击已经关闭的小煤矿非法生产现象。2002年，全省共关闭不合格小煤矿358处。通过安全专项整治，目前，已有933处乡镇煤矿通过省政府整验办组织的验收，发出复工通知书535份。在安全整治的同时，各类煤矿普遍加大了安全投入，据不完全统计，全省各类煤矿共投入资金17121万元用于整治各类安全隐患。通过加大安全投入，集中力量建立完善了安全监测和防范设施，改善了作业环境和条件，更新了一些安全设备设施，消除了一大批安全隐患，安全条件得到明显改善，安全基础得到进一步巩固，矿井的整体防灾抗灾能力普遍提高。

山西省安全生产工作综述

山西省安全生产监督管理局于2002年8月26日挂牌。我局以邓小平建设有中国特色社会主义理论和江泽民“三个代表”重要思想为指导，认真贯彻落实党中央、国务院关于安全生产工作的一系列方针政策，在省委、省政府的正确领导下，坚持“安全第一，预防为主”的方针，坚决贯彻执行《安全生产法》等法律、法规，依法行政，强化监管，关口前移，立足防范，综合治理，理顺关系，扎实工作，促进全省安全生产状况稳定好转。全省安全生产监管工作基本走向正轨，取得初步成效。

一、领导重视，健全机构

省委、省政府对安全生产工作高度重视，始终把安全生产工作列入重要议事日程。田成平书记、刘振华省长、靳善忠副省长等省领导多次主持研究安全生产的重大问题。省政府每季度召开防范特大安全事故工作会议。多次召开安全生产电视电话会议和安全生产工作会议，安排部署安全生产工作。在机构改革中，省委、省政府加强安全生产监管机构的建设，组建了省安全生产监督管理局。全省11个市地全部成立了安全生产监督管理局，大多数县（市）也相应组建了安全生产监督管理机构，部分乡镇还成立了安全监管站，全省“三级机构、五级网络”的安全生产监管体系基本形成。大同市强化安全监管机构建设，市、县、乡都设立了单独的安监机构。同时，各级政府及时充实调整了安全生产委员会，充分发挥其综合协调作用，及时解决安全生产中的重大问题。

二、认真落实安全生产责任制

根据国务院第302号令精神，省政府出台了《关于重特大安全事故防范及其行政责任追究的决定》，按照“有权必有责”的要求，确定了“谁审查，谁发证，谁检查，谁负责”的原则，明确了各级政府行政正职、副职及各部门、各单位在安全生产中的职责。各级政府和部门层层落实安全生产目标责任制，实行安全一票否决，严格考核兑现，加大奖惩力度。朔州、晋城、晋中加强目标责任制考核，半年进行一次通报和奖惩，从制度上保证了各项安全措施的落实。

三、深入开展安全生产大检查

为贯彻中央领导对安全生产工作的重要批示和国务院有关会议精神，先后组织了6次全省安全生产大检查。各级、各部门密切配合，深入基层，结合安全生产专项治理整顿，查处了一大批安全问题和事故隐患。省有关部门还多次组织专项检查。省国防工办对所属重点企业、重点部位、重点环节进行逐项排查。太原、朔州在每次大检查后，把查出的问题落实到人，督促限期整改。国务院安委办督查组对我省安全生产大检查工作给予了充分肯定。

四、深化安全生产专项整治

按照国家统一要求，省政府下发了《关于在全省深入开展安全生产专项整治的紧急通知》，明确了专项整治的指导思想，对各项整治工作进行了安排部署。省经贸委、省安监、煤炭、公安、消防、交警、国防、交通等部门，制订方案，狠抓落实，加强监督，安全专项整治工作取得阶段性成果。

（1）煤矿安全生产专项整治。全省煤矿共投入安全专项整治资金10亿多元，多数煤矿“一通三防”、双回路供电、瓦斯监控等安全设施不断完善，矿井抗灾能力得到提高。省政府召开煤矿瓦斯治理现场会，总结推广了阳煤集团的经验。各国有煤矿贯彻落实“先抽后采、监测监控、以风定产”的方针，突出煤矿瓦斯治理工作。全省加大打击非法生产矿井力度，对1187座煤矿实施关闭措施，现已关闭1103座。

（2）危险化学品专项整治。根据全国电视电话会议和国家经贸委等10部委通知精神，对全省危险化学品生产、储存、运输、销售和使用单位进行了摸底清理，对危险化学品的登记、经营许可、包装物、容器定点生产等具体事项进行了安排部署。目前，全省危险化学品从业单位11520个，其中生产单位700个，储存单位500个，经营单位（包括加油站）7100个，运输单位100个，使用单位3100个，废弃危险化学品处置单位20个；剧毒化学品从业单位420个，重大危险源770处。在调查摸底的基础上，各单位积极开展了自查自纠和对照整改。

（3）非煤矿山安全生产整治。省政府对非煤矿山整治工作进行了安排部署。省安监局制定了《山西省非煤矿山安全整治标准》、《山西省非煤矿山安全整治工作验收办法》、《山西省非煤矿山安全生产技术评估报告书》等规定。全省共有非煤矿山6745座，其中有证矿山3636座，无证矿山3109座；正在整改的4103座，已整治验收的27座，实施关闭的2178座。在整治中，共发现安全隐患1500余条，提出整改措施2000余条，拘留私采乱挖人员103人，查处责任者200余人。该项工作现已转入全面评估、验收阶段。

（4）民用爆破器材和烟花爆竹专项整治。各级公安部门与国防科工办密切配合，周密部署，建立和强化了“爆炸物品使用单位登记”、“爆炸物品使用审核、审批登记”、“收缴非法爆炸物品登记”、“公安机关爆炸物品安全检查登记”和民爆器材生产企业“十不准”、“十禁止”等项管理措施和办法，下发隐患整改通知书23份，监察建议书79份，查出问题并提出整改建议639条，责令3家企业停产整顿，16家经营企业库房停止使用。

（5）道路和水上交通安全专项整治。道路交通以整治超载违章为突破口，集中开展了“整治道路行车秩序，严格查处交通违章行为”的专项行动，检查机动车80余万辆，暂扣车辆14385台，暂扣证照72341本，吊扣驾驶证5500本，治安拘留75人。省交通厅投资3366万元对46座危桥进行了改造加固，投资400万元完善了标志标线，拆除了影响安全行车的建筑和广告牌。阳泉市交警、公路、安监等部门密切配合，强化监管，道路交通事故明显下降。水上交通突出“四区一线”和“四客一危”，严把船舶检验、船员培训发证、水运企业经营资质“三关”，强化现场监管。

（6）公众聚集场所消防安全专项整治。全省检查单位9837个，发现火灾隐患24418处，消除隐患20070处，下发当场改正通知书2534份，限期改正通知书3821份，重大火灾隐患限期整改通知书159份，复查意见书3023份；责令停产停业371家，罚款260余万元，吊销营业执照100份。专项治理工作成效显著，有效地预防了群死群伤恶性火灾事故的发生。

此外，建筑、铁路、民航和教育等系统，也有针对性地开展了安全生产专项整治，取得了一定成效。

五、认真学习、宣传、贯彻《安全生产法》

《安全生产法》颁布后，我省先后下发了《关于学习宣传贯彻〈安全生产法〉的通知》，全省各级、各部门、各单位充分发挥各种宣传媒体的作用，广泛深入地开展了丰富多彩的宣传活动。《安全生产法》正式实施的当日，省政府在太原南宫举行了隆重的启动仪式，靳善忠副省长发表重要讲话，对贯彻实施《安全生产法》作了全面动员和总体部署，共分发《安全生产法》单行本2000册，现场解答人民群众关心的各种问题上万条，山西日报、电视台、广播电台等20多家新闻媒体对这次活动进行了报道，在全省掀起了学习、宣传、贯彻《安全生产法》的高潮。初步统计，全省宣传《安全生产法》共出动宣传车210辆次，举办文艺汇演89场，参加知识竞赛30万人，制作宣传牌板20多万套，分发《安全生产法》单行本23万册，做到了家喻户晓、人人皆知。

总之，2002年是各级政府领导对安全生产最重视、各部门安全监管力度最大的一年，也是广大人民群众最关心、社会舆论和新闻媒体最关注的一年。全省安全生产状况基本稳定，一些重点行业和领域安全状况有所好转。

山西省煤矿安全生产工作综述

2002年，是全省煤矿安全监察机构监察执法的入轨年。一年来，在国家煤矿安全监察局和山西省委、省政府的正确领导下，认真贯彻落实党中央、国务院关于安全生产的一系列重要指示精神，立足防范，突出重点，关口前移，重心下移，规范执法，落实责任，圆满完成了各项行政执法工作目标。

一、加强安全法律法规宣传，推进煤矿安全法制化进程

在全省开展了“安全生产月”宣传活动，多层次、多渠道地学习宣传煤矿安全生产法律法规，营造了行政执法的良好氛围；印制了我国首张“安全生产特色珍藏邮资明信片”，并举行了首发式，同时举办了安全生产知识竞赛答题活动；开展了《安全生产法》知识竞赛和正式实施启动仪式等活动。各办事处、监察站也采取了在新闻媒体发表署名文章、制作宣传牌板和发放资料等形式深入街头和矿区进行宣传。如长治办事处与《长治日报》联合开辟了煤矿安全知识专栏，刊载煤矿安全方针政策、法律法规，多次在《中国煤炭报》、《中国改革报》等新闻媒体进行安全执法宣传。阳泉、晋城、朔州、西山、长治等办事处、监察站还在国家局政府网站建立了网页，开辟了栏目和页面，加强监察执法信息的传输，扩大了对外宣传。

二、落实了监察执法责任制

省局与各办事处、监察站签订行政执法目标责任书，各办事处、监察站又将行政执法目标和监察任务分解落实，形成了横向到边、纵向到底的“三级”行政执法目标责任体系；制定了《煤矿安全监察行政执法目标责任制试行办法》，明确了从局领导到监察人员的行政执法责任，制定奖惩办法，严格目标考核，确保了监察执法责任的落实。如晋城监察站制定了“三个一”考评制度，即对监察工作一天一记、一周一报、一月一评，定期进行考核。

三、进一步规范了监察执法工作

省局结合煤矿安全监察执法工作实践，在《煤矿安全监察程序实施细则》的基础上，制定了一系列规范执法程序、内容、行为和规范使用执法文书的规定，为依法监察、公正执法奠定了基础，行政执法工作得到了规范。开展了以“落实责任、规范执法”为主题的“四个一”活动，即召开了一次规范执法会，一次执法现场会，举办了一次规范执法专题讲座，一次执法好文书讲评活动。2002年，朔州站作为全省煤矿安全监察系统的典范，在监察执法建设方面带了好头，一方面加强了执法规范化，包括制作“辖区煤矿状况分布表”、“煤矿分布图”、“执法工作程序流程图”、“执法文书制作要点”等，建立和完善了各项规章制度；另一方面加强了与地方政府和有关部门的配合，基本形成了齐抓共管的氛围。临汾办事处组织全体监察人员在豁口煤矿进行技术练兵演习，人人过关，现场实施监察，人人单独制作执法文书，处领导进行点评，促进了监察人员执法素质的提高。忻州站加强基础建设，制定完善了9项监察制度、3项管理制度和7项廉政制度。同时以忻州市政府名义下发了《煤矿事故隐患及隐瞒伤亡事故举报办法》、《事故调查处理办法和应急处理预案》，在全市引起了较大的反响。

四、深入开展了六个方面的监察执法工作

1．深入开展煤矿安全百日“三查”活动

利用3个月的时间，在全省范围内组织开展了以“落实责任、消除隐患”为主题的煤矿百日安全“三查”活动，监察覆盖面达100%，提出调研报告137篇。如西山办事处通过调查摸底，制定了安全监察长短期规划，明确了监察的内容和标准，确定了监察的重点区域、重点矿井，以“监察要细、执法要严、程序要对、处罚要准、服务要诚”等“五个要”为基本要求，实施重点监察，共责令关闭不具备基本安全生产条件的矿井12对。

2．组织开展了煤矿安全大检查

认真贯彻落实国务院、国家局、省政府有关会议精神，组织开展了全省煤矿安全大检查。如吕梁办事处采取不定时、不定点等灵活多样的方式进行不间断监察，对矿井生产系统、作业环境等进行突击性动态监察，做到了超前防范。晋中站开展了“过筛子”活动，从资料到现场，从地面到井下，对全市各类煤矿的规章制度、安全管理、安全装备、职工培训等情况进行全面监察，促进了全市煤矿安全管理水平的提高。

3．开展了“两整顿一关闭”集中监察执法活动

对国有煤矿超通风能力生产的矿井、“一通三防”存在重大隐患的矿井以及煤与瓦斯突出矿井没有落实“四位一体”防突措施的，依法责令停产整顿；对非法生产、未取得核发四证的和不具备安全生产基本条件的小煤矿，通报当地政府依法予以取缔、关闭。如大同办事处采取突击检查、“杀回马枪”等方式，对灾害严重、安全管理差、事故多发地区的矿井实施重点监察，加大对违法行为的经济处罚力度，全年罚款70多万元，收缴率达到了90%。

4．开展了“一通三防”专项监察

利用1个月时间，组织开展了以“一通三防”为重点的专项安全监察，重点对煤矿“一通三防”管理制度、系统、装备、设施等进行了监察。召开了全省瓦斯治理现场会，贯彻落实了国家局“铁法会议”精神，制定了《山西省国有煤矿瓦斯防治重点监控实施办法》、《山西省煤矿“一通三防”安全监察实施细则》等规定，落实煤矿瓦斯监控治理措施。如晋城站始终把矿井“一通三防”作为监察执法的重中之重，对高瓦斯矿井实施滚动监察、突击监察和跟踪监察，采取“两防（防积聚、防明火）、两抓（管理、装备）、两推广（阳泉局瓦斯管理经验、阳城高瓦斯矿数字安全网络信息管理系统）”的监察方法，促进了高瓦斯矿井安全管理水平的提高，辖区内的煤矿瓦斯事故起数和死亡人数同比下降了87.5%和98.03%。

5．开展了煤矿安全专项整治督查工作

按照国家局及省政府的有关要求，对各类煤矿深化煤矿安全专项整治情况进行了督查；开展了对全省各地打击非法开采煤矿的督查，促进了关闭非法煤矿工作。如阳泉办事处开展了专项整治督查“回头看”活动，对复产验收矿井是否降低标准生产、待批矿井是否继续停产整顿、关闭矿井是否达到了标准以及国有煤矿专项整治情况进行了重点督查，发现安全隐患728条，对问题较大的7座矿井实施了停产整顿。

6．开展了各项专项监察和安全培训考核工作

(1) 两级监察机构对全省22座基建矿井的安全条件和设施进行了设计审查或竣工验收；落实了煤矿救护装备国债补助资金1150万元；制定了矿用设备、器材、仪器仪表安全标志认证管理制度，参与和组织了对20家矿用爆破器材生产单位66个产品的安全标志审验工作。

(2) 组织开展了对国有重点煤矿（生产矿井）粉尘防治、职业病防治、劳动防护用品专项监察。粉尘防治监察52个矿，职业病防治监察43个矿，劳动防护用品监察9个矿。

(3) 安全培训工作在基本建立“制度、教材、机构”三大体系的基础上，按照培训计划和实施方案，组织开展了煤矿主要经营管理者及特种作业人员的安全技术培训、考核和换证工作，共培（复）训、考核煤矿主要经营管理者3306人，特种作业人员33942人。

一年来，全省两级监察机构共监察矿井12192矿次，查处事故隐患83675条，下达执法文书15738份，责令停产整顿矿井2226个，实施经济处罚865矿次。其中，下达现场处理决定书6587份，撤出作业人员命令书2177份，行政处罚告知书2198份，行政处罚决定书3082份，责令关闭矿井决定书68份，加强和改善安全管理建议书358份。

五、严肃查处了各类煤矿事故

按照国务院302号令和省政府151号令等有关规定，对煤矿伤亡事故进行了查处。全年共查处伤亡事故184起，已结案180起，结案率87.8%；共处理事故责任人1340人，其中刑事处罚90人、行政处分632人、党纪处分126人、经济处罚777人；对发生事故的煤矿实施停产整顿149个，关闭事故矿井18处。同时，积极组织、指导、协调事故抢险救灾工作。初步统计，一年来，共避免了6起重大事故的发生，使30名矿工脱险，获得了新生。

六、狠抓思想、作风和廉政建设不放松

坚持政治理论学习不间断。广大监察人员切实转变作风，将工作重心放在煤矿，放在井下，依法开展监察工作。组织开展了“网住邪念”主题教育活动，各办事处、监察站层层签订了廉政建设责任状，提出了廉政承诺，强化了廉政责任意识，严格落实廉政建设的“九不准”规定，保持了监察队伍的纯洁性，廉政建设取得了成效。组织开展了“创先争优”活动，紧紧围绕“四项要求”和“五好标准”展开竞赛，选树了一批先进单位和优秀监察员。

综上所述，通过全省煤矿安全监察机构与各级、各部门和各煤矿企业的共同努力，2002 年，全省煤矿安全状况保持了稳定好转。主要标志是：

（1）安全现状总体稳定。全省各类煤矿共发生伤亡事故 184 起，死亡 479 人，同比减少了 1 起，减少死亡 11 人。

（2）乡镇煤矿事故减幅较大。全省乡镇煤矿共发生伤亡事故 116 起，死亡 318 人，事故死亡人数同比减少了 53 人。

（3）一次死亡 3 人以上事故得到了有效控制。全年发生一次死亡 3 人以上事故 26 起，死亡 282 人，同比减少了 15 起，减少死亡 36 人。

（4）一些国有重点煤矿和市（地）煤矿安全状况有所好转。大同、西山集团公司事故同比有所减少；汾西、潞安、轩岗、霍州集团公司（矿务局）均未发生死亡事故，其中，霍州集团公司连续 2 年未发生死亡事故。晋城、大同、吕梁、太原、朔州等 5 个市（地）煤矿事故死亡人数同比均有下降，其中，晋城市煤矿事故死亡人数下降了 65%。

（5）瓦斯事故明显减少。全省煤矿共发生瓦斯事故 26 起，死亡 185 人，同比减少了 17 起，减少死亡 104 人，事故死亡人数下降了 36%。

以上成绩的取得，是国家局、山西省委、省政府正确领导的结果，是各级政府和有关部门大力支持、积极配合的结果，也包含了我们的辛勤工作。尤其是战斗在安全监察第一线的同志们，发扬特别能吃苦、能战斗的精神，以强烈的责任感和使命感，深入现场井下，严格监察执法，体现了我们这支队伍爱岗敬业、不畏艰辛、任劳任怨、不徇私情、秉公执法的工作作风；也体现了我们这支队伍艰苦奋斗、勤学精思、勇于实践、求真务实、真抓实干的良好精神面貌。特别是树立了一批先进办事处、监察站的典型，如朔州站加强基础建设，规范监察执法，形成了齐抓共管的执法环境；大同办事处完善执法机制，加大处罚力度，保证了执法到位；晋城站落实超前防范，突出监察重点，推进整体工作；西山办事处加强队伍建设，改进工作作风，确保监察责任落实。同时，也涌现出了一批以朔州站刘根同志为突出代表的“抹下面子唱红戏，扑下身子严执法”的优秀监察员典型。在业务处室狠抓监察执法和廉政建设的同时，局机关综合处室，特别是办公、财务、人事、机关党委等部门想监察之所想，急监察之所急，为监察执法工作的有效开展付出了艰辛的劳动。局机关信息调度、后勤、档案、装备测试等事业单位从服务监察执法、维护职工正常工作和生活的大局出发，克服困难，努力工作，为监察执法工作提供了可靠的后勤保障。

回顾和审视一年来监察执法工作的实践，主要有以下六个方面的体会：

一是只有高举邓小平理论伟大旗帜，全面贯彻“三个代表”重要思想，认真贯彻执行党中央、国务院关于安全生产工作的一系列重要指示精神，坚持“安全第一，预防为主”的方针，紧紧围绕省委、省政府、国家局的工作部署，才能正确把握安全监察工作的方向。

二是只有明确目标，落实责任，转变观念，创新思维，完善制度，健全机制，形成有效运行的工作体系，才能保证监察执法工作高效、有序的开展。

三是只有不断推进安全法制建设，规范行政执法，强化现场监察，加大执法力度，才能确保监察执法落实到位。

四是只有突出重点，分类指导，有的放矢，切中要害，关口前移，重心下移，把监察执法的着力点放在事故预防上，不断健全事故防范机制，把监察执法做实，才能掌握工作的主动权。

五是只有确立执法主体，树立执法权威，形成与地方政府和有关部门联合执法的氛围，不断健全和完善相互配合的协调共管机制，综合治理，齐抓共管，总体推进，才是提高监察执法效能的有效途径。

六是只有加强自身建设，提高队伍素质，广泛发扬民主，充分调动监察人员工作的积极性、主动性，建设一支政治合格、作风优良、业务精湛的监察队伍，才能为执法工作提供有力的组织保障。

以上六条体会，是全体监察人员苦练内功，夯实基础，营造氛围，严格执法，探索出的一条监察执法的有效途经，也是两年来全省监察执法实践经验的总结。这些基本经验还需我们在今后的工作和实践中不断探索、充实、完善和发展。

当前，我们要正确认识煤矿安全监察工作面临的新形势、新任务。目前，全省煤矿安全形势依然严峻：一是国有煤矿事故有所上升，特别是国有地方煤矿事故上升幅度较大；二是一次死亡10人以上特大事故没得到有效控制；三是乡镇煤矿事故多发仍是煤矿安全生产的主要矛盾；四是非法生产矿井事故十分突出；五是瞒报事故的现象仍时有发生。六是监察执法工作与形势发展的要求还有一定差距。

面对严峻的形势，按照新时期的要求，努力搞好煤矿安全监察执法工作的任务依然十分艰巨。第一，要从全面贯彻“三个代表”重要思想的高度，增强搞好安全监察工作的责任感和使命感。第二，要从实现全面建设小康社会目标的要求上，努力做好煤矿安全监察工作。第三，要从我国改革发展的战略机遇着眼，解放思想，实事求是，与时俱进，努力开创煤矿安全监察工作新局面。第四，要从国家局提出的总体工作思路出发，创新煤矿安全监察执法机制。基于以上四个方面的认识，今后一个时期，全省煤矿安全监察工作的总体目标是：适应煤矿安全工作的要求，紧紧围绕国家局“365”总体部署，依法行政，强化监察，公正执法，确保到位，有效遏制重特大事故的发生，促进全省煤矿安全状况的稳定好转。

内蒙古自治区安全生产工作综述

2002年，在自治区党委、政府的高度重视和领导下，全区各盟市、各部门、各单位认真贯彻落实党中央国务院一系列重要指示，加大安全生产工作力度，深入开展专项整治，全面规范安全生产秩序；加强督查，组织开展安全生产大检查，消除了大量的安全生产隐患；依法从严从快查处各类事故和违法违纪行为；进行建设项目劳动安全卫生“三同时”审验和安全评价；开展安全教育培训，强化了监督管理；依照《安全生产法》等法律法规的要求，不断强化各级安全生产责任制；坚决贯彻国务院302号令和内蒙古自治区人民政府114号令，严格执行重特大安全事故行政责任追究制度，依法严肃查处了一批重特大安全事故的责任者，起到了警示作用；在机构改革中加强了安全生产机构、队伍和基础建设，规范了工作秩序，较好地发挥了监督管理职能作用。各级党委、政府高度重视，加强领导，各部门相互协调，紧密配合，共同努力，扎实工作，取得了一定的成绩，全区安全生产形势总体稳定。

一、迅速查处事故，及时完成事故批复

2002年，我区共发生各类伤亡事故14136起，死亡2682人，直接经济损失4055.52万元，与上年同期相比，分别上升2.60%、12.36%、5.14%。其中：一次死亡3～9人重大事故57起，死亡210人，直接经济损失224.35万元，同比分别上升26.67%、34.62%和19.47%；一次死亡10人以上特大事故4起，死亡59人，同比分别上升100%和126.92%。各类伤亡事故如下：

工贸及非煤矿山企业发生职工伤亡事故188起，死亡208人，直接经济损失888.20万元，同比分别上升34.29%、30.00%和204.28%。其中：一次死亡3～9人重大事故8起（包括乌海泰达制纳厂氯气泄漏死亡1人事故），死亡23人，直接经济损失86万元，同比分别上升100%、35.29%和4.88%。

煤矿企业发生职工伤亡事故98起，死亡166人，同比分别上升3.16%和14.48%。其中：一次死亡3～9人重大事故6起，死亡33人，同比分别下降45.45%和25%；一次死亡10人以上特大事故2起，死亡28人，同比分别上升100%和

154.55%。

发生各类火灾事故4131起（不包括草原和森林火灾），死亡35人，直接经济损失721.13万元，同比事故起数和死亡人数分别上升14.72%和20.69%，直接经济损失下降45.22%。

发生各类道路交通事故9572起，死亡2143人，直接经济损失2446.18万元，同比事故起数下降2.15%，死亡人数、直接经济损失分别上升10.12%和8.78%。其中：一次死亡3~9人重大事故42起，死亡151人，直接经济损失138.35万元，同比分别上升40%、58.95%和30.79%；一次死亡10人以上特大事故1起，死亡10人，上年同期未发生一次死亡10人以上特大事故。

铁路系统发生铁路路外事故143起，死亡105人，同比分别下降10.06%和1.87%。铁路系统发生路内事故2起，死亡1人，同比事故起数上升100%。发生水上交通事故1起，死亡3人。发生其他事故1起，死亡21人。

对这些伤亡事故，自治区安委办和各盟市、旗县安委办及时予以调查处理，结案率达80%。

二、加强安全生产大检查，及时整改隐患

按照国务院及国家安全监督管理局的要求和自治区政府的安排部署，2002年组织开展了5次全区安全生产大检查。大检查坚持“条块结合，以块为主”，实行“边检查，边整改，边处罚”的原则，对一些非法生产经营单位进行了依法关闭；对一些不具备基本安全生产条件的单位和场所进行了停产整改；对一些存在严重隐患的单位、场所责令限期整改。切实做到“横向到边、纵向到底”，不留死角。5次大检查共检查了19526个单位（包括12个盟市、101个旗县市区、1000多个乡镇苏木和所属企事业单位及场点），共查出各类安全生产隐患15425处（其中：一般隐患14421处，重大隐患1004处），共下达各种执法文书4073份（其中：限期整改指令书2640份，停产停业指令书517份，关闭取缔指令书916份），整改率达到80%。

国家检查组、督查组两次来我区对自治区安全生产工作进行检查和督查，促进了我区安全生产工作的深入开展。

三、对重大危险源的监控及事故隐患的整改工作

为全面贯彻全国、全区整顿和规范市场经济秩序工作会议精神，彻底消除安全生产隐患，遏制重特大事故的发生，在自治区消除安全生产隐患战役指挥部及办公室的领导和部署下，制定了《全区消除安全生产隐患战役实施方案》、《内蒙古自治区消除安全生产事故隐患暂行规定》，以道路交通、煤矿、消防、锅容管特、民爆、非煤矿山等6个方面为隐患整治的重点，继续在全区范围深入开展了消除隐患战役。在2002年消除隐患战役中，共检查了3294个单位（不包括煤炭行业），查出各类事故隐患4551处。其中，一般隐患4284处、重大隐患267处。各地区、各部门对查出的隐患高度重视，按照自治区安委会的要求，根据轻重缓急进行了分类排队，制定了整改方案。对马上能整改的问题，立即进行整改；对需要一定条件和时间才能整改的事故隐患，确定了整改的责任单位、责任人、时间和目标，并进行跟踪检查；对依靠自身力量难以整改的问题，及时向上级有关部门反映，争取支持，创造条件加以解决。

各检查组针对查出的隐患，下达各类执法文书3327份。其中：限期整改指令书2747份，停产停业指令书251份，关闭取缔指令书329份。全区12个盟市、101个旗县（区、市）在自查中共检查了2777个单位，查出安全生产隐患4124处，采取各类整改措施3122个。由于对事故隐患监控得力，宣传和培训工作到位，安全管理人员和特种作业人员持证上岗率增高，使安全生产状况得到好转。

在历次的检查中，自治区政府突出了对《国务院关于特大事故行政责任追究的规定》和《内蒙古自治区重大事故行政责任追究的规定》的贯彻落实情况检查督促，已经追究处理了各级领导干部和部门责任人及行政人员56名，并对重大事件予以通报，既教育了本人，也警醒了全区各级部门领导，维护了两个规定的严肃性。

2002年以来，指导全区12个盟市和有关企业制定了重特大事故应急救援预案；进行了对重、特大事故的登记、建档工作；开展了对全区安全生产隐患治理整顿的督促检查工作。

四、全区盟市、旗县（市、区）、乡镇（苏木）人民政府安全生产责任制和各项安全生产工作落实情况

我区共有12个盟市、101个旗县（市、区）、1300多个乡镇（苏木）。特别是旗县（市、区）和乡镇两级处在安全生产的第一线，又是各类事故多发的重点区域，因此，也是我们致力抓好全区安全生产工作的基础环节。

一是抓好盟市，包括旗县和乡镇级领导及工作人员安全生产意识、安全生产政策法制观念及安全生产责任制，特别是各级领导的安全生产责任制，形成自上而下的第一把手负总责，分管领导重点抓，班子成员齐心协力、上下一致、齐抓共管安全生产工作的局面。

二是抓好盟市，特别是旗县和乡镇两级按照国家和自治区安全生产工作的总体部署和安全生产属地管理原则，从本地区的实际出发，普遍开展全方位的安全生产专项整治。城镇开展了综合性安全生产整治；乡村开展了以农机、农药、农用产品和抗灾救灾为重点的安全生产整治；牧区重点开展了抗旱防冻和救雪灾安全整治。特别是重点开展了乡镇和私营工矿企业，特别是小厂、小矿安全生产专项整治工作，有效地遏制了乡镇和私营企业，尤其是小矿各类事故高发的势头。

三是经过机构改革，自治区到盟市、旗县级都已将安全生产机构、职能、人员划转到各级经贸委(局)。都将本级安委办设在了本级经贸委（局)；盟市和旗县级都成立了安全生产监督管理机构，初步理顺了安全生产机构、职能和工作秩序，全区基本形成了安全生产监督管理网络。

为提高各级安全生产分管领导和监管人员的整体素质，2002年自治区经贸委（即自治区安委办）先后举办了4期安全生产监察员执法培训班，全区各盟市安监部门工作人员及分管理领导508人参加了培训学习。全区各盟市、旗县安监部门还举办了安全生产培训班，培训了所在地企、事业单位的领导和安监人员，收到了较好的效果。

五、安全生产专项整治情况

按照国务院安委会第二次会议的部署和吴邦国副总理在全国安全生产电视电话会议的讲话要求及国家安全生产监督管理局的具体安排，自治区在专项整治的基础上，以事故多发行业和领域为重点，深入开展了安全专项整治工作。特别是对非煤矿山，以及危险化学品的安全整治专门进行了安排部署，成立了以自治区党委副书记、政府副主席岳福洪为组长的领导小组，制定了具体的工作方案和计划，下发了开展整治的通知，组织召开全区安全生产专项整治工作大会，进行了全面部署。

(1）危险化学品安全管理专项整治工作。按照国家经贸委等部门和内蒙古自治区危险化学品安全管理专项整治领导小组的安排部署，按照《内蒙古自治区危险化学品安全管理专项整治方案》的要求开展了整治。基本摸清了全区危险化学品从业单位和从业人员的底数（全区危险化学品从业单位有3504户，其中生产单位141户，储存单位9户，经营单位3261户，使用单位93户)，建立了危险化学品信息库，为深入开展专项整治创造了条件。

为提高各盟市、各企业专职管理人员的业务能力和管理水平，举办了一期“危险化学品安全管理培训班”。自治区各盟市及重点旗县经贸委（局）从事危险化学品的专职管理人员、区直各大企业及区内从事危险化学品重点企业的专职安全管理人员共80余人参加了培训学习。目前，全区危险化学品专项整治工作正在有序进行中。

(2）非煤矿山专项整治情况。我区有各类非煤矿山企业2172个，遍及全区12个盟市。除个别国有大矿外，大多为规模小、生产设备简陋、安全生产基本条件差、隐患多的乡镇、集体、私营、个体小矿。这些企业管理差、事故多，安全生产形势严峻。

2002年以来，我区按照国家安全生产监督管理局和自治区政府关于搞好非煤矿山安全整治的要求，在自治区非煤矿山企业安全整治工作领导小组的统一领导下，深入开展了非煤矿山安全管理整治工作。在整治中，加大了监督执法力度，认真查处各种违法违规行为，尤其对那些违法开采、以采代探和乱采滥挖以及交叉重叠探采等危及安全生产的矿山企业进行了整治。已关闭各类非煤矿山248户，停产整改921户，初步验收1003户。

针对非煤矿山企业领导素质低，安全意识淡薄的情况，先后在乌海市举办了两期非煤矿山矿长安全管理培训班，有80余人参加了培训学习。

(3）民爆器材和烟花爆竹专项整治情况。我区民爆行业共有企业36家，其中生产企业20家，流通企业16家（已认证的企业)。2002年以来，按照自治区国防工办和安委会的统一部署，成立了内蒙古自治区民用爆炸物品安全管理协调小组，协调处理民用爆破物品生产、储存、销售、运输以及使用过程中的安全管理工作。下发了《关于加强民爆器材安全管理的通知》，明确了民爆行业行政主管部门与公安部门各自所承担的职责，建立了安全监管及行政责任追究制度；强化生产企业生产条件考核、落实生产许可证制度；规范民爆器材购销市场，认真执行合同鉴章制度；加强民爆器材的使用等进行了规定。并先后出台了《民爆器材经营企业库区管理》等4个制度，为依法管理提供了依据。经过调研，组织专门人员制定了《内蒙古自治区民爆器材重特大事故应急救援预案》。

2002年组成专门检查组，对全区民爆企业的安全生产情况进行了认真的检查。共检查了36家企业，查出事故隐患80多个，下达整改通知书8份。

（4）公众聚集场所消防安全专项整治情况。2002年，我区公安消防部门加大了对公众聚集场所的消防安全专项整治工作。消除火灾隐患19402处，对447家公众聚集场所实施了停产停业处罚，取缔184家火灾隐患严重的单位和场所，督促落实整改资金3360万元，一些多年久拖不改的重大火灾隐患得到彻底整治。同时，继续深入开展了对加油站、公共聚集场所和网吧的消防安全专项治理，严肃查处火灾隐患和违法违规行为，落实整改资金3562万元。

（5）道路交通安全专项整治情况。按照国家和自治区的安排部署，我区开展了以治理严重超载为突破口的交通安全秩序专项整治工作。一是全面推行驾驶员源头责任管理工作。全区各地区交警划分责任区，对驾驶员实行属地管理。一旦发生事故，区分情况，追究责任。二是对事故多发段进行集中治理。各地在政府的大力支持和有关部门的配合下，采取分级负责的形式，对事故多发路段和危险路段进行集中治理，现已治理82处。三是全面加强了对机动车和驾驶证照管理。四是组织开展了创建“平安大道”工作和“畅通工程”建设。经过整顿治理，我区城乡道路交通秩序有所好转，保持了全区交通事故的平稳。

六、加大宣传教育力度，强化安全生产法制建设

2002年6月份，结合“全国安全生产月”活动开展了以“安全责任重于泰山”为主题的咨询、宣传活动，有效地提高了全民的安全防范意识和自我防护能力。11月1日《安全生产法》实施，为提高各级安全生产监管人员素质，普及安全生产法律知识，组织有关部门和企业参加了全国《安全生产法》百题知识竞赛活动，取得了较好的效果。通过安全生产大检查活动和举办培训班，把学习宣传《安全生产法》的活动开展到旗县、乡镇、企业等基层单位。

七、做好“三同时”评价监管和培训认证工作

2002年，我区积极开展了对新建、改建、扩建项目（工程）和技术改造项目执行“三同时”和劳动安全卫生预评价工作。对已掌握的30多个违规建设项目（工程）区别不同情况，依法作出了处理；对全区重点项目已验收12个，初设、审批项目30个，预评价项目25个。切实加强了建设项目（工程）劳动保护和安全卫生预评价监督管理工作，从源头上堵塞漏洞，消除隐患，变事后处理为事前防范，把好安全生产的第一关。

成立了自治区特种作业人员证照中心，全面开展了认证工作。对全区安全生产检测中介组织和安全技术培训考核单位进行了调查摸底、考核和资格认证。已完成12个盟市的7.5万张IC卡的换卡工作及特种工作人员操作证复查工作。完成了12个盟市中区直企业培训考核单位资格认证及劳动防护用品复查换证等工作，把好安全生产技术关。还举办了非煤矿山矿长安全资格认证培训班6个，培训人员近千人；安全生产工作工作人员培训学习班多期，培训近千人。

八、加强信息管理，促进关口前移

一年来，我们加强了全区安全生产伤亡事故统计工作，完善了报告制度，规范了事故管理，理顺了工作渠道，保障了信息畅通。每月认真进行安全生产运行分析，将安全生产的重要情况及时通报全区。全年编印《要情反映》51期，为自治区领导对安全生产工作的决策及时准确地提供信息。

由于我区地域狭长，信息手段落后，致使一些偏远地区的安全生产情况及信息不能及时反映上来，一些急需解决和落实的问题得不到及时解决，急需建立全区的安全生产调度统计信息体系。因此，我们编制了《内蒙古自治区安全生产信息系统规划》，并得到国家安全生产监督管理局支持，计划在2003年初步建成上下贯通、反馈快捷，客观真实的安全统计信息体系。

九、加强法制建设

2002年，起草了《内蒙古自治区人民政府安全生产职责规定》（草案）、《内蒙古自治区预防重特大交通事故责任制规定》（与自治区公安厅共同制定）等，颁布了《内蒙古自治区建筑安装企业安全资格认证办法》，加强了劳动防护用品的管理。

十、落实目标责任制，有效控制各类伤亡事故和重大经济损失

为认真贯彻落实安全生产责任制，切实搞好全区的安全生产工作，有效控制各类伤亡事故和重大经济损失，2002年继续按照国家和自治区有关安全生产职责规定要求，向全区各盟市下达了安全生产工作目标责任书，以此作为考核各盟公署、市人民政府安全生产管理工作的重要指标。各地区按照责任书中规定的安全生产控制指标和工作目标的要求，认真履行职责。把安全生产纳入地方经济发展规划和指标考核体系，层层分解下去，一级抓一级，逐级负责，逐级落实，加强考核。对易发生事故的行业、单位的安全生产控制指标、工作目标及执行情况进行经常性的检查。对完不成规定指标的，予以通报批评或出示"黄牌"警告；对事故多发，安全生产长期处于落后状态的，给予了处分和处罚。

内蒙古自治区煤矿安全生产工作综述

2002年，全区煤矿安全监察系统认真贯彻落实党中央、国务院关于安全生产的一系列重要指示，按照国家煤矿安全监察局和自治区党委政府的统一部署，紧紧围绕深化煤矿安全生产专项整治这项中心工作，坚持关口前移、重心下移，超前防范，努力实现"抓巩固、上水平"的工作目标，采取有力措施解决煤矿安全生产领域的主要矛盾和突出问题，取得了阶段性成果。

一、基本情况

全区现有各类煤矿1375处，其中，国有重点煤矿52处，地方国有煤矿93处（70%以上已改制为民营或股份制），乡镇煤矿1230处，分布于自治区的67个产煤旗县区，2002年原煤产量11250万吨。

内蒙古煤矿安全监察局组建于2000年5月，下设4个办事处（乌海、包头、赤峰、海拉尔），行政编制155人，监察区域总面积118.3万平方公里，东西长2400多公里，南北宽1700多公里。区域内煤矿点多面广，基础条件薄弱，自然环境恶劣，煤矿安全监察任务异常繁重。

二、安全生产指标完成情况

2002年，全区各类煤矿累计发生死亡事故98起，死亡166人，与上年同比事故起数增加3起，死亡人数增加21人，分别上升3.16%和1.4%。全区煤炭生产百万吨死亡率为1.36，与上年同比下降28.4%。其中，一次死亡3~9人重大事故6起，死亡33人，与上年同比减少5起，减少死亡11人，分别下降45%和25%；一次死亡10~29人的特大事故2起，死亡28人，与上年同比增加1起，死亡人数增加17人，分别上升100%和155%；未发生一次死亡30人以上的特别重大事故，与上年持平。

按企业所有制性质划分，2002年的伤亡事故中，国有重点煤矿发生24起，死亡30人，同比减少6起，减少死亡10人，分别下降20%和25%，百万吨死亡率为0.45，下降164%；国有地方煤矿发生19起，死亡27人，同比增加3起，增加死亡10人，分别上升18.8%和58.8%，百万吨死亡率为3.55，上升195%；乡镇煤矿发生55起，死亡109人，同比增加6起，增加死亡21人，分别上升12.2%和23.9%，百万吨死亡率2.44，下降68.7%。

2002年，全区煤矿职工工业死亡人数和原煤死亡人数分别比控制指标212人和188人减少46人和35人，分别减少21.7%和18.6%，其中，国有重点煤矿减少43.4%和31%；国有地方煤矿减少15.6%和15.6%；乡镇煤矿减少14.2%和14.9%，完成了年初的控制指标任务。

2002年，全国煤矿企业共发生死亡事故4344起，死亡6995人，同比增加530起，增加死亡263

人，分别上升13.9和3.9%，百万吨死亡率为5.0，同比下降17.0%。2002年，全区共产原煤11453万吨，百万吨死亡率1.36，比全国平均水平5.0低72.8%。

三、煤矿安全生产工作采取的主要措施

2002年共组织大型安全检查、督查验收活动7次，组织召开大型专题会议10余次，认真贯彻落实上级有关煤矿安全监察和治理整顿方面的方针政策，将煤矿安全监察、安全服务等工作和深化煤矿安全专项整治工作有机结合，真抓实干，狠抓落实，全区煤矿安全生产水平再上新台阶。

1．统一思想认识，明确工作目标

年初，为认真贯彻落实党的十五届六中全会、国务院安委会二次会议、全国安全生产工作会议和全国安全生产电视电话会议精神，全面总结2001年的工作，部署2002年煤矿安全监察工作，2月21日至22日，自治区组织召开了“全区煤矿安全工作座谈会”，会上，明确了抓巩固、上水平，确保原煤死亡人数控制在188人以下，工业死亡人数控制在212人以下，力争煤矿死亡人数下降10%的总体奋斗目标。将巩固和提高行政执法水平，狠抓煤矿安全监察队伍建设，努力改进工作作风，促进煤矿安全监察工作上台阶、上水平作为全年的工作重点。

2．抓住重点，狠抓落实

4月29日，国家煤矿安全监察局煤矿安全生产电话会议之后，自治区于4月30日专门召开了办公会议，贯彻落实电话会议精神。会上，大家一致认为，全区煤矿安全生产的总体形势是好的，但是，必须清醒地看到安全生产形势的严峻性，看到存在的主要问题：一是由于2001年以来专项整治煤矿停产，部分矿急于恢复生产，开工仓促，安全工作准备不充分，安全隐患排除不彻底，随时都有发生安全事故的可能；二是各地安全专项整治初战告捷后存有松劲和厌战情绪；三是各盟市、旗县因机构改革，煤管部门撤并，管理队伍减弱。

针对以上问题，对四个安全监察办事处提出了“五个到位”的要求。一是检查到位。要认真检查辖区内监察对象是否真正贯彻了电话会议精神，是否针对存在的隐患采取了有效的措施。二是强化组织保证，责任到位。要认真贯彻落实自治区人民政府《关于印发关闭和合法保留小煤矿管理责任暂行规定的通知》，切实做到责任落实。三是坚持预防为主，服务到位。要扎扎实实地开展二季度的“安全监察服务季”活动，现场发现的一般问题要对企业提出要求，比较大的安全隐患对煤管部门提出要求，重大问题要对当地政府提出切实解决的建议和意见。四是加强对培训工作的监督，培训质量到位。切实做到时间、内容、人员、效果“四落实”。五是坚持依法行政，执法到位。

要严把“四证”关，严把特种作业人员持证上岗关，严把各矿至少配备一名技术人员关。与此同时，还提出了“四个重点抓”的工作要求。一是抓重点地区和重点矿，尤其突出抓重点矿的“一通三防”工作。二是抓办事处解决不了或解决不好的难点问题，对反复出现的问题一定要下大气力解决好。三是抓“安全监察服务季”活动。要分片包干，做到参与不包办，服务不代替，监察不商量。要通过开展活动促使煤矿重视安全，做到防患于未然。四是抓建档、上网。对全区1375个矿都要建档、上网，为安全监察提供详实的资料。

3．关口前移，适时监察

为加大对煤矿的安全监察力度，将关口前移，从根本上遏制煤矿重特大事故的发生。一要加大煤矿安全法律法规的宣传力度，宣传教育前移到厂矿；二是领导要亲自带队深入基层督促检查，指导前移到井口；三是监察员分片包干，监察前移到井下。

春季，是各类煤矿事故多发期，针对这一特点，由煤监局牵头，各有关厅局参加组成了自治区煤矿安全检查组，从3月25日开始，历时20多天，对全区11个产煤盟市的各类煤矿进行了春季煤矿安全大检查，检查各类煤矿110处，专项整治“回头看”矿井38处，查出安全隐患567条，提出整改意见385条，限期整改意见47条，现场行政处罚5起。

4．立足服务，拓展监察

将4、5、6月份确定为全区煤矿“安全监察服务季”，从4月初开始，局机关和4个办事处陆续制定了“安全监察服务季”活动方案，明确了活动的指导思想、活动内容、活动方式和组织机构。赤峰办事处要求，各科站的包片监察区就是定点定人服务区，服务必须有文字记载；成立专家组，定期为煤矿矿长及技术人员就安全生产中存在的问题进行答疑；成立服务小分队，上门服务，解决安全生产中存在的问题；服务指标量化到人，每名监察员每月为煤矿服务不少于3次，解决实际问题不少于3个；每月对服务活动考评一次，考评结果与监察员实绩考核挂钩；建立奖惩制度，对完成服务任务好的单位和个人给予表彰与奖励；坚持监察和服务相结合，以执法监察为主，安全服务为辅，多提建议，不作决策，不以监察代替管理。乌海煤矿安全监察办事处在加大对煤矿安全监察执法力度的同时，制定了《安全监察服务季活动实施方案》，明确了指导思想，成立了领导小组，对活动的方式和内容作了周密部署。实行无偿服务，将办事处全体监察员分成了12个小组，每组2人，首批服务10个重点煤矿，并将每周五定为安全监察服务活动日，实行定时定矿分组分片负责制。明确“服务不代替，参与不包办”的服务原则。对于地区存在的普遍问题，及时与当地煤管部门沟通并提出建议尽快解决。

5. 巩固成果，巡回检查

为进一步巩固专项整治和春季煤矿安全大检查成果，将“安全监察服务季”推向高潮，5月份，针对安全生产新形势和部分地区出现的新情况，煤监局又派出3个督查组对部分重点产煤地区进行了第二次大的安全检查，有效地遏制了煤矿伤亡事故的发生。

6. 领导带头，精心组织安全生产活动月

进入6月份，全区积极投入全国安全生产月活动，6月9日，煤监局机关和4个办事处的领导和工作人员冒雨在全区范围内大张旗鼓广泛开展了煤矿安全生产知识和法律法规宣传活动，出动人员近百名，发放宣传品近万份。6月3日至13日，局主要领导亲自带队深入基层贯彻国务院安委办字[2002] 3号、6号和国家局《关于学习贯彻国务院领导同志重要批示的通知》精神，开展安全生产月活动，检查“安全监察服务季”活动进展情况，就地区存在的难点问题协助办事处与当地政府领导磋商解决，并对4个办事处提出了新的要求。

6月20日，鸡西矿务局城子河煤矿瓦斯爆炸事故后，我区及时将国家局通报和紧急通知传达到了基层，并组成3个联合检查组分赴各地落实通报和紧急通知精神，深入矿井排查安全隐患。

7. 完善工作机制，深化煤矿专项整治

7月9日，全国安全生产工作座谈会后，我区在全煤系统进行了认真的传达学习，并落实到具体工作中。按照国家局提出的抓好“三件大事”、构筑“六个支撑体系”、处理好“五个关系”、推进“五项创新”，突出抓了六项工作：一是完善工作机制。对已经制定的安全监察员工作纪律和道德行为准则、安全监察员目标管理及岗位责任制、安全监察员年终考核办法、安全监察员日常监察登记制度以及监察执法情况的分析统计、事故处理结果的跟踪监察等20多项内部管理制度进行了完善。二是加强队伍建设。在全系统内开展了“权力观”教育，并出台了《内蒙古煤矿安全监察局规范煤矿安全监察人员执法行为的若干规定》。三是重新组建调度信息中心，改进数据的调度和统计，逐步形成我局与国家局、与办事处上下贯通、反馈快捷、客观真实的安全信息体系。四是加大培训力度，增加长班培训，提高煤矿从业人员的素质。五是周密部署《安全生产法》的宣传学习活动，与内蒙古日报社协办《北方安全生产报》，构建辐射全区的安全生产宣传网络。六是落实国家局会议精神，制定了深化煤矿安全专项整治实施方案和30条实施细则，召开了全区煤矿安全生产工作电视电话会议、全区煤矿安全监察工作座谈会，按照整治方案，组成了由煤监局牵头，各有关厅局参加的4个督察组，9月13日至28日，对全区各类煤矿进行了督查，对督查中发现的10大类共性问题，在全区范围内进行通报，并对下步工作提出明确要求，有力地促进了全区煤矿安全专项整治工作的开展。

8. 贯彻铁法会议精神，落实“十二字”方针

8月28日，全国煤矿瓦斯治理工作现场会后，自治区及时召开了会议，学习贯彻了会议精神，结合自治区实际，提出了五点贯彻意见：一是要将瓦斯防治工作放在重要位置，将瓦斯防治作为9月份安全督查的重点，作为今后煤矿安全监察工作的重点，作为今后安全培训工作的重点。二是要协助煤炭行业管理部门和煤矿企业抓好重点单位、重点部位和重点设施的瓦斯监测监控工作。三是要将瓦斯防治工作作为全区煤矿安全监察系统安全服务的重点，在正确使用瓦斯监测监控设备上下功夫，包交包会，在使用上落到实处。四是协助行业管理部门和煤炭企业切实抓好“一通三防”工作，自上而下落实好总工程师对“一通三防”工作的责任制，加

快瓦斯安全监督员队伍建设。五是组织全体监察员认真学好显政局长的讲话，将精神落实到日常监察工作之中。在9月17日的全区煤炭工业工作会上，又对铁法现场会议精神作了重点传达部署，瓦斯防治工作已经引起了自治区党委、政府的高度重视，自治区党委副书记、政府常务副主席岳福洪同志在会上重点强调了以瓦斯防治为重点的煤矿安全工作。

9．细化整治标准，强化整治力度

国务院安委会第3次全体会议和国务院安委会《关于做好当前安全生产工作的通知》下发后，特别是9月25日全国安全生产电视电话会议后，自治区人民政府于9月29日组织召开了全区安全生产电视电话会，煤监局主要领导同志在会上作了专题发言，全面总结了煤矿安全工作，并对下一步全区煤矿安全生产提出四点具体要求。按照这次电视电话会议的统一部署，10月15日至11月2日，由煤监局和自治区煤炭工业局组成了4个联合检查组分赴全区11个产煤盟市进行拉网式大检查，这次检查的重点内容除自治区深化煤矿安全生产专项整治工作实施方案确定的工作重点外，还检查了国家安全生产有关法律、法规及安全生产规章制度的落实情况；现场管理和各级安全生产责任制的落实情况；企业经营者和职工的安全教育培训及持证上岗情况；重特大事故的处理执行情况。此次检查，共抽查煤矿85处，查出安全隐患372条，下达立即整改通知书13份，限期整改通知43份，停产整顿通知14份，现场行政处罚决定2份。检查出10个方面的问题，提出6个方面的整改意见。

截止到年底，按照国办发［2001］68号文件要求，属于“四个一律关闭”的和未通过自治区级验收的小煤矿已全部关闭。按照国务院安委办字［2002］6号文件要求，结合全区煤矿安全的实际，制定了《内蒙古自治区实施〈小煤矿安全生产基本条件〉细则》，并于2002年8月15日以内煤专整办发［2002］4号文件印发全区，要求整治和验收工作要严格按该细则执行。

四、体会

回顾2002年的煤矿安全生产工作，之所以能够取得较好成绩，百万吨死亡率大幅度下降，安全生产状况位居全国领先水平，主要体会是：

第一，始终坚持“政府统一领导，部门依法监管，企业全面负责，社会监督支持”的安全监管运行体制是搞好煤矿安全生产工作的体系保障。无论是深化煤矿安全生产专项整治，还是日常煤矿安全监察，始终离不开各级党委政府的正确领导；始终离不开相关部门的密切合作；始终离不开煤炭企业干部职工的艰辛努力；始终离不开社会各方面的监督支持。

第二，深化煤矿安全生产专项整治是改善煤矿安全生产状况的有效手段。一年来，我区始终将深化煤矿安全生产专项整治工作当作中心工作来抓，自治区党委政府十分重视此项工作，专门成立了领导小组，自治区分管领导亲自任领导小组组长，自治区11个相关部门积极参与了此项工作；先后组织制定了《深化煤矿安全生产专项整治工作实施方案》和《实施〈小煤矿安全生产基本条件〉细则》；先后组织全区性安全检查、督查、验收活动7次，大型专题会议10余次。自治区境内目前共有各类煤矿1375处，2002年仅自治区组织的检查、监察累计达3876矿次，每矿平均2.28次，查出隐患15348条，下达整改意见书398份，限期整治指令90份，作出行政处罚决定618份，责令停产整顿决定书49份，现场处理决定书3487份，复查意见书275份，撤出作业人员指令71份，加强安全管理建议书34份，立案决定30份，现场笔录776份，关闭决定8份，行政罚款200余万元。截止到年底，全区首批605处煤矿已通过自治区级深化煤矿安全生产专项整治检查验收，占到了全区煤矿总量的44%。

第三，坚持严格执法与热情服务相结合是搞好煤矿安全生产工作标本兼治的良方。自治区地域辽阔，东西长2400多公里，南北宽1700多公里，面积118万平方公里，煤炭资源储量丰富，位居全国第三，开采技术条件差，煤矿点多、线长、面广，尤其是乡镇煤矿安全基础条件差，技术力量薄弱，采煤方法落后，严重制约着全区煤炭工业的可持续发展和煤矿的安全生产，为从根本上尽快扭转这种状况，2002年二季度集中组织全区煤矿监察系统开展了“安全生产服务季”活动，充分发挥煤矿安全生产监察系统人员的技术优势，在监察执法过程中，在技术上为煤矿提供无偿服务。通过此项活动，全区煤矿的技术管理水平得到了明显提高。

第四，坚持伤亡事故查处“四不放过”原则是防范类似事故重复发生的有效办法。2002年，全区煤矿应立案查处的伤亡事故98起，已立案98起，立案率100%，已结案66起，结案率67%。按照事故原因没查明不放过，相关责任人未受到相应的处罚不放过，类似事故重复发生的防范措施不落实不放过和职工未受到教育不放过原则，建议对事故责任人追究刑事责任15人，其他行政处分、处罚398人次，其中受行政处分136人次，受党纪处分24人次，受行政处罚238人次。给予国家公务员行政处分的副县处级以上干部3人次；副乡镇以上干部13人次；给予国有重点煤矿企业副处级以上干部行政处分28人次。停产整顿矿井35处。在对煤矿伤亡事故严肃查处的过程中，充分体现了惩处与教育相结合，惩处与警示相结合的工作准则，维护了法律的尊严，树立了执法的权威，在煤矿安全生产中起到了惩处一个教育一片的作用。

第五，强化安全培训，树立"以人为本"的理念，是搞好煤矿安全生产工作的先决条件。全年全区煤炭系统培训与煤矿安全有关的各类相关人员10956人，其中，矿长406人，特种作业人员10123人，其他人员427人，从业人员的安全意识、自我保护能力和安全知识普遍提高。

辽宁省安全生产工作综述

2002年，全省安全生产工作在省委、省政府的领导下，各地区，各部门和各单位认真贯彻党中央、国务院领导关于加强安全生产工作的重要指示，落实国务院第58次常务会议、省委书记办公会议和全国、全省安全生产电视电话会议精神，以"三个代表"重要思想为指导，坚持"安全第一，预防为主"的方针，认真执行国家安全生产法律法规，采取积极有效措施，为遏制重特大事故和减少各类事故的发生，促进全省经济建设持续健康发展和保持社会稳定，做了大量的工作，取得了一定成效。

一、安全生产形势

2002年，全省共发生各类事故46243起，比上年上升0.6%；死亡5622人，比上年下降2.2%；伤15475人，比上年下降13.1%；直接经济损失23124万元，比上年下降9.8%；其中共发生各类重特大事故3893起，比上年下降5%；死亡4256人，比上年下降1.7%；直接经济损失6202万元，比上年上升5.1%。没有发生一次死亡30人以上的特别重大事故。

工矿企业共发生事故706起，比上年下降4.9%；死亡690人，比上年上升0.9%；直接经济损失6229万元，比上年下降5.6%。其中，非煤矿企业发生死亡事故376起，比上年下降1.3%；死亡449人，比上年上升2.8%。

工矿企业发生一次死亡3人以上重特大事故34起，比上年上升41.7%；死亡170人，比上年上升70%；直接经济损失1722万元，比上年上升76.3%。其中，非煤矿企业发生重大事故17起，比上年上升88.9%；死亡63人，比上年上升65.6%。

二、主要工作情况

2002年，辽宁省安全生产监督管理局处于组建时期，全省安全生产工作整体上处在机构改革、职能调整、人员变动时期。在这种形势下，全省安全生产战线的同志们，本着对国家和人民高度负责的态度，克服重重困难，最大限度地保持了队伍的稳定和工作的连续性，恪尽职守，不辱使命，善始善终地做好各项工作，从而确保了全省安全生产形势的基本稳定。

1. 落实责任，实行安全生产目标管理

年初，我们将全省非煤矿企业、煤矿企业、职业卫生、消防、道路交通，铁路道口和锅容管特设备等7项安全生产控制指标，下达给各市政府和省直有关部门。各市将安全生产控制指标层层分解，并制定考核办法，严格考核，实行一票否决制。经过全省上下的共同努力，大部分市和重点行业做了大量卓有成效的工作，没有突破年初制定的各项控制指标，实现了全省安全生产的预期目标。

2. 及时贯彻上级精神，部署安全生产工作省委、省政府认真贯彻“三个代表”重要思想，高度重视安全生产工作。在3月份召开的省委书记办公会上，省委书记闻世震同志听取了全省安全生产工作汇报，并对做好安全生产工作提出明确要求。根据每一个时期的安全生产工作特点，省政府及时安排部署全省安全生产工作，先后召开了全省安全生产电视电话会议及相关的大型会议13次，其中，省政府召开全省安全生产电视电话会议6次，省政府办公厅下发有关文件、电报6份。省主要领导多次在一些重要会议上，部署安全生产专项整治、安全生产大检查及“安全生产月”活动。

3．突出重点，深入开展安全生产专项整治工作

按照国务院和省政府的统一部署，全省以危险化学品安全管理和煤矿安全专项整治为重点，深入开展民用爆破器材及烟花爆竹、道路交通、水上交通、煤矿安全、公众聚集场所消防安全、危险化学品安全管理和非煤矿山安全等方面的安全生产专项整治工作。各级政府，有关部门和有关单位普遍重视，加强了领导，健全了机构，落实了责任；加大了新闻舆论宣传力度，营造了安全生产专项整治的舆论氛围，得到了社会各界的理解和支持。在专项整治工作中突出了重点地区、重点部门、重点单位和重点环节，坚持边整边改，取得了阶段性成果。由安监部门负责的非煤矿山安全和危险化学品安全管理专项整治工作，已分别进入检查验收和集中整治阶段。据统计，在专项整治期间，全省约有15万人参加了专项整治大检查，检查生产经营单位和作业场所3.53万家，取缔非法生产经营企业和场所4576家，停产停业整顿1.03万家；查出各类隐患8.2万项，下达限期整改通知书8600份，处罚决定书3500份，吊销许可证24家；取缔不合格车辆3430台，查处假牌假证、无牌无证车辆3627台，暂扣车辆2.95万台，查处违章53.8万人次；查处违章船舶75艘，强制客船、客滚船下线9艘，强制报废船舶55艘；收缴炸药1200公斤，雷管1.65万枚，烟花爆竹125.4万头，查破涉爆案件132起，打击处理违法犯罪人员342人。

4．立足防范，认真组织开展安全生产大检查

2002年全省共组织开展了3次安全生产大检查。3月份，针对阜新三道壕煤矿“3·1”火灾事故，根据省长薄熙来和副省长刘国强的指示，在全省开展了以加强煤矿安全生产，整顿小煤矿为重点的春季安全生产大检查。6月份，根据国务院统一部署，省政府组织检查团，对全省14个市以及煤炭、铁路、民航等重点行业进行了安全生产督查。这次大检查的形式主要有企业自查、各县区组织互查、各市集中检查以及省抽查。10月下旬至11中旬，为做好党的十六大期间的安全工作，在全省开展了为期20天的安全生产专项整治大检查。据统计，全省共检查企业和作业场所5.6万余家，查出各类隐患共9.6万项，下达整改指令书3.1万份，立即停产整顿的企业和场所262处；纠正处罚违章车辆6.3万辆，处罚驾驶员2.4万余人。

5．落实措施，加大对重特大事故隐患的监控与整改力度

2002年，通过采取政府拨款和企业自筹相结合的方式，解决了部分重点隐患整改资金，收到了明显成效。沈阳市政府近年来共投入2000余万元治理重特大事故隐患，治理隐患34项，占重特大事故隐患总数的66.7%；大连市对全市8项重特大事故隐患进行治理，已消除了7项，整改率为87.5%；抚顺市针对电瓷厂南部采煤沉陷区特大事故隐患制定相应对策，现已拆除沉陷区80%的危房，并对其他重大事故隐患进行跟踪监察；本溪市对12项重大事故隐患进行治理，已整改和正在整改的8项，整改率为66.7%；阜新市对5项重大事故隐患采取治理措施，已整改2项，整改率为40%；盘锦市政府决定出资补贴，改造油气管线，以解决石油天然气管道被占压的重大事故隐患。据统计，2002年初全省非煤矿企业共有68项重特大事故隐患，通过一年的努力，现已完成隐患治理项目8项，正在进行整改的项目41项，两项合计为49项，占重特大事故隐患总数的72.1%。另外，煤矿、道路交通和消防等其他行业也都采取了有效措施，整改了一大批隐患。

6．重视宣传教育，不断强化全民安全生产意识

一是组织开展全省“安全生产月”活动。省安委会转发了国家安全生产监督管理局等四部门《关于开展2002年全国“安全生产月”活动的通知》，下发了《辽宁省2002年“安全生产月”活动方案》，召开了全省“安全生产月”新闻发布会，并组织开展了全省安全咨询日活动。活动期间，全省

共展出安全挂图、壁板和板报1.9万余期；出动宣传车400余台；发放各类宣传品66万份；悬挂安全旗2万余面；张贴安全标语16万余条；组织9万余人观看了安全教育专题片，19万人次参加了各类培训班，24万名职工参加了安全生产法律、法规知识竞赛。省局还与省总工会共同组织开展了“安康杯”竞赛活动，全省共有68个单位获得“安康杯”竞赛优胜单位，25个单位获得“安康杯”竞赛优秀组织奖，45名同志获得“安康杯”先进个人。

二是广泛深入开展《安全生产法》的学习宣贯活动。《安全生产法》颁布后，全省立即开展了学习宣贯活动。省局举办了2期《安全生产法》学习班，还请国家局副局长闪淳昌同志前来授课。各市充分利用新闻媒体开展各种宣传活动，举办各种《安全生产法》培训班，在重要场所及生产经营单位张贴《安全生产法》壁挂，广泛宣传《安全生产法》的历史背景、法律地位、基本内容和重要意义，使全省广大干部和职工进一步增强了法律意识，提高了贯彻执行法律法规的自觉性。

三是依据《安全生产法》的规定，督促各级政府落实安全生产保障措施。2002年，省安委会下发了《关于贯彻实施〈中华人民共和国安全生产法〉的意见》，省政府办公厅转发了省局《关于编制特大安全事故应急救援预案提纲》（辽政办发［2002］90号）。目前，全省大多数市和部分行业已制定了本地区和本行业的特大事故应急救援预案。省局还印发了《辽宁省危险化学品应急救援预案编制提纲》，要求各市2003年2月底前编制完成，并上报备案。根据人事部、国家安全生产监督管理局联合下发的《注册安全工程师执业资格制度暂行规定》和《注册安全工程师执业资格认定办法》的有关精神，省局组织开展了全省注册安全工程师执业资格认定审核工作，全省共申报注册安全工程师201人，有196人经初审合格报国家审批。

7．积极推进市、县（市、区）机构建设

根据省委、省政府的决定，省安全生产监督管理局于6月24日开始运行，8月6日正式成立。在省经贸委党组领导下，省局认真履行职能，积极筹措开办经费，理顺工作关系，建立各项规章制度与办事程序，工作逐步走上了规范化、制度化轨道。

为进一步推进全省安全生产监督管理机构的建设，我局向省政府提出了尽快建立健全市、县（市、区）安全生产监督管理机构的建议，得到省领导的大力支持。经过多次协调，11月份，省编委下发了《关于设立市级安全生产监督管理机构的通知》（辽编发［2002］31号），明确各市可参照省里的做法，设立安全生产监督管理机构。根据常务副省长郭廷标的指示，我局先后到一些市督办机构落实情况。到2002年底，沈阳、大连、抚顺、本溪、锦州、辽阳、盘锦、朝阳、铁岭、葫芦岛等市已经相继成立了安全生产监督管理局，其他市也在积极筹备、酝酿。县（市、区）级机构建设也有了一定的进展。沈阳市和平区、法库县等6个区、县，大连市长海县，抚顺市望花区、顺城区、抚顺县、新宾县，本溪市明山区，朝阳市龙城区、凌源市、北票市及朝阳县等6个县（市、区），铁岭市昌图县、铁岭县，葫芦岛市连山区、兴城市、绥中县等22个县（市、区）相继成立了安全生产监督管理局，占全省100个县（市、区）的22%。

8．加强法制建设，建立完善安全生产法规体系

2002年，我们对20世纪70年代以来制定的安全生产方面的法规、行政规章和规范性文件进行了全面清理，明确安全生产行政审批、审核和核准项目16项。代省政府起草了《辽宁省安全生产监督管理规定》（草案），并完成可行性论证，拟以省政府令发布；完成了《辽宁省建筑施工安全生产监督管理规定》、《辽宁省职工因工伤亡事故报告和调查处理条例》（草案）的起草工作，争取列入2003年省政府立法计划；《辽宁省职工因工伤亡事故报告暂行办法》正在起草中。省政府办公厅转发了省局《关于对全省非煤矿山企业实行安全生产资格审查的意见》，通过对非煤矿山实行安全生产资格审查发证办法，将非煤矿山安全生产监管工作纳入规范化、法制化、科学化轨道，初步建立了非煤矿山企业安全生产条件审核准入制度。

9．加大事故查处力度，严格重大事故责任追究

先后对中国石油辽阳石化分公司发生的“2·23”重大爆炸事故和沈阳煤业集团发生的“4·26”旅客列车冲突重大事故，进行了认真的调查处理。在查清事故原因的基础上，对事故责任者和有关领导进行了严肃处理，现已批复结案。各市按照《辽宁省

职工因公伤亡事故处理条例》的规定，对2002年发生的16起重大伤亡事故进行了严肃处理，已结案12起。为贯彻《国务院关于特大安全事故行政责任追究的规定》(国务院令第302号)，对全省重大责任事故的追究情况，进行跟踪检查，督促落实。

10．扎实做好各项基础工作，提升安全生产管理水平

在“三同时”审查方面，完成了省管项目预评价报告审查11项，组织竣工验收项目5项。在安全资格认证方面，审查建筑施工企业32家，采掘工程施工单位8家，特种劳动防护用品生产企业57家，销售企业25家。此外，还对办理危险化学品铁路运输的121家企业进行了审查和确认。在培训方面，全省共培训企业负责人6652人，企业安全管理人员4590人，特种作业人员32931人，危险化学品经营单位培训教师73人，安全生产监察员300人，事故统计人员20人。

辽宁省煤矿安全生产工作综述

一、全省煤矿安全生产情况

2002年，全省各类煤矿共生产原煤5269.8万吨，其中：国有重点煤矿产煤4046.8万吨，国有地方煤矿产煤232.1万吨，乡镇煤矿产煤977.0万吨。

全年全省煤矿共发生各类死亡事故161起，死亡266人，事故起数和死亡人数低于煤矿安全监察局成立3年来的平均水平。其中：国有重点煤矿38起，死亡64人，占总死亡人数24%；国有地方煤矿21起，死亡30人，占总死亡人数11.3%；乡镇煤矿102起，死亡172人，占总死亡人数64.7%。1~2人事故144起，死亡159人；一次死亡3~9人重大事故15起，死亡71人；一次死亡10人以上特大事故2起，死亡36人。这两起特大事故，一起是阜新市清河区三道壕煤矿2月28日井下发生煤炭自燃事故，CO中毒死亡21人；另一起是朝阳市北票煤业公司冠山矿5月30日－660米水平东三石门三层煤层大巷掘进面发生瓦斯爆炸事故，死亡15人。按事故类别分：顶板76起，死亡93人；瓦斯17起，死亡59人；运输32起，死亡34人；机电5起，死亡5人；放炮2起，死亡3人；水害6起，死亡17人；火灾2起，死亡30人；其他21起，死亡25人。顶板、瓦斯、运输三类事故伤亡人数最多，占事故总死亡人数的69.9%，而顶板事故却占了原煤生产死亡事故的38.75%，居各类事故之首。

沈阳、锦州、阜新、铁法4个办事处，以铁法办事处辖区煤矿的安全情况最好。铁法辖区百万吨死亡率9.8，消灭了一次死亡3人以上重大伤亡事故，因此得到省局5万元的嘉奖。办事处辖区各产煤市百万吨死亡率之和依次排列的顺序是：铁法9.8(19.7万吨，死亡8人)，锦州15.0(产煤374万吨，死亡56人)，沈阳16.3(产煤528.1万吨，死亡75人)，阜新21.3(产煤21.3万吨，死亡64人)。

从各矿务局(煤业集团公司)所管国有重点煤矿的安全情况看，发生伤亡事故38起，死亡64人，事故起数同比下降30.9%；死亡人数下降12.3%；百万吨死亡率0.94，同比降低27%。全省国有重点煤矿年百万吨死亡率降到1以下，是自1994年成立辽宁煤管局以来的最好水平。铁法煤业集团公司2002年产煤1678万吨，百万吨死亡率为零，不但创出建局以来的历史最好水平，而且也达到了我国和世界先进产煤国家的安全生产水平。

市县属国有煤矿安全生产形势也出现了新的亮点，虽然死亡人数超过上年，但百万吨死亡率降到了0.129，同比下降14.9%。抚顺、丹东、葫芦岛、本溪等重点产煤市的死亡人数都比上年下降。其中：抚顺和丹东市属煤矿死亡人数同比分别下降77%和52%；乡镇煤矿虽然死亡事故上升，但百万吨死亡率降到了17.61，同比下降25.66%。10个产煤市按死亡人数和百万吨死亡率综合起来看，从好到差的排列是：沈阳、抚顺、锦州、丹东、铁岭、葫芦岛、本溪、朝阳、阜新、辽阳。其中，抚

顺、本溪、丹东、葫芦岛等5个重点产煤市的死亡人数都比上年下降，而辽阳、阜新、朝阳、本溪4个市的百万吨死亡率都在20以上，比上年有所上升。

与全国煤矿百万吨死亡率平均水平相比，我省安全状况还落后于全国。我省国有地方煤矿、乡镇煤矿百万吨死亡率分别为12.92和17.6。国有地方煤矿比全国国有地方煤矿的3.79超9.13，乡镇煤矿比全国乡镇煤矿的11.7超5.9。我省煤炭产量在全国约占第10位，而死亡人数占第8位；产量占全国3.97%，死亡人数占4.16%，全国煤矿百万吨死亡率4.64，而我省煤矿却为5.05，比全国高出0.89。

二、全力开展煤矿深化整治工作

1. 经过2年的整治，全省乡镇煤矿总数已经由1741个下降到1130个

两年来，已关闭各类矿井358个，乡镇煤矿办矿秩序进一步规范，非法办矿、无证开采现象大大减少；煤矿安全意识增强，办矿水平有了较大幅度提高，办矿条件明显改善，安全管理水平也有一定提高。全省已消灭独眼井和自然通风井，建设井全部变为生产井。小煤矿基本达到双主扇、双电源，中性点不接地电源向井下供电，并配置检漏装置，具备两个安全出口，立井提升容器安设防坠器，斜井安设“一坡三档”，有防火供水系统等，多数矿井还安设了瓦斯自动监测装置，井上、下设置电话通讯装置，采掘机运通各大生产系统较为完善。管理有所改善，建立完善了规章制度，基本实现了按作业规程作业，矿长和特种作业人员持证上岗。

2. 以打牢安全基础为重点，认真抓国有煤矿的安全整治

国有重点煤矿在专项整治期间共投入资金1.36亿元，用于“一通三防”、“机电运输”、“防排水”等方面的改造，其中国债项目累计完成投资4732万元。重点煤矿中的13个高、突矿井进行了瓦斯监测系统的新上、更新、补套，预计2003年一季度末，全省重点煤矿的高、突矿井将全部上齐瓦斯监测系统。全省有6个矿井进行了通风系统改造，其中老虎台矿等5个矿井通风系统改造已全部完成。有10个矿井进行了瓦斯抽放系统完善，国家局提出的防治瓦斯工作“先抽后采，监测监控，以风定产”十二字方针在辽宁省国有重点煤矿得到了较好的贯彻。全省国有重点矿井瓦斯抽放量达24000万立方米，较整治前的2000年多抽4000万立方米。

通过深化整治，国有煤矿安全生产条件有所改善。整治以来共查出事故隐患4600条，其中重大隐患178条，已整改4569条。通过整治补还了部分安全欠账。市、县国有煤矿中实行租赁、承包经营的煤矿随乡镇煤矿停产整顿，按乡镇煤矿验收标准验收，安全状况也有一定程度的提高。

三、研究新机制、新办法，加大执法力度，实现关口前移

1. 研究新机制

代省政府起草了《辽宁省乡镇煤矿安全生产规定》，制定了《辽宁省深化煤矿安全专项整治方案》、《特聘安全监督员实施方案》、《辽宁煤矿安全生产执法举报信息处理办法》。实行安全生产信息举报制度以来，各办事处顶住来自各方面的压力，克服了各种难以想像的困难，全年先后查处隐瞒事故19起，对有关责任人进行了处罚。全年还接到其他举报信息16件，对属实的13件全部进行了核实和查处。举报制度的建立，使安全防范网进一步扩大。

为了进一步健全安全防范体系，我们在全省范围内建立了特聘安全监督员制度。在已退休或已不在一线工作的，原从事安全生产或生产技术工作的人员中选择了部分同志作为特聘安全监督员，规定了他们的监察职责和工作范围，发放了聘任书。通过实践，特聘安全监督员起到了扩大监察面、增加信息渠道、丰富监察手段、加强对乡镇煤矿指导等作用。

2. 强化安全执法工作，加大执法力度

全年矿井监察覆盖率达到100%，办事处共入井监察9523人次，人年平均入井监察达到102.4次。全局共查出各类隐患21251条，下达各种执法文书7727份，其中行政处罚决定书720份，现场处理决定书2052份，撤出作业人员命令146份，向地方政府送交加强和改善安全管理建议书10份，多数矿井按照执法文书的要求进行了整改。目前全省收缴罚款336.94万元，其中：死亡事故罚款256.47万元，占76.1%；现场监察罚款80.47万元，占23.9%，是上年的40倍。全年罚款比上年多100多万元。各办事处执法力度和执法水平有了

进一步的提高。

3. 加大了事故处罚力度

对各类事故，坚持严肃查处，严格按规定处罚，决不手软。全年共处理各类死亡事故责任者737人，其中建议追究刑事责任8人，处分县处级干部29人。事故处理百分之百按规定时限结案。

4. 不失时机的开展了安全生产大检查

全年共开展了六次安全生产大检查，在很大程度上促进了各级政府抓好煤矿安全生产。在下半年开展的2次安全大检查中，机关绝大多数同志参加了检查。检查共发现各类隐患和问题1523条，隐患整改率达到95%以上。

安全培训取得成果。在重点培训上，全年举办了3期矿长培训班。到2002年末，全省已累计向1632名煤炭企业主要经营者发放了安全资格证书。另外，进行了三级培训，把特种作业人员作为三级培训的主要人员，全年培训特种作业人员15000余人。在专项培训上，举办了17期《煤矿安全规程》培训班，培训867人。

吉林省安全生产工作综述

2002年是我省安全生产监管体系正式建立并投入运行的一年，也是全省安全生产监管系统开拓进取，锐意改革，积极探索，建立和完善安全生产监督管理工作制度的一年。在省委、省政府的正确领导下，在国家安全生产监督管理局的大力支持和指导下，我们围绕全年工作目标，认真贯彻落实党中央国务院和省委省政府关于安全生产工作的一系列指示精神，克服困难，强化基础，落实责任，深化整治，突出监管，扎实工作，狠抓落实，全省安全生产工作取得了一定成绩，安全生产形势总体上保持了基本稳定。2002年，全省共发生生产事故302起，与上年同比下降13%；死亡427人，与上年同比上升5.4%；重伤31人，与上年同比下降50.8%；直接经济损失2650万元，与上年同比下降4.3%。其中：非煤企业共发生事故164起，与上年同比下降24.1%；死亡152人，与上年同比下降22.6%；重伤31人，与上年同比下降50.8%；直接经济损失882万元，与上年同比下降46.2%。

2002年，我们主要做了以下几项工作：

一、狠抓了安全生产工作目标责任制的落实，全省安全生产责任体系基本形成

2002年，我们把建立和完善全省安全生产责任体系，落实安全生产工作目标责任制作为一项重点工作来抓。年初，省政府与各市（州）政府签订了安全生产工作目标责任状，明确了各市（州）安全生产工作目标。各市（州）政府又分别与所辖县（市、区）政府签订了安全生产目标责任状，层层落实了安全生产责任，明确了安全生产第一责任人。通过层层签订责任状，各地、各部门及企业对安全生产的重视程度普遍提高，很多地区、部门都是主要领导亲自部署、亲自抓，分管领导具体抓，工作有压力，也有动力，安全生产工作抓得比较实。同时，企业的积极性也调动起来，一汽、吉化、油田等大企业都加大了安全生产投入，强化了安全生产管理，各项安全生产控制指标都有较大幅度下降。受省政府委托，省安委会办公室组成4个考核组，对9个市（州）的安全生产工作目标完成情况进行了认真考核，长春、四平、辽源、延边、松原、白城等地区全面完成了安全生产工作目标。在抓好责任制落实的同时，省及各市（州）进一步加大了事故责任追究和处理力度。根据国务院《企业职工伤亡事故报告和处理规定》、《吉林省重大安全事故行政责任追究办法》等有关规定，按照“四不放过”的原则，先后对白山市“2·10”电梯坠落、通榆“7·9”食物中毒、延边州“8·27”特大道路交通事故等一批重特大安全事故进行了严肃处理，对有关责任人分别给予行政处分和法律制裁，教育和警示了干部群众。长春市对全市36起生产事故中的责任人依法进行了追究，行政处分100余人。辽源市对近3年来有关事故责任者是否得到了真正处理、有没有异地提拔的现象进行了检查。

二、安全专项整治投入力量比较大，工作抓得比较紧，措施落得比较实

深入开展安全生产专项整治，是党中央、国务院为促进全国安全生产形势根本好转而采取的一项重要措施。按照国家部署并结合我省实际，2002年，我们在全省深入开展了煤矿、危险化学品、道路交通运输、民爆器材和烟花爆竹、公众聚集场所消防和非煤矿山、建筑施工等七项安全生产专项整治。这些整治工作情况复杂、涉及面广、难度很大，在省安委会的统一部署下，各牵头部门认真负责，精心组织，扎实推进，取得了较好成效。由各级安全监管机构牵头组织开展的危险化学品和非煤矿山专项整治取得成效。危险化学品整治动手早，抓得实。5月份，召开了全省危险化学品安全专项整治工作电视电话会议，李介车副省长到会讲了话，分析了形势，提出了具体整治措施。制订了《全省危险化学品安全专项整治方案》和《吉林省危险化学品从业单位专项整治验收基本条件》，摸清了全省从业企业的基本情况。全省310家生产企业、3200家经营企业、118家运输企业按照整治标准进行了认真的自查自纠，发现并排除了一大批安全隐患。同时，各地加强了对危险化学品生产、经营、储运企业的监督检查，对达不到安全条件或手续不全的55户运输企业、146家经营单位给予吊销或依法取缔。国家危险化学品安全管理专项整治督查组来我省进行督查时，对我省危险化学品专项整治工作给予了充分肯定。

非煤矿山整治任务比较重，省安办会同国土资源、公安、监察等部门联合下发了《关于加强非煤矿山安全生产专项整治工作的意见》，制定了《吉林省非煤矿山安全生产专项整治标准》。按照省里统一部署，各地重点开展了对井工开采矿山、采石场和尾矿库的集中整治，对一批不符合基本安全生产条件的企业进行了停产整顿或限期整改。全省共清除非煤矿山隐患1139项，关闭非法或不符合基本安全生产条件的矿山124个，停产整顿74个。延边州开展非煤矿山整治力度比较大，他们对512户非煤矿山企业进行了专项检查，查出事故隐患300余项，下达安全监察指令书37份，关闭了6户不具备安全生产条件的企业，停产整顿29户，专项整治收到了预期效果。2002年，全省非煤矿山事故起数和死亡人数均比上年同期有所下降。

公安交通管理部门以反违章、压事故、整治交通秩序为重点，组织开展了创建平安大道和实施畅通工程、百日从严整治道路交通秩序等活动，使我省道路交通事故四项指数由上半年的全面上升，到下半年逐月回落，年底实现了全面下降，有效地改善了我省交通安全环境，促进了全省交通安全形势的好转。

公安消防部门在全省范围内集中开展了公众聚集场所消防安全专项整治，对过去遗留的2860个存在火灾隐患的场所进行了重点整治，有2333个火灾隐患得到了彻底整改，整改率达到81.5%。对5463处整治中新发现的火灾隐患进行了治理，消除隐患5040处，整改率达到92.2%。

全省公安机关继续在全省开展了民爆器材和烟花爆竹专项整治。下发了《关于进一步加强民用爆炸物品安全管理的通知》，对重点整治区域、重点部位和重点单位进行了重点检查，整改隐患1255处，停业整顿129家，查封取缔了24家，查处涉爆违法犯罪案件159起，依法收缴炸药45030公斤、烟花爆竹7556件。

煤矿安全整治是我省的难点也是重点。省煤炭工业局和吉林煤矿安全监察局以“一通三防”和防止重大事故为重点，狠抓国有煤矿的安全生产，突出抓了省属煤矿完善通风系统和加强局部通风管理两个环节，同时强化现场管理，狠抓了“三长”、“三员”责任的落实，国有重点煤矿安全生产明显好转。继续加大了对小煤矿的安全专项整治力度，对452个发放了整改许可证的小煤矿，逐一进行了检查验收，对达到国家验收标准的405个小煤矿重新核发了“四证”，允许其恢复生产；对47个验收不合格或不具备安全生产条件的小煤矿依法予以关闭。同时有针对性地对重点地区开展了多次安全生产大检查，全年共查出事故隐患9376条，责令整改8735条，整改率达到93%。

建设部门积极开展了以控制和减少建筑施工高处坠落、坍塌、触电、物体打击、塔吊倒塌等“五大伤害”为重点的专项整治，取得了较好成果。

加强了对城市公用事业的安全管理，对全省49个市、县的燃气安全进行了拉网式检查，年底组织力量对全省9个地区的主要供水供热设施进行了全面检查，及时消除了一批事故隐患。

三、认真组织开展安全生产大检查，一批事故

隐患得到了有效整治

按照国家要求，针对我省不同时期的安全生产形势和特点，2002年在全省开展了3次较大规模的安全生产大检查。省及各级安全生产监管机构共出动人力4300人（次），检查各类企业3000余户，查处事故隐患3万余处，提出整改意见5200多条，整改率达到85%以上，有效地遏制了重特大事故的发生。4月份开展的春季大检查，以查隐患、落实防范措施和健全安全生产责任制为主要内容，着重对生产、储存、经营、运输危险化学品和易燃易爆物品以及容易发生爆炸、火灾、中毒、污染、坍塌的部位和道路交通事故多发区进行了全面检查。5月份，为贯彻落实国务院第58次常务扩大会议精神，我们又在全省范围内开展了安全生产大检查。为了认真做好“十一”和党的十六大期间的安全生产工作，根据省政府第18次全体会议和省安委会第三次全体会议的部署，9月25日至11月15日开展了秋季安全生产大检查，重点检查工作目标责任制的落实、贯彻执行《国务院关于特大安全事故行政责任追究的规定》、《吉林省重大安全事故行政责任追究办法》、安全生产专项整治和事故隐患监控及整改、宣传贯彻《安全生产法》情况，以及“十一”期间交通运输和公共聚集场所的安全管理工作。3次大检查之所以取得预期效果，主要是各级安全监管机构领导重视，部署周密，工作有重点，薄弱环节抓得准，整改措施落得实。通化市通过安全生产大检查，查出事故隐患6046项，及时整改解决了6014项，整改率达到98%以上。该市江东市场占压煤气管道700米，是多年的事故隐患，他们通过协调和督察有关部门，由政府投资1000多万元，新建了一座农贸市场，使这一问题得到彻底解决。

四、以学习宣传贯彻《安全生产法》和组织开展“安全生产月”活动为契机，加强安全生产宣传教育，促进了各项安全生产工作的落实

2002年6月，在全省开展“安全生产月”活动，内容丰富，主题突出，部署周密，效果较好。5月31日，李介车副省长亲自发表电视讲话，进行动员和部署。全省上下统一行动，各地、各部门及企业紧紧围绕“安全责任重于泰山”这一主题，大造声势，开展了一系列贴近生活、群众喜闻乐见的活动，在社会上引起强烈的反响。在“安全生产咨询日”一天里，全省主要城市共设立咨询站152个，出动宣传车200多辆，散发宣传材料19.3万张，设立宣传板万余块，各种宣传条幅上千条。有10多万人参加了“安全责任重于泰山，安全心系千万家”签名活动，80多万人参与了安全生产咨询。长春、四平等地还露天放映了故事片《人命关天》。“安全生产月”期间，我们在各地区和一汽、吉林碳素集团等大企业举行安全生产知识竞赛的基础上，与省委宣传部、吉林电视台共同举办了“通钢杯”全省安全生产知识竞赛决赛。在全省组织了安全生产有奖征文活动，会同团省委开展了创“青年安全生产示范岗”活动，评选出34个省级“青年安全生产示范岗”。特别是6月26日，洪虎省长接受吉林电视台等新闻媒体专访，发表重要讲话，将安全月活动推向了高潮。通过“安全生产月”活动，在全社会形成了关爱生命、关注安全的氛围，增强了广大企业安全第一的意识，促进了安全工作各项措施的落实。

五、强化基础工作，各级监管机构监督管理职能显著增强

一是加强了安全生产监管体系建设，监管体制逐步形成。从省到9个市（州）都组建了安全生产委员会办公室，白山市还成立了正局级的安全生产监督管理局。吉林市也成立了安全生产监督管理局。各级监管机构、职能、人员和经费逐步得到落实。二是加强了各级监管队伍建设，全省监管人员素质逐步提高。各地都针对新机构、新职能、新人员的实际，创造条件，采取请进来、走出去的办法，有效地提高了各级监管干部的政治素质和业务素质。省安办有18人参加了国家局组织的安全生产监察员执法培训班。举办了3期安全生产监察员执法培训班，重点对市（州）经贸委主管主任、监管人员和各县（市、区）主管县（市、区）长进行培训。对特种作业人员实行持证上岗制度，共签发特种作业人员IC卡操作证4万多个。三是加快推进安全生产法制建设，依法监管机制逐步形成。我们紧紧抓住《安全生产法》贯彻实施的有利时机，加大了对原有地方性安全生产法规文件清理和修订的力度，加强了安全生产地方性法规和规章的修改完善工作。省安办制定了《吉林省安全生产条例》（草案），争取2003年下半年出台。纳入立法计划的《吉林省企业负责人安全生产管理责任追究办法》和《吉林省危险化学品安全管理实施细则》等一批地方性法规拟定工作也已经完成。同时起草了《吉林省特种作业人员培训基地暂行管理办法》，按照国家局的要求，对提出申请的12个培训基地进行了严格的审查。根据《安全生产法》和《危险化学品安全管理条例》，对新建、扩建和改建项目及部分危险化学品从业单位进行了预评价和安全评价。同时转发了国家局《关于加强国有大中型企业安全生产工作的意见》和《关于加强非公有制小企业安全生产监督管理工作的意见》，并提出了具体贯彻要求。四是加强基础资料的收集整理，动态管理制度初步形成。下发了《关于报送工矿企业事故隐患及治理情况的通知》，并提出了具体要求，在对各地的情况进行分析、汇总后向国家局上报了《关于报送工矿企业事故隐患及治理情况的报告》，对全省现存的30户工矿企业事故隐患又重新进行了调查摸底。省与各地区对重点行业、重点地区、重点单位和重大危险源加强了普查、评估，建立了安全档案。五是加强了安全生产信息统计工作，建立了重大事故专报制度。完善了群众来信来访制度，形成了良好的群众监督和舆论监督的社会氛围。

黑龙江省安全生产工作综述

2002年，黑龙江省安全生产工作在省委、省政府的领导下，在国家安全生产监督管理局的指导下，全省安全生产战线广大干部职工认真贯彻落实“安全第一，预防为主”的方针，以学习贯彻《安全生产法》为契机，深化安全专项整治，狠抓安全生产责任制的落实，加大安全生产监督监察力度，为扭转安全生产被动局面做了大量工作，取得了明显效果。

一、部署全省安全生产工作

全年共组织召开全省各类重要安全生产工作会议13次。组织召开了全省安全生产工作会议、各地市安全监管局长（安全办主任）会议，全面部署全省安全生产工作，使国务院和省委、省政府的重大部署迅速传达到了基层；为加强安全生产检查督查，遏制重特大事故的发生，组织召开了全省安全生产大检查检查团工作会议；为搞好全国第一个“安全生产月”活动，组织召开了全省安全生产宣传工作会议；为加强事故统计分析工作，召开了省局组建后的第一次全省伤亡事故统计工作会议，对各地市统计人员进行了新的伤亡事故统计软件的系统培训；为把“安全第一，预防为主”方针落实到企业，切实做好企业安全生产管理工作，组织召开了全省重点企业安全监管工作会议等。通过这些会议，及时传达贯彻了上级精神，以及省委、省政府的总体要求，部署了安全生产方面的工作，掌握了工作的主动性。同时，完成了重大节假日安全工作部署、情况汇总和上报工作，在元旦、春节、“五一”、“十一”和“十六大”期间，下发了关于加强安全生产工作的通知，对做好节日和党的十六大期间的安全生产工作提出具体要求，并将有关情况及时向国家局和省委、省政府报告。起草和下发了有关指导性文件215份，促进了全省安全生产工作的开展。圆满完成了6月份国务院安全检查组第11组、8月份国家安全生产督察组和10月份国家局安全综合督查组的汇报、检查、接待和陪同检查工作，针对检查组和督察组提出的意见，进行了督办落实工作。

二、加强了对安全生产责任制的考核和落实工作

年初，对各地市政府（行署）、省农垦总局和省直有关单位2001年度安全责任状的完成情况进行了考核，并进行了奖励。大庆市、佳木斯市、牡丹江市、双鸭山市、齐齐哈尔市、绥化市、黑河市、七台河市、伊春市、哈尔滨市为优秀地市；大兴安岭为达标地市；鹤岗市、省农垦总局、鸡西市为不达标地市。省建设厅、省交通厅、省教育厅、省国防工力、省电力公司、中油黑龙江省销售公司、省人防办、省森工总局、省邮政局、省电信局、省供销社、省民航局、省粮食局、省乡镇企业局、省储备局为优秀单位；省农委、省信息产业厅、哈尔滨铁路局、省航运集团、省移动通信公司、省联通公司为达标单位。

根据2001年安全责任状考核情况，对安全责任状的考核内容进行了细化调整，确立了国有重点煤矿的安全责任考核指标。省政府与各地市政府(行署)、省农垦总局、13个重点行业部门和鸡西、鹤岗、双鸭山、七台河矿业集团公司签订了2002年度安全责任状，并督促各地、各部门层层签订安全责任状，使全省上下形成了安全责任体系。

7月上旬对各地市、省直各有关单位和4个国有重点煤矿上半年落实安全生产责任制情况进行了半年检查考核。根据国家302号令和《安全生产法》的有关内容，修订了《黑龙江省安全生产责任制考核办法》，起草了《市（地）安全生产监督管理机构工作绩效考核办法》，为完善责任制考核和对地市安全监管部门考核工作提供了依据。

三、专项整治工作初见成效

1．成立了安全专项整治工作领导小组，制定了整治工作方案

对煤矿、危险化学品、公共聚集场所消防安全、道路交通、烟花爆竹和民用爆破器材等整治工作，都分别成立了由主管省长为组长的整治工作领导小组，以省安全生产委员会名义下发了整治工作方案。2月19日印发了《关于开展公众聚集场所消防安全专项治理的实施方案》，3月22日印发了《全省交通运输安全治理整顿活动方案》，3月26日印发了《全省民用爆炸物品安全治理整顿方案》，2月27日印发了《危险化学品安全治理整顿方案》，5月下发了《全省预防道路交通事故工作方案》。铁路、民航、建筑、军工、森工、电力等省直单位，也都根据本行业和本系统实际情况，成立了安全专项整治领导小组，并制定了整治方案。

2．开展安全检查和督察，推动整治工作深入开展

我局参与了6次全省范围内煤矿安全整治检查和督察，并向省政府提出了煤矿安全整治工作存在问题和解决问题的意见。分阶段对危险化学品、非煤矿山进行了安全检查和督察，摸清了底数，推动了整治工作。组织了对交通运输安全整治和公众聚集场所消防安全、民爆器材和烟花爆竹专项整治，有力地促进了专项整治工作的深入开展。

3．认真做好安全生产专项整治的领导、综合、协调工作

根据工作进展情况，适时对整顿工作提出要求，定期向省委、省政府、省整顿和规范市场经济秩序办公室汇报整治工作进展情况，得到了省委、省政府的高度重视。6月23日省委常委九届四次会议上，徐有芳书记对安全生产工作做了重要指示："必须正确处理安全与生产的关系，切实做到以安全为前提。安全是稳定的基本，安全工作关系到改革开放的成果，关系到广大人民群众的切身利益。安全出了问题，不仅不会有生产效益，而且已有的成果也要丧失。今年上半年我省发生多起生产安全事故，特别是'6·20'特大事故，发生在全国正在开展的安全月活动中，这不能不引起我们的深刻反思。我们必须以此为戒，举一反三，总结教训。必须从保稳定、促发展的高度，重视安全生产，抓好安全生产，确保社会稳定。"会议把安全生产"五项专项整治"作为黑龙江省抓好社会稳定五个战役之一，列入省委省政府重要工作议程。

4．各项安全专项整治工作取得了阶段性成果

3月份就对危险化学品整治工作进行了全面部署，走在了全国前列，并采取分步实施的办法开展了整治工作。第一阶段从5月份开始，坚持摸底、检查、治理相结合，采取"规范调查内容，细分企业类别，抓重点企业，抓要害部位，抓薄弱环节，点块结合"的办法，对全省危险化学品进行调查摸底，7月中旬这项工作结束。据统计，全省纳入危险化学品专项整治的从业单位共有7764个，其中，生产单位847个，使用单位1369个，储存单位482个，运输单位514个，废弃物处置单位45个，经营单位4472个，剧毒化学品从业单位653个。第二阶段从8月份开始，在摸清了全省危险化学品底数的基础上，把普查重大危险源和整治企业重大事故隐患作为整治重点，开展了全面集中整治，采取加强培训，下发规范性文件，召开工作汇报会和整治工作协调会，组织对部门、地市进行检查，抓典型、以点带面等方法，推动工作的开展。由于我省工作启动早，调查摸底工作细致，工作开展得扎实有序，在2002年11月26日国家局召开的全国危险化学品专项整治工作座谈会上作了经验介绍，国家局还委托我局起草《危险化学品专项整治验收报告意见》(草稿)。

非煤矿山安全专项整治。对全省非煤矿山进行

了调查摸底，掌握了矿山基本情况，目前全省共有各类非煤矿山 2452 个。其中：露天金属矿 53 个，地下金属矿 20 个，非金属矿 2301 个，其中采石 1259 个、采土 873 个、采砂 173 个、矿泉水 56 个、石油 2 个、天然气 1 个、泥炭 2 个，尾矿库 10 座，无证矿山 21 个。开展了矿山安全条件认证工作，对 76 个矿山企业核发了安全生产条件合格证，对矿山开采无设计问题进行了整治，目前全省已编写出的设计近 100 本，为矿山规范开采提供了依据。强化了对矿山企业负责人、安全管理人员、特种作业人员的培训，省安全监管局组织了 6 期采石矿长安全资格培训班，共培训 570 人，占采石矿山总数的近一半。各地市对采砂、采土等矿山企业经营者、安全管理人员、特种作业人员进行了培训，培训率达 60% 以上。加强了制度建设，2002 年 2 月，省安全监管局与省国土资源厅、省公安厅联合下发了《关于加强非煤矿山安全管理实施小型矿山安全条件认证工作的通知》，制定了《黑龙江省小型矿山安全条件认证管理办法》。

道路交通运输专项整治。全省共查处交通违章 134 万件，吊扣执照 2 万多本，暂扣车辆 3 万多台次，行政拘留 425 人，消除了大批隐患，改善了交通环境。更新客运车辆 1480 台，对 235 台营运卧铺客车的顶置行李架及铺位进行了改造，使营运客车的整改率达 80% 以上；在 101 个二级上以客运站设立了安检站，其中有 68 个配备了安全检测设备，为安全行车提供了技术保障。通过加大路检路查和查处违章的工作力度，消除了一大批隐患，道路交通安全有一定改善。

公众聚集场所消防安全专项整治。全省共有 29415 个单位纳入整治范围，经整治合格 25676 个，合格率达 87.3%，其中公众聚集场所 19072 个，合格率达 86.5%。全省备案的重大火灾隐患单位 260 个，经过第二轮火灾隐患整改合格 135 个，投入整改资金 1.4 亿元。全省 4948 个网吧全部停业整顿，责令停业 872 个，吊销执照 441 个，合格 4040 个。此外，对 2425 个加油站进行了消防安全整治，责令停业 128 个，合格 1770 个。到 2002 年末，全省已 42 个月没发生特大恶性火灾。

民爆物品和烟花爆竹专项整治。全省有民爆器材生产企业 13 家，销售企业 31 家，使用单位 2341 家（其中直购户 30 家），工矿企业年用炸药 32117 吨，雷管 2607 万发。烟花爆竹生产企业 17 家。在整治中检查涉爆单位 2533 家，发现隐患 634 处，下达整改通知书 537 份，责令停产停业 36 家。查处涉爆案件 137 起，收缴炸药 11204 公斤，雷管 244409 枚，导火索 38910 米，防止了涉爆事故。

煤矿安全专项整治。国有重点煤矿以抓“一通三防”为重点，落实了“先抽后采、监测监控、以风定产”的十二字方针。为了保证安全生产，国家、省政府投入和 4 个国有重点煤矿自筹资金共计 2.3 亿元解决安全欠账，并将吨煤安全技措费提取比例增加到 1.5 元。全省小煤矿由 2002 年初的 1916 个减少到 1337 个，鹤岗“7·8”事故后，全省小煤矿一律停产整顿，严格检查验收，通过整顿验收工作促进了煤矿安全生产。

建筑、铁路、民航、石化、电力、林业、教育、旅游等系统结合实际，有针对性地组织开展了安全专项整治，均取得了较好的效果。

5 月开展了全省旅游安全的普查工作，对旅游景区景点的数量、机构，游乐设施的数量、种类、状况，景区景点的安全管理、事故隐患等进行了全面普查，建立了全省旅游安全管理档案。节假日期间省安全监管局和省技术监督局等单位联合组成了检查组，对哈尔滨市管辖的二龙山风景区、儿童公园、松花江江上索道等重要旅游景点和游乐场所进行了安全检查，对发现的问题提出了整改意见。

11 月 14 日至 21 日由省安全监管局和建设厅、劳动和社会保障厅、省总工会和省防雷办等部门组成了 4 个检查组，对哈尔滨、齐齐哈尔、佳木斯等 8 个中心城市建筑业安全生产情况进行了检查。重点检查了安全生产责任落实和安全教育培训情况、年度安全目标和有关安全生产责任制的执行情况、生产安全事故情况，以及建立劳动关系、订立劳动合同、参加工伤社会保险等情况，查出各种事故隐患和问题 210 多项。

四、加强了对全省重大事故隐患的管理

下发了《关于加强全省重大事故隐患管理的通知》（黑安办发［2002］20 号），对全省重大隐患的普查、评估、整改和监控工作以及制订特大安全事故应急预案提出具体要求，掌握了全省地市备案的 111 处重大事故隐患，督促各地市制定了特大安全事故应急处置预案，推动了安全整治工作的开展。

五、认真开展了事故统计分析和事故调查工作

加强了事故统计分析，规范了全省事故统计工作报表，按时完成了全省月度职工伤亡事故统计报表的编制和上报工作。认真调查处理了各类生产事故。参与了5起一次死亡10人以上煤矿特大瓦斯爆炸事故的调查；组织了对大庆三因洗浴中心“1·1”事故、五常市背荫河镇蛤蟆塘村石灰石场“3·24”重大岩体片帮事故、大庆红岗化工实验厂“11·13”油罐爆炸事故和绥化海伦海兴粮库“12·17”重大事故的调查，按照“四不放过”的原则对事故进行了处理，并作了批复。此外，处理了15起来信来访，有的派人进行了调查处理，有的责成有关部门进行了处理，有的给予了明确答复。

六、加强了安全生产宣传教育和法制建设工作

2002年安全生产月活动期间，省市各级安全生产监管部门会同宣传部、总工会和共青团等有关部门部署了一系列的安全宣传活动。6月1日，“全国安全生产月”活动月第一天，张成义副省长在黑龙江日报发表《搞好“安全生产月”活动促进安全生产工作健康发展》的署名文章。哈尔滨市在市区设立了8个咨询宣传点，邀请张成义副省长到省政府门前、哈尔滨火车站、道里中心广场等活动地点参加现场咨询活动。“安全生产月”期间，散发宣传单、宣传册156万张，悬挂标语横幅2.3万条，制作宣传板12374块，插挂安全旗10872面，出动宣传车4169台，电台、电视台发稿件431篇，制作专题节目421台次，播放安全公益广告1942条，安全知识讲座942场，受教育群众34.37万人次，组织安全文艺演出1920场，观看安全警示片《人命关天》348万人次。组织全省52户重点企业开展了“安全生产月”百题知识竞赛活动，有10万职工参加答题活动；在重点企业中开展了“安全生产超千天”评比活动，有130余家企业受到表彰；组织参加了“全国危险化学品安全管理知识竞赛活动”，省内25名同志获奖，我局被授予优秀组织奖单位。通过这一系列活动，营造了“关爱生命、关注安全”的舆论氛围，使安全生产月活动做到了电视有影、广播有声、报纸有字、企业有形，“安全生产月”活动，在全社会产生了强烈反响，收到了很好效果。《安全生产法》颁布后，加大了对《安全生产法》的宣传贯彻力度，组织召开省安全生产委员会贯彻实施《安全生产法》座谈会；10月31日《黑龙江日报》发表了省委常委、副省长张成义的署名文章《认真贯彻落实〈安全生产法〉努力开创安全生产法制建设新局面》，11月2日《黑龙江日报》发表了省人大常委会副主任赵吉成的署名文章《强化监督管理确保生产安全》，有力地推动了《安全生产法》宣传活动的开展。《安全生产法》颁布实施后，结合我省实际情况起草制订了《黑龙江省安全生产条例》，于12月24日报省政府法制办。

七、加强安全培训工作和安全生产中介组织建设

根据全国安全培训工作会议精神，结合我省实际，下发了《关于全省安全生产培训考核工作有关问题的通知》，制定了《黑龙江省安全生产培训工作管理办法》，起草了《黑龙江省安全生产及特种作业人员安全技术培训、考核收费办法》，通过了省物价局、财政厅的审批。通过这些工作，理顺、规范和推动了培训工作的有序开展。根据局2002年年初工作安排，聘请国家和省有关安全生产专家教授，与国家、省劳动安全科学技术研究中心举办了2期安全监察员培训班（156人）、2期企业负责人培训班（246人）、一期内审员培训班（76人），与中石油黑龙江分公司、哈尔滨燃气总公司联合举办了安全生产管理人员培训班（129人），组织了11期危险化学品专业培训班（1400多人），与行业主管部门联合举办了5期安全管理人员培训班。到2002年底，全省共培训各类人员4076人，其中：培训安全监察员156人，企业负责人和安全管理人员6215人，特种作业人员34240人，1116名矿长经考核获得了《矿长安全资格证》，1095名危险化学品企业安全管理人员经考核获得了《安全管理资格证》。根据《黑龙江省特种作业人员安全技术培训单位资格认证标准》，对19家申请特种作业人员培训的单位进行了资质认证，对其中10家符合条件的单位颁发了《黑龙江省特种作业人员培训机构许可证》。全省的安全培训工作已全面铺开。

加强了安全生产中介组织建设，成立了省安全生产管理协会和省化工安全卫生技术协会。加快全省安全生产信息化建设，建成并已开通省安全生产信息网。按国家要求，成立了黑龙江省第一届安全生产专家组，由综合、非煤矿山、机电化工、建筑交通4个专业组、30名专家组成。按国家局部署，启动了注册安全工程师执业资格评审工作，前期与省人事厅联合发文，并开展了初审工作。

八、安全生产监管机构和队伍建设明显加强

2001年，省编制委员会以黑编［2001］149号《关于省政府安全生产办公室更名的通知》明确了我省安全生产监督管理机构，即黑龙江省安全生产监督管理局，为省经贸委管理的副厅级机构，下设五个处：安全综合管理处、政策法规处、安全监督管理一处、安全监督管理二处、安全监督管理三处。核定编制40名，局长1名（正厅级），局长同时兼任省经贸委副主任，副局长2名（副厅级），处级领导职数14名，其中处长5名、副处长9名。4月22日，全省安全生产宣传工作会议暨黑龙江省安全生产监督管理局成立大会在哈尔滨市召开。各市（地）市长（副专员）、安全监管局（安全办）、总工会、宣传部、共青团负责人，中、省直有关单位、省部分重点企业负责人参加了会议。国家安全监督管理局三司任树奎司长、省政府刘海生副秘书长出席会议并讲话，同时为黑龙江省安全生产监督管理局揭牌。目前，全省13个地市和省农垦总局先后组建了安全生产监督管理局，其中：省局40人，地市局214人，县、区局522人。目前全省安全生产监管机构编制人员达776人。6月份，省安全监管局全体机关干部参加了省政府法制办组织的行政执法培训，经考试合格，全局行政执法人员获得了《行政执法证》或《行政执法监督检查证》，实现了持证上岗。9月份，省局又组织2批行政执法人员到北京接受国家安监局的安全监察培训。根据要求，从10月开始，聘请国家和省有关专家多次对全省安全生产监督管理人员进行行政执法培训，并颁发国家统一印制的《安全监察证》，进一步加强了安全监督管理执法队伍建设，为建立有效的安全生产综合监督管理体系创造了条件。

黑龙江省煤矿安全生产工作综述

黑龙江省是产煤大省，2002年原煤总产量6715万吨。全省煤炭地质储量216亿吨，分布在13个市地中的10个地市，66个县（市）中有23个县（市）有煤炭开采。开展关井压产前的1997年，有各类煤矿4887处，2001年初减少至1916处，经过专项整治，2002年初已经通过省级验收的矿井1327处。全省有42处国有重点煤矿，分属鸡西、鹤岗、双鸭山、七台河矿业集团公司，核定生产能力3833万吨。由于国有重点煤矿开采的历史都很长，有不少是日伪时期就开始开采的老井，大部分井深巷远，有的矿井垂深达700～800米。加上国有重点煤矿遇到前所未有的经济困难，只能艰难地维持简单的生产、生活，安全投入欠账多。这些问题给煤矿安全埋下了大量的事故隐患。尤其是瓦斯隐患更为突出。在全省4个重点矿业集团公司中，有高瓦斯矿井13个、低瓦斯矿井14个、瓦斯突出矿井5个，有重点瓦斯工作面73个。历史上，黑龙江省又是煤矿安全事故多发区，1949～2001年的52年间共生产原煤14.7亿吨，死亡7550人，其中仅1995～2001年的7年间，就发生各类事故889起，死亡2236人。

进入新世纪以后，省委、省政府对煤矿安全工作非常重视，多次召开省委常委会议和省政府常务会议，研究部署煤矿安全工作。省委书记徐有芳同志多次对煤矿安全工作作出批示，提出工作要求；省长宋法棠同志亲自担任煤矿整顿领导小组组长，亲自主持煤矿安全会议，并作讲话；省委常委、副省长张成义同志不仅多次主持召开煤矿安全会议，要求各级政府和煤矿企业站在“三个代表”的高度，抓好煤矿安全工作，并亲自带领省政府有关部门到煤矿督察，检查安全工作；对煤矿安全监察局查出重大事故隐患非常重视，及时作出批示，要求有关部门和政府、企业整改。省经贸委、省安全办投入大量的精力抓煤矿安全，研究解决煤矿安全中的具体问题。尽管做了大量工作，但是，由于多种因素，黑龙江省煤矿的安全生产形势仍然处于不稳定的严峻状态：2002年，全省煤矿共发生死亡事故127起，死亡425人，与上年同期相比，分别上升29.6%和48.6%，其中3人以上重特大事故19起，死亡299人（3～9人14起，79人；10人以上

5起，220人），与上年同期相比，分别上升18.8%和61.6%。分析全省煤矿安全状况，有三个特点：一是国有重点煤矿虽然事故次数有所减少，但死亡人数却大幅度增加。全省国有重点煤矿发生死亡事故46起，死亡216人，与上年同期相比，事故次数减少14次，下降23.3%，人数增加73人，上升51%，百万吨死亡率达4.9。二是瓦斯事故次数虽然有所减少，但死亡人数大幅度上升。全省煤矿瓦斯事故发生18起，死亡265人，比上年同期减少3次，下降14.3%，人数增加136人，上升105%。三是发生事故的单位主要集中在鸡西矿业公司，与上年同期相比，鸡西矿业集团公司事故死亡人数增加135人，上升711%。主要是“6·20”事故一次死亡124人。

一、贯彻落实国办17号明电精神，在煤矿安全整顿中加大监察执法力度

（1）监察小煤矿停产整顿。按照国办17号电文和省委、省政府两办紧急通知要求，从7月9日起，全省小煤矿全部一律停产整顿。省局派出5个执法监察组，会同各煤矿安全监察办事处对各地停产整顿情况进行认真的监察执法，发现擅自生产的，依法进行处罚，确保停产到位。同时，监督各市地、各重点煤矿对在专项整顿中确定关闭的小煤矿和矿办小井尽快实施关闭。

（2）加大对国有重点煤矿和地方国有煤矿的安全检查和执法监察力度。按照国办17号电文的要求，凡是超通风能力生产的矿井，煤与瓦斯突出未采取综合防治措施的矿井，生产布局和通风系统不合理的矿井，未安装矿井瓦斯检测系统和系统运行不正常的高瓦斯矿井及煤与瓦斯突出矿井一律停产整顿。

（3）实行煤矿重特大安全隐患报告制，以此作为关口前移、重心下移、超前防范的具体措施之一。在监察执法中，发现该关未关、死灰复燃的小煤矿和存在重大安全隐患的矿井，一律下达监察执法通知书，对在监察执法中发现国有重点煤矿的重大事故隐患，向煤矿下达通知书，由煤矿矿长签字后，用“煤矿安全重大隐患报告书”送达公司（矿务局），并由董事长或总经理（局长）签字。对重大隐患整改情况，各市地煤炭局、公司（矿务局）要向当地煤矿安全监察办事处报告，确保整改责任落实到位。各煤矿安全监察办事处在坚持每15天报告监察情况的同时，发现重大安全隐患随时报告省局，省局根据办事处的报告进行整理后，向国家煤矿安全监察局进行报告，同时，向省政府、省经贸委、省企工委报告，并抄送省安全生产监督管理局。

（4）对矿井安全程度进行评估分类，突出重点监察执法。以“一通三防”为重点，对全省各类煤矿进行分类，高瓦斯矿井、煤与瓦斯突出矿井和未采取综合防治措施的矿井列入三类矿井，在矿井醒目位置设立重大危险源警示牌。目前已经确定160个矿井为三类矿井，全部设立警示牌，进行重点监察执法，用重大安全隐患报告制的办法，监督当地政府和有关部门抓好危险矿井的整顿和整改，

二、落实铁法现场会议精神，调整工作思路，突出瓦斯治理重点，加强监督执法

全国煤矿瓦斯治理现场会议结束后，黑龙江煤矿安全监察局党组立即部署贯彻落实会议精神，分别于9月2日、9月4日连续召开局党组（扩大）会议、局机关副处级以上干部会议、办事处主任（书记）会议。通过三个会议，传达落实全国煤矿瓦斯治理现场会议精神，充分认清黑龙江省煤矿安全所面临的严峻形势，使每位煤矿安全监察员都有紧迫感和责任感，将黑龙江煤矿安全监察局及办事处全体监察员的思想统一到这次会议精神上来。

（1）重新调整工作思路，突出重点治理瓦斯。对黑龙江省煤矿历史上的3人以上事故资料综合整理，进行深刻剖析。据统计，从1949～2002年6月末，共发生3人以上事故565起，死亡3938人。其中：瓦斯事故237起，死亡2816人，瓦斯事故占总起数的41.95%，瓦斯事故死亡人数占总死亡人数的71.51%。通过讨论分析，局党组果断决定：重新调整煤矿安全监察工作思路，集中省局和办事处90%的人员和精力，重点监察煤矿的“一通三防”和瓦斯治理工作。

（2）采取切实有效措施，加大监察执法工作力度。一是认真吸取事故教训，坚决克服麻痹厌战情绪，牢固树立“安全第一”思想。各煤炭企业结合贯彻全国煤矿瓦斯治理现场会议精神，对煤矿各级管理人员、技术人员、矿工进行一次安全教育，普遍提高他们对安全工作的认识。二是抓领导责任制的落实，健全综合防治体系。建立以煤矿企业为主体的瓦斯防治体系和董事长（总经理）是瓦斯治理

的主要负责人，总工程师对“一通三防”技术负总责的责任制。建立产煤市（地）、县政府煤炭行业主管部门属地管理辖区煤矿安全责任体系，落实区（县）主管部门的责任。建立“预防为主，关口前移”的煤矿安全监察体系，督促检查有关部门和煤炭企业对“十二字”方针的落实情况。三是突出监察工作重点，落实“十二字”方针，从源头抓起。先抽后采由局总工程师负全责，总工办具体抓。高沼气、高突矿井和工作面要100%装备监测、监控设施，并保证监测、监控系统灵敏可靠。对全省煤矿重新进行风量测定，通风系统合理可靠。合理集中生产，减少井下作业人员，国有煤矿采区不超过“二采五掘”，乡镇煤矿不超过“一采二掘”。四是确定与“一通三防”和瓦斯事故有关的薄弱环节，有的放矢地重点监察。通过对以往事故的分析，并结合黑龙江省煤矿的实际，在重点抓好“十二字”方针贯彻落实的同时，突出抓好下列14项重大危险源的管理：①消灭盲巷、独头巷；②消灭无风、微风、循环风作业，重点工作面双风机、双电源有专人管理；③加强对井下火区的管理；④井下通车、行人的风门必须联锁，风门、风桥有专人管理；⑤加强井下火源管理，禁止明火作业、明接头、明打点和电器失爆；⑥加强揭露煤层的管理，并有可靠的安全保障措施；⑦加强巷道贯通的管理，巷道贯通前必须有总工程师批准的施工设计和安全保障措施；⑧加强对全煤上山、高沼气矿井的管理，供电系统实行“三专两闭锁”，严禁使用电钻打眼；⑨加强对井下密闭的管理，密闭要坚固可靠，达到设计标准，并编号登记；⑩加强对停风、停电的管理，停电前要提交报告，送电前要检查瓦斯浓度；⑪加强对入井人员的检身工作力度，对带火入井人员要给予严厉的经济、行政处罚；⑫加强对劳动组织的监察，严禁外包工队入井；⑬采煤工作面严禁瓦斯超限作业；⑭禁止采空区进、回风和前进式采煤，发现有非正规采煤现象后立即关闭。

三、结合小煤矿专项整顿进行监察执法

在2001年关闭减少小煤矿589个的基础上，2002年又制定了《深化煤矿安全专项整顿工作方案》。根据国务院办公厅［2002］17号明传电报和省委、省政府办公厅《关于加强安全生产的紧急通知》要求，按照省委、省政府的统一部署，从7月9日起全省各类小煤矿全部停产整顿。产煤地区各级政府和有关部门对小煤矿停产整顿工作很重视，分别召开各种会议，认真落实各项整顿措施。各市（地）都组织了专门的领导机构，做了大量工作，保证了整顿和验收工作的顺利进行。省经贸委和黑龙江煤矿安全监察局认真按照省政府领导的指示精神，周密制定了整顿验收标准和整顿验收工作方案。煤矿安全监察局先后2次对全省小煤矿停产整顿工作进行督察，各煤矿安全监察办事处加强了对小煤矿停产整顿的日常监督，加大了监察执法力度。

为了保证小煤矿整顿的质量，避免走过场，黑龙江煤矿安全监察局认真落实省政府领导的要求，紧紧抓住整顿验收的关键环节。在验收标准上，增加了更加严格的瓦斯管理和“一通三防”方面的6条标准。省安全生产监督管理局、煤矿安全监察局、公安厅、国土资源厅、工商局、煤炭工业局共抽出77人组成联合验收组，对鸡西、鹤岗、双鸭山、七台河和黑河市、大兴安岭地区进行分期分批验收。省验收组根据各市（地）政府（行署）申请验收矿井数量，按申请验收矿井的名单和编号，采用摇奖式的随机抽样方法确定抽验矿井，体现了公开、公正的原则。在整顿验收中，煤矿安全监察执法人员结合监察业务，发现重大安全隐患当场下达监察执法文书，进行行政处罚，并督促整改。

四、严格执法，超前防范，加强煤矿安全监察

省安委会、煤矿安全监察局、监察厅、公安厅、国土资源厅、工商局、总工会、煤炭工业局等委厅局共同制订了《黑龙江省煤矿预防矿井瓦斯煤尘爆炸、火灾及升降人员重大事故的规定》（简称《100条》），组建了专门机构，集中力量抓推进落实。2002年，《100条》推进组已对鸡西、鹤岗、双鸭山、七台河4个重点矿区进行了3轮重点监察执法，对在监察中发现的重大隐患立即向各市政府及有关部门和矿务局公司下发监察通报，明确责任，限期整改。各煤矿安全监察办事处跟踪监督落实。

为了严重打击安全生产中的违法行为，煤矿安全监察局从3月初开始，会同省政府8委厅局对鸡西、鹤岗、双鸭山、七台河矿区煤矿安全生产进行联合执法监察。重点是《100条》落实情况，特别是高、突瓦斯矿井防治瓦斯措施的落实情况。执法监察组明确提出各地、各单位存在的主要问题和解决问题的措施。对国有煤矿发现的各类问题，执法监察人员都对矿长、主管矿长和总工程师进行谈话交待，制定了整改措施。

认真开展煤矿安全培训和教育。2002年，全省煤矿共举办矿长培训班6期，培训各类矿长554人次，到目前为止，共有2310人经考试合格取得了《矿长资格证书》和《煤矿安全资格证书》。全省11家具备三级煤矿安全培训资格的机构共培训特种作业人员16730人，其中有15572人经考试合格取得了《操作资格证书》。到目前为止，取得《操作资格证书》的已达25632人。四级培训中心对15万余入井人员进行了培训，其中培训新工人达27000人。与此同时，省局还组织进行了煤矿安全培训专项监察，对225对矿井的安全培训、责任制落实和持证上岗等情况进行了抽查，下达执法文书96份，依照有关法律法规，对73处矿井进行了相应的处罚，通过强制培训和持证上岗专项监察，有效地提高了煤矿企业经营管理者、特种作业人员和工人的安全自律意识与安全技术素质。为搞好煤矿安全教育，省局还在全省组织开展了“煤矿安全生产月”活动，并从10月15日至11月20日组织了《安全生产法》宣讲团，先后进行了17场宣讲，听课人数5000余人。

加强经常性的检查和监察。各级监察人员不怕劳累，敢于碰硬，加强夜查和抽查，对重点隐患反复监察。2002年，各级煤矿安全监察机构共组织监察执法13033人次，监察矿井2890处次，监察人员入井7899人次，发现安全隐患8759条，其中重大隐患1886条，下达执法文书3192份，现场责令整改5276项，对违法行为给予了行政处罚。省局每月向省政府报告全省煤矿重大安全隐患情况。

五、加强煤矿安全领导力量，补还安全投入欠账，提高煤矿安全素质

鸡西矿业集团公司“6·20”和鹤岗市“7·8”两起特大事故后，黑龙江省委、省政府非常重视，省委先后召开两次常委扩大会议和煤矿安全生产电视电话会议，将煤矿安全工作列为专题进行研究，对全省小煤矿全部进行停产整顿。7月22日，省长宋法棠同志和副省长张成义同志又在双鸭山市召开了煤矿安全生产现场办公会议，采取积极有力措施，解决煤矿安全生产中的问题。

一是增配主管煤炭工业的副市长、副县（市）长，从组织上保证责任制的落实。省委决定在4个产煤市增配1名副市长，在10个重点产煤县市增配一名副县（市）长，4个重点产煤市的各个区也都配备1名副区长主管煤炭安全工作。这些同志到位后，要全面抓好煤炭生产各项工作，特别要突出抓好煤矿安全工作。同时省里决定实行安全副矿长委派制，由各县（区）煤炭管理部门选调人员，派驻小煤矿担任安全副矿长，其人事关系、工资、福利等方面均在县（区）开支，费用由县（区）政府从煤矿提取。

二是下决心补还安全欠账。据调查统计，全省国有重点煤矿安全投入不足，累计欠账已达5.4亿元。为了从根本上扭转煤矿安全生产的被动局面，省委省政府决定，利用2~3年的时间，通过各种渠道争取和筹集资金彻底解决问题。2002年已筹集资金2.3亿元，其中国家投入7600万元，省财政投入6200万元，企业自筹9200万元。这些资金，主要用于解决瓦斯抽放、上瓦斯系统、安装主扇、购置自救器等，重点解决防止煤矿重特大事故发生的关键设备和仪器，提高煤矿的综合防御能力。

江苏省安全生产工作综述

一、全省安全生产事故情况

2002年，全省累计发生各类事故65590起，比上年同期下降2.9%；死亡7654人，比上年同期下降3.7%。死亡人数减少295人，连续第3年呈下降趋势。

1. 事故分类情况

道路交通事故50001起，死亡6947人，事故起数和死亡人数分别比上年下降6.8%和3.3%。

道路交通事故死亡人数占全省事故死亡人数的90.8%。

非煤企业事故562起，死亡342人，事故起数和死亡人数分别比上年上升1.4%和4.9%。非煤企业事故死亡人数占全省事故死亡人数的4.4%。

煤矿企业事故起数23起，死亡24人，同比上升15%和下降80%。

消防火灾事故14706起，死亡160人，同比上升13.1%和下降1.2%。

水上交通事故197起，死亡99人，同比下降22.1%和上升27%。

铁路路外事故101起，死亡82人，同比下降2.9%和上升3.8%。

2. 重特大事故情况

全省发生一次死亡3~9人的重大事故106起，比上年增加4起，同比上升3.9%；死亡385人，比上年减少66人，同比下降14.6%。其中道路交通发生一次死亡3~9人重大事故82起，占总数77.3%。

发生一次死亡10人以上的特大事故2起，死亡29人。一是"2·22"东台特大道路交通事故，死亡15人。二是"3·27"江宁特大农船翻沉事故，死亡14人。特大事故起数比上年减少2起，下降50%；死亡人数比上年减少94人，下降76.4%。

3. 分地区安全生产事故情况

事故起数下降幅度超过4%的市有：无锡市、南京市、宿迁市、连云港市、徐州市。

事故死亡人数下降幅度超过4%的市有：徐州市、扬州市、南通市、无锡市、宿迁市、连云港市。

发生10起（含10起）以上一次死亡3~9人重大事故的市有：苏州市、无锡市、南京市。

二、全省安全生产主要工作

2002年，全省安全生产工作按照年初全省安全生产工作会议的要求，重点抓了以下几方面：

1. 把企业安全生产工作放在突出位置上

2002年，全省企业安全突出抓了危险化学品、煤矿和非煤矿山安全。

(1) 危险化学品安全。按照国家经贸委等10部委《关于开展危险化学品安全管理专项整治工作的通知》要求，制定了我省危险化学品安全管理专项整治工作方案，省政府办公厅转发了《省经贸委等部门贯彻〈危险化学品安全管理条例〉实施意见的通知》。通过整治，全年共关闭和取缔不具备基本安全条件的危险化学品生产企业552家。2002年底，全省共有各类危险化学品从业单位3.5万家，其中危险化学品生产企业6993家，储存企业289家，经营企业23650家，剧毒化学品经营单位224家，专业运输企业398家，主要使用企业4205家，包装物（容器）生产企业158家。

(2) 煤矿安全。2002年，全省继续落实国务院办公厅68号文件精神，关闭不符合安全生产条件的乡镇煤矿35家，至此，全省原有的166处乡镇煤矿共关闭162家，其余4处经整顿合格后移交徐州市天能集团经营管理。以"一通三防"为重点，切实加强国有大矿的安全整治，完善矿井安全设施，增强矿井系统安全稳定性，促进全省煤矿安全状况稳步好转。

(3) 非煤矿山安全。按照国家要求，省、市、县三级成立非煤矿山整治领导小组，安监、公安、工商、地矿、工会等部门联合行动，全年共关闭和取缔不符合安全生产条件的非煤矿山企业1202家。2002年底，全省有各类非煤矿山企业3861家。2002年6月19日，全国非煤矿山安全整治工作会议在镇江市举行，推广我省非煤矿山整治工作经验，促进了我省非煤矿山专项整治工作的深入开展。

2002年，全省化工、煤矿和非煤矿山企业未发生一次死亡3人以上的重特大事故。

2. 花大力气整治交通运输安全

2002年，重点开展了道路交通专项整治，同时，加大对水上交通、海洋渔业和农机等方面的安全生产监管力度。

(1) 道路交通。全省确定了上年度事故上升幅度较大的10个县（市）为交通安全重点县（市），14条路段为道路交通挂牌整治路段，73家发生一次死亡3人以上重特大事故及违章、肇事多发的单位为重点监控单位。2002年，全省105处挂牌整治的重点隐患已整改了92处，整改率为87%。3月份，公安部、国家安全生产监督管理局在我省召开全国预防道路交通事故工作会议，总结推广我省实行政府负责、部门齐抓共管、综合治理交通安全的经验。全年道路交通事故比上年少死亡237人，万车死亡率9.85，比全国平均水平低3.86。

（2）水上交通。2002年，省交通厅继续开展“水上交通运输安全管理年”活动，在苏南运河全面禁航水泥船，加强了太湖、洪泽湖、骆马湖等重点水域的监控，认真落实《江苏省内河渡口管理办法》，继续开展乡镇渡口渡船更新、渡口达标和撤渡建桥三大工程，渡口达标率达98%，撤并渡口928道，建成代渡桥795座。2002年底，乡镇渡口数降至1289道。江苏海事部门加大对长江水道专项整治力度，集中力量对辖区内非法私渡和航运违章行为进行整治，通过整治，取缔“三无”船舶1251艘，长江重点航段违章率减少了70%。

（3）海洋渔业安全。2002年，全省海洋渔业围绕“船、港、员”三个环节，认真开展专项整治。全省11775艘“三证不齐”渔船已注销3258艘，报停359艘，其余已通过检查补办了证件。同时大力整治渔港停船秩序，广泛开展“渔安杯”知识竞赛，努力提高渔民安全素质。

（4）农机安全。以打击非法拼装为重点，共取缔非法拼装点46个，拆旧市场2个、私自改装的拖拉机变型运输机2万余台。全省共检验拖拉机27万台、联合收割机2.8万台，审验驾驶员27.4万人，其中上道拖拉机检审率超过70%。

3．继续巩固公众聚集场所安全生产专项整治成果

2002年，全省公众聚集场所安全重点抓了消防专项整治及网吧、集贸市场、学校、旅游和民爆安全专项整治。

（1）消防安全。重点对上年专项整治结束时经县级以上政府批准延期整改的1385个单位进行督查，整改验收合格1231家，停业取缔102家，正在整改的52家。2002年底，全省47123家列入整治的各类公众聚集场所，符合消防安全条件的46089家，合格率达97.8%，比2001年上升14个百分点。

（2）网吧安全。为深刻吸取北京“6·16”网吧特大火灾事故教训，公安、文化、工商、电信等部门开展网吧安全大检查，全省共检查网吧7200多个，取缔非法经营的“黑网吧”1965个。

（3）集贸市场安全。工商部门对6134个商品交易市场进行全面检查，共签订整改责任书9268份，投入隐患整改资金2.2亿元。2002年底，应参加消防验收的市场中有70%已通过验收。

（4）学校安全。省教育厅制定了全省校舍危房3年改造计划，累计已投入危房改造资金6亿元，完成危房改造128.8万平方米。

（5）旅游安全。旅游、质监、卫生等部门对游船、缆车、索道和大型游艺机设备及容易发生食物中毒事故的餐饮等设施场所进行重点检查，确保餐饮安全。

（6）民爆器材和烟花爆竹。全省公安部门对1.94万余家涉爆单位进行逐一检查，发现并整改安全隐患5856条，停业整顿3294家。全年共查处非法制造、买卖、运输、储存爆炸物品案件2096起，取缔非法制造、买卖爆炸物品厂点989家，打击处理违法人员2396名。按照省政府要求关停了113家烟花爆竹生产企业。

4．切实强化基层及非公经济安全生产工作

基层和非公经济安全生产是当前安全生产监管的薄弱环节。2002年，全省在这方面重点开展了三项工作。

（1）认真开展乡镇（街道）安全生产管理达标活动。2002年，全省认真贯彻省政府办公厅《关于在全省开展乡镇（街道）安全生产达标活动的通知》精神，全面开展乡镇（街道）安全生产管理达标活动。规范监管制度，统一监管台账，树立监管典型，召开乡镇（街道）安全生产达标现场会。到2002年底，全省乡镇（街道）达标率为61.2%，乡镇安全监管开始走上规范化的轨道。

（2）积极推行注册安全主任和注册安全工程师制度。制定《江苏省企业注册安全主任制度试行办法》，在全省选择了部分地区开展注册安全主任制度的试点。全年共培训中、初级注册安全主任2200多名。按照国家人事部和国家安全生产监督管理局的部署，推荐上报我省首批注册安全工程师225人，为今后转入正常认定做好了前期准备工作。

（3）重视非公经济安全监管。2002年，全省把专项整治的重点放在非公经济基本安全条件的改善、人员素质的提高、事故隐患的整改上。加大对非公有制企业督查检查力度。配合人大、政协及有关部门开展对非公有制企业安全生产监管工作的督查和视察。按照国家要求下发《关于加强非公有制小企业安全生产监督管理工作意见》。

5．继续强化安全生产的基础管理

(1) 加强安全生产宣传培训工作。广泛开展对领导干部、安全技术人员、厂（矿）长、中介机构专业人员和特种作业人员的培训工作，全年全省共培训各类人员 37 万人次。举办了不同层次的《安全生产法》培训班，以及“江山杯”、“华昌杯”知识竞赛和第一届安全生产文化论坛。认真开展“安全生产月”活动、安全生产咨询活动和安全生产万里行活动。

(2) 加强安全生产督查检查工作。按照年初省政府与各市政府签订的安全生产责任书的要求，定期开展对重点行业、重点部门和重大节日的安全生产督查，切实落实各项安全防范措施，防止重特大事故和群死群伤事故的发生。经贸、公安、交通、工商、文化、建设、海事、质监、旅游、农机、海洋渔业等部门按照安全监管职责，开展安全生产督查检查活动，保证了全省安全生产形势的稳定。

(3) 加强安全生产法制建设。制定《关于进一步加强建设项目（工程）劳动安全卫生预评价和“三同时”工作的意见》，规定 7 大类建设项目在江苏境内必须进行安全预评价。制定《江苏省安全生产监督管理行政执法程序 12 项制度（试行）》，规范安全生产行政执法行为。

(4) 加强隐患普查、整改和应急救援工作。全省 53 个省级重大事故隐患已消除 37 处，对其余 16 处制定了整改方案和应急救援预案。常熟招商城安全隐患通过投资 1.8 亿元新建虞东变电站异地搬迁而彻底消除。积极开展事故隐患举报工作，全年共受理事故隐患举报信访 1007 件，处理 991 件，对重大隐患举报有功人员进行了通报和奖励。应急救援工作得到加强，13 个省辖市制定了本辖区内重特大生产安全事故应急救援预案。

(5) 加强安全生产事故调查处理工作。全省认真贯彻《安全生产法》、国务院 34 号令、75 号令及《江苏省安全生产监督管理规定》，按要求及时调查处理各类重特大事故，妥善做好善后工作，并按规定严肃追究相关责任。

6．进一步建立健全安全生产监管体系

2002 年，按照省政府要求，我省加快建立健全安全生产工作体系，安全生产监管机构和队伍建设不断加强，监管力量层层衰减的状况有所改变。

(1) 进一步完善省、市、县三级安全生产监管体系。目前，全省共有安全生产监督管理机构 127 个，实际到位人员 829 名。张家港、常熟、宜兴、通州、江阴、阜宁、邳州等县（市）相继成立了安全生产监察执法大队。

(2) 加强乡镇（街道）安全生产监管工作。2002 年 1 月，省编办下发了关于加强乡镇（街道）安全生产监管力量的通知后，各地乡镇（街道）安全监管人员配备率逐步提高。到 2002 年底，全省有乡镇（街道）安全监管人员近 2000 人。

(3) 强化部门安全生产监管力度。增加 7 个省级部门为省安委会成员单位，省安委会成员单位达到 55 个。省政府出台了《江苏省安全生产委员会成员单位工作职责》，进一步明确了省各有关部门的安全生产责任。

(4) 积极培育和发展安全生产监管中介服务体系。2002 年底，全省共有中介机构 120 家，其中培训考核机构 69 家，安全评价、咨询、检测、检验机构 51 家。2002 年，全省共开展各类安全生产评价评估项目 580 个。

虽然 2002 年全省安全生产监管工作取得了积极的进展，但当前全省安全生产形势仍十分严峻。主要表现在：少数地区的领导对安全生产工作重要性的认识亟待提高，讲话多，批示多，研究解决本地区安全生产工作的实质性措施少；安全生产监管的基础亟待进一步加强，安全防范技术落后，政府和企业两方面对安全的投入严重不足；安全生产监管网络亟待完善，特别是部分地区乡镇及非公有制企业安全生产管理仍然十分薄弱；全省事故总量仍然偏高，特大事故仍未杜绝；安全生产中的各类隐患仍然较多，全民安全生产意识和自我保护能力还有待进一步加强等等。

浙江省安全生产工作综述

2002年，我省各级政府和安全生产各有关部门以“三个代表”重要思想为指导，认真贯彻党中央和国务院关于安全生产工作的一系列重要指示，采取切实有效的措施，进一步落实安全生产责任制，从讲政治、保稳定、促发展的大局出发，牢固树立安全生产“责任重于泰山”的思想，切实抓好各项安全生产工作，预防和遏止重特大事故的发生，实现了全省安全生产形势的基本稳定。

一、完善和落实安全生产责任制

1月下旬，省政府与11个市、11个省级部门签订了2002年度安全生产责任书。此后，各市、县和有关部门都层层签订了安全生产责任书，大多数县、市、区已将责任书签到乡镇、村和重点企业，有的签到车（船）主和班组、职工。4月中旬，省经贸委与14家省部属企业签订了年度安全生产管理目标责任书。省安全生产监督管理局、省安委会办公室在组织开展调查研究、安全检查等活动中，加强对各地、各有关部门，特别是生产经营单位的安全生产责任制落实情况进行督促、检查。

二、组织开展安全生产大检查

根据国家和省政府的统一部署，开展全省性安全生产大检查。2002年5月中旬和9月下旬，国务院召开全国安全生产电视电话会议后，我省及时贯彻落实会议精神，组织开展全省安全生产大检查，各级政府和有关部门领导亲自带队参加了安全检查活动。6月份全国安全生产月期间，我省各地组织安全检查达1.98万次，共有9.4万人次参加检查，其中领导干部参加检查达4808人次；12月份，结合全年安全生产目标责任制考核，省安委办会同有关部门再次组织安全生产大检查。全年共检查企业达9.8万家，发现隐患8.27万条。2002年，省政府领导带队的春运安全、消防安全、危险化学品安全、道路交通安全等安全生产专项检查有6次，对促进全省安全生产工作起了表率作用。

三、开展各项安全生产专项整治工作

根据国务院和省政府的统一部署，结合我省安全生产形势和工作任务，2002年，我省进一步开展了交通及旅游、煤矿和非煤矿山、公共聚集场所消防安全、易燃易爆和危险化学品、渔船捕捞、道路交通危险点段、农用车载客等安全专项整治活动。通过开展各项安全专项整治和检查工作，落实安全责任，加强安全管理，改善安全条件，夯实了安全生产基础工作，有效地遏制了群死群伤的重特大事故的发生。

（1）非煤矿山安全整治。近年来，通过专项整治，全省关闭乡镇矿山占原有矿山总数的32.9%。2002年，非煤矿山安全整治工作的重点是治理关闭矿山遗留的隐患，将整治和规范结合起来，积极推进矿山安全技术改造，改善安全生产条件，努力提高矿山企业的本质安全。通过整治，非煤矿山事故死亡人数同比下降了1.57%。

（2）危险化学品安全整治。为贯彻执行好国务院《危险化学品安全管理条例》，经省政府批准，省经贸委、省公安厅、省交通厅等10个部门联合下发了《关于开展危险化学品安全管理专项整治工作的通知》。整治期间，集中整治危险化学品企业3000多家，培训危险化学品从业人员3000多人次，对120多家危险化学品企业进行了安全评价。基本摸清了危险化学品企业的底数，全省共有危险化学品从业单位11.75万家，从业人员44.5万人。目前，全省已进入集中整治阶段。

（3）烟花爆竹安全整治。2002年烟花爆竹安全整治，抓住重点问题、重点时期和重点地区，严厉查处、打击非法运销、生产烟花爆竹现象，进一步规范合法生产、经营烟花爆竹的安全管理。对元旦、春节期间燃放烟花爆竹进行了管制，对列入省内非法运销烟花爆竹重点地区和浙赣边界地区烟花爆竹非法流入我省的情况进行了专题调研，进一步减少了烟花爆竹的销售点。据不完全统计，2002年全省公安机关共收缴非法和假冒伪劣烟花爆竹4万余箱，查处数百人。

(4) 公众聚集场所消防安全整治。根据公安部和国家安全生产监督管理局的统一部署，我省各级政府和公安、经贸等有关部门在2001年专项治理的基础上，进一步深入开展了公众聚集场所消防安全专项治理活动，消除了一大批火灾隐患，取得了较为显著的成果。

(5) 渔船安全整治。省政府发出《关于开展全省渔船安全专项整治工作的意见》，成立了渔船安全整治领导小组，制定了实施方案，加大了宣传力度，排查隐患，逐步整改，严厉打击违规、违章渔船。2002年，渔船事故总量及重大事故大幅度下降。

(6) 水上交通安全整治。以“水上运输安全管理年”活动为载体，开展了水上交通安全整治工作。规范水路运输秩序，加大整治力度，取消了54家企业的客运或危险品运输经营资质；将杭州千岛湖和浙北内河航道列为重点监督管理水域，加强了对这些水域的客运、旅游航线超载和冒险航行的现场管理；对严重危害内河水上交通安全及威胁航道畅通的船舶超载行为进行了严厉打击，对1338艘有严重超载行为的船舶进行了处罚和强制卸载；加强对新造船检验管理，提高了造船质量；落实渡口安全责任制，加快了建桥拆渡和乡镇船舶更新改造的步伐。

(7) 道路交通安全整治。组织开展警民共建交通安全村、安全居委会和平安大道工作。根据要求，以整治“道路交通事故重点”路段为契机，加强公路养护，加大资金投入，及时修复破损路面，完善公路交通标志标线设置，增设安全设施。投入标志标线专项资金5194万元，增设更换交通标志牌；投入近亿元资金修复加固了国省道线公路上的病危桥134座；投入资金3000多万元，按规范标准重新设置了早期修建的大中型隧道照明、通风设施；投入1000多万元，对高路堤、急弯、高边坡等危险路段增设防撞护栏。上述资金的大量投入，提高了公路的通行能力，确保了行车安全。

四、部署和抓好季节性及节假日的安全生产工作

为杜绝因季节性特点和重大节假日时期发生重特大事故，根据工作计划和安排，及时做好专项布置，并抓好具体的落实工作。要求各地、各部门加强领导，提高认识，明确工作重点，建立领导值班制度，落实各项安全防范责任和措施，确保万无一失。由于工作部署早、措施得力，在2002年节假日及重大活动期间没有发生重大事故，维护了社会稳定。

五、广泛开展安全生产宣传教育活动

2002年，按照中央宣传部、国家安全生产监督管理局等单位的总体部署，全省各地开展了以安全责任重于泰山为主题的“安全生产月”活动，大力营造全社会关注安全、关爱生命的氛围。在活动月中，全省各地悬挂以安全生产为内容的标语（横幅），张贴宣传画，出黑板报，出动宣传车，组织图片展览，设立户外广告，领导电视讲话，发表署名文章，宣传安全知识，演讲比赛，举办群众安全知识竞赛，开展安全咨询，发放宣传资料。组织了有22家省部属单位（部门）参加的安全知识竞赛，约有5万名职工、干部踊跃参与了这次活动。《安全生产法》颁布实施以后，及时开展了一系列有关《安全生产法》的宣传教育活动。

六、认真抓好安全生产培训工作

为规范安全生产培训工作，根据《安全生产法》等有关规定，组织制定了《浙江省企业职工安全生产教育管理规定》、《浙江省外来务工人员基础安全知识教育管理规定》、《关于开展企业负责人安全管理知识培训考核工作的通知》等规范性文件，为开展各类安全生产培训工作打下了基础。加快建立适应市场经济发展需要的企业安全生产管理队伍，积极推行企业注册安全主任制度，全省各地及矿山、交通、水利、电力、建筑等重点行业已培训企业注册安全主任2万余人，提高了安全生产管理人员的业务能力和素质。

七、制定重大事故应急预案，严肃事故查处

全省11个市政府和省公安、交通、卫生、海洋与渔业、国土资源、铁路、民航及杭州铁路分局等部门完成了重特大事故应急处理预案的制定工作。对发生的重大事故，根据国家有关规定和省委省政府领导指示，组织和参与事故调查。在查清事故原因和责任的基础上，对事故有关责任人提出责任追究处理意见，落实了整改意见和措施。重大事故结案率达90%以上。

八、加强安全生产监管队伍建设，监管力量层层衰减的状况有所好转

在省委省政府的高度重视下，我省安全生产监督管理队伍建设不断加强，2002年11月，省政府成立浙江省安全生产监督管理局。全省11个市已有7个市成立了安全生产监督管理局。在县级政府中，已有一些县（市、区）成立了安全生产监督管理局。安全生产监管力量严重不足的状况有所好转。

通过几年来的努力，我省安全生产监督管理工作取得了明显的成效，主要体现在以下几个方面：

（1）安全生产责任制体系初步建立。从1994年起，省政府每年与11个市、省级有关部门签订年度安全生产责任书，明确安全生产考核目标和责任，并且做到有检查、有考核，落实奖惩措施。各地逐级签订安全生产责任书，把安全生产责任落实到基层，全省已基本形成了层次清晰、责任明确的安全生产目标责任制体系。通过安全生产责任书的签订和检查考核，强化了各级政府和部门负责人的安全意识和责任意识，安全生产工作的力度逐步得到了加强，各项安全工作措施也得以进一步落实。

（2）事故防范机制逐步完善。一是以消除重大事故隐患、防范重特大事故为重点，加强对重点部门、重点行业的安全生产监督管理。二是事故应急预案的制定工作逐步推开。全省各市政府和省公安、交通、卫生、海洋与渔业、国土资源、铁路、民航等管理部门已完成了重特大事故应急预案的制定工作。三是组织开展对重大危险源的普查和监控工作，努力做到监督管理的关口前移。四是督促生产经营单位逐步建立和健全安全生产规章制度，加大安全生产投入，落实各项安全防范措施。五是加强了季节性、异常气候条件和节庆假日的安全生产工作，做到方案早计划、措施早准备、工作早布置、责任早落实。通过采取种种有效措施，事故防范机制逐步完善，有效地防止和减少了各类事故的发生。

（3）安全生产专项整治活动和各类大检查工作取得明显实效。根据国务院和省政府的统一部署，我省先后开展了交通、旅游、煤矿和非煤矿山、公众聚集场所消防安全、易燃易爆和危险化学品、渔船捕捞、道路交通危险点段、农用车载客等专项整治活动，各项安全生产大检查也逐步形成制度化。通过各项安全生产专项整治和安全检查活动，安全生产管理工作的基础进一步加强，有效地遏制了群死群伤重特大安全事故的发生。

（4）全社会安全意识和从业人员的安全素质有较大提高。通过安全生产月（周）、安全生产知识竞赛、安全生产法宣传教育等活动，大力营造“关爱生命、关心安全”的社会氛围，全社会的安全意识大为改观。同时，积极开展生产经营单位从业人员的培训考核工作，劳动者的安全防范意识和技能得到了提高。

（5）安全生产法规和监督管理队伍建设逐步推进。近年来，我省贯彻落实“安全第一，预防为主”的方针，不断推进安全生产法规规章建设，为实现我省安全生产监督管理法制化、制度化提供了有力的保障。10月份，省政府组建了省安全生产监督管理局，全省有7个市和个别县（市、区）也先后成立了安全生产监督管理局，并充实了人员，为安全生产监督管理工作提供了组织保证。

（6）事故查处工作进一步规范。根据国家、省有关事故调查和责任追究的规定，加大了对事故查处的力度。按照“三不放过”和分级管理的原则，认真查处各类事故，并落实各项整改措施。近几年来，重大伤亡事故结案率均在90%以上。

虽然我省的安全生产管理工作取得了一些成绩，但安全生产形势依然严峻，安全生产工作还存在很多薄弱环节和问题，一是事故总量仍然居高不下；二是安全生产投入欠账多，事故隐患还大量存在；三是“安全第一”的思想还不牢固，安全生产责任制还要进一步落实；四是安全生产监督管理工作机构不健全，人员不落实，监管不到位。

我们将进一步夯实安全生产的思想基础，牢固树立安全第一的思想，克服麻痹松懈思想和厌战情绪，增强责任意识，以更大的决心、更有力的措施，切实抓好安全生产工作。

安徽省安全生产工作综述

2002年，按照省政府安全生产委员会、国家安全监管局的工作部署和要求，我省安全生产工作坚持“安全第一，预防为主”方针，认真贯彻安全生产法律法规，严格执行安全生产责任制和责任追究制，深入开展安全生产专项整治，广泛进行安全生产宣传教育，全省没有发生特大恶性安全生产事故，安全生产总体状况有所改观。

一、进一步落实各级政府和基层单位安全生产责任制

建立了政府安全生产工作机制，安全生产摆上了各级政府重要的工作位置。

1. 省政府高度重视安全生产

2002年，省政府主要负责同志和分管负责同志主持召开了四次省安委会全体会议，省政府常务会两次研究决定有关安全生产问题，省政府召开了四次全省安全生产工作电视电话会议，研究部署安全生产工作。省委、省政府主要负责同志和省政府分管负责同志在每次会议上都强调和部署落实安全生产责任制，要求各级政府牢固树立安全责任重于泰山的思想，把安全生产责任落实到基层，落实到每一个生产作业岗位。

2. 各级政府安全监管部门加大对重大、特大伤亡事故的查处力度

坚持“四不放过”原则，依法依纪严肃查处各类安全生产事故。执行了对亳州“11·30”特大水上交通事故的处理决定；批复结案了来安县“2·21”和合芜高速公路试刀山隧道“7·17”特大道路交通事故；严肃查处了枞阳县项铺镇“7·2”烟花爆竹爆炸事故，追究了事故直接责任人和负有领导责任的责任人的党纪、政纪和刑事责任。全省各地按照事故分级管理的原则，对各类伤亡事故特别是重大伤亡事故进行了依法查处。为监督事故查处和结案情况，确保安全责任事故处理决定落到实处，组织开展了重大、特大安全事故责任追究制度落实情况大检查，纠正了部分地区和单位对事故相关责任人处理决定落实不到位的问题。

3. 加强对安全生产责任制落实情况的检查

把基层政府和单位安全生产责任制的落实情况，作为每一次全省安全生产大检查的重点检查内容。通过查阅工作制度、安全台账、安全例会记录，检查生产作业场所，对安全生产责任制不健全或者落实不到位的地区和单位及时予以了督促整改。

二、深化安全生产专项整治

按照突出重点、综合治理、标本兼治、巩固提高、务求实效的原则，持续深化全省交通运输安全、矿山安全、危险化学品安全、民爆物品和烟花爆竹安全、公众聚集场所消防安全、建筑安全、特种设备安全、成品油油库和加油站安全、中小学校危房安全等9项安全生产专项整治。在上年的基础上抓巩固、抓深化、抓提高，整治工作不断深入。一是加强了领导。各地、各部门、各单位克服麻痹、松劲思想和厌战情绪，加强对整治工作的领导和协调，普遍建立了以政府分管负责人为召集人的安全专项整治工作联席会议制度，研究解决安全整治中的重大问题。二是强化安全监管。如在危险化学品安全专项整治中，实行了对剧毒氰化物生产、经营、储存、运输和使用的省、市、企业三级安全监控管理制度。三是严厉打击非法生产经营活动。广泛开展安全生产联合执法行动和专项安全执法检查，明察暗访，采取收缴和销毁生产设备、停止供电、刑拘当事人等果断措施，对各类非法生产经营行为予以了严厉打击，各项安全整治工作取得了实质性进展。

(1) 道路交通安全整治。按照“政府牵头、相关部门负责、社会各方面共同参与”的原则，初步建立了预防交通事故工作新机制。深入开展了机动车检测站的集中整顿活动。对超速行驶、骑摩托车

不带头盔、农用车载客、夜间行车不按规定使用灯光等四类严重违章行为进行了集中治理，对交通事故突出的5个县（市、区）实行了省级挂牌整治。积极开展对事故多发路段和危险路段的改造工作，整治了252处重大事故“黑点”。举办了“交通安全在我心中”大型知识竞赛，全省110万人参加了活动。

（2）水上交通安全整治。重点开展了航运市场、船舶秩序、船员秩序、通航秩序“四项整顿”，加大对“四客一危”船舶的整治力度，全面纠正缆渡、非渡工摆渡和私设渡口等违章渡运行为，全省排查出重大和特大事故隐患26处，已完成整治11处，余下15处正在整治之中。在船舶、船员秩序整顿中，交通港航监督机关在淮河干线设站检查船舶，处罚违法、违章行为。在通航秩序整顿中，狠抓“三无”船舶、通航水域障碍物的清理整顿和重点水域巡查，保障了辖区内水上交通安全。

（3）煤矿安全整治。围绕加强“一通三防”，强化国有地方煤矿安全整治，狠抓国有重点煤矿的安全技术改造和创新。继续开展了小煤矿整顿复产验收和核发“四证”工作。全省共关闭整顿验收不合格、技术落后、不具备基本安全生产条件的各类小煤矿36处。

（4）非煤矿山安全整治。建立了省、市整治工作联席会议制度，制定了《安徽省非煤矿山安全生产基本标准》和《安徽省非煤矿山安全整治工作验收办法》，开展了对标整治、联合执法检查和尾矿库汛期安全检查，查处了群众举报的繁昌、南陵、怀宁等县的矿山安全隐患，布置了非煤矿山安全整治阶段性验收工作。全省共取缔各类非法开采非煤矿山196处，关闭不具备基本安全生产条件的矿山96处。

（5）危险化学品安全整治。贯彻《危险化学品安全管理条例》和有关配套规章，起草了《安徽省贯彻实施〈危险化学品安全管理条例〉的通知》，制定了“安徽省特大危险化学品生产安全事故应急救援预案”，建立了危险化学品安全整治工作月报制度，对停产、转产、破产、关闭企业的剧毒氰化物和放射性物质进行了全面排查、妥善处理和集中看管，继续开展了危险化学品登记注册工作，初步开展了危险化学品包装物和容器专业生产定点、危险化学品经营许可证安全评审机构资质认定工作。全省共登记注册了危险化学品生产经营企业120家，对12家申报危险化学品经营许可证安全评审机构的资质条件进行了考核和认定，整治了122处危险化学品安全事故隐患。根据省政府领导指示，提出了全省严禁生产、流通“毒鼠强”的安全监管办法。

（6）民用爆破器材和烟花爆竹安全整治。开展了打击烟花爆竹非法、违章生产经营的专项整治行动，并集中7、8、9三个月时间，对全省非法生产烟花爆竹情况进行了全面清查，对全省所有烟花爆竹生产企业实行了停产停业整顿，并严整严治了12个烟花爆竹生产重点县、区。2002年，全省共收缴烟花194万头、爆竹成品和半成品235亿响、黑火药7732公斤，打击处理违法犯罪嫌疑人2409人，其中，刑事拘留56人，劳动教养2人，治安拘留1046人，罚款、警告等其他处理1305人。

（7）公众聚集场所消防安全整治。深入贯彻《消防法》和《机关、团体、企事业单位消防安全管理规定》，狠抓了公众聚集场所节日期间的消防安全检查和重大、特大火灾隐患的整治，严格执行消防安全责任制，保证各项消防安全措施落实到位，有效控制了重大、特大火灾事故的发生。

（8）成品油油库和加油站安全整治。全面开展了成品油油库和加油站安全排查登记工作，对不符合城市消防安全布局、不具备基本安全生产条件、违法施工和经营、存在火灾隐患的加油站予以了整治。公安消防部门共排查加油站3144个，其中责令限期整改727个，搬迁80个，处罚46个，取缔203个。对成品油油库和加油站负责人安全培训1400人次。

（9）建筑安全整治。组织开展了以土石方开挖、模板和脚手架搭设、塔吊拆装等为重点的治理活动，对在建工程强制推行龙门架吊栏和接料平台防护门连锁装置，全面排查、整治接料平台“老虎口”的重大安全事故隐患，提高了建筑施工现场的整体安全防护水平。2002年，全省建筑业发生因工死亡事故起数和死亡人数比去年同期分别下降31.57%和30.2%。

（10）特种设备安全整治。继续开展特种设备普查登记工作，加大土锅炉专项整治和气瓶的安全监管力度，全面实行特种设备验收检验和定期检验，初步建立了重要设备和重大事故隐患的监管制度，加强了特种设备操作人员培训和考核发证工作。全省共清查了各类特种设备（不含气瓶）29885台（套），查出超期未检气瓶5221只，新查出土锅炉653台，共毁坏性处理土锅炉913台。

（11）中小学危房安全整治。制定了《安徽省中小学危房改造项目管理办法》和《安徽省中小学危房改造专项资金管理办法》，落实县（市、区）、乡（镇）政府主要负责人工作责任制，开展了全省中小学校舍安全大检查，封闭停用D类危房，加强对B、C类危房的安全监控。全省已累计下拨危改资金和义教工程资金4.61亿元，已改造危房258万平方米，占危房总面积的36.2%。

三、组织开展安全生产大检查

2002年，全省共组织开展了元旦和春节期间、“五一”旅游黄金周期间、5月15日至6月30日、10月份等4次全省安全生产大检查。采取自查、抽查和督查相结合，明查与暗访相结合，检查与整改相结合，检查与责任追究相结合等方式，对安全生产重点行业、单位和场所普遍进行了安全检查。在安全生产大检查中，各级党政主要负责人和政府分管负责人亲自带队，对查出的重大安全事故隐患按照分级管理和定人、定期限、定措施的原则予以了整治。省政府安全生产委员会在各地自查、抽查的基础上，对全省安全生产大检查开展情况进行了两次督查，严厉打击了各类非法生产经营行为，整治了一大批不具备基本安全生产条件的生产经营单位和场所。在10月份全省安全生产大检查中，各市、县政府共组成了909个检查组，参加检查人员8868人次，查出各类重大安全事故隐患214个，完成整治147个，其他67个重大隐患也逐一落实了整治责任、措施和期限。

四、协调整治特大安全事故隐患

2002年，省政府安全生产委员会确定了13个省重点监督整治的特大安全事故隐患，省安全生产监督管理局对隐患整治情况实行跟踪督查，建立了隐患整治工作月调度制度，要求各隐患整治责任地区和单位定期报告隐患整治进展情况，及时检查督促和协调隐患整治工作，确保隐患整治资金的落实和隐患整治计划的按期进行。至2002年底，13个特大安全事故隐患已消除8个，还有5个正在实施整治方案。与此同时，根据省政府领导的指示，完成了对合肥地区军用危险品铁路专用线和仓库安全隐患、合九铁路沿线非法道口安全隐患的整治工作。

五、学习宣传贯彻《安全生产法》

根据省政府要求和国家安全生产监督管理局部署，认真组织开展了《安全生产法》学习、宣传、贯彻工作。

1. 广泛学习宣传《安全生产法》

一是制定了《全省学习宣传〈安全生产法〉工作规划》。明确了全省学习宣传活动的指导思想、基本目标、工作要求、组织领导、保障措施、主要内容和时间安排，自8月1日至11月30日在全省范围内广泛开展了《安全生产法》学习宣传活动。二是举办了《安全生产法》知识讲座。8月20日，省政府邀请国家安全生产监督管理局副局长闪淳昌同志来我省作《安全生产法》专题学习报告，省政府负责同志和省直各部门、部分大型企业主要负责人参加了讲座。三是组织开展了11月份“《安全生产法》宣传贯彻月”活动。其中，11月9日，省安委会办公室与省公安厅、省交通厅、省建设厅、省质量技术监督局、省总工会、省电力公司在合肥市市政府广场集中开展了《安全生产法》宣传咨询日活动，宣传安全生产法律法规，解答群众提出的安全生产方面问题。四是编写了《中华人民共和国安全生产法教育读本》，作为各地、各部门、各单位学习宣传《安全生产法》的培训教材和读本。

2. 组织开展《安全生产法》学习培训工作

制定了“全省《安全生产法》培训工作规划”。采取分级负责、分批培训的办法，开展了对全省各类生产经营单位负责人和安全生产管理人员、个体和私营业主、各级安全生产监督管理人员、各县（市、区）、乡（镇）政府负责人的普遍培训。

3. 制定《安全生产法》配套规章

9月10日，省政府以第147号令公布施行了《安徽省重大、特大安全事故隐患监督管理办法》。《安徽省安全生产监督管理办法》的起草工作也已基本完成，将在2003年上半年以省政府令的形式公布施行。与此同时，为加强事故应急救援工作，省政府安委会制定了特大生产安全事故应急救援预案、特大危险化学品生产安全事故应急救援预案、特大非煤矿山生产安全事故施救方案等。

六、广泛开展安全生产宣传教育

坚持安全教育与安全管理并重的原则，加强安全生产宣传和培训教育工作，着力提高基层政府负责人、企业主要负责人、安全管理人员的安全生产责任意识和安全管理水平，提高职工群众的安全生产技能。

1. 组织开展“安全生产月”活动

根据国家统一部署，6月份组织开展了以“安全责任重于泰山”为主题的“安全生产月”活动。制定了“安徽省‘全国安全生产月’活动组织工作指南”，成立了活动领导和办事机构。通过在新闻媒体开辟安全生产宣传专版或专栏，组织开展安全生产宣传咨询、知识竞赛、文艺演出和演讲等生动活泼的宣传教育活动，广泛进行了安全生产宣传教育。其中，6月9日，部署开展了全省统一的“安全生产宣传咨询日”活动。省经贸、公安、质监、交通、煤矿安全监察、建设、教育等部门和省总工会在合肥市花园街集中设置了咨询台，发放安全生产宣传资料，解答市民的安全生产和安全生活问题。6月7日和6月15日分别在《安徽日报》、《中国安全生产报》专版宣传安全生产。安全月活动期间，还组织开展了全省“安全生产知识有奖竞赛”活动，共有31.2万名职工和社会各界人士参加；组织了全省首届“安全生产论坛”活动，共收到安全生产论文91篇，并对优秀论文获奖者予以了表彰和奖励。

2. 开展“中国安全生产万里行”活动

6月20日至23日，“中国安全生产万里行”采访团在我省进行了采访报道活动。我们对活动进行了精心策划，制定了详细的活动方案，制作了“省长挂帅抓安全”电视专题片。采访团对省政府、合肥市政府、铜陵市政府、马鞍山市政府、安徽煤矿安全监察局和有关企事业单位进行了采访报道。各地都开辟了万里行活动专栏，街头、道路、厂矿、学校悬挂着安全生产宣传标语和口号，处处洋溢着浓浓的安全生产氛围。

3. 开展安全生产警示教育

以重大、特大安全事故案例为教材，广泛开展了安全生产警示教育。通过召开“11·30”特大水上交通事故调查处理情况新闻发布会，向社会公告事故调查处理结果，并将事故处理决定和案例分析等材料汇编成册，广泛发送，以警示教育广大职工群众。

4. 强化对政府和企业管理人员、特种作业人员的安全生产培训

一是举办县（市、区）长安全生产管理学习班，对232名县（市、区）长进行了安全生产法律法规和安全管理知识培训。二是开展企业安全管理人员和特殊工种作业人员安全培训，共培训企业安全管理人员2324人、特种作业人员2238人、危险化学品登记注册内审员965人。

5. 开展注册安全工程师执业资格认定工作

根据国家人事部、国家安全生产监督管理局制定的《注册安全工程师执业资格认定办法》，组织开展了我省首批注册安全工程师执业资格认定工作。

七、认真实行安全生产目标管理

1. 考核2001年度省安全生产管理目标任务完成情况

根据《安徽省安全生产目标管理考核办法》，采取听汇报、查资料和现场抽查相结合的方式，逐条检查打分，对各市和省直有关部门2001年度安全管理目标任务完成情况进行了考核，评定了全省年度安全生产目标管理工作先进地区和单位。

2. 制订了《2002年度安徽省安全生产目标管理考核标准》

针对安全生产工作新的要求和重点，新增了省经贸委、省农委、省水利厅和省林业厅为考核单位。新标准突出了对安全生产基础工作的考核和对重大、特大伤亡事故的控制。

八、狠抓安全生产基础管理

1. 加强安全监管工作制度建设

进一步建立和完善了10项安全生产监管工作制度，即：隐患协调处理立即办理制度、重大安全事故隐患整治报告和验收制度、重大和特大安全生产事故应急救援制度、事故调查处理结案报告制度、安全生产检查制度、安全生产专项整治联席会议制度、建设项目安全设施“三同时”联席会议制度、安全生产警示教育制度、安全生产举报制度、安全监管机构基本工作档案制度，初步实现了安全生产监管工作的规范化和制度化。

2. 严格实行建设项目安全设施“三同时”管理

组织开展了重大建设项目、高危行业建设项目安全预评价和安全设施“三同时”审查验收工作，力促新建、改建、扩建项目的安全设施与主体工程

同时设计、同时施工、同时投入生产和使用。2002年，共对马钢股份公司建筑用薄板技术改造项目、姑山矿业公司矿区建设项目、安庆曙光化工集团4万吨轻油裂解氰化钠扩建改造项目等14个项目进行了职业安全卫生预评价，对合肥通达航运服务有限责任公司危险品码头工程等9个项目进行了职业安全卫生专项验收评价，对铜陵铜山铜矿尾矿库取沙安全可行性研究报告进行了审批。上述评价共查出各类不安全因素150多项，并及时采取了整改措施。

3. 狠抓安全监管队伍建设

组织开展了安全监管执法人员政治和业务学习，培训安全生产行政执法人员340人，努力提高各级安全监管人员的责任感、使命感和依法行政能力，为安全监管执法提供了人员素质保障。

4. 基本建成了安全生产监督管理信息网络系统

初步实现了安全生产信息的快速传递和系统内安全信息资源共享，提高了安全监管工作效率。

安徽省煤矿安全生产工作综述

按照国家关于煤炭工业管理体制改革的要求，2000年4月成立了安徽煤矿安全监察局，8月份成立了淮北、淮南、皖南煤矿安全监察办事处，专门负责全省煤矿的安全监察工作。

2002年，在国家局党组的正确领导和省委省政府的大力支持下，全局干部职工以江泽民同志"三个代表"的重要思想为指导，认真贯彻落实国家局党组关于煤矿安全监察工作的一系列重要部署，积极推进深化整治，狠抓"三件大事"的落实，努力建立煤矿安全监察工作的长效机制，保持了全省煤矿安全生产形势的基本稳定。全省煤矿共发生死亡事故73起，死亡97人，与上年相比减少23起，降低23.96%，减少死亡20人，降低17.09%，其中：国有重点煤矿发生死亡事故38起，死亡58人，与上年相比减少1起，增加3人；国有地方煤矿发生死亡事故5起，死亡5人，与上年相比减少4起，减少6人；乡镇小煤矿发生死亡事故30起，死亡34人，与上年相比减少18起，减少17人。自煤矿安全监察机构成立以来，全省煤炭生产总死亡事故起数和死亡人数连续两年持续下降，2002年降到了百人以下，如果按当年实际原煤产量6700万吨计算，百万吨死亡率1.4，这是继1949年建国以来全省百万吨死亡率最低的一年。

一、积极稳妥地实施机构分离和职能转换，完善煤矿安全监察体系

根据国务院领导指示和中编办《关于省级煤矿安全监察局与煤炭工业局机构分离有关问题的通知》（中编办发［2001］22号）精神，安徽煤矿安全监察局始终把"两局"分离当作一件大事，积极主动地配合地方政府抓好落实。省政府领导也极为重视，黄岳忠副省长、邵林生副秘书长多次听取汇报并协调工作。2月20日上午，许仲林省长亲自主持召开了省编委会议，对安徽省煤炭工业局和安徽煤矿安全监察局两局分离问题进行了专题研究。根据省编委会研究的意见，3月21日下午，黄岳忠副省长又主持会议对分离工作的一些具体问题进行研究和安排；省编办专门下发了《关于撤销省煤炭工业局有关问题的通知》（皖编办［2002］35号）。经过3个多月的努力，至7月底，有关行业管理职能分离工作基本结束。

按照国家建立垂直管理的全国煤矿安全监察体系的总体框架，安徽煤矿安全监察局在国家局的直接领导下，从与地方政府进行职能划转到理顺各方面关系，从借调人员到培训队伍，从依法建立内部运作的各项制度到开始行使行政执法的职能，其内部有效运转的煤矿安全监察体系逐步确立、规范和完善。

二、深入推进煤矿安全专项整治

对深化煤矿安全专项整治工作，主要依据国办［2001］25号明传、［2001］68号文件、国务院安办字［2002］3号、6号文件精神实施监察。监察的主要内容：政府、管理部门和企业领导的煤矿安全生产责任制是否落实；“四个一律关闭”的小煤矿是否关闭到位；有无死灰复燃和违法开采的现象；对国有大矿，督促其以“一通三防”为重点，加大投入，对一些影响安全的关键环节加大技术改造力度，推广使用新技术、新工艺、新装备，整改重大隐患，提高矿井的减灾、抗灾能力；对小煤矿，一方面继续关闭国家要求关闭的“七类矿井”，另一方面对保留下来的矿井以落实《规程》、提高办矿水平为目的，督促其整改隐患，规范管理，加强基础工作，提高安全生产水平。

关闭小煤矿是深化煤矿安全整治的重中之重，也是促进煤矿安全形势稳定的重要措施。对此，各市县政府态度积极，落实责任，对3月底以前没有申报验收，或经省级检查验收不合格的所有小煤矿，采取了坚决关闭的措施。除此之外，依据国家局制定的《深化煤矿安全专项整治实施方案》、《小煤矿安全生产基本条件》和省局制定的《安徽省深化煤矿安全专项整治实施细则》和《小煤矿安全管理的若干规定》，对破坏资源、技术落后、污染环境和不具备安全生产基本条件的七类小煤矿依法予以取缔、关闭。通过全省各级政府、行业管理部门、煤矿安全监察机构和煤矿企业的共同努力，2002年全省共关闭各类小煤矿113处，加上2001年关闭的229处，整治期间共关闭342处，小煤矿总数由原来的1000多处减少到现在的293处。

经过开展煤矿安全专项整治，各市县政府的领导对煤矿安全工作认识不断提高，监管力度不断加大。各小煤矿的矿主依法办矿的意识也明显增强，普遍加大了对小煤矿安全设施的投入，加强了对安全生产的现场管理，消灭了子母井、独眼井；消灭了“以局代主”，并实现了主扇风机一台运转、一台备用，长期以来小煤矿风量不足的问题基本解决；消灭了井下使用非矿用机电设备现象，并实现了双电源供电；解决了立井升降人员无防坠装置问题；小煤矿矿长和特殊岗位作业人员经过培训基本实现了持证上岗；安全管理的基础工作得到加强，图纸、资料和一些基本的管理制度逐步建立和完善，开采秩序混乱的问题得到治理。其中，贵池市在深化整治中态度积极、工作扎实，全市30多处小煤矿实现了安全无死亡事故。

经过深化整治，国有地方煤矿安全状况有了新的改观。2002年先后3次召开深化整治会议，其中在淮南召开的会议专门研究和部署了国有地方煤矿的深化整治工作。按照会议的要求，各市县政府迅速组织力量开展了以落实国办25号、68号文件、国务院安办［2002］3号、6号文件和新《煤矿安全规程》为重点的深化整治。首先对国有地方煤矿安全生产状况进行了全面检查，在检查中，凡是在“一通三防”上存在重大隐患的矿井一律进行了停产整顿，并经验收合格后恢复生产；已经出卖或承包给个人的国有地方煤矿，也视同乡镇煤矿，不具备安全生产基本条件的，责令其关闭；严格落实整改和关闭的责任，强调安全的责任由一把手负责，出了问题就追查单位主要负责人的责任。通过深化整治和加强监督监察，国有地方煤矿的安全状况，特别是安全生产环境有了明显改观，出现了像淮南后台孜矿等一批整治工作扎实、效果显著的矿井。2002年，全省国有地方煤矿没有发生3人以上的重特大事故，零星事故也大幅度减少。

各大企业在深化煤矿安全专项整治中，认真总结安全专项整治经验，完善隐患排查与整改制度，进一步规范了安全管理；加大对排查出来的重大隐患整改力度，一大批重大隐患得以消除，有的虽未消除，但也在整改之中，并制定了有效的防范措施；围绕“一通三防”的关键环节、要害设施及事故多发、易发区域，加大安全技术改造与创新力度，大力推广使用新设备、新工艺、新材料、新技术，提高了矿井装备水平，增强了矿井抗灾能力；完善以总工程师为核心的“一通三防”技术管理体系，严格落实国家局提出的“先抽后采、监测监控、以风定产”的瓦斯治理十二字方针，瓦斯治理工作取得很大进步。淮南矿业集团加大了瓦斯抽放力度，采取了“计划内抽放量每立方米奖励2分钱、超计划部分每立方米奖励6分钱”的激励措施，全年抽放瓦斯1亿多立方米，有效地遏制了重特大瓦斯事故的发生。淮北矿业集团认真吸取芦岭矿煤与瓦斯突出事故的教训，专门抽调510人，成立5个防突队伍，加强防突工作，投入了3900万元用于“一通三防”的专项治理。皖北煤电集团始终把“一通三防”工作放在重中之重的位置，优化系统，强化管理，落实责任，严格要求，已连续11年没有发生瓦斯与煤尘事故。国投新集公司严格执行从总经理到矿长再到特殊工种的安全生产责任制，采取安全风险抵押金、安全奖励等多种形式加大管理力度，保持了安全形势的稳定。

三、不断加大煤矿安全监察行政执法力度

在建立和完善煤矿安全监察体系的基础上，依据国家先后出台的《煤矿安全监察条例》、国务院302号令、《安全生产法》等一系列法律、法规赋予我们的职责，建立健全一整套与法律、法规相配套的行政执法各项规章制度，积极开展工作，有效地履行了行政执法的各项功能，全年共下达各类执法指令3104份，督促企业整改各类隐患9000多条。为了做好监察工作，我们既严格执法，又主动服务，通过思想认识、工作措施的关口前移、工作重心的下移，不断加大行政执法的力度，深入煤矿安全生产的最前沿，了解安全生产情况，查找不安全隐患，帮助煤矿企业有针对性地提出整改的建议。同时充分发挥执法监察队伍在整治中的重要作用，依法行政，公正执法，对事故的查处定性准确，处罚得当，树立了煤矿安全卫士的良好形象，赢得了广大煤矿企业的赞誉和信赖。基本确立了煤矿安全监察队伍的执法地位，也树立了执法权威。2002年除参与国家局组织的安全大检查外，省局和办事处共组织了5次覆盖全省煤矿的安全大检查和一系列专项督查，对全省煤矿安全形势的稳定发展起到了很好的促进作用。据统计，2002年，省局和3个办事处共深入矿井现场监察12394人次，制作现场笔录2138份，累计下井10299人次，下达现场处理决定书2671份，责令限期整改或限期达到要求的2147次，责令停止作业或停止使用524次，下达行政处罚决定书433份，罚款83.77万元。以“一通三防”、瓦斯治理为重点的国有大矿安全工作进一步加强，小煤矿经过深化整治，办矿水平及经营者素质明显提高。

四、严肃查处煤矿各类事故

按照国务院302号令、《煤矿安全监察条例》以及其他有关煤矿事故查处的规定，认真查处每一起事故。办事处的同志在接到事故报告后，总是以最快的速度赶赴现场，边下井勘察、取证，边了解事故情况，收集有关信息资料、原始记录等，以保证原始资料的真实性，为下一步的事故调查处理提供宝贵的证据。对每一起事故都查明原因，分清责任，严肃处理，使责任人得到依法惩处，事故隐患得到有效根治，广大职工切实受到警示和教育。特别是对芦岭、桃园等矿事故的调查中，积累了宝贵的经验。煤矿安全监察机构成立以来，还没有发现事故瞒报现象。同时，对事故查处情况及时通报，接受监督。2002年发生的73起死亡事故已全部结案，责任人都得到了相应的处理。

五、扎实做好煤矿企业的安全培训工作

重点是落实《“十五”安全生产培训规划》提出的阶段性目标和措施，完善培训的各项制度，理顺安全培训体制，逐步将培训机构、考核标准、证书管理、培训大纲、师资和教材建设等管理工作规范化、制度化。认真抓好对企业经营者、安全主管人员和特种作业人员的安全培训，做到持证上岗。特别对非公有制经济成分的个体、私营小企业业主，分期分批依法进行强制性安全培训，培训经考试合格后，重新颁发安全资格证书。全年共举办矿长、副矿长、技术负责人的培训、复训班11期，培训872人，组织培训机构培训特种作业人员7200多人。目前，各煤矿矿长和特殊工种基本上做到了持证上岗。

六、加快建立与法律法规相适应的各项规章制度

依据《安全生产法》、《煤炭法》、《煤矿安全监察条例》及其相关法律、法规和国家局制定的各类规定、执法文书等，制定具体的可操作的制度和办法。我们按照国办发（1999）104号文和《煤矿安全监察条例》对煤矿安全监察体制的任务，职责等的规定，对现场检查的内容及要求、现场处理决定和行政处罚的类别及依据、行政复议和行政诉讼的基本条件及程序、移送有关机关强制执行的措施、各类执法文书的适用范围、对象和制作方法等等，都提出了明确的操作程序，严格按程序来正确使用行政执法文书、履行安全监察执法职责。同时还先后制定了《安徽煤矿安全监察行政处罚听证程序规定》、《重大事故隐患管理暂行规定》、《关于对国有大矿瓦斯防治实施重点监控的通知》等一系列工作制度。通过制度的落实，有力地促进了行政执法工作的规范和运作。

七、从严要求，大兴“十风”，不断加强队伍建设

重点加强了队伍的思想建设、业务建设和作风建设。在思想上，加强政治理论学习，开展权力观专题教育，使监察员能自觉树立正确的世界观、人生观和价值观，构筑牢固的思想道德防线，做到两袖清风、清正廉洁。在业务上，要求大家精通与煤矿安全监察有关的法律及专业知识，熟练掌握执法的基本依据。对煤矿安全的一些专业知识及其典型事故案例，经常研究探讨，增强分析判断能力。在作风上，我们提出在安全监察局机关和办事处大兴“十风”：开拓创新之风、求真务实之风、公正严明之风、执法服务之风、唯才是用之风、甘于奉献之风、团结协作之风、清正廉洁之风、广谋从众之风和身先士卒之风，并专门召开会议进行部署。许多同志在大兴“十风”的实践中表现出了无私奉献精神和忘我的工作热情，树立了良好的形象，受到了社会各方面的赞誉。尤其是三个办事处多次受到了国家局领导的表扬。淮北办事处2002年还被评为全省先进单位。淮南办事处被评为全国先进办事处。皖南办事处的工作环境和条件更为困难和艰苦，但办事处的同志不畏艰险，克服种种困难，同样取得了非常优秀的成绩。2002年其所辖范围内煤矿共发生死亡事故17起，死亡19人，与2001年相比，分别降低达41.38%和40.63%，是降幅最大的办事处。

福建省安全生产工作综述

2002年，福建省各级、各部门在省委、省政府的正确领导和国家安监局的指导下，认真贯彻落实党中央、国务院关于安全生产的一系列重要指示和部署，紧紧围绕促进经济发展和确保社会稳定大局，狠抓安全生产责任制的落实，不断加大安全生产专项整治力度，认真开展安全生产大检查，全省安全生产形势总体上保持基本平稳的态势，全年共发生各类事故71750起，死亡4204人，受伤46003人，经济损失25501.6万元，分别比上年同期下降2.4%、8.3%、3.3%和9.1%。2002年，全省仅发生特大道路交通事故一起，省民航系统连续12年没有发生飞行等级事故，福州铁路分局实现了行车安全4000天，工矿企业安全事故多年持续下降，水上交通安全形势较平稳，全省杜绝了特大恶性火灾事故的发生。我省的安全生产工作多次受到国家有关部门的肯定。

一、加强督促检查，抓好安全生产责任制的贯彻落实

我省各级各部门按照“谁主管，谁负责”的原则，将安全生产责任制作为抓好安全生产工作的一项基本制度，狠抓各级安全生产责任制的落实。一是各级党委、政府主要领导高度重视安全生产，亲自过问、部署安全生产工作，加大了对重大安全问题的协调和处理力度。二是层层签订安全生产责任状，各设区市政府都根据省政府下达的《2002～2003年度福建省安全生产目标管理责任书》的要求，由市长或分管副市长与各县（市、区）、市直各有关部门签订了安全生产目标管理责任状，并将责任制指标和任务层层分解，层层下达，明确了各级、各部门、各单位的责任。厦门市制定了严格的责任追究制度，坚决实行安全生产“一票否决”制。泉州市建立了市、县、乡（镇）、村、企业五级安全生产监督管理网络，使安全生产监督管理力度得到加强。莆田市建立了市、县（区）政府每季度至少召开一次安全生产形势综合分析会制度，并坚持每季度到重点单位抽查一次。泉州、三明、漳州等市都由市长与所管辖的县（市、区）和市直考核单位一把手签订责任书。厦门、龙岩、南平、宁德等市还制定了考核奖惩标准，半年进行一次督促检查，年终进行全面检查评比，兑现奖罚。南平市将安全生产责任制与主要领导责任、效能建设、安全生产各项措施结合起来，建立了重大事故隐患挂牌督办制度，推动了重大事故隐患的整改。三是加强了安全生产责任制落实情况的跟踪检查与监督。省安办针对个别地区和行业重大事故频发的状况，及时组织省有关部门会同当地政府召开事故分析会、反思会，摆问题、查原因、找差距，并制定有针对性的措施，促进了各级安全生产责任制的落实，扭转了这些地区和行业安全生产工作被动的局面。四是加强责任制考核。2002年1月10日至20日，省安委会牵头会同省有关部门组成9个考核组，对9个设区市政府和18个省单列考核单位执行省政府下达的2002年度安全生产目标管理责任制情况进行了检查、考核。全省18个省单列考核单位和绝大部分设区市都较好地完成了2002年安全生产责任制目标。经综合考核评比，厦门市政府获2002年度责任制考评第一名，泉州市政府获第二名，莆田市政府获第三名；省建设厅、省卫生厅、省消防总队、省交警总队、福建海事局、省海洋与渔业局、省质量技术监督局、福州铁路分局、东南电化股份有限公司、中石化股份有限公司福建石油分公司等18个单列考核单位全面完成省政府下达的安全生产责任制管理目标，为此，省政府下文对他们给予通报表彰，并在全省安全生产工作会议上颁发奖牌。

二、突出重点，加大安全生产专项整治力度

2002年，我们继续把矿山、危险化学品、交通运输、烟花爆竹、公众聚集场所、特种设备、学校等7个方面的安全生产专项整治作为全省安全生产工作的重中之重来抓，在省政府的统一领导下，省安办积极发挥其协调、指导的作用，7个专项整治的牵头部门和9个设区市均成立了相应的领导机构，切实履行各自的职责，按照“疏堵结合、标本兼治”的原则，强化责任，严格执法，全省安全生产专项整治工作取得了阶段性成果。

(1) 煤矿与非煤矿山安全专项整治方面。全面加大对已关闭矿井死灰复燃的打击力度，全省重新关闭死灰复燃矿井879个（次），拆毁煤硐工棚67600平方米，使死灰复燃的现象得到有效遏制。重点产煤区政府及各煤矿共投入6350多万元用于整治重大事故隐患，全省煤矿安全生产条件普遍提高。根据国家安监局的部署，省安监局积极牵头组织省公安厅、地矿局等6个部门，对全省非煤矿山开展全面整治，共关闭各类非法小矿山2182个，有力地促进了对非煤矿山整治工作的深入开展。

(2) 危险化学品安全专项整治。我们牵头会同有关部门对全省范围内危险化学品的生产、运输、储存、销售、使用等各个环节进行全面整治，关闭危险化学品经营企业2527家，注销不具备安全条件的经营企业1240家，取缔无证非法经营单位287家，限期整改312家，对存在违规经营行为的37家企业不予年检，通过风险评价，确定重点监控企业22家。通过整治，使危险化学品市场管理秩序明显好转。

(3) 道路与水上交通安全专项整治。公安交警部门把266个事故“黑点”的整治和20个事故重点县（市）的整治作为“防事故、保安全”的突破口，全省共纠正违章185多万起，查扣无牌无证车辆35235辆，拆除非法改装车辆11470部，20个省级事故“黑点”已整治19个，整治率达95%，20个重点县（市）减少死亡344人、减少受伤1870人，为全省安全生产形势保持平稳起了重要作用。水上交通着重抓好“四客一危”的安全整治工作，共检查各类船舶4481艘次，检查渡口、码头等800多个，查处违章船舶747艘次。省交通厅2002年共安排1000万元进行渡口改造和拆渡建桥，进一步改善了我省水上交通安全条件。

(4) 烟花爆竹安全整治。全省各级公安机关强化日常监督检查和管理，有针对性地组织清查行动，摧毁烟花爆竹地下作坊100多家，取缔烟花爆竹非法经营点50多家，责令停业整改2家，查获非法运输、销售、储存案件50多起，查处违法人员200多人，收缴烟花爆竹3万多件。

(5) 公众聚集场所消防安全整治。各级消防部门在2001年整治的基础上，以遗留火灾隐患和新检查发现不合格单位为重点，集中5个月时间深化治理，对全省1090个不合格单位进行通报并限期整改，公众聚集场所合格率比上年上升了8个百分点，达98.4%。

(6) 锅炉压力容器等特种设备安全专项整治。质量技术监督部门按照“疏堵结合，以堵为主，集中整治”的原则，全面开展了在用特种设备普查，取缔“土锅炉”，共查封、拆毁土锅炉2755台、土压力容器927台，全省在用特种设备的管理得到进一步规范。

(7) 学校安全专项整治。各级教育部门从抓安全责任制入手，强化学生安全宣传教育，增强学生的自我保护意识，学生交通、溺水事故得到有效遏制。同时，加强学校危房改造、消防安全专项治理和饮食卫生安全等方面的工作，为学生的健康成长创造良好的社会环境。

建筑、卫生、海洋与渔业部门也都结合实际，认真开展了职业病防治和安全专项整治，取得了较好效果。

三、推进安全生产监管体系建设，加大安全生产日常监督力度

按照“只能加强，不能削弱”的原则，进一步推进安全生产监管机构建设，在全省初步形成了运转基本正常的安全生产监督管理网络。目前，从各地的情况看，大部分设区市和县（市、区）都加强了安全监督管理队伍建设，如厦门市安监局定编15人，最近又增加10个事业编制；泉州市定编15人；三明市定编14人；南安市定编8人；永定县定编6人；泉州所属各县（市、区）、三明大部分的县（市、区）的安监局按正科高配；莆田市、石狮市等正在抓紧组建安全生产监察大队。各地依照国家有关规定，认真抓好新建、改建、扩建工程“三同时”审查，开展危险化学品企业普查和风险评价，推行企业注册安全主任制度，对安全生产中介机构的资质进行认可，为搞好我省安全生产工作奠定了良好的基础。在此基础上，我们进一步加大安全生产日常监管力度，2002年，省安委会根据全省安全生产工作不同阶段的特点，先后组织了2次综合督查和8次专项督查。对各地、各部门安全生产责任制的贯彻落实，重大隐患的整改，冬防、春运工作的落实，安监机构队伍的建设进行了认真督查，促进了各地安全生产工作的落实和安全生产专项整治工作的深入开展。

四、积极协调处理重大安全问题，及时消除重大事故隐患

2002年，省安委会积极抓好安全生产方面重大问题的协调，做了大量工作：一是积极协调有关部门，促进安全生产方面重大政策、措施的出台。2002年，我局多次牵头组织讨论，与有关部门就如何进一步加强乡镇船舶安全管理达成一致意见，促成了《福建省政府人民政府乡镇船舶安全管理意见》的出台，为安全生产监管规范化、制度化奠定了基础。二是加强专项整治工作的协调。组织有关部门制定了煤矿和非煤矿山以及危险化学品安全专项整治方案，出台整治验收标准。多次召开专项整治相关部门联席会，及时通报各专项整治的进展情况和存在问题，商讨解决问题的办法和对策。三是积极协调解决安全生产专项整治过程中的难点、重点问题。2002年年底，雄江大桥出现重大险情，一旦桥梁坍塌，后果将不堪设想，我们受省政府领导委托，带领省有关部门到雄江大桥实地察看险情，并与福州市政府及有关部门领导现场研究大桥重大隐患的整改问题，牵头成立了316国道雄江大桥抢修协调领导小组，协调指导大桥抢修加固等工作，在有关部门的共同努力下，重大险情得以及时消除。此外，省安委会还先后协调有关部门消除了省电网220千伏红甘线重大事故隐患、福州铁路道口隐患、三明京福高速公路连接线等重大安全问题17件。对于安全大检查中发现的重大事故隐患，省安委会积极协调、督促有关方面建立重大隐患整改责任制，加大投入，抓好整改。如我们在泉州市检查中发现重大事故隐患，提出了整改意见，泉州市政府高度重视，逐项落实整改措施和责任人，及时消除了隐患。三明市对查出的14项重大事故隐患，由市政府挂牌督办，已有11项得到了有效的整改。福州市台江农贸市场的消防安全问题被列为重大事故隐患后，在我们的督促下，福州市政府多次召开协调会议，共筹集800多万元资金，使事故隐患得到彻底整改。

五、依法查处重大责任事故，做好事故批复结案工作

省安监局依照《国务院关于特大安全事故行政责任追究的规定》和《福建省人民政府关于重大安全事故行政责任追究的规定》，会同监察、公安、工会等部门及省安全生产专家组，抓好重、特大事故的调查处理工作。2002年，省安监局直接组织调查处理的重特大事故9起，由设区市安监局组织调查，并由省安监局批复的重大事故28起，共有87名党政干部和企业领导受到了党纪、政纪处分，目前，还有几起尚未结案。同时，我们还结合事故的查处，帮助有关部门、企业吸取教训，制订防范措施，防止类似事故的再次发生。

六、广泛开展安全生产宣传教育，不断提高全民安全意识

加强安全生产宣传教育，提高全民安全意识，是做好安全生产工作的一项重要内容。2002年，我们突出抓了四个方面的工作：

一是抓“安全生产月”活动，在全社会营造了“关注安全，关爱生命”的良好氛围。根据国家有关部门的部署，我们成立了“安全生产月”活动领导小组，研究制定了我省“安全生产月”活动的具体方案。6月1日晚，贾锡太副省长发表电视、广播讲话，为我省"安全生产月"活动拉开了序幕。在"安全生产月"期间，我们在全省集中开展了"万人踩街"、"万机齐鸣"、市长谈安全、宣传咨询日、制作并播出安全生产电视系列片《警钟》以及安全公益广告等一系列宣传活动。各地、各部门都结合实际，因地制宜地开展各种形式的宣传教育活动。如厦门市把《小学生安康知识百问百答》作为学校教材，安全基础教育从小学生抓起；泉州市通过《泉州晚报》举办了"交警杯"安全知识有奖征答；漳州市龙文区在漳州人民广场组织大型文艺汇演；莆田市安监局在协丰鞋厂组织职工进行灭火、疏散等消防演习；宁德市在市区主要街道的电子屏幕上不间断地显示安全生产的警句；南平市结合机关效能建设，组织大型安全知识竞赛活动；省煤炭集团公司在龙岩永定县举办矿山救护技术大比武活动等。省安监局、省总工会、省建设厅在全省组织开展第四届"安康杯"竞赛活动，1万多家企业、150多万职工踊跃参加活动，通过开展各种形式的岗位技术练兵和预防事故演练，提高了职工安全意识和自我防范能力。

二是抓好《安全生产法》的宣传贯彻。《安全生产法》颁布后，我省各级、各部门迅速组织开展各种宣传教育活动，通过举办培训班、发放单行本、开展咨询活动、举办《安全生产法》宣传实施座谈会，广泛宣传《安全生产法》。据不完全统计，全省共印发了《安全生产法》宣传材料100多万份，举办各类培训班3000多期，参加培训人员达60多万人。10月31日，我们还与省人大联合召开了《安全生产法》贯彻实施座谈会，11月1日在福州"五一"广场举办了《安全生产法》现场咨询活动，这些都为《安全生产法》的贯彻实施打下了良好的基础。为认真贯彻实施《安全生产法》，加大执法力度，我们还着手修改《福建省劳动安全卫生条例》，目前正在征求各方面意见。

三是抓安全生产培训教育。2002年，省安办、安监局共举办乡镇长、厂长经理、注册安全主任等各种类型的培训班10多期，有3000多人参加了培训。厦门市举办的"闽西南安全管理高级研修班"，有800多名企业法人代表、安全管理人员参加了培训，在当地引起了很大的反响。

四是抓安全生产的信息宣传报道。创办了《福建安全生产信息》，积极构建全省安全生产信息网络。通过召开安全生产新闻通报会，就如何正确把握安全生产宣传报道的舆论导向等有关问题与新闻单位进行了沟通，得到了新闻界的大力支持。

2002年，我省安全生产形势虽然总体保持平稳，但安全生产的基础还比较薄弱，一些地方在安全生产工作上还存在问题，突出表现在：一些地方政府、部门和企业领导对安全生产工作重要性认识不足，没有摆正安全与生产、安全与效益、安全生产与经济发展的关系，安全生产责任制在基层，特别是在县、乡两级不够落实；安全生产投入严重不足，部分中小企业生产技术装备陈旧，事故隐患得不到有效整改；生产经营单位中的部分从业人员安全生产意识淡薄，缺乏必要的安全生产常识，自我保护意识差，违章操作、冒险作业的现象时有发生；安全生产监督管理体系还不适应形势发展的要求，部分设区市和县（区、市）的安全生产监管力量严重不足，个别县（区、市）至今还没有设立安监机构；一些地方、部门重特大事故还时有发生。

江西省安全生产工作综述

2002年，江西省安全生产工作的指导思想是：以"三个代表"重要思想为指针，坚持"安全第一，预防为主"的方针，以"两杜绝一减少"（杜绝特大死亡事故，杜绝校园内死亡事故，减少重大和一般事故）为目标，为江西中部地区的崛起创造安全稳定的社会环境；以专项整治为着力点，进一步夯实安全生产工作基础；以信息化工程为先导，进一步加快安全生产"三大网络"建设；以贯彻安全生产法律法规为中心，进一步规范安全生产监督管理行为；以班子建设为重点，进一步提高安全生产队伍的整体素质；发扬井冈山革命精神，开拓创新，真抓实干，逐步构建现代预防性安全监管新机制，努力实现我省安全生产形势的稳定好转。

围绕上述指导思想，在省委、省政府的高度重视和正确领导下，在国家安全生产监督管理局的指导下，省安委会各成员单位分兵把口，各级地方政府尽职尽责，新闻媒体协同配合，安全生产责任制层层落实，企业安全生产主体地位得到强化，全省形成了齐抓共管的可喜局面。在较短时间内扭转了我省安全生产的不利形势，安全生产工作取得了明显成效，安全生产形势进一步稳定好转，除煤炭行业外，基本上实现了省政府确定的“两杜绝一减少”的既定目标。概括起来是：“三大标志”、“五个体现”。

一、“三大标志”

1. 事故死亡总人数明显减少

2002年，全省共发生各类事故24427起，死亡4246人，与上年同比分别下降0.28%和5.14%。

(1) 道路交通事故17772起，死亡3163人，占全省事故死亡总人数的74.49%。万车死亡率为17.33，比上年的22.88下降了24.26%。

(2) 煤矿企业事故102起，死亡178人，煤炭生产百万吨死亡率为11.63，同比下降10.8%。其中国有重点和省属煤矿为7.09，同比下降45.38%；市、县地方国有煤矿为15.24，同比上升28.93%；乡镇煤矿为15.06，同比上升12.39%；非煤矿山企业伤亡事故42起，死亡50人，重伤3人，同比起数持平，死亡和重伤人数分别下降36.71%和70%。

(3) 非煤矿山企业伤亡事故117起，死亡117人，重伤33人，同比事故起数和重伤人数分别下降12%和63.3%，死亡人数上升1.7%。其中：烟花爆竹企业事故死亡20人，同比下降29.6%；建筑行业事故死亡29人，同比上升190%；电力农电系统事故死亡14人，同比持平。

(4) 火灾事故（不含森林、草原等火灾）5567起，死亡63人，同比分别下降3.25%和24.1%。

(5) 水上交通事故9起，死亡17人，同比分别下降30.77%和15%。

(6) 铁路路外伤亡事故818起，死亡658人，百万公里死亡率为6.28，比上年的6.77下降了7.24%。

(7) 民航系统未发生飞行事故。

2002年，全省共发生一次死亡3~9人重大事故71起，死亡264人，同比事故起数持平，死亡人数下降9.6%，减少死亡28人。其中：道路交通50起，死亡181人，同比增加10起，多死亡25人；煤矿11起，死亡48人，同比减少8起，减少死亡46人；非煤矿山企业4起，死亡15人，同比增加2起，多死亡8人；非煤矿山企业0起，同比减少3起，减少死亡11人；重大火灾2起，死亡6人，同比减少4起，少死亡16人；铁路路外2起，死亡7人，同比增加2起，多死亡7人；水上交通2起，死亡7人，同比增加1起，多死亡4人。

2. 特大事故得到有效遏制

2002年，全省共发生一次死亡10~29人特大事故2起，死亡29人，同比减少4起，减少死亡78人，分别下降66.67%和72.9%。这2起事故均为煤矿事故，死亡29人，同比减少1起，减少死亡23人。

3. 节日长假和重要时期的生产、交通和防火三大安全态势平稳

在春节、“五一”、“十一”三个节日长假，特别是“十六大”、全国“两会”两个重要时期，切实加强了安全生产监管工作，从实际出发，采取了一系列措施，扭转了前两年的被动局面，为树立江西新形象作出了努力。

二、五个体现

1. 专项整治取得阶段性成果

2002年全省安全生产专项整治，目标明确，标本兼治，多领域展开，有重点推进，烟花爆竹、煤矿、非煤矿山、燃气、交通运输、危险化学品、民爆器材、公众聚集场所等八项整治取得了阶段性成果。

(1) 烟花爆竹安全整治。按照省委、省政府的部署，全省各烟花爆竹产地市、县政府积极进行产业结构调整，加大对非法生产烟花爆竹家庭作坊和不符合安全生产条件的生产经营场、点的整治。全省共收缴炸药3553.13公斤、雷管9741枚、导火索5928米；收缴烟花4520个、爆竹5469.51万头、原材料7967.45公斤，收缴黑火药220公斤；查处涉爆案件144起，成员173人，其中治安拘留27

人，刑事拘留 11 人，劳动教养 2 人，其他处罚 144 人；取缔非法生产烟花爆竹点 55 个，非法销售烟花爆竹点 41 个；发出限期整改通知书 2094 份，发出勒令停业整顿通知书 192 份，吊销许可证 40 起。

（2）煤矿安全整治。整治前全省共有各类煤矿 1772 处，经过整治，关闭了 733 处，停产整顿 1039 处。到目前为止，经乡（镇）、县（市、区）、市、省 4 级验收并经省政府批准和省 4 个部门审查发证的有 774 处。全省乡镇煤矿安全生产整体水平有了明显提高。

（3）公众聚集场所消防安全整治。加强了对影剧院、夜总会、录像厅、舞厅、卡拉 OK 厅、游乐厅、保龄球馆、桑拿浴室、宾馆、饭店、商场、学校及幼儿园、医院、演播厅、大型展览馆等场所的防火安全管理，坚决依法取缔不符合规定设置的公共娱乐场所。坚持疏散通道不畅、有毒材料装修、包厢堵塞密闭的歌舞厅作为整治的重点，责令停业整改或关闭取缔。

（4）交通运输安全整治。道路交通安全整治方面：纠处违章 32.43 万起，治安拘留 326 人，查处超载违章 34148 起，查获假牌假证、报废车上路 1251 辆，查获无临检证营运车 1225 辆，查扣“五车”18239 辆，卸客转运 4539 次共 41129 人，暂扣违章车辆 17116 辆，暂扣证件 2.5 万余本，吊扣驾驶证 58696 本。纠正摩托车违章 119280 起，农用车违章 10990 起，取缔农用车客运 6624 辆，报废销毁各类车辆（包括非法营运的“五车”）879 辆。水上交通安全整治方面：以整治“三无”船舶和“四客一危”船舶违法违章行为为重点，严厉打击非法滩涂造船。全省水上检查共出动监督艇 1856 艘次，现场执法 10800 多人次，检查船舶 17365 艘次，查处“三无”船舶 1078 艘，取缔非法客渡船 79 艘，拆解机件 61 艘，滞留严重违章船舶 56 艘，制止超载 2000 多艘。

（5）燃气安全整治。全省共有液化气储配站 828 家，通过整治取缔了不符合安全生产条件的 252 家，保留了 423 家，其中验收合格 266 家，还有 157 家在继续整治中。全省共有液化气瓶装供应站 900 家，通过整治取缔不符合安全生产条件的 354 家，保留了 408 家，其中验收合格 170 家，还有 238 家在继续整治中，全省共有压占煤气管道的违章建筑 197 处，通过整治已拆除 49 处，80 处正在拆除中，还有 60 处有待拆除。全省燃气安全整治期间，既没有发生因安全整治影响居民生活用气的情况，也没有发生安全事故，达到了“确保供应、确保安全”的目标。

（6）非煤矿山安全整治。全省共有非煤矿山 8660 家，通过整治，取缔了不符合安全生产条件、严重破坏生态环境的 2492 家，停产整顿 1782 家；整改隐患 7496 条，企业投入整改资金 3126 万元。现有有证非煤矿山 5780 家，仍在整改的 388 家。

（7）危险化学品安全管理专项整治。按照国务院统一部署和省政府办公厅《江西省人民政府关于全面开展危险化学品安全管理专项整治工作的通知》要求，整治工作正在全省范围内全面铺开。目前已基本摸清了底数：全省共有危险化学品生产企业 624 家，其中剧毒农药生产企业 138 家；危险化学品经营单位 3880 家；危险化学品包装物生产厂 26 家；危险化学品包装容器 11 家；危险化学品货物运输单位有 15 家；运输户 59 户；运输车辆共有 514 辆。通过近 4 个月的整治，全省共检查企业 1884 户，其中存在有毒有害化学品的企业 737 户，在这 737 户中生产布局不合理的有 280 户，作业场所职业性危害浓度超标准的有 26 户，职业卫生管理制度不健全的 261 户，没有开展健康监护的有 386 户，违反职业病危害告知规定的 65 户。共查封非法生产销售窝点 199 个，取缔集贸市场摊点和游商游贩 385 个，收缴“三步倒”、“速杀神”等各类剧毒鼠药 230.4 公斤，各类瓶装、针剂鼠药 2702 支，其中剧毒物品 2000.5 公斤，依法处理违法人员 130 人。

（8）民爆器材安全整治。按照《民爆器材安全整治方案》的要求，民爆器材安全整治工作已全面展开，民爆器材的生产、储存、运输、经营安全管理得到了加强。

2. 三大网络建设取得明显进展

（1）全省安全监督管理网络基本形成，绝大部分设区市安全监管机构到位，领导班子到位，监管队伍正在配备组建。不少县一级安全监管机构也在抓紧建立。

（2）信息网络建设步伐加快，已完成省安监局内部局域网建设，与省政府政务信息网实现了宽带网连接，与部分重点企业局域网实现了电话拨号连接；对重点危险源正在逐步扩大督察和监控面；建立了全省规范操作通达及时的伤亡事故快报、日报，统计月报、年报制度。

(3) 培训教育网络正在构建，成立了省安全生产培训中心，初步形成了统分结合的全省培训网络体系，已培训企业负责人和安管人员2182人，特种作业人员36834人。

3. “法治”安全进一步强化

近年来出台了《江西省人民政府关于重大安全事故行政责任追究的规定》、《江西省人民政府关于印发贯彻落实省委常委安全生产专题会议精神实施意见的通知》、《江西省烟花爆竹安全管理办法》、《关于惩治非法生产经营烟花爆竹、非法开采煤矿活动的暂行规定》、《江西省烟花爆竹企业安全生产规程》、《江西省非煤矿山矿长安全资格审查管理办法》、《江西省非煤矿山安全生产条件合格证管理办法》、《关于深入开展公众聚集场所消防安全专项治理的实施方案》等一系列安全生产法规、标准、规程及其规章制度，安全生产监督执法人员素质逐步提高，“法治”安全进一步强化。

4. 安全生产责任制基本落实

按照《国务院关于特大安全事故行政责任追究的规定》和省政府《关于印发贯彻落实省委常委安全生产专题会议精神实施意见的通知》要求，明确了各级政府、各部门和各单位负责人的安全生产责任，逐步健全了全省安全生产责任考核目标；逐步形成了一级抓一级，逐级负责的管理机制。对宜丰县新庄镇宜丰县煤矿“4·2”特大爆炸事故特别是乐平矿区发达一矿“8·14”特大瓦斯突出事故的调查处理，做到一查到底，依纪依法严肃追究有关人员的责任。其中：在乐平矿区发达一矿“8·14”特大瓦斯突出事故调查处理报告中，有6名非法矿主被建议追究刑事责任；6名乐平矿务局干部和1名景德镇煤炭办干部因受贿被建议给予政纪党纪处分，其中有4名干部已被检察机关立案审查。严肃查处事故责任者，教育了广大干部职工，震慑了安全生产中的违法违纪人员。

5. 全民的安全意识普遍增加

2002年安全生产宣传工作进一步加强，全省重点开展了“安全生产月”宣传教育和《安全生产法》的学习宣传贯彻活动。在“安全生产月”活动期间，各市政府和各行业的领导分别发表了开展“安全生产月”活动电视讲话，展出安全生产专项整治等展版873块，悬挂安全生产巨幅标语24559条，散发各种安全生产宣传资料241884份（册），接待咨询群众3万余人，观看《人命关天》安全警示片13万余人，国家、省、市新闻媒体发稿519篇，省教育台播放了学校安全教育片17期。南昌市有7万余名中小学生以关注安全、关爱家庭幸福为主题给自己的爸爸妈妈写信约20余万封；樟树市开展了万名中小学生交通安全征文比赛活动；江西移动及联通公司发送安全生产标语信息300多万条。全省各地、各部门安全抽查16710个企业（站、点、车、船），查出各种隐患22891条，下达整改通知书6612份。这次“安全生产月”活动，取得了较好的效果。

各地各部门各单位高度重视《安全生产法》的学习宣传贯彻，省安委会组织省安全生产监督管理局4名局领导赴各设区市宣讲《安全生产法》，全省参加听讲的市、县（区）政府领导和有关部门领导共计1700余人。

组织了“安源股份杯”《中华人民共和国安全生产法》知识竞赛活动。此次知识竞赛活动从9月9日开始启动，9月28日在江西日报上登载经过精选的竞赛试题和参赛须知，各级安监部门和省安委会成员单位积极组织参赛，共有312个单位、30218人参加了知识竞赛，在全省安全生产战线和全社会掀起了《安全生产法》知识竞赛热潮。这次活动引起了很大的反响，参加人数之多、组织成效之好、社会影响之大，都超出了人们的预期。各地各部门各单位采取了多种形式，广泛开展了《安全生产法》的学习宣传贯彻活动。通过学习宣传贯彻《安全生产法》，增强了群众安全生产法制意识，为施行《安全生产法》打下了良好的基础。

对于2002年的安全生产形势，我们既要看到总体好转的一面，又要看到形势严峻的一面，要正视仍存在的问题与差距：在认识上，少数地方政府、部门和生产经营单位负责人重经济利益，轻生产安全，不能处理好安全生产与经济利益的关系；在投入上，江西省矿山多、危险行业多、经济基础薄弱、技术装备差、生产工艺落后，安全生产投入欠账较多等。这些都需要在今后逐步加以改变，使江西省安全生产工作上一个新台阶。

江西省煤矿安全生产工作综述

2002年是煤矿安全监察工作逐步走上规范化、制度化的一年，是江西煤矿安全生产形式持续稳定好转的一年。一年来，在国家局和省委、省政府的正确领导下，在各级地方政府及各有关部门支持、配合下，江西煤矿安全机构、省煤炭行业管理部门和省煤炭集团公司切实履行职责，强化管理，依法行政，严格执法，各类煤炭企业牢固树立“安全第一”的思想，真抓实干，在全体煤矿安全人员和广大煤炭职工的共同努力下，煤矿安全工作扎实深入进行，全省煤矿安全生产形式继续好转。

一、煤矿安全监察执法不断加强

江西煤矿安全监察机构在不断完善制度、加强队伍建设的同时，紧紧围绕矿井监察和事故调查处理两条主线，强化行政执法工作，关口前移，重心下移，尤其是2002年5月1日与省煤炭行业办分离后，煤矿安全监察执法力度进一步加大。开展安全标志、持证上岗和事故责任追究落实等3项专项监察活动；加大执法力度，在罚、停、整上下功夫，全面启动事故罚款；对小煤矿以30条为标准，制定30条监察意见。在监察过程中，抓住主要矛盾，有针对性地开展工作。一是在监察方向上，把省属国有煤矿列为重点监察对象，对39处矿井实行重点监察，把丰城、乐平两个矿务局作为重点监控对象；二是在监察重点上，把煤矿井下作为重点，把“一通三防”和防治水作为重点，把大系统方面的问题作为重点。此外，实行省属国有煤矿矿井安全分类监察制度，对矿井安全评估进行了探索，得到国家局领导的充分肯定。

一年来，全体煤矿安全监察员全力以赴深入煤矿生产一线进行监察执法，经过共同努力，煤矿安全监察工作取得了明显成效，树立了形象，得到地方政府和社会各界的肯定。全年行程85万公里，比上年增加了18万公里，共监察各类矿井3273个次，制作下达各类执法文书4779份，查处事故隐患14074条，罚款83.81万元，同比增加8倍。查处煤矿事故102起，在规定期限内结案率100%。累计处理事故责任人374人，其中：刑事处罚28人，行政处分243人，党纪处分30人；公务员中副乡（镇）级以上干部20人，煤矿企业矿处级以上干部51人。

二、妥善处理生产条件与安全规程要求差距较大的矛盾

丰城矿务局3个矿8个采区一条上山下段进风上段回风的重大隐患，江西煤矿安全监察局向该局下达安全监察意见书，要求必须制定停产整改方案报上级主管部门，按批准的整改方案实施监察。同时积极主动向省政府、国家局汇报，6月中旬，凌成兴副省长召集省直有关厅局有关人员召开现场办公会，明确边生产边整改的方案。此后，江西煤矿安全监察局又对乐平矿务局、大光山煤矿、花鼓山煤矿下达煤矿安全监察意见书。面对客观实际，实事求是地解决历史遗留问题，取得较好效果，做到既缓和了监察执法与经济建设的矛盾，又促进了省属国有煤矿安全生产。

三、对省属煤矿矿井实施安全分类监察

为进一步搞好省属煤矿安全监察工作，立足防范，将监察的关口前移、重心下移，并突出重点有针对性地实施监察，根据省属煤矿的现状，决定对39处省属煤矿矿井实施分类监察。

A类：安全隐患严重或自然灾害严重的矿井。现有A类矿井19处。对A类矿井实施重点安全监察，每个月实施两次监察，对重大隐患必须及时跟踪监察，并对隐患整改情况进行跟踪调度，重大隐患实行牌板管理。主要监察内容是“六个是否”矿井“一通三防”各项管理制度是否健全并得到有效落实；矿井生产布局及通风系统是否合理；是否存在超通风能力生产及瓦斯超限作业；突出矿井是否采取了综合防突措施，瓦斯监测系统是否完善并正常运行；水患矿井的“防治水”措施是否落实等。

B类：安全隐患较多、自然灾害较严重的矿井。现有B类矿井17处。对B类矿井实施定期安全监察，每个月实施一次监察。主要监察内容是“两个是否”。矿井安全管理机构及制度是否健全和落实；作业现场的劳动条件、生产设备及相应的安全防护设施是否符合《煤矿安全规程》和行业技术规范的要求。

C类：安全隐患较少、自然灾害较轻的矿井。矿井3处。对C类矿井实施一般性安全监察，每季度实施一次监察。主要监察内容是“两个是否”：矿井是否遵守了作业规程、操作规程及制定安全技术措施；作业场所是否存在违章指挥、违章作业等违法行为。

四、采取有力措施，进一步加强煤矿安全监察和整治

为切实吸取黑龙江鸡西矿业集团公司“6·20”特大瓦斯爆炸事故的教训，遵照省政府领导的指示，江西煤矿安全监察局牵头，与省煤炭行业办、省煤炭集团公司一道，在庐山召开全省煤矿安全整治暨安全监察工作会议。

会议传达了国务院办公厅《关于黑龙江鸡西矿业集团公司“6·20”特大瓦斯爆炸事故的通报》和全国深化煤矿安全整治会议精神，提出煤矿安全整治将进入抓巩固、抓深化、抓提高的阶段；会议在学习吴邦国副总理对煤矿安全生产的重要批示的基础上，提出煤矿安全监察局必须做到“三个前移”：一是立足点前移，从事后查处转到事前防范上来；二是关口前移，靠前监察，提前介入；三是重心前移，加强对煤矿安全生产第一线的监察，加强对“一通三防”和防治水的监察，并在“三个前移”中坚持“参与管理不包办，服务基层不代替，安全监察不放松”的原则，在“做实”、“到位”上下功夫。会议对煤矿安全大检查进行了布置。凌成兴副省长在讲话中充分肯定了煤矿安全生产秩序整治和煤矿安全监察工作，要求对煤矿安全监察工作，一是各级政府要支持，二是煤矿企业要服从，三是自身要过硬。会议后，省直有关部门核发证照的速度进一步加快，各地的煤矿安全整治工作进一步深化，煤矿安全监察力度进一步加大，煤矿安全进一步好转。

乐平“8·14”特大瓦斯事故后，省政府又在乐平召开了乐平矿区煤矿安全生产现场会议，凌成兴副省长带领省直有关部门负责人到乐平矿务局井下检查，并明确提出要全力整治乐平矿区三大隐患：小煤矿非法生产、水患、瓦斯。

五、全面安排部署煤矿安全监察工作

为促进江西煤矿安全状况进一步好转，推进煤矿安全生产整治工作向纵深发展，1月9日，江西煤矿安全监察局印发了《关于加强2002年煤矿安全监察工作的决定》(赣煤安发［2002］1号)，确定了煤矿安全监察工作的指导思想、工作目标和措施。

安全监察工作指导思想是：以江泽民同志“三个代表”重要思想为指导，认真执行煤矿安全生产的法律、法规和“安全第一，预防为主”的方针，立足防范，以防治瓦斯、煤尘爆炸事故和防治水害事故为重点，强化监察，深入整治，坚决遏制重特大事故，实现全省煤矿安全状况稳定好转。

安全工作目标是：全省煤矿事故起数和死亡人数力争下降10%，控制死亡人数162人，奋斗目标138人，重大事故起数和死亡人数力争下降10%，力争杜绝特大事故。

实现安全目标的要求与措施是：①突出重点，深化整治，强化安全监察工作。一是深入搞好煤矿安全整治，巩固整顿成果，严防“四个一律关闭”的小煤矿死灰复燃；二是以“一通三防”和防治水为重点，强化安全监察；三是继续搞好煤矿矿长和特种作业人员的安全培训，严把质量关；四是搞好日常性的监督检查，对重点矿区、重点单位加强监督、监察，继续建立安全监察档案，落实责任，搞好事前防范，消除重大隐患。②大力推进安全生产法制建设。一是继续做好安全生产法律、法规的宣传、学习、贯彻工作；二是严肃查处事故，加大责任追究力度；三是进一步健全执法机制，严格规范执法行为，加强煤矿安全监察执法工作，将工作重心下移，搞好重点地区的监察，对保留的乡镇煤矿，建立安全监察档案，实行巡回跟踪监察制度。③切实加强安全监察队伍的作风建设，按照“八个坚持，八个反对”的要求，进一步解放思想，转变作风，深入现场，敢于监察，善于监察，监察不越位，摆正煤矿安全监察与服务的关系。④按照年度安全目标，兑现奖罚。省煤炭集团公司总经理、分管安全生产的副总经理、各设区市煤炭管理部门行政一把手分别交安全风险抵押保证金5000元、4000元、2000元，年终考核，全年实现安全奋斗目标，对等奖励；实现全年控制目标不奖不罚；超过全年控制目标，没收抵押金，对等处罚。

六、采取硬措施，确保“三会一节”期间的安全

为切实贯彻落实省委常委扩大会议和全省烟花爆竹煤矿安全监管现场分析会议的精神，确保“三会一节”（全省经济工作会、全省人大政协会、春节、全国人大政协会）期间的安全生产，江西煤矿采取紧急措施：①小煤矿严格执行省煤矿安全生产秩序整治工作领导小组安排的复产验收的同时，2月10日至3月15日一律停产；②国有煤矿3月3日至3月9日，一律停产检修；③从元月15日起，由江西煤矿安全监察局领导带队对省属重点煤矿进行以“一通三防”和防治水为主要内容的安全大检查，同时，各地市对市县国有煤矿进行安全大检查；④由煤矿安全监察办事处，向4个重点局矿派驻矿员，萍乡、丰城、乐平各3人，英岗岭局（含新洛公司）2人，同时协助这次安全大检查，吃住均在矿务局，3月15日结束；⑤凡“三会一节”期间发生3人以上事故，加重从严处理责任人，矿长、书记一律撤职；⑥在安全大检查中，对检查出来的问题，该整顿的，要立即整顿；该停产的，要立即停产；对以前检查、监察中指出的问题，未整改的，要采取行政的、经济的处罚，发生事故的，加重处罚。

七、加大煤矿安全大检查力度

2002年是煤矿安全检查监督力度最大的一年。在元旦、春节、两会和十六大期间，江西煤矿安全监察局先后牵头组织全省性的煤矿安全大检查6次，与公安、监察、国土资源、工商、煤炭行业办等省直单位联动、配合，做到检查与监察相结合；省煤炭集团公司全年共进行12次安全大检查，共查出事故隐患2700多条，下达整改通知单700多份，责令停产工作面掘进头60多个次。其中力度最大、范围最广的一次是迎接党的十六大而组织进行的一次大检查。

为认真贯彻落实9月25日召开的全国、全省安全生产电视电话会议精神，为党的十六大的召开创造一个稳定的社会环境，遵照省人民政府的要求和安排，由江西煤矿安全监察局负责，省经贸委、省煤炭行业办、省国土资源厅、省监察厅、省煤炭集团公司参加，对全省集中进行一次煤矿安全生产大检查。

检查组共由47人组成，以煤矿安全监察员为主，其他5家协助单位共11人参加。检查共分4个组进行，其中两个组检查省属重点煤矿，两个组检查市县国有煤矿和乡镇小煤矿，每个组均由副厅级以上领导干部带队，江西煤矿安全监察局党组书记、局长包尚贤自始至终带队下井检查。

检查的主要内容是：煤矿井下“一通三防”和防治水情况，隐患整改情况，对照《安全生产法》和小煤矿办矿基本条件30条找差距，贯彻落实瓦斯防治“十二字方针”情况，以及非法小煤矿关闭情况等。

检查自10月20日开始，至11月13日结束，前后历时25天。检查采取听取汇报、查阅资料、下井监察方式进行，共检查9个省属重点煤矿和萍乡、宜春、景德镇、上饶、赣州等5个设区市的16个重点产煤县（市、区），共33处省属重点矿井（占总数的84.6%）、6处市县国有煤矿和87处乡镇煤矿（其中关闭矿井43处），共查出事故隐患628条，下达各类执法文书246份，责令4对矿井、1个采区、24个采掘工作面限期停产整顿或停止作业，行政罚款2.2万元，其中：乡镇煤矿事故隐患182条，下达执法文书62份，责令2处矿井、18处采掘工作面限期停产整顿或停止作业，行政罚款1.8万元。

检查结束后，江西煤矿安全监察局专文向省人民政府报告检查情况，省政府办公厅以赣府厅字[2002]178号文转发各设区市人民政府、省直属各单位，要求限期整改。

八、增加安全投入，全力整改隐患

积极消除事故危险源，关闭栗背山、焦源等生产矿井；对2001年关闭的22处矿办小井检查核实，严防死灰复燃；在2001年关闭733处乡镇煤矿的基础上，又关闭182处小煤矿。江西煤矿安全监察机构对重大安全隐患实行牌板管理，定人员、定期限，跟踪监察执法，直至隐患解决为止，全年隐患整改率70%以上。萍乡办事处还采取了重大隐患矿井“黄牌警告”处理模式。

以系统不完善、瓦斯和水患治理为突破口，要求国有煤矿企业分轻重缓急，制定整改时间表，限期整改。在监督企业完成2700万元国债资金的同时，2002年又帮助国有重点煤矿争取国债资金5540万元；督促省煤炭集团公司及其下属企业安全生产投入1.1亿元，完成205项安全整治项目，其中：7处矿井实现倒水平或完成延深主体工程，8个矿井完成通风系统改造，8个矿井完成排水系统改造，7个矿井建立或完善瓦斯监测系统，10个采区完善生产系统。据估计，全省乡镇煤矿约投入3亿元用于安全整改。

与此同时，遵照凌成兴副省长“全力整治乐平矿区三大隐患”的指示，景德镇市政府、江西煤矿安全监察局、省煤炭集团公司成立乐平矿区水患整治工作领导小组，全力整治乐平矿区水患。从9月开始，10月下旬结束，共42人参加了矿区水患调查，历时50天。调查面积8.36平方公里，调查矿区小井255处，填制、绘制调查图表300份，收集各种技术资料1万余份，基本查明矿区内10个积水区域，积水量36万立方米，基本查明矿区内小井采空范围，估算出充水空间354万立方米，编写了《乐平矿区水患调查报告》。根据调查报告，水患整治领导小组组织专家组，本着边整治边生产、标本兼治的原则，着手编制《乐平矿区水患排除方案》。

在督促煤矿企业整改隐患过程中，江西煤矿安全监察机构充分发挥信访举报的作用。江西煤矿安全监察机构共处理隐患举报和事故举报近百起，写出调查报告，件件有调查，件件有回音。丰城矿务局坪湖矿619工作面瓦斯长期超限问题，职工群众举报至国家局，举报到省委、省政府，对此，局领导亲自带队到丰城矿务局调查，并找矿长做调查笔录，对其进行警告，使问题终于得到解决。

九、努力构建安全监察和安全生产的支撑体系

一是构建安全信息工程体系。加快安全生产信息网络建设，成立局信息调度中心，建立局域网；加强事故报告和安全监察数据的调度、统计、分析，形成快速反馈的信息网络体系；筹建江西煤矿安全监察网页。二是构建安全生产技术保障体系。制定并颁发《江西省煤矿矿用安全产品安全标志管理暂行办法》、《江西省煤矿安全产品检验管理细则》，共有25家生产厂的130个产品获得安全标志；江西煤矿安全检测中心和煤矿主要固定设备监测站进入实质性组建阶段。三是完善培训体系。按照“坚持标准、合理布局、兼顾实际”的原则，逐步构建起一个比较完善的煤矿安全培训体系，举办二级培训15期25个班，培训矿长890人次，合格率89%；举办特殊工种培训班156期，培训7841人次，合格率82.7%。此外，还举办两期《煤矿安全规程》师资培训班，培训师资90多人；三期救护小队长培训班，培训100余人。四是构建事故应急救援体系。利用国债资金，完成救护装备投资400万元，新装备救护车辆11辆；参加华东救护协作网活动，完成救护队达标复查；组织开展全省煤矿救护队伍技术大比武活动，对救护队伍进行实战演练和检验。五是按照构建宣传教育体系的要求，大力宣传贯彻安全法律法规，加强宣传报道。积极组织开展“安全生产月”活动，举行全省煤矿安全知识竞赛活动，在全省开展杜绝重特大事故活动；广泛学习宣传《安全生产法》，举办辅导讲座，参加全国统一的知识竞赛；组织编写《江西省煤矿2001年重特大事故案例选编》；重大活动邀请省内主要新闻单位配合、联动；加强宣传报道，中国煤炭报、中国安全生产报用稿50多篇。同时，各办事处召开辖区内片会，以省政府名义召开全省煤矿安全监察暨煤矿生产工作会议，积极做好被监察对象的工作，加强联系，增进理解。

十、深化煤矿安全整治，巩固整治成果

省煤矿安全生产秩序整治工作领导小组制定、印发了《江西省深化煤矿安全专项整治实施方案》，对乱采滥挖资源、技术落后、严重污染环境和不具备安全生产基本条件的小煤矿予以取缔、关闭；国有地方煤矿按照新修订的《煤矿安全规程》进行全面整治；省属国有煤矿强化“一通三防”工作。整治工作分部署落实、深入整治、督促检查3个阶段。提出了深化整治的主要措施，并在庐山召开全省煤矿安全整治工作会议进行贯彻落实。

与此同时，突出抓了三项工作：一是搞好验收工作。江西煤矿安全监察局把验收工作作为一季度的主要工作来抓，严格对照标准，统一安排，合理组织，白天下几个矿井检查，晚上连夜整理资料，在短短的时间内，克服天冷、洗澡条件差等困难，完成1046个小煤矿的现场验收工作，共有956处小煤矿通过省级验收。二是做好审核发证工作。对图纸资料不清不详的100多个小煤矿责令限期补充完整的同时，将通过验收的小煤矿，按照“统一政策、部门把关、协调配合”的原则，分30批次1898矿次送省国土资源厅、省煤炭行业办、江西煤矿安全监察局、省工商局进行审核，对通过4家审核的小煤矿分13批报省政府，共有777处煤矿获得批准。期间，为加快审核发证速度，从5月15日起，在省工商局进行联合办公，实行一条龙发证，至年底，共有753处矿井核发了“四证”恢复生产。三是“回头看”活动。各办事处对通过审核同意发证的矿井在恢复生产前进行“回头看”，对各种违法行为给予严厉打击，有效地遏制了小煤矿恢复生产时的事故高发。四是打击非法生产活动。针对死灰复燃现象，江西煤矿安全监察局、省煤炭行业办等5部门联合下发了《关于提高矿井关闭质量，严防死灰复燃的通知》，并根据群众举报，省有关部门组成工作组多次赴有关县市，查处煤矿死灰复燃和非法开采问题；各级人民政府及其公安部门，依照省政府制定的三个事故防范性暂行规定，严厉处罚死灰复燃和非法开采的业主，严厉追究地方政府对非法生产失察的干部的责任。

十一、深入开展“安全生产月”活动

2002年6月是我国第一个“安全生产月”。江西煤矿安全监察局、省煤炭行业办联合发文，对活动进行了安排布置。活动期间，各单位悬挂宣传条幅，张贴安全宣传画，6月9日开展安全咨询活动，举办安全知识竞赛和《煤矿安全规程》讲座，开展“杜绝重特大事故活动”，进行安全大检查，充分利用广播、电视、矿报、通讯、板报、宣传车等传媒工具，广泛宣传安全生产政策法规和安全生产知识，整个活动既轰轰烈烈，又扎扎实实。仅省煤炭集团公司在“安全生产活动月”期间，就召开安全会议131次，参加人员达28000余人；制作广播电视专题节目575次；安全生产检查矿井102个次，查出安全隐患3100条。通过活动，提高了对党的安全生产方针和安全生产重要性的认识，增强了搞好煤矿安全工作的责任感与自觉性，在全省煤矿营造了“关注安全，关爱生命”的浓厚氛围。

十二、煤矿安全持续稳定好转

2002年，全省煤矿共发生死亡事故102起，死亡178人，比上年减少死亡20人，实现了年初预定的安全生产目标，实现了党的十六大、国庆节期间的安全生产。尤其是江西煤矿安全监察机构成立以来，煤矿安全监察工作有效地促进了煤矿安全生产，实现了江西煤矿安全的持续稳定好转，使江西在全国煤矿事故多发的五省一市名单上消失了，这两年全国性会议点江西的名少了，一举摘除了事故多发省份的帽子。

2002年的煤矿安全工作，有四个方面的特点：一是通过以遏制重特大事故为目标，加大安全监察力度，全力督促整改大系统隐患的情况下，全省煤矿重特大事故明显下降。一次死亡3～9人的重大事故11起，死亡48人，同比减少8起，少死亡46人，分别下降了42.1%和48.9%；一次死亡10人以上的特大事故2起，死亡29人，同比减少1起，少死亡23人，分别下降了33.3%和44.2%。二是在以省属国有煤矿为监察和整治重点的情况下，省属国有煤矿事故和死亡人数大幅下降，安全状况明显好转。省属国有煤矿全年共发生事故死亡47人，同比少死亡38人，下降44.7%。其中3～9人事故3起，死亡13人，同比减少3起，少死亡15人，分别下降50%和53.6%；消灭了一次死亡10人以上的事故。这是最近几年来省属国有煤矿安全状况最好的一年。三是乡镇煤矿在相继恢复生产的情况下，死亡人数在控制指标以内，重大事故得到有效遏制。全省乡镇煤矿死亡人数比年初确定的控制目标少死亡6人，重大事故比2001年同期减少4起，少死亡29人。四是在以“一通三防”和防治水为监察重点，全面落实瓦斯治理“十二字”方针的情况下，“一通三防”和防治水方面的事故大幅减少。全省共发生“一通三防”和防治水方面的事故死亡95人，同比少死亡44人，下降31.7%，其中水患方面消灭了特大事故，重大事故也比上年减少2起，少死亡16人，同比分别下降50%和66.6%。

山东省安全生产工作综述

2002年，全省认真贯彻落实党中央、国务院强化安全生产工作的措施和要求，开拓进取，求真务实，有效地遏制了各类重特大事故的发生，基本实现了事故总量有所下降，防止重大恶性事故，安全生产形势稳定好转的“安全生产年”目标，为促进全省经济和社会事业发展作出了积极贡献。

一、安全生产形势进一步稳定好转

一是事故指标全面下降。2002年，全省共发生各类事故7.99万起，死亡1.04万人，与上年同比，分别下降了4.7%和3.0%。发生重特大事故102起，死亡452人，同比分别下降了25.5%和25.2%。其中，发生特大伤亡事故2起，死亡25人，分别下降50.0%和68.8%；发生特大火灾事故1起，同比持平。二是重点领域安全生产形势平稳。煤矿、道路交通、沿海水运、渔业、铁路的安全事故都有不同程度的下降。工业贸易、煤矿、火灾、铁路路外的重大事故全面下降。非煤矿山、煤矿、道路交通、沿海水运、渔业生产杜绝了特大事故，民航继续保持了“零”事故。

二、安全生产责任制进一步落实

一是各级各部门更加重视安全生产工作。5月份，省政府建立了事故通报制度，将各市每月的事故情况（事故起数和死亡人数）与经济指标一并通报，进一步增强了各级领导抓好安全生产工作的紧迫感和责任感。二是“一岗双责”得到进一步落实。各级各部门基本做到了分管工作与涉及的安全生产工作同部署、同检查、同考核，形成了齐抓共管的良好局面。三是部门安全责任意识明显增强。各部门按照《关于落实省安委会成员单位安全生产工作职责的意见》，认真履行本部门的安全生产职责，严格审批、审核、发证事项，严把市场准入关。四是严肃事故处理。各级安监部门认真贯彻落实国务院第302号令，对400多起工商贸事故全部进行了处理。

三、安全生产监管机构进一步完善

一是“三级机构”基本建立。全省17个市和139个县（市、区）都成立了安监机构，共有安监人员1226人。二是“四级网络”基本形成。全省74%的乡镇和有条件的社区，陆续成立了安全生产管理办公室或监管站，专兼职安监人员达3700多人，基本形成了省、市、县、乡镇四级监管网络。三是安监机构的作风建设进一步加强。各级安监部门认真加强机关作风和业务建设，努力提高全省安监队伍的政治素质和监管水平。不少市都制定了《安监人员行为规范》，深入开展机关作风和廉政建设教育，提高办事效率，树立了良好的安监队伍形象。

四、安全生产法规建设进一步加强

一是法规体系框架基本形成。省政府发布实施了《山东省安全生产监督管理规定》，颁发了渔船渔港、建筑、公众聚集场所等有关安全生产的管理办法。目前，省人大、省政府颁布的安全生产法规规章和有关部门制定的规范性文件已达20多个，基本形成了具有我省特点的安全生产法规体系。二是《安全生产法》的宣贯工作达到预期效果。《安全生产法》颁布后，省政府专门下发了《关于认真学习宣传贯彻〈安全生产法〉的通知》，各级各部门通过举办培训班、讲座和知识竞赛等多种形式进行宣传学习。全省共举办“一法一规定”培训班1200余期，培训人员达20余万人。

五、安全生产专项整治扎实有效

一是全面贯彻落实《危险化学品安全管理条例》，开展危险化学品安全专项整治，初步摸清了生产和经营企业底数，整治各类事故隐患7476处，对不符合安全生产要求的111家企业责令停产整顿，依法取缔了28家非法生产经营单位。二是按照“六整顿六关闭”的要求，加强了非煤矿山的整治工作，共取缔非法及不具备安全生产条件的小铁矿、小金矿、小石膏矿等非煤矿山2558处。三是认真落实“一通三防”措施，停产整顿矿井89处，停头停面449个，整改事故隐患4.77万处。四是精心组织道路交通、民用爆破器材和烟花爆竹、公众聚集场所等专项整治工作。在道路交通安全专项整治中，排查出的173处道路交通事故多发点，在交通、建设等部门的支持和配合下，已整改165处；查纠各类交通违章行为136万人次，建立道路交通安全村8800多个。开展打击非法生产、经营烟花爆竹集中行动，检查涉爆单位1.25万家，收缴炸药2.6万公斤、烟花爆竹2.5万头。整治公众聚集场所火险隐患6.74万处，依法取缔各类公众聚集场所432处，责令停业整顿495处，吊销营业执照159个。五是认真开展水上交通安全专项整治工作，取消了5家船运公司的客滚运输资格和3家船运企业的液体危险化学品运输资格；沿黄地方海事机构对79处渡口和183艘渡船进行了全面整治，责令140艘渡船停运整改；海洋与渔业部门检查渔港及渔船停泊点729处，检查渔船7500余艘，强制报废老旧渔船60艘。

六、安全生产基础工作得到加强

一是不断探索加强“双基”工作的新方法。制定下发了《关于进一步加强安全生产基层和基础工作的意见》，对“双基”工作提出了明确要求。二是基础资料更加翔实准确。全省共排查出1.91万处可能造成事故的危险源，印制了《重点行业安全生产及重大危险源基本情况》，编辑出版了80多万字的《山东省安全生产基础资料》。三是安全科技工作有了进一步加强。全省确定了659名省、市级安全生产专家。召开了山东省劳动保护科学技术学会第二次会议，发展会员单位77家，个人会员280人。全省有3个安全工程项目获得国家安全生产科技成果二、三等奖。四是严格市场准入制度。建立了非煤矿山年检制度，发放《安全生产合格证》4295处；认可了50多家承包矿山采掘工程资格。对全省102家劳动防护用品生产企业核发了生产许可证。五是狠抓了基层培训工作。举办了4期县（市、区）安监局局长培训班；对327家生产、经营劳动防护用品的单位负责人和技术人员进行了培训；培训特种作业人员并核发《特种作业人员操作证》13万余套；对7000多名非煤矿山、危险化学品生产企业安全管理人员进行了系统培训。六是应急救援预案的制定工作已经展开。省安委会已经开始组织有关部门制定特大安全事故应急救援预案。7个市都结合本市的安全生产特点，制定了重特大事故应急救援预案。

七、隐患整改的督查力度进一步加大

一是督查工作持续不断。2002年，省政府和省安委会组织有关部门开展了9次全省性的安全生产督查活动。各市、县和各部门也都结合本地区、本部门的安全生产特点，不间断地开展安全生产自查、抽查、督查和暗访。全省累计督查发现和消除了10万多处（条）不安全因素和事故隐患，为稳定重大节日、重要时期的安全生产形势发挥了重要作用。二是隐患整改工作有明显加强。狠抓了非煤矿山企业的隐患整改工作，全省共查出事故隐患8700多处，投入整改资金6500多万元，整改隐患7200多处。针对建筑工程和城市燃气事故多、隐患多的实际，在全省组织开展了建筑工程和城市燃气两项安全专项整治。三是抓预防，从源头上消除隐患。加强了建设项目劳动安全“三同时”工作，重点抓了146处国家和省重点建设项目的安全监控和评价，防止产生新的事故隐患。

八、安全生产宣传活动丰富多彩

一是宣传形式新。在做好日常安全知识和法律法规宣传的同时，积极探索新的宣传形式，大力开展了“安全进社区、教育进万家”和“安全进校园”等社会化的宣传活动。不断充实“安康杯”竞赛活动新内容，使全省参赛企业达2280个、职工380万人。二是媒体宣传氛围浓。充分利用广播、电视、报刊和信息网站宣传安全生产工作。全省在市级以上广播、电视、报纸刊播稿件多达2700篇。特别是在重大节日、重要时期，通过省广播电台、电视台滚动播出安全生产公益广告860余次，营造了浓厚的安全舆论氛围。三是“安全生产月”活动扎扎实实。6月9日的主题咨询日，全省共设置咨询台6775个，受理投诉1221件，设置展板2.4万块。“安全生产月”期间，全省参加安全生产知识答卷和电视竞赛的人数达236万多人，组织放映《人命关天》等安全教育片1653场。

九、突出了重要时期和重大节日安全生产的监督检查

认真组织敏感期和重大节日的安全生产工作。特别是围绕党的十六大和国庆节，及早地召开了事故隐患整改调度会和一系列安全生产电视会议，提出了“围绕一个目标、树立一个意识、做好两个确保、抓好六个重点、落实五项责任制”的工作要求，在全省掀起了抓安全、保稳定、迎接党的十六大召开的工作热潮。先后组织了两次大规模的安全生产检查和督查活动，全省共组织检查组 2600 余个，共消除各类不安全因素 1.39 万处。

青岛市安全生产工作综述

一年来，在各级政府的正确领导下，紧紧围绕全年的重点工作目标，开拓进取，狠抓落实，在全市范围内广泛开展了以宣传教育、专项整治、监督通报、清查整顿、应急救援和安全执法等“六大行动”为主要内容的“安全绿色行动”，取得了重大成就，保持了全市安全生产形势的稳定好转，实现了“安全生产年”的各项工作目标。2002 年，全市共发生各类安全事故 21147 起，死亡 1353 人，伤 11025 人，直接经济损失 6669.5 万元。与 2001 年同期相比，事故起数下降 19.4%，死亡人数下降 13%，受伤人数下降 16.8%，直接经济损失下降 12.4%。在全市各项经济指标大幅度增长的情况下，四项主要安全事故指标首次较大幅度下降，全年未发生群死群伤的恶性事故，安全生产创 5 年来最好成绩，为我市的经济发展和各项事业进步创造了安全稳定的社会环境。

一、各级领导从讲政治的高度，重视安全生产工作

市委、市政府对安全生产工作历来十分重视。2002 年初，市政府以青政发〔2002〕1 号文下发了《关于加强全市安全生产工作的通知》，对全年的安全生产工作作出总体部署。1 月 23 日，市政府第一次市长办公会就研究安全生产工作，对提交市长办公会研究的有关安委会的调整、重大安全隐患整改、安监局办公经费和车辆等急需解决的问题，都作出明确的指示，积极支持安全生产工作的开展。省委常委、市委书记、市长杜世成对安全生产中的问题多次批示和过问，一再强调安全生产的重要性，时时提醒大家一定要把安全生产抓紧抓牢，并在全市安全工作会议上做重要讲话。宗和副市长非常重视安全生产工作，多次听取市局汇报，给予指示；多次亲自带队深入基层检查指导安全生产工作；多次夜间下达安全生产工作指示；多次亲赴事故现场指挥处理事故。为加强对全市安全生产工作的领导和调度，市政府重新调整了安委会成员单位，将原来的 29 个成员单位调整为 50 个。全年召开了 6 次全市安全生产工作会议、6 次安全生产电视电话会议、14 次安全生产专项调度会，对重大节日、重点时期、重要季节的安全生产工作进行了部署安排。各级各部门认真贯彻落实市委、市政府关于加强安全生产工作的指示决定，在机构建设、建章立制、专项整治、隐患治理、监督检查等各个方面都取得了新的成绩。各区、市安监机构和行业管理部门在党委、政府的领导下，切实从讲政治、保稳定、促发展的高度，尽职尽责地组织开展了各项安全生产监督管理工作，最大限度地减少事故，保障广大人民群众的生命财产安全，为我市经济和社会事业发展作出了重要贡献。工交各企业和中央、省属驻青企业也扎扎实实地做好了安全生产的管理工作，保障了企业生产安全稳定。

二、层层落实安全生产责任制，形成了齐抓共管的良好局面

年初，市安委会办公室根据市委、市政府确定的工作目标，层层进行分解，下达了各市、区和市政府有关部门、市直单位的安全生产责任目标。1 月 31 日，在全市安全生产工作会议上，宗和副市长代表市政府与 76 个目标责任单位的负责人签订了“安全生产目标责任书”。各级政府、各部门、各企业在签订责任书后，也迅速进行目标分解，逐级签订了责任书，使安全生产责任制落实到最基层。3 月 11 日，市政府下发了《关于印发青岛市落实安全生产责任实施意见的通知》。为加强责任制的落实，市安办还修订了《青岛市安全生产责任目标考核细则》，坚持安全生产目标责任制半年检查和年终全面考核制度，促进了以行政正职和企业法人代表为第一责任人的各级安全生产责任制的落实。年底，市安委会办公室会同市监察局、总工会、公安局、质监局、气象局等安委会成员部门联合组成考核组，借鉴以往年终安全生产责任目标考核工作的经验，采取集中汇报和现场观摩相结合的方式进行综合评分，最后评出档次。即墨市政府等11个单位被评为“2002年度安全生产责任目标考核优秀单位”，黄海橡胶集团有限公司等18个单位被评为“2002年度安全生产责任目标考核先进单位”，市南区城市建设管理局等78个单位被评为“2002年度安全生产基层先进单位”，徐顺利等220人被评为“2002年度安全生产先进个人”。

三、深入开展以10项安全生产专项整治为主要内容的“安全生产绿色行动”

根据国家统一部署的5项安全专项整治，结合我市具体情况，全面开展了道路和水上交通运输、公众聚集场所消防、民用爆破器材和烟花爆竹、危险化学品、矿山和采石场、建筑施工、特种设备、旅游、海上捕捞和养殖、山林防火等10个方面的安全专项整治。市安委会及时下发了通知，明确了各牵头和配合部门的职责和要求，定期、不定期召开整治情况调度会，推动了专项整治工作的顺利开展，达到了预期的效果。

安监部门牵头组织开展的矿山和采石场安全整治，在公安、国土资源、工商、环保等部门及各区市政府的紧密配合下，做到了机构健全、责任明确、措施得力；坚持了月调度、季检查，加强督促指导，保证了整治工作的顺利进行。整治中，对全市1500余家非煤矿山企业和采石坑点，严格按标准逐个进行了整治，共排除事故隐患4500余处，关闭采石坑点400余个，对170多家矿山企业实施了停产整顿，使矿山的安全生产形势明显好转。年底，专项整治工作顺利通过了市级考核验收。

公安、交通、安监、海事等部门牵头组织开展的道路和水上交通专项整治，本着“先急后缓、先易后难、重在解决”的原则，对59处“事故黑点”路段投资整改，已有11处“事故黑点”得到彻底整改；在全市组织开展了“百日交通安全竞赛”、“交通安全进社区”、“交通安全村、安全学校建设”、“‘青特杯’交通安全知识竞赛电视大赛”（在省、青岛电视台播出）等活动；对交通安全整治的重点市（区）和交通事故多发点、段的整治情况进行了检查验收，道路交通安全形势明显好转，四项指标大幅下降。严把市场准入关，完成了对全市47家国内水运企业经营资质的审查发证工作，严肃查处了“友谊号”游船超员载客的严重事件和该轮相撞事故，杜绝了海上重特大事故的发生。

安监、公安、财办等部门牵头组织开展的危险化学品安全专项整治，共对危险化学品从业企业进行了3次全市性的大检查，对排查出的1000余项重大危险源落实完善了监控措施；对排查发现的近700余项事故隐患分别下达了限期整改通知书，其中99.3%的事故隐患已整改完毕；对103家生产使用经营剧毒化学品的从业单位进行了重点检查，对350余个集贸市场进行了检查，共下达限期整改通知书320份，责令停业整顿危险品储存库1家，暂停经营单位12家，收缴剧毒品70余公斤，查扣违规经营剧毒品氰化物3吨，查获收缴非法销售灭鼠针剂330支、气毒灭鼠膏3000支、粒状鼠药1162包、灭鼠灵200盒。关闭不具备安全生产条件的“三无”和“五小”企业334家。

公安消防部门牵头组织开展的公共聚集场所消防安全整治，先后组成安全检查组260个，对全市120家星级酒店、16所大中专院校和4000所中小学和幼儿园、812处商品交易市场、700余处公共娱乐场所、231家医院和641个加油站进行了安全大检查和集中治理，发现并整改各类隐患3万余条，对722家无证经营和不符合消防安全要求的网吧依法予以关闭或停业整顿，全市连续第二年杜绝了特大火灾事故的发生。

质监部门牵头组织、各区市政府配合开展的锅炉压力容器和特种设备安全整治，共对全市620个单位的3260台特种设备进行了安全检查，下达《安全监察意见书》652份，提出了2170条整改意见，责令停止使用存在严重事故隐患的特种设备262台，报废有安全隐患的气瓶约3700只。通过整顿治理，自去年以来杜绝了锅炉和压力容器爆炸事故，整顿治理成果显著。

四、安全生产监管的基础工作更加扎实，预防为主的工作方针得到充分贯彻

全市安全生产三级监管网络基本建立。目前，除崂山区外，全市五市七区，全部建立了安监局，编制70人，专职人员64人；绝大部分镇（街道办事处）都建立了基层安全监督管理机构。市南区推行“无缝隙工程”，建立了社区安全监督组织，由区政府拨专款，通过公开招聘，为14个街道办事处配备了28名安全监督员，具体负责对社区居民、个体私营企业及公共场所安全消防进行巡视、检查，宣传安全生产法律法规。

修改补充了重特大事故预防和应急救援预案。根据国务院《关于特大安全事故行政责任追究的规定》要求，多次召开调度会议，组织协调各有关部门和专业人员对原有的15个安全事故应急方案进行了修改，又补充了5个新的预案，目前已提交市政府予以发布实施。

认真开展了建设项目的安全设施“三同时”工作，保证从源头上消除事故隐患。全年共对100余个建设项目的安全设施进行了“三同时”工作的审查和验收。

采用先进的管理办法，在有条件的企业推行了职业安全健康管理体系认证。该体系是一种“事前预防、持续改进”的安全管理体系。目前，我市已有16家企业通过了认证，10余家企业正在接受体系认证。企业建立该体系后，有效地控制了职业风险，提高了职业安全管理水平。

各级安监部门分别设立了隐患举报电话。为进一步扩大举报电话的影响，市安监局挤出资金，连续数月在《青岛晚报》第一版刊登广告；各区、市安监局也分别在有关新闻媒体公开了举报电话。据统计，自年初设立安全隐患举报电话以来，累计收到了群众来电反映安全生产问题约3500余件，反映事故隐患1800余件，各级安监部门都认真进行了查处，有效地预防了各类伤亡事故的发生。

五、适时开展全市性的安全大检查，安全隐患得到了有效控制

全市各级各部门通过“综合与专业、明查与暗访、突击与日常”相结合的方法，反复查找事故隐患，狠抓事故隐患的整治；认真组织开展了“回头看”检查活动，对事故隐患实施跟踪监控、督促整改，取得了良好成果。据不完全统计，全年市政府、安委会组织全市性的安全检查组55个（次），开展安全生产大检查8次；各区市政府、企业主管部门、政府职能部门组织的安全检查组1200余个（次），开展安全大检查560余次。共检查各类企事业单位1.2万余家（次），排查出隐患2.5万余条，整改事故隐患2.2万余条。市消防局仅第四季度就组成检查组730余个，检查单位5640余家次，排查和整改事故隐患6800余条。

按照“四不放过”的原则严肃查处事故，达到了警示教育的目的。对影响较大的事故，除坚持“四不放过”原则进行严肃查处外，还通过新闻媒体教育广大市民，提高安全防范意识，杜绝类似事故的发生。对各类企业职工伤亡事故，都按照“四不放过”原则积极进行了查处，认真落实了事故隐患整改措施，对责任单位和有关责任人进行了严厉的处罚。2002年，安监机构共受理企业职工伤亡事故44起，全部结案；安监和有关部门、单位共对202名安全事故责任人进行了处理。其中，给予经济处罚的有115人，行政处罚的67人。在给予行政处罚的人员中，记大过6人，撤职9人，开除1人。

实行了重大隐患和重大事故单位“约见”制度。对存在事故隐患并连续两次发生事故的金兴金矿、鑫汇公司进行了“约见”，要求他们针对问题立即进行全面整改，并对企业及其主管部门的领导进行了警示教育。

六、培训教育取得新的突破，安全宣传有声有色

在全国率先实行了培考分离的安全培训制度。建立了分级管理、分工明确、培训与考核发证分离的市、区两级安全培训考核体系。由具备资质的培训单位承担安全培训任务，安监部门只负责培训单位的资质认证和考核发证。建立了全市安全管理人员定期考核制度，主要对企事业单位负责人、专兼职安全管理人员、危险化学品管理人员，实施相关的安全生产知识和管理能力培训，经考核合格后，由市安监局颁发相应的任职资格证书；资格证书每两年复审一次。据统计，全年共对20家培训单位予以培训资质认证；对1800余名安全管理人员、6000余名特种作业人员进行了安全培训；对2784名安全管理人员进行了统考，统考发证率达96%。

组织开展了“安全生产月”活动。市政府专门召开了新闻发布会，进行了动员部署；6月9日，全市集中开展了大规模的上街宣传咨询活动，现场组织了万人签名、咨询答疑、安全生产图片展和文艺演出等多项活动内容；组织43万人参加了“青钢杯”安全知识答卷，70余万职工参加了“安康杯”安全知识竞赛；发放了100万封致“全市人民幸福安康的一封信”；在电视台举办了“0532大满贯安全生产月电视专场”，在广播电台播发安全公益广告等一系列活动，收到了良好的效果。

《安全生产法》的学习宣传工作有声有色。《安全生产法》颁布后，市政府办公厅、市安委会分别发出《通知》，组织全市各级各部门利用3个月的时间，开展了多种形式的宣传教育活动。市政府邀请国家安监局闪淳昌副局长为各级领导和安全管理人员做了《安全生产法》的专题讲座；各级各部门层层组织的巡回宣讲达900多次，听讲人员50多万人；组织《安全生产法》专题演讲比赛600多次；在新闻媒体刊播安全法公益广告400多篇，发表宣传文章520多篇等等，增强了全民的安全生产意识。

七、安全生产法制建设迈出新步伐，安全生产工作更加规范

为适应新的监管体制的需要，各级各部门狠抓了建章立制工作。市安监部门先后出台了《青岛市危险化学品管理规定》、《青岛市劳动防护用品监督管理办法》、《青岛市建设项目（工程）安全生产设施审查和验收办法》、《青岛市企业职工伤亡事故管理办法》、《青岛市安全生产案件行政处罚工作程序》等一系列规范性文件。组织人员起草了《青岛市劳动安全卫生管理规定》，经省人大批准，自2002年3月1日起施行。平度市制定了《市政府领导成员安全生产责任制》，开发区出台了《安全生产管理奖罚暂行办法》，加大了安全责任追究的范围和力度，并确立了与安全生产有关的行政审批保证制度。

河南省安全生产工作综述

2002年，河南省各级政府、各有关部门、各生产经营单位认真贯彻落实党中央、国务院，国家安全生产监督管理局（国家煤矿安全监察局）和河南省委、省政府关于安全生产的重大部署，积极理顺安全生产体制，大力推进监督管理手段创新，广泛开展安全宣传教育，不间断组织安全检查，深入进行安全专项整治，强化隐患整改治理，严肃事故责任追究，企业安全生产投入逐步加大，安全生产基础工作得到加强，安全生产滞后于社会经济发展的情况有所改善，安全生产形势保持了总体稳定并向好的方面发展，全年杜绝了一次死亡30人以上特别重大事故，重大特大事故得到控制。

一、提高认识，加强领导

河南省委、省政府高度重视安全生产工作，主要领导多次对安全生产工作作出重要批示，省政府先后召开了5次常务会议、12次电视电话会议、多次省长办公会议和工作会议，专题研究部署安全生产工作，并组织了14批安全督查组，做到了警钟长鸣，常抓不懈。各市、县党委政府、各有关部门对安全生产工作认识进一步提高，抓好安全生产工作的自觉性不断增强，主要负责同志亲自抓，分管领导直接抓，深入基层，明察暗访，对事故隐患等重大问题现场办公，推动了安全生产责任制特别是领导责任制的落实。安全生产综合管理力度不断加大，整合作用不断增强，独立负责、分工协调的安全生产工作新机制初步形成。

二、理顺监督体制，增强监管力量

2002年，河南省委、省政府决定组建河南省安全生产监督管理局。2月7日，河南省编制委员会以豫编［2002］5号文印发了《河南省安全生产监督管理局职能配置内设机构和人员编制规定》，明确组建河南省安全生产监督管理局，履行全省安全生产综合管理和监督职能，与河南煤矿安全监察局一个机构，两块牌子，同时承担省政府安全生产委员会办公室职责，编制25人。原由省经贸委承担的全省安全生产综合管理和监督职能划给省安全生产监督管理局，全省煤矿安全监察职能仍由河南煤矿安全监察局承担。省安全生产监督管理局于2002年7月31日正式挂牌成立。省安全生产监督管理局组建以来，全省市级安全生产监管机构不断健全，人员得到充实，15个省辖市和82个县（市、区）监管机构陆续到位，全省市、县两级安全生产监管人员达到950人。重点乡镇、城市社区乃至部分村和街道都明确了安全监督员，1505名乡镇安全监督员实现了持证上岗。同时，有14个省辖市、83个县（市、区）、80个乡镇成立了道路交通安全委员会。省，市、县、乡四级安全生产委员会基本建立，行业和企业安全生产领导机构逐步健全，安全生产监督管理体制建设取得了明显进展，有力地推动了安全生产监管工作的顺利开展。

三、完善监督体系，提高安全保障水平

安全生产应急救援体系不断强化。多数省辖市政府制定了重特大事故（险情）应急救援预案，对重特大事故隐患和危险源制定并落实了监控预案；投资800多万元用于煤矿救护设备，购置20辆矿山救护车、180套正压氧呼吸器，装备了6个救护大队、10个中队和23个小队，矿山救护大队在抢险救灾和预防性抢险中发挥了积极作用；各地政府投资购买了登高消防车等现代化装备；郑州、平顶山、焦作“120”急救网络指挥中心全面开通；公安交警部门与卫生部门建立了联合行动救援机制，有力地提高了对重特大事故等紧急情况的应急处置能力。

安全生产技术保障体系初步形成，安全生产培训、评价等社会中介组织管理趋于规范。有3个二级、19个三级、5个四级煤矿培训机构申报了资格认可，特种作业人员培训实现了教学大纲、培训教材、考核标准和证件的四统一。成立了煤矿矿用安全产品检验中心，完成了省劳动保护用品检测站的资质审查。对省安全生产专家组进行了换届，有的省辖市和交通等行业也成立了地方和行业安全专家组，建立了全省安全生产专家库。编制了科技计划和科技成果推广项目，推荐申报了科技成果奖励项目。

安全生产信息渠道更加畅通。健全开通了河南省安全生产网、消防网和中原119电视频道；各地公布了安全生产举报电话，坚持24小时调度值班，及时报告重特大事故信息；省安全生产委员会办公室加强与公安、交通等部门的信息交流，及时收集各类事故信息，每月编发事故专报，建立了信息共享制度，增强了从整体上全面掌握安全生产情况的能力。

四、加强监督管理，促进安全生产工作

充分发挥安全生产综合管理职能，注重引导各级政府重视安全生产，注重发挥各职能部门作用，督促国有大中型企业建立安全生产自律机制，开展安全生产体系认证，推行事故假设预想和标准化作业等现代化管理手段。在春运、旅游等工作中大力倡导和做好预测预报工作，制定并落实各项工作预案，合理调整运力，从源头上较好地预防和解决了可能出现的安全问题。改进安全生产大检查方式方法，在坚持领导带队的同时，注重多吸收专业技术人员参加。开展联合性综合检查的方式，注重了从企业设备设施隐患方面深挖根源，注重了从宏观角度查找政府部门、企业在安全管理中存在的问题。对发现的问题分类建档，任务和责任分解到部门；对重大隐患跟踪整改，及时复查，有力地提高了隐患整改消除率。全年各级政府累计组成2200多个检查组，出动检查人员1.5万人次，检查生产经营单位或场所4.9万个，查出问题9.8万项，落实整改9.5万项，有效地遏制了重特大事故的发生。

五、深化专项整治，整改事故隐患

按照国家统一部署，结合我省实际，深入开展了危险化学品、煤矿、非煤矿山、道路交通、公众聚集场所、水上运输、民爆器材与烟花爆竹、矿山勘查（开采）秩序、网吧迪厅、有毒有害化学品、加油站等安全专项整治；不间断地组织开展了元旦、春节、春运、“五一”、“十一”、冬防等季节性安全大检查，开展“百日安全”、“安全生产月”、“迎接十六大”等综合性大检查，开展矿山、建筑、旅游、特种设备等专项检查。通过停产整顿和复查验收，关闭取缔了一大批达不到安全生产条件的生产经营单位，全省事故隐患整改率达90%以上，重大隐患和重大危险源应急监控预案和措施得到进一步落实，有效地提高了安全生产整体保障水平。全年整改了1000多家小煤矿、6972处非煤矿山、3689家民爆器材与烟花爆竹生产经营单位、2469家公众聚集场所、3303处加油站、2495家网吧迪厅。取缔、关闭了不符合安全生产条件的近500家小煤矿、1046处非煤矿山、840家公众聚集场所、

406家民爆器材与烟花爆竹生产销售点、671个加油站、967家网吧迪厅。全省安全生产秩序进一步好转。

六、强化宣传教育，形成良好的安全社会氛围

积极开展了"安全生产月"、"安康杯"竞赛、"11·9"消防宣传日、"中小学生安全教育月"、《安全生产法》咨询日等一系列安全宣传教育活动，生产经营单位负责人、安全管理人员、特种作业人员的培训更加严格和规范，从业人员三级教育和日常安全教育得到较好的落实，安全生产社会舆论监督进一步强化，安全生产网站、杂志、频道建设取得空前性成果，安全进农村、进社区、进学校、进机关和交通安全村（社区、学校）、文明工地建设等成效显著，关爱生命、崇尚安全的社会氛围更加浓厚。全年共有4026家企业，近270万职工参加了"安康杯"竞赛；编制了18种中小学生安全教育材料，很多学校组织学生开展了逃生自救互救演习；全省共举办780多期《安全生产法》培训班，近15万名机关干部和企业负责人接受了培训，300多万职工受到教育；全年培训各类煤矿矿长1042人、国有煤矿区队长278人、特种作业人员9844人；培训非煤企业负责人766人、管理人员355人，特种作业人员考核发证9488人。在全省范围掀起了学法、懂法、守法、用法的热潮，提高了安全管理人员和从业人员的安全素质，增强了社会安全意识，营造了良好的安全社会氛围。

七、落实安全责任追究制，严格追究事故责任

认真贯彻《安全生产法》和国务院302号令，严肃追究事故责任。建立了安全生产说明情况制度，发生特大事故的省辖市政府和省主管部门负责人，要向省政府和省安全生产委员会说明情况。同时，加强安全生产监督管理，公安、监察、司法、法院、人事、组织等部门间的协作，开展了责任追究专项检查，确保了事故行政责任追究的落实。建立了重大隐患责任追究和预警制度，严格了安全检查、验收、审查人员的责任，对不认真整改隐患、安全专项整治不力、安全生产形势长期得不到好转的地区和部门，对工作不认真、失职渎职的领导干部和工作人员，严肃进行责任追究。全年共查处重、特大事故25起，229人受到责任追究，其中，移交司法机关追究刑事责任39人，立案侦查10人，行政处分160人（党纪政纪并处30人），党内处分20人。地方党委、政府共有9名领导干部受到追究。各级、各部门、各生产经营单位不断增强责任意识，认真落实安全生产责任制。

八、建立安全生产长效机制，不断提升监管水平

实行了安全生产目标管理，建立健全安全生产责任制。年初，各市、县、乡镇、企业乃至职工都层层签订了安全生产责任书，明确了安全目标，细化了安全责任。年底，各地在严格安全目标考核的基础上，还将考核结果与领导政绩、职工收入挂钩，实施安全生产一票否决，极大地调动了做好安全生产工作的自觉性。省安全生产监督管理局代表省政府对18个省辖市政府安全生产目标完成情况进行了考核，对90个安全生产先进集体和150名先进工作者进行表彰，并大力推进安全生产目标管理体系创新，试用万人死亡率、亿元产值死亡率、万名从业人员安全培训率等指标考核安全生产。

加强了安全生产队伍建设，提高执法素质和行政执法水平。在全省安全生产监督管理系统开展思想政治和业务学习竞赛，在煤矿执法系统开展了争先创优和安全法律知识考核，不断强化安全执法人员资格培训，积极创建学习型机关，提高行政执法水平。

拓宽了安全生产和隐患整改投资渠道，不断增强事故防范能力。在督促企业加大安全投入的同时，一方面积极加快技术改造，通过申请立项解决了煤矿等行业的一些重大隐患，另一方面督促各级政府对影响公众安全的隐患、企业无力独立整改的隐患等进行必要投资，多渠道筹集资金整改消除隐患。

不断提高科学技术在安全生产方面的贡献率，走人防、物防、技防相结合的道路。洛阳、焦作等地积极开展了重大隐患、重大危险源普查，组织专家进行评估和论证，制定了科学的整改和监控方案。国土资源部门启动了新建矿山地质灾害危险性评估工作，安全生产监督管理部门大力推进安全预评价，从源头上加强了安全生产超前预防。公安系统向科技要兵力，对107、312、310国道实施分时段交替循环执勤，狠抓城市交通管理规划，科学调整交通流，完善城市交通安全设施，普及电子警察、绿波信号、电视监控等现代化设施和手段。

加强了社会支持和监督，保证安全生产执法公正、公开、公平。各级、各有关部门积极通过电视、广播、报刊、公告和网站，利用答记者问等多种形式宣传安全生产法律法规，认真接受社会舆论监督。省安全生产监督管理局认真贯彻落实国务院关于撤销行政审批的有关文件，严格安全生产规范性文件清理，并多次在《河南日报》对职能职责和危险化学品、非煤矿山、劳动防护用品等安全生产行政审批进行公告。

2002年，经过各级的共同努力，河南省安全生产形势总体趋稳。全年共发生各类事故60029起(不含铁路路外事故，下同)，死亡7352人，同比事故起数和死亡人数分别上升13.96%和13.06%。其中，一次死亡3~9人重大事故188起，死亡703人，同比分别上升39.30%和25.76%；一次死亡10人以上特大事故6起，死亡68人，同比分别上升20%和6.25%。全年万人死亡率0.77，亿元产值死亡率1.26。除许昌、鹤壁、南阳三市和郑煤集团外，其余均没有发生一次死亡10人以上特大事故。

河南省煤矿安全生产工作综述

2002年，河南煤矿安全监察机构以“三个代表”重要思想为指导，按照国家局的总体部署，结合河南实际，狠抓“三件大事”、“五项创新”、“六个支撑体系”的建设。坚持“安全第一，预防为主”的方针，以《煤矿安全监察条例》为武器，以《煤矿安全规程》为标准，做到重心下移抓一线，关口前移抓防范，坚定不移抓执法，促进了河南煤矿安全形势稳定好转。2002年，河南煤炭产量9890万吨，死亡285人，百万吨死亡率2.12，其中，国有重点煤矿产煤5927万吨，死亡62人，百万吨死亡率为1；国有地方煤矿产煤1827万吨，死亡63人，百万吨死亡率为3.12；乡镇煤矿产煤2135万吨，死亡159人，百万吨死亡率为4.4。各项指标均好于全国平均水平。

一、连续不断地开展安全检查

坚持分片监察与专项监察相结合，各办事处领导班子成员分片带队包干，把下井监察作为日常性的工作，加强对辖区内煤矿的经常性检查。局机关业务处室多次组织开展了以国有煤矿“一通三防”、高突矿井、安全装备、乡镇煤矿、夏季“三防”等为内容的专项安全检查。与此同时，根据煤矿安全工作规律，在事故多发时期，对事故多发煤矿，开展重点检查。共监察煤矿3372矿次，下井监察10665人次，查出事故隐患21129条，其中当场纠正9027条，责令限期整改7602条，经复查已整改7250条，责令关闭矿井362个，责令停止工作面711个，责令停用机电设备1165台，下达行政处罚决定书325份，其中责令停止生产或施工176起，罚款168万元。

二、以“一通三防”为重点，强化对国有重点煤矿的执法监察

年初针对大矿生产过热的形势，对国有重点煤矿逐矿进行隐患排查，并及时对隐患整改情况进行“回头看”，对通风和瓦斯管理存在问题的4个国有重点煤矿、18个国有地方煤矿依法责令停产整顿，并在《河南日报》公布曝光。全国防治瓦斯现场会后，我局认真贯彻落实国家局提出的瓦斯防治“十二字”方针，把6个国有煤炭企业所属的19个瓦斯灾害严重的矿井纳入重点监控对象，明确了监控目标、监控内容、监控措施，并对落实瓦斯治理责任制和依法追究责任作了具体规定，有效遏制了国有大矿特大瓦斯煤尘爆炸事故的发生。

三、认真贯彻执行《煤矿安全规程》，促使煤矿提高安全生产标准

严格按照《煤矿安全规程》对国有重点煤矿进行安全监察。将新版《煤矿安全规程》与1992年版对照，将增加、修改的内容编印成册，发到各市、县煤矿管理部门和办事处，进行有针对性地学习。在地方煤矿中提出了与新版《煤矿安全规程》的接轨时间表。逾期达不到要求的由煤矿安全监察机构作出包括吊销煤炭生产许可证在内的行政处罚。经过努力，地方煤矿安全生产条件有了很大改善：全省已经公示的1585处乡镇煤矿中实现壁式采煤工作面的达1472处；国有地方煤矿的掘进工作面基本上实现了风电闭锁；乡镇煤矿的掘进工作面有60%实现了风电闭锁。所有地方煤矿都配备了便携式甲烷检测报警仪。全省地方煤矿煤与瓦斯突出矿井中，9处地方煤矿全部采取了“四位一体”综合防突措施；23处乡镇煤矿中，有13处具备了“四位一体”综合防突措施，还有10处综合防突措施不到位的煤矿正在停产整改。

四、加强煤矿矿用产品标志管理，搞好矿用产品安全检测

在煤矿矿用产品安全标志管理上，积极同国家局联系，会同国家煤炭工业安全标志办公室、省国防科工委组成联合评审组对12家煤矿爆破器材生产厂家进行了现场考核，对存在的问题，及时提出了整改措施和建议及整改完成时间。8月份召开了全省煤矿安全标志宣传贯彻会议，强调凡是进入煤矿井下的设备必须取得煤矿安全标志，各煤矿必须采购已取得煤矿安全标志的产品。全省煤矿安全监察机构加大对煤矿执行安全标志的查处力度，从源头上防止不符合国家安全标准和行业安全标准的爆破器材、设备、仪器仪表进入煤矿井下使用。与此同时，积极做好河南省煤矿矿用产品检测检验体系的筹建工作，为搞好煤矿安全监察提供技术保障。

五、严格新建矿井安全设施和安全条件的设计审查和竣工验收

组织了对登封市教学煤矿、伊川县宝玉山煤矿的审查验收。重点抓好基建小煤矿的安全设施审查验收工作。明确规定任何基建矿井未经煤矿安全监察机构依法验收合格，不得投入生产，要求各办事处必须严格按照国家局规定的标准和程序验收，任何人都不得降低或放宽安全生产条件。目前，除了个别有正规设计、正规施工、生产规模较大的矿井验收合格外，其他矿井均未验收和投入生产。

六、认真开展安全培训，提高从业人员安全素质

坚持“统一规划，归口管理，分级实施，分类指导，教考分离”原则，认真开展安全培训工作。做好安全培训机构评估工作，组织了对申报国家三级煤矿安全培训机构的19个单位和申报国家四级煤矿安全培训机构的5个培训单位的评估工作。开展师资培训，组织了30名煤矿安全培训机构的教师参加国家局组织的培训，超额完成国家局下达的培训计划，全部培训合格。组织了对2001年底煤矿安全工作资格证书的年审工作。进行了煤矿安全技术培训，培训矿长1042人、区队长142人、特种作业人员8200人。

七、积极做好安全通报和举报工作

首先，按照《煤矿安全监察条例》的规定，及时向当地政府及有关部门通报安全情况，提出加强和改进管理的建议，得到了地方政府的支持。2002年4月，平顶山市委书记在平顶山煤矿安全监察办事处所报的材料上批示：“安全监察办事处所进行的执法检查，是对我市煤矿安全生产工作的极大支持和帮助，对所反映的问题，应给予高度重视，周密安排，下大决心认真整改，消除隐患，确保不发生重特大事故。”二是认真受理群众举报，依靠群众搞好安全监察工作。2002年以来，我们受理群众举报175起，目前已结案166起，调动了群众参与煤矿安全监察执法的积极性。

八、依法严肃查处事故，严格安全责任追究

严格按照国务院302号令和“四不放过”的原则，不但依照安全生产责任制追究事故责任人的责任，还严肃追究部门领导和地方政府领导的责任的。2002年以来，河南煤矿安全监察局调查处理的事故，死亡3～9人的，一般必须追究到县级主管部门；死亡10人以上的，一般必须追究到县级政府和地市级主管部门领导人。在2002年查处的20起重特大事故中，共有201人受到责任追究，其中：移交司法机关依法追究刑事责任31人，立案侦查10人，行政处分145人（党纪政纪并处29人），党内处分15人。地方政府共有6名县级领导干部和28名乡、科级干部受到责任追究。同时，加强对事故批复意见落实情况的跟踪监督。2002年5月和9月，我局分别独立和联合省监察厅、省委组织部等部门对全省重特大事故责任追究的落实情况进行了督促检查，使事故责任者真正受到处理，保证了事故查处工作的严肃性。

九、加强战备训练，发挥矿山救护队在抢险救灾和预防检查中的作用

为充分发挥矿山救护队的作用，我们积极协调煤矿与矿山救护队签订救灾协议，帮助救护队改善装备条件。2002年，国家为河南煤矿救护装备下达改造项目资金800万元，经国家局集中招标采购，为河南购置了20辆矿山救护车、180套正压氧呼吸器，装备了6个救护大队、10个救护中队、23个救护小队。指导救护队搞好战备训练，支持国有重点煤矿开展救护比武大赛，为国家局组织的赴美参加非金属矿山救护技术比武的集训队选送了4名队员，河南队员获得了呼吸器席位竞赛第一名、创伤急救第三名。认真开展预防性检查和救护工作，开展预防性检查20682次人，检查出安全隐患44542条，现场解决14545条，其余的要求限期解决。参加事故处理371起，抢救遇险人员354人，救活261人，在抢险救灾和预防检查中发挥了重要作用。

湖北省安全生产工作综述

2002年,在省委、省政府的正确领导下,全省安全战线的广大干部职工认真贯彻党中央、国务院和省委、省政府关于安全生产的一系列指示精神,扎实工作,较好地完成了各项工作任务。全年共发生各类事故26283起,死亡3398人,受伤16062人,与上年相比,事故起数、死亡人数、受伤人数分别下降2.79%、3.79%和1.15%;直接经济损失13140万元,上升了25.65%。事故主要指标三降一升,特别是事故起数在2001年下降1.15%的基础上又下降1.64个百分点,减少死亡134人,全省安全生产形势保持了总体平稳的态势。

2002年12月13日，湖北省安全生产监督管理局正式挂牌，标志着湖北省安全生产监督管理工作进入新的历史时期。目前，湖北省17个地市、州、直管市、神农架林区均成立了安监局。

一、安全生产专项整治

1. 煤矿专项整治工作趋于好转

全省共注（吊）销煤炭生产许可证184个，炸封或关闭无证和不具备基本安全生产条件矿井1327处，其中关闭无证和“四证”不全矿井1053处，关闭不具备基本安全生产条件矿井274处。各地申报验收矿井817处，其中702处经四级验收合格。通过整顿，煤矿安全生产条件有了明显改善，煤矿管理者及从业人员素质有了一定程度的提高。

2. 非煤矿山专项整治工作力度加大

重点抓了小采石场和小矿山的整治，针对乡镇采石场存在的违章开采和国有大矿周边小矿乱采滥挖等突出问题，各地加大了整治力度，规范了小矿山生产秩序。据不完全统计，全省共有非煤矿山6718个，其中有采矿许可证的矿山4618个。2002年，共关闭非法和不具备基本安全生产条件的非煤矿山1102个，通过市级验收的矿山634个，4982处矿（场）正在整改或停产整顿。

3. 危险化学品专项整治工作进展顺利

完成了对生产、经营、储存、使用和包装物生产情况的普查工作，基本摸清了底数。全省共有生产、经营、储存和运输单位约21388家，其中生产企业1120家、经营企业18700家、储存企业（含液化气从业单位）1490家、容器生产企业78家。

4. 道路和水上交通运输安全整治工作效果显著

全省道路交通事故在机动车大幅增加的情况下，死亡人数较上年减少248人，下降8.20%，呈现出逐年下降的良好势头；机动车万车死亡率为万分之10.31，下降了2.4个万分点，大大低于万分之14的控制目标。水上交通重点开展了“四项整顿”（船舶、运输、船员管理、通航秩序）活动，使全省船舶安全面为99.86%，每载重吨直接经济损失2.77元，均在控制目标范围之内。

5. 民爆物品和烟花爆竹安全整治工作不断规范

省公安厅、省国防科工办等部门从抓规范化建设入手，切实加强民爆物品及烟花爆竹生产、储存、销售、运输、使用等环节的管理和监控。2002年，对全省98家民爆生产经营企业进行拉网式检查，投入4000万元资金整顿隐患，县以上民爆仓库未发生一起雷管炸药丢失、被盗案件。

6．公众聚集场所消防安全整治工作成效明显。

对2001年遗留的6741处公众聚集场所火灾隐患，已督促整改了5561处。2002年新发现的20596处，已消除18774处。依法责令499个单位停产停业整改，吊销了114个单位营业执照，取缔了379个单位。连续五年没有发生特大火灾事故。

7．锅容管特安全专项整治工作进一步加强

共查出存在隐患的设备14344台，发出安全监察意见书12519份，整治存在隐患的设备10636台。对不符合安全条件的设备，查封857台，停用4552台，拆除1825台。截止到2002年底，全省拥有锅炉、压力容器、特种设备80303台。

二、安全生产宣传教育和培训

围绕第一个全国安全生产月和《安全生产法》的颁布实施，广泛开展了安全生产宣传教育和培训工作。安全月期间，省安委会成功举办了大型安全生产文艺演出、安全生产展示和咨询活动；成功举办了“全省《安全生产法》知识竞赛”，组织了“《安全生产法》百题答题”活动。各地、各个部门结合本地、本行业特点，开展了一系列宣教活动，营造了“关爱生命，关注安全”的安全生产氛围。据统计，全省有18万多人参加了“安全月”的宣传，受教育人数达到761万人；共培训各类人员119213人，其中培训企业厂长、经理8733人，安全管理人员3935人，特种作业人员108521人。

三、事故隐患的整改和治理

各地、各部门、各企业把安全生产检查作为消除事故隐患的一项重要手段。省安办、省安监局根据省政府的要求组织了三次较大规模的检查督查活动，省直各部门、省安监局经常性地对重点行业、重点地区和重点企业进行检查和督办。各地在抓好大检查工作中，普遍实行了隐患公示制和重大隐患整改、销案制，对检查督查中发现的各类隐患，及时下发整改通知书，对隐患比较严重的地区和重大隐患、重大危险源，多次“回头”检查，督促整改。据统计，全省各地共检查各类隐患102000处，整改98000处，整改率为96.08%。襄樊、宜昌、黄石、荆州、仙桃、天门、恩施、黄冈等9个市（州）制定了特大安全生产事故应急救援预案，并以政府文件下发；武汉、咸宁、鄂州等市向市政府提交了预案送审稿。

四、安全生产责任目标考核

2002年初，省政府与各市、州、直管市、林区政府签订了安全生产责任状，通过省安委会组成的13个考评组的检查考评，湖北省17个市州对安全生产责任目标进行了细化，措施得力，各项指标均在目标控制指标之内。省政府综合考评成绩前五位的鄂州、襄樊、武汉、孝感、潜江五市，对给予了表彰和奖励，对24个红旗单位、115个先进单位和160名先进个人给予了表彰。

湖南省安全生产工作综述

2002年，按照国家和省委、省政府的统一部署，湖南省安全生产监督管理工作坚持“安全第一，预防为主”的方针，以安全专项整治为重点，强化监管，落实责任，立足防范，加强检查，取得了一定成效，确保了全省安全生产形势的基本稳定。

一、安全生产形势

1．各类伤亡事故

全省共发生各类伤亡事故36542起，死亡6327人，伤29306人（含轻伤），直接经济损失18871.08万元，与上年相比，事故起数和受伤人数分别下降11.3%和9.6%，死亡人数和直接经济损失分别上升4.0%和9.3%。

（1）非矿山企业发生伤亡事故474起，死亡274人，受伤456人，直接经济损失1711.36万元，与上年相比，分别上升20.9%、8.3%、12.9%和34.7%。

（2）矿山企业发生伤亡事故475起，死亡798人，受伤110人，直接经济损失1790.4万元，与上年相比，分别上升10.2%、2.7%、214.3%和3.4%。

(3) 道路交通事故发生28056起，死亡3658人，受伤27468人，直接经济损失9100.40万元，与上年相比，事故起数和受伤人数分别下降17.3%和10.5%，直接经济损失持平，死亡人数上升6.4%。

(4) 水上交通事故发生61起，死亡58人，直接经济损失285.3万元，与上年相比，事故起数和直接经济损失分别上升13.0%和34.9%，死亡人数下降6.5%。

(5) 农机事故发生830起，死亡395人，受伤598人，直接经济损失38.77万元，与上年相比，事故起数、死亡人数和直接经济损失分别上升8.5%、18.3%和12.0%，受伤人数基本持平。

(6) 火灾事故发生5054起，死亡70人，受伤120人，直接经济损失5357.10万元，与上年相比，事故起数和直接经济损失分别上升27.0%和21.8%，死亡人数下降26.3%，受伤人数基本持平。

(7) 铁路路外事故发生1592起，死亡1074人，受伤553人，直接经济损失587.75万元，与上年相比，事故起数、死亡人数和受伤人数分别下降2.7%、4.5%和1.1%，直接经济损失上升15.6%。

2．重大伤亡事故

全省共发生一次死亡3人以上的重特大事故187起，死亡934人，伤981人，与上年相比，分别上升2.2%、5.1%和21.1%。

(1) 非矿山企业发生重特大伤亡事故7起，死亡47人，受伤38人，与上年相比，事故起数下降12.5%，死亡人数和受伤人数分别上升80.8%和40.7%。

(2) 矿山企业发生重特大伤亡事故54起，死亡333人，受伤51人，与上年相比，分别下降14.3%、6.7%和1.9%。其中煤矿事故45起，死亡298人，死亡人数占矿山企业事故死亡总数的89.5%。

(3) 道路交通（含农机）发生重特大伤亡事故104起，死亡475人，受伤858人，与上年相比，分别上升26.8%、24.0%和24.9%。

(4) 水上交通发生重大伤亡事故5起，死亡20人，与上年相比，分别下降44.4%和50.0%。

(5) 火灾发生重特大事故6起，死亡11人，与上年相比，事故起数持平，死亡人数下降45.0%。

(6) 烟花爆竹发生重大伤亡事故9起、死亡38人，受伤30人，与上年相比，分别下降30.8%、32.1%和11.8%。

(7) 发生其他重大伤亡事故2起，死亡10人。

3．特大伤亡事故

上述重大事故中发生一次死亡10人以上或者直接经济损失100万元以上的特大事故18起，死亡273人，伤152人，与上年相比，分别上升50.0%、65.6%和44.8%。其中：煤矿事故9起，道路交通事故4起，火灾事故3起，工矿企业爆炸事故1起，危墙倒塌事故1起。

4．伤亡事故的主要特点

(1) 特大事故突出。特大事故起数、死伤人数同比分别上升50%和65.6%，事故起数及上升幅度均居全国第一位，被国务院安委办确定为10个重点监控省市之一。

(2) 部分地区和行业的重特大事故起数下降。株洲、湘潭、益阳、张家界等市的重特大事故起数和死亡人数同比大幅下降，且杜绝了一次死亡10人以上的特大事故；烟花爆竹、矿山企业、水上交通、火灾重大事故起数同比大幅下降。

(3) 发生的事故集中度高。18起特大事故集中发生在娄底、长沙两市和煤矿、道路交通两个行业；重大事故发生地区主要集中在娄底、郴州和怀化；事故死亡人数主要集中在道路交通、矿山和铁路路外三个行业，其死亡人数分别占全省各类事故死亡人数的57.8%、12.6%和17.0%，道路交通（含农机）和矿山企业两个行业重大事故死亡人数分别占全省重大事故死亡人数的50.9%和35.7%。

二、安全生产工作简要情况

1．安全专项整治进一步深入

继续深入开展煤矿、非煤矿山、危险化学品、道路和水上交通、公众聚集场所消防安全、烟花爆竹和民爆器材等六项安全专项整治，一大批非法和不具备基本安全生产条件的小矿、小厂和娱乐场所被关闭取缔，专项整治取得阶段性的进展。其中乡镇煤矿总数由2001年的4000多个减少到1946个，煤矿安全生产条件和抗灾能力得到进一步改善；关闭取缔了1020家各类无证非煤矿山，杜绝了一次死亡10人以上的非煤矿山事故；理顺了危险化学品安全监督管理职能，特别是经营许可证的发放管理职能，初步摸清了全省危险化学品生产经营企业现状，关闭和取缔了一批非法和不具备基本安全生产条件的小化工厂和营业网点；出台了12条遏制道路交通事故的非常措施，共查处各类交通违章48万余起，吊扣驾驶证15万本，滞留违章车辆9万余台，拘留、扣留2064人次；取缔“三无”船舶28艘、无证造船厂2家，查封违法渡口5处，强制报废老旧船舶15艘；检查发现各类火灾隐患28890处，实际整改火灾隐患21230处，打通消防通道913处，查封重大火灾隐患部位472处；4万多家烟花爆竹个体作坊已规范成301家合法企业，原有的3278家企业已减少到1656家；取缔非法锅炉制造厂12家、非法气体充装站11家，销毁“土锅炉”737台，强制报废隐患严重的锅炉269台。

2．安全生产责任制进一步落实

按照国务院302号令和省政府第142次常务会议精神，省政府印发了《湖南省省直部门安全生产责任制度》、《湖南省各市州人民政府安全生产责任制度》，明确了市州人民政府和省直各部门的安全生产工作职责，为全面推行安全生产责任制提供了制度保障。省直各安全生产专业监督管理部门大多实行了安全生产责任制度，省煤炭工业局与各市州重点产煤县市煤炭管理部门和省属煤矿企业签订了安全生产责任状，实行风险抵押并奖惩兑现；省交通厅、省交警总队、省农机监理总站等部门也在本系统内进一步落实了安全生产责任制。各市州政府也全面建立了安全生产责任制度，层层签订了安全生产责任状，常德、怀化等市还实行了风险抵押金制度。怀化、岳阳、永州、郴州等市建立了安全例会制度、定期检查制度、专项督查制度、应急处理预案制度、安全生产目标管理制度，安全生产工作逐步走上规范化、制度化轨道。

同时，进一步强化了事故查处和责任追究，严格按照“四不放过”的原则，对2002年发生的18起特大事故进行了认真调查，13起已经批复结案，1起已经完成调查上报国务院批复，123人受到党纪政纪处分，其中处级以上干部24人。

3．安全检查和隐患整改的力度进一步加大

按照国务院和省委、省政府的统一部署，进一步加大了安全检查和隐患整改的工作力度。2002年以来共组织全省性安全生产综合检查8次，接受国家督查8次，各市州也多次组织开展安全生产检查。特别是5月17日至27日的全省安全生产大检查，省长张云川亲自组织研究检查方案、郑茂清副省长亲自带队明察暗访，各厅局抽调精干力量积极配合，对检查发现的186个重大事故隐患由省政府下文进行跟踪督办，安全检查的规格之高、范围之广为近年少有，取得的成效十分明显。

为确保春节和“两会”期间的安全生产，省安全生产监督管理局（湖南煤矿安全监察局）于1月13日至24日，抽调30名干部组成7个工作组，对娄底、邵阳、郴州等7个重点地区开展了安全生产检查。

省交警总队、省交通厅、省消防总队等部门也分别组织开展了多次安全检查，排查和整治了一大批事故隐患。

为根治邵东石膏矿采空区这个特大隐患，省政府投入2500万元进行专项治理，目前该采空区已累计投入治理资金4000余万元，关闭石膏矿34座，治理工作取得初步成效。

省交通厅投入3300万元，对部分险要路段和事故多发路段进行了初步治理。

全省煤炭系统共投入整改资金5.1亿元，安全状况有了较大的改善。

4．安全宣传教育培训进一步强化

以《安全生产法》和“安全生产月活动”为中心，切实加强安全生产宣传教育。举办了两期市县安全监管人员执法培训班，为《安全生产法》的顺利实施奠定了基础。举办了全省安全生产知识电视大赛，取得了较好的社会影响。“安全生产月”期间，省长张云川在湖南日报发表专题文章，省直各部门联合开展了宣传咨询活动，营造了全社会“关注安全、关爱生命”的良好氛围。认真组织开展了特种作业人员培训和考核定点资格审查取证工作，共培训特种作业人员400人次，核发特种作业证10000多个，审核公布了全省114个特种作业人员定点培训机构。

5．安全生产监管体制进一步完善

根据湘办发［2002］57号文件和湘政办发［2002］53号文件，设置了湖南省安全生产监督管理局（加挂湖南省安全生产委员会办公室牌子），是为湖南省人民政府综合管理全省安全生产工作、履行安全生产监督管理职能的部门，正厅级建制，与湖南煤矿安全监察局合署办公。省经贸委安全生产监督管理局的安全生产综合监督管理职能整体划拨到湖南省安全生产监督管理局。14个市州安全监管机构全部是委内设机构，其中：行政单位9个，事业单位6个；副处级单位8个，正科级单位6个。

三、安全生产中存在的主要问题和困难

一是安全第一的思想意识仍不强，部分基层领导干部和企业主要负责人还不能摆正安全与生产、安全与效益的关系，对安全生产仍然存在讲起来重要、干起来次要、忙起来不要的不良现象；二是安全投入不足，安全基础薄弱，事故隐患大量存在；三是安全生产监管体制未完全理顺，全省有5个市没有成立专门机构，60%的县级机构只有1～2人，工作经费短缺，检查车辆、微机等装备严重不足，不能适应严峻的安全生产形势和日益繁重的安全监督管理任务的需要；四是对非公有制经济实体的安全监管存在漏洞和死角，监管模式和工作方式有待改进，执法监察的力度、广度和深度亟待加强。

广东省安全生产工作综述

2002年，广东省各级安全生产监督管理机构和有关部门在各级党委和政府的领导下，认真贯彻中央和国务院领导关于安全生产工作批示，根据国家的统一部署，紧紧围绕“打基础，抓重点”的工作思路，结合我省安全生产实际，深化安全生产专项整治，积极开展安全生产大检查，大力排查、整改和消除事故隐患，加大对重特大事故的调查处理和督查力度，调整充实安全生产监督管理机构和力量，建立健全安全生产法规体系，加强安全生产宣传教育工作，为全省的经济发展和社会稳定作出了贡献。

一、全省安全生产形势

1．事故总数和增长幅度

2002年，全省共发生各类事故94275起，死亡13293人，受伤75932人，直接经济损失49122.68万元，分别比上年同期增长了20.7%、10.4%、15.7%、15.3%。其中道路交通事故78929起，死亡12035人，占全省各类事故总数的83.72%和90.54%；万车死亡率为12.01，同比上升了0.37点。全省发生一次死亡3～9人的重大事故216起，死亡789人，受伤655人，比上年上升24.1%、15.8%和41.9%；发生一次死亡10人以上的重大事故3起，死亡35人，比上年增加1起，减少8人。

2．重特大事故多发的势头得到控制

通过分析上年发生揭西“3·9”私炮作坊爆炸等事故的原因，吸取教训，结合实际，举一反三，加大检查力度，层层抓责任落实，大力整治检查中发现的隐患和问题。对事故隐患采取强硬的整改措施，控制住了全省重特大事故一度多发的势头。下半年重特大事故明显下降，1～6月，全省工矿企业和消防火灾共发生重特大事故24起，死亡116人；而7～12月，发生此类重特大事故17起，死亡66人。消防和道路交通发生一起死亡10人以上的事故。

3．工矿企业安全生产形势趋于好转，伤亡事故逐月减少

6～12月，我省发生工矿企业事故的宗数分别为122、115、105、86、83、82、70宗，呈逐月减少趋势。

4．水上交通、铁路路外事故大幅下降

全省水上交通运输发生事故128宗，死亡49人，沉船68艘，直接经济损失2292万元，分别比上年下降26.0%、46.2%、31.3%和36.6%。铁路路外发生事故343起，死亡295人，伤66人，直接经济损失198.3万元，分别比上年同期下降16.5%、8.7%、27.5%和19.6%。

5．消防事故死亡、受伤人数大幅下降

全省消防部门将遏制群死群伤恶性火灾作为全年的防范重点，大力开展消防工作，收到明显成效。2002年，全省消防事故死亡人数和受伤人数分别比2001年同期下降了24.2%和12.2%。

二、安全生产专项整治不断深化，取得了阶段性成果

我省在2001年开展九项专项整治的基础上，2002年继续深入开展危险化学品、煤矿和非煤矿山、道路和水上交通、公众聚集场所消防安全等四个重点专项整治，全省各级政府和有关部门组织了形式多样的检查和督查，排查和整改了一大批事故隐患。

1．危险化学品专项整治取得初步成效

全省危险化学品专项整治已按计划完成了宣传发动和排查摸底与自查自纠的阶段任务。一是基本摸清了全省各市危险化学品从业单位的分布情况。据初步统计，全省危险化学品从业单位（不包括使用单位）有19482家，其中：生产单位2126家，经营单位12539家，储存单位3836家，运输单位981家。二是整顿了危险化学品市场经营秩序。全省共排查整改各类隐患38974处，关停、取缔违法、违规单位556家。三是建立起了危险化学品的监管制度。按照国家经贸委第35、36、37号令等规定，结合我省实际，拟定了《广东省危险化学品登记注册管理规定》、《广东省危险化学品安全评价从业单位管理规定》、《广东省危险化学品包装物、包装容器定点生产管理规定》、《广东省危险化学品从业人员安全培训管理规定》、《广东省危险化学品经营许可管理规定》、《广东省危险化学定点生产管理规定》等六项规范性文件。四是编制危险化学品管理教材，组织危险化学品知识竞赛，提高了各级管理人员的专业知识和管理意识，完成了对肇庆、佛山、广州等市4家危险化学品评价机构的初审工作。

2．煤矿和非煤矿山专项整治成果得到巩固

在2001年全省煤矿专项安全整治基础上，各级乡镇政府加强监控、定期巡查，坚决打击已关闭小煤矿死灰复燃，对检查发现和群众举报的102处死灰复燃的偷采点加大跟踪查处力度，拘留非法偷采的矿主40多人；对无证非法偷采的小煤矿，做到发现一个炸封一个，2002年炸封416处（次）无证非法偷采小煤矿，完成了317对煤矿的煤炭生产许可证核发工作。

省国土厅对全省5300多家非煤矿山进行了核查，对排查出的2700多项安全隐患进行了逐项整改，共发出了2980份整改指令书，关闭了1200多家不符合安全生产条件的矿山企业，对1012家存在安全隐患的矿山进行停产整顿，进一步促进了我省非煤矿山安全生产形势的好转。

3．道路和水上交通安全整治力度不断加大

我省根据全国“扬州会议”的要求，建立起了“道路交通事故预防工作联席会议”制度，形成“政府负责，相关部门各司其职，社会各方面联合行动”的预防道路交通事故新机制。开展了创建平安大道、交通安全社区（村）工程，2002年，全省已创建“交通安全村”、“交通安全社区”、“交通安全学校”3176个。开展了以摩托车、客运车辆、公路超载为重点的多次专项整治活动，严查、严处严重违章行为，改进了道路交通安全状况。排查出的1006处事故多发点、段和公路安全隐患，94%都已得到治理。公路部门对全省517座危桥及承载力不足的桥梁进行了整治和监控，其中342座危桥已完成了加固、改造和维修。

海事部门在整治期间共出动水上监督员4909人次，检查船舶13 512艘，查处超载违章船舶666艘，“三无”船舶112艘；交通部门改造渡口144个、渡船469艘，淘汰旧木质船、水泥船600艘。

4．公众聚集场所消防专项整治效果明显

全省共组织检查组3562个，出动人力31320人（次），检查单位59487个，共发出火灾隐患整改通知书9320份，重大火灾隐患限期整改通知书196份，停业整改918家，整改大小火灾隐患38011处，处罚391宗，公众聚集场所的消防安全明显改善。

与此同时，全省还开展了民爆器材、电力设施和锅炉特种设备等整治活动。民爆器材安全专项整治重点是加强了烟花爆竹的安全监管，坚决打击和取缔“私炮”违法行为，总结推广民爆器材配送经验，实行零库存，有效地控制危险源头。电力设施安全隐患专项整治工作在各地区、各有关部门和单位的协调配合下，排查和整治了一批影响电力设施安全的各类事故隐患，取得了较好的成效。全省开展的锅炉、压力容器、压力管道和特种设备的普查整治工作取得了一定的成绩。经普查，全省各类锅炉容器特种设备383189台，其中锅炉35501台、压力容器152869台、电梯100392台、起重设备58013台、厂内机动车32329台、游乐机及游乐设施4070台、客运索道15条。对危及安全的设备20993台

发出安全监察意见书。

2002年，全省加大了安全生产检查和督察的工作力度，还组织了6次全省性安全生产大检查和专项督查。各地、各部门也开展了不同形势和内容的安全生产检查，对检查发现的事故隐患进行登记，提出限期整治的要求和措施，督促治理和落实整改，取得了显著成效。为迎接党的十六大的召开，全省进行了周密部署，精心组织、重点检查了党的十六大前夕我省举办的珠海航展、中山古镇国际灯饰博览、顺德家具博览等大型活动的安全防范措施，确保了活动的安全有序。通过这些安全生产大检查，排查和整改了大量事故隐患，确保了在党的十六大期间没有发生重特大事故，使全省安全生产环境逐步好转。

三、以安全生产责任制为核心的各项制度逐步落实

我省各级政府都能够认真按照落实国务院302号令要求，进一步落实以安全生产责任制为核心的各项规章制度。

一是认真执行了每季度防范特大事故工作会议制度。由省、市、县政府主要领导亲自主持或委托分管领导主持召开防范特大安全事故工作会议，专题研究、分析安全生产形势，解决重大安全问题和部署安全生产工作。

二是建立安全生产责任考核制度，层层落实安全生产责任制。各市、县签订安全生产责任书，并对安全生产进行考核。根据省政府颁发的《广东省各级政府安全生产责任制考核办法》和《广东省省直职能部门安全生产职责》，制订本地区相应的规定和细则，明确各部门的安全责任，任命安全责任人和签订责任书，按照政府分级负责制的原则，对所属县（区）政府领导履行安全职责情况进行考核，促进了各级政府、各有关部门安全职责的落实。

三是加大重特大事故督查力度，严肃查处事故责任人。8月份，我局会同省监察厅、省总工会等部门组成的3个督查组，分赴14个有关市，对有关市重特大事故处理情况和责任追究落实情况进行督查。督查发现，大部分地区都能通过对事故的查处，制定防范同类事故发生措施。对2001年我省工矿企业共发生重大死亡事故，省及各市按“四不放过”的原则和有关规定，依法进行了严肃查处。

四、安全生产各项基础工作得到进一步加强

一是法制工作得到了加强。为全面贯彻落实《安全生产法》，我省制定了《广东省安全生产条例》。《条例》主要针对广东省市场经济比较发达，非公有制企业众多的特点，在注册安全主任制度、建设项目“三同时”、重大危险源和重大事故隐患监控、企业安全评价等方面做了更加具体的规定。省政府根据国务院302号令出台了《广东省重大安全事故行政责任追究的规定》，为我省对事故行政责任追究提供了有力依据。

二是机构建设得到了加强。在完善省级安全生产监管机构的同时，各地级市都组建了安全生产监管机构，全省各方面工作也逐步步入正轨。全省还加强了各级安全生产监管人员的培训。省安全生产监管局共派干部21人参加了国家举办的安全生产监察员培训班，全部考试合格并获得国家安全生产监察员证书。各地级市安全生产监管局干部参加了省举办的培训班，共培训人员511人。通过这些培训，全省安全生产监管人员业务素质和执法水平都有了一定的提高，为监管工作打下了基础。

三是宣教工作得到了加强。6月份全省开展了“安全生产月”活动，采取多种形式和途径开展《安全生产法》宣传教育工作，充分利用新闻媒体，举办安全生产现场咨询，向社会公布事故处理的有关情况。《安全生产法》颁布后，全省广泛组织开展了《安全生产法》宣传月活动，组织《安全生产法》学习报告会和知识竞赛，大力宣传《安全生产法》及安全生产知识。通过这些内容丰富、形式多样的宣传教育活动，增强了全省人民的安全生产意识，取得了良好的社会效果。

四是信息工作得到了加强。全省安全生产伤亡事故数据库已经基本建立，在此基础上，省安全生产监管局从9月份开始，每月编写《广东安全生产运行情况》和《安全生产简报》，对每月伤亡事故进行统计分析，反映全省安全生产工作动态。建立了全省危险化学品从业单位安全管理信息数据库，为危险化学品的安全管理、事故预防和应急救援提供技术和信息支持。

五、工作的体会和反思

1．各级领导的关心和支持是做好安全生产工作的前提

2002年，党中央、国务院对安全生产工作十

分重视，并作出了一系列重大决策，中央领导同志也多次就安全生产作出批示，明确指出安全生产工作要坚持以“三个代表”重要思想为指导，与时俱进，开拓创新，所有这些，为我们做好安全生产工作提供了强大的思想动力。省委、省政府对安全生产工作也十分重视，原省委书记李长春、省长卢瑞华曾多次对安全生产问题作出指示，现任省委书记张德江专门就如何提高我省道路交通安全的管理水平作出重要批示。游宁丰副省长亲自研究布置安全生产工作，多次带领有关部门领导深入生产第一线和基层单位调查检查，针对安全生产工作中出现的问题，提出具体要求。实践证明，正是这些重要指示和工作部署，为全省安全生产工作指明了方向，推动了全省安全生产工作的不断深入开展，促使全省安全生产形势趋于稳定。

2．坚持依法行政，狠抓安全生产责任制，是做好安全生产的保证

我省抓住《安全生产法》、《广东省安全生产条例》出台的有利时机，进一步强化了政府部门、企业、社会的安全生产责任。一是制定有关实施细则和各项配套规章。二是认真贯彻落实国务院、省政府重特大事故行政责任追究的规定，强化安全责任追究，对违反安全生产法律法规的行为以及重、特大事故的责任者，加大行政处罚力度，依法严肃查处。三是加强安全生产法律法规的宣传教育，强化公民的安全意识，提高贯彻执行安全生产法律法规的自觉性。四是加强安全监察行政执法。严格依法搞好安全生产的监管，规范的安全生产行为，确保各项法律制度的贯彻实施。正是因为注重了安全生产的法制建设，并能坚持依法行政，为安全生产管理提供了强有力的保障。

3．坚持不懈地排查事故隐患，有针对性地开展各项安全生产专项整治是搞好安全生产的重要手段

2002年，我省配合国家安全生产检查组有重点地对全省道路交通、危险化学品及事故处理等方面开展了3次安全生产督查，借助国家督查组的力量，加大了对事故隐患的排查整改力度；组织了3次全省性的安全生产大检查，各地、各部门也根据本地区、本部门的安全生产实际，有针对性地结合道路和水上交通、危险化学品、煤矿和非煤矿山及公众聚集场所消防安全等四项专项整治，开展了不同形式和不同内容的安全生产检查，排查和整改了大量的事故隐患。正是由于我省坚持不懈地排查事故隐患，反复地开展专项整治，使全省安全生产形势逐步趋向好转。

4．发挥安全生产综合管理部门的协调作用，各有关部门齐心协力，是做好安全生产工作的关键

安全生产工作是一项综合性很强的工作，单靠哪个部门都不行，它必须依靠各级政府、各有关部门、各企事业单位共同组织实施；单靠一种手段也不行，必须综合运用自查自纠、专项整治、全面检查、依法监管等多种手段。四项专项整治工作正是在各级政府的领导下，发挥了各有关部门的职能作用，发挥了各级安委办的督促协调作用，形成总体推进的高压态势，坚持标本兼治，才保证了全省安全生产形势的基本稳定。3次全省性安全生产大检查正是由省安全生产监管局牵头、各有关部门共同努力才得以顺利完成。在每次安全生产大检查中，各职能部门运用其专业优势，大大提高检查的效率，检查的效果越来越实际和明显。

5．善于总结推广各地典型经验，是推动我省安全生产监督管理工作的重要条件

全省各地积极探索市场经济条件下安全生产管理的方法，积累了不少经验，如深圳市在企业实行注册安全生产主任制度；广州市探索注册安全主任中介服务机构市场化运作方法；东莞、顺德市建立完善安全生产责任体系，层层签订“安全生产责任书”，组织落实安全生产责任人考核，并将考核结果与个人政效挂钩；深圳、中山、东莞三市对民爆物品实行配送制；惠州、汕头、南海市桂城区对危险源（点）和重点隐患实行信息化监控管理；珠海市大力推广“安全生产进社区”等做法。省安监局及时总结这些经验做法，通过多种形式和途径在全省进行推广，对推动全省安全生产监督管理发挥了重要作用。

广西壮族自治区安全生产工作综述

2002年是近年来广西抓安全生产工作力度最大的一年，也是安全生产工作成效显著的一年。年初，自治区领导提出了“深查隐患抓整改，建章立制打基础”的工作基调和“两年打基础，三年上台阶”的工作目标。各地、各部门和各单位认真贯彻落实党中央、国务院和自治区党委、政府关于安全生产工作的一系列重要指示和工作部署，认真贯彻实施《安全生产法》，切实落实安全生产责任制，深入开展安全专项整治，依法强化安全监督管理，加强安全生产基础工作，全区安全生产状况总体稳定，趋于好转。

一、各类伤亡事故统计

据统计，2002年全区共发生各类伤亡事故20349起，死亡4835人，与上年同比分别上升0.88%和3.00%。其中：工矿企业事故505起，死亡528人，同比分别上升24.69%和14.53%；火灾事故2705起，死亡76人，同比分别下降1.71%和上升22.58%；道路交通事故16205起，死亡3633人，同比分别上升0.73%和2.17%；水上交通事故55起，死亡50人，同比分别下降21.43%和上升42.86%；铁路路外事故699起，死亡482人，同比分别上升3.56%和下降6.41%；农机事故180起，死亡66人，同比分别下降1.64%和上升1.54%。2002年全区发生一次死亡3人以上的重特大事故104起，死亡441人，事故起数同比上升2.97%，死亡人数同比下降27.47%。全区发生一次死亡10人以上的特大事故3起，死亡52人，同比事故起数和死亡人数分别下降66.67%和80.15%。这表明，虽然事故总量仍有所上升，但增幅已明显减小，特别是重特大事故呈大幅度下降趋势。

二、安全专项整治情况

2002年的安全专项整治工作，主要是抓巩固、抓深化、抓提高，突出重点，狠抓矿山、道路交通和危险化学品等专项整治，使大量的事故隐患得以及时发现和整改。

1. 矿山安全专项整治

2002年以来，自治区政府采取坚决措施，对矿业开采秩序进行了全面整顿，实行矿山安全生产审批专题办公会议制度，明确提出了今后矿业开发必须遵循依法治矿、可持续发展、安全第一、发展先进生产力的原则，进一步深化矿山安全整治，在全区范围内开展矿山安全工程技术专项检查。检查范围包括全区依法获准生产的各类矿山企业，重点是可能引起群死群伤的地下开采矿山。

(1) 非煤矿山安全专项整治。通过清理整顿，全区以地下开采为主的非煤矿山，从2001年6月整治前的923座减少到目前的578座，大量非法矿山被依法取缔。在整治中，重点抓好南丹大厂矿区矿业秩序治理整顿。2002年4月底，南丹县共炸封或堵封非法矿窿301个（其中大厂矿区97个），炸封非法小矿洞98个，取缔非法选冶企业62家，遣返民工2万多人，特别是彻底解决了“灌阳村”农民群居矿区问题，消除了大厂矿区一大安全隐患和社会治安隐患。6月份，自治区政府邀请国内知名专家对大厂矿区和环江县北山矿区的安全生产现状进行评估和论证，查找安全隐患，提出治理方案。在此基础上，自治区政府作出了高峰矿区100号矿体永久性闭坑的决定。此外，对南丹县境内尾矿库的安全治理也取得了重大进展。

(2) 煤矿安全专项整治。通过产业结构调整和安全整治，全区各类煤矿已由整治前的2000多处减少到现在保留生产和整改的112处，煤炭产量由前些年的1000多万吨压减至400多万吨。在整治中，重点抓了国有煤矿安全整治和关闭整顿小煤矿工作。特别是南宁市矿务局二塘煤矿发生井下特大火灾事故后，对全区国有矿务局所属30对矿井进行停产检修和停产整顿。在各矿井自查的基础上，自治区安监局组织了14名国家级煤矿安全专家对申请复产的矿井逐项逐条严格比照国办发明电

[2002] 17号、桂政办明电 [2002] 284号、《小煤矿安全生产基本条件》和《煤矿安全规程》等有关规定进行整改验收。目前。经自治区政府矿山安全生产审批专题办公会议审查同意后恢复生产的国有矿务局矿井21对、国有矿务局破产重组煤矿3对。同时，对属于“四个一律”关闭的小煤矿一律关闭。目前，全区保留整改、列入验收的小煤矿有52对。

2. 道路和水上交通运输安全专项整治

(1) 道路交通安全整治。一是开展卧铺客车整顿和改造工作。通过采取有效措施，在全国率先开展卧铺客车整顿和改造工作。至2002年1月底，全区4000多辆卧铺客车的改造工作顺利完成，为道路交通安全打下了良好的基础。从开展卧铺客车改造至今，全区尚未发生1起一次死亡5人以上的卧铺客车道路交通事故。二是集中开展客运夜班车安全整治行动和加强对长途营运客车驾驶员疲劳驾驶管理工作。2002年，客运车辆在夜间发生事故的起数、死亡人数比上年同期分别下降36.52%和76.34%。三是加强对公路危险路段和事故多发点段的排查、治理。至2002年底，全区共排查出事故多发点段和危险路段1497处，目前已整改完成523处。四是开展清理拖拉机“黑车非驾”整治。自治区农机化管理中心等部门纠正拖拉机违章载人20500台次，无证驾驶4100人，报废或强行报废拖拉机2517台。

(2) 水上交通安全专项整治。自治区海事、交通、安监等部门通力合作，集中开展水上交通安全专项整治，重点是开展乡镇船舶安全管理、“四客一危”运输、渡口管理、乡镇船舶修造厂（点）等四项整顿。一是积极开展整顿和规范水路运输市场秩序工作。自治区制定了《全区清理整顿水路运输市场秩序实施方案》，以南宁至梧州航段、桂林至平乐航段、北海航区为重点区域，全面开展广西水路运输市场清理整顿工作。目前已清理整顿企业219家，检查航运企业、水运服务企业、港口经营企业、民用运输船舶修造厂共811家，查处违章造船297艘。二是严厉查处船舶超航区航行、“大船小证”、超载等违法行为，突出抓好通航密集区、复杂航段和重点港口的监控和秩序维护。

3. 危险化学品安全专项整治

从3月15日起，我区抓住《危险化学品安全管理条例》颁布实施这一契机，立即启动危险化学品专项整治工作，对所有经营、储存、使用氰化钠等剧毒化学品的单位，一律停业整顿，现储存的氰化钠交由当地公安机关集中封存，按《条例》要求的条件重新验收合格后，方获准恢复经营、储存和使用，同时全力追缴散落社会上的氰化钠等剧毒化学品。一是摸清底数，开展企业自查自纠。至年底，全区危险化学品从业单位1112家，已按国务院344号令进行自查自纠的有800多家，约占总数的70%。二是派出督查组对各地开展以氰化钠为重点的危险化学品专项整治工作进行督查。2002年，自治区先后3次组织督查组，以氰化钠为重点，对全区危险化学品专项整治工作进行督查。三是追缴散落社会上的氰化钠等剧毒物品。截止到11月底，全区已追缴散落社会上的氰化钠3337.26公斤。四是推行危险化学品安全管理社会承诺制度。全区14个地市均与自治区签订了安全管理承诺书，郑重向社会承诺：加强剧毒化学品安全管理，规范剧毒化学品生产、经营、运输、储存、使用等环节，保障人民生命财产安全。五是开展剧毒化学品从业单位验收和一般危险化学品专项整治工作。全区剧毒化学品从业单位由整治前的760多家减少到目前的209家，管理秩序有了明显的好转。

4. 公共聚集场所消防的安全专项整治

通过开展大张旗鼓的消防宣传教育，深入进行消防安全检查，确定和公告消防安全重点单位，开展消防安全培训等活动，进一步强化了公众聚集场所做好消防工作的责任主体意识，提高了场所自身的消防安全管理水平。据统计，2002年全区共检查各类公众聚集场所13359个，发现火灾隐患15896处，督促整改12068处，依法责令停产停业的场所289家，取缔不符合消防安全条件的场所138家。

5. 民爆器材和烟花爆竹的安全专项整治

2002年1月，自治区政府规定，我区不再审批烟花爆竹生产企业，同时，对现有烟花爆竹生产企业按照有关规定进一步清理整顿，严格管理，规范生产经营秩序，确保安全生产。对民爆器材生产、流通企业依法重新登记，规范合法企业，严厉打击非法生产经营行为。经整顿，目前全区获得合法登记手续的民爆器材流通企业96家，直供企业17家。

此外，在防中毒，防投毒事件安全整治方面也取得了重要进展。一是在全区范围内开展了以加强危险化学品安全管理防投毒，防中毒专项整治活动。二是进一步加强全区危险化学品安全管理，对防范投毒事件作出部署，明确了整治活动中公安、农业、卫生、工商、质监、环保、安监、供销社等部门的职责。各部门密切配合，通力合作，正在严格按照“清查清缴、查封取缔、严厉打击”的要求深入扎实开展工作。同时，铁路、民航、旅游、教育等系统，也从各自实际出发，有针对性地组织开展了安全专项整治，并取得一定成效。

三、事故隐患的排查和整改

广西一直把安全事故隐患的排查、整改、监控作为防范事故发生的关键来抓。一是认真组织全区安全生产大检查。2002 年全区共开展 6 次全区性安全生产大检查。每次检查都事先制订方案，突出重点，各有侧重。检查的重点包括煤矿、非煤矿山、水上交通、道路交通、旅游、无人看守铁道道口、公众聚集场所消防、烟花爆竹、危险化学品、加油站等领域。二是加大对重大事故隐患和重大问题的整改力度。对自治区确定的 12 项重大事故隐患和重大问题加强了治理和监控，这些隐患和问题已大部分整改完毕。同时，各地各部门投入大量人力、物力、财力，对重大事故隐患加以整改。如柳州市 2001 年以来检查出重大事故隐患 16 项，市政府下文责令有关单位整改，目前已完成整改的 80%。三是建立安全事故和重大事故隐患举报制度，及时消除事故隐患。目前，自治区及各地(市)、县（区）安监部门都通过当地主要新闻媒体公布了安全事故和重大事故隐患举报电话，24 小时受理群众举报。

四、推进安全生产监督管理体系建设

为实现安全生产长效管理，2002 年，广西提出了将安全生产管理关口前移，夯实安全生产基础，建立健全安全生产行政执法监督、责任制保障、宣传教育培训、技术保障、监控信息网络、应急救援工作等六大监督管理体系的思路，重点建立和培育了行政执法监督、责任制保障和宣传教育培训等安全生产监督管理体系。

(1) 在建立安全生产行政执法监督体系方面。一是建立健全安全生产监督管理机构。结合地方政府机构改革，重点抓了市（地）县（区、市）一级安监机构的组建，一些市（地），如南宁地区在建立健全地、县（市）一级安全生产监督管理机构的基础上，在全地区 173 个乡镇和 1709 个村委会配备了乡镇安全生产监管员和村级安全员。百色市在全市 184 个乡镇成立了社会治安和安全生产联防大队，配备联防队员 1063 人；每个乡镇有 1 名专职安全监管员，每个村有 1 名村干部兼职安全员。二是加快制定、修订有关安全生产的法规、规章和办法。2002 年，自治区发布实施了《广西壮族自治区实施〈危险化学品安全管理条例〉办法》、《广西壮族自治区汽车摩托车驾驶培训市场管理办法》和《广西道路交通行车安全动态分类管理方案》（试行）等规章和规范性文件。三是加强部门之间的协调与配合，充分发挥各部门的职能和作用，齐抓共管，共同做好安全生产监管工作。目前，各级政府与经贸、安监、公安、交通、农机、海事等部门已建立了良好的沟通和协作机制。

(2) 在建立安全生产责任制保障体系方面。一是进一步完善安全生产责任制。在全区层层签订安全生产责任书的基础上，进一步抓好落实和考核工作。二是明确安全事故行政责任追究程序，加大安全事故行政责任追究力度。2002 年，广西认真贯彻落实国务院 302 号令，加大对事故有关责任人员的行政责任追究力度，据统计，一年来各级监察机关对在重大责任事故中有失职、渎职行为的 142 人给予了党政纪处分。三是建立健全安全生产工作会议制度和工作督查制度。2002 年，各级政府各部门都坚持按照国务院 302 号令的要求，每季度至少召开一次防范特大安全事故工作会议。

(3) 在安全生产宣传教育培训工作方面。自治区通过大力加强安全生产宣传教育培训工作，推动安全生产宣传教育培训工作体系的建设。一是认真开展安全生产宣传工作。在 2002 年的“安全生产月”中，开展了“安全生产八桂行”活动，取得了良好的社会效果。二是以宣传贯彻《安全生产法》为契机，大力推动全区安全生产普法和安全教育工作。在《安全生产法》实施首日，自治区安委办组织了全区《安全生产法》咨询活动，并在广西电视台组织了一台以“关注安全，关爱生命”为主题的宣传贯彻《安全生产法》电视晚会，收看的群众达到 30 多万人次。在此基础上，组织了全区百万职工《安全生产法》普法考试，参加答卷的职工有

170多万人。同时，举办《安全生产法》学习班250多期，培训安全生产监督和管理骨干17000多人。三是办好《广西安全生产工作简报》、《专报信息》等刊物，加强安全生产宣传报道及警示教育的力度。2002年，自治区安委办、自治区安监局共编辑出版《广西安全生产工作简报》38期、《专报信息》34期。四是编辑出版安全生产知识读本，供各级干部和企业从业人员学习。

此外，在建立安全生产技术保障、监控信息网络、应急救援工作体系方面也有较大进展。

海南省安全生产工作综述

2002年，海南省认真贯彻落实国务院安全生产工作的部署，按照省委、省政府关于安全生产的工作思路和要求，坚持“安全第一，预防为主”的方针，以九项安全生产专项整治为重点，以遏制和减少伤亡事故为目标，认真组织开展了各项安全生产监督管理工作，取得了明显的成效。

一、全省安全生产基本情况

1．全省各类伤亡事故情况

2002年全省共发生各类事故3243起，死亡588人，受伤2112人，直接经济损失3171.45万元，与上年同比分别上升10.53%、42.72%、3.94%和36.87%。其中：道路交通事故共发生2369起，死亡500人，受伤2051人，直接经济损失1186.31万元，同比分别上升1.5%，34.05%、3.27%和1.73%。

城乡火灾事故共发生811起，死亡29人，受伤37人，直接经济损失522.46万元，同比分别上升44.3%、141.7%、184.6%和56%。

水上交通事故共发生13起，死亡9人，直接经济损失1291.6万元，同比分别上升85.71%、50%和238.12%。

工矿企业事故共发生37起，死亡37人，受伤10人，直接经济损失152.68万元，同比事故起数、死亡人数分别上升105.56%和100%，受伤人数、经济损失分别下降23.08%和64.42%。

铁路交通事故及路外事故共发生13起，死亡13人，受伤14人，直接经济损失18.4万元，同比事故起数下降7.1%，死亡人数、受伤人数、直接经济损失分别上升116.7%、27.2%和348.8%。

民航全年实现安全运行。

2002年，全省共发生一次性死亡3~9人的重大伤亡事故16起，死亡79人；发生一次性死亡10人以上的特大伤亡事故1起（道路交通事故，死亡11人）。重特大事故中，道路交通10起，城乡火灾4起，铁路路外1起，矿山1起，水上交通1起。

2002年全省伤亡事故具有以下特点：一是伤亡事故发生的起数、伤亡人数及经济损失均有所上升；二是道路交通事故造成的人员伤亡和经济损失在全省事故总数中仍然占很大比重。

2．全省安全生产形势分析

从2002年全省伤亡事故统计数字可以看出，除民航实现安全运行外，各方面的伤亡情况均有所增加，说明当前海南省安全生产的形势仍然严峻，安全生产管理工作还需进一步加强。

二、主要工作

2002年，针对部分领域和行业重特大事故多发的情况，省委、省政府按照党中央、国务院的统一部署，认真组织开展专项整治活动，积极部署全省安全生产大检查，严肃查处重特大事故，严格行政责任追究。经过各市县、各部门和企业及安全生产工作战线上广大干部职工的辛勤努力和积极工作，取得了一定成效：一是重特大伤亡事故，特别是群死群伤等恶性事故得到有效遏制；二是安全生产专项整治取得阶段性成果，事故多发、人民群众普遍关注的行业和领域安全生产状况明显好转；三是安全生产责任制进一步落实，监督检查力度明显加大，特别是全省各级政府领导的重视程度普遍提高。

1．突出重点，切实抓好全省安全生产九项专

项整治工作

2002年，我省按照国家的统一部署，在全省范围内开展了九个方面的安全生产专项整治工作：危险化学品的安全管理，民爆物品和烟花爆竹的安全生产，道路交通安全，琼州海峡及全省内河、水库渡口的水上运输安全，公众聚集场所的消防安全，非煤矿山的安全生产，建筑施工的安全生产，学校教室校舍安全，铁路道口交通安全。

（1）道路交通安全整治。2002年，全省集中开展了以治理超载违章为重点的道路交通安全秩序整治工作，严厉打击和取缔拼装车、报废车、冒牌车上路，打击各类违章行车，加强农机车辆管理，进一步规范我省的道路交通安全管理和运输管理。省公安厅还针对我省环岛高速公路存在的管理失序，交通事故频发的问题，专门研究制定了《海南省高速公路交通管理联勤实施方案（试行）》，进一步强化高速公路交通安全管理。全省组织开展了6次综合治理统一行动，共查扣报废汽车近2000辆；共排查了89个事故多发和交通安全隐患点段，全省公安交通管理部门处理道路交通违章360884起，吊扣驾驶证7374个，暂扣车辆47296辆，滞留证件169713个，拘留126人，暂扣号牌1302副，其中处理超速行驶37636人次、无证驾驶员2421人次，酒后驾驶731人次、违章超车14619人次、违章装载30718人次。

（2）公众聚集场所消防安全整治。在专项整治工作中，省公安消防部门认真贯彻执行公安部61号令及国家有关规定，认真研究我省消防安全工作中存在的问题，制定了细致可行的工作方案。在具体组织实施过程中，充分依靠各级政府，发挥各有关部门的作用，进一步推进消防工作社会化，落实单位消防安全责任制，取得了较好效果。治理期间，全省共派出检查组120个次，检查公众聚集场所3174家、医院242家、学校和幼儿园2214家，发现存在火灾隐患的单位2039家、火灾隐患4523处，其中重大火灾隐患单位61家。通过专项治理，1804家单位完成整改并复查合格，消除火灾隐患6704处（含2001年遗留火灾隐患2644处），目前正在整改的单位有124家，未整改或整改不合格的单位还有111家，其中重大火灾隐患单位10家。据统计，全省共发出《当场责令改正通知书》113份、《责令限期改正通知书》1368份、《重大火灾隐患限期改正通知书》61份、《复查意见书》1309份。被处以罚款单位共70家，共计34.58万元，责令停产停业120家，吊销工商营业执照31家，取缔非法经营73家。

（3）民爆物品和烟花爆竹安全生产整治。我省民用爆破器材和烟花爆竹的生产厂家共有42家，其中烟花爆竹企业的生产条件差、规模小，普遍存在安全隐患。通过专项整治，依法取缔了一批非法生产和不具备基本安全生产条件的厂（点），同时还重点整治了民用爆破物品和烟花爆竹销售领域的安全管理工作，对非法经营者依法予以取缔。共发现事故隐患64处，发出隐患整改通知书17份，停业整顿2家。

（4）危险化学品安全管理专项整治。根据国务院修订发布的《危险化学品安全管理条例》，按照全国危险化学品安全管理专项整治电话会议的要求，由省经贸厅牵头，认真制定了工作方案并组织实施。目前全省危险化学品的生产单位6家（不包括农药），情况较好；销售企业39家，其中经营剧毒化学品的2家；此外还有74家有照无证的经营单位及无证无照的小经营点（主要是经营油漆的零售企业）。在整治工作中，对上述企业进行了重新审查。省交通部门依法对危险化学品的运输秩序进行了整顿，共查处违章运输危险化学品的车辆100多辆次，注销了136家不合格企业的危险货物运输经营许可证及135辆不合格危险货物运输车辆的运输证。经过整治，全省共保留危险化学品的运输企业13家，车辆234辆。

（5）水上运输安全专项整治。重点抓好琼州海峡及全省内河、水库渡口等重点水域、航道的综合治理，坚决取缔渔船载客、客货混装。省交通厅牵头制定了工作方案，海南海事局、省海洋与渔业厅积极配合，认真组织实施。在专项整治工作中，省交通厅针对我省内河及乡镇渡口长期存在的管理责任不落实问题，进一步要求市县及乡镇政府履行职责，落实安全管理责任制，并拨出专款，为全省重点乡镇渡口配备了乡管员。经过海事部门的培训后，目前乡管员已持证上岗，在乡镇渡口交通安全管理方面发挥了重要作用。海南海事局以琼州海峡为重点，继续加大对海峡客滚船的安全检查力度，并进一步加强对危险物品运输的监督管理。在现场检查中，对2艘存在严重安全隐患的液货船进行滞留，对1艘有严重违法行为的船舶给予处罚，对8名实际操作和安全知识检查不合格的船员提出再培训处理。省安全生产监督管理局还会同省交通厅、海南海事局对船舶存在问题较多的琼海博鳌、陵水新村、三亚、儋州白马井、松涛和牛路岭库区等地区进行了专项检查。本次专项整治，全省共出动检查人员1036人次，检查各类船舶1567艘，查出违章船舶326艘，对未能持证上岗的船员、乡镇渡口管理人员进行了严格处罚。

（6）非煤矿山安全专项整治。由省经济贸易厅牵头，省公安厅、省国土环境资源厅、省工商局大力协助，以整治各类小金矿和采石场为重点，坚决关闭非法的、布局不合理的以及不具备基本安全生产条件、破坏资源、污染环境的小矿山。据统计，全省原有603家非煤矿山企业，经过一年的整治工作，已取缔无证开采矿山173家，责令停产整改矿山22家，对141家矿山下达整改通知书，现有非煤矿山403家。没收炸药2641.6公斤、雷管1466发、导火索1916.5米、土鱼雷2190个以及一批采矿机械设备，查封近100口采金竖井，摧毁非法制造黑火药窝点2个，抓获非法使用爆炸物品人员19人，逮捕人，拘留11人。

（7）建筑施工安全专项整治。重点整治了全省范围内各施工现场的安全生产管理，以及施工单位的安全生产各项制度建设情况，省建设厅根据我省的实际制定了具体方案，负责组织实施。在现场检查工作中，省建设厅组织人员重点检查了楼房、桥梁建筑的工程质量，以及油、气、电、热管网等，对施工现场的施工用电，塔吊及物料提升设备、脚手架、超高超大模板及支撑及深基础支护、停建缓建工地深基坑围档等部位和环节进行了检查。据统计，全省共检查工程337项，建筑面积约125.8万平方米，查出各种事故隐患1685项。其中：物料提升机561项，占33.05%；施工用电595项，占35.31%；模板工程491项，占29.49%；塔吊38项，占2.15%；排查危旧房屋31栋，桥梁6座。

（8）学校教室校舍安全专项整治。省教育厅根据我省的实际，在2001年整治的基础上，结合对2001年遗留问题的整改，制定了具体方案，认真组织实施，省建设厅、省卫生厅、省质量技术监督局、省消防局等部门都给予了积极配合。重点检查学校教室校舍是否存在坍塌等危及学生安全的隐患，以及学校食堂的卫生情况和危房的改造进度。省安全生产监督管理局和省教育厅等部门先后组织了3个小组，开展了10多次检查，内容涉及教室校舍安全、食物中毒预防、消防，锅炉等压力容器安全管理、安全用电、防雷击事故等方面。2002年，在中央财政给我省危改补助专款4000万元的基础上，省政府安排配套资金3000万元，各市县配套资金3000万元，计划投资12881万元，改造危房面积22.8万平方米，争取用2年时间清除现有D级危房24.8万平方米。目前，我省中小学危房改造进展顺利，全省确定的626所项目学校已做好前期准备工作。据统计，我省已开工项目学校144所，完成投资额3367万元，施工面积5.7万平方米，占计划改造面积的25%，其中竣工项目学校91所，竣工面积4.5万平方米，占开工面积的79%。

（9）铁路道口安全专项整治。整治的重点是我省铁路沿线各个平交道口。在整治工作中，对于不符合道口设置原则、私自乱开的道口，以及其他非法道口，依法予以取缔，有效制止了乱开、私开道口的违法现象。并组织有关单位和部门对妨碍道口行车瞭望的非法建筑物予以拆除，对妨碍行车瞭望的树木进行迁移或者修剪、砍伐。在落实各个道口安全管理制度的基础上，加强了铁路道口交通安全宣传教育工作。

在2002年全省安全生产专项整治工作中，各市县政府、各专项整治的牵头单位认真制订了整治方案，精心组织实施，并通过各种形式搞好宣传教育，形成安全整治的社会舆论氛围；各部门之间在政府的统一领导下，通过加强工作联系，采取部门联动的做法，建立安全生产协调工作制度，分工负责，齐心协力，使专项整治工作取得了一定实效。有的市县还制订了相关的安全管理办法和规定，如三亚市政府制订了《三亚市公众聚集场所消防安全管理规定》的配套规章制度，为建立安全生产的长效管理机制做了有益的尝试。省建设厅在建筑施工专项整治中，进一步加大了教育培训的力度，在现场检查时，采用异地对口检查的方式，既相互学习、相互配合，又相互促进、取长补短。在消防专项整治中，对一些存在火灾隐患，整改又存在困难的企业，不少市县消防部门积极组织论证，实事求是地帮助企业研究积极可行的整改办法，达到治理的目的。

2. 准确把握全省安全生产形势，认真组织开展安全生产大检查

2002年，我省按照国家的统一部署和省政府的要求，结合自身实际，审时度势，适时组织开展了4次全省安全生产大检查工作。

(1) 春季安全生产大检查，针对元旦、春节期间事故多发的特点，我省以确保春运交通安全为重点，认真组织开展了全省春季安全生产大检查。根据我省的具体情况，琼州海峡水上交通安全、民航飞行安全及道路交通安全是做好春运安全生产工作的重中之重。省安委办公室组织省交通厅、海南海事局、民航海南省局、省交警总队进行统一部署，并积极抽调专门力量，奔赴机场、码头、车站等春运一线，多次召开现场会，督促各主要交通运输单位进一步落实加强春运安全工作的各项措施，确保了春运交通的安全。

(2) 狠抓旅游设施安全大检查。我省是旅游大省，抓好旅游安全生产工作对发展海南经济和树立海南形象尤为重要。省安委办在"五一"长假前组织开展了全省旅游安全大检查。省旅游局、海南海事局、省交通厅、省安监局等部门针对当前旅游业出现的漂流、潜水、动力伞飞行、水上摩托艇等新开发项目，普遍存在安全管理不够完备的情况，组织专门检查组加强对旅游景点设施的检查，不断完善安全管理措施，进一步促进了我省旅游业的健康发展。

(3) 结合安全生产月活动，全面开展全省安全生产大检查。为认真落实国务院通知精神和"5·14"全国安全生产电视电话会议精神，省安委会根据省政府领导的指示精神，认真组织制定了《海南省安全生产大检查方案》，于2002年5月25日至6月25日在全省范围内开展了安全生产大检查。这次大检查采用企业自查与当地安全监督部门检查相结合的方式，并将琼州海峡水上运输、铁路道口交通安全、道路交通安全、危险化学品管理、易燃易爆场所、公众聚集场所消防设施等作为检查重点。

(4) 组织开展秋季安全生产大检查。"9·25"全国安全生产电视电话会议后，省委办公厅、省政府办公厅向全省发出《关于加强安全生产工作的紧急通知》，进一步要求全省各地要重视和加强安全生产工作。10月9日，省委常委、省政府副省长、省安委会主任吴昌元同志主持省安委会全体会议，布置在全省范围内开展安全生产大检查活动。省政府组织省直有关部门组成6个检查组，于10月23日至25日对全省19个市县及洋浦开发区进行了安全生产督查活动。督查活动的主要内容是对各地贯彻落实省委、省政府部署的安全生产专项整治工作情况进行监督检查，对公众聚集场所消防安全专项整治进行验收。

3. 以安全生产月活动为契机，积极开展安全生产宣传教育活动

为充分做好2002年我省的"全国安全生产月"活动的组织工作，省安全生产监督管理局与中共海南省委宣传部、海南省总工会、共青团海南省委共同研究制定了《海南省2002年安全生产月活动总体方案》，对我省的"全国安全生产月"活动作出了统一部署。各市县、各部门、各单位高度重视"全国安全生产月"活动的意义，加强领导，狠抓落实，组织安排了大量群众喜闻乐见的主题活动，如安全生产电视讲话、万人签名活动、安全生产知识竞赛、安全生产宣传咨询活动、消防大演练等。这些活动丰富多彩、寓教于乐，让广大群众既了解了国家有关安全生产的方针政策，又能掌握安全生产的基本知识，提高在事故紧急状态下的逃生技能。由于2002年安全生产月各项活动准备工作充分，效果明显，达到了让全社会关注安全生产的目的，取得了积极的影响。中央电视台、海南电视台、海南日报等新闻媒体均作了充分的报道。

4. 及时查处重大人员伤亡事故，不断完善事故调查处理制度

省委、省政府领导对事故的调查处理及善后工作高度重视。事故发生后，省安全生产委员会办公室根据省政府有关领导指示，及时组织和督促有关部门和单位开展事故调查工作，并立即将事故情况通报全省，要求全省各部门、各单位以事故为鉴，举一反三，认真吸取事故教训，查找自身问题，堵塞漏洞，事故原因查明、责任查清后，责成有关部门及时对事故单位进行整顿，对有法不依、有令不行、有禁不止造成事故的责任人，坚决予以严惩。并按照行政责任追究规定，对负有监管责任的部门及有关人员严格进行责任追究。通过完善事故调查处理制度，进一步加强了对各市县、各单位事故调查处理的监督指导，对不按规定调查处理事故的部

门或单位，坚决依法处理。2002年完成了多起重大事故的调查处理工作，包括“2·2”东方八所重大铁路路外伤亡事故、“4·21”三亚阳光购物中心重大火灾、“6·2”昌江道路交通重大伤亡事故、“6·10”海榆中线琼山段道路交通重大伤亡事故、“8·10”琼山段东线高速公路道路交通特大伤亡事故、“9·21”西线高速三亚入口处重大伤亡事故等。

5．充分发挥和完善省安全生产委员会办公室的组织协调功能

（1）省安全生产委员会办公室积极主动地协同民航海南省局，加强对各民航企业安全生产工作的日常管理，建立了安全生产情况例会制度，每年召开年初、年中和年终开3次例会，通报情况，研究有关工作。

（2）帮助企业解决安全生产工作的难点问题。长期以来，由于历史原因，作为岛屿省份的海南却没有一个危险化学品专用码头。在2001年省政府对易燃易爆危险品过海运输进行清理整顿后，我省部分石化企业原料及产成品过海运输难的问题凸现出来。如不及时解决，必将在一定程度上制约我省经济的发展，影响企业的竞争力。针对这一情况，省安委办多次派人深入基层，协调海南海事局、省消防总队等单位，就我省危险化学品运输问题进行研究，寻求应对之策，较好地解决了问题。

（3）协调解决琼州海峡碍航渔网问题。长期以来，海峡沿岸渔民在海峡主航道内设置定置渔网、渔栅进行捕鱼的现象时有发生，对通航安全构成严重威胁。省安委办极为重视，与海事等部门对碍航渔网及时进行了清理，确保了通航安全。

（4）加强对重大活动（会议）的安全生产保障工作，确保重大活动的顺利进行。省安委办在中央电视台“心连心”艺术团春节来琼慰问演出、博鳌亚洲论坛首届年会、力神杯2002年国际游联马拉松游泳世界杯、第三届海南岛欢乐节等大型活动中，切实做好安全保障工作。特别是博鳌亚洲论坛首届年会的安全保障工作，由于博鳌地区各项基础设施还不够完善，省安委办按照省有关领导的指示，主动与有关部门研究制定安全保障方案，积极组织实施。年会期间，省安委办领导还带队到现场与论坛值班室合署办公，参加24小时值班，随时解决问题，受到年会各有关方面的一致肯定。

6．加强安全生产的基础建设，逐步实现安全生产规范化管理

（1）为防范重特大伤亡事故的发生，尽可能地将事故造成的危害降到最低，根据国务院第302号令的要求及省有关领导的指示，组织起草了《海南省特大事故应急处理预案》。

（2）整顿和规范特种作业安全技术培训机构。根据国家有关规定，从培训机构的法人资格、综合管理制度、培训能力及相关条件等几个方面，对全省特种作业培训机构进行了综合考核、评审和重新登记。共审批设立特种作业培训机构14家，全年共完成电工、焊工、制冷特种作业人员安全技术培训8000多人次，审核颁发、换发特种作业证4000多个，年审2000多人次。

7．抓好思想政治学习，发扬艰苦奋斗的作风，不断加强队伍建设

（1）认真学习和领会党的十六大精神。党的十六大精神是全党和全国各项工作的指南，也是全面开创安全生产监督管理工作新局面的动员令和行动纲领。为此，全省各级安全生产监督管理部门把学习贯彻党的十六大精神，全面推动安全生产工作，作为当前和今后一个时期的首要任务，摆上重要日程，并认真组织学习，切实抓紧抓好。

（2）加强监察人员业务培训，提高安全生产监管队伍的整体素质。2002年，我局举办了全省安全生产监察员培训班1期，全省各市县安全监督管理系统60多人参加了培训。通过培训学习，加强了各市县、各单位安全生产监督管理队伍的作风建设，解决了在思想观念、办事效率、工作作风上存在的问题，提高了安全监察人员的执法水平。

（3）建立和完善24小时值班制度。2002年，省安全生产监督管理局在人员编制少的情况下，克服困难，发扬艰苦奋斗、连续作战的精神，建立和完善了24小时值班制度。

重庆市安全生产工作综述

一、安全生产方面的形势分析

从总体上来看，重庆的安全生产形势仍然严峻，主要表现在以下两个方面：

一是各类安全事故死亡人数仍然偏高。据统计，全市各类安全事故死亡2077人，同比上升了8%。其中上升幅度大的主要是煤矿和其他事故，煤矿事故死亡460人，同比上升54.9%；其他事故死亡351人，同比上升21.5%。道路、水运、工业企业事故有所下降，道路事故死亡1140人，同比下降4.7%；水运事故死亡112人，同比下降10.4%；市属工业企业事故死亡14人，同比下降17.6%。

二是特大事故仍未得到有效控制和减少。尤其突出的是道路、煤矿、水运行业的特大事故频繁发生。2002年，全市共发生了14起特大事故，死亡233人，同比事故起数增加7起，死亡人数增加110人。其中道路交通事故8起、煤矿事故3起、水运事故2起、爆炸事故1起。在全国范围内，我市仍是特大事故的多发地区之一。

二、安全生产方面的几个特点

1. 成效明显

一是消防安全形势出现可喜局面。通过深入开展公众聚集场所消防安全专项治理工作，全市的消防安全环境进一步得到改善。2002年杜绝了群死群伤恶性火灾事故的发生，重特大火灾死亡人数和直接财产损失都大幅度下降。2002年重特大火灾起数、死亡人数和直接财产损失，同比分别下降62%、70%和74%。基层的消防安全工作逐年得到加强，据不完全统计，目前全市已有76个派出所落实了专职消防民警，70%的派出所与监督的重点单位签订了消防安全责任书，重大火灾隐患逐步得到整治，消防安全形势持续稳定。

二是道路万车死亡率呈逐年下降趋势。重庆市事故死亡人数最多的行业主要是道路，2002年道路事故死亡1073人，同比虽然下降了6.5%，却占了死亡总数的55%。但在车辆逐年增加的情况下，万车死亡率还是呈现逐年下降趋势。2000年万车死亡率为27人，2001年为22人，2002年为16.7人，比2001年下降了5.3个万分点，比2000年下降了10.3个万分点。与全国相比，2001年全国万车死亡率为15.4人，重庆市万车死亡率为22人，高出全国平均数6.5人；2002年全国万车死亡率是12.3人，重庆市万车死亡率为16.7人，虽然仍高出全国平均数4.4人，但应看到差距在逐年缩小。

三是企业重大隐患逐步得到改善。重庆化医集团、重钢集团、庆铃集团等企业、公司领导安全观念明显转变。在重庆市政府的支持下，通过市经委、市安监局的积极督促，已对20处重大隐患进行了整治。化医集团所属长风化投入了500多万元用于重大隐患整治，收到了良好的效果。重钢集团、化医集团、石油、燃气、电力等主要大型企业没有发生一起重大生产安全事故。

四是安全基础工作逐步得到加强。近两年来，安全生产的一些基础工作逐年得到加强。从2001年开始，共有89处国省道的危险路段得到整治。2002年在11个重点产煤区县建立了煤矿技术服务机构，在20个区县建立完善了矿山救护保障体系，为中小煤矿企业提供了技术服务。2001年还有13个区县没有建立消防队（站），通过近两年市和相关区县的共同努力，已有7个投入使用，其余6个正在建设。危险化学品、非煤矿山的状况多年来情况不明，2002年通过调查摸底，初步掌握了基本情况。据统计，全市有3200多个危险化学品企业，有7200多家非煤矿山，这两个方面的数据库已基本建立，为下一步专项整治工作打下了基础。

2. 问题突出

一是安全生产责任不落实。2002年以来，市委、市政府关于安全方面的文件发了15个，在不同层次、不同范围召开的安全会议16次，但重特大事故的发生总量还是偏高，关键的问题还是工作落实不下去，管理不严格。主要表现在，一是存在“以讲话贯彻讲话，以会议传达会议”的现象，号召性的布置多，务求实效的检查少，“空转”现象较为突出；二是一些地区对中心区域的安全工作重视程度大，忽视偏僻乡镇的安全监管工作，缺乏防范安全事故的整体意识，没有因地制宜地制定具体措施，没有对安全工作实行全方位的监督、严格细致的管理；三是一些地区、部门的领导干部和企业经营管理者抓安全行动不坚决、措施不到位、责任不明确，很多规章制度形同虚设，安全生产往往是“说起来重要，干起来次要，忙起来不要”。

二是小煤矿安全隐患仍然突出。1999年以前，我市有乡镇煤矿4400多个，通过近几年关井压产，已关闭非法和不具备安全生产条件的乡镇小煤矿3387个。目前，全市还有67个国有地方煤矿、24个市属煤矿、1088个乡镇小煤矿，共有1400多对矿井。其中具有煤与瓦斯突出的矿井达72个，多数煤矿的安全生产基础条件较差，矿井的抗灾能力普遍薄弱。尤其是一些小煤矿业主素质差，安全意识淡薄，不愿意在安全上投人，存在侥幸心理，以致煤矿的重大瓦斯事故和顶板事故时有发生。

三是乡村道路安全隐患特别严重。近几年来道路、尤其是乡村道路发展很快，据统计，全市通车里程8.9万多公里，乡村道路7.2万多公里，占总里程的81%。目前，有98%的乡镇和84%的行政村已通公路。公路的发展方便了乡村的交通，发展了地方的经济，满足了群众出行的需求，但是这些公路大都是等外级公路，路况普遍较差，交通标志及防护设施缺乏，长期失管、失养、失控，农用车载客、短途客车超载、货车、摩托车非法营运现象十分突出，成为道路事故高发的区域。如前所述，2002年乡村道路事故死亡人数不仅超过千人，而且还发生了5起特大乡村道路交通事故，占全市特大事故总数的38%。

四是安全监管力量薄弱。一是交警力量配备不足。我市有交警3091人，占总人口的万分之1.0。在边远地区，警力少、任务重的矛盾比较突出。29个远郊区县仅有交警1469名，平均每个交警需要控制50余公里道路，一个10多人的交警大队需要控制上千公里的道路。二是区县安监力量较弱。有的区县安监部门未按规定编制配备人员，不足5人的有彭水、铜梁、酉阳、垫江、大渡口、双桥等区县，有三分之一的区县连基本的通讯、办公设备都不具备，交通工具破旧，还有的区县安监部门只能忙于处理事故，要切实抓好日常的安全监管工作就显得力不从心。三是乡镇安监人员不到位。仅靠现有的交警力量难以对县乡公路，尤其是山区公路及农村集镇等实施有效的监管，以致农用车和拖拉机非法载客的行为屡禁不止。尽管市政府和市级有关部门一再要求，每个乡镇派出所必须聘请5名交通监管员，协助监管乡村道路交通安全，但由于财力及其他原因，至今仍有一些区县未按规定落实。

3. 不利因素

一是民营企业多，安全监管任务重。我市的非煤矿山、危险化学品企业点多面广，多属民营企业，随着经济体制改革的深化，非公有制经济成分的比例越来越大，以及承包、租赁、股份合作等经营形式的多样化，目前大量的中小企业正处于资本的原始积累过程，相当多的私营企业、集体企业和股份制企业老板往往是以减少安全投入来降低成本，不惜以死亡作为代价来发展经济，而有的业主出了事，一跑了之，结果往往是由政府来兜底。

二是企业安全投人不足，抗灾能力薄弱。重庆是一个老工业基地，许多企业生产厂房破旧，生产设备老化，超期服役，防爆防漏能力弱，本质安全生产条件不高，抗灾能力弱。尽管企业逐年在投入，但由于欠账多、经济效益差，在安全投入上还是显得力不从心。据测算，若对我市重点工业企业中急需整治的安全隐患进行整治，需资金3687万元，如化医控股集团所属企业需整治隐患资金1567万元，建峰化工总厂油库搬迁需整改资金430万元。

三是特殊市情加剧了安全监管的难度。重庆市系中等省的幅员面积和人口，但较其他省减少了一级行政管理层次（即缺少地级行政管理层次）。因此，管理跨度较大、难度大，管理机构的效能和管理人员的素质比其他省市的要求更高。但实际情况并非如此，一些区县缺乏必要的办公条件，工作经费不足，交通工具和装备陈旧，信息统计滞后，难以应付正常的安全监管工作。

四是重庆自然条件差，地形复杂。在8.24万平方公里的面积中，水陆运输点多、线长，大小通航河流30条、3000多公里，多属山区河流，滩多流急，航道狭窄；通车里程近8.9万多公里，山区乡村道路占81%以上，道路坡陡弯多，路面狭窄，崎岖不平，安全隐患客观存在，容易发生特大事故。

三、安全生产方面的主要工作

1．开展安全大培训大宣传大检查

一是开展安全大培训。市级有关部门分层次分行业开展了安全培训。市公安局、市交委联合举办了客运驾驶员上岗资格考试，全市共有65990名客运驾驶员参加了培训考试，首次考试有64585人合格，不合格的1405名客运驾驶员随后又进行了补考，但仍有51人不合格，这51名驾驶员已被取消其从事客运的资格。市安监局会同市商委组织对全市危险化学品安全管理人员进行了培训，全市共有2000多人参加了市、区县组织的培训班。全市有32个区县先后举办了42期非煤矿山矿长安全资格培训班，共培训3600余人。市煤炭局组织新成立的区县小煤矿救护队员培训，共计180余人参加了相关业务技能培训。市安委会举办了100个重点乡镇街道领导干部安全法规培训班两期，近300人参加了培训。

二是开展安全大宣传。市人大、市委宣传部、市总工会、团市委、市安监局和渝中区政府共同组织开展了两次大型的宣传教育活动。第一次是第一个“全国安全生产月”活动。在活动期间，市公安消防局、市安监局组织开展了“万人走进消防安全”的活动，分别组织了1万名消防安全责任人、管理人参观市消防教育馆和消防站，组织了1万名公众集聚场所和物业管理公司从业人员进行消防常识学习和火场疏散演练，对1万名负责消防工程设计安装、消防专兼职等人员进行了培训，进一步加大了消防知识宣传教育力度。市安监局、市商委、化医集团、地勘总公司组织了“地勘杯”、“化医杯”安全知识竞赛活动，同时还组织危险化学品从业单位的2.2万余名职工，参加了全国危险化学品安全管理知识竞赛。第二次是《安全生产法》的宣传贯彻活动。11月1日，是《安全生产法》正式实施的第一天。我市各地纷纷行动起来，利用各种活动方式，举行了声势浩大的《安全生产法》宣传咨询活动。当天，吴家农副市长在《重庆日报》、《重庆晨报》、《重庆晚报》等报上发表了题为“贯彻实施《安全生产法》，依法加强安全生产工作”的署名文章。同时还在市人民广场举行了《安全生产法》宣传咨询活动。市级有关部门分别设咨询台，并在活动现场展示了近100幅宣传咨询展版，散发了1.5万份《安全生产法》宣传单。市煤炭局编印了《致全市煤矿矿长的公开信》、《致全市煤矿矿工的公开信》和《煤矿“一反双控”专项整治活动的问题解答》等宣传资料1万多份。市交委、市交管局联合编印了10万份《客运驾驶员交通安全知识》的学习资料，还分别以《致全市道路客运企业经营者的公开信》和《致全市机动车驾驶员的一封信》的形式，开展交通安全宣传教育。全市公安交通管理部门共设立交通安全宣传站178个，出动宣传车351台次，发放宣传资料9.5万多份，书写悬挂宣传标语和交通安全警句156条。

三是开展安全大检查。在年初，开展了“万人春运安全大检查”活动。据统计，市、区县、乡镇三级分别组织了1700多个安全督查、抽查和检查组，共有1.2万多人参加。6月，按照国务院的统一部署，市经委、交委、商委、教委、安监局、监察局、公安局、交管局、消防局、港监局、煤监局、煤炭工业局、质监局、国土房管局、旅游局、农业局、水利局等部门集中开展了9个方面13个专项的安全生产大检查。市建委组织开展了3次全市性的安全大检查，共检查工地2958个，发出整改通知书425份，提出整改意见2510条。同时，市级安监部门还不定期的组织督查组，深入重点地区、车站、码头和危险路段进行密查暗访，发现问题及时通报，督促整改。各集团公司、企业开展了一系列安全检查，全市重点企业共检查出安全隐患9200多条，整改率达94%以上。

2．开展安全专项整治活动

一是开展煤矿“一反双控”专项整治活动。针对上半年煤矿安全形势十分严峻的局面，市政府决定从8月起，开展煤矿“一反双控”安全专项整治(即反私挖滥采和死灰复燃，控制瓦斯事故和顶板事故)。整治工作任务明确、措施有力，取得了明显成效。自整治活动开展以来，没有发生1起特大煤矿事故，在34个产煤区县中，有29个区县控制了一次死亡3人以上的重大事故。通过整治，小煤矿安全生产条件逐步得到改善。据不完全统计，全市小煤矿已购置主扇风机680余台、安全监控系统装置60余套、自救器3000余台、瓦检器400余台等。为保证小煤矿整治工作顺利进行，主要产煤区县组建了15个安全技术服务站，已完成545对矿井的瓦斯等级鉴定和矿井五大图纸测绘工作。这两项基础工作的开展在重庆市尚属首次，进一步强化了煤矿安全生产管理的基础工作。同时，还新组建了22个区域矿山救护队，购置了部分救护装备，为及时救护煤矿事故提供了有力保障。

二是开展道路“两反一降”专项整治活动。从9月1日起，开展了道路“两反一降”（即反违章、反肇事，降低重特大事故）专项整治活动。主要开展了以下工作：①严厉打击违章肇事人员。为打击震慑违章驾驶员和车主，市交管局先后在渝北、江津、长寿等15个区县召开了交通肇事驾驶员和车主公判大会，公开处理交通违章肇事驾驶员和车主89人，曝光交通违章360件。②开展客运企业安全达标。9月份以来，市交委积极开展客运企业安全管理新机制考核达标工作，已对75%的客运企业开展了安全管理新机制的评审，在近100家一、二级客运企业中，已完成34家客运企业的考核达标工作。③全面开展客运车辆安全大检查。为确保客运车辆安全性能良好，市交管局对全市客运车辆的制动和转向系统进行了大检查，做到台台见面，严格检查检验。据统计，全市共检查客运车辆32727台，首检合格26670台，督促整改后复检合格5908台，对不合格的101台客运车辆没有发放合格证，强制报废1046台。④加大乡村道路的整治力度。各区县因地制宜开展了乡村道路重点危险路段的整治，全市共整治乡村道路680多公里，安装护栏1.7万多米、防护墩（桩）1.9万多个，设置警示标牌1300多块，封闭乡村道路756条（9200多公里）。

三是开展公众聚集场所专项整治活动。通过重新调查摸底，全市有公众集聚场所9674个（其中公共娱乐场所4956个，其他公众聚集场所4718个）。2002年专项整治以来，全市共组织1239个检查组，检查单位14074个，发现新的火灾隐患23097处，公安消防监督管理部门依法发出《责令当场改正通知书》1633份、《责令限期整改通知书》3055份、《重大火灾隐患限期整改通知书》14份、《复查意见书》2630份；处罚89个单位，取缔234家公共娱乐场所和其他公众聚集场所。通过专项整治，2002年没有发生1起特大火灾和群死群伤恶性事故，确保了消防安全形势的稳定好转。

四是开展危险化学品专项整治活动。多年来，我市危险化学品状况底数不清，情况不明，通过开展专项整治，摸清了基本情况。据初步统计，全市危险化学品从业单位共3277个（涉及剧毒化学品的单位142个），其中：国有、集体和股份制企业1284个；私营、外资和其他类型企业1993个；从业人数6.8万余人。通过专项整治活动消除了一批隐患，关闭了一批企业，处罚了一批违法行为，取得了一定效果。据不完全统计，全市检查危险化学品从业单位3231家，限期整改合格1080家，查处非法从业单位47家，关闭或吊销营业执照172家。按照我市危险化学品安全专项整治工作的总体部署，集中整治工作正在进行。

五是开展非煤矿山专项整治活动。多年来，非煤矿山一直缺乏有效监管。2002年，国家有关部局已将此项工作作为安全专项整治内容。市级有关部门认真按照国家的要求和部署，建立了工作机构，制定了整治方案，分阶段开展专项整治工作，摸清了全市非煤矿山的基本状况。据统计，全市现有非煤矿山7273家，其中，有证矿4228家，无证矿3045家。矿种涉及石灰石、石膏、粘土、锰、汞、锶等近74种。通过专项清理整治，共查处隐患4400多处，下达整改通知356份，停产整改矿山707个，处罚矿山250多个，关闭非法和不具备安全生产基本条件的非煤矿山1600多个。目前，已对200余家非煤矿山企业进行了安全评价，其中100个企业已通过安全评价，全市安全评价工作正稳步推进，为下步整治工作打下了坚实的基础。

六是开展液化石油气钢瓶安全检测。市质监局、市商委对全市流通的44万余只液化石油气钢瓶进行了专项清理整治，投入了大量的人力物力，在原来全市只有4条检测线的基础上，先后又投入了5条检测线。据统计，2002年共检测液化石油气钢瓶14万只（包括过期或使用不当应提前检测的12万余只）。多年来令人提心吊胆的重大隐患，在市质监局、市商委的积极努力下，基本得以解决，液化石油气钢瓶的安全检测工作已步入规范化管理。

3. 加强安全生产法制建设

一是市政府出台了《重庆市安全生产监督管理规定》、《重庆市安全评价管理办法》、《重庆市非煤矿山安全管理暂行办法》。

二是已报批了《重庆市道路客运交通安全管理办法》、《重庆市乡村公路安全管理规范》。

三是拟定了《重庆市企业安全事故责任追究制》、《重庆市危险化学品安全管理办法》和《重庆市安全生产条例》等地方性法规、规章。为进一步加强安全生产监督管理工作提供了有力的法律手段。

重庆市幅员面积大、自然环境差、客观条件差、重大隐患多、历史欠账多，在安全投入上还是显得力不从心。尤其是在路段、河流、车站和码头等都存在着一些重大安全隐患，稍有不慎就有可能发生大事故。因此，重庆市的安全生产形势相当严峻，安全生产工作任务仍然十分繁重。

重庆市煤矿安全生产工作综述

一、煤矿安全生产概况

1．矿井基本情况

经过1997～2000年关井压产和2001年煤矿安全专项整顿，以及2002年深化整治工作，目前，重庆市保留有各类煤矿矿井1528个，分布在35个区县（自治县、市），年生产能力3790万吨。其中：市属国有煤矿矿井27个，核定生产能力963万吨/年；区县地方国有煤矿矿井57个，年生产能力323万吨；乡镇煤矿矿井1444个，年生产能力2504万吨，其中3万吨以下矿井1177个，3～6万吨矿井209个，6～9万吨矿井49个，9万吨以上矿井9个。

2．全市煤炭产量

2002年，全市煤矿实际生产原煤1791万吨，与上年比增长7.12%。其中：市属国有大矿748.5万吨，与上年比下降8.44%；市属国有小矿及区县国有煤矿291万吨，与上年比增长34.72%；乡镇煤矿756.7万吨，与上年比增长18.45%。

3．煤矿安全状况

(1) 煤矿安全事故情况。2002年，全市区县地方国有煤矿杜绝了重大死亡事故的发生，安全创历史最好水平。但各类煤矿共发生了死亡事故323起，死亡460人，与上年同比分别上升34.02%和48.86%。

市属国有煤矿发生死亡事故32起，死亡69人，与上年同比，事故起数略有下降，但死亡人数上升50%；区县国有煤矿发生死亡事故22起，死亡25人，与去年同比，分别下降26.67%和32.43%；乡镇煤矿发生死亡事故269起，死亡366人（其中无证矿井9起，死亡23人），与去年同比，分别上升61.94%和51.12%。

发生一次死亡3人以上的重特大事故20起，死亡117人，其中市属国有大煤矿2起，死亡36人（南桐矿务局南桐煤矿一井“1·31”和中梁山煤电气公司矿业公司南井“4·22”特大瓦斯突出事故，分别死亡21人和15人）；乡镇煤矿18起，死亡81人，其中南川市水江煤矿有限公司（国有改制煤矿）发生了死亡10人的特大瓦斯爆炸事故。全市煤矿重特大事故起数和死亡人数同比分别上升66.67%、98.30%，其中：市属国有煤矿事故起数下降，但死亡人数上升157%；乡镇煤矿事故起数和死亡人数分别上升125%和102.5%。

顶板死亡事故发生184起，死亡202人，与上年同比，分别上升50.82%和55.38%。瓦斯死亡事故发生65起，死亡174人，与上年同比，分别上升18.18%和77.55%。运输死亡事故发生32起，死亡33人，与上年同比，分别上升3.22%和6.45%；机电死亡事故发生7起，死亡7人，与上年同比，分别上升75%；放炮死亡事故发生7起，死亡8人，与上年同比，分别上升16.67%和33.33%；水害死亡事故发生8起，死亡12人，与上年同比，事故减少1起，死亡人数下降52%；火灾死亡事故发生1起，死亡5人，上年未发生火灾事故；其他死亡事故发生18起，死亡18人，与上年同比，分别上升28.57%和20%。

(2) 事故发生的特点。

一是乡镇煤矿事故多发，死亡人数大幅度上升。乡镇煤矿发生事故268起、死亡365人，占事故总起数的83.22%，占死亡总人数的79.52%；同比事故起数增加91起，上升51.41%，死亡人数增加140人，上升62.22%。

二是顶板事故和瓦斯事故多发，死亡人数大幅度上升。顶板事故184起，死亡202人，占事故总起数的57.14%，占死亡总人数的44%，同比事故起数增加62起，死亡人数增加72人，上升55.38%；瓦斯事故65起，死亡174人，占事故总起数的20.19%，占死亡总人数的37.91%，同比事故起数增加10起，死亡人数增加76人，上升77.55%。

三是一次死亡2人以上事故多发，死亡人数大幅度上升。发生一次死亡2人以上事故60起，死亡197人，占事故总起数的18.63%，占死亡总人数的42.92%；同比事故起数增加27起，上升81.81%，死亡人数增加96人，上升95.05%。

四是事故发生的地域分布广，但又相对集中。有27个产煤区县（自治县、市）发生了煤矿死亡事故，占产煤区县（自治县、市）的79.4%；全年发生10起或一次死亡10人以上的地区有14个和2个煤矿企业，共发生事故243起，死亡360人，占事故总起数的75.23%，占死亡总人数的78.26%。

二、深化煤矿安全整治基本情况

2002年，各级地方人民政府特别是市政府高度重视煤矿安全生产，思想认识到位，工作措施得力，认真组织并开展了煤矿安全专项整顿和深化整治工作。市政府关闭整顿小煤矿领导小组办公室认真贯彻《国务院办公厅关于进一步做好关闭整顿小煤矿和煤矿安全生产工作的通知》精神，按照《重庆市人民政府关于全面清理整顿小煤矿确保安全生产的紧急通知》、《重庆市人民政府办公厅贯彻国务院办公厅关于进一步做好关闭整顿小煤矿和煤矿安全生产工作的通知的通知》要求和上级工作部署，在一季度组织并完成了对2001年尚未验收仍继续停产整顿的482个乡镇煤矿的整顿验收。组织召开了重庆市安全生产暨煤矿"一反双控"安全专项整治工作会议，制定了《重庆市人民政府关于加强煤矿安全生产管理的通知》，按照国务院安委会《关于印发〈深化煤矿安全专项整治实施方案〉的通知》、国务院安委办公室《关于印发〈小煤矿安全生产基本条件〉的通知》，制定《关于加强煤矿安全生产、开展"一反双控"重点整顿活动、采取严厉措施坚决遏制煤矿安全事故的紧急通知》，明确了整治目标、内容、措施、步骤及要求。

各市属国有煤矿对照《煤矿安全规程》，以"一通三防"为重点，投入资金3351万元（含国家财政补贴），对南桐矿务局、天府矿务局、松藻矿务局的3个矿井的通风系统进行了改造；新建了永荣矿务局曾家山矿的瓦斯抽放系统；改造了南桐矿务局、天府矿务局、松藻矿务局4个矿井的瓦斯抽放系统；更新改造了南桐矿务局、天府矿务局、松藻矿务局、永荣矿务局7个矿井的瓦斯监控系统，并完成南桐、天府、松藻、永荣4个矿务局救护装备的改造。各产煤区县（自治县、市）及地方、乡镇煤矿企业，对照《小煤矿安全生产基本条件》30条，结合《重庆市人民政府关于加强煤矿安全生产管理的通知》20条标准，深入开展了煤矿安全专项整治。据统计，在经市关闭整顿小煤矿领导小组办公室整顿验收合格的1443个乡镇煤矿矿井全部实现机械通风的基础上，有680个乡镇煤矿安装了抽出式双风机；有66个煤与瓦斯突出矿井安装了安全监控系统；配备自救器3000余台，新增配备瓦斯检定器400余台，计投入资金6800余万元；有20个区县建立了区县乡镇煤矿矿山救护队；有15个区县建立了煤矿安全技术服务站。

重庆煤矿安全监察机构也重点从企业安全生产规章制度特别是安全生产责任制的健全完善、矿井通风系统、瓦斯抽放系统、安全监控系统、开采方法等方面加强对深化整治工作的监察，并多次与市安监局、市煤炭工业局、市国土局、市公安局等部门协作，对死灰复燃重点地区、事故多发地区进行了专项督查。深化煤矿安全专项整治工作取得阶段性成果：一是区县国有煤矿死亡人数大幅度下降，消灭了一次死亡3人以上重特大事故，安全创历史最好水平；二是辖区内煤矿安全生产条件进一步改善，矿井安全基础得到加强，防灾抗灾能力得到提高；三是2002年关闭不具备安全生产基本条件的乡镇煤矿矿井31处、死灰复燃矿井105处；四是企业安全法制观念逐步树立，法制意识逐渐增强，全民“关注安全，关爱生命”的氛围逐渐浓厚。

三、煤矿安全监察的主要工作和基本做法

在国家煤矿安全监察局和重庆市委、市政府的领导下，煤矿安全监察机构各级领导干部和广大监察人员认真学习贯彻煤矿安全生产法律法规和上级领导关于安全生产工作的一系列重要指示精神，坚持“两手抓，两手都要硬”的工作方针，一手抓监察执法，一手抓自身建设，取得了一定新的成效：一是监察执法工作机制和事故预防机制进一步健全，二是监察队伍逐渐成熟，执法素质、执法质量、执法水平稳步提高，战斗力明显增强；三是执法工作深入推进，执法环境进一步改善，执法形象得到巩固和提升。

1. 前移关口，下移重心，强化现场监察

根据辖区煤矿安全生产特点和监察工作要求，坚持日常监察与重点监察相结合，综合监察与专项监察相结合，认真组织开展了“关停整顿回头看”、“一通三防严把关”、“集中监察执法”、“煤矿矿用产品安全标志管理专项监察”等多种形式的有针对性的监察执法活动。广大监察人员坚持“安全第一，预防为主”的方针，发扬艰苦奋斗、吃苦耐劳的精神，不畏严寒酷暑，不怕苦累脏险，深入井下，强化监察，严格执法，加大隐患查处和行政执法力度，及时发现和消除了一大批事故隐患和事故源，有效地制裁和纠正了一批违法行为，有力地促进了煤矿安全生产。

一季度重点开展了以“关停整顿回头看”为主题的春季安全监察活动和元旦、春节、“两会”前后及其期间的安全生产大检查。

二季度重点开展了为期一个半月的煤矿安全监察集中执法活动，以监察执法活动推动了全国第一个“安全生产月”活动的深入进行。为认真贯彻5月14日全国安全生产电视电话会议和国务院办公厅《关于立即开展安全生产大检查的紧急通知》精神，全面落实国家煤矿安全监察局和市政府有关煤矿安全工作部署，成立了以局长为组长，局机关、重庆、綦江、万州三个办事处共100人参加的3个督查组和10个执法组，实行监察片区负责制，分4个片区进行执法监察。确定死灰复燃、隐患排查、安全管理等10个方面的重点监察内容，在全市范围内对各类煤矿开展了安全监察集中执法活动。

三季度重点开展了以安全标志产品使用为重点的专项执法活动，在认真吸取黑龙江鸡西“6·20”特大瓦斯事故教训的基础上，开展了国有煤矿“一通三防”专项监察活动。

四季度认真贯彻国家局《关于集中精力做好当前安全生产工作的通知》和《关于加强“十六大”期间煤矿安全监察工作的紧急通知》，从10月18日起开展了为期一个半月的大规模的煤矿安全监察执法活动。对四类重点地区和重点矿井贯彻全国安全生产电视电话会议、国务院安全生产委员会《关于做好当前安全生产工作的通知》、《重庆市人民政府关于加强煤矿安全生产管理的通知》、国家局《关于集中精力做好当前安全生产工作的通知》精神，以及落实辽宁铁法会议瓦斯防治“十二字”方针和安全生产规章制度情况等十二个方面的主要内容进行了重点监察。“两会”期间，广大监察人员加强巡查，强化监察，全市煤矿未发生重特大事故，确保了会议期间的安全稳定。

2. 突出重点，狠抓落实，加大执法力度

始终把矿井“一通三防”作为监察执法工作的重中之重，把“一通三防”作为全年监察执法工作的主线，贯穿于各项监察执法工作之中，强化了通风系统、瓦斯管理、瓦斯监测监控、瓦斯抽放系统的监督检查，有效地控制了国有地方煤矿瓦斯事故的发生。

按照管理、装备、自然灾害等因素，对各类煤矿进行分类排队，实施分类监察、分类指导。对永川、合川、奉节、开县、綦江、万盛等10个重点产煤区县（自治县、市）、10个市属煤炭企业、86个煤与瓦斯突出的区县乡镇矿井、48个事故多发和267个年生产能力在3万吨以上的乡镇煤矿实施了重点监察，对重点监控的国有煤矿、乡镇煤矿实施经常性安全监察，对隐患严重的矿井实行跟踪监察。在监察执法中，坚持有法必依，严格执法程序规范执法，对各类违法行为依法下达行政执法文书，注重执法质量，避免了行政复议和行政诉讼。

2002年，共监察区县（自治县、市）地方国有煤矿矿井55个、269次，监察面为96.49%；监察乡镇煤矿矿井1142个、1711次，监察覆盖率达81.46%；对市属国有煤矿矿井监察了5遍、计141个次。深入现场安全监察6630人次，检查采掘工作面2428个、电气设备5529台件。制作现场检查笔录1836份，查处事故隐患8436条，隐患整改率为96.14%，停产不合格采掘工作面307个，下达现场处理决定书1343份，撤出作业人员命令书18份，依法惩处违法行为715起，对存在严重违法行为的69个矿井实施了停产整顿或停止生产的行政处罚。向地方人民政府提出加强和改善煤矿安全管理建议书39份，通报监察情况54期。

3．坚持原则，秉公执法，依法查处煤矿事故

2002年辖区煤矿伤亡事故频发，事故调查处理工作十分繁重，各煤矿安全监察办事处及局机关处室接到事故汇报后，立即组织监察人员及时赶赴事故矿井，一方面积极指导和督促事故单位进行事故抢险救灾，协助制定救灾方案；另一方面严格按照法律法规和“四不放过”原则，组织开展事故调查取证工作。全年计466人次参加了对323起煤矿死亡事故的调查取证和事故分析，制作调查取证笔录1553份，结案事故274起，在规定时间内依法结案率100%。在查处事故时，坚持以事实为依据、以法律法规为准绳，严格依法办事，严惩事故有关责任者，不姑息、不迁就。同时，狠抓事故结案工作，严把事故结案关，实行了事故结案局（办事处）办公会研究决定制度，凡“九不清”的事故一律不予结案，在已结案事故中，依法追究事故责任人679人，其中：有540人被给予行政罚款处理，44人受到行政处分，13人受到党纪处分，82人被依法移送司法机关追究刑事责任。

一年来，煤矿安全监察机构依法受理和查处群众举报72件次。局及各煤矿安全监察办事处对举报事项认真制定调查方案，及时组织人员开展调查取证，重要案件由局领导或处领导亲自挂帅。对每一举报案件都认真办理，快速处置，严格执法，做到了件件有落实、事事有结果，进一步打击了违法行为，促进了煤矿安全生产。

4．加强信息建设，市初步架构起煤矿安全培训体系和安全监察信息网络

根据重庆煤矿分布特点，按照国家局的工作要求，重庆煤监局从年初一开始就着力构建重庆煤矿安全培训体系和煤矿安全监察信息网络。目前，全市范围内已构建起一级、二级煤矿安全培训机构各1个，三级煤矿安全培训机构21个，初步建立起了安全、畅通、有序的，以重庆煤矿安全监察局信息调度中心为核心的，由煤矿企业、区县煤矿安全监管部门、煤矿安全监察办事处组成的煤矿安全监察信息网络。在抓培训机构建设的同时，不断强化煤矿安全培训工作，严把培训质量关，一是组织开展以《煤矿安全监察条例》和《煤矿安全规程》为重点的煤矿企业经营管理者安全任职资格培训4期，培训397人，合格387人；二是按照国家经贸委3号令的要求，做好煤矿井下特种作业人员的培训工作，共举办培训班71期，培训煤矿特种作业人员5253人，合格率为97%。机构的建立，培训工作的开展，为提高煤矿从业人员的素质提供了强有力的组织保证和智力支持。

制定了“四五”普法规划，认真组织和开展了第一个“安全生产月”活动，参加了市政府组织的“安全生产月”咨询日活动以及《安全生产法》实施日宣教活动。广大监察人员在对煤矿实施监察过程中，坚持执法与普法并举，把监察执法与宣传教育相结合，依法监察与搞好服务相结合，以《安全生产法》和《煤矿安全监察条例》为重点，结合查处的违法行为，有针对性的现场宣讲煤矿安全法律法规，帮助和指导煤矿企业解决生产中的安全问题和技术难题，推动企业加强和改进安全管理，增强法制意识。

5．加强制度建设，完善工作机制，不断强基固本

认真贯彻国家局党组确定的抓好“三件大事”、构建“六个支撑体系”、推进“五项创新”的总体工作思路，落实《关于加强煤矿安全监察行政执法工作的意见》、《关于加强煤矿安全监察队伍建设的决定》以及上级工作要求，煤监局机关和各办事处结合重庆煤矿安全监察实际，围绕强化内部管理和监察执法，不断加强建章立制工作，在2001年的基础上，建立和完善了包括监察执法工作计划、监察执法情况通报、监察执法统计报告、安全监察信息、矿用产品安全标志管理、安全设施设计审查与竣工验收、事故调查处理、安全培训、财务管理、人事管理、党风廉政建设等80多个规章制度，极大地促进了安全监察执法工作的制度化、规范化和有序化，健全了煤矿安全监察运行机制。

以“创先争优”为主题，以“强化监察执法”为主线，认真落实国家局党组确定的以“三件大事”为核心的工作思路，加强党风廉政建设，大力培育“五种精神”，即敬业、奉献、创新、奋斗、

协作精神，倡导和弘扬“五种作风”，即刻苦学习、求真务实、从严从细、令行禁止、雷厉风行的作风，进一步落实责任，规范行为，实行执法过错责任追究。通过创先争优活动和党风廉政建设，广大监察人员的政治、业务素质有了较大提高，并在监察执法过程中得到较好体现，为煤矿安全监察规范执法和公正执法提供了重要的思想保障和组织保证。2002年，万州煤矿安全监察办事处工作突出，被评为全国煤矿安全监察办事处，局机关和办事处6名监察人员被评为全国优秀煤矿安全监察员。

四、当前煤矿安全生产工作中存在的突出问题

一是煤矿安全生产基础仍然薄弱，矿井防灾抗灾能力脆弱；二是一些企业法制观念不强，职工法制意识淡薄；三是一部分地区和煤矿“安全第一”思想不牢，重生产，轻安全，工作责任心不强，存在严重的侥幸心理，思想认识不到位；四是部分国有企业转轨改制矿井，安全管理不力；五是煤矿安全生产监督和管理力量不足。

四川省安全生产工作综述

一、全省各类事故伤亡情况

2002年，全省发生各类伤亡事故59684起，死亡7214人，受伤35763人，直接经济损失22467.01万元，与上年同期相比，事故起数上升25.24%，死亡人数下降1.51%，受伤人数上升8.27%，直接经济损失上升11.62%。死亡人数占省政府下达的全年控制指标的98.14%。

道路交通共发生事故49858起，死亡5453人，与上年同期相比，事故起数上升27.54%，死亡人数下降4.78%。

水上交通共发生事故17起，死亡49人，与上年同期相比，事故起数下降41.37%，死亡人数上升4.25%。

工矿企业共发生事故839起，死亡914人，与上年同期相比，事故起数上升14.14%，死亡人数上升24.35%。其中：矿山企业发生事故549起，死亡674人，与上年同期相比，事故起数上升27.97%，死亡人数上升32.93%；非矿山企业发生事故290起，死亡240人，与上年同期相比，事故起数下降5.22%，死亡人数上升5.26%。

农用机械（含拖拉机）共发生事故451起，死亡150人，与上年同期相比，事故起数下降19.46%，死亡人数上升9.48%。

全省发生火灾及其他事故7532起，死亡128人，与上年同期相比，事故起数上升24.49%，死亡人数上升26.73%。

铁路路外共发生事故935起，死亡464人，与上年同期相比，事故起数下降1.16%，死亡人数下降5.69%。

农电及其他共发生事故52起，死亡56人，与上年同期相比，事故起数下降78.77%，死亡人数下降34.88%。

2002年发生重大事故142起，死亡573人。

到目前为止，发生特大事故9起，死亡151人，与上年同期相比减少3起，死亡人数减少37人。

从近几年的情况看，2000年，我省共发生各类事故死亡7731人，2001年死亡7325人，比上年减少死亡410人，下降5.3%；2002年死亡7214人，比2001年少死亡109人，下降1.51%（全国2002年死亡14.1万人，比2001年上升4.2%）。万人死亡率2001年为0.85，2002年下降到0.82，低于全国水平。2002年，全省没有发生国务院认定的特别重大事故，共发生一次死亡10～29人的特大事故9件，特大事故呈逐年下降态势，1999年为26件，2000年为22件，2001年为12件。

二、安全生产工作基本情况

2002年，省政府召开了4次安全生产专题会议、7次安全生产电视电话会议，省安委会全年共召开了8次会议，研究分析我省安全生产工作，解决有关问题。省政府领导亲自带队，深入基层检查安全生产工作，及时排除事故隐患。中伟省长多次深入基层调研，赴事故现场处理事故。针对我省安全生产实际，5月初到县乡长第一期培训班上与近百名县、乡长座谈，听取了18个乡（镇）长的发言，了解基层安全生产工作情况，分析总结出我省安全生产形势严峻的根本原因，在于基层薄弱，基础脆弱，提出了强基层、打基层，标本兼治的乡镇安全生产工作新思路，在全省开展了“百个安全生产示范乡镇”活动。针对泸州“8·2”特大沉船事故，中伟省长提出了要建立我省安全生产七项制度，构建我省安全生产长效机制。巨峰副省长、广严副省长、怀臣副省长多次主持召开安全生产工作会，亲临现场指挥处理事故。在部署和检查工作时，分管各项工作的副省长都要求把安全生产工作作为首要任务抓紧抓好。分管安全生产工作的小祥副省长、仲江副秘书长更是用了很大的精力来抓此项工作。刚刚到川工作的学忠书记又在八届二次会议上对抓好安全生产工作作了重要指示。

一年来，我们围绕认识安全生产规律性，积极探索，努力开创全省安全生产工作新局面的一些具体做法取得了实效，也得到各级、各部门甚至国家的认可。我们深深感到，在工作中，省级各部门都高度重视安全生产工作。省公安厅、省交通厅、四川煤监局、省经贸委等部门下大力气抓安全生产，做了大量的工作。省监察厅、省财政厅、省人事厅、省法制办等部门在人、财、物和政策法规方面都给予了大力支持。

具体来讲，主要做了以下几方面工作：

一是关口前移，突出抓好隐患治理，深化安全生产专项整治。坚持把安全生产专项整治与隐患治理相结合，重在看效果。强化隐患治理“三级管理”，即省、市、县分别重点监控和督办一批事故隐患的整治，并确保隐患整治的责任、资金、措施、时间等“四落实”。2002年，省下达的206项整治任务，目前已完成整治计划的90%（其余正在整治），投入资金4亿多元。

二是针对安全生产工作重点不重的问题，抓重点地区、重点行业和重点时段的安全生产。7个市、州，30个“事故多发县”，9个重点行业的安全生产稳定好转。省重点监控的30个事故多发县，2002年安全生产形势明显好转，死亡人数由2001年的1876人下降到2002年的1455人，减少死亡421人，下降22.44%，由原占全省死亡人数的27.1%下降到占全省死亡人数的20.16%，而且这30个事故多发县未发生一次死亡10人以上的特大事故。

“两节”、“两会”、“三个黄金周”，特别是党的十六大召开期间均未发生特大事故，2002年，全省没有发生国务院认定的特别重大事故，共发生一次死亡10~29人的特大事故9件，特大事故呈逐年下降态势。值得一提的两个“亮点”是，自贡市未发生重大事故和特大事故，成都市实现了年初确定的2002年道路交通安全管理年死亡人数下降10%的目标，实际下降11.7%。

三是针对我省安全生产基层薄弱、基础脆弱的问题，开展了“百个安全生产示范乡镇”活动，努力探索一条具有我省特点的乡镇安全生产工作新路子。省政府确定了100个示范乡镇，各市、州又确定了90个重点乡镇，各级、各地高度重视，积极行动，效果明显，并得到了国家的充分肯定。

四是针对国务院第302号令关于事故查处“四不放过”的要求，坚持“查处一起事故，整治一批隐患，确保一方平安”，把事故查处与隐患整治紧密结合起来。如针对合江“8·2”特大沉船事故暴露的安全隐患，省、市两级投资1660万元用于新建码头，修建长江沿岸乡镇公路，改善船只动力，增加抗灾能力。

五是针对安全生产长效机制的问题，建立安全生产七项制度。把安全生产工作的责任和压力落实到基层和每个关键环节，遏制重特大事故的发生，促进了全省安全生产形势的稳定好转。部分市、县还成立了安全生产执法队伍，加大了安全生产综合执法力度，及时纠正了各类违章行为。

六是认真贯彻国家和省关于安全生产的会议及指示精神，开展安全生产大检查并接受国务院安全生产检查组的检查，举一反三抓整改。特别是自6月中旬国务院安全生产检查组第13组对我省安全生产情况检查后，“一查五回头”，国家又先后5次组织检查组对我省安全生产工作进行了“回头查、回头看”。各级、各部门每次都针对检查存在的问题举一反三，认真落实整改。

七是严肃事故查处。2002年以来，省安委会共批复结案特大事故17件（其中2002年8件，2001年9件），2002年发生的9件特大事故已全部批复结案。对典型事故还在新闻媒体上进行曝光，充分发挥事故查处的警示作用。由四川煤监局组织调查的煤矿事故322件；处理结案事故359件；接受群众有关安全生产举报127件，核查举报127件。

八是深入学习宣传贯彻《安全生产法》。通过开展“安全生产天府行”、“安全生产责任承诺万人签名”、“《安全生产法》咨询日”、“四川省百万职工安全生产法律法规知识电视竞答赛”以及省委、省政府贯彻《安全生产法》新闻发布会等一系列活动，广泛深入宣传《安全生产法》。

尽管我们在安全生产方面做了一定的工作，省政府相关部门，如省公安厅、省监察厅、省法制办、省财政厅、省交通厅等部门都把安全生产工作放在重要地位，协同工作，取得了一些成效，但是，全省安全生产形势依然严峻。1～12月共发生重大事故142件，特大事故9件，死亡总人数居高不下，仍然是全国安全生产事故高发省份之一，被国家安监局列为重点监控地区之一。比较突出的问题如下：

一是认识和责任问题仍没有彻底解决。突出表现为四个主义：不负责任的官僚主义，不讲实效的形式主义，不要原则的好人主义，不遵章守纪的自由主义。

二是基层工作仍然薄弱。一些地方和单位围绕安全生产“抓大事、攻难事、办实事”方面抓得不牢。安全生产工作责任落实不下去，管理严不起来，主要反映在措施不硬、投入不足。

三是安全基础仍然脆弱。作为西部大省，生产力水平总体比较低下，特别是低等级道路多、中小煤矿和非煤矿山多、老企业多、学校危房多、病害水库多、批发市场多，形成安全欠账多，各类隐患仍然大量存在。

四川省煤矿安全生产工作综述

2002年，是省委、省政府高度重视煤矿安全生产的一年，是我省广大人民群众更加关注安全生产的一年，是煤矿安全生产监管机构分离后煤矿安全监察系统独立开展工作的第一年，是全省煤矿安全监察机构主动适应形势、转变观念、转变职能的一年，是艰苦奋斗的一年，是开拓创新的一年。通过全省煤矿安全监察系统领导和全体工作人员的辛勤工作，煤矿安全生产形势逐步稳定好转，形成从上至下重视安全、关注安全的舆论氛围。2002年煤矿安全生产形势可以概括为：总体平稳，区域好转，形势严峻，任重道远。

一、煤矿安全生产形势

2002年，全省煤矿发生重特大事故共计21起，死亡103人，比2001年减少7起，减少死亡59人，事故起数和死亡人数同比下降25%和36.42%。其中：发生特大事故1起，死亡24人，死亡人数同比减少15人，下降38.46%；发生重大事故20起，死亡79人，同比减少7起，减少死亡44人，同比下降25.93%和35.77%。其中：国有重点煤矿发生重大事故1起，死亡3人，同比增加3人；国有地方煤矿发生重大事故2起，死亡9人，死亡人数同比下降86.91%；乡镇煤矿发生重大事故17起，死亡67人，同比减少5起，减少死亡26人，死亡人数下降27.95%。

2002年，全省各类煤矿共发生死亡事故532起，死亡655人，比2001年增加177起、112人，事故起数与死亡人数同比上升49.86%和20.62%。其中：国有重点煤矿发生事故31起，死亡59人，同比增加9起、37人，事故起数和死亡人数同比上升40.91%和168.18%；国有地方煤矿发生事故100起，死亡114人，死亡人数同比下降28.75%；乡镇煤矿发生事故401起，死亡482人，死亡人数同比上升33.52%。全省煤矿百万吨死亡率为12.77，比2001年高0.42，上升了3.40%。

2002年发生的21起重特大事故中，瓦斯事故14起，死亡79人，分别占重特大事故总数的66.67%和76.70%。

从事故类别看，我省死亡人数居前3位的仍然是顶板事故、瓦斯事故和运输事故。

从办事处监察区域看：宜宾办事处发生事故169起，死亡201人，死亡人数同比降低5.19%；广安工作站发生事故44起，死亡58人，死亡人数同比持平；广元办事处发生事故52起，死亡69人，死亡人数同比上升1.47%；川西工作站发生事故109起，死亡121人，死亡人数同比增加26.04%；攀枝花办事处发生事故65起，死亡99人，死亡人数同比上升86.79%；达州办事处发生事故93起，死亡107人，死亡人数同比上升91.07%。

二、煤矿事故的特点

分析2002年我省煤矿事故有以下几方面的特点：

1．重特大事故下降显著，一般事故上升较快

全年我省煤矿共发生特大事故1起，死亡24人，比2001年减少死亡15人，事故起数持平，死亡人数下降38.46%；重大事故20起，死亡79人，比2001年减少7起，减少死亡44人，事故起数和死亡人数分别降低25.93%、35.77%。重特大事故下降趋势明显，成效显著，但一般事故上升较猛，全年全省煤矿一般事故511起，死亡552人，比2001年增加184起，171人，事故起数和死亡人数增幅达56.27%和44.88%，上升势头较快。

2．国有地方煤矿死亡人数同比大幅下降，国有重点煤矿和乡镇煤矿上升

全年全省国有地方煤矿发生事故100起，死亡114人，同比增加15起，减少死亡45人，死亡人数下降28.30%；国有重点煤矿发生事故31起，死亡59人，同比增加9起、37人；乡镇煤矿发生401起，死亡482人，同比增加154起、121人。

3．瓦斯事故同比下降，顶板等事故同比上升

全年煤矿发生瓦斯事故58起，死亡140人，同比减少17起34人、事故起数和死亡人数分别下降22.67%、19.54%；顶板事故发生337起，死亡360人，同比增加132起、112人，事故起数和死亡人数分别上升64.39%、45.16%。

在事故死亡人数方面，顶板事故死亡人数排名第一，占总死亡人数的54.96%；瓦斯事故死亡人数排名第二，占总死亡人数的21.37%。

4．事故高发时间相对集中

经分析，我省煤矿事故高发主要集中在1月、3月、4月、10月、11月，分别死亡65人、72人、78人、70人、75人，这5个月的死亡人数占全年死亡人数的54.50%，其原因主要是枯水期煤炭市场供不应求，部分煤矿盲目追求产量，冒险超能力生产，造成事故高发。

5．事故高发区域相对集中

经分析，宜宾、达州、攀枝花、泸州、雅安、广安、广元、成都8个市，合计死亡540人，占全省18个产煤市（州）煤矿死亡总人数的82.44%。为此，我省将7个市、15个县、44对矿井（称7.15.44）列为重点监控区域，有效地遏制了全省的重特大事故。

三、煤矿安全监察工作情况

2002年煤矿安全监察工作主要分三个阶段：第一阶段在一季度开展了为期100天的以“一通三防”为重点的春节煤矿安全监察；第二个阶段是5～9月，组织开展了以贯彻落实“四个一律停产整顿”为主要内容，以国有重点煤矿“一查三回头”为主要方式的全省煤矿安全生产专项监察；第三阶段是10～12月，围绕迎接党的十六大、贯彻党的十六大精神组织开展的全省煤矿安全生产大检查。

2002年四川煤矿安全监察工作的总体思路是：以预防、遏制和杜绝重特大事故，减少一般事故为目标，以“一通三防”为主线，以煤矿行政监察执法为手段，按照“覆盖要全、重点要清、隐患要明、查处要严”的要求，坚持关口前移，坚持依靠地方政府，坚持监察与服务、指导相结合，与促进安全管理相统一，认真履行煤矿安全监察行政执法职能，从源头上遏制重特大事故，促进全省煤矿安全生产状况稳定好转。

1．加大安全监察执法工作力度，解决煤矿安全生产的热点、重点、难点和焦点问题

(1) 消除热点。针对2002年以来煤价持续上扬，煤矿企业超能力生产倾向突出的情况，年初开展了历时3个月覆盖全省的安全监察，年末进行了为时2个月的煤矿安全大检查督查工作。围绕以风定产、防止超能力盲目突击生产开展监察，严厉打击已关闭小煤矿死灰复燃，有效地控制了重特大事故的发生。

(2) 盯住重点。针对四川煤矿安全事故呈季节性、区域性高发的特点，盯住重点时段、重点区域、重点煤矿、重点隐患。如在两个倒风季节和重

要节日、会议期间，及时组织全省安全大检查，实施专项监察。特别将7个重点市、15个煤矿事故多发县和30个煤矿事故多发乡镇作为安全生产监控的重点对象，进行重点检查、重点帮助。对6个国有重点煤矿和列为省级重点监控的44对高瓦斯和煤与瓦斯突出矿井，按照国家要求，突出抓好“四个一律停产整顿”和“先抽后采、监测监控、以风定产”方针的落实。坚持推行煤矿安全隐患省、市、县三级管理办法，督促煤矿在隐患整治的责任、经费、时间、措施上“四落实”。

（3）抓住难点。针对我省煤矿瓦斯灾害严重、安全防范差、安全生产管理不到位的情况，把“一通三防”安全监察作为全年工作的关键和切入点来抓，会同省经贸委抓企业安全设施的标准化建设和瓦斯防治工作。

（4）抓处理焦点。按照“查处一起事故、整治一批隐患、确保一方平安，推动全面工作”的要求，下大力气抓好事故调查处理工作，严重查处了大邑县核桃树煤矿“3·13”重大瓦斯事故、什邡市红旗煤矿“5·9”重大瓦斯事故等一批典型事故。坚持把事故查处与隐患整治结合起来，如针对攀煤集团“4·24”特大瓦斯爆炸事故暴露的安全隐患，督促攀煤公司吸取教训，寻找差距、排查隐患、增添措施。另外认真核查处理群众来信来访和电话举报，通过查处雅安市汉源县河西乡隐瞒煤矿伤亡事故、泸州市沪县五仙山煤矿存在严重安全隐患等，有力地推动了全省煤矿安全生产工作的开展。

2．抓住两个关键，推动深化煤矿安全专项整治工作

一个关键是抓国有地方煤矿安全整治。在全省197对国有地方煤矿及改制煤矿采用隐患排查、重点追踪、分级管理、督促检查的办法开展了为期半年的安全专项整治。

另一个关键是推动深化小煤矿安全专项整治。发生《四川省人民政府办公厅转发四川煤矿安全监察局四川省安全生产委员会办公室关于切实抓好煤矿安全生产若干规定的通知》（川府办发电［2002］43号），对采煤方法、“一通三防”、煤矿装备等问题提出强制要求，发至全省每一个煤矿。

3．夯实工作基础，探索建立煤矿安全生产长效机制

（1）从正确履行职能入手，不断完善行政执法工作机制。从全面规范煤矿安全监察工作入手，建立了包括煤矿安全监察行政执法责任制在内的8项工作制度，完善了煤矿事故多发县管理制度和安全培训教育制度，探索建立了煤矿安全评价制度、重特大事故通报和停产整顿制度，为正确履行煤矿安全监察职能提供了制度保证。从理顺煤矿安全生产监管体制入手，在省政府领导下，积极主动抓好监管机构分离工作。

（2）从落实安全生产主体责任入手，指导煤矿企业对安全生产进行了有成效的探索。广旺集团公司坚持“安全第一，预防为主”的方针，狠抓企业安全生产主体责任的落实，做到“三个到位”、“三个确保”，即安全生产工作领导到位，确保安全生产责任制的落实；安全生产管理到位，确保基层工作扎实；安全生产投入到位，确保基础可靠。

（3）从安全管理与安全监察相结合入手，理顺煤矿安全生产监管体制。我省在市、州机构改革中，努力探索建立强化煤矿安全生产监督管理的新体制，如乐山市成立了煤矿安全监察管理局，与市安全生产监督管理局两块牌子，一个机构；县（市、区）设立煤矿安全管理机构，落实编制、人员、经费；重点产煤乡镇派驻事业编制、财政预算的煤矿安全监察员，基本形成了市、县、乡“两级机构、三级网络”的煤矿安全监管体系，有效地解决了煤矿安全监管工作责任落实不到位、压力传递不到位和工作力量薄弱的问题。

四、煤矿安全监察工作的特点

1．建立健全煤矿安全监察工作机制

围绕内部管理和监察执法基础工作，制订出台了八项工作制度，制订了办事处（工作站）综合考核办法。这些制度和办法的实施，确保了安全监察工作正常、有序地进行。同时，继续抓好外部执法环境的改善，加强与地方政府和相关部门的联系，争取最大程度的支持和配合。

2．敢于突破，勇于创新

2002年，我省有两项大的工作走在了前面，争取了主动。一是监管分离以后，在如何把握安全监察与煤矿安全专项整治的结合部、切入点的问题上，我们及时报告省政府，促成了《四川省人民政府办公厅转发四川煤矿安全监察局、省安全生产委员会办公室关于切实抓好煤矿安全生产若干规定的通知》（川府办发电［2002］43号）的出台。这个

文件的精神与随后国家局的工作要求以及全国煤矿瓦斯防治工作现场会的精神是完全一致的，为我省深化煤矿安全整治专项监察工作提供了具体的、可操作的依据。

3．抓好培训工作

在监管分离后，我省把培训工作作为抓基层、打基础的重点工作来抓，全力配合省政府在最短的时间里出台了《四川省人民政府办公厅关于规范和加强全省煤矿安全培训工作的通知》（川办函[2002] 151号）文。这一文件的出台，为开展安全培训工作争取了有力的政策支持。

4．行政执法工作效果突出

2002年，四川煤矿安全监察行政执法工作是历史上力度最大、效果最为显著的一年。全年共组织全省煤矿安全大检查3次、煤矿安全专项监察6次；全省煤矿安全监察系统共出动监察人员8807人次，监察各类煤矿1980处、3413次，综合矿井覆盖率为86.58%。其中：国有重点煤矿监察覆盖率为100%，国有地方煤矿为100%，乡镇煤矿为85.36%。查处各类煤矿安全隐患18133条，督查整改隐患16551条，事故隐患整改跟踪督查率91.28%。全年共发出煤矿监察执法文书11391份，其中：现场检查笔录4108份，调查取证笔录2143份，现场处理决定书2535份，责令撤除作业人员命令书295份，隐患整改复查意见书238份，行政处罚告知书708份，行政处罚决定书780份，加强和改善煤矿安全管理意见书69份，责令关闭非法和不具备安全生产条件矿井20处，吊销煤炭生产许可证3份。移送地质矿产部门吊销采矿许可证3份，移送追究刑事责任书29份。全年发生的532件死亡事故中，调查处理结案509件（有的正在处理时限中），按规定时限事故结案率为100%。追究责任2215人，其中：行政处分232人，党纪处分14人，经济处罚1914人；对责任单位和个人处以罚款489万元，移送追究刑事责任55人；接受群众有关煤矿安全生产举报235件，核查举报235件。

对2002年的煤矿安全监察行政执法工作的总体评价是：我省的煤矿安全监察行政执法工作取得了突破性进展，初步建立了行政执法工作机制，全方位开展了行政执法工作，基本树立了监察执法工作的新形象。重特大事故逐年下降，事故件数和死亡人数分别从2000年的35起194人、2001年的28起162人下降到2002年的21起103人，3年时间死亡人数降幅达到46.9%。取得这样的成绩是非常不容易的，基层煤矿安全监察人员为了保护人民生命和国家财产付出了艰辛的劳动。

云南省安全生产工作综述

2002年，云南省安全生产战线的广大干部职工在省委、省政府的领导下，在有关部门和企业的共同努力下，以“三个代表”重要思想为指导，认真贯彻落实党中央、国务院关于安全生产的一系列重要指示精神，坚持“安全第一，预防为主”方针，围绕五项专项整治这条主线，加大了对道路交通、煤矿、非煤矿山和危险化学品专项整治力度，狠抓了安全生产责任制的落实、重大事故隐患的整改、宣传教育等重点工作，基本完成了年初预定的各项工作目标，保持了全省安全生产工作稳定。

一、主要工作与成绩

1．全省安全生产形势基本稳定

据统计，2002年，全省共发生各类伤亡事故24795起，死亡4049人，重伤9129人，经济损失37010.3万元，与上年同期相比，事故起数、死亡人数、经济损失分别上升4.45%、6.97%、125.16%，重伤人数下降13.07%。2002年，全省共发生重大事故231起，死亡716人，重伤589人，经济损失2067.3万元，与上年同期相比，四项指标分别下降了10.47%、7.49%、28.08%、18.83%。全年3个旅游黄金周和省“两会”期间均未发生特大事故。

从行业情况看，部分行业的安全生产情况趋向好转。其中：工厂企业、道路交通的重特大事故起数和死亡人数分别比2001年下降了28.57%、29.63%和10.05%、5.34%；水运交通事故起数和死亡人数分别比2001年下降了60%和91.67%；民航系统未发生伤亡事故，铁路系统实现安全生产2100多天，烟草系统实现了火灾事故为零、重大安全生产责任事故为零。

从地区情况看，相当一些地区的安全生产状况有较大改善。曲靖市的事故起数、死亡人数、重伤人数、经济损失均比上年下降6%、10%、4%、7%，煤矿百万吨死亡率低于全国水平。思茅地区的事故起数、死亡人数和经济损失分别比上年下降9.5%、3.4%、16.3%。红河州、大理州、德宏州、昭通市、曲靖市等地杜绝了10人以上重特大事故。

2．安全生产工作的组织领导进一步加强

围绕落实党中央、国务院对安全生产工作的一系列重要指示精神，全省各级政府和部门领导把安全生产工作纳入了重要议事日程。特别是各级政府领导对确保党的十六大前后杜绝特大事故、遏制重大事故、少出一般事故的任务普遍感到责任重、压力大，亲自挂帅抓检查、搞整改。省领导多次对安全生产工作批示，多次听取安全生产工作汇报，多次亲临现场检查指导。

为进一步加强各级政府对安全生产工作的领导，按照国务院302号令的要求，我省建立了安全生产行政一把手负责制度，实行了安全生产“一票否决制”，形成了省、地、县三级政府主要领导对安全生产工作负总责、分管领导具体负责的组织保证体系。为强化统一领导，理顺工作关系，临沧地区、迪庆州、昭通市等地将交通安全委员会、防火安全委员会纳入了安全生产委员会的统一领导。昭通市实行了领导督办制度，由市政府直接向县、区主要领导下达重大事故隐患整改督办通知书。

3．专项整治工作进一步深入

2002年，我省在巩固五项专项整治阶段性成果的基础上，重点突出了对非煤矿山和危险化学品的专项整治。

在非煤矿山整治方面，省政府成立了以李新华副省长为组长的非煤矿山安全生产整治领导小组，制定下发了《云南省非煤矿山安全专项整治实施方案》，开展了非煤矿山基本情况调查和重点督察，摸清了全省4527个非煤矿山底数，加强了对尾矿库隐患的监控与整改，关闭各类非煤矿山1307个。文山州对马关县都龙矿区进行了集中整治，将原矿区周围的400多口井统一规划为18个。

在危险化学品专项整治方面，省、地两级政府以及危险化学品行业都分别成立了由公安、环保等有关部门组成的专项整治领导小组办公室，建立了联席会议制度，安排了专项资金，开展了业务培训，加强了对铁路、化工等重点行业的专项整治，对涉及铁路运输的125户经营单位进行了审查，核发了42个《临时经营许可证》。

在道路交通整治方面，构筑了省、地、县“政府领导、部门负责、社会参与”的事故防线，深入开展了与实施城市“畅通工程”、创建公路。“平安大道”相结合的“严防战役”，集中力量整治事故“黑点”420个，整治重点违章12类。

在煤矿专项整治方面，关闭了小煤矿1000对矿井，取缔了无证和死灰复燃矿井20000处（次），投入煤矿专项整治资金1亿多元，对1449对矿井进行了检查验收。

在民用爆破器材和烟花爆竹专项整治方面，突出抓了生产、运输、储存和使用环节的整治。江川县成立了26人组成的烟花爆竹管理委员会。

在公众聚集场所消防安全专项整治方面，摸清了全省近5万个公众聚集场所的底数，消除了火灾隐患1万多个。

全省各地区、部门还结合实际把专项整治的范围进一步扩大。昆明市开展了8个专项整治，把城市公用基础设施、特种设备安全纳入了专项整治范畴。大理州通过开展“水上运输安全管理年”活动，加大了水上交通专项整治力度。

4．安全生产责任制得到了进一步落实

一手抓安全生产责任制的落实，一手抓专项整治，以专项整治促进责任制的落实，是全省2002年落实安全生产责任制的主要特点。省政府将安全生产责任状的签订范围扩大到了16个地州市、14个重点部门和大型企业，全省绝大部分地区、部门和企业层层签订安全生产责任状，把安全生产责任分解落实到了县、乡、村和车间、班组、职工，形成了“安全重担众人挑，人人肩上扛指标”的工作局面。曲靖市将安全生产责任层层落实到了乡、村，基本做到了安全生产责任制横向到边、纵向到底、责任到人、不留死角。大理州与全州拥有运输船舶的8个县的32个乡、155个村民委员会、1057艘船主签订了安全责任书。

对签订的责任状，各地区、部门和企业在落实上狠下功夫，强化了对责任状落实情况的督促检查，加大了事故责任的查处力度。各级安全生产监管、纪检、监察等部门密切配合，严肃执法，认真按照“四不放过”原则调查处理事故。迪庆州、思茅地区等绝大部分地区的事故结案率达100%。昆明市为加大事故责任的追究力度，还结合实际制定了《昆明市关于重大安全事故行政责任追究的规定》。

5．安全生产监管体系初步形成

按照安全生产监督管理工作只能加强、不能削弱的要求，省政府于2002年9月成立了云南省安全生产监督管理局，履行全省安全生产的综合管理职能，有9个地、州、市和部分县、市、区先后成立了安全生产监督管理局，其他地、县的安全生产监督管理机构也在酝酿当中，基本形成了省、地、县三级监管体系。昆明市的14个县、市、区均成立了安全生产监督管理局。文山州不仅所有的县成立了安全生产监督管理机构，而且所有的乡镇都设有安全生产管理办公室。

按照“关口前移，重心下移”的原则，全省监管工作机制正在逐步完善，县乡监管职能正在加强，信息报送、形势分析制度正趋于完善，培训教育等支撑体系正在建立或健全。昆明市盘龙区、盘龙区东站办事处和昭通市大关县着力完善监管制度，并在档案管理等方面形成了典型经验。

6．重大事故隐患的监控整改力度加大

全省各地区、部门和企业均不同程度地开展了对事故隐患的摸底排查和跟踪监控，开展了事故隐患的评估确认工作，建立健全了重大隐患档案，制定了管理方案，落实了跟踪监控整改的人员和措施。保山市、大理州、西双版纳州等地制定了重大事故应急救援预案，云南省安全生产监督管理局和部分地区设立了事故隐患举报电话。全省上下以查隐患、促整改为重点，层层深入地开展了安全生产大检查，省安委办组织了3次综合性检查，各地区、部门和企业在旅游黄金周和省“两会”期间也纷纷组织了安全生产大检查，及时发现和督促整改了一大批事故隐患，如墨江金矿危险化学品混装堆放的隐患、思茅红塔木业公司的管理隐患、昭通市昭麻公路的隐患，都在检查中得到整改。针对我省一些长期难以得到根治的重大隐患，及时组织专家会诊，开展了重大事故隐患整改工作，如对兰坪铅锌矿区长期以来存在的排碴场险情等重大隐患，及时组织力量深入矿区会诊。对牛坝荒尾矿库，先后3次进行督查，关闭和搬迁了周围选矿厂和冶炼厂；对小湾电站转运站施工爆破作业隐患和元墨高速公路大风垭口隧道爆破爆堆燃烧隐患，及时组织了专家评估论证。

7．企业安全生产管理基础进一步夯实

大部分企业高度重视安全生产，在安全生产的管理机构、职责、人员、措施和经费落实上狠下功夫。民航、铁路、电力等一些重点行业设立了专门的安全生产管理机构，配备了专职人员。红塔集团在将36个职能部门精简到16个时，仍保留了安全生产管理部门；大部分企业积极塑造健康向上的企业安全文化，云南化工集团等单位开展了内容丰富的安全知识竞赛活动，云南电力集团制定了《云南电力集团有限公司企业安全文化建设规划》；大部分企业认真坚持“安全第一，预防为主”方针，查隐患，严管理。云南烟草公司对50万元以上建设项目实行了“三同时”制度；大部分企业注重安全生产投入，云南电力集团全年安排了4.9亿元资金用于设备大修、技术改造和安全技术及劳动保护措施计划的落实；大部分企业实行了持证上岗制度，开展了安全生产达标活动、管理创新活动。云南锡业集团坚持不懈地抓班组安全生产标准化建设，滇黔桂石油勘探局积极推行了“健康安全环保体系”。

8．安全生产环境逐步得到改善

通过开展以“安全责任重于泰山”为主题的“安全生产月”活动，全省上下结合实际，充分利用电视、广播、报刊等新闻媒介，采用传单、影片、标语、广告、黑板报等形式，掀起了声势浩大的宣传热潮，基本形成了“关注安全、关爱生命”的良好社会氛围。昆明市政府与我局联合举办了“安全生产月”活动。红河州在“安全生产月”期间举办了事故案例展览，开展了应急救援演练。通过全方位、多层次地开展各类安全知识培训，全省共培训15000多人，核发特种作业人员操作证2万多份。昭通市还对县、乡两级政府领导进行了安全生产知识培训，昆明市将户外高危清洗行业的从业人员纳入了职业资格培训。特别是在《安全生产法》的宣传贯彻上，全省广泛运用多种途径进行宣传、培训，省政府还专门邀请国家局闪淳昌副局长来滇作了《安全生产法》讲座，在全省形成了知法、守法的法制氛围。

二、主要体会与经验

过去一年的实践证明，党中央、国务院关于安全生产的一系列方针政策和重要指示是正确的，云南省委、省政府对安全生产所作出的一系列重大决策是符合我省实际的，也是行之有效的。特别是我省在安全生产上所采取的一些举措，已形成了我省的工作特点和经验。

一是始终坚持安全生产责任重于泰山，层层签订和严格考核安全生产责任状，是落实各级安全生产责任制的突破口。安全生产责任贯穿于社会的方方面面，采取一种有效办法来落实安全生产责任，是确保安全生产领导到位、工作到位的关键。从1997年开始，我省与重点地区、部门和企业层层签订责任状，把安全生产责任落实到了工作最基层，并通过严格的责任目标考核奖惩，对考核不合格的地、州、市主要领导实行惩罚，影响面广、震动大，充分调动了各方面的工作积极性，形成了齐抓共管的工作氛围。

二是始终坚持“安全第一，预防为主”方针，集中力量整改重大事故隐患，是全省安全生产形势基本平稳的重要保证。近三年来，我省之所以未发生一起30人以上的特大事故，保持了全省安全生产形势的基本平稳，主要原因就是集中力量整改了一批可能导致特大事故的隐患。特别是对一些长期以来未彻底整改的重大事故隐患，我们还组织专家会诊，开展了重大事故整改攻坚工作。如对大理州宾川县农资公司超期储存43年之久的32罐溴甲烷剧毒气体事故隐患，及时组织专家进行了排除。

三是始终坚持突出重点、以点促面的工作方针，充分发挥大企业的示范作用，是全面推进安全生产工作的重要途径。随着政府职能的转变，相当一些行业主管厅局转体，但是这些厅局转体为企业后仍然是行业的“排头兵”，有些还被赋予了行业指导职能。抓好了这些大企业的安全生产工作，就抓住了企业安全生产的大头。这些年来，我们通过签订责任状等形式抓住这些大企业的安全生产工作不放松，对全省的安全生产工作起到了较好的引导和推动作用。

四是始终坚持服从和服务于经济发展这个中心，一切为经济建设服务，是巩固安全生产社会地位的重要基础。安全生产必须服从和服务于经济建设，是这些年来我省一直坚持的主导思想。工作中，我们主动结合全省经济建设的中心工作来抓安全生产，主动以安全生产来促进和保障地方经济发展。正因为这样，我们的安全生产工作才赢得了社会的支持和认同，也使各级政府主动将安全生产纳入地方经济发展规划。如对兰坪矿区的矿业秩序整治，对小湾电站转运站施工爆破作业隐患的整改等，有力地促进了地方经济发展和社会稳定。

五是始终坚持讲政治、保稳定、促发展这个共同目标，立足全局抓协调，是形成工作合力的保证。针对我省存在交通、消防、煤炭监察上的几张“皮”状况，我们本着一个共同的目标，立足全局抓协调、搞规划，主动依靠各专业部门的力量，而不是去取代专业监管职能，从而充分调动了各专业部门的工作积极性，形成了全省“一盘棋”的工作局面。这几年，省安委办在工作力量不足的情况下，通过抓协调形成了合力，完成了繁重的工作任务。

六是始终坚持安全生产监管工作只能加强、不能削弱的方针，着力健全机构，是理顺全省安全生产监管体制的切入点。强化监管，必先理顺体制；理顺体制，必先落实机构。几年来，我们一直把落实机构作为监管工作的重要基础来抓，积极争取党委、政府和社会各方面的支持。目前，省安全生产监督管理局已经成立，大部分地、州、市和县、市、区也相应成立了机构，初步理顺了省、地、县三级监管体制。

云南省煤矿安全及监察工作综述

2002年，云南省煤炭工业局、云南煤矿安全监察局，坚持以“三个代表”重要思想为指导，认真贯彻落实中央领导关于安全生产工作的一系列重要指示精神和国家煤矿安全监察局及省委、省政府多次召开的煤矿安全专项整治电视电话会议精神，坚持“安全第一，预防为主”的方针和“管理、装备、培训”并重的原则，严格执行煤矿安全生产法律、法规和规章，加强制度建设，落实安全责任，深入整治，立足防范，全省煤炭行业安全生产状况逐步好转。

一、突出安全工作重点，重特大事故得到遏制

2002年，全省煤炭行业各级煤炭管理部门、各类煤矿企业围绕改革、发展、稳定的大局，牢固树立安全第一的思想，始终把煤矿安全放在一切工作的首要位置，同时，把防治重特大事故作为安全工作的重点，把矿井“一通三防”作为安全工作的重中之重。省煤炭工业局直属煤矿严格执行瓦斯治理“十二字”方针，地方煤矿严格执行瓦斯治理3个“十条规定”，切实加强瓦斯综合治理。一批地县煤矿、乡镇骨干煤矿围绕矿井安全生产进行了技术改造，富源、宣威、师宗、麒麟、华坪、泸西、弥勒、宜良等8个重点产煤县区通过省级验收的837对矿井中，有834对实现了“五消灭”，826对配齐了“五小件”，241对建成了壁式采煤工作面，11对矿井装备了瓦斯监察系统，矿井安全条件有了明显提高。一些地州从源头上初步遏制住了事故多发的势头，宣威、师宗、沾益、华坪等县市杜绝了一次死亡3人以上的重特大事故；省煤炭局直属煤矿全面完成了与省政府签订的安全生产责任状，杜绝了一次死亡3人以上的重特大事故，原煤百万吨死亡率、千人死亡率，和千人重伤率分别为3.62人、0.27人、0.22人，分别比省政府下达的控制指标下降9.5%、19.59%和65.86%，是近年来安全状况较好的一年，受到了省政府的奖励。

二、煤矿安全专项整治取得阶段性成果，安全专项整治不断深化

2002年，全省各级政府、煤矿安全监察机构、煤炭管理部门按照国务院关于开展煤矿安全专项整治工作的部署，围绕矿井“一通三防”、提高矿井装备水平、关闭非法和布局不合理小煤矿等工作，深入开展了煤矿安全专项整治，并取得了阶段性成果。为检验专项整治成果，根据省政府的要求，省煤矿安全专项整治验收领导小组组成8个检查验收组，先后对省属国有煤矿和昆明、玉溪、楚雄、曲靖、红河、文山、昭通、大理、丽江、德宏、思茅、保山、西双版纳、临沧、怒江等15个地（州、市）的煤矿安全专项整治工作进行了全面的检查验收。截止到2002年6月底，全省除昭通市以外，其他地州均完成了专项整治验收工作，并按照国务院和省政府的要求，转入深化整治阶段。

各地、州、市、县政府及有关部门高度重视深化煤矿安全专项整治工作，及时调整充实领导机构，狠抓责任落实，加大了整治力度，加大投入，落实整治措施，认真组织实施。省局和各监察办事处（站）加大了安全监察执法力度，对省属国有煤矿按照瓦斯治理的“十二字”方针，重点进行瓦斯治理监察；对乡镇煤矿依照《小煤矿安全生产基本条件》进行安全设施条件的监察。富源、宣威、师宗、会泽、华坪、临沧等县市，还抽调专业人员组成执法队伍，长期在煤矿巡回执法监察，不断巩固专项整治成果。深化整治以来，省煤炭局直属煤矿争取到国家第五批国债项目资金1299万元，装备了田坝、恩洪、一平浪、兴云煤矿的瓦斯抽放、监测系统，以及后所煤矿的通风系统和省矿山救护支队的救护装备；省财政还专项安排了800万元煤矿安全技措资金，改造安全设施；各地县财政和煤矿企业自筹投入安全专项整治资金8000多万元，更换完善了一批安全设施设备，改造通风系统，改进采煤方法，进一步提高了煤矿安全装备水平。

通过专项整治，淘汰了一大批破坏资源、污染严重、生产方式极其落后的小煤矿，至2002年底，全省属于“四个一律关闭”和不具备安全生产基本条件的小煤矿已基本关闭，全省煤矿矿井数已由整治前的2782对减少为1782对，其中已通过省级验收并由省政府统一批复的有1449对，占保留矿井总数的81.3%。截止到2002年底，已复核《矿长资格证》1332个，占91.93%；核发《采矿许可证》924个，占63.77%；完成《煤炭生产许可证》图纸资料审查1374个，占94.82%，已颁发602个《煤炭生产许可证》；颁发《营业执照》500多个。在专项整治期间，全省共取缔非法矿井20000多处(次)，非法私挖滥采得到有效遏制；以“一通三防”为重点的瓦斯治理工作取得明显效果。

三、安全监察机制不断健全，行政执法进一步规范

2002年，省局按照“国家监察、行业管理、企业负责、群众监督”的工作格局和煤矿安全监察工作要做实的要求，狠抓建章立制工作。先后制定下发了《云南煤矿安全监察局安全监察人员责任考核制度》、《云南煤矿安全监察行政执法统计分析制度》、《云南煤矿安全监察办事处安全责任规定及考核暂行办法》、《云南煤矿安全监察局事故汇报制度》、《云南煤矿安全监察局重大事故调查处理和批复结案制度》、《云南省煤矿安全监察举报制度》、《云南省煤矿伤亡事故报告和统计规定》等一批工作制度和办法，不断健全和完善煤矿安全监察执法工作的各项规定，规范了行政执法工作。各煤矿安全监察办事处结合工作实际，制定和完善了一批工作制度和办法。曲靖办事处在修订完善2001年制定的23种内部管理制度的同时，制定了《煤矿安全监察片区联系负责制度》、《重大隐患跟踪排查制度》、《分片联系负责目标管理考核制度》、《煤矿安全隐患分级报告制度》等；大理办事处也在修订完善已有的管理制度的基础上，制定了现场安全监察、事故调查处理等8项安全监察工作制度。这些制度的出台和实施，对规范监察行为、强化现场监察、提高执法效果起到了积极的作用。

四、安全监察队伍建设不断加强，执法水平逐步提高

加强思想作风建设，统一思想认识，牢固树立服务意识。2002年，省局党组认真开展以“三个代表”重要思想为主要内容的学习教育活动，按照煤矿安全监察队伍建设的各项要求，组织机关各党支部、各办事处党总支，学习实践“三个代表”重要思想，牢固树立安全监察工作为经济建设服务、为煤矿职工服务、为社会稳定服务的思想，全面提高思想政治素质。认真贯彻落实《中共中央关于加强和改进党的作风建设的决定》，切实转变工作作风，深入基层，深入监察现场，研究新情况，解决新问题。一年来，由省局领导分别带队到地州市县和省属煤矿进行安全监察、煤矿安全专项整治督察、重特大事故调查处理工作100余次。召开了首次安全监察工作会议，总结了云南煤矿安全监察机构成立以来的工作，分析了面临的形势，安排部署了安全监察工作。局党组还召开中心学习组扩大会议，认真学习贯彻党的十六大精神，以十六大精神为指导，结合我省煤矿安全监察工作实际，讨论、修改、完善煤矿安全监察工作的思路和措施。

抓好安全监察执法队伍的业务建设，全面提高监察执法水平和业务能力。一是组织安全监察人员参加国家局的行政执法培训学习及安全监察员的上岗业务培训。其中，省局领导4人全部参加了学习培训，局机关及办事处有29人参加了培训。二是按照规定要求，由省局分批分期开展煤矿安全监察员行政执法培训，3个办事处全体安全监察人员全部进行了培训。三是配合宣传贯彻《安全生产法》，组织煤矿安全监察执法人员、煤炭管理部门负责人和煤矿企业负责人学习国家有关安全生产的法律法规，掌握法律武器，依法监察。共举办《安全生产法》宣传骨干培训班两期，59人参加了学习培训。四是组织学习《国家公务员行为规范》、《公务员依法行政读本》、《干部法律知识读本》等法律知识；统一参加了国家局组织的《安全生产法》知识竞赛和人事部组织的《国家公务员行为规范》考试。极大的增强了监察执法人员的法律意识，提高了依法行政的业务素质。

切实加强党风廉政建设，增强领导干部的廉洁自律意识。一是联系实际制定了《云南煤矿安全监察局干部廉洁自律若干规定》、《云南煤矿安全监察局领导干部述廉制度》、《云南煤矿安全监察局干部廉政档案建立、管理、使用实施办法》、《中共云南煤矿安全监察局党组党风廉政建设责任制度实施细则》等一批制度，重新修订、完善了《中共云南煤矿安全监察局党组党员干部谈话提醒及诫免制度》。二是集中进行了“警示教育”活动。教育各级领导干部和监察人员，增强廉洁自律意识。三是及时传达学习贯彻国家局党组召开的纪检监察会议精神，制定了具体的贯彻实施意见。四是把党风廉政建设贯穿到监察工作的各个环节，认真宣传教育，对反映出来的“苗头性”问题及时提醒打招呼，教育安全监察人员自觉抵制腐败思想的侵蚀。五是认真开展廉政教育谈话，并把廉政建设作为年度考核的内容之一，进行经常性的检查和考核。六是认真调查核实群众的来信和电话举报工作，做到件件有落实，特别是对署名举报的问题都给予了落实情况的答复。七是从严要求领导干部不准收受礼金、有价证券和支付凭证。一年来，省局机关领导干部有4人将未能拒收的礼金16200元交到局纪检组，入“扶贫”账户；曲靖办事处、大理办事处、红河办事处也主动将未能拒收的礼金按规定上缴到局纪检组。

五、以贯彻实施《安全生产法》为契机，安全监察法制建设取得新突破

省局按照国家局抓好“三件大事”的要求，抓住贯彻实施《安全生产法》的有利时机，推进安全监察工作的法制建设。

一是认真组织开展形式多样的“安全生产月”活动。广泛宣传贯彻《煤矿安全监察条例》、《煤炭法》、《矿山安全法》等法律法规，强化人们的安全法律意识，提高贯彻执行安全生产法律法规的自觉性，为煤矿安全监察工作营造良好的执法环境。《安全生产法》出台后，省局及时召开会议并下发了《关于认真学习全面贯彻＜安全生产法＞的意见》，对全省煤炭系统学习宣传贯彻《安全生产法》工作作出了具体安排。各级煤炭管理部门、煤矿安全监察机构和煤矿企业积极行动，迅速掀起了学习宣传《安全生产法》的热潮，形成了强大的宣传声势，为正确实施《安全生产法》创造了良好的条件。

二是认真贯彻落实《国务院关于特大安全事故责任追究的规定》。在分析我省煤矿事故查处工作中存在问题的基础上，结合安全监察执法工作实际，代省政府草拟了《云南省人民政府关于煤矿安全事故行政责任追究规定》，经省政府批准并以云政发〔2002〕50号文件正式下发执行。50号文件的出台实施，加大了煤矿事故责任追究的力度，强化了各级领导的安全责任意识。

三是为配合全省煤矿安全专项整治工作，规范小煤矿安全生产标准，省政府出台了《云南省小煤矿安全生产基本条件》，有力地推动了我省煤矿安全专项整治工作的深入发展。

四是充分发挥新闻媒体的舆论监督作用，实行煤矿安全事故及隐患的瞒报、谎报举报制度，并在省电台、电视台、省报上刊登公告，抓住典型事故举一反三，规范了煤矿安全事故的统计上报工作，维护了法律的严肃性和煤矿安全监察执法的权威。同时也严厉地打击了非法私挖滥采的违法行为，深化了全省煤矿安全专项整治工作。

六、安全监察执法和事故调查处理工作力度不断加大，效果明显

认真开展安全监察执法工作，及时消除事故隐患，促进煤矿安全生产。

一是及时布置和安排全省煤矿安全监察工作，强化监察执法活动。一年来，省局多次召开党组会议、局长办公会议，专题研究部署各阶段的安全监察工作。组织全省性煤矿安全监察、督察活动3次，每次都由省局领导分别带队对重点区域和重点矿井进行监察督察。省局和各煤矿安全监察办事处、昭通站将执法关口前移，全年共现场监察矿井1671处，出动人员3000人次，煤矿监察覆盖率达95.8%，查出各类事故隐患8700多条，整改率达到88.5%，制作各类执法文书3328份，下达撤出作业人员命令书66份，责令关闭矿井46处，下达行政处罚决定书226份，为各级政府、煤炭主管部门和煤矿企业提出安全、技术管理方面的合理化建议1500余条。

二是分层次开展监察、督察工作。局机关各处室结合归口业务认真开展监察、督察和服务工作；各办事处把主要精力放在监察执法上，克服了点多面广、战线长、工作量大等困难，认真开展监察执法工作，及时查处了一大批事故隐患。

三是结合专项整治，抓住重点区域和重点矿井，突出“一通三防”这个重点，强化监察督察。对查出的隐患抓住不放，督促整改，实施跟踪监察。

四是结合监察区域实际，认真开展调查、摸

底、建档工作，查清了全省各类煤矿的分布情况和准确数量，为有效开展安全监察工作和实行分级、分类管理打下了坚实的基础。通过开展安全监察、督察，及时查处了一大批事故隐患，促进了煤矿安全生产，同时也有效地推动了全省煤矿安全专项整治工作的开展。

严格事故调查处理和事故批复结案工作。2002年，省局和各煤矿安全监察办事处认真贯彻落实《国务院关于特大安全事故行政责任追究的规定》和《云南省煤矿安全事故行政责任追究规定》，严肃查处各类煤矿安全事故。全年共发生事故194起，已批复结案159起，事故批复结案率达82%。在事故调查处理中，始终坚持“四不放过”的原则，实事求是、客观公正地对事故有关责任人提出了给予刑事责任追究和党纪政纪处分的建议。省局建议司法机关追究刑事责任43人，给予208名事故责任人员党纪、政纪处分，给予事故单位和事故责任人员121.88万元的罚款，责令关闭了9对矿井。

七、安全教育培训不断强化，安全素质有所提高

省局始终把安全教育培训作为强化企业安全管理，搞好安全生产，实现安全生产状况根本好转的基础工作和重要途径。

一是针对我省小煤矿点多、面广，从业人员素质普遍偏低的实际，加大煤矿安全培训工作力度，特别是对煤矿矿长和特种作业人员的培训。2001年，省煤矿安全培训中心共举办矿长任职资格培训、复训班7期，培训、复训各类煤矿矿长1366人；培训副矿长、井长、区队长、煤管所所长、主管煤矿安全的乡镇长等安全管理人员共2337人；组织了新版《煤矿安全规程》培训班，共培训1947人；地县煤矿安全培训中心和省属煤矿安全培训教育室共组织举办特种作业人员培训、复训班20期，共有3380名特种作业人员经过培训、复训持证上岗。同时，结合煤矿安全专项整治工作，加强了对通过省级煤矿安全专项整治验收煤矿矿长资格证书的核发工作，全年共核发证书1200本；对全省现有的煤矿安全技术培训中心和省属煤矿安全培训教育室进行了资格审查自检工作；对申报国家三级安全培训中心资质的单位进行了检查验收，进一步规范了培训教育工作。

二是积极开展标准化救护队和救护指战员个人达标活动，提高抢险救灾水平和队伍的战斗力。全年共组织培训了80名小队指战员，290名救护队员经过复训，全部做到持证上岗。

三是积极参与事故抢救工作。2002年，全省矿山救护队完成事故抢险救灾任务95次，参加消防灭火12次，抢救出灾区人员212人，其中26人生还，并杜绝了救护指战员自身伤亡事故；参加预防性安全检查1316人次，入井检查2298次，查出各类事故隐患8949条，排放瓦斯430次，建造密闭15道。

存在问题：一是思想认识上有差距，责任制不落实。没有把安全工作摆在首要位置上，不能正确处理好安全与生产、安全与效益、安全与发展的关系，没有把各级安全生产责任制真正落到实处。部分地区对煤矿安全专项整治工作认识不深，措施不力，整治工作滞后。仍然存在非法小煤矿私挖乱采现象。二是安全基础薄弱，安全投入不足，抗灾能力低。由于煤矿安全欠账大，安全投入无保证，安全隐患无法及时解决，导致煤矿安全事故多发，安全形势严峻。三是安全教育培训工作跟不上煤矿安全生产的需要。我省煤矿企业特别是乡镇煤矿、个私企业经营者和管理者素质低，缺乏安全生产知识，安全意识淡薄。相当一部分特种作业人员无证上岗。四是队伍建设有待进一步加强，执法水平和执法效能亟待提高。五是事故查处落实难度大，处罚力度不够。由于缺乏有效的督促手段和措施，涉及政府有关部门的行政处分很难落实，对事故责任者难以追究其行政责任。

贵州省安全生产工作综述

2002年，在省委、省政府的领导下，我省各级各部门以“三个代表”重要思想为指导，贯彻落实党中央、国务院对安全生产工作的指示，按照省委、省政府对安全生产工作的要求，加强对安全生产工作的领导，把安全生产专项整治作为整顿和规范市场经济秩序的一个重要内容，在落实安全生产责任制及安全工作包保责任制、强化安全生产监督管理、加大五项安全专项整治力度、严肃查处重特大事故等方面采取了一系列切实有效的措施，有效地控制了特大事故多发的势头，五项安全专项整治取得了阶段性成果。

一、全省生产安全事故情况

2002年，全省六类事故共发生5851起，死亡3042人，与上年相比，事故起数上升8.3%，死亡人数上升13.8%，超全年安全生产工作控制目标19.7%。其中，重大事故184起，死亡734人，同比分别上升11.5%、1.7%；特大事故10起，死亡164人，同比分别下降47.4%、41.4%。

二、五项安全专项整治基本情况

1．煤矿安全专项整治

到2002年10月底，全省通过省级验收的合格矿井1673处；待解决遗留问题的约200处。目前，已换发生产许可证1230处。所有通过整治验收的保留矿井全部实现了主扇通风，矿井都有具有资质的设计部门编写的开采设计方案，配置了主提升绞车、轨道运输、矿灯照明等，彻底改变了过去乡镇煤矿独眼井开采、自然通风、人力运输、明火照明等状况。部分高瓦斯矿井配置了瓦斯监测系统。

2．道路交通安全专项整治

初步建立了“政府负责，相关部门各司其职，社会各方面联合行动”的省、市（州、地）、县（市、区）三级道路交通事故预防工作机制；强化源头安全管理，举办客运车辆驾驶员培训班526期，对30908名客运驾驶员进行了安全意识、职业道德和法规知识的专项教育；社会化的交通安全宣传教育抓住“五个一工程”（一处合格渡口、一艘好渡船、一项硬措施、一个好渡工、一条好措施、一套全资料），取得了实效；全省排查曾发生3次以上交通事故的危险路段、点共252处，已治理136处；贯彻落实两部一局《通告》，1327辆卧铺客车已按要求全部进行改装和重新核载。对三级以下的线路，设置了370余块“夜间禁止大中型客车通行的”标志牌。2002年，完成5000公里道路改造任务，为安全行车创造了条件。

水上交通安全专项整治。继续开展“水上运输安全管理年”活动，基本实现“四个明显，一个确保”。全省493个有船乡镇和1292个有船行政村，有487个乡镇与县政府签订了安全管理责任书，有1285个村与乡（镇）政府签订了安全管理责任书；加强了渡口的安全管理，按“六个一”标准普查分类，重新审批；全省累计投入资金630多万元，改造渡口船舶386艘，占全省乡镇渡口船舶的54%，有效改善了渡运安全基础条件；开展了两江一河的无客船治理，目前已有部分货船改为客船，4艘标准客船正在建造中；乌江干流已有10艘木质客船退出客运市场，新建的21艘钢质双机船投入营运；对有船乡镇和县交通局长及船管员、船员进行培训，培训人员达2447名；新登记检验船舶1388艘。

3．公众聚集场所消防安全专项整治

初步形成了消防工作的社会联动和“政府领导、行业管理、单位负责、消防监督、社会参与”的长效管理机制，强化了各方责任，推动了消防工作的社会化进程。2002年专项治理中，检查公众聚集场所7910个，发现火灾隐患16713处，已整改13725处；对全省2000余家网吧、电子游戏厅进行了检查和清理整顿；在消防安全通道专项治理中，新增消防通道、安全出口236个，疏通消防通道、安全出口1536个（处），增设疏散警示标志3425处，火灾事故应急照明2565个。截止到10月底，2001年专项治理遗留的8659处火灾隐患，已消除6563处，整改率达75.8%。

重特大火灾事故查处率达100%，一般火灾事故查处率达到95%以上。

全省有60个县以上城市完成了消防规划编制，25个正在编制中，乡镇消防规划完成率达30%以上。9341个消防安全重点单位，全部落实了消防安全责任制。

4．危险化学品安全专项整治

注销危货运输业户经营许可证57户，注销《道路运输证》482个，取消危险货物从业人员资格1064人，登记检查危货运输车辆1191台，重新批准危货运输业户经营许可证39户。核发《危险化学品临时经营许可证》141个；对11家危险化学品包装物、容器生产企业进行了安全生产条件考核，为6家符合安全生产条件的生产单位办理了临时定点生产手续。

5．民用爆炸物品安全专项整治

开展治爆缉枪专项整治6次，检查涉枪涉爆单位21411家，发现隐患3204起，当场整改1438起。收缴炸药49819.45公斤，雷管11万枚，黑火花2804.5公斤，烟花爆竹1.2亿头，导火索114775.5米，取缔非法生产烟花爆竹厂点42家。

其他行业如建筑、旅游、质量技术监督、国防科工办、民航、铁路、林业、中铁五局集团等系统和非煤矿山的安全专项整治，也按照国家和省的有关要求，加强了对安全生产工作的领导和检查，针对安全工作中存在的突出问题，制订措施，进行专项整改，取得了较好的效果。特别是非煤矿山企业重、特大事故多发的势头得到遏制。

三、安全生产工作基本情况

1．安全生产大检查

按照全国、全省安全生产电视电话会议精神和省人民政府办公厅《关于转发国务院安全生产委员会关于做好当前安全生产工作的通知》的通知（黔府办发电［2002］114号）要求，各地、各部门深入开展安全生产大检查和专项督查。检查中，对不符合安全生产条件的，立即采取有效措施督促整改。在节假日和党的“十六大”期间，各地、各部门都认真组织了安全生产大检查，确保了节假日和“十六大”期间的安全生产。

省安委会组织省有关部门开展了5次全省安全生产大检查，对9个地、州、市、县进行了42次安全抽查、督查。省安委办及省直有关部门先后9次配合国务院、国家安全生产委员会及有关部委安全督查组对我省34个（次）地、州、市、县进行了安全检查。对督查组提出的500多个问题和隐患，除9条隐患正在整改外，其余的已整改完毕。

2．安全宣传培训、教育

各级企事业单位纷纷开展了不同形式的《安全生产法》宣传学习活动，提高了全民的安全生产法律意识。在“安全生产月”中，各级企事业单位围绕“安全生产责任重于泰山”这一主题，组织现代安全知识巡回讲座和安全知识竞赛等活动，营造了“关注安全、关爱生命”的氛围。在安全咨询日，纷纷上街向广大市民宣传《安全生产法》等法律、法规和出现意外情况时的避险知识等，普及了安全生产的基本知识。为使安全综合监管人员做到依法行政，举办了两期培训班，246名安全监管人员通过考核。1120名非煤矿山矿长和安全管理人员通过了省地两级组织的安全培训和考核。25000余名特种作业人员通过了相关知识的培训和考核。

3．加强法制建设，严肃查处重、特大事故

按照《省人民政府办公厅关于督促检查2002年<政府工作报告>和全省经济工作会议重大工作部署贯彻落实情况的通知》（黔府办发［2002］28号）要求和省政府领导的指示，省安委会办公室根据国家有关法律、法规，起草了《贵州省安全事故调查处理和结案程序暂行规定》（代拟稿）、《贵州省关于重大安全事故行政责任追究办法》（代拟稿），经征求地、州、市和省有关部门意见并提交省安全生产委员会全体成员会议讨论，已于2002年上报省人民政府。

根据《国务院关于特大安全事故行政责任追究的规定》（国务院第302号令）等法律、法规，按照安全事故处理“四不放过”的原则，对发生的重特大事故进行了严肃处理。2002年对2001年发生的19起特大事故（其中有1起属特大地质灾害事故），报请省政府批复了7起，国家安全生产监督管理局批复结案11起。2002年发生的10起特大事故，其中6起特大事故的处理意见已提交省安委会全体成员会议审议。

四、安全生产工作面临的新形势

一是全省各类事故居高不下，死亡人数创历史新高。2002年共发生各类事故5851起，死亡3042人。死亡人数超安全生产工作控制目标19.7%。其中，道路交通、煤矿事故4798起，死亡2710人，事故起数占总数的82%，死亡人数占总数的89.1%。

二是多种经济成分的企业，特别是个体和乡镇企业的快速发展为安全生产带来了许多问题，增加了管理的难度。首先是这类企业管理人员素质低，管理水平不高，重效益、轻安全；其次是安全生产投入少，安全生产条件差；三是无主管部门，致使行业管理、信息传递等工作脱节。

三是随着经济的快速发展，公路里程和车、船数量增加，对公路、航道、码头等的改造，特别是一些老路中弯急、坡陡和航道中多险滩的事故多发地段改造，因经费不足进展较慢；铁路提速后，汽车、火车行驶速度加快，司机的适应性、操作技能及安全意识亟待提高，而且对铁路、公路周围人群的安全教育跟不上，致使随意上路行走、穿行现象严重。另外，随着农村经济的发展，拖拉机、农用车越来越多，出现拖拉机、农用车上路行驶中客货混装、违章载人、无牌无照的现象。

四是部分县、乡（镇）政府从局部利益出发，存在地方保护主义，在贯彻落实国家和省有关安全专项整治的要求上，力度不够，工作不到位，措施不落实，特别是少数干部在乡镇企业参股、分红、出现腐败现象，增加了安全监管部门监管和执法的难度。

五是目前我省的安全生产监管体制不健全，监管力量严重不足，安全工作装备缺乏，安全监管手段乏力。人员、经费、装备与工作任务极不适应。

六是《国务院关于特大安全事故行政责任追究的规定》和《贵州省安全生产工作责任追究制度》实施后，引起各地、各部门的高度重视，加大了对事故的查处力度，杜绝了瞒报和漏报现象。同时，由于原未统计的地质灾害伤亡事故、个人建房伤亡事故和非法盗采矿产资源伤亡事故等非生产性死亡事故也纳入了2002年的统计范围，这些也是导致2002年事故起数和伤亡人数上升的原因之一。

贵州省煤矿安全生产工作综述

2002年，在国家煤矿安全监察局和贵州省委、省政府的领导下，在省有关部门、地方各级政府和煤矿企业的大力支持配合下，贵州煤矿安全监察局及所属煤矿安全监察办事处紧紧围绕国家煤矿安全监察局提出的抓好“三件大事”、逐步建立“六个支撑体系”、努力推进“五项创新”的工作思路，进一步深化煤矿安全专项整治，强化煤矿安全监察和行政执法，促进了全省合法煤矿安全状况的稳定好转。

一、全省煤矿安全概况和主要特点

1．全省煤矿安全概况

2002年全省共生产原煤5001.13万吨，各类煤矿共发生死亡事故500起，死亡891人，同比增加208起，多死亡218人，原煤生产百万吨死亡率17.82。

（1）按煤矿有证无证分：有证256起，占总起数51.2%，死亡382人，占总人数42.87%，同比增加54起，少死亡29人；无证244起，占总起数48.8%，死亡509人，占总人数57.13%，同比增加154起，多死亡247人。

（2）按煤矿所有制分：省属国有煤矿事故40起，占总起数8%，死亡64人，占总人数7.18%；地县国有煤矿事故18起，占总起数3.6%，死亡21人，占总人数2.36%；乡镇（个体）煤矿事故442起，占总起数88.4%，死亡806人，占总人数90.46%。

（3）按事故地区分：毕节地区138起，死亡260人；遵义市86起，死亡125人；黔南州66起，死亡121人；六盘水市38起，死亡113人；安顺市37起，死亡60人；贵阳市30起，死亡56人；

黔西南州31起，死亡55人；黔东南州18起，死亡21人；铜仁地区16起，死亡16人。

(4) 按事故人数分：1～2人事故422起，占84.4%，死亡488人，占54.77%；3～9人重大事故73起，占14.6%，死亡313人，占35.13%；10人以上特大事故5起，占1.0%，死亡90人，占10.10%。

(5) 按事故类别分：瓦斯事故158起，占31.6%，死亡438人，占49.16%；顶板事故231起，占46.2%，死亡269人，占30.19%；水害事故34起，占6.8%，死亡103人，占11.56%；运输事故51起，占10.20%，死亡54人，占6.06%；机电事故12起，占2.40%，死亡12人，占1.35%；放炮事故6起，占1.20%，死亡7人，占0.79%；其他事故8起，占1.60%，死亡8人，占0.89%。

2．全省煤矿安全的主要特点

(1) 合法煤矿安全状况稳定好转。在各级煤炭管理部门、煤矿企业和煤矿安全监察办事处及时提供全面、准确的调度统计信息，煤矿事故数据准确性提高的情况下，全省合法煤矿事故起数增幅下降，死亡人数同比下降10%。部分地县和煤矿企业安全投入加大，安全基础工作加强，安全状况稳定好转，百万吨死亡率低于全省甚至全国平均水平。贵阳市百万吨死亡率15.07，比全省百万吨死亡率低2.75；黔东南州百万吨死亡率13.15，比全省百万吨死亡率低4.67。重点产煤县中，盘县百万吨死亡率7.93，比全省百万吨死亡率低9.89；六枝、纳雍等相当一部分重点产煤县的安全状况同比也有了明显的改善。省属国有煤矿企业平均百万吨死亡率为4.34，比全省百万吨死亡率低13.48，比全国百万吨死亡率低0.3，其中：盘江煤电（集团）公司为1.88，省监狱管理局为2.6，水城矿业（集团）公司为3.24，均低于全国平均水平。

(2) 特大事故基本得到控制。2002年全省各地重点煤矿企业加大了对瓦斯的监控和对重大煤矿安全隐患的整改，有效控制了特大事故的发生。全省煤矿一次死亡10人以上特大事故同比减少5起，下降50%，死亡人数同比减少64人，下降41.56%。

(3) 煤矿事故总量仍居高不下。主要表现在死亡人数多、百万吨死亡率高两个方面。2002年，全省煤炭产量5001.13万吨，约占全国煤炭产量的4%，死亡891人，约占全国煤矿死亡人数的15%。全国煤炭百万吨死亡率为4.64，贵州省为17.82，是全国的3.8倍。从煤矿事故的地区分布来看，毕节地区、遵义市、黔南州是煤矿事故的重灾区。毕节地区煤矿事故起数同比上升220.93%，死亡人数同比上升58.54%，百万吨死亡率为23.62，比全省百万吨死亡率高5.8；遵义市煤矿事故起数同比上升21.13%，死亡人数同比上升7.76%，百万吨死亡率为24.61，比全省百万吨死亡率高6.79；黔南州煤矿事故起数同比上升135.71%，死亡人数同比上升112.28%，百万吨死亡率为42.16，比全省百万吨死亡率高24.34。

(4) 非法开采事故频发。2002年，全省各地按照省人民政府的要求和部署，加大了对无证非法开采的整治力度，但发展不平衡，个别县、市、区对整顿煤炭企业秩序认识上还有差距，整治措施不力，非法业主受利益驱使，无证非法生产，导致无证非法煤矿事故频发。2002年，全省无证非法煤矿共发生死亡事故244起，占事故总起数的48.8%，同比上升190.48%，死亡509人，占总人数的57.13%，同比上升98.83%；全省发生的5起特大事故中，有3起属无证非法开采所致，占60%，死亡61人，占68%。

二、煤矿安全和监察执法工作情况

1．煤矿安全专项整治工作取得阶段性成效

根据国务院安委会办公室文件要求，贵州省对深化煤矿安全专项整治工作进行了具体的安排部署，各煤矿企业加强领导，明确责任，精心组织，制订方案，狠抓落实，投入大量的人力、物力、财力，全面开展了深化煤矿安全专项整治工作，取得了阶段性成效。一是通过深化整治，全省煤矿数量下降了40%，省属国有煤矿全部通过了省级检查验收，有1673处乡镇煤矿通过了省级检查验收。二是深化整治取缔无证非法开采，给合法煤矿腾出了市场空间，煤炭价格得到恢复性增长，企业效益逐步好转，深化整治工作在维护正常有序的煤炭生产经营秩序方面发挥了重要作用。三是通过深化整治，合法煤矿的整体水平得到提高。全省煤矿安全投入加大，安全设施、安全装备、矿井通风和生产能力都有不同程度的改善和提高，如盘江煤电（集团）公司投入资金7000多万元，用于“一通三防”

系统的改造。据不完全统计，2002年，全省各地乡镇煤矿用于安全技术改造的资金投入达7亿多元。四是通过深化整治，煤矿业主和从业人员的安全意识增强，管理水平提高。截止到2002年底，全省合法生产的乡镇煤矿已有近1/3实现了壁式回采，六盘水市还对壁式工作面的推广工作进行了专项验收。全省乡镇煤矿的监测系统从零起步，已经发展到近200处，安全生产条件得到进一步改善。

2. 煤矿安全监察行政执法工作进一步加强

一是突出重点，强化了现场监察。2002年，全省煤矿监察覆盖率达到94.4%，其中，国有煤矿监察覆盖率达100%，乡镇煤矿监察覆盖率达93.55%。二是严格执法，加大了行政处罚力度。全年共制作执法文书9381份，其中，现场处理决定书2152份，行政处罚决定书463份。三是跟踪监察，及时发现并督促消除事故隐患。认真贯彻落实瓦斯治理“十二字”方针，加大了对国有煤矿和瓦斯重点监控地区的监察力度，监察覆盖率达到了100%，对重大隐患及时进行了跟踪复查和督促整改，全年共查处事故隐患16358条，督促整改14262条，整改率达到87.19%。四是依法严肃查处煤矿事故责任人。2002年，贵州煤矿安全监察局与省监察厅共同对47起重大事故批复结案，各办事处与事故所在地区监察局对347起1～2人事故批复结案。五是积极主动通报监察意见。针对煤矿安全监察执法过程中发现的无证非法开采、安全管理滑坡等问题，向地方政府、煤炭管理部门和煤炭企业提出加强和改善煤矿安全管理的建议书208份，安全情况通报12份。

3. 认真学习宣传贯彻《安全生产法》，煤矿企业成为抓安全生产的主体

贵州省高度重视对《安全生产法》的学习宣传贯彻工作，各煤矿企业精心组织，掀起了声势浩大又扎扎实实的学习宣传热潮。各地由政府牵头，对宣传贯彻《安全生产法》认真部署，各有关部门走上街头，对职工群众宣传讲解，张贴了各种宣传画和标语，使广大职工群众对《安全生产法》有了感性的认识。各煤矿企业采取举办学习班、以会代训、班前一问等多种形式，把学习《安全生产法》与煤矿安全生产工作实际结合起来。省属国有煤矿建立健全了各级安全生产责任制，完善了各项规章制度；坚持安全生产党政工团纪齐抓共管，群防群治；坚持质量标准化，一季一查一评一奖罚，并与工资挂钩；坚持安全办公例会制度、领导干部值班制度和下井制度；坚持开展安全生产班评估等工作。乡镇煤矿加大安全资金投入，改善了安全条件；聘用专业技术人员，提高了管理水平；签订了劳动合同，增强了法律意识。通过深入学习和贯彻落实《安全生产法》，使煤矿企业管理人员和从业人员的安全意识和法制观念有了新的提高，煤矿企业成为抓安全生产的主体。同时，结合学习贯彻《安全生产法》，贵州煤矿安全监察局2002年共组织4期矿长安全资格培训班，培训国有煤矿矿长29人，乡镇煤矿矿长822人；培训特种作业人员5100人，进一步提高了煤矿管理人员和特种作业人员的安全意识和业务技能。

4. 加强制度建设，逐步完善工作机制。

首先是按照中央机构编制委员会办公室的通知要求，在国家煤矿安全监察局和贵州省委、省政府的领导下，贵州煤矿安全监察局与贵州省煤炭工业局的分离工作顺利完成，解决了既当运动员又当裁判员、监管不分的问题，使煤炭行业管理部门和煤矿安全监察机构集中精力抓好各自的工作。其次是认真落实国家煤矿安全监察局关于完善工作机制的要求，先后研究制定了多项工作规则、工作业绩考核办法，提出了加强监察队伍建设的意见，制订和完善了各项工作制度，与省有关部门共同研究制定了有关规范事故调查处理的办法，进一步促进了煤矿安全监察工作的顺利开展。

三、煤矿事故多发的主要原因

一是对煤矿安全生产重要性的认识还存在误区。有的县、乡把深化煤矿安全专项整治与发展经济、脱贫致富奔小康对立起来，片面认为增加财政收入才是第一位的，导致不能正确处理好安全与可持续发展的关系，对安全工作的重视程度也不够，安全工作往往只有分管领导和有关部门在抓，没有得到有力的支持，不能形成合力，安全措施跟不上，监督检查乏力，进而导致了煤矿事故频发，人员伤亡惨重。

二是对无证非法煤窑的关闭取缔与上级的要求还有较大差距。整顿煤炭生产秩序在个别的县、乡没有得到很好的贯彻落实，无证非法开采、关闭矿井死灰复燃现象相当严重，有的县、乡甚至将未通过整治验收的乡镇煤矿改头换面成农村生活自用煤

矿井继续生产，躲避整治与关闭。非法矿主要钱不要命，违法组织生产，造成无证非法生产事故频发。

三是贵州省煤炭资源埋藏浅、易开采，地质构造复杂，五大自然灾害俱全，高瓦斯矿井占多数，同时，由于经济发展滞后，煤炭生产集中度比较低，乡镇煤矿点多面广，矿井规模小，安全投入不足，技术水平和管理水平相对落后，矿井抗灾能力不强，客观上导致了事故多发。

四是已通过验收的部分煤矿安全管理滑坡。整治验收时，矿主迫于形势和验收要求，增加了安全投入，聘用了专业技术人员按要求进行整治，而一旦通过了验收，就认为万事大吉，有的甚至擅自打开密闭，倒退回巷道式开采的老路，埋下了事故隐患。

五是省属国有煤炭企业管理还比较粗放，安全生产的有效投入还有待进一步提高，“三违”现象时有发生，个别矿井的生产安全事故还不能有效控制。

西藏自治区安全生产工作综述

2002年，全区安全生产工作在自治区党委、政府、安委会的领导下，在国家局的大力支持和指导下，各级政府及政府有关部门，认真贯彻落实党中央、国务院以及自治区领导关于安全生产的指示，在加强安全生产宣传教育、深入开展安全生产大检查、强化安全生产专项整治、加强机构建设、依法监管等工作中，取得了显著成绩，全区安全生产形势基本稳定。

一、开展的主要工作

1. 认真开展安全生产大检查

根据5月14日全国安全生产电视电话会议和国务院办公厅《关于立即组织开展全国安全生产大检查的紧急通知》精神，自治区人民政府办公厅及时下发了《关于开展安全生产大检查的紧急通知》，全区开展了声势浩大的安全生产大检查。据统计，全区共组织检查组35个，检查企业19000多个，查处隐患12000多处。其中：工商部门对全区13671户非公有制企业及个体工商户进行了检查；消防总队检查重点单位242家、一般单位754家，查处隐患437家；公安交警总队在检查中出动警力11578人次，纠正（处理）违章行为11247人次，培训违章驾驶人员2715人次。在大检查中，各地（市）对多年检查不彻底的出租房、变电所、化学品仓库、职工宿舍等死角进行了细致的检查。昌都地区查处隐患52起，整治43起，关闭取缔2处；拉萨、日喀则、那曲等地（市）的文化部门检查文化娱乐场所200家，对13家安全隐患严重的歌舞厅责令限期整改，并依法关闭了32家问题严重的卡拉OK厅；民航区局发动群众提意见61条，梳理21条，并及时落实整改。

2. 深入开展安全生产宣传教育

（1）认真开展全区安全生产月活动。于3月30日下发了《关于开展2002年全区“安全生产月”活动通知》，明确了活动主题，指导思想，活动安排。区安全生产监督局组织区电力局、交通厅、地勘局、交警总队、农牧厅和拉萨市经贸委、市消防支队等单位于6月9日在拉萨开展了安全生产咨询日活动。全区各地也开展了咨询日活动。据统计，参加全区咨询日活动500多人，出动宣传车100多台次，挂横幅300多条，制作宣传专栏100多幅，为2000多人进行了安全法律、法规知识咨询，发放宣传单63000张，书刊10500册，活动形式丰富多彩。活动期间，区安全生产监督局组织有关部门对建筑施工工地、贡嘎机场、客运公司、民爆器材生产厂、石油公司、液化气站、高争水泥厂等30多个企业进行了检查。区有关部门还开展了安全知识讲座、安全知识竞赛、安全知识培训。

（2）深入开展《安全生产法》宣传月活动，在全区掀起学习《安全生产法》的高潮。自治区党委宣传部、区经贸委决定9月份为全区《安全生产法》宣传月，并定在9月8日开展《安全生产法》宣传咨询日活动。在咨询日活动中全区共有450多人参加活动，为5000多人次进行了咨询，下发《安全生产法》5000多册、宣传材料26000多册，制作宣传展板180幅，出动宣传车36台次，挂横幅280条。各地、各部门宣传展板图文并茂，既有事故案例，又有法律条文，群众深受教育。在活动月期间，自治区安全生产监督局组织监察厅、司法厅、区总工会、拉萨市经贸委，对区直、市直8个行业的16家企业《安全生产法》学习宣传活动进行了督促指导，并要求企业按照《安全生产法》的要求，健全组织，落实责任，完善制度和完善措施，保障安全投入，加强安全教育。

（3）各部门、各单位开展安全生产教育、培训。区地勘局对局属11个单位的领导、安全员、二级单位负责人和安全管理干部进行了培训，并请专家、教授讲课。2002年，该局用于安全生产教育培训经费近6万元。区交通厅安委会组织所属企业开展安全知识竞赛、安全知识讲座、安全生产法律、法规演讲。区电力工业局（电力公司）在《安全生产法》颁布后，开展培训、考试等活动，督促从业人员学习《安全生产法》，并利用每周星期四下午组织学习讨论，写心得体会。昌都地区类乌齐县利用“三下乡”活动向广大乡镇干部和农牧民进行《安全生产法》、安全知识宣传教育。石油公司举办安全总监培训班、安全监督培训班，共培训人员141人。

3．深入开展安全生产专项整治

（1）道路交通安全专项整治。预防道路交通事故是我区安全生产工作的重中之重。自治区曾两次召开了电视电话会议进行动员和部署。8月22日，自治区人民政府召开专题会议研究部署道路交通安全专项整治工作，成立了洛桑顿珠常务副主席任组长，多吉、杨海滨副主席为副组长的专项整治领导小组，并下设办公室，办公室设在自治区人民政府办公厅。各地（市）也相应成立了领导小组，积极开展工作。在整治期间，全区交警部门共出动警力3995人次，查处交通违章26554起，对3381名驾驶员进行了培训，吊销了27人的驾驶证照，对15名严重违章的驾驶员予以行政拘留。交通运输管理部门在专项整治中共检查车辆5238辆，取消经营资格79辆，其中客车69辆、危货车10辆；共有18536人次参加稽查，检查营运车辆260209辆，查处各类违章97213起，有效地维护了运输市场秩序。在整治期间，道路专项整治办公室还及时下发文件指导督促各地开展工作，指派检查组深入地（市）检查指导，及时研究分析和处理整治中的新情况、新问题。

（2）非煤矿山安全专项整治。按照《西藏自治区非煤矿山安全专项整治实施方案》的要求和非煤矿山整治领导小组的安排，各地（市）、各有关部门深入矿山企业检查，查制度，查隐患，共查出隐患179条，整治152条。

（3）危险化学品专项整治。按照国家经贸委等十部、委、局的安排，及时成立了西藏自治区危险化学品整治领导小组。多吉副主席任组长，办公室设在区安全生产监督局，制订了《西藏自治区危险化学品安全专项整治实施方案》。据统计，全区检查危险化学品从业单位152家，取缔不符合安全要求的经营网点25个，下发整治通知书26份。特别是区安全生产监督局组织有关部门销毁了西藏大学20多年来未解决的废弃化学品，为西藏大学除掉了一大事故隐患。

（4）民爆器材专项整治。区经贸委牵头组织有关部门对2户炸药厂进行检查，查隐患5处，提出整改建议8条。林芝地区在专项整治中关闭了西藏交通化工厂八一雷管炸药经销部，消除了一大隐患。

（5）公众聚集场所专项整治。公安消防部门组织抽查组，认真检查各地、市专项整治情况，抽查各类公众聚集场所110余家，提出意见和建议280余条，消除火灾隐患280处；集中开展了加油站等易燃易爆场所消防安全专项整治工作，共检查加油站等易燃易爆场所214家，消除火灾隐患280处，停业、取缔、搬迁易燃易爆单位26家，有效地改善了全区易燃易爆场所安全。

4．安全生产监督管理机构基本建立

一是随着全区地（市）机构改革的完成，目前七地（市）基本建立了安全生产监督机构，并完成了与地（市）有关部门的职能交接，人员编制基本到位，职责基本明确。二是七地（市）都已成立了安委会，办公室设在地（市）经贸委安监局（科）。为加强对县级安全生产工作的领导，昌都地区各县成立了安委会。三是区直大多数企业主管部门都成立了安委会，安委会主任由厅、局领导担任。区地勘局10个下属单位都设立了安委会，主任分别由局长、队长担任。四是国有企业按照《安全生产法》的规定，设置了安全生产管理机构，或者配备了专职安全生产管理人员。

5. 建立健全责任机制，完善防范措施

随着《安全生产法》的施行，各地（市）、各部门都建立了安全生产责任制，明确了行政一把手和分管领导的职责。一是完善责任制，如电力局完善行政一把手的第一责任人的责任体系，建立“三级安全控制”网络，公司与下属单位、单位与车间(班组)、个人签订目标责任书，一级抓一级，一级保一级，做到了人人在岗，人人有责；区地勘局落实“三个责任”，即安全目标责任、岗位责任、追究责任，形成了自我约束机制。二是完善防范措施。地勘局实行“三统一”，即安全生产与经济工作统一部署、统一落实、统一考核，取得了很好的管理效果。民航区局严把“五个关口”，加大从源头上防范事故。三是加大安全投入。2002年，国有企业都不同程度的在安全技术改造、安全设施更新方面加大了投入。石油公司投资555万元，对所属分公司重要设施安全隐患进行整改；地勘局投资20多万元更新消防器材，更新线路，维修车辆。区电力局按照“三到位”、“四落实”的要求，即领导、工作、措施三到位，思想、组织、措施、物资四落实，加大安全投入，公司安排资金2640万元用于对所属企业的设备更新改造，保证了电网的运行安全，同时在开展“安全文明生产双达标”工作中又自筹资金197万元，提高了企业的安全管理水平。四是加强安全生产法律法规和规章制度建设。区安监局按照国家局的要求，结合西藏实际积极参与《中华人民共和国安全生产法》、《危险化学品安全管理条例》、《危险化学品经营许可证管理办法》等法律、法规的修改工作。区电力局结合自身实际依照《安全生产法》的规定，先后制订了《西藏自治区电力公司领导、部门及所属单位安全职责规定》、《西藏自治区电力公司多种经营安全管理工作规定》、《西藏自治区电力工业局（公司）安全生产委员会工作规定》等安全管理制度，把安全生产管理纳入制度化建设的轨道。

6. 积极完成国务院安委会办公室及国家部署的各项工作

一是认真传达国务院安委会下发的文件，全年共转发、贯彻有关文件10份。二是认真组织贯彻全国安全生产电视电话会议精神，全年共组织7次。三是及时认真上报安全生产形势，按规定及时上报重特大事故，认真分析全区安全生产形势，及时向党委、政府汇报。四是及时认真完成自治区党委、政府交办的各项工作及任务。

二、安全生产工作的特点

一是领导重视。自治区党委、政府领导高度重视安全生产工作，多次批示、指示，带领检查组深入企业、基层检查指导安全生产工作，亲自部署指导专项整治工作。国家局领导高度重视西藏安全生产工作，经常过问指导西藏安全生产工作，特别是国家局副局长王德学一行3人亲自到拉萨检查指导工作，对西藏安全生产工作给予极大的关怀。各地(市)、区直各部门的领导也非常重视安全生产工作，并亲自组织参加安全生产活动。交通厅领导先后8次组织检查组对下属企业进行检查，并坚持每星期不定期查看化工生产企业，起到了好的带头作用。

二是相关部门积极配合。2002年，全区安全生产活动多，不论是牵头部门，还是配合单位，都能积极组织参加，保证了活动，扎实有效的进行。

三是新闻媒体积极参与。在2002年的全区安全生产活动中，新闻记者积极参加，及时报道活动情况，并跟随检查组，跋山涉水，采访报导。电视台利用黄金时段播放安全生产警示用语，新闻媒体的积极参与为全区安全生产营造了良好的氛围。

三、安全生产工作中存在的问题

1. 安全生产形势还相当严峻

据统计2002年1月至11月份，全区共发生安全生产事故1252起，死亡506人，伤917人，直接经济损失14364970元，与2001年相比，事故起数、死亡人数、受伤人数分别上升26.46%、42.94%和21.94%，直接经济损失降低19.85%。

重特大事故频发，伤亡惨重。全区共发生特大事故2起、重大事故44起，死亡195人，伤213人，直接经济损失483万元，与2001年相比，特大事故起数持平，重大事故、死亡人数和受伤人数分别上升21.21%、22.58%和125.93%，直接经济损失下降41.82%。不仅如此，一些重大隐患还未得到有效治理，如货车载客、客车违章运输、公共聚集场所消防设施不完备、消防通道不畅、易燃易爆经营企业责任制不健全等。

2. 安全管理方法与手段需改进

在管理手段上侧重事故后的考核与整改，发生事故后，领导重视，召开会议，下发文件，进行检查和整治。而未开展事故前的安全性评价工作，安全生产中介机构没有，安全“三同时”审查也只是空谈。

3. 安全生产工作中形式主义严重

个别基层领导和企业主要负责人不能正确处理安全与生产、安全与效益的关系，重生产轻安全。在贯彻落实上级指示时，存在严重的形式主义，用会议贯彻会议，用文件落实文件，不认真组织排查企业的事故隐患，在隐患治理上不认真。特别是县、乡基层组织对本辖区内的个体户监管不严，对一些无证、无牌车私自载客也无人过问。

4. 安全生产操作规程留于形式

不少企业都制订了操作规程，但只是写在纸上，贴在墙上，而没有落实在操作过程中；一些施工工地和工矿企业，工人没有穿戴防护服装；有的加油站、液化气站还有人员吸烟；一些厂矿“三线交越”(即通讯线、电线、电视线交越)等现象不少。

存在以上问题的原因是：各级、各部门对安全生产工作重视不够，各项安全生产责任制及防范措施落实不到位，“安全第一”的思想树得不牢，安全意识淡薄；安全生产基础工作薄弱，安全生产机构不健全，交警、消防警力不足，等等。

陕西省安全生产工作综述

一、省委书记、省长重要批示

2月27日，陕西省委书记李建国在《内部明电》陕机明收251号中批示：“元虎同志：全国两会期间，务请抓紧我省安全生产工作，防止出现重大事故。”

7月，陕西连续发生了渭南市韩城桑树坪镇西沟煤矿“7·2”特大透水事故、延安市子长县建设煤矿“7·4”洪灾事故和咸阳市彬县火石嘴煤矿“7·6”冒顶事故。

事故发生后，陕西省委、省政府高度重视。7月6日，陕西省委书记李建国在《信息快报》中批示：“我们必须下决心，坚决整顿小煤矿。在这个问题上，不能再有丝毫的犹豫了。”陕西省代省长贾治邦批示：“请遵建国同志批示，尽快安排部署小煤矿的整顿，对韩城、子长、彬县三起小煤矿事故进行认真调查，并配合整顿抽查一些重点，发现问题一追到底，严肃查处。”

7月8日晚，在北京出差的代省长贾治邦与延安市负责同志通了电话，详细询问了子长县建设煤矿井下被困9名矿工抢救工作进展情况。代省长贾治邦指示：(1) 延安市委、市政府对子长县建设煤矿井下被困矿工的抢救工作，要组织力量，制定切实可行的抢救方案，加大力度，尽快打通被泥石流填埋的巷道，全力解救井下被困矿工。省煤炭局要给予全力指导、帮助。(2) 要千方百计安置好受灾群众的生活，确保受灾群众有饭吃、有衣穿、有房住。(3) 充分发扬延安精神，坚定信念，依靠广大干部群众积极开展生产自救和灾后恢复重建工作。

7月9日，代省长贾治邦询问韩城市西沟煤矿被困矿工抢救工作进展情况，指示有关部门：(1) 要加强抢救力量。由渭南市牵头，省安全监管局、煤炭局参加，组织专家研究制定更加得力的有效措施，增加抽水设备，24小时人歇机不歇，加大工作力度，不惜一切代价，尽快将水抽干，在7月10日前把井下被困矿工救出。(2) 加强领导指挥协调工作。参与抢险的单位要通力合作，落实责任，渭南市每天要向省政府报告抢险工作进展情况。

7月20日，代省长贾治邦对《关于子长县建设煤矿遇难矿工抢救情况的汇报》作出重要批示：“遵建国同志指示，德全同志赴延安、榆林领导、组织查灾救灾工作是得力出色的。市县各级应在省上总结表彰时予以表扬鼓励。几点建议很好，请经贸委世杰、监察厅有德同志组织有关部门研究，从子长、韩城、彬县三矿事故中认真吸取教训。我以为对小煤矿，特别是个体办矿的发证标准需要修改完善，提高标准。对违犯原标准发证的一定要严肃处理。对建设煤矿矿主出事后外逃，延安公安部门一定要抓捕，以法处之。”

7月29日，省委书记李建国在省安全监管局《关于全省安全生产督查情况的报告》作出重要批示：“元虎同志：同意四、五部分提出的整改意见及安全生产主要对策。我省安全生产形势仍然非常严峻。对各级检查发现的所有重大隐患都要抓住不放，逐一整改，加强督查，绝不让其含混过关。对安全生产事故的查处，务必严肃，依法依纪处理，决不姑息迁就。省安全生产监督管理局应充分发挥职能作用。”

10月15日，代省长贾治邦对《关于查处韩城子长彬县三起煤矿事故有关责任人员情况的报告》作出重要批示：“同意省监察厅报告所拟的几条整改意见，请安全监管局认真研究，加强教育，整改措施和情况告省委、省政府”。省安全监管局以陕安监管字［2002］102号文《关于落实李建国书记、贾治邦代省长的重要批示对韩城子长彬县三起煤矿事故整改情况的报告》向省委、省政府做了全面汇报。

2002年，省安全监管局承办国家安全监管局督办事项9件，省委、省政府领导批示6件，省人大代表建议和省政协委员提案3件，省政府督办事项6件，省政府有关部门转办事项5件。配合陕西煤矿安全监察局参加了“7·2”、“7·4”、“7·6”三起煤矿事故抢险和事故调查处理工作。在子长县建设煤矿事故抢险中，与延安市政府和有关部门一起奋战8天，救出被困井下200小时的9名矿工，参加抢险的副局长谢炳堂、处长马怀平受到省政府的表彰。

二、重要会议

5月13日，省委书记李建国主持召开了省委第18次常委会议。会议听取了省经贸委副主任、省安全监管局局长李元虎关于我省安全生产工作情况的汇报，研究部署了全省安全生产工作。会议认为：当前我省安全生产的形势还是比较严峻的，特别是4月份以来，事故又呈上升势头，反映出一些部门、单位和企业贯彻“安全第一”的思想不牢靠，安全生产工作基础薄弱。会议指出：针对当前安全生产工作存在的问题，必须进一步加强全省安全生产工作。一是认真贯彻国务院第58次常务扩大会议精神，省安全监管局组织足够的领导力量和业务骨干，在全省范围内开展安全生产大检查，重点是道路交通运输、小煤矿和非煤矿山整治、大型集会和公共场所安全。二是成立临时协调机构，由省政府分管领导牵头，有关责任部门参加，就事故多发路段的改造、交通秩序的整顿、交通运输安全的监管、交通事故的预防和宣传等重大问题进行综合协调、集中整治。三是继续贯彻落实省政府关于八个方面的安全管理规定，进一步加大安全生产工作力度，强化监督，严格执法，从制度上、源头上杜绝事故隐患。会议确定：省安全监管局由省经贸委的内设局变更为委管局。各市、县（区）安全监管局已是同级政府直属机构或同级经贸委委管局的保持不变，是内设局的亦变更为委管局。各级党委和政府要加强对安全生产监督管理的力量配备，提供必要的条件和保障。

5月9日，省长程安东主持召开了省政府第9次常务会，听取和审议了省经贸委副主任、省安全监管局局长李元虎关于安全生产工作的汇报，研究部署了全省的安全生产工作，会议确定：由省安全监管局负责组织有关部门立即在全省范围内开展一次以市、县为主的安全生产大检查。省级各行业主管部门，特别是公安、农机、煤矿和消防等部门要分别组织重点检查。各企业和单位要认真做好内部检查。对检查中查出的事故隐患登记造册，领导负责，专人落实，限期整改，切实把全省安全事故反弹的势头压下去。会议责成省政府办公厅根据会议讨论意见，明确省、市、县安全生产监督管理机构作为政府下属二级机构，归口同级经贸委管理，并要求各地尽快理顺和规范体制管理中存在的问题(会议纪要第9次)。

5月31日，省安委会在省政府办公楼二层会议厅召开全省“安全生产月”活动新闻发布会。副省长、省安委会主任巩德顺发表讲话，省经贸委副主任、省安委会副主任、省安全监管局局长李元虎发布新闻，省政府副秘书长司南主持会议。省安委会成员单位领导参加会议。《陕西日报》、《陕西工人报》、《陕西电视台》、《三秦都市报》、《华商报》、

《西安日报》、《西安晚报》、《西安电视台》等20余家新闻媒体到会，并给予广泛报道。

8月16日，省安委会召开全体成员会议。副省长、省安委会主任巩德顺传达了省委书记李建国、代省长贾治邦7月份对安全生产工作的重要批示，总结了1～7月份安全生产工作，安排部署后几个月安全生产工作。省经贸委副主任、省安委会副主任、省安全监管局局长李元虎通报1～7月份全省生产情况。省政府副秘书长、省安委会副主任司南主持会议。

9月30日，省安委会召开了全体成员会议。副省长、省安委会主任巩德顺就贯彻落实国务院安委会第三次全体会议和全国安全生产电视电话会议精神，进一步安排部署全省安全生产工作，省经贸委副主任、省安委会副主任、省安全监管局局长李元虎通报了1～8月份全省安全生产情况。省政府副秘书长、省安委会副主任司南主持会议，省公安厅、省交通厅、省建设厅、省旅游局和陕西煤监局5个部门的负责同志汇报了1～8月份本行业安全生产情况。

1月21日，省政府召开全省安全生产会议。省长程安东发表了重要讲话，指出：一是安全生产须年年讲、月月讲、天天讲，要使党的安全生产方针深入人心；二是严格执行安全行政责任制和事故责任追究制；三是依法行政，强化岗位安全责任制；四是抓好春运、小煤窑、民爆、危险化学品、公众聚集场所消防和冬季防火安全。副省长巩德顺就贯彻落实全国安全生产工作会议精神，确保春节和省上“两会”期间的安全和稳定安排部署了全省安全生产工作。省政府副秘书长、省安全监管局局长司南主持会议并传达了全国安全生产工作会议精神。

2月27日至28日，省政府召开全省安全生产工作会议。副省长巩德顺做了重要讲话，并与各市（区）政府和公安厅、交通厅、建设厅、国防科工委、教育厅、水利厅、国土资源厅、农业厅、煤炭局、石化办十个委、办、厅、局分管安全生产的领导签订了安全生产目标责任书。省经贸委副主任、省安全监管局局长李元虎作了《明确任务、开拓创新，努力实现我省安全生产形势进一步好转》的工作报告。省政府副秘书长司南主持会议。各市（区）主管安全生产的副市长、安全监管局局长，省政府工作部门、直属机构的领导，省属大中型国有企业负责人近120余人参加了会议。

4月16日，省政府在办公楼四层电视电话会召开全省安全生产电视电话会议。副省长、省安委会主任巩德顺发表电视讲话，部署全省春季安全生产工作。对重点地区、重点行业开展安全专项整治和全省安全生产大检查。省政府副秘书长司南主持会议。

7月5日，省政府召开全省安全生产紧急电视电话会议。副省长、省安委会主任巩德顺发表电视讲话，通报了6月份连续发生5起3人以上重大安全事故，特别是“6·9”陇海铁路灞河大桥受洪水冲刷失稳垮塌事故，部署全省集中开展河道挖砂安全专项治理整顿。省政府副秘书长司南主持会议。

9月25日，省委、省政府召开全省安全生产电视电话会议。会议传达了国务院安委会第三次全体会议精神，省委常委、常务副省长陈德铭发表电视讲话，安排部署了“十一”和党的十六大召开期间全省安全生产工作，要求立即开展全省安全生产大检查。会上，省经贸委副主任、省安全监管局局长李元虎通报了全省1～8月安全生产情况。省政府副秘书长司南主持会议。

11月6日，省政府召开全省安全生产电视电话会议。副省长、省安委会主任巩德顺发表电视讲话，安排部署今冬明春全省安全生产工作，进一步加强以煤矿、非煤矿山和冬季消防安全为重点的安全生产工作。省政府副秘书长司南主持会议。会上，陕西煤监局局长刘云涛、省安全监管局副局长谢炳堂、省公安厅消防局局长杜承章分别就煤矿、非煤矿山、消防安全的整治情况先后作了发言。

12月4日，省政府召开全省烟花爆竹和民爆物品安全监管工作电视电话会议。副省长、省安委会主任巩德顺发表电视讲话。他首先通报了11月中旬以来陕西连续发生三起非法生产烟花爆竹爆炸事故，特别是山阳县“11·30”特大爆炸事故，并传达了省委书记李建国、代省长贾治邦关于这几起事故的重要批示。部署了当前对烟花爆竹生产、运输、销售、燃放和民用爆炸物品的安全监管工作，提出了4点要求。

三、人事变更与机构调整

1月11日，中共陕西省委任命李元虎为陕西省经济贸易委员会党组副书记（正厅级）（陕干字［2002］5号）；1月25日，陕西省人民政府任命李元虎为陕西经济贸易委员会副主任（正厅级），兼陕西省安全生产监督管理局局长（陕政任字［2002］1号）。

5月16日，陕西省人民政府办公厅发出《关于调整省安全生产委员会组成人员的通知》（陕政办函［2002］71号）。省安委会组成：主任：巩德顺（副省长）；副主任：司南（省政府副秘书长）、邱世杰（省经贸委主任）、李元虎（省经贸委副主任、省安全监管局局长）、胡太平（省公安厅厅长）、岳崇（省监察厅副厅长）、卢其松（省总工会副主席），成员单位由原来的37家扩充为44家。

省安委会办公室设在省安全监管局，办公室主任由省经贸委副主任、省安全监管局长李元虎同志兼任，副主任由省安全生产监督管理局副局长马延平、谢炳堂同志担任。

8月8日，陕西省机构编制委员会根据省委第18次常委会议和省政府第9次常务会议决定，下发了《关于调整理顺省、市、县（区）安全生产监督管理机构体制的通知》（陕编办发［2002］51号）。将省安全生产监督管理局由省经贸委的内设局变更为委管局，由省经贸委归口管理。

10月18日，省安全监管局对陕西省安全生产专家队伍进行调整和充实，在专家组中设立了综合管理、能源化工、矿山、交通运输、建筑机电5个专业组，聘请了58名具有高级专业技术职称的专家教授负责安全生产评估、科技攻关、事故救援、事故鉴定等技术性工作。

10月30日，成立了《陕西省注册安全工程师执业资格认定工作领导小组》，组长：马延平（省安全监管局副局长）；副组长：亢保民（省人事厅职称处处长）；领导小组主要成员有：李鹤林（中油天然气集团教授博导、中国工程院院士）、朱逸斋（中国华陆公司副总工程师、教授级高工）、王成刚（西安建筑科技大学冶金学院副院长、教授博导）、马云祥（省公路勘察设计院副院长、高级工程师）、乔礼杰（国家电力公司西北公司副总工、教授级高工）、谷长林（陕西北方起重机械研究所所长、高级工程师）。

四、科技成果的推广和鉴定

2002年，根据国家安全监管局《关于开展第一届安全生产科技成果奖励工作的通知》精神，省安全监管局组织了全省范围内安全生产科技成果的申报和筛选。经国家安全生产监督管理局评审，《NG/BTTN混合硝酸酯公路运输试验研究》获全国第一届安全生产科技成果一等奖；《防爆音频电穿透仪研制及探测工作面底板含水构造的研究》获二等奖；《靖远矿区采区松软煤层巷道支护关键技术研究》、《刘家峡水电站泄水道2#孔修复工程大型潜体闸门深水封堵技术》、《新型水轮发电机组通风防火智能余热供暖系统机电一体化设备研究》获三等奖。

五、监督检查

5月16日，省委办公厅、省政府办公厅联合下发了《关于开展全省安全生产大检查的紧急通知》（陕办字［2002］24号），省委、省政府组织5个督查组，分别由省委常委、西安市委领导带队分赴各市、县（区）对安全生产工作进行督察，督察重点为道路交通运输、危险化学品、民爆器材和烟花爆竹、煤矿、非煤矿山、公众聚集场所、民航、铁路、水上交通、石油石化、电力、军工等行业。检查出44项重大事故隐患，并责成有关市（区）政府和行业主管部门对其进行跟踪督察，限期整改。

2002年，由省委、省政府、省安委会组织的全省安全生产大检查共有6次，查出事故隐患近万条，全部整改到位。确保了春节、省人代会、政协会、“五一”、“十一”、党的十六大期间全省的安全生产和社会稳定。

六、教育和培训

2002年，陕西省安全生产监督管理局加大了全省安全生产监督管理人员培训工作力度。举办了两期国家安全监察员培训班，培训150余人，经考核合格后获得国家安全监察员证书。与省政府法制办公室联合举办一期省级机关、市县安监局长行政执法培训班，培训100余人，经考核合格后获取得行政执法资格证书。在全国交通旅游安全监管工作座谈会召开之际，邀请国家安全监管局副局长闪淳昌作了《安全生产法》专题讲座。会同省人事厅开展了全省注册安全工程师执业资格认定的初审工作，对申报的116名同志按照5个基本条件进行评审。会同有关行业和市、县安全监管局举办非煤矿山矿长（经理）安全资格培训11期，培训矿长

(经理) 1000余人，经考核合格后，获得安全资格证书；在咸阳、汉中、宝鸡举办了5期危险化学品注册登记审核员和15个新化学品的产品性能类别鉴定培训班。办理特种作业人员安全操作证50264个；培训企业经营管理者5231人，培训企业安全员1746人。会同省建设厅将建筑施工安全资格证列为企业进入市场投标的前置条件，有498户企业取得了《建筑施工安全资格证》书。

七、开展“安全生产月”活动

6月份，按照国务院安委会的部署，陕西开展《安全生产月》宣传活动。成立了由省安委会、省委宣传部、省经贸委、省公安厅、省总工会、团省委、省广电局和省安全监管局组成的宣传活动组委会。

5月31日，组委会在西安召开了“安全生产月”活动新闻发布会。

6月3日，组委会在西安举行“安全生产三秦行”启动仪式，副省长、省安委会主任巩德顺发表讲话，并将“安全生产三秦行”活动旗帜授予领队马延平同志。“三秦行”宣传队历时17天，行程4600公里，途经我省9市、12个县区，采访了22个大中型企业和19个交通事故多发点和危险路段、客运站、建筑工地、堤坝等安全生产重点部位，发表新闻稿件38篇。

6月12日，组委会在西安新城广场举行了陕西省暨西安市“安全生产咨询日”活动。副省长、省安委会主任巩德顺发表讲话。有52家省级党政机关、社会团体、企事业单位布展并开展安全生产知识、安全生产法律法规的图片、展板、录音、录像宣传，近万市民参加了这次活动，并举行“安全生产万人签名”活动。

7月2日，组委会在陕西电视台演播厅举办了“安全生产知识竞赛”决赛。省政协副主席朱振义及组委会成员单位领导出席了竞赛活动并为获奖队颁发了证书和奖金。

全省各市（区）及行业主管部门同时开展了丰富多彩、形式多样、群众喜闻乐见的宣传形式，如书画展、文艺晚会、新闻媒体开辟宣传专栏、刊登公益广告以及消防救援演练等，在全省营造出“关注安全，关爱生命”的良好社会氛围。

八、宣传贯彻《安全生产法》

10月30日副省长、省安委会主任巩德顺在《陕西日报》发表了《安全责任重于泰山》的署名文章，强调以实施《安全生产法》为契机，进一步开创陕西安全生产工作新局面；省安全监管局以及公安、消防、交通、煤炭、建设6个部门10月31日在《陕西日报》开辟专版，公布了贯彻落实《安全生产法》的具体工作措施；省经贸委党组副书记、副主任、省安全监管局局长李元虎也发表了《努力开创我省安全生产新局面》的署名文章，着重介绍我省宣传贯彻实施《安全生产法》的具体步骤和工作安排。《安全生产法》施行当天，省安委会在西安新城广场举办了以《安全生产法》为主题的宣传咨询活动，省政府副秘书长司南发表讲话，省人大副主任李天文、省政协副主席朱振义等领导同志亲临现场视察。依据《安全生产法》，省安全监管局组织起草《陕西省安全生产条例》、《陕西省重、特大安全生产事故调查处理办法》、《陕西省新建、扩建工程项目及劳动安全“三同时”规定》、《陕西省特种作业人员安全技术培训考核管理办法》、《陕西省非煤矿山安全生产条例许可证管理办法》、《陕西省非煤矿山矿长（业主）安全资格审查办法》、《陕西省民爆物品和煤矿重特大事故隐患举报奖励办法》等法规。进一步明确了各级政府及有关部门的监管职责、政府领导人和部门负责人的安全管理责任，规范了技术要求、工作规则和管理程序。

九、6个专项整治

根据国务院的部署，在开展道路交通运输、危险化学品、民爆物品和烟花爆竹、煤矿、公众聚集场所消防安全5个专项整治工作基础上，陕西增加了非煤矿山的安全专项整治，已取得了阶段性成果。

一是煤炭行业推进关井压产、关闭破产、整顿小煤矿。全省取缔非法矿井155处，关闭死灰复燃矿井35处，关闭矿办小井18处，乡镇煤矿由1998年的2552处下降到目前的合格矿井793处。全省国有重点煤矿共投入资金5800万元，完善了通风瓦斯监测系统。

二是对非煤矿山进行全面调查摸底和整顿。目前，全省共有非煤矿山企业3647家，已对227名县属以上的矿长（经理）进行了安全资格培训、考核和发证；取缔非法开采的小矿山、小采石场，采沙点352个，停产整顿131个。

三是道路交通运输专项整治。出动警力12万人次，纠正各种违章44万起，处行政拘留的200余人，集中整治了无证驾驶、疲劳驾驶、酒后驾驶、车辆超速、超载、违章超车、夜间违章使用灯光、违章停车等行为。下半年由省安委会牵头并投入资金1100万元对12处事故多发路段进行改造。据统计，2002年12处路段道路交通事故与上年同期相比，事故起数下降48%，死亡人数下降54%，机动车万车死亡率低于全国同期平均水平。

四是危险化学品专项整治。整改了安全隐患71处，严格规范了生产许可证的发放工作。

五是民爆物品安全整治中。检查涉爆单位5572个，发现隐患2061个，停业整顿210家，吊销经营许可证24家。

六是公众聚集场所消防安全整治。检查单位15742家，整改隐患10400处，责令停产停业32家。

通过上述6个专项整治，消除了一大批事故隐患，减少了各类事故的发生，取得明显成效。

十、重大事故查处和行政责任追究

陕西省委、省政府把实施责任追究制度作为安全生产工作的一项重要举措，出台了省政府74号令，实行责任追究关口前移。2002年，全省共发生一次死亡10～29人特大事故5起，与上年同期持平。省安全监管局人员参加了事故调查处理的全过程，对事故责任人进行了行政责任追究，共处理责任者71人，其中：厅局级17人，县处级24人，科级及科级以下30人。9月11日至16日，由监察部、中组部、人事部、司法部和国家安全监管局组成的检查组，对陕西重特大安全事故行政责任追究的落实情况进行了检查。检查组认为，陕西省委、省政府高度重视安全生产工作，力度大、措施得力；贯彻国务院302号令行动迅速，认识明确，态度坚决；责任追究严肃认真，处理到位，落到了实处。

十一、目标责任制体系

2002年，陕西省政府确立了安全生产目标责任制管理体系。2月27日，在省政府召开的全省安全生产工作会上，副省长、省安委主任巩德顺与11个市（区）政府和10个省政府工作部门、直属机构分管安全生产的领导签订了目标责任书，强化了安全行政责任和行业管理部门的责任。在目标责任书中，对市（区）、行业主管部门的安全生产规划，安全责任体系和组织网络，安全管理机构、职能、人员、经费，安全的宣传教育培训，事故隐患的整改，事故的报告处理，以及安全生产四项指标的控制幅度都提出了目标要求，要求各市（区）政府、行业主管部门根据省上下达的管理考核指标细化分解，层层落实，要求各生产经营单位要签订全员安全生产责任书，规范员工在生产经营活动中的不安全行为，纠正违章、违纪和违规现象。在建立目标责任考核内容的同时，还建立了“季度自查，年中督查，年终考核”的督察奖励制度。对安全生产工作成绩突出的予以表彰奖励；对责任不明、措施不力、四项安全指标增幅过大的予以通报批评。宝鸡市建立健全了全市十个安全生产责任制及其体系：行政首长负责制，市级领导包抓安全、稳定责任制，职能部门责任制，重特大安全生产事故行政责任追究制，市、县区政府、市级部门安全例会制，事故隐患排查、报告、整改、验收和销号制，值班、信息和事故报告制，“关口前移”制，安全生产“一票否决制”，企业内部各级安全生产责任制，初步形成了安全生产长效管理机制。榆林市实行的安全生产一票否决制，受到市委、市政府的高度重视，在组织、人事、工会、精神文明办共同参与下，对县、乡及市主管部门的领导干部进行严肃认真的年度考核，凡按一票否决的办法否决的，县、乡党政部门和市级有关部门的责任人，一律不予晋升职务、晋升技术职称和评选优秀公务员、先进模范单位等荣誉称号。

十二、事故统计及分析

2002年，陕西省安全生产形势总体稳定，趋于好转。重特大事故下降，没有发生一次死亡30人以上的特别重大事故。

1．事故总量

2002年发生各类伤亡事故18821起，同比上升4.06%，比全国升幅低1.74个百分点；死亡3308人，同比上升3.57%，比全国升幅低1.03个百分点。其中，发生一次死亡3～9人的重大事故81起，同比上升17.4%，比全国升幅高9.3个百分点；死亡317人，同比下降8.3%。发生一次死亡10人以上的特大事故5起，与上年持平；死亡62人，同比下降52.7%。没有发生一次死亡30人以上的特别重大事故。

2．事故分类

道路交通事故12771起，死亡2340人，占全省事故死亡总人数的70.4%。

煤矿企业事故141起，死亡178人。全省煤矿生产百万吨死亡率为1.092，同比下降57.55%，其中国有重点煤矿为0.493，同比下降88.62%；地方国有煤矿为3.106，同比上升29.15%；乡镇煤矿为3.744，同比下降44.82%。

非煤矿山企业伤亡事故57起，死亡73人。

非矿山企业伤亡事故127起，死亡157人，同比增加39人，上升33.05%。其中建筑行业事故死亡59人，同比上升34.09%；制造业死亡78人，同比上升62.5%。

火灾事故（不含森林、草原等火灾）4640起，死亡36人，同比分别上升35.95%和56.52%，未发生一次死亡3人以上重特大火灾事故。

水上交通事故3起，死亡和失踪5人。

铁路路外事故455起，死亡355人，同比分别下降0.87%和2.05%。

农机事故627起，死亡187人，同比事故起数下降9%，死亡人数上升1.63%。

3．事故分析

（1）重特大事故中道路交通事故依然居高不下。各类道路交通事故发生12771起，同比减少544起，下降4.09%。但一次死亡3人以上的重特大事故发生68起，占全省重特大事故的79%，死亡278人，占72.8%。

（2）火灾和非煤企业事故多发。各类火灾事故发生4640起，同比增加1227起，上升35.95%；死亡36人，上升56.52%。非煤企业事故发生184起，同比增加49起，上升36.3%；死亡230人，同比增加75人，上升48.39%。

（3）煤矿事故起数增多。各类煤矿伤亡事故共发生141起，同比增加68起，上升92.15%；死亡178人，同比增加1人，上升0.56%。

（4）非公有制企业发生事故较多。相当一部分企业没有纳入安全监管范围，一些不具备安全生产条件的私营个体企业违法生产，事故不断。非公有制企业发生事故约占事故总起数的70%。

陕西省煤矿安全生产工作综述

2002年，在国家局和省委、省政府的正确领导下，在各级政府的大力支持下，全系统认真贯彻落实国务院、国家局和省委、省政府关于煤矿安全生产工作的一系列重要指示和工作部署，认真贯彻落实《安全生产法》，坚持“安全第一，预防为主”的方针，恪尽职守，团结协作，强化日常监察，加大执法力度，排查整改了一批重大事故隐患，做了大量卓有成效的工作，使全省煤矿安全生产状况总体稳定，趋向好转，完成了省政府下达的考核指标。

全省全年原煤产量9253万吨，比上年同期增加4006.25万吨，其中：国有重点煤矿1895.60万吨，比上年同期增加434.19万吨；神东公司3180.17万吨，比上年同期增加700.79万吨；地方国有煤矿837.24万吨，比上年同期增加250.8万吨；乡镇煤矿3339.60万吨，比上年同期增加2620.47万吨。在产量、销量、运量大幅度上升的大好形势下，全省煤矿共发生各类事故141起，死亡178人，比上年同期事故起数增加68起，死亡人数持平，百万吨死亡率为1.924，大大低于全国百万吨死亡率4.64的水平，较上年下降76%。其中：国有重点煤矿发生事故25起，死亡26人，比上年同期事故起数增加1起，死亡人数减少83人，百万吨死亡率0.512（全国为1.27）；地方国有煤矿发生事故24起，死亡25人，比上年同期事故起数增加9起，死亡人数增加5人，百万吨死亡率2.986（全国为3.37）；乡镇煤矿发生事故92起，死亡127人，比上年同期事故起数增加48起，死亡人数增加78人，百万吨死亡率3.803（全国为12.18）。其中：百万吨死亡率：榆林市为1.493，延安市为3.724，铜川市百万吨死亡率13.481，渭南市百万吨死亡率10.396，咸阳市为3.684，宝鸡市百万吨死亡率8.774，商洛市百万吨死亡率19.815。

全省煤矿1～2人事故135起，3～9人以上重大事故发生5起，比上年同期事故起数减少1起；一次死亡10人以上事故1起，比上年同期事故起数减少1起；杜绝了一次死亡30人以上的特大事故。按事故类别分：顶板事故93起，死亡103人，占事故总起数的66%；瓦斯事故11起，死亡24人，占事故总起数的8%；运输事故17起，死亡17人，占事故总起数的12%；机电事故9起，死亡9人，占事故总起数的6%；放炮事故3起，死亡3人，占事故总起数的2%；水灾事故1起，死亡15人，占事故总起数的1%，是全省惟一的一起10人以上的事故；其他事故7起，死亡7人，占事故总起数的5%。

一、深入推进煤矿安全专项整治，加大煤矿现场安全监察执法力度，进一步树立了执法队伍的权威

经过实施关井压产、总量调控和对小煤矿进行安全专项整治，全省煤炭生产秩序得到很大改善，矿井总数由原来的2500多处，下降到800处。2002年，为进一步巩固和扩大煤矿安全专项整治的成果，省政府制定了《关于深化煤矿安全专项整治实施意见》(陕政发［2002］31号)、《关于进一步深化煤矿安全专项整顿工作的通知》(陕政办发［2002］73号)。全系统进一步挖死角，查漏洞，又关闭非法和不具备安全生产条件的小煤矿208处。对通过验收的合法矿井，又按“30条”标准重新进行了整顿，小煤矿的办矿质量有了很大提高，非法采矿、产量过剩、浪费资源、事故多发的混乱局面得到了遏制。

将煤矿安全监察的关口前移，重心下移，不断加大现场监察的工作力度。2002年，对全省煤矿进行了16次大规模的安全执法监察活动。1月中旬，省政府各有关部门组成乡镇煤矿专项治理整顿验收组，对延安、榆林市煤矿安全专项治理整顿情况进行抽查验收，并对神东公司在陕境内煤矿进行了监察。3月中下旬至4月初，组织了两个监察组，分别由主要领导带队，对5个重点产煤市的地方国有煤矿安全情况进行了监察，针对矿井普遍存在的“一通三防”管理不到位、采煤方法不正规、安全投入不足、机电设备失爆、越界开采等20多类安全隐患，专门下发了《关于地方煤矿发生死亡事故后必须停产整顿的通知》。同时，对国有重点煤矿进行了换发生产许可证验收工作，对隐患较多的采掘工作面下达了责令停产整顿决定书。6月，按照国务院17号明电的要求和国家局关于对国有重点煤矿开展以“一通三防”为重点的专项安全监察的要求，下发了《立即采取措施进一步强化我省煤矿安全管理和安全监察执法工作的紧急通知》等文件。7～8月在全省煤矿开展了以“一通三防”、采煤方法和顶板支护为重点的集中安全监察活动。为了更加有效地贯彻全国煤矿瓦斯治理工作会议精神，对全省煤矿进行了安全分类评估，突出重点，进一步强化瓦斯防治工作，并专门检查督促被国家局列为重点监控的铜川、韩城两局的高瓦斯和双突矿井的落实情况。为确保党的十六大期间的煤矿安全，分6组对全省煤矿进行安全大检查。12月，为贯彻落实国家局《关于加强煤矿安全监控系统监察工作的通知》精神，组织铜川和渭南办事处技术骨干成立专项监察组，利用半个月时间，对全省8处重点高瓦斯和双突矿井的安全监控系统进行了专项监察。1～12月，省局及各煤矿安全监察办事处共深入现场进行安全检查9878矿次，制作现场检查笔录2117份，执法文书7965份，其中现场检查笔录2682份、调查取证笔录1275份、现场处理决定书3128份、行政处罚决定书348份，撤出作业人员命令书93份，罚款220.25万元；查处安全隐患23735条，整改22898条，隐患整改率为96.4%。下达的348份行政处罚决定书，无论是限期整改、停产整顿，还是罚款，都已经落实到位。

在日常工作中，注重与当地政府及时沟通情况，建立了月通报制度，及时向当地政府反映监察结果，全年共送达加强和改善安全管理建议书114份。从跟踪复查情况来看，当地政府都能够按照建议要求积极落实，加强安全管理，落实安全责任。通过不间断的现场监察，进一步强化了各市、县政府及主管部门、从业人员的安全责任意识。同时，由于依法行政，公正执法，对事故的查处准确，处罚得当，并有针对性地提出整改意见，进一步树立了执法队伍的权威，赢得了企业的赞誉和信赖。

二、紧紧抓住“一通三防”，对高瓦斯区域、

事故多发煤矿实行重点盯防

全国瓦斯治理工作会议召开后，全系统始终把防治瓦斯、杜绝重特大事故发生当作头等大事来抓，对瓦斯大、自然灾害严重的韩城矿区、铜川矿务局北区矿井采取有力措施进行重点盯防。铜川矿务局对陈家山矿瓦斯监测、瓦斯抽放系统进行了升级改造，先抽后采，保证了安全生产。韩城矿务局严格执行防治瓦斯和“四位一体”的综合防突措施，使瓦斯突出事故得到了有效控制。对事故多发的耀县、韩城、白水、神木、府谷等县多次组织监察，对瓦斯超限揪住不放，一查到底。

三、依法查处煤矿发生的各类事故

为了严肃事故查处，防止瞒报、迟报事故现象的发生，认真贯彻落实国务院302号令和省政府74号令精神，专门设立了事故举报电话，对瞒报事故的矿井及矿主依法追究了责任。对煤矿发生的事故，按照“四不放过”的原则，会同省监察厅及各地方政府认真严肃地进行了调查处理。截止到12月底，全省煤矿141起事故已结案136起，结案率96%，给予党政处分445人，追究刑事责任16人。

四、抓好宣传教育和培训工作，增强职工安全生产意识

一是积极组织参加了省安委会组织的安全咨询活动和《安全生产法》实施日咨询活动。二是以安全责任重于泰山为主题，邀请西安市说唱艺术团在三个地市、五大矿区进行了安全文艺专题汇演，深受职工欢迎，使安全生产意识深入人心，起到了寓教于乐的作用。三是召开了全省煤矿安全文化研讨会，进一步强化了企业搞好安全工作的意识。在培训方面，进一步完善了培训机构，在原有铜川、澄合两个二级培训分部的基础上，新建了韩城、蒲白、榆林三个三级培训基地，出台了《煤矿安全技术培训管理暂行办法》，使全省的煤矿安全培训工作形成了省局领导协调，各培训基地组织培训，各办事处依法监察，应培人员积极参加的工作格局。各培训基地全年共培训7191人次，其中矿长181人、区队长1105人、特殊工种5905人。

五、外树形象，内强素质，加强队伍建设

一是在制度建设上，制订了局工作规则，出台了《关于加强煤矿安全监察队伍建设的实施意见》，各办事处基本做到了学习经常化、执法程序化、工作制度化、管理科学化，提高了工作效率。二是在班子建设上，认真学习《党员领导干部选拔任用工作条例》，调整充实了机关及直属单位的支部（总支）领导班子，健全了基层党组织。三是在党风廉政建设上，制定了纪律，签订了廉政责任书，从煤炭管理部门和煤矿企业聘请了54名党风廉政建设监察员，自觉接受社会监督，廉政建设进一步加强。四是在作风建设上，广大安全监察人员克服了工作、生活中的种种困难，拼搏进取，吃苦耐劳，牢固树立监察服务意识，受到煤矿企业的好评。五是解决好局机关干部的思想工作定位问题，积极稳妥地实施了两局分离和职能转换。9月份，省编办以陕编发（［2002］56号）下达了《关于省煤炭工业局与陕西煤矿安全监察局机构分离的通知》。10月29日，巩德顺副省长主持召开了两局分离会议。经与省煤炭局负责同志反复磋商，形成了共识。目前，此项工作正在进行中。

陕西是一个迅速崛起的产煤大省。2001年产量5246.36万吨，2002年随着煤炭市场恢复好转，产量达9000多万吨，一年猛增4000多万吨。通过两年的治理整顿来看，煤矿安全形势趋向好转，但面对迅猛增长的煤炭产量，安全形势仍十分严峻。存在的主要矛盾和问题表现在：一些地方煤矿办矿标准低，安全装备差，从业人员素质差，安全投入严重不足，难以完全达到《小煤矿安全生产基本条件》的要求；一些煤矿仍然存在超通风能力生产、瓦斯超限生产、通风系统不畅、私自停开风机现象；一些地方政府在机构改革中，由于新旧机构交接不到位，弱化了煤矿的安全管理，甚至有的县乡政府出于地方经济保护的考虑，在注重多生产、多出煤的同时，对安全工作重视不够，消极应付，放松了管理。另外，在安全监察中，有些同志对煤炭相关法律条款的理解不准确，执法尺度存在误差，执法文书不够规范、准确、合理，甚至没有法律依据，法律知识和业务素质仍需提高。

甘肃省安全生产工作综述

2002年，在省委、省政府和省经贸委的正确领导下，在国家安全生产监督管理局的指导下，在省政府有关部门和全省各级安监部门的共同努力下，按照“三个代表”的重要思想，认真落实党中央、国务院关于安全生产的一系列重要指示，按照国务院和省政府安全生产工作的总体部署，紧紧围绕《安全生产法》、国务院302号令、省政府25号令、《甘肃省人民政府关于各级政府实行安全生产责任制的办法》等法律、法规和规章，认真开展“七个安全”专项整治，建立健全安全生产监督管理机构和安全生产责任制，严肃查处事故，加强事故隐患的整改，大力宣传《安全生产法》，加强安全生产教育培训，但全省安全生产喜忧参半，形势比较严峻。

一、全省安全生产情况

2002年，全省未发生一次死亡30人以上的特别重大事故，农电和民航未发生安全生产事故。一些重点行业和领域安全状况持续好转，道路交通事故起数、火灾事故死亡人数、铁路路外事故起数和死亡人数上升的势头得到了有效遏止，往年，非煤矿山事故一年死亡近50人，从2001年以来基本上控制在30人以内。绝大多数地州市安全生产形势也在逐步趋于稳定。

但是必须看到，2002年，我省安全事故总体是上升的，尤其是重特大事故上升幅度较大，局部问题仍然十分突出。2002年，全省共发生各类事故11607起，死亡2756人，受伤6772人，经济损失7164万元，比上年分别上升2.03%、5.92%、1.23%、9.02%。

(1) 全省道路交通事故死亡人数、火灾事故起数仍然呈上升趋势。多年来，道路交通事故在全省事故中占相当份额的比重，“九五”期间，道路交通事故起数和死亡人数分别占全省的52%和67%，2001年占68%和81%。2002年道路交通事故起数7696起，死亡2188人，虽然起数下降了2.94%，但死亡人数上升了3.7%，分别占全省事故起数和死亡人数的66%、79.3%；全省万台车死亡率为29.34，与上年相比上升2.25，高于全国万台车死亡率13.57个百分点。重特大交通事故66起，死亡249人，占全省重特大事故起数和死亡人数的75%和73%。分析原因：一是驾驶员违章超速超载行驶、车辆带病行驶、违章超车、酒后驾车、超载等造成的交通事故占事故总数的80%以上；二是随着我省高等级公路的快速发展，高等级公路交通事故有逐年增多的趋势，2002年全省高等级公路路段共发生交通事故389起，死亡196人；三是外省车辆在我省发生的事故比较频繁，重特大交通事故32起，占全省道路交通重特大事故总起数的48.48%。

(2) 农机事故上升幅度较大。2001年，全省农机事故128起，死亡98人，同比下降了70%和49%。而2002年农机事故发生了233起数，死亡146人，同比分别上升82.03%、48.98%。其中原因，一方面农机车辆增长迅猛，2002年年底，全省农机车辆拥有量近70万辆；另一方面，黑车非驾、搭棚载客、无照驾驶等现象比较严重。

(3) 重特大事故频繁，没有得到有效遏制。全省共发生一次死亡3人以上重特大事故88起，死亡342人，比上年分别上升49.15%和37.9%。重特大事故起数、死亡人数分别占全省事故起数和死亡人数的0.8%和12.4%，比2001年分别上升了0.3和2.9个百分点。发生一次死亡10人以上特大事故3起，死亡37人。

(4) 工矿企业事故上升。2002年，全省工矿企业共发生事故162起，死亡172人，同比分别上升25.6%、38.7%，占全省事故起数和死亡人数的1.4%和6%，比2001年上升0.3和4.9个百分点。其中，重大事故10起，死亡37人，占全省重特大事故起数和死亡人数的 12%和 11%。而且，工矿企业事故多发生在经济发展较快、工矿企业相对集中的地区。

(5) 隐瞒不报事故的问题时有发生。近几年，仍有一些非法业主置法律法规于不顾，事故发生后不仅不组织抢救，还破坏事故现场，甚至逃之夭夭，性质极其恶劣。隐瞒事故的背后充分暴露出一些地方在专项整治、安全监管等方面存在的漏洞。2002 年发生在平川区兰州金城旅游集团公司小南沟煤矿“12·22”瓦斯爆炸事故，就是一起典型案例，在社会上造成了不良的影响。

(6) 非公有制小企业发生的安全生产事故占相当比重。非公有制企业，一般规模小，生产方式落后，许多不具备基本的安全生产条件，一些业主“要钱不要命”，这部分企业的事故起数和死亡人数，占全省事故起数和死亡总数相当比重。2002 年发生事故 87 起，死亡 104 人，分别比 2001 年上升 30%和 28%。

(7) 安全生产监管体系还不适应形势发展的要求。在全省政府部门机构改革中，虽然安全监管力量“层层衰减”的状况有所扭转，但仍没有彻底改变。全省 14 个地州市已成立的安全生产监管机构，不同程度存在机构不健全、组织协调能力不强、力量薄弱的问题。同时，由于多数安全监管机构不是独立的法人实体，无法履行《安全生产法》执法主体的职责。

从事故原因分析看，既有现阶段生产力发展水平制约、基础脆弱的因素，也有对安全生产重视程度不够和管理上的问题。由于我省是经济欠发达省份，落后的社会生产反映在安全生产上，必然是事故多发，职业危害严重。由于缺少投入，许多小企业设施、设备简陋，不具备基本安全生产条件。即使国有企业，也普遍存在着安全生产欠账较多，技术装备落后、从业人员素质低等问题。况且非公有制经济量大面广，又处在发展阶段，2002 年全省工矿企业发生的 10 起重特大事故中，就有 8 起发生在非公有制企业中。

二、主要工作

1．安全生产摆上了各级政府重要的工作位置

省委、省政府十分重视安全生产工作，树立了安全责任重于泰山的思想，把安全生产工作作为特事特办，急事急办，紧抓不放。2002 年，省政府主要领导同志和分管领导亲自主持召开省安委会全体会议和安全生产电视电话会议，多次研究，部署安全生产工作，杨志明副省长多次在节假日带队赴基层检查安全生产工作。各级政府狠抓安全生产，基本建立了安全生产工作例会制度，层层签订了安全生产目标管理责任书，逐步分解落实了安全生产管理目标、任务和责任，“谁主管，谁负责”、“谁审批，谁负责”的安全生产管理体系基本建立。

2．安全生产执法力度进一步加大

全省各级政府及有关部门认真宣传贯彻《安全生产法》，强化了安全生产的监督管理。

一是进一步完善了安全生产监督管理的配套规章。2002 年，省政府颁发了《甘肃省人民政府关于重大安全事故行政责任追究的规定》(25 号令)、《甘肃省人民政府关于甘肃省各级政府安全生产工作责任制实施办法的通知》(甘政发［2002］54 号)、《甘肃省安全委员会工作规则》等规章。各地也相应建立和完善了安全生产监督管理的配套规章，如兰州市制定了《兰州市安全生产责任制暂行规定》、《兰州市安全委员会例会制度》、《兰州市安全委员会工作规则》、《兰州市特别重大事故应急处理预案》、《兰州市事故月报及安全生产重大事项报告制度》、《兰州市安全生产“十五”规划》、《兰州市安全生产分级监督管理规定》、《兰州市安全生产责任目标考核办法》等，为安全生产监督管理提供了制度上的保证。

二是坚持突出重点、综合治理、标本兼治、巩固提高、务求实效的原则，深入开展了七个专项安全整治。根据省政府年初的工作安排，确定了我省 2002 年安全生产工作的重点是：煤矿安全、非煤矿山安全、道路交通安全、危险化学品安全、民用爆炸物品安全、建筑安全、公共聚集场所的消防安全等七个专项安全整顿。全省各地按照“谁主管，谁负责”、“谁审批，谁负责”“谁发证，谁负责”的原则，结合实际，制定了具体的整顿方案，各地、各部门和各单位加强了对安全整治工作的领导和协调，严厉打击了违法生产经营和不具备安全生产条件的违章行为，普遍排查、整治了安全生产隐患。

三是深入开展安全生产大检查。2002 年，多次组织安全生产大检查，采取自查、抽查和督查相结合，检查与整改相结合，检查与责任追究相结

合，集中力量排查安全事故隐患。在安全检查中，多数地市、县政府的主要领导和分管领导都亲自带队，进行安全生产检查，对不能保证安全的不生产、不运行、不使用，对查出的重大安全事故隐患按照分级管理和定人、定期限、定措施的原则予以整治，以消除人的不安全行为、物的不安全状态和环境的不安定因素，有效地防范了特大伤亡事故的发生。

四是建立健全安全生产责任制，严格执行了安全生产责任追究制。为了认真贯彻落实《国务院关于特大安全事故行政责任追究的规定》和省政府［2001］31号文件精神，强化安全生产监督管理，有效防范重特大事故的发生，全省各地都制定了《重特大事故应急救援预案》，按照《甘肃省人民政府关于各级政府实行安全生产责任制的办法》，各地制定了安全生产责任制实施办法，政府和有关部门以及部门和有关企业层层签订了安全生产责任书，按照企业负责、行业管理、国家监察、群众监督、劳动者遵章守纪和“四长”负责制，督促各部门齐心协力，初步形成了领导严抓、部门严管、企业严办的工作格局。建立事故举报和通报制度，通过媒体的监督，保证了安全生产责任制的落实。按照“四不放过”的原则，严肃查处了未按照规定的职责和程序履行安全生产职责、失职、渎职，造成重大伤亡事故的行为，追究了有关责任人的党纪、政纪乃至刑事责任，对“1·1”东乡县农民自制非法营运船舶翻沉事故、“4·4”白银平川区长建装饰陶瓷厂车间厂房屋顶坍塌事故、“6·8”榆中县手工作坊粘合器爆炸事故等进行了查处。全年共查处3人以上重特大事故11起，结案8起，结案率73%。

五是全社会安全生产宣传教育局面逐步形成。在开展“全国安全生产月”和学习贯彻《安全生产法》活动中，全省紧紧围绕“安全责任重于泰山”的主题，组织了各种形式的宣传活动，召开动员大会，组织放映安全生产警示片《人命关天》，在主要街道悬挂张贴安全生产宣传旗、主题宣传画、安全标语，采取播放录音、展出事故案例、宣传图片、出动宣传车，设立安全生产知识咨询站等方法，宣传安全生产知识，解答群众的提问；各地市的主要或分管领导在本地电视台发表了电视讲话，并在当地报刊发表专题文章。6月9日，省政府在兰州市东方红广场开展了大型的“安全生产月”宣传活动，并组织有关部门在全省开展了“安全生产陇原行活动”，省安监局在《甘肃日报》开辟了《责任重于泰山——领导干部谈安全生产》专栏，并组织了全省安全生产知识电视竞赛。兰州市在《兰州日报》开辟了《安全责任重于泰山——领导干部论安全》专栏。通过这些活动，营造了安全生产月的氛围，达到了宣传目的。同时开展了对政府安全生产执法人员、生产经营单位负责人及其安全管理人员和特种作业人员的安全培训，全民的安全生产意识明显提高，职工安全生产技能有所增强。

六是建立健全安全生产监管机构，理顺安全生产管理体制。全省各地在政府的支持下，都建立了安全生产监督管理机构，加大了对安全生产工作的管理，如兰州、白银、陇南、张掖等地成立了县级安监机构，其他地市为副县级。县级政府也基本上成立了安监机构，如平凉市有4个县建立了乡一级的安监机构；兰州市西固区率先在辖区内乡镇、街道、社区中选配了123名专（兼）职安全生产监督管理人员，壮大了安全监督队伍，将安监工作延伸到了基层。

三、全省七个专项整治情况

1. 危险化学品安全专项整治

6月3日，省政府成立了以杨志明副省长任组长，省经贸委等12部门负责同志为成员的全省危险化学品安全管理专项整治工作领导小组。明确由省经贸委、省安全监管局牵头组织开展全省的危险化学品专项整治工作。依照国家和省政府的安排，省经贸委和省安监局会同省监察厅等九部门联合下发了《全省危险化学品安全管理专项整治工作方案》（甘经贸安全2002［241］号）。要求“全省统一部署、地县政府负责、部门协调指导、各方联合行动”。整治工作的重点是：全省剧毒化学品和液化气体从业单位；不具备安全生产基本条件以及不符合有关资质要求的危险化学品从业单位；重大危险源所在单位；存在重大安全事故隐患的从业单位；同时要严厉打击利用危险化学品从事各种违法犯罪的活动。

据统计，我省共有各类危险化学品从业企业2824户，其中：危险化学品生产企业117户，危险化学品经营企业1509户（加油站1303户），危险化学品使用企业252户，危险化学品运输业户954户。

根据《条例》、整治方案、有关规范标准的要求和危险化学品生产企业的特点，省安监局制定了《危险化学品生产企业安全专项整治检查表》、《企业化学事故应急救援预案编写提纲》，要求危险化学品生产、储存企业编制《企业化学事故应急救援预案》，上报省安全监督管理部门备案。

6月、10月、12月分别进行了3次危险化学品安全生产检查，6月底重新核查登记运输业户181户，取缔773户。7月，根据《甘肃省人民政府办公厅关于开展全省加油站万里行检查工作的通知》（甘政办发电［2002］50号）的安排部署，由省经贸委牵头，省安全生产监督管理局、省公安厅消防局等有关部门参加，历时20天，深入全省14个地州市的276座各类经济性质的加油站进行了专项检查。8月27日，省安监局在兰州召开了专项整治汇报会，对全省专项整治工作进行了阶段性总结和安排。同时省安监局会同兰州市安监局并组织有关专家对兰州市内的10户溶解乙炔厂进行了集中检查整治，查处隐患140条，下发限期整改通知书9份，关闭企业1户，责令停产整顿1户。

截至年底，全省开展自查整改的危险化学品从业单位约2459户，其中：自查合格2111户，自查不合格30户，整改合格200户，整改不合格118户；停产整顿50户；关闭或吊销营业执照企业68户（包括小金矿17户），其中：使用淘汰的落后工艺、装备的12户，不具备安全生产基本条件的56户；查处非法从业单位83户；已验收危险化学品从业单位334户。县（市）组织整顿检查339次，地（州、市）组织检查286次，省政府组织检查7次。

12月26日至27日，省安全生产监督管理局在兰州召开全省危险化学品安全管理专项整治工作座谈会，各地、各单位汇报了危险化学品专项整治工作进展情况，交流了专项整治工作经验；总结了全省危险化学品专项整治前几个阶段的工作情况，部署了下一阶段的工作和专项整治验收工作。

2．非煤矿山安全专项整治

全省现有非煤矿山企业2607个，各类从业人员30多万人，非金属矿山占85%以上，且多为个体、私营小矿山，尤其以露天开采为主。非煤矿山安全工作一直是全省安全工作的重点和难点。

2002年长春非煤矿山安全生产工作会议提出对非煤矿山安全进行专项整治以来，省委、省政府领导对此项工作高度重视，将非煤矿山安全整顿工作列入了全省安全生产工作的重点，纳入全省七项安全整治之列，成立了由省安全委员会牵头，省经贸委等六部门联合参加的非煤矿山安全生产专项整治领导小组，及时下发了《关于非煤矿山安全生产专项治理整顿工作的通知》，对全省的非煤矿山安全整治工作进行了安排，明确了非煤矿山安全整治工作的指导思想、工作任务、工作目标、工作步骤和工作要求。4月16日全国非煤矿山安全整治电视电话会议后，省安监局和省公安厅等六部门联合下发了《关于贯彻全国电话会议精神进一步做好非煤矿山安全整治工作的通知》，对全省的非煤矿山安全整治工作进行了再安排和再部署。6月19日全国镇江非煤矿山安全整治工作会议后，省政府先后下发了《甘肃省非煤矿山安全生产专项整治工作验收办法》和《非煤矿山安全专项整治有关问题的通知》，明确了非煤矿山《矿长安全资格证》和《矿山安全生产许可证》两证审查、发放等有关程序。

2002年5月到7月底，下发了“甘肃省金属、非金属矿山基本情况登记表”、“尾矿库登记表”、“矿山施工单位登记表”，依据《矿山安全生产法》等有关法律，制定完善了《甘肃省矿山企业矿长安全资格证发证办法》、《甘肃省矿山企业安全生产条件许可证审查办法》等有关矿山安全法规。8月到10月底，各地、各单位根据分析排查的情况，分别进行了整顿治理。一是依法取缔各类非法矿山，关闭“三无”和不具备安全生产的各类小矿山、小采石场。二是对有采矿许可证，但达不到基本安全生产条件、存在重大事故隐患的，予以停产整顿并限期整改。经整改仍达不到要求的，提请相关部门依法吊销《采矿许可证》等有关证（照），依法关闭。三是对合法生产并具备基本安全生产条件的矿山企业督促其加强管理，按规程作业，实行规范开采。四是对新建和改、扩建矿山工程严格执行安全设施“三同时”的有关规定，从严审批，使矿山的安全技术水平明显提高，防御能力增强，消除了一批重特大事故隐患。在开展矿山事故隐患的监控工作中，针对我省陇南厂坝铅锌矿区类似于南丹矿区的情况，将该矿区列为全省第一个安全生产重点监控区，实行省地县联合监察、定期检测制度，有力控制和消除了事故隐患。

2002年，全省组织矿山企业管理人员2000多人次、矿山特种作业人员30000多人次进行了安全培训，给近1000人颁发了矿长安全资格证，给30000人颁发了特殊工种操作资格证；依法取缔和关闭了1340家无证非法开采和不具备基本安全生产条件的各类小矿山；整改消除了3000多条事故隐患，责令2250家安全条件差的各类非煤矿山进行整改。经整治,全省非煤矿山企业由3947个减少到2607个,全省非煤矿山安全秩序有了明显好转。

3. 民爆物品、道路交通、消防安全专项整治

2002年，全省各级公安机关把民爆物品、道路交通、消防安全专项整治作为工作中的重中之重，全省共收缴炸药48657.38公斤、雷管156489发、导火索34404万米、烟花爆竹6873.42万头、黑火药81845公斤，破获涉爆案件440起，其中非法生产40起、非法买卖15起、非法运输32起、非法储存116起、非法持有174起，其他违反爆炸物品管理案件63起；共清理检查爆炸物品生产、储存、使用单位2530家，发现存在非法购销、账目不清、管理措施不到位等安全隐患1345处，发整改通知书509份，督促整改806家，勒令停业整顿212家，吊销许可证73家；取缔非法生产爆炸物品厂点10个、非法生产烟花爆竹厂点23个；打击处理涉爆违法犯罪人员681名，其中逮捕14名、刑事拘留30名、移送起诉8名、治安处罚553名、其他处理76名；从建立长效管理机制入手，进一步完善了各项管理制度。全面落实了“谁主管谁负责、谁审批谁负责、谁签字谁负责、谁检查谁负责”的责任制，遏制了爆炸案件上升的势头，全省爆炸案件同比下降20.6%。

公安消防部门根据省政府批转的《关于深入开展公共聚集场所消防安全专项治理的实施方案》要求，在2001年专项治理的基础上，进一步加大力度，增强工作的针对性和实效性，坚持把自查自纠与督促整改、依法处理与落实责任、专门工作与动员发动群众相结合，调整力量，集中整治，共检查单位和重点部位7820个，发现火灾隐患10265处，发放《责令当场整改通知书》857份、《责令限期整改通知书》2217份、《重大火灾隐患限期整改通知书》180份、《复查意见书》1913份、《公安行政处罚决定书》238份，责令停止施工、停止使用、停产停业140家，关闭取缔50家，吊销营业执照51家，督促整改7511处，整改率73.2%。同时，对2001年遗留的9956处火灾隐患也进行了集中治理，已整改7553处，整改率为75.5%。2002年，全省共发生火灾事故3246起，死亡31人，受伤82人，直接经济损失2154．4万元，除火灾起数上升11.1%外，其余三项指标分别下降43.6%、5.7%和4.6%，公共聚集场所无重特大恶性火灾事故发生。

各级公安机关按照全国安全生产电视电话会议精神和公安部的统一部署，以取缔无证驾驶、疲劳驾驶、酒后驾车、超速行驶、违章超车、违章超载、违章停车和夜间不按规定使用灯光八种严重违章行为为重点，开展了集中统一的行动。针对我省312国道线长、事故多发的现状，公安厅组织312国道甘肃段沿线10个交警支队、20个大队和40个执勤点实行勤务联防联动，实行领导分片包干，责任到人，先后派出10个督察组，按照勤务计划规定的时段明察暗访，发现问题及时纠正。在五次勤务联动行动中，共出动警力11284人次，警车1405台次，检查机动车196561台次，其中违章车辆84038台次，卸客转运2411台次，吊扣驾驶证468本，罚款30840人次，记分3179人次，举办各类学习班1125期，培训教育违规违章人员44234人次。通过集中整治，国道312线甘肃段机动车违章现象明显下降，交通事故四项指标稳中有降。

4. 建筑安全专项整治

2002年，全省建设部门根据建设部确定的专项整治项目，把高空坠落、土方坍塌、井桩开挖、塔吊倾倒、施工用电作为全省建筑施工专项整治的对象，根据建设部的通知精神，组成3个检查组，对全省14个地州市和甘肃矿区的安全生产情况进行了检查，抽查在建项目176个，检查机械122台。8月份，对兰州市的270项在建工程进行了一次拉网式检查，采取突击抽查方式，事先不打招呼，不通知企业、工地。对在建筑施工中发生的各类事故按照“四不放过”的原则，加大事故的调查处理力度。同时，积极开展建筑职工意外伤害责任保险工作，保障建筑职工因工受到伤害后能得到有效的救治和经济补偿，化解工程风险。2002年1月至10月，全省共有406个工程项目为职工办理了保险，保费275.6万元，发生赔偿事故78起，

2002年赔付总额达100万元以上。为了提高安全生产管理意识和素质，加强了安全教育培训工作，举办各类培训班15期，培训人员2136人。全省施工企业各类人员持证率达到80%以上，企业职工的安全意识和自我保护能力明显增强，安全管理水平进一步提高。

5. 交通运输安全专项整治

加大道路运输市场监管，规范危险货物运输经营行为。首先，交通运输部门坚持把好危险货物运输企业资质评定、危险货物运输车辆技术状况、从业人员资格审查关，对从事危险货物运输的企业、车辆、人员进行全面的清理整顿。其次，加强危险货物运输的稽查工作，全省各地结合专项整治工作，加大对危险货物运输的稽查工作，在危险货物运输比较集中的大型炼油厂、油库、化工厂等，集中查处危险货物运输队的违章行为，共检查、稽查危险货物运输车辆2327辆（次），查处违章车辆374辆，对违规车辆采取了终运行、暂扣《道路运输证》等处罚，危险货物运输市场秩序有了根本好转。第三，加强了安全监督检查，组织行业安全大检查，对危险货物集中的庆阳、兰州、平凉、白银、定西等地、市专项整治进行了督导检查，由省运输管理局组织检查组，分河西、陇东、陇南3个片区，对危险货物运输专项整治进行了检查验收。

对水路运输市场的专项整治，交通运输部门年初下发了《关于开展乡镇船舶专项整治的紧急通知》，并分别于2月和7月在永靖召开了“全省乡镇船舶安全专项整治”工作会议、乡镇船舶安全管理座谈会，对乡镇船舶专项整治工作做了动员和安排部署，对全省235艘农民自用船采取先封存、后整治规范的方式进行排查摸底，逐个登记，加强了对乡镇农民自用船舶的安全管理。对水路运输市场的整治，开展了以清理整顿“四客一危”和乡镇运输船舶为重点的专项整顿工作。一是整顿了水运市场秩序，严把市场准入关；二是整顿了船舶秩序；三是开展了船员秩序整顿；四是整顿了通航秩序。全年共出动执法人员210人次、监督艇58艘次，对486艘次船舶进行了检查，对“四客一危”等重点进行定期复查，提高了船员的安全意识，改善了通航秩序，保证了船舶航行安全。

甘肃省煤矿安全生产工作综述

2002年，是甘肃煤矿安全生产工作发展史上具有极其重要意义的一年。一年来，在国家煤矿安全监察局和甘肃省委、省政府的正确领导、大力支持下，各级煤矿安全监察机构、煤炭管理部门、煤矿企业的广大干部职工，紧紧围绕煤矿安全生产的中心任务、奋斗目标、保证措施，始终如一地坚持“抓重点、抓难点、抓关键点”的工作思路，克服困难，团结一致，顽强拼搏，开拓进取，继续保持了全省煤矿安全生产状况稳定好转的势头。全年共生产原煤2365.51万吨，发生各类死亡事故45起，死亡69人，百万吨死亡率为2.87，与上年相比降低7.4%，与全国平均水平相比低38.15%，其中省属煤矿为0.91，连续3年保持在1以下；地县国有煤矿为5.57，同比降低4.5%；乡镇煤矿为8.82，同比上升2.6%。总的来看，国有煤矿杜绝了3人以上重大事故，煤矿地面生产杜绝了死亡事故。

一、煤矿安全监察关口前移，强化事故防范

各级煤矿安全监察机构、煤炭管理部门和煤矿企业，严格落实安全生产责任制，明确各自所承担的任务，加强安全监察、检查和管理，使全省煤矿安全生产状况保持了平稳的发展势头。煤矿安全监察机构始终把煤矿安全监察行政执法工作作为全部工作的重点来抓，把立足点始终放在事故防范上，变事后监察为前瞻性的事前监察，加强了对各煤矿企业安全生产责任制的监察和安全生产基础工作的监察，做到标本兼治。一是在日常检查监察工作之外，集中力量开展了几次大规模的安全监察活动，覆盖全省8个产煤地市和所有省属煤矿，共抽查、检查矿井714处，查出各类事故隐患4306条，下

达各种执法文书1223份，其中现场整改通知单492份、限期整改通知单610份、停产整顿通知单104份、关闭通知单17份，消除了一批事故隐患。二是为了认真贯彻全国瓦斯防治现场会议精神和国家局关于瓦斯治理工作的意见，结合全省煤矿瓦斯防治的现状和实际，开展了瓦斯防治重点矿井的全面监察，将全省20对重点监控矿划分为五个重点监控责任区，分组包干，落实责任，严密防范和监控。分别派出五个调查组对重点监控区进行监察和调查，重点落实国家局的“八条”规定和“先抽后采，监测监控，以风定产”的十二字方针，共查出安全隐患117条，对1个地县煤矿现场下达了停止作业书。三是根据全省煤矿安全生产中存在的问题和隐患，采取相应对策，把全省主要采煤地区划分为6个监察责任区，实行分片包干，责任到人，对重点区域、重点矿井采取定人、蹲点监察，进行重点监控，确保煤矿安全生产。四是结合深化煤矿安全专项整治活动，集中力量开展了机电运输及安全标志、“一通三防”、矿山救护、安全保障、矿井工程承包施工、煤矿设计等六项安全专项监察。通过专项监察，推动了矿井的基础设施建设，提高了防灾抗灾能力。

二、不断加大行政执法工作力度

从加强现场监督监察入手，煤矿安全监察局和所属办事处不断加大行政执法、处罚力度。一年来，对全省510处矿井实施检查监察3087次，平均每个矿井6.1次，覆盖面达100%；制作现场检查笔录2426份，下达各类行政执法决定书1047份，行政罚款25.97万元，向地方政府提出监察建议书48份。同时严格执行“四不放过”原则，按照国家有关法规和规定依法严肃查处各类事故，事故结案率达96%。

三、深入开展安全生产宣传教育活动

在全国第一个“安全生产活动月”期间，我们突出“关爱生命，关注安全”的主题，周密部署，自上而下地广泛开展了多种形式的安全生产和宣传教育活动，提高了各级煤矿安全生产管理部门、煤矿企业和广大从业人员的安全生产意识，促进了安全生产工作。一是成立了领导小组和办公室，提出了活动目标和具体措施，制定了奖罚办法。二是在全省范围内开展了深入细致的安全生产大检查和事故隐患排查工作。三是加强安全文化建设，提高安全意识。省局主要领导在《甘肃日报》上发表了署名文章，分析了全省煤矿安全生产的现状，指出了存在的问题，论述了开展“安全生产月”活动的意义、要求、措施和目标；甘肃电视台以专题节目的形式播放了全省煤矿安全生产工作的专题报道；还组织有关人员在省城开展了“安全生产咨询日”、陇原安全千里行、全省安全生产知识竞赛等活动。《安全生产法》颁布实施前后，我们又对学习宣传、贯彻落实工作作出了安排，充分利用广播电视、板报、标语、宣传栏和学习班、研讨班等形式，广泛深入、扎实有效地开展了宣传教育活动，形成了全方位、多渠道、多角度的宣传态势，使《安全生产法》深入人心，家喻户晓。此外，还成立了《安全生产法》宣讲组，赴各煤矿企业进行宣讲。通过学习宣传，增强了全体煤矿安全监察人员和广大煤矿干部职工的法律意识、法制观念以及学法、知法、守法的自觉性。

四、继续开展煤矿安全专项整治活动

受省政府委托，组织开展了全省乡镇煤矿的整顿验收工作，关闭了一大批不符合整顿验收标准的矿井，有效地减少了事故源，使全省乡镇煤矿的数量大幅度下降而安全生产条件得到了较大改善；制定下发了《全省煤矿深化整治实施方案》和《小煤矿安全生产基本条件》（30条），同时召开了深化煤矿专项整治工作会议，对整治的目标、重点、步骤、措施等提出了明确要求和具体分解，各地分别成立了以政府主管领导为组长，经贸、煤炭、国土、工商、监察、公安、安监等部门参加的工作领导小组，并指定有关部门具体负责日常工作，加强了对深化煤矿安全整治工作的组织领导。对各地深化整治工作，不间断地派出督察组进行了督促检查，重点督促各地对属于“四个一律”关闭的矿井坚决予以关闭，只要发现关闭矿井死灰复燃和新开矿井就立即同所在地沟通，向非法煤矿下达关闭通知单，并由地方政府实施关闭；督促煤矿企业认真对照标准进行整改，对存在安全问题和隐患的煤矿企业，依照有关法律法规下达责令关闭、停产整顿、停止作业、限期整改等监察执法指令。各地煤炭管理部门积极与设计、科研、劳动等部门联系，帮助煤矿企业开展瓦斯等级鉴定、煤尘爆炸指数测定、矿井正规设计、劳动用工保险、矿长及特殊工种培训等项工作。各煤矿企业对照标准，积极筹措资金，制定整改方案，深入扎实地进行整改。

五、建立健全煤矿安全监察执法体系，加强队伍建设

为了提高执法效果和执法水平，在认真开展行政执法、依法监察的同时，制定各项安全监察的制度和措施，建立健全执法体系。一是根据国家局党组关于安全监察执法人员“九条纪律”和下基层“五个一律”的规定，制定了各处室的内约制度，规范监察人员的行为，要求全体安全监察人员严格执行。二是逐步制定和执行了年度煤矿安全监察执法计划、执法责任制、执法报告统计分析、跟踪监察执法、事故隐患监察举报、信息发布、安全综合评价、事故隐患责任追究、安全设施设计审查等十二项制度，初步建立起综合配套的煤矿安全监察执法体系。同时，狠抓了监察人员的执法行为和工作方法的培训，举行了由各级安全监察人员参加的行政处罚工作和行政执法工作座谈会，学习讨论和研究了有关政策和文件精神，提出了搞好行政执法工作的各项要求，统一了全体执法人员的思想；各级安全监察人员都能掌握各种法律文书的依据、使用条件和适用范围，正确制作、规范使用法律文书，严格了执法程序，改变了过去随意简化程序、不使用现场监察记录、一步下达执法通知单的做法。

六、抓好党风廉政建设，建立和完善内外监督约束机制

按照国家局党组和上级党委的要求，坚持反腐败三项工作格局，狠抓落实，党风廉政建设和反腐败斗争取得了明显成效。一是党风廉政建设责任制得到了进一步落实，形成了“党组统一领导，党政齐抓共管，部门各负其责，群众支持参与”的反腐倡廉领导体制和工作机制；不断完善各项配套制度，制定下发了党风廉政建设巡视检查制度，实行了党风廉政建设责任制监督检查、报告、民主测评制度；将全年反腐倡廉的主要任务细化和分解成16个大项，落实到具体部门，并建立了相应的责任。二是认真开展了树立正确的“权力观”教育活动，重点抓了党风党纪教育、廉洁从政教育以及公正执法、文明执法和优良作风传统的教育，提高了广大党员干部的党性觉悟和遵纪守法的自觉性。三是认真受理群众信访举报，严格核实查处各类举报案件，加大案件查办力度；并从基层单位聘请了32名特邀廉政监督员，对各级煤矿安全监察机构和人员的行政执法行为进行全方位监督，对在行政执法过程中发生的违反廉洁自律有关规定的行为进行制止。

青海省安全生产工作综述

2002年，青海省的安全生产工作以宣传贯彻《安全生产法》和《青海省重大安全事故行政责任追究办法》为重点，坚持“安全第一，预防为主”的方针，继续贯彻落实党中央、国务院和省委、省政府关于安全生产的一系列指示及工作部署，发扬与时俱进的精神，按照江泽民同志“新思路、新突破、新局面、新举措”的要求，转变观念，开拓思路；立足防范，依法行政；关口前移，强化监管；落实责任，综合治理，巩固和扩大安全生产专项整治成果，全省安全生产工作取得了一定成效。

2002年，全省共发生各类事故2538起，死亡915人，重伤1812人，直接经济损失1480万元。

（1）道路交通事故1628起，死亡708人，重伤1628人，直接经济损失685万元，同比事故起数增加104起，上升7%，死亡人数上升27%，重伤人数上升21%，直接经济损失增加53万元，上升8%。其中，发生重大交通事故35起，死亡137人，同比增加9起，多死亡33人。

（2）工矿商贸企业发生伤亡事故86起，死亡102人，重伤20人，与去年同期相比，事故起数增加2起，死亡人数上升16%，重伤人数下降23%。其中，发生一次死亡3人以上的重大伤亡事故6起，死亡27人，重伤3人，同比事故起数增加3起，死亡人数上升125%，重伤人数上升。其中：煤矿企业死亡事故 11 起，死亡 25 人，重伤 3 人，直接经济损失 77 万元，同比事故起数增加 2 起，多死亡 14 人，分别上升 127%、200%。非煤矿山企业伤亡事故 18 起，死亡 24 人，重伤 4 人，直接经济损失 74 万元，同比减少 4 起，少死亡 6 人，均下降 20%。非矿山企业伤亡事故 57 起，死亡 54 人，重伤 13 人，直接经济损失 170 万元，同比事故起数减少 5 起，少死亡 5 人，分别下降 8.1%、8.4%。其中：建筑行业事故 30 起，死亡 35 人，重伤 4 人，同比事故起数增加 1 起，多死亡 2 人，分别上升 3%、6%。制造业事故 19 起，死亡 14 人，重伤 6 人，同比事故起数增加 5 起，死亡人数持平，重伤人数上升 20%。

(3) 农机事故 85 起，死亡 53 人，重伤 105 人，直接经济损失 11 万元，同比事故起数下降 14%，死亡、重伤人数分别上升 79%、27%。

(4) 火灾事故（不含森林、草原等火灾）667 起，死亡 18 人，重伤 25 人，直接经济损失 385 万元，同比火灾起数下降 4%，死亡人数上升 260%，重伤人数持平。

(5) 铁路路外伤亡事故 72 起，死亡 33 人，重伤 34 人，直接经济损失 78 万元，同比事故起数增加 13 起，死亡人数上升 15%。全年未发生特大事故，是全国仅有的 4 个省（市）之一。

一、加强领导，强化监管

2002 年，在省委、省政府的领导下，各地区、各部门和各单位高度重视安全生产工作，按照省委、省政府的安排部署，狠抓落实，强化监管，在安全生产方面做了大量艰苦细致、富有成效的工作。

(1) 领导重视。2002 年，省政府共召开了 6 次安全生产工作会议，及时研究解决安全生产工作中存在的突出问题。年初，省政府就召开省安委会第二次全体会议对全省安全生产工作进行了安排部署。省委、省政府领导还就安全生产工作和重大事故的调查处理多次作出重要指示和批示，有力地推动了安全生产各项工作的顺利开展。

(2) 安全生产监督管理体制有所加强。进一步推动了各州（地、市）、县级安全生产监督管理机构的建设，不断充实和加强了安全监管力量。2002 年底，我省已有西宁市、海东行署、海西州、海北州、海南州、玉树州和 11 个县设立了安全生产监督管理局。县级以上人民政府均成立了安全生产委员会，对全省安全生产工作提供了有效的组织保障。

(3) 建立安全生产监督管理的支撑体系。为使我省的安全生产监督管理工作适应新形势的需要，结合我省省情和安全生产工作的实际，研究制定了《青海省安全生产管理信息网络建设方案》，国家安全生产监督管理局对此十分重视，同意我省为试点省份，并要求我省做好前期工作。同时，为有效地预防和控制重特大安全事故，降低事故造成的损失，研究制定了《青海省重大危险源监控系统建设方案》，拟在我省建立重大危险源监控系统，全面提高对重大危险源的综合治理和监控能力。

(4) 加大监督检查力度。各级政府按照省政府和省安委会的安排部署，组织开展了“两节”、“五一”、“国庆”长假前后和党的十六大及青海省十次党代会期间等安全生产大检查工作，督促了各项安全生产责任制的落实，检查整改了一批安全隐患。省安委会成员单位依据职责分工，精心组织，周密安排，开展了专项检查、重点检查和联合检查工作，形成了声势，树立了权威，把安全生产专项整治工作引向了深入。

(5) 省安委会有关成员单位和有关地区政府密切协同，相互配合，保证了青海省贸易洽谈会、环青海湖国际公路自行车赛、中国青海郁金香节等重大活动和赛事的圆满举行，为青海的改革开放和经济发展作出了贡献。

二、继续深入开展安全生产专项整治工作

在巩固 2001 年安全专项整治成果的基础上，继续把安全整治工作推向深入，向预防为主转变，向治本方向深化，着力建立安全生产长效机制，坚持标本兼治，综合治理，在煤矿和非煤矿山、交通安全、危险化学品、公众聚集场所消防安全等安全生产专项整治工作中取得了一定成绩。

(1) 煤矿和非煤矿山专项整治。经过一年的努力，此项工作取得了明显效果。专项整治前，全省有煤矿 209 处，其中省属煤矿 5 处（4 对井、1 个露天矿，省属企业办矿 4 处），州、地（市）、县国有煤矿 44 处，乡镇煤矿 160 处。自开展煤矿安全生产专项整治以来，共检查验收煤矿（矿井）183 处，其中检查关闭的矿井 127 处，关井合格率达到 92%以上；停产整顿的矿井检查验收 59 处，有 29

处矿井经检查验收具备基本安全生产条件，对27个存在安全隐患矿井的要求限期整改，不合格矿井3处。对列入省政府决定关闭的135处之外的10个不具备基本安全生产条件的矿井也予以了关闭，全省累计关闭矿井145处，占全省209处矿井总数的71.1%。特别是海北州祁连县默勒矿区“5·29”事故发生后，对该矿区进行了重点整治，对19处关闭不彻底的矿井予以炸毁。还连续5次对大通矿务局、海北州煤炭总公司所属的5处矿井开展了以“一通三防”为重点的安全监察。对基本达到安全生产条件的29个煤矿矿井同意重新申领“四证”；对存在安全隐患等问题的27个矿井要求进行整改，合格后方可重新申领“四证”。在非煤矿山安全专项整治中，对非煤矿山进行了调查摸底，据不完全统计，全省非煤矿山有650处（有些属季节性开采），其中两证齐全的有533家。在此基础上制定了非煤矿山安全生产整治实施方案和检查验收办法，并对西宁、海东、黄南、海西、格尔木等地区的非煤矿山工作开展了专项督查。

(2) 危险化学品专项整治。按照《青海省开展危险化学品安全管理专项整治工作实施方案》，各州（地、市）成立了专项整治领导小组，制定了实施细则。对全省危险化学品的从业单位进行了调查摸底，并要求企业认真开展以“查隐患、抓整改、防反弹”为主要内容的自查自纠活动。全省共有95家危险化学品从业单位开展了自查自纠活动，占总数的73%，取得了阶段性效果。同时，根据我省危险货物运输实际制定了《青海省道路危险化学品运输安全管理专项整治工作方案》，明确了整治工作的指导思想、工作重点和工作措施。全省各地按照要求，从经营资质、车辆技术状况、从业人员持证上岗和安全生产管理等方面进行了专项整治。从调查数据看，整治前全省有危险货物运输经营业主387户，危险货物运输车1037辆，经过整治，货物运输营业户保留了37户，危险货物运输车辆303辆，危险货物运输整治工作取得了阶段性成果。针对我省民用氢气球广告经营市场混乱、安全隐患大的现状，省级各有关部门对西宁地区200余家民用氢气球广告经营公司进行了调查摸底，对民用氢气球广告公司从氢气球灌充、销售、施放等各个环节进行了专项整治。为进一步规范民用氢气球市场，草拟了《青海省民用氢气球安全管理暂行办法》（送审稿）。

(3) 公众聚集场所消防安全专项整治。按照青海省《关于深入开展公共聚集场所消防安全专项治理行动方案》，在全省范围内组织开展了公共聚集场所消防安全专项治理行动，集中对全省网吧、歌舞厅、录像厅、电子游戏厅、寄宿学校的学生宿舍、幼儿园等场所开展了消防安全专项联合大检查，依法停业整顿97家没有消防手续、违反消防安全要求的“黑网吧”。同时对2001年专项治理遗留的火灾隐患进行了认真梳理，对365处各类隐患制定了相应的整改措施。全省共检查各类公众聚集场所3956个，查处火灾隐患7071条，下发各类法律文书860份，责令停业整改156家，行政罚款处罚33.1万元。通过排查摸底、重点整治，相关职能部门整体联动、协同作战，解决了一批消防安全“老大难”问题。同时，在全省范围内开展了加油站专项治理工作，查清了我省加油站的现状和底数，严肃查处、取缔了部分违规违章加油站，集中治理了一批火灾隐患，使全省加油站的消防安全状况和经营秩序有了明显好转，共检查加油站475家，补办各类消防手续的85家，责令限期改正80家，责令停产停业41家，实施罚款处罚21次，依法取缔违法加油站30家。

(4) 继续深入开展民用爆炸物品专项整治行动。2002年，全省共破获非法运输、销售民爆物品等涉爆案件116起，抓获犯罪嫌疑人223人，收缴炸药1200公斤、雷管700枚、导火索200米，公开销毁了一批非法爆炸物品。2002年底，又组织力量集中检查了烟花爆竹销售网点620家，取消不符合安全标准的零售网点201个，收缴了一批劣质烟花爆竹，还破获一批非法制造、销售、运输烟花爆竹案件。

(5) 道路交通和水上交通安全专项整治。根据《青海省2002年预防道路交通事故实施方案》，进一步深化了创建“平安大道”的活动，在客车超载超速、疲劳无证驾驶、酒后驾驶以及货车、农用运输车、拖拉机载客等严重违章行为方面进行了重点查处，对交通事故多发的西宁、海西、海北、海南等地，下发了“交通安全整改通知书”，督促加强整治工作力度。全省共纠正交通违章35万余人次，处罚19.43万人次，暂扣车辆2.38万辆次，暂扣证件5.49万个，罚款109.5万元，检验车辆12万多台，有效地消除了一些事故隐患，遏制了重大交通事故持续上升的势头，杜绝了一次死亡10人以上群死群伤的特大事故。针对我省公路改建、扩建力度加大、上路车辆尤其是客运车辆猛增的实际，在科学合理部署警力，加大对重点施工路段和交通事故多发区段的路面执勤巡查力度的同时，进一步加强了事故多发路段排查治理工作，并增设了警告标志和道路交通安全保险设施，改善了通行条件。在全省范围内开展了对机动车牌发证和驾驶员考试发证工作的清理整顿，重点整治了机动车登记和驾驶证管理中的违规问题。针对李家峡等库区水上交通秩序较为混乱的状况，进行了重点整治，共检查游艇47艘（次），责令停业7艘。同时设立了省海事局，有关州、地交通管理部门也下设了海事局，解决了长期无专门机构的问题，为今后更加有效地开展水上安全监督奠定了基础。同时，继续开展了农机“黑车非驾”安全专项整治。我省通过摸底调查，共清理出无牌证拖拉机40161台、农用运输车3203辆、联合收割机31台、未审驾驶员49644名、无证驾驶机手56013名。根据调查的情况，采取加大田检路查，设立路查、办证、清理小组等措施，依法开展了农机“黑车非驾”专项整治。通过专项整治，全省拥有的农机均实行了牌证管理，驾驶人员基本实现了持证上岗。

此外，工商、建设、质监等部门在各自的职责范围内，也开展了专项整治。工商部门对涉及人民生命财产安全的市场前置审批进行了清理，对未按规定办理前置审批的501户娱乐场所、加油站等经营单位发出了限期补办通知书，对有关部门责令关闭的1086户煤矿和娱乐场所等经营单位吊销了营业执照。对产品质量低劣、浪费资源、污染环境、不具备基本安全生产条件的43户“五小”企业，办理了注销登记。对新申请设立其经营范围中涉及餐饮、建筑、医药，未取得前置审批手续的535户经营户，一律未核发营业执照。在建筑行业和特种设备专向整治中，先后组织了3次较大规模的全省建筑行业安全生产检查，共检查389个工程，受检面积190.42万平方米，查出各类事故隐患448条，下发隐患整改通知书64份、停工整改通知书44份、处罚告知书8份。共普查锅容管特设备9908台（辆），其中锅炉4204台、压力容器3499台、电梯447台、起重机械44台、厂内机动车辆419辆、娱乐设施93台、客运索道2条。普查整治中共查出事故隐患2439条，发出《安全监察意见通知书》668份，隐患整改率达90%以上。

三、以宣传贯彻《安全生产法》为重点，切实加强安全生产法制建设和安全生产宣传教育培训工作

《安全生产法》颁布以来，按照国家局的总体要求进行了安排部署，下发了《关于广泛开展学习宣传〈安全生产法〉活动的通知》，制定了具体的学习宣传实施方案，要求各级司法行政机关和依法治理领导小组要把《安全生产法》的学习宣传列人“四五”普法规划，广泛开展《安全生产法》的普法教育工作。先后举办2期全省安全监督管理行政执法人员培训班、公路建设项目经理培训班、危险化学品安全管理人员培训班、西宁市城北区安全管理人员培训班、海南州安全管理人员培训班和西宁市举办的2期培训班及西钢集团公司、省电力公司、西宁供电局、电研所、中国铝业青海分公司、省投资集团公司、省投资控股公司等单位组织的中层领导干部培训班，共有2000余人参加了学习班，向全省100余家单位和企业订购发放了各类有关《安全生产法》的资料和书籍。

根据国务院特大安全事故行政责任追究规定的有关要求，省政府于7月17日召开第28次常务会议，审议通过《青海省重大安全事故行政责任追究办法》，于2002年9月1日起施行。

根据中共中央宣传部、国家安全生产监督管理局、中华全国总工会、共青团中央《关于开展2002年全国“安全生产月”活动的通知》精神，省安全生产管理办公室下发了《关于全省“安全生产月”活动安排意见》，在全省开展了声势浩大的“安全生产月”活动。6月9日在西宁市新宁广场开展了形式多样、生动活泼、内容丰富的群众性安全生产咨询日活动。同时，向获得2001年度全国和全省“安康杯”竞赛优胜企业和优秀组织奖的29家单位颁发了奖牌和证书。我省各州（地、市）也结合实际情况有重点有针对性的开展了活动。整个活动期间，全省共出动宣传车152台次，散发资料近15万份，办展板860块，播放安全警示片50余集，悬挂安全事故教育画1000余幅，接受安全生产咨询人数近10万人次。在我省大力营造了“安全责任重于泰山”和“安全第一，预防为主”

的安全文化氛围，广大人民群众的安全意识得到了进一步的提高和加强。

为加强对中介组织的管理，保质保量地做好特种作业人员的培训工作，组织召开了中介组织或企事业单位特种作业人员培训工作座谈会。监督指导各中介组织或企事业单位开展了30余期特种作业人员培训班，3期经理、厂（矿）长和安全管理人员培训班，1期职业安全健康体系认证内审员培训班；先后到黑泉水库、尼那电站、马平高速公路等施工现场进行安全生产知识教育。现在全省有5000余名特种作业人员换领了IC卡操作证。同时，为提高全省安全生产监督管理人员的执法水平，会同省法制局举办了2期全省安全生产监督管理行政执法人员培训班。

四、严肃查处事故

根据省委、省政府领导同志的批示精神，按照“四不放过”原则，我省依法加大了对伤亡事故的查处力度，如对“2·2”海北州煤炭公司热水煤矿柴达尔矿冒顶的重大伤亡事故、“5·29”海北州祁连县默勒煤矿一氧化碳中毒的重大伤亡事故、“8·9”海西州锡铁山鑫龙矿业有限责任公司宽沟斜井瓦斯爆炸的重大伤亡事故、“7·20”省路桥二公司承包给城北四建的西湟一级公路高架桥基坑坍塌的重大伤亡事故、“7·31”格尔木市给排水管网二期工程青海众信建筑安装工程公司坍塌的重大伤亡事故依法进行了查处，共追究刑事责任8人，行政处分25人，行政拘留2人，罚款40万元。

青海省安全生产工作虽然取得了一定成绩，但仍存在不少薄弱环节，特别是全省安全生产监管体系还不适应形势的需要，安全生产专项整治工作进展不平衡，非公有制中小企业的安全监管仍需进一步加强等。为此，要进一步认清新形势、新任务对安全生产工作提出的新要求，树立长期奋斗的思想，围绕《安全生产法》及其他法律法规的全面实施，完善机制，突出重点，依法行政，关口前移，促进全省安全生产状况的稳定好转，为西部大开发、青海大发展提供良好的安全生产环境。

宁夏回族自治区安全生产工作综述

2002年，在自治区党委、政府的领导下，认真贯彻落实“三个代表”重要思想和国家安全生产监督管理局党组提出的抓好“三件大事”，加快“六个支撑体系”建设，努力推进“五项创新”的工作思路，坚持“安全第一，预防为主”的方针，取得了一定成效，使全区安全生产状况保持了基本平稳，安全生产工作环境得到改善。

一、安全生产形势

2002年，全区共发生各类伤亡事故15020起，死亡1129人，受伤7682人，直接经济损失2958.2万元，同比起数下降7.98%，死亡人数上升2.6%，受伤人数上升3.13%，直接经济损失上升5.76%。

（1）工矿企业事故。共发生74起，死亡人数67人，受伤20人，直接经济损失509.1万元，同比起数上升1.37%，死亡人数下降4.29%，受伤人数下降20%。其中：工业企业发生事故46起，死亡47人，受伤6人，直接经济损失320.9万元，同比起数下降9.8%，死亡人数上升2.17%，受伤人数下降50%，直接经济损失下降19.2%。发生一次死亡3人以上重大生产性事故一起，死亡4人，重伤1人。煤矿发生事故28起，死亡20人，受伤14人，直接经济损失188.2万元，同比起数上升27.3%，死亡人数下降16.7%，受伤人数上升7.7%，直接经济损失上升29.4%。

（2）道路交通事故。共发生11525起，死亡986人，受伤7583人，直接经济损失748.4万元，同比事故起数下降14.1%，死亡人数上升1.2%，受伤人数上升2%，直接经济损失下降6.7%。

（3）火灾事故。共发生3324起，死亡16人，受伤35人，直接经济损失634.47万元，同比事故起数上升16.9%，死亡人数增加12人，受伤人数增加21人，直接经济损失上升67.4%。

(4) 铁路路外事故。共发生73起，死亡44人，受伤31人，直接经济损失15.5万元，同比起数上升2.8%，死亡人数下降10.2%，受伤人数上升3.33%，直接经济损失上升29.1%。

(5) 农机事故。共发生24起，死亡16人，受伤13人，直接经济损失15.6万元，同比起数上升14.3%，死亡人数上升167%，受伤人数下降7.14%，直接经济损失上升81.4%。

上述情况表明，全区安全生产状况是平稳的，但形势仍然是严峻的。全区各类伤亡事故除起数下降外，死亡人数、重伤人数、直接经济损失三项指标同比全部上升。

二、安全生产工作情况

2002年，我区各级领导对安全生产工作的重视程度有了明显增强；安全文化建设有了可喜的良好开端，“关注安全、关爱生命”的社会氛围正在加浓；安全生产监管机构建设有所加强，机构与人员增加，素质有所提高；法制建设取得重大突破，学习、执行《安全生产法》等国家有关安全生产法规有了良好开端，《宁夏回族自治区重大安全事故行政责任追究的规定》等地方性法规文件相继出台；专项整治取得阶段性成果，一批积沉多年的重大、特大事故隐患得到整治、消除；安全生产大检查力度加大，工作程序初步规范化，而且查出了一大批危及安全生产的事故隐患，为开展整治、消除隐患、保障安全创造了条件；加强安全统计工作，提高了数据准确性。在汽车车辆与司乘人员年平均增幅19%和15%的情况下，全区各类事故与上年相比，事故起数、死亡人数、受伤人数的增幅下降，分别下降84.8、2.16和75.46个百分点；工矿企业伤亡事故的四项指标，除事故起数上升1.39%外，事故死亡人数、受伤人数和直接经济损失分别下降4.29%、20%和5.28%。涌现出一批安全生产工作的先进典型，如我区煤矿和水上运输安全等已跨入全国先进行列，银川市政府抓安全综合治理，尤其是安全进社区已引起国家局的重视等。自治区安全生产工作受到国家局多次表扬，我区有两个单位、三名同志被评为全国安全生产先进单位和先进个人。

1. 加强对安全生产工作的领导

2002年，各级党委、政府从对党和人民生命财产高度负责的高度，把安全生产作为“天字号”工程来抓，采取了各种措施，加强安全生产工作。自治区安委会先后于2月2日和7月30日召开全区安全生产工作会议，研究和部署了2002年全区安全生产工作；7月24日自治区政府常务会议专题研究安全生产工作，提出了7个专项治理工作的目标与任务；9月25日全国安全生产电视电话会议后，及时召开了全区安全生产电视电话会议，分析了全区安全生产形势，查找了安全管理中存在的问题，制定了预防事故的对策；12月19日，自治区第九届党委第24次常委会议上，对做好春节及“两会”期间的安全生产工作提出了要求。

2. 逐级签订安全生产目标责任书

2002年初，自治区政府马锡广副主席代表自治区政府与全区4个地级市签订了安全目标责任书，进一步明确了地方政府在安全生产方面的责任。同时，全区4市和24个县（区）都明确了分管安全生产工作的领导，并与重点企业和单位签订了安全生产目标责任书。仅银川市签订的各类安全生产目标责任书就达26000余份。为使签订的责任书真正落到实处，自治区安委会办公室又多次派督察组深入市、县（区）企业单位进行督促检查。通过督促，大多数单位不但明确了各级岗位责任，有的地区还将安全生产责任制延伸到街道办事处、居委会。目前，各行业主管部门和生产经营单位都建立了完善的安全生产责任制度，实行安全目标管理，层层分解指标，人人承担责任。

3. 建立健全安全生产监督管理机构

在自治区党委、政府领导的关心支持下，自治区经贸委积极努力，创造条件，使自治区安全生产监督管理局于2002年5月20日正式挂牌运作。为了促进4个地级市成立安监部门，我们根据各地反映的实际情况，利用一切可以利用的时机和条件，向自治区有关领导和部门反映情况，请求支持。2002年下半年4个地级市相继成立了安全生产监督管理局，截止到年底，全区共有专职安监人员51人、兼职人员22人。

4. 认真开展安全生产大检查活动

2002年，自治区统一部署了5次全区范围内的安全生产大检查。每次安全生产大检查，各部门和企业都按照统一部署，制定了详细周密的安全生产大检查方案，成立了安全生产大检查领导小组和检查组，开展了以企业自查自纠为主、层层组织监督检查的安全生产大检查活动。每次安全生产大检查结束时，都召开意见反馈和汇报会议，自治区有关领导听取汇报，责成有关部门督查整顿。全年共查出隐患7295条，治理消除5786条。

5．扎扎实实地开展“全国安全生产月”活动

在“全国安全生产月”活动中，4市、24个县（区）政府及广大生产经营单位积极响应，主要领导亲自挂帅，精心组织，周密安排，同时也得到全社会的关注。活动期间，自治区党委、政府、人大、政协的多位领导和市、县的主要领导同志参加了宣传咨询活动。各市、县（区）在主要繁华街道开辟了安全文化一条街，参加宣传咨询活动的单位达835家，参加人员4672人，散发宣传材料54.7万份，制作宣传展板1526块，悬挂横幅、彩旗2946幅，播放安全知识录音累计达1716小时，为群众解答咨询问题4332条，举办安全生产知识竞赛、安全生产文艺晚会各10余场。与此同时，自治区安委会、安监局、自治区党委宣传部、自治区文化厅在宁夏人民会堂、光明广场联合举办了两场“安全责任重于泰山”为主题的大型公益文艺节目演出，起到了营造“关爱生命，关注安全”氛围的作用。

6．加大执法力度，严肃查处事故责任人

2002年8月17日，固原县原州区杨郎乡境内发生了一起特大道路交通事故，造成10人死亡，2人受伤。事故发生后，自治区党委、政府的领导率领有关部门负责人及时赶赴事故现场指导当地政府做好应急处理工作，依照国务院302号令及自治区人民政府第43号令的有关规定，严肃查处了这起事故。除追究有关责任人的责任外，还对固原市政府、原州区政府以及其他的有关领导人提出了追究其领导责任的建议，在全区造成了一定的社会影响。同时，还对2001年“10·19”特大道路交通事故的有关责任人进行了处理和批复结案。仅这起事故共处理有关责任人7人，其中追究刑事责任1人、行政处分6人。

7．加强了地方安全生产法规的建设和安全技能培训

《国务院关于特大安全事故行政责任追究的规定》颁布后，自治区党政领导高度重视，在宣传贯彻的同时，自治区经贸委及时组织人员起草了《宁夏回族自治区重大安全事故行政责任追究的规定》，于2002年7月1日以自治区政府令颁布，自2002年8月1日起实施。随后，自治区安全生产监督管理局还制定了《宁夏回族自治区特种作业人员安全技术培训考核管理细则》和《宁夏回族自治区非煤矿山矿长安全生产资格管理办法》等法规性文件。2002年，我区各级安全生产监督管理机构坚持“实际、实用、实效”的原则，组织了对厂长、经理以及安全管理人员的培训班，培训人员达2000人以上；举办特种作业人员培训班37期，参加培训考试考核8799人。同时，建立了三级档案管理。

8．深化了安全专项整治工作

按照全国安全生产工作会议和自治区安委会第二次全体（扩大）会议的部署，2002年在各个专项整治领导小组的组织安排下，继续深入开展了7个专项的安全整治工作，取得了新的成果，成为全区安全生产工作的一项最为重要的内容。

（1）民用爆炸物品和烟花爆竹的安全整治。各级公安机关根据本地区民用爆炸物品的现状，对民用爆炸物品的生产厂家、储存、销售、运输、使用单位实行“统一编号、统一储存、统一购销、统一运输、统一回收”，明显改善了民用爆炸物品的管理秩序。在这次深化整治中，各级公安机关严格按照有关规定，会同有关部门检查涉爆单位868家，发现隐患126起，发出限期整改通知书96份，发出责令停业整改通知书4份，督促整改落实92起，收缴炸药974.05公斤、雷管2200牧、导火索87米、烟花3600个、爆竹6500头，查处违法犯罪人员9人。其中刑事拘留2人，治安拘留3人，有效地维护了社会治安。

（2）道路和水上交通运输安全整治。4月份，自治区召开了深化道路交通专项整治工作会议。会议提出了“预防为主、防治结合、各负其责、综合治理”的总体目标。各级公安交管部门按照这一总体目标，提前部署，制订方案，全警动员，全员上路，在国道、省道和高速公路集中整治无证驾驶、疲劳驾驶、酒后驾驶、车辆超速、超载、违章超车、夜间违章使用灯光、违章停车等8种严重违章行为。整治期间，全区共出动警力3万多人次，共查纠8种严重违章案例38万余起。自治区交通部门十分重视水上交通安全整治工作，对继续开展好“水上运输安全管理年”活动做了具体部署。自治

区地方海事局认真履行职责，严把监督检查关，在春运、“五一”、“十一”黄金周和“宁夏大漠·黄河国际旅游节”之前，对所有旅游运输船舶逐船进行性能检查，节日期间，专人把守，防止超载，确保了水上运输安全。

(3) 煤矿安全生产整治。自治区人民政府批转宁夏煤矿安全监察局制定的《全区煤矿安全专项整治实施方案》后，国有地方煤矿按新版《煤矿安全规程》进行全面整治，对存在重大安全隐患的矿井一律停产整顿，对整治不合格的，予以关闭。国有重点煤矿以强化“一通三防”工作为重点，加大安全技改投入，完善矿井通风、瓦斯监控、防治水、防灭火系统的专项整治。同时，宁夏煤矿安监局多次组织联合执法检查组，严厉打击煤矿的非法生产和死灰复燃，炸毁、封填矿井53个。在煤炭产量大幅增长的前提下，百万吨死亡率为0.99，比2001年下降26.1%，连续两年没有发生重大事故。

(4) 公众聚集场所消防安全整治。各级公安消防机构从本地实际出发，以杜绝群死群伤恶性火灾事故为目标，会同有关部门反复对公众聚集场所进行安全检查，对遗留隐患的单位采取“跟踪督查”、“盯住不放”的办法，直到消除火灾隐患为止。在深化治理中，全区先后组织了136个检查组，检查了6661个单位，发现火灾隐患5638处，发出整改通知书132份、限期整改通知970份、重大火灾隐患整改通知2份、复查意见书9351份、督促整改火灾隐患5526处，对171个单位的违法行为进行查处，责令停产停业处罚131起，97家火灾隐患单位已经整改合格51家。

(5) 危险化学品安全整治。自治区人民政府接到国家十部委《关于开展危险化学品安全管理专项整治工作的通知》后，召开专门会议，研究制定了专项整治实施方案，下发了《宁夏回族自治区危险化学品安全管理和整顿治理实施意见》，并成立了以主管副主席为组长的专项整治工作领导小组。在整顿中，组织开展了危险化学品知识竞赛活动，3460人参加试卷答题，我区荣获国家安监局和全国总工会颁发的组织奖，组织开展了危险化学品安全管理咨询活动，发放宣传材料数万份。还通过调查摸底掌握了1531家生产、经营、储存和使用单位的安全生产基本情况。还对亘元化工厂、兴庆机器厂民爆器材专用运输道路年久失修、凹凸不平，容易因车辆颠簸引发爆炸事故的隐患，进行了专门检查，提出限期整改的意见，自治区政府还拨专款帮助企业实施整改，消除这一重大隐患，确保“火工”产品运输安全。

(6) 非煤矿山安全整治。2002年年初，自治区政府批转下发了《宁夏回族自治区非煤矿山安全整治实施意见》，成立了非煤矿山安全生产专项整治领导小组，制订了全区非煤矿山安全整治实施方案，并负责对整治工作的指导和协调。各地、各部门明确责任，分工合作，严格按整治方案的要求进行了整治工作。全区非煤矿山企业取得采矿许可证的有916个，取缔无证非法开采的有111个。通过整治，全区非煤矿山安全生产状况基本平稳。

(7) 农用运输车违章上路载客安全整治。2001年10月19日，我区海原县境内发生一起农用运输车特大交通事故，造成10人死亡，14人受伤，社会影响极大。自治区党委、政府对此高度重视，下决心坚决取缔农用运输车违章载客，及时下发了《关于集中治理农用运输车违章载客的通知》，把农用运输车违章上路载客整治工作纳入到全区安全生产专项治理工作中，并确定了南部山区八县作为整治工作的重点地区，明确了8条道路为重点整顿线路。2002年4月30日，自治区政府召开农用运输车违章载客专项整治动员大会，自治区该项整治领导小组负责人，代表领导小组与4个地级市政府签订了《治理农用运输车违章载客目标管理责任书》。在整治过程中，公安交警和农机安全监理部门共出动人员1.75万人次，检查农用车14万辆次，督促办理挂牌入户12300辆，培训考证9800个，纠正违章行为2.35万次，拆除农用车车篷5467个，暂扣违章载人车辆17070台。

通过上述安全生产专项整治，提高了生产经营单位的安全生产意识，强化了安全生产保障，解决了一些我区多年积存的安全隐患，提高了抗灾御灾能力，为社会稳定和全区经济发展创造了良好条件。

三、安全生产工作中的主要问题

对于当前的安全生产形势，我们要保持清醒的头脑，正确认识，全面把握。既要看到总体平稳、趋于好转的一方面，又要看到形势严峻、任重道远的一面。目前，我区安全生产形势仍然是严峻的，决不能盲目乐观。主要问题是：

（1）事故伤亡总量仍在上升。据统计，2002年全区共发生各类伤亡事故15020起，死亡1129人，受伤7682人，直接经济损失2958.2万元。与上年同期相比，事故起数下降7.98%，死亡人数上升2.6%，受伤人数上升3.13%，直接经济损失上升5.78%。

（2）重大、特大事故时有发生。2002年，自8月17日固原市原州区杨郎乡境内发生一起一次死亡10人、伤2人的特大道路交通事故后，12月3日石嘴山发电厂在检修9＃机组过程中又发生了一次死亡4人、受伤1人的重大事故，成为全区社会关注的热点问题。

（3）安全生产意识不牢固，责任落实不到位。一些地区、部门、单位、企业的领导对安全生产的重要性认识不足，“安全第一，预防为主”的思想还没有真正树立起来，缺乏忧患意识，不同程度地存在着重生产、重效益、轻安全防范的问题，对安全生产讲起来重要，干起来次要，忙起来不要的现象还是比较普遍的。

（4）安全生产投入欠账太多，事故隐患普遍存在。目前，一部分生产经营单位没有按规定提足用够安全技措资金，安全生产投入欠账太多，尤其是一批老工业企业安全设施、设备老化，带病运转问题十分突出，隐患到处可见，随时都有发生事故的可能。一些企业超能力生产，设施设备长期不能按计划检修。

（5）道路交通事故频发的势头没有得到遏制。全区道路交通事故的死亡人数和受伤人数分别是全区各类伤亡事故总数的87.9%和98.8%。全区万车死亡率为17.9，比全国平均水平（13.71）高出4.19个百分点。全区连续两年的特大事故全都是道路交通事故。道路交通事故频发的原因很多，但交通法规和交通安全常识的宣传不深入、不普及，行人乱穿马路，自行车、摩托车不按规定行驶，客运班线安全管理较差，机动车司机疲劳驾驶、违章驾驶和超速、超载，农用运输车非法上路随意拉人是主要原因之一。

（6）安全生产监管机构不健全，监管力量薄弱。目前，全区4个地级市在经贸委内挂了副处级安全生产监督管理局的牌子，配备了专职工作人员3~5名。大部分县（区）还没有成立安全生产监管机构，只在经贸委（计经局）挂了个安委会办公室的牌子，执法主体缺位，安全监管机构的编制、职能、人员、经费没有落到实处。

宁夏回族自治区煤矿安全监察工作综述

一、宁夏煤矿安全监察局基本情况

煤炭是宁夏的资源优势之一，全区累计探明煤炭储量313.6亿吨，远景预测储量2027亿吨，居全国第六位。煤炭品种齐全，品质优良。拥有14大煤种中的11种，以无烟煤、焦煤和不粘结煤为主要优势品种，广泛用于电力、冶金和化工行业。是西北地区重要的煤炭调剂基地、炼焦煤生产基地和无烟煤生产基地。太西无烟煤出口西欧、北美部分国家和地区。煤炭埋藏浅，易开采。目前，全区已建成石嘴山、石炭井、汝箕沟、呼鲁斯太和灵武四大矿区，共有各类煤矿121个。其中：国有重点煤矿17个，地方国有煤矿42个，乡镇煤矿62个，核定生产能力1338万吨。

2000年5月20日，宁夏煤矿安全监察局挂牌成立。经中编办和国家局党组同意，8月16日，暂时加挂宁夏煤炭工业局的牌子，实行一套机构，两块牌子。同年9月1日和6日，灵武、大武口两个煤矿安全监察办事处先后挂牌成立。国家局核定宁夏煤矿安全监察局及大武口、灵武办事处行政编制90人，现实有82人。局领导班子有5名成员组成，其中党组书记、局长1名，党组成员、副局长2名，党组成员、纪检组长1名，党组成员、总工程师1名。

局机关内设安全监察一处、安全监察二处、安全技术装备保障处、人事培训处、办公室（财务室）五个职能处室，同时设有纪检组（监察室）和机关党委、离退休干部管理处、后勤服务中心、调度信息中心。大武口、灵武办事处各内设4个科室，其中3个安全监察科，1个综合科。

二、宁夏煤矿安全监察工作概况

2002年，宁夏煤矿安全监察局在国家煤矿安全监察局和宁夏自治区党委、政府的正确领导下，按照国家局确定的“抓好三件大事，构建六个支撑体系，实现五个创新”的工作思路，继续深化煤矿安全专项整治，强化煤矿安全监察，加强煤矿安全监察队伍自身建设，促进了全区煤矿安全生产形势的稳定发展。

2002年，宁夏累计生产原煤1818.19万吨，同比增长11.16%。其中国有重点煤矿原煤产量为1570.48万吨，同比增长11.76%；市县煤矿产量为154.33万吨，同比下降1.79%；乡镇煤矿产量为93.38万吨，同比增长27.3%。国有重点煤矿、市县煤矿、乡镇煤矿产量分别占总产量的86.3%、8.5%和5.2%。国有重点煤炭企业累计销售商品煤1551.48万吨，同比增长8.9%。实现利润1967万元。职工年人均收入12029元，同比增长14.5%。全区煤炭工业经济形势进一步好转。

2002年，宁夏煤矿共发生死亡事故18起，死亡20人，其中原煤生产发生死亡事故16起，死亡18人，百万吨死亡率为0.99，事故起数同比减少4起，下降20%；死亡人数同比减少4人，下降18.2%；百万吨死亡率同比下降26.1%。国有重点煤矿发生死亡事故4起，死亡5人，百万吨死亡率为0.39，同比下降45.1%；国有地方煤矿发生死亡事故8起，死亡9人，百万吨死亡率为1.99，事故起数和死亡人数同比持平。乡镇煤矿发生死亡事故4起，死亡4人，百万吨死亡率为4.28，事故起数和死亡人数同比分别下降20%，百万吨死亡率同比下降37.2%。全区煤矿企业连续两年未发生死亡3人以上的重大事故，安全生产形势基本稳定。

2002年，宁夏煤矿安全监察局共对全区各类煤矿开展执法监察809个矿次，平均每个矿监察6.7次，年人均监察矿井15.86处。其中监察国有重点煤矿271个矿次，平均每个矿监察15.9次；监察国有地方煤矿121个矿次，平均每个矿监察2.8次；监察乡镇煤矿417个矿次，平均每个矿监察6.9次。监察覆盖率为100%。共查处事故隐患2083条，督促整改隐患1946条，隐患整改率为93.4%。全年发生的18起死亡事故在规定的时限内全部结案，事故结案率为100%。全年共制作执法文书768份，累计罚款32.4万元。

三、煤矿安全监察执法工作情况

1．深入开展煤矿安全专项整治，取得了阶段性成果

2002年，宁夏煤矿安全监察局按照国家局的统一部署，进一步深化了煤矿安全专项整治工作，抓巩固、防滑坡，抓深化、防倒退，抓提高、防反复。我们制定了深化煤矿安全专项整治实施方案，自治区人民政府以宁政办发［2002］98号文件印发全区。加大了对市县乡镇煤矿的整治力度，强化了市县乡镇政府的责任，对不具备基本安全生产条件的小煤矿依法予以关闭，对存在重大安全隐患的一律停产整顿。国有地方煤矿按新版《煤矿安全规程》进行全面整治。国有重点煤矿按照国务院办公厅国办发明电（2002）17号文件要求，以强化“一通三防”工作为重点，加大安全投入，完善矿井通风和瓦斯监控系统，更新设备，完善各类安全设施，消除事故隐患，取得了明显成效。针对同心县土坡矿区、汝箕沟矿区以及石炭井李家沟等矿区已取缔关闭的矿井擅自启封，进行非法生产的问题，我们会同地方政府多次开展联合执法，采取强制措施，关闭取缔了109处死灰复燃的非法小煤矿，配合地方政府加大煤炭生产经营秩序的整顿力度，巩固了关井压产成果。

2．认真组织开展安全生产大检查，强化煤矿安全监察力度，突出重点，实行分类指导

2002年，我们认真组织，周密部署，局领导亲自带队，不间断地开展了煤矿安全大检查。我们对国有重点煤矿制定了6个方面、282条检查标准，涉及采、掘、机、运、通、地面资料、安全管理等各个环节，将亘元二矿、太西乌兰矿、白芨沟矿、汝箕沟煤矿等四对矿井列为全区重点瓦斯监控矿井，实施重点监察。将《小煤矿安全生产基本条件》30条分解细化为70条，便于安全大检查统一尺度和对矿井安全状况进行评估。在检查评估的基础上，我们将各类煤矿划分为A、B、C三类，对划分为C类的煤矿进行重点监察。我们在太西二矿召开了全区深化煤矿安全专项整治现场会，总结推广了二矿的经验和做法。为认真做好党的十六大召开期间的煤矿安全生产，我们再次在全区煤矿组

织开展了安全生产大检查，检查了各煤矿企业贯彻落实国务院安委会第三次会议、全国安全生产电视电话会议以及全国煤矿瓦斯治理现场会议的情况，十六大召开期间的安全生产工作部署落实情况，深化煤矿安全专项整治活动开展情况以及《安全生产法》的学习、宣传贯彻情况等九个方面的内容，促进了煤矿安全生产工作。

2002年，我们进一步强化煤矿安全执法监察，开展了一系列专项监察活动，如“一通三防”专项监察、雨季“三防”专项监察、电气设备专项监察等。大武口、灵武煤矿安全监察办事处把日常监察和重点监察、驻矿监察相结合，关口前移，重心下移，监督企业加大整治工作力度，解决安全生产中存在的问题和隐患，提高煤矿安全生产水平。按照“四不放过”的原则，我们组织对全区各类煤矿发生的死亡事故进行了调查，对相关责任人进行了严肃处理，事故按规定时限的结案率达到100%。我们高度重视群众举报工作，全年共收到涉及煤矿安全生产的举报信5封、举报电话15个，共查实反映的问题8条，特别是严肃查处了个别煤矿存在的瞒报事故问题。

3．加强煤矿安全教育培训，提高干部职工的安全意识

2002年，我们先后集中开展了两次安全宣传教育活动。第一次是以全国“安全生产月”活动为契机，以学习宣传贯彻新版《煤矿安全规程》为主要内容，开展了一系列煤矿安全宣传教育活动。我们认真组织开展了“安全咨询日”活动，印发了致全区煤矿职工的平安信。开展了煤矿安全规程知识竞赛活动，在《宁夏煤炭报》开展了煤矿安全征文活动。第二次是以学习宣传《安全生产法》为主要内容，开展了安全生产法律法规宣传教育活动。我们组织煤炭企业参加了全国《安全生产法》百题知识竞赛活动，共发放竞赛试卷6000份，有841份获得满分，我局被评为优秀组织单位。全年共编发《宁夏煤炭工业动态》28期。在开展煤矿安全宣传的同时，我们加大了煤矿安全培训工作力度，先后对全区市县乡镇煤矿71名矿长、84名副矿长、199名特种作业人员和国有重点煤矿的978名特种作业人员进行了培训，认真组织学习了煤矿安全法律法规及新版《煤矿安全规程》，经考试合格，由我局颁发了资格证书。选送了6名国有重点煤矿矿长、32名安全管理人员和11名安全培训的专职教师到国家一级培训机构进行了培训。

4．努力加强煤矿安全监察队伍自身建设，创优争先取得成效

按照国家局党组关于进一步加强煤矿安全监察队伍建设的要求，我们加强了局机关和办事处党的建设，充分发挥党支部的战斗堡垒和党员的先锋模范作用。以国家局巡视检查为契机，认真听取群众的意见和建议，不断改进工作，修订完善了各项规章制度，加强了党风廉政建设。进一步加强了局领导班子和队伍建设，调整了两个办事处的领导班子。通过个人述职和群众民主评议，对处级干部进行了全面的考核。认真贯彻执行《党政领导干部选拔任用条例》，坚持干部选拔任用程序，对新提拔的干部实行了群众民主推荐、任前公示及试用期制度。选送了3名同志赴国家局党校进行了政治理论学习，局领导和19名同志赴国家煤矿安全培训中心接受了行政执法培训，进一步提高了政治理论素养和执法水平。积极开展创建先进办事处、争做优秀煤矿安全监察员活动，大武口办事处被评为全国先进煤矿安全监察办事处，马毅等五名同志被评为全国优秀煤矿安全监察员。2002年末，在国家局的巡视检查中，巡视组充分肯定了我局领导班子和全局的工作。

四、全区煤矿安全监察工作面临的新形势新任务

江泽民同志在十六大报告中指出：“高度重视安全生产，保护国家财产和人民生命安全”。胡锦涛总书记在中央经济工作会议上强调：“安全生产关系群众生命，要作为一项重要工作切实抓好”。吴邦国副总理在国务院安委会第四次全体会议上指出：“搞好安全生产是一项重要的、长期的、艰巨的任务，也是一项经常性的工作，要牢固树立长期奋斗的思想，坚持不懈地抓紧抓好。安全工作机构只能加强，丝毫也不能削弱”。我们要紧密联系思想和工作实际，认真学习、深刻领会，坚决贯彻落实。

对于全区煤矿安全生产形势，我们要保持清醒的头脑，正确认识，全面把握。既要看到总体稳定、趋向好转的一面，坚定工作的信心；又要看到形势严峻、任重道远的一面，认清煤矿安全工作的艰巨性和复杂性，牢固树立坚持不懈、长期奋斗的思想。安全形势严峻，既有现阶段生产力发展制

约、安全基础脆弱的因素，又有对安全生产重视程度不够、管理不严的问题。目前，全区各类煤矿安全投入不足的问题普遍存在，个别单位安全欠账仍在扩大，装备陈旧落后，安全设施不完善，安全监控手段不健全，瓦斯问题突出，火灾、水灾问题频频发生。一些企业“安全第一”的意识树立的不牢，重生产、轻安全、超能力、欠风生产的现象时有发生。一些企业安全管理不到位，从业人员安全技术素质低，安全生产责任制不落实，2002年全区发生的18起死亡事故大多是违章作业、冒险蛮干的结果。同时，2002年发生的多起重大未遂事故和非人身伤亡事故也向我们敲响了警钟。这些问题说明我区煤矿“一通三防”方面隐患仍然十分突出，要引起我们的高度重视。随着国有重点煤矿企业的联合重组，宁夏煤业集团组建后，管理体制变化，管理人员调整，煤矿安全生产工作体制尚未理顺，面对矿井正在实施关闭破产，安全生产工作面临一系列新情况、新问题。

面对煤矿安全监察工作的新形势、新任务，我们自身在思想上、工作上还存在一些问题和不足。煤矿安全监察的工作机制需要进一步理顺，在职能转变上，还不能完全适应由行业管理向煤矿安全监察执法的转变，存在着监察不到位，越位或缺位的问题。在煤矿安全监察执法手段、方法的创新上还有差距，执法水平和能力有待于进一步提高，执法过程中存在重检查、轻处罚的现象。在使用执法文书，以及执法程序等方面，也有不够规范的问题。

我们要牢固树立忧患意识，充分认识自身肩负的责任重大，增强使命感和紧迫感，切实履行好职责，积极促进煤矿安全状况的根本好转。同时，也要看到搞好安全生产的许多有利条件。党中央、国务院对安全生产工作高度重视，各级安全生产责任制正在进一步落实；国务院302号令的出台、《安全生产法》、《煤矿安全监察条例》等法律法规的颁布实施，为我们提供了有力的法律武器；煤矿安全监察机构及监察工作将得到进一步加强；经过两年的安全专项整治，煤矿安全生产条件得到了改善，安全基础工作进一步加强。我们一定要增强信心，以党的十六大精神为指导，自觉用“三个代表”重要思想观察分析煤矿安全生产的形势，从更高的层次上认识煤矿安全生产的规律和特点，把我们对安全生产的基本认识提高到一个新的境界，以此来统一思想，把握方向，总揽全局，推进工作。

第一，要从实践“三个代表”重要思想的本质要求上，充分认识煤矿安全生产工作的重要性。安全生产与“三个代表”有着内在的必然联系。贯彻“三个代表”的要求，本质在于坚持执政为民。安全生产事关人民的生命安全，反映了最广大人民群众的根本利益，坚持执政为民，就必须高度重视安全生产工作。安全生产体现了先进生产力发展的要求，坚持“安全第一”就要把安全生产作为市场准入的必要条件，就要坚决淘汰落后的生产力，关闭那些不具备基本安全生产条件的小煤矿，消除危险源。以“关爱生命、关注安全”为主旨的安全文化，本身就体现着先进文化的前进方向，是社会主义精神文明建设的重要内容，要切实推进安全文化建设。总之，高度重视和抓好安全生产，是贯彻实践“三个代表”重要思想的必然要求和具体体现。

第二，要从全面建设小康社会的战略高度，认清煤矿安全生产工作面临的新任务。实现全面建设小康社会的宏伟目标，是今后一个时期全党全国人民的中心任务。小康社会是生产发展、生活富裕、生态良好的社会，是劳动者生命安全切实得到保障、生活质量提高的社会。搞好安全生产是全面建设小康社会的题中应有之义，是执政兴国第一要务的重要环节。建设小康社会每前进一步，安全生产就应当上一个新台阶。只要我们坚持“安全第一，预防为主”的方针，认清安全生产在建设小康社会历史进程中的重要地位和作用，采取积极的对策措施，就一定会把煤矿安全事故降下来。

第三，要从我国社会主要矛盾这个深层次上，认识煤矿安全生产的长期性和艰巨性。我国社会的主要矛盾，仍然是人民群众日益增长的物质文化需要同落后的社会生产之间的矛盾。落后的社会生产反映在安全生产上，必然是事故多发，职业危害严重。目前，一些小煤矿仍然不具备基本的安全生产条件，即使是国有煤炭企业，也普遍存在着安全生产欠账较多、技术装备落后、从业人员素质低等问题。我们要树立长期作战的思想，克服松动、厌战情绪，抓住机遇，乘势而上，按照党的十六大提出的“发展要有新思路，改革要有新突破，开放要有新局面，各项工作要有新举措”的要求，进一步明晰思路，采取更加切实有效的举措，力求取得煤矿安全监察工作新的突破，开创新的局面。

新疆维吾尔自治区安全生产工作综述

2002年，各地、各部门认真贯彻落实自治区党委、人民政府各项工作部署，紧紧围绕自治区经济建设这项中心工作，加强对安全生产工作的领导，全面落实安全生产责任制；进一步深入开展安全生产专项整治，狠抓事故隐患的查找和治理；充分发挥新闻监督的作用，广泛开展安全生产宣传；依法严肃查处各类事故责任人。有效地遏制了重特大事故发生，基本实现2002年自治区安全生产控制目标，全区安全生产形势总体明显趋于稳定好转。

一是各类事故有所下降。全年事故起数13681万起，死亡人数3016人，受伤人数9477人，经济损失9321.98万元，较上年同期分别下降3.03%、0.76%、1.79%和上升6.53%。其中，工矿企业事故292起，死亡人数212人，受伤人数172人，经济损失1947.44万元，分别比上年下降11%、2.8%、34.10%和8.94%；煤炭行业事故149起，死亡人数197人，比上年分别下降2.6%和10.5%；道路交通事故10095起，死亡人数2563人，比上年分别下降4.03%和上升0.95%；各类火灾事故3145起，较上年同期上升1.16%，死亡人数44人，较上年下降达到29%；铁路路外事故和农机事故也呈全面下降势头，铁路路外事故147起，死亡人数89人，较上年分别下降5.16%和28.8%；农机事故147起，死亡人数93人，较上年分别下降7.6%和7.9%；民航保持了48年无事故的记录。

二是特大恶性事故得到有效的遏制，但一次死亡3人以上事故有明显上升。2002年，一次死亡10人以上的事故发生1起，死亡10人，与上年相比，事故起数减少7起，少死亡126人。这起事故是7月21日，喀什地区客运公司两辆客车在巴楚相撞，造成10人死亡。2002年一次死亡3人事故100起，死亡370人，比上年同期下降18.03%和13.55%，减少死亡58人。其中，道路交通85起，死亡306人，较上年下降19.81%和9.20%，减少死亡31人；煤矿发生9起，死亡44人，与上年相比分别持平和下降30.16%，减少死亡19人；工矿企业发生6起，死亡20人，较上年上升50%和42.86%，多死亡6人。

三是事故多发、人民群众普遍关注的行业和领域安全生产事故明显下降。2002年，全区地方国有煤矿百万吨死亡率同比下降43个百分点，乡镇煤矿百万吨死亡率同比下降14个百分点；道路交通安全状况相对改善；消防安全成效显著。

四是部分地区安全生产形势出现稳定好转的势头。有8个地、州、市各类事故死亡人数下降。昌吉州、克拉玛依市、阿勒泰地区事故死亡人数比控制数下降10%以上。

一年来，各地、各部门在各级党委、政府的领导下，目标明确、扎实工作，各项工作都取得了显著的成绩。

一、安全生产责任制得到全面落实，各级领导干部和安全生产责任意识明显提高

为了确保安全生产责任落到实处，年初，自治区人民政府首次和15个地、州、市，41个自治区有关部门、大中型企业的行政一把手，签订了安全生产责任书，进一步完善了安全生产责任制。自治区将道路交通、消防安全、煤矿安全、工矿企业、农机等行业事故指标全部纳入安全生产管理的范畴。将自治区2002年的安全生产总目标和八项安全生产管理要求，分解到各地、州、市和自治区有关部门、企业。各地、州、市和自治区各部门、企业又将安全生产责任目标层层分解、层层落实，层层签订了安全生产责任书，并把完成安全生产责任目标的考核结果与奖惩挂钩，进一步提高了各地、各单位抓好安全生产工作的自觉性和积极性。据不完全统计，自治区各级人民政府、部门层层签订安全生产责任书860余份，部分地区将责任书签到了乡镇，部分企业将责任书签订到了班组、职工。由于安全生产责任制得到全面落实，使各级领导干部的安全生产责任意识明显提高，按照自治区人民政府的要求，在安全生产上做到“认识到位、领导到位、措施到位、监管到位”。特别是各地、州、市进一步加强了对安全生产工作的领导，各级领导干部亲自听取安全生产工作汇报，安排布署和落实各项防范措施，亲自带队进行经常性的安全生产检查，督促各类事故隐患的治理。

年底，自治区对各地、各部门安全生产责任书落实情况进行了考核，其中，44个地、州、市和9个部门被评为优秀。但还有4个地区和10个部门因各项责任措施未落实，各类安全事故继续上升被考核为不合格。

二、安全生产专项整治取得成效

2002年，各地区、各部门按照自治区的统一部署，继续深入开展公众聚集场所消防安全、道路交通、交通运输、煤矿安全、建筑施工安全和民爆器材安全专项整治。在此基础上，根据国家的总体安排，结合自治区的实际，重点开展了非煤矿山安全和危险化学品安全生产专项整治。各地按照“依法整顿、综合治理、巩固提高、务求实效”的原则，对不具备安全生产条件的企业，该关的关、该停的停、该整顿的整顿、该停运的停运，发现和治理了一批事故隐患。

（1）道路交通安全专项整治。按照《自治区集中治理严重违章统一行动实施方案》和《全区预防道路交通事故工作实施意见》，自治区公安厅集中组织开展了重点对国、省道及城市道路上无证驾驶、疲劳驾驶、酒后驾驶、超速、超载、强行超车、夜间违章使用灯光、违章停车等八种严重违章行为，和在县乡道路上以短途客车超载，货车、农用车、拖拉机载人，驾驶无牌无证和报废车辆，摩托车违章载人等5种违章行为的集中治理严重交通违章统一行动。全区公安交警部门纠正各类交通违章226.9万起，处罚189.8万人次，依法行政拘留363人次；排查道路交通事故黑点100处，治理21处；同时，交警总队、高支队与沿线36家医院签订了“绿色通道”协议，创建交通事故快速抢救“绿色通道”的县市100个，建立了交通事故快速抢救机制。2002年，通过交通事故“绿色通道”抢救的伤员2100多人；还开展了“交通安全村”和“交通安全社区”活动。通过集中治理，落实各项相关措施，全区道路交通事故起数、受伤人数和经济损失都有所下降，8月份四项指标全面下降。

农机监理部门开展了清理“黑车非驾”为重点的农用车专项整治。清理无牌拖拉机37807台，无证人员47300人。通过专项整治，全区农机事故起数、死亡人数和经济损失较上年同期大幅下降。2002年全国各省农机总站的互检互查中，且未县、哈巴河县、阜康市、沙湾县和兵团农五师5家渠农机监理部门被评为全国农机清理“黑车非驾”安全整治活动先进单位。

（2）公众聚集场所消防安全专项治理。公安消防部门按照《自治区继续深入开展公众聚集场所消防安全专项治理实施方案》的要求，结合贯彻落实公安部《机关、团体、企业、事业单位消防安全管理规定》，以根治重大火灾隐患和屡经治理多有反复的隐患及2001年专项整治遗留问题为重点，认真落实《消防安全长效管理机制》，积极推行《消防安全控制方案》，预防和遏制群死群伤火灾事故的发生。在历时半年的专项治理期间，全区共组织消防检查组480个，检查各类单位10473（次），依法取缔不符合消防安全要求的公共娱乐场所、黑网吧300个，吊销营业执照162个，责令停产停业、停止使用408家，拆除违章建筑154个，发现的9160处隐患已消除7801个，火灾隐患整改率达85%。对2001年专项整治遗留的55处重大火灾隐患监督整改，整改完毕的18处。对确定并公示的8697家消防安全重点单位，进行重点监控，收到了良好的效果。

（3）煤矿安全专项整治。煤矿安全专项整治工作按照国家和自治区部署，依照《深化煤矿安全专项整治工作实施方案》和《新疆小煤矿安全生产基本条件》。以“四个一律关闭”为目标，各地大力开展了对煤矿企业的安全管理与监察，强化煤矿安全监察和行政执法，严格煤炭生产许可证的发放管理。2002年，共对890个煤矿进行了安全监察，对各地政府通过验收恢复生产的40%矿井进行了抽查。查出事故隐患14127条，下达现场处理决定书2847份，对197处违法违规生产的煤矿进行了行政处罚，关闭矿井269处。各类煤矿加大了隐患治理的安全投入，全区投入整改资金2.2亿元。通过专项整治，小煤矿乱采滥挖的现象基本得到了遏制，煤矿安全生产形势进一步好转。2002年没有发生一次死亡10人以上的事故。国有重点煤矿百万吨死亡率保持国内领先水平。

(4) 建筑安全专项整治。建筑行业认真吸取2001年“5·12”事故教训，开展了以“安全生产重于泰山，落实安全生产规章制度，强化安全生产防范措施”为主题的“建筑安全生产年”活动，强化安全生产责任制的落实，加大对建筑施工的安全管理和监督检查力度，狠抓多发性事故的专项治理，广泛开展建筑安全生产大检查和评选文明工地活动，以文明生产促安全生产。自治区建设厅同有关部门两次对全疆15个地州市、26个县市的建设工程进行重点抽查，检查在建工程143项，建筑面积120多万平方米，下发停工整改通知书44份，限期整改通知书47份。建筑安全专项整治成效明显，事故起数和死亡人数分别下降36.4%和50%。

(5) 危险化学品安全管理专项整治。按照《自治区危险化学品安全管理专项整治方案》，自治区各有关部门密切配合，从生产、经营、销售、储存和废弃物处置各个环节入手，全面进行调查摸底和注册登记，重点普查剧毒品的管理、销售和储存情况。对35家生产单位提出了整改意见，取缔查封14家；对230家经营单位提出了整改意见，查封经营单位1家；对325家运输单位的4500辆车辆运输资质进行了认定，获得资质认定单位101家、2547辆车，取缔资质单位214家、1953辆车；登记注册企业72个，登记危险化学品209种，15家企业取得了铁路危险货物托运人员资质证。初步掌握了危险化学品的基本情况，为专项整治下一步工作打下了基础。

(6) 非煤矿山安全生产专项整治。各地按照《自治区非煤矿山安全生产专项整治工作实施方案》，以有无《采矿许可证》、《矿山安全条件合格证》、《矿长安全资格证》和《特种作业人员操作证》为突破口，从5月份开始在全区集中开展普查、清理和整顿，取缔了113家无证非法开采的小矿、小场，关闭矿山222家；查出事故隐患5573项，治理4611项，责令498家不具备基本安全生产条件的企业停产整顿，整治率达82.7%。通过半年多的整治，持证率大幅度提高，80%的企业取得了《采矿许可证》、36%的企业取得《矿山安全条件合格证》、76%的矿长取得《矿长安全资格证》、53%的特种作业人员取得《特种作业人员操作资格证》。同时，自治区安监局、国土资源厅、公安厅、煤管局等几家单位联合印发《爆炸物品管理办法》，规范了矿山企业的安全生产行为，初步遏制了矿山企业安全管理混乱的局面，专项整治取得了阶段性成效。

(7) 民爆器材安全专项整治工作。自治区组织15个检查组对全区5个生产企业，34个销售企业，1105个使用单位进行了安全检查。对12家爆破公司120名爆破工程技术人员进行年审，对3000名烟花爆竹经销人员、350名爆破员、260名安全员进行了培训。在烟花爆竹市场治理中，检查烟花爆竹生产、经营企业和销售网点3305个，取缔非法经销点106个；收缴非法运输、储存、销售烟花爆竹841件，收缴禁止燃放烟花爆竹3181包，查封过期烟花爆竹400件；行政拘留非法运输烟花爆竹人员3人，治安处罚7人。

在各项安全生产专项整治中，各地、各部门始终坚持“安全第一，预防为主”的方针，把加大投入治理重特大事故隐患，提高事故防预能力放在重要的地位加以落实。2002年，公安交警部门对排查出的道路交通事故黑点，投入360多万元进行安全设施改造，煤炭行业投入上亿元对重大事故隐患进行整改。在各地和各部门的努力下，一大批事故隐患得到治理。像石河子老街消防通道不畅和乌市东山炸药仓库安全等多年存在的问题也基本得到妥善的解决。

三、加强节假日和重要时期、重点部位安全生产大检查和监控

2002年以来，自治区把开展安全生产大检查作为控制重特大事故发生的手段之一，加大了重要时期和重点行业、重点部位的安全生产检查力度，组织全疆各地、各部门广泛开展安全生产大检查。围绕“三节两会”、“春运”、“五一”、“十一”和党的十六大等重要活动和节假日，自治区组织开展了6次安全生产大检查。“三节两会”期间，自治区阿不来提主席及九位副主席亲自带领检查组，深入生产一线对安全生产工作进行检查和指导，带动了各地、州、市和自治区各部门的主要领导亲自带队开展全面的安全检查，进一步提高了各级领导对安全生产工作重要性的认识，为各部门和各级政府做好安全生产工作起到积极的促进作用。特别是在党的十六大期间，各级政府和公安、消防、交警等有关部门集中主要力量，夜以继日地开展安全检查，通过安全大检查,有效查处和治理了一批事故隐患,保证了重要时期的安全生产和社会稳定,促进了企业领导安全生产意识的提高和做好安全生产工作的主动性,推动了全区安全生产形势的进一步好转。

四、认真贯彻国务院302号令，严肃查处事故责任，严格实行行政责任追究制度

自治区以安全生产法律、法规为依据，认真落实国务院302号令，按照“四不放过”的原则，严肃查处事故责任，对加大安全生产管理力度，防范事故发生，确保一方稳定起到积极的作用。2002年，自治区监察厅和安监局对2001年以来发生的一次死亡10人以上的9起事故处理情况全部进行了督查。其中7起特大事故已处理结案，依法追究刑事责任12人，受到党纪政纪处理的40人，其中厅级干部2人、处级干部18人，开除公职2人。安监局直接调查处理事故结案27起，依法追究刑事责任2人，行政处理的144人，其中处级干部27人，保证了件件落实责任追究。煤监局对2002年全区发生的149起事故进行调查处理，共处理事故责任人596人，其中包括国家公务员36人。交警部门对2002年发生的3人以上特大事故责任人全部进行了处理。消防部门对9起重大火灾事故及时处理结案。各地、州、市处理事故247件，27人被依法追究刑事责任。

五、积极开展安全生产宣传教育活动，营造关注安全、重视安全的社会氛围

2002年6月是全国开展“安全生产宣传教育月”活动的第一年。围绕“安全责任重于泰山”的主题，根据自治区的统一安排，全区各地、各部门广泛组织开展了形式多样的安全生产宣传教育活动。各县（市）的主要街道、建筑物和施工工地悬挂和张贴安全生产横幅标语、宣传口号；自治区总工会和团委对2001年全区安康杯竞赛优胜单位和青年安全文明示范岗进行了表彰；文化厅举办了“安全电影周”活动，各地区积极组织干部、群众、中小学生观看了安全教育片《人命关天》；自治区组织了安全宣传巡回演讲和板报巡展活动，行程5000多公里到7个地、州、市宣讲23场；公安、消防部门还加强对中小学生的安全教育，到中小学校宣讲道路、消防法规和避险知识，提高了中小学生的安全意识和自我防范及保护能力；新闻单位积极配合“安全生产月”活动，通过报纸、广播、电视，积极宣传安全生产知识及安全生产法律、法规，营造了较好的舆论氛围。6月9日，各市县区同时举办了安全生产宣传咨询日活动。自治区和乌鲁木齐市60余个厅、局和部门在人民广场举办咨询活动，30多名厅局干部、万名市民和小学生参加了活动。中央电视台当晚新闻联播对我区咨询日活动进行了报道，通过“安全生产月”宣传，全疆数百万群众受到安全生产教育。

《安全生产法》于6月29日颁布后，全区掀起了宣传学习贯彻热潮。各地区、各部门、各单位都积极开展了《安全生产法》的学习宣传，通过组织培训、举办讲座、竞赛等形式，广泛深入地贯彻和落实《安全生产法》。特别是企业通过学习，明确了职工、企业负责人在安全生产中的权利和义务，使企业懂得依法组织生产、自觉做好安全生产工作。通过宣传学习，提高了各级领导干部对安全生产的重视程度，各级安全生产监管人员提高了依法行政水平，逐步形成了全社会关注安全、重视安全的社会氛围，为《安全生产法》的实施奠定了良好的基础。

虽然2002年自治区安全生产取得比较好的成绩，但是安全生产基础还不牢固，形势依然严峻。主要表现在四个方面。一是全区事故死亡人数同比仍有上升，特别是道路交通事故死亡人数仍呈上升趋势。一次死亡3人以上的事故也有上升。二是安全生产管理中，“工作落实不下去、管理严格不起来”的问题仍然比较突出。部分地方安全生产责任流于形式，安全生产责任意识从上到下有层层衰减、逐级弱化的现象，特别是到县乡，至今还没有建立专门的安全生产监管机构，监管工作难以到位。三是安全生产投入严重不足，历史欠账多的问题仍未从根本上得到改变，部分事故隐患未得到及时有效的治理，如2002年公众聚集场所消防安全专项治理发现的55个重大火灾隐患单位，还有19个单位因整改资金落实不到位，隐患仍未得到整改。四是县乡地区和非公有制企业仍然是目前安全生产工作中最薄弱的环节。对这些问题，需要引起各级政府和各部门的高度重视，警钟长鸣，常抓不懈，逐步解决。

新疆维吾尔自治区煤矿安全生产工作综述

一、2002年工作的基本情况

一是深化煤矿安全专项整治工作取得新的成效。在前两年关井780处的基础上，2002年又关井269处，乱采滥挖的现象基本得到了制止。

二是全区各类煤矿安全状况进一步好转。2002年没有发生一次死亡10人以上特大事故。各类煤矿共发生伤亡事故149起，死亡197人，同比减少4起23人，事故起数和死亡人数分别下降2.6%和10.5%。国有重点煤矿原煤生产百万吨死亡率0.25。其中哈密和乌鲁木齐两大集团公司百万吨死亡率为0，实现了安全生产。乌鲁木齐、塔城、吐鲁番、巴州等地区和兵团煤矿事故起数和死亡人数都有较大幅度的下降。在专项整治前的1997年，全区各类煤矿发生死亡事故280起、死亡403人，经过5年的整顿整治，全区煤矿事故死亡人数降到了200人以内，下降51%。

三是煤矿安全监察行政执法的力度进一步加大。监察矿井890处，全年对197个严重违法违规的煤矿进行了行政处罚，罚款434万元；对149起事故全部进行了查处，查处率100%，在法律规定时间内结案率100%。

四是煤炭生产许可证的发放与管理进一步加强。按照国务院68号文件和自治区煤矿专项整治实施方案，对通过整顿复产验收并申报核证的680处矿井颁发了煤炭生产许可证。做到了持证生产。

五是宏观调控工作进一步加强。经过充分调查研究，制定了《新疆维吾尔自治区煤炭工业“十五”结构调整规划》，并经自治区人民政府批准实施。2002年全区煤炭产量2949.98万吨，增长4.62%，实现了供需基本平衡。

二、2002年主要抓的安全生产工作

1. 严格标准，深化整治，加大关闭不具备基本安全生产条件小煤矿的力度

一是领导重视，扎实工作。把煤矿安全监察行政执法与深化煤矿安全专项整治紧密地结合起来，以监察促整治，以整治提高监察效果，按照国务院安委令［2002］3号文件的要求和《煤矿安全规程》，年初制定了《新疆小煤矿基本安全生产条件(2002)》，明确深化整治的标准。同时，结合新疆实际，制定了《自治区深化煤矿安全专项整治方案》，明确了整治的指导思想、工作重点、方法步骤和具体措施。6月10日召开了自治区深化煤矿安全专项整治工作电视电话会议，自治区副主席艾力更·依明巴海在会上对专项整治工作提出了具体要求，进一步推动了全区煤矿安全专项整治工作。会后，各地都先后成立了领导小组，制定本地区深化煤矿安全专项整治方案。各级政府分管领导带队，深入煤矿检查，督促煤矿企业对照《煤矿安全规程》和2002年小煤矿基本安全条件进行整治，要求煤矿企业按照“四定”（定负责人、定整改内容、定整改时间、定整改措施）制定整治方案，收到了很好的效果。如塔城行署在和丰县召开了关井现场会，对43个非法小煤矿实施了关闭；巴音郭楞蒙古自治州轮台县原有小煤矿108处，在专项整治中关闭96处，保留煤矿12处。昌吉州对硫磺沟煤田火区内的27处小煤矿，分别采取了关闭和停产措施，保证了灭火工作的顺利进行。在专项整治期间，我局先后8次组成4个督查组，分别由局领导带队，出动1600多人次，深入到国有重点煤矿和南北疆地的683处煤矿进行了抽查和督查，查出问题和隐患3120条，并及时与地方政府和煤炭企业交换意见，使这些隐患大部分都得到了整改，促进了全区煤矿安全专项整治工作不断深化。

二是目标明确，注重实效。明确了对破坏资源、技术落后、污染环境和不具备基本安全生产条件的8类小煤矿实施关闭。即：已关闭又擅自生产的矿井；2002年1月31日之前没有达到验收标准的矿井，验收恢复生产后管理严重滑坡，现已达不

到小煤矿基本安全条件的矿井；“四证”不全的矿井；2002年2月28日之前没有按规定重新申领煤炭生产许可证的矿井；没有列入规划，擅自开工建设的非法矿井；开采高灰高硫的矿井。对国有重点煤矿，我们按照新版《煤矿安全规程》进行检查，并做到了“四个一律停产整顿”。按照专项整治方案，对全区各地州市应关闭的288处矿井下达了关闭通知，提出了关井的时间要求。各地煤炭管理部门，对关井工作抓得紧，抓得实，到年底，关井269处，基本上实现了年初提出的工作目标。国有重点煤矿三个集团公司，在两年的专项整治中，为提高矿井安全技术装备水平，投资4.5亿元。地方国有煤矿也加大了对煤矿的安全投入。

三是坚持标准，严格验收。8月份由自治区人民政府下发了《关于做好小煤矿基本安全生产条件验收工作的通知》。大部分地区都成立了由有关部门参加的验收工作领导小组，明确验收的要求和程序。到年底，全区75%煤矿通过了地、州、市组织的验收，煤矿安全监察机构对验收的复查面达到了40%。

2. 立足防范，加强管理，深入开展煤矿安全大检查和矿井质量标准化活动

各地州市、县煤炭管理部门和煤矿企业都认真地开展了煤矿安全大检查。由政府主管领导带队，有关部门参加，对辖区内的煤矿进行了多次安全生产大检查。局领导实行分片包干，分别负责国有重点煤矿和南北疆片区的安全大检查，煤管局组织了6轮规模较大的安全大检查和两轮自治区安委会组织的安全大检查，把安全大检查与行政执法紧密地结合起来，对在安全大检查中发现的隐患和问题，及时地与地方政府和煤矿企业交换了意见，提出加强煤矿安全管理的意见和建议，使一些问题及时得到了解决。

从3月到6月，在全区各类煤矿开展了“百日安全无事故”活动。突出“一通三防”、顶板管理和防治水三个重点，加大了对事故隐患的整改力度。局组织参加了自治区组织的两次大型活动，配合新闻单位编发新闻稿件61篇。奎屯、库尔勒办事处组成宣讲组，深入到各地、县（市）进行宣传教育活动。库尔勒办事处在《新疆经济报》上刊登了举报信箱和举报电话，每月向地方政府发布安全信息，充分发挥舆论监督作用。哈密、吐鲁番地区在全地区开展了责任重于泰山为主题的安全生产月活动，举办了哈密地区“长城杯”安全知识问答活动，在6月30日举办了地区有奖电视安全知识竞赛活动。巴州、和田、喀什三地区都采取了不同的形式，对有关煤矿安全生产的法律法规进行了广泛的宣传和学习。

落实安全生产责任制，强化安全管理。在年初把全年煤矿安全生产指标分解到各地州市，各地州市的主管领导与自治区签订了安全生产责任书。为保证责任制的落实，乌鲁木齐、昌吉、哈密、阿克苏、吐鲁番、塔城、伊犁等地州市、县（市）煤炭管理部门与煤矿企业、煤矿企业与井队层层签订了安全生产责任书，建立了三级安全生产管理机构，充实安全技术管理人员，强化现场管理，把煤矿安全责任制落到了实处。三个国有重点煤矿企业强化安全目标管理，完善安全生产责任制，在强化管理、加大技术改造力度、实现本质安全方面都有了新的突破。

深入开展质量标准化安全创水平活动。从7月开始，对3个国有重点煤矿企业的质量标准化进行了一次全面检查，重点检查了采、掘、机、运、通的达标情况，查出主要问题179项，5处矿井被评为等外；在哈密煤业集团召开了质量标准化现场会。12月进行了质量标准化检查验收，哈密煤业集团一井、二井达到了行业级标准；乌鲁木齐矿务业集团的五个矿达到了省级标准；新疆焦煤集团的两个矿达到省级标准。国债资金安全配套项目已通过验收，国补资金救护装备已全部到位。

加强了培训工作。坚持“管理、装备、培训”三并重的原则，各地州市都落实了三级培训机构。昌吉州举办特殊工种培训班100期，培训人员3000人。乌鲁木齐市举办培训班25期，培训人员1009人。南疆地区各地州举办各类培训班14期，培训人员2000多人，其中巴州、和田、喀什三地州培训特种作业人员477人，合格458人，合格率96%，北疆和东疆地区的培训工作也上了一个新台阶。2002年新疆煤矿安全技术培训中心共举办矿（井）长培训班9期，培（复）训448人次，培训质量有所提高。按照国务院68号文件的要求，重新核发了矿长资格证书。

3. 依法行政，关口前移，强化煤矿安全监察行政执法工作

一是加强了对关闭整顿小煤矿的行政执法，对应关井的矿井和没有按6条标准关实关死的矿井，向所属地方政府发送了通报，督促其尽快关闭。二是结合深化整治，依法加大煤矿安全监察的力度。局和两个办事处全年共出动4783人次，监察矿井890处，查出安全隐患和问题4127条，下达各类执法文书2847份，对277处违法违规的矿井实施了行政处罚，推动了深化专项整治工作。三是加大对煤矿事故的查处力度。按照国务院302号令和“四不放过”原则，在事故调查中，主动征求地方政府和有关部门的意见，做到了事故调查处理公开、公平、公正，真正起到了惩治责任者，教育广大群众，防止同类事故再次发生的作用。对全年197起事故的处理，做到了法律依据充分、定性准确、处罚得当，在法定时间内结案率达到了100%。

4．2002年10月28日，新疆维吾尔自治区煤炭工业协会成立，为加强煤炭企业与政府的沟通、开展技术服务创造了条件

国家煤矿安全监察局副局长赵铁锤、国家煤炭工业协会常务副会长乌荣康及自治区人民政府副主席艾力更·依明巴海到会祝贺，并为其揭牌。

5．加强对煤田灭火工作的管理

经自治区人民政府批准，出台了《新疆煤田火区管理办法》，并将已完成灭火任务的五大煤田火区移交地方政府管理。在昌吉州政府和国土资源厅的支持配合下，依法取缔了硫磺沟、大黄山、小龙口等火区内的非法开采行为，保护了灭火成果。硫磺沟煤田火区的灭火任务可提前半年完成。

三、存在的一些问题

新疆属边远地区，绝大部分煤矿基础差，技术落后;装备差,生产方式落后;管理差,整体素质低。个别县、乡煤矿，安全专项整治工作不力，甚至不执行煤矿专项整治的政策和法律法规，有的是明停暗开，昼停夜开；有的是未经验收，擅自恢复生产；有的是关闭后又死灰复燃；有的不按国务院规定申领煤炭生产许可证，进行无证非法生产，甚至酿成事故；有的借煤矿立项审批取消之名，竟然不经任何部门批准，私开小煤矿。个别煤矿拒不执行煤矿安全监察机构的指令，冒险进行生产，昌吉米泉源通公司“5·20”煤尘爆炸事故，死亡9人；阿克苏库车县“4·18”透水事故，死亡5人；温宿县“6·1”瓦斯爆炸事故，死亡7人。这3起重大事故都是有令不行有禁不止造成的。因此，如何加强煤矿安全管理，全面落实“十五”结构调整规划，如何加大监察力度，如何提高执法效果，是摆在我们面前的一个十分严重的问题。

2002年全区煤矿事故起数和死亡人数虽然较上年有较大幅度下降，但发生了9起3人以上的重大事故，死亡44人。加强现场管理，防止重特大事故的发生仍然是摆在我们面前的一个重要问题。

附　2002年新疆煤炭产量表（万t）

	2002年	比上年(+、-)%
全区原煤产量	2950	4.62
其中：重点煤矿	738.78	13.03
地方煤矿	2211.2	2.09
其中：省营煤矿	400	-4.39
地市营煤矿	150	3.22
县营煤矿	365	-34.22
乡镇（村办）及其他煤矿	1296.22	23.76

新疆生产建设兵团安全生产工作综述

2002年，兵团的安全生产工作在兵团党委、兵团领导及国家安全生产监督管理局、国家煤矿安全监察局的领导和支持下，积极贯彻江泽民总书记“三个代表”重要思想以及中央和国务院领导针对安全生产工作的指示，认真贯彻“安全第一，预防为主”的方针，认真落实国家、自治区安全生产政

策、法规。在各师党政工团及行业主管部门互相配合、齐抓共管下，各级安全生产监察人员共同努力，加大安全生产综合管理力度，履行安全生产的监督检查和管理职能，取得了较好的效果。

一、基本情况

2002年，兵团共发生企业职工伤亡事故102起，死亡44人，重伤62人，直接经济损失515万元，同2001年相比，事故起数下降12.07%，死亡人数下降39.73%，重伤人数下降3.13%，经济损失下降25.47%。

其中：煤炭行业发生企业职工伤亡事故31起，死亡20人，重伤14人，与上年相比，事故起数上升3.33%，死亡人数下降41.18%，重伤人数与上年持平。建筑行业发生企业职工伤亡事故9起，死亡7人；同2001年相比，事故起数下降43.75%，死亡人数下降46.15%。煤矿发生一起死亡4人的重大事故。

兵团共发生火灾101起，死亡3人，受伤2人，造成经济损失56.36万元；与上年同期相比分别下降64.44%、62.5%、81.82%、58.7%，无重特大火灾。

兵团国有独立运输企业共发生行车事故2起，死亡1人，受伤2人；责任事故率0.52次/百万车公里，比上年同期下降40.3%；责任死亡率0.036人/百万车公里；责任受伤率0.12人/百万车公里，比上年同期下降39.3%；经济损失率0.54万元/百万车公里，比上年同期下降24.7%。

兵团共发生农机事故5起，死亡5人，重伤1人，与上年同期相比，事故起数下降61.5%，死亡人数下降28.6%，重伤人数下降87.5%。

二、加强领导，进一步做好安全生产工作

2002年，兵团党委、兵团对抓好安全生产工作高度重视，兵团领导多次对兵团的安全生产工作作出重要批示，把安全生产工作作为一项重要工作摆在突出位置来抓，亲自研究部署安全生产工作；副司令员刘新齐作为分管此项工作的兵团领导，更是周到具体，亲自部署，解决安全工作中的许多问题，抓得紧，抓得实。年初，主持召开了兵团安全生产委员会第一次会议，对兵团2001年的工作进行了总结，对2002年的工作进行安排，安委会各成员单位首次对2001年的工作进行述职，在8月召开的安委会全体委员会议上，各成员单位又对2002年上半年的工作进行了述职，并印发到各师，对各级领导抓好安全生产工作起到了积极的推动作用。在召开兵团经贸工作会议时，刘新齐副司令员同各师签订了兵团2002年度安全生产责任书；对2001年度兵团安全生产先进师、先进单位、先进个人进行了表彰。

根据国务院第58次常务扩大会议和全国、自治区多次安全生产电视电话会议精神，我们对安全生产工作进行了认真的安排部署，5月31日兵团召开安全生产电视电话会议，刘新齐副司令员对上半年的工作进行了通报，对下半年的工作以及6月份“全国安全生产月”活动提出具体要求。9月25日全国安全生产电视电话会议后，安办对认真贯彻这次会议精神，进一步做好兵团的安全生产工作作了具体部署，组成了6个检查组对煤矿、危险化学品、非煤矿山、建筑施工、消防安全、交通运输、农机、秋收现场和锅炉压力容器特种设备等方面进行全面细致的检查。12月份又对如何抓好两节期间及一季度安全生产工作进行了安排。

三、全面落实安全生产责任制，层层签订安全生产责任状，把安全管理贯穿于经济活动的始终

各师结合工作实际和安全生产工作的要求，从师到企业、车间乃至班组，层层签订了安全生产责任状，将指标层层分解，形成了安全生产层层有人抓，人人有目标的保证体系。安全生产责任制的层层落实，有效地促进了安全生产的管理工作。

四、加强领导，做好安全生产专项整治工作

认真贯彻全国非煤矿山专项整治电话会议和全国危险化学品专项整治电话会议精神，按照国家专项整治工作的统一部署，兵团继续深化了煤矿、危险化学品储运、民用爆炸器材和烟花爆竹、公共聚集场所消防的安全整治。制定了兵团危险化学品专项整治和非煤矿山专项整治方案。并结合兵团实际，在继续搞好五项专项整治工作的同时，开展了农机、仓储、轧花企业的安全专项整治工作。

按照整治方案，兵团及各师迅速开展安全大检查，查找隐患，落实整改措施，消除各类安全事故隐患，深入细致地做好安全生产专项整治工作。安办根据国家的统一安排，对危险化学品经营许可证发放工作进行了审查，对危险化学品经营单位负责人进行了培训，对企业发放了70余家经营许可证；对非煤矿山安全条件合格证的发放工作进行了审查，发放了非煤矿山安全条件合格证20余家。

五、加强安全培训工作

根据国家和兵团领导的安排，我们对兵团系统的安全生产监察员和安全生产管理人员进行了培训，举办了一期《安全生产法》暨安全生产监察员培训班，对兵团各师的122名安全生产监察人员和企业负责人及企业安全生产管理人员进行培训，系统地学习了《安全生产法》及安全生产管理知识，提高了安全生产管理人员的执法水平和管理水平；兵团劳动保障部门举办了法律法规学习班49期，培训各类人员3179人，提高了广大干部和职工的法律意识。

六、加大监督检查力度，开展全兵团范围的“拉网式”安全生产大检查，努力控制各类事故的发生

根据兵团的工作部署，兵团安委会办公室及各成员单位针对各师安全生产责任制、规章制度的建立健全和执行情况进行检查。检查各师安全生产监督管理的职能是否得到了落实；事故的调查处理和行政责任追究情况，安全生产责任制和各项规章制度的落实执行情况；特种作业人员的培训情况。通过对安全生产大检查工作的实施，进一步强化了安全生产工作。

兵团安办组织机关各有关部门参加安全生产大检查，安办、监察、工会、交通、公安、经贸、建设、技术监督、农机、旅游等部门组织联合检查组或单独进行检查，先后对兵团14个师的80余个企业单位进行了检查，共检查出事故隐患400余处，下达事故隐患整改通知书420份，限期整改，并委托各师安全生产监督管理部门进行监督检查；兵团卫生系统为保护职工群众身体健康和生命安全，检查了食品经营网点2538家，学生食堂89所，对不符合卫生要求的进行了处罚和取缔。

通过安全生产大检查，发现了一批事故隐患，消除了一批事故苗头，揭查了一批违反安全生产法律、法规行为的人和事，如针对农六师团办煤矿存在的问题，下达了停产整顿通知，保证了国家的安全生产法律法规贯彻实施。

七、严肃查处安全事故，提高事故结案率

兵团的《兵团关于重大安全事故行政责任追究的规定》，使兵团防范事故、查处事故有了明确的规定。兵团安办对兵团一季度、二季度发生的企业职工伤亡事故进行统计分析，处理情况逐一调查，并同时上报国家和兵团领导，下发各师。对事故上报、处理情况较差的师进行了批评。各师对兵团的通报非常重视，六师一〇一团西山煤矿发生瓦斯爆炸事故后，兵团安委办迅速派人赶赴事故现场，对事故进行初步调查，并根据兵团领导的批示，责成六师对此次事故作出了检查，并通报了全兵团。2002年度兵团伤亡事故结案率达到100%。

八、全面开展锅炉压力容器及特种危险设备的定检、运检、安装检验工作

兵团安全生产管理部门2002年上半年前还担负着兵团锅炉压力容器及特种危险设备的安全监察工作。仅上半年就检验锅炉1370余台，压力容器近320台（只），电梯安装检验14部，检验电梯130余部，检验起重设备220台（部），校验安全阀1880余个。有效地控制了兵团特种危险设备的安全运行。

九、积极开展“全国安全生产月”活动，努力提高全社会的安全意识和职工的安全素质，营造安全文化氛围

2002年6月，是我国首次“全国安全生产月”活动，兵团及各师紧紧围绕“全国安全生产月”活动的主题——安全责任重于泰山，认真总结历年“全国安全生产周”活动的经验，制定“安全生产月”活动方案和具体的系列活动计划。组织参与了6月9日在人民广场举行的“全国安全生产月”咨询日活动，在活动中散发安全生产招贴画1000余张，安全生产宣传书籍500余本；各师也在当地举行了“安全生产月”咨询活动。兵团安办、工会、监察局还联合举办了安全生产板报展评活动。

十、组建了兵团安全生产监督管理局、兵团煤矿安全监察办事处

在兵团党委、兵团领导的关心和领导下，在兵团有关部门的努力下，经国家安全生产监督管理局批准，兵团安全生产监督管理局、兵团煤矿安全监察办事处于10月28日揭牌成立，为兵团下一阶段进一步搞好安全生产工作打下了良好的基础。

通过以上各项工作的落实和广大安全干部的共同努力，兵团广大职工安全意识和安全生产责任制建设好于往年，安全生产状态基本平稳。

但是，当前安全生产工作仍然还存在一些问题：一是兵团安全生产工作的长效机制刚刚起步，各师安全生产工作机制还没建立，安全监管组织还没组建，监管体系亟待健全；二是生产力总体水平不高，特别是煤矿和非煤矿山企业、部分危险化学品企业，生产规模小，技术装备差，工艺落后，改造任务相当严重；三是部分师、团主要领导对安全工作重视程度不够，有些团场主要领导从来未到团办煤矿下过一次井，只知道向煤矿要上交、要利润，安全投入严重不足，欠账太多；四是安全责任制不到位，特别是一些改制企业，以包代管，以罚代管，没有建立健全各项规章制度；五是法制观念不强，安全意识淡化，还存在仅凭行政命令和长官意志管安全工作。这些都在一定程度上影响了安全生产工作。

回顾和总结兵团安全生产一年来的工作和经验，我们深深的体会到要做好安全生产工作首先必须全面贯彻“三个代表”的重要思想，坚持“安全第一，预防为主”的方针，不折不扣地贯彻国家和兵团关于安全生产的一系列指示和部署，着眼于建立安全生产的长效机制，牢牢把握工作的正确方向。第二必须服从服务于经济建设这个中心，坚持安全为了生产，生产必须安全，抓安全，保稳定，促发展。第三必须把“依法治国”的方略贯彻到安全生产领域，加大法制建设和宣传教育，加大行政执法力度，把安全生产监管工作做到位，煤矿监察工作做实。第四必须发扬与时俱进、开拓创新的精神，创造性地开展工作。计划经济时期安全工作的格局是，国家监察，行业管理，群众监督，企业负责，劳动者遵章守纪。而市场经济中非公有制经济迅速发展，经济成分日趋多元，外无行业主管，内无党组织，用工自主，加之行业主管部门相继撤销，原来的格局已经打破，新格局正在建立。安全工作面临新形势、新任务、新格局，要求我们适应新形势、新变化，要解放思想，大胆探索，不断开阔新思路，打开新局面。第五必须紧紧抓住企业这个安全生产的主体，把基层、基础工作落到实处，安全生产工作的重点在基层，关键在夯实基础。第六必须树立“以人为本”的工作思路，切实保障人民群众的生命安全，着眼于提高全民的安全文化素质，努力营造全社会“关爱生命，关注安全”的舆论氛围。第七必须发挥各方面的积极性，形成齐抓共管的强大合力，安全生产是一项涉及方方面面的系统工程，必须实行综合治理，齐抓共管，总体推进。

厦门市安全生产工作综述

2002 年我市安全生产工作在市委、市政府的领导和重视下，在国家局、省局的指导下，深入贯彻党的十六大精神，按照“三个代表”的要求，从讲政治、保稳定、促发展的高度出发，坚持“安全第一，预防为主”方针，认真贯彻落实党中央、国务院和省委、省政府的指示和工作部署，加强领导、落实责任、强化监管，牢固树立“安全责任重于泰山”的观念，积极探索，努力开拓，结合特区实际，采取有效措施，把安全生产工作落到实处。经过一年的努力，杜绝了一次死亡 10 人以上的特大事故，各类事故起数、死亡人数、受伤人数均呈下降趋势，较好地完成了省政府下达的各项指标和任务。经省政府考评，我市 2002 年安全生产目标管理名列全省九个设区市第一名。

全年的安全生产工作主要体现在以下几方面：

一、市委市政府重视，主要领导亲自抓

市委、市政府对安全生产工作极为重视，始终把安全生产工作摆上重要议事日程，主要领导亲自抓，分管领导具体抓。市委书记郑立中同志到任的第一天，在市委召开的全市领导干部扩大会上强调“要千方百计保稳定，巩固和发展安定团结的良好局面”；亲自主持召开市委常委扩大会议听取市安全生产监督管理局关于全市安全生产工作的专题汇报，对抓好安全生产工作作出指示；在全市经济工作会议上，再次强调“要继续强化安全生产责任制，认真细致地开展交通、消防和安全生产‘三项’检查，确保安全不出问题。”市长张昌平在经发局调研工作时指出：安全生产要注重加强安全生产法规建设；加强安全生产责任制的落实；加强安全生产事前督查。市长张昌平、副市长丁国炎、徐模等在节假日和重要时期都亲自带领有关部门深入重点单位、重点部位进行安全检查。对重大安全生产问题，市领导亲自协调处理。市政府各职能部门和各区的主要领导都能亲临一线抓安全生产。

二、扎实推行目标管理，落实各级安全生产责任

根据省政府下达的《2002、2003年度福建省安全生产目标管理责任书》的要求，市政府召开全市安全生产工作会议及表彰大会，由丁国炎副市长与各区、市直各委办局共31个单位签订了《2002、2003年厦门市安全生产目标管理责任书》，将责任指标和任务分解下达到各区、市直各有关单位，各区、市直各有关单位结合各自实际，层层分解下达，将指标任务分解到镇（街）、居委会、村委会、企业，全市形成了较为完善的安全生产目标管理责任制体系。市安委会研究制定了安全生产目标管理责任制考评标准，以此作为各单位落实安全生产责任制的考核依据。市、区两级都建立和完善安全生产目标管理责任制考核制度，进行量化考评，兑现奖惩，实行安全生产一票否决。由于责任明确，措施得力，安全生产目标管理责任制得到较好落实。

经市安委会组织有关职能部门对各区、市直有关部门2002年度安全生产目标管理责任制落实情况进行考评，全市31个责任单位都达到合格以上要求。

三、广泛深入地开展安全生产宣传教育，提高全民安全意识

一是学习宣传《安全生产法》。以《安全生产法》颁布为契机，加强法律宣传教育，组织举办了两期《安全生产法》专题培训班，聘请国家安全生产监督管理局宣教中心主任金磊夫和国内安全生产方面专家曹琦教授授课，全市有600多名安全生产监督管理人员、企业负责人和安全管理人员参加了培训，厦门电视台连续3个月在黄金时间段播放《安全生产法》，厦门日报、广播电台推出专栏进行宣传。二是深入开展“安全生产月”活动。组织千人踩街、千人签名及安全咨询日等活动；在“安全生产月”活动期间，举办企业厂长（经理）、安全生产管理人员安全生产培训班，聘请国内安全生产方面知名专家罗云教授、刘铁民主任莅临我市授课。三是加大宣传力度，扩大教育面。采取各种形式，大力宣传党和国家的安全生产方针、政策、安全生产法律法规以及党和国家领导关于安全生产的重要批示和国家、省、市安全生产会议、文件精神；各新闻媒体及时跟踪报道了全市开展安全生产检查、整改、事故查处等情况，对重大隐患及热点问题给予曝光，播放安全生产公益广告。四是坚持上岗前培训教育。开展职工安全“三级教育”和特种作业人员持证培训教育，做到先培训后上岗，特种作业人员持证上岗。五是加强安全基础教育。在全市所有小学开展安全常识教育，各学校把《厦门市小学生安康知识百问百答》作为教材，开设安全教育课，提高学生安全防范能力。六是加强危险化学品安全培训。为认真贯彻落实《危险化学品安全管理条例》，举办了“危险化学品安全管理与重大危险源辨识评价培训班”，危险品从业单位的负责人、安全处（科长）、安全管理干部及技术人员参加了培训，由国家级安全生产专家崔克清教授授课，通过培训，进一步提高了我市安全管理人员整体素质。

四、强化安全生产专项整顿，标本兼治，着力治本

各级、各部门在原有整治的基础上，不断强化安全生产专项整治。各专项整治牵头部门都能够结合实际，突出重点，把治标和治本结合起来，取得了阶段性成果。

（1）开展道路交通整治。市政府专门召开全市畅通工程总结表彰及道路交通安全专项整治动员大会，副市长丁国炎、潘世建亲自作动员和部署。公安交警等部门不断加大整治力度。一是对26处国省道、10处市区道路等事故多发点督促整改；重点整治无牌无证摩托车上路行驶和非法载客，无（假、套）牌机动车上路行驶，客货车超载；对中巴、的士、微型货车违章超载、争道抢行、违章停车等集中整治；对城乡结合部机动车闯红灯、鸣喇叭、路口兜售报刊等问题，进行突击整治等。纠正违章111782起，扣机动车31507部，扣证114114本，销毁无（假）证机动车4881辆，治安拘留449人。道路交通事故高发态势基本得到有效遏制。

（2）开展危险化学品安全管理专项整治。从危险化学品生产、经营、运输、储存、使用和废弃物处置等环节进行检查和整治。会同有关部门组成三个专项检查组对21家危险化学品生产企业、经营（仓储）企业、运输企业进行重点检查，督促隐患的整改。依法取缔4家不具备经营条件的经营户，责成12家运输企业、2个经营点限期整改；取缔了25家“黑气”销售点，没收840瓶“黑气”，停业整顿2个加油站。

（3）开展锅容管特普查登记和土制锅炉专项整治。市有关部门联合开展锅炉、压力容器、压力管道、特种设备普查登记专项整治工作。已经普查登记的锅炉1246台，压力容器6173台，起重设备2705台，厂内机动车辆1987台，电梯4428台，游乐设施175台和索道1条。清查取缔“土锅炉”119台，整治“无证”企业生产的起重机械35台。我市已经通过国家和省里组织的验收，确保了锅炉压力容器、压力管道及特种设备的安全运行。

（4）开展民用爆破器材与烟花爆竹专项整治。公安部门在爆炸物品、放射性、剧毒物品、枪支等方面多次进行安全大检查，组织开展了仿真枪专项整治。查获违反枪支、爆炸物品管理案件6起，查处违反烟花爆竹管理案件9起11人，收缴一批炸药、导火线、雷管，178支仿真枪和烟花爆竹602件（箱）。取缔无证经营烟花爆竹商店3家，整改存在隐患经营网点97家。

（5）开展非煤矿山专项整治。根据国家六部、局《关于加强非煤矿山安全整治工作的意见》的要求，深入采矿集中区域，开展以露天碎石场、露天荒料场、防坍塌、防滑坡、防放炮为重点的专项整治。对10家采石（碎石）企业重新审核发证，对不具备安全生产条件的2家采矿厂给予关闭，同时对裸露山体进行绿化，改善环境。

（6）开展公众聚集场所专项整治。公安消防部门进一步组织开展公众聚集场所和学校、幼儿园、医院的消防安全专项治理工作。一是对2001年专项整治中遗留的51家和2002年新发现的21家不合格场所发出了法律文书，责令限期改正。已有52家单位经整治合格。二是加大检查力度，检查娱乐场所、宾馆饭店酒店、商场、各类活动场馆、高层建筑等1269个（次），责成整改火灾隐患267条，及时消除了一批火灾隐患，有效防范火灾事故的发生，至今全市公众聚集场所未发生火灾事故。共检查公众聚集场所（包括网吧）1642家次，发出责令改正通知书214份，复查意见90份，吊销文化经营许可证2份。三是抓投入，专项整治期间，全市投入整改资金2000多万元，有效地改善消防环境。

（7）开展学校安全专项整治。教育部门突出学校危房改造，校办企业的安全生产、防火、防盗、学校食品卫生，体育器材的安全设施，危险品、毒品、易燃、易爆物的管理，学校门口道路交通管理，学生集体外出活动的安全措施及安全教育的落实情况，校园周边环境等方面的整治。对学校各类废弃的危险化学品集中清理，并交由环保部门处理。积极协调同安区对存在安全隐患的24所中小学教学楼、学生宿舍楼、食堂、综合楼进行整改，已对11个项目的危房进行拆建，其余项目以争取安排危房改造资金1318万元，准备用2年时间对所有危房整改完毕。

（8）开展建筑安全专项整治。建设与管理部门组织开展建筑施工企业安全专项整治，突出以违反工程强制性标准的项目为整治重点，全面组织自查自纠和督查。整治内容包括脚手架、施工机械、施工用电、安全防护、文明施工等。重点检查了在建工程1383个次，发出《事故隐患整改通知书》493份，查出隐患15075条，其中实施行政处罚的项目26个单位、责令局部暂停施工31个项目。

（9）开展加油站专项整治。公安消防与经济发展部门根据国务院办公厅《关于开展加油站专项整治工作的通知》，公安部《关于开展集贸市场和加油站专项整治工作的通知》等精神，在全市范围内开展加油站的消防安全专项治理工作。以加油站建筑设计消防审核、验收为重点，共检查加油站263个次，发出责令限期改正通知书78份。依法取缔了不符合安全生产条件的12家，自行停产停业的3家，对16家影响安全布局的加油站敦促其制定整改计划，尽快搬迁。对全市154家加油站逐一建立档案，明确消防监督责任人，落实责任确保安全。

（10）开展水上交通安全整治。交通、海事部门深入开展水上交通运输安全管理年活动，以“四客一危”（客渡船、高速客船、客滚船、旅游船和危险品运输船）和客运码头为重点，全面开展水上交通安全大检查。共出动检查船舶67艘次，检查人员348人次，检查船舶96艘次，查处违章船舶16艘次。强化国内船舶运输经营资质管理，对8家省内以下航线油品运输企业、34艘船舶进行检查和评估，通过对达不到经营资质的运输企业和船舶的整治组合，提高运输船舶的安全运营系数，从根本上解决当前水路危险品货物安全运输的突出问题。同时对西堤、鼓浪屿与观海园、火烧屿码头的秩序进行整顿，较好地改善了码头渡口安全秩序。

此外，铁路、文化、卫生、广播电视等系统，也针对本系统安全生产工作中存在的隐患和突出问题，进行了专项整治。市委、市政府高度重视安全基础设施的改善，不断加大安全投入，一年来，市财政用于公共消防安全、道路交通设施以及重点隐患的整改资金达1亿多元，进一步改善了我市的安全基础设施。

五、加强安全生产法制建设，依法查处生产安全事故

为切实做好安全责任追究和特大事故应急救援工作，根据《安全生产法》、《国务院关于特大安全事故行政责任追究的规定》以及《福建省人民政府关于重大安全事故行政责任追究的规定》，市政府办转发了市安全生产监督管理局关于《厦门市特大安全事故应急处理预案》，厦门市公安局出台了《厦门市公安局危险物品事故应急救援预案》，湖里区制定了《湖里区安全生产工作暂行规定》，思明区制定了《关于重大安全事故行政责任追究的规定》，初步形成了较为完善的安全生产规范管理、责任追究、应急救援体系。

各安监职能部门以《安全生产法》和国务院302号令、福建省人民政府66号令等安全生产法律法规为依据，严格履行职责，依法查处各类事故。市安全监管局、公安交警、消防等部门对较大工伤事故、交通事故、火灾事故等都能做到认真调查事故原因，分清责任，依法给予相应处理，及时结案。

市安监局会同市监察局等有关部门严肃查处了杏林“9·23”下水道中毒死亡3人的事故和“10·6”海沧霞飞路重大交通事故，事故有关责任人受到严肃处理。

六、加强安全监管队伍建设，增强监督管理力度

市委、市政府对安全监管队伍建设十分重视，在机构改革中明确建立市、区两级安全生产监督管理机构。目前，市一级安全监管局核定15个编制，3个职能处室，并经市政府同意拟向社会公开招聘10名安全监察员；7个区都已经组建了副处级安全生产监督管理局；市、区两级的安全监管机构的人员配备初步到位，海沧管委会在经发局加挂了安监局牌子，火炬高新区成立了安委会，配备了专职人员，为安全生产监督管理提供了有力的组织保证。在各级政府的重视、关心下，市、区两级安监机构的经费、人员、装备、办公所得到了有效保障。

宁波市安全生产工作综述

2002年是我市改革开放和现代化建设取得重大进展的一年。全年全市国内生产总值达到1500亿元，财政收入258亿元，港口吞吐量1.5亿吨。一年来，我们按照党中央、国务院和省委、省政府的要求，以江泽民同志“三个代表”的重要思想和党中央、国务院领导关于加强安全生产工作的一系列指示为指导，认真贯彻落实国务院第58次常务会议和全国安全生产电视电话会议精神，紧紧围绕全年安全生产工作的总体要求和工作目标，认真执行“安全第一，预防为主”的方针，以遏制重特大事故为重点；抓基层、抓基础，深化安全生产专项整治，深化安全生产责任制，深化安全生产的法制建设；加强安全生产的宣传培训，加强事故隐患整改，加强重大危险源的监控，加强安全生产监督管理队伍建设，促进安全生产工作上台阶、上水平、创造良好的安全生产社会环境。通过全市上下共同努力，我市安全生产态势基本平稳，安全生产状况总体上向稳定好转的方向发展。根据统计数据，2002年全市共发生各类伤亡事故7043起，死亡1081人，受伤人数3477人，直接经济损失5628.2万元，除死亡人数上升14.25%外，事故起数、受伤人数和直接经济损失分别下降32.3%、32.7%和23.3%。其中：

(1) 工矿企业事故。共发生106起，同比下降13.7%；死亡109人，同比上升2.8%；受伤16人，同比下降50%。

(2) 道路交通事故，共发生6760起，同比下降32.7%；死亡916人，同比上升18.96%；受伤3406人，同比下降5.7%；直接经济损失4198万元，同比下降29%。

(3) 火灾事故，共发生104起，同比下降25.7%；死亡24人，同比上升50%；受伤人数32人，同比上升68.4%；直接经济损失1012.5万元，同比下降3.52%。

(4) 渔业生产事故，共发生29起，同比下降3%；死亡26人，同比下降28%；受伤1人，与上年持平；直接经济损失410.6万元，同比上升33%。

(5) 农业机械事故，共发生44起，同比下降8.3%；死亡6人，同比下降50%；受伤22人，同比上升15.79%；直接经济损失6.76万元，同比增长54.3%。

回顾过去的一年，我们主要做了以下工作：

一、加强领导，把安全生产放在一切工作的突出位置

2002年市委、市政府对安全生产工作十分重视，从讲政治、保稳定、促发展、树形象的高度，把搞好安全生产作为保障经济和社会发展，促进精神文明建设的大事放在一切工作的突出位置。市领导先后4次参加了全国、全省安全生产电视电话会议，对做好全市安全生产工作作了具体部署，书记办公会议、市政府常务会议、市政府专题会议多次听取安全生产情况汇报，对安全生产的全局性工作和倾向性问题经常研究分析，做到早部署、早防范。特别是对节假日及党的十六大等不同时期的安全生产工作，市政府都提出了具体要求。

各县（市）、区和市级有关部门对安全工作也十分重视。余姚、慈溪、奉化、宁海、鄞州、江东等地党政一把手，市公安、交通、贸易、海洋渔业海事等部门主要领导做到亲自抓安全，参加安全生产检查，协调解决安全生产有关问题。

在市委、市政府对安全生产工作重视的同时，市人大、市政协对安全工作也相当关注。江东、奉化、北仑等地邀请部分人大代表、政协委员视察、检查安全生产工作。由于各级领导的重视和关心，为我市安全生产工作深入开展创造了有利条件，提供了强有力的保证。

二、以贯彻落实《安全生产法》为契机，进一步深化各级安全生产责任制

2002年，市、县（市、区）两级建立健全了政府、主管部门、安全生产监察部门“三位一体”的安全生产综合目标管理责任制考核体系。据统计，2002年，市、县两级政府共签订责任书653份。各地镇（乡）、街道都建立了安全生产委员会或安全生产领导小组，并把安全生产责任书签订到每个村和重点企业。市政府目标考核领导小组会同市安全生产委员会在对各地企业职工伤亡事故、火灾事故和道路交通实行考核的基础上，继续将市委、市人大、市政府、市政协及群众团体等106个部门的安全生产工作列入考核范围。在全市实行了全方位的安全生产目标考核制度，将安全生产责任与机关全体人员的经济利益直接挂钩，督促全体机关人员都来关心、重视、共同做好安全生产工作。

2002年6月29日，九届人大常委会第28次会议审议通过了《中华人民共和国安全生产法》，对此，市政府相当重视，就如何贯彻《安全生产法》作了部署，对健全安全生产责任制，落实责任，明确职权，强化责任追究等方面提出了要求。各县(市)、区也结合实际作出了落实责任制的有关规定，促进了全市各级安全生产责任制得到进一步完善。

三、积极开展安全生产检查和专项整治，安全生产环境得到进一步改善

一是开展安全生产检查。2002年以来，我市针对不同时期开展了4次安全生产大检查。同时根据我市实际情况，适时组织专项安全生产检查。节日期间，旅游、交通、海事等部门对重点码头、车站及旅游风景区进行检查。平时，针对暴露出的安全问题，有针对性地进行安全专项检查，对检查中发现的问题，认真进行了整改。

二是积极开展专项整治。专项整治是我市在安全生产工作中行之有效的一种措施。我们从2000年开始，结合贯彻江泽民总书记重要批示精神，组织开展了打火机、节能灯、采石行业，“三合一”企业、烟花爆竹生产企业，吸砂运砂船舶，有毒有害危险物品，客运车辆超载，高层建筑消防安全，城区拆违安全等10项整治。在各专项整治中，有关部门加强联系，相互支持，密切配合，找出了存在的问题，采取了一系列防范措施，消除了很多事故隐患。有些还针对行业特点，制定了行业标准和操作规范，为实现安全生产长效管理打下了坚实的基础。2002年，全市又大力开展了道路交通、水上交通安全、矿山安全、危险化学品安全、公众聚集场所消防安全、农用车安全、锅炉压力容器安全、采运砂船安全等安全生产专项整治，取得了明显成效。

在道路交通安全专项整治中，公安部门以整治道路交通事故“黑点”为重点，积极开展预防道路交通事故工作。通过对全市近5000公里公路的调查、摸底，确立了全市14个省级事故“黑点”、71个市级事故“黑点”，并进行了重点整治。根据不完全统计，全市累计投入1030.2万元资金用于事故“黑点”整治工作。目前14个省级事故“黑点”已基本消除，71个市级事故“黑点”已消除过半。同时在34省道和329国道等路段，投入350万元安装了28套道路监测系统，自动测速、识别车牌号，有效地遏制了超速行驶，降低事故隐患，并为打击交通肇事逃逸和侦破刑事治安案件提供了重要的技术手段。另外，通过完善道路交通事故处理系统和道路交通违章处理系统等业务系统，严肃事故处理和违章处理，并将违章记分与驾驶员年审工作有机结合，促进驾驶员自觉遵守交通法规，从源头上减少交通事故发生。与此同时，市交警支队针对当前化学危险物品运输、外来民工子弟学校接送学生车辆、载客农用车存在严重安全隐患等突出问题，专门组织人员进行排摸调查，并提出了加强对外来民工子弟学校接送学生校车、化学危险物品运输车辆和淘汰取缔载客农用车管理的具体措施。对64起接送学生车辆超载和不按规定线路运输危险物品的机动车进行处罚，治安拘留了9人。交通部门在道路硬件设施整治中共投资7189万元，其中，标志标线总投入资金3455万元，设置标志4127块，漆划标线586公里，重点完成公路安全设施、公路“三危”处理，使公路的行车安全环境大为改善，确保了公路安全畅通。

在水上安全专项整治中，市政府专题召开水上安全专项整治电话电视会议进行部署，着重开展了水上交通运输船舶、渔业船舶、水上工程作业船舶和旅游船舶的安全整治。针对各地采、运砂船大量聚集我市辖区水域，采砂船在航道上违章采砂，运砂船无证营运，冒险航行，严重超载的现状，成立了以市政府领导挂帅、宁波海事局牵头的整治工作领导小组，开展了采运砂船专项整治工作。通过专项整治，以规范运砂船管理为中心，打击超载，逃避等违章行为，着力整治“三无”运砂船舶。市政府同时发布了《关于严厉打击采运砂船舶违章作业和运输的通告》，为进一步规范我市采运砂船的安全管理提供了法律保障。目前，这项工作已取得了明显成效。

在乡镇矿山整治中，各地根据“减少数量，提高档次，合理规划，确保安全”的总体要求开展了整治，累计投入整治经费622万多元。通过整治，全市乡镇矿山的总数从2000年674家减少到441家，初步达到了市政府提出的整治期间关闭20%，3年内关闭50%乡镇矿山的整治目标。在专项整治过程中，积极推广中深孔爆破技术，市政府拨款50万元，用于这一技术的推广，到目前采用此项技术的企业已达到70余家，从推广使用情况来看，极少发生职工死亡事故，而且生产效率大大提高。2002年7月19日，省经贸委在我市镇海区召开了中深孔爆破开采技术推广现场会，我市的做法得到了上级的充分肯定。在此基础上，市政府要求全市开采矿山宕面高度超过20米的矿山企业必须在2004年底前实现分台阶开采。尤其是年产量超过20万吨的矿山企业，要力争在2003年年底全部采用这一技术。对逾期未采用这一技术的矿山企业，一律停产整顿，从根本上解决矿山企业事故多发的局面。

在危险化学品专项整治中，根据国务院《危险化学品安全管理条例》和国家经贸委等11个部委《关于开展危险化学品专项整治的通知》要求，8月23日市政府召集市有关部门就危险化学品专项整治工作作了专题研究和部署。9月20日，又组织了公安、交通、工商、技监等部门，专门对道路交通危险化学品运输联合进行上路专项执法检查。交通部门专门对道路化学危险货物运输情况进行了调查。目前，全市共有22家道路和12家水路危险货物运输企业达到资质要求，取消不具备化学危险货物道路运输经营资格的企业68家、水上运输经营资格的企业2家；据市安全生产监管局对危险化学品的初步统计，全市共有生产企业185家，经营企业2132家，储存企业61家，使用权企业12家，包装容器企业12家，518辆危险品专用车，1051人从业人员，其中261辆危险品专用车辆技术等级评定达到一级，占52.2%；持证上岗率达100%。

在公众聚集场所消防安全的集中整治活动期间，共检查单位1973家，制发各类消防法律文书641份，发现火灾隐患2224处，处罚单位121家，罚款6.27万元，责令停产停业22家，吊销营业执照47家，取缔32家。11月2日国家安全生产监督管理局督查组对我市公众聚集场所的消防安全专项治理情况进行了督查，实地查看了慈溪迅达打火机厂、周巷影剧院等单位的整治情况，认为效果比较明显。

在农用车安全专项整治中，全市共查处黑车1283台，经检验合格补发牌证604台，查处非驾人员650名，经强制培训后核发驾驶证1029本，核发外籍准运证3200余本，强制拆除并装的废旧拖拉机76台，查处人货混装车辆105辆。经过整治，有效地减少了农用车载客情况，基本达到了规范管理的目的，受到了国家农业部和省农业厅的表彰。

四、深入开展安全生产宣传教育和培训

2002年，我市广泛发动群众，把强化安全生产的宣传教育和培训，营造安全生产氛围，增强全社会的安全意识，提高全民安全生产素质作为搞好安全生产工作的重要内容来抓。各地、各部门、各单位积极开展了“交通安全宣传周”、“119消防日”、“中小学生安全教育周”等形式多样、内容丰富的宣传教育活动。宁波电视台、电台、报刊开辟了“消防119”、“出租车司机”等专题和专栏。市总工会牵头组织了“安康杯”竞赛活动。在“安全生产月”活动和《安全生产法》颁布后，市安全监管局和各县（市）区、各单位领导重视，准备充分，组织开展了形式多样的安全生产宣传活动。通过社会化的宣传，营造了安全氛围，提高了群众的事故防范意识和自我保护能力。

根据《宁波市企业注册安全主任实施细则》，市安全生产委员会办公室组织了对全市企业注册安全主任培训的检查指导和考核工作，2002年已有1309名同志通过严格的培训考核，获得了注册安全主任任职资格，为在全市实行企业注册安全主任制度打下了良好基础。同时，2002年还加强了对企业经营者、安全生产管理人员和特种作业人员的培训，经考核有13890名同志获得相应合格证或资格证。

我市市级有关部门根据《安全生产法》和国务院302号令的要求认真制订了水陆交通、火灾、重大活动、旅游、渔业生产等15个重特大事故应急处理预案。8月，市海洋渔业局牵头，市安监局、边防、海事、消防等部门参加，在象山石浦进行了我市首次渔业船舶应急救助演习。9月份，市消防支队在镇海炼化公司进行了消防跨区域火灾事故扑救演练。各县（市）、区也根据各自实际，制订了相应的应急预案。9月，我市成立了宁波市海上搜救中心，并在后来发生的几起渔业船舶事故救助过程中发挥了很大的作用。

2002年，全市未发生一次死亡10人以上重大事故，除死亡人数同比上升14.25%外，事故次数、受伤人数和直接经济损失分别下降32.27%、32.73%和23.32%，保持了安全生产形势的基本稳定，为保障我市的经济发展和社会稳定作出了应有的贡献。10月30日，国家安全生产督查组来我市督查安全生产工作，对我市的工作给予了充分肯定，认为我市安全生产状况已从“基本安全”进入“稳定安全”阶段，并正在向“根本安全”方向发展。

在肯定成绩的同时，也要清醒地看到存在的问题，一是道路交通事故总量过大，全市共发生各类伤亡事故7043起，死亡1081人，其中道路交通事故6760起，死亡916人，分别占事故总量和死亡人数的95.9%和84.6%；二是道路交通和渔船捕捞两项发生的事故已突破省政府对我市的考核指标；三是安全生产基础工作比较薄弱，隐患很多。从各项安全生产检查的情况看，许多地方不少行业都存在着一些事故隐患，稍有不慎就有可能发生事故，甚至大事故。

深圳市安全生产工作综述

2002年，我市的安全管理工作以“三个代表”重要思想为指导，认真贯彻落实党中央、国务院和省委、省政府的一系列指示精神，以宣传贯彻《安全生产法》等安全生产法律法规为主线，深入落实安全生产责任制，深化隐患整治工作，开展安全宣传教育活动，积极探索安全管理工作新机制，推进机构改革，全市安全监督管理网络基本形成，全社会安全生产意识逐步提高，全市安全生产形势持续好转。一年来，全市共发生交通、火灾、职工伤亡、森林火灾及其他等各类安全事故6399起，死亡1247人，受伤4136人，烧山面积50.50亩，直接经济损失3692.16万元；杜绝了10人以上特大安全事故；道路交通事故上升的势头得到遏制，在全市路面车辆日均增幅200~300辆的情况下，道路万车事故率下降10.2%，万车死亡率下降11.79%，10万人死亡率下降7.24%；火灾事故死亡人数下降40.00%，受伤人数下降42.86%，直接经济损失下降30.27%；职工伤亡事故在工伤投保人数比上年度增加40万人的情况下，因工致残人数比上年度下降7.5%；实现了“杜绝重大恶性事故，减少一般事故，确保全市安全生产形势稳定”的工作目标。

一、积极稳妥推进安全监管机构改革，安全监管力量得到明显加强

市委、市政府高度重视安全生产管理机构和队伍建设，市委书记黄丽满同志到任后即听取安全生产工作汇报，多次强调安全生产事关人民生命和社会安全，安全生产工作只能加强，要充实人员，确保监管到位。市长于幼军同志高度重视安全工作，反复强调安全生产来不得半点松懈，必须警钟长鸣。主管安全的副市长王穗明同志更是在安全重点工作上亲力亲为，并且专门就加强安全机构建设问题与各区主要负责同志交换意见，大力推动这项工作。正是有了领导的重视，在全市总体机构减编裁员的情况下，各级安全监管机构都得到了加强。

组建了副局级建制的市安全生产监督管理局，赋予了综合监管的职责，同时组建了副处级建制的市安全生产宣传教育中心。各区均成立了正处级建制的安全生产监督管理局，直属区政府领导。市、区两级的人员编制总数由机构改革前的62人增加到135人。龙岗、福田、罗湖和南山还分别成立了安全生产宣教中心，同时各镇的安监队伍力量也得到不同程度的加强。公安消防部门在本次机构改革中提高了内设机构的建制级别，理顺了管理体制。全市已初步构建起市、区、镇三级的安全生产监督管理网络体系。

为确保增编后的安全监管队伍业务精通、作风过硬，市安全生产监督管理局在国家和省局的大力支持下，组织市、区、镇三级安全监督管理人员系统地学习了安全生产法律、法规，以及行政执法程序和安全检查执法文书。同时，采取公开办事程序，设立投诉电话，开设接待窗口和定期考核等多种形式，狠抓了三级安全监管队伍业务培训和作风纪律建设。

二、宣传贯彻《安全生产法》，安全生产法律法规深入人心

2002年，全市围绕宣传贯彻《安全生产法》、《广东省安全生产条例》、《深圳经济特区锅炉压力容器压力管道质量监督与安全监察条例》、《机关、团体、企事业单位消防安全管理规定》、《深圳市企业负责人安全管理责任追究办法》等系列安全生产法律、法规和规章，精心组织，掀起了声势浩大又扎扎实实的学习宣传热潮。

一是周密部署。市安委会专门发出了《关于学习宣传贯彻〈安全生产法〉的通知》，及时部署宣贯工作。市、区、镇三级政府和各部门、各行业根据要求，分别制定了宣贯工作计划和方案。市安委会还组织召开了全市党政机关和事业单位负责人大会，号召各级领导要带头学法、守法，并请国家局领导就《安全生产法》的作专题报告。

二是采取多种形式，大力开展《安全生产法》的普及宣传，营造“关爱生命，关注安全”的社会氛围，强化人们的安全法律意识。充分发挥新闻媒体的作用，宣贯期间全市累计播出电台报时广告、电视公益广告220多次，发表各类安全报道70多篇，并在报刊上开展了题为“危及生命时员工有权先撤”和“发生安全事故有权索赔”等专题讨论，在社会产生了强烈反响。积极开展安全法律法规宣讲活动，由各级领导带队，组织了百人的宣讲团，深入企业、厂矿、社区、公共场所和生产第一线，送法上门，现场宣贯，受到社会各界和广大员工的好评。同时，把安全普法教育寓于群众喜闻乐见的文娱节目之中，组织和举办了规模较大的安全知识竞赛、安全教育图片展览、安全知识录像电影播映、安全电视文艺专栏和安全文艺晚会等活动，引起了广大市民、企业员工及在校学生的浓厚兴趣和参与热情。使广大群众切实感到《安全生产法》不仅与生产经营密不可分，也与每个单位、家庭及每个人息息相关。为保证宣贯工作的顺利进行，市宣教中心组织力量编写安全书籍、教案，制作安全音像资料，设计安全教育图片等，采用多媒体教学手段开展宣贯，并在市区内有计划、分步骤地设立安全书店和安全书籍专柜，拓宽了安全文化领域。据统计，在这项活动中全市共印制、派发包括音像视听教材在内的各类宣传资料6万本（套）。

三是将全市企业负责人列为《安全生产法》、《深圳市企业负责人安全管理责任追究办法》宣贯培训的重中之重。针对一些企业负责人认识上存在偏差和责任感不强的状况，着力开展企业负责人《安全生产法》培训工作，强化其安全责任意识，努力实现“要我安全”向“我要安全”转化。培训活动采取“全市统一师资、统一教案、统一学习辅导材料，集中动员，分级分部门组织实施”的方式，收到很好的培训效果。据统计，全市共组织《安全生产法》等各类培训班293期，参加受训的企业负责人和安全管理人员共有7.3万多人。

四是把宣贯《安全生产法》和激活企业自身安全管理功能有机结合起来。在宣贯工作中，全市各级安全生产监督管理部门牢牢把握《安全生产法》的基本精神和本质要求，在《安全生产法》的执法大检查中，坚持做到执法和服务相结合，对发现的隐患问题，逐条、逐项帮助和督促企业进行改进和完善。改变了过去单一地查事故、查隐患的传统做法，激活了企业自身的安全管理功能，有效地促进了企业自我约束和激励机制的建立。

三、狠抓隐患顽症的综合治理和八大专项整治，安全生产环境持续改善

2002年，全市认真贯彻落实全国全省安全生产电视电话会议精神，各部门充分发挥职能作用，通力协作，针对安全生产中存在的突出问题，在巩固已往专项整治阶段性成果的基础上，开展了隐患顽症、道路交通、消防、危险化学品、电力设施、矿山、建筑施工与燃气安全、特种设施与冲剪压设备等八大安全生产专项整治，并坚持专项整治与日常检查相结合、与节假日前后的全市性安全生产大检查相结合，突出抓好隐患整改工作。对于重大安全隐患，一经发现，及时采取措施加以整改；对于比较复杂的整改工作，主要领导亲自过问，分管领导全力以赴，提供必要的条件和手段，采取切实可行的措施，成效显著。

隐患顽症整治。市领导数次到八卦岭工业区，研究指导隐患顽症的综合整治，通过近半年的艰苦工作，使一度有严重安全隐患的八卦岭宿舍区面貌得到有效改观。同时，也为解决重大疑难安全问题积累了经验，推进了全市隐患顽症整治工作的展开。罗湖区安委会先后召开70多次会议，研究协调隐患整治工作，全年整治重大安全隐患66处。

道路交通安全专项整治。交警部门在2001年排查出事故多发点段62处、已治理完毕28处的基础上，2002年又排查出事故多发点段77处，进行有针对性的整治。通过加大路面值勤警力、推出流动“电子警察”、合理改善交通设施等措施，大力整治路面行车秩序，全力降压交通事故；交警支队共查处机动车违章64.17万余宗，查处行人、非机动车违章68.5万余宗，9月下旬后，诸警种联合上路，又开展了为期2个月的严管整治行动。交通部门在长途运输行业试行“车长责任制”，加强驾驶员自我管理，在出租车行业开展“四员达标夺星工程”活动，提高驾驶员综合素质，开展了对客运场站发班客车和旅游包车的专项整治，取得明显成效。宝安、龙岗两区政府会同国土、交警等部门对事故多发的107、205国道进行了集中整治，一是制定方案完善部分路段交通安全设施和疏导措施的配套；二是组建交通协管员队伍上路，弥补了警力不足。整治行动现已取得明显成效，交通事故攀升的势头得到遏制。

消防安全专项整治。在历年开展市政消火栓普查整治的基础上，公安消防部门第六次组织开展了对全市消火栓的普查，全面掌握了市政消火栓分布、欠账、损坏的最新情况，提出了下一步整治意见。同时，开展了公众聚集场所、易燃易爆行业、建筑消防设施、集体宿舍火灾隐患专项整治工作，共检查单位11261个，整改火灾隐患10736处，责令停产停业整改单位724个，取缔非法学校、幼儿园、非法液化气经营点和其他存在重大火灾隐患场所221个。全市消防安全工作成绩显著，不但没有发生特大恶性火灾事故，一般火灾事故各项指标也大幅下降。

锅容管特与冲剪压切设备安全专项整治。锅容管特普查整治工作在2001年开展普查登记的基础上，2002年继续开展了整治检验和监察工作。通过普查整治，基本摸清了全市锅容管特设备的数量、分布情况及安全状况，查出未注册锅容管特设备20605台，占全市锅容管特设备总量的33.5%，对存在严重事故隐患的企业全部下达了《监察意见通知书》共2069份，达到了国家统一规定的普查整治工作要求，10月顺利通过了国家的验收并获验收组的高度评价；在冲、剪、压、切、木工机械等危险设备专项整治中，安全监管部门与社保部门联合，坚持工伤保险与事故预防相结合，对工伤致残赔付率高的单位和工伤事故高发企业加大查处力度，重点对工伤致残人数排名前20位的500家企业开展了安全监督检查，帮助企业寻找事故多发原因，督促企业整改，预防事故再次发生。

市经贸、建设、国土等部门，也从各自实际情况出发，分别牵头开展了危险化学品安全专项整治、电力设施安全专项整治、建筑施工与燃气安全专项整治、矿山安全专项整治，建立起危险化学品专项整治联席会议制度，规范了矿山分水平台阶开采，修订了燃气经营企业安全评价标准。海事、消防、建设、国土、水务等部门在重大安全事件的抢险救援方面反应迅速，措施得力，及时排除了“9·18”梅林山体滑坡、“11·23”巴拿马籍液化石油气轮火灾、“12·23”梧桐山轮汽车舱失火等重大险情，避免事故扩大，减少了损失。南山和盐田两区政府分别在“4·28”蛇口山火和“6·23”沙头角火灾事故中指挥得力、扑救及时，消除了对事发地临近油站的威胁。

四、探索安全管理新路子，强化安全管理责任制

2002年，市、区两级政府和部门针对我国加入WTO后安全生产工作出现的新情况、新问题和国家、地方系列安全生产法律法规颁布出台后对安全生产工作提出的新要求，在进一步强化安全生产责任制的同时，在安全生产机制创新方面进行了有益的探索。

（1）明确责任，层层分解，落实到人。各单位认真贯彻法律法规的有关规定，进一步明确本地区、本部门的安全管理责任，通过制订《安全责任书》或签订《安全管理责任状》等形式，将责任层层分解，落实到人。如市建设局施工安全监督站制定了《监督管理人员安全管理奖惩办法》，将安全监督管理责任明确落实到每一个监督人员。市交警局各辖区交警大队落实领导责任制，实行谁主管、谁负责的原则，将降压交通事故责任与个人考核挂钩。市规划国土部门通过签订《安全管理责任书》，将安全管理工作要求落实到日常工作的各环节，将安全管理责任分解至涉及安全生产工作的主要科室。这些举措，对促进安全生产责任制的全面落实发挥了积极作用。

（2）结合深圳实际，不断进行安全管理机制创新，落实安全责任。宝安区推行的安全生产巡查制度，就是针对基层安全生产责任落实不下去、安全监察不到位而提出的，其核心是各区、镇、村对管辖区域内的机关、团体、企业及事业单位、私人业主、个体工商户及其他生产经营单位的安全生产状况，以巡回检查的形式依法进行不间断、全方位、综合性监督管理的日常检查管理制度。在全区实行分片联系和分片监察，将安全生产责任分解落实到人，使安全生产工作横向到边、纵向到底。龙岗区将部分安全生产执法权委托下放到各镇，解决了各镇只有监督权无执法权的问题，加强了基层的安全执法工作。福田区积极探索“城中村”安全监管新模式，开展“启动生命工程，创安全社区”活动。教育部门开展“警校共建”活动，落实一校一警制度。交警部门为疏导交通拥堵和降压交通事故，改变过去以固定勤务机制为主的模式，采取以“巡逻为主、站点管理为辅，高峰站点、平峰巡线”的勤务机制，提高队伍机动灵活和快速反映的能力，做到“哪里有交通拥堵，哪里有交通事故，交警第一时间就在哪里出现”。

(3) 各司其职、齐抓共管，加大安全保障力度。政府有关部门认真贯彻国务院302号令和《安全生产法》，切实履行各自的职责，从审批、监管、投入等方面加大安全生产工作力度。如市建设局将安全条件审查程序前置于核发施工许可证之前，保证安全施工的前期管理到位。市财政局对全市安全生产投入予以重点保障。市发展计划局把全市安全生产的目标和规划，纳入社会发展计划。市规划国土、工商、药监、文化等部门也充分发挥职能作用，加大了审批、监管力度，力争在城市建设的规划设计阶段、在市场准入环节上把好安全关。市旅游局本着“没有安全就没有旅游”的思想，积极探索安全检查新方式，狠抓责任落实，确保了全市150家星级酒店和“五一”、“国庆”等黄金周期间的旅游安全。市城管办也加大了对市政桥梁和公园游乐设施的安全保障措施。

五、广泛深入开展安全生产宣传教育，安全生产舆论氛围日渐浓厚

6月，根据国家的统一部署，以“安全责任重于泰山”为主题，市委宣传部、市安全监管局、市总工会、团市委联合组织开展了第一届“全国安全生产月”活动。王穗明副市长发表了电视讲话，市安委会开展了“安全生产宣传咨询日”活动，举办了“现代安全管理专家报告会”、安全知识图片与电影巡回展、安全摄影大赛、安全文艺晚会等活动，收到了很好的宣传效果。

各区、各部门都强化了安全生产宣传教育工作，加强安全文化建设，保证宣传投入，并注重发挥群众监督和舆论监督的作用，普遍设立了举报电话、举报信箱，运用电影、电视、报纸、电台等宣传媒体，搞好宣传教育和舆论监督。市安委办、市安全生产宣传教育中心在深圳广播电台FM97.1频率全年不间断播出安全生产报时广告700多次，在深圳电视台一套节目隔天播出安全管理公益广告累计180多次，在深圳电视台播出各类安全报道20多条。在《深圳特区报》等主要报刊上刊发安全宣传报道300多篇，与《深圳法制报》合作编辑“鹏城安全专版”21期，刊发文章150多篇，图片80多幅，使安全宣传深入人心。市建设局组织召开了由施工企业、监理企业500多人参加的“2·20”事故现场会，分析事故原因，引导企业汲取事故教训；南山区在员工密集工业区放映安全宣传教育影片《人命关天》；消防局抓社区消防站建设，11个消防站共接待参观受教育人数16万多人次。全年宣传教育工作不间断，宣传教育覆盖面扩大到广大企业、员工和市民，取得了较好的宣传效果，群众反应很好。

第七部分

安全生产宣传教育与培训工作

全国安全生产宣传教育工作

2002年，全国安全生产宣传教育工作继续以“三个代表”重要思想为指导，认真贯彻党的十五届六中全会、全国宣传思想工作会议和中央经济工作会议、全国安全生产工作会议精神，坚持以正面宣传为主，唱响主旋律，打好主动仗，按照团结、稳定、鼓劲的总体思路，进一步巩固和发展安全生产专项整治成果，立足防范，强化监管，切实遏制重大、特大事故，促进安全生产形势的稳定好转。

一、2002年安全生产宣传教育工作要点

2002年2月25日，国家安全生产监督管理局（国家煤矿安全监察局）印发了《2002年全国安全生产宣传教育工作要点》，主要内容如下：

（1）深入宣传、贯彻江泽民总书记“七一”重要讲话和党的十五届六中全会《决定》，坚持“三个代表”重要思想和宣传工作的正确方向。各级安全监管机构要进一步加强安全生产宣传教育工作，切实转变作风，采取有效措施，不断推进安全生产宣传教育和安全文化建设的创新。通过努力工作，形成良好的安全生产宣传教育氛围，推动安全生产工作的开展。按照党的十六大的部署，结合安全生产宣传工作的特点，精心组织，认真安排，掀起了学习宣传贯彻十六大精神的热潮，把安全生产宣传教育工作提高到一个新水平。

（2）围绕2002年安全生产专项整治工作和全国安全生产工作重点，加大宣传力度，抓巩固、抓深化、抓提高。继续宣传贯彻去年国务院办公厅25号明电和68号文件及郑州煤矿安全现场会的精神，突出煤矿和危险化学品这两个专项整治重点，把五项安全整治工作不断推向深入。结合安全监察、专项督查和事故查处，搞好安全警示教育，坚持标本兼治，关口前移，预防为主，最大限度地消除事故隐患，遏制重大、特大事故发生。要与各新闻媒体加强联系与协作，密切配合，全方位地做好安全生产新闻宣传工作。运用公益广告、文艺演出、知识竞赛以及开设专栏专版、进行专题采访等多种形式，经常不断地进行安全生产宣传教育，努力营造良好的安全生产舆论氛围。

（3）做好安全生产法律法规宣传，推动安全生产法制建设。要继续按照司法部与国家局联合发出的《关于深入开展安全生产法制宣传教育的通知》（安监管政法字［2001］26号）要求，加大宣传有关安全生产法律、法规、规章与规程的力度，为强化安全管理、降低事故、促进经济发展创造良好的法治环境。要结合普法教育和落实“四五”普法规划，突出重点，增强安全生产法制宣传工作的针对性，提高广大职工依法、按规章安全生产的意识和素质，提高安全监管、监察人员的执法水平。在《安全生产法》颁布之后，要把学习、贯彻《安全生产法》作为一个时期宣传教育工作的重中之重集中抓好。

（4）抓住开展“全国安全生产月”活动的好时机，集中进行安全生产宣传教育。2月，国家局和中宣部、全国总工会、团中央共同发出了《关于开展2002年“全国安全生产月”活动的通知》（安监管政法字［2002］4号)，决定从2002年起把“安全生产周”活动改为“全国安全生产月”活动，在每年6月份举行，2002年的主题是“安全责任重于泰山”。2002年是安全生产宣传周改月的第一年，各地要按照通知精神，结合各自的工作实际，提前精心策划，充分准备，搞好宣传发动。安全月期间要组织好几项重要的宣传教育活动，倡导安全生产和安全生活方式，提高全民的安全意识及安全文化水平，同时要组织和指导有关部门及企业积极参与，根据各自的特点，广泛开展形式多样、群众喜闻乐见的宣传教育活动，造成强大的宣传声势，将宣传活动与安全生产工作密切结合，以月促年，进一步推动全年的安全生产工作。

(5) 推出品牌，集中力量抓好“安全生产万里行”活动的宣传报道。国家局已与中宣部、全国总工会、团中央、广电总局联合发出《关于开展“安全生产万里行”活动的通知》(安监管政法字［2002］5号)，决定自2002年起开展“安全生产万里行”活动，并于“全国安全生产月”期间启动。开展“安全生产万里行”活动的目的是通过宣传党中央、国务院关于安全生产的方针政策，普及安全生产法律法规教育，增强各级领导和全民的安全意识，提高安全文化水平，促进安全生产。各地要按照通知的要求，充分重视，狠抓落实。要利用“安全生产万里行”活动，切实搞好有针对性的重点宣传与报道。“安全生产万里行”车队所到之地的有关方面要密切配合，做好安排，其他地区也要积极在当地广播、电视、报刊等媒体上开辟“安全生产万里行”专栏，全方位地做好宣传报道。

(6) 继续搞好安全生产监管和煤矿安全监察机构创先争优活动的宣传，树立典型，鼓励先进。国家局在2002年初召开的全国安全生产工作会议上表彰了2001年度全国安全生产监督管理先进单位、煤矿安全监察先进办事处及先进个人。2002年要继续把在全国安全生产监督管理机构创建先进单位、争当先进个人，在全国煤矿安全监察机构创建先进办事处、争当优秀监察员活动，作为加强安全监管、监察队伍思想、作风和廉政建设的一项重要内容持续开展下去，通过创先争优活动的开展，大力宣传事迹突出的先进单位和先进个人，促进队伍整体素质的提高，树立良好执法队伍形象。

(7) 加强安全生产宣传教育队伍建设，建立安全生产宣传教育网络。各级领导要高度重视安全生产宣传教育工作，充分运用新闻舆论手段，发挥新闻媒体在宣传教育工作中的重要作用。要指导所在地区的安全生产报刊，把握正确的舆论导向，做好宣传报道工作。要培养一支党性强、素质高、作风正、能打硬仗的宣传教育队伍，逐步形成全国统一、多层次、全方位的宣传教育网络体系，为安全生产状况的稳定好转作出应有的贡献。

二、第一次全国安全生产宣传工作会议

2002年3月26日，国家安全生产监督管理局召开了第一次全国安全生产宣传工作会议。会上提出了2002年要重点抓好的六项工作：①围绕深入开展五项安全生产专项整治，加大宣传教育工作力度；②认真搞好第一个全国安全生产月活动；③同心协力搞好“安全生产万里行”活动；④抓好安全生产法律法规的学习、宣传和贯彻；⑤探索和开展建设安全社区活动；⑥充分发挥新闻媒体的作用，搞好舆论导向和舆论监督。

会上，国家安全生产监督管理局领导认为，新闻舆论工作在安全生产监督管理中有着不可替代的作用，所以，随着大众传播媒介的日益发展，必须充分利用新闻媒体，搞好正确的舆论导向，实施有效的舆论监督，以正确反映我国安全生产现状，揭露和批评安全生产领域存在的腐败现象。要求各地、各部门要加强对宣传舆论上作的指导，加强与新闻媒体的联系，把握好正确的舆论导向，旗帜鲜明地唱响安全生产的“主旋律”。

三、新世纪第一个“全国安全生产月”

2002年，全国各地都开展了“全国安全生产月”活动，6月9日，各省市各地区在所在中心城市的广场、社区、街道、厂区开展了宣传咨询活动，并在临街街道、建筑物等地悬挂了大量的安全生产标语、口号，在电台、电视台、报刊等宣传媒体开设了“安全生产月”专栏并播放、刊发安全生产公益广告，大力宣传安全生产知识和相关知识。6月9日，在北京市西单广场组织了公安、交通、消防、卫生、电力等部门组成咨询台，有上千人冒雨到现场进行咨询。国家经贸委主任李荣融、国家安全生产监督管理局局长王显政以及中宣部、全国总工会、共青团中央、北京市的领导也参加了当天的咨询活动。各地在6月9日都大张旗鼓地开展了咨询活动，同时在6月份开展安全生产进社区、进

校园、安全生产知识竞赛等活动。在“安全生产月”期间，国家安全生产监督管理局和有关部门举办了一台大型文艺晚会，在中央电视台黄金时间进行了播放。

2002年“安全生产月”活动，充分发挥了新闻媒体的作用，加大了对安全生产工作的宣传力度。中央和地方各新闻媒体，在“全国安全生产月”期间，介绍了安全生产工作中的先进做法，同时发挥舆论监督的作用，适当揭露和批评疏于管理、监管不力并导致重大、特大事故的案例，安全生产引起了全社会的关注。

四、全国第一次“安全生产万里行”活动

2002年，由中共中央宣传部、国家安全生产监督管理局、全国总工会、共青团中央、国家广播电影电视总局等单位组织了“安全生产万里行”活动。活动办公室设在国家安全生产监督管理局，具体负责组织“安全生产万里行”活动。组委会决定根据全国安全生产工作的实际需要，确定每年活动主题，安排若干集中行动，组织记者采访团和“安全生产万里行”活动车队，深入到各地区、各部门和企业就安全生产中的重点、热点和难点问题进行采访，集中报道，表彰先进，弘扬科学，鞭策落后。

2002年“安全生产万里行”活动，国家安全生产监督管理局与中宣部、新华社、人民日报、中央电视台、中央人民广播电台、工人日报等新闻媒体组成报道团。6月9日从北京中华世纪坛启动，国家经贸委主任李荣融、国家安全生产监督管理局局长王显政、中宣部副部长吉炳轩等领导参加了启动仪式。“安全生产万里行”报道组先后经过天津、山东、江苏、安徽等地，最终到活动终点上海，活动历时一个半月。活动期间，报道团对有关安全生产的先进事迹和存在的问题进行了集中报导，在社会上营造了“关爱生命，关注安全”的舆论氛围。7月1日，在上海外滩，国家安全监督管理局副局长闪淳昌和上海市常务副市长蒋以任主持了闭幕仪式，并进行了文艺演出，为此“安全生产万里行”活动落下了帷幕。

五、《安全生产法》宣传工作

为全面贯彻执行《中华人民共和国安全生产法》，国家安全生产监督管理局（国家煤矿安全监察局）制定了《安全生产法》宣传提纲。提纲中要求要切实抓好《安全生产法》的学习、宣传和贯彻活动，使之深入人心，把握《安全生产法》的基本法律制度和主要内容。另外，国家安全生产监督管理局与全国普法办、司法部联合发出通知，将《安全生产法》列为“四五”普法内容。国家安全生产监督管理局与司法部联合下发了关于学习、宣传、贯彻《安全生产法》的通知，各地印发《安全生产法》宣传册近3000万册，并组织了“《安全生产法》宣讲团”，在全国引起了很大反响。

各级领导十分重视《安全生产法》的学习宣传，层层组织了宣讲团，举办培训班。各地电台、电视台、报纸、刊物纷纷开辟学习《安全生产法》专栏。北京市安委办发出《通知》，从2002年8月下旬到10月下旬在全市组织开展《安全生产法》培训，并把《安全生产法》培训纳入2002年度北京市安全生产综合考核内容，作为干部任职资格和从业人员三级安全教育的内容。山东省政府办公厅发出《关于认真学习贯彻〈安全生产法〉》的通知，要求利用一切宣传工具，通过开展知识竞赛、演讲等活动，对《安全生产法》进行学习。国防科工委、建设部、铁道部、交通部、公安部、民航总局等部门，中国石油天然气集团公司、中国航天科技集团等大型企业，采取举办培训班、以会代训等多种形式学习《安全生产法》。在学习宣传《安全生产法》的同时，国家安全生产监督管理局和各省（区、市）都加快了配套法规、规章的制订和修改工作。其中，国家安全生产监督管理局起草了30多个配套规章。江苏、山东、山西、安徽、河南、四川、上海、北京等地出台了一些配套规章制度，保障了《安全生产法》的实行。

11月1日《安全生产法》开始实行，为此，国务院新闻办在10月29日，就《安全生产法》的实施和当前的安全生产工作形势举办了记者招待会，近200名中外记者到会。国家安全生产监督管理局局长王显政、副局长闪淳昌参加了会议，并就《安全生产法》的相关内容回答了中外记者的提问。

六、中国第一届企业安全与健康高峰年会

2002年6月27日到28日，由《现代职业安全》杂志社和有关部门合作共同在上海召开了中国第一届企业安全与健康高峰年会。来自中国、美国、挪威、澳大利亚、新加坡、德国等近200名职业安全健康与环境管理高层管理人员、专家，就石油、化工、建筑、医疗、制药等行业的职业安全健康与环境管理问题，进行了广泛地交流。

国家安全生产监督管理局韦国海、任树奎司长，分别做了《加强我国安全生产监督管理工作的对策与措施》和《我国安全生产法规、监督管理体系的现状与发展》报告。英国安全委员会总理事长戴维、挪威船级社高级副总裁翰夫诺、澳大利亚职业健康和安全中心董事长叶恩柯维、中国石油天然气集团公司质量安全与环保部副主任董国永等专家学者，在会上做了学术交流。

七、全国安全生产工作座谈会

2002年7月9日至10日，国家安全生产监督管理局为贯彻《安全生产法》和研讨下半年的工作，在北京召开了全国安全生产工作座谈会。会上，国家安全生产监督管理局局长王显政提出了“抓好三件大事、构建六个支撑体系、推进五项创新”。该体系强调要加强安全文化建设，构建安全生产宣传网络，提高宣传教育的整体效果，努力营造全社会“关爱生命、关注安全”的舆论氛围。会议期间，国家安全生产监督管理局副局长闪淳昌、赵铁锤、王德学三位领导，就《安全生产法》的宣传贯彻问题与与会记者进行了座谈。

八、京港安全知识对抗赛

2002年7月18日，北京—香港安全知识竞赛在人民大会堂举行启动仪式。北京市副市长刘海燕，国家安全生产监督管理局副局长闪淳昌，香港职业安全健康局主席伍达伦、总干事邓华胜，北京市经委主任金生官等领导出席了启动仪式。

刘海燕副市长在仪式上发表了重要讲话。他说，2002年北京市提出要在今后5年内将北京率先建成为现代化国际大都市，要实现这个目标必须要有安全稳定的补会环境，保证人民群众安居乐业。通过举办北京—香港安全知识竞赛，加强两地交流、沟通与合作，完善北京市安全管理措施和手段，使北京市安全生产工作逐步与国际接轨。

九、中国国际安全生产论坛暨中国国际安全生产及职业健康展览会

2002年10月9日至12日，首届中国国际安全生产论坛暨中国国际安全生产及职业健康展览会在北京召开。国务院副总理吴邦国向大会发来贺信，国家经贸委主任李荣融、国家安全生产监督管理局局长王显政等领导出席了论坛，并参观了展览会。

来自中、美、英、法、俄等20多个国家的400多位代表出席了论坛，各位参会代表就当前世界职业安全健康的发展趋势及所面临的任务进行了讨论。李荣融主任、王显政局长、国际劳工组织北京局局长庄古在讨论会开幕式上发表了致辞。中国国际安全生产及职业健康展览会同期举行，展览会的主题是“关心21世纪安全生产，保护劳动健康”。来自国内外140多家单位参展，其中包括巴固、3M、华瑞、杜邦等知名厂商，展览会内容涉及安全卫生、检测、特种设备维护、应急救援、个体防护用品等。

十、新闻媒体报道力度加大

近年来，随着安全生产工作受重视程度的提高，新闻媒体在安全生产中的作用越来越突出。在2002年，中央电视台新闻联播、焦点访谈、东方时空、新闻调查等栏目先后播出有关安全生产的报道近百条；新华社《国内动态清样》，人民日报《内参选编》等发表反映安全生产工作情况的文章12篇；同时，各大新闻媒体发表有关安全生产工作的文章、消息近400篇。

2002年，新闻媒体介入事故报道，增加了重、特大事故调查处理的透明度。如在新闻舆论监督下被揭露出来的南丹“7·17”特大矿井事故，充分显示了新闻媒体的作用。

全国安全生产培训工作

2002年，在国家安全生产监督管理局党组的正确领导下，培训工作以邓小平理论和“三个代表”重要思想为指导，围绕国务院安全生产委员会部署的五项专项整治工作以及局党组确定的抓好“三件大事”、建立“六个支撑体系”、推进“五项创新”为主要内容的总体工作思路，认真学习并贯彻落实《安全生产法》，坚持安全生产培训要以预防和减少各类伤亡事故为目的，以提高安全监督、监察水平和企业安全管理水平，以及增强各类人员的素质和安全意识为重点，以构建安全生产培训体系为目标，组织指导了全国安全生产培训工作，逐步完善了培训的有关法规和制度，积极组织开展了各项培训，全国安全生产培训工作得到了很大的发展，各项工作均取得了较大的成绩。

一、安全生产培训全面展开

2002年是我国《安全生产法》颁布并实施的第一年，各项培训工作重点一是紧紧围绕贯彻和落实《安全生产法》，不断提高监管、监察人员法律意识和行政执法水平，做到依法行政；二是按照《安全生产法》有关规定，全面开展生产经营单位主要负责人、安全生产管理人员和特种作业人员的培训工作。2002年完成的培训工作主要有以下几方面：

1．全面开展各级监管、监察人员的培训

(1) 在2001年全面完成煤矿安全监察员岗前资格培训的基础上，为提高安全监察员行政执法水平，5~7月在中国煤矿安全技术培训中心举办了三期煤矿安全监察员行政执法培训班，共培训393人。此外，对后续成立的煤矿安全监察局和办事处的煤矿安全监察员进行了资格培训，共培训82人。

(2) 为学习和贯彻《安全生产法》，根据局党组的要求，8~9月举办了三期国家局机关和各省级煤矿安全监察局领导干部行政执法培训班，共培训174人，其中国家局90人，省局领导84人。

(3) 根据2002年安全生产工作座谈会精神，为建设高素质的安全生产监督检查队伍，提高安全生产监督执法人员的素质和行政执法水平，以安全科学研究中心为依托，8~10月组织举办了四期省级安全生产监察员执法培训，并作为安全生产监察员上岗的资格培训，培训298人。

(4) 为贯彻落实国家经贸委《危险化学品登记管理办法》，规范危险化学品的登记工作，举办了一期危险化学品登记人员的上岗资格培训，为各省（区、市）培训危险化学品登记人员102人。

(5) 为提高局机关公务员安全管理水平，造就一支高素质安全生产监督管理和煤矿安全监察管理人才队伍，适应当前安全生产形势的需要，2002年开展了机关公务员的WTO知识、外语和计算机信息技术培训，共培训机关公务员200多人次。

(6) 为做好《安全生产法》的实施工作，保证安全生产监察员和煤矿安全监察员持证上岗并依法行政，根据国家局党组指示，统一制作了《安全生产监察员》和《煤矿安全监察员》两个证件，对经培训并考核合格的国家局和各省安全生产监督管理部门、各煤矿安全监察局监督监察人员发放了监察员证。2002年共发放监察员证2938个，其中煤矿安全监察员证2477个，安全生产监察员证461个。

此外，为进一步抓好安全生产监察员执法培训，指导各省（区、市）做好地（市）、县级安全生产监察员培训工作，下发了《关于抓紧做好安全生产监察员培训考核工作的通知》，制作了安全生产监察行政执法系列讲座（VCD）材料（共十八讲），免费供各省（区、市）安全监管部门培训参考使用。同时，为全面完成年初确定的煤矿安全监察员行政执法培训任务，要求各省级煤矿安全监察局根据有关要求和提供的音像材料，继续做好未培训的煤矿安全监察员行政执法培训工作。

2．生产经营单位主要负责人、安全生产管理

人员和特种作业人员培训稳步推进

(1) 进一步做好煤矿主要负责人、安全管理人员的安全资格培训。为保障煤矿安全生产，防范伤亡事故，根据有关法律法规的规定，实行了煤矿主要负责人必须经过安全资格培训，经考核合格取得安全资格证书后，方可上岗。为此，下发了《煤炭企业经营管理者安全资格培训考核工作实施意见》，统一印制了安全资格证书，明确了培训管理与证书发放的办法。

各煤矿安全监察局自2002年6月开始，积极推进煤矿主要负责人的安全资格培训、考核和发证工作，并把它作为煤矿安全监察工作的一项具体内容去抓。在具体安全培训工作中，注意加强与煤炭工业管理部门的协作、合作，把矿长安全资格证书与矿长资格证书有机地结合起来，避免重复培训。

2002年对全国煤矿主要负责人培训14181人(表1)，发放安全资格证12320个；培训煤矿安全管理人员24956人，发证18134个。

(2) 积极开展生产经营单位主要负责人、安全管理人员的培训工作。《安全生产法》规定生产经营单位主要负责人和安全管理人员必须具备与本单位所从事的生产经营活动相应的安全生产知识和管理能力。危险物品的生产、经营、储存单位以及矿山、建筑施工单位的主要负责人和安全管理人员，应当由有关主管部门对其安全生产知识和管理能力考核合格后方可任职。因此，从法律上规定了要加强生产经营单位主要负责人和安全管理人员的安全培训，提高其安全素质和管理能力，促进安全生产。

各有关部门按照国家有关规定，积极组织开展各项培训工作。2002年对全国生产经营单位（煤矿除外）主要负责人共培训208359人（表2），发证202791个；安全生产管理人员培训524569人，发证508478个。

表1　全国煤矿各类人员安全生产培训情况统计表

截止日期：2002年12月31日

序号	人员分类 / 省份	主要负责人培训人数	安全生产管理人员培训人数	特种作业人员培训人数
1	河北	577	190	5930
2	山西	2196	6263	1484
3	内蒙古	775	992	19766
4	辽宁	222	268	15596
5	吉林	166		4376
6	黑龙江	192	341	15488
7	江苏	103	294	7520
8	浙江	17	2	2377
9	安徽	344	1547	9355
10	福建	460	514	1346
11	江西	260	664	7838
12	山东	184	4114	55444
13	河南	1440	1446	9286
14	湖北	200	210	920
15	湖南	688	566	4346
16	广东		420	
17	广西	89	216	744

续表

序号	省份 \ 人员分类	主要负责人培训人数	安全生产管理人员培训人数	特种作业人员培训人数
18	重庆	225	173	5411
19	四川	2131		8083
20	贵州	1132	1279	14274
21	云南	1366	2337	3380
22	陕西	413	1105	5905
23	甘肃	412	1400	4985
24	宁夏	71	547	345
25	新疆	458	18	10903
26	新疆兵团	60	50	300
27	合计	14181	24956	215402

表2　全国生产经营单位各类人员安全生产培训情况统计表

截止日期：2002年12月31日

序号	省份 \ 人员分类	主要负责人培训人数	安全生产管理人员培训人数	特种作业人员培训人数
1	北京	未统计	31805	106786
2	天津	56609	293291	71566
3	河北	4994	6242	
4	山西	1783	144	23366
5	内蒙古	2115	4449	28864
6	辽宁	7151	8471	66203
7	吉林	2351	5007	24127
8	黑龙江	1902	3154	32128
9	上海	6433	16062	210325
10	江苏	51067	46519	226855
11	浙江	3460	14569	56326
12	安徽	8830	6769	40354
13	福建	3501	10919	3500
14	江西	795	1336	162
15	山东	16354	20265	89085
16	河南	1440	468	12381
17	湖北	1520	2062	53361
18	湖南	1596	3046	78420
19	广东	1270		

续表

序号	人员分类 / 省份	主要负责人培训人数	安全生产管理人员培训人数	特种作业人员培训人数
20	广西	7702	14503	100854
21	海南			4124
22	重庆	4219		
23	四川	12369	21405	44918
24	贵州			
25	云南	1210	1986	24979
26	西藏			
27	陕西	5784	6247	15550
28	甘肃	91	1471	
29	青海	454	642	
30	宁夏	952	2096	8084
31	新疆	1487	131	7752
32	新疆兵团	920	1510	20600
合计		208359	524569	1350670

注：表1所列省市煤矿各类人员安全生产培训情况统计除外。

(3) 特种作业人员安全技术培训、考核与发证逐步规范。在特种作业培训、考核与发证上，按照国家经贸委13号令要求，2002年重点抓了培训大纲、考核标准的制定，规范了培训管理和操作证（IC卡）的发放工作。全国特种作业人员安全技术培训工作有序进行。2002年全国共培训特种作业人员1566072人，发放操作证（IC卡）1427604套，其中：非煤单位培训1350670人，发证1227581套；煤矿培训215402人，发证200023套。截止到2002年底，全国累计发放操作证（IC卡）368多万套，其中非煤系统352万套，煤矿系统16万套。目前，全国基本做到了新培训特种作业人员一律持IC卡操作证，到期证件全部换用IC卡操作证。

3. 召开了全国安全培训工作座谈会

为推动安全培训工作，2002年4月召开了首次全国安全生产培训工作座谈会，各省（自治区、直辖市）安全生产监管部门、各煤矿安全监察局的培训处长以及煤矿安全培训中心负责人参加了会议。会议代表交流了经验，统一了思想，明确了任务，研究了有关培训措施，并就认真贯彻《国家局2001～2005年安全生产技术培训规划》提出了实施步骤和要求。

二、加强了培训法规建设

根据国家局有关安全生产培训的职能，为了尽快理顺安全培训体制，加强培训工作的管理，逐步将培训管理、机构资格认定、培训大纲、考核标准、证书发放、师资队伍与教材建设等纳入正规化、制度化轨道，2002年加快了培训法规的建设步伐，制定了《煤矿安全监察员培训考核办法》、《煤炭企业经营管理者安全资格培训考核工作实施意见》、《关于做好安全生产监察员培训考核和证书管理的通知》等规章制度。针对培训市场不规范行为，下发了《关于加强和规范安全生产培训管理工作的通知》。为贯彻落实《安全生产法》，做到依法培训，专门召开了部分省、市安全监管部门培训处长座谈会和部分企业负责培训的领导座谈会，制定了《关于生产经营单位主要负责人、安全生产管理人员及其他从业人员安全生产培训考核工作的意见》和《关于特种作业安全技术培训考核工作的意见》，两个文件的下发对指导全国开展安全生产培训工作起到了积极的作用。

为规范培训要求，保证培训质量，组织制定并颁发了部分培训大纲和考核标准，如《安全生产监察员培训大纲》、《特种作业人员安全技术培训大纲及考核标准：通用部分》等。

此外，为严格证书的发放与管理，下发了《关于做好煤炭企业主要经营管理者安全资格证书的发放工作》、《关于规范特种作业人员IC卡操作证管理工作的通知》等。

三、加快培训基地建设、教材建设和师资队伍建设

在全面完成煤矿安全培训机构资格认定、初步形成四级煤矿安全培训网络的基础上，开展了非煤安全生产培训机构资格的认定工作。为保证认定工作的顺利进行，下发了《关于开展安全生产培训机构资格认定工作的通知》和《关于进一步做好安全生产培训机构资格申报及认定工作的通知》两个通知，各省（区、市）安全监管部门、有关行业管理部门组织有关培训机构积极申报。至2002年底，申报国家一级、二级安全生产培训机构的有106家，预计2003年第一季度将完成首批全国安全生产培训机构资格的认定工作。

教材建设方面，由国家局组织编写的全国煤矿安全培训教材共40余种于2002年7月全部完成并出版发行。这套教材是在总结多年来煤矿安全培训工作经验，借鉴国外发达国家矿山安全培训课程体系的基础上，组织了有关高校、安全技术培训中心和煤炭企业单位的教授、专家和安全工程技术人员编写而成。该套教材为模块式编写，内容科学、新颖、实用，反映了当前煤矿安全新知识、新技术，适用于煤矿各类从业人员。非煤方面，由原国家经贸委安全生产局组织编写的10余种特种作业人员培训教材已陆续出版发行。各省（区、市）也有许多很好的安全生产方面的培训教材，如广东省安全主任工程师各种培训教材等。

师资建设方面，随着国家局组织的全国37个一级、二级煤矿安全技术培训机构资格认定工作的结束，以及各省级煤矿安全监察局进行的一批三级、四级煤矿安全技术培训机构资格认定工作的完成，师资队伍建设提到日程上来。为提高师资队伍的理论水平、业务能力，以适应新任务的要求，我们以中国矿业大学（北京校区）为依托，对认定的培训机构教师进行了培训，共培训教师276名，这也是国家局成立以来第一次组织教师培训。各省安全生产监管部门、各煤矿安全监察局也组织了教师培训工作。为使培训见成效，国家局从培训大纲的制定、教学安排、教学组织等各个环节都提出了明确的要求。通过培训，使教师了解了当前本学科的前沿和发展趋势，学习和互相交流了多种不同的讲课经验、讲课艺术和先进的讲课手段，许多教师感到受益匪浅。

四、确立了安全生产培训体系方案

按照局党组建立安全生产监督监察“六大支撑体系”的总体部署和贯彻落实《安全生产法》等相关法律法规的要求，从2002年7月开始，组织有关专家在充分调研的基础上，从我国当前安全生产培训的现状出发，立足长远发展，以满足全国安全生产培训工作的需要，制定了安全生产培训体系建设方案，确立了安全生产培训体系建设的目标、原则、对象、基本框架和保障机制，明确了安全生产培训的工作重点和今后一段时期的工作思路。

安全生产培训体系建设方案不仅是今后相当一段时期内安全生产培训的工作纲要，也是做好培训工作的具体指南。建设方案重点指出了加强安全生产培训法律法规建设，做到依法培训；建立了全国安全生产培训四级机构网络，分级分类实施各类人员的培训；加快制定各类人员的培训大纲、考核标准，开发考试题库，逐步实行教考分离；加强培训师资队伍和教材建设，保证培训质量；实行安全生产培训监督检查制度，加强培训的信息管理和质量评估；建立良好的培训运行机制，保证培训经费等。

在培训的组织保障上，要坚持统一规划、归口管理、分级实施的原则。为便于指导全国安全生产培训，加强宏观管理，国家局将组建全国安全生产培训指导委员会，建设全国安全生产培训管理信息系统。

五、积极开展国际合作培训

国家局人事司为开展国际合作培训，学习发达国家先进的安全生产管理经验，借鉴国外安全生产监督监察的先进技术、手段和方法等，采取请进来、走出去的办法，2002年组织了7个培训考察团，前往波兰、澳大利亚、美国、南非、德国、日本、法国、加拿大等国家进行安全生产方面的培训、考察，培训人数240多人，并与国外安全生产培训组织建立了联系，为进一步开展国际合作交流打下了基础。

南京工业大学安全工程研究所

南京工业大学安全工程研究所是我国一所从事工业过程，特别是化工过程、石油化工过程安全技术与工程为主要方向的教学、科研和工程技术开发为一体的科研单位。

多年来为国家培养了大批安全工程专业专科生、本科生、研究生以及一批高级专业技术人才。研究所先后承担了40余起国内重、特大火灾和爆炸事故的技术鉴定任务；60余套工业装置的危险分析与安全评价任务；30余项科研课题。其中博士生导师、所长崔克清教授近年来先后荣获化学化工安全基础理论与工程技术体系江苏省优秀教学成果一等奖、化学化工安全技术与工程及应用体系国家化工科技进步三等奖，工业装置火灾爆炸模式及分析鉴定技术体系江苏省科技进步二等奖。出版了《安全工程大辞典》（主编）、《化工过程安全工程》、《安全工程与科学导论》、《化工安全设计》等专著。

江苏省人民政府科技进步二等奖、国家化工科技进步三等奖等证书

南京工业大学校门

崔克清教授编著的《安全工程大词典》主编、《化学安全工程学》、《化工过程安全工程》、《安全工程与科学导论》等10余部专著、教材

地 址：江苏省南京市新马路5号
电 话：025-3363570
邮 编：210009

广东省佛山市安联咨询评价事务所有限公司

广东省佛山市安联咨询评价事务所有限公司成立于2002年9月18日，经广东省安全生产监督管理局和国家安全生产监督管理局认可与批准，承担开展危险化学品生产、经营、储存、使用等单位的安全评价工作，是一家具有法人资格的非盈利的第三方服务机构。本事务所拥有一批专业精湛的工程技术人员和经验丰富的评价人员，拥有先进的办公设备及检测仪器设备。

地　　址：广东省佛山市人民路76号（市质量技术监督局大楼3楼）
电　　话：0757-2239393、2282205
传　　真：0757-2220116
邮政编码：528000
电子邮箱：fsqtsc@china.com

宁波国际投资咨询有限公司

宁波国际投资咨询有限公司成立于1993年，是具有独立法人资格的中介服务机构。公司具有危险化学品专项安全评价、工程咨询甲级等资质，是国际工程师联合会（FIDIC）协会会员。

公司拥有理论基础扎实、经验丰富、专业配套的各类工程技术、经济管理人员130余名，其中高、中级技术职称人员占80%以上。公司有完善的质量管理体系，具备现代化的办公设施和工作条件。

公司从2002年下半年开展安全评价工作以来，已完成《宝新不锈钢3# 轧机技改工程》、《梅墟化工有限公司储罐区工程》、《杭钢集团剧毒品》、《兴鼎塑胶打火机公司》、《余姚三发液氨灌装站》等十几个项目的安全评价。

公司坚持质量第一，遵循政策性、科学性、公正性、针对性原则，运用科学的评价方法，独立、求实地为业主提供优质的安全评价咨询服务。

宁波兴鼎塑胶打火机有限公司

地　址：宁波市解放南路66号
邮　编：315010
电　话：0574-87307641
传　真：0574-87308728
E-mail：nbiicc @nbiicc.com

淄博市奥萨斯安全咨询评价中心

中心法人代表、主任胡安晋，男，1944年7月出生，山东淄博人，中共党员，1970年毕业于北京矿业学院，高级工程师。曾任山东省淄博市劳动保护检验检测站支部书记、主任等职务

中心领导班子成员在学习讨论，研究安全管理新动态。左起依次为中心办公室主任牟如艳（女）、中心副主任王剑 、中心法人代表兼主任胡安晋、中心副主任荆克舜

主 要 成 就

1991年在建设淄博立志立功竞赛活动中荣获市委、市政府颁发的三等功证书；

1996年获得劳动部颁发的特殊贡献荣誉证书；

1997年荣获市委颁发的"为党增光，为国出力，为民造福"优秀干部荣誉证书；

1999年被市总工会授予"振兴淄博劳动奖章"荣誉称号；

多次被劳动局评为"优秀党务工作者"、"优秀共产党员"，并荣记三等功4次，嘉奖3次。其先进事迹曾入选由中国共产党中国政法大学委员会党校等单位联合出版的《民族精英》和由人民日报社编辑出版的《时代潮》等典籍。

地址：山东省淄博市张店区
邮编：255033
电话：0533—2850939

江西省上高县安全生产监督管理局

江西省上高县安全生产监督管理局于2001年9月28日正式挂牌。是人民政府主管全县安全生产综合监督管理的职能部门，内设综合股（安全生产委员会办公室）、安全监察股。2002年底机关在职干部职工11人。

上高县历年来重视安全生产工作，连续12年无一起重特大安全事故，工业企业连续7年无伤亡事故。1999年、2002年度被评为宜春市安全生产管理工作先进单位，2001年、2002年被授予全国安全生产管理工作先进单位。

上高县抓安全生产工作主要从两个方面入手，一是抓干部职工的安全知识教育，要求干部职工学习安全法律法规，遵守安全规程，按照安全规章操作，维护和保障生命财产安全；二是强化安全生产责任制的落实，从县、乡（镇、场）到企事业单位、到车间班组层层签订安全生产责任状，组建起“横到边、竖到底”的安全生产责任网络。1999年以来，上高县始终坚持以“铁的手腕、铁的纪律、铁的心肠”狠抓安全生产工作。2001年7月，县里斥资130万元将县城郊民爆仓库搬迁至偏远的山区。截至2002年12月底前，全县关闭所有的大小花炮企业和个私作坊17家，关闭和炸毁小煤窑独眼井54只，拆除学校危房11栋，7500平方米；撤销个体民爆物品存放点27个，取缔关闭无证、无照、无安全保障的加油站11家、加气站2家；取缔三条线路农用车载客110辆；关闭废毁非煤矿山采矿点55处，取缔关闭危险化学品生产场所2处。

江西省上高县安全生产监督管理局视安全责任重于泰山，把人民生命财产安全置于一切工作之首，采取彻底清查不留死角、狠心整改不留隐患、强化责任不留情面的铁手腕、铁纪律、铁心肠“三铁措施”，根治安全生产沉疴，实现了县内安全生产形势的根本好转。2001年、2002年连续两年荣获“全国安全生产监督管理先进单位”。

地　址：江西省上高县城

邮　编：336400

电　话：0795–2503628

中航沈阳安全科学技术研究所

中航沈阳安全科学技术研究所是一家以安全评价和安全科学技术咨询为主，同时进行安全类产品的技术开发和安全教育培训工作的科学研究机构。2002年底获得国家危险化学品专项安全评价机构资格，并已为多家企业进行了安全评价与咨询，赢得了较好的社会声誉。

研究所座落于沈阳航空工业学院校园内，与沈阳市著名的旅游风景区——北陵公园仅一路之隔。建所以来，我们依托于在国内安全科学界享有较高声誉的沈阳航空工业学院安全工程系的人才优势，以及科学研究及实验设备方面的优势和沈阳市位于东北三省经济文化中心、国内工业重镇的地理优势，建立起了一支高水平的科研与评价队伍，共有教授3人、副教授9人、全国首批认定的注册安全工程师2人。所长吴穹教授为全国劳动保护科学技术学会理事、全国安全工程专业教学指导委员会委员；安全评价技术负责人高永庭教授为全国消防协会理事、辽宁省消防协会常务理事，均在国内安全界有较高影响。其余人员均为博士或硕士，具有较高的学术水平和科研能力。研究所先后承担了国防预研、航空专项研究、航空自然科学基金、辽宁省自然科学基金、沈阳市科技计划等一批科研项目，开发出了燃气泄漏报警系统、安全管理软件系统等相关产品，为社会作出了应有的贡献。

沈阳航空工业学院安全工程系主任　吴穹教授

我们将坚持以科学的工作态度、诚信的工作作风竭诚为社会服务。为了您及社会的安全，请接近我们！

地　址：辽宁省沈阳市沈阳航空工业学院安全工程系　　邮　编：110034　　电　话：024–86141279

新疆生产建设兵团安全生产监督管理局
煤矿安全监察办事处

新疆生产建设兵团安全生产监督管理局、煤矿安全监察办事处于2002年10月28日正式挂牌成立。新疆生产建设兵团煤矿安全监察办事处是国家煤矿安全监察局的直属办事处，与兵团安全生产监督管理局合署办公。现有编制30人，其中局，处领导4人，设有4个处室，其主要职责是：综合管理全兵团安全生产工作；贯彻落实国家有关安全生产的方针政策、法律法规及规章规程；监督控制企业执行安全生产法律、法规和国家标准及行业标准的情况，依法查处企业安全生产违法行为；负责生产经营单位主要负责人、安全生产管理人员及特种作业人员的培训、考核和发证工作；协调、指导职业危害防治，煤矿救护及其应急救援工作；负责煤矿使用的设备、材料、仪器仪表的安全监督工作，按照分级管理的原则和上级授权，组织查处煤矿及其他各类伤亡事故，承办国家煤矿安全监察局交办的其他事项。

地址：新疆乌鲁木齐市东风路61号
电话：0991-2644217
邮编：830002

三门峡多安器材有限责任公司

三门峡多安器材有限责任公司是河南惟一一家生产煤矿防护、检测安全器材，品种最多、种类最全的新型安全生产企业。企业在重视素质教育、狠抓质量管理、细化管理目标、搞好产品开发、健全销售网络、适应市场需求等方面，已形成了企业发展的六大要素。新产品荣获2002年度国家安全生产科技成果奖，被中国质量万里行评定为“重质量、守诚信全国煤矿矿用安全标志产品质量、信誉双保障实施企业”。

主要产品有：ZTL60矿用烷一氧化碳过滤式自救器；CE50多种气体采样器：CJG10光干涉甲烷测定器；一氧化碳、二氧化碳、氧气、硫化氢等多种气体检测管和安全器材、仪器仪表。

“狠抓安全管理、确保安全防护”是3门峡多安器材有限责任公司生产“中安牌”煤矿安全系列产品的光荣使命。公司致力于国内外同行业安全管理先进经验的融通和交流，致力于“中安牌”安全系列产品的研制、开发和生产，致力于产品质量体系和市场占有率的完善和提高。

公司经理朱毅军率公司全体员工，坦诚与各方志士共谋合作，共创未来，携手为矿山安全防护和社会福利事业做贡献。

总经理　朱毅军

公司技术人员在进行新产品研讨

公司荣获省计量工作先进单位

光干涉甲烷测定器

地址：河南省三门峡市
邮编：472000
电话：0398-2918368

河南省华威化工咨询服务有限公司

河南省华威化工咨询服务有限公司，于2002年12月25日在河南省工商行政管理局注册成立。公司具有独立法人资格。公司主管业务是石油化工行业咨询，油库、加油站设计咨询，油库、加油站的设备咨询，油库、加油站安全咨询。

公司已取得国家认可的安全评价机构资格证书[证书号：APJ–0144–ZX（临）–2003]。公司共有29人，其中高级工程师5人、工程师7人，有18人已取得国家注册安全评价员和专项安全评价员资格证书。

公司具有较为齐全的办公设备和完善的内部管理制度。制定有各种岗位职责和比较全面、系统的质量保证手册，并落实到工作的各个环节，保证了工作的严肃性和科学性。

公司拥有较为齐全的检测仪器设备和科学的检测手段，拥有可燃气体浓度检测仪、静电接地电阻测试仪、数字式自动量程绝缘电阻表、超声波测厚仪等专业的检测仪器设备，确保各种检测数据的准确性。

我们将继续按照《安全生产法》、《安全生产管理条例》以及国家经贸委下发的第36号令的要求，保证人民群众和国家财产安全。配合政府做好危险化学品的安全管理工作，努力做到公正、严肃、科学地搞好安全评价工作。

地 址：河南省郑州市卫生路10号　　邮 编：450053　　电 话：0371–3936055

新疆维吾尔自治区职业安全检验评价中心

新疆维吾尔自治区职业安全检验评价中心是隶属于自治区安全生产监督管理局的全额财政预算事业单位。主要职责是对自治区新建、改建、扩建工程建设项目以及有在用装置进行安全评价；对自治区工矿商贸企业安全生产条件和有关设备进行检测检验和评价，对自治区劳动防护用品进行检测检验，进行危险化学品登记注册方面的技术管理工作；举办各类培训和咨询业务。我中心于2002年11月27日取得国家安全生产监督管理局授予的危险化学品专项评价资质〔证书编号：APJ–0083–Y.ZX(临) –2003〕，2003年2月12日取得国家安全生产监督管理局授予的建设项目安全预评价资质〔证书编号：APJ–0083–Y.ZX(临) –2003〕，于2002底取得自治区安全生产监督管理局信息装备处授予的安全培训资质。我中心作为自治区安全生产监督管理局的技术参谋机构，为政府安全监督管理部门了解企业安全生产现状、实施宏观控制提供基础资料；从技术上为企业和政府安全监督管理部门提供决策依据，从而为自治区安全生产工作保驾护航。

我中心现拥有办公场地430平方米，固定资产230万元，仪器设备30余台。下设业务室、安全评价室、检测检验室三个职能科室，现有工作人员13人，涵盖管理、化学、机械、机电、环境、安全工程等专业，其中高级职称2人、中级职称8人、初级职称2人，专业技术人员比例占80%。中心工作人员中，已有6人取得国家安全生产监督管理局颁发的劳动安全卫生评价师资质，9人取得国家化学品注册中心颁发的危险化学品专项安全评价资质，5人取得职业安全健康管理体系注册审核员资质。

我中心真诚欢迎全国各界有识之士、专家学者、业内同仁，前来考察、观摩、交流，共同开创安全评价事业新局面。

领导班子成员

主任 周麟

地 址：新疆乌鲁木齐市中山路105号建银大厦B座140室　邮 编：830002　电话：0991–2821535、2845727　传 真：0991–2323207

中国船舶工业安全生产培训中心

中国船舶工业安全生产培训中心〔现设在江南造船（集团）有限责任公司人力资源部教培中心内〕曾为船舶工业范围内的可燃性气体测爆人员、涂装作业审批人员、涂装作业操作人员、高空作业车操作人员进行培、复训，为船舶工业的安全生产起到了一定作用。今后，我们将继续遵守国家安全生产法律法规，面向船舶行业，对安全生产监察员、生产经营单位主要负责人、安全生产管理人员、数量较少的特种作业人员、四级安全生产培训机构师资等人员进行培训工作。欢迎大家参加。

地 址：上海市高雄路201号　　电 话：021－53591077　　邮 编：200011

甘肃利安管理咨询有限责任公司

甘肃利安管理咨询有限责任公司是由国家安全生产监督管理局授权（备案）的、具有独立法人资格的、从事管理体系咨询和安全评价的中介机构。

公司现有正式员工23人，其中15人具有国家职业安全健康管理体系注册审核员及国家注册安全评价师资质，并聘请30多位具有多年从事安全管理、化工技术等工作经验的专家、教授组成技术顾问团。

公司秉承“公正诚信，追求卓越”的企业理念，引进国际和同行业的先进评价经验和评价导则，先后配置了石化装置风险评价软件、事故树分析软件等，以一丝不苟的精神对待每一项工作。1999～2001年，公司承担并完成了中国石油天然气集团公司、中国石油天然气股份有限公司炼油与销售分公司的《成品油库安全生产管理规定》、《加油站安全生产管理规定》、《HSE（健康安全环境）管理体系检查表》三项行业标准的起草工作。至今已对兰州天通石化股份有限公司和中国石油天然气股份有限公司甘肃销售分公司所属的40座加油站进行了安全评价和隐患整改指导，同时对兰州维尼纶集团公司、兰州石化中凯工贸有限责任公司等多家化工企业进行了危险化学品安全评价，得到了被评价单位和各级安全生产监督管理部门的一致好评。

我们有专业精良的队伍，公正诚信的态度，追求卓越的精神，相信在不久的未来，公司定会日益壮大，蒸蒸日上。与我们合作，您将受益无穷。

地 址：甘肃省兰州市城关区平凉路396号6B01
电 话：0931－8873133
邮 编：730030

中国煤矿安全技术培训中心
华北科技学院

中国煤矿安全技术培训中心和华北科技学院实行“一个机构、两块牌子”的管理体制，中心是国家局直属的安全生产培训基地，担负着国家煤矿安全监察员、国家安全生产监察员的培训任务，同时承担安全工程专业的教学任务。2002年，中心根据国家局关于抓好“三件大事”、建立“六大支撑体系”的工作思路，积极做好煤矿安全监察培训工作，培训国家局机关干部、省煤矿安全监察局和煤矿安全监察办事处领导干部以及煤矿安全监察员共600人。并在做好安全监察培训工作的同时，加强培训基地设施和内部管理制度建设。参与了国家局安全培训统编教材的编写、审订工作。并与国家局安全科学技术中心合作，编辑了《安全监察与行政执法》多媒体光盘一套，为行政执法培训提供了重要的参考资料。

国家安全生产监督管理局领导来我院视察

全国安全系统局级干部培训

2002年，中心还加强了对外交流，中心领导率团访问了美国安全健康学院、澳大利亚安全培训机构，考察学习了这些国家在安全培训方面的先进经验。接待了美国劳工部、日本能源协会等外国安全培训机构人员来访。同时，在国家局外事司的协助下，邀请日本能源协会安全专家，就日本安全管理经验举办了一期安全培训班。对外交往的增强，提高了中心的国际知名度，为使中心成为一个开放性的、在国际上有一定影响的安全培训机构奠定了基础。

地　址：北京东燕郊206信箱　　邮　编：101601　　传　真：010—61591963　　电　话：010—61591450

东北大学安全工程研究中心

东北大学位于辽宁省沈阳市，始建于1923年，张学良先生曾亲自兼任校长。现为教育部直属高校，是一所以工为主，理、工、文、法、经管相结合的多科性国家重点大学。

东北大学安全工程研究中心隶属于东北大学资源与土木工程学院；依托于安全工程专业和安全技术及工程学科。

东北大学安全工程教学与研究的历史可以追溯到50年前：1952年成立了矿山通风安全教研室，1953年招收了新中国第一批矿山通风安全研究生。

东北大学安全工程专业是国内最早创建的安全工程专业之一，安全技术及工程学科是国内首批硕士、博士授权点之一，并设有博士后流动站。

东北大学具有国家一级安全生产培训机构资格，可以在全国范围内开展各类安全生产教育和培训工作；具有建设项目（工程）劳动安全卫生预评价A级资质和危险化学品专项安全评价资质，可以在全国范围内开展安全评价工作。

东北大学安全工程研究中心长期从事安全生产教育培训工作，近年来，为数十家企事业单位的各级领导和管理者、安全工程技术与管理人员进行了安全生产培训，编写了可以满足各类安全生产培训要求的讲义、教材，制作了多媒体教学软件，积累了丰富的经验。

东北大学安全工程研究中心以高素质人才培养为基础，以高水平的安全科学研究成果为保障，以高质量高效率地为企事业安全生产服务为宗旨，以推动我国安全生产科学技术发展为己任，愿为企事业单位安全生产竭尽全力，搞好安全生产培训工作。

地　址：辽宁省沈阳市　　电　话：024—83681483　　邮　编：110004

南阳市安全生产监督管理局

局长 张恂

南阳市安监局是2001年经南阳市政府批准成立的正处级行政单位，行政编制20名，下设一办四科。负责南阳市13个县市区、2.66万平方公里行政区域内各类单位的安全生产综合监督管理工作，并承担由60家市直部门组成的市政府安全生产委员会的日常工作。

自建局以来，南阳市安监局以“加强事故预防，消除事故和事故隐患”为目标，从建立安全生产管理长效机制，强化监督管理和行政执法入手，认真贯彻国家和省市有关安全生产工作的法律法规及一系列方针、政策，全面落实安全生产责任制，不断健全安全生产管理网络，积极开展安全生产大检查，深入进行安全生产专项整治，广泛开展安全生产宣传教育培训，严格事故查处和责任追究，使全市的安全生产形势得到稳步好转，安全生产工作进入一个前所未有的崭新阶段。2001年度，南阳市安全生产监督管理局被国家安全生产监督管理局评为全国安全生产工作先进单位。2002年度，被河南省安全生产监督管理局评为全省安全生产工作先进单位。

地　址：河南省南阳市梅溪路4号　　电　话：0377-3155208

南京工业大学
建筑项目(工程)劳动安全卫生预评价中心

服务宗旨：为企业服务，客户第一　服务原则：诚实可信，质量第一　服务目标：最大的安全效益。

南京工业大学（原南京化工大学）建设项目（工程）劳动安全卫生预评价中心是由安全工程研究所、安全工程系和安全工程实验室组建而成，首批获得国家级建设项目（工程）劳动安全卫生预评价资质，已在江苏省及全国范围内开展了大量的建设项目（工程）劳动安全卫生预评价工作，并得到多方好评。

单位资质注册号：AQ-A-057。评价的行政区域：全国范围。评价业务范围：石油加工及炼焦业，化学原料及化学制品制造业，医药制造业，化学纤维制造业，电力、蒸汽、热水的生产和供应业的新建、改建和扩建项目（工程）。中心有国家级安全生产专家1名，国家级注册评价师5名，江苏省级评价师15名，国家级危化品评价师2名，江苏省级危险化学品评价师12名。

地　址：江苏省南京市中山北路200号　　邮　编：210009　　电　话：025-3239951

衢州科健安全卫生咨询有限公司

经理 黄毅

衢州科健安全卫生咨询有限公司是一家专职从事职业安全卫生技术服务的工作机构，公司下设办公室、评价室、监测室、质量监督小组。有工作人员23名，其中评价人员18人（高级职称7人、中级职称10人），并聘技术专家50人，分20多个专业。公司拥有办公室和职业有害因素分析室等用房1000平方米。实验室有气相色谱仪等分析仪器30余台(套)。我公司于2002年5月、10月分别通过了国家经贸委和省经贸委的考核，并取得了国家安全生产监督管理局颁发的安全预评价、危险化学品专项评价资质。

公司从事劳动安全卫生工作10多年，多次受到国家和省有关部门的表彰。期间完成40余项建设项目职业安全卫生审查和竣工验收的评价；完成省级科研项目3个，获省科技奖一项；在国内发表专业论文数十篇；自行开发研制了《化工健康监护管理系统》软件，并在省内外推广使用。

公司自取得安全评价资质以来，共与省内外8个地区的50家企业签订了技术服务合同。共完成了44家企业的安全评价工作。其中安全预评价报告13份、安全竣工验收评价报告3份、专项安全评价报告28份；涉及国家建设项目划分标准规定的大中型建设项目4个、火灾危险性生产类别为甲类的建设项目34个、构成重大危险源的15个。

今后，公司将继续严格执行国家有关法律和法规、国家标准、技术规定和本单位的各项管理制度，对安全评价工作进行全面、规范、程序化的科学管理，确保安全评价工作的科学性和公正性。完善文件资料、技术资料的信息管理。不断提高评价人员的业务素质和评价工作能力，坚持”质量第一、信誉第一、服务第一“的理念，全心全意地为企业提供科学、准确、客观、公正的安全评价服务。

评价人员在讨论评价报告中的疑难问题

查阅技术资料

地 址：浙江省衢州市巨化文昌路62号 邮 编：324004 电 话：0570-3096909
传 真：0570-3096909 Emai:qzkejian@163.com

浙江省劳动保护科学研究所

办所宗旨： 公　正　、　科　学　、　权　威　、　服　务

勤于思考、敢于探索、勇于创新是我所的理念

坚持公正、崇尚科学、建立信誉是我所的实践

浙江省劳动保护科学研究所创建于1980年10月，是浙江省安全生产监督管理局直属专门从事安全生产科学研究、安全评价、职业安全健康管理体系咨询和认证、危险化学品登记、安全生产宣传教育和安全技术检测检验的公益性事业单位。建所20多年，拥有雄厚的技术力量和技术装备，致力于为全省政府机关、企事业单位的安全生产工作提供全方位的技术支持。

经浙江省编制委员会批准，成立浙江省安全生产宣传教育中心（浙江省安全技术检测检验中心)、浙江省职业安全健康认证中心，实行“三块牌子，一套班子”的管理体制。

浙江省职业安全健康认证中心具有职业安全健康管理体系（OHSMS）认证资格(编号：0236/AP01-05)

浙江省劳动保护科学研究所主要业务

1. 建设项目（工程）劳动安全卫生预评价和生产经营单位安全评价。

2. 为企事业用人单位开展第三方职业安全健康管理体系审核认证。

3. 为企事业用人单位建立职业安全健康管理体系提供咨询服务。

4. 《安全生产导刊》的编辑与发行。

5. 承担全省安全生产各类宣传资料、各类人员及特种作业人员培训教材的开发和发行。

6. 国家级安全生产培训机构所承担的培训任务。

7. 特种防护用（商）品质量监督检验，危险性较大设备的安全检测检验。

8. 浙江省危险化学品登记。

9. 受浙江省安全生产监督管理部门的委托，组织对重大伤亡事故的技术鉴定。

10. 国内外安全生产领域的情报、信息和资料的收集，开展安全生产科研的国际交流与合作。

建设项目（工程）劳动安全卫生预评价单位

资格证书

兹证明：

浙江省劳动保护科学研究所
（浙江省杭州市西溪河下77号）

符合《建设项目（工程）劳动安全卫生预评价单位资格认可与管理规则》的规定，现授予建设项目（工程）劳动安全卫生预评价单位国家认可资格。

注册号：AQ-B-023
业务范围/行政区域：　浙江省

有效期至：2001年12月31日

认证

二〇〇〇年二月二日

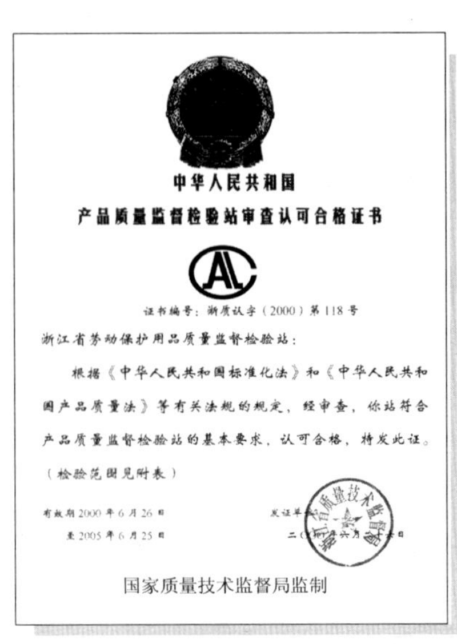

中华人民共和国

产品质量监督检验站审查认可合格证书

证书编号：浙质认字（2000）第118号

浙江省劳动保护用品质量监督检验站：

根据《中华人民共和国标准化法》和《中华人民共和国产品质量法》等有关法规的规定，经审查，你站符合产品质量监督检验站的基本要求，认可合格，特发此证。

（检验范围见附表）

有效期2000年6月26日
至2005年6月25日

国家质量技术监督局监制

地　址：浙江省杭州市西溪河下77号　　电　话：0571-88088150　　邮　编：310012

青海煤业集团有限责任公司

董事长兼总经理　陈德明

青海煤业集团有限责任公司由原大通矿务局改制而成，建矿52年，属国家大型二级企业，下属12个生产经营单位。

主要工作：强化安全生产责任制，落实安全法律、法规和规章制度，狠抓基础管理工作和现场管理，围绕着"安全责任重于泰山"落实各项工作；开展了员工安全教育培训，实施了"安全风险抵押金"制度，提高了员工的安全素质和自我保安能力，夯实了基础；大力推进支护改革，锚网支护率达70.79%以上，以技术创新保安全生产；积极开展"安康杯"竞赛和百日安全无事故活动，充分发挥了青年安全监督岗的作用；家属安全协管会起到了"安全生产的第二道防线"作用，使百万吨死亡率低于控制指标，安全形势好于往年。

11月1日，国家安全生产监督管理局领导来公司检查时与集团公司领导合影

地　址：青海省大通县桥头镇矿山东路170号

邮　编：810101

电　话：0971－2814121

云南省富源县安全生产监督管理局

富源县作为资源开发大县，每年将有700多万吨矿产品销往全国各地，县委、县政府对安全生产极为重视，认真贯彻党的十五届六中全会和中央经济工作会议精神，落实各级领导对安全工作的总体要求，狠抓安全管理队伍建设，做到机构、人员、经费"三落实"，各自然村都建立了安全管理信息网。我局现有职工16人，党支部1个，党员8人。设有3个职能股室和1个安全检测评价管理中心。在县委、县政府的领导下，富源县安全生产监督管理局正走向标准化、规范化管理。

我们的做法是：（1）狠抓安全生产责任制的落实，建立健全县、乡、村三级安全管理体系，切实有效地贯彻落实安全生产法律、法规；（2）狠抓安全生产宣传教育，充分利用广播、电视进行法律、法规宣传，发放宣传册1万余册、宣传画3万多张，培训安检人员430余人，特殊工种人员持证率达100%，从而提高了广大干部职工的安全生产意识；（3）投资20万余元对全县所有企业及特殊作业人员3148人实行微机、卡片双重管理，实现了细致、准确、高效的档案信息管理目标，解决了非公有制企业特种人员流动性大的问题；（4）建立健全"五档、五图"，做到档案归类、图表上墙。"五档"是：事故查处档案、危险源排查档案、特殊作业人员卡片管理档案、来信来访查处档案、安全生产督查档案；"五图"是：安全生产工作监督管理流程图、隐患源排查分类示意图、安全事故季度统计对照柱状图、矿山企业分布图、道路交通重点路段管理示意图；（5）积极组织开展安全生产大检查。从严排查各类安全隐患，全县各行业均实现了安全生产，杜绝了重特大事故的发生，煤炭行业安全生产呈现"四增两降"趋势，百万吨死亡率为0.57，道路交通安全事故起数、死亡人数、受伤人数、直接经济损失比上年同期分别下降18.3%、45%、55%、16%；（6）认真按"四不放过"原则从严查处事故，吸取教训，杜绝事故再次发生。

在新的一年里，我们将继续巩固前期工作成果，不断探索，在改革的新时期，安全监督管理工作也要在改革中学习改革，用新的思维、新的办法、新的措施开创新的工作局面。切实抓好信息化、科学化、现代化的监督管理，在软件管理和执法监督上不断突破，为全面建设小康社会而努力奋斗！

地　址：云南省曲靖市富源县

邮　编：655500

电　话：0874－4612121

山东新泰市煤矿机械配件厂

新泰市煤矿机械配件厂始建于1986年8月，是泰安市“重合同、守信用”单位，被中国农业银行泰安市分行授于“一级信用企业”。固定资产50万元，年产值500万元。坐落在全国500强国家大型企业之一、新汶矿业集团辖区内，北靠京沪高速公路，南临327国道，地理位置优越，交通便利。

十几年来，我厂始终坚持以“安全为天”的工作方针指导生产管理。生产设备精良，技术力量雄厚，检测手段齐全。

我厂采用国内先进技术，制造出高寿命系列托辊，主要规格有Φ159、Φ108、Φ89等，广泛用于矿山、煤炭、港口。由于产品使用寿命长，减少输送机的停机率，为企业提高了经济效益，得到了用户的好评。与新矿集团公司、兖矿集团公司建立了稳固的供货关系。

我厂恪守诚信为天、奉献真诚的企业宗旨，勇于开拓创新，追求卓越。愿与各界朋友携手共进，共创大业。

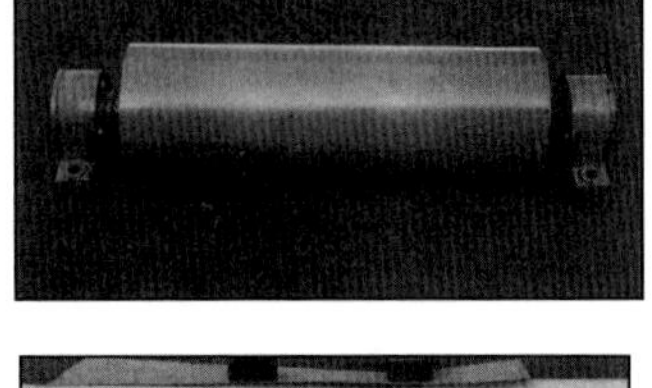

计量合格确认证书

MA

安全标志准用证

煤炭工业主要设备(配件)生产许可证

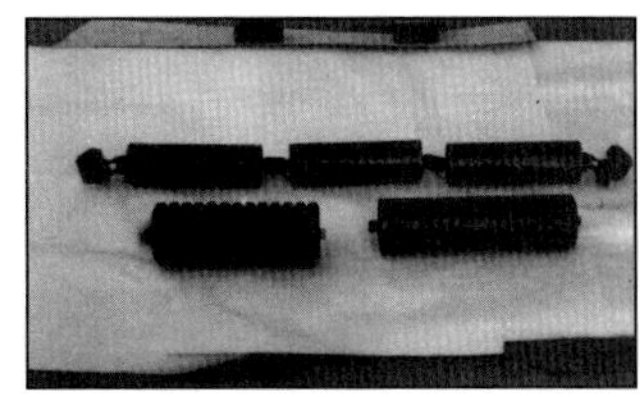

地 址：山东新泰市石莱镇　　邮 编：271217　　电 话（传真）：0538-7912241

广东铭安职业安全技术检测有限公司

广东铭安职业安全技术检测有限公司经国家及广东省安全生产监督管理局授予资质，具有独立法人资格。依据《中华人民共和国安全生产法》、《危险化学品安全管理条例》及《广东省安全生产条例》等规定，从事危险化学品生产经营单位安全评价的技术中介服务机构。

我公司竭诚为广大危险化学品生产、经营、储存、使用单位提供安全技术检测、安全评价及安全生产咨询服务。目前，公司拥有高级工程师15人，中级工程师8人，国家资格认可的危险化学品专项安全评价员多名。公司以“质量第一、服务至上、科学取证、依法评检”为质量方针。以“客观、真实、公正、诚信”为服务宗旨，以科学的检测及检测及客观的评价为客户提供更好的服务

地 址：广州市体育西路天河体育中心2A楼　　邮 编:510620　　电 话：020-38796825

金川集团有限公司

金川集团有限公司是采、选、冶配套的特大型有色冶金化工联合企业，地处甘肃省河西走廊东段的新兴工业城市——金昌市，被誉为祖国的“镍都”。公司下属30余个二级单位以及3家参股公司和3家中外合资公司。现有从业人员31000人。集团公司自1959年建厂至今，先后经过一期工程、一期扩建工程、二期工程、二期扩建工程等建设，生产能力连年提高，企业规模不断扩大，2002年生产电解镍5.23万吨、铜6.8万吨及贵金属1000多公斤，销售收入达到50亿元。抢抓机遇、加快发展，公司充分利用国际国内两个市场资源，不断扩大企业规模，预计到2006年将实现年产有色金属35万吨、销售收入100亿元的奋斗目标，建成国际化经营的大型企业集团。

董事长、总经理兼党委书记　李永军

金川集团公司各级领导历来高度重视安全生产工作，积极倡导“出资者满意、员工幸福”的经营理念，坚持“安全第一，预防为主”的方针，严格遵守国家安全生产的法律法规，机构健全、制度完备、管理严格规范。在改造工艺、扩大生产的同时，加大安全投入，消除事故隐患，努力实现企业本质安全化。以人为本，通过形式多样的安全教育和培训，不断提高职工的安全综合素质。经过不懈的努力，集团公司的安全生产工作不断完善，为企业做大做强创造了有利的条件、提供了强有力的保障。

《腾飞的镍都》雕塑

地址：甘肃省金昌市　　电话：0935-8811189　　邮编：737104

广东省四零一厂

广东省四零一厂是国家民用爆破器材定点生产企业，1970年建厂，主要产品有铵梯炸药、铵梯油炸药，膨化硝铵炸药三大系列，现有职工141人，其中各类专业技术人员35人。2000年转制为股份制企业，现已发展成为生产规模1万吨的民用爆破器材生产企业。

建厂30多年来，企业始终坚持“安全是前提，优质是根本”的宗旨，以先进的技术和科学的管理为保障，努力提高企业科学管理水平。在民爆行业中，率先获得ISO9001:2000质量管理体系认证证书（注册号：2501Q10003ROM），使企业得到了持续有效的发展。

为适应市场的发展和煤矿安全生产的需要，近几年来，工厂引进了国内先进的膨化硝铵炸药生产技术，产品深受广大用户的欢迎和信任。目前，工厂已拥有煤矿型铵梯炸药和煤矿型膨化硝铵炸药，已获得煤矿矿用产品安全标志认证（煤技监证字第20030659号）。

随着科学技术的发展，安全环保型产品将会越来越受到广大用户的欢迎。企业在今后几年发展规划中，将立足于推动科学技术进步，加快产品结构调整，引进先进的乳化炸药（含粉状）自动化生产线，力争达到行业先进生产技术和本质安全生产水平。

工厂虽然地处山区，但交通便利，矿产资源丰富，天然的山区地带是建设和发展民爆产品生产的有利条件，工厂具有广阔的发展前景。

董 事 长：陈廷奎
地　　址：广东省梅州市梅县梅西镇
电　　话：0753-2611402(传真)、2611401、2611403
邮政编码：514795

大连新科防爆执行器厂

（大连执行器厂）

大连新科防爆执行器厂是我国早期生产电动执行器的专业仪表厂之一，所生产的电动执行器，用以驱动单、双座阀、套筒阀、蝶阀、球阀、百页阀、风门、挡板等机构。

自1990年开始，根据国家仪表主管部门的统一规划，我厂研制、生产隔爆型电动执行器，用以满足国内企业的专门需要。产品经各大煤矿多年使用，安全性能稳定，未出现一例相关事故。通过加强企业建设和科学管理，我厂通过了ISO9001/2000国际质量体系认证，并获得国家煤矿矿用产品安全标志准用证。

产品规格型号

名称	型号	推力（N）	行程（mm）	备注
隔爆直行程执行器	DKZ-310B	4000	10	电源：200VAC 输入：4～20mA 专用配套仪表DFD-3100或反馈转换器（使用DFD-0700时）
			16	
			25	
	DKZ-410B	6400	40	
			60	
			100	
	DKZ-510B	16000	60	
			100	
隔爆角行程执行器	DKJ-210B	100Nm	0～90°	
	KJ-310B	250Nm	0～90°	
	KJ-410B	600Nm	0～90°	

备有详细资料，欢迎索取

质量体系证书

产 品

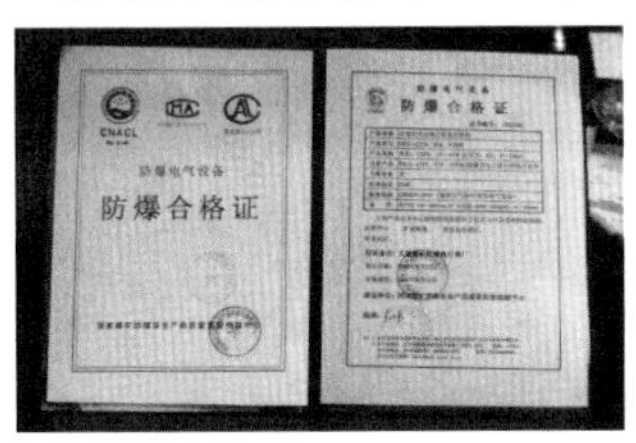

防爆合格证

安全标志准用证

地 址：辽宁省大连市西岗区沿海街88号
电 话：0411-4419304、4403708
邮 编：116021

长沙拓金科技发展有限公司安全评价中心

长沙拓金科技发展有限公司安全评价中心依托于中南大学资源与安全工程学院。该中心于2002年11月由国家安全生产监督管理局批准成立，可为全国非煤矿山开展各类安全评价服务。公司所在学院现有院士、博导、教授和高级专家41人；学院拥有1个国家重点学科和1个省级重点学科，安全技术及工程、采矿工程和岩土工程3个二级学科博士点，矿业工程一级学科博士授予权和博士后流动站；学院开办有安全工程、采矿与岩土工程和城市地下空间工程3个本科专业。学院已完成国家级、省部级及企业合作项目290多项，获国家和省部级科技奖励83项。大批成果在全国矿山企业推广应用，为国家创造了巨大的经济效益。学院拥有灾害探测、岩石力学、岩石破碎、爆破、充填、通风、环保、计算机等实验室，拥有探地雷达等重点设备305台件。矿山安全评价和安全技术诸多学科均处于国内前列。

本安全评价中心自成立以来，已为国内一些矿山开展安全评价服务，受到客户的好评。本中心将以《安全生产法》为准绳，本着评价科学、收费合理的原则，竭诚为广大工矿企业服务。

地址：湖南省长沙市中南大学（校本部）资源与安全工程学院　邮编：410083　电话：0731-8879245、8879612

四川省康泰煤矿劳动安全评价咨询有限责任公司

四川省康泰煤矿劳动安全评价咨询有限责任公司坐落在成都著名文化、旅游风景区—浣花风景区。环境优美，交通便利。

董事长 李茂竹

四川康泰公司以注册安全评价人员和各方面的专家、教授、博士、硕士为核心成员，由30多位专家教授组成，是具有建设项目、煤矿安全评价资质和独立法人资格的专业安全评价咨询机构。本公司是一支精干高效、知识面广、吃苦耐劳、同心同德、特别能战斗的安全评价咨询团队。为保证安全评价咨询工作的顺利进行，本公司配备了一流的硬件设施，建立了公司服务网络和安全评价专业网站，竭诚为广大客户提供优质的专业技术服务。

本公司依照国家法律、行政法规和准则，接受生产经营单位的委托，为其安全生产工作提供安全评价服务、咨询服务及相关技术培训。

本公司以“诚信务实,客观公正”为宗旨，努力发展成为一个全国知名的、西南地区领先的安全评价机构，为我国安全评价咨询事业作出应有的贡献。

总经理 张占海

副总经理 谭哲

地 址：四川省成都市青华路39号　　电 话：028-87374427、87365331　　邮 编：610072

白银有色金属公司

白银有色金属公司是我国一家集采矿、选矿、冶炼、化工、加工和科研为一体的特大型有色金属联合企业。始建于1954年，现有28个二级厂矿单位，职工3万余人。年生产能力为：铜铝铅锌33万吨，硫酸 48万吨，黄金3000公斤，白银100吨，选矿药剂7900吨，氰化盐4200吨，有色金属加工材料5.65万吨。

多年来，公司认真贯彻落实党和国家的安全生产方针、政策,对安全生产十分重视，建立健全了各级领导、各个部门及全体职工的安全生产责任制，以把安全工作落实到班组、把各种防护措施落实到各级领导为主线,强化安全管理,并以创建安全生产标准化为基础，不断提升公司安全管理水平。使公司的安全生产进入科学、规范的管理轨道，收到了良好的成效。

地 址：甘肃省白银市友好路96号
电 话：0943-8812671
邮 编：730900

中国机械工业安全卫生协会
上海纪杰注册安全师事务所

总经理　王杨冠

中国机械工业安全卫生协会上海纪杰注册安全师事务所（以下简称“事务所”），是一家在上海工商行政管理局注册登记，具有独立法人资格的职业安全卫生咨询中介机构，得到了上海市安全生产监督局的认可。事务所拥有一批长期从事职业安全卫生工作、积累了丰富的职业安全卫生管理经验、并经国家有关部门培训合格、取得相应注册资质的、具有中高级技术职称的管理人才和技术专业性人才。其中，高级工程师2名、高级经济师1名、中级职称9名。

事务所下设咨询部、工程部和经营部。其主要业务是：接受企业委托，对新、扩、改建的建设项目的初步设计进行职业安全卫生预评价和建设项目竣工验收评价;组织职业安全卫生管理知识的培训教育;为企业建立“职业安全卫生管理体系”咨询服务及对企业的职业安全卫生状况和事故隐患进行诊断和评价等。事务所组织和完成了多类安全咨询业务项目，对几十家企业进行了安全性评价的咨询；完成了上海制动器系统行限公司的安全目视系统工程的设计和实施。所完成的咨询任务都得到了被咨询单位领导和具体组织者、参与者、学员的高度评价。

事务所的宗旨是一切为了人类的安全与健康，其口号是“咨询到位，服务最佳”，坚持以高素质的人才、高品位的服务、高质量的咨询，以诚信、热心和爱心出色完成每一项工作，以获得企业的认可和社会的承认，为全社会的安全作出贡献。

地　址：上海市进贤路172号202室　电　话：021-62558772、62586014、62568427　传　真：021-62581877　邮　编：200020

北京市劳动保护科学研究所
劳动安全卫生评价中心

北京市劳动保护科学研究所是我国第一家专门从事职业安全卫生研究的科研机构。其下属的劳动安全卫生评价中心于1999年获得劳动安全卫生预评价单位资质，并于2002年12月通过复审。2003年3月，中心又获得了危险化学品专项安全评价资质。

中心共有19人，其中高级职称10人、中级职称9人。所学专业涉及安全工程、环境工程、化工和机械等专业。中心实验室拥有大量国内外先进仪器，技术力量雄厚，具有丰富的理论知识和实践经验。中心主要从事建设项目（工程）劳动安全评价，已完成了几十个大中型建设项目的安全评价工作，受到建设单位和安全主管部门的好评。

中心制定了《质量手册》等文件，并将不断强化内部质量管理，保证中心各项工作的公正性、科学性和权威性。

地　址：北京市宣武区陶然亭路55号　邮　编：100054　电话：010-83543036　传　真：010-83519125

济宁市兴平安全评价有限公司

济宁市兴平安全评价有限公司是依托济宁市化工设计院，由济宁市化工设计院控股、公司职工入股投资组建的，具有独立的企业法人资格。经国家安全生产监督管理局、国家煤矿安全监察局认可，具备专项安全评价资质，业务范围为危险化学品专项安全评价，包括危险化学品生产、储存、使用、企业安全评价和危险化学品经营单位（Ⅰ类、Ⅱ类、Ⅲ类）安全评价。公司拥有一批技术全面、经验丰富的专业人员，其中2人已获得国家首批注册安全工程师职称，10人经国家安监局的培训已具备了从事危险化学品专项安全评价的资格。为了更好地开展安全评价工作，公司聘请了各危险化学品相关行业具有丰富经验的专家为公司的评价顾问，建立了专家库，根据项目需要，公司可随时聘请专家参加评价工作，为高标准、高质量地开展危险化学品安全评价工作提供了有力的保证。

2002年是济宁市兴平安全评价有限公司的开局之年。本年度内，公司领导层坚持“与时俱进，开拓创新”的精神，借《中华人民共和国安全生产法》出台的东风，紧紧抓住《危险化学品安全管理条例》开始实施，国家将要进行危险化学品安全专项整治的机遇，通过公司全体员工的共同努力，完成了公司的筹建工作。济宁市化工设计院领导班子5月20日对筹建工作进行研究布置的同时，一方面组织技术人员学习《安全生产法》、《危险化学品安全管理条例》、《山东省安全生产监督管理规定》等有关安全法律法规和安全评价专业知识，一方面着手硬件建设，安排了评价机构固定办公用房，抽调了10名技术骨干（其中高工6人）作为专职评价人员，经市生化办协调，从市内化工企业调来了5名长期从事危险化学品安全生产与管理工作的技术人员（其中高工2人），聘请了20名安全技术专家，建立了专家库。同时，购买近5万元的评价用工具书和软件。6月20日至8月20日，在市安监局、市生化办领导和技术专家们的指导下，制订了评价机构的内部管理制度，建立了组织管理体系和质量保证体系，完成了《质量手册》、《程序文件》、《评价作业指导书》等质保体系文件的编制工作。2002年9月，山东省安监局74号、75号文下发后，按照文件精神，根据《山东省危险化学品安全评价机构管理暂行办法》的要求，于9月25日开始，着手建立济宁市兴平安全评价有限公司的工作，经过对认股方案的研究和认股的宣传动员，认股工作于10月14日结束，10月16日上午召开了股东大会，宣布济宁市兴平安全评价公司成立。11月24日，山东省安监局组织专家对公司进行了审查、验收，授予了济宁市兴平安全评价公司在省内开展危险化学品安全评价工作的资质。11月26日，公司受山东民生煤化有限公司的委托，对山东民生煤化有限公司下属精制厂进行了危险化学品生产企业专项安全评价，评价工作于12月26日结束。

董事长兼总经理　郭平

国家安全生产监督管理局于2003年2月12日行文（安监管技装字[2003]13号）授予济宁市兴平安全评价有限公司危险化学品专项安全评价资质。

地　址：山东省济宁市古槐路73号

邮　编：272000

电　话：0537-2215497

湖北省鄂州市特种设备检测检验所

危险化学品安全评价中心

湖北省鄂州市特种设备检测检验所危险化学品安全评价中心位于吴王故都鄂州市繁华市区文星大道157号，坐落于风景秀丽的洋澜湖畔。2003年2月，经国家安全生产监督管理局批准，取得危险化学品专项安全评价资质。

本中心隶属于鄂州市特种设备检测检验所，实行中心主任负责制。下设技术委员会、评价部、质保部、审核部和综合部，各部职责明确，管理制度健全，整个评价过程严格按照ISO9000质量控制程序运行。切实保证评价工作科学、客观、公正。

本中心现有工作人员21人，其中安全评价人员15人，化工技术专家6人，大专学历以上人员19人，高级工程师11人，专业队伍技术力量雄厚。一流的办公设施、检测设备一应俱全，为本中心的评价工作提供了可靠的保障。“保障社会稳定，促进安全文明生产”，是我中心的服务宗旨。本中心全体员工愿竭诚为社会提供优质的服务。

鄂州市特种设备检测检验所法人　赵秋生

评价中心班子及专家组成员

危险化学品安全评价中心所在地

地　址：湖北省鄂州市文星大道157号

电　话：0711-3871510

传　真：0711-3876300

E-mail:ezhoutw@sina.com

江苏省劳动保护科学技术研究所

江苏省劳动保护科学技术研究所于1980年7月15日经江苏省人民政府批准成立，是专门从事职业安全与健康的科学技术研究所。其主要职责是为安全生产的综合管理及国家监察提供以专业手段为主的技术支撑，进行安全生产和劳动保护的科学研究及技术推广工作。主要业务范围：安全技术研究及四技服务；安全评价（估）；标准编制；危险化学品登记注册；职业安全健康体系认证和劳动防护用品监测检验：提供各种安全咨询、安全信息等。

江苏省劳动保护科学技术研究所劳动安全卫生评价中心现有国家评审认可的评价师19人及一批各行业的外聘专家，主要承担江苏省内各类建设项目（工程）的劳动安全卫生预评价工作，为企业进行劳动卫生预评价与评估提供服务。

经国家和省安全生产监督管理局批准并授权，“江苏省危险化学品登记注册办公室”（以下简称“办公室”）是江苏省危险化学品登记注册的执行机构，在国家安全生产监督管理局和江苏省安全生产监督管理局的领导、组织及”国家危险化学品登记注册中心“业务指导下，负责江苏省境内危险化学品登记注册的具体实施和技术管理工作。

江苏北辰职业安全健康认证中心经江苏省安全生产监督管理局正式推荐，获得全国职业安全健康管理体系认证委员会批准认可的认证机构，国家认可证书号：AR24L。江苏北辰职业安全健康认证中心以江苏省劳动保护科学技术研究所为技术依托，现有国家注册审核员20余名，均为在职安全健康领域工作多年、熟悉我国安全生产法律法规的工程技术人员，形成了一支由高学历、高素质人员组成的认证审核队伍。

江苏省劳动防护用品产品质量监督检验站成立于1984年，隶属于江苏省劳动保护科学技术研究所，业务工作受江苏省质量技术监督局和江苏省安全生产监督管理局领导。1989年，本站作为省级劳动防护用品质检机构，通过了原国家劳动部组织的审查验收。1989年、1996年和2001年三次通过省质量技术监督局的资格认可，现为省质量技术监督局认可的法定质检机构。

江苏安全生产信息网（http://www.jissafety.net）成立于2001年初，主要宣传党和国家有关安全生产方面的方针政策，提供安全新闻浏览、最新安全生产法律、法规及安全标准、事故案例等内容。

全国涂装作业安全标准化技术委员会CSBTS/TC142是国家标准化管理委员会统一规划和组建的全国专业性标准化验技术委员会。本技术委员会是在金属与非金属材料表面上进行涂覆（涂装）的专业领域内，从事全国性安全标准化工作的技术组织。

地　址：南京市太平门外花园路9号

所　长：许大中　电话：025-5477656

副所长：沈　立　电话：025-5477665

　　　　于大伟　电话：025-5477655

总　工：张鸿泉　电话：025-5477657

天津市西青区安全生产监督管理局

2002年，在市安监局和区委、区政府的领导和支持下，我局组织开展了“安全月”、“百日安全无事故”、“《安全生产法》宣传咨询日”活动，加大了安全生产法律、法规、知识的宣传力度，取得了显著效果。

建立了一支系统高效的安全管理队伍，在对各级安全管理人员加强政治思想教育的同时，狠抓业务知识培训，做到了人员到位、责任到位、设施到位、人员素质到位。

坚持层层签订“安全生产责任书”，并于2002年制定出台了《西青区安全生产委员会成员单位安全生产工作职责的规定》及《西青区安全生产管理规定》，把责任分解到各部门、各地区，使各职能部门明确自己的职责，做到职责明确、责任落实。

制定了安全隐患群众举报制度。在居民小区、工业园区悬挂举报公示牌，公布举报电话，做到了安全工作群众监督。对群众举报的事故隐患进行登记备案，及时消除隐患。

建立了安全生产长效检查机制和隐患整改制度。采取节假日检查、季节性检查、经常性检查和联合执法检查等多种形式，对辖区企业、单位进行检查，对检查中发现的事故隐患，按照不查清原因不放过、不接受教育不放过、没有整改措施不放过、没有处理意见不放过的原则，采取“回头看”、“再回头看”，彻底排除各类事故隐患，有效遏制了事故发生。

编制了《天津市西青区工业企业安全生产基础管理登记台账》，使全区的安全生产管理工作制度化、规范化。

经过全体人员的共同努力，我局及时高效地完成了各级、各部门布置的各项工作，为本地区的安全稳定和经济发展起到了保驾护航的作用。

区领导、安委会成员单位有关人员参观“安全生产宣传咨询日”图片展

我区组织开展“《安全生产法》宣传咨询日活动”

地　址：天津市西青区杨柳青新华道120号　电　话：022-27945739　邮　编：300380

山东省思威化学品安全评价中心

山东省思威化学品安全评价中心于2002年11月成立。由国家安全生产监督管理局、国家煤矿安全监察局以安监管技装字［2003］13号文件授予危险化学品专项安全评价资质。

中心建有市场部、质量管理室、档案管理室及安全评价一、二室和测试室。现有专职人员20人，其中10人具有危险化学品安全评价资质。中心建有危险化学品数据库和相关专业的技术专家库。可从事危险化学品专项安全评价、化工及相关产品的技术开发、咨询及技术服务。

中心技术依托单位：山东省化工研究院。该院是山东省最大的综合性化工技术研发单位。山东省危险化学品登记注册办公室、山东省基本化工产品监督检验站（国家实验室认证）、山东省化工环保监测总站（国家环评乙级资质）、院化工工程设计所（化工主导工艺乙级设计资质 ）等均挂靠于院内，对中心的工作提供了强大的技术支持。

中心愿与从事危险化学品产业的单位携手做好危险化学品的安全管理工作，并为危险化学品生产、经营、储存、使用等单位提供科学、公正、合理的危险化学品安全评价报告。

地　址：济南市文化东路80号　　邮政编码：250014　　E-mail:sdswapzx@yahoo.com.cn

广东省三零九厂

地址：广东省韶关市梨市镇　邮编：512146　电话：0751-6521185

广东省三零九厂建厂于50年代，属国有中型企业、国家定点民爆生产厂，现有职工1100多人。分有3个产品车间和3个辅助单位（机修、土建、运输），年产能力粉状炸药12000吨、乳化炸药2000吨、工业雷管2500万发。

本厂拥有一支设计和研究能力较强的工程技术人员队伍，有完善的试验检测机构和先进的试验检测设备。产品生产过程具有严格的质量保证和安全技术保证体系。能承接民用爆破器材领域内的产品生产、科研开发、设备制作、安装调试以及供销运输等业务。

工厂的服务宗旨是“质量第一、信誉第一、用户至上”，热忱欢迎广大用户来厂洽淡业务和提出宝贵意见。

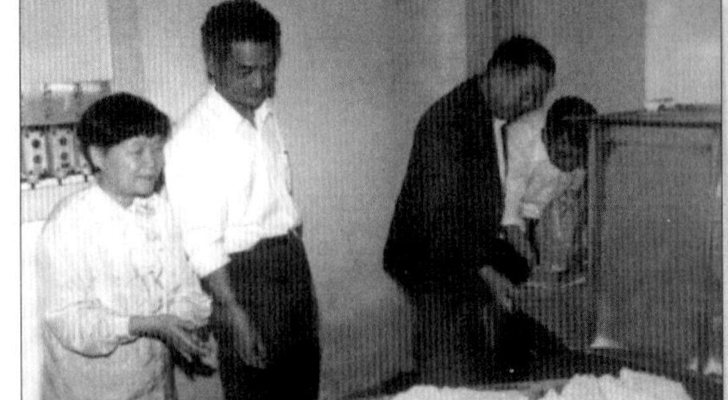

民爆专家学者在盛厂长（左二）陪同下视察新产品

1997年5月，国家兵器工业总公司组织国内民爆专家，学者和有关单位领导对我厂膨化硝铵炸药连续化生产线验收

厂房

ExdI

湖南有色冶金劳动保护研究所
通达劳动安全卫生评价公司

湖南有色冶金劳动保护研究所1999年10月20日首批获得国家经济贸易委员会颁发的《建设项目（工程）劳动安全卫生预评价单位资格证书》（证书号：APJ-0049-Y），2002年10月14日通过了国家安全生产监督管理局组织的复审。2002年9月18日，国家安全生产监督管理局授予我单位危险化学品专项安全评价资质(证书号：ZX-2003)，2002年11月27日，国家安全生产监督管理局又授予我单位非煤矿山安全评价资质(证书号：ZX-2003)。

通达劳动安全卫生评价公司是湖南有色冶金劳动保护研究所全资设立的二级法人机构，拥有专用的办公场地及设施。现有技术人员16人，其中高级工程师4人，工程师9人，主任医师1人，副主任医师2人，涵盖管理、冶金、化学、化工、采矿、机械、电气、自动化、土建、选矿、环境、医药、卫生、质量等专业;其中11人持有国家安全生产监督管理局颁发的安全评价人员资格证书，3人持有危险化学品专项安全评价人员资格证书。目前已经完成了50多个建设项目（工程）的劳动安全卫生评价工作，涉及投资总额达100多亿元。

通达劳动安全卫生评价公司以满足顾客需求为宗旨，在实际工作中严格遵守国家有关法律、法规和有关规章制度，坚持“科学、公正、诚信、优质”的方针，向社会提供优质的中介咨询服务。

地　址：湖南省长沙市雨花区井圭路31号　电　话：0731-5654957、5594392　电子邮箱：tangzhiy@public.cs.hn.cn
邮　编：410014　传　真：0731-5588244　chenban@public.cs.hn.cn

泸州天宇石油环保安全技术咨询服务有限公司

泸州天宇石油环保安全技术咨询服务有限公司是专门从事安全评价和安全技术咨询服务的中介机构。公司以中国石油西南油气田天然气研究院为依托，拥有大量先进的试验和检测设备，在油气开采安全技术领域拥有多项研究成果和专项技术。引进的荷兰的SAVE、挪威的SAFETI和LEAK等国际上先进的安全和风险评价、事故模拟及预测软件，使公司的技术实力和评价手段处于国内同行业领先地位。公司已完成各类安全评价项目近30项，其中包括四川天然气开发世界银行贷款项目和国内首个特高含硫天然气净化厂及配套的大型输气管道工程的安全预评价项目等，工程总投资达100亿元。安全评价工作得到了国家和四川省安全管理部门的高度评价。公司现有各类专业的工程技术人员38人，其中高级工程师6人、工程师11人、专业从事安全评价的技术人员19人。

公司将本着公正客观、实事求是的科学态度，热诚为广大企业提供高标准、高质量、高效率的安全评估与技术咨询服务。

地　址：四川省泸州市3号信箱　电　话：0830-3924341　邮　编：646002

新疆吐鲁番地区民用爆破器材专卖有限公司

董事长兼经理　张居平

新疆吐鲁番地区民用爆破器材专卖有限公司成立于1998年4月，系国有独资企业，负责地区内煤矿、非煤矿山、工程爆破、吐哈石油勘探及中央、自治区、地区重点工程项目建设所需的民爆器材。

主要经营产品有民爆器材、危险化学品、报废汽车回收（拆解）、废旧金属收购、废旧物资回收、旧机动车估价和交易、农用车销售、矿山配件经销、危货运输。几年来，公司严格遵守《中华人民共和国安全生产法》和《中华人民共和国爆炸物品管理条例》的有关规定，自觉接受自治区民爆办、安监局、公安厅在安全管理工作方面的指导和监督。安全管理工作常抓不懈，以市场为导向，开拓创新，艰苦创业，诚信为本，取得了显著的成效，经营收入由1998年创办之初的267万元，发展到2002年的1036万元，累计上缴利税千万元，在自治区同行业中名列前茅，为地区的经济发展和社会安定作出了积极的贡献。

地　址：新疆吐鲁番市马哈路8号　　邮　编：838000　　电　话：0995-8552968

兰炼职业培训中心

兰炼职业培训中心隶属于甘肃兰炼教育集团，同时又是兰州炼油化工总厂职工培训基地，集职工培训、职业技术教育、职业技能鉴定、电大学历教育为一体，设有办公室、教务处、计算机教研室、经营管理教研室、机电仪教研室、炼油化工专业教研室等6个业务部门。主要承担计算机、外语、炼油、化工、车、钳、电、焊、机械、仪表、电器、经营管理等专业类型的专业理论培训及操作技能训练。平均年培训量在2000～3000人次左右。中心现有建筑面积9000平方米，可同时开展800人的培训。

经过多年的努力，职业培训中心现已发展成为国家职业技能鉴定基地、出国劳务人员培训基地、继续教育基地、计算机高新信息技术培训考试站、国家二级安全生产培训基地和职业教育温暖工程基地。

兰炼职业培训中心凭借企业的优势、完善的管理制度、严谨的教学态度和良好的教学环境，愿与社会各界和企业精诚合作，开创职业教育新未来。

计算机培训

教师在调仿真设备

学员在进行电工技能操作训练

六大培训基地

地　址：甘肃省兰州市西固区福利东路632号　　邮　编：730060　　电　话：0931-7924485

第八部分

安全科学技术研究工作

全国安全科学技术研究工作

2002年，国家安全生产监督管理局党组要求加强安全生产科研工作，明确安全科技攻关的主攻方向，提高安全监管的科技含量。提出构建“六个支撑体系”、推进“五项创新”的任务。安全生产技术保障体系是安全生产“六个支撑体系”之一，体系建设的各项工作已经开始启动。通过体系建设，进一步整合安全生产科技资源，加强基础性安全科学研究，加速重点、关键性安全技术开发，加快新技术、新工艺的成果推广，促进安全生产技术装备的更新换代，大力开展安全科技创新，推动安全科技水平的稳步提高。

针对安全生产科技工作量大、面广、公益性强的特点，国家局制定下发了《关于加强安全生产科技管理工作的意见》，提出了制定安全生产年度科技发展计划、科技重点推广项目计划、开展安全生产科技成果奖励等方面的意见，规范了对科技项目申报、科技成果鉴定、科技成果登记等方面工作的程序。

一、安全科学技术研究情况

科研工作围绕解决安全生产领域一些涉及面广、技术难度大和经济、社会效益好的重大技术关键问题进行，并以这些重大项目与关键技术研究为龙头，带动安全科学研究工作的全面发展。

目前，国家安全生产监督管理局组织的“十五”国家科技攻关项目正在逐步落实，研究工作按实施计划顺利进行，并取得初步成果。其中：

国家安全生产监督管理局国家安全科学技术研究中心承担的“城市公共安全规划与应急预案编制及其关键技术研究”，年度课题参加单位8家，参加攻关全时人数60人。课题已取得了初步成果，确定了城市公共安全规划与城市总体规划的关系，以及安全规划的内容、对象和范围，提出了城市公共安全规划的功能区划分方法、六项规划编制的程序、指标、内容、形式和基本要求；提出了城市重大事故应急救援体系框架、预案编制技术、救援体系评价办法和重大事故应急计划的评价指标体系；构建完成了城市安全规划数据库及其网络技术系统的数据库结构设计和图层设计。

淮南矿业集团公司承担的“矿山重大瓦斯煤尘爆炸预防与监控技术”课题，已取得了突破性进展。矿井瓦斯抽放率由1997年的4%（400万立方米）提高到2002年的31%，矿区瓦斯总抽放量2001年突破1亿立方米。百万吨自燃发火率由1998年以前的0.53次降低到目前的0.1次。

2002年，国家安全生产监督管理局安全科学技术研究中心的“非矿山重大事故调查分析机模拟验证技术”、“城市工业安全规划关键技术研究”项目得到科技部社会公益专项资金支持。煤科总院抚顺分院的“可调前导叶片子午加速局部通风机系列研制”列为科技部技术开发专项，“煤炭低温氧化热物理场效特性研究”获得国家自然科学基金。国家安全生产监督管理局安全生产科技发展指导性计划正式立项108项。

二、安全生产科技成果

2002年，国家安全生产监督管理局组织了19个科研课题的成果鉴定（软科学评审），见下表。

三、安全科技成果奖评审工作

2002年，国家安全生产监督管理局组织了第

科研课题成果鉴定表

序号	证书编号	项目名称	完成单位	成果水平
1	安监管技装鉴字（2002）第01号	平顶山八矿瓦斯地质规律和瓦斯预测研究	焦作工学院、平顶山煤业集团有限责任公司	国际先进
2	安监管技装软评字（2002）第02号	安全评价总则及在煤矿和粮库的应用	安全科学技术中心平顶山煤业集团公司	国内领先
3	煤安监技装鉴字（2002）第03号	KF－1正压氧气呼吸器	煤科总院抚顺分院	国际同类产品水平
4	安监管技装鉴字（2002）第04号	国际化学品安全卡网络数据库查询系统	中国石化北京化工研究院	国际先进
5	安监管技装软评字（2002）第05号	职业安全健康管理体系国家指南及系列实施规范研究	国家安全生产监督管理局、安全科学技术研究中心	国际先进
6	安监管技装鉴字（2002）第06号	柔性掩护支架变形特征研究及架型优化设计	辽宁工程技术大学、京煤集团公司长沟峪矿	国内领先
7	安监管技装鉴字（2002）第07号	软岩巷道支护压力与变形的动态仿真及监测预报的研究	辽宁工程技术大学、辽宁工学院、阜新王营矿	国内领先
8	安监管技装鉴字（2002）第08号	中国企业安全管理信息系统	北京国音波瑞姆数码科技有限公司	国内先进
9	安监管技装鉴字（2002）第09号	职业安全健康国家题库及管理系统	北京国音安全信息网络有限公司	国内领先
10	安监管技装鉴字（2002）第10号	BD－Ⅱ系列弯掠组合隔爆对旋轴流主通风机	湘潭平安电气集团有限公司、西北工业大学	国际先进
11	安监管技装鉴字（2002）第11号	AZL－60B型矿用一氧化碳过滤式自救器	三门峡多安器材有限责任公司	国内先进
12	安监管技装鉴字（2002）第12号	三汇二矿高山矿井复杂网络通风系统技术研究	天府矿务局三汇二矿	国内先进
13	安监管技装鉴字（2002）第13号	磨心坡煤矿急倾斜近距离煤层群集中开采首采层瓦斯综合治理成套技术	天府矿务局	国内先进
14	安监管技装鉴字（2002）第14号	重大事故现场数字图像传输系统	空军第一研究所、深圳市威迪泰通信技术公司	国内领先
15	安监管技装鉴字（2002）第15号	船用新型探照灯	交通部长江海事局、空军第一研究所、上海保华电子有限公司	国内领先
16	安监管技装鉴字（2002）第16号	20吨上开式扇形门曲轨自动卸载箕斗	徐州煤矿安全设备制造有限公司、开滦精煤股份有限公司吕家坨矿业分公司	国内领先

续表

序号	证书编号	项目名称	完成单位	成果水平
17	安监管技装鉴字(2002)第17号	KGD2双路甲烷超限断电仪	徐州安全仪器厂	国内先进
18	安监管技装鉴字(2002)第18号	KGJ4遥控甲烷传感器	徐州安全仪器厂	国内先进
19	安监管技装软评字(2002)第19号	全国煤矿安全状况调查与安全规划	国家局技装司、煤炭咨询中心、中国矿大北京校区等	国内领先

一届安全生产科技成果奖的评审工作。开展安全成果奖励工作不仅是国家局建立安全生产技术保障体系的重要举措之一，也是对我国安全科技工作的大检验，是对安全科技优秀成果以及为此付出辛勤劳动的科技人员的充分肯定与鼓励，从而进一步推动了全社会的安全生产科技工作。同时，通过开展评审表彰活动，使一批对我国安全生产工作产生重大影响的优秀成果脱颖而出，让全社会了解和认可这些成果的价值与用途，大大促进安全科技成果的转化和推广应用。同时，建立一种激励机制，调动科技工作者的积极性和创造性，推动我国安全生产科技进步，充分发挥第一生产力在安全生产中的作用。在这次评审中，有83项科研成果获得奖励，其中一等奖8项，二等奖24项，三等奖51项。主要奖项介绍如下：

1. 抚顺矿震时间—空间—强度预测及其对城市危害评价研究（2002-1-01）

该成果以矿震观测资料为基础，运用FLAC3D大型三维非线性动力学数值模拟等先进技术，研究了矿震演化和动态发展趋势，追踪反演了老虎台矿的百年开采历史和动力响应过程。建立了开采扰动势模型，解决了定量预测矿震的发生时间、空间和强度，揭示了矿震的力学机理和震源机制。定量预测出老虎台矿开采引发矿震的最大震级为3.8~4.2级，圈定了井下矿震危险性分区图和地面的烈度分区图，并对各影响区的城市建设提出了要求。该项研究已被抚顺市在城市规划、市政建设方面采纳。

2. 矿井通风仿真系统及其应用研究（2002-1-02）

该项目在角联风路自动识别与角联结构分析、风网特征图自动绘制和网络最小调节功耗通风方法等方面进行了创新性研究工作。所编制的MVSS矿井通风仿真系统是新一代可视化应用软件，可模拟井巷通风状况、通风优化调节、风网特征图自动绘制、通风系统综合评价等多项功能，并可实现信息处理和图形的交互。该项目综合水平达到国际先进水平，其仿真系统在金川矿区通风系统改造工程中应用取得良好效果，在沈阳、铁法和平顶山矿务局多个煤矿应用，均取得了良好的经济和社会效益。

3. 岩土工程特大塌方预防与治理综合技术研究及工程应用（2002-1-04）

通过对程潮铁矿主溜井特大塌方、山东滨州黄河大桥北接线失稳加筋土治理、京沪高速公路大金山路暂边坡和高应力软岩巷道变形控制等15个工程实例的研究，形成了特大塌方与防御治理综合技术体系。首创“托斗法”和“箱式承载木梁结构”的技术方案，实现了溜矿安全生产；首创“松散岩土层非套管成孔技术”，可以在塌落岩土体中成功进行工程孔的钻凿；开发了“双泵双液高压注浆堵水技术”，实现了对涌水塌方区的有效加固；开发了“分层多次高压注浆预应力锚固技术”，可在锚索安装同时，实现对塌落岩土体的加固。项目技术达到国际先进水平。

4. 粉尘危害程度评估与治理方案最优化技术研究（2002-2-03）

汇集了全国34个从事粉尘危害防治单位的近100名专家，对粉尘从采样、检测、危险度评价到粉尘控制等进行了系统地研究。对煤炭、冶金、化工、有色等行业22个厂矿的71175名接尘工人健康状况和接尘史进行了调查；提出了符合我国实际情况的尘肺预防危险环模型；确定了体外粉尘毒性主要评价指标，提出了快速评价的基本技术和方法，建立了粉尘毒性强度体外快速评价系统；对尘肺发病危险性进行了分级、评价和预测，并开发了相应软件。为我国粉尘检测、评价和尘肺预防的管理规范化、科学化提供了科学依据和重要手段。该项研究达到了国际先进水平，经济和社会效益显著。

地方劳动保护科研工作

2002年，《安全生产法》的实施，使我国的安全生产综合监督管理走向法制化轨道，全社会营造着“关爱生命、关注安全”的氛围和风尚。各地方劳动保护科研机构针对劳动保护和安全生产的中心任务，为满足市场经济条件下国家对劳动保护安全生产事业的需求，配合政府安全生产监督监察工作，利用专业和技术上的优势，进行了有益探索，开展了安全科学技术研究工作，为社会各界提供技术服务，为政府部门更好地履行安全监察的职责起到了助手和技术支撑的作用，取得了可喜的成绩。

1. 北京市劳动保护科学研究所

北京市劳动保护科学研究所在科研和实验室建设等方面创新发展。该所重新整合了六个研究中心：北京城市有毒有害易燃易爆危险源控制技术研究中心、北京危险化学品应急技术中心、北京理化分析测试中心、国家劳动用品质量监督检测中心、振动与声学材料控制技术中心、北京人居室内环境检测中心。开展科研项目50多项，其中：北京市重大项目1项，科技部科技攻关项目2项，北京市科技新星项目3项，市科委科研项目11项；有16项科研项目已通过了验收、鉴定。《北京城市道路交通噪声污染控制对策》获得北京市科技进步二等奖。《化学品相关紧急事故处理及决策支持信息系统研究》项目为北京市2002年重大科研项目，同时该项目已列入国家科技部科技攻关项目——奥运科技专项。《城市公共设施和公共场所安全隐患——环境风险评价技术及控制对策研究》、《北京地区汽车用加气站安全现状调查和安全评价技术研究》、《基于人工神经网络的管道泄漏检测系统研究》、《高层建筑火灾延期蔓延计算机模拟技术研究》等项目均为北京市科委下达的科研项目，分别围绕城市公共场所安全、城市危险源等的安全评价、计算机仿真技术以及控制对策开展研究。该所还承担了6项国家标准的修订工作，如《缺氧危险作业安全规程》、《农药贮运、销售和使用的防毒规程》、《防止静电事故通用导则》和《安全帽》等。劳动安全卫生评价中心首批通过了国家安全生产监督管理局的复审，共开展了包括北京现代汽车在内的20余个项目的安全评价，取得了较好的社会效益和经济效益。研究所还开展了学术交流活动，邀请美国哈佛大学公共卫生学院、英国国家化学品应急技术中心（NCEC）、格林威治大学、澳大利亚ChemWatch公司、中国科技大学等单位的专家与研究中心人员进行了学术交流。

2. 上海市劳动保护科学研究所

上海市劳动保护科学研究所加大劳动保护科研开发投入，为企业服务，为政府做好技术支撑。该所完成了上海市科委下达的《上海市重大事故隐患综合评价方法的研究》项目，并开展了《化工企业重大危险隐患评价方法的深化应用》；完成了市技术监督局下达的《漏电保护配电箱》标准修订工作；承担了国家安全生产监督管理局下达的《铁电陶瓷自动变光面罩》项目；为企业完成了《上海浦东钢铁有限公司尘肺病预防对策》的研究项目；承担了《个体防护装备标准体系表》、《用电安全导则》等十个科研课题和标准的制（修）订工作；配合政府部门开展安全生产监察工作和安全生产宣传教育培训工作，出色地完成了“上海市安全生产宣传周”活动的各项工作；完成了《上海劳动保护》杂志的改版及安全教育教材和宣传材料；配合政府部门开展安全技术培训工作，全年共完成了特种作业人员、厂长（经理）和安全生产管理人员培训考核22万余人，修改完成了《上海市特种作业人员安全技术培训习题集》；加强安全生产技术服务工作，组建了“上海市职业安全健康管理体系认证中心”，并已开展工作；完成了27个建设项目（工程）劳动安全卫生评价工作；筹建事故调查中心，并受政府部门和企业委托完成了6项爆炸和触电事故的技术鉴定工作。

3.辽宁省安全科学研究院

辽宁省安全科学研究院面向各社会公益需求，以安全评价和特种设备安全技术研究为依托，为政府提供技术支撑。该院获得了国家二级安全生产培训机构资质；建设项目（工程）劳动卫生预评价中心和劳动防护用品检验站顺利通过了国家安全生产监督管理局的复审；首批获得国家认可的“危险化学品专项安全评价资格”、“非煤矿山专项安全评价资格”；组建了“辽宁安科职业安全健康管理体系认证中心”；完成的科研课题有10项，其中部和省级下达的课题有8项，院自立课题5项，《电梯监督检验规程》和《起重机监督检验规程》已颁布实施；《电梯、起重机械检验人员资格考核法规标准习题集》已出版；承担了日本法规体系的研究；完成了有关“锅炉、压力容器、起重机械、电梯及游乐设施”研究报告；完成了《大型危险品储备等重大危险源治理》项目的安全监察录像片；承担了《压力管道缺陷治理》和《工业管道安全监察》项目，并组织制定压力管道安全监察规定；完成了国家劳动和社会保障部下达的《印染企业印染污水治理技术应用示范》技措项目；开发研制了实用新型专利“AK·WY·LSG系列煤气化—无烟燃烧锅炉”项目和“M2000通用型智能化工业锅炉控制器开发项目”，并通过省科技成果鉴定和投产鉴定。配合省安全生产监督管理局开展危险化学品专项整治工作，起草了《辽宁省危险化学品经营企业安全评价导则》、《辽宁省危险化学品专项安全评价机构评审办法》，编写了《危险化学品经营企业安全培训教材》。完成建设项目（工程）劳动安全卫生预评价、竣工验收评价及危险化学品专项评价项目66项；积极配合安全监察和质量监督工作，开展劳动防护用品的监督检验工作，并在辽宁电视台、辽宁日报等媒体多次报导；开展铁路罐车综合技术评定和电站锅炉安全评估工作；完成了17家压力管道设计和安装单位及42家特种设备安装单位的安全评审工作。

4.吉林省安全科学技术研究中心

吉林省安全科学技术研究中心加强内部建设，在创新中求发展。该中心完成了国家标准《机械安全、防护装置固定式和活动式防护装置设计与制造的一般要求》；新立9项国家标准课题；承担了《人体机械振动与冲击术语》、《人体手臂系统驱动点的自由机械阻抗》和《手臂系统为负载时弹性材料振动传递率的测量与评价》三项国家标准的起草工作；成立了《吉林省安全生产工程协会》；顺利通过了国家安全生产监督管理局对建设项目（工程）劳动安全卫生安全预评价室和劳动防护用品检验站的资质复审；完成了20多家企业技术改造项目的预评价项目；完成了省质量技术监督系统对全省160余家劳动防护用品生产企业的监督检验计划；接受企业委托，完成了两项技术措施改造项目的安全验收工作；制定了《吉林省特种作业人员安全技术培训考核基地考核办法》；承办了全省12期特种作业人员的安全培训班和11期的特种作业人员IC卡软件培训班；顺利完成了全年12期《吉林劳动保护杂志》的出版发行工作。

5.黑龙江省劳动安全科学技术研究中心

黑龙江省劳动安全科学技术研究中心配合省安全生产监督管理工作，做了大量的技术支持工作。该中心完成了建设项目（工程）劳动安全卫生预评价资质的复审工作，达到了国家安全生产监督管理局对评价机构的要求标准，获得了国家二级安全生产培训机构资质。全年完成较大的安全评价14项：完成建设项目劳动安全卫生检测评价项目4项、预评价项目10项：组建了黑龙江省危险化学品登记注册办公室，承担全省的危险化学品登记注册工作；配合安监局、省技术监督局开展工作，为36家企业顺利换发了“安全生产许可证”，为8家企业的10种产品取得了国家“安全生产许可证”和全国工业产品许可证；全年共完成了14个品种的护品检验，出具检验报告80份，创出了较好社会效益；承办了企业安全生产监督管理人员和厂长（经理）安全生产管理资格培训工作，共培训安全生产管理人员1077人、厂长（经理）377人；承担了特种作业人员操作证的制作、发放和人员资料建档管理工作，共制发特种作业人员操作证23000个；建立了黑龙江省安全生产信息网，该网站已正式投入运行；配合省安监局法规处组织了安全生产月的宣传品展览活动，自行设计出版了“安全生产责任制”挂图，编印了《安全生产知识读本》，为企业提供宣传用品。

6. 江苏省劳动保护科学技术研究所

江苏省劳动保护科学技术研究所加强重点研究室建设，为政府提供技术支撑。《江苏省工业危险源及隐患评估中心》建设项目顺利进行，主要目标和任务已接近完成，配套项目《职业安全个体防护装备评价指标与测试方法的研究》已开始启动，“南京化学工业有限公司重点危险源监控示范工程”项目已顺利通过国家验收，并获得国家安全监察局安全生产科技成果三等奖。通过了国家安全生产监督管理局对建设项目（工程）劳动安全卫生预评价资质的复审工作，取得了危险化学品专项安全评价的资质，承担了江苏省危险化学品登记注册办公室工作；“江苏北辰职业安全健康管理体系认证中心”正式获得了 OSHMS 认证机构资格；劳动防护用品质量监督检验站顺利通过国家安全监察局的安全性能检验资质审查；全国涂装作业标准化委员会秘书处认真配合标委会工作，按计划进行标准清理整顿工作，并出版了 4 期《涂装通讯》；省安全生产信息网站全年上传江苏省安全生产信息 23 期，共计 4000 余条，并完成省安监局信息发布工作，已成为全国安全生产方面的公益网站；配合安全生产监督管理工作，在全省举办了 3 期安全评价培训班及危险化学品生产企业厂长（经理）培训班等，并与全国 OSHMS 审核人员注册委员会联合举办了一期审核员培训班；受省安全监察局委托，研究开发了“江苏省重大危险源普查登记软件”项目；完成了《南京市化学事故应急救援预案》起草工作；完成了《危险化学品安全管理参考读本》的教材编写工作；完成了 40 余项建设项目（工程）劳动安全卫生预评价和综合评价项目，对全省 100 多家加油、加气站进行了专项评估，协助南京市栖霞区 2 吨氰化纳废弃物的处理工作。

7. 浙江省劳动保护科学研究所

浙江省劳动保护科学研究所面向社会需求，做好安全生产工作。该所经国家安全生产监督管理局审查，通过了建设项目（工程）劳动安全卫生预评价资格复审，取得了危险化学品专项安全评价资格，通过了国家二级安全生产培训机构资格，获得了劳动防护用品防护性能检验机构资格证书，取得了职业安全健康管理体系认证机构资格；完成了生产经营单位安全评价项目共 64 项；积极宣传和推动职业安全健康管理体系的认证工作，并开展了咨询和认证业务；配合省安全生产监督管理局工作，组织专家编写了《厂内机动车辆驾驶》、《起重机械作业》、《电工作业》、《金属焊接切割作业》、《冲压剪切作业》、《登高架设作业》等特种作业人员培训教材及《矿山安全》、《危险化学品安全管理》和《危险化学品法规标准选编》等有关教材和资料；举办生产经营单位主要负责人和安全生产管理机构负责人的安全生产师资培训和危险化学品生产、储存、经营单位负责人的安全生产资格师资培训；继续举办电工、焊工、厂内机动车辆驾驶等特种作业人员的培训和考核业务；组织职业安全健康体系内审员培训；承担《安全生产导刊》刊物的编辑和发行工作，年发行量 20000 册；受政府部门委托，承担全省烟花爆竹生产企业的安全评价工作，走遍全省 140 家企业，取消了 70 多家不符合安全生产条件的企业生产资格，对近 50 多家企业进行安全评价；起草了“浙江省危险化学品登记管理办法实施意见”、“打火机厂安全评价检查表”、“危险化学品包装物、容器定点企业安全评价细则”、“冲压设备安全性能检验大纲”、“浙江省劳动防护用品及定点经营管理办法”等；承接了全省 23 家特种防护用品的监督检验和委托检验。

8. 安徽省劳动保护科学研究所

安徽省劳动保护科学研究所经过国家安全生产监督管理局的审查，获得了危险化学品专项安全评价资质；通过了省劳动防护用品质量监督检验站的资质复审和建设项目（工程）劳动安全卫生评价资质复审；先后完成了“安庆石化 1 套常减压蒸馏装置更新改造项目”等 12 项职业安全卫生预评价和 9 项竣工验收评价工作；受政府委托，组建安徽省危险化学品登记注册办公室，危险化学品登记注册工作进展顺利，已有 87 家单位的 168 种危险化学品进行了登记注册；完成了 24 家防护用品生产企业换发《安全生产许可证》的审查考核工作；在合肥和淮南举办了两次“劳动防护用品管理人员培训班”，共培训劳动防护人员 162 人；完成了全省工矿企业伤亡事故统计和调查技术分析工作；受合肥市安全生产监督管理局的委托，对合肥市电力局“电器致死人命案”和美菱集团注塑厂“注塑机轧死人命案”进行了技术调查分析；积极参与和配合

"全国安全生产月"、"国家安全生产万里行"和"安徽省安全生产论坛"活动；组织有关人员撰写了《安全评价概论》和《论危险化学品安全管理》两篇论文，获得了优秀论文荣誉奖。

9. 湖北省经贸委安全科学技术研究中心

湖北省经贸委安全科学技术研究中心在改革中不断发展。2002年，经国家安全生产监督管理局审查，获危险化学品专项安全评价资格、国家认可委职业安全健康管理体系咨询资格和认证资格。并通过了建设项目（工程）劳动安全卫生预评价资格复审，特种劳动保护用品检测站顺利通过了国家安全生产监督管理局的资质审查。职业安全健康管理体系已咨询、认证近15家企业，其中有9家企业已通过OSHMS认证。完成了东风汽车公司和武钢等大中型新、改、扩建设项目劳动安全卫生预评价、竣工验收评价和综合评价项目48项。举办职业安全健康管理体系内审员和外审员培训班17期520人次。《湖北省公路养护业主要职业危害状况及对策研究》获国家经贸委科技进步三等奖。

10. 广东省安全科学技术研究所

广东省安全科学技术研究所积极开拓市场，促进科研事业发展。经国家安全生产监督管理局审查，取得了危险化学品专项安全评价评价资质；通过了建设项目（工程）劳动安全卫生预评价资格的复审；取得了国家认可的职业安全健康管理体系认证授权；劳动保护检测站顺利通过复审。编写发行了《危险化学品安全管理》教材。开展了危险化学品安全管理评价方法的研究课题，《企业安全系统共享及管理系统》课题已完成安全信息共享和查询系统。配合省安全监督管理部门建立了注册安全主任考核规范，编制培训大纲和考核大纲。制定了电工、焊工、制冷特种作业师资格培训考核大纲。组织编写了《登高架子工安全技术》教材。举办了13期注册安全主任培训班，培训人员3300人，举办了6期危险化学品登记注册培训班，培训人员650人，举办了5期安全生产管理干部培训班，并培训了职业安全健康管理体系内审员和外审员130余人次。组织特种作业人员考核6110人次，复审13390人次。完成了17个建设项目（工程）的劳动安全卫生预评价、验收评价和专项评价项目；完成了省质量技术监督局下达的监督抽查工作；为20家企业的危险化学品登记注册提供技术服务。完成了省劳动保护科学技术学会更名为"省安全生产监督管理协会"的工作。配合"安全生产月"活动和《安全生产法》的颁布实施，积极开展安全生产的社会化宣传。

11. 福建省劳动保护科学研究所

福建省劳动保护科学研究所组建了福建省安全生产隐患监控中心；取得了国家安全监察局建设项目（工程）劳动安全卫生预评价、煤矿与非煤矿山、危险化学品专项安全评价等资质；取得了福建省经贸委工程项目验收安全检测检验评价资质；国家二级安全生产培训机构资质及职业安全健康管理体系认证资质；开展了52项建设项目（工程）安全预评价、竣工验收评价和危险化学品专项安全评价业务；危险化学品登记注册工作顺利开展，共发放1983个经营许可证书；受省安全生产监督局委托，共承办了乡镇长培训班、厂长（经理）培训班、注册安全主任培训班、特种作业人员师资培训班、全国注册安全工程师确认前培训班等共40期，培训人员达3800多人；组织编写了全省统一的特种作业人员培训教材、复审教材及注册安全工程师教材和题库；投资实验室改造和人力资源的安全技术和资格培训，促进了全省安全生产事业的发展。

目前，全国地方劳动保护研究机构约有12家，这些机构都是80年代初建立的。20多年来，地方劳动保护科研机构为我国政府部门在安全生产决策上给予了很大的技术支持，为我国的科研事业作出了一定的贡献。

在经济与科技高速发展的今天，地方劳动保护科研机构将进一步为社会提供更加完善的技术性服务，与时俱进，共创安全健康的美好未来。

中国劳动保护科学技术学会工作

2002年，中国劳动保护科学技术学会，在开展学术活动、促进国内外学术交流、加强安全科技继续工程教育及培训和宣传教育等方面都取得了好的成绩。

一、学会重要活动

1. 举行了“2002新春团拜会”

2002年2月，学会在北京举行了“2002新春团拜会”，邀请了国家安全生产监督管理局的领导、中国科协领导、国务院有关部委安全生产负责人，部分两院院士、国家安全生产专家组成员，在京的学会理事，国家安全生产监督管理局直属单位代表，国家行业集团（公司）代表，安全科学技术及劳动保护科研机构、大专院校、大型生产经营单位的知名专家、学者和科技工作者，安全生产及职业安全健康界中介组织的代表，新闻媒体、广播、电视、报刊的朋友，200余人欢聚一堂。在团拜会上，由学会代理事长介绍了学会2001年的工作概况和2002年的打算，感谢各级领导及各界朋友对学会工作的关心和支持；国家安全生产监督管理局闪淳昌副局长在团拜会上通报了当前的安全生产形势，并对学会工作提出了几点希望。团拜会场外还设有安全科技书刊展台和职业安全健康防护用品展览室，学会为与会者提供了宽松、自由交流的场所，达到了互通安全信息、共商安全生产大计、推动安全科技发展的目的。

2. 召开了第四次全国会员代表大会

1993年10月，学会召开第三次全国会员代表大会，至2002年已近10年，按会章规定应换届。

2002年8月，国家安全生产监督管理局党组下文明确，提名张宝明同志作为学会第四届理事会理事长人选。2002年10月，经国家安全生产监督管理局和中国科协同意，批准学会于11月18日至19日在北京召开第四次全国会员代表大会。

参会代表300余名，会议期间听取了第三届理事会的工作报告、财务报告、会章修改报告、四大组织工作报告，并对上述报告进行了认真审议和热烈讨论。

大会选举产生了第四届理事会，由245名理事组成；产生常务理事会，由94名常务理事组成。常务理事会选举张宝明同志为理事长，闪淳昌等19名同志为副理事长，向衍荪为秘书长。

大会授予丁儆、马大猷等53名安全科技界德高望重、曾任学会领导的老同志为学会第三批荣誉会员；表彰了职业卫生专业委员会、四川省劳动保护科学技术学会等13个专业委员会、分会及省市学会，授予团体先进学会称号；通过了聘请学会名誉理事长、顾问、特邀常务理事的建议。

3. 举行了第二次全国安全科学技术学术交流大会

第二次全国安全科学技术学术交流大会于11月17日在北京西郊宾馆开幕，19日结束。何凤生院士为大会做了“化学品安全管理的发展趋势与挑战”的专题报告。通过主会场与分会场交流，发表论文60余篇，展示了“三大”以来安全科学技术理论、安全工程、卫生工程、安全法学、安全哲学、安全文化、安全管理工程等方面的最新进展和创新成果。

参加第二次全国安全科学技术学术交流大会的专家、学者100余名，学会为大会编辑了论文集，并评选了50篇优秀论文。闭幕式上，“四大”副理事长闪淳昌发表了重要讲话，并向有关专家、学者颁发了优秀论文证书。

二、充分发挥学会功能和社团作用

（1）受国家安全生产监督管理局委托，学会派专人负责并设立办公室，承担全国安全工程专业高级技术资格评审的申报及有关业务工作。2002年1～9月，办公室制订了安全工程专业高级技术资格评审的相关标准以及暂行实施办法，为政府决策提供了依据，发挥了学会公开、公正、公平的优势，为安全工程专业高级技术资格评审创造了条件，保证了2002年度国家安全生产监督管理局关于全国安全工程专业高级技术资格评审工作的顺利进行。

(2) 协助国家安全生产监督管理局承担第一届安全生产科技成果奖评奖的具体事务性工作。本届评出一等奖8项、二等奖24项、三等奖51项。

(3) 为了更好地推动安全科技成果评奖工作，我会向国家科技部申请单列评奖资格。2002年9月13日，学会已获国家科技部批准并已办完资质认可及注册等手续，获得了“中国劳动保护科技学会科技奖”许可证书，成为全国安全科技界第一个取得国家认可的合法的安全科技成果评定社团。从此，学会担负起在全国推广先进安全科学技术、奖励安全科技成果、推动安全科技发明创新、促进安全科技进步和发现安全科技人才的重任。

三、积极开展安全科技宣传教育活动

1. 安全工程专业教育及人才培养

由学会组织，经安全工程专业培训教材编审委员会审定而编写的安全工程师培训教材：《安全生产技术基础》、《安全管理》、《安全生产法律基础及应用》，于2001年底由海洋出版社出版。针对全国安全工程技术人员继续工程教育和知识更新的需要，学会于2002年5月召开了《安全工程师教学工作会议》，对统一教学的提纲、标准及考试内容进行了研讨和规范。

5~6月，在成都市举办了两期“安全工程师培训试点班”，通过教学实践，取得了有益的经验和良好培训效果，为安全工程师的继续工程教育和知识更新提供了成功的经验。

学会承担了国家经贸委安全工程专业教学指导委员会秘书处的工作。为更好的指导全国安全工程教学工作，该指导委员会决定统编主干学科教材，并由秘书处具体组织和实施，落实《安全学原理》、《安全系统工程》、《安全人机工程学》、《安全管理学》4本书的撰写工作，于2002年7月由高等院校安全工程专业教学指导委员会编，由煤炭工业出版社出版发行。这4册高等院校安全工程教材的问世，对安全工程专业教学工作和安全工程专业人才培养作出了重要贡献。

2. 中国安全科学学报工作

由中国科协主管、学会主办的《中国安全科学学报》，自1991年创刊以来，从季刊变成双月刊，由64页增为80页，由小开本又改为国标标准版，由5号字通排改为小5号双排，信息量和论文数不断扩充，但仍不能适应安全生产经营活动和安全科学技本的发展，来稿积压现象严重，影响了成果发表的时限。在稿源丰富、作者投稿踊跃的形势下，为尽快介绍安全科技成果及其在理论、技术、方法方面的创新，《中国安全科学》编辑部于2002年8月向中国科协及国家科技部提出改为月刊的申报。2003年，《中国安全科学》变为月刊后，将会更好地为科技工作者服务，为安全科学技术学科发展服务，为我国安全生产水平不断提高和发展服务。

3. 安全科技继续工程教育及培训活动

学会与日本国际职业安全卫生中心（JICOSH）建立了职业安全卫生的培训和信息交流的关系，2002年2月、5月、7月、9月、11月，由学会推荐或选派相关的安全生产、职业卫生及安全科技管理人员16人，分别赴日本（JICOSH）参加职业安全管理、职业安全卫生教育、建筑安全管理、起重机械安全、建筑安全评价、人机工程、尘肺病诊断与预防、作业环境探测与改善等研修班，学习日本成功的经验，为国内培训了一批安全科技骨干。

为适应职业安全健康管理体系的发展，学会与经贸委安全科学技术研究中心联合，2002年9月在烟台为港、澳、台地区在大陆的企业安全管理人员举办了OSHMS外审员培训班，有30余人通过了考试，为推动港、澳、台在大陆的企业建立OSHMS、提高安全生产管理水平发挥了重要作用。

为宣传《安全生产法》，提高企业安全技术人员的现代安全管理水平，学会与四川省劳动保护科学技术学会联合举办了多期培训班，培训了数百名学员，为提高安全生产管理人员的安全科技素质和管理水平，促进安全生产，发挥了重要作用，特别受到四川省政府及领导的好评。

四、开展国内外安全科技学术交流

(1) 2002年4月，由学会与焦作工学院等单位主办的“2002年采矿科学与安全科学技术国际学术会议”在河南省焦作市隆重召开。来自美国、加拿大、法国、英国、韩国、日本、澳大利亚等国及我国的专家、学者150余人参加此次盛会。会议交流论文70余篇，达到了国际间学术交流、促进采矿安全科学的发展和完善安全科学技术学科建设的目的。

(2)“第十届海峡两岸及香港、澳门地区职业安全卫生学术研讨会”于2002年4月在昆明举行，我会派出专家、学者代表团出席。与会期间，两岸四地的6个职业安全卫生组织的代表举行了2002年工作年会。会上，代表们交流信息，讨论下年度的工作计划。海峡两岸四地的职业安全卫生界的同仁，坚持尊重、平等、民主、协商的原则，商讨和交流经验和做法，对提高我国安全生产水平及推动安全科技事业的发展有重要作用。

(3) 2002年10月，以学会秘书长向衍荪为团长的一行3人，参加了18届亚太职业安全卫生组织（APOSHO－18）年会及学术交流会。

向衍荪作为大会的中心发言人，在会上进行了学术交流，报告了学会的工作，引起许多专家、学者的关注，会后还进行了交流。

在大会上，学会被提名为APOSHO教育培训委员会的主席单位。

在APOSHO工作年会上，决定第20届亚太地区职业安全卫生组织年会于2004年在中国召开，中国劳动保护科学技术学会愿意并有实力承办这次盛会，并担任APOSHO－20轮值主席。

(4) 学会与日本中央灾害防御协会（JISHA）建立了友好的学术交流关系，每年在我国举行一次中日职业安全卫生学术研讨，其主题经双方协商而定。按前两年惯例，分别召开职业安全研讨会和职业卫生研讨会。“2002中日职业卫生研讨会”于9月3日至5日在宁波市举行，其研讨主题是：职业卫生服务。JISHA派出代表团来华，并有3位专家在大会上发言。学会专家、学者及职业卫生工作者共100余人参加，向与会者提供了论文专辑。

“2002中日产业安全研讨会”于9月18日至20日在柳州市召开，其研讨主题是：防止重大事故预案的编制及应急救援系统的建立——思路、方法、模式的探讨。JISHA派出3位专家在大会上做专题报告，来自全国的80余名专家、学者在会上进行了交流，学会编印了论文集。

通过职业卫生、职业安全两个研讨会的举行，除在学术上研讨和切磋外，增强了中日职业安全卫生界的信息交流，特别是对我国的职业卫生服务与监控，对重大事故紧急预案的制定和救援系统的建立，都有重要的推动作用和现实意义。

五、开展境外安全科技考察与调研

(1) 由学会组织的职业安全卫生赴美考察团一行10人，由向衍荪秘书长任团长，于2002年11月27日至12月10日在美国纽约、华盛顿、洛杉矶和旧金山等地考察，访问了美国劳工部职业安全健康局、美国安全理事会（NSC），美国工业卫生协会（AIHA）、国家职业卫生研究所、安盛保险公司、阿格斯公司（专营护耳器、耳塞）等单位。代表团以学会的名义与有关访问单位建立了友好联系，商谈了合作意向，旨在进一步寻求机会，在职业安全健康领域进行学术交流和技术开发，加强职业培训及安全工程教育，推动我国安全科学技术事业，同时为拓展中美安全科技民间交流等方面作出了积极贡献。

(2) 2002年3月21日至23日，日本国际职业安全健康信息中心（JICOSH）派两名专家来华考察，并专访我会。双方在安全生产管理、科研、教育及安全科技方面进行了交流。

六、全国职业安全健康管理体系认证机构认可委员会办公室工作

全国认指委的安认委办公室设在学会，由秘书处派员负责安认委的日常业务工作。2002年主要开展了以下工作：

(1) 制定并发布了我国职业安全健康管理体系认证机构认可规范文件，建立了认可委质量管理体系，初步建立起规范化、制度化、程序化的我国职业安全健康管理体系认证机构认可工作机制。

(2) 2002年安认委办公室受理了30家职业安全健康管理体系认证机构的认可申请。

(3) 截止到2002年12月30日，共向34家机构授予了临时认可资格。

(4) 2002年，安认委办公室收到各省市众多中介咨询机构的申请，经审核合格，并已备案的职业安全健康咨询机构有62家，从成立至年底，已备案的职业安全健康咨询机构为78家。

(5) 举办了两次我国职业安全健康管理体系认证认可工作座谈会，对推动职业安全健康管理体系工作起到了促进作用。

第九部分

安全生产工作经验交流选编

建立健全安全生产责任体系 全方位做好安全生产管理工作

中国中煤能源集团公司安全生产管理部

中国中煤能源集团公司（简称中煤集团公司）及所属企业以“三个代表”重要思想为指导，认真贯彻落实《安全生产法》等安全生产法律法规，按照2002年初确定的目标任务，坚持“安全第一，预防为主”的方针，不断加强和改进安全生产管理，认真开展煤矿安全专项整治，强化安全培训教育。推进质量标准化和高产高效矿井建设，安全生产呈现稳定发展的良好局面。

2002年，中煤集团公司原煤产量3153万吨，洗精煤产量1319万吨，焦炭产量75.3万吨，发电量112521万千瓦时，煤气产量21098万立方米，煤机产品产量30617吨，杜绝了重大伤亡事故和地面生产死亡事故。原煤生产死亡事故6起，死亡6人，百万吨死亡率为0.19人/百万吨。安全生产连续700天没有发生重大伤亡事故。

中煤集团公司有5个煤矿获2001年度高产高效矿井称号，2家企业获煤炭工业优秀企业称号，1个煤矿获双十佳煤矿称号。

一、总结经验，表彰先进，安排部署年度安全生产工作

年初研究制定并及时下发《关于切实加强2002年集团公司安全生产工作的通知》1号文件，确定了年度安全生产工作的指导思想、奋斗目标和总体要求，下达了集团公司生产企业年度安全控制指标。结合生产企业的实际，把井工矿的“一通三防”、顶板、机电运输管理，收购、兼并煤矿的安全管理，煤气制造、储存及输配管理，露天矿的交通运输管理等工作作为本年度安全监督管理的重点。把加强重大安全隐患的排查和监测监控、及时排查隐患，开展安全专项整治、完善装备和设施，落实责任、强化现场管理，以人为本、强化培训作为年度工作的重点。1月23～24日，召开了集团公司安全生产工作会议，会议全面总结了2001年度安全生产工作，分析了安全生产面临的形势和存在的问题，对2002年安全工作作了全面的部署安排，提出了杜绝重大伤亡事故、消灭地面生产事故和降低责任事故的年度工作目标。会议表彰了平朔公司、大屯公司龙东矿等10个安全生产先进单位。大屯公司龙东矿、平朔安太堡矿等8个单位介绍了安全生产工作经验。各生产企业、厂矿安全生产负责人共80余人出席了会议。

7月27～28日，召开了安全生产工作座谈会，会议传达了全国安全生产座谈会会议精神，范宝山副总经理作了《认清形势 加强领导 强化管理 努力使集团公司安全生产工作再上新台阶》的报告，对如何搞好下半年的安全生产工作提出了明确要求，作出了具体安排。

二、建立健全安全生产责任体系，强化安全生

产责任制的落实

集团公司坚持建立健全企业法人代表为第一责任人、分管领导具体负责、总工程师对“一通三防”和技术管理工作全面负责、党政工团齐抓共管的安全生产责任体系。通过制定《集团公司安全生产奖惩办法（试行）》，把企业的安全生产工作作为年度经营业绩的主要考核内容之一，按照年度安全生产考核指标，严格考核，奖罚兑现，有力地促进了安全生产责任的落实。各生产企业将集团公司下达的安全控制指标层层分解，逐级签订安全生产目标责任书，对厂矿级负责人实行风险抵押，对基层区队班组坚持重奖重罚，并制定具体考核办法，逐月严格考核，严格兑现，把安全生产责任与各级领导和职工的收入直接挂钩，将压力传递到每一个生产岗位，把安全生产责任落实到位。

三、突出重点，强化现场管理

集团公司及所属企业的领导高度重视安全生产工作，主要领导亲自部署安排安全生产工作和重大活动，主持召开会议，专门研究解决安全生产工作中的有关问题，经常深入生产一线，靠前指挥，加强管理。各生产企业按照集团公司的部署安排，突出重点，狠抓重点部位、薄弱环节的现场安全管理。大屯公司始终比照高瓦斯矿井的管理标准严格瓦斯管理；加强注（洒）浆工作和结束采面的封闭工作；严把初次放顶关，加强了工作面过断层、过老巷、破碎顶板下开采的技术措施和管理；为吸取事故教训，加强提升运输管理，开展了运输系统的全面整顿，扭转了运输事故上升的局面。平朔公司安太堡矿出台了道路质量考核制度，对坑下道路、运输卡车实行分片负责和保机管理，提高了设备的完好率和出动率。煤气化公司以煤气生产、储存和输配、井工矿安全管理为重点，严格执行安全管理规章制度，强化现场安全管理，杜绝了煤气生产、储存、输配过程责任事故的发生。

四、排查事故隐患，做好重大事故的防范工作

集团公司把防范重大事故作为安全生产工作的重点，坚持不走过场、注重实效、突出重点、动态检查的原则，加强了重大危险源的检查监控。各生产企业从事故隐患的排查抓起，开展各种形式的安全检查，及时消除安全隐患。2002 年，集团公司组织春季、秋季安全大检查，“安全生产月”，雨季“三防”和煤炭生产许可证整改验收等安全专项检查 11 次，各级企业组织各类安全检查 653 次，共查出问题和隐患 4700 余项。并对存在重大隐患的 3 个煤矿、2 个工作面实施了停产整顿，对查出的问题现场提出整改要求，落实责任人，限期整改，隐患整改率达 98% 以上。针对煤矿“三违”现象突出的问题，加大反“三违”的检查和打击力度，仅大屯公司 2002 年度就查出“三违”2670 多人次，发出隐患通知单 6500 余份，整改率达 99% 以上。集团公司下发了《关于认真开展安全重大事故隐患排查工作的通知》，各煤炭生产企业认真组织开展重大事故隐患排查、评估、整改和监控工作，建立了重大事故隐患档案（包括项目、时间、性质、类别、整治方案、防范措施、责任部门和责任人），集团公司对其中的 22 项 B 类及以上的事故隐患建立了档案，并进行了重点跟踪监督管理，做到底数清、情况明、措施具体、责任落实。

五、以整治设施为重点，继续开展煤矿专项整治

针对生产企业存在的安全欠账、设备老化的突出问题，继续组织开展了以整治设施为重点的煤矿专项整治。各单位认真制定了整治方案，加大整治力度，严格整治验收。大屯公司开展了“整顿干部队伍、整顿现场管理、整顿劳动纪律、整顿重大安全隐患”的“四整顿”工作；平朔公司从 2002 年初开始到 2 月底对安太堡、安家岭两矿的 205 台卡车全部安装了倒车镜及紧急呼救器，基本解决了长期存在的卡车盲区隐患问题；煤气化公司针对煤矿生产系统存在的安全欠账问题，专门拨出资金进行安全生产系统改造，完善了包括皮带保护在内的安全监控设施。整治工作取得了阶段性成果。

六、认真组织“安全生产月”活动，增强职工的安全意识

按照中宣部、国家安全生产监督管理局等四部委《关于开展 2002 年“安全生产月”活动的通知》，集团公司成立了以总经理为组长、分管安全生产工作副总经理为副组长的“安全生产月”活动领导小组，召开了集团公司“安全生产月”活动动员大会，对“安全生产月”活动作了具体部署安排。集团公司所属企业都成立了以党政一把手为组长的活动领导小组，在吸收历年“安全生产周”活动经验的基础上，结合本单位安全生产工作的特点和实际，精心策划制定“安全生产月”活动方案，突出“安全责任重于泰山”这一主题。开展了形式多样、内容丰富的“安全生产月”活动。

集团公司开展了由各级领导和职工1500余人参加的安全生产合理化建议和安全生产征文活动。各生产企业大力开展宣传教育活动。大屯公司开展“安全宣传一条街”活动，大屯工人报开辟了安全月活动专版。活动期间，公司共悬挂宣传条幅240多幅，播出“安全在我心中”电视专题30期，播放广播稿件423篇，举办宣传专栏47期，职工受教育面达到95%以上。平朔公司举行隆重的活动启动仪式，出动宣传车进行巡回宣传，发放主题张贴画1500张，条幅及标语300余张，安全警句270份，宣传资料1000余份。煤气化公司组织了7次大型安全宣传教育活动，制作安全宣传栏50余块，发放安全宣传资料4500余份，订购宣传报刊2500余份。

“安全生产月”活动期间，集团公司组织开展的“安全照亮七彩生活”矿山行活动，行程数千里，深入煤矿和生产车间，突出“安全责任重于泰山”这一主题。在3个主要煤炭生产企业及所属8个煤矿演出自编自导的大型安全文艺演出11场，12000余名煤矿职工和家属观看了安全文艺节目。生产企业开展了有声有色的“安全生产月”活动。平朔公司在生产一线开展了千人巨型条幅签字活动、“安全在我心中”演讲比赛、安全法律知识竞赛、岗位技术比武等一系列活动。公司女工协管员到生产一线现场嘱安全、献爱心，把关爱和温暖送到一线职工心中。大屯公司组织和举办了安全知识竞赛18场，安全文艺汇演5场，11000人参加了安全知识考试，举办了“安全责任重于泰山”电视大奖赛，评选了安全协管好矿嫂，活动内容丰富多彩。太原煤气化公司举行了声势浩大的主题咨询活动和大型街头宣传、咨询服务、事故案例展、安全文艺演出及万人知识答卷等多项活动。

“安全生产月”活动大力宣传了国家安全生产方针政策，弘扬了先进安全文化理念，营造了浓厚的安全氛围。

七、加强安全培训教育，提高职工的安全技术素质

以宣传贯彻《安全生产法》为契机，加强安全教育和培训工作。各级领导高度重视安全培训教育工作，认真制定年度培训计划，落实培训资金，组织多层次的安全培训。集团公司专门组织了以《安全生产法》和新版《煤矿安全规程》为主要内容的安全培训。邀请国家安全生产监督管理局有关领导介绍了全国安全生产状况，分析了典型煤矿事故案例，介绍了防范事故的技术措施；讲解了《安全生产法》及执行说明；《煤矿安全规程》的8位编委讲解了井工开采、“一通三防”、提升运输、电器设备、安全监控、露天开采、煤矿救护等章节的内容。2002年度集团公司分期组织矿长、安全管理人员资格培训及职业安全健康管理体系内审资格培训共100余人次。生产企业安培中心共举办岗前和岗位培训28期，培训职工16680人，举办特种作业人员培训86期，培训3397人。集团公司组织6020人参加了全国《安全生产法》百题知识竞赛活动，并获得优秀组织单位奖。

八、坚持“四不放过”原则，加大事故查处力度

对发生的责任事故，按照“四不放过”的原则，进行了严肃处理。2002年一个承包集团受到集体警告处分一次，5名矿级领导受到行政处分，6名科级干部被撤职，7名科级干部受到行政处分，3名主要责任人被解除劳动合同，处罚有关事故责任人130余人。在宣传教育的同时，通过采取有效措施，加大了反“三违”工作力度。安太堡矿对违章事故责任人采取下岗，经离岗培训后重新竞争上岗的措施。龙东矿对“三违”人员按违章程度实行1～24个月放假制度。通过从严处罚和采取切实措施，大幅度降低了“三违”责任事故的发生。

九、实施安全技术改造，为企业安全生产提供保证

为解决部分煤矿主要通风设备超期服役、性能差、防治自然发火不及时和煤气管网老化等重大隐患问题，实施了有关安全技术改造项目。大屯公司徐庄矿风井、孔庄矿南风井和姚桥矿东二风井全部更换了通风能力较大的新型高效主扇，并对3个矿的注浆系统进行了改造；姚桥矿和煤气化公司嘉乐泉矿装备了新的矿井安全监测系统；实施太原市煤气管网改造，铺设低压支干线、庭院管线19.6千米，引入管路1292趟，地下室引入管路改造2252趟，更换异型表14696块。在资金相对紧张的情况下，先后重点用于煤矿“一通三防”的技术改造和煤气管网改造项目的资金投入达到6000多万元，较好地解决了目前存在的重大隐患和问题，企业的防灾抗灾能力得到显著提高。

强化安全专项治理　全面提高安全管理水平

天津市建工集团（控股）有限公司

天津市建工集团是市重点支持的大型企业集团，共有较大的全资、控股企业22家，其中有1家特级、9家一级资质的建安大型企业，9家一级（甲级）装饰、监理、设计等专业化企业。总资产60.64亿元，净资产10.14亿元。年生产能力产值营业额80~100亿元，竣工面积350~450万平方米，施工面积1000~1200万平方米。

近年来，随着集团总体规模的不断扩张和建筑施工技术的发展，安全管理工作面临着严峻的挑战，对管理水平的要求越来越高，涉及的内容越来越多，难度也越来越大。为全面贯彻江泽民总书记"安全责任重于泰山"的重要指示，把安全管理工作提高到一个新水平，为集团的发展创造安全祥和的环境，我们坚持抓好现场文明施工、安全达标和专项治理工作，通过文明施工标准化，坚持把提高集团安全管理水平与法制化、标准化建设结合，与提高文明施工水平结合，与企业保持稳定工作结合，与企业文化建设和提高整体商誉结合，促进安全管理的规范化，用安全管理水平的提高，来创建高标准的文明工地，提高社会信誉。从而使施工现场的安全管理工作向着科学化、制度化、系统化的方向发展，不断提高安全管理水平，使伤亡事故数量逐年下降。

2002年，集团施工面积897万平方米，施工产值61.7亿元，总产值首次突破70个亿，伤亡事故呈大幅下降趋势，外分包死亡事故控制在3人以内，并杜绝了自有职工死亡事故的发生，比事故高发的1993、1994年下降了近4倍多。6年来共创建381个集团级文明工地和100个市级文明工地，荣信花园、嘉海花园、苏坤堤路住宅、技工师范学院、泰丰家园、财院主教楼、图书城等7个工地代表全市参加建设部的施工现场安全大检查，捧回了七樽代表全国施工安全、文明施工最高水平的"长安杯"。2002年6月，软件大厦工地还接受了"全国安全生产万里行"记者团的采访，受到全总领导及诸多新闻媒体的广泛赞誉。

2002年，我们依照集团全面上水平、冲击70个亿的总体战略目标，结合建筑业自身在工程结构、施工现场、施工机具机械、劳动用工和劳动组织四方面的变化，以及《安全生产法》、302号令等诸多法律、法规的颁布和中国加入WTO所面临的新形势，从企业最大的风险是法律风险的角度重新审视和定位集团的安全生产工作，把安全生产工作作为企业加快发展、自我约束的前提，将安全达标、文明施工、安全专项治理作为集团长期的战略任务，作为实施和推进企业名牌战略的一项基础性工作，利用集团整体管理和技术优势来降低企业的安全风险，提高安全工作的综合防御能力，突出在以下三个方面狠下功夫：

一、在安全组织机构、人员落实和监督考核上下功夫

集团公司把创建文明工地和安全生产作为子公司领导班子成员年终业绩考核的一项重要内容。年初把各单位创建集团级文明工地占在施工程的50%，不发生死亡事故作为"硬指标"逐级下达。集团与公司、公司与分公司、分公司与项目工地（车间）都分级签订安全、文明施工包保责任书，逐级传递压力，定期进行考核，充分发挥经济杠杆作用，把考核结果直接与经济利益挂钩，真奖真罚。

在下达责任目标的同时，要求各级必须做到三个落实：设立专管部门，落实安全管理人员和职能；成立专业领导小组，组织文明施工竞赛，落实安全生产工作内容；层层制定安全管理和工作标准，落实工作责任。

由于我们坚持三个落实，狠抓责任与考评的结合，各单位在组织机构调整和企业改制调整的同时，都把握一个基本原则，就是安全机构不能撤并，安全力量不能削弱。各公司的安全机构始终是独立健全的科室，各分公司（厂、后方基地）也有相应的安全科。集团现有专（兼）职安全员536名，在各企业大幅度精简机构，压缩人员的情况下，集团各单位安全人员非但没有减少，反而进一步加强了，安全人员占职工总数的比例达到了24.36‰。集团上下高度重视监督体系的建设，确保安全工作在施工生产作业的同时有计划、有布置、有检查、有总结和有评比，充分发挥和调动各级安全人员的主动性，切实为企业在安全生产和文明工地的创建上当好参谋和助手。

在考核和监督上，集团注重将工作沉降到一线项目工地，突出抓好"项目长是施工现场安全第一责任人"安全责任制的考核，在工地实行安全目标分解与责任制动态量化考核相结合，建立完善的安全管理体系，成立安全管理小组，按建设部的规定合理配备专职安全员，定期开展安全工作；在关键部位和重点时期，加强了旁站式的安全监督，如三建公司成立百名安全监察大队，保证有一支训练有素的安全人员深入重点要害部位、施工一线，解决安全生产存在的问题。仅在冬季专项治理中，集团上下就检查200余次，查找出各类隐患问题571项，进一步确保了2002年集团整体安全工作的稳定。

二、在资金投入、安全专项治理上下功夫，解决好本质安全问题

我们体会到，搞好建筑业的安全生产工作，必须以安全专项治理、安全达标为龙头，以安全生产的标准化、规范化为内容，才能使创建文明工地活动有针对性、系统性，从而促进安全生产向科学化发展，不断加大安全专项治理和投入为安全生产的长治久安奠定了坚实的基础。为此，我们以建筑业高处坠落、触电，物体打击、机械伤害和坍塌五大伤害为突破口，采取有针对性的安全专项治理，在技术上研究办法，在资金上给予必要的投入，研究开发和制定切实可行的防护措施，从根本上减少或避免事故的发生，把伤亡事故降下来。

几年来，集团在创建文明工地、提高安全管理水平的过程中，针对"五大伤害"，下力量组织安全技术的研究、推广和应用，共有十几项安全成果成功地在集团各施工现场广泛推广应用。从1994年开始，我们在全市的施工现场推行三相五线制，做到三级控制、二级保护，研发使用标准电闸箱，彻底解决了施工用电的本质安全，至今未发生一起因使用标准电闸箱而发生触电事故的；自行研制的SS160型高低两用龙门架安装精度和安全装置都完全符合规范的要求；结合施工场地狭小、高架门架适用高层的特点，引进监视器运用到龙门架上，克服了操作人员视线不清诱发事故的问题；我们还将龙门架监视器运用到施工现场，对现场实行动态监控，使项目的管理手段又向现代化迈进了一步。

2002年，集团下决心淘汰报废了所有3~8吨塔式起重机，坚决杜绝使用30吨以下的轻型塔式起重机，投资上千万元购置新型塔式起重机和设备；在龙门架更新改造中，投资500余万元更新了200套龙门架；一建、四建公司率先完成老旧龙门架的更新改造任务。集团新开工程专项治理成果的应用率也达到了70%，在建筑市场工程造价低和资金严重拖欠等不利情况下，集团安全投入每年都有所增加，像安全网、电闸箱、文明施工等专项治理的投入，每年都在1500万元以上，加上塔式起重机和龙门架的投资，2002年专项治理的总投入超过3000万元。安全专项治理成果的广泛应用，不仅提高了现场安全管理水平，对减少事故的发生也起到决定和根本性的作用。

三、在构建现代安全管理模式上下功夫与国际接轨

中国加入WTO已过去整整一年的时间，遇到的最大问题就是公平竞争。而公平竞争中难免不包含职业安全卫生问题。迅速构建与国际接轨的安全管理模式是集团2002年重点解决的问题之一。因此，建立职业健康安全管理体系，能进一步约束企业的安全行为，分清安全职责，做到与国际真正意义上的接轨。几年来，集团在创建文明工地、安全达标、安全专项治理上解决了一大批安全生产和环境保护方面的痼疾和难点问题，为建立和实施职业健康安全管理体系和环境管理体系奠定了坚实的基础。2002年，集团所属建设装饰、工程总承包公司、六建公司先后顺利通过了两个体系的认证，从发展的角度看，为企业在市场竞争中提高整体竞争力又多了一张"绿色通行证"。我们准备用1~2年的时间，使集团所有的施工企业都取得认证，以迎接入世的挑战。

几年来，我们在安全专项治理、安全达标、文明工地的创建方面虽然取得了一定的成绩，但我们也看到一些问题。下一步我们要在巩固成果的基础上，用发展的眼光分析我们的工作，下力量把安全工作抓实，加大安全管理力度，推动安全生产、文明施工再上一个新台阶。

加大管网改造　实施安全监控　确保稳定供气

太原煤炭气化（集团）有限责任公司煤气公司

太原市煤气公司是太原煤炭气化（集团）有限责任公司面向社会服务的窗口单位，是集煤气设计、施工、安装、输配供应、表灶具生产及液化气储运、供应于一体的国家大型二类企业。曾多次荣获市级先进企业、市级模范企业荣誉称号，先后跨入市级文明单位、市级文明标兵、省级先进企业的行列。公司现有职工1700余人，专业技术人员312人，拥有固定资产原值32000万元，担负着对全市44万多户居民用户、1500多家营业福利用户和24家工业用户的安全供气，以及东到东山、西至西山、南至武宿、北到上兰的1500多公里的煤气管网，分布在市区周围的4个储配站、总容量为44.2万立方米，8座储气柜的安全运行管理的艰巨任务。

由于煤气易燃、易爆、有毒，其设施遍布市区大街小巷，又均为隐蔽工程，点多、线长、面广，加之作为能源重化工基地的太原地区多为强腐蚀性土壤，随着时间的推移，20世纪80年代初期敷设的管网腐蚀更为严重，到了一敲即破的地步。公司领导当机立断，把管网普查改造当作头等大事来抓。同时紧紧围绕安全稳定供气这一中心，把积极预防、重点治理、快速抢险作为安全工作的三个支撑点，坚持“安全第一、预防为主”的方针，强化安全管理，始终把安全作为生命线贯穿于生产、建设、施工、送气全过程，圆满完成了各项生产任务，实现了安全生产工作连续21年无死亡、无重伤、轻伤负伤率为零的好成绩，使安全工作名列同行业前列。

一、总体改造思路

按照5年内完成全市管网改造的总体思路，在安排2002年度改造时，主要从以下几方面入手：①对全市煤气管网腐蚀严重地区进行了庭院管改造；②对腐蚀老化严重的部分管道进行局部改造；③管理站在处理冰封、萘堵时，发现腐蚀严重的引入管及庭院管道及时进行更换；④对全市的穿地下室引入管进行改造；⑤更换改造停气范围内的异型表。

二、庭院管网改造

在2002年的庭院管网改造中，共改造31个单位，358栋楼房，46排平房，15410户居民，先后铺设DN60－DN300的低压干支线、庭院管线19.6公里，引入管1292趟。另外，还对改造停气区域内1987年以后施工的2702户的庭院管线的焊口、末端、三通、引入管的腐蚀情况进行了检查，对发现的引入管穿地下室、管线安全距离不够、局部腐蚀严重等安全隐患，都根据实际情况采取了针对性的处理，共处理一触即破的安全隐患784处，确保了管网安全稳定运行。

在改造过程中发现多数1987年前铺设的煤气管道局部有腐蚀穿孔，甚至断裂漏气，个别管道已呈蜂窝状腐蚀，特别是管道的焊口、三通、引入管最为严重。为保证煤气管线今后的安全稳定运行，保证20年内不再出现问题，在改造中我们狠抓了施工质量，要求各施工单位必须按设计图纸及国家有关规范标准进行施工安装；无出厂合格证和有关质检部门检测报告的钢管和施工材料不得进入施工现场；同时坚持上岗资格认证制度，对无证焊工不准进行焊接施工；对重点部位和主要工序（如焊接、防腐等）均实行旁站监督；对焊口焊接经检查合格后方可防腐，防腐完成并经监理人员确认合格后回填；对部分土壤质量差的地区进行局部换土处理。

同时对横穿暖沟、污水、电缆沟等地下设施的煤气管道不论年代远近全部安装加长套管；对于安全距离不够、埋深不足、管道倒坡等问题，现场想办法，定方案，重新落实新管位进行改造，彻底杜绝安全隐患的存在。

煤气管线上的违章建筑物对管道的运行造成严重的安全威胁，由于违章建筑物的拆除涉及到单位、用户的切身利益，因此绝大多数用户单位及用户不主动积极配合，严重影响了改造工作的顺利进行，为此我们反复多次与用户单位及用户协调，通过各种方法、措施做工作，最终将改造管线上200多处违章建筑全部拆除，确保了煤气管网的正常运行。

三、穿地下室引入管改造

根据公司两年里将全市的穿地下室引入管全部改造完毕的规划，在已改造2728趟穿地下室引入管的基础上，2002年对剩余的穿地下室引入管难度较大的用户实施改造。这部分改造虽然是些不好协调、施工条件恶劣、零星分散的穿地下室引入管，给全年任务的完成带来很大的难度，但我们发扬“蚂蚁啃硬骨头”的精神，集中精力打“攻艰仗”，及早动手，通盘考虑，积极协调，经过9月的苦战，共完成穿地下室改造2258趟，同时对不能改造或不具备改造条件的，通过公司的专题会议，提出新的改造方案和安全措施，确保了各类用户的安全稳定用气。全年穿地下室引入管改造230单位、2252趟，累计4986趟。

四、异型表改造

所谓异型表，均为20世纪80年代初安装的黎明、萧山、航空、凤城铅弯管表等，年久老化腐蚀严重，存在重大安全隐患，无法更换。在改造的过程中发现许多异型表存在不过气或漏气现象，及时向公司反映，同时提出改造措施，在庭院管网改造和穿地下室引入管改造不停工的前提下，主动承担起停气范围内的异型表改造任务，将公司“两年内将异型表全部改造完毕”的思想贯彻到各管理站，并积极协调公司各有关部门，将此项工作在全公司展开，全年对异型表进行更换改造共计14696块。同时，我们还坚持每周六的例会制度，相互通报各自的工作情况，做到及时发现问题，及时处理。为使工作更加细致，做到心中有数，还定期编制改造月报及穿地下室引入管改造周报，以便领导和各部门随时掌握管网改造工程的施工进度及施工情况。

五、加大重点隐患整治力度，确保安全供气

积极配合市政府六项整治部署，根据市政府的指示，公司积极抽调人员及车辆，从2002年4月初开始，安监处兵分三路，每路各包两个城区，进行了为期6个月的违章建筑物的清理整顿工作，先后清除违章建筑物长度达7000米，面积25738平方米。

为了加强调压站安全隐患的整顿、治理工作，2002年10月份，公司成立了调压站安全隐患排查组，对300余座调压站进行了隐患排查。排查组经过为期3个月的摸底调查、现场勘察、画图造册、开会讨论，基本完成了任务。此项工作已于12月底结束，查出存在一般隐患调压站159座，其中专用76座，民用55座，单元式调压站28台。存在重大隐患的有5座，分别为裕德池、黄河大酒店、福来特大酒店、国旅、五一东街铁路宿舍调压站，均为专用调压站。

对上述存在安全隐患的调压站制定措施，分步实施整改。

(1) 28台单元式调压器恢复属性，做好保温，确保正常运行。

(2) 76座专用调压站安装报警器及紧急切断装置、排风扇；新设计调压站必须加报警、紧急切断、排风装置、技术科制定管理规程。

(3) 55座民用调压站加远程遥测报警及排风装置，待2003年3月份专家论证后实施。

(4) 存在重大隐患的5座调压站，落实改造费用，2003年完成改造。

(5) 对上述隐患调压站要加强巡检，督促整改，隐患整改通知书下达到位，不留死角，确保正常运行。

六、全面实施管网安全监控，确保安全稳定供气

全面实施管网安全监控，确保安全稳定供气，是我公司一项中心工作，公司始终坚持安全工作的三个支撑点，变被动为主动，变心中无数为心中有数，变事后处置为积极预防。2002年初，公司经理与基层20个单位安全第一责任人签订安全责任书，基层单位又同班组签订了安全责任书。层层落实了安全责任制度，特别是公司领导班子重新调整后，唐经理多次在会议上强调安全工作的重要性，要求一定要把安全工作当作头等大事抓紧抓好。对基层20个单位安全包片负责，并制定严格的考核制度，每月深入基层至少1～2次，督促检查安全责任制、安全方针、规章制度的执行落实情况，发现问题及时处理。使安全工作形成了主要领导亲自抓、分管领导全面抓、安监部门具体抓、职工群众人人抓的良好局面。

七、加强制度建设，建立全方位的安全监督检查网络

建立健全安全管理制度，是搞好安全生产的前提和保证。近年来，我们在安全管理中，不断修订和完善各项安全管理体制制度，加大监督考核力度，用制度约束职工的职业行为，靠标准规范职工的工作职责，进一步强化了监督和约束机制，使安全管理逐步走上了制度化、规范化的道路。

首先，建立和完善了各项规章制度，特别是完善了安全责任制。我们为适应管理向深层次发展的需要，本着细化、适用且易操作的原则，先后修订、补充、完善了各个岗位的工作标准和考核办法，修订了巡线员巡线标准、调压工巡视标准、施工现场安全管理制度、工程质量管理的若干规定等。在此基础上，特别是管线所制定了上至所长、下至每个职工的安全责任制，对每个岗位的安全职责和应承担的责任都做了具体的规定，为安全管理提供了制度上的保证。

其二，建立了安全监督网络。在公司加大安全检查的同时，针对管线所大部分职工都是单兵外出作业，不了解工作是否到位的情况，我们建立了全方位的监督检查网络。一是设置了两名专职检查员，主要职责就是对调压工、巡线员到位率以及对调压站、煤气管网设施的安全检查。2002年以来，分别对调压站和煤气管线检查达210人次，其中检查调压站2800座/次。在检查中发现的各种隐患16处，均及时处理。二是加强班组自查率，由班组长和组安全员对本班组职工到位情况和安全工作进行自查，巡线员共排查各类隐患1200余处。三是领导分片抽查。将全市煤气设施划分为5大区域，5个所领导每人负责1个区域，每月对分管的区域进行抽查。由于建立了全方位的安全监督网络，强化了安全监控能力。

其三，加大了考核力度。经过不断探索，对管线班实行了投牌考核制。就是将考核牌机投入凝水缸，由巡线员按时收回，交给考核人员，如工作不到位，就取不回考核牌，在每月的考评会上按考核细则扣发奖金。实行投牌制后，巡线员到位率达到100%。2002年分别在全市投放了180余个考核牌，全部按时交回，89%的漏气都是由巡线员汇报，并及时处理。采用国外的先进技术“智能巡检实时管理系统”（自动数据收集技术研制生产的一套管理系统，该系统改变了传统人工管理手段，能够准确记录巡检人员到位的情况，并做历史记录，打印报表），应用在管线、调压站管理上，管网系统安装智能巡检系统信息钮600个，同时在工业福利用户调压站内安装110个。通过使用智能巡检管理系统，加大了管理力度，提高了巡检人员的到位率，降低了事故的发生率，保证了工作的高效率。变被动为主动，积极采取措施，确保管网安全：①在有管线繁华地带、居民集中地区10年以上的管线附近，钉安全标志牌200个；②重点管线上方安装检测孔128个；③针对凝水缸井容积大，一旦煤气泄漏遇明火爆炸，存在重大隐患的问题，我们采取措施回填凝水缸460座；④研制了容积小、防爆、防盗性能好、强度高、损坏程度低的凝水缸保护罩。目前已投入使用186个，消除了安全隐患。

八、积极预防，快速抢险

2002年，我们修订了煤气抢险应急预案，在全公司认真组织职工学习，并进行预案知识竞赛，对获得前3名的职工进行奖励，进一步提高了职工安全工作的自保与互保意识。

在硬件建设上，我们先后购置了防静电工作服、安全帽、防毒面具、检漏仪、隔离墩、警戒绳、灭火器、抢险车等，设置煤气报警电话，为作业和抢修快速反应提供了可靠的安全保障。

公司建立了一支招之即来、来之能战、战之能胜的抢险队伍，坚持24小时值班，对抢修实行了半军事化管理，全天待命，接到抢险命令后8分钟出发，及时扼制事故的发生和蔓延。

严格现场监控。遵照“谁主管，谁负责”的原则，赋予现场负责人统一指挥权，调度各工种协调作战，在施工中严格执行安全操作规程和施工方案，严格履行动火手续，实行警戒区、作业区双层警戒，杜绝“三违”现象，确保现场安全。实行区域控制和外围控制，一般情况2小时内即可完成作业。全年抢险69次，带气碰头517余处，其中大型作业186次。

加强设备管理，确保千里管线安全稳定运行，共计维修保养调压器467台，大修7台，维修调压站采暖36处，保养阀门556台，更换阀门7台。由于加强了设备管理，从而保证了全市的安全稳定供气。

关注安全　牢记责任　抓好安全生产工作

攀钢（集团）公司

2002年，攀钢认真贯彻落实党和国家的安全生产方针、政策，全面落实公司2002年1号文件精神，在生产经营任务繁重、设备大型联合检修集中、三期工程全面开工建设、安全生产面临较大难度的情况下，公司安全工作始终坚持“安全第一、预防为主”的方针，紧紧围绕公司生产经营，狠抓职能职责和各项工作的落实，确保公司安全生产平稳运行。

全年深入开展伤害预知预警（KYT）活动。加强对KYT推广工作的检查与指导，提高作业小组开展KYT活动的有效性。把班组KYT活动纳入安全检查重要内容，对检查中发现的问题及时纠正。组织炼铁厂、炼钢厂等10个单位召开安全科长参加的KYT工作研讨会，调研班组开展KYT活动情况，不断规范KYT活动的开展。公司制定下发了《伤害预知预警活动管理标准》，各单位结合实际制定了KYT活动工作实施考核细则，为提高活动质量和效果，强制推进KYT活动提供了有力支撑，促进KYT工作不断深入发展。

全面开展岗位安全性评价工作。认真组织了安全评价工作会，有31个单位的主管厂领导、安全科（处）长及评价组长共84人参加，在总结2001年岗位评价的基础上，对2002年岗评工作进行了安排，全年完成28个单位102个车间的岗位评价工作。狠抓岗评中发现的隐患整改，2001年，全公司30个单位39个车间对在岗评中发现的705项设备设施隐患已整改634项，整改率达90%。

建立了新钢钒公司职业安全健康管理体系。成立了以厂矿长（经理）为组长的体系工作推进小组，建立体系工作例会制度，加强对体系工作的协调与指导。完成了新钢钒公司管理手册，编写下发了48个公司级管理标准、733个厂级管理标准和7461个作业文件，使安全管理工作步入科学化、规范化的轨道。

为保证三期建设重大工程的施工安全，攀钢（集团）公司转发了《国家安全生产监督管理局关于加强重大建设项目安全生产监督管理预防安全重大事故发生》的通知，对相关职能部门和有重大工程项目的单位就安全管理提出了明确要求。按照《安全生产法》规定要求，认真清理了工程建设项目分包及劳务用工情况，并对承包单位的施工资质予以确认，有效杜绝了无证施工和无证上岗，进一步规范了工程项目安全管理。

认真抓好劳动保护工作，确保职工身心健康。开展职业卫生监测，全年公司岗位粉尘合格率达92.1%，毒物检测5151点次，完成接尘接毒人员体检9646人，防治职业病人166例，门诊记录6132人次，对居住偏远、就医不便的职业病患者上门巡诊188人次。做好有毒有害岗位监测、防护工作，各单位对有毒有害岗位所配备的监测器具和防护器具配备情况进行了检查，补充了监测、防护器具203台（套），确保了安全防护工作落实。

在安全管理规范化、科学化的同时，攀钢还将搞好安全教育、提高职工安全素质作为一项重点工作来抓。2002年开展了以“安全责任·零事故”为主题的干部安全论坛、班组长（职工）安全论坛、党团员安全论坛、工会安全论坛等系列安全生产论坛活动，参与该活动的干部、职工达2万多人，并将论坛活动中的优秀论文整编成专辑印发给职工学习。2002年9月份，围绕以“责任重于泰山”为主题的全国第一个安全生产月活动，营造很好的“关注安全，关爱生命”的安全生产氛围，增强了职工安全意识，对促进安全生产发挥了重要作用。

科学和有效的管理，促使攀钢安全生产取得较好的成绩，人身伤害继续降低，有31个单位全年实现重伤及其以上事故零，有25个单位全年实现轻伤及以上事故零。

由于有了安全生产的保障，2002年，攀钢生产经营、经济效益创历史最好水平。全年完成工业总产值92.64亿元，实现销售收入141亿元，利税18.38亿元，利润5.46亿元，出口创汇9928万美元。全年生产铁495.81万吨（含攀成钢95.44万吨）、钢500.37万吨（含攀成钢129.73万吨）、无缝钢管54.97万吨、轨梁材98.94万吨、热轧板180.24万吨、冷轧板75.21万吨、钒渣11.54万吨、五氧化二钒3559吨、钛精矿18.51万吨、钛白粉10761吨。

狠抓安全生产责任制　切实履行安全监管职责

安徽省马鞍山市安全生产监督管理局

安徽省马鞍山市是一座新兴的钢铁工业城市，这里有全国著名的十大钢铁企业之一——马钢，有全国最大的露天铁矿——南山铁矿，有全国最大的井下硫铁矿——向山硫铁矿，有亚洲最大、中国惟一的车轮轮箍厂……这一切决定了该市安全生产工作的复杂化、多样性。面对安全生产严峻形势和艰巨任务，组建仅一年的马鞍山市安全生产监督管理局，在省安全生产监督管理局和市委、市政府的全力支持下，全体工作人员勤奋学习，知难而进，开拓进取，扎实工作，突出工作重点，认真做好国家安监局要求抓好的“三件大事”，切实履行安全监管职责，狠抓安全生产责任制的落实，大张旗鼓地开展“全国安全生产月”宣传活动，广泛深入地宣传、贯彻《中华人民共和国安全生产法》，积极探索市场经济条件下安全监管工作的新思路、新方法，取得了明显的成效。全市安全生产事故呈逐年下降趋势，连续8年未发生特大安全事故，连续6年被评为安徽省安全生产单位。

一、健全机构，明确责任，切实履行安全监管职责

马鞍山市委、市政府历来高度重视安全生产工作。2002年1月26日，全市机构改革尚未启动，市委、市政府就首先批准成立了马鞍山市安全生产监督管理局，与市政府安委会办公室一个机构两块牌子，核定编制12人。2月8日，市安全生产监管局正式组建。并且市监管局局长被任命为市经贸委党组成员，成为有权威的市级安全生产监督机构；与此同时，市政府还一次性拨付办公经费40多万元，配齐所需的办公用品。市安全监管局还制订了切合工作性质的工作制度条例，进一步突出监管职责，落实责任，严格执法，公开透明。从而使市安全生产监督管理局确实担负起全市安全生产监督管理工作的重任。

为适应全市安全生产工作的迫切需要，市安全监管局领导还多次上门做工作，督促所辖县、区政府组建安全生产监督机构。在该局积极督促推动下，全市三区一县均成立了安全监管局（三个区编制3人，县编制6人，县安全生产局长由县经贸委副主任兼任，人员、经费均已到位）。各生产经营单位专兼职安全员落实，形成了全市安全监管网，并卓有成效地开展各项安全生产监管工作。

二、突出重点，综合治理，切实开展安全专项整治工作

按照突出重点、综合治理、标本兼顾、务求实效的工作原则，马鞍山市安全监管局狠抓事故隐患的排查和整改，做到定职、定责、定人、定时。经过该局的努力工作，市政府先后拨专款380万元对14项重大安全生产隐患进行整改，现全部整改结束，并验收合格。如库容达580万立方米的黄梅山矿甄山尾矿库浸润线严重超标，在该局的监督下，历时3个月，市政府和企业共同筹集80余万元彻底解决了这一重大安全隐患。除在全市危险化学品生产企业进行调查建档外，还对企业管理人员进行安全培训，在企业自查的基础上重复督查整改。如民营企业天狼涂料公司地处居民区内，严重危及居民生命财产安全，市安全监督局建议市政府等给予一定的政策扶持后，该企业已被限期搬迁，受到了周围居民的一致称赞。

市安全生产监督管理局还根据国务院和省政府关于非煤矿山安全专项整治工作部署和要求，向市政府提出了全市性系统整治计划建议。根据该局计划，市政府成立了由一名副市长任组长的专项整治工作领导小组，多次召开专题会议部署整治工作。市政府以马政办（2002）42号文件决定关停全市小采选厂，对所有的采石场限期停产整顿，经验收合格后方可投入生产，整改达不到安全要求的依法取缔。该局根据实际需要，举办了4期共358名非煤矿山负责人参加的安全培训班，并利用报纸、电视、广播等媒体开设专栏进行强化宣传。为加大现场督察和执法力度，市安全监管局组织了数十次现场检查和暗访督查，确保了全市非煤矿山安全专项整治工作的有序进行，并取得了初步成效。在全市214户非煤矿山企业中，列入第一批关闭的41户企业已全部停产，并完成现场清理，经过专项整治，炸、填、关的非煤矿山企业达70余家，其中通过乡（镇）、县、区和市验收的企业125户，同时还创造了前7个月非煤矿山安全生产事故为零的佳绩。

三、广泛宣传，大造舆论，切实抓好安全宣教工作

2002年6月是第一个"全国安全生产月"。市安全监管局分别制订了"全国安全生产月"和"中国安全生产万里行"活动方案，并落实了专项宣传活动经费。全市各主要路口、街道及厂矿到处悬挂着"全国安全生产月"宣传横幅、挂图、标语及气球，有15000人参加了安全生产知识有奖竞赛，并发放宣传资料2万多份。为配合6月21日"中国安全生产万里行"活动，该局联合市文化局举办了以安全生产为主题的广场文艺演出，与市公安局、市教育局联合开展了"我当半天小交警"活动，同时还制作了反映马鞍山市政府落实安全生产责任制的电视专题片"为民奏响平安曲"。由于"安全月"宣传工作出色，马鞍山市安全监管局受到了安徽省政府安委办的表彰。

为学习贯彻《安全生产法》，该局制定了周密详实的学习、培训计划，集中9~11月中旬的两个半月时间进行分级、分批培训，至今已举办领导干部、安全管理干部、企业负责人等各类人员的《安全生产法》培训班20多期，参加培训5000多人。还利用"一报三台"开辟宣传《安全生产法》专栏，并在11月9日组织咨询活动和两万余人参加的《安全生产法》知识竞赛，为该法的实施营造了良好的氛围。

四、与时俱进，求实创新，积极探索安全监管新路

为进一步加强安全生产基础工作，落实"预防为主"的方针，从源头抓起，市安全监管局2002年着重抓了新建、改建、扩建限额以上企业和高危企业的安全预评价和验收评价工作制度。通过广泛宣传和主动上门服务，提高了企业对安全评价工作的认识，目前，全市已有中橡炭黑等十余项技改项目开展了安全预评价工作，占全市新、扩、改项目的95%以上。

同时，市安全监管局还根据国务院302号令，在全市建立起了安全事故行政追究制度，取得良好效果。2002年"8·13"房屋拆迁砸死3人的重大事故发生后，市安全监管局在对事故认真调查的基础上，依法对分管全市拆迁工作的市拆迁安置事务所领导程某予以行政记大过处分，在全市管理干部中引起了极大反响。

2002年以来，市安全监管局还建立了向各级领导、部门及时报告制度，并向社会公布了安全生产举报电话，得到了市委、市人大、市政府以及广大市民的关心和大力支持，为全市安全生产管理工作再上新台阶奠定了良好基础。

强化安全管理　保证燃气安全供应

北京市燃气集团有限责任公司

北京市燃气集团有限责任公司自1999年9月成立以来，始终将安全生产工作放在首位，认真贯彻安全第一的工作思想，坚决执行国家法律法规，努力提高自身的安全管理水平，被市政府授予"九五"期间安全生产先进单位，实现重大安全生产事故为零、重大交通责任事故为零、重大火灾事故为零，连续被北京市评为安全生产先进单位。

一、加强建章建制工作

集团公司成立后，抓紧建章建制，制定并印发了集团公司《安全管理制度和安全操作规程》汇编，其涵盖了生产安全管理制度、消防安全管理制度、交通安全管理制度、机动车驾驶员安全管理制度、劳保用品管理制度等五项管理制度和生产、消防、交通的三项责任制。为规范基础管理，还制定了8种统一格式的报表，建立健全了安全管理档案。初步制定"安全生产领导责任追究制度"和"安全生产一票否决制度考核办法"，使安全工作做到有法可依、有章可循。

安全技术操作规程包含：管网运行、维护、检修操作规程，用户安全操作规程，管道安装操作规程，电气、特种设备安全操作规程等92项安全技术操作规程。

二、采取有效措施，确保安全生产

1. 建立健全各级安全生产责任制和安全保障体系

集团公司在生产经营活动中始终坚持"安全第一，预防为主"的工作方针，认真贯彻"安全是魂、质量是企业的生命"的经营思想，始终把安全工作作为重中之重，警钟长鸣，常抓不懈。

(1) 健全安全管理组织机构。集团公司成立后，立即组成由集团公司董事长、总经理、副总经理为主要领导的安全生产委员会。集团公司改制过程中，机构、人员的变动较大，但均及时健全了安全委员会组织。所属各单位由行政一把手、主管领导、主要职能部（科）室负责人组成本单位的安全委员会，全面负责本单位的安全生产工作。

(2) 安全生产实行目标管理。集团公司每年都召开安全保卫工作暨目标责任书签约大会，董事长、总经理分别与所属各单位党政一把手签订《安全保卫目标责任书》，明确各单位法定代表人或者负责人全面负责落实本单位各项安全保卫责任制，主管安全保卫工作的副职领导负具体的领导责任。各单位将责任书中各项目标具体量化，与各基层单位层层签订责任书，落实责任，建立了"安全生产领导责任追究制度"和"安全生产一票否决制度"，确保总体目标的实现。

2. 加强职工安全教育培训，面向社会开展安全宣传和服务活动

(1) 集团公司定期对所属单位的法定代表人、行政一把手、主管安全工作的领导及安全科长、安全干部进行培训，每年不少于一次。

(2) 根据不同时期、不同季节生产工作的任务和特点，定期召开安全会议，重大节日、政治活动前都要对职工进行安全教育。

(3) 坚持对燃气生产各岗位职工进行安全培训制度。对新职工和调换工种、岗位的职工坚持"先培训、后上岗"。

(4) 每年组织安全生产重点单位进行2~3次消防演习、突发事故抢险演习等活动，增强职工处理突发事故的应变能力。

(5) 开展广泛的安全宣传咨询活动。2000年编发了35万份《燃气用户指南》、10万份《燃气用户安全使用手册》，2001年将200万份《燃气安全使用常识》发放到每个用户手中。在每年"安全生产周"、"安全月"、"119"消防活动日等活动中，组织燃气销售分公司参加市安全宣传咨询主会场的

活动，根据燃气用户在进入冬季、春季前后易发生火灾、爆炸、中毒等事故的特点，组织在全市范围开展两次大型的燃气安全宣传咨询活动及液化气灭火表演等活动，增加了广大燃气用户安全用气知识和自我保护能力。

(6) 利用社会新闻媒体，广泛宣传燃气安全知识。集团公司制作了《警钟燃气安全宣传教育片》录像带和光盘赠送给各区县政府燃气办对燃气用户进行播放宣传；每年都与北京电视台联合制作播出了燃气安全公益广告、专题片，与《中国消费者》报联合出版燃气安全专刊，在《北京日报》、《北京晚报》、《北京晨报》等各大报刊上广泛宣传燃气安全知识。

(7) 2002年6月是全国第一个安全生产月，燃气集团公司参加了6月9日在西单文化广场举办的北京市"责任重于泰山"安全生产咨询活动；组织集团公司职工开展了"我为安全献一计"安全征文活动，职工积极参与，为安全工作献计献策，表现出强烈的安全责任心和主人翁精神。

三、大力开展安全检查

集团公司的安全检查工作采取定期安全检查与日常检查、重点检查、专业安全检查相结合的方式，即：元旦、春节、五一、国庆节、全国"两会"、重大政治活动前，集团公司开展全面安全大检查；集团公司和各公司安全检查每季度不少于一次，厂（队、所）每月不少于一次，工段、班组每周不少于一次；在夏季、冬季分别开展防触电、防雷击、防塌方、防止火灾等专业安全检查工作。

在安全检查的形式上，采用《安全检查表》，检查情况由检查人和受检单位负责人共同签字确认。对查出的问题限期整改，对暂时无法解决的隐患均采取了监控措施并列入整改计划。

四、圆满完成重大节日、活动期间的安全保驾任务

党的十六大召开前夕，集团公司制定了周密详细的安全保驾方案，确保会议期间的安全正常供气。

(1) 成立保驾组织机构。集团公司成立了保驾指挥部，总经理任总指挥，下设分指挥部及各指挥组，全面负责指挥协调管辖范围内的管网、储配厂、用户等的抢险抢修任务。

(2) 制定保驾预案，落实保驾任务。保驾方案包括燃气供应方案、安全保驾措施、保卫工作方案、突发事故处理预案及各场馆、驻地联络表，全面落实各单位、各级领导的任务职责，分级分层落实责任制。

(3) 确定保驾具体要求。为确保活动期间燃气系统安全稳定，集团公司要求各单位开展全面的安全检查，重点检查与活动有关的重点场所；活动期间各级领导一律不得外出；不得再进行重大作业；抢修抢险队伍要随时待命，确保通讯畅通。

(4) 开展安全检查。为确保活动期间的燃气供应安全，各燃气供应单位开展了全面细致的安全检查。

五、完善应急预案，防范重大安全生产事故

1. 成立重大安全生产抢险指挥组织机构

集团公司成立总指挥部，总经理担任总指挥，主管生产、安全、工程建设的副总经理、经理助理任副总指挥。集团公司总指挥部下设输配分公司、销售一分公司、销售二分公司和液化石油气公司4个分指挥部。

2. 制定突发事故处理预案

(1) 集中信息。不论事故信息源自内部（运行人员）还是外部（公安、消防、群众举报），都将集中到各分公司调度室或值班室后统一上报集团公司值班室，包括各级领导是否到达现场，抢修队是否出动、事故类型、影响范围、抢修进度、遗留问题等内容均由值班室掌握，便于协调各部门的工作及领导随时掌握情况。

(2) 组织抢修队。抢修队伍分四级管理：

第一级：班组抢修队，由运行班组的人员组成，负责解决一般事故。

第二级：厂、所抢修队，由输配厂、储配厂、灌瓶厂、管网管理所、用户管理所的维修人员组成，负责解决重大事故。

第三级：分公司抢修队，由各厂所抢修队（抢修预备队由施工人员组成）联合组成，负责解决恶性事故。

第四级：凡涉及两个分公司以上的抢险抢修作业，由集团公司负责组织协调。

六、加强防范工作，提高安全工作技术含量，改善安全环境

几年来，集团公司及所属企业对改善安全环境、提高安全工作技术水平十分重视，体现在以下几个方面：

(1) 提高技术防范水平。液化石油气储罐泄漏是重大事故的原因之一，为防止发生此类事故，液化石油气公司经过多年摸索，提出采用高压注水缓解液化气泄漏的抢险技术措施，将为储罐及周边环境安全提供保障。

(2) 汽车灭火系统经过多年实验已获得专利并进入实用阶段，此项技术可以有效遏止汽车火灾，此项技术的应用，不仅集团公司受益，而且为社会安全工作作出了贡献。

(3) 我集团公司市属重点防火单位多、要害单位多，安全防范的任务很重，为防止外界因素的影响，对重点防火、要害单位加装了边界防护系统，2002年，集团公司及所属单位又投资600万元，对12个燃气储备、输配厂站安装了电视监控、周界防护的技术措施，利用现代技术实施24小时监控。

围绕主线　狠抓重点　与时俱进 开拓安全生产工作新局面

吉林省长春市安全生产委员会办公室

长春市安全工作紧紧围绕全市经济建设的大局，认真贯彻“安全第一，预防为主”的方针，站在讲政治、保稳定、促发展的高度认真把握和认识安全生产工作，通过落实各级安全生产责任制，加大宣传和培训力度，开展安全检查、专项整治和整改隐患，扼制了重、特大生产性伤亡事故的发生，确保了我市安全生产形势的基本稳定，为全市的经济发展和社会稳定创造了有利条件。

近年来，随着经济和社会各项事业的不断发展，随之而来的安全问题，增加了安全生产工作的难度。由于市委、市政府始终把安全生产工作作为一项十分重要工作来抓，领导重视、认识统一、措施得力、方法有效，保证了经济的快速发展和社会的基本稳定。2002年，全市GDP已经达到了1235.34亿元，财政收入突破了100亿元。当年全市共发生生产事故40起，比上年同期下降33.33%；死亡44人，同比下降30.16%。其中非煤企业33起，同比下降37.73%；死亡34人，同比下降38.18%。直接经济损失204万元，同比下降38.18%。全市煤矿企业事故7起，死亡10人，起数持平，死亡人数同比上升25%，煤炭行业已经突破了市下达的控制指标。2002年全市共发生火灾事故7685起，比同期上升28%；死亡33人，同比上升37.5%；伤14人，同比上升36.4%；直接经济损失777.18万元，同比下降57.1%。2002年，全市共发生道路交通事故12161起，死亡658人，伤5758人，直接经济损失2412.72万元，同比分别下降15.15%、6.53%、8.89%和上升10.89%。我市的千人死亡率、千人重伤率等重要指标均低于省政府下达的目标值，职工全员教育率、特种作业人员培训率等均实现了年初确定的目标，全市安全生产形势趋于稳定。

一、建立健全完善的责任机制和考核体系，是安全生产工作得以落实的重要前提和基本保证

实践证明，建立健全完善的安全生产责任制，是安全生产工作客观规律的内在要求，是搞好安全生产工作的前提和保证。几年来，我们一直实行四级责任管理办法及重点企业垂直管理办法，即：市与各县（市）区（包括各开发区）、各县（市）区与各街乡镇、各街乡镇与各居委会、村委会、企业层层签订安全生产责任书。同时，市政府与所有市属企业直接签订责任书，在全市确立了全市安全生产工作行政首长（领导）负责制。市长是全市安全生产第一责任人。各县（市）区的行政领导是该辖区内的安全生产第一责任人。每年市领导都与各县（市）区及各主管局、驻长中省直企业负责人签订安全生产达标任务书。各地、各单位再层层分解，一直落到最基层，形成了一个纵向到底、横向到边的安全生产责任制体系，实现了全员、全过程、全方位管理。

在实践中，我们体会到，企业是安全生产的主体。我们把工作重点放到了企业内部，要求企业必须建立完善企业内部安全生产责任制，无论企业大小，都必须建立以厂长（经理）为第一责任人的安全管理和保障体系，并实行了安全生产一票否决制。如一汽集团、长春客车厂、热电二厂等企业都层层制定了安全保证措施，要求安全生产第一责任人对上级下发的文件、通报等都要亲自签署贯彻落实意见。副总以上领导都能做到每月至少参加一次班组活动，领导和指挥大型操作与检修任务的施工，担任第二监护人。这些措施和办法都有效地防止和杜绝了一些重大伤亡事故的发生，使企业正常的生产经营活动得以顺利实施。

在安全监管的工作实践中我们发现，部分领导同志安全意识不强，各级责任不落实，是造成事故多发的一个重要原因。联系长春市的实际，我们提出要结合贯彻落实国务院302号令，在全市推行政府、各部门领导班子全体成员的“一岗双责”，即安全生产工作除了一把手负总责，分管安全生产工作的领导具体抓，其他领导班子成员也要对分管的安全生产工作负责，形成领导班子人人身上有安全责任的局面。为此，我们制定了42号市长令，即《长春市实行安全工作责任制和安全事故责任追究办法》。各级领导对安全生产的认识有了普遍提高，形成了抓安全生产工作的合力。

我们另一个做法是建立制约机制，加大考评力度。为了促进安全生产责任制的落实，我市在安全生产工作上实行了风险抵押金制度，按责任的大小分类缴纳抵押金。年末，按照达标任务书的内容，对企业安全生产工作的完成情况进行综合考评，完成指标的予以兑现，超标的按比例扣减，这个办法充分调动了各级领导特别是职能部门抓安全工作的积极性和主动性，在全市形成了人人想安全、人人抓安全的工作良好局面。

2002年，通过对目标责任制落实情况的重点检查，全市安全生产责任制体系得到逐步完善。各地、各部门及企业对安全生产的重视程度普遍提高。通过层层签订目标责任状，企业的积极性被调动起来，一汽集团公司、长春客车厂、长春供电公司等大企业都加大了安全生产投入，强化了安全生产管理，安全生产各项指标都达到了预期目标。同时，按照“四不放过”的原则，进一步加大了责任事故的处理力度。在全市发生的40起生产性死亡事故中，共对100余人进行了行政处分。其中：开除留用28人，撤职12人，降级31人，追究刑事责任2人，其余人员分别受到不同程度的行政处分。

二、加强专项整治工作，是确保安全生产目标实现的重要手段

几年来，我市一直把专项整治工作作为安全生产的重要手段，牢牢抓住不放。经过不懈的努力，全市的安全形势保持了较为稳定的态势。2002年，我们重点开展了以下专项整治工作：

一是煤矿安全整治。按照《煤矿安全规程》和《小煤矿安全生产基本条件》，共组织市、县两级大检查17次，查找出安全生产隐患136项，合计963件，投入安全专项资金1500余万元，逐项逐条落实隐患整改措施，隐患整改率达到95%；切实加大对乡镇煤矿的整改和验收力度。全市22户乡镇煤矿中，已有19户通过省级验收，3户验收不合格矿井，按照“三不留，一毁灭”的要求，依法进行了关闭，有效地遏制了重特大事故的发生。

二是危险化学品安全整治。易燃易爆品清理整顿取得初步成效。针对居民区经营易燃易爆品的问题，对和光路、七马路、四马路、医大三院宿舍及周边等重点地段的702户经营建材及易燃易爆品业户进行了全面清理整顿。其中：取缔无照经营以及未办公安消防审批手续的业户72户，限期迁移经营地址的业户15户，限期补办公安消防手续的74户。同时，组织力量对生产烟花爆竹企业相对较多、管理问题较为突出的农安、德惠两地进行了重点整治和安全检查，坚决依法取缔非法生产和不具备基本安全生产条件的民用爆破器材和烟花爆竹厂（点）。

三是建筑行业安全整治。对全市1131项在建工程，组织开展了以控制和减少高处坠落、触电、围墙倒塌、塔吊拆装、脚手架、中毒等为重点的专项整治工作，监督检查覆盖率达到100%。全年共查出各项隐患5228项，其中重大隐患589项，一般隐患4639项，对存在重大隐患的施工现场给予停工处罚。全市建筑业未发生3人以上重大安全事故，发生3人以下事故10起，死亡10人，同比分别下降25%。

四是道路交通安全整治。以“百万市民无违章、文明交通在长春”竞赛活动为载体，积极开展从严交通管理和整顿活动。全年共处罚交通违章98万余件，暂扣各种违章机动车辆17596台次，暂扣驾驶证47584个，吊扣驾驶证7218个；撤销驾驶证76个，对6900名记满12分的驾驶员下发了复试通知单，有效地遏制了交通事故的发生。全市交通事故案发件数、死亡人数、受伤人数分别比同期下降了15.2%、6.5%和8.9%。

五是公众聚集场所消防安全整治。围绕加大重大火灾隐患整改力度、解决公共聚集场所消防遗留问题、加快易燃易爆品消防专项治理进程等主要内容，在全市范围内开展了公众聚集场所消防安全整治活动。共检查了2924户企事业单位，依法下达《责令当场改正通知书》，340份、《责令限期改正通知书》1253份、《重大隐患限期整改通知书》5份、《复查意见书》878份和《公安行政处罚决定书》190份，2001年专项治理过程中遗留的448家火灾隐患，整改合格248家，我市消防环境得到进一步的改善。同时，共对全市633家加油站进行了治理，合格386家，违法经营27家，搬迁7家，补办消防手续27家，责令限期改正153家，责令停产停业19家，依法取缔9家，全市易燃易爆场所消防治理取得了阶段性成果。

通过上述专项整治工作，大大遏制了重特大安全事故的发生，为经济和社会事业的发展起到了保驾护航的作用。

三、营造氛围，树立意识，是做好安全生产工作的有效形式

长期以来，由于受计划经济体制的制约，我国的安全生产工作一直没有纳入法制管理轨道。人们的安全生产意识十分淡薄，尽管各级行政管理部门采取了很多措施，但一些重特大安全生产事故仍屡有发生。为此，我们把相当一部分精力放在了宣传教育上，使有关企业的安全意识和法制意识明显增强。相当一部分企业真正树立起了“安全第一，预防为主”的思想，为我们开展安全生产工作创造了十分有利的前提条件。观念转变是做好其他工作的思想基础。这才应该是我们工作的出发点和落脚点。基于这种认识，近几年，我们始终紧紧抓住宣传教育这些有效形式，大张旗鼓地宣传安全生产的重要意义，向社会公众灌输安全常识，努力提高社会对安全工作的认可度。2002年，我们开展了以“关爱生命，关注安全”为主题的宣传日活动。6月份，围绕“安全责任重于泰山”这一主题，组织全市200多户企业共15000多人开展了安全生产咨询日、组织有奖征文和“青年安全生产示范岗”等系列活动。6月9日，全市开展了大规模的宣传日活动。共展出消防宣传板报4300块，设咨询站31处，发放宣传材料20多万份，受教育人数达40多万人，在全社会营造了浓厚的重视安全教育、宣传安全知识、提高安全意识的良好氛围。我们对重点行业、重点企业和重点岗位的法人、安全管理人员和职工进行了有针对性的培训。全年共举办《安全生产法》培训班25期，对3000多名安全监察人员进行了培训；举办了25期特殊工种岗位人员培训班，对943人进行了有针对性的培训，核发特殊工种许可证7150个，使全市特殊岗位人员持证上岗率达到90%以上。

为了扩大教育覆盖面，增强教育效果，我们先后树立了一汽车集团、长春客车厂等多个先进企业。同时，我们还对那些不注重安全生产，并发生安全事故的企业进行曝光，以此起到警戒作用。

回顾近年来全市的安全生产工作，我们主要有以下几条体会：

第一，必须始终高举邓小平理论伟大旗帜，全面贯彻“三个代表”的重要思想，坚持“安全第一，预防为主”的方针，不折不扣地贯彻落实国家、省市关于安全生产的一系列指示和部署，着眼于建立安全生产的长效机制，牢牢把握工作的正确方向。

第二，必须服从服务于经济建设这个中心，妥善处理好发展经济与安全生产的关系。坚持安全为了生产，生产必须安全，抓安全、保稳定、促发展。同时，要从经济建设的全局着眼，把安全监管纳入市场监管之中，使安全生产与经济建设协调发展，并发挥其对经济建设的促进和保障作用。

第三，必须把“依法治市”的方略贯彻落实到安全生产领域，加强安全立法工作，建立健全安全生产法律法规体系，依法强化安全生产的监管和监察工作，加大行政执法力度，促使安全生产工作纳入健全的法治轨道，真正把安全生产工作做实，把安全生产监管工作做到位。

第四，必须发扬与时俱进、开拓创新的精神，创造性地开展工作。市场经济条件下，不论是安全生产监管监察的环境、对象、内容、标准、手段和方式方法，都发生了很大变化，要适应新形势、新变化，就必须解放思想，大胆探索，不断开阔思路，打开新局面。近几年，不论是安全专项整治，还是在队伍、法制建设等方面的工作思路，都是积极创新的成果。

第五，必须紧紧抓住企业这个安全生产的主体，把基层、基础工作落到实处。安全生产工作的重点在基层，关键在夯实基础。全市安全生产状况的根本好转，要建立在企业切实加强安全管理的基础上。贯彻“预防为主”的方针，要关口前移，重心向下，从督促每一个企事业单位实现安全保障抓起，从薄弱的环节入手，常抓不懈，警钟长鸣，逐步形成企业安全生产的自我约束、依法加强、不断完善的工作机制。

第六，必须树立“以人为本”的工作理念，切实保障人民群众的生命安全。着眼于提高全民的安全文化素质，努力营造全社会“关爱生命，关注安全”的舆论氛围；下功夫建设一支特别能战斗的安全生产监管和监察队伍，为安全生产工作提供强有力的思想保证、精神动力和智力支持。

第七，必须发挥各方面的积极性，形成齐抓共管的强大合力。安全生产是一项涉及方方面面的系统工程，必须实行综合治理，齐抓共管，总体推进。近年来的工作特别是安全专项整治能够取得阶段性成果，就是在各级政府领导下，各有关部门共同努力、协调配合、联手行动的结果。

突出专项整治　加大监管力度
把安全生产各项工作落到实处

湖北省鄂州市安全生产监督管理局

2002年，鄂州市以七项专项整治为重点，结合实际，立足服务，强化监管，主要事故指数在2000年、2001年持续以较大幅度下降的基础上继续下降；连续3年杜绝一次死亡3人以上的重特大事故的发生；连续13年杜绝了海损事故；连续2年被评为全国安全生产监督管理先进单位，连续6年被评为全省安全生产先进单位。

一、领导重视，各级各部门密切配合狠抓落实

2002年，市委、市政府对安全生产工作高度重视，4次召开大会，14次召开专题会议，研究和部署全市安全生产工作；市委、市政府分管市长、秘书长5次主持召开安委会全体会议，分析安全生产形势，布置各项工作，解决安全生产中的具体问题。市委、市政府主要领导、分管领导多次对安全生产工作作出重要批示。仅一季度，市政府主要领导就抓了13件安全生产方面的重要工作。市政协主要领导对全市安全生产工作进行视察。市委、市政府其他分管领导，对分管工作中涉及的安全事项，都进行了具体的研究、部署、检查和落实。各区、各办事处党政领导一把手亲自抓，分管领导具体抓。如：鄂城区建立了安全生产督办检查日制度，每月6日，区委、区人大、区政府、区政协四大家的领导，对各自分工负责的隐患整改点或责任单位进行督查，落实各项安全管理措施。各级、各部门安委会和分管安全生产工作的领导认真履行职责，丝毫不敢懈怠，在具体组织协调、督查督办、狠抓落实上做了大量工作。2002年，由于全市各级领导对安全生产工作重视程度高、投入精力多、工作力度大，整体推进了全市安全生产工作。

二、突出重点，安全生产专项整治工作成效显著

2002年，市委、市政府根据专项整治要求，结合鄂州实际，确定了“交通运输、非煤矿山、锅容管特、消防、民爆物品、危险化学品、铁路道口”七个方面的专项整治。各牵头责任单位按照全市的统一要求，相应成立了领导机构、明确了目标任务、制定了整治方案、落实了整治措施，专项整治工作取得明显成效。

(1) 非煤矿山整治。全市地下开采的矿山25家，其中4家取缔关闭，15家停产整改。到2002年底，这15家停产整改企业都按照达标整治要求完成整改，并于12月份全面通过了验收。另外，对全市87家采石场也进行了整治，实施停产或关闭的企业达25家。

(2) 危险化学品整治。新的《危险化学品安全管理条例》于2002年3月15日实施后，市局主要抓了宣传贯彻、调查摸底、集中整治。全市从事危险化学品的企业178家，其中6家取缔关闭，7家停业整顿，135家规范整改。在这两项专项整治中，行政处罚相关责任单位5户，刑事处理相关责任人员6人。同时，对其他专项整治工作，积极协调督办，在市安委会办公室的组织协调下，会同公安、质检、街道办事处对城区的土锅炉进行了集中取缔，用5天时间对城区内44台“土锅炉”进行强制拆除、解体、销毁，并在此基础上，对其他在用锅炉组织清理整顿。2002年，在市局积极推动下，对梁子湖水上运输实现了个体运输业主的大联合，组建了两家水上运输公司，规范了水上运输安全程序。

三、行动坚决，重点隐患整改取得新的突破

2002年，我市列入省级监管的重点隐患有1项，列入市级监管的有9项。对这些重点隐患，我们采取了“定责任、定目标、定资金、定时限”的办法，年初由市安委会逐个下达整改指令。市政府领导对重点隐患整改极为重视，对鄂华线220千伏输电线路的16#、17#塔基出现的重大安全隐患，省政府办公厅多次下文督促整改，市政府主要领导现场办公，现场检查指导、督促落实。共投入资金86万元加固处理两个塔基，从而使这个多年的隐患得以根除。另外，对其他一些历史遗留下来的重点隐患，如华容区万演文非法制造“土锅炉”、西山风景区森林防火设施不足、化建公司炸药库搬迁等问题，由于市政府主要领导的亲自督办，也都得到了较好的解决。

四、措施得力，安全基础管理工作进一步增强

安全工作的实践证明，安全生产的重点必须放在基层、放在企业。2002年，我市认真落实了安全生产各项法律法规，不断完善安全生产责任制，并采取各种行之有效的措施，狠抓了生产经营单位的安全基础管理工作。各单位围绕我局年初的工作部署，积极开展“创无违章企业、建样板车间、树示范岗位”竞赛活动。通过实施“创建无违章企业”活动，一些企业的生产系统、安全检测系统的稳定性增强，各项规章制度、操作规程得到完善，各级管理人员、从业人员安全技能进一步提高；一批新建、改建、扩建工程项目的安全生产整体水平跃上新台阶。另外，我们还对各企业管理人员进行了安全资格认证培训、《安全生产法》学习培训和对危险化学品从业单位管理人员的危险化学品安全管理知识培训。

五、勇于创新，积极探索民营企业安全管理模式

如何探索民营企业的安全管理，是经济转型期间摆在各级安监部门的一个重要课题。2002年，我局在探讨民营企业的安全管理模式上进行了一些有效的尝试。首先，在重点行业组建安全技术协会。在矿山、锅容管特两个领域成立了安全技术协会，在危险化学品领域成立了安全技术协会筹备组。安全技术协会日常工作由具备相关专业技术知识能力的人员组成，其主要职责是为企业安全管理进行指导协调服务。通过协会这种形式，推进了民营企业自我约束、行业自律，把党和国家的方针、政策、法律和法规内化为企业的自觉需要。其次，发动安委会成员、各级负责安全管理工作的领导、安全管理干部开展调查研究，撰写论文或调查报告。再则，对个体私营业主采取入股、挂靠等多种形式组建公司，实现企业化管理。一些水路运输、客运经营业主已实现了这种形式的联合。

六、广泛发动，扎实开展“安全生产月”活动

为了使“安全生产月”活动开展得扎扎实实、富有成效，市政府、市安委会召开专门会议，研究工作方案，落实工作任务。2002年6月2日，市政府在亚太广场隆重举行了“安全生产月”启动仪式，市领导在“安全责任重于泰山”签名条幅上带头签字。全市开展了矿山安全大检查、民用液化气大检查和“安全宣传咨询日”等活动。市政协还组织委员们对全市安全生产工作进行了视察，并对安全生产中的一些具体问题提出了意见。“安全生产月”期间，新闻媒体不间断进行了舆论宣传、报道，加大了“安全生产月”的宣传力度。

落实责任　强化监管
全面提高安全生产综合管理水平

广东省中山市安全生产监督管理局

2002年，我局以“三个代表”重要思想为指导，根据党中央国务院、省委省政府和市委市政府的指示精神，坚持“安全第一，预防为主”的方针，认真履行职责，进一步强化落实安全生产责任制，认真开展了安全生产专项整治，整治了一批重大事故隐患，切实加强安全生产宣传教育，促进了全市的安全生产工作。全市安全生产形势平稳，没有发生重大安全事故，为全市的社会稳定和经济发展提供了有力的保证。2002年，全市工矿企业职工伤亡事故59宗，死亡55人，重伤4人，与上年同期对比，事故宗数下降4.8%，死亡人数下降12.7%，没有重伤人数。全市连续10年没有发生重、特大安全事故。

一、认真贯彻《国务院关于特大安全事故行政责任追究的规定》，安全生产责任制得到有效落实

(1) 认真贯彻落实市政府每季度组织召开的防范特大安全事故工作会议精神。市政府每季度召开的防范特大安全事故工作会议，我局做好各项准备工作，对于每季度防范事故工作的重点和重大安全问题都进行了专门分析研究，最后形成建议稿，提供给市领导参考，并在会议上作出工作部署，使会议开得有成效。会后认真做好各项工作部署和重大安全问题的跟踪落实和督办工作，使会议精神得到有效贯彻落实。

(2) 建立健全了安全生产责任制考核制度。市、镇、村三级层层明确安全生产责任和有关责任人，签订安全生产责任书。制定了《中山市政府工作部门安全生产职责》并报市政府同意颁布实施，明确了全市25个职能部门的安全生产职责。坚持每年对安全生产责任人考核一次。

(3) 制定了全市特大安全生产事故应急救援预案。草拟了《中山市特大安全生产事故应急救援预案》，并报市政府同意颁发，成立了相应的事故应急救援机构和防范特大事故工作机构。全市24个镇区和有关市属职能部门也相应制定了特大安全事故应急救援预案和工作方案，逐步建立了全市安全生产事故应急救援体系。2002年12月，与消防局联合组织了一次大型的危险化学品重大事故应急救援演习，效果较好。

二、深入开展安全生产专项整治，有效杜绝重、特大事故发生

(1) 全市危险化学品专项整治工作取得较大突破。5月，我局按照市政府要求，主动承担起全市危险化学品安全专项整治牵头部门的职责，为市政府制定了专项整治工作方案，牵头建立了联席会议等工作机制，初步建立起全市危险化学品安全管理信息系统，建立了中山市危险化学品重大危险源档案，确立了64家危险化学品重点监控单位。整治期间查处危险化学品安全事故隐患332处。我市危险化学品专项整治得到了国务院督查组的充分肯定，并于11月在国务院安委办召开的全国危险化学品专项整治工作座谈会上作了大会发言。

(2) 电力设施安全隐患整治工作有较大进展。进一步加大力度，重新对全市高压走廊违章建筑隐患进行甄别。联合有关部门大刀阔斧整治了东区起湾市场、民众镇商业街等重大电力设施安全隐患。截至2003年1月24日，全市共拆除或落实整改高压走廊违章建筑1689宗，清拆违章建筑面积216107平方米，整治率为85.48%；11个镇区专项整治率超过90%。

(3) 督促有关部门深入开展交通运输安全专项整治和公众聚集场所消防安全专项整治工作。春运交通安全防护工作部署严密，在运送旅客近百万人次情况下没有发生重大的安全事故。专项整治工作稳步推进，有效地遏制了重大交通安全事故和重大火灾事故的发生。

三、突出抓好安全生产基础建设工作，完善监督管理网络

(1) 安全生产监督管理网络得到完善。全市市镇两级安全生产监督管理机构基本实现了“六个到位”，同时进一步完善了有关规章制度，安全监管水平有了明显提高。在理顺市镇两级安全生产监督管理体系、搞好条块结合的同时，努力探索建立社区安全监管体制、群防群治体制和上下贯通、层次分明的安全生产监管网络。市安监局已落实人员18人；全市24个镇区安委办共有工作人员127人，其中专职工作人员86人；全市295个村（社区）中已有167个成立了安全生产管理机构，共有人员653人，另外128个村（社区）设有专人管安全生产工作。

(2) 健全安全生产信息统计分析制度。制定了一套科学的、适应中山市安全生产工作实际的伤亡事故报送制度。严格督促各镇区安委办以及各职能部门定期报送各种报表和分析说明材料，并整理通报全市，使市领导及时、准确地掌握全市安全生产动态，起到督促各镇区、各部门安全生产工作的作用。

(3) 进一步抓好企业安全生产档案工作。在企业建立安全生产档案基础上，进一步规范企业安全生产档案的填写标准，认真督促镇区企业加快建立企业安全生产档案的进度。

(4) 继续抓好“五级”安全检查制度的落实。据统计，1～12月，全市共组织了4次全市性安全生产大检查，共派出8450多人次，检查各类企业（场所）20970间（次），查处安全隐患7680处。

(5) 建立重大事故隐患跟踪整改制度。初步建立长期有效的重大危险源、重大事故隐患整改制度。对历次安全生产大检查发现的和各镇区、各部门上报的重、特大安全事故隐患建立档案，落实专人跟踪，督促有关单位落实责任和整改措施，初步建立一套行之有效的事故隐患普查、建档、跟踪、整改的制度。2002年发现的42宗重大安全事故隐患，100%得到整改。

四、大力加强安全生产宣传教育工作，全民安全意识有明显提高

(1) 抓好节日期间安全生产宣传工作。通过电视、广播、报纸宣传安全生产基础知识，提高市民安全意识。

(2) 抓好6月份“全国安全生产月”活动工作。制定了全市“全国安全生产月”活动方案，成立了安全生产月活动办公室，组织开展了安全知识竞赛、安全生产咨询日活动、“WTO与中国安全生产”专题讲座。

(3) 全面开展了《安全生产法》宣传活动。制定了《安全生产法》宣传提纲，《安全生产法》派发《安全生产法》宣传品及学习资料20000多册。组织参加了省安全生产监察员培训，邀请我国著名安全生产专家罗云教授到我市宣讲《安全生产法》。

(4) 开展中山市首届安全生产公益广告评比大赛。目前，已收到参赛作品近90条（件）。

(5) 积极开展注册安全主任和特种作业人员培训教育工作。全年开展注册安全主任培训班3期，共培训安全主任300多人。累计至2002年12月止，我市共培训安全主任1340多名。全年培训考核特种作业人员6000人次，其中新培训考核领证1750人，年审培训4250人次。

五、健全防范体系，完善执法机制，抓好长效机制

虽然我局在安全生产监督管理工作上取得了一定成绩，但是仍然存在一些不容忽视的问题。一是全市各类伤亡事故总量仍然比较大，一些事故有上升势头。二是事故隐患整治工作量大、面广。危险化学品生产、储存、经营、运输、废弃物处置等方面不同程度存在问题，危桥清理整治工作难度较大。三是安全监督管理机构力量仍比较薄弱。四是安全生产管理水平有待提高。

针对存在的问题，从抓好长效机制的基本要求出发，我局安全生产工作的总体思路是：认真贯彻落实党的“十六大”精神，努力实践“三个代表”重要思想，以宣传、贯彻、落实《安全生产法》、《广东省安全生产条例》为主线，以加强生产、交通安全管理为重点，以健全落实安全生产责任制为核心，采取强有力的措施，确保全市安全生产状况稳定好转。具体要抓好以下几方面的工作：

(1) 继续推动安全生产法律法规学习宣传活动。要使《安全生产法》、《广东省安全生产条例》

等法律法规的重要意义、立法宗旨、基本法律制度和主要内容等，更加深入人心。

(2) 进一步加强网络建设，健全基层监管体系。要把注册安全主任的培训考核作为安全生产的基础建设工作抓紧抓好。年内组织开展生产经营单位安全管理机构设置和安全管理人员配备情况的专项检查，确保基层有一支相对稳定的管理队伍。要增加设备投入，建立安全生产信息网络，实现安全生产信息网络化。

(3) 深化安全生产专项整治，巩固发展整治成果。要向预防为主转变，向治本方向深化，着力建立安全生产长效机制，坚持标本兼治、综合治理，把专项整治工作推向深入。要抓住危险化学品、道路交通运输、公众聚集场所消防安全、烟花爆竹等重点，尤其要加强对道路交通运输的专项整治，控制交通事故持续发生。

(4) 搞好安全生产检查和督察，有效防范事故。继续搞好经常性的安全生产大检查，对安全生产中存在的带有倾向性的共性问题和深层次问题，要研究制定具体政策措施，切实解决好安全生产大检查中发现的问题。要坚持"关口前移，超前预防"，实行安全生产"一票否决"制度、事故隐患责任追究制度和不安全企业、重大危险源公告制度，加强日常监督监察工作，切实加强安全生产各项基础工作。

(5) 进一步开展安全生产责任制考核活动。继续开展镇区安全生产第一责任人和直接责任人安全生产责任制履职考核。研究制定工矿企业责任人考核方法。积极推动全市安全生产劳动竞赛活动，对安全生产先进单位和个人给予奖励和表彰。

抓好基础建设　加大整治力度
促进安全生产形势全面好转

甘肃省兰州市安全生产监督管理局

一、健全机构，建章立制，积极推进法制建设

我局现有编制22人，下设综合处、政策法规处、监督管理一处、监督管理二处等四个职能管理处室。

按照市委市政府"边完善机构，边开展工作"的要求，确定了"团结、创新、高效、廉洁"的作风建设方针，提出了"监督、管理、协调、服务"的工作指导思想。面临新的形势，针对新问题、新特点，我局把制度建设作为有序、规范、理顺工作的前提保证。先后制定了《兰州市安全生产监督管理局职责》、《兰州市安全委员会办公室职责》、《兰州市安全生产监督管理局工作制度》、《兰州市安全生产监督管理局工作人员守则》、《兰州市安全生产监督管理局安全监督管理人员职责》以及岗位职责和工作标准、工作程序等共50多项制度。制定完善了《兰州市安全生产责任制暂行规定》、《兰州市安全委员会例会制度》、《兰州市事故月报及安全生产重大事项报告制度》、《兰州市特大重大事故应急处理预案》及《兰州市安全生产责任目标考核办法》、《兰州市安全生产"十五"规划》等九项规定，使我市安全生产监管工作向法制化、规范化、程序化迈了一大步。

在分级管理方面，我局进一步理顺了市县两级工作关系，明确工作目标，明确工作程序，构建了全市安全信息网络和工作网络，能在24小时全天候掌握全市安全动态、重大安全生产信息和协调处理事宜。在安全生产监督管理上基本建成了纵向上下贯通、步调一致、横向信息畅通、协调配合的新局面。

二、注重教育，强化培训，营造安全氛围，提高全民安全素质

一是全面贯彻"三个代表"重要思想，抓好自身的教育、培训和提高。在学习上采取自学与辅导相结合的办法，先后学习了《劳动法》、《矿山安全法》、《甘肃省劳动安全卫生监察条例》等法律法规。《安全生产法》颁布后，全局干部都进行了轮训，学习了《行政处罚法》、《行政及执法》等法律法规，经考核全部合格取得了执法证书。二是重点抓好基层教育和强化培训工作。坚持先培训后上岗、不培训不上岗的原则，先后举办了危险化学品培训班、特种作业人员培训班、厂长（经理）在内的安全管理人员培训班，总共65期，培训人数达2500余人。三是突出抓好“全国安全生产月”活动。在活动中，贯穿“两个统一，三个结合”，即形式与内容的统一，实践活动与理论宣传指导统一；以市区为主城乡结合，以点为主点面结合，以企业活动为中心与社会活动相结合。组织开展了多种形式的宣传教育活动，兰州电视台播放了市委、市政府主要领导关于全国安全生产月专题采访节目，树立了领导干部关注安全、重视安全的良好形象；兰州日报开辟了《安全责任重于泰山——领导干部论安全》专栏，市长、县区长、各部门主要领导都撰文投稿，营造了全社会关注安全的氛围。为了加大宣传力度，“三台”、“三报”在安全月活动中全力以赴，紧密配合，在市中心广场组织了安委会成员单位及相关部门、企业共60余家单位2000多人参加的安全生产宣传咨询活动，并展出宣传图报40多块，散发宣传材料3万余份。在全国安全月活动期间，企业活动、校园活动、陇原行活动、安全知识竞赛、公益广告播放，以及安全大检查等一系列活动融为一体。其规模之大，人数之多，范围之广，效果之显，内容之丰富实为我市空前。在安全月活动中，我市没有发生重、特大事故，并且当月事故明显下降了6.4%。

据统计，自我局组建后，共编制简报23期，报道各类信息300余条；发表各类文章40余篇，其中在国家刊物上发表4篇。

三、强化措施，落实责任，加强安全生产监督检查，防范重特大事故

针对全市安全生产的薄弱环节，按照不同的行业、不同时期的特点，适时地组织开展安全生产大检查。检查过程中，我们采取平时检查和突击检查相结合、一般检查和重点检查相结合、自查和管理部门督查相结合的方法，组织安排规模较大的检查活动35次，涉及矿山、建筑、商贸、园林、学校、宾馆等26个行业，2548户企业。通过检查共发现事故隐患5471条，其中重大隐患40处，发出隐患整改通知书568份。

在安全检查工作中，我们实行谁检查、谁签字、谁负责的责任机制，由于工作到位，责任落实，取得了很好的效果。一是摸清了家底，对今后抓好安全整治重点具有指导意义。二是对已查清的事故隐患再“回头看”，督促企业加快了隐患的整改进度，企业先后投入安全整改资金5000多万元，整改率达到80%以上。三是社会安全意识有所提高，安全责任制得到了进一步落实，“安全第一，预防为主”的方针也得到了进一步贯彻。

四、加大安全监督和行政执法力度，全面抓好专项整治工作

按照“依法整治，综合治理，巩固提高，务求实效”的要求，在国家五项专项整治的基础上，根据实际情况，我市又增加了建筑施工、地下管网和公共娱乐文化场所的专项整治。我局牵头，市县联手，会同工商、公安、消防、环保等十余个部门近百人参加的联合执法，依据有关法规和政策，充分利用行政、经济、法律等手段，动真碰硬，采取强有力的措施，其中责令煤矿停产整顿72家，现已有27家国有和非国有煤矿先后通过了省级验收，并实现了一年安全生产无事故记录。全市的公众聚集场所由原来的5212家缩减到4283家，建筑施工和地下管网安全专项整治，检查了170家单位的222项工程，下发停工通知书103份，复查134项次，现已整改769处，整改率达到91%。关闭非法采砂、采石场（点）234处，取缔达不到要求的危险化学品生产经营单位16家，从源头上消除了重大事故隐患。

五、坚持有法必依，执法必严，严肃事故查处

有法必依，执法必严，加大行政执法力度，是预防事故、保证安全的重要条件。我局在安全生产监督管理方面，本着对党对国家的责任感、使命感，忠实地履行职责，严格执法，秉公办事，坚决贯彻落实《安全生产法》和《国务院关于特大安全事故行政责任追究的规定》，严肃查处重、特大事故，依法追究事故责任人。不论是谁，都要一查到底，该行政处分的则进行行政处分；该党纪处分的，则进行党纪处分；该法办的，则予以法办。同时力求对工作做到不缺位、不越位、不错位；对事故处理做到及时、准确、公正。我局成立以来，共处理各类事故60余起，按照“四不放过”的原则，追究了75人的行政责任。事故结案率达到100%。

从严查处事故，依法追究有关人员的责任，对维护生产法纪，减少生产安全事故，起到了很好的警示作用。

通过一年多来的工作，我市安全生产局面就整体来说，趋向于稳定，向好的方面转变。2002年1~10月份，我市事故起数、死亡人数、致伤人数都分别比上年下降了16.45%、15%、20.71%。全市没有发生一起特大事故。但是，由于我市安全生产工作基础薄弱，安全生产状况与省、市政府要求，与广大人民群众的期望还有很大的差距。为此，我们将在新的形势、新的条件下，一切从实际出发，不断研究安全生产工作面临的新情况、新问题，积极探索安全生产监管工作的新思路、新方法，努力推进思维方式的创新、事故防范机制的创新、安全生产监管手段的创新、对非公有制企业监管方式的创新和安全生产科技等五项创新。进一步改善职业安全状况，扭转事故多发局面。建立以企业为主体，以人为本、科教兴安、标本兼治和综合治理的长效机制，把我市安全生产工作尽快推上良性持续发展的轨道。

安评带动企业文化建设　安评促进综合素质提高

中国航天科工集团公司一五九厂

2002年9月20日，一五九厂正式通过了集团公司安全性评价复评验收组的认真检查和评价，以1136.47分的成绩达到了工厂安全性评价的优秀级标准。

2001年初，我厂根据航天机电集团公司关于印发《航天机电集团公司2001年度安全生产工作要点》的通知（天机研［2001］1号）和《关于2001年开展工厂安全性评价的通知》（研字［2001］3号）的要求，开展了安全性评价工作。现将我厂开展安全性评价工作的有关情况和一些体会介绍如下：

一、企业基础设施薄弱，安评工作难度很大

一五九厂是承担军工生产的大型企业，由于工厂建厂较早，各项基础设施较差，厂房、设备和动力设施比较陈旧。在计划经济体制下，企业能投入技术改造的经费较少，1990年后的近10余年间，由于军品任务量减少，企业经营困难，处于艰难维持状态，各方面的基本条件难以得到改善。近两年有所好转，目前企业科研生产任务繁重，还承担着多项专项技术改造任务；民品的经营开发任务也较繁重。但由于种种原因，企业效益较差，困难较大，历史欠账较多，很多生产作业场所亟须改造。由于科研生产与经营的特点，使得企业纳入危险点管理的部位多，综合管理幅度宽，安全管理难度大。近几年来，企业职工队伍正处在新老交替过程中，大批新职工刚刚步入相关工作岗位，正在适应新的工作，安全意识有待进一步加强。企业现已基本实现军民品分线管理，民品单位实行自主经营，厂内独立核算，自负盈亏，企业的结构调整与各项改革工作任务繁重，许多工作有待持续改进与完善。这样的基础条件，给我们开展安全性评价工作带来了相当的难度。然而，我们认识到，认真搞好安全性评价工作，对于提高我厂的安全生产管理水平，保障企业的可持续发展意义重大，只能下大力气搞好，别无选择。

二、领导高度重视，组织机构落实

加强领导、组织落实是做好安全性评价的根本保证。厂领导对安全性评价工作十分重视，多次开专题会研究布置安评工作。针对安评工作的特殊性，经厂长办公会研究决定，成立了以厂长为组长、主管安全生产副厂长为副组长的安全性评价工作领导小组，下设安评办公室，健全了安全性评价工作的组织机构。并依据安全性评价标准，成立了由机关主要职能部门领导任组长的五个专业组，即综合管理组、防火防爆组、动力设备组、机动车辆组、建筑环境与工业卫生组，分别对全厂各项制度、设施进行检查，发现问题，及时整改。各分厂也相应成立了由本单位主管领导负责的安评工作小组，配合技环处和各专业组做好安评整改工作。

在做好安评组织管理工作的同时，强化了生产现场的安全管理。厂成立了以主管安全生产的厂领导为主，相关专业人员参加的整改措施落实领导小组，监督实施具体整改工作。

三、搞好《标准》的宣传贯彻工作，强化培训教育

安全性评价工作是一项系统工程，涉及到企业各方面的工作，是一项立体的全方位的工作，要做好这项工作，必须对职工做好评价《标准》的宣传贯彻工作，统一思想，提高认识，深入动员，全员参加，要求干部职工必须把安评工作放在日常工作的首位。

为使全厂干部职工深入了解安评工作的目的、意义和内容，准确掌握评价的方法、要求，熟悉评价的程序，掌握《标准》精髓，我厂先后组织中层领导干部、专业组成员和专、兼职技安人员参加培训，请有关专家对安评《标准》进行逐条讲解，掌握《标准》的内涵与要求。通过学习加深了对《标准》的理解，培训了一批安评工作的骨干。

我厂结合本企业的实际情况，在仔细研究安评《标准》的基础上，采取走出去请进来的方式，广泛汲取兄弟单位安评工作的宝贵经验。

四、确定评价内容，分解安评《标准》

依照《标准》要求，我厂安全性评价内容包括综合管理、工伤事故、生产设施与现场、工业卫生四大类，74个评价项目，标准分为1061分。由安评办公室将项目分解到5个专业组，其中综合管理组20项440分，动力、设备组30项360分，建筑、环境与工业卫生组17项180分，防火防爆组6项61分，机动车辆组1项20分。

五、建章立制，规范管理

根据安评《标准》要求，使安全管理工作规范化、科学化。技环处组织修订、补充了安全管理制度22项，安全操作规程177种，岗位安全职责51项，部门安全职责22项，其中新增加了型号系统的安全职责7项。印制了《一五九厂安全生产管理制度》和《一五九厂安全操作规程》两本书，下发到厂属各基层单位，要求各单位认真贯彻执行，确保安全生产。各分厂还将“5S”管理的内容和安全操作规程明示上墙，做到作业现场有章可循。

六、严格自评，认真整改

自评与整改是安全性评价工作的关键阶段，为了搞好这个阶段的工作，针对我厂的实际情况，按照《标准》要求，对全厂74个评价项目进行了统筹安排。2001年7~9月，全厂各单位根据安评计划进行了认真的自查摸底工作，还组织各专业组进行对口检查。经过2个多月的自查，全厂共查出不符合安全性评价标准的问题和隐患38项。

2001年10月，我厂安全性评价工作进入整改阶段，对查出的问题和隐患，按照《标准》的要求进行了反复核实，并召开专业组长会议，逐项研究落实整改方案、经费和完成进度，由厂安评办公室下发隐患整改通知单，要求隐患单位在规定期限内整改到位，使全厂隐患整改工作得以按计划顺利完成。

七、坚持《标准》，提高水平

本次安评工作，在自评基础上，借鉴了“PDCA”循环法，与现场管理相结合，推行“5S”管理与定置管理。2002年，工厂又下发了《复评通知》，对安评工作做进一步的安排和部署。经过安全检查和隐患整改，生产作业现场的安全状态有了很大的改观。8月份，集团公司在389厂召开了安全性评价经验交流会后，我厂又向有关单位取经，向有关专家求教，进一步学习、掌握《标准》内涵，力争做到坚持《标准》，准确评价，把安全生产管理工作提升到一个新水平。

八、严格检查，持续改进

在近一年半的时间里，厂安评领导小组组织各专业组和相关单位，采取自上而下和自下而上的方法，对照《标准》涉及的评价内容，多次进行严格的安全检查。根据我厂的实际情况，对查出的隐患有针对性的制定整改措施，对于一般性的安全问题和隐患由相关单位负责按计划整改，对口专业组进行技术指导和协调，明确责任，列入目标责任考核；对于重大安全隐患，由厂统一组织整改，对口专业组负责协调和实施，确定项目，制定计划，明确节点，落实单位和责任人，分步实施，列入重点考核，进行监督检查。

整改中对许多遗留问题进行了处理，如六分厂厂房设备拥挤，通道不畅，动力管线年久失修，厂领导下决心对厂房进行彻底改造，更换动力照明管线，更换暖气，设备重新布局，厂房重新粉刷，重新配置了工装与零件架，配置了工具箱、更衣室和更衣柜。

我厂在安全性评价工作中，应用“PDCA”循环法，经过几轮的计划、实施、检查和整改，共查出问题和隐患475个，整改467个，整改率达98.3%，厂落实整改项目资金1320万元。

经过各专业组的全面检查、验收和评价，我厂自评结果是：74项评价项目应得分1061分，实得分1025分，得分率96.6%，自评已经达到了优秀级标准。

九、安评办牵头工作重实效，专业组具体指导效果好

安评办是负责安评基础管理工作、牵头组织和协调的龙头单位。安评办通过制定工作职责，明确工作任务，安排工作计划，落实整改措施。依据《标准》，认真地将相关责任分解到各专业组、各业务部门和基层单位，并与责任单位签订责任书，明确考核与奖罚条件，把安评工作落实到单位和个人，注重生产作业现场的管理和检查，注重隐患的整改，注重工作的实际效果。

五个专业组在安全性评价的整个过程中起着重要的作用，是安全管理的重要组成部分，坚持定期召开领导小组和专业组会，及时解决安全检查中的专业技术问题，保证了安全性评价工作按计划完成，取得了较好的效果。

十、安评带动企业文化建设，安评促进综合素质提高

安全性评价工作是对安全生产工作的全面检查与考核，是加强安全管理、提高安全生产工作水平的手段，是预防和减少工伤事故的发生、促进企业科研生产顺利发展的重要途径，安评工作的开展促进了企业文化的建设。

通过开展安全性评价，明确和强化了各级各类人员和各职能部门的安全职责，安全生产责任制得到进一步落实，全厂职工的安全素质得到了提高，促进了传统安全管理向系统安全管理模式的转变，提高了企业的综合管理水平，加强了生产作业现场的安全管理，有效地预防了工伤事故的发生，企业的安全生产状态平稳。

通过开展安全性评价，找出安全生产中存在的问题，消除了各种潜在的隐患，生产作业场所的劳动条件和作业环境有了明显的改善，尘毒作业点治理达标，全方位提高了企业的安全生产管理水平，有效控制了生产的不安全状态，增强了企业的本质安全度，使职工有了安全感，丰富了企业文化建设，提高了企业的形象。

通过开展安全性评价，提高了职工的安全意识，人人讲安全，人人注意安全，人人重视和支持安全工作。

随着科研生产形势的不断发展，我们还要继续总结安评工作的经验和教训，不断改进安全生产管理工作，巩固取得的成绩，切实整改存在的问题，为企业的振兴和发展作出更大的贡献。

全面建设　突出落实
加大实施HSE监督管理力度

大庆石油管理局

2002年，大庆石油管理局在集团公司的指导下，在局党委和管理局的直接领导下，全面贯彻落实国家、集团公司的有关要求，在抓好HSE宣传、检查、教育培训等工作的基础上，重点加强了HSE监督体系的建立与实施工作，健全完善了大庆石油管理局的HSE管理、监督体系，为进一步提高HSE管理水平提供了组织保证。

一、各级领导认识明确，HSE监督体系建立基本到位

企业的HSE管理方式必须与国际通行做法接轨，才能适应市场要求。尽快建立HSE管理监督约束体系，完善自我约束机制，是实施“走出去”战略面临的一项紧迫任务。对此，管理局各级领导认识明确，大力支持，使我局的HSE监督体系建立工作进度快、力度大，效果显著。

一是认真学习兄弟企业的经验，提出我局HSE监督体系组建方案。在集团公司内部，各兄弟企业的HSE监督管理工作都有许多好的经验和成功的做法。我局为高起点、高标准建立实施HSE体系管理和监督工作，年初派出由局安全副总监带队、局主管部门和局属主体单位的有关领导和工作人员参加的学习考察组，赴集团公司所属兄弟企业、油田学习考察。虚心学习先进经验，开阔视野，拓宽思路。通过考察对比，看到了我局在HSE体系与监督管理上存在的差距和不足，增添了尽快做好此项工作的决心。在学习借鉴兄弟单位经验的基础上，根据大庆石油管理局的生产经营实际情况，提出了实施HSE体系管理、建立监督体系的工作思路和目标，加快了建立HSE监督体系的步伐。

二是召开局长办公会，专题研究实施HSE体系管理与监督体系组建方案。局领导对我局建立实施HSE监督工作的整体策划和资源配置给予了大力支持。2002年5月24日，在管理局第五次局长办公会上，专题讨论并通过了关于在局属各主要生产单位设置安全总监、副总监和HSE监督站的方案，并明确各单位安全副总监按本单位副总师管理。在管理局加大改革力度、大力压缩机关机构编制、精简管理人员、减少领导班子职数、缩减管理经费开支的情况下，专门安排226个行政编制组建全局HSE监督系统，体现了管理局领导对抓好HSE工作的决心，从组织领导上切实保证了我局HSE工作的顺利开展。

三是在局属主要生产单位设立安全总监、副总监和HSE监督站，HSE监督工作全面展开。根据集团公司要求和我局HSE工作的实际需要，在局属64个生产经营单位设置了安全总监、副总监。各单位安全副总监兼任安全管理部门的负责人。在61个局属生产单位设立了HSE监督站，基本覆盖了我局钻探、基本建设、生产保障、多种经营系统。管理局要求各单位HSE监督站与本单位安全管理部门同级别、互不隶属，独立开展现场HSE监督工作，行使现场HSE监督权力。在建设HSE监督体系的同时，管理局统一制定了《大庆石油管理局HSE监督管理暂行规定》，明确了专（兼）职安全总监、副总监和HSE监督站、监督员的职责，以及HSE监督员工作程序、工作标准、考核办法，从制度上为HSE监督管理工作的顺利开展提供了保证。

二、按照干部选拔原则择优录用，严格培训，组建高素质的HSE监督队伍

HSE监督机构设立后，选拔配备政治素质高、业务能力强的监督人员，是充分发挥监督约束作用的关键。为此，我局在选人用人上，通过严格的组织程序，真正把政治素质高、业务能力强、懂专业、会管理的人员配备到HSE监督岗位上来。

一是严格按照干部任用原则，选拔配备高素质的安全副总监和HSE监督员。按照集团公司《关于在企业设置安全总监、副总监的通知》精神，根据局长办公会通过的HSE监督体系设置方案，管理局人力资源部负责对安全总监、副总监的考核、竞聘工作。局属各单位的安全总监由主管安全工作的副经理（副厂长）兼任，并办理正式聘书任命上岗。管理局要求，局属各单位的安全副总监兼任本单位安全管理部门负责人，按照本单位副总师管理。安全副总监的选拔由局人力资源部负责，按照“公开、平等、竞争、择优”的原则，通过公开竞聘的方式，竞争上岗。局人力资源部根据集团公司文件精神，结合我局实际，制定了大庆石油管理局《局属单位安全副总监公开竞聘实施方案》。方案确定了安全副总监岗位职责、竞聘的基本素质及任职资格条件，以及有关聘任程序与聘任具体要求。

HSE监督站长的选拔，由局属各单位制定选拔标准和选拔程序，从本单位相关专业，具有理论基础、实践经验，年龄40岁以下，本科以上学历的年轻干部中选拔，使我局的HSE监督管理队伍从组建开始，就集中了一批高素质的年轻管理干部，为顺利实施HSE监督工作提供了人才保证。

二是经过岗前培训，优选合格的HSE监督员上岗。为保证HSE监督员的素质，我局建立了HSE监督员人才库，实行聘任上岗等办法，优选HSE监督员。首先对局属各单位按要求条件推荐的HSE监督员候选人集中进行严格的岗前培训。我局于2002年7月份，分钻探系统、油田基本建设系统、生产保障系统和创业集团（多种经营系统）四个专业，将HSE监督员候选人送到集团公司大庆油田HSE培训基地，进行有组织的HSE监督员岗前现场监督技能培训，每期培训时间10天。大庆油田HSE培训基地对此次培训高度重视，开班前组织专人编制教学大纲，并专门聘请国家和中油认证中心的专家授课。管理局还对取得合格证书的HSE监督员实行注册管理，建立全局HSE监督员人才库。全局HSE监督员从注册的HSE监督员中选拔录用，确保HSE监督员的工作能力和水平。

三、抓典型、树样板，积极探索不同的监督模式，规范监督工作程序，指导全局HSE监督工作

建立实施HSE监督体系的最终目的，是使其充分发挥监督约束机制的作用，减少现场违章操作，控制各种事故，提高企业HSE管理水平。在建立起比较完善的HSE监督体系后，我局及时把工作的重点转移到现场HSE监督工作上来。为了使全局各单位HSE监督工作尽快地开展起来。我局采取培养典型向全局推广的办法，在钻井一公司、钻井二公司、建设集团和创业集团召开一系列现场HSE监督经验交流会。在同行业、同系统中，选择先进典型，让大家通过参观、交流和现场实际演练，把监督程序、监督方法及考核等推广到全局，促进全局HSE监督工作水平逐步提高，形成了具有我局特色的HSE监督管理模式。

一是对重大施工作业场所、关键施工作业项目和关键（要害）生产装置实施现场派驻监督。根据物探作业、炼化检（维）修、基建施工等项目生产周期较长、作业风险较高、多工种交叉作业等特点，对其派驻专职HSE监督员。监督员由局属各单位安全总监委派，监督站与被监督单位沟通协商后，下达HSE监督员委派书。HSE监督员根据施工设计和实地踏勘以及基层队的《HSE作业计划书》，认真制定HSE监督计划，编写现场检查表。监督员要积极主动地协助基层队做好HSE计划书的编写、营地设置、施工现场HSE管理和隐患识别与整改，协助基层队做好全员HSE培训，把HSE管理与监督有机地结合起来。在现场监督工作中体现服务，在服务过程中完成监督。HSE监督员每月向监督站提交一份书面报告，监督项目施工结束后，提交完整的监督报告。通过这种方式，不断地总结、改进、提高，使HSE现场监督工作符合我局的生产经营实际，促进全局HSE体系管理水平不断提高。

二是对钻井施工实施监督员派驻与巡回监督相结合的模式。我局的钻井施工作业项目生产周期具有两极分化的特点，长则3～5个月，短则3～5天。为了解决这种矛盾，我们对特殊工艺、疑难复杂井、长周期钻井施工作业项目现场派驻专职HSE监督员，实施项目全过程监控。对生产周期短、井位变化频繁的开发井，按区块实施巡回监督、重点抽查的方式开展监督工作。设计下达后，驻井监督员持委派书，对钻井队的施工准备、风险识别、《HSE作业计划书》的编写与实施、过程检查、竣工验收进行全过程、全方位的监控，发现问题及时责令整改，填写监督报告并记入监督日志，对整改情况及时进行追踪验证。对于重大隐患除下达《隐患整改通知单》外，及时上报监督站，以便得到及时、妥善的解决。单井或区块作业项目完成后，HSE监督员及时完成监督报告，上报HSE监督站，由监督站将信息传递给安全总监和管理部门。

三是对固定生产作业场所实施巡回监督。由于供水、供（发）电、通信、供热、物业、机械加工等固定生产作业场所，人员、设备、工艺等变化不大，针对其生产特点采取巡回监督模式。根据本单位年度生产经营计划和HSE工作计划，编制HSE监督站的年度工作计划和阶段性工作安排，并以文件形式明确监督员的职责、权力、工作范围、工作程序、考核和奖惩等。根据基层单位的生产规模、工艺复杂程度、风险大小等因素，确定其监督频次，对监督结果每周或每月进行一次通报，对存在问题的整改情况及时进行追踪验证。

以上是我局2002年开展HSE监督工作的一点做法与体会，由于我局的工作刚刚起步，与集团公司的要求和兄弟企业的工作相比，还存在许多不足和差距，希望通过本次会议，学到兄弟企业更多更好的做法和经验，把我局HSE体系管理提高到一个新的水平。

振奋精神　开拓创新　确保运输生产安全有序

山东省交通厅

山东省交通厅主要是负责交通基础设施建设和道路水路运输管理的部门。下设公路局、港航局和道路运输局三个专业局，分别负责公路、港航和道路运输管理工作。近年来，在省委、省政府的正确领导下，我省交通系统广大干部职工，认真实践“三个代表”重要思想，全面落实中央和省关于安全生产的一系列指示精神，牢固树立“安全责任重于泰山”的思想，突出安全主题，落实各方责任，创新工作机制，搞好集中整治，推进规范管理，安全生产形势明显好转。2002年，全省市以上公路运输企业事故率、死亡率、经济损失率分别比上年同期下降15.7%、39%和29.4%；沿海水域没有发生水上交通安全事故。省交通系统安全工作的做法受到了交通部的充分肯定，并于2002年在我省济南市召开现场会，向全国进行了推广。

一、提高认识，加强领导，牢固树立“安全责任重于泰山”的思想

厅党组始终坚持“安全责任重于泰山”的指导思想不动摇，把安全作为交通工作的永恒主题和最大效益，从讲政治、讲大局、保稳定、促发展的高度，以对国家和人民生命财产高度负责的精神，把安全生产摆到了前所未有的高度，不断加强对安全工作的领导。我厅每年召开一次由各单位主要负责人参加的安全工作会议，分析形势，研究对策，制定加强安全生产的措施。每季度召开一次全系统安全例会，定期召开安委会成员会议或厅长办公会议，有针对性地解决安全生产中存在的突出问题。每季度组织一次全系统安全大检查，对重点领域、重点部位、重要环节和重要时段的安全工作，反复强调，重点部署。交通各级各单位都把安全生产放在突出位置来抓，主要负责同志切实履行第一责任人的责任，分管领导全力靠上，分管其他工作的同志分口把关，形成齐抓共管的合力。通过机构改革，我厅成立了新的运输安全处，并健全了厅安委会及办公室。全省交通系统也都层层建立了专门的安全工作机构，健全完善了组织管理体系，保证了安全生产管理领导到位、人员到位、措施到位、责任到位。为增强安全工作的针对性，我们紧密结合行业实际，认真研究总结交通安全的内在规律和特点，把安全生产作为不断增强责任心、不断消除事故隐患的过程，增强了安全工作的针对性、有效性。

二、抓住关键，明确职责，全面落实安全生产责任制

实施安全责任制，是强化安全管理、防范各类事故发生的有效举措。近年来，我们坚持安全生产“政府监督、行业监管、企业负责、员工自律和民主管理”的管理体制，按照安全生产属地管理和谁主管谁负责、谁审批谁负责、谁签证谁负责的原则，落实各级各方面的安全责任。各级交通主管部门代表政府行使行业安全生产综合监督管理职责，各安全职能机构具体负责组织、协调、监督、检查和整改；各专业管理单位按照职责分工，负责本业务范围内的安全监督管理职责；企业是安全生产的主体，对本企业安全生产全面负责；充分发挥监督网络的作用，调动职工群众的积极性，为企业劳动安全卫生、职工劳动保护等工作献计献策，实施民主监督、民主管理。在明确职责的基础上，通过层层签订安全责任书，把安全责任分解细化到每一个单位、每一个环节、每一个岗位、每一个人，落实到分分秒秒，逐步建立起了“纵向到底、横向到边”的安全责任保障体系。

为把安全生产责任制落到实处，我厅先后制定了安全生产管理责任制实施办法和管理评价标准，明确了安全生产责任事故控制指标、保障措施指标和责任制考核计分办法，与厅直单位全部签订了安全生产管理责任书，开展了对市级交通主管部门安全管理评价活动。探索实行了安全责任风险抵押金制度，在签订责任书的同时，各责任单位和主要负责人缴纳安全风险抵押金，将安全与单位利益、个人利益、效益奖惩挂起钩来，实行安全生产一票否决，有效地保障了各项安全工作的开展。

三、转变观念，注重创新，探索建立安全管理技术机制

在目前形势下抓安全生产，依靠文件、会议、检查等行政手段是必不可少的。同时，安全工作的实践也使我们认识到，要搞好市场经济条件下的安全生产工作，仅仅依靠行政手段是不够的，必须转变观念，开拓创新，建立安全管理的技术机制，依靠行政和技术两个手段的结合，不断挖掘安全工作的深度，从根本上抓好安全生产工作。为此，我们探索建立了“安全生产操作规范化、安全管理评价标准化、安全隐患排查专家化，安全监督管理行业化”的技术管理机制。

安全生产操作规范化，主要是各生产经营单位根据单位和岗位的特点，制定安全生产操作规范，使每一个生产岗位上的每一个从业人员，都能按照操作规范具体操作。

安全管理评价标准化。主要是各行业管理部门对安全各项业务进行量化分解，逐项明确评价标准，并严格按标准对生产经营单位、行业管理部门的安全生产管理状况进行检查和考核评价。为此，我们组织有关单位和人员在调查研究的基础上，结合每个行业的实际，制定了交通工业、道路运输、水路运输、公路建设养护运营、交通消防等交通行业安全生产操作规范和管理评价标准。这些规范和标准的试行，在很大程度上克服了拍脑袋的管理方法，减少了安全操作和评价的随意性，提高了安全生产管理的规范化、标准化水平。

安全隐患排查专家化。这两年我们在安全管理上进行了领导与专家相结合的尝试。开始，我们的各种检查，大多都是由领导组成，对安全生产的督促作用是明显的。但领导毕竟不是专家，为了切实提高隐患排查水平，我们开始重视发挥专家的作用，作好领导与专家结合的文章。不但在安全检查上，在立法上、执法上，而且在具体的管理上都吸收专家参加。为充分发挥专家的作用，我们在对交通行业的安全专业人才全面调查的基础上，制定了《山东省交通系统安全专家库管理暂行办法》，开发了安全专家库管理软件，建立起了山东省交通系统安全专家库。下一步将由安全专家依据安全生产操作规范和管理评价标准对交通生产经营单位和行业管理部门的安全生产管理状况进行评价，认定事故隐患，并负责整改情况的检查验收等，确保隐患排查整改落到实处。

安全监督管理行业化，主要本着谁主管谁负责、谁审批谁负责、管生产必须管安全的原则，由主管某一行业生产和市场的专业管理部门，代表同级交通主管部门对该行业的安全生产实施统一监督管理。

四、集中整治，重点突破，做好行业管理与安全工作的结合

在安全工作的实践中，我们认识到，安全工作是一个系统工程，单纯就安全抓安全不会有安全，就行业抓行业不会有行业水平的提高，管安全必须管行业，管行业必须管安全，两者密不可分，必须紧密结合。在具体工作中，我们把安全工作作为行业管理的重要内容，注重发挥综合作用，作好结合的文章。

一是日常管理与安全管理相结合，搞好源头治理。加强公路养护管理，搞好大中修工程建设，对影响道路交通安全的急弯陡坡路段和危窄桥分批进行改造，发现存有隐患的路段及时进行整修。几年来，共完成大中修工程12194公里，改造危窄桥500余座。完善公路标志标线，加强对重点桥梁的检测、监控，所有危窄桥均设置明显的警示、限载标志，有效地保障了道路的安全畅通。加强运输市场管理，重点是“严把三关，搞好一个监督”。严把经营者市场准入关，严格运输企业经营资质认定审查，不符合安全资质条件的企业坚决不准进入市场。对现有各类企业和个体业户重新审核发证，对达不到资质条件、存在安全隐患的企业，降低其经营资质，直至取消经营资格。严把车辆技术状况关，加强运输车辆的定期维护和综合性能检测。2002年以来，共清理、淘汰技术状况差、安全无保障的各类车辆4500余辆。对全省道路客运市场卧铺客车进行了清理改造，共清理改造卧铺客车2384辆，停运23辆。严把营运驾驶员从业资格关，凡从事营业性运输的驾驶员，必须经过交通部门的岗位培训，培训合格取得从业资格证后方可上岗。

对客车驾驶员根据不同车型规定了不同的安全驾驶经历，对驾龄及安全行车里程不符合准驾车型条件的驾驶员，一律从现岗位上调整下来。加强汽车客运站、场的现场监督管理，督促客运站完善安全制度，配备安全消防设施，在客运站及大宗和重点货源场地，派驻管理人员现场监督检查，杜绝了“三品”进站上车、超员超载车辆出站上路。水上安全，重点抓了“两湾”（渤海湾、胶州湾）、“两湖”（南四湖、东平湖）和“四客一危”船舶。针对渤海湾每逢冬季风大浪高涌恶的特点，特别规定客滚船冬季逢7级及以上大风不开航。重点把好船员适任关、船舶技术状况关、防风关、防火关、车辆上船关和绑扎系固关，把事故隐患消灭在船舶开航前、车辆上船前，从源头上保证了安全生产。

二是在集中整治中突出安全工作重点。在抓好经常性管理和检查的同时，按照上级部署，先后组织开展了道路、水路运输市场秩序清理整顿、道路旅客运输、化学危险货物运输和水上运输安全专项整治等活动。加大治理“黑车”、“黑户”力度，对县域范围内的“三无”车辆、无合法经营手续的车辆及运输业户等进行了重点打击，共查处“黑车”4.1万辆，清理维修和货运配载“黑户”5634户。在道路化学危险货物运输专项整治活动中，共审验危险货物运输企业4339户，车辆10934辆，3914户企业被取消经营资格，2051辆车被清理出危险货物运输市场，户均车辆数由整治前的2.58辆，提高到27.33辆。在水上运输安全专项整治中，共整顿港航企业357家，船舶2934艘，停航整改船舶132艘，取缔“三无”船舶31艘，强制报废老旧船舶102艘，更新木质旅游船20余艘。加大对内河湖泊、航线和船舶的整治力度，取缔微山湖存有安全隐患的3条自然渡运航线，全部淘汰83艘水泥客渡船，有力地促进了安全生产。

三是交通执法与安全管理相结合，依法维护安全生产秩序。受经济利益驱动，近几年超员超限运输日趋严重，这一行为已成为交通运输的一大安全隐患。为此，我们组织交通稽查、运政、路政联合执法，采取源头堵、路上查、事后进一步处理的方式，坚决打击恶性超员超限运输违法行为。建立了“稽查、运政联动，企业密切配合，节假日集中查处，就地组织分流，事后追踪处理”的查处超员工作机制，“稽查、路政联动，企业密切配合，高速公路等干线集中查处，就地卸货分载”的查处超限工作机制，“交通部门为主，社会举报配合，横向联合其他部门，集中销毁处理”的打“四黑”工作机制。仅2002年就集中开展了4次集中检查活动，共查处超员客车1.9万辆次，分流旅客4.3万人次；查处超限运输车辆8.5万辆次，卸载分载货物23.9万吨；查处“黑车”4250辆，查处不规范运输经营行为24.4万次。对严重超员超限的车辆，在新闻媒体上予以曝光的同时，一律取消车辆的经营资格；暂停责任车辆所属运输企业新增车辆和线路审批；暂停公布责任车辆所属运输企业的资质等级，有效地遏制了严重超员超限势头。

五、建章立制，夯实基础，持续推进安全管理规范化建设

我们在认真宣传贯彻《安全生产法》等法律法规的基础上，结合山东省交通实际，提出了关口前移、重心下移的工作思路，不断强化安全基础和基层工作，注重建章立制，在规范管理上狠下功夫，取得了一定成效。

一是加强法规规章建设，规范安全管理行为。提请省人大先后颁布了《山东省道路运输管理条例》、《山东省高速公路条例》、《山东省水路交通管理条例》等地方性法规；出台了《山东省航道管理规定》、《山东省水路运输安全管理办法》等省政府规章；与省直有关部门联合制定了《山东省客滚船运输安全管理办法》及其补充规定、《山东省浮桥管理办法》、《关于临时关闭高速公路的实施办法》、《关于贯彻进一步加强乡镇船舶交通安全管理责任制的意见》等规范性文件。切实加强安全管理制度建设，针对安全生产各阶段和环节的新特点，重新修订了《山东省交通系统安全生产监督管理暂行规定》，完善了隐患整改、事故紧急报告及应急处理等一系列工作制度，建立了应急保障预案。道路运输制定了《山东省道路客运安全生产规范》，普遍实行了道路运输安全卡制度、车辆出入库检查制度、营业性驾驶员聘用制度和从业资格证制度等。对海上客船、客滚船逐一核定了抗风等级，限定了开航条件，实行了开航前船长声明制度，建立了船舶签证领导负责制和领导带班制度。对客滚船的经营资质、抗风等级、安全检测、船员、船龄和承载车辆以及船公司的管理等作出了特别规定。目前我省交通系统安全生产方面的规章制度和操作规范基本覆盖了整个生产过程，有力地促进了安全管理工作的规范化、制度化。

二是加强队伍建设，提高人员素质。对全省安全管理人员的知识层次、年龄结构、在岗时间等进行了调查摸底，建立了全省交通系统安全管理干部报备制度。有计划地安排各级各单位的领导同志参加以安全管理为主要内容的学习和培训，加深对上级有关安全生产方针、政策以及法规制度的学习和理解，增强对安全形势的判断和把握能力。近3年的时间，全省所有安全管理人员基本轮训一遍。加强了对驾驶员、船员等一线从业人员的安全知识和技能培训。道路运输行业组织进行了全省营业性驾驶员安全生产培训，统一教材，统一培训考试，共培训营业性驾驶员73万余人，收到了良好效果。各水运企业积极进行船员知识更新培训、法规培训和客滚船船员的特殊培训，强化消防救生、车辆系固、危险品检查识别、恶劣气象条件下航行、紧急情况应急处置等方面的培训和演练，使船员的安全防范和应急应变能力明显提高。

三是改善手段，提高安全管理的技术含量，积极推进安全管理信息化进程。投资近10亿元，集收费、通信、监控于一体的高速公路信息管理系统正在抓紧建设。该系统建成后，对于提前预警告知、预防交通事故，将发挥重要作用。目前，一期工程1580公里的高速公路信息管理网络即将建成投入使用。全省路政、运政、航政、交通稽查、地方海事等信息管理系统建设全面铺开，一部分已经建成，其余部分正在抓紧建设；建立起了全省交通行业安全静态图像传输系统，动态图像传输系统建设已开始起步，二、三级网络正逐步建立，并利用这一网络技术对日常安全管理进行动态考评，初步实现了安全管理信息传输网络化，调度指挥现代化。我厅在资金十分紧张的情况下，加大安全投入。每年集中500万元专项资金，用于安全奖励和安全设施、设备投入，省市两级安全管理机构普遍配备了微机、摄录像器材、移动通讯工具。先后筹资1000多万元，用于岚山港、厅直学校、渤海轮渡公司、青岛市交通局和济南长途汽车总站等单位安全消防、监控设施的建设。目前，所有中心城市的一级客运站，全部配备了安全检测仪。GPS卫星定位系统、行车记录仪已在部分车辆安装试运行，为安全生产打下了坚实基础。

履行分局职责 从严管理站段
推动安全考核机制的落实

通辽铁路分局

近年来，通辽铁路分局认真履行分局职责，加大对站段从严管理力度，逐级传递考核压力，夯实了安全基础，确保了分局安全形势的持续稳定。至2002年5月12日，实现安全生产3690天，比最高纪录多2019天，2002年获“全国五·一劳动奖状”。

一、思考安全管理中突出问题，增强从严管理站段意识

(1) 站段是安全的直接管理层，千抓万抓，站段不抓就事倍功半。一工区两名巡道员短期内连续出现严重“两违”行为，而该段上至段长、书记，下至科室干部，多次到这个工区检查，却没有发现问题。说明强化站段管理迫在眉睫。

(2) 站段是“落不下去，严不起来”的关键，千严万严，站段不严就功亏一篑。2002年，有一个站连续发生两起性质相同的调车事故，直接原因是安全关键点失察失控。从深层分析，既有日常对“两违”处理“严不起来”的问题，也有各项安全管理制度和控制措施“落不下去”的问题。集中暴露出站段“严管”不力、不实的问题。

(3) 站段是安全考核机制运作的主体，千管万管，站段不管就难以落实到位。2002年，对22个站段进行检查考评，发现有9个没有严格执行分局“两加严”规定，有12名站段正职和43名副职在半年之中没有发现一件严重“两违”问题。其症结在于站段“中间环节”不畅通。

二、履行分局安全职责，实施从严管理站段机制

(1) 重落实，指导站段认真运作从严考核机制。实行机关职能部门“带标测查”，强化对站段从严考核的专业指导；成立综合检查组，强化对站段从严考核的监督指导。纠正个别站段领导执行“加严”考核“松扣、变形”以及少数站段领导班子远离考核、没有量化要求等问题，指导站段认真细化内容，规范操作程序，统一处罚标准，从严落实。

(2) 硬约束，规范站段正职管理行为。一是实时检查。凡是站段正职深入一线检查工作，要向主管部门汇报检查发现问题；参加现场作业监控，要向分局调度指挥中心汇报作业过程；节假日值班值宿，要向分局总值班室汇报活动情况。二是定期评估。业务分处每季纵向解剖一个站段，安监室每季横向解剖一个安全专题，并将解剖情况在全分局通报。三是失职行为追究。对站段正职实行安全管理失职行为责任追究制度，规定“在安全管理工作中出现漏洞较多、关键点失控、不认真研究安全工作”等问题，追究站段党政主要领导责任。

(3) 勤考核，强化站段班子整体功能。分局本着“重讲问题、公开通报”的原则，每月对各级干部逐人考评；每季度召开一次安全讲评电话会议；半年进行一次安全基础工作评审。采取“调研解剖、排队抓尾”的办法，从站段发现问题与分局发现问题的比例、领导班子成员发现问题、处理问题的数量和处罚情况，进行分类排序、讲评通报。

(4) 严监管，及时纠正站段存在的问题。变注重安全考核结果为注重安全过程控制，实行了五项硬性措施：一是对安全投入进行专项审计，防止成本虚列“抽条”等问题；二是对 78 个专业性较强的问题聘请专家复审，逐项整改；三是对施工安全派专人督导，克服施工现场容易被“淡化”、“私了”的问题；四是畅通民主监督安全管理渠道，定期进行逆向评议；五是对规定的安全检查静态点实行延时追究，杜绝时过境迁、无从追责的问题。

三、强化站段主体作用，激发自身从严管理积极性

(1) 站段考核由被动加严变为主动加压。过去，站段对“二级加严”考核处于被动运作的状态。现在，为了不到或少到分局交班，各站段都重新补充修订了《二级加严考核办法》。奈曼车务段与职工环流竞争上岗机制对接，实行百分累进考核，按“行标”环流竞争上岗。赤峰机务段、车辆段实施“小违章积分”考核，达到一定界限给予待岗处理。使站段考核待岗与分局查处人数比例同步上升。

(2) 处理“两违”由被动严管变为主动严管。过去，站段、车间层处理职工“两违”行为时，既怕处理重了伤害感情，也怕暴露多了影响形象。而今，由于分局对站段采取硬约束、严考核措施，同时也为站段严管留出了一定空间，掩盖问题、层层护短的现象得到了有效解决。

(3) 基础工作由被动受检变为主动规范。过去，站段对上级检查安全基础工作习惯于推着干，“打快拳”，甚至靠感情和关系“过关”。现在，出现了各系统、站段之间互相借鉴规范模式，主动争取受检的好风气。

抓好三个环节　加大整治力度 确保站库长周期安全平稳运行

大庆油田公司储运销售分公司

大庆油田公司储运销售分公司隶属于大庆油田有限责任公司。现有员工2566人，担负着大庆油田年产5000万吨原油的储运和油田成品油供应任务，是国家一级要害单位。

多年来，特别是开展“安全生产超千天”活动以来，分公司始终坚持“安全第一，预防为主”的方针，坚决贯彻上级有关安全生产的文件精神，认真执行安全管理规定，结合分公司安全管理点多、面广、线长的特点，突出抓好人的意识和行为，控制好设施、设备的安全运行和抓好重要生产过程这三个安全生产的关键环节，加大问题的整治力度，实现了站库长周期安全生产。其中南三油库、南一油库和西油库安全生产超万天。分公司所属的7座原油站库在原石油天然气总公司储运系统检查评比中，连续5年实现“三标”样板站库“满堂红”，南三油库还被全国储运集输系统称为“储运战线上的一颗明珠”。

一、以提高安全责任意识为重点，强化安全管理，确保员工行为规范

分公司储运生产介质易燃易爆：设备、设施危险点源多，事故隐患发生的概率大，站库安全生产周期较长，员工容易疲劳，易产生麻痹的思想，而员工的每一次疏忽，都可能形成一个隐患，每一次违章行为都可能引发生产事故。为此，提高员工安全责任意识，规范员工行为，是一切安全工作的重中之重。为了提高员工安全意识，使员工行为更具安全性，有效杜绝违章操作行为，我们主要做了以下几项工作：

一是签订经营管理合同，实行安全指标一票否决制。每年年初，在平等自愿的基础上，分公司都郑重地与各基层大队领导班子签订经营管理合同，把安全当作重要指标纳入到合同中，从根本上促进领导班子提高安全责任意识。同时，与分公司2566名员工签订安全生产合同，明确自身的权利和义务，增强了员工的安全责任意识。

二是建立生产要害部位安全承包责任制。分公司结合生产实际，以“谁主管，谁负责”为原则，制定下发了《储运销售分公司领导干部生产要害部位安全承包责任制》及相应的检查、监督、考核管理办法。按照这项制度要求，各级领导干部要定期下基层检查指导工作，协调解决问题，检查工作情况要有纪录。明确如果经领导检查未查出的问题，或是查到没有及时解决的问题，一旦发生事故或是由安全部门检查发现，则按照相关责任追究制度严格考核有关领导干部，有效地促进了各级领导干部主动抓好安全工作的自觉性。

三是强化了领导干部值班制度。针对站库连续24小时生产运行，夜间生产易发生违章事故的特点，专门制定下发了《领导干部值班管理规定》。要求小队值班干部晚间分上半夜、下半夜必须查岗两次，基层大队值班干部夜间查岗一次，分公司领导干部值班必须检查“一库、一站”，分公司安全环保部和生产运行部不定期进行抽查。按照绩效考核规定，如果基层干部查过了没有发现问题，而上一级领导来检查发现问题，则考核前一位检查的领导干部，并责令由他在规定时间里协调整改。通过这项制度的有效实施，生产岗位杜绝了脱、串、睡岗和造假资料等问题的发生，广大干部员工遵章守纪的意识得到了进一步增强。

四是加强对外来人员的管理。我们的站库都是在20世纪60～70年代投产的，近年来，维修改造工程项目比较多，外来施工作业队伍多。为了尽可

能减少安全隐患，我们要求施工队伍在中标签订合同前，必须向分公司安全部门提供符合要求的HSE施工作业文件，否则禁止签订施工合同；入库施工的队伍要办理《施工安全管理合同》，缴纳一定数额的安全管理抵押金，自觉严格按照《施工作业文件》来施工。同时要求外来人员入库要按指定路线行走，并接受所在单位安全管理人员的监督；在日常施工作业期间，加强安全监察。我们在充分调动安全监督管理体系运作的基础上，把从专业领导岗位上退下来的领导和高级技术人员组织起来，成立了安全、质量、环保监察小组，直接对领导班子负责，对站库的所有施工、设施、人员进行不定期的检查，及时通报情况。仅2002年以来，在分公司作业施工的队伍有22支，施工作业人员有数百人，完成新建、维修改造工程项目89项。由于管理严格，及时纠正了施工过程中不带劳动保护用品、违反规定动火等大小问题300多项，罚款6000多元，分公司没有发生一起安全事故，员工规则意识初步形成。

二、以整改问题隐患为中心，建立约束机制，确保设备、设施安全运行

分公司油库过去曾发生一起因阀门渗漏，造成了大量跑油的事故。领导班子对此抓住不放，要求各级领导高度重视，落实制度，强化管理，举一反三。针对基层单位分散、距离远、事故抢修时间紧、难度大等特点，从查找隐患、整治问题入手，狠抓设备、设施的安全运行工作。

一是畅通信息反馈渠道，及时发现问题。实际工作中，基层单位出于多种原因，在接受检查时隐瞒一些问题，正是这些看似无关紧要的小隐患，如果不及时处理就会引发大的生产事故。针对这种现象，我们坚持对岗位交接班和巡回检查实行点项管理法。即把各岗位设施、设备的关键点项及安全生产参数、检查内容分析出来，列成表，再将巡回检查路线、交接班程序与关键点项结合起来，制作成巡检卡。要求各岗位员工在交接班巡回检查时，必须手持交接班卡逐点逐项进行交接、检查，及时填好检查纪录。这样避免了因检查内容多而发生漏检现象，做到了及时发现、及时整改。为了调动基层单位上报问题和整改问题的积极性，我们规定，在日常各类安全检查过程中，发现问题不考核、不批评，注重协调解决问题，只对那些重复发生的管理问题和发现问题不及时整改、上报的现象进行考核，有效地消除了基层对频繁的安全生产检查的抵触情绪，增强了基层单位自查整改的主动性。

二是建立约束机制，认真整改隐患。为了将各种安全问题隐患消灭在萌芽状态，我们推行了文本管理，使各项工作责任可追溯，在管理上形成了闭环。先后制定下发了《问题隐患申报制度》和《问题整改跟踪检查负责制》。对在检查中发现的以及基层单位上报的问题都做好记录，及时落实整改时间、整改措施和负责人，只有当问题彻底整改，资料存档封闭后，安全部门才停止跟踪检查考核。对不及时整改、整改不了又不及时汇报、多次检查重复出现同样问题的情况，进行严考核、重处罚。

三是依靠科技进步，提高安全管理水平。几年来，为保证生产安全，分公司累计投入2800多万元，重点对分公司关键的生产设备和设施，如输油泵、储油罐、输油管线和消防系统，运用先进的科学技术，不断地进行更新改造。将南一油库、北油库的8台D型输油泵更换为更加安全、性能更佳的KDY型输油泵；先后三次完善储油罐液位监视系统，保证系统的先进性和可靠性，为储油罐安全运行打下了基础。还采用了机械清罐，提高了储油罐检修安全性。对输油管线，广泛采用管道电法保护技术，保护率达100%。每年还投入一定的资金，对存在问题较多、腐蚀严重的长输管道进行大修，确保管道的安全运行。分公司还针对在管线上施工、抢修等工作存在的高危险性，引进并应用了先进的管道带压开孔、切割和封堵技术，有效地提高了在油管线上施工作业的安全保障能力；对消防系统，我们结合生产实际，逐年对各个消防系统进行更新改造，确保系统的先进性和可靠性。同时，在所有油库安装投用了火灾监视和电视防盗系统，增强了消防系统的有效性，进一步提高了站库的安全保障能力。

三、以强化安全监察为手段，突出关键环节，确保生产过程安全

在生产过程中，由于环境因素、人为因素和设备因素等诸多方面的相互作用，最易产生问题隐患，极易引发生产事故。所以，有效控制好关键的生产过程，是确保站库长周期安全生产的重要手段。

一是控制生产操作过程，实现安全管理程序

化。我们针对各生产岗位的实际工作，先后完善推行了HSE作业文件115个，使日常生产操作的每一项工作、每一次操作都有了符合相关规范要求的程序过程；组织专业人员，分析各生产岗位易发生问题隐患的部位、生产环节，借鉴同行业的事故案例，举一反三，编制了《消防预案》和《事故预案》89套，实现了事故工况下的操作预案化管理过程。日常管理过程中，通过勤检查、勤培训、勤演练等方式方法，督促员工熟悉、掌握各项操作程序，形成习惯，有力地提高了广大员工的安全技能水平。

二是控制施工动火过程，实现安全管理方案化。无论是重大的施工工艺改造过程，还是三级以上动火过程，我们都坚持先依据工作要求和现场实际情况，编制符合标准规范的、可操作性强的《施工方案》，然后再按方案组织进行施工。《施工方案》对施工过程的操作程序、人员安全、设备安全和环境安全以及监察标准等进行了规定和要求，有效地避免了因考虑不周、现场情况分析不透彻等原因带来的意外生产事故。对典型的应急抢修工作，组织专业人员针对不同情况，提出了多种实施方案，编制了《应急抢修作业方案》，提前下发到各相关部门和单位，使紧急状态下的各项工作有了科学规范的指挥、实施依据，避免了忙中出错等现象的发生。

三是加强施工现场监察，实现安全管理标准化。在各项工作的操作文本中，我们都规定了监察工作的相关标准。对重要生产操作过程，如切换流程等，还规定基层单位的主管小队干部和大队的安全管理人员到场，按作业文本现场监察；对工艺改造和三级以上施工动火过程，规定分公司、基层大队、施工队伍都要有安全部门人员到场，按方案进行现场监察，确保生产过程的安全。2002年以来，分公司先后顺利地完成了葡北油库计量间体积管拆除、成品油供销总站柴油管线连接抢修、南一油库新建罐工艺联头作业等24项重大施工作业。一级动火11次，二级动火115次，三级动火213次，均实现安全动火，动火安全率达100%。

建立质量、环境、职业健康安全管理体系
创建全国质量效益先进企业

中铁五局（集团）有限公司

中铁五局（集团）有限公司（以下简称中铁五局）创建于1950年，主要从事铁路、公路、机场、码头、地铁、水利、市政、工业与民用建筑各类土建工程和铁道电气化、建筑装修、给排水等建筑安装工程施工。2002年，经国家建设部核定，主要资质等级为铁路工程施工总承包特级、公路工程施工总承包壹级、市政公用工程施工总承包壹级、城市轨道交通工程专业承包资质、公路路基工程专业承包壹级、公路路面工程专业承包壹级。是集建筑施工、工程设计、技术咨询、科技开发、检测试验、机械制造、设备安装与修理、特种爆破、房地产开发、物资供应、储运装卸、商贸餐饮和教育培训于一体的综合性集团。1994年，中铁五局被列为全国100家最大经营规模铁路、公路、桥梁、隧道行业第六位，全国500家大型建筑企业第十一位，1997~1998年度、1998~1999年度，名列建筑“全国建筑系统经营业绩百强企业”。1998年被评为全国14家先进企业和单位之一，受到国务院表彰。1999年，荣获“全国优秀施工企业”和“全国最佳施工企业”称号，全国总工会“五一劳动奖”；2000年，被评为“全国质量效益型先进企业”，按上缴利税列全国520家国有重点企业第227名；2000年、2002年被贵州省经委评为贵州省安全先进集体；2001年，被国家建设部评为全国建筑安全生产先进集体。2001年，又被贵州省委、省政府授予“有突出贡献的国有企业”荣誉称号。

中铁五局现有员工2万7千多人，施工队伍分布在全国21个省、市、自治区，先后参建了38条

铁路干线、50多个公路重点项目以及地铁、城市轻轨、机场、码头、水利和市政工程的建设，还参加过坦桑尼亚、赞比亚、伊拉克、尼泊尔、利比亚、老挝等国铁路、公路、房建、机杨项目的工程建设。目前，中铁五局资产总额近52亿元，拥有各种国产和进口大型机械设备约4000台，总价值7.2亿多元；年生产能力达50亿元以上，年施工产值超过40亿元。

一、安全监察机构状况

安全质量管理委员会为中铁五局集团安全质量管理的最高权力机构，由集团公司总经理任主任，主管施工生产的副总经理和总工程师任副主任，安全质量监察部为安全质量监督常设职能机构，下设安全监察科和质量监察科，现有监察人员9人。各子（分）公司均设有安全质量监察科（部），负责各单位的安全质量监察和组织、参与认证等工作。

二、安全生产监察

2002年，中铁五局认真贯彻执行党和国家有关安全质量的法律、法规，坚持“安全第一，预防为主”、“百年大计、质量第一”的方针，积极开展了“安全标准工地”建设、“安全生产月”、“安康杯”、“百日安全无事故”、“安全质量专项整顿”等一系列活动。按照国家、省、市、工程总公司和中铁五局《安全生产管理办法》、《安全标准工地考评标准》的各项要求，在完善安全生产责任制、实行目标管理的基础上，把营业线旁的施工作业，长大桥、隧及市政等重难点工程作为安全监察重点，对检查中发现的事故隐患，均按质量、环境、职业健康安全管理体系的要求，及时整改，对保证施工安全起到了重要作用。同时还加强了锅炉压力容器的安全监察，不断强化基础工作，规范作业，做到各项规章制度健全，各项记录完整，使锅炉压力容器安全使用得到可靠保证，确保了中铁五局施工生产处于受控状态。

至2002年2月，中铁五局开展了以“学制度、贯九千、查隐患、反违章”为主题的安全质量专项整顿活动，并以《集团公司关于加强安全质量工作的决定》和《集团公司关于“学制度、贯九千、查隐患、反违章”专项整顿活动的通知》对活动进行全面部署，各子（分）公司积极行动，成立专项整顿活动领导小组，提出活动要求，部署活动内容。利用广播、板报、标语等形式宣传活动意义，宣传法规、规章和安全知识，同时，对所辖施工项目进行全面的安全检查。中铁五局组成四个督查组，对所有在建施工项目进行了督导、检查和验收，督查组以听汇报、提问题、查资料、看现场的基本方法和服务、指导、督促的原则，广泛宣传专项整顿活动的重大意义，查找施工中的不安全隐患，督促整改，使专项整顿活动不流于形式，达到了活动的预期目的。

这次专项整顿活动，是中铁五局建局以来声势最大、覆盖面最广、参加人员最多的一次安全质量专项整顿活动。通过活动的开展，全体员工的安全质量意识得到普遍提高，现场的安全质量管理、各项规章制度、岗位责任制得到完善和落实，文明施工和现场管理都取得了明显的进步。

三、业务培训

2002年3月，为了加强整个安全监察队伍的素质、提高安全生产监督监察的业务水平，中铁五局集团安质部对全系统安监人员从国家法律、法规入手，到施工生产安全技术与防护，从规章制度到各岗位的安全职责，进行了为期一个月的系统培训和学习，经考试合格后，办理了由国家安全监督管理局认可的（中国铁路工程总公司颁发）安全监察证217个，安全生产监察队伍做到了持证上岗。

四、安全标准工地建设

安全标准工地建设是强化企业安全质量管理、推动基础建设、促进文明施工、树立企业社会形象的重要手段。安全标准工地考评标准包含了“标准化要求”、“安全知识教育”、“队伍建设”、“机备管理”、“物资管理”和“分承包单位及劳务工管理”六大项及若干子项。在施工项目进场后，对各项规章制度和操作规程的建立健全、安全管理保证体系和安全机构的设置、员工的安全培训教育、施工和员工生活区的环境卫生、机械设备的“管、用、养、修”及物资的“采购、运输、储存、检验、试验、使用”等方面提出了明确要求，使施工项目的标准化作业和文明施工及现场的安全管理做到了有章可循，安全事故得到了有效的控制。中铁五局安质部每年都组织相关人员按安全标准工地建设的六项考评标准，对各单位推荐的安全标准工地进行现场评比，对被评上的安全标准工地项目奖励1万元，对荣获工程总公司安全标准工地的追加奖励0.5万元。

五、质量、环境、职业健康安全管理体系

2002年初，中铁五局着手策划建立质量、环境和职业健康安全一体化管理体系，并于7月9日正式发布实施。通过内部审核和管理评审，其运行基本正常、有效，能够确保施工过程中的重要环境因素和高中度风险及与其有关的活动和运行处于受控状态，具备实现所制定的方针和目标的能力。2002年11月，中铁五局通过了认证机构的认证注册，成为贵州省建筑企业中首家通过了认证注册的单位。在认证的过程中，中铁五局全体员工能全面了解质量、环境和职业健康安全管理体系的建立、实施与运行过程的重要性。根据环境和职业健康安全方针的要求，确定重要环境因素和高中度风险，识别法律法规及其他相关要求、实施并推行可行性技术方案。体系发布运行后，各单位都能严格按程序文件要求展开相关工作，并将管理体系的要求转化为岗位职责和日常工作内容。除此之外，各分公司、指挥部（经理部）还结合本单位的实际，制定了完善的实施性管理办法和紧急情况应急方案；在施工组织设计中都制定了技术性质量、环境、安全措施，并得到了较好的实施。

六、安全生产月活动

2002年6月组织开展了“安全生产月”活动，活动期间，广泛宣传、贯彻安全生产法规、组织安全教育和安全知识竞赛活动，提高企业、个人防范事故和自身保护能力，同时组织安全检查组对施工现场进行全面的检查。为确保“安全生产月”活动的有效开展，各单位认真制定了活动步骤和安全质量检查方案，加大了现场督导力度和安全生产宣传教育工作。据统计，在“安全生产月”活动期间，各单位共张贴宣传标语2000余幅，发放宣传手册15000余份，举办社会宣传点30个，召开相关会议100多次，创办宣传栏200期，全员受教育面达98%。通过大张旗鼓的安全生产宣传活动，使全体员工安全生产意识得到了较大的提高。

为配合全国“安全生产月”活动的开展，提高广大员工安全生产知识水平，组织开展了中铁五局规模最大的安全生产专题知识竞赛活动——“百题安全知识竞赛”。

2002年10月，根据贵州省总工会和经贸委通知精神，组织全体员工积极参加全国总工会、国家经贸委开展的“安康杯”竞赛活动，活动期间，组织员工学习安全生产知识、《安全生产法》。在施工现场开展“党员身边无事故”、“青年安全监督岗”和“职工代表安全巡视”等活动，充分发挥专（兼）职安全员、工会小组劳动保护检查员、职工代表和党员的作用。12月，中铁五局被贵州省总工会和经贸委授予“贵州省‘安康杯’竞赛优胜企业”。

2002年11月中旬，中铁五局组织本部及在黔各施工单位员工参加了由国家安全生产监督管理局组织的《安全生产法》知识竞赛活动，中铁五局获得“优秀组织奖”。

七、安全奖励措施

在强化安全管理、加强安全监督检查的同时，为激励先进，先后转发、制定了《铁路劳动安全奖惩办法》、《安全生产管理办法》、《安全标准工地考评标准》等安全奖励措施及办法，对在安全生产工作中作出积极贡献的单位和个人进行表彰、奖励。

抓安全保生产　生产安全两手抓

宁波如意股份有限公司

宁波如意股份有限公司重视安全生产管理，在生产过程中，公司没有发生一次重大事故，历年被市、县两级政府评为安全生产先进单位。

如意公司取得的成就，源于公司好的管理方法，安全生产管理就是其中之一。如意公司的安全生产管理有自己的特色，突出表现在以下五个方面。

一、领导重视，有超前的管理意识

把安全生产管理工作放在其他管理工作之首，使每一位员工的生命、健康得到保障，这是如意公司领导者经营管理的出发点。公司董事长储吉旺十几年来每次会议必然强调安全生产。他告诫员工，生产的安全至关重要，员工的生命、健康高于一切。管理人员一定要一手抓生产，一手抓安全，两手都要抓，两手都要硬，抓好安全才能保证生产。公司将“高高兴兴上班，平平安安回家”两句话高高挂在大门口，时刻提醒员工，确保安全。

身处市场经济的大潮中，面对世界经济一体化的今天，企业必须提高自身管理水平，与世界接轨。如意公司的决策者们审时度势，改善管理，将生产质量与环保、安全三位一体，齐头并进。经过2002年大半年的运行试验，于10月份在全国同行中率先同时顺利通过ISO9001（2000版）质量管理、ISO14000环境管理和OHSAS18000职业、健康、安全管理三项体系认证，从而提高了管理档次，提升了公司形象。把安全与生产紧紧捆绑在一起，进一步体现出安全生产工作的重要性。这一举措又进一步为如意公司在与国际经济广泛合作、积极参与自由贸易、努力开拓国际市场等方面奠定了基础。

二、不断加强硬件设施的改善，为安全生产提供保障

如意公司抓安全生产，一直重视安全的硬件设施建设。早在2000年9月份，公司利用搬迁新厂之机，总投入6000多万元资金对厂房、设备进行了全面技术改造。新建宽敞明亮的车间40000多平方米，当时充分考虑了生产作业中的采光、通风、抗震、防火、降温、防寒等性能。对车间的工艺路线进行了设计，划定安全通道，并合理布局电气线路；在机械设备上增加防护、保险、信号等安全装置；隔离金属切削、抛光、打磨等场所，减少污染范围，做到了劳动保护、安全预防设施与厂房车间同时设计、同时施工、同时投入使用的“三同时”。两年多来的实践证明，新的硬件设施不仅使公司生产效率得到明显提高，也为预防、控制事故和职业病的发生创造了有利条件。2002年，如意公司继续在硬件设施上加大投入，采取增加周转箱、运输车等措施，使车间原辅料、半成品、成品的堆放更规范合理，运输更安全，为生产安全提供了保障。

三、建立三级安全生产管理网络，齐抓共管

如意公司成立了以总经理为组长的安全生产领导小组，总体管理公司安全生产工作，同时设一名副总经理分管。公司设有专门负责安全生产具体工作的部门，各部门、车间均有安全信息联络员。每年初，公司总经理都要与各部门、车间负责人签订安全生产综合目标管理责任书，其内容要求各部门车间要严格管理，确保安全生产，保证无重大伤亡、火灾等事故，明文规定各部门、车间负责人的奖金与安全生产直接挂钩，制定详细的考核标准。达标的部门、车间，对负责人增发15%～30%的年终奖，未达标的车间，对负责人扣除15%～100%的年终奖。为此，各部门、车间分别又与各班组签订了相关安全生产责任书。这样厂部、车间、班组形成三级安全生产网络，层层把关，层层落实，使每个主管人员都有责任抓安全生产，从而从制度上保证了安全生产。

四、充分发挥安全保卫部的职能作用

安全保卫部是如意公司安全生产管理的职能机构，其专职人员专门负责安全生产方面的具体工作。首先，安全保卫部认真制定了年度安全生产工作计划，明确了年度要开展的安全生产工作内容，包括具体措施和完成时间。有了计划，工作就有了目标和方向，这是安全生产工作的重要环节。其次就是要将计划付诸于实施。

（一）补充完善安全和生产规章制度。如意公司有一套安全生产管理制度，并印刷成册，发放给公司员工每人一册。内容包括了安全生产总则、安全生产管理工作要求、安全生产教育、安全生产责任制、各工种的操作规程，以及门卫制度、消防管理制度等。但随着如意公司的发展和新产品的开发成功，对安全生产提出了新要求，那就是必须建立起符合新的要求和与新产品有关的安全生产管理制度。因此，公司安全保卫部及时会同技术部、设备部、生产部等有关部门认真讨论制定了新产品车间操作规程和电动产品的使用注意事项。这样先立规章，照章操作，有条不紊地开展生产，对预防事故发生起了重要作用。

（二）安全保卫部和办公室联合开展培训。知识和技能培训是预防事故发生的有效手段。如意公司在安全生产方面有“5不放过”：

（1）新员工上岗的安全教育不培训不放过。新员工上岗前，必须接受厂部、车间、班组的培训，厂级培训由安全保卫部来完成。厂级培训的主要内容是有关公司的安全生产情况，安全生产的重大意义，以及公司里有哪些危险因素和危险源等等。

（2）对特殊工种不培训不放过，即对电工、电焊工、厂内机动车驾驶员的培训。这些专业技术性较高的培训，由安全保卫部委托宁海县劳动就业培训中心来完成。培训合格后，持证上岗。

（3）对义务消防队员不培训不放过。安全保卫部联系县消防大队来公司对义务消防队员进行消防知识的培训，指导义务消防队员正确使用消防器材，以及如何应急处理火灾险情。

（4）对摩托驾驶人员不培训不放过。针对公司摩托车驾驶人员多、上下班交通事故隐患严重的现象，安全保卫部与县交警大队对公司70多名员工进行了交通安全知识和驾驶技术培训，极大地提高了驾驶技能，增强了驾驶人员的交通安全意识。

（5）对特殊工种人员不培训不放过，即对砂轮打磨工、电焊工、油漆工、冲床操作工、木工进行了安全操作和职业病防治培训。安全保卫部与县疾病预防控制中心一起，对公司因接触粉尘、烟尘、二甲苯、噪声等作业的人员进行了职业病预防知识的培训，教育大家要爱惜生命、拥有健康，对家人负责，对公司负责。

（三）安全保卫部认真开展了日常监督检查工作。安全保卫部在安全方面有“3个检查”

（1）不定时检查各部门、车间对安全生产制度执行情况，对检查中发现的问题立即采取整改措施，如个别员工在靠近易燃易爆物品管理堆放区吸烟，以天气冷为借口戴手套操作机床，冲床操作工以要干活速度快为由用手从机床口捞取小件等现象，一经发现，立即制止，同时进行批评教育，并按制度规定给予相应的经济处罚。

（2）检查电气线路、压力容器、起重机械，包括电风扇、配电柜、空压机、储气罐、乙炔瓶、氧气瓶、行车、升降机等。

（3）定期检查。定期检查主要是指定置的安全设施，如每月对消防设施检查一次，保证灭火器、水龙头、水带完好，每月测试一次消防水龙头水压，保证水压不低于0.4MPa。每年更换一次灭火器内的干粉，以保证能有效使用。定期检查还包括每周六的安全、卫生综合执法大检查，每周星期六下午，由分管副总带头，召集各部门、车间负责人统一行动，分别对各部门、车间的安全、卫生进行全面检查评比，结果要公布在公司大门口的公告栏。按公司规定，累计每月评比一次，对不达标的，对部门、车间负责人做出了扣除20%月奖的处罚，做到有计划、有布置、有检查、有总结、有评比。

健全安全管理体系　狠抓“一二三四五”工程

中国南方航空（集团）贵州航空有限公司

贵州航空有限公司的前身——贵州省航空公司成立于1989年3月，拥有运七-100型飞机6架。1998年6月28日，企业实行股份制改造，与中国南方航空股份有限公司联合，更名为贵州航空有限公司。现有波音737-300型飞机4架。经营国际、国内航线30余条。安全飞行11周年。

公司自1999年开始赢利，4年迈上4个台阶。1999~2001年，连续3年被评为贵州省安全生产先进单位，2001年，被评为贵州省有突出贡献企业，2002年，获南航6项安全奖。

贵州航空有限公司多年来的快速发展，得益于安全工作的落实。安全赢得了信誉，赢得了效益，保证了发展。首先，有健全的安全机构。安全管理工作的最高权力机构是公司安全委员会，总经理是安全工作第一责任人，飞行安全技术管理部是公司安全委员会的常设办公机构和公司安全管理职能部门。其次，抓认识到位。公司领导始终坚持“安全第一，预防为主”的方针，坚持以“三个代表”的重要思想指导安全工作，以对国家和人民生命财产极其负责的政治责任感抓安全工作的落实，发扬

"严、细、实"的工作作风，正确处理安全与效益的关系。其三，在企业内部实行科学化、规范化、法制化管理。形成公司安全管理体系（完成7个子系统，待完成3个子系统）、安全工作"一二三四五"工程和横到边、竖到底的规范化基础管理体系。

一、健全的安全管理体系

（1）安全教育系统。包括全员安全教育计划、三级职工安全教育网（公司、部门、班组）、安全教育责任制、职工安全教育档案、安全教育考核。保证教育到位。

（2）安全责任制系统。包括全年安全指标，明确各级行政一把手是其部门安全第一责任人，层层签订安全责任书，分解安全目标，落实安全责任，量化考核指标，定期考核责任书执行情况，进入每月绩效考核和年终责任书考核。保证安全责任落实到人。

（3）管理手段和制度落实系统。包括法律、法规、企业规章和先进的QAR系统，按章对各部门、生产岗位、生产环节实施监督检查，发现问题立即制定措施，实施整改，整改验收，对制度落实情况实行绩效考核。保证管理到位。

（4）健全安全管理机构。包括设立专门安全管理机构（飞行安全技术管理部），专职安全管理和安全检查员、监察员。保证对安全工作的持续监督检查。

（5）安全信息管理系统。包括安全信息报告制度，按规定时限将安全信息报告到飞行安全技术管理部，了解核实具体情况，按规定上报各政府管理部门，对安全信息报告制度落实情况实行绩效考核。保证信息畅通。

（6）研讨杜绝人为因素导致不安全问题系统。包括飞行安全技术管理部定期组织对各种影响安全的人为因素进行研讨，研讨结果用于职工安全教育、制度完善和安全生产管理，对有价值的研讨成果予以奖励。保证年年管理有新招。

（7）安全问题处理系统。包括调查、核实涉及安全的问题，安全管理部门按章予以奖罚，实行绩效考核和年终考核。严重问题安全管理部门组织调查，提出调查报告，公司安全委员会决定，按照"问题不清不放过，责任不明不放过，措施未定不放过，问题没有严肃处理不放过"的原则和行政责任追究制处理安全问题。安全问题一票否决，出问题的部门、车间、班组、个人不得参加年度各类优秀评比。保证能有效遏制不安全事件的连续发生。

二、抓好安全工作"一二三四五"工程

（1）确保一个目标。制定全年《安全教育计划》、全年《安全管理措施》，层层签订《航空安全管理责任书》，全力以赴确保实现全年安全目标。

（2）注重两个环节。一是健全和完善基础管理制度，二是狠抓全年安全措施落实。

（3）抓好"三个关键"。加强关键部门（飞行部、机务工程部、客舱部）、关键岗位（各部门明确的重点岗位）、关键人（机长、机务工段长、乘务长）的管理，保证飞行安全、空防安全、地面安全。

（4）做好"四个坚持"。坚持每日生产现场讲评会、每月职工安全教育日和每月安全生产例会，保证安全教育到位。坚持"预防为主"，防范关口前移。坚持防麻痹，反违章，"四不放过"处理安全问题。坚持提高标准，严格管理。

（5）严格把好五关。把好技术培训关，打牢安全基础。把好责任机长放飞关，抓紧培训，严格标准，宁缺勿滥。把好机组搭配关，根据技术、性格、作风特点，合理搭配机组。把好应急处置关，主要加强飞行预先准备，提高机长稳定进近和决断意识，提高机组整体配合能力和综合处置能力。把好飞机适航关，提高机务维护质量和维护水平，确保飞机适航。

三、认真贯彻规范化基础管理体系

本体系共有《规范化基础管理手册》64部（含总则、综合管理手册、部门工作手册、生产运行手册和附件），780万字，涵盖各部门、各工种、各岗位的工作职责、工作程序、操作规范以及各类管理制度、考核标准，职能部门认真按手册实施程序管理和执行考核。

加强安全生产工作　促进企业稳定发展

内蒙古自治区包头铝业（集团）有限公司

包头铝业（集团）有限责任公司（以下简称包铝）始建于1959年，是全国十大铝厂之一，同时也是全国500家大型企业之一。目前拥有职工8000多人，年产电解铝16.5万吨、碳素制品6万吨，另外还有合金铝等系列产品。2002年，包铝被评为内蒙古自治区重点培育和发展20户大企业（集团）之一。

多年来，包铝集团公司十分重视安全生产工作。在企业的发展过程中，坚持处理好安全与效益、安全与稳定的关系，认真贯彻落实“安全第一，预防为主”的方针。通过建立自我约束机制，逐级落实安全生产责任制，完善各项规章制度，明确各级领导的安全职责，有效遏制了重特大事故的发生。自1999年以来，包铝已连续3年实现了重伤以上事故为零、火灾事故及重大设备事故等各类事故为零的成绩。2002年元月，被自治区总工会和自治区经贸委授予全区“安康杯”竞赛先进企业，被中华全国总工会和国家安全生产监督管理局授予全国“安康杯”竞赛优胜企业称号，获包头市“安康杯”竞赛第一名。

一、领导重视、机构健全、目标明确

包铝的几届班子都把安全生产作为重中之重的工作来抓。为了进一步加强对安全生产工作的领导，2002年，包铝重新调整了集团公司安委会成员，成立了以董事长和总经理为安委会主任、主管安全生产工作的副总经理和工会主席为副主任的新的安委会领导机构，各二级单位也对安全生产领导机构作了调整，并配备了专职安全监察员。在集团公司的领导下，认真落实安全生产责任制，以“领导到位、责任到位、思想认识到位、宣传到位、工作到位、教育到位、措施到位、资金到位、隐患整改到位、经济考核到位”等“十个到位”为目标，切实有效地开展了安全生产工作。

二、健全制度，狠抓落实

几年来，根据集团公司的具体情况，包铝集团公司制定了《包铝集团公司重大安全事故行政责任追究办法》，修订了《包铝集团公司安全生产责任制》、《包铝集团公司安全生产管理办法》等制度。各二级单位也结合自身实际，制定了切实可行的办法，三个电解公司和碳素公司等单位实行了全员《安全风险抵押金制度》，制定了《暑期安全工作措施》、《秋冬季安全工作措施》、《节假日期间安全管理办法》、《设备大、中修防范措施》等有针对性的规章制度，逐步使安全管理工作走上了规范化、制度化、标准化的轨道。

三、认真落实目标责任制，有效控制各类伤亡事故

2002年年初，包铝与包头市签订了2002年安全生产工作目标责任状。为了全面完成目标指标，包铝根据本企业的生产特点，按照责任书中规定的安全生产控制指标和工作目标的要求，认真履行职责。把安全生产纳入考核体系，层层分解下去，一级抓一级，逐级负责，逐级落实，加强考核。年底，按照年初签订的安全生产责任状，对各单位一年来的安全生产工作情况，进行了年度安全综合检查。对完不成规定指标的，予以通报批评；对事故多发、安全生产长期处于落后状态的单位，给予处分和处罚；对事故超标的单位进行一票否决，对完成任务的单位进行表彰奖励。2002年，共查出事故隐患181项，下达事故隐患整改通知书6份，下达考核单14份，安全检查及事故考核扣款1.6万元。

四、全方位倡导安全文化

随着改革的深入，包铝不断进行技术改造，使得生产一线的青工越来越多，陈旧设备及新设备交替，安全生产难度加大。因此，包铝坚持以人为本，开展全方位的安全教育和技术培训工作。一是在生产一线悬挂安全标语、安全警语，设安全标志。广播站播放安全稿件，在厂报上刊登安全生产专题稿件。二是深入扎实地开展以贯彻安全生产制度、安全技术操作规程为主要内容的培训，并对职工掌握安全制度及安全规程情况进行考核；三是在基层13个主体生产单位开展安全生产竞赛活动。如“安康杯”、“安全生产月”、“百日安全竞赛活动”等。四是加强对特种作业人员的培训教育，做到持证上岗。五是开展了对新入厂员工及转（复）岗人员的安全教育和技术培训。通过这些工作的开展，有效地提高广大职工的安全生产意识和业务技能。

五、认真开展“安全生产月”、“安康杯”竞赛等活动，提高职工安全意识

从1984年开始开展“安康杯”竞赛活动以来，公司把开展竞赛作为搞好安全生产工作的重要组成部分，并把宣传学习《安全生产法》及《职业病防治法》活动、组织“安全月”和“百日安全无事故”等活动纳入安康杯竞赛内容中，使安全检查考核管理工作贯穿于全年，有力地促进了安全生产工作。

在“安全月”活动期间，举办安全知识板报展两次、安全知识抢答赛3轮、安全知识考试答卷1000份，安全稿件50多篇等。碳素公司还发动职工群众编写了《安全生产公约》顺口溜，简单易懂易记，挂到每个班组。各单位采取广播、板报、放录像、开经验交流会、事故分析会、反事故演习、技术比武等多种形式，对职工进行安全教育，同时加强了《安全生产法》、《职业病防治法》等安全生产法律法规的宣传学习，使广大职工提高了安全意识，牢固树立了“安全第一”的思想。

六、进行“四全”检查，遏止“三违”

经过多年的实践和逐步完善，形成了“四全”安全检查体系。即“全过程、全方位、全天候、全员”安全检查。“全过程”，是指公司在大型技术改造、土建工程或电气等设备检修项目中，安全工作人员实行全过程的检查监督。对整个项目实行系统的先端控制，跟踪管理。“全方位”，是指发挥安技部门的职能作用，根据行业特点和季节特点，结合公司实际搞专业、专项的多方位检查。如电气、起重等特种设备检查及建筑安全检查等等。“全天候”，安全检查是根据生产三（四）班倒的实际，安全检查实行跟班制。“全员”，是指公司月检、车间周检、班组日检、职工班前班后检，对查出的问题逐级上报的制度。这项工作已经做到了经常化、制度化和专业化，并坚持日常检查与节假日检查相结合，一般性检查与专业性检查相结合等方式。对于查出的问题和隐患，按照“三定、四不推”的原则，及时解决和整改；对于暂时解决不了的隐患和问题，则逐级上报，并采取有效的防范措施。同时对查出的问题和隐患整改情况及时公布在安全简报上，对违章现象都进行认真细致的思想教育和必要的经济处罚。

七、强化班组安全建设，营造安全生产氛围

包铝40多年来，约95%的事故发生在班组。因此，公司上下非常重视班组安全工作，把班组安全达标工作纳入“安康杯”竞赛、班组升级赛、年终评比等工作中。几年来，班组安全建设重点抓了学规程、用规程和现场管理工作，把落实安全生产责任制和操作规程作为班组建设的重点。各班组基本上做到了酒后不上岗、心浮气躁不上岗、任务不明不上岗、没有安全保障不上岗、特殊工种没有操作证不上岗。全公司547个班组91%达标合格，90%的职工会讲、会用安全生产责任制和操作规程。

与时俱进　务实创新　开创安全生产工作新局面

黑龙江省大海林林业局

黑龙江省大海林林业局在省委、省政府、省森工总局党委和总局的领导下，深入学习《安全生产法》等法律、法规、方针、政策，适时调整安全管理战略，全方位加大安全管理力度，稳扎稳打，创造了连续5年杜绝生产性死亡事故、其他事故不超标的好成绩，连续5年被黑龙江省森工总局评为“安全生产标兵企业”，连续3年被省政府评为“全省‘安康杯’竞赛优胜企业”。

一、各级领导重视，为安全工作的顺利开展提供了组织保证

随着局生产形势的发展，安全生产工作得到了各级领导的高度重视。在安全生产工作的不同时期，黑龙江省森工总局、牡丹江林管局的安全生产主管领导多次定期、不定期地亲赴我局进行安全检查和指导工作，省政府也派出安全督导组对我局的“安康杯”竞赛活动进行检查指导，提出了很多可行性意见，也发现了一些事故隐患，对我局安全生产工作顺利开展起到了积极的促进作用。局党委书记和局长做到了逢会必讲安全，逢事先说安全，并将安全生产工作纳入了总体经济目标管理之中，在各项经济活动中实行了安全“一票否决权”。年末评比中，凡安全生产工作不达标的单位，一律取消评比资格。每年召开的第一个工作会议一定是安全生产工作会议，局长亲自参加会议并对全年的安全生产工作进行安排和部署。冬季木材生产旺季，局每年都投入资金在木材生产单位开展安全无事故竞赛活动，采取有奖有罚的竞争机制开展安全生产工作，为杜绝各类事故的发生奠定了基础。

二、落实安全责任，使各级劳动者的主人翁意识得到了加强

在历年的生产经营活动中，我局坚持了“管生产必须管安全”、“谁主管谁负责”和“一把手是安全生产第一责任人”的原则，加强了对安全生产工作的领导。年初制定“全局无死亡、重伤，单位无轻伤，个人无违章”的“三无”安全生产奋斗目标，逐级落实到单位、车间、班组和个人，层层进行分解，层层签订安全生产责任状，并将安全责任和经济责任挂钩，做到有奖有罚，赏罚分明。各基层单位也分别实行了安全目标管理，制定了安全生产奖惩办法。并在各基层单位制定了“三包、三保证、一实现”的安全目标，即单位包工段（车间）、工段（车间）包班组、班组包职工全员，保证职工受教育率达100%，保证持证上岗率达100%，保证职工全员做到“三不伤害”；在此基础上实现全场无重伤的安全管理目标。几年来，由于各级领导重视安全工作，全局上下出现了齐抓共管安全工作的大好局面，并形成了上至局长、场长研究部署安全工作，下到班组、个人重视安全工作，横向到边、纵向到底，专管成线、群管成网的安全保证体系，推动了安全生产工作向纵深发展。

三、开展教育培训，丰富和充实劳动者的安全知识

我局一直把安全教育作为提高全员安全素质的重要环节来抓，并向深层次、全方位发展，取得了非常明显的效果。一是大张旗鼓地宣传贯彻各种安全法律、法规，利用广播、电视、板报、标语等各种形式和宣传工具，广泛进行宣传，使广大职工了解《消防法》、《劳动法》、《安全生产法》、《职业病防治法》等法律法规的内容及实施的重大意义，使广大职工知法、懂法、守法，并利用法律保护自己的权力。二是加大了对在岗人员的安全培训和在岗无证人员的考核发证工作。几年来，我局多次配合省森工总局举办安全管理人员培训班，全体中层领导干部和专兼职安全员每年培训1次。配合交警部门每年举办4次厂内机动车驾驶员培训班，每年举办1次起重机械和林区“三手”培训班。在培训考核合格的基础上，分别颁发上级主管部门统一印制的指挥证和安全操作证，做到了工种培训合格率达100%；持证上岗率达100%。我局还配合牡丹江林管局举办多期司炉工培训班，颁发《司炉工操作证》，使司炉人员持证上岗率达到100%。木材生产准备作业前夕，每年配合省公安厅举办爆破员培训班，使爆破员持证上岗率达到100%。除此之外，在我局经济活动的不同时期，对一般工种都分期分批地进行安全培训和安全教育。经过努力，一般工种持证上岗率也达到了100%，实现了全员培训并持证上岗的目标。三是加大了对机动车驾驶员的安全教育工作。为适应冬季木材运输的安全需要，每年进入冬运以后，都对运材车驾驶员进行全面的安全教育。首先是对驾驶员进行了业务考核，并责令其写出书面保证书；其次是责令基层单位安全员加强对驾驶员出车前的教育，由于教育到位，驾驶员基本养成了遵章驾驶的习惯，大大降低了交通事故的发生。四是加大对安全工作的宣传力度，主要以电视新闻和板报标语的形式大张旗鼓地宣传安全生产工作的重要性。几年来，我局各基层单位在大海林电视台发表的新闻稿中，安全方面的稿件占20%以上，在对外发稿中也占很大的比例，这与各基础单位安全员的工作是分不开的，同时也体现了各级领导、组织对安全生产工作的重视。在历年的“安全生产周”和“全国安全生产月”活动中，通过寓教于乐的形式开展安全竞赛活动，增加了职工的安全意识。

四、开展安全检查，消除事故隐患，为劳动者创造安全的生产环境

开展各种安全、防火大检查是发现事故隐患和消除事故隐患的最有效手段。几年来，林业局每月一次安全生产联检；各基层单位场级检查，由主管安全的副职亲自带队，每月至少检查两次；车间、工段每周检查一次；班组坚持了一日三检制度。在安全检查时，着重查隐患、查漏洞、查薄弱环节。对于检查中发现的问题分轻重缓急，予以建档管理，各级安全管理部门本着对职工群众高度负责的精神，对检查出来的事故隐患进行彻底整改，确保安全生产工作的顺利进行。几年来，林业局不惜重金对锅炉压力容器、运材专用线方面的隐患，千方百计地予以解决。

五、劳动防护用品发放到位，切实保护劳动者的身心健康

劳动保护工作是我国的一项基本国策，劳动保护用品对保护劳动者起着积极的作用。我局历来都对劳动保护工作十分重视，木材生产单位都能够把劳动防护用品及时发放到位。但近几年来，随着多元化经济的迅猛发展，在部分单位，尤其是一些放开经营的单位，出现了私买乱购劳动保护用品、不按规定发放的现象，严重违反了国家劳动保护政策，侵害了劳动者合法权益。针对以上情况，我局适时调整了劳动防护用品购买和发放计划，即劳动保护工作由局安全科统一协调、指导，分头有序进行。所有单位都要于年初制定出全年劳动保护计划，报局安全科审核、备案；所需材料由供应科统一购买，林产工业厂家和其他放开单位也必须建立健全劳动保护台账，劳动保护用品按省森工总局核定的数量和期限发放。鉴于劳动保护用品的特殊性，购买之前必须经林业局安全科选型以保证质量。通过整顿，我局的劳动保护工作走上了正规化道路。

六、召开安全例会，做好上情下达，使各项安全工作始终与上级部门保持一致

多年来，我局在安全工作上一直坚持执行安全例会制度，即每月16日召开一次由各基层单位的专兼职安全员参加的安全生产工作会议。在会议上主要进行三个方面的工作：一是传达贯彻国家、省、森工总局有关重要文件及讲话，对最新政策进行学习；二是由基层单位汇报上个月的安全生产工作情况，并就一个月来遇到的安全生产新问题进行提问，由局安全主管部门进行解答；三是局安全部门对下个月的安全生产工作进行安排和部署。通过召开安全例会，上级部门的新文件、新精神能在最快和最短的时间内贯彻到基层单位，做到了上情下达并保证了上下级部门的步调一致。几年来，安全例会起到了桥梁和纽带的作用，促进了我局各面安全工作的顺利开展。

改变传统的管理模式　创建现代化的管理体系

广船国际股份有限公司

广船国际股份有限公司（以下简称“广船国际”）安全生产管理工作在中船集团公司的领导下，在公司领导的关心和支持下，经历了由传统管理向现代化企业管理的转变，管理水平逐步提高，形成一套较为规范化、标准化、科学化的管理体系。

一、管理架构的逐渐合理化，人员素质逐步提高

广船国际刚成立时，公司仍沿用原广州造船厂的一套传统管理机制，由安委会作为全公司安全环保管理的总体指挥和协调机构，安全环保技术处作为日常安全管理的常设机构，职能为安全环保一级管理（职能中不含防火和消防管理）。

1997年，公司开始实行职能整合，安委会构架仍然保留，并发展出下属13个专业小组开展各项安全环保工作。公司安全环保处将保卫处的消防安全职能及人员合并过来，开始实施事业部分级管理，在各事业部设立安全环保管理二级机构，二级机构专职安全环保管理人员达到十几人。公司一级管理职能以宏观管理、对外业务和重点部位管理为主，事业部二级管理职能以生产现场动态安全环保管理为主，明确了各级管理的职责和重点，理顺了管理关系。

2000年，公司进一步提出精官简政要求，除继续保留安委会职能外，公司安环处和保卫处合并为安全保卫部，公司一级的安全环保管理人员进一步减至12人，而事业部二级安全管理机构迅速壮大，从最初的十几人发展到四五十人，管理的内容也越来越多，除原有的现场管理外，安全环保计划管理、考核管理、一般事故处理、文明卫生管理等均列入事业部二级机构的管理范围。

二、安全环保规章制度建设日趋完善

1996年9月，公司安环处重新修订《广船国际安全管理制度汇编》，并经总经理批准颁发执行，使广船国际有了一套较为完善的安全环保管理规章制度。

随着社会对安全工作的重视和政府部门对安全管理力度的加大，公司也根据形势的发展和政府部门的有关要求，制定了一些相关的补充规章制度，如《外包工程队安全管理制度》、《外包工程队安全资质审核制度》、《厂内司机定期安全教育制度》、《重大事故应急预案》等，使公司安全环保规章制度日臻完善。

三、安全教育培训规范化

广船国际历来都对安全教育培训工作相当重视，而且做法很有特色，除了国家规定的三级安全教育、特殊工种培训教育和劳动安全卫生合格证培训教育外，广船国际最有特色的安全教育方式就是《安全简报》和每周周一上班前的半小时安全学习，这一习惯已坚持了20多年，雷打不动。至今共出版了1332期《安全简报》，编辑审核人员换了几批，但这一做法一直坚持下来，内容方面也不断创新，已成为公司员工了解安全生产管理最新动态的最佳途径，也是公司安全环保管理的有力武器。

四、安全管理的实施措施

制度的执行和落实情况主要通过安全监督检查来衡量。公司除每月一次的党、政、工、团综合性安全大检查外，还有七个专业检查组每周一次的专业检查，每天现场安全员的巡查和一些季节性、临时性检查，每次检查查出问题均下发整改通报限期整改，过期不改的在每月一次的公司劳动竞赛委员会上提出扣罚。这种行之有效的做法，促进了公司安全生产环境得到持续改善。

对造成事故的单位和个人严格按国家有关法律、法规进行调查分析处理，坚持“四不放过”的原则，对责任事故的相关责任人追究相关责任并依法进行处理，同时，制定有关改进措施，堵塞漏洞，防范类似事故再次发生。

五、外包工程队的安全管理

公司成立之初，由于对外包工程队安全管理认识不足，认为外包工程队也是独立法人的单位，管理只停留在签订工程承包合同、列清安全责任条款的水平上。1999 年，广船国际开始推行外包工程队安全自主管理的做法，通过每季度对外工队安全责任制落实情况考核，通过树先进榜样加强交流学习，使各外包工程队自主管理工作形成新的氛围，既减轻了公司安全管理的压力，也使外包工程队的违章作业和事故发生率有明显的减少。

六、安全评价工作

为了提高企业安全管理水平，适应市场经济发展的需要，公司根据中船总公司 1994 年制定的安全评价标准，主动提出在公司范围内开展安全评价工作，并力争达到“国家安全级企业称号”的要求。1995 年初，公司开始启动安全评价工作计划。

安全评价包括综合管理评价、危险性评价和作业环境评价三大部分。涉及到整个公司全员、全面、全方位的安全达标工作，共 67 个评价表。要评价的设备、设施、场所、项目上万个，工作量之大可想而知。公司通过培训专业组人员，以专业人员带其他人员开展评价，边评价边学习，在公司掀起一股安全评价的热潮，经过三轮的评价整改和一轮的专家咨询预审，公司在 1996 年 10 月申请中船总公司安评专家组对公司安评达标状况进行最终审核，最后以 883.39 分的高分一次通过终审，取得国家安全级企业的称号。

七、环境保护

公司自成立以来，一贯重视公司环境保护工作，除了日常的环境监测和环境管理外，公司重点在“三废”治理方面下功夫，先后完成了涂装车间废气、粉尘治理工程，集装箱东西部废气、粉尘治理工程，电镀房废水处理工程，食堂、医院废水治理工程，红帆酒店废水治理工程，油库油水分离系统工程，木工车间木尘除尘系统、钢板流水线废气、粉尘治理工程，东、西部机加工车间乳化液治理工程，空压站乳化液治理工程等环保工程，投资超过 3000 万元，每项建设项目都认真做好环保“三同时”工作，使公司的环境污染水平保持在一个较低的范围。为了能更好地对水污染情况进行实时监测，公司在 2002 年还在大坞排污口建成了一套在线 COD 监测系统，还计划于 2003 年在油库排污口再建一套在线 COD 监测系统，以达到对公司排污状况了如指掌，与国内先进污染监测手段保持同步的水平。

八、安全管理工作成绩

公司 1993 年度被评为中船总公司安全生产先进单位；1995 年度被评为广州市安全生产先进单位；2001 年度被评为广州市安全生产先进单位。自 1996 年 5 月，公司取得连续 96 个月无职工死亡事故的好成绩。2002 年，公司被省安全生产监督管理局树为五个行业安全管理先进单位的学习榜样。

强化监管　开拓创新

河北省保定市安全生产监督管理局

保定市安全生产监督管理局于 2002 年 1 月 19 日正式成立，5 月 6 日组建完毕。承担着全市安全生产综合监督管理职能，负责市安全生产委员会日常工作。

2002 年，保定市安全生产监督管理局以“三个代表”重要思想为指导，认真贯彻党中央、国务院和省委、省政府关于安全生产的一系列重要指示，按照市委、市政府的部署要求，坚持“安全第一，预防为主”的方针，大力推进安全生产“四个转变”，立足防范，落实责任，深入整治，强化监管，开拓创新，使重特大事故得到了有效遏制，全市安全生产秩序明显好转。由于工作扎实，成绩突出，被国家局和省局分别授予 2002 年度全国安全生产监管先进单位，局长刘义和同志被国家局授予

2002年度全国安全生产监管先进个人荣誉称号。

一、市、县、乡、村四级安全监管网络初步建立

2002年6月，根据市政府办公厅下发的《关于进一步加强全市安全生产监督管理机构改革工作的意见》，市安全生产监督管理局积极协调和督促各县（市、区）尽快建立和完善各级安全生产监督管理组织机构，落实编制、人员、经费，确保职能正常发挥。截止到2002年底，全市25个县（市、区）及高开区均相应成立了安全生产监督管理局，编制人员到位90%，95%的乡镇建立了安全生产委员会，配备了专职安全生产监管人员，90%的乡村建立了安全生产监管小组，在全省率先完成了市、县、乡、村四级安全生产监管网络建设，为加强全市安全生产管理提供了有力的组织保障。

二、建立健全了安全生产责任制

2002年，保定市安全生产监督管理局把强化各级领导的安全生产责任，作为安全生产监管工作的着力点，进一步建立、健全了安全生产责任制。针对各县（市、区）、各部门的不同情况，分别起草、制定了不同内容的安全生产责任状，以市政府的名义与各县（市、区）、各部门签订了安全生产责任状，强调各地方、各部门行政一把手是安全生产的第一责任人，对其应承担的安全生产职责、目标、任务做出了明确、具体的规定。同时，督导各县（市、区）、各部门把责任目标层层分解向下延伸，逐级签订安全生产责任状，形成了严密的安全生产责任体系。制定了《保定市安全生产责任目标考核验收办法》，实行重大事故一票否决，确保了各项目标任务的完成。

三、扎实有效地开展七个方面的专项治理工作

2002年，保定市安全生产监督管理局根据国家和省的安排部署，结合保定市实际，精心组织和指导协调有关部门开展了“烟花爆竹和民爆器材、道路和水上交通、煤矿和非煤矿山、公众聚集场所消防安全、锅炉压力容器、有毒有害作业场所、危险化学品安全管理”七个方面的专项治理工作。通过有计划、有步骤的扎实整治，收到了明显的效果。同时，加强了对建筑、旅游、教育、卫生及电力、通讯、广播电视等重点行业领域的安全监管工作，使这些行业和领域的安全生产状况有了较大转变，安全生产秩序得到初步规范。

四、组织开展全方位的安全生产大检查

2002年共组织开展了9次拉网式安全生产大检查，采取重点抽查和全面普查相结合、查处问题和规范管理相结合、执法检查和整顿秩序相结合，使一大批事故隐患和问题得到了及时解决。确保了在“元旦、春节”和“十六大”期间未发生一起安全事故，维护了社会的稳定，为党的“十六大”顺利召开提供了保障，切实起到了首都南大门和防护墙的作用。

五、加强安全培训和安监队伍建设

针对安监机构刚刚组建、人员的业务水平和专业知识相对较低、生产经营单位负责人和安全管理人员业务素质普遍较差的状况，加大了培训力度。先后培训市、县、乡三级安全生产监管人员500多人，培训企业负责人和安全管理人员2000多人，培训各类特种作业人员8000人。同时狠抓干部队伍的思想作风建设，通过学习、教育、培训和严格考核，使全市安监系统干部队伍的政治、业务素质得到明显提高。

六、认真组织开展“安全生产月”活动

以“安全责任重于泰山”为主题，组织开展了一系列的宣传活动。通过市长发表电话讲话、在《保定日报》上刊登评论文章和致全体市民的一封公开信、设定安全咨询日、电视公益广告、组织消防演练、散发《安全常识手册》、在报纸上连载《安全生产法》、举办《安全生产法》普法讲座、张贴挂图、悬挂横幅、组织秧歌队和大鼓队演出，组织安全生产板报展等多种形式，广泛深入地宣传贯彻《安全生产法》及相应的安全法律、法规，有效地增强了全市人民的安全防范意识。

七、积极探索对非公有制企业的安全生产监管工作

一是采取创办工业园区和专业市场的办法，对数量众多、相对分散的非公有制小企业进行相对的集中管理；二是按行业类别创建行业安全管理协会，依靠行业自律来加强行业的自我管理；三是编印下发了《乡镇、私营企业安全生产管理实用手册》，为广大非公有制企业实施安全管理提供理论依据和技术指导；四是通过加强村级安全生产监管小组的监管职能，逐步形成一种集行政管理、经济制约、法律规范、企业自律和群众监督为一体的安全生产监管机制。

推行 HSE 管理体系　确保安全生产

中国石油宁夏石化分公司

2002 年度，宁夏石化分公司在坚定不移地贯彻执行国家及中油股份公司有关安全、健康、环保方面的法律法规的前提下，公司 HSE 管理体系委员会按照公司总经理康建华提出的“确保装置安全生产，努力再向安全生产 1000 天迈进”的目标，制定、落实和完善了一系列的管理措施，使公司的 HSE 工作取得了显著成绩。

一、领导重视，机构落实，目标明确

近年来，宁夏石化分公司的安全、健康、环保管理工作取得了较好的成绩，这与该公司各级领导和全体员工坚持“安全第一，预防为主，全员动手，综合治理”的安全生产方针，牢固树立“安全就是效益，安全就是生产力”的思想是分不开的。2000 年 9 月，中油股份公司开始推行 HSE 管理体系，宁夏石化分公司立即成立了由公司总经理担任委员会主任、公司副总经理担任副主任、各处室长和各单位党政一把手为成员的 HSE 管理体系委员会，由主管技术安全的公司副总经理担任公司 HSE 管理者代表，并抽调了 4 名专职人员、5 名兼职人员组成了公司 HSE 管理体系办公室。在开展 HSE 管理工作中，该公司以安全生产为重心，目标明确，重点突出。

二、推行 HSE 管理体系，确保安全生产

1. 健康（H）方面

2002 年 5 月 1 日《中华人民共和国职业病防治法》颁布实施后，该公司举办了《职业病防治法》培训班，班组长以上安全管理人员及各单位主管安全的领导 150 余人参加了培训；同时积极参加全区《职业病防治法》宣传活动，并代表自治区参加了全国百家企业贯彻落实《职业病防治法》宣传活动。该公司重视职业病的防治，对有毒有害工作场所定期进行监测，并在所有监测点挂警示牌，标明每次监测的数据结果，警示员工配备必要的防护用品。公司还关注员工的身体健康，按岗位足额发放保健资金，配备劳保用品，并定期对员工进行体检，为每位员工建立健康档案，起到小病早治、无病预防的作用。以上措施有效地保障了公司员工的身心健康，该公司 2002 年全员职业病发生率为零，人身伤害事件为零。

2. 安全（S）方面

2002 年，宁夏石化分公司从抓安全教育入手，不断提高员工的安全素质，消除各类隐患，产生了巨大的经济效益。6 月 29 日《安全生产法》颁布之后，公司采用各种形式进行宣传，派车间安全监督员外出培训，同时购买《安全生产法解释与实用指南》下发到每个单位组织学习，并组织了一次全公司全员考试。

安全管理制度的不断完善是安全管理的基础。2002 年，该公司重新修订了多项安全管理规定，在安全工作中，公司始终坚持有法必依、执法必严、违法必究、奖罚分明的原则。年初，该公司 HSE 委员会领导与 27 名各单位主管领导签订了《HSE 管理目标责任分解书》及《安全生产承诺书》，有效地落实了各级领导的安全责任。同时严格员工安全合同的管理，加强对外来施工单位进入现场进行安全教育和安全合同的管理，从法律的角度明确了双方的责、权、利，有效地提高了安全管理水平。

公司 HSE 委员会根据每个阶段的安全生产形式，组织了形式多样的安全活动。2002 年一季度开展了以“全员监督安全工作，全员关心安全生产，全员消除事故隐患，我的岗位无隐患”为主题的活动；6 月份全国“安全生产月”期间，公司组织了以“学规范，查隐患，堵‘三违’，抓安全，保稳定，促增效”为主题的千人签名活动，公司领导强调，要将“安全第一，预防为主”的思想落实到日常工作中，认真学习规范，全方位查找隐患，增强员工的责任心，保证公司效益的完成；夏季开展了以“八防”为主题的活动；9月10日至12月20日，在全公司范围内开展了以“宣贯《安全生产法》，依法生产保‘三无’，誓夺尿素产量115，完成利润8000万”为主题的“百日质量安全环保无事故”活动。

安保基金是中国石油用于隐患治理以及奖励安全工作和保险赔偿用的资金，该公司在2002年度中，能严格遵守股份公司安保基金管理办法，按规定上缴、使用安保基金。2002年，该公司从安保基金中提出500万元用于隐患治理，这些隐患的消除使该公司安全生产向本质安全迈进一大步。

严格落实事故“四不放过”（事故原因没有查清不放过；事故责任人与群众没有受到教育不放过；没有防范措施或措施不落实不放过；责任人未处理不放过）。为了减少各类事故的发生，该公司在事故管理中严格将事件当作事故来抓，将未遂事故当作已发生事故来抓，将小事故当作大事故来抓。坚持开展事故警示活动，公司领导带头参加事故分析会，剖析事故原因，使全员了解事故的真相、危害和损失，增强全员的安全意识。

在现场监督管理工作中吹毛求疵，真正做到“严、敢、狠”。“严”，是严格的要求、严密的组织、严肃的态度、严明的纪律。“敢”，是一种综合素质的体现，敢需要法律法规作为支撑，敢需要勇气，敢需要精湛的技术做保障；在HSE管理与生产管理发生冲突时，敢于以法规为准绳，正确处理矛盾；在遇到危及员工身心健康、安全生产、环境污染的情况时，员工应不心慈、不手软，敢于硬碰硬。“狠”，是加大反“三违”（即违章指挥、违章作业、违反劳动纪律）的工作力度，狠抓事故“四不放过”，严肃事故处理，坚决杜绝重复事故的发生。

3．环保（E）方面

环保作为国家的基本国策，国家、地方对此项工作十分重视。宁夏石化分公司领导班子及HSE管理体系委员会，根据国家、地方、股份公司的环保法规，在布置、检查、监督、协调生产经营工作中，把环保管理贯穿于公司生产、经营及发展的各个环节，确保了公司环保综合合格率指标达到和超过股份公司的达标指标，废水、废气、废渣均达标排放，污水处理场运行情况良好。2002年，公司投入500万元建造了干式排灰装置，为公司粉煤灰市场化创造了良好的条件。

4．HSE管理工作

宁夏石化分公司从2000年9月起，经过两年多的不断摸索和反复实践，公司HSE管理体系于2002年4月18日正式运行，并通过了中油股份公司体系文件验收组的验收，使公司的HSE管理纳入了正规化管理的轨道。

公司采取请进来、走出去的办法培训HSE管理工作骨干，再通过这些骨干进行公司HSE管理体系逐级培训。公司共有1350人次参加了宣贯培训，37人取得了HSE内审员资格证书。

在日常管理工作中，公司各级HSE管理人员以生产为重，服务于一线，指导生产。为了保证检修作业风险评价合格率达100%，安全管理部门修改了《安全检修作业票》，重新制定了安全检修作业票管理制度，确保日常检维修过程中的危险因素得到有效控制，实现了“不着一把火、不伤一个人、不丢失一个零部件、不损坏一台设备”的安全检修目标。

企业能否持续产生效益，能否在竞争中立于不败之地，健康、安全、环保（HSE）起着生死攸关的作用。企业的兴旺靠先进的管理理念作指导，靠科学与传统的管理手段相结合的管理模式，靠全体员工的整体素质、技术的竞争。安全是效益，安全是生产力，安全是企业的基础。安全工作只有开始，没有结束，安全是企业永恒的主题。宁夏石化分公司党政领导班子及HSE管理委员会在今后的工作中将以“十六大”精神为指导，不断提高公司的健康、安全和环境绩效。

加强安监体系建设　健全安全规章制度

山东省烟台市安全生产监督管理局

为进一步加强对全市安全生产的监督管理，预防和减少各类生产安全事故，2001年7月，市政府以烟政编［2001］10号文件，下发了《关于设立烟台市安全生产监督管理局的通知》，将市安全生产委员会办公室改建为市安全生产监督管理局，为市政府综合管理全市安全生产工作、履行安全生产监督管理职能的行政机构，也是市安全生产委员会的办事机构，正处级建制。

我市安全生产监督管理局成立以来，认真贯彻落实党中央、国务院和省、市党委、政府关于强化安全生产工作的一系列方针政策，坚持“边改建，边工作，边规范，以工作带改建，以改建促工作”的原则，强化监管，狠抓落实，使全市一般事故得到有效控制，杜绝了一次死亡10人以上的特大事故，实现了“安全生产年”目标。2002年，全市事故起数、死亡人数、重伤人数和直接经济损失分别比上年下降38.6%、14.5%、31.8%和28%。各项指标的降幅均位居全省前列。长岛县成为全市第一个工商贸“零”事故县。龙口、蓬莱、莱州等市区事故起数、死亡人数全面下降。

一是全面落实了安全生产责任制。2002年，市政府与各县市区政府、市直部门签订了安全生产责任书，根据各县市区的国民生产总值及行业危险程度，下达了安全生产预控指标。各县市区政府与辖属部门、单位、企业，市直部门与所属单位、企业，也自上而下层层落实了安全生产责任，企业签状率达到95%以上。同时，全面落实了安全生产“一岗双责”，做到了业务工作与安全工作同部署、同检查、同考核，形成了齐抓共管的良好局面。

二是加强了全市安监机构网络体系建设。围绕建立安全生产管理“三级机构，四级网络”的目标，加大了安监机构网络体系建设的力度。到2002年底，市及13个县市区全部建立了安监局，市、县（市区）两级配备安监干部181人，实现了机构、办公场所、人员、设备和经费“五到位”；在大部分乡镇成立了安全生产办公室，配备专职安监干部469人；发展村级安监员4493名。充实调整了市安委会，市长任主任，分管副市长任副主任。同时，在市直按行业成立了13个专业安全生产领导小组，负责各行业的安全生产工作。各、县、市、区进一步调整充实了安委会，主任全部由政府一把手担任，并设立了专业安全生产领导小组。在全省率先成立了“烟台市安全生产协会”，已发展会员单位173个；成立了矿山、化工、电力、交通、建设、机械和水上作业7个行业安全生产专家组，形成了比较完善的安全生产监管体系。

三是建立健全了安全生产规章制度。首先以市政府［2001］102号文件下发了《关于进一步加强安全生产工作的意见》，将各级、各部门的安全生产职责进行了明确。其次，出台了《烟台市安全生产管理工作综合考核办法》，并对2001年度全市安全生产管理工作进行了考核；2002年，按照市政府和市安委会的要求，对2002年的安全生产管理工作进行了考核，有1个市和6个生产经营单位因事故超标被一票否决。第三是制定了安全生产管理工作规章制度。先后制定了“安全生产检查备案制度”、“事故隐患举报制度”、“事故处理结案制度”、“事故上报统计制度”、“发生生产安全事故单位回访制度”、“发生生产安全事故主要领导说明制度”和“事故隐患单位谈话制度”，以及有关工作规范等20多项规章制度，使全市安全生产管理工作逐步走上了制度化轨道。第四是出台了重点区位监控制度。把事故发生较多的4个市区列为重点监控区域；把城市建设、海上运输、渔业养殖、道路交通、易燃易爆和非煤矿山六个行业，列为重点监控行业，加强了调度与监控，保证了重点行业和关键部位安全生产形势稳定。

四是深入开展了安全生产专项整治和督察检查活动。共组织专项检查近7000多次，检查单位1万多个，查出事故隐患9800多处，整改8900处，各项指标都控制在省里下达的指标以内。全市11个市、区非煤矿山安全专项整治工作全部通过了验收。其他7个专项整治也都取得了阶段性成果。在开展安全专项整治的同时，全市各级各部门还先后组织了以春季防火、“五一”、“十一”黄金旅游周、海上渔业生产、“安全生产月”以及“十六大”期间安全生产大检查，市、县两级共组织检查组220多个，查出事故隐患7600多处，大部分事故隐患都得到及时整治。从2001年8月到2002年底，共查处安全生产责任事故71起，按期结案率达到92.28%，处理责任人315人，起到了较好的警示作用。

五是加大了安全生产宣传、教育、培训工作力度。先后开展了安全生产月活动，组织了张裕安康杯安全生产知识电视竞赛和《安全生产法》知识答卷活动，全市有近百万干部职工参加了活动，使安全生产知识得到了进一步的普及。2002年6月份，组织接待了由人民日报、中央电视台、中央人民广播电台、法制日报等13家新闻单位组成的“国家安全生产万里行”记者采访团，对全市安全生产工作进行了重点报道。同时，加强了安全生产培训工作，先后对1660名各级行政首长、1450名安监干部和厂长经理进行了安全生产法律法规和安全生产知识培训；培训特种作业人员18000多名。

规范经营　强化管理　落实责任　确保安全

浙江物产民用爆破器材专营有限公司

浙江物产民用爆破器材专营有限公司是由浙江省物产集团公司控股的一家具有40年历史、专业从事民用爆破器材的省级物资流通企业。公司代理经销全省9家民爆生产企业的产品，建有全省规模最大、设备齐全、占地面积近400亩的民用爆破器材专业仓库（良渚仓库）。2002年，公司物资购进总额为37121万元，销售总额为38791万元；其中主要经营商品的实物购销量为炸药62250吨，雷管7253万发，导火线5276万米。

由于民用爆破器材经营的特殊性，公司始终把商品流通各环节的安全管理作为公司经营管理的首要任务。公司以“三个代表”重要思想为指针，在上级有关部门的正确指导下，坚持“规范经营、强化管理、落实责任、确保安全”的经营指导思想，严格执行国家及行业有关民爆器材安全管理规定，主动适应市场流通体制的变革，建立了一整套商品“进、销、储、运”等流通过程中各环节、全方位的安全管理制度。通过强化责任意识，严格制度管理，提高人员素质，改善仓储环境，确保了安全经营40年无事故，在全省历次安全检查评比中名列榜首，并受到国家、省级行业主管部门的充分肯定和一致好评，达到了社会效益和企业效益的双赢。

一、适应市场变化，强化代理分销机制，完善安全管理制度

随着社会主义市场经济的发展和物资流通体制改革的进一步深化，民爆器材流通领域的管理体制、经营模式和市场格局发生了深刻的变化。鉴于民爆器材经营流通的特殊性，安全工作是一项重要内容。我公司作为全省民爆生产企业的总代理商，在民爆器材经营工作中引入分销业与现代物流业相结合的理念，通过与民爆生产企业签订总代理协议，与市县民爆公司签订分销协议，作为我公司的分销网点。这种总代理分销的现代经营机制，便于掌握民爆器材的流向，有利于流通全过程的安全监督管理，确保了民爆器材的流通安全有序，同时也彻底消除了“三角债”，规范了市场行为，使生产企业和各地市县的经销网点有更多的财力加大对安全管理工作的投入。

由于原有计划经济条件下的安全管理制度已不能完全适应新形势下的安全管理要求，为了既适应市场经济发展和民爆器材管理体制改革的新形势，又符合我省的实情和特色，公司结合实际，着手对原有的各项安全管理制度进行了全面整理。通过对照《民用爆炸物品管理条例》、《安全生产法》等新的相关法律法规及实施细则，结合近年来经贸委（安监局、国防工办）、公安机关组织的安全专项整治活动中对我司提出的意见，重新完善修订了共24项的内部管理制度。公司新的安全管理制度体系使得"每个环节有登记审批，关键环节有监督，每个岗位有责任，业务操作有依据，货物流向有跟踪，用户资料有档案，安全好坏有奖惩"，为今后新形势下民用爆破器材经营安全工作提供了长期的保证，奠定了扎实的基础。

二、强化责任意识，明确安全责任目标，严格日常安全管理

多年来，公司上下以增强政治意识、大局意识、安全意识为重点，强化安全责任制的落实，"责任重于泰山"、"安全就是效益"已成为公司全体职工的共识。

为了使安全责任制真正落到实处，公司建立了一套目标明确、奖罚分明的安全责任制体系。公司将整体的安全目标自上而下，层层分解，使公司从法定代表人到每个部门、每个岗位，都有相应的安全目标，做到了环环相扣，人人有目标，人人有责任。具体做法是：省物产集团公司每年与省民爆公司法定代表人签订年度安全综合目标管理责任书，公司法定代表人与各相关业务经营部门经理、仓库主任签订年度安全责任状；再由各相关部门把安全目标分解落实到每个岗位，使公司相关业务员、保管员、消防员、押运员、危险品专职驾驶员等每个岗位都有安全责任和制度规范。同时，公司还建立了各部门负责人、仓库主任风险基金和安全责任保证金，按月、季、半年、年度对安全责任制执行情况进行考核，对考核结果按公司考核考评办法进行奖惩，从而大大增强责任人的安全责任意识。

在民爆产品经营的日常安全管理中，公司重点把好"进、销、储、运"几个主要环节的安全关。对购销环节，公司重点把好客户合法资质的关口。通过建立客户档案，详细登记客户资料，确保客户合法资质。实际操作中，严格凭三证（经营许可证、准购证、准运证）销售。同时建立了产品业务台账"购销存明细表"和财务、仓库台账，每月对购销存进行登记统计，确保流向清楚，账物相符，账表相符；对储存环节，公司主要通过严格执行物品出入库登记制度、物资收发存管理、消防管理、装卸管理等一系列的规章制度，严格按章办事，确保物资储存安全；对运输环节，公司主要以协议形式委托具有营运资证的专业运输公司负责运输。所有运输车辆都严格执行定量、定员、限速的制度，杜绝超量、超速行驶，提高运输途中的安全性。

三、加强安全教育，营造良好安全氛围，提高从业人员素质

开展安全宣传教育提高活动，强化安全意识，营造良好安全氛围是公司日常经营管理中的一项重要工作。

公司安全工作领导小组每年开展一至两期全体职工参加的安全教育学习班，邀请省经贸委（安监局）、国防工办和市公安局的有关专家进行安全知识专题讲座或进行安全培训。主要宣传学习《民用爆炸物品管理条例》、《安全生产法》等国家有关民用爆炸物品的法律法规、实施细则、消防安全知识以及公司的各项安全管理制度。学习结束还要进行安全知识考试，相关业务人员、保管员、消防员、安全员、押运员等岗位的职工考试不合格者不予上岗。

公司领导、相关业务人员、特种岗位人员每年分期分批参加由省经贸委（安监局）、杭州市公安局举办的安全培训和各类年检换证培训，并通过考试取得合格证书，确保持证上岗。

公司积极倡导"安全第一，预防为主"的安全理念，通过开展形式多样的"安全月"活动，以月促年抓好安全。公司以黑板报、宣传窗为宣传阵地，宣传各方面的安全、消防知识，举办安全知识竞赛活动和消防演练活动，在职工中开展"查找身边的事故隐患"、岗位技术练兵等活动，强化职工的安全意识，提高职工的安全素质，营造良好的安全氛围。

四、加强警民共建，相互密切配合，确保仓储安全

良渚仓库是全省最大的民爆器材储存专用库，也是当地政府安全管理的重点目标。长期以来，库区由省武警一支队教导大队负责全天候警卫值班。为了确保库区安全，公司与武警部队通过警民共建文明仓库，紧密合作，确保了库区的安全。

公司通过与部队共同制定安全保卫制度、事故处置预案等，互相配合，及时沟通，共同做好库区的安全保卫工作。驻库武警除负责库区24小时的警卫外，还协助仓库职工对仓库重点部位的日常安全进行检查与管理。重大节假日及有关重要会议期间，公司主要领导和武警教导大队领导都坚守仓库现场值班，直接指挥，不留死角，确保安全。由于警民共建，密切配合，为仓库安全构筑了一道坚实的安全屏障。

建立安全体系　加大过程控制
夯实基础管理　保障安全生产

武昌造船厂

近几年，武昌造船厂通过产品结构调整，加强市场开发，生产总量以平均每年23%的速度稳步增长，2002年产值近20.88亿元，产品形成以军船、民船、非船为主体的多品种协调发展的格局。在改革发展的过程中，工厂十分重视安全生产工作，始终贯彻“安全第一，预防为主”的方针，取得了从1997年至今未发生工伤死亡事故，重伤、轻伤事故一直控制在指标以内的良好成绩，1998~2000年，工厂连续3年被评为市级安全先进单位，多次被评为省级安全先进单位。2001年、2002年，被省、市二级政府评为安全生产红旗单位。2002年底，通过了职业安全健康管理体系（OSHMS）认证审核并取得证书。

一、夯实基础管理，保障安全生产

一是积极推行安全生产责任制。明确厂长是安全生产第一责任人，各级行政一把手作为安全生产第一责任人，对本单位的安全生产工作负总责。我们重点抓了安全责任制的落实、管理网络的建立和机制的完善，使“横向到边，纵向到底”、“谁主管，谁负责”的原则和责任从领导层、管理层、执行层得到分解和传递，层层落实安全责任。工厂每年都与各级第一责任人签订安全生产责任书，一级抓一级，工厂与二级单位签订了安全生产责任书，二级单位与车间、车间与班组层层签订了安全生产责任书（状）。每年安全奖励金额都在10万元以上。

二是建立和健全安全管理机制和网络。工厂的日常安全管理工作由安全技术处负责，安技处有专职安全管理人员15人，各二级单位设有专门的管理科（室），专职安全员47人，专职消防员13人。

三是实施安全工作“两手抓”。一手抓安全宣传培训。请安全专家来厂宣讲《安全生产法》，举办了各类培训班14期，734人参加了培训，组织参加了省、市的安全月咨询活动。这些活动既为工厂安全健康工作起到了推动和促进作用，同时也提高了员工对安全生产重要性的认识。实施全员教育、复工教育、特种作业培训取证，认真做好职工的入场教育、外包工教育等，切实提高全员的安全意识和自我保护能力。一手抓安全预防的硬件投入。工厂每年的安全费用投入都在百万元以上，通过网、跳、架及低压风机等防护措施的改善来预防和控制事故的发生。

四是不断改善生产环境。工厂为了保障职工的身体健康，不断地改善生产环境。近两年来，每年投入350万元以上改制作业平台，有效地控制了高处坠落、物体打击事故的发生。2001~2002年，工厂共投入安措费用1052万元以上。通过设备更新、厂房改造、工艺创新、人员培训，生产现场日渐整洁有序，生产过程日渐安全文明。

五是加强生产过程的预防和监控。鉴于造船行业的特殊性、复杂性及生产过程中多工种混合作业、高处作业、大量电作业、舱室涂装作业、大型吊运作业等危险作业比较多的现象，工厂特别强调了对“四项作业”的现场监控，制定了相关的程序文件和作业文件。

六是加大了对生产现场的治理整顿。为了更好地搞好安全生产、文明生产，近几年来，工厂加大了对生产现场的治理整顿，严格定置管理，积极推行“5S”活动，制定了“日管理、周检查、月考核”制度。通过宣传、培训，各级人员的定置管理工作意识有了明显的转变和提高。

七是强化制度建设。针对工厂安全生产状况，工厂制定了很多有针对性的安全管理规定、标准，要求各级各类人员必须遵守。随着职业安全健康管理体系的宣传贯彻，工厂从1999年底开始，组织人力、物力、财力，编写了工厂的职业安全健康管理体系管理手册、程序文件、作业文件，促进了工厂安全管理向程序化、文件化、系统化的发展。

八是积极开展各项安全检查活动。工厂每年有计划地组织3月份的“安全月”、6月份的全国“安全周”（后改为“安全月”）、夏季安全大检查和“百日安全生产”活动，努力将事故消灭在萌芽状态。

二、建立职业安全健康管理体系，加大过程控制

一是宣传贯彻职业安全健康管理体系文件。2002年，工厂安全生产的重点工作之一就是要把OSHMS建立和推行起来，并通过国家审核认证。我们首先抓了体系的推行宣贯工作，工厂有计划、有步骤地邀请国家、省OSHMS专家来厂讲座，对厂级领导、二级单位负责人进行宣贯、培训。对班组长、员工进行分层、分期、分批办班培训；编写宣贯知识手册和宣传板报，组织全员学习、答题、举办OSHMS知识抢答赛等，让全体干部员工都了解和掌握OSHMS的基本知识和工厂OSHMS方针、目标、指标和本岗位的安全职责。其次，在国家认证咨询机构的指导下，对工厂的OSHMS文件进行了修改和整理，并发放了正式版本和作业指导书，有计划、有步骤地推行体系的运行。第三，从上至下有计划、有安排地组织学习工厂文件和OSHMS文件的具体实施，注重安全，关爱生命，把遵章守纪、持续改进的理念贯穿于日常安全生产工作之中。大多数单位的领导和员工对体系的认识都有了提高，举办学习班、制定全员学习计划、组织员工测验等工作得到了落实。

二是进行危害辨识和风险评价。组织各生产单位、相关职能部门对全厂的生产现场和作业活动进行了危害辨识和风险评价，制定了评价调查表、结果一览表和控制计划，并绘制了重大危害部位（作业活动）的应急预案流程图。对厂内生产区域的粉尘、烟尘及尘毒点进行了检测，建立了台账。

三是组织了内部审核。体系运行一段时间后，工厂组织了内部审核，按《职业安全健康管理体系审核规范》的要素对厂内28个二级单位、处室进行内审。通过内审，各单位在体系的建立和运行上做了大量有效的工作，体系的符合性、适用性得到了验证。经审核，共开出了24个不符合项，265个观察项，在规定的时间内，要求各单位组织整改，没有受审核的单位也要举一反三，自查自纠。经验证，各单位的不符合项、观察项均得到纠正。

四是进行过程控制。

（1）事故控制和事故隐患整改控制。2002年1～12月份，共发生重、轻伤事故14起，其中重伤1起，共查、改隐患998条，均低于工厂职业安全健康的考核指标。所发生的事故均按《事故报告、调查与处理管理程序》进行了处理。采取日管理、周检查、月考核的办法进行安全检查，工厂党、政领导不定期地组织检查和抽查，当天的问题当天下整改单要求整改，次日再复查，促进了事故隐患的整改。2002年，工厂部分场所实施禁烟，厂内“到处是烟民，处处在冒烟，随地是烟头”的状况得到了有效的遏制。

（2）对重点危险作业进行控制。电气作业、高处作业、起运作业、涂装作业几年来一直是现场安全生产管理的重点，不论是水上、水下产品，还是桥梁、水工产品，都体现出四项作业的重要，因此，工厂投入近1500万元加强对现场作业条件的改造和增设安全措施项目的添置。在作业平台、安全防护网、防爆风机设备、起重吊索具和个人特殊防护用具等方面加强了防护设施和采取了预防措施，有效地控制和防止了作业过程中事故的发生。

（3）实施“单船建造安全管理评价”。制定管理评价标准，与船舶主签订责任合同，明确责任，奖罚分明，2002年，共对2条船和其他产品进行了单船评价，奖励金额达1万余元。

（4）狠抓生产现场的安全管理。根据各单位不同的特性，我们把一分厂和管加车间、肋骨车间、壳圈车间、立装车间、高二跨等单位和区域作为现场环境管理的样板，推广其经验，使生产现场的安全管理逐步提高，形成制度化、规范化。目前，这些单位和区域都能保持良好的作业环境和达到固化的目标，一分厂还在定置管理的基础上向前迈进了一步，循序渐进地开展“5S”活动。对防护设施增加了检查力度，规范用电和起吊作业，正确引导职工按规定使用气割管具；在安全部门的直接指导下，安装了装焊平台通风管，定期对装焊平台通风换气，这些具体的做法在日常工作中都收到了较明显的效果。

(5) 认真做好新建、改建、扩建区域和重点产品的定置管理工作。如何合理使用场所，如何摆放设备，如何搭跳拉网，如何管理现场，工厂多次与特船部、八分厂、舰船部协商，并做了大量的前期准备工作，使车间内的生产活动始终保持良好的状态，现场定置、环境治理工作有条不紊。在新建的单元间，扩建的高一、高二跨等生产厂房都超前计划，逐步实施，以求一步到位，管理制度化。从基础抓起，分段实施，逐步提高，初步改变了生产区域以往产品堆放乱、场地脏乱差、定置不好搞的状态。

(6) 加强对外包工程和外出施工的安全管理。2002年，在工厂职能部门的组织下，对部分外包工程队的资质进行了审查，并与其签订了安全生产责任合同和教育登记，对生产现场加强了督促检查。对工厂外出施工按规定填报外出施工保障书，明确工程项目的责任人和安全管理人员，并对外出施工作业人员进行安全教育，对特殊作业人员还要进行体检。但这方面的工作，一直是我们的一个薄弱环节，有待我们采取进一步的管理措施，制定相关职责，进一步完善对外出施工的规范管理。

安全生产管理工作是一个不断改进、不断完善和提升的过程。我们将继续学习和借鉴兄弟单位的经验和好的方法，促进我们企业的管理工作不断创新和改进，使我们的安全管理工作由浅及深，由表及里，深入民心。

明确三大目标　确保安全生产

中国水利水电第十二工程局第一分局

中国水利水电第十二工程局第一分局是水电十二局从事水利水电工程施工的专业单位。拥有施工设备300余套，原值约为2千万元，职工人数600人。2002年度主要承建浙江天台桐柏抽水蓄能水电站（该电站为一座日调节抽水蓄能电站，共安装4台立轴单级混流可逆式水泵水轮机组，单机容量300兆瓦，总装机容量1200兆瓦）、C1标地下厂房及其洞室群、下水库等施工。2002年没有发生职工因工重伤及以上人身事故，没有发生一般以上机械设备事故、交通事故、火灾事故。安全生产记录到2002年12月31日止为1828天，平均年职工因工负伤率3.5‰。1998～2002年，连续5年被评为工程局安全生产先进单位和中国水利水电建设集团公司安全生产先进项目部。

一、目标明确，责任到位，注重各项措施的落实保障

2002年初，中国水利水电第十二工程局第一分局就下达年度安全工作实施意见，明确安全工作三大目标，即：①确保全面实现与工程局、工程建设单位等签订的安全生产责任书指标不突破；②工程文明施工达到一流项目管理水平；③杜绝习惯性违章。为此，分局局长在与工程局局长签订年度安全生产责任书的同时，与施工队及各工程外包协作单位、施工队与班组分别签订安全生产责任书。3月29日，分局局长下达了1号安全生产指令，将常见的10种习惯性违章行为列为重点治理范围进行严格治理。加大现场文明施工的整治和考核力度，每周检查考核一次，与正常性奖金分配等经济利益挂钩。配置洒水车，安排人员经常对道路进行洒水、清扫、养护。统一着装，佩戴胸卡。根据工程进展情况和安全工作不断深入提高的要求，提出关口前移、加大密度、形成合力、围歼违章的要求。实行“安全主值制”，每周一次综合周检。召开安全管理工作研讨会，加强施工队安全管理工作和二级台账管理建设。继续认真实行进洞作业人员洞口挂牌制度等一系列的措施，以保障目标的实现。

二、网络健全，运行正常，为安全生产保驾护航

分局设安全生产委员会和独立安全科，有4名专职安全人员，均持证，并有浙江省企业注册安全主任资格。各主要施工单位配置了1名经专门培训后上岗的专职安全员，辅助单位配置了1名兼职安全员。整个分局共有20余名专兼安全员并经专门的培训取证上岗。此外班组设置1名兼职安全员，机关科室指定1名兼职安全环保员；工地组织了经济民警队、义务消防队；实行安全员碰头会、月工作会、集中巡查及周检等制度；形成了较为完善的三级安全监督管理网络，为分局保持稳定的安全生产局面保驾护航。

三、以人为本，警钟长鸣，以提高全体人员的安全生产意识和自觉性

分局4月份报名参加了浙江省2002年“安康杯”的安全生产竞赛活动；在内部开展主题为“提高意识，杜绝违章，查找隐患，确保安全”的竞赛活动；参赛班组73个。5月，组织进行《职业病防治法》的宣传、学习，并开展“查找薄弱环节，制定预防措施”的群众性安全活动；6月份，开展以《职业病防治法》为主的安全知识竞赛。全国安全生产月中，组织安排“十个一”活动，组织了以“消灭违章，事故为零，遵章守纪，以我做起”为主题的大型签名活动，组织义务消防队技能训练；进行了以国电公司《电力建设安全健康与环境管理工作规定》为主要内容的全员安全知识考试。8月份，认真组织进行《安全生产法》的宣传学习。全年，分局、施工队、班组共出黑板报215期，组织进行各类安全教育17次，受教育639人次，组织岗位安全知识、爆破知识考试5次，内部各类安全检查28次，接受上级和外部各类安全检查考核15次。整个工地醒目的安全标牌、警示标志、工程简介等随处可见，营造了浓厚的安全生产氛围。

四、抓住难点，突出重点，实现安全生产的可控、在控

根据地下工程施工特点和安全防护要求，及时识别、分析危险源，采取措施进行防范。现已编制了八大类22项危险点源相应的预控措施。临时施工用地、洞顶掉石伤害，不良地质段的支护及安全处理、民爆物品管理、爆破作业监控、习惯性违章作业、重点设备安全操作、交通消防等是目前项目施工安全生产的重点和难点。为此，5月份，分局通过自下而上的排查，列出59项安全薄弱环节，逐步进行整治。规范施工用电，实行三相五线制；完善配电箱柜和漏电保护装置；安全检查处理支护与施工同步；签订民爆物品管理责任书，交纳安全保证金；实行“二审一批”和领用人、监控员双控制制度。对重点大型设备，及时制定管理制度和安全操作规程并进行专门培训。对分承包施工队伍，设立专门的管理机构，制定了相关的规章制度，如《工程外包管理办法》、《临时工管理办法》、《外来劳务工管理办法》等。加强日常监督，分局所有的安全管理活动均吸收其参加。各项措施的配合，各职能部门的协同，上下共同的努力，使整个分局的安全生产做到了可控、在控。

夯实基础　创新管理
努力开创安全生产工作新局面

中国长江航运（集团）总公司

2002年，中国长江航运（集团）总公司认真贯彻党中央、国务院，国家安全生产监督管理局以及交通部关于安全工作的一系列重要指示精神，在改革调整任务繁重的形势下，集团以建立健全安全管理体系为主线，深入学习贯彻落实《安全生产法》，以预控为手段，健全激励机制，开展“水上运输安全管理年”活动，强化安全基础管理，层层落实安全责任。总体上看，安全状况保持了基本稳定的局面，并取得了一定的工作成效。

一、安全管理体系建设取得新的进展

长航集团所属的南京长江油运公司、上海长江轮船公司、深圳市实业发展有限公司等已建立和运行安全管理体系的单位，都注重结合企业安全生产实际，抓好体系文件的日常运行监控，通过采取认真组织内审、及时完善体系文件等手段，规范安全管理行为，努力克服“两张皮”现象，提高了体系运行的有效性。尤其是南京长江油运公司，按照《国内安全管理规则》的要求，对国内航行船舶也实行体系化管理，成为长江上第一家既通过了《ISM 规则》和 ISO9000 审核，又通过了《国内安全管理规则》审核的船公司。

重庆长江轮船公司、长江海外旅游总公司、武汉长茂、武汉车船、珠海公司以及武汉运贸公司等单位作为第一批强制实施《国内安全管理规则》的单位，先后通过了安全管理体系外审，取得了 DOC 证书。

不属第一批强制实施对象的船公司，也积极主动地建立安全管理体系，按照安全管理体系的要求加强安全管理。如长江交科公司在通过了质量体系认证审核后，在 2002 年 12 月 20 日，又成功通过《国内安全管理规则》的审核，取得了 DOC 证书。武汉长江轮船公司、芜湖长江轮船公司等单位也加快了安全管理体系文件的全面换版和发放工作，正在组织试运行，为干散货运输公司推进安全管理体系建设，积累了宝贵的经验。

二、安全生产管理不断得到强化

各级领导安全生产责任制进一步明确。2002 年，针对总部机构调整情况，总公司及时修订、完善了《长航集团总公司领导和各部门安全职责》，使总部机关各级领导干部确保安全生产的责任明确。各公司在建立和完善体系文件的过程中，也都把明确各岗位的安全责任摆在重要位置，减少了推诿扯皮、无人负责的现象发生。年初，集团总公司和各单位还分别与所属单位负责人签订安全生产责任状，安全压力层层传递，责任落实到位。

安全规章制度不断完善。为规范和协调好干散货结构调整过程中的安全管理，加强消防、工业、三峡坝区安全管理的需要，总公司制定了《长航集团干散货运输安全管理办法（试行）》、《无人分节驳船舶管理暂行规定》、《关于合资、代管船舶安全管理责任认定的暂行规定》、《长航集团消防安全管理办法》以及《工业安全生产管理办法（试行）》等规定。修订、完善了《长江下游干散货运输防台规定》、《长航集团所属船舶基地靠泊标准》和《三峡坝区通航管理办法》等制度。这些规章制度的实施，对于保障干散货结构调整、防风防台、消防管理和坝区通航管理中的安全工作正常进行，起到了较好的促进作用。

安全风险抵押全面推广。安全风险抵押作为一种行之有效的安全管理激励约束办法，在武汉、芜湖公司等单位运行后，对于促进安全生产起到了较好的作用。2002 年 5 月份，集团总公司作出决定，在全线推行安全风险抵押制度，以充分发挥经济杠杆在安全管理中的作用，强化船员安全生产责任意识。安全风险抵押制度的推行，有效地调动了广大船舶驾引人员的安全生产积极性。

船舶政委现场监督作用加强。为进一步发挥船舶政委在现场安全生产中的监督职能，长航集团在干散货运输范围内推行了政委（指导员）兼任安全监督长的做法，充分发挥船舶政委对本船舶的自查自纠作用，现场监督到人头，促进了船舶现场安全管理。

专职安全督查队开始运行。长航集团针对安全规章制度在生产现场不能很好落实、“三违”现象时有发生以及一些安全隐患长期存在等问题，组建了专业素质较高的安全督查队，以促进制度的落实和隐患的及时整改。长航集团督查队从 2002 年 9 月份开始运作，制定了安全督查标准和管理办法，开展了现场安全督查工作。发现隐患，采取下达事故隐患整改通知书的形式，督促整改安全隐患，促进了船岸单位落实安全规章制度，确保了安全生产。

三、安全信息化建设取得阶段性成果

“三 G”系统（即利用 GPS、GSM、GIS 技术建立的船舶安全生产管理计算机信息系统）是集团信息化建设的重要组成部分，所采用的技术符合当今通信科技发展的方向。2002 年，长航集团总公司落实专人负责协调、督促“三 G”工程建设，抓操作人员业务培训，指导分监控中心建设，推进工作有条不紊进行。2002 年 3 月，合作方北京灵图公司完成安装调试。在调试期，总公司组织调研组先后到信息产业部电信研究所、交通部规划研究院、武汉邮科院、中海集团等科研机构和航运企业，多方考察咨询，分析比较，拾遗补阙，完善建设方案，为后续工程探索新路。2002年10月，一期工程通过专家审核验收，基本达到预期目标，实现对安装船载终端系统船舶的实时定位监控、短信指令互传、船舶报警及系统语音通话等。“三G”系统一期工程的完成，对促进内河航运调度管理和通信方式的变革，实现船舶监控管理数字化、现代化具有重要意义。

四、安全活动开展扎实有效

2002年是交通部组织开展“水上运输安全管理年”活动的第三年，长航集团在总结前两年开展活动经验的基础上，结合企业安全生产特点，行政和工会联合组织开展了“百日安全无事故”劳动竞赛活动、六月“安全生产月”和“反三违月”活动。在开展系列活动中，总公司和各单位细化活动方案，精心组织实施，重点抓宣传发动、安全检查和隐患整改等环节，增强了活动效果。

在2002年的安全活动中，涌现出了一批先进单位和船舶。芜湖公司、上海公司、南京公司、长江海外、中长燃、深圳公司、红光港机厂、电机厂等单位安全工作扎实有效，确保了一方平安。一批船舶再创安全佳绩，尤其是大庆429、长江4211和长江41007等轮，相继实现安全航行10周年的好成绩。在交通部2003年交通安全工作会议上，武汉公司被评为2000~2002年度“水上运输安全管理年”活动的先进集体，上海公司的吴亮远、南京公司的薛国良、芜湖公司的杜军、武汉公司的翁立生等人被评为交通部水运安全年活动先进个人。

五、安全预控工作成效明显

航行安全防范措施继续加强。长航集团总公司和各单位安全管理部门针对不同季节、水文、气象、通航环境、运输经营和节假日等特点，以及航行安全方面出现的新情况和新问题，及早部署安全措施，收到较好成效。如货运公司在枯水来临之前，及时协助各管船单位研究制定战枯水和防季风的应急方案，及时下发到各管船公司实施，保证了运输生产的正常进行。武汉公司针对枯、洪水期的季节特点，多次组织指导船长到中、下游重点航段进行现场考察，确保各项预控措施落实到位。

节假日安全工作部署早。在春运、五一等节假日运输期间，各单位做到早摸清情况，早制定措施，早部署抓落实，尤其是承担普客运输的重庆公司，每逢节假日，全员动员，周密部署，采取有效措施，做到船适航、人适岗，确保了节假日运输安全、有序。

防风防汛能力提高。在防风防台工作上，为适应干散货运输结构调整，长航集团及时明确了长江和上海地区的防风防台工作组织、领导、管理责任，制定了工作预案，并于2002年5月24日，在上海地区组织了联合防风演习，检查了防风预案的可行性，完善了防风防台工作预案，提高了防风抗台能力。上海公司还针对集团防台领导体制的变化，从集团整体利益出发，修订了防风预案，为集团防风防台工作建言献策。在台风期间，上海公司从总经理到调度值班人员都24小时坚守岗位，指挥防风抗台工作，确保了安全生产。

在防汛工作上，针对长江汛期晚、水位高等特点，长航集团总公司三次召开在汉单位防汛会议，落实防汛工作预案，促进了安全度汛。

重点船舶、重点区域安全措施到位。总公司和各单位继续以“四客一危”船舶和“四区、两江”区域为航行安全预控的重点。尤其是针对荆州大桥枯水期碍航问题，组织专家攻关，多次进行航行操作试验，制定安全操作方案，保证了通航安全。针对三峡工程二次截流、通航受限的新情况，总公司和有关单位领导牢固树立“三峡无小事”的观念，多次召开现场办公会，成立了现场通航领导小组，明确了确保航行安全、翻坝转运、船舶转闸、燃油保供等工作的责任，并组织制定了《三峡工程碍断航期及成库后的安全应对方案》、《运输生产组织方案》、《船舶燃料保供预案》等预控制度，多次组织船舶通过临时船闸的试航工作，收集技术参数，形成船舶安全操作预案，并派驻技术专家加强坝区通航安全指导。通过采取一系列措施，确保了集团船舶在坝区的航行和作业安全。

六、消防、机务、劳动安全工作稳步推进

在消防安全方面，长航集团总公司以宣贯公安部61号令（即《机关、团体、企业、事业单位消防安全管理规定》）为工作切入点，在南京召开了全线消防工作会议，对近几年消防工作全面进行总结，分析工作的薄弱环节，部署消防安全重点工作，会议有效地促进了集团消防工作的深入开展。各单位认真贯彻集团消防工作会议精神，努力完善消防工作管理制度，完成消防重点单位普查认定和登记工作，积极组织开展“11·9”宣传日活动等，增强了干部职工消防安全意识，明确了安全责任，有效地避免和防止了重大火灾事故的发生。

在机务安全方面，各单位克服设备失修失养、修费不足等困难，大力开展争创“五好”设备活动，挖掘潜力，坚持扩大自修，狠抓设备隐患的整改，提高了机务设备安全保障能力，机务事故件数有所减少，船舶设备完好率比原定目标提高了1.83个百分点。

在劳动安全方面，各单位认真宣贯《职业病防治法》，注重安全技能教育，加强生产现场安全管理，严格事故和事故隐患的处理，杜绝了群死群伤事故的发生，确保了劳动安全局面稳定。特别是各船厂在劳动安全管理上，从加强和规范管理入手，积极探索职业安全健康管理体系的建设，加强外用工管理，坚持特殊工种持证上岗制度，推动了重大危险源的整改工作，完善了工厂安全管理制度。

积极探索过程控制的长效机制
努力促进安全逐级负责制的落实

济南铁路局

实行安全逐级负责制，是确保安全生产的重要制度。为了把这一制度落到实处，我局认真落实全路运输安全工作会议精神，坚持安全第一不移位，规范管理求深化，强基达标抓落实，积极探索过程控制的长效机制，推进了安全管理逐级负责制的落实。

一、以差点公示为载体，推动系统负责制

千里之堤溃于蚁穴。安全生产的大堤，往往溃于安全管理相对薄弱的个别单位。要确保安全生产有序可控、基本稳定，就必须从安全管理相对薄弱的单位抓起、补强。

(1) 明确标准，严格考核。没有考核的管理是无效的管理，只有明确责任，严明考核，才能把逐级负责制落到实处。为此，路局明确规定，由各专业职能部门负责对本系统的基层单位进行安全考核评价，其考核办法和标准，要重点突出对过程控制和基础管理的考核，以此在评定“差点”单位时，更具合理性和公正性。

(2) 排定“差点”，全局公示。每季度末，十大专业系统和各局属单位向路局安委会提报各自安全生产薄弱的基层单位，由路局安委会根据日常掌握的实际情况进行综合分析，按季认定全局“差点”单位。对“差点”单位存在的问题和党政领导，在济南铁道报、路局电视台和全局办公网上进行公示。同时，对上级主管部门负责人一并公示，并按“差点”公示的处罚规定兑现，真正体现对考核者的考核。

(3) 责任追究，强化约束。路局规定：安全生产薄弱的基层单位，若年度内被通报一次，对其党政正职和上一级主管部门正职予以点名批评；被通报两次，对其党政正职和上一级主管部门正职予以诫勉，局属单位分管领导和路局主管部门正职予以点名批评；被通报三次，对其党政正职和上一级主管部门正职予以调整，局属单位分管领导和路局主管部门正职予以诫勉，局属单位党政正职予以点名批评。同时，在年终安全管理考核时，实行联挂考核，与班子评比、单位评先以及经济责任制考核挂钩。

(4) 重点帮促，包保转化。对上一季度公示的“差点”单位，我们要求所在局属单位由专业部门组成工作组，认真研究制定具体帮促措施及整改推进计划。路局责任处室成立督导组，对整改工作进行指导帮促，确保在下一个季度转化提高。对整改验收不合格的，延期“摘帽”，推倒重来，直至转化达标。

二、以规范检查为手段，强化系统负责制

在开展专项整治的过程中，我们深刻认识到，安全生产专项整治是贯彻“安全第一，预防为主”方针的具体体现，它不同于一般意义上的突击性、阶段性的活动和检查。但要确保专项整治能“整到要害，治到点上”，“整出结果，治出成效”，关键在于在整治的过程中，能否有效发挥业务系统日常检查的作用，使其真正找准问题，对症下药，堵塞漏洞，防患未然。

(1) 统筹计划，相互协调。我们要求各业务处室对本系统的各类安全检查，定期向安委会例会提报详细检查计划。由安委会对各业务系统安全检查计划中的检查对象、范围、内容、时间进行综合协调，依据安全隐患问题的变动趋势，提出重点检查意见安排，确保整体性效果。防止检查工作的重复、冲突和交叉，尽量避免和减少对基层单位正常工作的影响和干扰。

(2) 对标编表，专业配套。针对专项整治的重点内容、安全生产的薄弱环节和现场作业的主要过程，依据现行有效的规章制度，由各专业部门按类别编制检查表，明确检查内容，细化检查项目，设计检查方法，杜绝检查的随意性和盲目性。同时，根据变化的外部条件、设备状况、人员素质等因素，对检查表的内容和标准及时修订、补充，保证检查表的动态适应性和完整性，并按系统各自配套、形成体系。

(3) 依表检查，按表发书。各专业部门在实施安全检查时，均要按照事先编制的安全检查表进行，依表检查、对表整改、按表达标、逐项销号。对发现的安全隐患及时签发整改通知书，对重大隐患签发整改指令书。发书部门或人员要对接书单位或部门的整改过程和结果实施跟踪督查和验收。切实做到谁接书、谁整改，谁发书、谁验收，分清相互责任，各自负责到底。实行最后检查责任制，凡发生问题，首先追究最后检查者的责任，真正体现对检查者的检查。

(4) 分级管理，跟踪监控。隐患是事故的量变过程，事故是隐患的质变结果。对隐患进行有效的控制和管理则导向安全，对隐患失察或整治不力则导致事故。因此，我们对安全生产专项整治中确定的危险源和安全隐患，由各业务系统及时归档建库，评估危险程度，划分隐患等级，拟定应急预案，实行分级管理。重大隐患由路局管理；严重隐患由局属单位管理；一般隐患由站段管理。同时，研制开发了《济南铁路局安全隐患时实监控管理信息系统》，除实现网上编制、审批安全检查表，及时发放、接收、验收安全隐患整改通知书和指令书等功能外，最为关键的是对出现频次多、发生概率高、危险程度大，特别是一时难以整改的重大隐患和危险源，实施网上动态监控，设置分析预警门限值。通过网上分析预测和预警提示，严密跟踪控制其动态变化，以保证能尽最大努力把隐患消除在发生事故、造成损失之前。

三、以系统负责制为纽带，贯通逐级负责制

我们在落实安全逐级负责制的实践中深刻认识到，只有切实突出业务系统安全过程管理的主体地位，发挥其纽带作用，才能有效促进安全逐级负责制的上下贯通、快速传递、逐级落实。

(1) 突出主体地位。我们坚持“管业务必须管安全，管安全必须控过程”的原则，充分发挥专业部门最熟知业务、最熟知现场、最熟知作业环节的优势，由业务系统直接参与安全管理的全过程。各系统根据路局安全管理考核办法的基本模式，制定本系统的考核办法和标准，在考核标准中充实符合本系统、本专业特色的具体内容，重点突出过程控制和基础管理的细化项目以及量化标准。认真坚持三个原则：一是坚持导向性原则。在考核标准的制定上，鼓励基层单位自觉从严管理，实行自查不究。二是坚持针对性原则。在考核内容的设置上，突出过程控制，突出安全关键、难点和弱点，针对重检查、轻整改等问题，设置纠正性的考核内容。三是坚持操作性原则。考核内容能量化的一律量化，不能量化的要细化到能用“是”或“否”来判断，最大限度地减少主观随意性。通过每季开展安全考核评价，使业务系统直接站到了安全管理的最前沿，渗透到安全管理的全过程，其安全过程管理的主体地位更加突出。

(2) 发挥纽带作用。我们要求专业部门把规范安全管理、保证本系统安全作为自己的重要职责，切实找准安全管理的切入点。对安全关键、重点自下而上逐级建档明示，逐级控制管理，确保受控状态；对安全防范措施自上而下逐级检查指导、逐级细化展开，切实落到岗位。通过业务系统的亲和力来贯穿和连接路局、分局和站段三级管理层面，用业务系统扎实有效的工作作风，带动下级系统、站段逐步形成“谁布置工作、谁安排检查、谁督促整改”的良好氛围，确保逐级负责制的动态运作，真正体现对管理者的管理。

四、以动态考核为动力，落实岗位责任制

要真正把安全生产的责任逐级传递到班组和岗位，就必须以逐级负责制动态考核为动力，强化干部和职工岗位责任制的落实。

(1) 强化干部责任。进一步强化“管不好安全的干部就是不称职干部”的理念。基层单位修订规范了干部动态考核、周期聘任实施办法，做到标准细化具体,奖惩挂钩严密,考核公开公平,结果运用公正。根据过程考核与排序,挂钩周期聘任和职级升降,对安全管理严不起来、安全责任落不下去的失职干部实行末位淘汰,切实做到能者上、庸者下。

(2) 强化职工责任。全局上下统一了“不能保证安全的职工就是不合格职工”的理念。基层单位普遍实行“三违”积分排序，开展动态考核，把职工参加政治学习和业务培训的成绩、职业道德水平、现场实作技能、安全生产实绩综合纳入上岗条件，严格执行任职资格标准，对考核不达标、考评不合格的职工实行末位离岗培训，切实做到优胜劣汰，能进能出。

(3) 完善分配办法。我们坚持把能否保证安全生产作为衡量单位工作质量的首要指标和干部职工获取报酬的重要依据，加大安全生产责任和安全生产实绩与单位经济利益和干部职工收入挂钩的考核力度，完善和强化突出安全、注重贡献、明码标价和能增能减的多种分配办法。切实让遵章守纪、保证安全的职工多得，使违章违纪违标的职工少得，发生事故有限赔偿。

科学管理　规范运行
实现空中交通管理的良性循环

民航东北空中交通管理局

2002 年，东北空管局加快了改革与发展步伐，完成了空管体制改革，在全员的共同努力下，保障各类飞行 26.9 万架次，未发生严重业务差错以上问题，实现了民航空管体制改革第一年安全年的预期目标，为东北地区民用航空安全工作作出了贡献。

一、以上级精神为指导，在抓落实上下功夫

几年来，在空管安全工作上，我们始终坚持以上级精神为指导，坚定不移地贯彻执行上级的决策、指示和要求，在抓落实上下功夫。

(1) 贯彻上级精神，抓住四个环节。一是在时间上强调及时性。对上级指示的传达贯彻，首先在时限上提出明确要求，各级机关雷厉风行，将文电迅速送达基层，确保干部职工及时了解掌握上级的精神。二是在方法上强调层次性。党委班子成员先学一步，加深理解，吃透精神后根据要求组织全员进行学习和讨论，使每个单位，每个人员都能掌握要点，抓住重点，做到真学。三是在内容上强调完整性。对上级的指示要求，坚持原原本本地传达学习，保证干部职工完整、准确地理解精神实质，做到真懂。四是在落实上强调严肃性。既态度坚决、不走样地贯彻执行，又结合实际、创造性地加以落实。通过员工易于接受的专题讲座、知识竞赛、理论考核、专题研讨、实际操作等方法，把上级的精神与生产实际有机地结合，以活动促学习，以活动促落实，做到真做。

(2) 落实上级指示，突出两个重点。贯彻上级精神重在落实，仅仅满足于进行了开会传达，组织了学习教育，上报了汇报材料是不够的。我们始终坚持以上级的指示要求为指导，紧密联系安全生产实际，严格工作标准，认真对照检查，及时发现存在的问题和隐患，采取有效措施进行认真整改。一是抓整改做到了三个坚持：即坚持安全工作例会制度。做到每月一次的安全形势分析会，管制岗位每天岗前汇报会。坚持飞飞整整治理安全隐患。做到了有问题时及时整顿，无问题时预防整顿，别人发生问题后吸取教训整顿。坚持“四不放过”原则。做到了不查清原因不放过，不落实责任不放过，不严肃处理不放过，不采取措施不放过。二是抓落实做到了全年有计划、月月有安排。除按上级要求抓好阶段性生产和特殊时期的生产安全外，空管局每年都要结合实际制定全年安全工作计划，并根据每月的工作特点，组织和安排有利于完成任务的各种活动，准确把握安全生产的关键环节。由于抓住了重点，在全国几次民航航路移交、空域调整、高度层改革和高度表拨正程序启用、业务竞赛及 Y2K 演练等大型工作中，和局内设备搬迁、体制改革等重要工作中，取得了优异成绩，确保了航空运输飞行安全。

二、以安全管理为核心，在法规制度建设上做文章

（1）健全安全法规，夯实安全基础。1996～1997 年，我们在全局范围内进行了三次大规模法规制度的“立、改、废”，在清理 455 项旧规章的同时，对全局 553 个岗位职责、596 项工作程序、1488 种工作纪录进行了重新规范和修订，清除了 500 余项过时的规章措施，重新制定了 380 余项安全措施，新印制颁发了 6 套行业管理运行手册。使空管安全管理做到了有法可依，安全生产基本实现了岗位操作有章可循。

（2）提高管理档次，与国际管理接轨。1999～2000 年，按照民航总局 62 号令和民航东北管理局要求，参照国际管理标准，借鉴兄弟单位的作法，结合本局实际，我们用一年零四个月的时间，完成了全局 ISO9002－1994 标准的管理体系建设，并于 2000 年 7 月 28 日，在全国民航空管系统中，率先一次性通过了英国劳氏质量认证公司的认证。2002 年，根据空管体制改革后管理职能和任务的变化，为加强管理，统一标准，理顺关系，将沈阳地区质量管理模式辐射全区，清理了 800 余项过时的规章标准，重新建立和完善了 1500 余项规章制度和安全措施，并于当年年底一次性通过了英国劳氏的预审核。至此，民航东北地区空中交通管理安全生产真正做到了制度化、标准化、规范化；安全管理也开始步入了与国际接轨的发展轨道。

（3）实行安全承包制，狠抓安全责任落实。一是层层签订安全责任承包书。按照现代企业的经营理念和管理方式，东北空管局成立至今，每年都要与上级主管部门——民航东北管理局签订安全责任承包书。按照这一模式，以杜绝事故征候、减少严重业务差错、保证生产运行安全为目标，空管局与所属各空管中心、站，各空管中心、站与所属各部、室，以及每个管制员，层层签订了安全责任承包书，使安全责任层层分解细化，形成了覆盖全局各个岗位的安全目标管理。二是指导与检查相结合，狠抓工作落实。局领导每年都要带领机关业务部门领导，定期对所属各中心、站的安全工作进行调研和检查。从班子建设、安全意识、规章制度、工作作风等方面予以指导帮助。三是抓落实，从思想教育入手。各中心、站在抓规章制度落实的同时，始终坚持经常性的思想教育，在新职工上岗前、遇有重大社会活动、职工思想出现倾向性苗头等时刻，都要进行有针对性的思想教育，使职工把安全二字深深扎根在脑子里。四是在管理上严格要求，强化作风养成。1996 年至今，安全奖励 134 人次，发放奖金 43 万余元，安全处罚 47 人次，处罚金额 21 万余元。通过坚持不懈的严格管理、严格要求，使员工养成了遵章守纪、雷厉风行、一丝不苟、甘于奉献和“严、细、实”的优良作风。五是从干部抓起，从标准严起。主要是严在领导，从思想和工作上帮助他们提高理论水平和领导才能，从行动上要求他们身先士卒，率先垂范，为职工做出表率。对工作标准低，模范作用差的干部，决不迁就照顾，该批的批，该罚的罚，该换的换。通过抓思想建设，抓能力提高，抓作风养成，抓业务指导，抓责任制落实，安全生产质效得到了大幅度提高。1996 年至今，连续保证了无严重业务差错以上问题的安全纪录。

三、坚持以人为本，在提高队伍整体素质上花气力

（1）坚持以人为本，不断创新管理机制。为适应全国民航体制改革需要，从有利于事业发展，有利于生产安全的目的出发，空管局对所属各中心、站的编制机构进行了重新调整，理顺了关系，明确了职责，使管理机制更加完善合理。同时，实施了人事制度、劳动用工制度、工资分配制度、技术职称评聘制度、领导干部聘任制度、管制员分级制、经营承包责任制等一系列配套改革，改变了过去干多干少一个样、干好干坏一个样的状况，形成责权分明、公平竞争、奖勤罚懒、优胜劣汰的激励和约束机制，使管理机制充满生机和活力。

（2）坚持任人唯贤，严格干部的选拔任用。针对因体制改革而出现的领导干部职务“水涨船高”，而领导能力与水平跟不上发展要求的实际，一方面在领导干部的选拔任用上，坚持严格标准，严格程序。将领导干部的思想与作风挂钩，管理与业绩挂钩，采用领导干部年终述职、群众评议的办法，分别在1996年、1998年、2002年的领导干部聘任中，有8名处级干部被亮黄牌，有3名处级干部落聘。极大地激发了领导干部“为官一任，保一方安全”的主动性与积极性。另一方面，加强干部队伍的教育培训，在资金上舍得投入，在方法上广开渠道。1996～1997年，连续两年与辽宁青年干部学院联合举办了法律和经济管理培训班；1998年与辽宁省委党校合办党建理论培训班；1999年重点抓了外语、计算机和高科技知识学习。近两年，根据国家经济建设，特别是加入WTO后的新形势，加强了国际航空、人力资源、信息技术、网络知识、企业文化等新知识、新技能的学习与培训，使全局科以上领导干部的知识结构、理论水平，尤其是思维方式、思想观念发生了可喜的变化，综合素质有了全面提高。

（3）实施科教兴业战略，培养高素质的职工队伍。一是坚持用典型教育人。注重用身边的事教育身边的人，做到了每个行业都有几名业务骨干和技术标兵，树榜样带动人，用典型激励人。二是坚持岗位培训与继续教育相结合。在抓好岗位技术培训的同时，大力开展职工的学历教育和继续教育。1996年以来，举办各种培训班237期，有3982人次参加了培训，有293人完成了成人学历教育，具有大专以上学历的职工达到职工总人数的71%，具有研究生学历的干部人数已占干部总数的3%。三是坚持以活动为载体，狠抓专业技能的提高。近几年，空管局及所属各中心、站，非常重视职工专业技能的提高，结合国家、省、市及民航系统开展的各项安全活动，积极参与并广泛开展了“安全生产月”、“安康杯”竞赛、“生产运行规范年”活动，和《民用航空法》、《安全生产法》学习及岗位练兵等活动。几年来，空管局先后有30多人获得全国民航通信、导航、气象等专业竞赛的第一名，取得了12个行业系统的荣誉称号。

四、齐抓共管，形成合力，保持更长的安全周期

（1）充分发挥思想政治工作的服务保障作用。针对近几年在机构改革、干部调整、职称评定、住房改革等与职工切身利益相关的工作中出现的思想波动，党政工团齐抓共管，密切配合，开展了“讲大局、讲觉悟、讲团结、讲原则”，以及“争做新世纪空管人”、“安全在我心中，安全在我手中，安全在我身边”、“安全教育五个一”等主题教育活动，增强了职工的主人翁意识和爱空管、讲奉献的责任感、使命感，提高了职工的思想认识，保持了队伍的稳定。

（2）加强精神文明建设，打造具有空管特色的安全文化。几年来，空管局各级职能部门，出主意，想办法，积极组织各种有益活动，精心打造体现行业特点、展示职工精神风貌的企业文化建设。请著名词、曲作家邬大为、铁源谱写了《空管之歌》；组织了东北三省春节文艺巡演、歌咏比赛、体育运动会等活动；积极推行政务公开、厂务公开，让职工参与企业的重大决策；在一线岗位开展了“我为安全献良策”、“安全生产信得过班组”、“青年文明号”、“青年岗位能手”等活动。积极倡导立足岗位建功立业、心系空管奋发有为，努力培养“四有”新人。

（3）加强基础建设，增强空管发展的后劲。针对空管系统一些基层单位设备老旧、环境简陋、边远台站值班条件比较艰苦、职工生活比较困难的现实问题，空管局一方面大力推行经营承包责任制，狠抓三产增收，开源节流。另一方面，在资金使用上，重点向生产一线、基层单位、边远台站倾斜，着力解决职工工作、生活上的困难。通过几年的努力，这些单位的生产设备、工作条件、职工生活都得到了较大改善。分别在沈阳、大连、哈尔滨地区建成了优质高效的空管保障设施；较好地解决了长春空管站设备保障不足的问题；对地方航站空管保障工作给予了有力的指导和支持，使全区空管保障质量、安全管理水平都有了很大提高，也为今后安全生产和东北空管事业的发展打下了坚实基础。

空中交通安全是只有起点没有终点的艰巨工作，现在安全不等于永久安全。要确保安全工作实现良性循环，是有客观规律可以遵循的。谁掌握了这个规律，满足了所需要的条件与环境，就会多一份安全的把握，就能保证实现安全工作的良性循环。只要坚定信念，始终如一地把上级指示贯彻执行好，把规章制度落实好，把工作作风培养好，保持清醒头脑，不骄不躁，脚踏实地地工作，所期望的安全目标就一定能够实现。

加强领导 落实责任
为企业解困营造安全稳定的发展空间

黑龙江华安工业（集团）公司

黑龙江华安工业（集团）公司是一家国有大型军工企业，始建于1951年，现有职工8986人，集体职工8000余人，资产总额10.9亿元。

1997年5月，原兵总党组调整充实了工厂领导班子，企业的政治经济形势发生了可喜变化，几年中由“亏损大户”一举转变为“减亏大户”，安全生产工作也取得了令人瞩目的好成绩。1999年和2001年，先后两次被评为国家级“安康杯”竞赛优胜单位，多次被省、市评为“安康杯”竞赛和“安全生产”先进单位。截止到2002年12月31日，工厂连续4863天杜绝了重大爆炸、火灾和死亡事故，连续4年杜绝了重伤事故，一般事故频率远远低于所控指标。2002年，我们在安全生产方面主要抓了以下几项工作：

一、提高认识，加强领导，是做好安全工作的政治保证

在厂领导带领下，工厂各级领导干部反复学习“三个代表”重要思想和“安全责任重于泰山”等一系列重要指示，通过各种会议和座谈、讨论，撰写安全论文，提高了对安全工作重要性的认识，通过回顾企业历史教训，树立了“保安全重质量，事关企业兴衰”的治厂理念和“为官一任，保一方平安”的政治责任感，真正把安全工作当做实践“三个代表”重要思想、维护职工群众的根本利益的大事来抓。全厂上下出现了人人自觉肩负安全重任的好形势。

二、强化管理，落实责任，是搞好安全生产工作的坚实基础

在企业的安全工作中，从严管理是永恒的主题，落实责任是确保生产安全、防火安全的坚实基础。

1．认真贯彻“安全第一，预防为主”的安全生产方针

在工厂和各基层单位制定的工作内容中，安全工作是与经济工作同时确定目标、同时检查、同时考核、同时奖罚；与干部任用、评选先进、经营承包、风险金兑现等多项工作直接挂钩，并实行安全工作“一票否决”制度。

2．狠抓安全生产制度的建设

2002年，在原有基础上进一步完善了各级各类安全生产责任制33项，完善了342个工种的安全操作规程近10万字。结合“八项整顿”工作，我们分别制定了《重大危险源监控办法》、《关于加强易燃易爆物品、剧毒品和枪支弹药管理规定》、《废旧危险品管理细则》、《安全生产事故行政责任追究制度》等管理规定，并以文件形式下发全厂。

三、完善体系，齐抓共管，是实现安全生产的组织保证

做好企业的安全工作需要动员全厂建立起安全保障体系。这个体系需要两个有力支撑，一是安全主管部门，二是各级党政工青领导班子。

一方面，我们在企业的机构改革中，做到了安全机构不并不减，不断充实加强力量。安全监察环保部现有职员17人，中级以上职称的7人，有大中专以上文凭的12人。保卫部防火科有专职防火员6人。基层单位设有专职技安员、防火员18人，兼职技安员、防火员22人，班组技安员534人，形成了专管成线、群管成网的安全保障格局。另一方面，不断完善了以“党政工青齐抓共管”为核心的安全生产保障体系。基层单位的书记与行政领导实行了“安全责任共担，安全奖励同享”。厂工会设有专职安全机构，各基层工会设有群众安全监督

岗，共有安全监督员45人，平时都坚持带牌上岗。

四、严格检查，加大整改，是确保企业本质安全的根本途径

严格的安全制度需要严格的安全检查做保证，通过严格的整改来落实。

1．建立多层次多方位的安全检查体系

从层次上，我们有班组日查、单位周查、工厂月查制度；从方位上，有专项安全检查（如，电气检查、压力容器检查、爆炸和危险化学品检查等），有重大节日安全检查，有季节性安全检查，有三级危险点巡回检查等多项安全检查制度。据统计，2002年，全厂的安全检查次数创历史新纪录。全厂联合安全大检查12次，专项检查16次，共查出隐患245项，各单位整改了235项。对暂时没有解决的隐患，都分别采取了有效的防范措施。

2．不断加大不安全隐患的整改力度

2002年，工厂新建安全教育培训中心，安装多功能上水鹤和供水线，更换锅炉及安装锅炉除尘器，安装电视监控设备等，8个改造项目共投入资金411万元。此外，各基层单位还自筹资金15万余元，解决各种不安全隐患1002项。

3．逐步进行重大危险源改造

2000年初，工厂组织了专业技术人员，对三个重大危险源进行了安全评估，并通过了国家和兵总重大危险源评估专家组的认定，被列入国家级重大隐患，现已正式被国防科工委批准安全改造立项。为了加速企业安全技术改造，提高企业本质安全程度，工厂成立了改造规划办公室，招聘了一批离退休的科技人员和专家进行调研设计、工程测算。现正在着手进行可研报告、初步设计工作。

五、坚持安全培训，塑造安全文化，是预防事故的有效措施

1．努力营造浓厚的安全文化氛围

不论是在厂区道路两旁，还是走进车间、厂房、库房，到处都能看见提示职工注意安全的警示牌、安全警句、安全旗。其中许厂长亲自拟定的安全誓词“为了个人生命安全，为了家庭幸福团圆，为了企业稳定发展，我要时刻注意安全。认真遵守安全操作规程，严格执行工艺纪律，坚决做到不伤害自己，不伤害他人，不被他人伤害。”等安全标语、口号，亲切自然，朗朗上口，深受职工欢迎。

2．开展了多种形式的安全宣传教育和安全竞赛活动

我们开展的安全宣传教育活动有：安全生产、安全防火“双循环”竞赛，安全生产“创优达标”竞赛，“安全生产月”活动，“10·12”厂安全日，“5·8”厂安全防火日等，近两年又开展了“安康杯”竞赛活动。2002年11月1日，工厂与区政府共同组织了宣传贯彻《安全生产法》一条街、《安全生产法》知识竞赛等大范围的宣传教育活动。结合“安康杯”竞赛活动，组织了“安全在我心中”讲演比赛，编排安全文艺节目参加全省汇演，组织全员安全知识和《安全生产法》答卷。2002年，我厂在《消防法》知识竞赛中荣获齐市第一名、全省第三名。在全市《安全生产法》知识竞赛中获第一名。

同时，还开展职工坚持上岗前进行安全宣誓和安全知识点将问答活动。通过开展上述活动，有效地推动了企业的安全文化建设。

3．开展有针对性的安全培训工作，不断提高各级干部和职工的安全素质

在安全培训上，我们突出的培训重点是：各单位的行政一把手和主管领导、专兼职技安员、生产调度、班组长、特种作业人员、重点岗位工作人员、夜间值班值宿人员等。把握的关键环节是：新入厂职工、变换工种教育、停产复工前、危险作业工种、节假日安全培训、接受新任务和新项目的安全培训等。2002年，举办安全培训班10期，共培训中层领导干部253人次、生产调度45人次、专兼职技安员42人次、工段长和班组长356人次、特种作业人员1563人次。对452人次进行了变换工种教育，对867人次进行了停产复工教育，对356人次进行了危险作业安全交底教育，节日前教育2次，专项任务安全教育15次等。此外，工厂还派出领导干部和安全管理干部参加了国家、省、市和兵器工业集团公司组织的安全培训班。有效地保证了全年生产经营活动顺利进行。

我厂的安全生产工作虽然取得了很大的进步，但还有许多不足。我们决心以“三个代表”重要思想为指导，认真贯彻落实“十六大”精神，坚持与时俱进、不断创新，学习、贯彻、落实好《安全生产法》，依法抓好各级各类人员安全生产责任制的落实，不断提高企业的安全生产管理水平，为促进企业的经济发展和早日脱贫解困，加快国防现代化建设和全面建设小康社会作出我们新的贡献！

运用先进管理模式　依靠科技进步　实现安全生产

北京京煤集团有限责任公司化工厂

北京京煤集团有限责任公司化工厂始建于1959年，是国家定点生产民爆器材的中型企业，是北京市安全生产重点单位。近年来，厂领导班子认真坚持安全第一、预防为主的生产方针，始终把安全工作放在重中之重的位置，始终把贯彻执行国家、行业各项安全法规、安全规范、安全规程作为企业安全工作立足之本，始终坚持培训、管理、装备并重的原则，运用先进的管理模式，不断加强员工的意识和能力培训，不断完善以责任制为核心的规章制度建设，不断改进以防火、防爆、防尘毒、防静电、防雷电为重点的生产作业环境和安全防护装置。44年来，从未发生过爆炸死亡事故，连续5年未发生重伤以上事故，实现了历史最长安全生产周期。连续5年被市经委评为安全生产先进单位，连续4年获北京市安康杯竞赛先进单位，为首都的安全稳定做出了贡献。回顾我们的安全管理工作，主要有以下做法和体会：

一、建立职业安全健康管理体系　实现科学的现代安全管理模式

职业健康安全管理体系是与国际接轨的现代安全管理模式，是一种从总体上对企业的职业健康安全进行科学和规范化控制的管理方法。2002年，我厂结合民爆行业实际特点，以实用性和可操作性为出发点，在实施ISO9000质量管理体系的基础上，按照OHSAS18001标准要求，建立了一套系统完整的企业质量和职业安全健康管理标准，依据国标《重大危险源辨识》GB18218—2000标准，辨识确定危险源460个，针对危险源制定了《职业安全健康管理方案》并实施有效控制，通过认证审核，获得了国家职业安全健康管理体系注册认证证书，建立并保持了自律性的系统化职业安全健康管理运行机制，实现了与国际接轨的现代安全管理模式。

二、塑造企业安全文化　提高员工安全素质

“人的安全行为取决于人的安全意识”。工厂始终坚持以人为本，把提高员工整体安全素质放在首位，不断强化安全教育培训工作，不断增强员工的法律法规意识、自保互保意识，不断提高员工的安全技术素质。具体做法有以下四点：一是始终坚持每年进行安全教育培训，并严格按照教育培训需求有步骤地开展工作，使安全教育培训工作成为安全管理的首要内容，从业人员岗前培训率达100%，转岗人员转岗培训率达100%，采用新技术、新装备、新工艺专题培训率达100%，危险品作业人员和特殊工种人员持证上岗率达100%。二是运用局域网、广播、录像、板报、专栏、《京化信息》等各种宣传形式，广泛深入地进行安全生产法律法规和安全生产知识的宣传教育，使员工牢固树立“安全第一，预防为主”的思想，养成良好的安全生产习惯，不断增强预防事故的能力。三是坚持安全生产例会制度，总结布置安全生产任务，协商与沟通安全生产问题，强化落实各级安全职责。四是开展多种形式的安全竞赛活动，塑造企业安全文化。通过开展“安康杯”三无班组竞赛活动、“党员身边无事故”活动、《安全生产法》知识竞赛活动、“安全月”宣传教育活动、“员工夫妻安全赠言”活动、“警钟长鸣”事故案例巡展活动及贯穿全年的各项安全生产劳动竞赛活动，营造浓厚的安全生产氛围，有力地促进了安全生产工作的开展。

三、高效的责任体制和管理团队

“安全是任何企业经济效益的必然保证”。作为民爆器材生产企业，安全工作更是重中之重。我厂制定实施了《安全生产奖惩制度》等11项以安全生产责任制为核心的考核制度，上至厂长，下至员工，凡造成责任事故，都必须按照“四不放过”原则，追查责任，严格考核。从而进一步增强了员工安全生产的责任感和安全群体意识，牢固树立了“在岗一分钟，警惕60秒”的安全思想防线。具体做法有以下三点：一是将年度职业安全健康目标逐级分解，量化落实到班组个人，明确各级责任，层层签订包保责任书。做到责、权、利清晰，奖罚分明，从而有效地调动了全厂员工抓好安全生产的积极性和主动性，使事故预防对策得以贯彻，安全规章得以遵守，安全责任得以落实，确保了职业安全健康目标的实现。二是加强安全检查，及时消除不安全隐患。工厂配置厂级、车间级、班组级专兼职安全检查人员103人，安全检查工作坚持日巡月检和抽查相结合，专检与群监相结合，专项与综合相结合，以“五防”为重点，以PDCA循环、闭环管理、三级安全检查表方法为手段，加大对关键部位、重点岗位的检查力度，对查出的隐患问题严格按“三定一反一验证”（三定：定措施、定时间、定责任人，一反：整改反馈，一验证：复查验证）原则整改落实，及时消除了各类不安全隐患。三是建立一支过硬的、高素质的安全队伍，依法监察，量化考核，坚持原则，不徇私情，奖罚并重，人人平等。

四、加强生产过程控制　强化防范措施

“生产现场是人、机活动最频繁的地方，也是最容易发生事故的地方”。只有切实加强现场安全管理，强化防范措施，才能遏制事故的发生，确保安全生产的顺利实现。我们主要抓了以下几项工作：一是在生产、运输、储存、销售等各环节上强化了爆炸危险物品的保管、领用、销毁、防火、防爆、防流失、防被盗等管理措施，制定实施了《关于加强民用爆破器材管理工作的实施办法》等35项专项安全管理制度，对危险品生产关键工序实施了“闭环”管理措施，对危险品运输严格执行“三证”制度及车辆“三检”制度，保证了爆炸危险物品在生产和流通过程不被盗、不丢失。二是实行定置、标识管理。在各车间生产工房外悬挂了工序名称及危险等级的标志牌，在工房内悬挂了安全警示牌、安全通道标识、安全生产应急电话，并做到生产岗位安全定员定量，安全规程、岗位责任制统一上墙；对生产现场中的各类物品分门别类、标识明确、定置摆放，严防混用误用；对生产现场中设备设施、工装器具的完好、检修、待修、停用标牌，配挂齐全，形成了秩序生产。三是坚持安全生产“五同时”原则，积极推行生产班组“三标”建设（标准化岗位、标准化现场、标准化班组），夯实班组基础工作。充分发挥班组优势，控制人的不安全行为和物的不安全状态。使生产现场和班组基础工作、安全标准化水平上了一个新台阶。

五、加大安全资源投入　促进本质安全

“资金再紧张，关系到安全生产必须首先投入”，“科技进步是实现民爆器材本质安全的根本途径”，这是厂最高管理层的共识。近年来，工厂依靠科技创新，按照预定的职业安全健康管理方案进行了必要的资源配置，加快了安全技改投入步伐。投资290万元新建了金属壳毫秒电雷管生产线，使重点危险工序全部实现了装甲防护、间接操作、紧急制动、自动闭锁，部分生产工序实现了连续化、自动化生产，提高了雷管生产和使用过程中的安全性能；投资40万元实现了金属壳毫秒雷管编码打号，提高了雷管流通领域中可追溯性安全管理；投资5万元开发研制了冷却雾化造潮装置并投入使用，有效地消除了雷管生产中静电的危害；投资30万元采用中性GTG起爆药取代DDNP，彻底根除了DDNP对环境的污染，提高了雷管生产过程的安全性；投资42万元完成了危险品总库的结构改造和库区照明系统的改造，解决了历史性遗留问题，使其完全符合安全规范；投资120万元安装完成了调度视频监控系统，实现了对厂区、库区、关键生产工序的全程24小时视频监控；投资47万元，购置了危险品专用运输车辆，实现了民爆器材专业配送，提高了运输安全水平；投资10万元更新了消防器材、生产车间雨淋自救器，确保了应急设施完好有效；对雷管生产作业人员全部配发了防静电服、鞋帽，防爆眼镜，防护耳曼，进一步提升了员工职业性劳动防护能力。由于我们坚持有计划、有步骤地对职业健康安全管理方案进行有效的实施和加大安全技术措施的资源配置，从而使工厂的危险源得到了有效控制，降低了企业风险，提高了本质安全程度，确保了员工有一个安全、舒适、文明的生产作业环境。

近年来，我们坚持安全第一的生产方针，以危险源辨识、风险评价和风险控制为核心，以目标为准则，以落实安全生产责任制为关键，以加强生产全过程规范化管理为重点，依靠科技进步，加大必要的生产技术投入，狠抓安全技术培训，实现了系统、主动、本质、超前的安全管理。新的职业安全健康管理体系的建立，是我厂职业安全健康管理向国际市场迈进的坚实一步。我们将结合自己实际，运用职业安全健康体系运行经验，进行管理创新，使安全决策更科学，管理更深入，控制更有效，向行业一流企业迈进。

以人为本　科学管理　不断提升企业整体安全生产水平

中国葛洲坝水利水电工程集团有限公司

2002年，集团公司始终以“生产必须安全，安全促进生产”为宗旨，紧紧围绕安全保证体系、施工作业环境和全员安全素质三个环节，开展全员、全方位、全过程、全天候安全管理，讲科学、建体系、重投入，狠抓现场监督，严格过程控制，使集团公司整体安全管理水平进一步提高，全员安全意识不断增强，施工作业环境不断改善。连续第七年被湖北省政府、省安全生产委员会授予“安全文明生产红旗单位”荣誉称号。主要做法是：

一、强化组织领导，坚持把安全生产当作大事来抓

为适应安全生产形势发展的需要，集团公司不断增强各级领导做好安全生产工作的责任感和紧迫感，切实将安全生产当作大事来抓，将其纳入重要议事日程。

(1) 不折不扣贯彻落实上级安全指令，带动全局安全生产工作。根据国务院及政府主管部门先后召开的安全生产电话会议以及安全生产文件、指令和明传电报精神，集团公司先后五次召开全局性的安全生产工作会议和紧急会议，组织广大员工认真学习党和国家领导人关于安全生产一系列重要指令和国务院安全生产电视电话会议精神，特别是层层组织学习国务院安全生产委员会办公室的“四项要求”及《关于特大安全事故行政责任追究的规定》、国务院第58次常务扩大会议上朱镕基总理的重要指示、《关于认真吸取广西恶滩水电站‘1·27’事故教训，切实做好当前电力安全工作的通知》的特急明传电报和湖北省人民政府《关于近期全省安全生产重大事故的紧急通报》等一系列安全生产重要指令。集团公司领导亲自组织、布置和检查落实情况，并深入现场亲自研究解决安全生产中的重大问题。2002年8月，国家电力公司对集团公司组织抽查，给予了高度评价。

在学习贯彻中，各单位按照集团公司的统一部署和安排，分别采取安委会、工作会、党委中心组学习会或支部会、职工大会等形式进行广泛的传达、贯彻和学习，对在建的项目部以发传真、电子邮件的形式逐级贯彻落实到基层和每一个员工，并充分利用电视、报纸、广播等宣传媒体进行深入的宣传。将上级指令和会议精神传达到每一个职工和民技工，开展专题讨论，进行安全形势教育；有的单位将安委会成员实行分工负责，深入到基层，检查贯彻落实效果；大多数单位的党政领导、安全生产责任人亲自带队，深入到所属各在建工程项目传达贯彻、深入到危险要害部位进行安全生产大检查，发现隐患亲自组织整改，及时解决了安全生产中的实际问题。

(2) 切实加强安全生产监督管理机构与队伍建设，形成上下一致、整体联动、齐抓共管的工作机制。2002年，集团公司一方面对安委会成员进行了调整和充实，并充分发挥各级安委会在安全生产工作中的决策、领导、协调作用，对重大安全问题及时研究，协调解决，切实把它建设成为一个实实在在的集决策与管理一体的工作机构。另一方面，狠抓队伍建设，不断加强岗位培训，提高安全业务素质和管理水平，并定期考核、确认，持证上岗。目前，集团公司和各二级生产单位、项目部共配有专职安全员357人，占职工总数的7.4‰；车间、队专职安全员510人；生产班组兼职安全员1153人，确保了安全生产工作的连续性。

(3) 狠抓职业健康安全管理体系建设，努力提高企业整体安全管理水平。建立职业健康安全管理体系对规范企业管理，增强市场竞争力，预防和控制各类事故的发生具有重要意义。2002年，集团公司各级领导从体系建设的组织上、措施上给予了高度重视，把建立职业健康安全管理体系作为安全工作的一项重要工作来抓。建立了体系建设工作领导机构，开展了标准宣贯和培训，狠抓了危险源辨识、风险评价和体系文件的编写工作，为全面建立并实施职业健康安全管理体系奠定了基础。为适应体系建设工作的需要，促进安全生产规范化管理，集团公司先后组织对《生产性事故管理规定》、《起重机械安全检查规定》、《施工生产现场用电安全管理规定》、《承包工程施工安全管理规定》、《投资建设项目安全管理规定》、《环境、安全控制程序》等管理制度进行了修订；制定发布了《建筑施工脚手架安全技术管理规定》、《重大事故"说清楚"管理规定》、《安全应急预案与响应控制程序》等规章制度；认真组织了《安全生产管理办法》、《安全生产监督规定》、《安全生产奖惩规定》的学习宣贯和实施。各单位、项目部也结合实际，相应制定了一些具体规定，使安全工作做到有法可依、有章可循，有效地促进了安全生产规范化、制度化管理。

二、强化责任意识，坚持实行安全生产目标管理

集团公司始终把推行安全生产目标管理和责任制的落实作为实现逐步减少事故的重要措施。

(1) 层层签订安全生产责任书。2002年初，集团公司认真研究部署2002年的各项安全文明生产工作，有针对性地制定了年度安全生产工作规划和总体目标，并层层分解下达。在此基础上，逐级签订安全生产责任书，明确指标、奖惩及其对安全生产的责任和义务，使之层层有目标，人人有压力，进而自觉地履行安全生产职责。为确保安全生产不留死角，集团公司在继续与原来22个生产单位签订安全生产责任书的同时，又将新组建的青海拉西瓦工程项目部以及三峡机电安装项目部等单位纳入集团公司安全生产管理和考核范围。各单位也结合实际，细化责任，分解目标，层层签订了安全生产责任书，有的直至签订到班组、个人和劳务组织、民技工，一级抓一级，层层抓落实。

(2) 应用经济杠杆促进安全责任制的落实。集团公司和各单位坚持严格执行安全奖惩规定和安全与经济分配挂钩制度。如：安全风险抵押金制度、安全责任金"归零"制度等，把承包工程每月核定的超额工资的10%～20%按考核的安全情况进行分配。凡是没有发生事故、安全工作突出的单位或个人全发；凡发生事故或不按规定完成上级布置的安全工作的单位或个人，按其责任大小给予减发或不发。

(3) 严格考核评比，奖惩兑现。在强化目标管理的过程中，坚持每半年对各单位、直管项目部的制度执行及各级责任制的落实情况进行一次检查，年终按安全工作考核标准对全年的安全管理工作情况进行综合性的检查、考核、评比。在此基础上，通报表彰、奖励安全生产先进单位、集体和个人，并对安全生产业绩较差的单位和个人给予通报批评和经济处罚，促进了安全生产责任制有效落实。

三、强化宣传教育，坚持提高全员安全素质

职工的安全素质高低是企业实现安全生产的基本条件。因此，我们始终坚持以人为本，强化职工的安全教育工作。

(1) 深入学习宣传贯彻《安全生产法》，增强全员法制观念。自《安全生产法》颁布后，集团公司把《安全生产法》的学习宣传摆在重要工作日程，层层建立了以各级安全责任人为组长的领导小组，制定了学习宣传贯彻《安全生产法》的实施方案，并先后在安委会和安全工作会议上，对《安全生产法》的学习宣传贯彻的重要意义和组织实施等工作进行了认真研究和全面部署，要求各级领导把学习宣传贯彻《安全生产法》摆上重要工作日程。要亲自带头学习，切实增强安全法律意识和政治责任感，并用以指导自己的实际工作。同时，购买了大量的《安全生产法释义》，以供集团公司领导和各单位、项目部主要领导干部学习，发放近2万册《安全生产法》单行本，供基层班组组织学习；聘请有关安全专家为集团公司领导、各子（分）公司安全责任人及专职安全人员进行了《安全生产法》的专题讲座。并将《专题讲座》刻制成光盘80多套，下发到各单位、项目部组织广大干部职工进行收看、学习；在葛洲坝电视台、葛洲坝集团报开办学习《安全生产法》专栏，广泛征集和刊登优秀学习体会、论文，并及时报导学习宣传贯彻《安全生产法》的情况；组织开展了全员学习宣传《安全生产法》知识考试和竞赛活动，通过层层选拔，组织19个代表队共95人，进行了竞赛答题，并对前6名进行了表彰，推动了《安全生产法》学习的深入开展。

(2) 抓好安全舆论教育，营造良好的安全生产氛围。集团公司有线电视台和葛洲坝报经常举办安全专题节目或安全专栏，播出或刊登安全稿件，各在建工程项目部也定期举办安全板报，开辟安全专栏，组织安全电视录像片到基层播放，开展安全知识讲座、安全专题演讲、班组经验交流，组织职工家属给外营点亲人写“安全家信”，开展以“安全责任重于泰山”为主题的演讲比赛、“安全在我心中”万人签名及趣味猜谜等较大规模的活动。6月份，集团公司重点围绕“安全生产月”活动主题，充分发挥各级工会、共青团、宣传、保卫及有关部门的积极作用，通过多种宣传媒介和手段，大力推动、学习宣传安全生产政策法规、党和国家领导人的讲话及安全生产中的好人好事、先进典型经验，营造了浓厚的安全生产氛围。

(3) 加强重点对象的安全技术培训。组织在岗专职安全管理干部共160多人从安全生产法律法规、安全专业技术及理论基本知识等方面进行了培训；组织70多名领导干部参加了厂长、经理安全资格培训，系统学习安全生产的方针政策、法规和基础知识，全部取得“安全管理合格证书”；突出了特种作业人员取证、复审及安全技术再教育培训，全年共举办特种作业人员培训班20期，培训电工、焊工、厂驾、起重等特种作业人员共2030名，合格率达96%。同时，各单位继续狠抓了班组长、基层干部的安全培训，从而促进了班组安全建设及管理水平的不断提高。

四、强化“两创”活动，坚持把安全工作落实到基层

集团公司坚持以“施工创安全工程，职工创安全岗位”的“两创”活动为载体，把各项安全生产工作落实到基层。

(1) 扎实开展“两创”活动，夯实安全工作基础。“施工创安全工程，职工创安全岗位”，是集团公司安全文化建设中的一项基础性工作和群众性活动，是夯实企业安全基础、提高安全文明生产水平的重要途径。按照工程项目不论大小都要确立创“安全工程”目标的要求，各单位将此项工作纳入年度工作计划重点来抓，做到有计划、有措施、有布置、有检查。集团公司和各单位承建的大小工程在组织施工前，都结合施工生产的实际，制定了具体的创建工作规划、安全管理制度及施工方案和安全技术措施，并层层交底，直到生产工人，使作业人员明白安全要求，按作业程序操作。安全人员则严格监督，层层把关，坚持做到“三不施工”，即无安全技术措施不施工；安全措施没有逐级交底不施工；安全设施不完善不施工。确保各项安全生产技术措施和防护设施落到实处，使安全工程的创建工作得以顺利进行。2002年，17个单项工程被评为集团公司“安全文明工程”，并予以了授牌表彰和奖励。

(2) 狠抓安全生产中的薄弱环节。针对近年来在建工程中分包队伍及民技工安全管理工作存在的问题，集团公司采取有效措施，切实加强安全监督和管理。公司明文规定：严禁对外施队以包代管、以罚代教，要切实加强对外施队及劳务组织的安全技术培训和教育，使用单位要将其当作自己的队伍和职工一样管理，要组织其进行经常性安全教育和安全生产规章制度、操作技能的培训，确保其具备基本的安全素质。并重新修订了《承包工程安全生产管理办法》，进一步规范了对外施队伍和劳务组织的资审录用、机构制度的建立健全、安全人员配置、劳保用品发放、作业人员安全技术素质及培训教育等安全管理工作。各单位、项目部对分包工程和民技工队伍的安全管理及使用情况进行了多次全面清理检查，对资质不够、施工技术能力低下、安全管理水平差的施工队伍和劳务组织坚决进行了清退，并实行了定期公布合格外施队和劳务组织名单的制度。集团公司还组织进行了工程分包的专项监察，对违规、非法分包进行严肃查处。

(3) 努力把安全工作落实到班组。班组是企业的细胞，各项安全工作都要靠班组去实施、去落实。为此，集团公司制定了班组安全建设十条标准，大力组织开展了创建安全合格模范班组和“安全岗位”的活动，安全部门和工会经常深入班组帮助、指导开展“安全日”和“三工”活动，组织召开班组建设经验交流会，并把班组安全建设作为评比先进集体的重要条件，从而促进了班组安全建设工作。2002年，集团公司组织召开了以“三工”、“危险预知”为主要内容的班组安全管理经验交流会，有效促进了班组安全建设活动的深入扎实开展。

五、强化现场管理，坚持改善安全文明生产环境

安全工作的好坏主要体现在施工现场。为此，公司把工作重点放在改善施工作业环境上，狠抓文明施工和标准化作业。

（1）依靠科学技术，提高本质安全。我们认识到，搞好安全生产必须以资金投入作保证，只有不断开发和掌握新的安全生产科学技术，才能有效提高本质安全的水平。我们在三峡、龙滩、水布垭以及田湾核电站等工程施工中，应用先进的混装炸药新技术，从根本上解决了炸药运输、保管、装药和填充中的不安全问题。在施工用电方面，坚持在作业现场应用漏电保护器，并结合生产实际自制封闭式高压开关柜，提高了施工用电规范化水平。在混凝土施工中，引进和推广多卡模板技术，有效地解决了零散模板高空拼装量大、事故频发的老大难问题。在三峡工地研制开发了全方位、多视角的计算机监视系统，对及时掌握和协调施工现场的安全生产起到了很好的作用。

（2）坚持安全检查，消灭事故隐患。为了使承包工程安全工作不失控，集团公司和二级生产单位经常组织检查组对承包工程进行巡回检查，传达上级安全指令，帮助开展安全工作，督促事故隐患整改。同时，根据施工生产情况，组织开展易燃易爆场所、设备安全运行和季节性施工等专业检查。施工高峰期，危险部位、重点要害部位都委派专职安全员跟班检查，对检查中发现的事故隐患，坚持“三定四不推”的原则进行及时整改。集团公司先后于2002年3月、6月、11月组织开展了较大规模的安全生产大检查，分组分片，在各单位自检自查的基础上，重点从10个方面，对涉及的6个直属项目部及20多个单位的在建水电、公路、核电、堤防工程项目以及公众聚集场所、易燃易爆要害部位、危房、高边坡和起重机械等危险设备和重点部位进行了重点抽查。并针对存在的隐患和重点、难点问题，研究对策，提出整改意见和方案，落实有关责任单位，限期整改，取得了较好的效果。各单位、项目部以现场监控为中心，狠抓了现场安全文明生产环境和隐患整治工作。三峡指挥部围绕“两创一满意”目标，扎扎实实开展“班前5分钟”和“危险预知”活动，认真落实“三不准，四必须，六检查”工作，每天坚持“一查、一会、一报”制度，对重点部位和施工环境复杂的部位，指定专人负责，进行全过程跟班检查、监督；冶勒项目部结合洞室施工危险性高和防汛工作的特点，制定了《洞室爆破施工安全奖惩条例》，加强了对现场监护、巡视；公伯峡项目部随施工进程，不断完善安全防范设施，在预防高边坡开挖、爆破作业、高空坠落、物体打击、触电、交通等事故方面，共投入27万多元，有效地控制了各类事故的发生，创造了良好的安全文明生产环境。

（3）加强施工协调。水利工程施工都是大兵团作战，高差交叉作业、施工单位之间的交叉作业等施工矛盾比较多，影响安全生产。为此，在各工程项目上，一是坚持安全例会制度，通报安全情况，提出安全工作的重点和解决问题的措施。二是坚持调度会、计划会上统筹协调施工生产中的安全问题，解决多层次、多单位施工干扰。三是坚持领导安全值班制度，每班都有领导在现场及时处理施工中发生的安全问题。

（4）坚持抓好后方基地生产作业场所安全工作。集团公司有关领导多次亲自带领城管局、工业三产局、生产经营部、质安部、保卫处等部门组成的专项检查组，对工业、三产业、多种经营、宾馆、商场、医院等公共聚集场所和危险要害部位进行检查，大力督促隐患整改。在2002年专项治理整顿工作中，城区内共拆除辖区内违章建筑1000平方米，增设消防器材设施400余件，投入整改资金150万元。各级安全部门还对生产车间坚持开展标准化建设，对锅炉房坚持运行监察和定期检验；对液化气站坚持标准化管理，实施挂牌制度；对公众聚集场所和重点要害部位实施防爆、防雷、防火等重点监测，使之逐步实现规范化管理。

安全工作只有起点，没有终点。2003年，集团公司将进一步以贯彻实施《安全生产法》为主线，以全面建立并实施职业健康安全管理体系为重点，强化科学管理，坚持以人为本，狠抓责任落实，严格现场监督，大力开展“两创”和“事故零目标”活动，为全面实现全年生产经营目标而努力。

积极探索　勇于创新
努力营造高速公路安全通行环境

山东省高速公路有限责任公司

山东省高速公路有限责任公司自2001年8月正式运营以来，在省交通厅领导和省安监局关心指导下，认真贯彻落实国家和省关于安全生产法律法规，研究把握高速公路经营的安全生产特点，夯实安全管理基础，保障了公司安全生产形势稳定，营造了好的高速公路安全通行环境。

一、认真贯彻安全生产法规，夯实企业安全管理基础

公司是由几个事业单位整体转制组建而成的。体制上的重大变革，要求在安全生产管理上要有新思路、新举措，必须从打基础的工作入手，依照安全生产法律法规加强管理。

（一）学习法规，探索规律，把握高速公路安全生产重点

公司组织员工认真学习《安全生产法》、《山东省安全生产监督管理规定》等一系列法律法规，把握公司在安全生产方面的各项法定义务，探索安全生产规律，明确了公司安全生产的重点。一是严把工程质量关，确保建设安全。二是确保高速公路设施设备完好，及时消除障碍，保障高速公路畅通。三是加强高速公路作业现场安全管理，保证道路巡查、养护和施工人员安全。四是加强内部安全管理，做好职工人身安全保障工作。五是加强收费站、服务区、加油站、宾馆等服务设施的安全管理，为社会提供安全优质服务。六是采取多种形式，加强恶劣天气下高速公路运行保障，为减少交通事故创造条件。

（二）健全机构，一岗双责，建立安全生产管理体系

公司组建之后，在横向上层层设立由主要领导负责的安全生产委员会，并设立安全生产职能管理部门，具体负责安全生产的组织、协调、监督、检查和隐患整改。在纵向上，按照管生产必须管安全的原则，实行“一岗双责”，明确各专业部门的安全管理职责，形成了条块结合、以块为主，职能管理与专业管理相结合的安全生产管理体制。尽快制定了各项安全生产管理制度，量化事故控制指标和保障措施指标，层层签订责任书，做到横向到边，纵向到底，全面落实安全责任制，并严格检查考核。实行经常性安全生产检查和专项检查相结合，保障各项安全管理制度落到实处。

（三）专项整顿，规范管理，抓好安全工作落实

针对高速公路安全生产薄弱环节，公司相继开展了五个专项整顿。一是开展高速公路作业现场安全专项整顿，加强对上路作业队伍准入审核，严格执行安全作业规程，强化作业现场安全监管。二是开展收费站治安保卫专项整顿，健全收费站保卫制度和紧急情况处置预案，加强“人防、物防、技防”建设，各收费站全部实现与公安110的治安联动。三是开展服务区安全专项整顿，突出加油站消防、餐饮食品卫生治理，全员发动自查整改。四是开展服务区停车秩序整顿，增配灭火器材，搞好预案演练，提高处理突发事件能力。2002年9月11日，济南固山服务区职工奋力扑灭一台自燃车辆，为事主挽回损失260多万元，被省交通厅授予“灭火抢险先进单位”称号。五是开展车辆及驾驶员安全专项整顿，针对高速公路施工和管理车辆多的特点，共组织驾驶员培训1590人次，技术练兵比武453人次，考试考核1102人次，驾驶员队伍的纪律性和安全意识明显提高。五个专项整顿结束后，公司于2002年8月，又组织了以查隐患为主要内容

的“安全整顿月”活动，检查出各类安全隐患320项，造册登记，逐项落实责任，当月完成整改266项，为保障公司安全生产打下了坚实基础。

二、加强协调配合，积极创造高速公路安全畅通条件

高速公路能否安全畅通，涉及公安交警部门、公路管理机构、高速公路经营企业、上路车辆、司乘人员等诸多环节。公司以高度的社会责任感，加强与公安交警、交通稽查等部门的协调配合，努力营造高速公路安全畅通环境。

（一）做好高速公路日常通行保障

一是加强日常维修保养，保持高速公路良好技术状况，启动了“绿色通道”建设，进一步做好防眩绿化，行车环境明显改善。二是加大道路巡查密度，及时掌握道路运行信息。发现道路交通事故，及时通报交警部门，积极配合事故处理，联系医疗急救单位及时救助，清除事故车辆和事故现场，保障道路畅通。遇有重大道路维修任务，公司与交警部门密切配合，加强维修施工现场的安全通行管理，保障了过往车辆安全。公司与省高速公路交警部门建立了联席制度，实行警路共建保安全。三是加强与交通稽查的协调配合。超限运输严重损害高速公路，是道路交通事故的严重隐患。公司密切配合交通稽查部门做好超限运输治理工作，协助在高速公路收费口、服务区设置检查点和卸货区，维护了道路安全通行秩序。

（二）加强恶劣天气下的通行保障

根据省交通厅、公安厅、安监局《关于临时关闭高速公路的实施意见》，公司在内部运作程序上及时作了衔接，高速公路该关闭时坚决关闭。制定了《雾雪天气高速公路安全运行应急保障预案》，健全指挥调度体系和值班网络，遇有恶劣天气，采取收费口发放提示卡、间隔分类放行、设置安全提示和警示标志等措施，控制车辆密度。为保障道路雪天运行安全，各路段均24小时昼夜监控，储备除雪防滑物料，应急保障队伍随时待命。

（三）做好重要时段的通行保障

在重要节假日和重要会议等时段，公司全面落实责任，坚守岗位值班，及时发布信息，保畅通措施到位，为过往人员车辆提供了安全畅通的出行环境。信息管理总中心及时采集、分析和处理高速公路道路运营信息，包括通告交通事故信息、道路维修信息和恶劣天气提示，通过广播媒体对外发布，对减小交通拥挤程度，防范事故发生发挥了重要作用。2002年，公司所管理的高速公路没有发生因公路管理原因造成的道路交通事故。

三、积极开拓创新，努力实现传统管理向现代安全管理转变

我省高速公路逐渐形成网络化，安全管理难度加大。公司积极应对，改变传统管理方式，探索实行现代化安全管理新方法。

（一）员工自我管理与专家管理相结合

在公司内部组织员工结合自身岗位实际，就安全管理提合理化建议，2002年以来，共收到员工可行性建议277条。同时在专项安全检查整顿中，从安监、交通、消防、卫生防疫、律师等部门聘请专家参与，建立联系机制，提出建议供公司决策。

（二）实现由经验型管理向标准化管理转变

公司坚持系统性、科学性、实用性和可行性原则，根据高速公路生产经营涉及的安全生产内容，结合以往安全检查的经验，整理出安全重点部位清单，明确危险源。成立专题项目小组，在强化培训、广泛调研的基础上，制定出综合管理、行政后勤、收费运营、养护作业、路产保护、服务区管理等共6个大项、36个小项、263条细则的综合安全评价标准，依据标准开展安全生产管理工作，克服了经验型管理的随意性和模糊性。

（三）逐步建立职业安全健康管理体系

职业安全健康管理体系（OSHMS）是当前国际上广泛采用的现代安全管理方法，国家和省安监局正在大力推行。公司的安全生产管理正在向国际标准靠拢，制订了公司OSHMS体系管理手册、程序文件和作业指导书，在试点的基础上全面推开。

公司组建一年多来，在安全生产方面做了一些工作，但仍存有许多差距和不足。高速公路安全工作是一项系统工程，需要各级政府的大力支持，需要驾乘人员严格遵守交通法规。我们将紧紧依靠社会各界的大力支持，持之以恒抓好安全生产管理，为我省交通事业发展作出应有贡献。

坚持以人为本　建立安全生产长效机制
努力确保安全工作长期稳定发展

大屯煤电（集团）有限责任公司龙东煤矿

在过去的一年里，我矿认真贯彻执行党的安全生产方针，突出“安全责任终于泰山”这一主题，从规范员工行为入手，坚持以人为本，不断进行安全管理创新，建立了以人为本的安全生产长效机制，特别是对“三违”人员实行放假管理，使“三违”现象明显减少，安全事故与上年度相比下降75%，2002年我矿安全生产实现零死亡的年度目标。安全生产的稳定健康发展，为我矿全面完成大屯公司下达的各项经济技术刚性考核指标奠定了坚实基础。在建立安全生产长效机制上，我们主要是结合本矿生产实际建立健全了安全防范六大机制。

一、建立健全安全教育机制，从职工思想上进行超前防范

为了达到“人的思想意识安全化，工作意识责任化，质量意识标准化”，我们紧紧围绕“六个字”做文章：一是坚持一个“学”字。通过各种形式，按照“三个代表”的要求，从讲政治、保稳定、促发展的大局出发，认真学习贯彻上级指示精神，重点学习《安全生产法》、新版《煤矿安全规程》及各项安全技术措施，积极开展“安全事故案例教育”活动，教育职工自觉遵规守法，由“要我安全”向“我懂安全”、“我要安全”转变，做到知法懂法，依法办事，提高了全员法律意识。二是坚持一个“警”字。充分利用各种宣传工具，大造声势，大造舆论，积极开展“警示”教育，对井上井下、工厂场所、危险区域等要害部位张贴标语，设立警示牌，做到警钟长鸣，努力营造安全生产氛围。三是突出一个“活”字。紧紧围绕《安全生产法》、新版《煤矿安全生产规程》等法规，充分利用班前班后会和升井前后，积极开展有奖安全知识问答，并组织人员开展查“三违”、排隐患、堵漏洞、反事故、保安全立功竞赛活动，开展创安全合格班组、争当安全卫士竞赛活动，以此来促进煤矿安全生产。四是坚持一个“勤”字。就是对上级下达的安全指示、指令及一系列安全文件精神勤贯彻，对职工在思想、工作上存在的安全薄弱环节勤了解，勤观察，及时发现，及时处理。五是做到一个“早”字。就是保证安全的话早说，保证安全的事早做，保证安全的措施早订，超前防范，切实避免事故的发生。六是追求一个“新”字。就是对职工进行安全教育的形式进行不断创新，先后采取了现身说法教育、安全展览教育、安全大讨论教育、典型事故案例教育等，寓教于乐，既便于职工接受，又能提高职工对安全工作的认识。

二、建立健全了“三违”人员放假机制，从处罚上进行善意管理

“三违”是煤矿安全生产的头号敌人，是导致事故发生的最主要因素。事故统计表明，90%以上的事故是人为造成的，违章是其中的主要原因。违章不一定都造成事故，人们利用这一偶然性，而心存侥幸，忽视安全，冒险蛮干，违章作业和违章指挥，以致造成事故。为此，我们始终把反“三违”斗争作为工作的重中之重。对“三违”人员曾经实行过井口亮相、写检查、五帮教、两保证、停班学习、安全风险抵押、罚款等过“七关”处罚办法，虽然控制了“三违”的发生，但始终没有达到预期的效果。怎样才能把说服教育和经济制裁结合起来，使“三违”人员既受到经济制裁吸取教训，又受到周围环境，特别是家庭环境的压力呢？我们在充分调研的基础上，决定对“三违”人员实行善意的放假处理，于2002年初形文下发了“龙东煤矿关于对‘三违’人员实行放假处理的通知”。通知中对各类“三违”的放假时间以及有关要求均作了统一规定。2002年，先后有9人被放长假，5人违章记录在案，13人被停班学习，52人写出书面检查。对“三违”人员实行放长假处罚，使“三违”现象和事故率明显减少。2001年查处“三违”人员161人次，发生重伤3人；2002年查处“三违”人员29人次，发生重伤1人。2002年比2001年减少“三违”人员132人次，因“三违”现象造成的千人重伤率明显减少，为实现2002年安全事故为零的奋斗目标奠定了坚实基础。

三、建立健全了动态达标机制，从源头上夯实安全基石

质量标准化工作是安全工作的基础，为了夯实这个基石，我们严格按照ISO9002质量体系的要求，从规范职工操作行为入手，突出过程控制，全面落实《职工岗位标准》，狠抓生产过程中的质量和工作环节中的标准，坚持安全质量验收单制度，全面落实质量标准化分线包干制和各级干部质量标准化责任制。全面落实安全质量效益结构工资制度，坚持把安全质量搞得好坏与职工收入挂钩。一是建立了岗位安全操作质量达标奖罚机制。按照贯标的要求，实行当班完工签字制度，要求当班职工要对自己的操作质量负责，按照安全质量结构工资中的有关规定，谁达标谁受奖，谁违章谁受罚，从规范职工操作行为做起。二是建立了岗位技能培训制度。本着干啥学啥，学以致用的原则，重点加强对班组长及岗位工种的培训，对“三违”人员则进行强化培训，建立培训档案，对重复“三违”人员实行放假处理。三是建立了严格事故分析制度。树立不规范的行为就是事故，工程质量出现问题就是事故的观念，对发生的事故进行认真分析，找出责任人并严肃处罚，并制定防范措施，举一反三，防止类似事故的发生。通过规范职工的操作行为，使职工能够做到自控、自保、自律、自警，由“要我安全”向“我要安全”的本质型转变。

四、建立健全了安全生产责任监控机制，并层层分解落实

为了把各项安全防范措施落到实处，我们全面落实各级干部安全生产责任制和各工种岗位责任制，按照“谁主管、谁负责”的要求，明确区队长是本单位安全生产第一责任者，支部书记为本单位安全第一责任者，工会主席为本单位职工群众安全教育第一责任者，跟班队长对当班安全负全面责任，班长是当班安全生产第一责任者，一级抓一级，一级对一级负责。干部下井翻牌制、安全隐患排查制和安全信息反馈制，严禁干部下井走马观花，发现问题，及时解决。实行了队长、支部书记安全工作述职制度，每月召开一次安全例会，由全队职工以民主生产会的方式对区队干部在安全管理方面的工作进行评议，开展批评与自我批评，评议结果纳入干部考核档案。建立了干部区域分工负责制，实行挂牌管理，要求各级干部对自己分管范围内发生的安全质量问题必须及时解决，发生事故要承担责任，从而使无形的定性管理转变为定量管理。

五、建立健全了安全联保互保、责任连带追查制，从管理上形成了安全相互制约机制

我们在矿领导、机关科室与生产区队之间开展一对一安全生产联保互保，实行同奖同罚。凡出现违章现象，按照一级抓一级、一级考核一级的原则，先由区队按照有关法规制度拿出初步处理意见，并一同追究班长、跟班队长的责任，凡拿不出处理意见的，则追究队领导、联保单位领导的责任。矿工会必须与各基层车间工会主席签订“安全目标”责任状，车间工会与群监员签订“双保”责任状，群监员与班长、要害工种人员和工人签订安全联保互保责任状，明确各自的责任和权利，相互监督，相互保证，互不伤害，做到联责、联奖、联罚，形成安全管理制约机制，努力消灭安全管理上的盲点和死角。

六、建立健全了群防群治工作机制，形成了人人参与安全管理的良好局面

一是建立和完善了群众安全工作的各项管理制度。在职工中经常开展“多说一句话，消除一处隐患，提出一条合理化建议，增加一份安全感”的好建议活动，努力使群监管理工作逐步走上规范化管理轨道。二是注重加大资金投入，不断改善职工的劳动条件和工作环境，并明确规定：凡因单位没有创造良好的安全作业环境、提供必要的生产工具或因设备设施不完善而造成安全事故的追究单位领导责任，从硬件上努力防止生产中的伤亡事故和各种职业危害。三是建立了安全生产举报制度。通过设立举报电话、举报箱，定期或不定期汇报等途径，使广大职工正确行使自己的权利，敢于对那些“三违”人员大胆检举、揭发，对作出突出贡献的举报人员给予重奖。使“三违”人员像过街老鼠，人人喊打，使其无藏身之地。四是充分发挥党员先锋模范带头作用。实行了党员安全联保互保，在区队开展了“党员安全联保示范班”、“党员安全联保示范岗”以及“党员安全示范岗”活动，通过考核、评比，把安全工作抓得好、抓得实的班组和党员作为示范班、示范岗，树立榜样，以点带面，充实发挥一块牌子一面旗帜的作用，充分调动了广大党员及周围职工群众抓好安全的自觉性和责任心，促进了矿井的安全生产。

以上是我矿坚持以人为本，建立安全生产长效机制的一些做法，虽然做了一些工作，取得了一定的成效，但与安全生产先进兄弟单位相比还有一定的差距。在今后的安全管理中，我们决心全面贯彻实施《安全生产法》等安全生产法规，虚心学习借鉴兄弟单位在安全管理上的一些好经验、好做法，进一步完善安全生产管理长效机制，不断进行安全管理创新，继续提高安全生产管理水平。

改造系统环节　加强监测监控　确保安全生产

大屯煤电（集团）有限责任公司姚桥煤矿

2002年，我们在上级的正确领导下，在各级领导的关心和大力支持下，坚持以经济效益为中心，以安全生产为重点，以高产高效为目标，依靠科技，创新管理，各项工作取得了优异成绩，共生产原煤340.98万吨，完成综合进尺17000米，实现利润1.9亿元，实现了第三个安全生产年。现就我矿在提升系统和安全监测系统方面所做的一些工作介绍如下：

一、改造和更换矿井提升系统，为安全生产提供一流保障

1. 老主井提升系统改造部分

姚桥煤矿老主井安装运行于1976年，当时，年设计提升能力为120万吨，担负着-400水平的原煤提升任务。提升机由两台交流异步绕线式电机串金属电阻控制拖动，低频机组作为减速爬行控制，电控采用继电器模拟控制方式，装载及信号全部采用人工手动操作。由于多年的生产运转，这套系统设备已逐渐老化，控制方式相对落后，运行故障频率较高，导致提升效率低、维护量大，特别是原液压制动系统的总制动力矩达不到《煤矿安全规程》规定的要求，减速器内两个高速轴及一个低速轴齿轮的齿面磨损程度也非常严重，不仅影响了安全生产，而且已严重制约了矿井高产高效建设。根据这一现状，经上级部门和矿领导反复分析论证，在2002年，我们将这套提升系统成功改造为自动装载和提升直流拖动全数字微机控制系统。

一年来，我们通过改造老主井提升系统，全数字直流调速装置的优越性得到充分体现。一是硬件电路简单，故障点少，可靠性高。系统采用了大规模和超大规模集成电路，接插件少，杜绝了硬件故障，设备运行状况良好，基本上实现了零维护，并且主提升机和装载系统可全自动运行，降低了操作工的劳动强度，提高了生产效率，增强了矿井生产的发展后劲。二是控制精度高，工作稳定性好，所有的开环和闭环控制由功能极强的高速微处理器实现，通过软件对提升机电流调节回路进行预控制，从而改善系统动、静态性能，避免了零漂和温漂对调节参数的影响，因而稳定性好。三是系统具有多种智能保护，且自身诊断能力强，可缩短维修时间，提高劳动生产效率。在运行过程中，一旦发生故障，上位机能及时将故障显示出来，缩短了查找事故原因的时间，降低了使用维护成本。四是系统进一步得到优化和完善，速度曲线科学合理，单程提升时间大大缩短，实现了提升和装卸载的全自动，降低了操作工的劳动强度，提高了生产效率，系统提升能力由改造前的120万吨/年增加至现在的150万吨/年，改造后的系统较改造前的系统电气消耗功率减少了270千瓦。按每天工作20小时、年工作日

300天计算,改造后的老主井提升机每年可节约电能162万度,按每度工业用电0.5元计算,每年可节约电费81万元,社会效益和经济效益十分显著。

2．新副井提升系统改造部分

新副井绞车系统1996年投入运行，其电控系统是天水电气传动研究所生产的半数字式的矿井提升机直流传动系统，调节系统采用的是我国20世纪70年代末早期联合设计的模拟调节系统，作为直流驱动的调节部分由模拟电路插件板构成，共计100余块。因设备系统陈旧，受外界因素的影响大，所以设备故障率高，精度低，误差大，且存在安全隐患，影响生产的安全运行。因此，2002年，经过反复调研和论证，决定将新副井提升机调节系统改造为德国SIEMENS公司全数字SIMADYN－D控制系统，它是目前世界上最先进的数字控制系统之一。该控制系统采用多CPU并行处理方式，具有功能强大、应用灵活、可靠性高、控制性能好、系统调试时间短等特点，在不改变原主回路系统的情况下，在最短的时间内完成新老系统的切换，取代原调节系统。它具有准确的数字行程控制功能和强大的监视与监控功能，通过新增的主轴编码器，检测与主轴直联的光电式轴角编码器的脉冲信号，对两个罐笼分别进行计数后产生两个罐笼的位置信号。根据输入的井筒同步开关矫正行程计数值，尽量减小软件计数值与罐笼实际位置的误差。对于钢丝绳衬垫磨损矫正系数，通过软件可以进行自动或手动修改。根据检测到的罐笼行程信号，产生速度给定信号。同时还具备全数字速度、电流双闭环控制、S形速度给定、电枢电流单值调节、磁场回路的磁通调节、减速段行程控制、静力矩预控制控制、电流前馈控制等先进技术。

改造后的新副井电控数字调节系统故障率大大降低，调试简单，查找故障方便，新、老电气控制系统还可以方便快捷的进行系统切换，维护量很小，单程提升时间大大缩短（改造前单程提升时间为200秒，改造后单程提升时间为140秒，整整缩短了1分钟），正常提升时提升机电机的平均电流为1000安，电压为660伏，平均每天提升240钩，按每钩缩短1分钟、年工作日350天计算，那么，改造后的新副井每年可节电92.4万度，节能效果十分明显。通过对新副井提升系统改造，提高了新井整体提升运行效率，解决了新副井提升效率低的老大难问题，设备改造后，各种保护安全系数高，系统不受天气温度变化的影响，性能稳定，取得了显著的社会和经济效益。

二、优化和完善矿井监测系统，安全基础环节进一步巩固

1．安全生产调度指挥系统的改造和完善

随着我矿二期改扩建工程的投入运营，现在矿井已达年产340万吨的生产能力，生产规模进一步扩大，原来的安全生产监测系统已不能满足安全生产管理的需要。为确保生产指挥的准确性、及时性、有效性，及时发现生产中的安全隐患，确保安全生产，我矿又投资250多万元，于2002年开始对原安全生产监测系统进行升级改造。升级改造后的姚桥煤矿安全生产调度指挥系统，对井下的监测容量有了大幅提高。

改造后的安全生产调度指挥系统，提高了对我矿的安全生产管理水平，提高了调度指挥中解决问题的及时性和准确性，缩短了处理时间，为更好的提高管理工作创造了条件，同时也提高了调度工作的权威性。

下一步我矿将建设胶带监控系统、通风监控系统及运输信集闭系统，并将上述系统实现与矿安全生产调度指挥系统的计算机联网工作，进一步提高我矿对安全生产工作的监控水平。

2．矿井通风监测监控系统的研制和开发

随着生产战线的逐渐延伸，井下生产已由原来－400水平扩展到－650和－850水平，井下通风系统可靠性的稳定与否、抗灾救灾能力的强与弱，对保证矿井安全生产，实现矿井的发展目标尤为重要。我矿目前是两对生产矿井，有两套完整的生产系统，虽有三个风井回风，但新老井在通风系统上是混联的，所以整个矿井的通风系统相对来说较复杂。要保证整个矿井的安全生产，首先必须有安全可靠的通风系统，要建立安全可靠的通风系统，就要对整个通风系统进行有效地监测和控制，建立有效地通风监测监控系统。我矿虽然靠加强管理保证了“一通三防”的安全可靠性，但还不能随时掌握井下通风系统情况，在整个通风系统上还存在着一些问题和不足，与矿井今后的生产发展和现代化管理不相适应。主要表现在：

一是目前系统的监测功能较强，控制功能相对较弱，尤其矿井通风系统动态优化软件与硬件控制结合较弱，难以作出快速反应，应变能力较弱。二是矿井通风系统优化软件与监测系统联系较弱，难以实现实时模拟和及时实施风量优化调节控制，更难以保证系统安全可靠、稳定、合理、经济地运行。三是矿井通风系统优化和救灾的自动控制与监测系统结合较弱，监测系统信息不能共享，使得监测系统利用率很低，不能发挥其应有的作用。四是自动风门在矿井中早已有所应用，但传统的矿用自动风门大多数不可远控，只能满足正常生产时的应用，且不能智能化，不能与监测系统联网，无法实施远程控制，难以达到快速救灾的目的。五是自动风窗在煤矿防灭火技术中已有应用，但不可远控，且不能与监测系统联网，在矿井通风自动化中难以应用。六是矿井通风系统可靠性评价软件没有与监测系统联网，评价指标体系也不适用于自动化条件下矿井通风系统的评价。七是矿井通风系统理论、技术和装备一直处于单一分散研究开发阶段，没有考虑相互间的有机结合，其作用无形中受到限制。

为切实解决好以上问题，姚桥矿正在研制开发一套集矿井通风网络监测、风量优化调节、救灾自动控制、矿井主要通风机监测和通风系统可靠性评价的矿井通风系统优化与智能控制系统。该系统由矿井通风监测子系统、通风网络风量优化调节控制子系统、主要通风机监测子系统、胶带火灾监测和救灾控风子系统组成。该项目至今已完成了矿井通风网络及基础参数测定和风机性能测试、矿井通风系统现状模拟和发展预测、智能救灾风门的研制、智能调节风量的研制、通风系统运行状态的实时模拟软件开发，以及通风网络风量优化调节软件的开发，装备了智能救灾风门。根据姚桥矿通风系统近期现状，完成了该系统监测控制点的分布方案，并即将付诸实施。该项目方案与软件开发的初步完成，对通风管理的系统化和规范化起到了积极的推进作用。其在实施过程中，将会进一步加强矿井通风系统的可靠性，提高矿井抗灾救灾能力，实现通风系统管理的现代化、科学化和规范化。

加强安全生产管理　实现安全生产目标

平煤集团安监局

2002 年，在上级的高度重视和正确领导下，全公司上下认真学习实践“三个代表”重要思想，贯彻落实上级安全工作会议及文件精神，按照公司年初提出的安全工作总体要求，以思想教育和培训为先导，以制度建设为基础，以科技进步和装备为支撑，以“一通三防”和防突为重点，深入开展“安全素质年”活动和安全生产治理整顿，强化安全管理和监督检查，狠抓隐患排查及整改工作，零星伤亡事故得到了有效控制，原煤生产百万吨死亡率0.437，比省下达的安全考核指标降低 0.563，打瓦斯抽放钻孔 62 万米，瓦斯抽放量 2800 万立方米，实现了年初提出的安全奋斗目标。

一、扎实有效地开展“安全素质年”活动

集团公司党政领导站在企业长远发展的高度，把提高职工整体安全素质作为实现矿区长治久安的一项根本性措施来抓。年初，制定下发了《关于进一步加强安全宣传教育工作，全面提高职工安全素质的意见》，召开专题会议，全面部署“安全素质年”活动，加强对职工安全生产法律法规的宣传教育。公司组织了“安全公德、美德教育”、“安全情感教育”、“老矿工话安全”巡回报告和基层干部巡回演讲，开展了以“精职业技能、守职业纪律、尽安全责任、当安全标兵”为主题的大讨论和《安全生产法》、《煤矿安全规程》学习、宣传、贯彻以及知识竞赛活动。矿工报和电视台开设专栏和专题节目报道公司党政、基层单位领导和区队干部关于提高职工素质的访谈录。为了促进“安全素质年”活动的深入开展，公司制定出台了激励技术干部和工人学技术的《平煤集团公司最高技术奖励办法》，开展了群众性的技术创新、技术练兵、技术比武和导师带徒活动，以提升安全素质为切入点，强化职工岗位安全责任，规范职工遵章守纪行为，营造了

学技术光荣的浓厚氛围，增强了职工的安全意识和搞好安全生产的自觉性。在第三届国际金属和非金属矿山救护比武中，我公司张彬和李良永分获个人第一名和第三名。

在广泛开展安全宣传教育的同时，加大安全技术培训力度，重点加强了生产一线区队长、班组长、特殊工种、主要技术工种的安全技术培训。全年共培训区队长以上干部621人，特别工种3680人，主要技术工种和一般工种6783人。举办两期矿、处长《安全生产法》学习班，有100名矿、处长参加了学习并经考核全部合格。积极做好三、四级安全培训机构的资格认证工作，一矿、四矿、六矿、十矿和朝川矿等5个单位的职工学校经河南煤矿安监局验收获得了三级安全培训机构资格，二矿、八矿、十一矿、十二矿和天力公司等5个单位的职工学校获四级安全培训机构资格。三、四级安全培训机构资格的获得，为集团公司今后的安全技术培训工作提供了更为有利的条件。

二、深入开展安全生产治理整顿

在认真巩固前两个阶段安全治理整顿的基础上，集团公司着眼于企业的可持续发展，适时做出了继续开展安全治理整顿的决定。年初，在对矿井进行安全隐患排查的基础上，制定下发了集团公司2002年《安全生产治理整顿工作方案》，确定了集团公司的重点整顿项目，提出了整顿的具体要求。公司各业务部门根据公司的整顿方案和目标要求，及时召开专业会议，安排本战线的治理整顿工作。基层各单位坚持以"一通三防"、机电运输和劳动用工整顿为重点，结合本单位实际情况，确定安全生产治理整顿项目。2002年，第三、第四阶段安全生产治理整顿，全公司多方筹措资金1.5亿元，共完成安全生产治理整顿项目1211项，其中集团公司完成85项，生产矿和五大公司完成958项，地面生产单位完成168项。"一通三防"方面，完成了四矿北风井、五矿已二风井、十矿六号风井、三环公司十采区等主要通风机的更换和改造；机电运输方面，更新、改造矿井大型生产设备21台，装备主副井提升保护、皮带机综合保护207套。通过安全生产治理整顿，解决了一批系统上长期存在的严重不安全隐患，矿井防灾抗灾能力进一步得到增强。加强了劳动用工管理，对使用外来工情况进行了调查摸底和全面检查，针对存在的问题，提出了具体的要求，采取了有效的措施，劳动用工管理正在逐步走向规范。

三、突出各类重大事故的防治

我们始终把"一通三防"和瓦斯治理作为安全工作的重中之重来抓。进一步优化通风系统，在对部分矿井主要通风机进行更换和技术改造的同时，加快突出矿井专用回风巷施工进度，共完成高突采区专用回风巷补套工程4680米，维修主要巷道11500米，有效地降低了通风系统阻力，提高了矿井通风能力。提升瓦斯治理理念，加强瓦斯抽放工作，推广高位钻孔等瓦斯综合抽放技术，加强瓦斯抽放效果的检查和验收，瓦斯抽放能力得到进一步提高。完善安全监测系统，为全公司所有采掘工作面配齐了瓦斯监测监控设备，装备率达到100%。坚持签订防治瓦斯超限责任书制度，严格落实责任和考核奖惩，瓦斯超限事故得到了有效控制。建立健全防突管理机构，完善防突设施和措施，促进了"四位一体"防突措施的落实。加强综合防尘工作，防尘系统进一步得到完善，防尘效果有了明显的提高。切实加强防灭火管理，进一步完善了防灭火系统，提高了防灭火装备水平。

机电运输安全管理上，在开展机电运输大型设备和矿井安全供电等专业安全评价及系统改造的同时，加强主副井提升、斜巷人车、大型皮带和供电等关键环节的安全管理，严格检修制度，加强防爆管理，检修生产设备2700多台，完成检修项目11000多项，增强了设备安全运转的可靠性，有效地控制了机电运输事故的发生。

四、切实抓好阶段性安全工作

根据不同时期安全工作的特点，突出阶段性工作重点，开展针对性的安全工作。坚持定期不定期召开专题会议，研究部署安全工作，对安全上存在的重大问题，指定专人负责，制定措施，限期解决。公司主要领导坚持经常督促检查安全工作，每天亲自过问隐患排查及整改落实情况。2002年公司先后开展了跨年度的"百日安全生产"和"安全生产月"活动，加强了元旦春节期间、"十一"及"十六大"前后的安全工作，严格对地面单位生产、库房、易燃易爆物品和化学危险品、交通运输、公共文化娱乐场所、学校、林区等方面的安全管理和监督检查，促进了各项安全技术措施和管理制度的落实，实现了阶段性安全工作目标。

五、加强矿井质量标准化建设

按照年初的总体规划和部署开展质量标准化工作，坚持以开拓工程质量为龙头，以“一通三防”和防突、防尘为重点，从基础工作抓起，深入开展上标准岗、干标准活活动，强化现场质量管理，严格检查验收和考核奖惩。本着“全面起步，重点突破，以点带面，整体推进”的原则，在抓好原有达标采区巩固提高的同时，狠抓了新规划采区的达标管理。采煤专业以抓采面正规循环为突破口，深入开展示范化工作面创建活动，基本遏制了质量滑坡的被动局面；开拓专业先后开展了“顶板管理”、“机电运输”、“局部通风”、“综合防尘”4个薄弱环节的质量达标会战，既保证了开掘工程质量，又促进了安全生产；机电运输专业将质量标准化工作与安全评价有机地结合起来，互相促进、互相推动，确保了机电运输设备的安全运行；“一通三防”专业以优化矿井通风系统为基础，以瓦斯抽放为龙头，提升瓦斯治理理念，狠抓各项措施落实，矿井防止重大事故的能力得到明显提高。其他专业也都结合本专业特点，大力开展质量标准化活动，促进了集团公司质量标准化整体水平的提高。经年度验收考核，全公司生产矿井中，一矿、四矿、六矿、十矿、十二矿、高庄矿和大庄矿等8对矿井达到行业级标准，二矿、八矿、十三矿、吴寨矿、先锋矿和七星公司等6对矿井达到省级标准，三环公司和朝川矿达到企业级标准。地面厂、处、公司有17个达到行业级标准。救护大队继续保持了行业级标准化救护大队称号。

六、大力开展安全评价和职业安全健康管理体系推行工作

在劳动安全卫生评价方面，完成了万安公司安全预评价资质复审和安全验收评价资质的申报工作，并顺利通过验收批准。与宜昌劳保所合作完成了对平煤集团坑口电厂的现状安全评价，与国家经贸委安全科技中心合作完成了《安全评价通则及其在煤矿和粮仓中的应用》课题的研究、总结、鉴定和报奖工作；组织完成了对五矿、十矿、十二矿“一通三防”系统，对四矿、五矿、六矿提升运输系统，对十矿供电系统的安全性专项评价，针对存在的主要隐患和问题提出了整改意见。选送培训了9名国家注册安全评价师。

推行职业安全健康管理体系步伐加快，在首批7个试点单位取得经验的基础上，二矿、十矿、十一矿、电务厂、坑口电厂、八矿选煤厂等6个单位建立与运行了职业安全健康管理体系。组织力量进行了公司机关职业安全健康管理体系文件的修订、改版，完成了《煤矿职业安全健康管理体系指南》、《煤矿职业安全健康管理体系研究与应用》课题进行了总结、报奖和答辩，并荣获中国煤炭工业科技进步一等奖。劳动安全卫生评价的开展和职业安全健康管理体系的推行，进一步规范了安全管理，提高了安全管理水平。

七、加强业务保安和安全监督检查

业务部门严格落实业务保安责任制，重点加强了工程开工与巷道贯通、采面安装与收尾、初采初放、过地质构造带等生产关键环节的安全管理，对安全不放心的地点实行重点监控，各项安全技术措施和管理制度在现场得到了较好的落实。

严格执行季度安全大检查、安全小分队检查和专项安全检查制度，重点加强了“一通三防”、机电运输、矿井供电等大系统完善，现场安全技术措施和管理制度落实情况的监督检查，及时督促整改了一大批重大安全隐患。2002年，仅安全小分队就查出不安全隐患4832条，下发安监人员意见书137份，停产头面198个（次），罚款14.7万元。不断改进工作方法，先后对香山公司等6对矿井进行了安全剖析检查，对劳动服务公司云台矿、七星公司和香山公司进行了全矿井的停产整顿，有力地促进了重大安全隐患的整改。严格执行事故追查处理制度，对2001年发生的死亡事故和瓦斯超限进行了认真的追查，对责任者进行了严肃的处理。

为实现安全关口前移，超前防范，集团公司下发了《关于进一步加强安全隐患排查整改工作的规定》，建立公司、矿（处）、战线和区队四级隐患排查整改制度，坚持每天对生产矿隐患排查情况进行分类归类，属于重大的不安全隐患，督促基层单位制定措施，落实整改；对于一时不能解决的隐患，明确领导、责任和措施，限期落实整改。基层单位高度重视隐患排查工作，一矿、六矿、十一矿、十二矿等单位发挥战线、区队和班组三级作用，认真抓好隐患排查整改，有力地促进了安全生产。

充分发挥安全“六条线”党政工团齐抓共管的作用，加强安全宣传教育和群众监督检查工作，构筑了牢固的安全生产防线。

加强企业安全文化建设
树立安全文化理念　营造良好的安全生产氛围

平朔煤炭工业公司

安全文化是人类安全活动所创造的安全生产、安全生活的精神、观念行为与物态的总和。分析我公司历年来发生的死亡事故及其他各类事故，基本上都遵循着一个相同的规则，“天灾”甚少，“人祸”居多，“三违”是造成事故的直接原因。根源是人的安全素质问题，即安全意识不强、安全知识贫乏、安全能力有限，尤以安全意识最为根本。由于不安全行为的意识空间被其他意识所占领，安全意识便无立足之处。如果积极倡导安全文化，借助文化特有的影响力、渗透力、扩张力，使安全工作获得广泛的群众基础和深厚的文化底蕴，引发人们安全观念的深刻变化，就会提高职工的安全理念，促进安全管理工作，强化职工的安全素质。围绕这方面的内容，我们做了如下几方面工作：

1. 以人为本，强化培训教育，努力提高职工的安全素质

加强职工安全培训，是煤矿企业标本兼治的关键性措施。我们已建立了委托外培、本公司专业培训和基层业余培训的三级教育体系。公司全年拿出200万元作为培训教育经费。3月份公司成立了职教中心，承担安全培训中心的职能。职教中心成立以来，举办了岗前人员、专业技术人员等方面的培训班，培训人员约2800人次。各二级单位共举办专业培训和基层培训312期，共培训6782人次。4月份共有46人参加了朔州市劳动局锅检所举办的司炉工培训班。11月份共有71人参加了朔州市技术监督局举办的起重机操作工培训班。外培矿长3人、安监干部8人。各单位坚持安全学习活动，不走形式，不走过场，有内容，有记录。

2. 大力开展“学规程、堵漏洞、反三违”活动，取得了积极效果

3月份，公司下发了《关于开展学规程、堵漏洞、反三违活动的通知》，要求各单位在原来的基础上利用一个月的时间集中力量，加强对新规程的学习。安太堡矿在3·12反思日，组织了典型事故图片、资料展览，组织基层职工1000多人观看事故案例录像。动力公司对新分配人员、特殊工种操作人员进行了培训，培训193人次。生活服务公司公寓科对班组长、青安岗、群监员、新上岗职工进行了集中培训，并进行了考试，成绩与工资考核挂钩。小车队开展了从3月23日至6月30日的百日安全无事故活动。安家岭矿举办新规程培训班，培训6课时，并进行考核。安监站与采矿部联合举办了一次“安全生产大家谈”活动。供应公司从3月7日开始开展了第一个百日安全竞赛活动。各单位按照公司的要求，进行了1～2次的安全检查，都建立了“三违”举报电话。

3. 认真开展了“安全生产周”活动

公司成立了“安全生产周”活动领导组，并且开展了一系列活动。公司在5月15日举办了安全生产知识竞赛，共有8个代表队24人参加了比赛，共评出优胜队5个、优秀队3个、最佳选手2个，并设立了观众奖。公司领导胡群、薛福斌，朔州煤矿安监站安存有副站长出席了活动，共有200多名职工观看了比赛。开展了“我要安全、关爱生命”的征文活动。女工部开展了夫妻联保拔河比赛，各单位出动了宣传车、张贴宣传标语等进行宣传教育。

4. 安全月活动开展得既轰轰烈烈又扎扎实实

6月安全月活动期间，公司上下举办了形式多样、内容丰富的活动，收到了明显实效。公司举办了“十个一”活动，主要内容有：

召开了一次动员会。5月30日，公司召开了安全生产月动员大会。胡群书记主持了会议。王德志总经理作了动员讲话，对活动进行了安排部署。会上，两矿总经理、动力公司经理做了表态发言，并且举办了领导干部安全签名活动，拉开了千人签名活动的序幕。

总经理发表了一次电视讲话，5月31日，王德志总经理发表了电视讲话。对王德志总经理的讲话，平朔电视台连续播放了一周。

举办了一次“安全责任重于泰山”大型签名活动。这次活动，我们一改以往的做法，深入到基层班组、厂队进行现场签名。参加人员达4000多人。

公司举办了一次安全咨询活动。6月9日，公司安监人员走上街头配合全国的安全月宣传日进行了安全咨询活动，工作人员耐心对过往人员宣讲安全知识，解答有关的问题，并且发放了安全知识宣传单。

举办了一次“安全杯”拔河比赛。6月17日，公司在俱乐部门前举办“安全杯”拔河比赛，共有8个队参加，公司领导为前3名颁了奖。

举办了一次“安全在我心中”演讲比赛。6月20日，公司举办了“安全在我心中”演讲比赛，12名参赛选手从不同侧面阐述了安全就是幸福、安全就是效益的安全理念，选手的精彩演讲博得了现场热烈的掌声。

开展了一次安全大检查以及“三防”专项检查。6月11～12日，公司开展了安全大检查。公司成立了以王德志、胡群为组长的安全检查领导组，共查出隐患22项。另外还进行了两次专项检查。

开展了一次合理化建议和安全征文活动。共收到合理化建议197条，征文35篇，评出好的建议50条、优秀作品10篇，并给予了一定的奖励。

配合集团公司开展了“安全照亮七彩人生矿山行”文艺活动。我公司共参加人员20多人，到大屯、太原煤气化等地进行巡回演出。在平朔演出3场，观看人员2000多人。

6月11～13日，组织了一次女职工协管员一线“送温暖、献爱心”活动。

期间，各单位也开展了多种形式的宣传活动。公司共举办一期安全图片展览，向中煤集团公司选送活动图片3次，全公司共出黑板报35期，全公司共悬挂宣传标语735条，宣传横幅65条。

通过开展以上一系列活动，极大地促进了安全生产的健康发展，安全形势良好。当月全公司发生一般事故2起，直接经济损失1.5万元。特别是安太堡矿实现了安全无事故，成绩显著。

5．精心组织了百日安全生产竞赛活动

9月23日至12月31日公司开展了第七个百日安全生产竞赛活动。为开展好这次活动，公司专门召开了动员会，并且以平煤安字（2002）170文件下发了通知，成立了以总经理王德志、党委书记胡群为组长的活动领导组。两矿、各二级公司按照公司的安排部署成立了活动领导小组，使活动基本达到了预期的效果。除多开公司以外，其他单位都完成了公司下达的事故控制指标，总体情况良好。竞赛期间，公司举行了安全知识竞赛、运输卡车司机百日安全无事故等一些大型的活动。根据形势需要，公司下发了《关于做好国庆节和十六大期间的安全生产工作的通知》，召开专门会议布置，要求各单位以高度的政治责任感认真做好国庆节、十六大期间的安全生产、保卫工作，确保安全稳定。生产劳保部举办了安全演讲和安全知识抽奖活动。女工部举办了安全文艺演出。安太堡矿召开了防冻工作会议，加强了冬季“四防”工作，采取有效措施，未发生冻坏设备的事故。安家岭矿场区设施部组织职工进行了《安全生产法》答题考试，成立了义务消防队。动力公司供热厂对4台锅炉进行了严格的检查和维修，确保生活区冬季供暖。总结这次百安竞赛活动，有如下几大特点：①领导重视，大力支持；②周密安排，精心布置；③各负其责，全员参与；④重点突出，任务明确；⑤活动扎实，成绩明显。安全活动的深入开展，为公司的全年生产经营任务的完成起到了很好的保驾护航作用。

6．深入贯彻学习《安全生产法》，努力实现依法治企，依法治矿

《安全生产法》正式实施后，公司上下高度重视，于8月份召开了宣传贯彻《安全生产法》暨安全工作会议。会议对学习宣传贯彻《安全生产法》作了安排部署。会后，根据会议精神，公司下发了《学习宣传贯彻安全生产法实施意见》。各部门都组织了多种形式的宣传贯彻活动。

一年来，全公司用于安全活动的费用50多万元。通过加强安全培训教育及开展的一系列安全生

产活动，提高了职工的安全素质，活跃了职工的安全文化生活，营造了良好的安全氛围，为公司的安全生产起到了很大的促进作用。

“春风细雨，润物无声”，我们在 2002 年对安全宣传、培训教育工作进行了积极的探索，并取得了一定成绩，建立了具有平朔特色的安全宣传教育体系，安全生产氛围浓厚，形成了“人人讲安全、个个管安全、安全为人人、安全促生产”的良好局面，为安全生产奠定了良好的基础。2003 年，我们要深入贯彻十六大精神，从实践“三个代表”重要思想和全面建设小康社会的战略高度，充分认识安全生产的极端重要性，把安全生产纳入建设小康社会的总体部署中，牢固树立安全第一的思想观念，与时俱进，开拓创新，在实践中进一步丰富、充实和发展企业安全文化，有针对性地加大安全宣传、培训教育力度，大力开展安全生产活动，积极倡导“安全—健康—文明”的安全观，弘扬先进的安全文化理念，努力强化职工的安全技术素质和安全自保互保意识，营造“关爱生命，关注安全”的氛围，为搞好安全生产创造良好的环境。进一步增强责任感、使命感、紧迫感，以更大的决心、更大的精力、更得力的措施，抓好安全生产工作，努力实现集团公司下达的奋斗目标，为继续保持安全生产的稳定好转作出新的贡献。

综合治理瓦斯　确保矿井安全生产

阳泉煤业（集团）有限责任公司

阳泉煤业（集团）有限责任公司于 1997 年 12 月由阳泉矿务局改制而成，企业成立于 1950 年 1 月。52 年来，阳煤集团历届领导和广大职工始终把瓦斯综合治理工作摆在重中之重的位置，牢固树立“安全第一”、“瓦斯为天”的思想，认真落实“一通三防”的有关规程规定，形成了集通风、抽放、监测三大系统为一体的通风瓦斯管理体系，建立了一整套行之有效的规章制度，培养了一支严细成风的“一通三防”管理队伍。连续 23 年杜绝了 10 人以上特大瓦斯爆炸事故，连续 16 年杜绝了瓦斯爆炸死亡事故，百万吨死亡率连续 12 年控制在 1 以下，连续 5 年降到 0.5 以下，最低为 0.072。1996 年 6 月，原煤炭工业部在我公司召开“推广阳泉局瓦斯治理经验现场会”，我公司被树为全煤系统瓦斯治理的一面旗帜。会议之后，我们以“举红旗不倒，站排头不让”的精神，经常对照上级领导的要求，不断反思我们的工作，牢牢抓住瓦斯这个矿井安全生产的咽喉，积极探索综合治理瓦斯的有效途径，进一步寻找差距，查找问题，改进和完善“一通三防”管理，老老实实，踏踏实实，严格而科学地对待瓦斯综合治理工作，取得了实效。

一、领导重视，舍得投入，依靠科技进步，加强基础建设

阳煤集团现开采沁水煤田东北部，矿区总面积 1105 平方公里，地质储量 107.3 亿吨，煤层总厚度 13～15 米，距地表深度 150～500 米。其中主采 3#、12# 和 15# 三个煤层。全公司现有 6 个生产矿，11 对生产矿井，其中有煤与瓦斯突出矿井 2 对，高瓦斯矿井 8 对，低瓦斯矿井 1 对。2001 年，全公司绝对瓦斯涌出量为 795.87 立方米/分钟，相对瓦斯涌出量 30.26 立方米/吨，居全国之首，瓦斯涌出量为全国的 1/6。综采综放工作面瓦斯涌出量一般为 40～50 立方米/分钟，最高达 132 立方米/分钟。1978 年 12 月 3 日，我公司二矿小南坑发生瓦斯爆炸事故，死亡 10 人，对我们震动很大。严酷的现实和血的教训，使我们深刻地领悟到，在阳煤集团实现安全生产，重中之重必须强化“一通三防”管理，而“一通三防”管理的关键是瓦斯的综合治理。资金再紧张，瓦斯综合治理的投入不能少；机构再精简，通风瓦检人员不能减；生产任务再重，通风瓦斯工作不能马虎。为了不断强化各级领导和广大职工的通风瓦斯意识，做到举一反三，警钟长鸣，我们把二矿小南坑瓦斯爆炸的 12 月 3

日确定为集团公司每年的事故“反思日”，并把兄弟单位的事故作为自己的事故来对待，全国每一起重大事故，我们都要剖析案例，寻找原因，从而完善自己的制度，防患于未然。每年我公司下发的安全一号文件，都把瓦斯综合治理当作重点工作安排，从采区设计到生产准备，首先考虑通风系统和瓦斯抽放系统，已经成为阳煤集团组织生产的重要原则。

要从根本上做好瓦斯综合治理工作，必须依靠技术进步，加强基础建设。近几年来，由于煤炭市场疲软，我公司的生产经营遇到了前所未有的困难，资金周转极度紧张。即使在这种情况下，我们压缩其他项目，也不减少对瓦斯治理工作的投入。“七五”以来，全公司用于瓦斯综合治理的各种投入高达16.56亿元，平均每年投入近一亿元，吨煤平均投资7.36元，最高达14.7元。26年来，全公司共开凿风井36个，安装和改造主扇23台次，开拓专用瓦斯巷43.8万米，敷设瓦斯抽放管路150公里。从日本引进成套瓦斯抽放装备，从法国、波兰引进瓦斯自动监控系统。近几年又推广、改造、使用双风机双电源、大功率对旋式局扇、井下移动抽放泵站、瓦斯监控后备保障技术。为探索高瓦斯矿井易自燃煤层实现高产高效的路子，我们与煤科总院及其所属分院联手组织攻关，依靠集团公司有关工程技术人员，群策群力，研究成功u+L型和u+I型通风方式，解决了顶板穿层钻孔、顶板岩石走向巷道、顶板岩石倾向巷道、中低位后向巷道抽放临近层瓦斯等一系列技术难题，使公司高产高效跃上了新台阶。一矿综五队在地质条件复杂的高瓦斯矿井中连续两年年产突破200万吨，受到中煤协会的嘉奖。“七五”以来，全公司共完成科研攻关项目26项，极大地提高了综合治理瓦斯的技术可靠性。

二、建立和完善通风、抽放、监测三大系统，提高矿井抗灾能力

(1) 安全完善的通风系统。控制瓦斯事故，首要的是提高通风能力，保证有足够的风量稀释瓦斯。我们选用了一批新型高效风机，电机功率最高达2500千瓦。同时对低效主扇进行了技术改造，进一步提高了矿井通风能力。至2002年底，公司共安装主扇48台，总装机容量56560千瓦，运载主扇16台，总排风量17.8立方米/分钟，年通风能力达到1980万吨，充分满足了生产发展的需要。通风方式实现了多风井分区通风；各采掘工作面形成了独立的通风系统；高突矿井采区全部采用了双进双回系统；采煤工作面采用一进两回通风系统，提高了风排瓦斯能力。采煤工作面配风量为1000～1500立方米/分钟。全矿井的风量每三天进行一次全面测量并及时进行风量调整。

(2) 合理可靠的抽放系统。控制瓦斯超限，实现安全生产，一靠抽放，二靠风排。几十年来，公司研究探索并全面推广了多种上临近层瓦斯抽放技术。其中采用的密钻孔抽放法，钻孔平均间距仅为4.7米，临近层抽出率最高达90%以上；顶板岩石倾向巷道抽放瓦斯的方法，单巷抽放量达10～40立方米/分钟，有效抽放距离200米左右；顶板岩石走向巷道抽放瓦斯的方法，临近层抽出率高达90%以上；中低位后向抽放瓦斯的方法，有效地解决了综放面初采期的瓦斯涌出。为保证安全生产，“八五”期间，共施工顶板抽放岩巷53条，总进尺14920米。“九五”期间，公司加大投入，每年施工的瓦斯综合治理专用巷道达1.6万米。经过多年努力，公司已形成了“密钻孔、高抽巷、大管路”的抽放格局，为治理矿井瓦斯打下了坚实的基础。目前，全公司除一对低瓦斯矿井外，其余矿井均已建立了完善的抽放系统。共建永久瓦斯抽放泵站10座，井下临时抽放泵站4座，装备各类瓦斯抽放设备39台，单机运行时最大抽放能力达1396立方米/分钟。2001年，瓦斯抽放量达到1.55亿立方米，居全国之首。

(3) 先进灵敏的瓦斯监控系统。我公司从1974年开始装备瓦斯监测仪器，经过多年的改进完善，已形成了国内比较先进的多功能瓦斯自动监控系统。目前，公司装备有航天部引进美国技术制造的kj_4、重庆分院制造的kj_{90}、上海嘉利公司制造的kj_{92}瓦斯自动监控系统9套，装备各类传感器714枚，其中瓦斯传感器442枚，对矿井瓦斯、一氧化碳、温度、风速、设备开停等实行连续自动监控。从2000年始，还研制开发使用了瓦斯监控后备保障技术，给工作面生产提供了第三道安全防线。我们在所有矿井的采掘工作面、主要回风巷及重点区域装备了瓦斯传感器，采掘工作面被控设备的电源、局扇装备了开停传感器，并对监测到的数据进行计算机处理，实现了自动监测和控制，从而杜绝了瓦斯超限作业。

三、加强制度建设，构建可靠的安全生产屏障

经过多年的探索和实践，在瓦斯综合治理上，我们坚持并形成了一套行之有效的管理制度。

(1) 建立健全通风瓦斯管理总工程师负责制。通风部门直接受总工程师领导，总经理、总工程师把主要精力放在通风瓦斯管理上，每日审阅通风瓦斯日报，发现问题，主动及时处理。公司每月都要召开由总工程师主持，各矿（处）总工程师、通风区长、公司安监、生产、机电、通风等处室负责人参加的通风专业例会，研究布置强化管理、防止瓦斯事故的措施。

(2) 狠抓瓦检员巡回检查瓦斯制度的落实。各矿通风部门每月都要按检查区域制定计划巡回检查图表，明确瓦检员的检查路线、检查地点和检查时间。并明确规定，检查图表误差 20 分钟，就按假报瓦斯处理。在高突矿井的掘进工作面都配备了专职瓦检员；综采工作面配备两名专职瓦检员，瓦检员不在现场，严禁生产，所有瓦检员必须在井下现场交接班。坚持了瓦斯巡回检查图表的班、队、区三级审查制度，矿总工程师、通风副总定期定量审查，通风处经常组织现场检查和图表抽查。对虚报瓦斯、空班漏检、脱岗者坚决给予开除留察处分。

(3) 坚持排放瓦斯和巷道贯通的分级管理制度。排放临时停风区的瓦斯，由通风区当日值班长批准，由通风队指定专人排放；排放密闭区的瓦斯，由矿总工程师批准，通风区领导现场指挥进行排放；排放密闭的瓦斯尾巷、连通已采区或老空区、火区等处的瓦斯时，由公司总工程师批准，矿总工程师现场组织指挥，救护队协助进行排放。一般巷道的贯通，由矿总工程师批准，通风区领导现场指挥进行贯通；与已采区情况不明巷道贯通，要求采用大直径钻孔预贯通探明情况，措施由集团公司总工程师批准，矿总工程师现场指挥，救护队协助贯通。

(4) 加强局部通风管理。局部通风是瓦斯事故的多发环节，我们明确规定：局扇必须由瓦检员（或放炮员）专人管理，任何人不准随意停开。煤巷、半煤岩巷的掘进工作面必须实现“三专”、“两双”“两闭锁”。严格了局扇无计划停风的管理、分析和考核，建立健全了掘进工作面投产、移装局扇及安全设施的验收制度，凡发现不符合要求的，通风部门有权停止生产作业。

(5) 加强放炮管理。我公司特别重视放炮管理和正规操作。几十年来，坚持了放炮员归通风部门管理和专职放炮员持证上岗制度。严格执行了“一炮三检”和“三人联锁”放炮制度。放炮员必须亲自连接母线，煤巷和半煤岩巷严格执行掏槽、刷帮和压顶“分打、分装、分放”的原则。

(6) 完善瓦斯监测装置的维修和管理制度。为保证瓦斯监测系统的准确、灵敏、安全、可靠，遥测工对综采及综掘工作面每三天、其余地点每周调校一次传感器。瓦检员每班三次核准传感器显示的瓦斯浓度值。对新投产的综采工作面，投产前对监控系统进行验收，验收不合格不准投产。对人为解脱、破坏监测装置的，坚持先停产，后追查分析的制度，查出责任者立即给予开除处分，查不出责任者，对使用队组处以 0.5~1 万元的罚款。

(7) 狠抓防突措施的落实。对突出矿井的工作面严格执行割煤期间回风停电锁门制度，严禁人员进入。即使是瓦检员检查回风流瓦斯也必须停机进行。在突出工作面还推广使用了刨煤机采煤工艺。同时根据突出频率和强度，分别采用浅孔煤壁注水、放震动炮、深孔松动爆破、网格卸压钻孔等单项或多项防突措施。对地质构造复杂、突出频繁的地段，如没有可靠的防突措施，暂不回采。

(8) 落实业务保安，强化监督检查。我们充分发挥安监部门的监督检查作用，在每月组织的质量标准化、安全隐患检查中，通风瓦斯对整个达标具有否决权。凡发现存在通风瓦斯隐患的采掘工作面，有多少停多少，一律不准生产。

我们还建立了采掘工作面投产前的验收管理制度，综采、综放面瓦斯放限管理制度和综放工作面的瓦斯管理制度。这些制度的建立和实施，不仅使通风瓦斯管理做到了有章可循，而且对规范职工的操作行为起到了重要作用。目前，我公司在通风瓦斯管理上已经形成了专职瓦检人员检查、专职安监人员巡回检查和监控设备 24 小时连续监控的多重屏障。我们还把实践中的一些做法提炼成“安全第一，瓦斯为天”、“宁停三天，不抢一秒”、“只认瓦斯不认人”等安全理念。这些安全理念以及《“一通三防”十项管理制度》已渗透和植根于广大员工的行为中。

我们要戒骄戒躁，居安思危，成绩面前找差距，以更加卓有成效的工作，进一步强化瓦斯综合治理，坚决杜绝重大瓦斯事故，开创安全工作新局面。

强化安全管理　狠抓质量达标
努力开创安全生产新局面

辽源矿务局

辽源矿务局是一个具有90多年开采历史的老局，现有3个生产矿（梅河矿、西安矿、红梅矿），1个在建矿（金宝屯矿），共15个生产井区，现有职工32018人。我局地质条件复杂，自然灾害严重，是一个水、火、瓦斯、煤尘等灾害俱全的局，并且是全国煤矿事故多发的16个重灾局之一。全局现有井区多数属高瓦斯矿井，随着开采深度增加和条件变化，全局瓦斯涌出量不断增大，目前，绝对瓦斯涌出量高达97.85立方米/分，相对瓦斯涌出量10~23.59立方米/吨,煤尘爆炸指数为47%~74%，并且发火期短，一般为1~2个月，最短只有12天。加之资金紧张，设备老化，约占50%的日式、苏式老旧杂设备仍在使用，矿井抗灾能力差。在这种十分困难的情况下，我们坚持贯彻落实党的“安全第一、预防为主”的方针，以狠抓质量达标为突破口，强化安全管理，从技术改造入手，增强企业发展后劲，实现了安全生产，经济运行开始走向良性循环。2002年，全局各项经济技术指标完成得都比较好，创出了“八个新水平”，其中原煤产量完成408.1万吨，比上年多出煤60.1万吨，创出建局42年来的最好水平。全局杜绝了三人以上重大人身伤亡事故，原煤生产百万吨死亡率降到1.18，比省局下达的考核指标下降了53.54%，创出了建局以来安全生产历史最佳年。

一、坚持加强安全工作领导，强化职工安全第一意识

第一，认真分析和吸取历史事故教训，强化领导干部安全意识。我局党政班子认真回顾了我局安全工作的历史，深刻分析了事故多发的沉痛教训。大家一致认为，我局确确实实是一个重灾局。自1949年到2001年底，全局共死亡1839人，平均每年死亡35.3人，平均每10.3天就死亡1人。在这52年间，全局共发生3人以上重特大事故71起，死亡688人，平均每0.73年就发生1起。这些血的教训令人难忘，发人深省，使我们深刻认识到，辽源局不抓好安全，就没有出路，就没有稳定和发展。为此，领导班子形成一个共识：“产量欠了可以往回撵，亏损超了可以往回捞，安全抓不好出了事故无法弥补，这个责任重于泰山”；坚定一个信念：“宁可少出煤或者不出煤，也必须保证安全”；树立一个理念：“一切以安全为主，方方面面为安全让路”；确立一个思路：“全局必须抓好两件大事，一是安全，二是稳定，安全是稳定的重要保证”。认识提高了，行动也就自觉了。各级领导干部由过去“要我抓安全”转变到“我要抓安全”上来，坚持把安全第一落到实处。

第二，从搞好安全思想发动上强化职工安全意识。每年，局党委、矿务局下发的1号文件，就是作出实现安全生产年的决定，并且提出明确的安全工作奋斗目标和切实可行的有力措施。同时，把安全目标落实到矿，把安全责任落实到人，形成了各级领导重视安全、党政工团齐抓共管安全、职工家属参与安全的良好局面。

第三，从搞好扎实有效的安全活动上强化职工安全意识。充分发挥党、政、工、团齐抓共管的作用，利用各种宣传形式和阵地，积极主动地开展了各具特色、有针对性和实效性的安全教育活动。诸如：安全思想整风和安全大讨论活动，“安全稳定效益年”活动，编写演唱《安全歌》，征集汇编“安全劝语”、《历史上的今天》，签订《安全公约》，

"安全民主测评末位淘汰"和《安全生产法》系列教育活动等，为实现安全生产奠定了坚实的思想基础和群众基础。

二、坚持依靠科技进步，强化安全生产必要前提

我局从抓好安全生产的实践中认识到，只有依靠科技进步，搞好矿井技术改造，狠抓采煤方法和支护改革，不断提高采掘机械化程度，扩大生产能力和水平，才能为安全生产创造必要前提和条件，从根本上避免了因为压撵产量而发生事故的现象。

第一，狠抓矿井技术改造，使安全生产有了发展后劲。突出抓了梅河四井主提升系统改造工程，将原斜井串车提升改为大倾角强力皮带提升，既减少了安全生产事故，又取得了良好的经济效益，年产量由改造前的23万吨，提高到2002年的46万吨。并注重抓了梅河二井、六井、西安一区、二区、五区等运输系统皮带改造和生产系统环节改造，为安全生产增强了后劲。

第二，狠抓了矿井支护形式改革，使安全生产有了良好条件。针对我局西安老矿残采、梅河软岩支护、巷道压力大、失修地点多的实际，改革巷道支护形式，积极推广应用锚喷支护和U型钢支护，从根本上改变了矿井面貌，使原来低矮的巷道旧貌换新颜。全局从2001年开始，共完成锚喷支护巷道3800米，投入U型钢12355吨。目前，全局除将要报废的梅河七井采用木支护外，其他井区全部实现了支护钢铁化。

第三，狠抓采煤方法改革和提高机械化程度，使安全生产有了用武之地。一是抓了梅河二井4108区和4112区采煤方法的改革，将原来金属网分层开采改为综采放顶煤开采，既保证了安全，又使单产由原来的1.3万吨/月提高到3.1万吨/月。二是抓了梅河三井和六井倾斜煤层（最大倾角32°）采煤方法的改革，将原来金属网分层开采和巷柱式开采改为倾斜综放开采。取得成功后，不但保证了安全，而且提高了单产水平和回采率。梅河三井2110区10层单产由改革前2.4万吨/月提高到3.6万吨/月；梅河六井回采率由原来的56.7%提高到87.5%。三是抓了采掘机械化程度的提高。梅河矿采煤机械化程度已达到80%左右。金宝屯矿目前2台综掘机分别在采区入、回风进行作业，首采区准备布置为走向2000米工作面长度160米的大型综采区，采掘机械化程度可达100%。为全局实现安全生产、稳产高产创造了良好条件。

三、坚持突出安全重点，强化"一通三防"工作

我局针对"一通三防"灾害严重的实际情况，坚持把"一通三防"作为全局安全工作的重中之重来抓，积极采取切实可行的防范措施，杜绝了瓦斯煤尘事故和发火封区事故。

第一，注重抓了"一通三防"责任制和各项管理制度的落实。在认真贯彻落实上级有关防止重大瓦斯煤尘事故的一系列决定、规定和制度，特别是国家局"十二字方针"和省局"三道防线"措施的基础上，结合实际，先后制定了《"一通三防"十二项管理制度》和各项硬性管理规定。并反复强调，必须全面落实好"一通三防"责任制。

第二，注重抓了通风系统改造和局部通风管理。针对矿井开采深度增加、通风水平增多、用风量增大的实际，先后对梅河、西安两矿七个井区更换了10台新型主扇，增加矿井风量3600多立方米/分。并对掘进工作面增加使用对旋风机64台，高强度大径风筒3000多米，使掘进工作面供风量达到150～200立方米/分以上。保证了通风系统的合理可靠，做到以风定产。加强了通风设施标准化建设，实现了风门钢铁化、标准化、连锁化。

第三，注重抓了瓦斯综合治理。针对开采深度的增加而产生的瓦斯越来越大的实际，采取了多种方法有针对性和实效性地治理瓦斯。一是从采区设计和现场管理上治理瓦斯。如对原始煤层适当控制工作面长度，降低瓦斯涌出量；对特厚煤层先开采解放层，起到释放瓦斯的作用；对瓦斯涌出量经常变化的采面，在现场管理上，瓦斯超限坚决停止作业，并按事故进行追查。二是从强化抽放措施上治理瓦斯。先后在梅河矿各井分别上了瓦斯抽放系统，共购入瓦斯抽放泵10台，增设瓦斯抽放管路1.1万余米，采取地面固定抽和井下移动抽、原始煤层预抽、尾巷抽放、向老塘上方倾斜打钻抽放、向断层和裂隙带打钻抽放、向工作面回风砂口直接插管抽放、掘送瓦斯道抽放等方法，2002年共抽放瓦斯总量达1320万立方米，为安全开采创造了有利条件。三是从加强瓦斯监测手段上治理瓦斯。先后在梅河二井和四井新上两套瓦斯监测系统，并且更新了梅河三井瓦斯监测系统。此外，分批购入

50台瓦斯断电仪补充装备到各井区，使我局无论大井还是小井都上齐了瓦斯断电仪，增强了瓦斯监测能力。四是从严格“瓦斯特区”管理上治理瓦斯。我局将瓦斯威胁大的采区确定为“瓦斯特区”，给予特殊政策，实行特殊管理，除制定实施专门安全技术措施、采取各级干部蹲点监护、专业人员班班支护等措施外，还对实现安全开采的采区和人员分别给予重奖，保证了2002年全局9个瓦斯特区都已安全采出。

第四，注重抓了消防火和防灭尘工作。在消防火上，首先，从健全完善消防火系统入手，先后改造和新建了消火砂井和黄泥灌浆站，更换了大径消防火管路1.6万米。其次，从强化消防火方法入手，坚持“以防为主”的方针，采用“建立消防火专业队”、“实行消防火承包”和采用移动注浆泵提前注浆等方法，先后购入大型泥浆泵21台、小型泥浆泵33台，做到了超前有效防火，消灭了发火封区事故，保护了生产能力。在防灭尘上，我局增设防尘管路系统2.4多万米，采区和掘进道口全都设有隔爆水袋，转载点喷雾器也都安设齐全，设有专人清扫煤尘和洒水灭尘，消灭了煤尘堆积和飞扬。

第五，注重加大了“一通三防”的安全投入。我局在资金紧张的情况下，坚决做到安全上该花的钱一定要花，尤其是“一通三防”的钱必须花。仅2002年，“一通三防”的安全投入就达1293.6万元，吨煤达到3.17元，从安全装备上、基础设施上增强了矿井抗灾能力。

四、坚持夯实安全基础，强化质量标准化工作

我局多年来一直在抓质量标准化工作，但一般号召多，进展不均衡，真正明显见效还是从2001年5月份开始。

第一，转变观念，重视质量达标。首先，从局党政班子做起，在2001年5月15日局党政班子召开专题质量标准化会议，统一认识、端正指导思想的基础上，分别在局本部、西安、梅河、金宝屯矿，先后5次召开质量标准化工作会议、现场会议和专业会议，并在职工中开展了如何搞好质量标准化的思想整风和大讨论活动，下力量转变了“重产量轻质量”、“抓质量达标就会影响产量”等错误观念，使职工明确了搞好质量标准化的重要性、必要性和迫切性，树立了“安全为天、质量为本”的思想，坚持走“抓质量、保安全，靠达标、变面貌”的路子。

第二，典型引路，推动质量达标。我局在巩固梅河三井、四井、西安二区、五区等老典型的同时，下力量抓了一些新典型。例如，西安六区前身是事故多发的原太信四井，该区垂深880多米，质量达标难度非常大。该区从强化基础工作入手，宁可停产不出煤，也要翻挑失修巷道，2002年先后停产27天，翻修暗井绞车道和其他7处影响安全质量达标的地点，使该区实现了长期性、经常化达标。

第三，开展竞赛，促进质量达标。我局开展的质量达标竞赛活动，由原来的采掘机运通地测调度七个系统的达标竞赛，发展为地面党政工团、井上工业广场、职工学习室、更衣室、浴池等全方位的达标竞赛。并本着条件接近、公平竞争的原则，划分了A、B、C、D、E五个竞赛组，一季一检查一奖罚，调动了质量达标的积极性和主动性。

第四，严格管理，保证质量达标。我局坚持“向严格管理要质量达标，靠严格管理保质量达标”的指导思想，加大了质量达标现场管理、检查验收和处罚的力度，以正式文件下发了《关于加大质量标准化检查验收力度的规定》，各矿、井区也都相应地制定和实施了质量达标月检和“五日一检”实施细则以及质量达标硬性规定，如梅河矿的质量标准化“二十停”，西安矿的“十停止、十撤职、十开除”等，保证了质量达标的开展。

五、坚持依法从严治局，强化安全监管水平

我局在安全监管上突出一个严字，严抓严管，一严到底。主要做到了“五个严格”：

第一，严格现场安全指挥和安全管理。各级班子坚持现场办公，对安全实行面对面的领导。局矿长、党委书记经常深入井下，抓关键，抓薄弱环节，解决安全生产中的实际问题。各井区、段队干部，坚持“双值班”和入井写实汇报制度，做到24小时有干部在现场指挥。尤其是注重发挥了值班段长、班排长和“五大员”等现场管理关键人物的作用，加大了现场安全管理力度。

第二，严格狠反“三违”。认真开展了“一整两反”活动，尤其是对扒蹬跳走等严重“三违”行为给予了严厉处罚。各矿、井区普遍采取“下达抓‘三违’指标”、“向家属送达违章处罚通知书”、

"办'三违'学习班"、"利用亮相台和有线电视公开曝光"、"结成帮教对子"、"进行现身说法巡回调讲"、"召开公开处理'三违'大会"和"过五关"等方法，使"三违"现象明显减少。

第三，严格安全监察。我局继续坚持安全监督检查"双轨制"的做法，挑选责任心强、业务精的人员，配齐配强安全监管队伍，安监和安办形成合力，加大了现场安全监管的力度。据统计，2002年，共下达隐患联系单1132份，联系处理隐患6794条，查出等外品29个次，停场子387次、1741小时，安全质量罚款达109万元。

第四，严格安全奖罚政策。一是建立安全责任目标管理体系，实行安全一票否决权，安全目标完不成，单位不准评先进和奖励晋级，领导班子年薪制按规定比例减发，对发生重大事故负有主要责任的干部，不得提拔重用。二是实行严格的安全处罚规定，我局以1号安全文件附件下发了6条安全处罚规定，对事故责任者进行了从严处罚。2002年共处分31人，其中行政撤职8人，记大过2人，记过4人，行政警告9人，开除矿籍2人，降薪1人，党内严重警告3人，党内警告2人。三是实行安全风险抵押金奖罚办法，奖好罚差，充分调动了各级干部抓好安全工作的积极性。

第五，严格"以人为本"的安全管理，强化安全技术培训。我局制定下发了安全技术培训规划，明确要求，必须按计划选派学员，不准冒名顶替和缺员，每少派出1人，罚单位500元，罚责任者100元，促进了安全培训工作。2002年采取脱产集中办班和深入现场办班相结合等措施，保质保量地完成了安全培训任务，其中局安培中心组织脱产正规培训16期，955人次，各矿井区组织自培共5427人次。同时，坚持把《煤矿安全规程》和《安全生产法》作为重要培训内容，对提高职工安全技术素质和安全法制观念起到了重要作用。

抓住主要矛盾　从严科学管理
保持安全生产局面稳步发展

抚顺矿业集团公司虎台煤业分公司

虎台煤业分公司的前身是老虎台矿，矿井开采已有100多年历史，现有员工8000多人，核定生产能力为320万吨，是一个水、火、瓦斯、煤尘、冲击地压、煤与瓦斯突出"六害"俱全的井工矿，矿井深，开拓深度－880米，回采深度－780米；煤层厚，平均厚度50米左右；系统多，矿井11个水平通风，6个水平开采；隐患大，冲击地压、瓦斯、自然发火和煤与瓦斯突出威胁严重。系统复杂程度和灾害严重程度在全国同行业中是十分少见的。

随着开采的延伸和地质条件的变化，一通三防隐患对矿井安全的威胁越来越大，安全管理、生产管理的难度也随之增大。近年来，面对严峻的安全形势，我们紧紧抓住安全这一矿井生产的主要矛盾，坚持管理、装备、培训并重，依靠科学技术和从严管理解决和治理安全生产中的各种矛盾和隐患，较为有效地控制了一通三防等隐患，杜绝了一通三防重大事故的发生，百万吨死亡率得到了控制。安全生产连年创出历史好水平，促进了企业发展。

一、靠安全促进企业经济发展

虎台煤业分公司是集团公司的主要生产单位，近几年，平均年产量都在320万吨以上，年实现利润都在1.3亿元左右，特别是近两年，连续实现赢利1.6亿元，成为集团公司的主要赢利大户，可以说，虎台煤业分公司是全公司的"摇钱树"，经济形势的好坏对集团公司的发展起着举足轻重的作用，我们深知自身责任的重大。从我们自身工作来看，能否保证企业经济稳步发展，关键取决于安全工作，取决于一通三防，如果没有安全局面的稳定，就不能保证生产任务的完成，就不能保证各项工作的顺利进行。进一步说，一通三防工作的好坏决定着我们自身和集团公司的生死存亡。抓安全就等于抓效益，抓安全就是抓稳定，这是我们各级班子形成的共识，也是近年来感触最深的。为此，我们在工作中确立了“以安全保生产、保效益、保发展”的总体思路，围绕安全工作，提出了“两个一切”，既一切服从于安全，一切为安全让路，无论产量任务多重，工程工期多紧，安全都必须摆在各项工作的第一位，严格坚持不安全不生产，隐患不除不生产，规程措施不落实不生产的“三不生产”原则。特别是在一通三防方面明确规定，瓦斯超限、煤尘超标、防突测试超标都必须停止作业，瓦斯积聚就按事故追查。多年来，我们始终把安全工作摆到重中之重的地位，始终把控制一通三防重大事故作为安全工作的重点，始终把安全工作作为保全局稳定的大事来抓，无论生产上的压力多大，安全第一的思想始终没有转向。

二、靠从严强化现场安全管理

从严管理是我们企业管理的精髓，是老传统。在安全管理上，我们坚持“严”字当头，时时从严，处处从严，把从严科学管理融入到安全工作中，贯穿于生产全过程，把重点放在了现场上，形成了较为完善的制度化安全管理，进一步规范了矿井安全秩序，提高了矿井安全管理水平。

一是从严干部安全责任。我们建立和完善了隐患排查、现场交接班等制度，按照管生产必须管安全的原则，对各级干部安全责任明确分工，从队、车间到矿级领导无论是抓生产的，还是抓管理的、抓政工的，安全上人人都有责任，干部下现场必须走一线，管一片，下级对上级负责，一级为一级负责，谁的人谁管，谁的事谁办，谁的责任区出现问题就层层追究各级干部的责任。

二是从严干部盯现场。现场管理的好坏关键在干部。在干部盯现场上，对干部入井天数、上岗时间、上岗职责、查三违指标都做了硬性规定，实行量化考核，坚持矿级干部和科室干部值班制，明确规定：科级干部每月入井必须在25天以上，现场出现问题必须有科级以上干部在现场，发现重大问题时，不论是什么时候，有关干部必须到现场，尤其是“双休日”、节假日及二、三班等薄弱环节，把干部排成班次重点盯，盯生产现场的全过程。每天都有两名处级干部下二、三班，遇到特殊情况，也要跟班盯在现场。2001年底，当时最大的一个百万吨综放面由于矿震频繁发生，造成两巷失修严重，瓦斯忽高忽低，给安全生产带来了很大隐患。为了确保年末这段时间不出事故，白班由两名副经理盯现场，二、三班由4名副总工程师每班两人盯现场，与工程技术人员一起研究方案，制定措施，排查险情，使现场隐患和问题得到了解决。由于煤矿生产的特殊性，多年来，从公司到区队干部几乎是没有休息天，没有节假日，成年累月地摸爬滚打在班上，正是由于有一支过硬的干部队伍，才带出了一支过硬的员工队伍，在恶劣的自然条件面前经受住了考验，才换来了今天这么一个来之不易的安全局面。

三是从严安全检查。多年来，我们始终把安全大检查作为强化现场管理的有效手段，坚持不懈地在井上下组织开展安全大检查，在各级安监人员日常安全检查的基础上，车间、系统每周一自检，公司每旬一次综合检查，查“三违”、查隐患、查制度落实，在检查中不许存在“盲区”，不许迁就“三违”，不许放过隐患。我们把安全检查的时间着重放在二、三班这一薄弱环节，把安全检查的重点放在了一通三防上，侧重检查瓦检员现场交接班、规程落实情况，检查员工习惯性违章作业情况，发现隐患立即进行处理。对应该查出隐患而没有查出的，严肃追究责任，一次给予罚款通报，两次给予警告，三次给予撤职处分；对造成重大隐患的，就地免职。由于我们坚持不间断、不定期地开展安全检查，使一些隐患消灭在萌芽之中，有效地防止了一通三防等重大事故的发生，使现场安全置于严密的管理之中。

四是从严隐患治理。我们长年坚持开展一通三防隐患治理会战，组织一通三防专职队伍，对确立的一通三防隐患项目分期分批集中进行治理。在隐患治理过程中，从人员、物资等方面全力予以保证，需用什么保证什么，对隐患项目严格工期，严格质量，该什么时间完成就必须按期完成，对能当班处理的必须当班处理，隐患处理不完不许升井。做到了一般隐患不过夜，重大隐患定工期，使隐患得到了及时治理。2002年以来，我们确定了一通三防隐患项目70项，到目前已处理65项，5项正在处理当中。

五是从严现场达标。质量是煤矿的命根子，是安全生产的基础，质量标准化跟不上，安全就无法保证。尽管近两年上级部门在达标上没有搞评比活动，但质量标准化工作并没有放松，而是越抓越紧，标准越来越高，做到了“两个不行”：就是动作慢了不行，标准低了不行。对每项工作都高标准、严要求。在一次支护作业中，一名工人为了图省事，在支护“O”型棚时，没有按冲击地压的规定去施工，把钢梁的间距拉大了200毫米，检查人员发现后，立即进行制止，把已经支护好的几架棚子推倒重来，按标准重新进行了支护。我们在现场达标中，抓井下带井上，抓样板带整体，大打标准化会战，在井下两个采号和地面两个车间召开了现场会，树立了综一队、普采队、选煤厂、检修中心等达标典型，对21个示范岗点奖励3万余元；对达标较差的车间，限期整改，处罚兑现，累计罚款5万余元。几年来，我们通过开展标准化会战，保证了工程质量和设备完好率，改善了安全状况，为安全奠定了基础。

六是从严兑现处罚。在制度落实上，只认制度不认人，无论是谁，只要是“三违”，一律按规定处罚，该怎么处理就怎么处理，不讲面子，不送人情，不姑息迁就。2002年下半年，有一名副科级干部在工作面违章放炮，我们发现后，毫不留情，对这名干部给予了撤职处分，并罚了款，在员工中产生了很大震动。在安全处罚上，我们做到了两个坚决：就是对严重“三违”人员，坚决开除矿籍，对因责任不落实导致事故的干部坚决给予撤职。近两年来，因责任制不落实对安全生产造成隐患或造成后果的，矿级干部有20多人次受到罚款，车间、科室科级干部40多人次受到罚款、降薪、降职、撤职处分。

安全生产无小事，严就是对员工的爱护，就是对企业的负责。在这个问题上，我们始终坚持“三不”原则，就是安全生产宁左勿右，谁管也不过分；宁可影响生产，也不许带隐患作业；宁听员工受罚后的骂声，也不听出事故后家属的哭声。近两年来，结合全国安全专项治理，进一步加大了安全整治力度，本着严爱相济的原则，提出“谁违章、谁失职、谁下岗”和“告别违章、告别伤害、创造幸福”，使员工在安全生产上增强了紧迫感，也感受到了企业对员工的爱护。在从严管理上，与时俱进，不断探索科学管理的新途径，对一些不适合现在安全生产实际的规定和办法及时予以废除，针对新问题、新情况，制定新措施、新办法，不断寻求新的安全管理方式，推行了安全结构工资新办法，把生产竞赛纳入安全竞赛范畴，变以罚代管为管罚并举，变被动管理为超前管理，使安全管理更具有超前性、针对性和实效性。

三、靠科技投入提高矿井抗灾能力

实现矿井安全生产离不开从严管理，但只靠严管是不够的，没有科学技术的应用，安全生产就无法保证。近年来，我们紧紧依靠科学技术治理隐患，在防治事故、提高抗灾能力上取得了显著效果。

就矿井的自然条件来讲，主要面临着冲击地压、瓦斯及自然发火、煤与瓦斯突出“四大杀手”的严重威胁，要防止和扼制这些“杀手”的突袭，就必须依靠装备的先进性和设备的可靠性，这是控制一通三防事故的前提和保证。基于这样一种认识，我们在资金投入上，始终坚持安全为先，每年都拿出几百万元用于安全投入，即使在资金十分紧张的情况下，安全投入一分也没有少，宁可晚开资，也要保证安全投入。在我们公司，资金使用的第一项就是安全投入，安措资金专款专用，这已成为一项制度而一成不变，矿井安全装备得到了保证。

我们矿井的第一号“杀手”就是冲击地压。采掘工作面都处在冲击地压区域，近几年进入深部开采，平均每个月发生冲击地压400多次，最大震级达到3.7级，对这个世界上目前还没有完全有效防治办法的自然灾害，我们主要采取了两方面的措施，一方面严格执行冲击地压区安全措施。专门成立了防治冲击地压办公室，积极组织科技人员与煤科总院抚顺分院、中国矿业大学等科研院所进行技术攻关，采取了钻屑法、经验法和电磁辐射仪等综合方法预报预测，采取高压注水、深孔爆破等多功能解危措施，变浅部冲击地压为深部冲击，减轻了冲击地压对采掘面及巷道的破坏程度，减少了冲击地压次数。2001年以前，平均每年发生冲击地压400多次，月平均40多次，2001年月平均发生24次，月平均下降近20次。另一方面，严格落实加强支护、设备捆绑和控制现场作业人员等安全防护措施，减少了对安全生产的危害，掘进工作面基本上消灭了因冲击地压造成的巷道报废和人身伤亡事故，从安全预防的角度迈出了一大步。目前，我们仍在进一步探索防治冲击地压的新途径。

第二号“杀手”就是瓦斯。瓦斯涌出量大是我们矿井的一个显著特点，相对涌出量为58立方米/吨，绝对涌出量为314立方米/分钟，瓦斯涌出量为全国煤矿第一。面对这样一个高瓦斯矿井，我们重点在瓦斯监测和抽放上做文章。几年来，先后投入数百万元，对瓦斯监测系统、抽放系统多次进行改造，瓦斯抽放能力由原来的每分钟380立方米提高到现在的550立方米。同时对综放面采空区加大了边采边抽的力度，利用架间和上端头打钻、采空区埋管和尾巷调整抽放负压等技术提高抽放量，基本解决了矿井瓦斯预抽不充分、开采中瓦斯涌出量大、综放面风流瓦斯超限和积聚的难题，采空区瓦斯抽放量由过去的30%提高到现在的80%。在掘进道口的局部通风上，我们严格执行双风机、双电源和“三专、两闭锁”制度，采用对旋风机等局部通风新设备来满足长距离、高瓦斯掘进工作面的风量需要，保证了合理通风，较好地解决了瓦斯问题，保证了安全与生产。

自然发火和煤与瓦斯突出也是威胁矿井安全的重大隐患。在防火上，我们的管理难度是比较大的，发火隐患多、周期短，自然发火期最短只有13天。几年来，我们认真总结经验教训，不断探索防治发火途径，积极采取超前防范的各项措施，引进了日本先进的防火技术与设备，建立了粉煤灰灌浆、注砂、注氮等系统，采取了采空区充填注砂、注浆、注水、注氮等措施，对控制冒烟发火发挥了很大作用。尤其是面对去年以来二幅开采发火问题，我们采取了封闭一、二幅连通巷道和均压通风、控制抽放量、气体分析、端头封堵，以及复合胶体封堵等一系列先进技术与措施，有效地解决了二幅防火这一世界性难题，自然发火明显降低。1997年高达109次，1998~2001年平均每年4次，2002年至今没有出现自然发火现象。在防煤与瓦斯突出上，积极实施“四位一体”综合防突措施，采取两掘一钻、高压注水、卸压排放钻孔等解危措施，较为有效地预防了煤与瓦斯突出，化解了很多突出事故的发生，突出事故得到了有效控制，并认真落实各项安全防护措施，消灭了煤与瓦斯突出造成的人身伤亡事故。

1999~2001年，我们在一通三防上共投入资金2500万元，2002年又投入了近1200万元，用于购置安全设备和仪器，先后购置了瓦斯抽放泵、高压注浆泵等大型设备61台，瓦斯检测仪、压风自救器、气象色谱仪等各种仪器2989件。总之，在复杂的矿井条件下，没有一通三防方面的一系列新技术、新设备的应用，就没有稳定的安全局面，矿井生产就难以正常进行。科学技术的应用，为安全生产与控制重大事故的发生起到了决定性作用，提高了矿井防灾、抗灾能力。

四、靠教育培训提升员工安全素质

人是生产力中最活跃的要素，有安全第一的思想，才能有安全第一的行为，只有教育和管理并重，才能使安全工作有的放矢。几年来，我们始终坚持以人为本，教育为先，持之以恒地开展安全教育和培训，促进了安全生产。

1. 以提高全员安全意识为着眼点，多形式进行安全教育

几年来，我们始终坚持党委抓教育，组、干、纪部门和工、团组织齐抓共管，形成公司、车间、队三级管理网络，适时编写教育提纲，对安全教育工作实施宏观指导。近年来，我们紧紧围绕“安全就是生命”、“安全责任重于泰山”这一主题，结合企业实际，有针对性地利用班前会、员工大会、有线电视、知识竞赛、开展讨论、现身说法等形式，重点解决安全摆位问题，解决安全责任问题，解决习惯性作业问题。尤其是每年4月份，我们都结合1977年“4·14”瓦斯爆炸事故，举行图片展或报告会，让事故的见证人和死者的亲人现身说法进行教育，使员工从心灵深处受到了一次深刻教育。2002年，公司从爱护员工的角度出发，提出了“珍惜生命、珍惜家庭、珍惜岗位”三个珍惜，开展了“安全生产为了谁？为了啥?”的大讨论，促使员工自觉地把自己与企业的安全生产联系在一起。通过开展安全教育，营造出了广大员工自觉做好安全工作和我要安全的良好氛围。

2. 以提高员工安全技能为着眼点，全方位进行安全培训

随着矿井科技投入含量的提高，对员工技术操作水平的要求也越来越高，尤其在安全装备使用上，不会操作，就等于是虚设。对此，我们狠抓了安全技能培训工作，组织了100多人的专兼职技术

队伍，常年对员工进行安全规程、作业规程、应知应会等安全技术培训，特别是一通三防的瓦检员、消火员等工种人员，从矿井的一通三防状况到防灾、救灾措施，都全面、认真地进行培训。接受培训人员必须达到懂业务、会处理隐患、会救护，达不到要求的，一律不许上岗。全公司每年举办各种培训班达50多期，全员培训率达到了100%。2002年以来，我们针对当前销煤淡季的实际，又在全公司广泛开展了“安全知识大学习、大考试”活动，对学习后考试不及格的，集中办班学习，补考合格后才允许上岗。为提高员工学习安全技术知识的积极性，6月份的安全知识竞赛中，对优胜者分别奖励了DVD、自行车和收音机，从而促进了员工学安全知识、练安全技能的积极性。目前，学技术、比业务、保安全在公司上下已形成了一种风气。我们不但集中搞培训，更注重在实践中提高员工的安全技能，边干边教，边干边学，促进了员工安全技术水平的提高。在我们刚刚引用锚网支护新技术的时候，部分员工操作达不到标准，降低了巷道抗冲击地压的能力，为尽快提高员工操作水平，技术人员就在井下现场手把手地教，讲操作要领，使他们在很短的时间内就达到了要求标准。通过坚持不懈地进行安全教育和培训，员工的安全意识明显增强，安全技能普遍提高，提高了全员安全素质，进一步适应了安全生产的需要。

今后，我们将不断探索安全管理新途径，全力以赴把住安全关，再创安全生产新水平，用稳定的安全形势促进企业经济稳步向前发展。

依靠科技兴煤　抓好生产和安全
努力实现跨越式发展奋斗目标

哈密煤业集团有限责任公司

2002年是我们完成十五计划的关键一年。一年来，我们在“三个代表”重要思想的指引下，在自治区人民政府和煤管局的正确领导和帮助支持下，坚持以经济效益为中心，以建立现代企业制度为目标，以改革为动力，以结构调整为主线，以三项制度改革为突破口，紧紧围绕煤炭生产、销售、安全管理、企业内部管理等各个方面，开展了一系列扎实有效的工作，在多个方面取得了历史性的重大突破。煤炭产销量突破300万吨，实现了一个安全年，取得了较好的经济效益和社会效益；实施了硫磺沟和砂墩子的技术改造，完成了井采公司一井采煤方法改造和二井的环节改造，形成了东西部矿区共同发展的格局；控股组建了协力棉纺公司和新天怡石材公司，打破了行业、区域和所有制的界限，为非煤产业的发展打下了坚实的基础；实施了热电联产工程，公司员工生活质量得到了进一步改善；两个文明建设协调发展，矿区民族团结、社会稳定。这些成绩的取得，为我们实现健康、快速、可持续发展创造了良好的开端。

较好地完成了各项经济技术指标，全面超额完成了全年的奋斗目标。

煤炭生产：全年共生产煤炭307万吨，完成年计划的104%，比上年同期多生产53.3万吨。

商品煤质量：灰分8.29%，含矸率0.57%，水分14.02%，含硫0.39%，发热量达到23.39兆焦/千克，各项指标均控制在计划以内，煤质信誉得到了保证。

成本：原煤完全成本控制在了90元/吨以内。

经济效益：实现补贴前赢利265万元，交纳各种税金4187万元，工业增加值达到26841万元。

安全：原煤百万吨死亡率为零。

2002年，我们主要做了以下几项工作：

一、大力发展煤炭主业，努力形成东西部矿区共同发展的战略格局

我们抓住国家实施产业结构调整政策的有利时机，加大了东西部矿区矿井技术改造的力度。

东部矿区：露采公司利用“三年调整”的最后一年，继续进行采剥关系调整，严格执行年度施工组织设计，加大深部剥离和露煤剥离，狠抓重点工程，确保采剥关系的稳定好转，生产能力稳定到了150万吨的水平。井采公司一井实施了采煤方法改造，由高档普采工艺改为综采放顶煤工艺，生产能力由50万吨/年提高到100万吨/年。井采公司二井利用销售淡季，对影响矿井生产能力的环节进行了改造，生产能力由60万吨/年提高到120万吨/年。东部矿区形成了三个疆内独有的百万吨以上的矿井。砂墩子公司于10月初对矿井启封恢复基建，基建完成后，生产能力将达到15万吨/年。东部矿区具备了生产385万吨/年煤炭的能力。

西部矿区：集团公司对硫磺沟公司投入6000万元，使硫磺沟公司达到90万吨/年的生产能力，并留有180万吨/年的发展潜力。

二、发挥质量优势，拓展销售市场，增加煤炭销量

2002年，我们坚持以市场为导向，积极拓宽市场，提高市场占有率。集团公司全年煤炭销售总量超出上年近50万吨，增幅达20%以上。

我们对煤炭市场进行了客观分析，采取以拓展市场、增加销量为主，以恢复价格为辅的营销策略。一方面从内部入手，加强生产组织，使矿井充分发挥生产能力，提高煤炭产量满足市场销售的要求。另一方面做好用户的工作，加强与新老用户的沟通与合作，尽力满足用户在质量和数量上的要求，保证了煤炭销量的稳步增长。一是加强了同铁路部门的合作。2002年，我们积极与铁路部门洽谈，双方签订了运输代理合同，以经济手段约束路矿双方的行为，保证了集团公司煤炭外运的车皮需求。二是进一步开拓市场，拓展市场容量和销售半径。在煤炭销售市场好转的情况下，我们坚持做到了“抓大而不放小”，就是大用户要抓住，小用户也不放弃，新用户要争取，老用户更要巩固。通过我们积极做用户的工作，增加了一批新用户，许多老用户的用量也有不同程度的增加。三是加强了煤炭地销工作，实行地销煤炭“五统一”，保证了地销量的稳定增长。四是继续坚持了以销定产、限产压库的生产方针。在销售淡季，露采公司和井采公司继续按照往年的经验，减少作业班次，控制落地煤量，加强块煤储存，充分做好销售旺季来临的准备。为了有效控制煤炭落地，集团公司制定了《库存煤管理办法》，逐月对生产单位的库存煤进行盘库，严格控制了库存煤量，做到了产销平衡。五是加强了煤质管理。多次召开煤质专业会，修订完善了煤质管理办法，加强了煤质管理责任制，加大了对煤质问题的处罚力度，促进了煤炭质量的不断提高。

三、依靠科技兴煤战略发展煤炭生产，生产组织得到合理调整

2002年，我们继续坚持科技兴煤战略，在资金十分紧张的情况下，坚持不减少生产投入，努力加大对现有矿井的技术改造，提高了矿井的生产能力和适应市场的能力，企业的生产后劲不断增强，经济实力进一步提高。

露采公司抓住“三年调整”的最后时机，继续在简化运输系统、减少站场、加强内排和实施电铲排土上下功夫。尝试运用空车大坡道运输方法，缩短了运输距离，提高了机车的运行效率。“三年调整”初见成效，生产能力得到提高。

井采公司通过实施一井采煤方法改造和二井生产环节改造，两个井采掘机械化水平都达到了100%，生产能力大幅度提高，创效益能力显著增强。一井的预采顶分层网下放顶煤技术和二井的特厚煤层一次采全高技术获得成功，两个井都实现了采煤综采化、掘进机械化、支护锚杆化、提升皮带化，矿井辅助运输系统也得到了进一步改善。

集团公司收购硫磺沟矿以后，鉴于其生产工艺落后、生产设备和安全设施很不完善、安全隐患多、事故多发的实际情况，确定硫磺沟公司本着起点高、科技含量高、现代化水平高的原则进行基建，淘汰原有的采煤方法，采用综采放顶煤工艺。

四、进一步强化安全管理，努力实现安全生产奋斗目标

2002年是全面贯彻实施新版《煤矿安全规程》和《安全生产法》的第一年，也是哈密煤业集团公司继续深化改革加快发展的一年。一年来，我们认真贯彻“安全第一、预防为主”的方针和自治区认真开展安全大检查的通知精神，立足防范，落实责任，深化整治，强化监管，不断创新，使安全管理工作逐步纳入制度化管理。实现了原煤百万吨死亡率为零的奋斗目标，杜绝了一级事故，其他各类事故较上年大幅度下降。

（1）依法建立完善各项规章制度，使安全管理逐步走上法制化轨道。认真学习贯彻新版《煤矿安全规程》（以下简称《规程》）和《安全生产法》，以文件形式安排了对《规程》学习和考试的要求，对副科级和助理工程师以上的工程技术人员及管理干部进行了有关《规程》的考试，有7个单位271人参加了考试，成绩全部合格，公司内部主要单位对新《规程》进行了自培。集团公司购买《安全生产法》500本，配套书籍150套，分发到基层单位，由各基层单位组织学习和考试。通过《规程》和《安全生产法》的学习、考试，使各单位管理人员及工程技术人员更加了解《规程》和《安全生产法》，并尽快适应了《规程》和《安全生产法》。在深入学习《规程》和《安全生产法》的基础上，对现行的各项规章制度、考核办法与《规程》和《安全生产法》等法律法规对照检查，进行补充、修订和完善。集团公司及所属单位依据有关的法律法规，成立了“安全生产委员会”，建立了“领导干部安全生产责任及追究制度”，修订了“事故管理暂行办法、车辆管理及事故处理办法、安全目标奖惩办法、道路交通、消防火安全考核办法、企业员工安全技术培训教育计划及考核办法”，这些管理制度的建立，增大了依法管矿的力度，增强了安全生产管理的超前防范意识，形成了管理有法可依，处理有章可循的良好局面。

（2）认真开展各类安全生产活动，公司员工的安全意识进一步提高。为了搞好安全生产，我们根据新疆煤矿安全监察局新煤行管发［2002］39号《关于全疆煤矿开展百日安全生产无事故活动的通知》、新疆维吾尔自治区安全生产委员会［2002］4号《关于印发2002年自治区安全生产月活动安排的通知》精神，结合我公司实际，经研究决定，在全公司范围内开展“百日安全生产无事故”和以“安全责任重于泰山”为主题的安全生产月活动，并且成立了以董事长为组长，总经理、生产副总经理、总工程师为副组长，其他副总经理和有关业务保安室领导为成员的活动领导小组，并且对活动目标、具体工作做了详细安排，并以文件形式下发公司所属各单位。在这次活动中，我公司加大宣传力度，营造舆论氛围，充分利用广播、电视、报刊、安全标语、班前会、安全录相和举办安全培训等形式，大力宣传党的安全生产方针和法律、法规知识，使各族员工和家属认识到安全生产的重要性。通过开展各类安全生产活动，公司广大员工的安全意识明显增强，“三违”现象得到了有效控制。

（3）认真开展安全大检查活动，消除重大安全隐患。开展定期、不定期的动态安全检查和抽查活动是企业强化日常安全管理的重要手段，也是各级管理人员履行安全生产责任制的具体体现。我们根据国务院、国家煤矿安全监察局、自治区安委会、新疆煤矿安全监察局电视电话会议及有关文件精神，本着履行职责、落实责任、狠反“三违”、排查隐患、促进整改、确保安全生产的目的，依据《煤矿安全监察条例》和集团公司安全检查的暂行规定，先后开展了春季、冬季、重大节日、重要会议期间、内部交通车辆、消防火、雨季三防等专项检查95次，共查出安全隐患1146项，全部进行了四定，整改率达到97%。

（4）深入开展安全专项整治工作。集团公司按照上级统一部署，继续深入开展专项整治工作，巩固安全专项整治成果。认真贯彻落实2002年2月7日召开的全国、自治区安全生产电视电话会议精神，积极配合哈密地区安全生产专项整治工作，做出了2002年深入开展安全专项整治工作的具体安排。成立了专项整治工作领导小组，制定了专项整治目标，确定整治重点，确定了开展安全专项整治的三个阶段，即组织宣传动员阶段、检查整改阶段和复查验收总结阶段。公司所属各单位按照《深入开展安全生产专项整治工作的通知》的要求，结合本单位安全生产实际和深入开展专项整治的需要，制定出深入开展安全整治工作的具体安排，成立了相应的深入开展安全整治领导小组，并分别成立各整治专业组，对排查出的各类事故隐患，全部进行了“四定”，落实整治时间，确保隐患整改得到落实。

（5）抓“一通三防”，增加安全投入，打好安全基础。“一通三防”是煤矿企业安全生产工作重中之重，集团公司在资金十分紧张的条件下，保证“一通三防”所需装备的投入，严格遵照国家局对“一通三防”专项监察条例进行管理，严格以风定产，杜绝微风、循环风作业，贯彻落实瓦斯管理的十二字方针，认真做好“一炮三检”和煤尘、有害气体的监测工作，做到瓦斯检测“三对口”，并按时上报。根据新规程有关规定，2002年2月对井采公司一井、二井通风能力进行核定，特别是利用国家安全专项资金和自筹资金430万元对一井通风系统进行全面改造，解决了一井通风能力不足和监测系统不完善的问题，对硫磺沟分公司投资3000多万元，对采煤工艺、一通三防、机电运输等进行彻底改造，使该矿在安全生产上的保障有根本性的提高。

(6) 做好两个“三防”工作，确保做到安全生产、安全防汛、安全防寒和抢险工作。及时下发了《关于做好2002年度雨季“三防”工作》和《冬季三防工作的通知》，并专门召开了雨季“三防”和冬季“三防”工作会议，本着安全第一、预防为主、综合治理、有备无患的原则，针对各单位的特点，对两个“三防”工作做了重要部署。公司所属各单位认真检查雨季“三防”工作中存在的隐患及薄弱环节，狠抓机构、职责、人员、措施和抢险物资的落实。集团公司及其所属各单位成立了雨季“三防”工作领导小组。而且公司所属各单位还建立了抢险小分队、抢险青年突击队及义务抢险队，出现险情能立即进入抢险现场，完成抢险和预防工作。夜班、节假日值班领导和值班干部及调度人员承担险情的通报及抢险任务发生险情及时通知“三防”工作领导小组，以便安排险情的防范工作，特别对本单位所管辖范畴内的主要设施的供电系统、防雷电装置、防洪设施进行了全面检查。冬季作业，要求各单位认真做好防火、防寒、防煤烟中毒的检查，特别对易发生火灾、易冻坏的设备和需采用明火取暖的厂房工作室等。特别是集团公司的热电联产工程的安全施工有针对性的组织教育员工文明施工、安全操作。通过检查落实基本做到了把事故苗头消灭在萌芽状态。

2002年，我们在多个方面取得了好的成绩，为加快哈密煤业集团公司的发展打下了良好的基础。这些成绩的取得，是自治区和煤管局等上级部门正确领导和大力支持的结果。

成绩属于过去。2003年我们的工作任务更加艰巨，需要我们付出更大的努力。

把瓦斯治理当作煤矿安全的头等大事来抓

铁法煤业（集团）有限责任公司

铁煤集团的前身铁法矿务局始建于1958年，1999年10月经辽宁省府批准改制为国有独资公司，1999年12月通过ISO9002质量体系认证。铁煤集团位于辽宁省北部的铁法市境内，总含煤面积618.43平方公里，已探明的工业储量22.59亿吨，占辽宁省煤炭储量的1/3以上，煤种以长焰煤为主，属优质工业动力用煤，煤层气储量293亿立方米。

现有八对生产矿井和一对在建矿井，矿区总体设计能力为1455万吨。2001年原煤产量完成1555.5327万吨，实现利润6826万元，百万死亡率为0.321。2002年上半年实际生产原煤801万吨，实现利润271万元，百万吨死亡率为零。

铁煤集团1994、1997年获中国煤炭工业“金石奖”；1994年被原煤炭工业部命名为质量标准化矿务局；1994、1996年被原煤炭工业部命名为中国煤炭工业优秀企业；1995、1998年获全国“五一”劳动奖状；1996年被辽宁省人民政府命名为工业企业管理优秀单位；从1996年起连续6年获全国煤炭工业科技进步十佳企业。

铁法的九对矿井均为高瓦斯矿井，其中大兴矿为煤与瓦斯突出矿井。九对矿井均为易自燃发火矿井，自燃发火期为3~6个月，最短为20天。各矿井的煤尘均有爆炸倾向性。2000年度、2001年度全公司完成瓦斯抽放量分别为5566万立方米、6207万立方米，在全国处于第6位水平，占全国瓦斯抽放总量的6.6%。全公司瓦斯抽放率近两年均达到了40%以上。

铁煤集团公司自1992年以来，已连续10年杜绝了瓦斯煤尘伤亡事故，尤其是瓦斯抽放治本得力措施的实现，伴随煤炭生产综合机械化水平的提高，使得企业得到了高效、快速、全面地发展。自1996年至今，全公司煤炭生产能力、企业获利能力大大提高。在企业发展中，我们始终坚持江泽民总书记“三个代表”的重要思想，把安全生产看做是职工的最大福利，认真贯彻“安全第一”的生产方针，坚持不安全不生产，坚持“安全重于泰山、安全就是效益”的原则，把瓦斯治理和“一通三防”工作始终当作重中之重的头等大事来抓，坚持“先抽后采、以风定产、监测监控”，坚持科学管理，收到了好的效果。

一、领导重视，重点突出，舍得投入

各级领导对安全工作都给予了高度重视。辽宁省委书记闻世震来铁煤集团视察工作时指出，一定要“高度重视安全生产，时刻坚持警钟长鸣，万万不可掉以轻心”。在集团公司内部，始终把“一通三防”工作当作头等大事来抓，到任何时候都绝不动摇。董事长张明元经常要求一定要把住“一通三防”这道安全关。在“一通三防”主要工程上，不惜人力、物力、财力，舍得投入，使“一通三防”的装备水平和能力整体得到提高，应灾变能力得到加强。尤其是近几年对各矿井的抽放能力、安全监控等主要系统均进行了升级改造。公司中部铁法煤田所属的七对生产矿井现建有地面瓦斯抽放泵站11座，安设各种规格、型号抽放泵59台，额定抽放能力提高了2.29倍。期间经历了两次大规模能力扩大改造和井下抽放管路能力匹配大直径管路系统改造。

地面建有储气罐区4个，储气罐7个，煤层气用户近10万户，并于2000年12月26日向铁岭市6万户居民实现了供气。目前正着手准备剩余气源的外输工作。公司对矿井均建有瓦斯监测系统，经过几年来的更新、升级改造后，实现了全公司瓦斯监测、监控联网，形成了网络化管理。各矿井均实现了瓦斯超限自动断电，掘进工作实现了“三专两闭锁”，长距离通风超过500米的工作面实现了双风机、双电源自动分风，为保证安全生产提供了可靠的保障。对重点区域、重点工程、重点部位，都严格按《煤矿安全规程》和《防突管理细则》严格管理。

在元旦检修、冬季反风、春节、五·一、十·一放长假期间，公司的主要领导、分管处室都分兵把守、亲临现场，尤其是在停、开工检查和排放瓦斯几个关键环节上给予充分重视，做到停得住、管得严、开得起，彻底实现了弹性生产。对各项工程都制定了严格、周密、全面的安全技术措施，尤其是在执行、落实上下工夫，做到一丝不苟，严把住“一通三防”安全关。

二、以人为本，提高素质，严明管理

多年来，通过不断地摸索、实践，铁煤集团公司八对生产矿井的“一通三防”管理队伍整体素质有了较大幅度的提高，形成了一支业务本领过硬、管理严明、可以信赖的队伍。从集团公司到各矿的主要领导，都非常关心重视“一通三防”专业队伍的建设。局长张明元曾指示，要充分重视培养“一通三防”管理方面的专业人才，把大专以上学历的毕业生充实到“一通三防”队伍中去。通过多年来的调整与充实，这支队伍在年龄结构、文化程度、业务水平等方面都保持了一定的优势，保证了队伍的相对稳定。公司各矿均建有专职的“一通三防”管理队伍，配齐了各工种专业人员，“一通三防”专业人员1618人，其中专职瓦斯检查员418人。公司通风处设通风、瓦斯、消火防尘三个管理科室。各矿设有科级编制的保安通风区队，大兴矿还设有防突专业队伍。公司救护大队有救护中队和辅助救护队，救护指战员208人，并配齐了各种救护装备。八对矿的通风保安区队长都是1980年以来的大中专毕业生，他们带出了一支过硬的队伍，在实践中不断探索总结，为实现铁煤集团公司的“一通三防”科学化管理起到了重要的作用。他们在实践中具备了日常管理通风、瓦斯的能力，具备了对通风、瓦斯管理的预见能力，具备了遇事不慌、沉着冷静的应变能力。全公司各矿很多工程技术人员、区队长善于动脑、肯于钻研，把书本上学到的知识能具体地应用到实践中，又在实践中使书本上学到的理论知识得以升华，撰写了大量有价值的论文。据不完全统计，近几年来，全公司“一通三防”工程技术人员在各类杂志、各种专业委员会等学术会议上发表论文100余篇，有力地提高了工作管理和业务水平。管理严明，体现在从源头抓起，自上而下共同努力，董事长、总经理经常过问、提醒，总工程师等分管领导深入实际亲自抓。公司定期召开以“一通三防”为主的安全生产办公会议，主管领导和部门每月召开一次“一通三防”专业会议。制定了一系列“一通三防”管理措施和办法，各级领导干部、各岗位工种都有严格的岗位安全生产责任制，形成了行政一把手是矿井安全生产第一责任者和总工程师是“一通三防”第一责任者的上级抓下级、下级为上级负责的安全责任管理体系，公司及各矿的总工程师主要精力都投入到以“一通三防”为主的安全管理工作中去。在现场管理上，学习阳泉的经验，治理瓦斯“严”字当头，“瓦斯超限就是事故”，“宁停三天，不抢一秒”，实行瓦斯检查员一天24小时跟班的巡回检查检测制度，把事故隐患消灭在萌芽状态中。

三、系统稳定，抽放治本，科学管理

在“一通三防”管理上，各矿都做到了通风系统的合理、稳定、安全、可靠，公司的业务处室也重点把住这一关，坚决消灭无风、微风、乏风、角联风、串联风、循环风等不合理通风现象，抓住巷道贯通这一关键环节。全公司共有主要通风机32台，有为掘进工作面供风的对旋式局部通风机77台，通风设施及设备适应煤矿安全生产的需要。采煤工作面在设计施工时，按公司制定的通风质量标准化要求，均实现了区域性反风的功能，提高了采煤工作面的抗灾变能力，同时为工作面尾采、撤架期间的通风管理带来了很大的方便。系统稳定还体现在各矿均建有独立的消火防尘、注浆、充填系统，共有注浆站13座，露天沙仓10处，厂房沙仓9座，储沙能力达5873立方米；消火专用储水池24座，容积高达8500立方米，消防火管路长度130523米，所有消防火管路均接到工作面的终止线。各矿均设有气体分析室，定期对井下采掘场所及密闭进行化验分析，做到了防患于未然。各矿井均设有防尘管路系统，各转载点均实现了运输喷雾，煤掘进工作面不但水打眼使用水炮泥，而且实现了放炮前后的喷雾洒水。采煤机、综掘机实现了割煤时的内外喷雾。并建立了煤尘清洗制度，对产尘较大的地点区段，做到定期清洗，敷设防尘专用管路322632米。

抽放治本，这是我们治理瓦斯、搞好通风管理工作的总结，并确定了“以抽为主，风排为辅”的原则。在瓦斯抽放治理上，通过几代人不断地摸索、实践，加之1992年以来，联合国UNDP组织、亚太经合组织日本政府的绿色援助项目煤层气回收与利用在铁法矿区的进行所获得的成功，使得铁法矿区的瓦斯抽放工作得到了日新月异的发展。截止到目前，已总结了10多种瓦斯抽放技术方法，诸如地面垂直采空区钻井法、井下水平长钻孔抽取法、地面原始煤层压裂井抽取法、井下斜交钻孔法、井下斜交长钻孔下套管法、顶板瓦斯道法、外错尾巷法、井下回风高位瓦斯道抽取法和导入法、采空区密闭抽取法、采空区上隅角埋管抽取法、井下下向孔抽取法、甲烷富集区抽取法、本层预抽法等。同时针对铁法矿区铁法煤田煤层透气性系数较低，只能进行邻近层，尤其是上邻近层抽放的特点，在总结顶板矿压显现规律的基础上，摸出了顶板在X、Y、Z三维坐标空间里的活动规律，考证了同煤层老顶初次来压、周期来压的步距、时间，以指导打钻抽放瓦斯的设计施工工作，实现了科学化管理。在瓦斯抽取治理上，采取综合治理的方法，针对不同的实际情况，采用灵活多变的抽放方法。像晓明矿已采过的北二712综采工作面，采用的就是对顶导入的抽放方法，把过去仅局限在相邻块段的采空区二维平面导入，已发展到上导、下导、左导、右导、对顶导等多维立体空间，回顺风流中的瓦斯浓度基本上都控制在0.5%左右。大兴矿北一405地面采空区钻井抽取瓦斯技术，是联合国UNDP组织利用全球GEF基金进行的煤层气开发示范技术，为铁法矿区利用该技术起了示范的作用，目前这样的钻井在大兴矿已施工完成8口，大兴矿正在开采的N 2702放顶煤工作面应用了这项抽放技术。大兴矿北－405工作面在1995年采过后，对应的下层煤北701工作面仍然利用北－405地面这3口井抽取瓦斯，回风流中瓦斯控制在0.5%以下，实现了安全生产。在国际项目合作中，通过与各国的专家交流，使我们的敬业精神、思想观念、管理理念都发生了根本性的转变。

总之，通过不断地摸索、实践，总结规律，加之UNDP、APEC两个国际组织的煤层气回收与利用项目在铁法矿区的相继成功，使铁煤集团的瓦斯治理工作、“一通三防”的管理工作，走上了科学化管理的轨道。现在不但把瓦斯抽放量提高了，而且把矿井、工作面配风量也降下来了，空气质量提高了，工作面、矿井的自燃发火几率也减少了，让我们真正尝到了治理瓦斯靠抽放治本的甜头，同时使我们的“一通三防”工作也由过去被动治变成主动防，这就是治理瓦斯“以抽为主、风排为辅”的益处所在。今后，我们一定要虚心学习兄弟局矿的先进经验，认真贯彻这次大会精神，与时俱进，一如既往地发扬铁煤集团“实事求是、无私奉献、艰苦奋斗、改革创新”的企业精神，进一步完善瓦斯治理工作中的各个环节，加大安全投入，力争使“一通三防”管理工作做得更加扎实、稳妥。不断开创全公司安全、生产、经营和各项工作的新局面，以更加优异的成绩，迎接党的十六大胜利召开！

与时俱进　突出重点　落实责任
进一步开创安全生产新局面

福建省煤炭工业（集团）有限责任公司

2002年，是福建省煤炭工业（集团）有限责任公司（以下简称集团公司）资产授权经营的第一年。集团公司以“三个代表”重要思想为指导，以学习宣传贯彻《安全生产法》为契机，坚持“安全第一、预防为主”的方针，紧紧围绕年初提出的“强化安全意识、落实安全责任、突出工作重点、提高安全生产条件”的安全生产工作思路，认真抓好深化煤矿安全生产专项整治和矿井质量标准化工作，使集团公司安全生产继续保持了较平稳的态势。2002年，集团公司所属煤矿百万吨死亡率1.89，所属多经企业实现安全生产，为集团公司深化企业改革，调整产业结构营造了良好的安全生产环境。

2002年，围绕安全生产，主要做了以下几项工作。

一、抓住时机，深入宣传，进一步增强职工的安全法制观念

2002年，集团公司在认真学习党的十六大精神、江泽民“5·31”重要讲话以及党和国家领导人对安全生产工作的一系列重要批示的同时，把学习宣传贯彻《安全生产法》作为一项重要工作，纳入重要议程。各级成立了《安全生产法》学习宣传贯彻领导小组，主要领导亲自抓，分管领导具体抓，分工明确，责任落实。各级各单位充分利用各种载体大张旗鼓地进行宣传，如在矿区、车间、工地开辟了《安全生产法》专题广播、墙报、专栏；集团公司在《福建煤炭报》开辟了《安全生产法》学习专栏，组织《安全生产法》百题知识竞赛活动，参加人员达6000多人；组织《安全生产法》巡回宣讲团，开展了61场宣讲活动，共有6030人参加；召开学习宣传贯彻《安全生产法》座谈会，交流学习体会，共同提高认识，进一步增强了职工的安全法制观念。

二、实行安全目标管理，全面落实安全生产责任制，安全生产管理进一步强化

2002年，集团公司继续实行安全生产目标管理，层层分解安全指标，逐级签订安全生产目标管理责任状，做到目标明确，职责分明，任务具体，一级保一级，一级对一级负责。在年初工作会议上，集团公司下达了全年安全生产目标管理责任书，董事长吴德厚与所属生产经营单位主要负责人签订了2002年安全生产目标管理责任状，有力促进了各级领导安全生产责任制的贯彻落实。

为了确保实现安全生产目标，年初下发了《集团公司2002年安全生产工作要点》的1号文件，提出了全年安全生产工作总体思路、要求及8项重点工作。年初召开安全工作会议，年中召开半年安全工作座谈会，董事长吴德厚、总经理许炜华、副总经理姜初炎等集团公司领导和福建省安全生产监督管理局邓云贞局长到会，分别强调要做好全年安全工作，使广大干部职工增强了做好全年安全工作的责任感和紧迫感。

2002年，各生产经营单位根据《安全生产法》和《煤矿安全规程》等安全生产法律法规要求，进一步修订和补充了安全生产规章制度，基本建立起符合本单位实际，职责分明、权责一致的各级、各部门、各岗位安全生产责任制和安全生产规章制度，并着力抓好贯彻落实工作，形成党政工青妇齐抓共管安全生产的良好局面。

三、深化煤矿安全生产专项整治，矿井安全生产条件进一步提高

2002年，集团公司根据上级有关深化煤矿安全专项整治要求精神，多次召开会议，专题研究部署，并结合实际，研究制定了深化煤矿安全生产专项整治工作方案，明确了深化整治的主要目标，确定深化整治6项重点内容，提出7项深化整治具体措施，并明确专项整治资金的来源，保证专项整治计划分阶段、按时实施。

原煤生产企业根据集团公司制定的深化煤矿安全生产专项整治工作方案和关于开展矿井质量标准化工作的要求，结合实际，进一步细化整治方案，并抓好实施工作。据统计，2002年各单位共投入专项整治资金3622万元，进一步完善了矿井通风、提升运输、供电、压风、排水、消防和防尘等系统，矿井安全生产条件进一步提高，所属生产矿井基本通过了生产许可证的换证验收。

原煤生产企业继续认真贯彻落实上级关于关闭国有煤矿矿办小井和乡镇煤矿停产整顿的要求，进一步采取有效措施，明确责任，加强巡查工作，同时积极主动地协助地方政府及其有关部门做好防止已关闭省属国有煤矿井田范围内各类小煤矿的死灰复燃工作，为确保集团公司所属煤矿安全生产创造了良好的环境。

四、“安全生产月”活动内容丰富，营造了浓厚的安全生产氛围

集团公司高度重视“安全生产月”活动，专题下发文件进行认真部署，所属各单位结合实际制定了详细的活动方案，使“安全生产月”系列活动全面有序地开展起来。一是组织开展了安全生产巡回演讲活动，经现场演讲选拔19人组成“安全生产月”巡回演讲团，到各单位开展了36场演讲，共有9631位干部职工到场听演讲报告。二是结合安全生产巡回演讲，广泛开展了安全劝导活动，并向奋战在生产、施工一线的职工赠送印有“安全责任重于泰山”的毛巾3300条。三是开展了“安全生产座右铭书法大赛”和“安全生产漫画创作大赛”活动，共收到书法作品90件，漫画作品66件，到各单位巡回展览，并将优秀作品汇编成册下发各单位，收到很好的宣传效果。四是开展了“安全责任重于泰山”的大讨论。各单位党政工主要领导和分管安全生产领导以及安全生产管理人员积极撰写文章，共收到92篇，其中39篇在《福建煤炭报》刊登。五是开展了以“落实新版《煤矿安全规程》、提高安全条件”为主题的安全学术研讨活动，共征集论文72篇，其中选送58篇论文参加了大会交流，促进了企业安全技术管理水平的提高。六是配合省电视台，到所属永安煤业公司丰海煤矿现场拍摄“安全责任重于泰山”的安全公益广告，在省电视台有关频道播放，进一步向全省展示集团公司安全生产工作成果。七是开展了首届矿山救护技术比武活动。8支救护队的24名指战员参加了体能测试、仪器操作、计算机操作、理论考试、内务管理、砌筑砖密闭墙及抢救伤员等6大项10个项目的比武。

五、安全生产检查不间断，及时消除了事故隐患

2002年，各单位根据上级安全监督管理部门和集团公司的部署，组织开展了春季、秋季两次安全生产大检查和两次矿井质量标准化检查，以及春节前后安全和消防检查、煤矿春节停产前和春节后恢复生产的安全检查等多次阶段性和专业性的安全生产大检查。并在检查过程中结合实际，积极创新安全检查的有效方式。各种安全检查基本上不间断，及时发现、消除了隐患，进一步提高了企业的抗灾能力，同时强化了各级领导的安全责任意识，收到了警钟长鸣的效果。

六、安全技术培训形式多样，职工安全素质进一步提高

集团公司以国家煤矿安全监察局授予国家二级煤矿安全技术培训中心为契机，建立健全各项安全技术培训管理制度，同时又投入10多万元购置多媒体教学设备和实验室装备，进一步规范培训工作，促进培训质量的提高。2002年，集团公司二级安培中心举办了14期安全技术培训班，培训545人次。另外，经过积极协调，取得了福建省煤矿安全监察局委托举办省属煤炭企业主要经营管理者、特种作业人员、安全生产管理人员安全工作资格的培训资格。

为了配合所属煤矿采掘工程招投标工作，集团公司委托安培中心组织了首次采煤、掘进队长安全工作资格考试。根据实际情况，创新培训考核方式，实行指定培训教材、个人自学与基层单位辅导相结合，分设考场、统一时间、统一试卷、统一监考、统一评卷，做到学习与生产两不误，取得较好的效果。共有 396 名采煤、掘进队长参加了考试，其中 340 名成绩合格，取得安全工作资格证书，进一步提高了采掘队长安全管理能力。

2002 年，集团公司所属生产经营单位共有 27 名安全管理人员参加了职业安全健康管理体系国家审核员和内审员培训，并取得了合格证书，为今后推进职业安全健康管理体系打下基础。经过积极争取，所属各生产经营单位向福建省安全生产监督管理局推荐 30 位同志申报国家首次注册安全工程师的资格认定。

各单位在继续抓紧抓好新工人上岗前培训、全员安全知识培训及复训的同时，积极创新安全培训方法，努力提高职工的安全素质。

七、强化安全与救护队伍建设，充分发挥他们的作用

一是调整充实安全监督管理和矿山救护队伍，8 支救护队共补充年轻新队员 18 人，其中工程师 2 人，救护队指战员平均年龄由原来的 32.7 岁下降到 30.6 岁，改善了救护队年龄结构。二是投入近 90 万元资金，改善救护装备，提高训练条件。三是积极选送安全监督管理人员和救护队指战员参加相关专业培训班，进一步提高了各单位安全监督管理人员和救护队指战员业务技术水平和安全、救护管理能力。四是广泛开展了标准化安全监察处建设和军事化救护队技术练兵活动。2002 年天湖山、邵武、永安 3 家原煤生产企业安全监察处达到了标准化要求；8 支救护队全部达到特级军事化矿山救护队标准，其中邵武煤矿和天湖山能源公司救护队首次被评为特级军事化矿山救护队。所属 8 支救护队共闻警出动 41 队次，抢救遇险遇难人员 34 人，其中经苏生抢救活 14 人，为全省煤矿安全生产做出特殊贡献。五是各救护队积极参与企业安全生产管理。据统计，2002 年救护队共参与各种安全检查 3165 人次，查处隐患或问题 4449 条。另外，各救护队在积极开展企业日常消防安全管理的同时，积极做好消防器材的维修和灭火器的填充工作，为企业节约了消防开支。

加强安全生产专项整治　狠抓“一通三防”努力创造安全生产良好环境

龙口矿业集团有限公司

一、矿区概况

龙口矿区位于山东省龙口市、蓬莱市境内，东西长 28 公里，南北宽 12～15 公里，矿区含煤面积约 300 平方公里，为新生代第四纪及第三系煤田，主要煤种为长焰煤和褐煤，具有燃点低（280～302℃）、含硫量低（低于 7%）和挥发分高（40%）的特性。井田地质构造复杂，断层发育，岩层松软，遇水膨胀，属典型的“三软”地层（煤层软、顶板软、底板软），地层产状平缓，一般为 5°～12°，主要可采煤层为煤 1、煤 2、煤 4。低沼气矿井，煤尘爆炸指数 47%～53%，属极易爆炸煤层，煤层自然发火期 1～1.5 个月，属一类自然发火煤层。

龙口矿区开发于 1968 年，1980 年 1 月成立龙口煤炭生产建设指挥部，1987 年 5 月翻牌成立龙口矿务局，2002 年 11 月改制成立龙口矿业集团有限公司。

龙口矿区总体设计生产能力为 510 万吨/年，现有三对生产矿井，一对在建矿井。其中，梁家煤矿设计生产能力为 180 万吨/年，北皂煤矿设计生产能力为90万吨/年，洼里煤矿经两次改扩建后设计生产能力为90万吨/年，柳海煤矿设计生产能力130万吨/年（与山东南山集团合资兴建）。全公司现有员工12400人。

二、2002年安全生产工作概况

2002年，龙口矿业集团有限公司在江泽民同志“三个代表”重要思想指引下，认真贯彻上级一系列安全生产指示精神，以学习贯彻《安全生产法》、《煤矿安全规程》为契机，以安全生产专项整治和“双基”建设为重点，加强领导，提高认识，转变观念，落实责任，强化现场管理，严格安全检查，狠抓一通三防、顶板管理、机电运输、防治水等重点，巩固了矿井质量标准化和“现场管理样板化企业”达标成果。全公司发生死亡事故2起，死亡2人，原煤生产百万吨死亡率0.539。

2002年，主要安全生产工作情况：

1．从实践“三个代表”的政治高度，认清形势，提高认识，认真落实上级安全指示精神，切实抓好安全工作

安全工作是人命关天的大事，关系到员工的生命安全和家庭幸福，关系到企业的经济效益和矿区的稳定发展。安全工作搞不好，将影响各项工作的健康发展。因此，我们从实践“三个代表”的政治高度，认真贯彻落实了全国、全省安全生产电话会议精神和省政府、省局领导等重要指示精神，从讲政治、保稳定、促发展的大局出发，以对党、对员工、对自己高度负责的态度，牢固树立了“安全第一，预防为主”的思想，正确处理安全与生产、效益、稳定、发展的关系，始终把安全工作放在各项工作的首位，求真务实，真抓实干，着力抓好安全工作。

11月7日，集团公司领导班子就职后，立即开展了一系列调研活动，采取下基层、听汇报、走访、座谈等形式，充分听取了各方面的意见，全面了解了矿区安全、生产、经营等情况，在分析研究了当前安全生产形势后，确定了“解放思想，更新观念，抢抓机遇，加快发展”的总体思路，提出了“以防为主，防治结合，齐抓共管，长治久安”的安全工作指导方针，制定下发了《龙口矿业集团有限公司安全办公会议议事规则》。为确保党的十六大期间的安全生产和各项工作的稳定发展，实现各项工作的平稳过渡，相继召开了多种形式的会议，分析了当前安全生产形势，对今后安全工作提出了具体要求。要求各单位在安全生产上要“小题大作”，对安全责任的落实要上升到“法”的高度来认识，按照公司制管理要求，进一步理顺安全生产关系，建立健全各项安全生产责任制和管理制度；树立“没有安全就没有干部的政治生命，没有安全就没有员工的家庭幸福，没有安全就没有企业的经济效益，没有安全就没有企业的稳定发展”观念；转变机关作风，做到“三个面向”，即“面向基层，提高服务意识，为领导当好参谋；面向现实，针对安全生产中的具体问题，想办法、抓落实；面向未来，从专业化管理的角度超前考虑。”实现了领导班子顺利交接和平稳过渡。

2．认真贯彻落实省政府和省局会议精神，切实抓好“双基”建设工作，夯实安全基础

三季度以来，认真学习贯彻了王仁元副省长关于加强“双基”建设的指示要求和省煤炭局《关于开展煤矿安全生产基层和基础建设的意见》等会议、文件精神，围绕加强基层和基础工作建设，做到“重心下移，关口前移”，重点抓了以下工作：

（1）进一步规范并落实了安全办公会议、安全生产专业会议和安全检查、研究安全问题签字制度，做到谁参加、谁签字、谁检查、谁负责，出现问题，严格追究有关人员的责任。

（2）狠抓了公司、矿（处）三、四级安全培训中心建设和员工安全技术培训工作。公司三级安培中心投资30多万元，加强了教学设施建设，购置了教学实验设备，改善了教学条件，充实了教职人员。3月份，三级安培中心通过了山东煤矿安全监察局组织的检查验收。8月份，三矿一处四级安培中心通过了山东煤矿安全监察局淄博办事处组织的检查验收。为提高培训质量，我们实行了有偿培训制度，受训人员考试成绩与工资奖金挂钩，考试成绩不合格者，必须重新培训和补考，费用自理，从而调动了员工学习的自觉性和积极性。

（3）加强了员工诚信教育，结合学习贯彻《公民道德建设实施纲要》，实行了员工安全诚信档案管理，对不讲信誉的事和“三违”行为逐一记录在案，促使管理人员按章指挥，各岗位操作人员按章作业，最大限度地减少人为因素导致的事故。

（4）加强了区队、班组长和安监员管理，制定了《龙口矿业集团有限公司班组长管理办法》。

3. 认真学习、贯彻《安全生产法》、《煤矿安全规程》，强化安全宣传教育，全面提高员工安全意识

《煤矿安全规程》是煤矿生产和管理必须遵守的安全准则，具有很强的针对性和可操作性，体现了国家的意志和广大员工的切身利益，贯彻执行好安全规程对煤矿的安全生产具有重要的现实意义。为此，新版《煤矿安全规程》（以下简称《规程》）颁布以后，我们把掌握、落实《规程》作为全公司安全生产管理的一项重点工作来抓，并进一步强化了安全宣传教育。

（1）采取集中与分散、脱产与业余相结合的办法，利用专题讲座、安全活动日、班前会等形式，专业对口组织员工学习《规程》和《安全生产法》，逐步达到应知应会；各矿、各专业普遍组织了《规程》知识考试和竞赛。公司对学习《规程》情况进行了抽查考试，还举办了180人参加的《规程》知识竞赛。

（2）抓好《规程》的现场落实。公司、矿两级分专业对新旧版《规程》进行了对照，找出了其主要修改内容，对照现场进行了排查、摸底，对尚不符合规程要求的条款，逐条落实了整改措施、整改时间和整改负责人。

（3）在坚持经常性的安全宣传教育的同时，按照中宣部等四部门的统一部署，扎扎实实地开展了以“安全责任重于泰山”为主题的“安全生产月”活动，进一步提高了员工的安全意识。

4. 认真开展安全专项整治（整顿）活动，抓好重大隐患排查治理，及时消除事故隐患

（1）认真开展了安全专项整治（整顿）活动。一季度，根据省煤炭局2001年132号文件精神，扎实有效地开展了“安全整治季”和元月份“思想整顿月”活动，对照“十八个不准”和四十条规定，明确责任分工，逐级抓好整治内容的细化落实。进入二季度，我们按照国务院、省政府、省安委会的统一部署，结合本单位实际，制订下发了《关于开展安全生产专项整治活动的通知》（龙局安［2002］3号），成立了领导小组，提出了安全生产专项整治工作目标、工作重点、方法步骤和主要措施，各专业、各部门分兵把口狠抓落实。

（2）继续坚持了重大隐患排查治理制度。为认真贯彻落实省局《关于在全省煤矿建立安全隐患排查与治理制度的通知》精神，坚持公司每季、矿每月由分管领导牵头，进行一次重大事故隐患排查，对重大隐患的治理做到“六落实”，即项目落实、措施落实、资金落实、时间落实、人员落实、责任落实。公司安全生产部门坚持每周进行一次安全管理重点排查，并及时调度、检查、督促整改情况，及时消除事故隐患。

（3）为认真吸取鸡西“6·20”特大瓦斯爆炸事故教训，突出狠抓了一通三防工作，坚持以风定产，杜绝无风作业、瓦斯超限作业和瓦斯积聚、空班漏检等现象，确保安全生产。①在贯彻落实《煤矿安全规程》方面，具体做了以下工作：完善了防尘管网系统，共改造、维修、新设供水管路7100米；完善了注浆管网系统，共改造、维修、新设注浆管路3650米；完善了安全监控系统，各矿均设齐了采掘头面的甲烷传感器和断电仪，配齐了便携式瓦斯检测报警仪；完善了防尘防爆系统，各矿设齐了与煤仓相联通巷道的隔爆水棚；认真开展了个体呼吸性粉尘测定工作；重新修改、补充和完善了“一通三防”各项管理制度。②在实现通防“六无”目标方面：制定了《“一通三防”安全目标暂行管理办法》（龙局通字［2001］2号），实现了“六无”目标；修订了《龙口矿区风量计算方法》；继续开展了对通风系统的优化调整工作，达到了矿井通风系统的合理、稳定、安全、可靠；狠抓了自然发火的超前预防工作，杜绝了煤炭自然发火事故。

（4）狠抓水文地质和防治水工作，特别是北皂煤矿海域工程的安全施工。继续坚持了“有疑必探，先探后掘、先探后采”的原则，定期进行水情水害排查。

（5）保证安全投入，提高装备水平面。2002年全公司计划安全技措项目105项，安排资金432万元，实际完成安全技措项目105项，完成资金466.5万元，完成了计划的108%。

5. 深入开展“现场管理样板化企业”、“质量标准化”建设活动，夯实安全基础，为安全生产创造良好的环境

自2001年以来，我们深入开展了“现场管理样板化企业”创建活动，按照“环境优美，清洁生产；物流有序，成本控制；优质高效，安全文明；信息灵敏，基础扎实；人员精干，机制规范”五项标准要求，加强领导，明确分工，落实责任，井上

下齐头并进，尤其在现场目视管理和设备、材料定置管理方面进一步规范化，为安全生产创造了良好环境。

在此基础上，我们还继续深入持久地开展了质量标准化、文明采区、文明工矿创建活动，以提高工程质量为重点，进一步严制度、严管理，严格检查验收，促进了质量标准化动态达标，为安全生产夯实了基础。

6. 加强安监队伍建设，严格安全监督检查和事故分析处理

我们认为，建设一支素质高、作风硬的安监队伍，强化安全检查，是搞好安全生产工作的重要保证。

(1) 继续实行了安监员“竞争上岗、末位淘汰”、量化考核制度和安监员“现场写实”制度。公司坚持每月进行一次安全大检查活动，不定期组织安全小分队和专业检查活动，对查出的问题，认真落实整改措施，限期整改，并及时调度、跟踪问题整改情况。

(2) 积极探讨安全生产管理方式、方法的创新，开展了调研式安全检查活动，做到检查合理分工、明确责任、突出重点、有主有次，把握好调研式检查的侧重点，重点在“深”、“细”、“实”上下功夫，从不同侧面和角度反映安全工作的全貌。通过多种渠道广泛调研，及时总结、交流、推广安全生产经验。

(3) 认真贯彻落实省煤矿安监局《煤矿安全程度评价办法》，坚持公司每季、矿每月进行一次安全程度评价检查。

(4) 按照“四不放过”的原则，本着重在接受教训、防患于未然的指导思想，坚持一事故一分析一处理，严肃处理事故责任者，并通过宣传栏、电视、广播等形式，加大宣传力度，从不同角度吸取教训，增强预防为主的自觉性，杜绝类似事故的发生。

此外，我们还认真抓了雨季“三防”、冬季“三防”和节日期间的安全工作，保证了安全生产。

深化安全生产专项整治　推进质量标准化创新 认真持久地开展安全生产监督检查工作

郑州煤炭工业（集团）有限责任公司

一、集团公司概况

郑州煤炭工业（集团）有限责任公司始建于1958年，时名新密矿务局，1989年1月1日更名为郑州矿务局，1996年1月18日，经原煤炭工业部批准组建为国有独资公司，是国家大型一类企业，国家二级企业，原煤炭工业部首批现代企业制度试点企业之一，是煤炭行业第一家发行股票并上市的企业。

郑煤集团公司地跨新密、登封、新郑3个市(县)及郑州市郊区，矿区东有京广、西有焦枝、北有陇海三大铁路干线环抱，又紧邻省会郑州，区位优势十分明显。矿区面积1000平方公里，煤炭总储量26.4亿吨，目前已开发利用的储量占总储量的25%。矿区主要煤种有贫煤、贫瘦煤和无烟煤，低硫、中灰、高发热量，符合环保要求，是优质的工业动力煤和生活用煤，主要用于发电、冶炼和民用。煤炭除供应中南、华东等地区外，还出口日本、东南亚等国家和地区。现有资产总额49.2亿元，职工4.3万人，独立核算单位40个，其中有裴沟、超化、米村、大平、告成、芦沟、王庄、弋湾8对生产矿井，裴沟、超化、大平、米村、告成矿为高瓦斯矿井，王庄、芦沟矿为低瓦斯矿井。煤炭生产能力850万吨/年，拥有两座电厂，装机总容量11.2万千瓦，自营铁路103公里，机械制造3500吨/年，水泥产量20万吨/年。目前已基本形成了以煤炭生产为主，建材、电力、铁路和机械

制造等多种经营为辅，互相促进，共同发展的经营格局。

近年来，集团公司各方面都有长足发展。煤炭产量每年稳定在650万吨以上，2002年产量达到890万吨，连续10年实现安全生产，百万吨死亡率控制在1以下。1993年，率先在全国煤炭行业实现扭亏为盈，此后利润逐年增长。2002年实现利润4266万元，职工人均收入突破1万元。科技进步发展较快，装备了4个放顶煤综采工作面，建成了3个百万吨综采队，采煤机械化程度达到40%以上，多种经营第三产业发展迅速，年创产值6亿元以上，占全公司总产值的三分之一以上。先后荣获国家二级企业、中国煤炭工业优秀企业（金石奖）、河南省重合同守信用AAA企业、国有重点煤矿科技进步十佳企业、质量标准化矿务局、全国能源系统思想政治工作先进单位称号。1995年进入中国工业企业500大、500优和中国国有企业500强的先进行列，综合经济效益名列行业前十名。被国家经贸委和中国人民银行确定为国家优先扶持发展的300家重点国有企业之一，是全国520家和河南省政府15户重点企业之一。

二、2002年安全工作的主要做法

2002年是集团公司确定的“效益年”，集团公司广大干部职工深入实践江泽民同志“三个代表”重要思想，按照集团公司全年工作的总体部署，从促进企业稳定发展，提高企业经济效益的大局出发狠抓安全生产工作，认真学习、宣传、贯彻《安全生产法》和新版《煤矿安全规程》，落实安全生产责任制，深化以“一通三防”为重点的安全专项治理整顿工作，加大安全生产投入，加强以质量标准化为中心的安全基础工作，广泛、深入开展以安全宣传教育“十二法”和“安康杯”竞赛活动为主要内容的安全文化建设，集团公司广大干部职工围绕安全生产付出了艰辛的努力，做了大量工作，安全工作取得了较好的成绩。安全工作的主要做法如下。

1. 以“一通三防”为重点，深化安全专项整治工作

(1) 明确安全专项整治工作的基本思路和指导思想。针对矿井“一通三防”存在的主要问题，提出了“上装备，上工程，严管理，提素质，抓落实”的基本思路和“维简计划、资金安排把安全投入、尤其是瓦斯治理投入列为第一顺序”的指导思想，为解决安全生产问题起到了重要的指导作用。

(2) 全面完成了高瓦斯矿井的通风系统改造工作。在2001年的基础上，完成了米村矿张湾风井和裴沟矿陈沟风井的系统改造。完成了5对高瓦斯矿井的通风系统改造工作，新增了1个风井，关闭了4个风井，缩短了通风流程，提高了通风能力，满足了安全生产需要。

(3) 以瓦斯抽放为主要措施的瓦斯治理工作取得突破性进展。投入资金1133万元，装备瓦斯抽放泵14台，150钻机6台，抽放管路14000米，告成矿、米村矿、超化矿、大平矿、裴沟矿等5对高瓦斯矿井全部建立了井下瓦斯抽放系统，特别是超化矿21071工作面瓦斯抽放浓度稳定在30%以上，抽放量稳定在10~15立方米/分钟。瓦斯抽放技术的推广应用，减少了风排瓦斯量，降低了风速和煤尘浓度，改善了生产作业环境。

(4) 聘请煤炭科学总院重庆分院、中国矿业大学的专家、教授，按照《规程》的规定，进行了煤尘爆炸性试验、煤层自燃倾向性和煤层突出危险性等“三项鉴定”工作，按照实际供风量核定了矿井产量。矿井通风能力可以满足年产920万吨的需要。

(5) 解决风速超限工程和采区专用回风巷施工全面展开。大平矿13采区、超化矿21采区专用回风巷已经完成并投入使用，裴沟矿32采区、米村矿28采区专用回风巷正在施工，超化矿22采区、裴沟矿34采区已经列入计划；排定了风速超限治理工程及时间表，解决了超化矿主石门、大平矿大巷部分地段风速超限问题，对米村矿-150水平主要巷道进行扩修，裴沟矿深部立井、告成矿井联进风巷工程相继开工。

(6) 矿井安全监控系统进一步完善。集团公司实现了安全监控系统无限联网，芦沟矿装备了安全监控系统，超化、裴沟、米村、大平4矿的安全监控系统进行了升级改造，提高了安全监控系统的安全可靠性。

2. 推进质量标准化工作创新，巩固发展质量标准化成果

在继续推行“三个转变”、抓好文明生产、开展争创“精品工程”活动的基础上，集团公司建立了质量标准化奖惩机制，对《质量标准化奖罚办

法》进行了修改、完善、细化，开展了评比最佳、最差活动，严格了质量标准化考核、奖罚，每季度对矿井和采、掘、机、运、通、地测、调度等各专业系统前两名及其主管领导、最佳区队的队长给予通报表彰和奖励；对得分在最后一名的，第一次给予通报批评，连续两次得分为最后一名或者质量标准化降低一个等级的或被评定为最差区队的主管领导、区队长，给予与奖励同等数额的经济处罚，调动了各单位质量标准化工作的积极性，增强了后进单位的压力感。为了保证奖罚到位，集团公司及各矿都在吨煤工资中提取0.1~0.2元建立了标准化奖励基金，超化、大平、告成、芦沟吨煤提取0.2元，用于质量达标奖励，促进了动态达标工作。积极探索质量标准化工作的新路子、新方法，建立集团公司、矿井、专业、区队、班组五级质量标准化管理体系工作有了初步进展。地面生产建设单位积极开展ISO9000质量管理体系认证工作，引入职业安全健康管理体系，向国际标准迈进。东风电厂率先进行质量管理、职业安全健康管理和环境管理体系的认证。集团公司质量标准化工作的创新和深化，在全省煤炭系统质量标准化互检中受到省局肯定和兄弟单位好评。

3．加强安全宣传培训教育，推进企业安全文化建设

(1) 2002年集团公司及各单位采取多种形式开展各类安全技术培训。全年共举办各类安全培训班415期，培训职工26397人次。其中，集团公司三级安全培训机构举办特种作业人员培训班10期，培训1475人。瓦斯检查、放炮、安全、电工、主提升机司机、采煤机司机等全部培训完毕，1448人取得了安全操作资格证书；有125名专业技术人员和矿处级干部参加了省局组织的防治瓦斯突出、新版《煤矿安全规程》培训班和矿处级干部安全资格证书培训班。

(2) 认真组织开展第一个全国“安全生产月”活动和《安全生产法》宣传教育活动，组织举办了安全咨询日活动、万名职工安全大签名、安全知识竞赛和《煤矿安全规程》知识大赛、“安全责任重于泰山”有奖征文、“矿区安全生产百里行”、群众安全演讲比赛和安全文艺巡回演出等丰富多彩的活动。这一活动的开展，在矿区营造了一个“人人关注安全，关爱生命”的良好氛围，广大职工群众普遍受到了一次安全思想和安全法制教育，强化了安全意识，增强了搞好安全生产的自觉性。

(3) 集团公司党委聘请阳泉煤业集团的安全教育专家来我公司传经送宝，并组织多批从事安全宣传教育工作的领导同志学习考察阳煤集团安全宣传教育“十二法”的成功经验，在全公司开展安全生产大讨论，并选择3个矿进行试点，逐步推广，使集团公司的安全文化建设迈出了重要一步。同时，积极进行企业安全文化的研究，参加国际安全文化研讨会活动，反映我公司安全文化建设实践的论文在大会上进行了宣读交流，国内外同行对我公司安全文化建设的做法给予了高度评价。

4．加大安全责任追究力度，认真落实安全生产责任制

(1) 深入贯彻江泽民“安全责任重于泰山”的重要指示，认真落实各级领导安全生产责任制，领导干部坚持24小时调度值班和跟班下井制度。对各级干部的下井情况，月月检查考核，促进了各级干部工作作风的转变。

(2) 按照关口前移的原则，实行安全责任追究。集团公司制定了《事故隐患责任追究规定》，经二届一次职代会审议通过实施。集团公司各业务保安部门，按照规定要求，对大平矿采取措施不到位、瓦斯频繁超限，芦沟矿违背集团公司有关部门指令、擅自在断层附近布置工作面，超化矿领导安排在井下瓦斯抽放硐室电焊，米村矿电机车司机违章撞坏风门、导致工作面风流短路、瓦斯超限等进行了严肃查处，对包括矿长、总工程师在内的有关责任人员给予了行政处分。

(3) 按照“四不放过”的原则，严肃查处事故责任者。按照集团公司《事故责任追究制度》的规定，对发生死亡事故生产单位的有关责任人员给予了行政处分，其中受处分的矿级领导15人（次），就地免职1人。对发生事故的单位进行了电视亮相曝光，有关领导公开向全公司职工家属做了深刻检查，在全公司尤其是领导干部中引起了强烈震动。

(4) 集团公司四季度实施了安全紧急状态，董事长发布了安全工作指令，提出了十个一律停产整顿、十个一律撤职和开除，以及发生死亡事故对矿级干部的处分办法，增强了各级干部搞好安全工作的责任感和压力感，提高了广大职工遵章守纪的自

觉性，干部下井明显增多，现场管理明显加强，迅速扭转了安全生产的被动局面。

5. 持续不断开展多种形式的安全监督检查活动，以安全检查促进整改工作

2002年，我们坚持定期检查与专项检查相结合，自查与配合上级检查相结合，督促整改安全隐患和研究解决深层次安全问题相结合，促进安全管理工作。

(1) 坚持集团公司每季、矿每周开展一次安全质量大检查活动。为了落实安全检查责任，继续履行“谁检查，谁签字，谁负责”的安全检查程序，检查后召开安全办公会，按照“四定”原则落实安全整改工作，提高了安全检查质量。通过考核验收，评选出最好、最差单位在全公司通报，予以奖惩，鼓励先进，鞭策后进。

(2) 紧密配合国家局、省政府、省局等上级部门开展“拉网式”安全大检查和“一通三防”专项整治、矿用产品安全标志等安全检查活动。每次上级安全检查前，我们首先组织自查；上级检查结束后，我们对查出的问题进行跟踪落实。

(3) 突出重点，有的放矢，认真细致地开展“一通三防”、机电运输、技术管理、安全生产秩序、季节性“三防”和“四防”等安全专项检查活动。每次专项检查前，都制定检查方案，认真研究检查内容、重点和方式、方法，通过查现场，查安全技术基础资料，查有关人员上岗指挥，查有关人员技术素质等一系列检查，在解决安全隐患的同时，对安全管理、技术管理方面存在的问题进行了深入的调研分析，为吃透安全管理情况，寻求解决办法提供了依据。

2002年，由于郑煤集团公司在安全生产方面做了大量工作，大平、告成、王庄、超化矿等骨干矿井和地面生产建设单位的安全生产取得了较好成绩，全年消灭了死亡事故，完成了集团公司下达的安全生产奋斗目标。大平矿积极进行安全管理体制创新，成立了安全监察大队和安全质量信息管理中心，把安检员、瓦斯检查员合二为一，配备足够的检查人员，做到了每一个采掘工作面都有检查人员盯防，井下重点作业场所24小时安全检查无空挡；对安全信息实施分级管理，分级建档，分级负责和责任追究，有力促进了安全隐患整改工作。改革创新安全管理体制，落实了检查人员的责任，做到了全方位、全过程的安全监督管理，全年消灭了重伤以上伤亡事故和二级以上非伤亡事故，实现了安全年。告成矿面对矿井复杂的地质条件，把“一通三防”和矿井防治水作为安全工作的重点，综合治理严防死守，以完善制度为保障，以考核落实为手段，全面加强安全质量管理，有效地消除了重大安全隐患，保证了安全生产。王庄矿在矿井即将关闭、安全条件不好、职工思想不够稳定的困难情况下，坚持“干一辈子煤矿，抓一辈子安全，搞一辈子质量标准化”的指导思想，一手抓“两个回收”，一手抓安全生产，加强对安全工作的领导和现场安全督察，全年消灭了死亡事故。公司所属地面生产单位厂厂年年实现安全生产。东风电厂自建厂以来，坚定不移贯彻“安全第一，预防为主”方针，截止到2002年连续2084天实现安全无事故，年年被评为集团公司安全生产先进单位。

高标准要求　高起点建处
认真开展煤矿安全监察办事处“创先争优”活动

贵州煤矿安全监察局盘江办事处

盘江煤矿安全监察办事处隶属于贵州煤矿安全监察局，位于贵州省西部、盘县红果镇干沟桥盘江矿区中部；于2000年7月开始筹建，经过近5个月的准备，在2000年11月29日正式挂牌成立。

盘江办事处人员编制20人，安全监察区域8县1市，辖区面积20065平方公里。产煤乡镇75个，各类煤矿238个，其中省属盘江煤电（集团）公司国有重点煤矿6个，地方国有煤矿9个，乡镇煤矿223个，年产原煤达1800万吨，是贵州省的主要产煤地区之一。但由于辖区内乡镇煤矿起点低，基础差，装备落后，管理薄弱，安全事故频发，是贵州省煤矿安全事故多发地区之一。2000年，辖区内共发生煤矿安全事故42起，死亡172人，其中特大事故4起，死亡65人；重大事故10起，死亡70人；一般事故28起，死亡37人。乡镇煤矿的百万吨死亡率高达24.6%。这种状况给盘江办事处的煤矿安全监察工作带来了极大困难。

建处两年来，办事处在人员配备尚未全部到位、各项工作刚刚起步、安全监察任务繁重、煤矿安全形势相当严峻的情况下，从狠抓制度建设入手，打基础，塑形象，严管理，重实效，克服重重困难，一边整章建制，调查摸底，一边开展煤矿安全监察活动和事故调查处理工作。通过煤矿安全专项治理和深化治理整顿，区域内的各类有证煤矿安全状况得到明显好转，整治工作也初见成效，有证煤矿出现了“两加强一减少”的可喜局面，即煤矿安全管理工作加强，煤矿安全装备加强，煤矿安全事故减少。在煤矿安全专项整治和深化治理整顿工作中，我们的各项工作逐步向规范化、科学化的路子迈进，煤矿安全监察员队伍也经受了考验，得到了锻炼，增长了才干，树立了形象。

一、明确指导思想，制定工作目标

年初，我们确定了工作思路和指导思想，明确以江泽民“三个代表”重要思想为指导，以遏制重特大事故、减少伤亡人数为目标，以《安全生产法》、《煤矿安全监察条例》和《煤矿安全规程》等法律法规为依据，按照国家局、省局的工作部署，坚持“安全第一、预防为主”的方针，立足防范，突出重点，关口前移，加大执法力度，强化执法监督，在巩固成果的基础上，继续开展煤矿安全监察，促进辖区内煤矿安全生产状况稳定好转。

二、建立健全党组织管理制度，加强党风廉政建设，确保政治合格

办事处在领导班子和党总支成员变动后，及时补充和完善党总支委员，由原来的3名委员增加到5名委员，充实领导力量，建立和完善党组织活动制度、工作制度和管理制度，制定盘江办事处党风廉政建设责任制、纪检员党风廉政建设责任制和科室负责人党风廉政建设责任制，同时对全处人员建立廉政档案。

积极开展警示教育。为了给每位监察员常念“紧箍咒”，早打“预防针”，我们利用胡长清、成克杰等重大典型案例，对全处人员进行警示教育。组织56人次观看《胡长清案件警示录》，67人次观看《当关》，81人次观看《责任重于泰山》。在全处范围内开展了《人要如何做，权应如何用，法该如何执》的大讨论。大家在讨论的基础上，写出有一定深度的心得体会，并在《学习园地》中进行交流。

通过开展形式多样的理想信念教育和党的组织生活，使全处人员都成了“三个代表”重要思想的忠实实践者，有力地加强了安全监察员队伍的建设，增强了全处的凝聚力和战斗力，有效地规范了全处的安全监察、行政执法和生活行为，做到思想过硬、政治合格。建处以来，全处没有出现过收受礼品礼金的现象，2002年1~12月，我处拒收礼品礼金35人次，其中14人次拒收礼金金额计35540元。

三、建立和完善各项管理制度，健全约束机制，规范执法行为，狠抓业务学习

为了进一步建立和完善各项管理制度，加强队伍建设，加强对全处人、财、物的管理，真正实现制度化、规范化、科学化的管理体系，我们在2001年建立的35项制度的基础上，修订和完善了《车辆管理制度》、《安全形式分析制度》等5项制度，新制定了《纪检员党风廉政建设责任制》、《科室负责人党风廉政建设责任制》、《党总支宣传委员责任制》等4项制度，使我处的各种规章制度达到39项，形成了一套较完整的制度体系，标志着盘江办事处制度化管理已经形成。从而实现健全约束机制、规范执法行为、强化内部管理的目标。

在加强制度建设的同时，我处还狠抓业务学习和执法培训。2002年，我处有4人参加国家局组织的执法培训，全处人员分3期参加《安全生产法》培训班学习，有4人参加省委党校法律专业函授学习，1人在职攻读贵州工业大学工程硕士。在注重参加外部培训的同时，我处还利用周一的学习时间加强内部业务学习，集中学习、讨论《煤矿安全监察条例》、《安全生产法》等有关煤矿安全生产的方针、政策、法律法规。通过学习和实践，目前，所有监察员都能够正确掌握和使用行政执法文书，能严格按监察程序有效实施各种行政处罚，正确履行安全监察职责。

四、实行目标管理，落实工作责任，月工作有计划、有总结

年初，我处针对辖区内煤矿安全生产的实际情况，结合省局的安排，制定了工作思路、工作目标和指导思想。围绕这个目标，我处每月都要进行分析和总结，肯定成绩，找出不足，总结工作中的经验教训，突出重点，狠抓薄弱环节，以便有针对性地制定下个月的工作计划及目标。

与此同时，我处还加强了工作汇报制度的落实。2002 年 1 ~ 12 月，向省局进行专项汇报 104 次，使上级能够及时对我处的煤矿安全监察工作进行了解和指导。

五、深入持久地开展煤矿安全专项整治及日常安全监察，完成了辖区内各类煤矿的安全监察

2002年以来，我处在煤矿安全深化治理整顿和日常煤矿安全监察工作中，始终坚持主体是煤矿，对象在井下，重点是“一通三防”的原则，按照瓦斯治理“十二字”方针，2002 年，我处对辖区内主要产煤区的七县（市）一公司进行了反复多次的安全监察，车辆行程 18.5 万公里，对 75 个产煤乡镇全部进行了监察，共监察矿井 792 个（次），监察矿井覆盖率达 88.3%；查出隐患 2325 条，跟踪复查达 100%；整改隐患 2103 条，隐患整改率达 90.5%；制作各类文书 739 份，其中现场检查笔录 164 份，现场处理决定书 201 份，撤出作业人员命令书 20 份，复查意见书 16 份，行政处罚告知书 138 份，行政处罚决定书 107 份，加强和改善安全管理建议书 36 份。对 93 个（次）矿井罚款 56.49 万元。

六、加大事故查处力度，定期召开区域内煤矿安全形势分析会

2002 年，辖区内共发生煤矿安全事故 49 起，死亡 111 人。其中重大事故 14 起，死亡 68 人。对每一事故，我处均进行了全面、认真、细致的调查取证工作，在认真分析事故原因的基础上，按照“四不放过”原则等有关规定，严肃查处事故责任者。每一起事故的处理情况，都得到了地方有关部门的支持和配合，也得到了当事人和被处理人的认可，收到了良好的效果。

乡镇煤矿发生的重大事故和国有重点煤矿发生的事故，我处均要到现场组织煤矿的管理人员、工程技术人员、现场工人以及地方煤炭管理部门的人员、事故责任人员进行分析，查找事故原因。我处 2002 年查处的 14 起重大事故，事故调查处理均得到地方有关部门领导的肯定和好评。他们认为，每个事故调查报告事故情节清晰，责任定性准确，处理意见合理，整改措施得力。

随着煤矿安全监察工作力度的加大和安全专项整治工作的深入，区域内的煤矿安全状况稳定好转，各类煤矿安全技术面貌得到改善，矿井“一通三防”和综合抗灾能力显著提高，非法生产基本得到遏制。现已连续 23 个月没有发生煤矿特大事故，国有重点煤矿自建处以来没有发生重大以上事故。

回顾一年来的工作，虽然取得了一定成绩，但还有很多不足，我们决心在今后的工作中，坚持高标准、严管理、抓基础、塑形象，努力建设一支过硬的煤矿安全监察执法队伍，抓好党风廉政建设，树立良好的执法形象，狠抓学习教育活动，注重思想政治工作，认真抓好党的作风建设，努力提高执法水平，进一步加大煤矿安全监察工作力度，不断推进“创先争优”工作的深入开展，为实现辖区内煤矿安全状况的稳步好转而努力奋斗。

加强党风廉政建设　促进辖区煤矿安全生产

甘肃煤矿安全监察局平凉煤矿安全监察办事处

2002年，甘肃煤矿安全监察局平凉煤矿安全监察办事处被国家煤矿安全监察局授予全国煤矿安全监察先进办事处称号。一年来，该处党政组织和全体煤矿安全监察员，从所辖区域煤矿安全生产的实际出发，认真贯彻落实党和国家关于安全生产工作的一系列重要指示，按照国家局党组确定的“三件大事”和甘肃局的工作部署，大力推进深化煤矿安全专项整治工作，坚持不懈地强化队伍建设，努力争创先进办事处，在整体提高行政执法能力和团队战斗力的同时，取得了优异成绩。全年共计深入矿井执行监察任务1500多人次，监察矿井348个次，平均每矿监察约6次，监察覆盖率和复查率达100%；查出各类隐患991条，其中当场纠正840条，占84%，整改落实率达100%；在深入矿井监察执法过程中，形成笔录性文书171份、决定性文书203份，其中现场处理决定书171份、行政处罚决定书8份、撤出作业人员命令书4份、责令停产整顿书18份、向地方政府和煤炭企业发出加强和改善煤矿安全管理建议书11份；实施行政罚款17万元，关闭非法和死灰复燃矿点19处；组织查处各类煤矿事故15起，批复结案15起，追究事故责任人40余人次，其中2人被追究刑事责任。所辖区域内煤矿未发生3人以上重特大事故，事故起数和死亡人数同比下降，各类煤矿百万吨死亡率控制在指标以内，实现了奋斗目标，有力地促进了辖区内煤矿安全生产形势的稳定好转。

一、加强政治理论学习教育，以思想促提高

平凉煤矿安全监察办事处非常重视自身队伍建设，特别是思想作风建设。处党总支于年初就作出了总体安排，建立了党总支、各支部、各科室分工负责的政治理论学习责任体系，要求每名监察员在学习规定章目的基础上，积极动手撰写理论文章，每季度至少写出一篇高质量的学习体会和心得，以思想理论素质的提高促工作能力和水平的提高。在《安全生产法》的宣传阶段和党的十六大召开期间，党总支认真筹划，及时组织全体监察人员学习和贯彻党的十六大精神，组织《安全生产法》知识竞赛，掀起了两次学习高潮，把思想认识自觉地统一到党的十六大精神和努力实践“三个代表”的重要思想上来。同时，集中精力开展了一次牢固树立正确的权力观教育活动，要求全体监察员围绕“掌好权、用好权”这个关键，认真对照检查权力观和用权行为上存在的突出问题，谈作风、转思想，找差距、促提高，达到了团结教育、提高思想素质的目的。学习教育活动中，每一名监察员撰写学习笔记都在20篇以上，5名处级干部每人向党总支提交了一篇高质量的思想小结。

二、强化监察执法力度，以监察促安全

为了落实“关口下移、强化监察”的要求，我们在实施监察员分片包矿工作的基础上，坚决落实监察责任制中的各项工作措施，按照监察管理区域，主要领导分片负责，监察人员实行定点联系、蹲点监察、逐矿跟踪的包矿办法，使各矿井的监察责任到人，尤其是对各矿井安全生产行为做到了时间、方案、措施、责任人四落实，随时掌握情况，加强对隐患的监控和整治并及时督促整改，按照“四不放过”的原则，跟踪监察，强化监察，主要抓了法律法规的学习、行政执法文书的制作和执法工作程序的规范等基础工作，提高了监察员依法行政的能力。自实行蹲点监察措施以来，监察员的下井次数增加了30%，煤矿的事故起数和死亡人数却下降了，安全生产形势趋向好转。

三、加强党风廉政建设，以廉政促执法

为强化对监察人员党风廉政建设责任制的动态管理，制定了内约外监的监督考评制度，实施了《收受礼品、礼金报告登记制度》和《监察员廉政建设社会监督卡制度》两项措施和党风廉政建设与煤矿安全监察工作“双汇报”制度，落实了办事处

党政一把手、各科室负责人、监察工作带队负责人的“一岗双责”，公开了监察电话，接受社会各方面的监督，从而加强了监察人员的动态管理，促进了监察队伍的组织管理，收到良好成效。全体监察人员自觉履行党风廉政建设的有关规定，不住被监察单位安排的宾馆，未发现有接受宴请、参加娱乐活动和其他违纪违法行为，塑造和树立了高素质的、良好的执法队伍形象。

四、强化工作作风转变，以作风促工作

平凉煤矿安全监察办事处依靠坚强有力的领导班子，造就了团结战斗、雷厉风行的工作作风，班子成员能吃苦，长期坚持第一线，与监察员同吃同住同下井，每月下井均在12次以上，掌握一手资料，实施现场监察。在年内查处的15起事故中，每一起都由处党政领导亲自带队，在现场亲自调查，反复取证、核实，最后严格落实整改措施。6月17日平凉庄浪煤矿砌碹支护巷道发生冒顶，3名矿工被埋，在顶板随时有可能发生冒落的情况下，处党总支书记薛雄邦、主任祁炜、副主任程国珍轮流在井下现场甘冒生命危险与监察员一道团结奋战，表现出了严实的工作作风和大无畏的奋斗精神。平凉煤矿安全监察办事处的党政一班人，就是凭着对煤矿安全监察工作的神圣使命感和高度负责的强烈事业心，团结一致，顽强拼搏，树立良好的工作作风，以作风促工作。为贯彻落实全辖区陇南煤矿安全整治会议提出的整治目标和措施，监察员不辞劳苦，昼夜兼程，深入陇南山区步行30余公里，坚持到现场监察，解决问题，以扎实的工作作风、卓有成效的工作业绩受到地方政府和煤矿企业的尊重与信任，极大地促进了辖区内煤矿安全生产形势的稳定好转。他们决心在今后的工作实践中，继续发扬“以思想促提高，以监察促安全，以廉政促执法，以作风促工作”的优良传统，不懈努力，为把自身建设成为全国一流的煤矿安全监察办事处而奋斗。

以质量标准化工作为切入点　切实加强安全管理　确保安全投入　努力实现安全工作的持续、稳定、健康发展

新疆乌鲁木齐矿业（集团）有限责任公司

2002年，在自治区党委、政府和新疆煤矿安全监察局的正确领导和关心支持下，新疆乌鲁木齐矿业集团始终坚持“安全第一、预防为主”的安全指导方针，以质量标准化工作为切入点，以煤矿安全专项整治为主线，以“一通三防”为重点，加大科技投入，强化安全监督和检查，狠抓措施落实，加强职工培训，实现了安全工作的持续稳定好转。截止到2002年底，新矿集团共生产原煤352.26万吨，未发生一起原煤死亡事故，并连续两年实现原煤生产百万吨死亡率为零的安全工作奋斗目标。回顾和总结2002年的安全生产工作，我们主要做到了以下几点：

一、加强宣传教育，创造良好氛围；强化安全培训，提高安全技能

为了搞好2002年的安全生产工作，我们充分发挥党政工团齐抓共管的作用，利用广播、电视、板报、标语、知识竞赛等多种形式，认真贯彻落实国家、自治区有关安全生产的文件和电视电话会议精神，掀起了学习《煤矿安全规程》、《安全生产法》等法律法规的热潮，强化了安全第一的意识，保证了安全生产顺利进行。2002年全年共出板报416期、标语833条、广播稿件1141篇、安全电视90场、知识竞赛6场、安全办公会113次。2002年，以学习新的《煤矿安全规程》，贯彻落实《安全生产法》、特殊工种持证上岗为重点，抓好年初制定的各项培训计划的落实。1～12月，集团公司

和各矿共举办安全培训班104期，培训人数达到6092人次。4月份，集团公司对技术员以上的干部进行了《煤矿安全规程》考试，合格率达100%。11月份，集团公司对所属单位技术员以上的干部715人进行了《安全生产法》考试，合格率达100%。通过培训，强化了职工安全第一的意识，提高了职工搞好安全生产的自觉性、积极性和创造性，提高了职工搞好安全生产的技能。

二、把握形势、认真开展各项安全活动

2002年初，本着对安全工作早计划、早安排的原则，及时制定下发了关于安全生产的一号文件，确定了指导思想，明确了奋斗目标，制定了具体措施。根据各个时期安全工作的特点，我们有侧重、有针对性、有不同主题地开展了三次“百日安全无事故”活动，开展了“防止自燃发火月”活动、“无瓦斯事故月”活动、“安全月”活动。同时根据国家、自治区和新疆煤矿安全监察局关于开展煤矿安全生产专项整治活动的要求，在贯彻落实国家及自治区有关会议、通知精神的同时，下发了《新矿集团2002年煤矿安全专项整治工作的通知》，6月10日至9月30日，在集团公司范围内重点开展了安全生产专项整治活动。通过开展煤矿安全生产专项整治，集团公司共排查出A级隐患15条，共投入资金1280万元，年底前已彻底整改完毕。坚持了每季度的质量标准化检查活动和定期不定期的安全大检查活动。突出“一通三防”重中之重，扎实开展“三大两小”会战活动，防止了重特大事故的发生。为杜绝重特大事故，对“一通三防”、大面积悬顶、提升运输等重点部位进行重点防范。集团公司利用各种会议重申了“一通三防”的各种管理办法，认真贯彻落实“一通三防”的三个十条、两个实施细则、23条、八条规定、五个整顿和“八个不准”。在瓦斯管理上，我们突出重点，落实瓦斯抽放排放措施，严格执行瓦斯巡回检查和请示制度，完善了碱沟煤矿在瓦斯异常区的安全管理手段。对所属各个矿井严格进行了通风能力核定，坚持以风定产，凡通风系统不完善、不可靠，或风量不足的工作面一律停止生产，严禁采区、工作面超通风能力生产。2002年，集团公司各矿工作面共发火1次，百万吨发火率由2001年同期的0.67次降到0.28次。在顶板管理上，重申厚煤层、特厚煤层开采的炮采工作面、综采工作面、滑梁工作面、巷放工作面的初次放顶，必须采取人工强制放顶，否则，各单位总工程师和业务主管部门一律不予审批。全年共进行人工强制放顶18次。在机电运输上，以大型设备完好使用为突破口，有效开展“大型设备红旗竞赛”活动和“无提升、运输事故月”活动，确保了设备的正常运转，促进了原煤生产。

三、以开展矿井质量标准化工作为切入点，认真抓好安全管理工作

质量标准化工作是安全工作的基础，“向质量要安全，向安全要效益”已成为广大干部职工的共识。通过到兄弟单位的取经学习，我们找到了工作中的不足和差距。集团公司于2002年初对各矿下达了当年矿井达标规划，并严格了矿井质量标准化奖罚办法。检查方法由静态变为动态，变定期检查为跟踪生产的全过程检查，较好地克服了质量标准化活动中出现的紧一阵、松一阵，突击达标和凑合达标等种种弊病，安全管理工作有了明显的提高。经过2002年12月份新疆煤矿安全监察局的检查验收，各矿均按规划达到了省级标准。

四、转变作风，落实责任，强化现场管理和服务

集团公司、各矿两级领导都把转变作风、强化现场管理作为安全管理的重点，加大了现场办公的次数，提高了现场办公的质量。现场办公的特点之一是，集团公司的主要分管领导要挂帅，凡需要马上解决的重大问题，领导都在现场拍板，从不拖拉，因而加快了事故隐患的整改速度。为提高干部下井质量，进一步促进作风转变，各矿都严格规定了干部下井的次数和质量，并制定了干部升井汇报制度和考核办法，纪检、劳人、安全部门进行监督，每月定期张榜公布，并纳入干部考核内容。为确保实现全年的安全奋斗目标，四季度，集团公司各矿矿级领导和职能科室业务人员，全部实行24小时现场跟班，做到了工人三班倒，班班有领导。

五、强化安全监督检查，加大隐患整改力度

2002年，集团公司及各单位都加大了安全检查的力度，各矿坚持每月安全大检查三次以上，并加强了安全隐患的整改和复查。对因特殊原因不能及时整改的隐患，必须制定专项的安全技术措施方可生产，凡是隐患能整改而未及时整改的，一律按事故追查处理。特别是专项整治期间，新疆煤矿安全监察局对集团公司所属各矿进行拉网式安全检查，集团公司对所属的五个井工矿进行煤矿安全生产专项整治活动，检查出B级、C级隐患1200条，各矿都认真进行了整改，整改率达96%以上。集团公司、各矿两级安全监察部门还高度重视隐患的整改质量，做到有落实、有监督，有效地促进了隐患的整改。1~12月，各单位共进行安全检查215次，整改隐患4067项，整改率达99.36%。

六、加大对安全的科技投入和技术管理，确保安全生产

2002年，集团公司继续加大对安全的科技投入，加强技改力度。大洪沟煤矿主井、主扇改造投入资金300万元，并已完工投入使用。投资660万元建立和完善了五个井工矿的安全监测系统和瓦斯抽放设施，碱沟煤矿的排水系统改造投入资金270万元，并通过了验收。通过大量的资金投入和采用先进的技术和管理手段，提升了企业安全管理的水平，保证了安全生产顺利进行。

虽然新矿集团已连续两年实现原煤生产百万吨死亡率为零的安全工作较好成绩，但并不能说明安全管理工作就很扎实、很到位、无漏洞，2002年两起工业死亡事故和大洪沟煤矿坠罐事故的发生，就给我们敲响了警钟。因此，在新的一年，我们一定要戒骄戒躁，克服麻痹松懈思想，虚心学习兄弟单位在安全管理上好的经验和做法，改进自身不足，使2003年的安全工作再上一个新台阶。

唱响主旋律　再谱新篇章

宁夏煤业集团公司白芨沟矿

位于贺兰山中段腹地、海拔1900米的宁夏煤业集团公司白芨沟矿，是宁夏乃至西北地区最大的一座优质无烟煤生产矿井。2002年，白芨沟矿认真贯彻党的“安全第一、预防为主”的方针，始终把抓好安全生产放在首位，实行全员、全过程、全方位的安全管理，促进了安全生产的稳步健康发展。到2002年11月19日，白芨沟矿实现了安全生产三周年，首创建矿以来连续安全生产最长周期记录，确保了生产经营任务的全面完成。

2002年，全矿原煤产量计划165万吨，实际完成201.4120万吨，完成计划的122.07%，超计划36.412万吨。掘进进尺计划9060米，实际完成9469米，完成计划的104.51%，超计划409米。井下和地面均实现了安全生产，百万吨死亡率为零。原煤制造成本计划69.80元/吨，实际完成69.60元/吨，较计划降低0.20元/吨。原煤全员工效计划3.2吨/工，实际完成3.796吨/工，比计划提高0.596吨/工。利润计划3500万元，决战目标3800万元，实际完成3800.86万元，超计划300.86万元，超决战目标0.86万元。

一、加强教育培训，增强安全意识

为了使职工从思想上提高对安全生产重要性的认识，在安全教育培训上常抓常新，力求形式多样。全年组织展出“历史上的今天”大型事故案例图片展40场次；组织500名区、科、队长、班组长和工程技术人员参加了由《中国煤炭报》举办的《安全生产法》知识竞赛；有318名管理人员、工程技术人员参加了新版《煤矿安全规程》理论知识考试；组织“心连心保安全”文艺宣传队下基层演出安全文艺节目；组织家属和女职工进行了38次的井口、井下送温暖活动；开展了创建“职工安全之家”、“夫妻联手保安全”、“班组安全竞赛”活动；在团员青年中开展“青年安全示范岗”、“安全标兵竞赛”活动；为筑牢安全第二道防线，矿女工家属协管会与“三违”人员签订“悔过保证书”，并组织一线职工签订《夫妻安全生产双保合同》，妻子常吹安全枕边风，提醒丈夫做到“三不伤害”，搞好自主保安，增强了职工“一身安全系全家，全家幸福系一人”的安全意识，使全矿安全管理形成了齐抓共管的良好局面；在“冬春百日安全无事故”和“安全月”活动中，组织近千名干部职工参加了“宁夏第一届煤炭职工安全知识竞赛”答题；

举行了由2400余名职工、学生参加的安全集会签名活动。

在安全培训上坚持“育人强企”策略。根据工种和专业性质的不同，积极采取脱产、业余、自培和外培相结合，做到集中教育和日常教育常抓不懈，使安全技术业务培训工作落到了实处。全年共举办了52个工种共4536人次的安全培训班158期；对新招录的205名弹性用工，进行了一个月的岗前安全教育培训。通过进行强有力的安全教育培训，极大地丰富了干部职工的安全理论知识，提高了全员业务技能素质，增强了抓好安全工作的主动性。

二、完善管理制度，狠抓责任落实

2002年，我矿加强了安全工作的制度建设，用制度约束抓好安全工作的行为。《2002年安全工作安排》经多次组织审核修改，充实完善内容，以党政工联发1号文下发全矿执行，对全年安全工作进行了全面安排和部署，全矿各项安全工作紧紧围绕这条主线有序开展。在此基础上，根据我矿实际情况，建立健全了《白茇沟矿安全目标管理制度》、《白茇沟矿查岗制度》、《白茇沟矿抓三违制度》、《白茇沟矿违章罚款条例》、《基层区、队干部和机关科室人员定指标抓“三违”考核办法》和《白茇沟矿安全隐患排查制度》等一系列促进安全生产的管理制度，确保了安全工作有章可循。

强化安全管理，加大干部作风转变和安全工作责任制落实。严格落实执行生产区队干部井下“双岗制”、领导干部24小时值班制、生产职能科室业务保安制、班组长现场把关制、安检员跟班盯岗监督检查制和操作人员上岗责任制，明确提出，各级干部的主要任务就是管安全、抓质量、抓隐患处理、抓制度措施的落实。要求各级干部必须把主要的工作精力用在安全管理上，对管理松懈、工作失职、不讲效率、造成事故的责任者和单位领导，坚持从严、从重、从快进行处理；坚持每月在采掘一线和辅助二线单位，开展“安全评优评差”和“十佳两差”活动；不断深化安全生产的专项治理整顿和自查自纠工作，对查出的问题和不安全隐患责令限期整改，直到完全合格方可恢复生产。在工作面初采初放、过横川、综采综放回撤安装等重点施工工作中，均成立蹲点领导小组，矿、区、队干部坚持班班和工人同下同上，严把安全质量关，创出了高效优质、安全无事故的好成绩。

为了杜绝“三违”行为，成立了由矿领导带头、机关科室人员参加的抓“三违”督查小分队，采取不定时间、不定地点的突击查岗方式，深入到井下、地面等要害场所，查干部值班跟班、工人上岗，查安全隐患，查工程质量，查制度措施落实。

三、重视质量标准化管理，筑牢安全基础

质量标准化工作是安全工作的重要基础，是煤矿的形象工程和效益工程。我矿始终重视质量标准化工作，以抓好操作质量、工序质量、支护质量、设备质量和文明生产为重点，以坚持“高标准、严考核、挤水分、防滑超、上台阶”为原则，不断筑牢夯实安全基础。我矿专门成立了质量标准化办公室，各生产单位也相应配齐配足了专职质量验收人员，形成了区、队分口验收把关、全矿统一检查考核的队、区、矿三级质量管理网络体系。为了加强管理考核，我矿不断总结经验，修改完善了质量标准化检查验收和奖惩考核办法以及小班质量评估考核标准。加强“质量标准化、岗位作业标准化、事故隐患排查”三项基础工作的管理，坚持每月3次的质量、安全、文明生产检查验收制，采取旬检和业务部门专业检查、静态和动态检查、抽查和基础资料相结合的方法，坚持只认标准不认人，严格检查验收，严格考核奖惩，实行重奖重罚，对质量不达标，出现等外品的采掘工作面从严追查处理。2002年第四季度，白茇沟矿质量标准化工作经原太西集团检查验收，获得了综合得分位居集团公司第一的好成绩。

四、加强“一通三防”管理，杜绝重特大事故发生

作为高瓦斯矿井，白茇沟矿始终把“一通三防”当作重中之重的工作来抓。为了杜绝事故，我矿坚持执行“先抽后采、监测监控、以风定产”的瓦斯治理“十二字方针”、防治瓦斯煤尘的“八个不准”和“三个十条”规定，在全矿形成以矿长负总责、总工程师分管负责、通风部门负业务保安责任的瓦斯管理责任网络。对瓦检员做到定人、定岗、定责任，坚持“一炮三检”、“三人联锁放炮制”和现场手拉手交接班制。坚持每月一次通风系统审查例会，查找问题，制定防范措施。重点加强了对各采掘面瓦斯、一氧化碳监测监控。截止到2002年4月，全矿已实现连续21年无瓦斯、煤尘事故。

五、加大安全投入，依靠科技促进安全生产

2002年，白芨沟矿继续加大安全和科技投入，加强基础设施建设，提高技术装备水平。为了提高矿井通风能力，使之和矿井安全生产相配套，对南二辅扇和南四主扇进行了更新，不但可使通风费用每年节约28万元左右，而且还有效地解决了矿井通风管理中存在的不合理问题，保证了通风系统的合理可靠，降低了通风工作的管理难度，保证了矿井的安全生产。为适应我矿综放开采工艺要求，提高掘进效率，满足巷道掘进支护使用阻燃材料的要求，在继续进行锚梁网支护的同时，又在2421（一）综放工作面顶板瓦斯巷，成功进行了竹锚杆和玻璃钢锚杆的支护试验。为了有效抽排煤层瓦斯，满足矿井安全生产和矿区居民生活瓦斯的需求，对南三瓦斯抽放系统的设备、管路及其敷设方式进行了更换和改造，对瓦斯抽放监控系统进行了完善。为了提高我矿主井皮带运输的安全性和矿井运输能力，增强矿井生产发展后劲，我矿积极筹措资金，制定科学合理方案，对1992年投入使用，龟裂、断丝严重的主井强力皮带进行了更换。进行了主井延伸开拓系统设计方案的成功论证和正常实施，对提高我矿生产系统的科学性、工作面布置的合理性以及运输能力，保证矿井安全生产，产生了十分深远的影响。

六、创新思路，为安全管理工作注入活力

一是创新安全管理的新思想。我们通过转变思想，更新观念，在安全管理上，下决心跳出思维习惯和传统套路，力求思想观念创新。二是创新安全管理的新方法。加强事故防范的安全管理工作，将安全管理工作的关口前移，制定出有效预防各类事故发生的对策和措施，做到事故防范创新。三是引进先进企业的管理创新经验。积极采取“走出去，请进来”的策略，引进先进企业在安全管理方面的成功经验，结合我矿实际加以消化、吸收，进行创新应用，促进我矿安全管理工作水平的不断提高。四是创新安全文化建设。煤矿安全文化是煤矿安全生产的灵魂，是全矿干部职工对安全工作的共识，其实质就是“关爱生命，关注安全”，我们把安全文化建设作为企业文化建设的切入点和突破口，唱响煤矿文化建设的主旋律，营造宣传、教育、培训安全工作的强大氛围，确立安全思想，增强安全意识。

第十部分

重大事故案例选编

北京“蓝极速”网吧火灾事故

一、事故经过

2002年6月16日凌晨2时30分左右，北京“蓝极速”网吧发生火灾，北京市消防局于2时43分接警后，迅速调集12辆消防车、78名消防官兵赶赴现场，抢救出被困人员17名，于3时42分扑灭火灾。这起特大火灾共造成25人死亡、12人受伤。

“蓝极速”网吧位于北京市海淀区学院路20号石油粮店二层。该建筑物产权属于中国石油勘探开发研究院，由北京禾谷园连锁经营有限公司租用。2001年6月9日，北京禾谷园连锁经营有限公司将该建筑一层西半部和二层出租给北京科力中科贸有限公司。2002年4月15日，北京科力中科贸有限公司又将二层转租给“蓝极速网络技术服务中心”法人代表郑文京（男，汉族，36岁，北京市人）。2002年5月10日，郑文京在未办理任何审批手续的情况下，非法开业经营网吧业务。该网吧建筑面积220平方米，设有机房6间，共设置电脑92台，另有辅助用房6间。

二、事故原因分析

火灾发生后，经公安部消防局技术鉴定，以及有关专家和北京市火灾调查人员就火灾的发生、火势蔓延特点和燃烧痕迹进行了详细勘查，最终确定：北京“蓝极速”网吧特大火灾系汽油引燃所致。

北京市公安机关也迅速开展了调查取证工作，很快查明了这次特大火灾是由刘一凡（1988年2月19日出生）、宋圣伟（1987年12月26日出生）、张媛（女，1985年2月17日出生）、张皓（1989年6月5日出生）等4人为报复“蓝极速”网吧策划、实施纵火所致。

三、事故处理结果

2002年8月27日，北京市第一中级人民法院作出一审判决，以放火罪分别判处被告人刘一凡、宋圣伟无期徒刑，剥夺政治权利终身；判处被告人张媛（女）有期徒刑12年。参与实施放火的张皓（男，13岁）因不满14周岁，未追究刑事责任，已于2002年6月28日被北京市公安局收容教养。

重庆市合川“2·16”特大道路交通事故

一、事故经过

2002年2月16日，重庆市公交五公司北合路队驾驶员欧志，驾驶渝B56708号大客车，从北碚载客58人至合川，当车行至合川建材一厂附近的一弯道前方，驾驶员边打手机边超车，在超车的过程中突见迎面来车，由于车速较快，急忙向右避让，因单手操作，转向过急，致使大客车驶出公路右侧路沿，翻于105米高的斜坡下，造成死亡10人、轻重伤48人、车辆报废的特大道路交通事故。

二、事故原因分析

通过深入调查，综合各方面的证据，初步认定驾驶员欧志在此次交通事故中负全部责任。

三、事故处理结果

(1) 驾驶员是此特大交通事故的直接责任人，其行为涉嫌交通肇事罪，被合川市公安机关刑事拘留，由司法机关依法处理。

(2) 重庆市公交五公司北合路队分管安全工作的副队长，对新驾驶员的安全管理教育工作存在疏漏，其负责管理的部分安全管理资料没有按公司“企业标准”的规定建立健全，违反安全生产职责，是此次特大交通事故直接责任的主管人员，给予撤职处分。

(3) 重庆市公交五公司北合路队队长对路队安全管理工作督促检查不力，没有正确履行安全生产职责，在此次特大交通事故中是负有直接责任的主管人员，给予降级处分。

(4) 重庆市公交五分公司北合路队党支部书记，在以前任该路队队长期间，存在部分安全管理资料不够健全的问题延续至今。改任书记后，对路队安全生产工作监督不力，对此次特大交通事故负有领导责任。

(5) 重庆市公交五公司分管安全工作的副经理，对公司安全生产负有分管领导责任，安全管理工作中指导、检查不够深入，在安全生产工作中没有正确履行职责，给予行政记大过处分。

(6) 重庆市公交五公司董事长、经理、党委书记，是公司安全生产第一责任人，负有公司安全生产全面领导责任，对公司安全管理工作督促检查不力，给予行政记过处分。

重庆市武隆县“8·15”特大道路交通事故

一、事故经过

2002年8月14日，驾驶员罗春禄（A照），驾驶重庆汽车运输（集团）有限责任公司黔江公司渝H00357号桂林GDW61004W6型大客车在黔江车站载客42人，从黔江驶往重庆。在黔江小广场又上客4人，行至武隆羊角时，由黄超（男，29岁，A照，证号512328721208217）驾驶该车。行至武隆县石雷路214公里+500米处时，将车驶出公路左侧，翻于80米高的斜坡下水潭中。造成12人死亡，轻、重伤34人的特大交通事故。

二、事故原因分析

(1) 驾驶员黄超在驾驶车辆过程中，违反了《中华人民共和国道路交通管理条例》的规定，操作不当，驾车超员，造成该事故的发生。

(2) 重庆汽车运输（集团）有限责任公司黔江公司管理不严，对站内出现的驾驶员私自售票、个别岗位责任不落实等违规行为失察，造成管理失控。

(3) 黔江汽车南站对站内管理失控失察，管理不善。

(4) 黔江汽车南站当班验票员在履行工作职责中，严重不负责任，违反车站的有关规定，造成肇事车在出站时超载，扩大了事故后果。

三、事故处理结果

(1) 肇事车辆驾驶员，对本次事故负全部责任。鉴于其已在事故中死亡，故免于追究责任。

(2) 重庆汽车运输（集团）有限责任公司黔江公司总经理，是该公司安全生产的第一责任人，在履行责任的过程中，没有及时协调好公司各职责部门的关系，对违规行为失察，造成管理失控，对本次特大事故负领导责任。决定给予行政记大过处分。

(3) 重庆汽车运输（集团）有限责任公司黔江公司分管安全生产的副经理，是企业安全生产的直接责任人，在履行职责中，对车站安全管理监督、指导、协调不力，对安全生产管理上的漏洞失察失控，应对本次特大事故负直接领导责任。决定给予行政撤职处分。

(4) 黔江汽车南站站长，对站内管理失察失控，管理不善，应对本次特大事故负相应的管理责任。决定给予行政降职处分。

(5) 黔江汽车南站当班检票员，在履行工作职责中，严重不负责任，违反车站的有关规定，造成肇事车在出站时超载，对扩大事故后果应负间接责任。决定给予开除留用1年的行政处分。

重庆市彭水县“8·20”特大道路交通事故

一、事故经过

2002年8月20日早晨，重庆市彭水县长滩乡洋霍村2组驾驶员蒋明凡驾驶彭水县新运交通有限责任公司渝AW0517号山花牌中型客车，从长滩乡沿途载乘30人（含驾驶员）到彭水县城。8时10分，当车行驶至长滩乡公路2公里+500米（地名小水井）处，将车驶出公路左侧可行路面，翻于120米高岩坡下的彭黔公路三改二工程的道路上，造成当场死亡24人（包括肇事驾驶员），送医院抢救无效死亡2人，伤4人，车辆报废的特大交通事故。

二、事故原因分析

(1) 对驾驶员体检把关不严，导致肇事驾驶员左眼无视力驾驶中巴客车。

(2) 交警部门在年审换证过程中把关不严，未发现该肇事驾驶员视力存在缺陷，使其年审过关。

(3) 县运管所擅自调整营运线路。

(4) 肇事驾驶员存在严重违章行为。

“8·20”特大道路交通事故是一起重大责任事故。

三、事故处理结果

(1) 重庆市彭水县公安局副局长，在分管交通安全工作期间，未对彭水至长滩路辖区的派出所进行交通安全督促检查，应负领导责任。给予行政警告处分。

(2) 重庆市彭水县交警大队大队长，在职期间，对县人民政府有关安全生产文件规定贯彻执行不力，对交通安全工作督查、检查不到位，对驾驶员适应性检测的定点医院把关不严等，应负领导责任。给予行政降级处分。

(3) 重庆市彭水县汉葭镇安监室主任，对彭水府办发［2002］98号文件贯彻落实不够，对所辖区域道路交通管理工作监督检查不到位，应负领导责任。给予行政警告处分。

(4) 重庆市彭水县长滩乡政府分管安全工作的副乡长，对安监室的工作督促检查不力，措施不到位，应负领导责任。给予行政警告处分。

(5) 重庆市彭水县长滩乡安监员，在担任长滩乡安监员期间，没有认真贯彻执行彭水府办发［2002］98号文件精神，特别是“8·20”特大交通事故存在严重超载行为而未查获，负有直接责任。给予行政记过处分。

（6）重庆市彭水县交警大队民警，在2002年3月对渝AW0517车辆驾驶员未按规定程序进行年审，违反了渝交管发［2001］195号和286号文件的规定，给予行政警告处分。

（7）重庆市彭水县运管所所长，在分管维修行业和稽查工作期间，没有按规定监督检查，导致维修厂家出具了假汽车维修合格证明，应负领导责任。在任所长期间，没有严格执行报批制度，擅自调整渝AW0517中客上彭水至长滩路，未对从业资格证进行审查，应负领导责任。给予行政降级处分。

（8）重庆市彭水县运管所维修、客运、稽查办主任，在负责维修行业管理、经营管理期间，未按《道路交通管理条例》的规定进行监督检查，应负直接责任。擅自调整渝AW0517中客车上彭长路，未对从业资格证进行审查，应负直接责任。给予开除留用1年处分。

（9）重庆市彭水县江北派出所所长，未认真贯彻执行彭水府办发［2002］98号文件，对辖区道路交通安全工作检查不到位，应负领导责任。给予行政警告处分。

（10）重庆市彭水县保家派出所所长，未认真贯彻执行道路交通安全集中整治精神，负有领导责任。给予行政警告处分。

（11）重庆市彭水县交警大队教导员，分管指导基层派出所道路交通管理工作。对辖区内的派出所交通安全管理业务指导不力，未督促检查文件落实情况；在考察驾驶员适应性检测的定点医院时把关不严，致使无等级医院体检驾驶员。给予行政记过处分。

（12）重庆市彭水县交警大队副教导员，分管客运交通安全。对客运安全工作未采取强有力的措施，路检路查不到位、未按彭水府办发［2002］98号文件严加管制。给予行政记过处分。

（13）重庆市彭水县交通局副局长，分管交通安全及县运管所工作。因在公路工程中涉嫌经济犯罪，由司法机关立案查处。

（14）重庆市彭水县交警大队车管室业务员，在审验换证时对肇事司机存在生理缺陷失察，导致其顺利换证。由司法机关立案查处。

（15）重庆市彭水县医疗中心护士长，在肇事司机左眼失明的情况下通过正常体检，并签字认可。由司法机关立案查处。

重庆市彭水县“7·3”特大道路交通事故

一、事故经过

2002年7月3日，重庆市彭水县长滩乡柏香村4组驾驶员杨世强驾驶渝AW0246号山花牌私营中巴客车（个体），在凤鸣至彭水县城的乡村公路上距县城4公里+900米处发生交通事故，死亡12人，轻重伤11人。此特大道路交通事故是一次重大责任事故。

二、事故原因分析

根据重庆市交警总队现场勘察和机械鉴定认为，造成此次事故的原因为：由于该车转向机构直拉杆与后球头紧固连接处没有紧固抱和螺栓，而用焊接方法将直拉杆与导管（内有丝牙）开口处外包烧焊紧固，致使后球头杆（螺纹）在直接杆导管内（有丝牙）有活动间隙，导致后球头杆断，转向失效。但该车行车制动性能有效，因此，鉴定“7·3”特大交通安全事故为机械事故。

三、事故处理结果

（1）肇事车辆驾驶员，对车辆维修时，发现重大安全隐患没有采取措施消除隐患，仍驾驶车辆上路营运，且有超载违章行为，导致该车发生特大道路交通事故。同意吊销其驾驶执照，取消其从业人员资格，由司法机关依法追究其刑事责任。

（2）重庆市彭水县运管所业务员，在得知渝AW0246客车已经黔江运管所检测定为三级车辆（按照《道路交通管理条例》第十七条规定，二级以下客运车辆不得营运）的情况下，未向有关领导汇报，负有直接责任，决定给予行政记过处分。

(3) 重庆市彭水县运管所客运办主任，未及时严格履行对渝 AW0246 号客车进行二级维护的职责，负有管理责任，决定给予行政记过处分。

(4) 重庆市彭水县运管所所长，在任期间管理不力，对车辆检验、进站管理、二级维护、备案制度等没有一套严格的管理办法和督促机制，导致客运办、维修办、维修厂出现工作严重失职，负有领导责任，决定给予行政降级处分。

(5) 重汽集团彭水汽车运输分公司修理厂总质检员，在对渝 AW0246 客车进行二级维修保养时，弄虚作假出具二级维护合格证，致使该车发生特大道路交通事故。鉴于目前追究刑事责任证据不足，同意采取取保候审。

(6) 鉴于渝 AW0246 客车车主已在本次事故中死亡，免于追究。

(7) 重庆市彭水县运管所维修办主任兼稽征业务员，对维修厂监督管理不力，对安全工作不重视，导致重汽集团彭水汽车运输分公司修理厂弄虚作假，为渝 AW0246 客车出具二级维护合格证，负有失职责任，已在"8·20"事故中一并处理。

(8) 重庆市彭水县运管所副所长，在分管维修行业和稽查工作期间，没严格监督维修办工作，对发现的问题没有提出整改措施，导致维修行业规范管理较差，有失职行为，已在"8·20"事故中一并处理。

(9) 重庆市彭水县长滩乡分管安全的副乡长，对安全生产工作重视不够，对安监室工作监督不力，已在"8·20"事故中一并处理。

(10) 重庆市彭水县长滩乡安监室主任，在具体抓该乡安全生产工作期间，没有认真履行职责，未建立健全安全生产台账，无一月一次安全会议记录，已在"8·20"事故中一并处理。

(11) 鉴于重汽集团彭水汽车运输分公司汽车修理厂，内部管理混乱，无修理台账，无技术档案，无二级维护记载，无财务账，安全意识淡薄，弄虚作假，同意彭水县政府对该修理厂进行停业整顿，经县交通局、县运管所、公安交警大队共同验收合格后方可营业。

(12) 鉴于重汽集团彭水汽车运输分公司将修理厂承包给个人经营，疏于管理，导致"7·3"特大道路交通事故的发生，同意彭水县政府交通行政主管部门按照《道路运输行政处罚决定》第十二条第五款之规定，对该公司实施 5000 元处罚。

(13) 鉴于代应强修理厂在不具备二级维护资质的情况下，擅自对渝 AW0246 客车进行二级维护作业，导致该车存在重大安全隐患，造成"7·3"特大道路交通事故的发生，同意吊销其汽车维修许可证，并对该厂进行查封。

(14) 公安交警大队，对渝 AW0246 客运车辆行驶证超期 3 天检查督促不力，有关责任人员已在"8·20"事故中一并处理。

重庆市酉阳县"7·14"特大道路交通事故

一、事故经过

2002 年 7 月 14 日，一辆车牌号为渝 AV0263 的嘉陵 SY2815X10 型农用客车，由酉阳县宜居乡董河村四组个体驾驶员何明（持 B 型车驾驶证）驾车从原董河乡政府所在地出发，载客 27 人（其中小孩 5 人），行至丁（市）宜（居）公路 7 公里 + 200 米处，坠入 29 米高陡坡下 8 米深的雄狮泉水库中，造成轻重伤 17 人、未受伤 1 人、死亡 8 人、下落不明 2 人的乡村道路交通事故。

二、事故原因分析

经重庆市公安局交警总队事故处技术人员对肇事车辆进行检验，初步确定：该车转向机构左侧弯臂圆锥体根部圆周有堆焊，穿经工字梁定位孔 35 毫米长度缩短，相配合的紧固螺帽及定位开口销无伸张度，长期行驶颠簸剧烈的乡村道路，加剧紧固螺帽定位开口销间的磨蚀，导致开口销断及螺帽后退滑，弯臂锥圆体柱后移滑动，而导致转向机构失效。

三、事故处理结果

（1）肇事车辆驾驶员，在驾车过程中，无视交通法规，严重超载，长期非法营运，且不按汽车二级维护保养的规定，对该车进行二级维护保养，还将该车开至无任何维修资质的地方修理转向系统。对“7·14”特大道路交通事故应负全部责任。移送司法机关依法处理。

（2）县运管所聘请的车场技术等级评定技术员，负责车场二级维护合格审验和车场技术等级评定，对该车二级维护保养审验不严，工作严重失职，应负主要责任。移送司法机关依法处理。

（3）宜居乡人民政府安全员，没有按要求对驾驶员进行安全教育、管理，没有进行路检路查，应负重要责任。给予行政记过处分。

（4）宜居乡党委委员、人民武装部部长，分管安全、国土工作。没有按要求与辖区驾驶员签订安全生产目标责任书、落实安全目标责任制，进行安全教育管理，没有进行路检路查，应负重要领导责任。

（5）宜居乡人民政府乡长，主持宜居乡政府全面工作，该乡安全工作第一责任人。没有督促分管领导、安全员抓好安全工作，没有落实好安全工作目标责任制，应负领导责任。责成其向组织作出深刻检查，并书面通报批评。

（6）丁市派出所副所长，分管消防、交通安全。未按要求与辖区驾驶员何明签订安全生产目标责任书，未搞好驾驶员的安全教育、管理，对辖区内营运车辆的路检路查及违章查处不力，应负重要责任。给予行政记过处分。

（7）县公安局交警大队车管业务室工作人员（无车辆检测资质），具体负责受理、审核、复核车辆手续。肇事车辆驾驶员在交警队办理过户手续时，因车辆检测人员和审批人员不在，其代替二人分别在车辆异动手续表的检测岗、审批岗上签上车辆检测人员和审批人员的名字，而未对该车进行实质性检测就办理了过户手续。对该车实有座位数超过原核定载座数的问题没有审核，使该车实有座位数19座成为“合法化”，这是该车从源头上就超载的主要原因。给予其行政记大过处分。

（8）交警大队交通安全秩序管理酉西组组长，对交通安全秩序管理不到位，路检路查不力，对该车实有座位数超核定数问题从未查处过，应负重要责任。给予行政记过处分。

（9）县运管所稽查队长，对该车长期非法从事酉阳—董河线路客运和该车二级维护超期等违章行为未曾查处，也未督促该车驾驶员办理准驾证，应负重要责任。给予撤销酉阳县运管所稽查队长职务处分。

（10）县运管所客运办主任，主持客运管理工作，对该车在非指定线路上营运未进行查处，对驻站车辆的客运源头监管不力，应负次要责任。

（11）县运管所副所长，分管客货运输市场、规费征收及交通运输安全教育、管理工作。对所负责的交通运输安全教育不够，管理不力，对客运源头（车站）监管不力，对该肇事车长期从事非规定线路客运查处不力，应负重要领导责任。给予行政记过处分。

（12）县运管所所长，主持县运管所全面工作，分管人事、财务、运政业务、维修、车管、驾培、行政办公室工作。对车辆维修工作管理不到位，制度不健全，人员岗位职责不明、管理混乱，对车辆监管不到位，应负重要领导责任。给予行政警告处分。

（13）县公安局交警大队副大队长，分管交通安全秩序管理工作。未按路检路查规定对上路营运车辆进行检查，对肇事车长期失察，应负领导责任。责成其向组织写出深刻的检查。

重庆市长寿区“11·1”特大道路交通事故

一、事故经过

2002年11月1日，长寿区合兴乡合兴村村民黄亚平驾驶渝B85025号川江牌小客车，由双龙镇红岩村付家凼至双龙场镇，共载客35人（加驾驶员、售票员计37人），在村道上行驶，行至红岩村寨湾路段，仰翻于7.1米坎下的公路上，造成死亡11人、重伤10人、轻伤16人的特大道路交通事故。

二、事故原因分析

（1）驾驶员黄亚平驾龄短、经验不足，严重忽视安全，在视线不良、雨天路滑的情况下严重超载，在村道双龙至红岩村途中，行至寨湾路段下坡左转弯时处置不当，致使车辆翻覆。

（2）有关责任单位在明知该路段不具备安全通行条件的情况下，措施不力，督促检查和责任落实不到位，致使客运车辆仍在该村路上违章营运，这是导致此次事故的间接原因。

此次事故是一起严重的责任事故。

三、事故处理结果

（1）肇事车辆驾驶员是此次特大道路交通事故的直接责任人，其行为涉嫌构成交通肇事罪，由司法机关依法追究刑事责任。

（2）双龙镇农机站站长，是该站安全生产第一责任人，对所属车辆发生事故负有直接的领导责任。在明知该线路存在安全隐患且禁止客车营运的情况下，对所属客车既不采取措施停运，又不向上级和有关职能部门报告，负有放纵违章营运的责任。给予行政撤职处分。

（3）长寿区双龙镇政府镇长，对农机站安全工作负有直接的领导管理责任，在该线路存在安全隐患且仍通行客车问题上，负有纠正不力的责任。给予行政记大过处分。

（4）长寿区双龙镇政府副镇长，作为分管安全生产工作的负责人，对安全生产承担直接的领导责任。给予行政记大过处分。

（5）长寿区交通局运管所代理所长，在明知该乡村道未经验收应停止客车营运的情况下，既不督促双龙镇及农机站执行停运，又不履行收回线路牌的法定职责，负有纠正不力的责任。给予行政记大过处分。

（6）长寿区交通局运管所副所长，分管运管工作，在明知该乡村道路未经验收应停止客车营运的情况下，既不督促双龙镇及农机站执行停运，又不履行收回线路牌的法定职责，负有纠正不力的责任。给予行政降级处分。

（7）长寿区交通局副局长，作为交通局分管运管工作的领导，对该乡村道路存在安全隐患仍通行客车未采取有效措施，未督促运管所收回、调整线路牌，负有督促落实不力的领导责任。给予行政警告处分。

（8）双龙镇派出所，基本履行了道路交通安全监管职责，不予追究责任。

重庆市南桐矿务局南桐煤矿一井“1·31”特大煤与瓦斯突出事故

2002年1月31日14时30分，重庆市南桐矿务局南桐煤矿一井6408东上段采煤工作面发生特大煤与瓦斯突出，突出煤炭约1780吨，涌出瓦斯约20万立方米，造成死亡21人、重伤1人、轻伤5人的特大事故，直接经济损失约165万元。

一、事故经过

2003年1月31日凌晨5时30分，在采煤141队排班室，由该队书记主持召开了有26人参加的早班班前会，强调了安全事项，详细介绍了夜班现场情况；安排早班只采机巷以上7~70米范围。值班班长作了具体安排。排班后，全体人员入井。

该工作面回采后，上分段直接顶未冒落，1月30日，矿决定按初采措施强制放顶。31日早班，矿安排掘进队打眼工对工作面上分段实施强制性放顶措施，下分段正常采煤。8时30分，掘进队打眼工到工作面，发现顶板正来压，不能安全实施强制放顶，就到回风石门等候，准备待顶板来压停止后再执行强制放顶措施。10时左右，直接顶冒落，距回风巷33.6米以下采空区被矸石充填，距回风巷16~33.6米的采空区被矸石充填一半，距回风巷0~16米之间的直接顶已垮落，但因矸石下滑而未被充填。强制放顶人员发现工作面顶板来压直接顶已冒落，认为没有必要(也不能)再采取人工强制放顶，给一井调度分站汇报后于11时30分出班。

下分段因第六台溜子故障至10时30分检修后采煤。因时间紧，值班班长撤调下分段上面2把风镐的人员，加强下面3把风镐采煤。扒煤工因事经值班班长同意，于10时30分离开工作面出井。

大约14时30分，机电一队中班维修钳工等3人进班到-100米水平八石门第二部溜子处，发现溜子运输司机口吐白沫，3名钳工（均因吸入高浓度瓦斯受伤）合力将该司机拖出石门，并向一井调度分站汇报。同时，上中班的采煤141队队长从±0水平风巷进入检查工作时，刚打开±0水平六石门风门就因吸入高浓度的瓦斯受伤而迅速撤出，并向一井调度分站汇报。

14时34分，矿调度室接一井调度分站汇报，迅速向矿领导和矿务局总调度室汇报。值班矿领导决定灾区及南翼所有采掘头面停电、撤人，矿救护队下井探险、抢救。

二、事故原因分析

（1）工作面切割以东和上部的煤体属一井和南桐矿务局鱼田堡煤矿的井田隔离煤柱。煤柱处于邻矿4号层、下部保护层和本层采空区周边三重集中应力叠加的高应力区，具有严重突出危险性，工作面布置对特殊环境认识不足、考虑不周，按常规进行布置，潜在突出危险。

（2）工作面处在直接顶初次垮落范围（8~12米)，上分段已推进了13米，直接顶尚未冒落，未及时实施强制放顶措施。采场上覆岩层压力作用直接顶开始冒落，导致采空区上隅角的煤壁破坏、垮塌，引起深部高瓦斯、高应力的原始煤体发生突出。

（3）上分段煤层倾角变陡，煤层中有1.5米厚的软分层，煤质比较松软，有效保护屏障十分脆弱。

（4）回风巷掘进标高超过设计的标高1.58米，削弱了有效保护屏障。

（5）矿井瓦斯监测系统不能及时将井下瓦斯变化情况传送到地面，又未按《煤矿安全规程》规定对每个下井人员配备隔离式自救器，延误了宝贵的及时抢救时间，是事故危害扩大的一个原因。

三、事故处理结果

根据有关法律法规和规章规定，对事故单位和11名责任人作出了行政处罚及处理。其中行政处分10人，党纪处分1人。被处理的矿（处）级干部6人，矿务局副局级以上3人；行政撤职1人，行政降级2人，行政记大过3人，行政记过2人，行政警告2人，党内警告1人。

重庆市中梁山煤电气有限公司南井“4·22”特大煤与瓦斯突出事故

2002年4月22日18时00分，重庆中梁山煤电气有限公司南井+140米南西五石门（下简称“五石门”）掘进工作面发生煤与瓦斯突出，突出煤炭约2800吨，涌出瓦斯约80.55万立方米，造成死亡15人，轻伤7人的特大事故，直接经济损失约120万元。

一、事故经过

2002年4月21日6时，对“五石门”K_{1a}煤层实施了第二次震动放炮揭煤，21日21时，掘进一队下井，瓦斯探头显示浓度为0.5%，一切正常。当班用手镐挖煤出碴，共掘进1.6米（未支护）。4月22日早班，先检修扒碴机后出碴，再手镐挖煤，当班掘进了1.2米（仍未支护）。14时30分左右，班长出班后向调度室汇报，“五石门”挖煤过程中，瓦斯浓度上升到0.7%～0.8%，向中班班长交待，注意瓦斯情况。4月22日中班，跟班队干在队值班室向各班讲了各工作面的施工要求，中班边挖边支护，若不能一次成巷，则先架临时支护，搞好敲帮问顶，必须用手镐掘进，再带一把手镐进去。同时告诉班长先到+210米南东三石门碛头去检查后，再到“五石门”碛头来蹲点。中班进班掘进施工过程中，于18时发生了煤与瓦斯突出事故。

二、事故原因分析

(1) 事故当班掘进作业人员严重违反《煤矿安全规程》、《防突细则》规定，违规动用风镐作业，是此次事故的直接原因。

(2)“五石门”地质构造比较复杂，有两条逆断层分别切割K_1煤层，加之K_1煤层厚，倾角大，地质构造作用使煤体松软，煤层本身具有严重突出危险，逆断层的切割加剧了K_1煤层的突出危险。掘进工作面未及时支护，致使煤体极易垮落。

(3) 石门未能揭穿K_1煤层全厚，掘进剩余部分时，没有采取防突措施消除突出危险，复工直接掘进作业。

(4) 防突技术管理混乱。①编制的“五石门”防突措施设计，预抽瓦斯的抽放孔未按《防突细则》和企业防治煤与瓦斯突出实施细则的要求控制石门下部边界以外2米范围的K_1煤层；第一次排放钻孔设计（没有汇审签字）仍未达到石门周边外2～5米的控制范围；第二次实施排放钻孔没有设计，没有进行竣工验收。②效检工作不符合《防突细则》的要求，揭煤前效检孔应布置4个，4月11日布置的效检孔虽设计有4个，但实际施工2个。其效检结论应是具有突出危险，却错误地定性为无突出危险。③未按规定施工两个前探钻孔和准确提供地质资料。未按规定验证提供的地质资料，没有及时收集、补充、修改和完善地质资料。④违规下达实施震动炮措施。4月11日实施的效检实测K_1值超标，但效检结论为无突出危险。在采取了延长排放时间的措施后，未效检就进行第一次震动性放炮揭煤；第二次揭煤前，打了5个排放孔，未进行效检，就下达了实施震动放炮揭煤措施。⑤未按《细则》规定，装药实施震动性放炮。

(5) 安全管理不力、现场管理混乱。存在对防突措施编制审批和执行不符合规定、掘进剩余部分煤体时不采取防突措施、违规动用风镐、不及时进行支护等问题，安全管理和监督不力，现场失控。

(6) 没有严格按规定装备压风自救器，突出后风流逆转，高浓度瓦斯进入水平进风大巷，使该大巷的人员无自救器而造成危害扩大。

三、事故处理结果

根据有关规定，对事故单位和13名责任人作出了行政处罚及处理。其中行政处分11人，党纪处分2人。被处理的矿（处）级4人，公司副职以上3人。其中，行政留用察看一年3人，行政撤职1人，行政降级1人，行政记大过4人，行政记过2人，党内撤职1人，党内严重警告1人。

河北省承德市暖儿河煤矿“1·26”瓦斯爆炸事故

2002年1月26日9时48分，承德市暖儿河煤矿发生瓦斯爆炸事故，在事故抢救中，于27日12时30分再次发生瓦斯爆炸。第一次爆炸造成19人死亡，第二次爆炸造成10人死亡、12人受伤。此次事故共造成29人死亡，直接经济损失243万元。

一、事故经过

2002年1月26日早8点班，该矿共入井92人，其中413采煤工作面（事发地点）出勤24人。他们8时左右到达工作地点开始进行回收作业，完成任务后往外走，当走到距平硐出口1500米处时，感到双耳突然气压增大，约两分钟后听不到任何声响。调度室在9时48分左右接到井下打来电话，说可能是413采煤工作面发生了瓦斯爆炸，威力很大，即刻电话通知救护队及有关人员。矿救护队9时50分接报后，12人立即出动，在南二大巷口电话处设立井下基地，安排一个小队待机，另一小队进去侦察。经过两次分别从进、回风巷侦察，发现通往413采煤工作面的通道全都冒顶了，无法进入灾区。经清理维修后，23时救护队进入413工作面运输巷，至23时30分先后发现17具遇难者尸体，27日晨4时20分发现第18名遇难人员尸体，尚有1人没找到。27日下午继续寻找。中午12点班又安排25人到413工作面外进风巷清理维修。约12时30分还未到达作业地点时发生了第二次爆炸，使走在前面的9人当场死亡，13人受伤后被赶来的救护队及时救出送往医院（其中1人救治无效死亡）。至此，该事故共造成29人死亡。

二、事故原因分析

(1) 第一次爆炸的爆源点在413采煤工作面运输巷以里老塘处，该处存在瓦斯积聚的条件，据调查，过去此处瓦斯浓度时常超限，有时达10%以上；引爆火源是作业人员未执行一炮三检，且在此地处理大块岩石时违章放糊炮，产生火焰，引起瓦斯爆炸。这是造成瓦斯爆炸的直接原因。

(2) 413采煤工作面采用落后的落垛式采煤法，且通风管理措施不当，造成运输巷以里瓦斯积聚。

(3) 矿井通风能力不足。矿井供风能力小于实际所需风量，不能有效排除生产过程中涌出的有害气体。

(4) 煤矿安全生产专项整治工作不认真、不彻底，许多安全隐患没有得到解决，如原装备的瓦斯监控系统自2000年8月停止使用后再未装备；413采面瓦斯大，且没有安装使用瓦斯超限断电仪，事故时只在回风巷使用一个瓦斯监测探头；掘进工作面没有按规定装备甲烷风电闭锁装置和断电仪等。

(5) 未按照规定配备和管理自救器。第一次爆炸时，遇难人员均未带自救器。

(6) 对职工安全教育不够，查处违章力度小，违章作业屡屡发生。这次事故就是因违章放炮而导致瓦斯爆炸。

(7) 矿安全管理体制不利于安全生产。矿长作为本企业安全第一责任者，不是矿安委会主任，且很少亲自组织安全检查，很少参加安全会议。

(8) 矿救护队队员配备不足，人员老化，装备落后，不符合救护规程的规定。

(9) 引起第二次瓦斯爆炸的直接原因是，第一次瓦斯爆炸后在灾变区域内形成的隐性火源引爆413采煤工作面17号切眼以里积聚的瓦斯。由于灾区情况十分复杂，17号切眼以里又是老塘，救护人员无法全面查清灾区的情况，特别是无法查清17号切眼以里隐性火源的情况。

三、事故处理结果

该次特大瓦斯爆炸事故发生后，及时成立了事故调查组，同时聘请了省内外7名专家参与分析论证。经事故调查组分析认定，有11人对事故负有责任。依据事故责任的大小，分别作出了处理。除2人在事故中死亡不予追究责任外，其余9人受到了相应的行政处分，其中承德市副市长、市煤炭工业局党委书记、局长、副局长、总工程师，分别受到行政警告、记过、记大过和严重警告处分。另外，对该矿罚款10万元。

河北省开滦（集团）有限责任公司林西矿“4·25”瓦斯爆炸事故

一、事故经过

2002年4月25日上午10时55分，开滦（集团）有限公司林西矿业公司井下八水平西翼九石门（以下简称8－9石门）发生瓦斯爆炸事故，造成11名作业矿工死亡，直接经济损失110万元。

事故当班，区长刘树明布置刘发等7人去8－9石门回收道轨及大头砖，水仓队王静辉等4人下大班去割道轨。王静辉等负责割道轨的4人9时左右换衣服下井，大约10时左右到工作地点。约10时55分，听到特别大的咕隆隆打雷声，同时看到一股烟由石门里涌出，并将停放在8道巷9石门的三辆矿车摧倒，其感觉是9石门里出大事了，当即向矿调度室作了汇报。矿调度室接到报告后分别通知集团公司领导和救护队、医院等有关单位。矿业公司和集团公司领导及时汇集到林西矿调度室，经查验，8－9石门里面420米处已冒顶，有11名工人被困灾区。由于灾区有害气体高，且有两处较大的塌方，冒顶高达4～5米，冒落长度达18米，给抢救工作带来较大困难。在集团公司和林西矿业公司职工的共同努力下，于4月29日21时14分，将11名遇难矿工的尸体全部运至地面。

二、事故原因分析

造成这次事故的直接原因是：由于8－10暗井受采动影响，井壁脱落将下口堵死，致使8－9石门风流受阻，无法排除本石门和暗井内穿煤层中和附近采空区泄出的瓦斯，使之在8－9石门切割道轨作业点及附近巷道内积存达爆炸浓度，当工人准备用气焊切割道轨时，用打火机点火引起瓦斯爆炸。

造成这次事故的主要原因是：

（1）作业程序安排不合理。8－9石门1998年已停用，开始回收设备，到2000年3月巷道发生冒顶后，没有及时安排维修，继续回收石门剩余设备，而拖到2001年10月份才开始整修巷道回收设备，为这次事故埋下了隐患。

（2）从2001年10月重新安排回收该石门设备时，0971工作面已在8－10暗井煤柱内回采，对石门回收作业的通风构成威胁，但未采取任何措施，致使暗井坍塌，作业地点回风堵塞造成瓦斯积聚。

（3）井下动火没有严格执行《煤矿安全规程》，在其制定的措施上对检查瓦斯没有明确规定，作业人员虽配备了瓦斯便携仪，但挂在离作业点200多米以外，在没有检查瓦斯的情况下就点火，引起瓦斯爆炸。

（4）该矿对安全生产重视不够，管理混乱，特别是技术管理漏洞多，措施的起草、会审、审批、监督和贯彻落实不认真、不规范、不到位。

（5）2001年11月19日，该矿回采工作面曾发生瓦斯爆炸事故，死亡2人，没有认真接受教训，唐山煤矿安全监察办事处于2002年2月20日对该事故进行了批复，直到这次事故发生后的5月16日，才下达处理决定。

三、事故处理结果

事故发生后，成立了由省安全生产监督管理局、监察厅、公安厅、总工会和唐山办事处组成的事故调查组。经检查认定，有8人负有责任，分别作出了处理：

（1）给予林西矿业公司经理、书记、总工程师、副总工程师撤职处分。

（2）给予矿安监处处长行政记大过处分。

（3）给予开滦（集团）公司副总经理行政警告处分。

（4）责令开滦（集团）公司总经理向省政府写

出书面检查。

(5) 对林西矿业公司实施经济处罚10万元。

(6) 责成开滦（集团）公司向省政府写出书面检查。

河北省蔚县涌发煤矿“6·24”洪水淹井事故

一、事故经过

2002年6月24日16时50分至18时30分，张家口市蔚县北部山区突降大到暴雨（降雨量在6.0毫米~36.0毫米），引起山洪暴发，洪水涌入蔚县涌泉庄乡涌发煤矿，造成井下16名矿工被困。经多方全力抢救，16名矿工全部遇难死亡，直接经济损失122.5万元。

事发当班（下午2点班），共下井17人。跟班人员吴峰下井检查。大约18时左右，吴峰巡查完上井便看到因暴雨引发的洪水直冲矿区，冲垮主斜井井口、部分房屋和绞车房。此时主斜井正在提运的4个装煤矿车至井口时因绞车失控，溜下斜井筒内，洪水夹带着矿车、木柱、铁轨等杂物沿主斜井冲入井下，持续时间约30分钟左右。经估算，灌入井下的水量约25000立方米。因淤积和井筒塌冒，主斜井从170米以下堵塞，使井下16名工人被困。由于斜井筒塌方严重，抢救十分困难，直到7月16日夜11时30分，才从邻矿打通涌发煤矿的采空区，救护队通过采空区的空隙钻进涌发矿的巷道，经搜寻，于17日3时30分查找到12名遇难者尸体，已经高度腐烂。经专家论证分析，其余4名遇难者在洪水下来的当时就被淹死，可能淤埋在井底附近或被冲进采空区。继续抢救遇难者的尸体要付出很大代价，救护人员要冒很大风险，因此，在做好遇难者家属工作的情况下，停止了抢救工作。抢救工作共历时23天。

二、事故原因分析

造成淹井事故的直接原因是：涌发煤矿斜井口建在河道边，井口高程低于当地历年最高洪水位，矿渣填堵了部分河道。因短时大到暴雨引发的山洪，沿汤庄子沙河下来后，漫过田地从其斜井口灌入井下，冲垮斜井筒支架，造成井筒塌冒，将16名矿工堵在井下，其中4人被淹死，12人因窒息而死亡。

主要原因有：

(1) 该矿违反《煤矿安全规程》的有关规定，在井口高程低于当地历年最高洪水位的情况下，未采取任何防排水措施，致使洪水从斜井口灌入井下。

(2) 该矿独眼井生产，洪水将斜井冲垮后，井下作业人员没有逃生之路。

(3) 该矿在全国煤矿安全生产专项整治期间，不执行有关部门关于停止生产的指令，在矿井不具备基本安全生产条件的情况下，仍安排工人下井作业。

(4) 该矿“四证”不全，不具备基本安全生产条件，属于“四个一律关闭”矿井，县、乡两级政府及有关部门不坚持原则，把关不严，非但未及时组织对其予以关闭，在其主要问题未进行整改的情况下还通过了县级验收，在市级验收没有通过的情况下，既没有及时关闭矿井，又没有监控住人员下井，放纵了该矿的违法生产行为。

三、事故处理结果

事故发生后，经事故调查组认真调查，认定属于责任事故。对有责任的17人进行了处理，其中5人移交司法机关依法追究其刑事责任，其余12人给予行政处分。

(1) 给予涌泉庄乡企管会主任行政撤职处分。

(2) 给予涌泉庄乡党委副书记撤销党内职务处分。

(3) 给予涌泉庄乡副乡长行政撤职处分。

(4) 给予涌泉庄乡乡长行政降级处分。

(5) 给予涌泉庄乡党委书记党内严重警告处分。

(6) 给予蔚县煤炭生产安全监督局副局长行政记过处分。

(7) 给予蔚县煤炭生产安全监督局党委副书记撤销党内职务处分。

(8) 给予原蔚县煤炭工业管理局局长行政记过处分。

(9) 给予蔚县国土资源局副书记行政警告处分。

(10) 给予蔚县副县长行政记过处分。

(11) 给予蔚县县长通报批评处分。

(12) 责令蔚县县委书记向张家口市委写出书面检查。

河北省唐山市古冶区随意电子游戏厅火灾事故

2002年2月18日，唐山市古冶区赵各庄随意电子游戏厅因为供空调调压的变压器长时间通电，导致变压器绝缘老化过热引起火灾，造成17人死亡、1人重伤，直接财产损失1.2万元。

一、事故经过

2002年2月18日下午，游戏厅共有18人，全部为男性，14时20分许，在游戏厅东屋的凌富（参与游戏厅非法经营，65岁）发现门缝有烟后，开门到西屋，凌富之子凌玉铁（非法游戏厅业主）随后也到西屋，发现为空调调压的变压器下部、化纤织物堆垛上部起火，二人立即灭火。由于西屋堆放大量可燃化纤织物，火势越来越大，凌玉铁双手和面部被烧伤后把西屋南门踹开逃生，晕倒在门外，凌富被烧死。由于烟火封住了通往东屋的门，有毒烟气迅速扩散至东屋，在东屋玩游戏的16人由于烟火封门无法逃生，6人当场窒息死亡，10人在医院经抢救无效死亡。

二、事故原因分析

(1) 起火点的认定。起火点位于悬挂在随意电子游戏厅西屋北墙上日产110伏松下空调室内挂机东侧的木椅上部。

(2) 起火原因认定。经现场勘查和调查访问，并将在起火点提取的空调变压器残留物送公安部电气火灾原因技术鉴定中心鉴定，认定这起火灾起火原因是由于为空调调压的变压器长时间通电，引起变压器线圈绝缘老化过热，引燃周围可燃物所致。

(3) 疏散门被堵，逃生无路。由于业主非法经营，为逃避检查，把游戏厅东屋两门两窗全部封死，火灾发生后，烟火又将通向西屋的门封堵，在游戏厅的16人无法逃生，窒息死亡。

(4) 办公、游戏、仓储合一，火灾荷载加重。在游戏厅西屋存放大量的化纤织物，火灾发生后，这些材料迅速燃烧，产生大量高温和有毒气体，造成严重后果。

(5) 业主消防常识极其匮乏，只顾赚钱，不顾安全。火灾发生后，业主自顾灭火，未组织疏散，因无灭火器材，结果火越灭越大，错过逃生的最佳时间。

三、事故处理结果

参与游戏厅非法经营者，因使用变压器不当，引起火灾，且把游戏厅门、窗封堵，导致起火后人员无法疏散，造成重大人员伤亡，对这起火灾负直接责任，应追究刑事责任。因其在火灾中死亡，免于追究责任。

非法游戏厅业主，因使用变压器不当，引起火灾；在封堵门、窗的游戏厅内非法经营电子游戏，未配备灭火器材；着火后只顾自己灭火，既未及时报警，又未组织人员疏散，造成重大人员伤亡，对这起火灾负直接责任，并构成失火罪、非法经营罪，数罪并罚，判处有期徒刑20年。

分管文化、公安、工商工作的三位区政府副区长，负有重要领导责任，分别给予行政警告处分；区文体局局长、区公安分局局长、区公安分局分管局长，负有主要领导责任，分别给予行政记过处分；区文体局副局长，负有主要领导责任，给予行政记大过处分；区文体局文化市场稽查队大队长、赵各庄东北区派出所所长，负有直接责任，分别给予行政撤职处分。

另有1人因犯有失火罪、非法经营罪，数罪并罚，判处有期徒刑15年；1人因犯有非法经营罪，判处有期徒刑7年；1人因犯有窝藏罪，判处有期徒刑3年，缓期执行5年。

河北省邯郸市“3·14”特大道路交通事故

一、事故经过

2002年3月14日7时35分许，邯郸市永年境内，山西省晋城市泽洲县周村镇驾驶员周晋刚（男，28岁），驾驶河南中原汽贸集团公司豫A41422号解放柴油半挂车，由北向南行驶至107国道433公里+900米处，越过道路中心黄实线驶入逆行与邯郸农业高等专科学校司机宋栋才驾驶的冀D19537号学校通勤大客车相撞起火，造成16人死亡、23人受伤、经济损失约400万元的特大交通事故。

二、事故原因分析

由于路段雾大（据永年县气象局测定，当时能见度不足10米），驾驶员判断失误，车辆驶入逆行道路，造成这起特大事故。

三、事故处理结果

肇事驾驶员已由检察机关提起公诉，进入法院审理程序。

山西省阳泉市盂县西潘乡煤矿“11·8”特大瓦斯爆炸事故

一、事故经过

2002年11月8日13时20分，山西省阳泉市盂县西潘乡煤矿发生一起特大瓦斯爆炸事故，造成26人死亡，3人受伤，直接经济损失189.4万元。

事故发生后，国务院、国家煤矿安全监察局、山西省委、省政府领导非常重视，并就事故抢险救灾工作和事故的善后处理工作做了重要批示。省人民政府、省经贸委、山西煤矿安全监察局、省安全生产监督管理局、省煤炭工业局有关领导相继赶赴现场，指导、协调事故抢救和善后处理工作。阳泉市市委、市政府领导和有关部门负责人及时赶到现场，成立了事故抢险救灾指挥部，组织进行抢险救灾工作。盂县矿山救护中队于14时12分赶赴井下抢险，在主运输巷约700米处设立井下救护基地，分南区、北区两个小队进入灾区进行侦察。在确认井下只有26名遇难人员后，立即决定在各破坏的闭墙处打临时风障，恢复通风，组织抢救遇难人员。20时30分，将26名遇难人员全部抢运出井。

二、事故原因分析

经调查，认定这是一起责任事故。此次事故发生地点是：9#煤坑北区9701掘进工作面和波及到的南区9601采区运输巷和掘进工作面。

（1）瓦斯积聚的原因是：井下北区9701掘进工作面更换局扇电缆，停风造成9701掘进工作面北巷正巷、横贯和副巷南北头的瓦斯积聚。

（2）事故直接原因是：井下更换局扇电缆，局扇停风造成9701掘进工作面瓦斯大量积聚，达到爆炸浓度，违章修理头灯，灯头正负电极短路产生电火花，引爆北区9701掘进工作面积聚的瓦斯，爆炸后的冲击波摧毁北区风桥，使风流短路，大量有害气体进入南区9601采区运输巷和9601掘进工作面，造成26人死亡，这是事故发生的直接原因。事故的类别为瓦斯爆炸。

（3）事故间接原因，一是该矿现场管理混乱，“一通三防”管理工作存在漏洞。二是该矿安全管理不到位，租赁后以包代管，安全责任不落实，规章制度执行不严。三是市、县煤炭管理部门对该矿"一通三防"工作督促不力，检查不到位，致使该矿存在的不安全隐患未能及时消除。四是市、县政府在深化煤矿安全专项整治工作中监管力度不够。

三、事故处理结果

总安全员、安全员、跟班队长、电工对事故的发生负有直接责任。鉴于此4人已在事故中死亡，不予追究；对另外13名事故责任人分别作出了处理建议；阳泉市人民政府就本次事故的发生向山西省人民政府作出深刻书面检查；根据《山西省劳动保护暂行条例》第44条有关规定，给予西潘乡煤矿罚款5万元行政处罚。

山西煤矿2002年重特大事故统计（10人以上）

日　期	单　位	事　故	死	伤	经济损失
5月4日	运城地区河津市富源煤矿	透水、瓦斯燃烧	21	2	148.57万元
7月15日	阳泉市南庄煤矿集团大阳泉煤矿	瓦斯爆炸	12	5	228万元
8月4日	霍州市赤峪煤矿劳动服务部煤矿	井底电缆着火	18	1	154万元
9月20日	太原古交市屯川联营煤矿	特大透水	13		391.31万元
10月23日	吕梁地区中阳县朱家店煤矿	特大瓦斯爆炸	44		
11月8日	阳泉市盂县西潘乡乡办煤矿	特大瓦斯爆炸	26	3	189.4万元
11月10日	晋中市灵石县两渡镇太西煤矿	特大瓦斯爆炸	37		
12月2日	临汾尧都区阳泉沟煤矿	特大瓦斯爆炸	31		
备　注	10月23日朱家店煤矿事故、11月10日太西煤矿事故、12月2日阳泉沟煤矿事故皆由国家局组织调查处理，本局没有详细材料，其表中数字尚需核实、补充				

内蒙古乌兰察布盟丰镇二中"9·23"特大学生伤亡事故

2002年9月23日18时50分，内蒙古自治区乌兰察布盟丰镇市二中发生特大学生伤亡事故。造成21名学生（女生14人，男生7人）窒息死亡，43名学生受伤。已查明这是一起特大责任事故。

一、事故经过

2002年9月23日，乌盟丰镇二中擅自决定延时补课。晚19时10分左右下课后，19个班的1503名学生从教学楼正楼楼梯下楼。由于天色已黑，教学楼楼梯处和前厅没有灯光照明，楼梯出口不畅，且又无人维持秩序，学生从二楼下到一楼楼梯口时，发生严重拥挤，走在前面的学生被挤倒，后面的学生又相继拥上，互相挤压，造成21名学生（女生14人，男生7人）当场窒息死亡，43名学生受伤，教学楼一楼楼梯扶栏下端部分向外扭曲变形。

二、事故原因分析

由于学校管理严重失误，学生伤亡均因楼梯处无灯光照明，造成下楼时相互拥挤、挤压窒息所致。这是一起责任事故。

三、事故处理结果

(1) 给予乌盟丰镇市市委副书记党内严重警告处分。

(2) 给予乌盟丰镇市副市长党内严重警告处分。

(3) 将乌盟丰镇市二中总务处主任移交司法机关处理。

(4) 将乌盟丰镇市二中校长移交司法机关处理。

(5) 将乌盟丰镇市二中副校长移交司法机关处理。

(6) 将乌盟丰镇市二中安全保卫处主任移交司法机关处理。

(7) 给予乌盟丰镇教育局局长党内严重警告处分。

(8) 给予乌盟丰镇市副校长党内警告、行政记过处分。

(9) 给予乌盟丰镇市二中141班班主任行政警告处分。

(10) 给予乌盟丰镇市二中143班班主任行政警告处分。

(11) 给予乌盟丰镇市二中156班班主任行政警告处分。

(12) 给予乌盟丰镇市二中142班班主任行政记过处分。

(13) 给予乌盟丰镇市二中153班班主任行政记过处分。

(14) 给予乌盟丰镇市二中教导处副主任行政记大过处分。

内蒙古呼伦贝尔市牙克石市矿产资源开发总公司红旗煤矿一号井"2·11"特大中毒事故

2002年2月11日9时40分，内蒙古呼伦贝尔市牙克石市矿产资源开发总公司（国有企业）红旗煤矿一号井（集体企业）发生特大一氧化碳中毒事故，造成14人死亡，直接经济损失80万元。

一、事故经过

2002年2月11日早晨，红旗煤矿矿长席树华到矿上巡查和处理煤矿事务时，发现主井井口有烟气。9时40分，他找来副矿长陈忠文及6名工人，在未报告任何有关部门和未研究任何安全技术措施的情况下，安排工人下井打封闭。此时，副矿长陈忠文得知主扇已停运，也在未采取任何安全防范措施的情况下，带领6名工人从自然通风后变成出风井的主井口入井作业。在入井时，其中1名工人回住所取靴子而晚到了一会儿，该矿工赶到井口后，发现井下涌上来的空气有异常气味，向井下走了10米左右，感觉头晕便摔倒在地，他努力爬回地面，并立即将井下险情报告矿长席树华。席树华听到报告后，马上给大雁矿山救护队打电话请求救援，然后带领2名矿工在没有采取任何安全技术防范措施的情况下，便下井救人。这期间，先后共有22人入井，其中有7人入井打封闭（6人死亡，1人生还），15人进入主井抢救人员（8人死亡，7人生还），造成共14人死亡（其中5人为非本矿人员）的特大中毒事故。

二、事故原因及分析

在查阅大量有关资料、询问有关人员、收集有关证据和现场勘察的基础上，经调查组认真研究分析，事故原因业已查清。

（一）直接原因

(1) 2002年元月初，该矿已经发现副井有火区隐患，虽然制定了安全技术措施，但未引起矿长的重视和支持，治理工程进展缓慢。由于处理隐患不及时、不彻底，导致火区迅速蔓延、扩大。

(2) 主扇停止运转后，矿井自然通风，风流方向在自然风压的作用下反向，风量减小，温度升高，加速了煤层自然发火的速度，导致一氧化碳等有害气体大量产生。

(3) 出现火情后，矿长安全素质差，在组织处理火区时，没有按安全技术措施组织实施，严重违章指挥，冒险蛮干，强令工人入井封闭火区作业，导致中毒事故发生。事故发生后，仍然没有引起警觉，继续冒险蛮干，在没有采取任何安全技术措施情况下，矿长亲自违章冒险带领人员进入灾区救人，造成了事故的扩大。在矿长遇险无人指挥的情况下，抢险工作一片混乱，一些闲杂人员无组织、无措施，随意冒险进入灾区救人，使灾害进一步扩大。

（二）间接原因

（1）红旗煤矿一号井安全生产管理混乱，矿井承包人重生产、重效益、轻安全的思想严重，在火区危害还不严重时，工程技术人员对火区灾害已提出处理措施和建议，但是矿长不予重视，也不向有关管理单位报告事故隐患情况，致使危及安全生产的重大火灾隐患没有得到及时纠正和处理。

（2）矿井管理者和作业人员综合素质低，煤矿安全生产知识差，安全生产意识淡薄，严重缺乏自我保护意识，更不懂基本灾害处理和救灾方法。

（3）安全技术管理薄弱，春节放假期间不按规定配备瓦检、通风等监测人员，没有严格执行瓦检制度和检测有毒有害气体。

（4）企业主管单位没有认真履行安全管理职责，对该矿“以包代管”现象严重。日常和节前安全检查不严、不细、不到位。虽然制定了矿井灾害预防和处理计划，但是不具有可操作性。没有要求各煤矿根据各自的实际情况制定详细的办法并贯彻学习，特别是春节放假期间，没有制定节假日期间的安全防范措施。致使该矿发生灾害后，抢险救灾无章可循、违章指挥、冒险蛮干，导致灾害的扩大。

（5）牙克石市煤炭行业主管部门对煤矿安全监督管理不到位，虽然节前按照上级和市政府安全工作要求，从元月底到2月9日专门派驻该矿区两个安全督查组，但工作以督促放假和要求企业自身做好假日安全工作为主，对放假期间企业到底采取哪些安全防范措施等检查不严不细，没有及时发现和纠正煤矿安全工作存在的重大隐患。

（6）牙克石市政府对煤矿预防和消除重大不安全隐患等安全生产管理工作虽有安排，但监督检查不细。

三、事故处理结果

（1）矿长是该矿安全生产第一责任者，对事故发生负有不可推卸的责任，根据《中华人民共和国刑法》等有关法律规定，应予以追究刑事责任，因其在事故中死亡，故不予追究。

（2）副矿长对事故发生负有直接责任，根据《中华人民共和国刑法》等有关法律规定，应予以追究刑事责任，因其在事故中死亡，故不予追究。

（3）给予牙克石市矿产资源总公司总经理、党支部书记撤销总经理和总公司党支部书记职务处分。

（4）给予牙克石市矿产资源总公司副总经理兼总公司煤炭办公室主任撤销副总经理和煤炭办公室主任职务处分。

（5）给予牙克石市地质矿产局行业管理办公室主任行政记大过和党内严重警告处分。

（6）给予牙克石市地质矿产局分管副局长行政记大过和党内严重警告处分。

（7）给予牙克石市地矿产局局长行政记过处分。

（8）给予牙克石市人民政府分管副市长通报批评。

（9）责成牙克石市人民政府主要领导作深刻检查。

（10）对牙克石免渡河红旗煤矿处以10万元罚款。

内蒙古鄂尔多斯市准格尔旗“6·20”特大交通事故

2002年6月20日，内蒙古鄂尔多斯市准格尔旗境内大城线7公里加500米处发生一起特大交通事故，造成10人死亡，12人受轻伤，两辆车不同程度损坏。

一、事故发生经过

2002年6月20日17时10分许，内蒙古鄂尔多斯市准格尔旗魏家峁镇井子沟村个体驾驶员高三良驾驶蒙K22394号东鸥牌中巴客车（车内共乘坐21人，包括驾驶员和乘务员），沿大城运煤专线由西向东行驶至大城线7公里+500米处时，与相向行驶的内蒙古准格尔旗沙圪堵镇五居委个体驾驶员李文海驾驶的蒙K09773号解放142大货车发生侧面相撞，造成中巴客车乘客7人当场死亡，驾驶员高三良及中巴客车乘客2人受重伤，3人经医院抢救无效先后死亡，驾驶员李文海及中巴客车乘客杨小平等12人受轻伤，中巴客车报废，大货车受损，造成特大交通事故。

二、事故原因分析

（1）造成该起事故的主要原因是：高三良饮酒后驾驶不符合安全技术要求的蒙K22394号东鸥牌中巴客车，沿大城运煤专线由西向东以较高的时速行驶到肇事地点时，越过中心线，与相向行驶的车辆发生侧面相撞。

（2）李文海驾驶不符合安全技术要求且超载的蒙K09773号解放142大货车，驶入限速路段行驶，虽采取了措施，但无法控制车辆，导致了与对面来车相撞，并且加重了损害后果。

三、事故处理结果

（1）原定对蒙K22394号东鸥牌中巴客车驾驶员追究刑事责任，因其已死亡，故不予追究。

（2）经准旗公安局研究决定，对蒙K09773号解放142大货车驾驶员给予行政拘留。

（3）给予2名路段承包民警警告处分。

（4）给予1名在交通管理工作中检查车辆不认真、不仔细的交警警告处分。

（5）因对肇事客运车辆源头管理工作不到位，市公安局交警支队对大队副大队长兼岗勤中队中队长、2名副中队长诫勉3个月。

（6）市公安局交警支队对路段承包中队中队长诫勉3个月。

（7）市公安局交警支队给予3名上路执勤民警全市通报批评。

（8）按照大队内部督察考核办法，给予3位民警红牌警告，并扣除每人超时污染费300元。

（9）按照大队内部督察考核办法，取消负有责任的12名民警年终评先评优资格。

辽宁省阜新市清河门区河西镇三道壕煤矿“2·28”矿井特大火灾事故

2002年2月28日18时30分，阜新市清河门区河西镇三道壕煤矿主井井底平巷与运煤下山叉口往下50米处，发生特大火灾责任事故，造成21人死亡，2人受伤。直接经济损失113.7万元，间接经济损失10万元。

一、事故经过

该矿2001年通过整顿验收，2002年2月7日放假停止生产，2月22日恢复开工。22～28日主要进行排水、维修巷道及拉底、调铁道工作。2月28日4点班，立井共18人入井，斜井共10人入井。23时45分，斜井0点班入井，乘车到下部车场时与4点班升井人员相遇，并帮助4点班工人将昏倒的3名工人抬到平板车上升井。斜井副井长听到4点班升井人员汇报井下有烟雾，3人被熏倒的情况后，立即带1名工人下井，让下部车场附近人员立即坐车升井，后追赶走在前面的3名工人。在掘面巷道追上3人，便一起往回返，走得快的2人走到回风上山上部被烟熏倒，经抢救脱离危险；走得慢的3人被烟熏倒死亡。到3月15日3时，陆续将21名遇难人员找到，事故抢救工作结束。

二、事故原因分析

(1) 主井运煤下山与旧巷之间的楔形煤柱受压力作用出现裂隙、破碎，破碎煤体氧化自然发火，产生大量有毒有害气体，致使井下作业人员中毒伤亡。

(2) 该矿安全思想意识淡薄，重效益、轻安全，安全生产技术管理混乱。该矿没有成文的安全生产制度，没有安全领导机构，安全管理无章可循。无技术负责人，技术资料不全，图纸不及时填绘。专项整治验收合格后，管理严重滑坡，拆除了立井防坠装置，用自制平板车从斜井运送人员，井下电话损坏也不及时修理。全矿只有1名瓦检员，2台光学瓦斯检测仪，不能满足安全生产需要。

(3) 该矿主井和副井同时生产，同时提升，各自为政。分别各由1名井长和2名副井长管理，互不通气，不利于安全生产。

(4) 该矿忽视安全培训、教育，管理人员及工人安全生产素质低。新工人不进行岗前安全培训。矿长、井长、瓦斯检查员都不清楚“一通三防”、“一炮三检”等基本的煤矿安全常识，作业人员自我保安及群体保安意识淡薄，发现烟雾不撤离，缺乏自救的基本知识。

(5) 各级管理部门对“一通三防”工作重视不够，对瓦斯及矿井火灾危害性认识不足。各部门一直认为清河门地区是低瓦斯地区，煤层自然发火也不严重，放松了对该地区“一通三防”的管理。

三、事故处理结果

(1) 对主、斜井井长分别给予行政处罚。对镇乡镇企业管理办公室主任，镇党委副书记、镇长分别给予行政撤职处分。镇党委书记给予党内严重警告处分。

(2) 对区煤炭管理办公室主任、副主任，分别给予行政记大过、降级处分。对区长、副区长，分别给予行政警告、记过处分。对区党委书记，给予党内警告处分。

(3) 对市煤炭工业生产安全监察办公室主任、副主任，分别给予行政警告、记过处分。

辽宁省朝阳市北票煤业有限责任公司冠山煤矿“5·30”特大瓦斯爆炸伤亡事故

2002年5月30日12时40分左右，北票煤业有限责任公司冠山煤矿－660米水平东三石门三层大巷掘进工作面发生一起特大瓦斯爆炸伤亡事故，造成15人死亡，重伤1人，轻伤8人。直接经济损失160万元。

一、事故经过

2002年5月30日二班，第六掘进队共出勤17人，其中安排7人到－660米水平东三石门三层大巷掘进，5人到－660米东三石门三层大巷一号眼工作面掘进。当班瓦检兼放炮员1人，负责两个掘进工作面的瓦检和放炮工作。

同时，采区机电队按照矿生产办安排，11人到－660米水平东二石门四层运输巷，从三层大巷局部通风机处由运输巷向里敷设电缆，11时40分左右，电工按照电气班长安排打开六掘队28千瓦局部通风机馈电开关，进行接线，接线前由电工到变电所停电并留在变电所。

三层大巷掘进工作面在局部通风机停风前，工作面打了10多个炮眼。工作面在局部通风机停风后，继续用风动凿岩机将工作面剩余炮眼打完。该工作面开始装药，一次联线，分两次放炮，12时40分，发生瓦斯爆炸事故。

二、事故原因分析

(1) 因－660米水平东二石门四层大巷停电，致使向三层大巷供风的28千瓦局部通风机停风，造成三层大巷瓦斯积聚，瓦斯浓度达到爆炸界限；作业人员未按规定使用水炮泥，封泥长度不符合《煤矿安全规程》规定；在瓦斯超限且无风状态下放炮，引爆瓦斯。

(2) 该矿安全生产管理混乱。采区机电队经常不按北票煤业有限责任公司有关停送电规定作业，随意停供电。事故当班在－660米水平东二石门四层大巷作业时，停电停风前未向矿调度汇报，也不通知通风队、掘进队，矿有关领导不知道该地点停风。掘进人员在停风后不按规定撤人，在无风工作面继续打眼、放炮。作业规程审批把关不严，规章制度不健全。

(3) 通风瓦斯管理问题较多。该事故地点一台局部通风机同时向两个作业的掘进工作面供风；现场人员随意停开局部通风机；采掘工作面瓦斯检查和放炮工作由一人承担，没有做到“三人联锁放炮”；在放炮时没执行“一炮三检”制度，放炮时起爆距离不符合要求；局部通风机未按规定安设甲烷传感器，班组长没有配置便携式甲烷检测仪。

(4) 职工队伍整体素质较低。该矿对职工缺少必要的安全技术培训和安全教育，有的管理人员重生产轻安全，职工安全意识淡薄。

(5) 北票煤业有限责任公司安全管理监督不力，对规章制度贯彻执行不到位。

三、事故处理结果

(1) 对采掘队队长、副队长，机电队队长、副队长，通风队队长、副队长，矿生产办副主任、副总工程师、总工程师兼安全矿长、机电副矿长分别给予行政处罚。同时给予机电、通风队长解聘的处理。

(2) 对生产副矿长兼生产办主任、矿长兼书记解除聘用职务，并给予行政处罚。

(3) 对北票煤业有限责任公司生产副总经理兼总工程师、董事长兼总经理分别给予行政记大过处分。

吉林省白山市江源县富强煤矿“7·4”特大瓦斯煤尘爆炸事故

一、事故经过

2002年7月3日上午，白山办事处、江源县安委会办公室联合去白山市江源县富强煤矿执法监察，针对该矿正在违规组织生产，存在大量不安全隐患，向该矿下达了停产处理决定书，并强制将在井下作业的32名人员在11点40分之前撤到地面。但该矿于当日16时又擅自组织生产。7月4日0时，该井井长张兴林安排39人入井，分6个工作面进行采掘作业。2时12分，当班地面绞车司机听到轰的一声响，从大绳口看到井口非常亮，有火光。晚大班班长在主井口工棚也听到爆炸声，看见主井井口门冒黑烟，井下发生爆炸事故。

事故发生后，事故单位没有按规定及时向有关部门报告。7月4日4时20分，相邻煤矿人员向白山办事处报告，称富强煤矿发生瓦斯爆炸事故。白山办事处经与江源县煤炭局核实后，立即向吉林煤矿安全监察局报告，同时通知通化矿务局派救护队进行抢险。松树矿救护中队于6时50分到达事故现场。吉林省、白山市、江源县各领导和矿务局领导闻讯后也立即赶赴现场，积极组织事故抢救工作。

鉴于全矿井通风系统被破坏、原入风的主斜井垮落严重，无法从主井入井实施抢救，7月4日17时25分，事故抢救领导小组决定进行矿井反风，从副井入井探险抢救。到7月31日6时止，历时24天，共维修巷道1000多米，出货1000多矿车，共找到31名遇难者。由于爆源处巷道冒落十分严重，难以恢复，经事故抢救领导小组研究，报请省政府批准后，中止了寻找遇难者的工作，有8人仍埋在井下。

二、事故原因分析

(1) 事故的直接原因是1号工作面在回采过程中，放炮崩透采空区，放炮产生的火焰引起采空区瓦斯爆炸，煤尘参与爆炸。

(2) 富强煤矿通风系统不合理。①主扇和局扇的风量不匹配；②一机吹两头；③每个片盘没有实现分区通风，每个工作面均没有独立的通风系统。

(3) 采用非正规的采煤方法，没有按规定履行报批手续。

(4) 开采布局不合理。多水平，多作业面作业，无序开采。

(5) 长期非法越界开采，擅自非法组织生产。拒不执行煤矿安全监察机构下达的监察指令。

(6) 有关部门未能认真履行职责。在国家深化小煤矿整治期间，没有及时制止富强煤矿违法生产；对该矿长期越界开采的行为制止不力。

吉林省靖宇县赤松乡三〇九煤矿“11·9”瓦斯爆炸事故

一、事故经过

2002年11月9日一班，靖宇县赤松乡三〇九煤矿主井左翼+390采煤工作面12名工人入井后，1时40分左右，听到像放炮的声音，并伴随着一股压力，当时有股红褐色烟雾，随后，带班井长王金伟组织工人开始抢救。

事故发生后，白山市煤矿救护队于当日10时30分到达事故现场，寻找遇难人员。截止到11月14日11时30分，遇难人员全部升井，事故抢救工作全部结束。

二、事故原因分析

（1）左翼+390水平运输巷道盲巷内断层瓦斯涌出异常，且局部通风循环，造成盲巷内瓦斯积聚，工人矿灯失爆，引起瓦斯爆炸。

（2）通风、瓦斯管理混乱，左翼工作面没有形成通风系统，导致左翼回串右翼；局扇安装位置不符合规定，造成局部通风循环；通风设施不符合规定，+410大巷少设一组风门。在一条巷道内存在多处盲巷；没有配备专职瓦斯检查员，不按规定检查瓦斯，瓦斯检查数据虚假，事故区没有安设瓦斯断电仪。

（3）弄虚作假，违规生产。在接受省安全专项整治验收时，把通往事故隐患多的+390水平左翼的大巷用坑木堆挡住，谎称是储木场，躲避检查，即使这样，也没有达到验收标准，验收组明确该井只允许继续整改，不准生产。但该井置这些于不顾，擅自违规进行生产。

（4）县、乡政府及有关部门贯彻上级对小煤矿安全专项整治要求上，采取的措施不力，工作抓的不实。

吉林省洮南市万宝镇万宝煤矿小新井“12·6”特大火灾事故

一、事故经过

2002年12月6日8时，万宝煤矿小新井井下共出勤60人，其中+210米水平作业人员30人，+140米水平作业人员30人。8时30分左右，绞车司机作业时，身后配电盘发出响声，并产生电弧光，随即绞车停止运行，再提升送不上电。绞车司机用闸将车慢慢下放到+140米水平车场，将配电盘刀闸拉下，并闻到烧棉布味。在通知机电维修工来修绞车后，与班长等人一起离开绞车房去+210米水平井底车场躲避硐休息（+210米水平暗绞绞车房与该水平车场之间有两道风门相隔）。8时45~50分，带班井长查看情况，没有仔细检查就返回到+210米车场躲避硐，8时55分，发现+210米水平井底车场有烟，绞车房门帘着火。

9时15分，小新井调度将+210米水平暗井绞车房着火的情况报告给了矿调度，同时要求救护队来救火。9时17分，救护队接到报告，于9时35分到达井下+210米水平车场。10时15分，矿总工程师王国良命令打开+210米井底车场通向暗井绞车房的两道风门，并率救护队员从回风巷道去+140米水平探险。至当日15时，在+140米水平车场及暗井绞车道共发现25名遇难人员。此次特大火灾事故，导致+140米水平30名井下作业人员全部遇难。

接到事故报告后，吉林省煤炭工业局及吉林煤矿安全监察局的领导立即赶到事故现场，成立了事故抢险指挥部。吉林省政府副省长率有关人员于当日赶赴事故现场指导抢险救灾工作。国家煤矿安全监察局、全国总工会、监察部的领导也相继赶到事故现场，指导事故抢救工作，组织开展事故调查处理。辽源矿务局救护队也赶到事故现场，协助抢险。截止到2002年12月30日，找到最后一名遇难者。事故抢险救灾及善后处理工作已经结束，该井已经关停。

二、事故原因分析

(1) 暗井绞车提升时，配电盘发出弧光，产生火星，溅落在配电盘下的旧棉袄上，引燃后起火，进而引燃绞车房内的旧风筒布（非阻燃）和可燃性支护材料，导致发生特大火灾。

(2) 矿、井领导贯彻执行“安全第一、预防为主”的方针不利，井口安全管理机构不健全，职责不清。安全生产责任制不落实，现场管理不到位，不能及时发现和消除事故隐患，长期带隐患生产。

(3) 违反《煤矿安全规程》的有关规定，暗井绞车房采用木支护，配电盘周围用非阻燃的风筒布围隔，且绞车房内无沙箱、灭火器等消防火器材。

(4) 机电运输管理混乱。绞车所使用的电器设备为非矿用一般型，违反《煤矿安全规程》的有关规定；没有按规定对机电运输设备定期进行检修；绞车经常超负荷运行。

(5) “一通三防”工作存在漏洞，井下防灭火设施不完善，长期使用非阻燃风筒，暗井绞车房没有独立通风系统。

(6) 没有按规定编制灾害预防处理计划和组织矿井反风演习。所编制的计划不完善，没有发生灾害时的抢救预案，致使在发生事故时不能及时作出正确的决策。

(7) 全矿没配备自救器，发生火灾时，工人不能自救，致使灾害扩大。

(8) 物资供应管理混乱，不按质量标准和安全要求采购物资，致使井下长期使用非阻燃风筒。

(9) 特种作业人员管理混乱，没有做到全部持证上岗。+210暗井绞车房无专职司机，没有经过专业培训，不现场交接班，且由推车工兼司机。

(10) 安全技术培训工作不到位，职工安全技术素质低，责任心不强。

黑龙江省鸡西矿业（集团）有限责任公司城子河煤矿“6·20”瓦斯爆炸事故

2002年6月20日9时45分，鸡西矿业（集团）有限责任公司城子河煤矿发生一起特大瓦斯爆炸事故（有煤尘参与），造成124人死亡，24人受伤，直接经济损失984.8094万元。

一、事故经过

2002年6月20日8时30分，鸡西矿业（集团）公司和城子河煤矿有关人员入井对城子河煤矿进行质量标准化达标验收。在对西二采区检查验收过程中，部分人员已经检查完毕正在坐车返回，部分人员，包括集团公司总经理赵文林及有关处室人员、城子河煤矿矿长赵永金、党委书记张继存和随行的电视台记者等正在145综采队工作面检查工作时，于9时45分发生了爆炸事故。至7月3日，在事故中遇难的124人全部找到。

二、事故原因分析

经调查，事故的发生时间是2002年6月20日9时45分，爆源点在城子河煤矿西二采区排水巷距积水水面14米处的巷道内。是一起瓦斯爆炸事故，局部煤尘参与了爆炸。

经调查认定，这是一起责任事故。

(1) 事故的直接原因，是西二采区排水巷局部通风机停风，造成瓦斯积聚达到爆炸浓度，工人启动联锁开关送电时，由于潜水泵插销开关虚插失爆，产生电火花引起瓦斯爆炸，局部煤尘参与了爆炸。

(2) 没有正确处理安全与生产的关系，对安全监察机构和安全大检查中提出的问题不认真整改。

(3) 矿井用工管理混乱，安全培训不到位。

(4) “一通三防”管理和技术管理混乱。

(5) 机电管理制度形同虚设，责任制不落实。

(6) 安全欠账严重。

三、事故处理结果

(1) 城子河煤矿排水巷3名电工（属外包工），负责该作业点的电气工作。在井下作业时，违反《煤矿安全规程》规定，对事故发生负有直接责任。移送司法机关，分别依法追究刑事责任。

(2) 城子河煤矿排水巷施工主任、段长（属外包工），负责该作业点施工组织工作。对事故的发生负有直接责任。移送司法机关，依法追究刑事责任。

(3) 城子河煤矿排水巷施工队生产队长（属外包工），负责该作业点生产施工组织工作。对事故的发生负有直接责任。鉴于其已在事故中遇难，不再追究责任。

(4) 城子河煤矿通风区瓦斯检查员，负责排水巷的瓦斯检查工作。当排水巷局部通风机停风、瓦斯积聚超限时未采取有效措施，对事故的发生负有直接责任。鉴于其已在事故中遇难，不再追究责任。

(5) 城子河煤矿副总工程师兼机运管理科科长，负责全矿机电运输技术管理工作。对事故负有主要领导责任。鉴于其已在事故中遇难，不再追究责任。

(6) 城子河煤矿排水巷施工队队长、外包工队队长，负责该作业点生产施工组织和管理。对事故负有直接责任。移交司法机关，依法追究刑事责任。

(7) 城子河煤矿通风区三段段长、党支部委员，负责西二采区通风、瓦斯、煤尘及通风设施管理工作。对事故负有主要责任。给予开除公职处分。

(8) 城子河煤矿通风区监测段段长，负责全矿通风安全监控系统的安装、运行、维护管理工作。对事故负有主要责任。给予开除公职处分，移交司法机关，依法追究刑事责任。

(9) 城子河煤矿通风区副区长，负责西部采区的质量标准化及全矿的通风管理工作。对事故负有重要责任。给予行政降级处分。

(10) 城子河煤矿副总工程师兼通风区区长、党支部书记，负责全矿“一通三防”工作。对事故负有主要责任。给予行政撤职处分。

(11) 城子河煤矿安监科科长，对该矿“一通三防”管理、机电管理混乱及现场隐患严重监督检查不力，对事故负有重要责任，给予行政记大过处分。

(12) 鸡西矿业（集团）公司安监部驻城子河煤矿安监处处长，对该矿“一通三防”管理、机电管理混乱、现场隐患严重监督检查不力，对事故负有重要领导责任。给予行政记大过处分。

(13) 鸡西矿业（集团）公司安监部部长，对城子河煤矿“一通三防”管理、机电管理混乱、现场隐患严重监督检查不力，对事故负有重要领导责任。给予行政记过处分。

(14) 城子河煤矿总工程师，负责全矿“一通三防”和技术管理工作。对事故负有主要领导责任。给予行政撤职处分。

(15) 城子河煤矿副矿长，负责全矿机电运输业务管理工作。对事故负有主要领导责任。给予行政撤职处分。

(16) 城子河煤矿副矿长，负责全矿开拓掘进工作。西二采区掘进面管理混乱，工作失职。对事故的发生负有重要领导责任。给予行政记大过处分。

(17) 城子河煤矿副矿长，负责全矿安全管理工作。该矿“一通三防”、机电管理混乱，存在事故隐患。对事故的发生负有重要领导责任。给予行政记大过处分。

(18) 城子河煤矿副矿长，负责全矿生产管理工作。代表矿长与外包队签订劳动合同时没有落实安全生产责任制，该矿用工和生产管理混乱。对事故的发生负有重要领导责任。给予行政降级处分。

(19) 城子河煤矿矿长，负责全矿生产安全工作，是全矿安全生产第一责任人。对该矿“一通三防”、用工、机电和技术管理混乱，导致事故发生，负有主要领导责任。鉴于其已在事故中遇难，不再追究责任。

（20）城子河煤矿党委书记，对该矿落实党的安全生产方针监督保障不力，对事故的发生负有主要领导责任。鉴于其已在事故中遇难，不再追究责任。

（21）鸡西矿业（集团）公司机电装备部副部长（主持工作），负责全公司矿井机电运输业务管理工作。对城子河煤矿机电管理混乱，导致事故发生，负有重要领导责任。鉴于其已在事故中遇难，不再追究责任。

（22）鸡西矿业（集团）公司副总工程师，负责全公司机电运输业务领导工作。对城子河煤矿机电管理混乱问题整改不力，对事故的发生负有重要领导责任。给予行政记大过处分。

（23）鸡西矿业（集团）公司通风救护部主任工程师，负责“一通三防”技术管理工作。对城子河煤矿“一通三防”管理混乱问题督促整改不力，对事故的发生负有重要领导责任。给予行政记过处分。

（24）鸡西矿业（集团）公司通风救护部副部长（主持工作），负责全公司煤矿“一通三防”业务管理工作。对城子河煤矿“一通三防”管理混乱，导致事故发生负有重要领导责任。给予行政记大过处分。

（25）鸡西矿业（集团）公司总工程师，负责全公司煤矿技术及“一通三防”领导工作。对城子河煤矿“一通三防”管理混乱，导致事故发生负有重要领导责任。给予行政记大过处分。

（26）鸡西矿业（集团）公司副总经理，负责全公司安全工作。对城子河煤矿“一通三防”和机电管理混乱、导致事故发生负有重要领导责任。给予行政记大过处分。

（27）鸡西矿业（集团）公司副总经理，负责全公司生产组织工作。对城子河煤矿生产管理混乱、存在事故隐患督促整改不力，对事故的发生负有重要领导责任。给予行政记大过处分。

（28）鸡西矿业（集团）公司副董事长、总经理。全公司贯彻安全生产方针不到位，没有认真吸取东海煤矿“4·8”瓦斯爆炸事故教训，对城子河煤矿“一通三防”、机电、用工管理混乱，导致事故发生，负有主要领导责任。鉴于其已在事故中遇难，不再追究责任。

（29）鸡西矿业（集团）公司董事长、党委书记，法定代表人。未能履行监督保障职能，保证党的安全生产方针政策在全公司贯彻落实，2002年以来所主持的四次董事会没有认真研究安全生产工作，对事故的发生负有主要领导责任。给予行政撤职处分。

（30）国务院第29次党组会议决定，给予黑龙江省人民政府分管安全生产工作的副省长记过处分。

黑龙江省鸡西矿业（集团）有限责任公司东海煤矿“4·8”特大瓦斯爆炸事故

2002年4月8日17时35分，鸡西矿业（集团）有限责任公司东海煤矿发生一起特大瓦斯爆炸事故，死亡24人，伤37人，直接经济损失114.3万元。

一、事故经过

4月2日12时，东海煤矿五采区194队采煤工作面工人在上转角砌石墙取料时，违章放糊炮引起采空区瓦斯燃烧。发现火情后，现场工人立即用乳化液泵站液压枪直接灭火，将明火扑灭。16时，194队采煤工作面瓦检员发现回风巷及上转角处有烟，立即向采区调度室报告。接到报告后，矿、集团公司领导先后赶到现场，采用直接注水方案灭火。至19时，火情反而加大，灭火工作失败。7日7时，公司、矿决定采用风门密闭形式封闭工作面，至16时25分完成了封闭工作。4月8日7时，封闭工作面的采空区内发生瓦斯爆炸，将回风巷的密闭风门冲毁，进风巷密闭风门冲开，没有造成人员伤亡。9时左右，五采区通风段长方志刚接到调度室通知后入井，看到进风巷风门冲开，未向有关领导汇报，就擅自将风门关上。10时30分，矿领导派矿救护队入井探察。11时30分，入井探察的救护队员汇报，在距回风巷岔口以里10米处检测，一氧化碳、瓦斯为零（由于进风巷关闭风门后，灾区处于无风状态，测得的数据已不是有害气体的实际情况）。救灾指挥部决定对上下两巷，用编织袋装黄泥、沙子砌墙进行封闭。16点班，矿里组织近150人准备分成上巷、下巷两组运料、施工加固密闭。16时，人员陆续入井，上巷十几人在救护队员的监护下施工密闭，30余人运料；下巷12人施工密闭，20余人运料。17点35分，正在施工加固墙时，采空区内瓦斯爆炸。事故发生后，省、市、矿业公司各级领导迅即赶到事故现场，组织抢险救灾和善后处理工作。至9日6时，经过11小时45分的紧急抢救，井下遇难的24名矿工全部找到，并运至井上进行了妥善处置，37名受伤职工全部送往医院进行抢救和治疗。

二、事故原因分析

这是一起责任事故。

（1）事故的直接原因，是194队工人违章放糊炮引起采空区内瓦斯燃烧，形成火区；由于救灾措施不当，采空区内残火没有得到及时扑灭；封闭采面后，由于采空区内瓦斯积聚至爆炸界限，发生瓦斯爆炸，爆炸冲击波将回风巷密闭风门冲毁，将进风巷密闭风门冲开；通风段长未经指挥部同意，擅自关闭采面下巷风门，造成该工作面风流短路，采空区内瓦斯再次积聚达到爆炸界限，采空区内残火引起瓦斯爆炸，导致正在施工人员遇难。

（2）安全意识淡薄，安全管理不到位，工人违章作业。采面工人违章放糊炮，导致采空区瓦斯燃烧，给这次瓦斯爆炸事故埋下祸根。

（3）对采空区高顶瓦斯危害及性质分析预测不到位，没能及时排放采空区高顶瓦斯。

（4）对火区灾情调查分析不到位，采取的救灾措施针对性差，没能及时控制消灭火区灾情，导致采空区多次发生小规模瓦斯爆炸。

（5）矿业公司、东海煤矿及五采区各级领导对封闭火区的安全工作重视程度不到位，没能按《煤矿安全规程》等有关法律、法规规定制定，有效的封闭火区方案，落实有关责任制和责任人。

三、事故处理结果

（1）通风段段长，未经请示汇报，擅自关闭下巷密闭风门，导致194队工作面无风，采空区内瓦斯积聚达到爆炸界限，是造成事故的直接责任者，鉴于其已在事故中死亡，不再追究其责任。

（2）砌石墙临时负责人，决定违章放糊炮并安放炸药、连炮线，是引起采空区瓦斯燃烧的直接责任者。给予开除处分，移交司法机关处理。

（3）2日当班瓦检员，没有严格履行职责、及时制止工人违章放糊炮行为，工作失职，给予开除留用2年处分。

（4）2日值班班长，负责本班的安全生产工作，对工人违章放糊炮负直接责任，给予开除留用1年处分。

（5）194采煤队队长，中共党员。是该采煤队安全生产第一责任者，对工人违章作业负直接领导责任。

（6）194采煤队党支部书记，中共党员。对全队职工平时安全教育不到位，对职工安全意识差、素质低，负有主要领导责任。给予撤销党内职务处分。

（7）五采区副区长，中共党员。负责全区的安全监督管理工作。对工人违章作业负有监督不力责任。

（8）五采区副区长，中共党员。负责全区的生产（采煤）管理工作并主要负责194、195两个采煤队的领导工作。对194队工人违章放糊炮负有管理不到位责任。

（9）五采区区长，中共党员。五采区安全管理第一责任者，对采区工人违章放糊炮负主要领导责任，鉴于该区长于3月30日到任，任职时间较短，给予行政记过处分。

（10）五采区党总支书记，中共党员。对全区职工安全教育不到位，对安全生产责任和措施不落实的问题监督不力，负有主要领导责任。给予党内严重警告处分。

（11）东海矿副矿长，中共党员。负责全矿的安全管理工作。对该矿安全管理不到位，日常安全监督存在漏洞，对工人违章放糊炮负有领导责任。给予行政记过处分。

（12）东海矿副矿长，中共党员。负责全矿的生产安全工作。对工人违章放糊炮负有主要领导责任；对火灾性质判断不清负有一定责任。给予行政记大过处分，党内给予警告处分。

（13）东海矿总工程师，中共党员。负责全矿的技术管理工作。对事故负有技术方面的主要领导责任；对火灾性质判断不清，采取灭火措施不当，救灾指挥不力，负有领导责任。给予行政撤职处分，党内给予留党察看二年处分。

（14）东海矿矿长，中共党员。安全生产第一责任者，对事故负有主要领导责任；对火灾性质判断不清，采取抢险措施不当负有责任；对指挥监测人员与打密闭的作业人员一同工作，致使事故灾害扩大负有领导责任。给予行政撤职、撤销党内职务处分。

（15）东海矿党委书记，中共党员。对该矿职工安全教育不到位，对安全生产责任和措施不落实问题监督不力，负有主要领导责任。给予党内严重警告处分。

（16）矿业公司救护大队队长，中共党员。对救护队监测员与其他作业人员一同入井作业没提出要求，指挥不力，并提前离开指挥现场，致使灾害面扩大负有责任。给予行政撤职处分，党内给予留党察看1年处分。

（17）矿业集团公司总工程师，中共党员。负责全公司的技术管理工作。对火灾发生后性质判断不清，采取救灾措施不当，指挥抢险不力负有重要领导责任；对火源性质明确后，没有立即采取有效措施负有责任。给予行政记过处分。

（18）矿业集团公司副总经理，中共党员。负责全公司的生产安全工作。对火灾发生后性质判断不清，救灾措施不得当，现场指挥不力负有重要领导责任。给予行政记过处分。

（19）矿业集团公司副总经理，中共党员。负责全公司的安全工作。对这起事故在安全管理方面负有一定领导责任；对两次密闭施工安全防范措施不到位负有领导责任。给予行政记过处分。

（20）矿业集团公司董事长，中共党员。是矿业集团公司安全生产第一责任者，对贯彻落实党的安全生产方针和上级有关要求不力，对安全生产责任和措施不落实的问题监督不力，对事故负有重要领导责任。给予行政警告处分。

黑龙江省双鸭山市宝清县加成煤矿“5·23”特大矿井火灾事故

2002年5月23日10时10分，双鸭山市宝清县加成煤矿发生一起特大矿井火灾事故，死亡17人，直接经济损失约146万元。

一、事故经过

5月23日7时30分，加成煤矿井长孙吉臣安排工作，8时左右，20名工人入井，分别在3个工作面作业。其中一个班5人在二段平巷安装电爬犁；一个班4人在三段绞车窝子掘通风眼；一个班5人在三段下山辅轨道；另有井长1人，电工1人，绞车司机2人，铁道木匠2人。

中午12时左右，生产井长李伟（真名褚国新）在井上发现主井冒烟，知道发生了事故，他一边让副矿长温少红报警，一边从副井下井找人。走到距主井约40米处时，发现昏倒的2名工人，李伟先后将2人拖到一段水泵附近后，也昏倒了。16时左右，井上又有2名工人入井发现他们，并携李伟等3人向副井方向撤离。

消防队于16时左右赶到现场，经过一段时间抢救，无法扑灭井下火灾，报矿山救护队请求救护。

事故发生后，省、市有关领导先后赶到事故现场，调集双鸭山矿业集团公司矿山救队进行抢救。成立了抢险救灾指挥部，指挥抢险救灾工作。救护队经过近12小时的全力抢救，井下遇难的17名矿工尸体全部找到并运至井上进行了妥善安置，抢险救灾工作全部结束。

二、事故原因分析

经调查，认定这是一起责任事故。

（1）这起事故的直接原因是：主井筒内电缆短路起火引燃木棚，造成火灾。

（2）矿井机电管理混乱。一是未按规定购买和使用正规厂家产品，而图省钱购买、使用了不合格电缆；二是没有机电专业技术人员，维护检修不及时，致使电气过电流保护装置失灵，当电缆出现短路时过电流保护装置未起作用，酿成火灾事故。

（3）新工人未经培训上岗作业。一是未按规定对工人进行入井前教育培训，致使工人没有安全意识和抗灾自救能力，以致工人发现停电和烟雾后仍玩扑克，不知应尽快撤离；二是该矿未进行应急灾变自救演练，火灾发生后，工人不知如何逃生，致使多人死亡。

（4）违反《煤矿安全规程》规定，工人未佩带自救器入井。按照市、县煤炭局的要求，该矿配备了20台自救器，但未使用，导致火灾发生后工人逃生时中毒死亡，灾害扩大。

（5）事故报告不当、不及时，延误了抢救时机。一是事故发生后不知向谁报告，找119消防队无法入井抢救；二是该矿未签订矿山救护协议，不能及时得到救护队的救护；三是未及时报告市、县政府部门和煤炭管理部门，耽误了对遇险人员的抢救。

三、事故处理结果

（1）井下当班井长，负责当班井下安全生产管理工作，入井未按规定携带自救器，火灾发生后，选择错误的逃生路线，带领工人接近火区，致使灾害扩大，造成多人死亡，负有直接责任。鉴于本人在事故中遇难，不再追究其责任。

（2）加成煤矿副矿长，负责矿井地面安全保卫工作，矿井火灾发生后，事故报告、采取救灾措施不当，对救灾不及时及灾害扩大负有直接责任，移交司法机关处理。

（3）加成煤矿安全生产矿长，负责全矿安全生产管理工作，对工人不进行安全培训，矿井火灾报告不当和采取抢险措施不利，导致特大事故的发生，负有直接责任。移交司法机关处理。

（4）加城煤矿矿长，安全生产第一责任者，对职工不进行安全培训，未进行矿井灾害逃生演习，购买不合格产品并投入矿井使用，对事故的发生、扩大负有主要责任。移交司法机关处理。

（5）加城煤矿主要投资、经营者之一，受法人代表委托行使全面管理职责，对工人不进行安全培训，不进行安全装备，不进行灾害逃生演习，购买不合格产品并投入矿井使用，对事故的发生、扩大负有主要责任。移交司法机关处理。

（6）宝清县煤炭局安检科科长、中共党员，负责全县煤矿安全监督管理工作，对煤矿的日常监督管理工作不到位，责任制不落实，对工人安全培训工作检查力度不够，对事故的发生，负有直接领导责任。给予行政撤职、党内严重警告处分。

（7）宝清县煤炭局总工程师，负责全县煤炭企业“一通三防”工作。对煤矿救灾预案监督落实不到位，对事故负有责任。给予行政记过处分。

（8）宝清县煤炭局主管安全工作的副局长、中共党员，负责全县煤炭企业安全监督管理工作，对安全监督管理不到位，责任制不落实，工人培训不到位，负有直接领导责任。给予行政撤职、党内严重警告处分。

（9）宝清县煤炭局局长、中共党员，是全县煤矿安全生产第一责任者，对煤矿安全监督管理不到位，责任制不落实，安全培训不到位，负有主要领导责任。给予行政降级、党内严重警告处分。

（10）宝清县副县长、中共党员，主管全县煤矿安全生产和煤炭行业管理工作，对煤矿监督管理不到位，责任制不落实，工人培训不到位，负有重要领导责任。给予行政记大过、党内严重警告处分。

（11）宝清县县长，全县安全生产第一责任者，对事故负有领导责任。给予行政警告处分。

（12）双鸭山市煤炭局副局长，中共党员，负责全市煤炭企业安全和行业管理工作，对煤矿安全监督管理不到位，工人培训不到位，负有监督指导不到位责任。给予行政记过处分。

黑龙江省鸡西市立新煤矿五井“8·12”特大瓦斯爆炸事故

2002年8月12日4时，鸡西市立新煤矿五井发生一起特大瓦斯爆炸事故，死亡11人，直接经济损失80万元。

一、事故经过

该井在全省小煤矿停产整顿期间，自8月7日未经允许擅自决定开工生产。8月12日0点班，该井出勤14人，6人在左六路维修巷道，5人在左七路掘进上山作业，1名瓦检员，1名电钳工。0时许，作业人员陆续入井。早4时，瓦检员在东六路车场听到爆炸声便赶到东七路车场，发现烟雾较大，随即升井。爆炸同时，当班电钳工正在升井途中，升井后，立即向值班井长报告。井长接到报告后，立即通知生产井长蔡万龙带领4名工人入井，到东六路石门处时，将该处被摧毁的板闭恢复；到达东七路时，发现东七路与西七路间板闭也已摧毁，风流短路，感到情况严重，便升井向立新矿安全副矿长报告。立新矿及煤业集团领导接到五井事故报告后，迅速赶到现场，立即成立了“8·12”事故抢险救灾领导小组，并将事故情况向鸡西市政府等有关部门报告。鸡西市委、市政府及鸡西市煤管局、市安全监察执法支队等有关部门领导接到事故报告后相继赶到事故现场，积极组织抢险救灾工作，省政府有关领导于当日赶到事故现场，部署和指挥抢险救灾工作。经过鸡西市煤管局矿山救护队的积极抢救，于8月13日凌晨3时，11名遇难矿工全部找到并运至井上，进行了妥善安置，抢险救灾工作结束。

二、事故原因分析

经事故调查组分析认定，这是一起瓦斯爆炸事故，是一起责任事故。

(1) 该矿井在全省小煤矿停产整顿期间，未经验收批准，擅自非法生产。作业人员无风作业，造成瓦斯积聚，放炮出火引起瓦斯爆炸。这是事故发生的直接原因。

(2) 该矿井在全省小煤矿停产整顿期间，未经验收批准，在矿井不具备基本安全生产条件下，在被责令停产整顿期间，私自开工，擅自非法生产，违章冒险强行生产。

(3) 安全管理严重失控。该矿井不具备生产资格，井长违章指挥，私自开工生产，副井长、技术员不加制止而参与组织生产。立新矿派驻到该井的安全管理人员工作不负责任，没有认真履行职责，在矿井三班连续生产情况下，检查时竟未发现，非法生产未得到有效制止。

(4) 矿井瓦斯管理混乱。一是该矿井为高沼气矿井，虽已设有瓦斯监测系统，但瓦斯断电仪数量不足，瓦斯监测探头位置没有按照《煤矿安全规程》第170条规定安设。二是掘进工作面未按规定实行“三专两闭锁”。三是该井瓦检员配备数量不足，没有执行瓦斯管理和检查制度，在掘进工作面停风、瓦斯积聚的情况下，现场既没有瓦检员检测瓦斯，也没有进行瓦斯排放。四是现场作业人员未按规定配备和使用瓦斯便携检测仪、报警矿灯及自救器。

(5) 安全管理工作不力。一是立新煤矿安全管理体制不顺，没有形成统一、有序、高效的管理机制，对该井的管理措施不具体、责任不落实。二是接收该矿井后，未认真研究、落实管理问题，只派一名安全员管理，缺乏必要的监督。三是矿井现场安全管理失控，工人违章作业无人制止。

(6) 安全教育和培训工作不到位，工人安全意识差。在工作面停风瓦斯积聚情况下，不检查瓦斯，依然违章放炮，违章冒险蛮干。

三、事故处理结果

(1) 立新煤矿五井当班瓦检员，专职负责瓦斯检查工作，未认真履行职责，工作不负责任，工作期间擅离职守，致使工作面瓦斯积聚情况无人检查、无法发现，对事故发生负有直接责任。移交司法机关处理。

(2) 立新煤矿五井值班井长，负责当班生产安排和管理工作，是该班安全生产第一责任人，明知在全省小煤矿停产整顿期间，该井不经验收不得生产而参与擅自非法生产活动，违令安排工人在工作面无风、不检查瓦斯情况下冒险作业，对事故负有直接责任。事故后逃逸，移交司法机关处理。

(3) 立新煤矿五井技术员，负责该井技术和“一通三防”工作。明知在全省小煤矿停产整顿期间，该井不经验收不得生产而参与擅自非法生产活动，发现地质情况有变化，没有制定针对性安全措施；对矿井瓦斯管理混乱、随意停风、瓦斯监测管理不到位负有直接管理责任。给予开除留用 1 年处分。

(4) 立新煤矿五井副井长，负责该井生产工作。明知在全省小煤矿停产整顿期间，该井不经验收不得生产而参与擅自非法生产活动，违令安排工人冒险作业，对事故负有直接领导责任。给予撤销副井长（正科级）职务的处分，移交司法机关处理。

(5) 立新煤矿五井井长，负责该井的安全管理全面工作，在全省小煤矿停产整顿期间，拒不执行停产整顿指令，明知该井不经验收不得生产而擅自安排生产活动，因此导致特大事故发生。对事故负有直接责任。事故发生后逃逸，性质恶劣、影响很坏。移交司法机关缉拿后依法追究其刑事责任。

(6) 立新矿派驻到该井的安全管理人员，专职负责该井安全工作。工作严重失职，在其对该井检查期间，矿井正在进行三班连续生产，却未发现，致使该井擅自非法生产情况无人制止，直至特大事故发生，对事故负有直接责任。移交司法机关处理。

(7) 立新煤矿安监科科长，负责矿安全检查工作。对该井停产整顿期间擅自非法生产情况失察，安全监督检查不到位，对事故负有重要责任。给予行政降级处分。

(8) 立新煤矿副矿长，中共党员，负责全矿安全工作。对该井停产整顿期间擅自非法生产管理不力，对驻矿安全管理人员监督管理不到位，对事故负有重要领导责任。给予行政撤销副矿长职务的处分，党内给予留党察看 1 年的处分。

(9) 立新煤矿党委书记兼矿长，中共党员，负责矿全面工作，是矿安全生产第一责任者，工作未尽职责，疏于管理，对该井停产整顿期间擅自非法生产管理不力，对驻矿安全管理人员监督管理不到位，对事故负有主要领导责任。给予行政撤职处分，党内给予留党察看 1 年处分。

(10) 鸡西煤业集团公司总经理，中共党员，负责公司的生产安全和经营管理工作，工作未尽职责，疏于管理，对该井停产整顿期间擅自非法生产情况失察，管理不到位，对事故负有重要领导责任。给予行政记过处分。

(11) 鸡西煤业集团公司董事长，企业法人代表，中共党员，是集团公司安全生产第一责任者，对立新矿存在的问题疏于管理，对该井停产整顿期间擅自非法生产情况失察，对事故负有领导责任。给予行政警告处分。

(12) 鸡西市煤管局局长、中共党员，负责全市煤矿行业管理工作，对该矿井停产整顿期间擅自非法生产情况失察，管理不到位，对事故负有行业领导责任。给予行政记过处分。

山东省聊城市莘县化肥有限责任公司“7·8”液氨泄漏事故

一、事故经过

2002 年 7 月 8 日凌晨 0 点 20 分，一辆车号为鲁 P－01568 的 20 吨液氨罐车，在莘县化肥有限责任公司液氨库区灌装场地进行液氨灌装，到凌晨 2 点左右灌装基本结束时，押运员在关闭灌装阀门过程中，液氨连接导管突然破裂，大量液氨泄漏。驾驶员对罐车的紧急切断装置采取关闭措施，由于没有关闭，导致泄漏液氨约20.1吨，造成15人死亡，重度中毒22人，直接经济损失约72万元。

二、事故原因分析

（1）液氨连接导管突然破裂是造成事故的直接原因。

（2）液氨罐车上的紧急切断装置失灵是事故扩大的主要原因。

（3）企业安全管理制度和责任不落实是发生事故的重要原因。

（4）政府有关部门管理不到位是造成事故扩大的一个原因。

三、事故处理结果

13名事故责任人受到了相应的党纪、政纪处分。其中给予鲁西化工集团总公司分管副总经理行政记大过处分；给予总经理行政记过处分；给予莘县分管副县长行政警告处分；给予聊城市化工办分管副主任行政警告处分。

山东省“7·15”黄河阴河渡口沉船事故

一、事故经过

2002年7月15日16时50分左右，济南市长清区长清镇西魏村村民孙益忠、王友勇，非法驾驶铁质挂桨机渡船，由长清阴河浮桥下游开航，在航行至对岸（齐河县境内）阴河浮桥渡口时，船尾部触碰在作为浮桥趸船的双体船首上，致使船舶左倾沉没。该船上共有船工2人，乘客18人。除1名乘客在船体左倾瞬间跳上趸船脱险外，其他19人全部落水，经全力组织抢救，有9人脱险，10人死亡，直接经济损失约90万元。

二、事故原因分析

（1）船员靠船时操纵不当，船舶触碰后失控，在流压作用下翻沉，是造成本次重大事故的直接原因。

（2）船员无船员适任证书，也未通过驾驶操纵方面的学习，不掌握船舶操纵知识，不具备驾船技能，是造成本次重大事故的主要原因。

（3）船员无视水上交通安全法律、法规和当地政府及管理部门的禁渡规定，私设渡口，违法渡运，渡运时存在严重侥幸心理，冒险航行，是造成本次重大事故的重要原因。

（4）在黄河调水调沙期间，黄河左岸外侧作为趸船的双体船在主流区域，按规定应该拆除，但浮桥公司经当地河务部门默认没有拆除，客观上给小渡船提供了不安全的停靠地点，也是造成本次重大事故的重要原因之一。

综上所述，“7·15”黄河阴河渡口沉船事故是一起重大责任事故。

三、事故处理结果

6人受到行政处分，其中副区长1名，区县交通局长2名，镇长1名，镇经委临时负责人1名，镇经委副主任1名。4人受到党纪处分，其中镇党委副书记2名，村支部书记1名，村委会主任1名。3人移交有关部门追究刑事责任。

江苏省东台市“2·22”特大道路交通事故

一、事故经过

2002年2月22日23时30分，南通启东市永和乡朝阳村二组驾驶员樊松兵驾驶大货车，从启东市空调设备厂装载空调风机送往大连市，行至204国道732公里+160米处时，车辆超速，并且越过公路中心实线，占道行驶，在与相对方向驶来的滨海县八滩镇东进村八组张新国驾驶的小客车交会时，发生正面相撞，造成两车驾驶员及小客车上乘坐人员共15人当场死亡，2人重伤，1人轻伤，两车严重损坏，直接财产损失达8万余元。

二、事故原因分析

（1）大货车、小客车严重超载、超速，在车辆交会时大货车占道行驶，是事故的直接原因。此事故为责任事故。

（2）事故的间接原因，一是启东市永和乡集体商业总店，违反不准个体车辆挂靠的规定，对挂靠车辆、驾驶员未有效落实交通安全管理责任；二是江苏同济棉麻集团公司非法将小客车转卖，未按规定办理车辆过户手续，导致该车安全管理失控。

三、事故处理结果

为严肃事故责任追究制，根据《江苏省安全生产监督管理规定》，对东台市交巡警大队长等7名事故相关责任人进行了严肃处理，同时追究了启东、射阳两县（市）领导的责任。

江苏省南京市江宁区“3·27”特大农船翻沉事故

一、事故经过

2002年3月27日7时10分，周顺发驾驶自备小木质挂浆机农船，载运本村农民30人，从团结闸江边出发，送到新生洲下岸标上500米下客，7时20分，船体因严重超载冒水下沉，继而全船翻沉，所载人员全部落水，17人获救生还，11人死亡，3人失踪。

二、事故原因分析

（1）事故的直接原因：小木质挂浆机农船非法载人渡运，严重超载，没有配备任何救生、消防、航行、信号设备，不符合客船要求，且无船舶驾驶证书，不具备任何载人条件。该船总长只有8.97米，即使满足客船的规范，最多也只能载20人，但该船载运了30人。

（2）事故的间接原因：一是乘船农民安全意识淡薄，缺乏自我保护意识；二是铜井镇政府在知道有私渡现象的情况下，没有及时会同有关部门采取有效措施强行取缔；三是江宁区政府在知道有私渡现象的情况下，虽然发了禁止私渡的通告，但没有及时采取有效措施强行取缔；四是梅山海事处执法督查不到位。

省事故调查组对这起特大事故经过认真调查，认为这是一起因村民自有农船非法载人、船舶严重超载而造成的责任事故。

三、事故处理结果

为严肃事故责任追究制，根据《江苏省安全生产监督管理规定》，对铜井镇镇长等6名事故相关责任人进行了严肃处理，同时追究了江宁区和梅山海事处领导的责任。

浙江省“10·21”渔船交通事故

2002年10月21日下午18时13分，浙岱渔11539号船在165海区3小区转移渔场航行途中，被大风浪袭击倾覆，船上14人中，1人死亡，其余13人下落不明，直接经济损失100余万元。

一、事故经过

该船属岱山县高亭镇山外村邱自业等人所有，钢质，长35.5米，宽6.6米，159总吨，主机功率220千瓦，2001年3月16日在岱山县高亭船厂建成，船长邱自业，从事蟹笼作业。

该船于2002年10月7日开航前往生产海域。

自10月19日起，受北方强冷空气影响，浙北海面风力逐渐增大，天阴开始下雨，至21日，西北风已达9～10级，风浪4～5级，但该船仍坚持在渔场作业。18时，该船船长曾与家属联系。18时13分，同一海域作业的浙岱渔11361号船从对讲机中听到来自该船的呼叫声："61号，我船要翻转，位置在北纬31°55′，东经124°33′"。该船船长当即回呼询问，但已无音信。浙岱渔11361号船等十余艘船只迅速开往出事海域寻找。经仔细搜寻，在165海区3小区海面发现打开的气胀救生筏和一片油污，证实该船已倾覆，船员下落不明。23日上午10时20分左右，浙岱渔15266号船在165海区6小区（北纬31°44′，东经124°21′）找到一具遇难船员尸体，系浙岱渔11539号船员。

二、事故原因分析

（1）气象、海况恶劣是事故发生的重要原因。

（2）船长冒险作业，冒险航行，在大风浪紧急情况下船舶操纵不当，紧急避险措施不力，是事故发生的直接原因。

（3）有关地方和部门对船长的管理措施不力。

综上分析，该事故是一起因冷空气作用，海面风力、海浪增大等自然因素影响，船长安全意识淡薄，冒险作业、操作不当引起的突发性渔船交通事故。

三、事故处理结果

（1）对负有一定领导责任的岱山县高亭镇党委委员、分管渔业副镇长给予党内警告处分。

（2）对负有领导责任的岱山县高亭镇外山村党支部副书记、村委会主任给予党内严重警告处分，并由当地政府对其罚款1万元人民币。

（3）对高亭镇政府和岱山县海洋与渔业局主要负责人扣发3个月奖金。

（4）责成中共岱山县委、县人民政府切实吸取教训，并作出深刻检查。

（5）船老大对该起事故负有主要责任，鉴于其在事故中失踪，故不予追究。

浙江省"12·8"渔船交通事故

2002年12月8日下午17时左右，浙嵊渔07705号渔船从上海返回嵊泗枸杞途中，遭大风浪袭击沉没，船上13名船员（3名外省船员）失踪，直接经济损失60万元。

一、事故经过

该渔船属嵊泗县枸杞乡庙干村（股份制），钢质，帆涨网作业，船长33.5米，宽6.3米，126总吨，主机功率198.5千瓦，1995年9月15日由江西湖口船厂建造完工。

2002年12月8日上午9时左右，该船与同乡的07728号、07135号、07768号共4条渔船从上海出发返回枸杞。当时天气比较晴朗，潮流为东南流向，风力较大。据当时天气预报，浙江近海，北到西北风7～8级，阵风9级。从下午13时开始，07768号船始终与07705号船用对讲机保持联系，下午16时20分左右，07705号船船长曾全华曾与本乡石浦村王存品老大通过电话，告知再行16海里就可到家，位置在绿华岛上方。下午16时30分左右，07768号船最后一次与07705号船联系，当时两船相距2海里，此后一直没有再联系。直至9日上午7时，该村村长因了解当天生产情况时发现07705号船还未到港，遂引起了乡、村两级高度重视，并立即向上级部门作了汇报。

二、事故原因分析

（1）该船船长安全意识淡薄，冒险超风力航行是事故发生的主要原因。

（2）气象、海况恶劣是事故发生的重要原因。

（3）该失事船舵机故障，操作能力受到限制，是事故发生的重要原因。

（4）该船鱼货、冰、水装载不当，是事故发生的重要原因。

（5）对船长的安全教育不到位是引发事故的重要原因。基层组织在安全教育工作上有欠缺。

（6）乡、村渔船自救互救制度不健全。渔业安全生产责任制还没有真正落到实处。

三、事故处理结果

(1) 对负有领导责任的嵊泗县枸杞乡政府乡长给予行政警告处分。

(2) 对负有领导责任的嵊泗县枸杞乡政府分管副乡长给予行政警告处分。

(3) 对负有领导和管理责任的嵊泗县枸杞乡庙干村党支部书记给予党内严重警告处分，并扣除其半年奖金。

(4) 对负有管理责任的嵊泗县枸杞乡渔业办公室主任给予党内警告处分。

(5) 责成中共嵊泗县委、县政府切实吸取教训，并作出深刻检查。

(6) 对枸杞乡庙干村浙嵊渔 07728 号、07768 号、07702 号等船老大各罚款 1000 元，并吊销船长资格证书。

(7) 浙嵊渔 07705 号船老大冒险超风力航行，应负主要责任，船员安全意识差，应负一定责任。鉴于船老大和船员在这次事故中失踪，故不予追究。

福建省“9·2”特大道路交通事故

一、事故经过

2002 年 9 月 2 日上午 10 分许，江苏省淮安县汽车运输集团有限公司一辆宇通牌大客车（车号：苏 H/50505）乘载 14 人、货物约 4.5 吨，开往福建省石狮市。途经国道 104 线 2088 公里 + 230 米处（福建省福安市辖区柘坑路段），在左急转弯时，车辆冲出公路右侧路面，坠入 29.3 米深的山涧，造成 12 人死亡（其中 11 人当场死亡，1 人经医院抢救无效死亡）、2 人受伤、车辆严重损坏的特大道路交通事故。

据现场勘查，出事点道路南北走向，呈下坡（纵坡度 - 2.6%），路形为左急转弯（弯道平，曲线半径为 34.33 米），道路路面为水泥路面，路面有效宽度 9 米，两侧路肩各 1.5 米，道路东侧为山，西侧为山涧，西侧路肩外有土质路面，该路段标志、标线齐全，路面完好，视线开阔。

二、事故原因分析

(1) 肇事车辆苏 H/50505 号大客车人货混装，行经肇事路段前持续下坡，因车上随带货物严重超载，加大了制动负荷，导致该车车轮制动器产生严重的热衰退现象，制动效能严重下降是造成本起事故的直接原因之一。

(2) 驾驶员违章驾驶人货混装的客车，在随带货物严重超载的情况下，下长坡时没有采取相应的驾驶措施，当遇险情时措施不力，也是造成本起事故的直接原因之一。

(3) 江苏省淮安市汽车运输集团有限公司及其下属单位，对客运车辆和驾驶员管理、出站检查等方面存在严重的漏洞是造成本起事故的间接原因。

江西省乐平市涌山原发达一矿“8·14”煤与瓦斯突出事故

2002 年 8 月 14 日 22 时 30 分左右，乐平涌山原发达一矿（以下简称发达一矿）主井 - 160 米水平五煤东翼平巷迎头发生一起煤与瓦斯突出事故，死亡 13 人，直接经济损失 80 万元左右。

一、事故经过

2002年8月14日21时40分左右，作业人员升井在地面绞车房起爆放炮。22时左右，13位作业人员陆续下井，22时30分左右，井口突然冒出一股“烟尘”，情况异常。10多分钟以后，待到主井恢复进风，值班股东胡长焰匆忙下井，约10多分钟后，胡长焰上井讲：井下的人都完了。6个股东随即组织人员将13具尸体运到地面后，胡长焰在出井前把井下-120米水平的挡水坝扒开，放水淹没-160米生产水平事故现场。

接到事故报告后，有关部门的负责同志连夜赶赴事故现场。

二、事故原因分析

这是一起由于对非法井监管责任不落实，出现空档，煤矿业主非法生产导致的事故。

(1) 煤与瓦斯滞后突出。开采强突出煤层，没有采取“四位一体”防突措施，采煤迎头空洞过大，也没有及时支护，放炮震动后，在煤的自重及瓦斯压力的共同作用下，大量煤与瓦斯瞬间压出，造成矿井风流逆转，井下作业人员窒息死亡。这是事故发生的直接原因。

(2) 发达一矿非法生产。在发达一矿作为排水井得到批准以后，发达一矿业主一方面把961井无偿让给涌山煤矿排水，另一方面对主井和风井进行修复，组织非法生产。煤出井口后及时转走，并派人在路口望风，一有动静，迅速通知井口生产人员撤离。

(3) 涌山煤矿对发达一矿的监管责任不落实。由于涌山煤矿只需利用961井排水，而对主井和风井如何处置，在企业上报和政府下批过程中，均没有明确的意见，也没有在现场交接。涌山煤矿接到政府将发达一矿移交给涌山煤矿的批文之后，既没有提出异议，又没有落实对主井和风井的监管责任。这是事故发生的重要原因。

三、事故处理结果

2002年12月，国家煤矿安全监察局批复结案，认定是责任事故。

(1) 由乐平市政府采取强制措施依法没收发达一矿非法所得。

(2) 由发达一矿股东全部承担善后处理及调查所发生一切费用。

(3) 发达一矿故意破坏事故现场，由煤矿安全监察机构罚款15万元。

(4) 3名股东对事故负有主要责任，移交司法机关追究刑事责任。

(5) 另外3名股东对事故负有重要责任，按照江西省劳动教养管理委员会、江西省公安厅关于印发《关于惩治非法生产经营烟花爆竹、非法开采煤矿活动的暂行规定》的规定，依法处理。

(6) 乐平矿务局副局长等6人与发达一矿业主内外勾结，收受贿赂，检察机关已对其立案审查，待司法机关处理后，给予相应的处分。

(7) 给予景德镇市煤炭工业管理办公室负责人留党察看1年的处分。

江西省宜春市宜丰县新庄镇宜丰县煤矿“4·2”特大瓦斯爆炸事故

2002年4月2日17时20分，宜春市宜丰县新庄镇宜丰县煤矿新兴井-277米水平13号煤层上山三平巷处，发生一起特大瓦斯爆炸事故，造成16人死亡，直接经济损失69.2万元。

一、事故经过

2002年4月2日晚班（16~24时），新兴井安排14人下井两处作业，另有中班未出井2人。17时左右，井口生产组长开完安全工作会后准备下井，因井下等着用材料未能下井。等下完材料，再走进罐笼内准备下井时，听到一声巨响，接着井下有股风往上冲，感觉井下出了事，立即跑出罐笼报告。此后，煤矿组织地面人员下井自行抢救，因暗立井有害气体浓度太高无法进入。宜春市矿山救护队于21时30分左右到达事故矿井，21时55分下井，4月3日7时左右，井下抢救工作全部结束。

事故发生后，江西煤矿安全监察局、省公安厅、省总工会的负责同志及时赶赴现场指导救灾和处理善后工作。4月4日，善后处理工作完毕。

二、事故原因分析

（1）恢复整改期间，维修和准备施工13号煤层回风上山，因煤层巷道瓦斯涌出，风量严重不足，瓦斯积聚达到爆炸浓度，矿灯失爆引起爆炸。这是事故发生的直接原因。

（2）主扇已坏，以11千瓦局扇代主扇，－227米水平的风门未按规定设置且被打开，造成风流短路，瓦斯积聚，是发生事故的主要原因。

（3）相应的安全技术规范和安全管理措施没有得到完全落实。13号煤层回风上山施工无设计，未编制相应安全措施；瓦斯管理和瓦斯检查制度不落实，是发生事故的重要原因。

（4）矿井部分掘进面较长时间风量不足，通风设施不完备，瓦斯检查制度不严格，未引起该矿有关人员重视，思想麻痹是这次事故的原因之一。

三、事故处理结果

2002年6月，国家煤矿安全监察局批复结案，认定为责任事故。

（1）矿长、法定代表人等4人，移送司法机关依法追究刑事责任。

（2）分管煤炭安全生产工作的副县长等11人分别处以党、政纪处分，或经济处罚。

河南省禹州市新峰矿务局二矿“3·29”瓦斯爆炸事故

一、事故经过

2002年3月29日11时25分许，河南省禹州市新峰矿务局二矿三1采区31080回风巷掘进工作面发生瓦斯爆炸事故，造成23人死亡，3人受伤，直接经济损失186.5万元。

二、事故原因分析

（1）直接原因为瓦斯积聚。一是三采区轨道下山失修严重，通风阻力大，回风不畅。二是通风设施设置不合理，风流短路，局部通风机吸循环风。三是风机停风，风筒脱落。电缆短路，造成停电停风，瓦斯积聚。

（2）恢复通风不久，在电缆短路故障没有排除的情况下，违章送电，产生火花，引起瓦斯爆炸。

（3）矿井通风管理混乱。

（4）机电管理混乱。

（5）瓦斯管理失控。

（6）矿井安全欠账多，安全设备配备不足。

（7）新峰矿务局对所属二矿安全上次监督检查不力。

（8）禹州市政府对新峰矿务局监督管理不严，安全上次责任制度落实不到位。

三、事故处理结果

（1）4名直接责任人遇难，不再追究刑事责任。

（2）对1名瓦斯检查员给予开除公职处分，对事故前两班安全员给予开除留用察看处分，调离现工作岗位。

（3）对矿调度室值班员给予行政降级处分。

（4）对矿安全科办事员给予行政降级处分，调离现工作岗位。

（5）对矿技术科科长给予行政记大过、党内警告处分。

（6）对矿机电科科长给予行政撤职、党内严重警告处分。

（7）对掘进队队长给予行政撤职、党内严重警告处分，对掘进队支部书记给予党内严重警告处分。

（8）对副总工程师给予行政撤职处分。

（9）对机电副矿长给予行政撤职、党内严重警告处分。

（10）对矿长、总工程师给予行政撤职、党内严重警告处分。

(11) 对矿党委书记给予党内严重警告处分。

(12) 对新峰矿务局副局长给予行政记过处分。

(13) 对新峰矿务局局长给予行政记大过处分。

(14) 对禹州市副市长给予行政记过处分。

(15) 责成禹州市市长、新峰矿务局党委书记写出深刻检查，由许昌市政府通报批评。

河南省郑州煤业（集团）公司弋湾煤矿新平井“8·9”透水事故

2002年8月9日10时许，郑州煤业（集团）公司弋湾煤矿新平井1102上付巷掘进工作面发生透水事故，造成10人死亡，直接经济损失约90万元。

一、事故经过

2002年8月5日0点班，戈湾煤矿新平井1102工作面上副巷掘进到约55米时，井下跟班人员发现迎头煤壁发潮、有出水征兆后，就让停止掘进。后接班工人见到煤壁向外渗水，就打电话让调度室通知掘进队队长下井。经商量，安排工人在迎头打上栏板，距迎头7~8米巷道中间的底板挖一个1.3米的水坑，安装一台2英寸潜水泵排水，然后在距迎头约12米处向下帮做小水仓，采用木棚密集柱支护。4点班掘进人员下井后先打木垛，然后进小水仓。8月5日下午调度会上，副矿长景德丰在听取1102上副巷掘进工作的情况汇报后因对11011工作面情况不明，就向比较熟悉情况的地测科副科长冯春安了解，冯春安查看了有关图纸后说：“11011工作面当时采的时候没有水，又与皮带下山连通着，估计水不大”。8月6日下午调度会上，副矿长景德丰安排在1102上副巷掘进工作面迎头进行探水，要求：“探水前，掘进头要打好篦子(栏板)、支木垛”。8月7日0点班小水仓做成，深5米。7日8点班，根据6日调度会的安排，采煤队派人开始在1102上副巷掘进工作面迎头探放水。探放水期间，受水威胁区域的1103工作面采煤与东探巷掘进工作一直在进行。

8月9日8点班，新平井共有51人下井，其中1103工作面采煤41人，东探巷掘进3人，1102上副巷探放水1人，开泵1人，跟班人员1人，机电工4人。9时许，采煤队跟班副队长来到1102上副巷掘进工作面迎头，了解探放水情况。看到第一个钻眼向外流水，水量约1立方米/小时。第二和第三个钻眼发现没有出水后，又往第一个钻眼捅。进了约7米时，听到头顶扑通两声响，并伴有水声，发现顶板开始掉渣，并有水涌出，4人先后向外跑。分别到1103工作面和东探巷撤人，并电话通知调度室。此时有20人安全升井，31人被困井下。

事故发生后，省、市有关领导先后赶到事故现场，指导抢险工作。

经过郑州煤业（集团）公司救护大队和矿方全力抢救，8月9日18时左右，营救出被困在皮带下山内距1103工作面上副巷口以上8米处的21名生存人员。至8月11日9点20分左右，10名遇难人员全部找到升井，抢救工作结束。

二、事故原因分析

(1) 弋湾煤矿新平井1102上副巷掘进工作面违反《煤矿安全规程》规定进行探放水工作，在该掘进工作面迎头距11011工作面采空区只有约7米煤柱，探放水超前安全距离不足的情况下，违章作业用电煤钻打探水孔，且在探放水期间，仍安排工人在受水威胁区域作业，是造成这次透水事故发生的直接原因。

(2) 矿井领导安全生产意识差，重生产、轻安全，对探放水工作不重视，对11011工作面采空区积水估计不足，思想麻痹，是造成这次事故的主要原因。

(3) 矿井安全、生产、技术管理机构不健全，人员不足，生产、安全管理混乱，是造成这次事故的重要原因。

(4) 郑州煤业（集团）公司有关部门对弋湾煤

矿生产、技术工作监督管理不到位，也是造成这次事故的重要原因。

（5）对职工安全教育培训不到位，工人安全生产意识淡薄，违章作业，也是造成这次事故的重要原因。

三、事故处理结果

（1）1名责任人死亡，不予追究。

（2）给予新平井掘进队副队长开除党籍处分，由司法机关依法追究其刑事责任。

（3）给予新平井测量员行政记大过处分。

（4）给予弋湾煤矿安全科副科长行政撤职和留党察看处分，由司法机关依法追究刑事责任。

（5）对弋湾新平井井长助理兼新平井采煤队队长追究其刑事责任。

（6）给予弋湾煤矿副矿长行政撤职和党内严重警告处分。

（7）给予弋湾煤矿总工程师行政警告处分。

（8）给予弋湾煤矿副矿长行政撤职和留党察看处分，由司法机关依法追究刑事责任。

（9）给予弋湾煤矿矿长行政撤职和党内严重警告处分。

（10）给予弋湾煤矿党委书记党内严重警告处分。

（11）给予郑州煤业（集团）公司地测处处长行政警告处分。

（12）责成郑州煤业（集团）公司副总经理向郑煤集团董事会写出书面检查。

（13）责成郑州煤业（集团）公司向河南省人民政府写出书面检查。

河南省鹤壁市鹤壁集乡大吕寨煤矿“9·10”特大瓦斯爆炸事故

2002年9月10日2时40分许，鹤壁市鹤山区鹤壁集乡大吕寨煤矿发生一起特大瓦斯爆炸事故，造成13人死亡，1人重伤，3人轻伤，直接经济损失约50万元。

一、事故经过

2002年9月9日23时，矿井承包人李用全组织召开班前会，安排工人下井作业。23时30分，工人开始下井。三下山采区共有18人，其中带班工头1人，掘进工作面4人，回采工作面3人，跟班煤师1人，电工1人，运输组组长1人，运输工7人。9月10日0时30分左右，回采工作面放炮后，工人进去攉煤。2时30分左右，当班的运输组组长符茂平和电工孙春生一起运一台开关和一台干式变压器来到进风巷的七横贯以里，准备在电煤钻电缆上加接开关（电煤钻和一台局部通风机共用一个开关）和更换干式变压器，电工孙春生要用钳子剪连接在开关上的电煤钻电缆，符茂平对孙春生说：“有电，先别剪，我出去把总开关停了”。当符茂平走到三上山上部时，听见身后“轰”地一声响，冲击波将其推倒，他感到出事了，就爬起来跑到井上向矿领导汇报，时间是2时55分。当班三下山采区的18名工人中有5人生还（包括重伤1人，轻伤3人），13人下落不明。

事故发生后，省政府有关部门领导相继赶到事故现场，指导抢险工作。经过10个昼夜的抢险，至9月19日上午9时，13名遇难者的尸体全部找到并升井。至9月29日，善后处理工作全部结束。

二、事故原因分析

（1）大吕寨煤矿井下通风系统混乱，通风设施不完善，漏风严重，二下山与回风下山风流短路，致使三下山采区进风量严重不足。向采、掘工作面供风的局部通风机吸循环风，造成瓦斯积聚达到爆炸浓度。电煤钻电缆鸡爪子接头短路产生火花引起瓦斯爆炸，是造成这起事故的直接原因。

（2）大吕寨煤矿主要负责人在承包期间，无视煤矿安全生产的法律法规，长期非法越界开采；对井下存在的电器设备失爆、电缆鸡爪子接头、瓦斯长期超限等重大事故隐患不采取措施整改；长期伪造瓦斯报表，掩盖重大事故隐患；强令工人冒险作业；违反《煤矿安全规程》规定，不配备专职的瓦斯检查员和放炮员，特殊工种未经培训无证上岗；不服管理，停产整顿期间擅自组织生产，是造成这起事故的主要原因。

(3) 有关管理部门在煤矿安全专项治理整顿和日常检查中工作不到位，把关不严，致使该矿重大事故隐患和长期越界开采没有被及时发现和查处，是造成这起事故的重要原因。

三、事故处理结果

(1) 对法定代表人（矿长）、矿井承包人（技术副矿长）和另一名矿井承包人依法追究其刑事责任。

(2) 对安全副矿长依法追究刑事责任。

(3) 对机电副矿长依法追究刑事责任。

(4) 对包工队负责人依法追究刑事责任。

(5) 给予鹤壁市鹤山区鹤壁集乡工业办公室副主任解除聘用、留党察看处分。

(6) 给予鹤壁市鹤山区鹤壁集乡工业办公室主任行政记大过、党内警告处分。

(7) 给予鹤壁市鹤山区鹤壁集乡分管煤炭工业副乡长行政降级、党内严重警告处分。

(8) 给予鹤壁市鹤山区鹤壁集乡乡长行政记大过处分。

(9) 给予鹤壁市鹤山区鹤壁集乡党委书记党内警告处分。

(10) 给予鹤壁市鹤山区煤炭管理局局长行政降级、党内严重警告处分。

(11) 给予鹤壁市鹤山区分管煤炭工业副区长行政记过处分。

(12) 给予鹤壁市煤炭管理局未进行认真检查就在验收表上签字，通过验收的工作人员行政降级处分。

(13) 给予鹤壁市煤炭管理局副局长行政记过处分。

(14) 给予鹤壁市国土资源局资源开发科科长行政撤职、党内严重警告处分。

(15) 给予鹤壁市国土资源局监察室主任行政降级、党内严重警告处分。

(16) 给予鹤壁市国土资源局副局长行政记大过处分。

(17) 给予鹤壁市国土资源局局长行政警告处分。

湖北省巴东县绿葱坡镇窑坡老煤矿“5·30”特大水害事故

2002年5月30日，恩施自治州巴东县绿葱坡镇窑坡老煤矿南二巷采煤工作面发生透老窑水事故，造成9名现场作业人员和6名施救人员窒息死亡，直接经济损失100多万元。

一、事故经过

2002年5月30日晚班（13时30分至19时0分），窑坡老煤矿有26人下井作业，其中安全员1人，过磅员1人，采煤工6人，运输工17人，维修工1人。在南二巷工作面有5人采煤，14人运输，另有5人在北一巷作业。当班17时左右，安全员邓习刚到工作面进行检查后出井。18时30分，由南二巷（全煤巷）掘进头与上部采空区贯穿透水，水经回采工作面有9人被困，不能自救（因巷道低，只有0.9米高，加上煤渣水堵塞），人员撤退困难，冲下来的水和煤渣又堵塞回风上山。至此，该处处于无风状态。在平巷运输及工作的16名工人，看到透水后，逃出井外。大约19时，矿安全员邓习刚接到井下透水、9人被困的报告后，慌忙带领5人下井施救，由于措施不力（未带自救器和瓦检仪），到灾区遇大量有害气体，一并窒息死亡，从而造成死亡15人的特大事故。

事故发生后，县、州、省政府和有关部门主要负责人先后赶往现场，指挥事故抢救及善后处理工作。经过多方努力，5月31日上午10时，井下15

名遇难者全部出井。

事故发生时间以井下工人出井报告时间推断，为2002年5月30日下午6时左右。事故发生在窑坡老煤矿总回风巷730米处（风井口至南二巷）。上山采煤巷（南二巷）。透水点为上山采煤窑上端。

二、事故原因分析

(1) 该矿在南二巷违章回采总回风巷上方保安煤柱，与上部采空。区贯穿透水，并涌出大量有害气体，造成作业人员二氧化碳窒息死亡。

(2) 矿主石永兴违反国家和省有关乡镇煤矿停产整顿期间未经省政府批准不得恢复生产的规定，擅自组织生产，违章指挥，造成事故的发生。

(3) 该矿采区布置不合理，南二巷采煤工作面没有采用负压通风，仅用局扇通风，透水后，煤渣堵塞回风上山，使采区形成循环风，不能及时排除有害气体。

(4) 县、镇有关主管部门监管不力，对该矿擅自组织生产，没有采取断然的制止措施。

(5) 安全员邓习刚因不明井下情况，盲目施救，措施不当，增加了死亡人数。

经调查认定，这是一起违反国家和省有关乡镇煤矿停产整顿的规定，矿井在未获批准复产的情况下擅自生产，矿主盲目指挥，工人违章作业而导致透水的重大责任事故。

三、事故处理结果

(1) 矿主作为该矿安全生产第一责任者，在整顿期间未经批准，擅自组织生产，并违章回采保安煤柱，导致事故发生，对此次事故负有直接责任。

(2) 该矿安全员盲目施救，措施不当，对事故增加死亡人数负有直接责任，鉴于该人已死亡，免于追究。

(3) 分管煤矿安全生产工作的绿葱坡镇副镇长，对窑坡老煤矿违规生产没有坚决制止，对县有关部门停产整改的指令没有督促落实，对此次事故负有主要领导责任，给予行政降级处分。

(4) 绿葱坡镇镇长对小煤矿安全生产工作领导不力，工作不落实，对此次事故负有重要领导责任，给予行政记大过处分。

(5) 绿葱坡镇党委书记对小煤矿安全生产工作监督检查不力，对此次事故负有重要领导责任，给予党内严重警告处分。

(6) 巴东县工业行办主任对小煤矿安全生产工作管理不力，整改措施不落实，对此次事故负有重要管理责任，给予行政降级处分。

(7) 巴东县副县长在代管安全生产工作期间，对国家和省有关乡镇煤矿停产整顿的精神贯彻不力，对此次事故负有领导责任，给予行政警告处分。

湖北省利川市“3·15”特大道路交通事故

2002年3月15日15时30分，湖北省利川市个体客运户一辆东风牌普通客车从利川市城区开往该市文斗长顺途中，行至文斗乡艾地村十三组绿荫塘处时，冲出路面，坠入垂直高度为81.3米的山沟中，造成死亡22人、重伤3人、轻伤6人的特大道路交通事故。

一、事故经过

2002年3月15日11时30分左右，利川籍司机谷祥兵驾驶鄂Q20739号核载27人的东风6690P型客车（以下简称肇事车），由利川市城区驶往该市的文斗长顺方向。从利川西城客站载客16人出发，当时天下小雨，沿途经过该市的忠路镇、文斗乡，事故发生时，该车司乘人员已达34人。15时30分左右。当行至文斗至长顺公路2.8公里处时（文斗乡艾地村13组绿荫塘地段），车辆转向系统直拉杆与转向节臂球头突然脱离，导致方向失灵，车辆失控，直线驶下车辆行驶方向左侧垂直高度为81.3米的山沟中，死亡22人（当场死亡21人，抢救无效死亡1人），重伤3人，轻伤6人，逃生3人。

二、事故原因分析

(1) 驾驶员谷祥兵交通意识淡薄，平时忽视对车辆关键部位的检查，致使该车转向直拉杆球头严重磨损后与转向节臂脱离，使车辆行驶方向失控，加之一个制动皮碗破裂漏气，制动效力降低是造成事故的直接原因。此外，违章超载，加剧了事故的危害后果。

(2) 利川市公安部门对个体私营驾驶员的安全教育和管理基本失控，个体营运司机安全意识淡薄；对乡镇道路的交通安全管理工作重视不够，缺乏经常性的路查路检。

(3) 利川市交通运输管理部门对个体汽车修理工超资质范围进行汽车修理监督管理不力。

(4) 两个检测站管理松懈，执行检测标准不严格。利川市公安局交警大队对其委托进行车辆安全性能检测站的工作检查指导不力，把关不严，检测设备不配套，检测员、引车员未经正规培训，无证上岗。利川市交通运管部门的汽车综合技术性能检测站执行检测标准不严格。

(5) 利川市政府对客运安全管理中存在的问题失察，对道路交通安全专项整治工作领导不力，对有关职能部门履行职责监督检查不够，在明知文长线路安全隐患较多的情况下，未采取过硬的防范措施，致使在该线路上发生了特大道路交通事故。

根据以上事实，认定"3·15"特大道路交通事故是一起特大安全责任事故。

三、事故处理结果

(1) 肇事车驾驶员对事故负全部责任，其行为已涉嫌交通肇事罪。

(2) 负责车辆安全管理和驾驶员安全教育等工作的利川市公安局交警大队车管股股长。对个体驾驶员的安全教育缺乏有效的制度措施，对车辆安全性能的检测工作指导不力，对事故负有主要管理责任。

(3) 负责道路交通安全管理工作的利川市公安局交警大队大队长，对个体驾驶员安全教育工作不到位，对乡镇道路疏于安全管理，对机动车辆安全性能检测站的工作检查指导不力，对事故负有主要领导责任。

(4) 利川市公安局局长对公安系统的道路交通安全专项整治工作领导不力，对交警大队的工作检查指导不力，对事故负有领导责任。

(5) 分管客运和安全生产工作的利川市运管所副所长，对安全生产、安全教育工作抓得不力，对路面较差的客运管理缺乏有效的防护措施，对客运管理事故负有重要领导责任。

(6) 负责道路运输管理工作的利川市运管所所长未认真履行职责，对道路客运和个体汽车修理业存在的问题，未采取有效措施加以解决，对事故负有重要领导责任。

(7) 利川市交通局局长对道路运输安全工作领导不力，对事故负有领导责任。

(8) 分管公安工作的利川市人民政府副市长，未认真履行职责，对公安交警大队道路安全工作管理不到位，检查指导不力，对事故负有领导责任。

湖北省松滋市刘家场镇谭家洞煤矿"1·21"特大火灾事故

2002年1月21日凌晨4时左右，松滋市刘家场镇谭家洞煤矿轨道下山发生火灾事故，造成12人死亡，直接经济损失140多万元。

一、事故经过

2002年1月20日23时40分左右，夜班32人下井作业。其中13人分布在+420米水平3个采煤工作面从事采煤工作，9人分布在+420米水平2个掘进头从事掘进工作，4人在+475米以上维修总回风巷，+400米水平大巷电机车司机1人（彭爱民）、绞车工1人、水泵房水泵工1人（李芳权），+500米大巷绞车工1人、电机车司机1人（张圣洪），安全员刘仁华兼井下值班员。检身工冉昌柱负责井口检身检查。

21日凌晨4时左右，彭爱民到达+400米水平车场，发现烟雾，并闻到腐烂木材燃烧的烟味。将情况告诉了采煤三班工人张韶明，张立即报告值班员。

值班员察看情况时，发现烟雾弥漫，与水泵工逃到+500米水平大巷。约4时15分，电机车司机张圣洪用电话向地面值班室报告。副矿长杨运海接听电话后，意识到井下已发生火灾，与分管安全的副矿长陈刚一方面组织人员疏散，另一方面采取自救措施灭火，并迅速向松宜矿务局救护队求援。通过艰苦努力，杨运海和陈刚先后带领20人（含+475米以上6人）从人行下山逃到+500米水平大巷后，陈刚又返回井下，去寻找另外12人。但由于火势加剧，烟雾浓烈，陈刚和12名工友被困井下。

事故发生后，松宜矿务局局长李如灯等主要领导及工程师带领矿山救护队迅速赶赴现场了解情况，制定施救方案。市煤监局、安监局及省、市、镇主要负责人赶赴现场，迅速成立了事故抢救指挥部组织抢救。到23日凌晨2时，遇难人员全部运出井口。至此，事故抢救工作基本结束。

据现场勘察，火灾区域在轨道下山+432米水平片盘附近，斜长30.7米地段。根据巷壁烟熏痕迹判断，着火点在+434.10米处。

经调查认定，这是一起因矿井现场管理不严，安全制度不落实，井下人员违章吸烟而造成的特大安全责任事故。

二、事故原因分析

（1）井下人员吸烟时，将未熄灭的烟头随手丢弃在二水平轨道上山中干燥腐烂的碎木屑易燃物上。在风流的作用下，碎木屑经阴燃一定时间后，逐步起火燃烧并蔓延至木支架。因燃烧产生的浓烈烟雾和有毒有害气体，随风流扩散，经破碎带渗透至总回风巷，致使被困人员窒息或一氧化碳中毒死亡。

（2）矿井现场管理不严，安全生产制度落实不到位。井下主要巷道堆积木屑较厚，未及时组织清理，给烟头引燃木屑创造了条件；井口虽有专职检身工，但下井人员偷带烟火行为未得到有效制止，井下吸烟现象未坚决杜绝。

（3）企业对职工安全教育不力，职工队伍素质低，遇灾情应变能力差。该矿对职工安全宣传教育抓得不够，使职工不同程度的存在麻痹思想。虽然制定了灾害预防和处理计划，但不完善，也未组织救灾演习，井下人员自救能力差。

（4）矿井安全设施不完善，出现灾情不能有效地给予控制。一是+400水平无通讯设施，导致不能及时报警；二是井下避灾线路不够畅通，回风巷断面小，对局部坍塌巷道未及时疏通，致使工人逃生困难，扩大了事故。

（5）企业组织抢救不力，向外求援不及时。

（6）安全监管不力，隐患整改不到位。

三、事故处理结果

（1）在井下吸烟并随意丢弃烟头者，严重违反《煤矿安全规程》第十条规定“入井人员严禁携带烟草和点火物品”，是此次事故直接责任者。因事故死亡人数较多及施救过程中火灾现场被破坏，难以取证，故无法追究。

（2）矿长作为该矿安全生产第一责任者，没有认真整改安全隐患，完善通风系统，落实灾害防范措施不够，执行安全生产制度不严，对职工安全教育不力，违反了《矿山安全法》第三条、第二十六条、第二十八条、第三十条之规定，对事故负主要责任。

（3）安全员作为井下值班负责人，没有认真履行职责，加强井下安全巡查，且在得知井下发生火灾后，未及时组织矿工紧急撤退，也未采取措施进行处理，而是只顾自己逃生。违反了《煤矿安全规程》和《中华人民共和国煤炭法》的有关规定，对事故扩大负有重要责任。

（4）井口检身工未认真履行检身职责，把关不严，致使工人偷带烟火下井，违反了《煤矿安全规程》的有关规定，对事故负有重要责任。

（5）分管该矿安全生产工作副矿长，对现场安全管理不严，安排未经培训的工人作为井下安全员兼值班负责人，对事故负有主要管理责任。鉴于其在事故后两次下井救人且已遇难，故不予追究其责任。

（6）刘家场镇经贸办副主任，系镇政府派驻谭家洞煤矿安全生产监督管理责任人，其在工作中不认真履行职责，既很少下井检查，也未按要求驻矿监控，对事故负有重要责任。

（7）刘家场镇副镇长分管安全生产工作，对谭家洞煤矿安全生产管理不力，对事故负重要领导责任。

（8）刘家场镇镇长忽视谭家洞煤矿恢复生产后的安全管理工作，对所存在的事故隐患失察，对事故负主要领导责任。

（9）刘家场镇党委书记对全镇安全生产工作重视不够，领导不力，对事故负重要领导责任。

（10）松滋市煤矿安全监察局副局长，分管全市煤矿安全生产工作，对谭家洞煤矿安全生产监督检查不力，对事故负重要领导责任。

（11）松滋市煤矿安全监察局副局长兼煤炭执法大队大队长，对谭家洞煤矿安全生产监督检查不力，对事故隐患失察，对事故负主要领导责任。

（12）松滋市煤矿安全监察局局长虽然在全市煤矿安全生产专项整治工作中做了大量工作，但对谭家洞煤矿恢复生产后的安全生产监督检查不力，未督促企业完善安全设施、落实安全防范措施，对事故负领导责任。

（13）松滋市副市长分管全市安全生产工作时间不长，且将主要精力放在煤矿安全生产专项整治工作中，并做了大量工作，但对恢复生产后的谭家洞煤矿督促检查不够，对事故负领导责任。

（14）松滋市委、市政府对谭家洞煤矿安全生产监督管理不力，对谭家洞煤矿安全管理混乱状况失察，对事故应集体负责。

湖南省长沙市“7·6”房屋拆除工程人员伤亡重大安全责任事故

一、事故经过

2002年7月6日上午9时25分左右，正在拓改拆除中的麓山南路长沙市岳麓区麓山农村信用合作社（以下简称“信用社”）麓南分社（以下简称“麓南分社”）大楼的一堵残墙突然坍塌，残墙东侧的围墙随之倒塌，造成墙边正在交易的买卖蔬菜人员13人死亡，17人受伤（其中重伤7人，轻伤10人）。造成直接经济损失170万元。

二、事故原因分析

（1）有关部门违反规定，放弃拆除安全管理，不履行职责，同意和放任非法发（承、转）包，管理失控，以致造成违章施工，形成隐患。附近的“市场”管理部门发现隐患后，不采取措施，也不报告，是事故的根本原因。

（2）根据墙体坍塌原因的技术鉴定报告，拆房施工方法不合理是墙体坍塌的先决条件；墙体过于细长、稳定性不满足规范要求是墙体坍塌的主要原因；气候条件恶劣是墙体坍塌的直接原因。

此次事故是一起非法发（承、转）包、违章施工、管理严重失职、监督失控的重大责任事故。

三、事故处理结果

（1）岳麓街道城管办副主任，“街道分部”拆迁组长，直接负责辖区内拆除工程，多次为他人联系非法拆除和收取费用，支持、纵容无证人员强揽该项工程。事故发生前曾到事故现场，对重大事故隐患不采取处置措施，不制止，不报告，监督失控，工作严重失职，对事故负有主要责任。给予开除党籍、撤销街道城管办副主任职务的处分；已由公安机关立案侦查，并已提请检察机关批准逮捕。

（2）岳麓街道办事处黄鹤村村民（3人），牵头非法强行承接、转包拆除工程，对拆除现场的隐患不过问，对事故负主要责任。已由公安机关立案侦查，并已提请检察机关批准逮捕。

（3）望城县乔口镇人，非法介绍并促成无证人员承接工程，非法、违章施工，并从中分钱，对事故负有主要责任。已由公安机关立案侦查，并已提请检察机关批准逮捕。

（4）安乡县安康乡虾叭老村村民，“麓南分社”大楼拆除施工指挥者，非法承接拆除工程和违章施工，造成重大伤亡事故，对事故负有主要责任。已由公安机关立案侦查，并已提请检察机关批准逮捕。

（5）慈利县庄塔乡西庄村村民“麓南分社”大

楼拆除施工后阶段组织者，非法组织5人违章施工，造成重大事故，对事故负主要责任。已由公安机关立案侦查，并已提请检察机关批准逮捕。

(6)“市场”场长，对“市场”管理全面负责，对与“市场”密切相连的危墙不采取措施，工作严重失职，对“市场”的经营安全和事故的后果负有主要责任。已由公安机关立案侦查，并已提请检察机关批准逮捕。

(7)“信用社”分管物业管理人员，对“麓南分社”大楼的腾空直接负责，大楼腾空后未及时办理移交，非法介绍、发包拆除工程，未履行监督职责，未及时发现隐患并采取措施和报告，工作失职，对事故负有主要责任。给予降级处分。

(8)“信用社”主任，对“信用社”的工作及“麓南分社”大楼腾空全面负责，未按时腾空“麓南分社”大楼和及时安排移交，容许非法发包拆除，管理失控，工作失职，对事故的发生负有主要责任。给予取消预备党员资格、撤销“信用社”主任职务的处分。

(9)市工商局市场服务中心第三服务站站长，主管“市场”，没有深入“市场”发现隐患，工作失职，对事故后果负重要领导责任。

(10)岳麓街道办事处副主任，“街道分部”副指挥长，分管辖区拆迁工作，工作严重失职，对事故负有主要领导责任。给予留党察看1年、撤消街道办事处副主任职务的处分；由检察机关立案侦查。

(11)岳麓街道工委副书记，办事处主任，“街道分部”指挥长，对拆迁工作全面负责。未严格要求和督促有关人员依法依规拆除，工作严重失职，对事故负有主要领导责任。给予撤消街道工委副书记、办事处主任职务的处分，由检察机关立案侦查。

(12)岳麓区政府助理调研员，“区指挥部”副指挥长兼办公室主任，负责麓山南路拆迁的日常管理工作，在2002年3月22日的“麓山南路腾拆工作进度”碰头会上明确其对拆迁安全总负责，在拆迁工作中忽视安全，未履行安全管理和监督职责，未组织有关单位和人员认真排查、发现和整改隐患，工作严重失职，对事故负有主要领导责任。给予留党察看1年、行政降级的处分；由检察机关立案侦查。

(13)岳麓区副区长，“区指挥部”常务副指挥长，对拆迁工作全面负责，安全意识淡薄，未要求和督促基层和单位依法依规拆除，未认真排查发现和整改隐患，工作严重失职，对事故负有重要领导责任。给予行政记大过处分。

(14)原岳麓区区委副书记、区长，“区指挥部”指挥长（5月23日，组织上已找其谈话，不再履行该职能，6月28日，宣布免去职务，另行任用)，对麓山南路拆迁工作全面负责，安全意识淡薄，任职期间未严格要求和督促有关人员依法依规拆除，未采取措施防范拆除中的事故发生，未严格要求和督促有关人员依法依规拆除，工作失职，对事故负有领导责任。给予行政记过处分。

(15)市建委副主任，“市指挥部”指挥长，对拓改工程的建设负责。对拆除的安全指导、监督不力，未严格要求和督促基层单位依法、依规拆除，工作失职，对事故负有领导责任。给予行政记过处分。

(16)责成市政府协助分管建委的副秘书长、市建委主任、岳麓区区委书记3人向市委、市政府写出检讨。

(17)市委书记、市长、分管副市长等人对此负有重大领导责任，均向省委、省政府作出检讨。

广东省揭阳市揭西县坪上镇“3·9”重大爆炸事故

一、事故经过

2002年3月9日14时30分，揭阳市揭西县坪上镇员西村村民黄颂强之子黄振武在配药间配制火花引起爆炸，导致原料间、装配间、成品间爆炸倒塌，黄颂强一家3人与雇用的村民及邻居有的被炸死，有的被倒塌的房屋压死、压伤。事故发生后，揭阳市委、市政府、揭西县委、县政府立即组织消防、公安、卫生、坪上镇及当地干部群众赶赴现场全力抢救。事故造成10人死亡、6人受伤，直接财产损失6.1万元。

二、事故原因分析

（1）直接原因。经现场勘查和询问有关知情人，认定事故原因是黄颂强之子黄振武在配药间配制火药引起爆炸，导致原料间、装配间、成品间爆炸，造成重大伤亡事故。

（2）间接原因。一是村民黄颂强严重违反安全生产的法律法规，擅自非法加工生产；二是员西村委忽视安全生产工作，工作严重失职；三是坪上镇委、镇政府主要领导、分管领导和有关部门的负责人不重视安全生产工作，监督管理不力；四是坪上派出所检查、查处不力，严重失职；五是揭西县委、县政府安全生产责任制未能真正落到实处，出现漏洞和死角。

三、事故处理结果

（1）对直接责任人追究经济和刑事责任。鉴于其已在事故中死亡，不予追究经济和刑事责任。

（2）给予坪上镇委书记党内严重警告处分；给予坪上镇长李树亭党内严重警告、行政记大过处分；给予坪上镇副镇长党内严重警告处分、撤销其坪上镇副镇长职务。

（3）给予揭西县公安局副局长行政警告处分。

（4）给予坪上派出所所长开除党籍和撤销坪上派出所所长职务处分，并移交司法机关依法追究其法律责任。

（5）给予坪上派出所分管特营工作民警开除党籍和开除公职处分。

（6）给予坪上镇司法所所长、驻员西村组长党内警告和行政记过处分。

（7）给予坪上镇员西村党支部书记、村委会主任开除党籍和依法罢免村委会主任职务处分。

（8）给予揭西县分管公安治安副县长行政警告处分。

广东省潮安县凤凰镇私人农用车交通事故

一、事故经过

2002年4月4日，潮州市凤凰镇一私人农用车载27人（含司机1人）去山上采茶。晚上6时多，当农用车开到山坡路上时，由于农用车传动部分断裂，插进水泥路面，致使车辆失控，碰撞山体后侧翻于路面上。事故当场造成15人死亡，12人受伤。

二、事故原因分析

（1）驾驶员法制观念不强，交通安全意识淡薄；乘车人缺乏安全知识和自我保护意识，是导致人员重大伤亡的主要原因。

（2）对车辆平时缺乏检查、维修、保养，车辆机械老化，以致传动轴折断，是造成事故的直接原因。

（3）车辆管理出现漏洞。该车系凤凰客货运输服务站所有，平常缺乏管理。交警、交通部门监管不力，致使该车在超期没有年检、没有办理营运许可证的情况下非法上路行驶和营运。

（4）道路状况差、弯急、难度大，有关单位对道路的监控管理不力。

三、事故处理结果

（1）车主（驾驶员）应负主要责任，鉴于其已在事故中死亡，不予追究责任。

（2）给予乃兴公司副经理撤销副经理职务处分。

（3）给予凤凰客货运输服务站副站长撤销职务处分。

（4）给予凤凰镇委委员、副镇长党内严重警告、行政记大过处分。

（5）给予凤凰镇委书记党内严重警告处分。

（6）给予潮安交警大队铁铺中队中队长行政警告处分。

（7）给予潮安交警大队副大队长行政警告处分。

（8）给予潮安县交通局归湖交通管理所所长行政警告处分。

（9）给予潮安县交通局局长行政警告处分。

（10）给予潮安县分管交通副县长行政警告处分。

广东省韶关市仁化县董塘云顶联达煤矿瓦斯爆炸事故

一、事故经过

2002年7月7日10时45分，联达煤矿鸡见坑井三水平（-197.2米）有11名人员分别在103槽南北沿煤巷和103槽南北底板大巷共4个工作面工作。2名掘进工在三水平103槽北底板大巷装矸石，当一斗车装满后，推斗车到车场，1人在工作面等候。此时，其他工作面人员也陆续推斗车到车场。等候在工作面的掘进工在等候空斗的空闲时间里，突然听到“砰”地一声，开始以为是其他工作面放炮，没有理睬。大约20分钟后从工作面出来，走到60米处（工作面到车场约130米）时见到烟很大，能见度很低，感到情况不对，即快步向外逃生。出来过程中在车场绊到两个受伤的工人，并听到有微弱的呻吟声，因心存恐惧，不敢逗留，赶紧低头弯腰摸出地面向矿主报告。经过12天的抢救，分别找出10名矿工的尸体。

二、事故原因分析

（1）鸡见坑井三水平通风系统不完善造成瓦斯积聚。

（2）瓦斯超限未能及时发现。

（3）井下工人抽烟是瓦斯燃烧爆炸的引火源。

（4）联大煤矿安全管理混乱，违法违规开采。

（5）仁化县煤炭管理局及其属下云顶安监站安全生产监督管理不到位。

（6）仁化县国土资源局对超层开采监控不力。

（7）仁化县政府对煤矿安全生产监督管理不严。

三、事故处理结果

现正在申报过程中。

海南省琼山段东线高速公路“8·10”道路交通特大伤亡事故

一、事故经过

2002年8月10日20时30分，广东省湛江市麻章区湖光镇一个体运输户所有的车牌号为粤G34229的大货车（车上载有5吨鲜海虾和23人），在海南省东线高速公路从琼海市往海口方向行驶。当行驶至琼山段时，因右前轮轮胎突然爆裂，司机采取措施不当，导致大货车冲出路面翻入路边水沟，造成11人死亡，11人受伤，直接经济损失12万元。

二、事故原因分析

（1）经现场勘查和调查取证，认定这起事故的直接原因是驾驶员在实习期内驾驶非法拼装套牌车进入高速公路，严重超员、超载和人货混载，当车辆右前轮胎爆破后因驾驶员经验不足，避险时采取措施不当，造成特大道路交通事故。

(2) 肇事车主把不符合安全条件的非法拼装套牌车辆交给实习驾驶员进行长途营运，负有事故的重要责任。

(3) 货主购买货物重量大，租用不符合安全条件的拼装套牌车、载量小的车辆运货，人货混载，严重超载，负有事故的间接责任。

(4) 肇事车辆车主私自违章更换了发动机，并对大梁、车厢进行改装，加大载重量，但湛江市公安局交警支队车管所在2001年9月13日办理年检时未发现，故该车年审管理不严。

(5) 琼山市与定安县公安交警部门对辖区省道和高速公路的安全秩序管理不到位，没有检查发现肇事车存在的严重超员、超载和人货混载以及实习驾驶员驾车进入高速公路等问题。

三、事故处理结果

(1) 驾驶员在实习期内，驾驶非法拼装套牌车进入高速公路，严重超员、超载和人货混载，其行为违反《高速公路交通管理办法》和《中华人民共和国道路交通管理条例》的有关规定，造成重大人员伤亡事故。驾驶员负本事故的全部责任。其行为已涉嫌构成交通肇事罪，依法追究其刑事责任的同时，吊销机动车驾驶证。

(2) 肇事车主应负责事故的部分民事赔偿责任。

(3) 货主对此事故的发生负有不可推卸的责任。应负事故部分民事赔偿责任。

四川省攀枝花煤业(集团)有限责任公司花山煤矿“4·24”特大瓦斯爆炸事故

2002年4月24日19时15分，四川省攀枝花煤业（集团）有限责任公司花山煤矿发生一起特大瓦斯爆炸事故，死亡23人，重伤4人，直接经济损失281.5万元。

一、事故经过

2002年4月24日19时15分，攀枝花煤业（集团）公司花山煤矿三区一队跟班队长林长久用4235运输巷的电话向三区调度汇报4235工作面情况时，突然被一股气浪冲倒，随即向三区调度汇报。随后，立即赶到+1218米石门察看情况，发现+1218米石门皮带机头巷道顶板冒落，4235工作面人员未出来，判定发生了瓦斯爆炸。于19时45分用4235回风巷电话向矿调度作了汇报。矿调度接到汇报后，立即通知矿领导及有关人员。矿领导和集团公司领导接到汇报后，立即成立了抢险救灾指挥部和现场指挥部。研究确定了抢险救灾方案和安全措施。攀西矿山安全救护大队于20时10分到达花山煤矿井口，分别从4234工作面运输巷和+1380米回风石门进入灾区侦察，并组织施救。到25日13时20分，将全部遇难人员救出，抢救工作结束。

二、事故原因分析

(1) 这起事故是由于4234采煤工作面6#超前掘进碛头的工人违章放炮引起的特大瓦斯爆炸责任事故。

(2) 作业人员放炮前断开风筒，造成瓦斯积聚；放炮时未使用水炮泥，黄泥封堵长度严重不足；未执行“一炮三检制”，放炮时爆破产生火焰引起瓦斯爆炸，这是事故发生的直接原因。

(3) 矿、区、队干部安全第一的思想不牢，安全生产责任制不落实，存在重生产、轻安全的倾向；安全管理不到位，现场管理混乱，隐患整改不及时、不彻底；技术管理不到位，采掘部署不合理，通风系统的可靠性差，采煤方法落后；安全装备不到位，安全投入不足，矿井抗灾能力不强；安全教育培训不到位。

三、事故处理结果

(1) 给予花山煤矿通风区一队队长开除留用处分。

(2) 给予花山煤矿矿长、总工程师、通风区区长、三采区区长、三采区副区长等5人行政撤职处分。

(3) 给予攀枝花煤业（集团）有限责任公司安监局副局长兼通风处长、花山煤矿副矿长、安监处长、通风区副区长、三采区副区长等5人行政记大过处分。

(4) 给予攀枝花煤业（集团）有限责任公司副总经理、总工程师、安监局副局长等3人行政记过处分。

(5) 给予花山煤矿党委代书记党内严重警告处分。

(6) 花山煤矿三采区二队长、副队长，由司法机关追究刑事责任。

(7) 鉴于当班掘进班长、掘进工人（3人）、瓦检员已在事故中死亡，不再追究责任。

(8) 对攀枝花煤业（集团）公司处以罚款5万元。

(9) 攀枝花煤业（集团）有限责任公司其他有关责任人员和单位，由攀枝花煤业（集团）有限责任公司按照企业内部安全管理规定处理。

(10) 责成攀枝花煤业（集团）有限责任公司、攀枝花市经贸委、攀枝花市经贸委副主任向攀枝花市人民政府写出书面检查。

(11) 责成攀枝花市人民政府向四川省人民政府写出书面检查。

四川省南充市达亨副食品有限责任公司批发市场火灾事故

2002年3月1日，四川省南充市达亨副食品有限责任公司批发市场二层库房因一商户违章使用蜡烛照明，于2时50分左右引燃货物包装发生火灾。此次火灾烧毁一、二层小食品、小百货及三层部分物品，过火面积4377平方米，受灾小食品批发经营户65户，死亡19人（跳楼死亡8人，窒息死亡11人，其中男性14人、女性5人），伤23人（重伤2人，轻伤21人），直接财产损失141万元。

一、事故经过

达亨副食品有限责任公司批发市场大楼位于南充市顺庆区府街125号，起火大楼共9层，高34.35米，占地面积2752.75平方米（40.5米×60.5米），建筑面积20444平方米。该建筑一层为达亨副食品有限责任公司批发市场，共有经营户65个，副食品摊位100个。二层一部分为达亨副食品有限责任公司批发市场的仓库，另一部分(1017平方米）为南充市信托投资公司的证券交易所（未投入使用），中间用实体墙进行了防火分隔。三层为南充市城镇房产公司所有并对外租赁，设有老年活动中心、茶坊、简易旅店等。四至九层常年住户98户300余人。

2002年2月28日晚，南充市达亨副食品批发市场鑫成批发经营部雇工谭建忠、冯学强、蒲冬梅在鑫成批发经营部二层库房里卸货，次日（即3月1日）凌晨，由于该库房货物码放过高，遮挡了过道上的光线，谭建忠便违反规章制度，在仓库内点燃事先准备好的蜡烛，并将其固定在一个塑料饭盒上，放于货箱上。货物搬运完后，谭等人未将蜡烛吹灭就离开库房。后蜡烛引燃货物包装而发生火灾。

二、事故原因分析

经调查，火灾系谭建忠、蒲冬梅、冯学强、王玉军、黄之宇等人违章使用蜡烛照明所致。

(1) 发现晚，报警迟，消防部队到场时火势已处于猛烈燃烧阶段。南充达亨副食品有限责任公司批发市场一至三层没有电话，最先发现火情的被困群众无法报警。该市场当晚值班保安为两名上了年纪的民工，火势蔓延开来才被保安发现，一人逃离现场，另一人欲找行人借用移动电话报警，但夜深人静，行人很少，直到火势突破外墙被邻近建筑的群众发现才报警，2时50分左右发生火灾到3时31分接到报警已达40多分钟。支队直属中队3时

37分到达火场时火势已处于猛烈燃烧阶段，丧失了火灾扑救的最佳时机。

（2）警力少，装备差，力量对比悬殊。南充市城区有32平方公里，仅有一个普通型公安消防站，全队只有27名官兵，首期到达火场的警力少，还要全力救助被困人员。水枪数量有限，在第一时间内没有形成有效控制和扑灭火灾的进攻态势，难以有效控制大面积火灾。

战斗员个人防护装备缺乏，照明设施少，火场通讯条件差，救生、破拆装备数量少。起火单位地处城区边缘，消防供水管网处于城市供水管网末端，属环状供水管网，直径200毫米，常压0.2～0.3千帕。起火单位500米范围内共有8个市政消火栓（其中2个已坏），不能满足火场大量供水需要。着火建筑内部建筑消防设施差。

（3）管理不严，制度不落实。这次火灾事故的发生，暴露了达亨副食品批发市场内部管理不严、各项规章制度不落实等严重问题。

（4）消防监督管理点多面广，警力严重不足。

（5）业主法律意识淡薄。达亨副食品批发市场三层的部分业主在经营过程中，对消防法律法规置若罔闻，未申报消防安全检查，非法开设旅馆、在夜间锁死疏散通道，致使火灾发生后，大量滞留其中的人员难以疏散，造成这次事故人员伤亡多。

三、事故处理结果

批发经营部雇工1人犯失火罪，判处有期徒刑7年；批发经营部4人犯重大责任事故罪，分别被判处有期徒刑3～5年。

贵州省毕节地区威宁县草海镇海草沟煤窑“5·4”特大瓦斯爆炸事故

2002年5月4日11时10分，威宁县草海镇北镇管理区黎银村海草沟煤窑（非法）发生特大瓦斯爆炸事故，死亡23人，重伤4人，直接经济损失约80万元。

一、事故经过

海草沟煤窑为非法煤窑，系4名当地农民联合开办，独眼井生产，2001年11月出煤，井下无通风设施和安全设备，管理混乱。2002年5月4日，该煤窑井下共有36人作业，11时10分，发生局部瓦斯爆炸，21人死亡，15人生还（其中4人重伤），听到井下发生爆炸后，附近2名农民因有亲属在井下作业，于是盲目冒险入井抢救，窒息死亡。此次事故共造成23人死亡，4人重伤。经事故调查组现场勘察认定，此次事故为局部瓦斯爆炸事故，爆炸点在井底水仓处。这起事故是由于非法矿主违法私挖滥采，有关人员失职渎职而导致的责任事故。

二、事故原因分析

（1）井下无风造成局部瓦斯积聚，作业人员所携充电式应急灯失爆产生火花，引发瓦斯爆炸，是事故发生的直接原因。

（2）矿主无证非法开采，独眼井生产。在不具备基本安全条件，无任何通风设施、安全设备和安全措施的情况下，盲目冒险违章指挥作业，且作业人员未经任何安全培训。

（2）草海镇、北镇管理区及事故矿井所在村的各级领导干部没有认真履行监督管理职责，对长期存在的、严重的非法开采现象失察。

（3）威宁县国土资源局、草海镇国土所，作为县政府明确的牵头负责取缔无证非法开采的县、镇两级职能部门，未能建立有效的发现和防范非法煤窑的监控机制，在取缔无证非法开采方面措施不力，执法不严。对全县无证非法煤矿情况不明，工作严重失职。

（4）威宁县煤炭管理部门没有严格执行省政府煤炭“五统一”管理政策。据调查，全县多数煤炭验票站对无证煤窑的产品收取了税费。

（5）中共威宁县委、县政府主要领导对煤矿安全生产重要性认识不足，对国家关闭整顿小煤矿政策认识不到位，措施不力，行动迟缓；对取缔、关闭无证非法煤窑工作迟缓、收效甚微；此外，县委、县政府主要领导还应对收取无证煤窑产品税费，对为非法煤矿提供市场的土法炼锌炼焦点取缔不力、查处不严的问题负有责任。

贵州省六盘水市水城县玉舍乡陶家湾煤窑“7·24”特大瓦斯爆炸事故

一、事故简要概述

2002年7月24日19时，水城县玉舍乡群益村陶家湾煤窑（非法）发生特大瓦斯爆炸事故，死亡22人，重伤1人，轻伤6人，10人生还（其中1人重伤，6人轻伤），直接经济损失80多万元。

二、事故原因分析

（1）该煤窑为独眼井开采，不具备安全生产基本条件，井下长期无风或循环风作业，无法排放瓦斯，造成瓦斯积聚达到爆炸界限。

（2）作业人员违章带电检修潜水泵产生火花，引起瓦斯爆炸。

（3）非法煤窑业主利欲熏心，无视国家有关法律法规，非法盗采国家煤炭资源；在矿井不具备安全生产条件的情况下，冒险组织工人下井作业；对乡政府下达的关闭矿井指令置若罔闻，仍擅自继续非法开采，最终酿成事故。

（4）玉舍乡供电所、合法有证的支都煤矿、私营煤炭产品经营者和汽车运输业主，违反黔府发[2001]6号文精神和省政府“六不准”规定，为非法煤窑提供电力、准运证、收购和运输非法煤窑的煤炭产品，为非法煤窑提供了生存基础。

（5）玉舍乡党委、政府对清理非法开采和制止已关闭的非法煤窑死灰复燃工作监督不到位、工作不深入，对玉舍乡境内存在的大量非法开采严重失察。

（6）水城县、玉舍乡国土资源管理部门在取缔非法开采方面措施不力，执法不严；对非法开采和已关闭非法煤窑死灰复燃现象监督管理不力。

（7）水城县煤炭管理部门、玉舍乡煤管站在执行省政府“五统一”管理政策方面存在漏洞，对煤炭产品准运证的发放、监管和查验把关不严，使煤炭产品准运证能从合法煤矿流失到无证煤窑。

（8）水城县委、县政府在贯彻执行党中央、国务院关于安全生产的一系列方针政策方面，落实不到位；取缔非法煤窑和依法打击非法生产煤炭行为不力，措施不到位，工作失职；有关执法工作人员工作不深入实际，在执法过程中未能及时发现非法开采，工作失察。

贵州省毕节地区赫章县妈姑镇老厂煤矿“8·29”特大透水事故

2002年8月29日14时，赫章县妈姑镇老厂煤矿（非法）发生特大透水事故，死亡16人，并导致地表塌陷，70多套房屋不同程度开裂（其中危房11套），直接经济损失约120万元。

一、事故经过

2002年8月29日，该矿井下作业人员45人。14时45分，大量老窑水从111东上山涌入井下，16名矿工被困，随后，该矿附近发生地表塌陷。事故发生后，贵州煤矿安全监察局及所属办事处立即进驻现场开展事故调查，省人民政府派出专家组赴赫章指导抢险工作。从8月29日开始日夜不停抽水，但由于老窑区积水太多，补给速度快，抽水进度不理想。10月10日，专家组认为16名矿工已没有生存的条件和环境，确认全部遇难。鉴于抽干积水，清理巷道难度很大，也有很大危险，建议停止抢险工作。赫章县人民政府根据省人民政府批复，于10月11日零时停止抽水，10月12日完成善后处理工作。

二、事故原因分析

(1) 事故矿井无探放水措施。矿主和有关管理人员在明知1#煤层受老窑积水威胁又发现明显透水预兆的情况下，继续违章指挥生产，致使挖透老空区，酿成事故。

(2) 矿主在无技术人员指导的情况下，以整改为名，违反规定进行大规模的生产作业；煤矿安全管理混乱，缺乏地质资料，不掌握矿井周围老窑的详细分布情况。

(3) 赫章县、妈姑镇两级党委、政府及有关管理部门安全生产责任制不落实，安全投入不足。对2001年3月省政府督查组提出的做好妈姑片区老窑及相关地质情况调查、防范老窑水害威胁的意见重视不够，对妈姑片区严重的老窑水隐患没有采取有效措施予以防范和治理。

(4) 毕节地区国土资源局在全区煤矿布局、煤炭资源的规划管理上存在不足，对赫章等县多次违规发放采矿许可证监督管理不力、把关不严。

(5) 毕节地区煤炭局在煤炭生产许可证发放、年审方面把关不严。在省有关部门多次否决将老厂煤矿列入整改矿井范围的情况下又多次反复上报，要求对其进行验收。

贵州省黔南州荔波县三岔河煤矿“12·23”特大瓦斯爆炸事故

2002年12月23日1时20分，荔波县立化镇三岔河煤矿（有证，已通过省级验收）发生一起特大瓦斯爆炸事故，造成17人死亡（当场死亡15人，2名重伤人员经抢救无效死亡），直接经济损失50余万元。

一、事故经过

三岔河煤矿属私营煤矿，2002年8月通过省级验收。2002年12月23日0点，该矿中夜班交接，井下有人员19人。1时20分，在未进行瓦斯排放的情况下，在一下山掘进工作面实施放炮，引发瓦斯爆炸，17人死亡（其中2人因抢救无效死亡），4人受伤。

二、事故原因分析

(1) 二联络巷与一下山交叉点附近局部瓦斯积聚达到瓦斯爆炸浓度。

(2) 放炮时，爆破母线采用裸露明接头，铜芯线熔断产生火花引爆积聚瓦斯。

(3) 事故矿井未按《煤矿安全规程》及时制定采掘作业规程。事故当班，北平巷作业人员为多出煤，违章在二联络巷上山掘进出煤。

(4) 事故矿井以包代管，安全投入不足，对主管部门的多次整改指令置之不理，违章蛮干。通过省级验收后，辞退专业技术人员，违章指挥，管理混乱，特殊工种人员无证上岗，安全隐患严重。

(5) 荔波县煤炭局有关领导和负责煤矿安全“包保”工作的人员对发现的重大隐患监控整改的措施不力。对煤矿从业人员和特种作业人员的安全教育培训和持证上岗要求不严。

(6) 荔波县矿业秩序较为混乱，煤炭管理体制不顺，分工不够明确，煤矿安全专项整治工作不力，致使重大事故频发。没有按规定向煤矿足额返还维简费，煤炭“五统一”管理没有提上议事日程，煤炭生产、销售脱节，政出多门。为此，2002年贵州煤矿安全监察局林东办事处曾三次向县人民政府提出了《加强和改进煤矿安全管理建议书》，但未得到足够重视。

贵州省毕节地区金沙县新化乡中心三号煤矿“12·21”特大煤与瓦斯突出事故

2002年12月21日1时50分左右，金沙县新化乡中心三号煤矿发生煤与瓦斯突出事故，12人死亡，直接经济损失60余万元。

一、事故经过

中心三号煤矿属私营煤矿，2002年10月通过省级验收，持有合法四证。12月21日零点班，该矿井下34人作业，1时50分，该矿1191回风巷放炮诱发煤与瓦斯突出，造成风流逆转，瓦斯煤尘导致12人窒息死亡。

二、事故原因分析

(1) 在距1191回风巷掘进工作面迎头4米范围内煤层出现软分层，其厚度由0.02米增至0.5米，煤层内有两组斜交、节理发育构造的情况下，没有采取有效的防突措施和安全防护措施，由放炮诱发煤与瓦斯突出。

(2) 该矿管理人员对煤与瓦斯突出事故认识和重视不够。没有严格按照掘进工作面《作业规程》、施工措施进行施工，也未按《开采设计方案》要求设置反向风门、收集和整理有关防突资料。另外，该矿还存在安全管理不严、瓦斯检查员兼作放炮员，有瓦斯超限记录未采取措施处理、瓦斯现场检查记录不全、检查次数不够等问题。

(3) 该矿业主（法人代表）以包代管，只收取承包经营费用，不重视安全生产工作。

(4) 新化乡煤炭工业管理站对该片区矿井9号煤曾经发生煤与瓦斯突出现象，没有收集和整理有关突出资料，对防突工作指导不力。

(5) 新化乡政府对该片区煤与瓦斯突出事故时有发生的现象重视不够、要求不严。

(6) 金沙县煤炭工业管理局，对全县范围煤与瓦斯突出现象重视不够。只要求突出矿井严格按防治突出有关规定进行管理，对预防全县范围内的煤与瓦斯突出工作要求不严。

云南省文山县德厚镇余兴红无证煤矿“1·14”特大瓦斯爆炸事故

2002年1月14日12时50分，文山县德厚镇水结村余兴红无证煤窑发生一起特大瓦斯爆炸事故，死亡25人，伤10人，直接经济损失80.11万元。

一、事故经过

2002年1月14日早晨8时30分左右，矿主余兴红下井查看生产情况，安排代正权起动了安在井下的小鼓风机。9时左右，周围农村的人互相邀约来到该矿下井挖煤、背煤，男女共37人，分3个工作点。10时35分，当地德厚降压站因检修停电，部分背煤的村民出井休息，12时22分恢复供电后又下井接着干。12时40分，井下报告采煤迎头的一个灯泡（普通白炽灯）忽明忽暗，接触不良，余兴红未采取措施。12时50分左右，井下发生了瓦斯爆炸。事故发生后，矿主余兴红立即组织人员自行入井抢救出部分受伤人员，后电话报告德厚镇政府。14时56分，镇政府接到报告后，组织镇政府的干部职工及镇卫生院的医务人员赶往现场。县委、县政府接报后，将受伤的10人用救护车送往县医院救治。州、县两级专业技术人员及时投入抢救，于1月15日早上7时，抢救出全体伤员和遇难人员。此次事故共死亡25人，伤10人。

二、事故原因分析

(1) 事故矿井为独眼井，未安装主要通风机，不能有效排除井下瓦斯。

(2) 井下采用多台非防爆民用鼓风机进行局部通风，且安装位置不当，形成循环风，导致瓦斯积聚。

(3) 矿井大量使用非防爆非矿用电缆、电气设备，且均为明电、明刀闸开关、明接头，线路破损到处可见，极易因接触不良、短路或漏电产生火花。

(4) 由于一号采煤迎头作业人员在更换灯泡过程中，扯动电缆，使破损电缆短路产生火花引爆瓦斯。

(5) 矿主余兴红无视国家法律和有关政策，未办理任何合法手续，擅自掏开已被关闭的矿井，组织非法开采。矿井无任何设计、安全设施、安全装备，无任何安全管理制度、规章，所有从业人员均未经培训。不具备起码的安全生产条件。

(6) 村、镇两级机构对村民管理不严，对非法开采活动不予及时制止和报告，特别是在煤矿安全专项整治工作期间，对私挖乱采活动不制止、不报告，致使关闭非法矿井不彻底，死灰复燃矿井普遍存在，以致发生事故。

(7) 县矿管局、煤管所作为取缔非法煤矿的职能部门，在经常性取缔非法矿井和煤矿安全专项整治炸封非法矿井过程中措施不力，未按小煤矿关闭工作的“六条”标准，关死关实，导致关闭工作不彻底。

(8) 县人民政府由于领导班子人事变动，由副县长陈国忠主持工作，2001年11月19日前没有按上级规定成立煤矿安全专项整治领导机构，制定实施方案，也没有召开会议布置，对关闭非法矿井工作监督检查不力。事故发生前，政府领导未到现场检查过，关闭小煤矿检查验收工作走形式，导致无证非法矿井长期存在或死灰复燃。

(9) 上级政府及有关部门监督检查不力，指导服务不够。

三、事故处理结果

这是一起特大责任事故。

(1) 非法煤矿矿主在未办理任何合法证照的前提下组织非法开采活动，矿井不建立任何安全管理制度，最终酿成特大事故。在此次事故中，矿主应承担主要直接责任，由司法机关追究其刑事责任和相关民事责任。

(2) 矿主之妻参与井下开采和经营，造成矿井独眼井生产，电缆设备失爆，最终酿成事故，在此次事故中负直接责任，由司法机关追究其刑事责任和相关的民事责任。

(3) 矿主内弟二人作为骨干，亲自带人从事采掘活动，事故前亲自处理故障照明线路，留下爆炸火源。安装供电线路及非防爆设备，造成环境的不安全状态。二人在此次事故中应负直接责任。鉴于其已在事故中死亡，不再追究。

(4) 文山县德厚镇水结村党支部书记，对矿主长期非法开采，既不坚决制止，又不向上级汇报，致使该矿井及其矿区数十个非法小窑长期非法开采，工作严重失职，酿成特大事故，应负主要领导责任。给予撤销职务、开除党籍处分。

(5) 文山县德厚镇水结村村委会副主任，在没有村委会主任的情况下负责全村工作，对矿井长期非法开采不予坚决制止，对该矿井未予果断停止供电，也未向上级汇报，工作失职酿成特大事故，应对此次事故负主要领导责任。按程序罢免村委会副主任，开除党籍。

(6) 文山县厚德镇党委书记，对该矿井及其矿区数十个非法小窑非法开采活动不予坚决制止，不认真贯彻上级政府关闭非法矿井政策，工作失职，酿成特大事故，负主要领导责任。给予撤销职务处分。

(7) 文山县德厚镇镇长，未认真贯彻执行国务院关闭非法矿井政策，工作失职，以致酿成事故，给予行政记大过处分。

(8) 文山县厚德镇副镇长，作为分管企业的副镇长，严重失职，以致酿成事故，负主要领导责任。给予撤销职务处分。

(9) 文山县德厚镇企业办公室主任，对该矿井及其矿区数十个非法矿井，既未采取措施关闭，也未向上级汇报，工作失职，以致酿成特大事故，负主要领导责任。给予撤销职务处分。

（10）文山县政府主持工作副县长，未按规定成立煤矿安全专项整治工作领导机构，未召开会议研究整顿事项，未行文部署整顿工作，未制定实施方案和检查验收标准，未制定县乡整治工作责任制，致使该县煤矿安全专项整治工作流于形式，工作有严重失职行为，签发了不实的煤矿安全专项整治工作验收报告，使该矿井及其矿区数十个非法小煤窑得以长期存在，以致酿成事故，负主要领导责任。给予撤销职务处分。

（11）文山县分管安全工作的副县长，虽然对煤矿安全专项整治工作进行了研究和布置，但没有制定强有力的措施，致使非法矿井的取缔关闭工作不彻底，负有一定的领导责任。给予行政记过处分。

（12）文山县矿产资源局局长，作为分工关闭非法矿井职能部门的领导，负有主要领导责任。给予撤销职务处分。

（13）文山县煤管所所长，负有主要领导责任。给予撤销职务处分。

（14）文山县经贸委副主任，负有一定的领导责任，给予行政记过处分。

云南省昆明市石林县亩竹箐乡过水沟煤矿“11·14”特大瓦斯爆炸事故

2002年11月14日20时10分，昆明市石林县亩竹箐乡过水沟煤矿发生一起特大瓦斯爆炸事故，造成11人死亡，直接经济损失25万元。

一、事故经过

2002年11月14日19时左右，该矿1号井安全员王树全（已在事故中死亡）安排第二班（夜班）工作，其中6人在K9煤层探煤巷掘进，5人在K8煤层南掘进迎头掘进，6人在K7煤层北掘进迎头掘进，1人负责井下抽水工作，2人负责地面运输，1人负责在地面开绞车，共19人入井工作。20时左右，在K8煤层南掘进迎头工作的其中2人发现巷道内有烟雾，二人判断是里边“出事”了，于是，迅速跑出地面，此时，大约是20时30分左右。

二人到地面后，立即向2号井安全员报告，安全员在自发组织抢救无效后，决定撤出全部救灾人员的同时，安排人员通知2号、3号、4号、5号4个井的全部人员撤出，并派人到圭山煤矿救护队求援。在K9煤层探煤巷工作的6人，也在瓦斯爆炸后的20时40分左右全部安全撤到地面。

圭山煤矿救护队21时20分接到过水沟煤矿事故报告后，历经18个小时的奋战，于15日15时49分，将11名遇难者的尸体全部救出，抢救工作到此结束。

经调查，事故发生时间为2002年11月14日20时10分，事故发生的地点为1号井K8煤层南掘进迎头后退7米处。该起事故是一起特大瓦斯爆炸责任事故。

二、事故原因分析

（1）二号井内斜井发生垮塌，使供1号井K7煤层北掘进迎头和K8煤层南掘进迎头的两台局部通风机产生循环风，导致瓦斯聚积，达到爆炸浓度。

（2）在一号井K8煤层南掘进迎头工作的第4名遇难者，在所使用的26号矿灯电珠灯丝烧断、矿灯熄灭后，擅自拆卸矿灯，产生电火花，引起瓦斯爆炸。

（3）该矿未认真贯彻执行党和国家的安全生产方针、政策及法律法规，安全生产现场管理混乱，未认真贯彻执行安全管理的各项规章制度，“重生产，轻安全”表现突出。

（3）“一通三防”管理混乱。

（4）从业人员素质较差，特种作业 人员持证率低，多是未经培训就上岗作业；1号井安全员违章指挥，从业人员违章作业。

（5）县煤炭主管部门对该矿“一通三防”的管

理方面存在的问题督促整改不力，安全检查的跟踪复查工作不到位。

三、事故处理结果

(1) 安全员安全意识极其淡薄，违章指挥，冒险蛮干，对事故的发生负有直接领导责任。鉴于其已在事故中死亡，免予追究刑事责任。

(2) 矿工在所使用的26号矿灯电珠灯丝烧断、矿灯熄灭后，擅自在井下拆卸矿灯，产生电火花，引起瓦斯爆炸，对此次事故的发生负有直接责任。鉴于其已在事故中死亡，免予追究刑事责任。

(3) 矿长，法人代表，为水沟煤矿安全生产第一责任者。对矿井安全生产重视不够，安全意识相当淡薄，安排无证人员担当安全员，矿井瓦斯管理及现场管理混乱，无瓦斯牌板记录等安全管理制度。对事故的发生负有主要领导责任。

(4) 县煤炭行业管理办公室安全科技术员，分片联系、负责监管过水沟片区的煤矿（含过水沟煤矿）的安全检查工作，对该矿监督整改力度不够，没有对存在的安全隐患提出有效的整改及防范措施，对事故的发生负有一定的责任。

(5) 县煤炭行管办安技科科长，负责对全县煤矿安全技术工作进行检查、指导，在本科人员分片联系负责办法实施后，深入矿山检查不够，对分片人员检查督促不到位，对事故的发生负有一定管理责任。

(6) 县煤炭管理办公室副主任，分管县煤矿安全工作，在检查中对存在的安全隐患问题没有引起高度重视，没有认真布置对该矿的督促检查，对事故发生负有督查监督不力之责。

(7) 县煤炭行管办主任于2002年3月到煤炭局（现改为煤炭行管办）主持工作后，为加强煤矿安全检查督促，从人员到制度上都采取了一些有力措施。但对分片负责后的跟踪督促不到位，对事故的发生负有一定管理责任。

(8) 县人民政府分管副县长，对煤炭行管办制度实施情况检查不力，督促不到位，对事故的发生负有一定领导责任。

(9) 石林县人民政府对辖区内煤矿隐患的严重性认识不足，对制度的执行、落实情况检查、督促不到位，对事故的发生负有一定的责任。

陕西省韩城市桑树坪镇西沟煤矿“7·2”特大透水事故

2002年7月2日23时，陕西省渭南市辖区的韩城市桑树坪镇西沟煤矿发生一起特大透水事故，造成12人死亡，3人失踪，直接经济损失253.38万元。

一、事故经过

2002年7月2日14时30分，该矿23名工人入井后，分成三个组在不同的三处地点作业。大约15时30分，打眼放炮工在南二支巷工作面装药过程中发现有1个中间炮眼在滴水，报告井下技术员，技术员到现场检查后说：“放，没事!”，约20时30分左右，开始放第二茬炮。约23时，工作面煤壁上部突然往外喷水，且越流越大，煤壁相继垮落。截止到7月20日，井下巷道积水全部排完，总排水量达到35920立方米，共找到12具尸体，另有3名矿工失踪。

经调查认定，这是一起盲目指挥、违章操作而导致透水的特大生产责任事故。

二、事故原因分析

(1) 技术员和当班班长在掘进工作面出现异常情况时，未采取任何措施，违章指挥，进行放炮作业，与老窑区贯通，导致透水发生。

(2) 该矿井长期违法越界开采，破坏了井田边界煤柱和防水隔离煤柱。安全管理方面以包代管，超矿井能力生产，生产和技术管理十分混乱。

(3) 韩城市桑树坪镇政府安全生产责任制没有真正得到落实。虽然成立了安全生产管理机构，但安全管理人员缺乏必要的煤矿安全专业知识，对煤矿监督检查流于形式。镇政府相关人员在乡镇煤矿恢复生产验收过程中，对验收标准把关不严，工作不细，作风不实。

(4) 韩城市煤炭管理部门对水患治理措施落实不力，煤矿专项治理工作验收不严，给该矿绘制的“三图”严重失实。

(5) 韩城市矿产资源管理部门对该矿长期越界开采制止不力，以罚代管。

(6) 韩城市政府对煤矿专项治理整顿验收组织不力，对市煤炭局和桑树坪镇政府“三防”文件中明确提出西沟煤矿水灾隐患督办不力，对西沟煤矿长期越界开采的违法行为失察。

三、事故处理结果

(1) 韩城市桑树坪镇西沟煤矿井下采煤班班长，违章指挥作业，导致透水事故的发生，应对此次事故负直接责任，鉴于本人已在事故中死亡，不再追究。

(2) 桑树坪镇西沟煤矿技术员，负责该矿技术和安全工作。对该矿越界开采不但不报告，反而设法欺骗各级组织的检查，违章指挥井下采煤工人作业。事故发生后拒不提供井下采掘图纸资料，给抢险造成一定难度，应对事故负主要责任。依法追究刑事责任。

(3) 桑树坪镇西沟煤矿包工头，承包井下采煤工程，忽视安全生产，违章指挥工人盲目蛮干，导致透水事故的发生，应对事故负主要责任。依法追究刑事责任。

(4) 桑树坪镇西沟煤矿生产副矿长，对该矿安全生产负主要负责。一味追求经济效益，长期非法越界开采，欺骗各级检查，违章指挥生产，导致透水事故的发生，应对事故负主要责任。依法追究刑事责任。

(5) 桑树坪镇西沟煤矿矿长，法人代表，该矿安全生产第一责任人。一味追求经济效益，长期非法越界开采，欺骗各级检查，违法转包生产，违章指挥生产，导致透水事故的发生，应对事故负主要责任。依法追究刑事责任。

(6) 桑树坪镇企业办主任，负责全镇煤矿安全生产工作，是该镇煤矿安全生产主要负责人。2001年10月组织对该矿验收时，对该矿长期存在的事故隐患督促整改不力，对此次事故负直接领导责任。给予撤销行政职务的处分。

(7) 桑树坪镇镇长，该镇安全生产第一责任人。2001年10月对该矿组织检查验收时，由于缺乏对煤矿检查验收的技术力量和经验，使该矿严重越界开采的行为未被查出，对此次事故负主要领导责任。鉴于到任时间短，给予行政警告处分。

(8) 韩城市煤炭局技术科副科长（助理工程师），协助科长负责全市煤矿技术工作。2001年11月，在负责审核西沟煤矿采掘工程平面图时，弄虚作假，为西沟煤矿绘制了与实际不符的采掘工程平面图，导致该矿用假图骗过了各级的检查验收，领到了生产许可证，使得该矿越界开采得以继续，是导致该矿透水事故发生的原因之一，应对此次事故负主要管理责任。给予行政撤职、留党察看1年的处分。

(9) 韩城市煤炭局技术科科长，负责全市煤矿技术工作。2001年10月参加了韩城市对桑树坪镇西沟煤矿的验收，对图纸严重不符的情况没有发现，对此次事故负重要管理责任。给予行政降级、党内严重警告处分。

(10) 韩城市煤炭局安监科科长，负责全市煤矿的安全检查工作。虽安排本科人员对西沟煤矿进行过安全检查和验收工作，但对该矿长期越界开采行为失察，对该矿防治水害事故的措施不到位，监督不力，对此次事故负重要管理责任。给予行政降级、党内严重警告处分。

(11) 韩城市煤炭局副局长，主管安监、生产技术、培训工作，是该局煤矿安全生产主要责任人。对桑树坪镇西沟煤矿越界开采存在的事故隐患失察，虽组织过检查验收，但由于组织不力，使验收走了过场，对此次事故负主要领导责任。鉴于一直病休未上班，给予行政记大过处分。

(12) 韩城市煤炭局局长，局党总支书记，该局安全生产第一责任人，对此次事故负重要领导责任。给予行政记过处分。

(13) 韩城市矿产资源管理办公室主任，该办安全生产第一责任人。对桑树坪镇西沟煤矿长期越界开采的行为进行了罚款处理，但没有跟踪落实制止越界开采行为，使事故隐患长期存在，对此次事故应负重要领导责任。给予行政记过处分。

(14) 韩城市副市长，主管该市矿山工作，是该市矿山安全生产主要责任人。虽然对全市煤矿安排过安全生产检查及验收工作，但对主管部门组织不力，检查不到位，对西沟煤矿长期越界开采的违法行为失察，对此次事故的发生应负重要领导责任。给予行政警告处分。

(15) 鉴于该矿原批准井田范围为韩城矿务局桑树坪煤矿的采空区，瓦斯、水害及顶板支护都相当困难，安全生产没有保证，由韩城市人民政府负责依法予以关闭。

宁夏回族自治区固原市原州区“8·17”特大道路交通事故

2002年8月17日17时40分，宁夏回族自治区固原市原州区境内S101线310公里+450米处发生一起特大道路交通事故，造成10人死亡，2人受伤（其中1人重伤，1人轻伤），直接经济损失达18万元。

一、事故经过

2002年8月17日18时40分，固原市原州区杨郎乡大白山村八组农民李政福驾驶无牌无证的农用三轮车，由原州区二十里铺上坟返回杨郎乡，由南向北行驶至S101线310公里+450米处时，与银川新城起重机厂家属院驾驶员负红涛驾驶的由北向南行驶的宁A.06921号厢式货车相撞，致使该农用三轮车翻车，车上所载9人当场死亡，1人送医院后死亡，2人受伤，直接经济损失达18万元。

二、事故原因分析

经事故调查组现场勘查，这是一起重大责任事故。

(1) 直接原因是：李政福无证驾驶无牌农用三轮车，违章上路载人，行车中违章超车，造成特大道路交通事故。

(2) 固原市及其原州区政府对农机安全监理工作重视不够，分管农机管理的领导职责不清，疏于监督管理。

(3) 固原市及其原州区政府对农用运输车违章载客专项整治工作责任制不落实。

(4) 固原市及其原州区政府有关部门在集中整治农用运输车违章上路载客工作中，对农用运输车安全管理和道路交通安全专项整治监督管理不力。

三、事故处理结果

(1) 固原市副市长，分管农机安全监理工作，对农机安全工作的职责不清楚，对全市农用运输车辆的基本情况掌握不清，重视不够，采取措施不力，对自治区政府工作会议精神贯彻不力，对事故负有领导责任。

(2) 固原市原州区副区长，对其分管农机安全工作职责不清，对自治区农业机械安全监督管理条例的有关规定落实不够，领导不力，对事故负有主要领导责任。

(3) 原州区杨郎乡大北山村农民，无证驾驶无牌的农用三轮车，违章上路载人，超越前方行驶的草车处置不当，造成与对面行驶的大货车迎面相撞，严重违反《中华人民共和国道路交通管理条例》的有关规定，应负此次交通事故的主要责任。鉴于本人在这起事故中已死亡，不再追究其责任。

(5) 银川市起重机厂家属院驾驶员（事故中大货车司机），违反《中华人民共和国道路交通管理条例》第7条的规定，应负此次交通事故的次要责任。

(6) 对固原市及原州区有关责任人，由固原市政府和原州区政府负责行政责任追究。

西藏自治区林芝地区"8·5"特大交通事故

一、事故经过

2002年8月5日20时30分左右，西藏林芝天和运务有限责任公司车号为藏G－A2491星王牌大型客车（简称肇事车），车上共有32人，由察隅县驶往林芝。当车行至林芝地区波密县松宗镇角达村（国道318线3968公里＋500米）时，该车在避停靠在右前方的东风货车（东风车未占道）时，左前轮压到路面坚硬物突然爆裂。由于车速较快，驾驶员措施不当，加之下坡，客车在公路上前行29米后，驶出公路有效路面，在路边继续前行26米后，坠入湍急的博楚河中，车上32人全部落水，车辆被河水冲走71米。落水32人中，9人被救，23人失踪。

二、事故原因分析

（1）肇事车左前胎使用破损旧胎，是造成事故的主要原因。

（2）肇事车内外胎型号不一致，是爆胎发生事故的重要原因。

2002年度西藏自治区安全生产事故基本情况表

填报单位：西藏自治区安全生产监督局

项目／月份	交通事故						火灾事故						企业职工伤亡事故						总数					
	起数	死亡人数	受伤人数	经济损失（元）	特大	重大	起数	死亡人数	受伤人数	经济损失（元）	特大	重大	起数	死亡人数	受伤人数	经济损失（元）	特大	重大	起数	死亡人数	受伤人数	经济损失（元）	特大	重大
1	78	26	51	371121	0	1	25	0	8	343992	0	0	1	0	0	10000	0	1	104	26	59	725113	0	2
2	53	19	64	337520	0	2	22	0	0	263460	0	0	1	5	0		0	1	76	24	64	600980	0	3
3	96	33	69	802238	0	3	11	0	0	106820	0	0	3	5	7		0	1	110	38	76	909058	0	4
4	84	27	53	532446	0	1	7	0	2	113308	0	0	5	5	1	12560	0	0	96	32	56	658314	0	1
5	101	57	79	1047765	0	5	11	1	0	171822	0	0	4	7	5	56380	0	1	116	65	84	1275967	0	6
6	90	39	69	1225535	0	3	9	3	1	152700	0	0	1	2	3		0	0	100	44	73	1378235	0	3
7	95	33	78	672162	0	5	11	0	2	2037430	1	0	4	2	20		0	0	110	35	100	2709592	1	5
8	104	61	61	641559	1	0	9	0	10	114611	0	1	3	4	2		0	0	116	65	73	756170	1	1
9	106	47	71	948546	0	3	5	1	4	1084117		1	2	5	3		0	0	113	53	78	2032663	0	4
10	95	27	99	763500	0	3	14	0	4	690200	0	0	2	2	0		0	0	111	29	103	1453700	0	3
11	89	53	67	996061	0	6	13	0	2	115640	0	0	1	1	0		0	0	103	54	69	1111701	0	6
12	74	40	79	478800	0	6	22	0	1	274677	0	0	1	1	2		0	0	97	41	82	753477	0	6
合计	1065	462	840	8817253	1	38	159	5	34	5468777	1	2	28	39	43	78940	0	4	1252	506	917	14364970	2	44

第十一部分

全国事故及职业病统计资料

2002年全国工矿企业、消防火灾和道路交通事故统计表（按地区分类）

地　区	起　数	死亡人数	其中：一次死亡10人以上	
			起　数	死亡人数
北　京	21949	1685		
天　津	18417	1321		
河　北	48138	6669	5	89
山　西	23625	4284	10	252
内蒙古	13943	2548	3	38
辽　宁	45512	5047	2	36
吉　林	48374	2839	4	92
黑龙江	26348	3156	5	220
上　海	54076	1755		
江　苏	64918	7472	1	15
浙　江	83465	7596		
安　徽	36625	4996	4	50
福　建	42505	4304	1	12
江　西	23747	3573	2	29
山　东	82886	9815	1	15
河　南	60008	7335	6	78
湖　北	26350	3378	4	59
湖　南	34059	4800	15	272
广　东	93803	12949	3	35
广　西	19403	4237	3	52
海　南	3216	558	1	11
四　川	58166	6480	9	137
贵　州	7047	2920	9	150
云　南	24505	3898	5	73
西　藏	1254	508	1	23
重　庆	21642	1863	12	173
陕　西	17733	2779	5	65
甘　肃	11137	2475	2	26
青　海	2384	835		
宁　夏	14913	1069	1	10
新　疆	14726	3016	1	10

注：分省情况不包括水上交通、铁路、民航和农机事故。

（国家安全生产监督管理局提供）

2002 年全国火灾事故统计表（按地区分类）

地区	火灾概况						特大火灾				重大火灾			
	起数	死亡人数	受伤人数	损失			起数	死亡人数	受伤人数	直接损失（元）	起数	死亡人数	受伤人数	直接损失（元）
				直接损失（元）	烧毁面积（m^2）	受灾户数								
合计	258315	2393	3414	1544464262	3453449	65300	25	70	44	121880151	344	477	202	139601898
北京	9784	67	93	32477647	24432	641	1	25	12	262920	5	11		1926376
天津	8000	27	26	16501311	22282	1500					2	7	4	51500
河北	9972	83	95	54572721	88663	1648	1	17	1	11995	11	6	1	6044924
山西	3765	45	89	24397678	73570	1266					7	14	26	2625895
内蒙古	4090	35	37	8378992	29307	814								
辽宁	25029	147	180	105766385	185482	6318	1			1366931	13	20	8	4239506
吉林	20671	108	83	47257923	217647	6446	1			3102062	11	9	1	4663206
黑龙江	14553	68	94	82430882	143835	2746					12	11	11	5088973
上海	5979	39	58	14177045	41885	1920					7	6		4447464
江苏	14333	160	256	82585680	159987	1589	1			3206000	13	17	14	6103632
浙江	20589	178	232	173785840	290938	3239					43	45	49	19730572
安徽	8200	83	125	75112274	77136	1811	2	1	2	35920868	7	7	1	2711529
福建	6109	62	76	58570611	167206	1923					13	11	3	6118789
江西	5714	65	69	41420925	133719	2630	1			5665189	6	7	2	1448724
山东	25583	105	187	96233423	448162	8152	2			8644400	7	9	4	3341249

续表

地区	火灾概况						特大火灾				重大火灾			
	起数	死亡人数	受伤人数	损失			起数	死亡人数	受伤人数	直接损失（元）	起数	死亡人数	受伤人数	直接损失（元）
				直接损失（元）	烧毁面积（m^2）	受灾户数								
河南	14220	158	182	78991506	123212	2951					22	62	12	4421384
湖北	5437	48	61	34999627	52409	1003					7	9	4	3167081
湖南	5054	70	132	65167247	123768	1873	3		3	13829356	18	19	7	7661268
广东	13820	188	338	149809473	264906	830	1			19389724	46	78	15	18962691
广西	2705	76	137	30870989	75047	1648	5	4		4145201	13	11	15	5226352
海南	811	29	37	7064261	19641	206					8	19	8	2393414
重庆	4626	44	82	25338097	60804	1676					4	6		1031803
四川	7536	128	217	57065024	162138	3084	2	19	23	2550802	15	18	2	6584937
贵州	2158	98	80	27043464	176370	2066	1	1		536825	13	27	2	2987029
云南	3373	132	122	38576088	137866	2221					12	31	10	2890761
西藏	161	5	34	5478809	13376	104	1			1940000	1	1		966864
陕西	4640	36	44	29965291	20505	491					7	9	2	3260188
甘肃	3222	31	82	26114107	39296	1683	1	3	3	4507878	10	4	1	4391684
青海	667	18	25	4002815	18875	534					2	3		971560
宁夏	3324	16	35	9215654	5564	499					1			942619
新疆	4190	44	106	41092473	55421	1788	1			16800000	8			5199924

注：1. 特大火灾是指一次死亡 10 人以上或直接财产损失 100 万元以上或受灾 50 户以上的火灾；重大火灾是指一次死亡 3 人以上或直接财产损失 30 万元以上或受灾 30 户以上的火灾；

2. 火灾总数含铁路、港航火灾数。

（公安部消防局提供）

2002年全国职业病统计表（按病种分类）

病种	2001年				2002年			
	发病例数	构成（%）	死亡例数	病死率（%）	发病例数	构成（%）	死亡例数	病死率（%）
尘　肺	10505	79.5	2242	0.5	12248	82.6	2343	0.5
矽　肺	4175		1007	0.6	5332		1013	0.5
煤工尘肺	4745		1018	0.5	5156		1099	0.6
慢性职业中毒	1166	8.8			1300	8.8		
铅及其化合物	592				600			
苯	180				285			
正己烷	30				111			
急性职业中毒	759	5.7	110	14.5	590	4.0	112	19.0
一氧化碳	104		21	20.2	123		51	41.5
硫化氢	96		30	31.3	112		24	21.3
氨	12		4	33.3	28		9	32.1
职业性眼、耳鼻喉疾病	489	3.7			365	2.5		
化学性眼灼伤	102				120			
噪声聋	144	1.1			197			
职业性皮肤病	63	0.5			73	0.5		
物理因素职业病	41	0.3			31	0.2		
职业性传染病	9	0.1			11	0.1		
其他职业病*	186	1.4			203	1.4		
化学灼伤	166				183			
合　计	13218				14821			

缺西藏、香港、澳门、台湾资料。

*包括化学灼伤、金属烟热、职业性哮喘、职业性变态反应性肺泡炎、棉尘病、煤矿井下工人滑囊炎、牙酸蚀病。

（卫生部卫生法制与监督司提供）

2002年承压特种设备严重以上事故统计表

分类		锅炉			压力容器（不包括气瓶）			气瓶			压力管道			“土锅炉”		
		2002年	2001年	升降	2002年	2001年	升降	2002年	2001年	升降	2002年	2001年	升降	2002年	2001年	升降
事故起数合计		35	51	-31%	30	40	-25%	36	41	-12%	16	10	+60%	40	44	-9%
其中	特大事故起数	0	0		0	1	-100%	0	0		0	0		0	0	
	重大事故起数	1	2	-50%	0	2	-100%	2	0		4	2	+100%	2	3	-33%
	严重事故起数	34	49	-31%	30	37	-19%	34	41	-17%	12	8	+50%	38	41	-7%
死亡人数		20	21	-5%	23	41	-44%	28	31	-10%	33	21	+57%	38	44	-14%
受伤人数		32	74	-57%	41	72	-43%	91	80	+14%	33	46	-28%	55	70	-21%
直接经济损失（万元）		218.2	528.7	-59%	380.1	259.4	+47%	178.2	150.3	+19%	103.4	75.6	+37%	86.6	191	-55%
事故率（事故起数/万台设备）		0.61	0.95	-36%	0.24	0.32	-25%									

2002年载人特种设备严重以上事故统计表

分类		电梯			起重机械			厂内机动车辆			游乐设施			客运索道		
		2002年	2001年	升降	2002年	2001年	升降	2002年	2001年	升降	2002年	2001年	升降	2002年	2001年	升降
事故起数合计		52	30	+73%	125	68	+84%	15	18	-17%	3	6	-50%	0	0	
其中	重大事故起数	1	0		10	4	+150%	0	0		0	0		0	0	
	严重事故起数	51	30	+70%	115	64	+80%	15	18	-17%	3	6	-50%	0	0	
死亡人数		46	23	+100%	146	80	+83%	16	19	-16%	1	4	-75%	0	0	
受伤人数		10	12	-17%	108	75	+41%	1	0		3	6	-50%	0	0	
直接经济损失（万元）		200.6	73.8	+172%	1270	410.9	+209%	115.5	82.2	+41%	0	80	-100%	0	0	
事故率（事故起数/万台设备）		1.43			2.37			0.64			1.36					

（国家质检总局锅炉压力容器安全监察局提供）

2002年全国工矿企业职工伤亡事故统计表（按行业分类）

项目	总计						死亡3~9人						死亡10人以上					
	本期			同期对比（%）			本期			同期对比（%）			本期			同期对比（%）		
	起数	死亡人数	重伤人数	起数	死亡人数	重伤人数	起数	死亡人数	重伤人数	起数	死亡人数	重伤人数	起数	死亡人数	重伤人数	起数	死亡人数	重伤人数
A农、林、牧、渔业	172	109	84	20.3	18.5	16.7	3	10	4	50	66.7							
B采掘业	5443	8515	540	23.3	11.9	-26.6	413	1769	140	-8.2	-14.4	28.4	58	1216	52		-1.1	26.8
06煤炭采选业	3806	6457	315	23.5	13.9	-37.4	321	1423	102	-4.5	-10.3	43.7	56	1167	52	14.3	15	205.9
07石油和天然气开采业	32	21	17	-22		70	1	4										
08黑色金属矿采选业	162	238	23	52.8	38.4	228.6	20	73	3	25	-4							
09有色金属矿采选业	392	551	60	2.1	-16.6	-23.1	25	98	17	-28.6	-41	30.8	2	49		-50	-59.8	
10非金属矿采选业	950	1112	112	47.3	24.4	23.1	38	139	15	-28.3	-30.5							
11其他矿采选业	98	130	13	-28.5	-29.4	-62.9	7	28	3	-30	-24.3	-70						
12木材及竹材采运业	3	6		-84.2	-25		1	4										
C制造业	4391	2467	2121	16.9	14.9	-2.4	71	286	54	-2.7	4	-44.3	5	58	32	-16.7	-37.6	33.3
D电力、煤气及水的生成和供应业	323	319	91	22.8	34.6	40	14	51	10	366.7	325							
E建筑业	1948	2042	452	16.4	24	-18.7	78	290	71	36.8	34.2	29.1	1	10	2		-47.4	-89.5
F地质勘查业、水利管理业	48	55	11	2.1	44.7	-21.4	4	13										
G交通运输仓储业及邮电通信业	410	212	186	4.3	-4.5	2.8	7	26	5	40	62.5	-28.6						
H批发和零售贸易、餐饮业	132	117	50	-3	15.8	-30.6	5	22		150	214.3							
I金融保险业	2	1	1															
J房地产业	31	25	13	-20.5	-21.9	-18.8												
K社会服务业	182	183	67	14.5	35.6	9.8	4	22	22	33.3	144.4							
L卫生、体育和社会福利业	6	5	1		-16.7	-50												
M教育文化艺术及广电业	31	41	12	72.2	86.4	-14.3	2	11	5		57.1	150						
N科学研究和综合技术服务业	14	15	4	7.7	25	-60	2	7			-12.5							
O国家机关政党机关和社会团体	17	28	11	54.5	115.4	266.7	1	4					1	13	7			
P其他行业	272	252	111	-17.3	5.4	-31.5	8	33	6		26.9	-40						

（国家安全生产监督管理局提供）

2002年全国工矿企业职工伤亡事故统计表（按地区分类）

项目	总计						死亡3～9人						死亡10人以上					
	本期			同期对比（%）			本期			同期对比（%）			本期			同期对比（%）		
	起数	死亡人数	重伤人数	起数	死亡人数	重伤人数	起数	死亡人数	重伤人数	起数	死亡人数	重伤人数	起数	死亡人数	重伤人数	起数	死亡人数	重伤人数
北京	112	119	3	-6.7	-18.5	-85	1	3	1	-80	-85							
天津	200	76	141	-2.4	-3.8	-8.4	1	3										
河北	271	404	57	14.8	17.1	-3.4	24	94	11	9.1	-13.8	-15.4	3	56	4	200	330.8	-42.9
山西	219	595	21		11.4	320	23	112	3	-36.1	-38.8	200	10	252		42.8	78.7	
内蒙古	281	370	19	26	28.5	-38.7	13	55	3	-7.2	-5.2	-76.9	2	28		100	154.5	
辽宁	706	690	229	-2.8	4.4	8.5	32	134	7	45.4	54	40	2	36	1	100	260	
吉林	302	427	31	-13	5.4	-55.1	14	61		7.7	1.7		3	80		50	158.1	
黑龙江	324	642	66	15.3	39.3	-63.5	18	95	9	5.9	25	12.5	5	220	37	66.7	78.9	
上海	1364	318	448	47.4	-8.9	12.8	4	16	2		23.1	-75						
江苏	584	365	297	2.3	-17.6	-17	6	26	9	-33.3	-44.7	350						
浙江	791	776	200	2.2	21.4	-17	17	67	19	112.5	168	850						
安徽	311	356	31	14.3	10.2	10.7	7	22			-40.6		1	13				
福建	316	283	106	-17.9	0.7	-34.2	11	41	7	-8.3	-2.4							
江西	261	345	36	9.7	-10.4	-64.4	15	63	2	-34.8	-41.7		2	29		-60	-69.2	
山东	485	543	146	0.4	-3	-18	17	74	6	-41.4	-29.5	-62.5	1	15	22	-66.7	-67.4	

续表

项目	总计						死亡3~9人						死亡10人以上					
	本期			同期对比（%）			本期			同期对比（%）			本期			同期对比（%）		
	起数	死亡人数	重伤人数	起数	死亡人数	重伤人数	起数	死亡人数	重伤人数	起数	死亡人数	重伤人数	起数	死亡人数	重伤人数	起数	死亡人数	重伤人数
河南	361	559	194	-8.6	14.5	-39.2	45	204	50	21.6	21.4	6.4	4	56	2	-20	-12.5	-90.5
湖北	444	554	78	17.2	39.5	-6	21	94	12	5	19	33.3	2	27				
湖南	949	1072	344	15.2	4	-0.3	59	240	29	-25.3	-31.2	-57.4	11	178	7	83.3	89.4	600
广东	1054	726	488	34.8	26	32.2	22	80	13	15.8	-3.6	-7.2	2	20	6			
广西	493	528	166	29	14	-14.9	24	98	20	71.4	100	100	1	30		-75	-78.7	
海南	36	29	10	111.8	107.1	-23.1	1	4			-20							
四川	772	899	68	63.2	29.2	19.3	30	112	6	-21.1	-34.5	500	1	24	3	-66.7	-64.2	200
贵州	630	1062	190	54	23.6	11.1	90	370	64	23.3	12.1	77.8	6	100	6	-50	-46.5	-25
云南	432	620	28	43	26	-30	41	164	5	2.5	-4.1	-50	2	36			20	
西藏	28	41	40	75	192.8	471.4	4	16	4	300	433.3							
重庆	561	743	3	47.6	56.1	-85.7	23	94	1	4.5	-1.1	-83.3	3	46	1			
陕西	322	403	60	55.6	21.4	114.3	13	57	10		11.8	150	3	40	4	50	-53.5	
甘肃	219	256	79	27.3	34.7	19.7	14	50	14	-6.7	-21.9	75	1	11				
青海	89	109	26	7.2	23.9	-3.7	6	27	3	100	125							
宁夏	64	67	9	-11.1	-2.9	-25	1	4	1									
新疆	441	409	141	-8.1	-6.6	-22.5	15	64	6	50	45.4	500						

（国家安全生产监督管理局提供）

2002 年全国工矿企业职工伤亡事故统计表（按经济类型分类）

	总计						死亡 3～9 人						死亡 10 人以上					
	本期			同期对比（%）			本期			同期对比（%）			本期			同期对比（%）		
	起数	死亡人数	重伤人数	起数	死亡人数	重伤人数	起数	死亡人数	重伤人数	起数	死亡人数	重伤人数	起数	死亡人数	重伤人数	起数	死亡人数	重伤人数
国有经济	4494	4092	1340	3.8	4.5	－31.6	136	555	83	－14.5	－20.6	－17.8	22	534	54	46.7	57	125
集体经济	1946	2306	520	18.5	51.1	－7.3	96	449	65	113.3	137.6	91.2	9	155	1	350	675	
私营经济	3862	5344	669	251.4	390.7	41.7	276	1161	107	590	706.2	463.2	30	562	10	400	267.3	－56.5
个体经济	621	752	170	4.5	－12.6	－10.5	45	167	27	－35.7	－40.6	－55.7	1	10	6	－66.7	－83.6	200
联营经济	161	125	63	101.2	83.8	61.5	2	6		－33.3	－62.5							
股份经济	1140	1023	406	41.3	57.4	15	39	141	25	129.4	107.4	31.6	1	11				
外商投资	395	162	192	35.3	84.1	3.8	5	15		400	400		1	10				
港澳台投资	258	64	203	108.1	－24.7	120.6	1	3	3	－50	－70							
其他经济	545	518	192	－77.6	－87.9	－33.3	12	47	7	－95.6	－96.2	－88.5	1	15	22	－97.4	－98	46.7

（国家安全生产监督管理局提供）

第十二部分

安全生产法律、法规、规章及文件

国家有关安全生产的法律

中华人民共和国主席令

第70号

《中华人民共和国安全生产法》已由中华人民共和国第九届全国人民代表大会常务委员会第二十八次会议于2002年6月29日通过，现予公布，自2002年11月1日起施行。

中华人民共和国主席　江泽民

二〇〇二年六月二十九日

中华人民共和国安全生产法

（2002年6月29日第九届全国人民代表大会常务委员会第二十八次会议通过）

目　录

第一章　总　　则

第一条　为了加强安全生产监督管理，防止和减少生产安全事故，保障人民群众生命和财产安全，促进经济发展，制定本法。

第二条　在中华人民共和国领域内从事生产经营活动的单位（以下统称生产经营单位）的安全生产，适用本法；有关法律、行政法规对消防安全和道路交通安全、铁路交通安全、水上交通安全、民用航空安全另有规定的，适用其规定。

第三条　安全生产管理，坚持安全第一、预防为主的方针。

第四条　生产经营单位必须遵守本法和其他有关安全生产的法律、法规，加强安全生产管理，建立、健全安全生产责任制度，完善安全生产条件，确保安全生产。

第五条　生产经营单位的主要负责人对本单位的安全生产工作全面负责。

第六条　生产经营单位的从业人员有依法获得安全生产保障的权利，并应当依法履行安全生产方面的义务。

第七条　工会依法组织职工参加本单位安全生产工作的民主管理和民主监督，维护职工在安全生产方面的合法权益。

第八条　国务院和地方各级人民政府应当加强对安全生产工作的领导，支持、督促各有关部门依法履行安全生产监督管理职责。

县级以上人民政府对安全生产监督管理中存在的重大问题应当及时予以协调、解决。

第九条　国务院负责安全生产监督管理的部门依照本法，对全国安全生产工作实施综合监督管理；县级以上地方各级人民政府负责安全生产监督管理的部门依照本法，对本行政区域内安全生产工作实施综合监督管理。

国务院有关部门依照本法和其他有关法律、行政法规的规定，在各自的职责范围内对有关的安全生产工作实施监督管理；县级以上地方各级人民政府有关部门依照本法和其他有关法律、法规的规定，在各自的职责范围内对有关的安全生产工作实施监督管理。

第十条　国务院有关部门应当按照保障安全生产的要求，依法及时制定有关的国家标准或者行业标准，并根据科技进步和经济发展适时修订。

生产经营单位必须执行依法制定的保障安全生产的国家标准或者行业标准。

第十一条　各级人民政府及其有关部门应当采取多种形式，加强对有关安全生产的法律、法规和安全生产知识的宣传，提高职工的安全生产意识。

第十二条　依法设立的为安全生产提供技术服务的中介机构，依照法律、行政法规和执业准则，接受生产经营单位的委托为其安全生产工作提供技术服务。

第十三条　国家实行生产安全事故责任追究制度，依照本法和有关法律、法规的规定，追究生产安全事故责任人员的法律责任。

第十四条　国家鼓励和支持安全生产科学技术研究和安全生产先进技术的推广应用，提高安全生产水平。

第十五条　国家对在改善安全生产条件、防止生产安全事故、参加抢险救护等方面取得显著成绩的单位和个人，给予奖励。

第二章　生产经营单位的安全生产保障

第十六条　生产经营单位应当具备本法和有关法律、行政法规和国家标准或者行业标准规定的安全生产条件；不具备安全生产条件的，不得从事生产经营活动。

第十七条　生产经营单位的主要负责人对本单位安全生产工作负有下列职责：

（一）建立、健全本单位安全生产责任制；

（二）组织制定本单位安全生产规章制度和操作规程；

（三）保证本单位安全生产投入的有效实施；

（四）督促、检查本单位的安全生产工作，及时消除生产安全事故隐患；

（五）组织制定并实施本单位的生产安全事故应急救援预案；

（六）及时、如实报告生产安全事故。

第十八条　生产经营单位应当具备的安全生产条件所必需的资金投入，由生产经营单位的决策机构、主要负责人或者个人经营的投资人予以保证，并对由于安全生产所必需的资金投入不足导致的后果承担责任。

第十九条 矿山、建筑施工单位和危险物品的生产、经营、储存单位，应当设置安全生产管理机构或者配备专职安全生产管理人员。

前款规定以外的其他生产经营单位，从业人员超过三百人的，应当设置安全生产管理机构或者配备专职安全生产管理人员；从业人员在三百人以下的，应当配备专职或者兼职的安全生产管理人员，或者委托具有国家规定的相关专业技术资格的工程技术人员提供安全生产管理服务。

生产经营单位依照前款规定委托工程技术人员提供安全生产管理服务的，保证安全生产的责任仍由本单位负责。

第二十条 生产经营单位的主要负责人和安全生产管理人员必须具备与本单位所从事的生产经营活动相应的安全生产知识和管理能力。

危险物品的生产、经营、储存单位以及矿山、建筑施工单位的主要负责人和安全生产管理人员，应当由有关主管部门对其安全生产知识和管理能力考核合格后方可任职。考核不得收费。

第二十一条 生产经营单位应当对从业人员进行安全生产教育和培训，保证从业人员具备必要的安全生产知识，熟悉有关的安全生产规章制度和安全操作规程，掌握本岗位的安全操作技能。未经安全生产教育和培训合格的从业人员，不得上岗作业。

第二十二条 生产经营单位采用新工艺、新技术、新材料或者使用新设备，必须了解、掌握其安全技术特性，采取有效的安全防护措施，并对从业人员进行专门的安全生产教育和培训。

第二十三条 生产经营单位的特种作业人员必须按照国家有关规定经专门的安全作业培训，取得特种作业操作资格证书，方可上岗作业。

特种作业人员的范围由国务院负责安全生产监督管理的部门会同国务院有关部门确定。

第二十四条 生产经营单位新建、改建、扩建工程项目（以下统称建设项目）的安全设施，必须与主体工程同时设计、同时施工、同时投入生产和使用。安全设施投资应当纳入建设项目概算。

第二十五条 矿山建设项目和用于生产、储存危险物品的建设项目，应当分别按照国家有关规定进行安全条件论证和安全评价。

第二十六条 建设项目安全设施的设计人、设计单位应当对安全设施设计负责。

矿山建设项目和用于生产、储存危险物品的建设项目的安全设施设计应当按照国家有关规定报经有关部门审查，审查部门及其负责审查的人员对审查结果负责。

第二十七条 矿山建设项目和用于生产、储存危险物品的建设项目的施工单位必须按照批准的安全设施设计施工，并对安全设施的工程质量负责。

矿山建设项目和用于生产、储存危险物品的建设项目竣工投入生产或者使用前，必须依照有关法律、行政法规的规定对安全设施进行验收；验收合格后，方可投入生产和使用。验收部门及其验收人员对验收结果负责。

第二十八条 生产经营单位应当在有较大危险因素的生产经营场所和有关设施、设备上，设置明显的安全警示标志。

第二十九条 安全设备的设计、制造、安装、使用、检测、维修、改造和报废，应当符合国家标准或者行业标准。

生产经营单位必须对安全设备进行经常性维护、保养，并定期检测，保证正常运转。维护、保养、检测应当作好记录，并由有关人员签字。

第三十条 生产经营单位使用的涉及生命安全、危险性较大的特种设备，以及危险物品的容器、运输工具，必须按照国家有关规定，由专业生产单位生产，并经取得专业资质的检测、检验机构检测、检验合格，取得安全使用证或者安全标志，方可投入使用。检测、检验机构对检测、检验结果负责。

涉及生命安全、危险性较大的特种设备的目录由国务院负责特种设备安全监督管理的部门制定，报国务院批准后执行。

第三十一条 国家对严重危及生产安全的工艺、设备实行淘汰制度。

生产经营单位不得使用国家明令淘汰、禁止使用的危及生产安全的工艺、设备。

第三十二条 生产、经营、运输、储存、使用危险物品或者处置废弃危险物品的，由有关主管部门依照有关法律、法规的规定和国家标准或者行业标准审批并实施监督管理。

生产经营单位生产、经营、运输、储存、使用危险物品或者处置废弃危险物品，必须执行有关法律、法规和国家标准或者行业标准，建立专门的安全管理制度，采取可靠的安全措施，接受有关主管部门依法实施的监督管理。

第三十三条 生产经营单位对重大危险源应当登记建档，进行定期检测、评估、监控，并制定应急预案，告知从业人员和相关人员在紧急情况下应当采取的应急措施。

生产经营单位应当按照国家有关规定将本单位重大危险源及有关安全措施、应急措施报有关地方人民政府负责安全生产监督管理的部门和有关部门备案。

第三十四条 生产、经营、储存、使用危险物品的车间、商店、仓库不得与员工宿舍在同一座建筑物内，并应当与员工宿舍保持安全距离。

生产经营场所和员工宿舍应当设有符合紧急疏散要求、标志明显、保持畅通的出口。禁止封闭、堵塞生产经营场所或者员工宿舍的出口。

第三十五条 生产经营单位进行爆破、吊装等危险作业，应当安排专门人员进行现场安全管理，确保操作规程的遵守和安全措施的落实。

第三十六条 生产经营单位应当教育和督促从业人员严格执行本单位的安全生产规章制度和安全操作规程；并向从业人员如实告知作业场所和工作岗位存在的危险因素、防范措施以及事故应急措施。

第三十七条 生产经营单位必须为从业人员提供符合国家标准或者行业标准的劳动防护用品，并监督、教育从业人员按照使用规则佩戴、使用。

第三十八条 生产经营单位的安全生产管理人员应当根据本单位的生产经营特点，对安全生产状况进行经常性检查；对检查中发现的安全问题，应当立即处理；不能处理的，应当及时报告本单位有关负责人。检查及处理情况应当记录在案。

第三十九条 生产经营单位应当安排用于配备劳动防护用品、进行安全生产培训的经费。

第四十条 两个以上生产经营单位在同一作业区域内进行生产经营活动，可能危及对方生产安全的，应当签订安全生产管理协议，明确各自的安全生产管理职责和应当采取的安全措施，并指定专职安全生产管理人员进行安全检查与协调。

第四十一条 生产经营单位不得将生产经营项目、场所、设备发包或者出租给不具备安全生产条件或者相应资质的单位或者个人。

生产经营项目、场所有多个承包单位、承租单位的，生产经营单位应当与承包单位、承租单位签订专门的安全生产管理协议，或者在承包合同、租赁合同中约定各自的安全生产管理职责；生产经营单位对承包单位、承租单位的安全生产工作统一协调、管理。

第四十二条 生产经营单位发生重大生产安全事故时，单位的主要负责人应当立即组织抢救，并不得在事故调查处理期间擅离职守。

第四十三条 生产经营单位必须依法参加工伤社会保险，为从业人员缴纳保险费。

第三章 从业人员的权利和义务

第四十四条 生产经营单位与从业人员订立的劳动合同，应当载明有关保障从业人员劳动安全、防止职业危害的事项，以及依法为从业人员办理工伤社会保险的事项。

生产经营单位不得以任何形式与从业人员订立协议，免除或者减轻其对从业人员因生产安全事故伤亡依法应承担的责任。

第四十五条 生产经营单位的从业人员有权了解其作业场所和工作岗位存在的危险因素、防范措施及事故应急措施，有权对本单位的安全生产工作提出建议。

第四十六条 从业人员有权对本单位安全生产工作中存在的问题提出批评、检举、控告；有权拒绝违章指挥和强令冒险作业。

生产经营单位不得因从业人员对本单位安全生产工作提出批评、检举、控告或者拒绝违章指挥、强令冒险作业而降低其工资、福利等待遇或者解除与其订立的劳动合同。

第四十七条 从业人员发现直接危及人身安全的紧急情况时，有权停止作业或者在采取可能的应急措施后撤离作业场所。

生产经营单位不得因从业人员在前款紧急情况下停止作业或者采取紧急撤离措施而降低其工资、福利等待遇或者解除与其订立的劳动合同。

第四十八条 因生产安全事故受到损害的从业

人员，除依法享有工伤社会保险外，依照有关民事法律尚有获得赔偿的权利的，有权向本单位提出赔偿要求。

第四十九条 从业人员在作业过程中，应当严格遵守本单位的安全生产规章制度和操作规程，服从管理，正确佩戴和使用劳动防护用品。

第五十条 从业人员应当接受安全生产教育和培训，掌握本职工作所需的安全生产知识，提高安全生产技能，增强事故预防和应急处理能力。

第五十一条 从业人员发现事故隐患或者其他不安全因素，应当立即向现场安全生产管理人员或者本单位负责人报告；接到报告的人员应当及时予以处理。

第五十二条 工会有权对建设项目的安全设施与主体工程同时设计、同时施工、同时投入生产和使用进行监督，提出意见。

工会对生产经营单位违反安全生产法律、法规，侵犯从业人员合法权益的行为，有权要求纠正；发现生产经营单位违章指挥、强令冒险作业或者发现事故隐患时，有权提出解决的建议，生产经营单位应当及时研究答复；发现危及从业人员生命安全的情况时，有权向生产经营单位建议组织从业人员撤离危险场所，生产经营单位必须立即作出处理。

工会有权依法参加事故调查，向有关部门提出处理意见，并要求追究有关人员的责任。

第四章 安全生产的监督管理

第五十三条 县级以上地方各级人民政府应当根据本行政区域内的安全生产状况，组织有关部门按照职责分工，对本行政区域内容易发生重大生产安全事故的生产经营单位进行严格检查；发现事故隐患，应当及时处理。

第五十四条 依照本法第九条规定对安全生产负有监督管理职责的部门（以下统称负有安全生产监督管理职责的部门）依照有关法律、法规的规定，对涉及安全生产的事项需要审查批准（包括批准、核准、许可、注册、认证、颁发证照等，下同）或者验收的，必须严格依照有关法律、法规和国家标准或者行业标准规定的安全生产条件和程序进行审查；不符合有关法律、法规和国家标准或者行业标准规定的安全生产条件的，不得批准或者验收通过。对未依法取得批准或者验收合格的单位擅自从事有关活动的，负责行政审批的部门发现或者接到举报后应当立即予以取缔，并依法予以处理。对已经依法取得批准的单位，负责行政审批的部门发现其不再具备安全生产条件的，应当撤销原批准。

第五十五条 负有安全生产监督管理职责的部门对涉及安全生产的事项进行审查、验收，不得收取费用；不得要求接受审查、验收的单位购买其指定品牌或者指定生产、销售单位的安全设备、器材或者其他产品。

第五十六条 负有安全生产监督管理职责的部门依法对生产经营单位执行有关安全生产的法律、法规和国家标准或者行业标准的情况进行监督检查，行使以下职权：

（一）进入生产经营单位进行检查，调阅有关资料，向有关单位和人员了解情况。

（二）对检查中发现的安全生产违法行为，当场予以纠正或者要求限期改正；对依法应当给予行政处罚的行为，依照本法和其他有关法律、行政法规的规定作出行政处罚决定。

（三）对检查中发现的事故隐患，应当责令立即排除；重大事故隐患排除前或者排除过程中无法保证安全的，应当责令从危险区域内撤出作业人员，责令暂时停产停业或者停止使用；重大事故隐患排除后，经审查同意，方可恢复生产经营和使用。

（四）对有根据认为不符合保障安全生产的国家标准或者行业标准的设施、设备、器材予以查封或者扣押，并应当在十五日内依法作出处理决定。

监督检查不得影响被检查单位的正常生产经营活动。

第五十七条 生产经营单位对负有安全生产监督管理职责的部门的监督检查人员（以下统称安全生产监督检查人员）依法履行监督检查职责，应当予以配合，不得拒绝、阻挠。

第五十八条 安全生产监督检查人员应当忠于职守，坚持原则，秉公执法。

安全生产监督检查人员执行监督检查任务时，必须出示有效的监督执法证件；对涉及被检查单位的技术秘密和业务秘密，应当为其保密。

第五十九条 安全生产监督检查人员应当将检查的时间、地点、内容、发现的问题及其处理情况，作出书面记录，并由检查人员和被检查单位的负责人签字；被检查单位的负责人拒绝签字的，检查人员应当将情况记录在案，并向负有安全生产监督管理职责的部门报告。

第六十条 负有安全生产监督管理职责的部门在监督检查中，应当互相配合，实行联合检查；确需分别进行检查的，应当互通情况，发现存在的安全问题应当由其他有关部门进行处理的，应当及时移送其他有关部门并形成记录备查，接受移送的部门应当及时进行处理。

第六十一条 监察机关依照行政监察法的规定，对负有安全生产监督管理职责的部门及其工作人员履行安全生产监督管理职责实施监察。

第六十二条 承担安全评价、认证、检测、检验的机构应当具备国家规定的资质条件，并对其作出的安全评价、认证、检测、检验的结果负责。

第六十三条 负有安全生产监督管理职责的部门应当建立举报制度，公开举报电话、信箱或者电子邮件地址，受理有关安全生产的举报；受理的举报事项经调查核实后，应当形成书面材料；需要落实整改措施的，报经有关负责人签字并督促落实。

第六十四条 任何单位或者个人对事故隐患或者安全生产违法行为，均有权向负有安全生产监督管理职责的部门报告或者举报。

第六十五条 居民委员会、村民委员会发现其所在区域内的生产经营单位存在事故隐患或者安全生产违法行为时，应当向当地人民政府或者有关部门报告。

第六十六条 县级以上各级人民政府及其有关部门对报告重大事故隐患或者举报安全生产违法行为的有功人员，给予奖励。具体奖励办法由国务院负责安全生产监督管理的部门会同国务院财政部门制定。

第六十七条 新闻、出版、广播、电影、电视等单位有进行安全生产宣传教育的义务，有对违反安全生产法律、法规的行为进行舆论监督的权利。

第五章 生产安全事故的应急救援与调查处理

第六十八条 县级以上地方各级人民政府应当组织有关部门制定本行政区域内特大生产安全事故应急救援预案，建立应急救援体系。

第六十九条 危险物品的生产、经营、储存单位以及矿山、建筑施工单位应当建立应急救援组织；生产经营规模较小，可以不建立应急救援组织的，应当指定兼职的应急救援人员。

危险物品的生产、经营、储存单位以及矿山、建筑施工单位应当配备必要的应急救援器材、设备，并进行经常性维护、保养，保证正常运转。

第七十条 生产经营单位发生生产安全事故后，事故现场有关人员应当立即报告本单位负责人。

单位负责人接到事故报告后，应当迅速采取有效措施，组织抢救，防止事故扩大，减少人员伤亡和财产损失，并按照国家有关规定立即如实报告当地负有安全生产监督管理职责的部门，不得隐瞒不报、谎报或者拖延不报，不得故意破坏事故现场、毁灭有关证据。

第七十一条 负有安全生产监督管理职责的部门接到事故报告后，应当立即按照国家有关规定上报事故情况。负有安全生产监督管理职责的部门和有关地方人民政府对事故情况不得隐瞒不报、谎报或者拖延不报。

第七十二条 有关地方人民政府和负有安全生产监督管理职责的部门的负责人接到重大生产安全事故报告后，应当立即赶到事故现场，组织事故抢救。

任何单位和个人都应当支持、配合事故抢救，并提供一切便利条件。

第七十三条 事故调查处理应当按照实事求是、尊重科学的原则，及时、准确地查清事故原因，查明事故性质和责任，总结事故教训，提出整改措施，并对事故责任者提出处理意见。事故调查和处理的具体办法由国务院制定。

第七十四条 生产经营单位发生生产安全事故，经调查确定为责任事故的，除了应当查明事故单位的责任并依法予以追究外，还应当查明对安全生产的有关事项负有审查批准和监督职责的行政部门的责任，对有失职、渎职行为的，依照本法第七十七条的规定追究法律责任。

第七十五条 任何单位和个人不得阻挠和干涉对事故的依法调查处理。

第七十六条 县级以上地方各级人民政府负责

安全生产监督管理的部门应当定期统计分析本行政区域内发生生产安全事故的情况，并定期向社会公布。

第六章　法律责任

第七十七条　负有安全生产监督管理职责的部门的工作人员，有下列行为之一的，给予降级或者撤职的行政处分；构成犯罪的，依照刑法有关规定追究刑事责任：

（一）对不符合法定安全生产条件的涉及安全生产的事项予以批准或者验收通过的；

（二）发现未依法取得批准、验收的单位擅自从事有关活动或者接到举报后不予取缔或者不依法予以处理的；

（三）对已经依法取得批准的单位不履行监督管理职责，发现其不再具备安全生产条件而不撤销原批准或者发现安全生产违法行为不予查处的。

第七十八条　负有安全生产监督管理职责的部门，要求被审查、验收的单位购买其指定的安全设备、器材或者其他产品的，在对安全生产事项的审查、验收中收取费用的，由其上级机关或者监察机关责令改正，责令退还收取的费用；情节严重的，对直接负责的主管人员和其他直接责任人员依法给予行政处分。

第七十九条　承担安全评价、认证、检测、检验工作的机构，出具虚假证明，构成犯罪的，依照刑法有关规定追究刑事责任；尚不够刑事处罚的，没收违法所得，违法所得在五千元以上的，并处违法所得二倍以上五倍以下的罚款，没有违法所得或者违法所得不足五千元的，单处或者并处五千元以上二万元以下的罚款，对其直接负责的主管人员和其他直接责任人员处五千元以上五万元以下的罚款；给他人造成损害的，与生产经营单位承担连带赔偿责任。

对有前款违法行为的机构，撤销其相应资格。

第八十条　生产经营单位的决策机构、主要负责人、个人经营的投资人不依照本法规定保证安全生产所必需的资金投入，致使生产经营单位不具备安全生产条件的，责令限期改正，提供必需的资金；逾期未改正的，责令生产经营单位停产停业整顿。

有前款违法行为，导致发生生产安全事故，构成犯罪的，依照刑法有关规定追究刑事责任；尚不够刑事处罚的，对生产经营单位的主要负责人给予撤职处分，对个人经营的投资人处二万元以上二十万元以下的罚款。

第八十一条　生产经营单位的主要负责人未履行本法规定的安全生产管理职责的，责令限期改正；逾期未改正的，责令生产经营单位停产停业整顿。

生产经营单位的主要负责人有前款违法行为，导致发生生产安全事故，构成犯罪的，依照刑法有关规定追究刑事责任；尚不够刑事处罚的，给予撤职处分或者处二万元以上二十万元以下的罚款。

生产经营单位的主要负责人依照前款规定受刑事处罚或者撤职处分的，自刑罚执行完毕或者受处分之日起，五年内不得担任任何生产经营单位的主要负责人。

第八十二条　生产经营单位有下列行为之一的，责令限期改正；逾期未改正的，责令停产停业整顿，可以并处二万元以下的罚款：

（一）未按照规定设立安全生产管理机构或者配备安全生产管理人员的；

（二）危险物品的生产、经营、储存单位以及矿山、建筑施工单位的主要负责人和安全生产管理人员未按照规定经考核合格的；

（三）未按照本法第二十一条、第二十二条的规定对从业人员进行安全生产教育和培训，或者未按照本法第三十六条的规定如实告知从业人员有关的安全生产事项的；

（四）特种作业人员未按照规定经专门的安全作业培训并取得特种作业操作资格证书，上岗作业的。

第八十三条　生产经营单位有下列行为之一的，责令限期改正；逾期未改正的，责令停止建设或者停产停业整顿，可以并处五万元以下的罚款；造成严重后果，构成犯罪的，依照刑法有关规定追究刑事责任：

（一）矿山建设项目或者用于生产、储存危险物品的建设项目没有安全设施设计或者安全设施设计未按照规定报经有关部门审查同意的；

（二）矿山建设项目或者用于生产、储存危险物品的建设项目的施工单位未按照批准的安全设施设计施工的；

（三）矿山建设项目或者用于生产、储存危险物品的建设项目竣工投入生产或者使用前，安全设施未经验收合格的；

（四）未在有较大危险因素的生产经营场所和有关设施、设备上设置明显的安全警示标志的；

（五）安全设备的安装、使用、检测、改造和报废不符合国家标准或者行业标准的；

（六）未对安全设备进行经常性维护、保养和定期检测的；

（七）未为从业人员提供符合国家标准或者行业标准的劳动防护用品的；

（八）特种设备以及危险物品的容器、运输工具未经取得专业资质的机构检测、检验合格，取得安全使用证或者安全标志，投入使用的；

（九）使用国家明令淘汰、禁止使用的危及生产安全的工艺、设备的。

第八十四条　未经依法批准，擅自生产、经营、储存危险物品的，责令停止违法行为或者予以关闭，没收违法所得，违法所得十万元以上的，并处违法所得一倍以上五倍以下的罚款，没有违法所得或者违法所得不足十万元的，单处或者并处二万元以上十万元以下的罚款；造成严重后果，构成犯罪的，依照刑法有关规定追究刑事责任。

第八十五条　生产经营单位有下列行为之一的，责令限期改正；逾期未改正的，责令停产停业整顿，可以并处二万元以上十万元以下的罚款；造成严重后果，构成犯罪的，依照刑法有关规定追究刑事责任：

（一）生产、经营、储存、使用危险物品，未建立专门安全管理制度、未采取可靠的安全措施或者不接受有关主管部门依法实施的监督管理的；

（二）对重大危险源未登记建档，或者未进行评估、监控，或者未制定应急预案的；

（三）进行爆破、吊装等危险作业，未安排专门管理人员进行现场安全管理的。

第八十六条　生产经营单位将生产经营项目、场所、设备发包或者出租给不具备安全生产条件或者相应资质的单位或者个人的，责令限期改正，没收违法所得；违法所得五万元以上的，并处违法所得一倍以上五倍以下的罚款；没有违法所得或者违法所得不足五万元的，单处或者并处一万元以上五万元以下的罚款；导致发生生产安全事故给他人造成损害的，与承包方、承租方承担连带赔偿责任。

生产经营单位未与承包单位、承租单位签订专门的安全生产管理协议或者未在承包合同、租赁合同中明确各自的安全生产管理职责，或者未对承包单位、承租单位的安全生产统一协调、管理的，责令限期改正；逾期未改正的，责令停产停业整顿。

第八十七条　两个以上生产经营单位在同一作业区域内进行可能危及对方安全生产的生产经营活动，未签订安全生产管理协议或者未指定专职安全生产管理人员进行安全检查与协调的，责令限期改正；逾期未改正的，责令停产停业。

第八十八条　生产经营单位有下列行为之一的，责令限期改正；逾期未改正的，责令停产停业整顿；造成严重后果，构成犯罪的，依照刑法有关规定追究刑事责任：

（一）生产、经营、储存、使用危险物品的车间、商店、仓库与员工宿舍在同一座建筑内，或者与员工宿舍的距离不符合安全要求的；

（二）生产经营场所和员工宿舍未设有符合紧急疏散需要、标志明显、保持畅通的出口，或者封闭、堵塞生产经营场所或者员工宿舍出口的。

第八十九条　生产经营单位与从业人员订立协议，免除或者减轻其对从业人员因生产安全事故伤亡依法应承担的责任的，该协议无效；对生产经营单位的主要负责人、个人经营的投资人处二万元以上十万元以下的罚款。

第九十条　生产经营单位的从业人员不服从管理，违反安全生产规章制度或者操作规程的，由生产经营单位给予批评教育，依照有关规章制度给予处分；造成重大事故，构成犯罪的，依照刑法有关规定追究刑事责任。

第九十一条　生产经营单位主要负责人在本单位发生重大生产安全事故时，不立即组织抢救或者在事故调查处理期间擅离职守或者逃匿的，给予降职、撤职的处分，对逃匿的处十五日以下拘留；构成犯罪的，依照刑法有关规定追究刑事责任。

生产经营单位主要负责人对生产安全事故隐瞒不报、谎报或者拖延不报的，依照前款规定处罚。

第九十二条　有关地方人民政府、负有安全生产监督管理职责的部门，对生产安全事故隐瞒不报、谎报或者拖延不报的，对直接负责的主管人员和其他直接责任人员依法给予行政处分；构成犯罪的，依照刑法有关规定追究刑事责任。

第九十三条 生产经营单位不具备本法和其他有关法律、行政法规和国家标准或者行业标准规定的安全生产条件，经停产停业整顿仍不具备安全生产条件的，予以关闭；有关部门应当依法吊销其有关证照。

第九十四条 本法规定的行政处罚，由负责安全生产监督管理的部门决定；予以关闭的行政处罚由负责安全生产监督管理的部门报请县级以上人民政府按照国务院规定的权限决定；给予拘留的行政处罚由公安机关依照治安管理处罚条例的规定决定。有关法律、行政法规对行政处罚的决定机关另有规定的，依照其规定。

第九十五条 生产经营单位发生生产安全事故造成人员伤亡、他人财产损失的，应当依法承担赔偿责任；拒不承担或者其负责人逃匿的，由人民法院依法强制执行。

生产安全事故的责任人未依法承担赔偿责任，经人民法院依法采取执行措施后，仍不能对受害人给予足额赔偿的，应当继续履行赔偿义务；受害人发现责任人有其他财产的，可以随时请求人民法院执行。

第七章 附 则

第九十六条 本法下列用语的含义：

危险物品，是指易燃易爆物品、危险化学品、放射性物品等能够危及人身安全和财产安全的物品。

重大危险源，是指长期地或者临时地生产、搬运、使用或者储存危险物品，且危险物品的数量等于或者超过临界量的单元（包括场所和设施）。

第九十七条 本法自 2002 年 11 月 1 日起施行。

中华人民共和国国务院令

第 344 号

《危险化学品安全管理条例》已经 2002 年 1 月 9 日国务院第 52 次常务会议通过，现予公布，自 2002 年 3 月 1 日起施行。

总理 **朱镕基**

二〇〇二年一月二十六日

危险化学品安全管理条例

第一章 总 则

第一条 为了加强对危险化学品的安全管理，保障人民生命、财产安全，保护环境，制定本条例。

第二条 在中华人民共和国境内生产、经营、储存、运输、使用危险化学品和处置废弃危险化学品，必须遵守本条例和国家有关安全生产的法律、其他行政法规的规定。

第三条 本条例所称危险化学品，包括爆炸品、压缩气体和液化气体、易燃液体、易燃固体、自燃物品和遇湿易燃物品、氧化剂和有机过氧化物、有毒品和腐蚀品等。

危险化学品列入以国家标准公布的《危险货物品名表》（GB12268）；剧毒化学品目录和未列入《危险货物品名表》的其他危险化学品，由国务院经济贸易综合管理部门会同国务院公安、环境保护、卫生、质检、交通部门确定并公布。

第四条 生产、经营、储存、运输、使用危险化学品和处置废弃危险化学品的单位（以下统称危险化学品单位），其主要负责人必须保证本单位危险化学品的安全管理符合有关法律、法规、规章的规定和国家标准的要求，并对本单位危险化学品的安全负责。

危险化学品单位从事生产、经营、储存、运输、使用危险化学品或者处置废弃危险化学品活动的人员，必须接受有关法律、法规、规章和安全知识、专业技术、职业卫生防护和应急救援知识的培训，并经考核合格，方可上岗作业。

第五条 对危险化学品的生产、经营、储存、运输、使用和对废弃危险化学品处置实施监督管理的有关部门，依照下列规定履行职责：

（一）国务院经济贸易综合管理部门和省、自治区、直辖市人民政府经济贸易管理部门，依照本条例的规定，负责危险化学品安全监督管理综合工作，负责危险化学品生产、储存企业设立及其改建、扩建的审查，负责危险化学品包装物、容器（包括用于运输工具的槽罐，下同）专业生产企业的审查和定点，负责危险化学品经营许可证的发放，负责国内危险化学品的登记，负责危险化学品事故应急救援的组织和协调，并负责前述事项的监督检查；设区的市级人民政府和县级人民政府的负责危险化学品安全监督管理综合工作的部门，由各该级人民政府确定，依照本条例的规定履行职责。

（二）公安部门负责危险化学品的公共安全管理，负责发放剧毒化学品购买凭证和准购证，负责审查核发剧毒化学品公路运输通行证，对危险化学品道路运输安全实施监督，并负责前述事项的监督检查。

（三）质检部门负责发放危险化学品及其包装物、容器的生产许可证，负责对危险化学品包装物、容器的产品质量实施监督，并负责前述事项的监督检查。

（四）环境保护部门负责废弃危险化学品处置的监督管理，负责调查重大危险化学品污染事故和生态破坏事件，负责有毒化学品事故现场的应急监测和进口危险化学品的登记，并负责前述事项的监督检查。

（五）铁路、民航部门负责危险化学品铁路、航空运输和危险化学品铁路、民航运输单位及其运输工具的安全管理及监督检查。交通部门负责危险化学品公路、水路运输单位及其运输工具的安全管理，对危险化学品水路运输安全实施监督，负责危险化学品公路、水路运输单位、驾驶人员、船员、装卸人员和押运人员的资质认定，并负责前述事项的监督检查。

（六）卫生行政部门负责危险化学品的毒性鉴定和危险化学品事故伤亡人员的医疗救护工作。

（七）工商行政管理部门依据有关部门的批准、许可文件,核发危险化学品生产、经营、储存、运输单位营业执照,并监督管理危险化学品市场经营活动。

（八）邮政部门负责邮寄危险化学品的监督检查。

第六条 依照本条例对危险化学品单位实施监督管理的有关部门，依法进行监督检查，可以行使下列职权：

（一）进入危险化学品作业场所进行现场检查，调取有关资料，向有关人员了解情况，向危险化学品单位提出整改措施和建议；

（二）发现危险化学品事故隐患时，责令立即排除或者限期排除；

（三）对有根据认为不符合有关法律、法规、规章规定和国家标准要求的设施、设备、器材和运输工具，责令立即停止使用；

（四）发现违法行为，当场予以纠正或者责令限期改正。

危险化学品单位应当接受有关部门依法实施的监督检查，不得拒绝、阻挠。

有关部门派出的工作人员依法进行监督检查时，应当出示证件。

第二章　危险化学品的生产、储存和使用

第七条 国家对危险化学品的生产和储存实行

统一规划、合理布局和严格控制，并对危险化学品生产、储存实行审批制度；未经审批，任何单位和个人都不得生产、储存危险化学品。

设区的市级人民政府根据当地经济发展的实际需要，在编制总体规划时，应当按照确保安全的原则规划适当区域专门用于危险化学品的生产、储存。

第八条 危险化学品生产、储存企业，必须具备下列条件：

（一）有符合国家标准的生产工艺、设备或者储存方式、设施；

（二）工厂、仓库的周边防护距离符合国家标准或者国家有关规定；

（三）有符合生产或者储存需要的管理人员和技术人员；

（四）有健全的安全管理制度；

（五）符合法律、法规规定和国家标准要求的其他条件。

第九条 设立剧毒化学品生产、储存企业和其他危险化学品生产、储存企业，应当分别向省、自治区、直辖市人民政府经济贸易管理部门和设区的市级人民政府负责危险化学品安全监督管理综合工作的部门提出申请，并提交下列文件：

（一）可行性研究报告；

（二）原料、中间产品、最终产品或者储存的危险化学品的燃点、自燃点、闪点、爆炸极限、毒性等理化性能指标；

（三）包装、储存、运输的技术要求；

（四）安全评价报告；

（五）事故应急救援措施；

（六）符合本条例第八条规定条件的证明文件。

省、自治区、直辖市人民政府经济贸易管理部门或者设区的市级人民政府负责危险化学品安全监督管理综合工作的部门收到申请和提交的文件后，应当组织有关专家进行审查，提出审查意见后，报本级人民政府作出批准或者不予批准的决定。依据本级人民政府的决定，予以批准的，由省、自治区、直辖市人民政府经济贸易管理部门或者设区的市级人民政府负责危险化学品安全监督管理综合工作的部门颁发批准书；不予批准的，书面通知申请人。

申请人凭批准书向工商行政管理部门办理登记注册手续。

第十条 除运输工具加油站、加气站外，危险化学品的生产装置和储存数量构成重大危险源的储存设施，与下列场所、区域的距离必须符合国家标准或者国家有关规定：

（一）居民区、商业中心、公园等人口密集区域；

（二）学校、医院、影剧院、体育场（馆）等公共设施；

（三）供水水源、水厂及水源保护区；

（四）车站、码头（按照国家规定，经批准，专门从事危险化学品装卸作业的除外）、机场以及公路、铁路、水路交通干线、地铁风亭及出入口；

（五）基本农田保护区、畜牧区、渔业水域和种子、种畜、水产苗种生产基地；

（六）河流、湖泊、风景名胜区和自然保护区；

（七）军事禁区、军事管理区；

（八）法律、行政法规规定予以保护的其他区域。

已建危险化学品的生产装置和储存数量构成重大危险源的储存设施不符合前款规定的，由所在地设区的市级人民政府负责危险化学品安全监督管理综合工作的部门监督其在规定期限内进行整顿；需要转产、停产、搬迁、关闭的，报本级人民政府批准后实施。

本条例所称重大危险源，是指生产、运输、使用、储存危险化学品或者处置废弃危险化学品，且危险化学品的数量等于或者超过临界量的单元（包括场所和设施）。

第十一条 危险化学品生产、储存企业改建、扩建的，必须依照本条例第九条的规定经审查批准。

第十二条 依法设立的危险化学品生产企业，必须向国务院质检部门申请领取危险化学品生产许可证；未取得危险化学品生产许可证的，不得开工生产。

国务院质检部门应当将颁发危险化学品生产许可证的情况通报国务院经济贸易综合管理部门、环境保护部门和公安部门。

第十三条 任何单位和个人不得生产、经营、使用国家明令禁止的危险化学品。

禁止用剧毒化学品生产灭鼠药以及其他可能进

入人民日常生活的化学产品和日用化学品。

第十四条 生产危险化学品的，应当在危险化学品的包装内附有与危险化学品完全一致的化学品安全技术说明书，并在包装（包括外包装件）上加贴或者拴挂与包装内危险化学品完全一致的化学品安全标签。

危险化学品生产企业发现其生产的危险化学品有新的危害特性时，应当立即公告，并及时修订安全技术说明书和安全标签。

第十五条 使用危险化学品从事生产的单位，其生产条件必须符合国家标准和国家有关规定，并依照国家有关法律、法规的规定取得相应的许可，必须建立、健全危险化学品使用的安全管理规章制度，保证危险化学品的安全使用和管理。

第十六条 生产、储存、使用危险化学品的，应当根据危险化学品的种类、特性，在车间、库房等作业场所设置相应的监测、通风、防晒、调温、防火、灭火、防爆、泄压、防毒、消毒、中和、防潮、防雷、防静电、防腐、防渗漏、防护围堤或者隔离操作等安全设施、设备，并按照国家标准和国家有关规定进行维护、保养，保证符合安全运行要求。

第十七条 生产、储存、使用剧毒化学品的单位，应当对本单位的生产、储存装置每年进行一次安全评价；生产、储存、使用其他危险化学品的单位，应当对本单位的生产、储存装置每两年进行一次安全评价。

安全评价报告应当对生产、储存装置存在的安全问题提出整改方案。安全评价中发现生产、储存装置存在现实危险的，应当立即停止使用，予以更换或者修复，并采取相应的安全措施。

安全评价报告应当报所在地设区的市级人民政府负责危险化学品安全监督管理综合工作的部门备案。

第十八条 危险化学品的生产、储存、使用单位，应当在生产、储存和使用场所设置通讯、报警装置，并保证在任何情况下处于正常适用状态。

第十九条 剧毒化学品的生产、储存、使用单位，应当对剧毒化学品的产量、流向、储存量和用途如实记录，并采取必要的保安措施，防止剧毒化学品被盗、丢失或者误售、误用；发现剧毒化学品被盗、丢失或者误售、误用时，必须立即向当地公安部门报告。

第二十条 危险化学品的包装必须符合国家法律、法规、规章的规定和国家标准的要求。

危险化学品包装的材质、型式、规格、方法和单件质量（重量），应当与所包装的危险化学品的性质和用途相适应，便于装卸、运输和储存。

第二十一条 危险化学品的包装物、容器，必须由省、自治区、直辖市人民政府经济贸易管理部门审查合格的专业生产企业定点生产，并经国务院质检部门认可的专业检测、检验机构检测、检验合格，方可使用。

重复使用的危险化学品包装物、容器在使用前，应当进行检查，并作出记录；检查记录应当至少保存2年。

质检部门应当对危险化学品的包装物、容器的产品质量进行定期的或者不定期的检查。

第二十二条 危险化学品必须储存在专用仓库、专用场地或者专用储存室（以下统称专用仓库）内，储存方式、方法与储存数量必须符合国家标准，并由专人管理。

危险化学品出入库，必须进行核查登记。库存危险化学品应当定期检查。

剧毒化学品以及储存数量构成重大危险源的其他危险化学品必须在专用仓库内单独存放，实行双人收发、双人保管制度。储存单位应当将储存剧毒化学品以及构成重大危险源的其他危险化学品的数量、地点以及管理人员的情况，报当地公安部门和负责危险化学品安全监督管理综合工作的部门备案。

第二十三条 危险化学品专用仓库，应当符合国家标准对安全、消防的要求，设置明显标志。危险化学品专用仓库的储存设备和安全设施应当定期检测。

第二十四条 处置废弃危险化学品，依照固体废物污染环境防治法和国家有关规定执行。

第二十五条 危险化学品的生产、储存、使用单位转产、停产、停业或者解散的，应当采取有效措施，处置危险化学品的生产或者储存设备、库存产品及生产原料，不得留有事故隐患。处置方案应当报所在地设区的市级人民政府负责危险化学品安全监督管理综合工作的部门和同级环境保护部门、公安部门备案。负责危险化学品安全监督管理综合工作的部门应当对处置情况进行监督检查。

第二十六条 公众上交的危险化学品，由公安部门接收。公安部门接收的危险化学品和其他有关部门收缴的危险化学品，交由环境保护部门认定的专业单位处理。

第三章 危险化学品的经营

第二十七条 国家对危险化学品经营销售实行许可制度。未经许可，任何单位和个人都不得经营销售危险化学品。

第二十八条 危险化学品经营企业，必须具备下列条件：

（一）经营场所和储存设施符合国家标准；

（二）主管人员和业务人员经过专业培训，并取得上岗资格；

（三）有健全的安全管理制度；

（四）符合法律、法规规定和国家标准要求的其他条件。

第二十九条 经营剧毒化学品和其他危险化学品的，应当分别向省、自治区、直辖市人民政府经济贸易管理部门或者设区的市级人民政府负责危险化学品安全监督管理综合工作的部门提出申请，并附送本条例第二十八条规定条件的相关证明材料。省、自治区、直辖市人民政府经济贸易管理部门或者设区的市级人民政府负责危险化学品安全监督管理综合工作的部门接到申请后，应当依照本条例的规定对申请人提交的证明材料和经营场所进行审查。经审查，符合条件的，颁发危险化学品经营许可证，并将颁发危险化学品经营许可证的情况通报同级公安部门和环境保护部门；不符合条件的，书面通知申请人并说明理由。

申请人凭危险化学品经营许可证向工商行政管理部门办理登记注册手续。

第三十条 经营危险化学品，不得有下列行为：

（一）从未取得危险化学品生产许可证或者危险化学品经营许可证的企业采购危险化学品；

（二）经营国家明令禁止的危险化学品和用剧毒化学品生产的灭鼠药以及其他可能进入人民日常生活的化学产品和日用化学品；

（三）销售没有化学品安全技术说明书和化学品安全标签的危险化学品。

第三十一条 危险化学品生产企业不得向未取得危险化学品经营许可证的单位或者个人销售危险化学品。

第三十二条 危险化学品经营企业储存危险化学品，应当遵守本条例第二章的有关规定。危险化学品商店内只能存放民用小包装的危险化学品，其总量不得超过国家规定的限量。

第三十三条 剧毒化学品经营企业销售剧毒化学品，应当记录购买单位的名称、地址和购买人员的姓名、身份证号码及所购剧毒化学品的品名、数量、用途。记录应当至少保存1年。

剧毒化学品经营企业应当每天核对剧毒化学品的销售情况；发现被盗、丢失、误售等情况时，必须立即向当地公安部门报告。

第三十四条 购买剧毒化学品，应当遵守下列规定：

（一）生产、科研、医疗等单位经常使用剧毒化学品的，应当向设区的市级人民政府公安部门申请领取购买凭证，凭购买凭证购买；

（二）单位临时需要购买剧毒化学品的，应当凭本单位出具的证明（注明品名、数量、用途）向设区的市级人民政府公安部门申请领取准购证，凭准购证购买；

（三）个人不得购买农药、灭鼠药、灭虫药以外的剧毒化学品。

剧毒化学品生产企业、经营企业不得向个人或者无购买凭证、准购证的单位销售剧毒化学品。剧毒化学品购买凭证、准购证不得伪造、变造、买卖、出借或者以其他方式转让，不得使用作废的剧毒化学品购买凭证、准购证。

剧毒化学品购买凭证和准购证的式样和具体申领办法由国务院公安部门制定。

第四章 危险化学品的运输

第三十五条 国家对危险化学品的运输实行资质认定制度；未经资质认定，不得运输危险化学品。

危险化学品运输企业必须具备的条件由国务院交通部门规定。

第三十六条 用于危险化学品运输工具的槽罐

以及其他容器，必须依照本条例第二十一条的规定，由专业生产企业定点生产，并经检测、检验合格，方可使用。

质检部门应当对前款规定的专业生产企业定点生产的槽罐以及其他容器的产品质量进行定期的或者不定期的检查。

第三十七条 危险化学品运输企业，应当对其驾驶员、船员、装卸管理人员、押运人员进行有关安全知识培训；驾驶员、船员、装卸管理人员、押运人员必须掌握危险化学品运输的安全知识，并经所在地设区的市级人民政府交通部门考核合格（船员经海事管理机构考核合格），取得上岗资格证，方可上岗作业。危险化学品的装卸作业必须在装卸管理人员的现场指挥下进行。

运输危险化学品的驾驶员、船员、装卸人员和押运人员必须了解所运载的危险化学品的性质、危害特性、包装容器的使用特性和发生意外时的应急措施。运输危险化学品，必须配备必要的应急处理器材和防护用品。

第三十八条 通过公路运输危险化学品的，托运人只能委托有危险化学品运输资质的运输企业承运。

第三十九条 通过公路运输剧毒化学品的，托运人应当向目的地的县级人民政府公安部门申请办理剧毒化学品公路运输通行证。

办理剧毒化学品公路运输通行证，托运人应当向公安部门提交有关危险化学品的品名、数量、运输始发地和目的地、运输路线、运输单位、驾驶人员、押运人员、经营单位和购买单位资质情况的材料。

剧毒化学品公路运输通行证的式样和具体申领办法由国务院公安部门制定。

第四十条 禁止利用内河以及其他封闭水域等航运渠道运输剧毒化学品以及国务院交通部门规定禁止运输的其他危险化学品。

利用内河以及其他封闭水域等航运渠道运输前款规定以外的危险化学品的，只能委托有危险化学品运输资质的水运企业承运，并按照国务院交通部门的规定办理手续，接受有关交通部门（港口部门、海事管理机构，下同）的监督管理。

运输危险化学品的船舶及其配载的容器必须按照国家关于船舶检验的规范进行生产，并经海事管理机构认可的船舶检验机构检验合格，方可投入使用。

第四十一条 托运人托运危险化学品，应当向承运人说明运输的危险化学品的品名、数量、危害、应急措施等情况。

运输危险化学品需要添加抑制剂或者稳定剂的，托运人交付托运时应当添加抑制剂或者稳定剂，并告知承运人。

托运人不得在托运的普通货物中夹带危险化学品，不得将危险化学品匿报或者谎报为普通货物托运。

第四十二条 运输、装卸危险化学品，应当依照有关法律、法规、规章的规定和国家标准的要求并按照危险化学品的危险特性，采取必要的安全防护措施。

运输危险化学品的槽罐以及其他容器必须封口严密，能够承受正常运输条件下产生的内部压力和外部压力，保证危险化学品在运输中不因温度、湿度或者压力的变化而发生任何渗（洒）漏。

第四十三条 通过公路运输危险化学品，必须配备押运人员，并随时处于押运人员的监管之下，不得超装、超载，不得进入危险化学品运输车辆禁止通行的区域；确需进入禁止通行区域的，应当事先向当地公安部门报告，由公安部门为其指定行车时间和路线，运输车辆必须遵守公安部门规定的行车时间和路线。

危险化学品运输车辆禁止通行区域，由设区的市级人民政府公安部门划定，并设置明显的标志。

运输危险化学品途中需要停车住宿或者遇有无法正常运输的情况时，应当向当地公安部门报告。

第四十四条 剧毒化学品在公路运输途中发生被盗、丢失、流散、泄漏等情况时，承运人及押运人员必须立即向当地公安部门报告，并采取一切可能的警示措施。公安部门接到报告后，应当立即向其他有关部门通报情况；有关部门应当采取必要的安全措施。

第四十五条 任何单位和个人不得邮寄或者在邮件内夹带危险化学品，不得将危险化学品匿报或者谎报为普通物品邮寄。

第四十六条 通过铁路、航空运输危险化学品的，按照国务院铁路、民航部门的有关规定执行。

第五章　危险化学品的登记与事故应急救援

第四十七条　国家实行危险化学品登记制度，并为危险化学品安全管理、事故预防和应急救援提供技术、信息支持。

第四十八条　危险化学品生产、储存企业以及使用剧毒化学品和数量构成重大危险源的其他危险化学品的单位，应当向国务院经济贸易综合管理部门负责危险化学品登记的机构办理危险化学品登记。危险化学品登记的具体办法由国务院经济贸易综合管理部门制定。

负责危险化学品登记的机构应当向环境保护、公安、质检、卫生等有关部门提供危险化学品登记的资料。

第四十九条　县级以上地方各级人民政府负责危险化学品安全监督管理综合工作的部门应当会同同级其他有关部门制定危险化学品事故应急救援预案，报经本级人民政府批准后实施。

第五十条　危险化学品单位应当制定本单位事故应急救援预案，配备应急救援人员和必要的应急救援器材、设备，并定期组织演练。

危险化学品事故应急救援预案应当报设区的市级人民政府负责危险化学品安全监督管理综合工作的部门备案。

第五十一条　发生危险化学品事故，单位主要负责人应当按照本单位制定的应急救援预案，立即组织救援，并立即报告当地负责危险化学品安全监督管理综合工作的部门和公安、环境保护、质检部门。

第五十二条　发生危险化学品事故，有关地方人民政府应当做好指挥、领导工作。负责危险化学品安全监督管理综合工作的部门和环境保护、公安、卫生等有关部门，应当按照当地应急救援预案组织实施救援，不得拖延、推诿。有关地方人民政府及其有关部门并应当按照下列规定，采取必要措施，减少事故损失，防止事故蔓延、扩大：

（一）立即组织营救受害人员，组织撤离或者采取其他措施保护危害区域内的其他人员；

（二）迅速控制危害源，并对危险化学品造成的危害进行检验、监测，测定事故的危害区域、危险化学品性质及危害程度；

（三）针对事故对人体、动植物、土壤、水源、空气造成的现实危害和可能产生的危害，迅速采取封闭、隔离、洗消等措施；

（四）对危险化学品事故造成的危害进行监测、处置，直至符合国家环境保护标准。

第五十三条　危险化学品生产企业必须为危险化学品事故应急救援提供技术指导和必要的协助。

第五十四条　危险化学品事故造成环境污染的信息，由环境保护部门统一公布。

第六章　法 律 责 任

第五十五条　对生产、经营、储存、运输、使用危险化学品和处置废弃危险化学品依法实施监督管理的有关部门工作人员，有下列行为之一的，依法给予降级或者撤职的行政处分；触犯刑律的，依照刑法关于受贿罪、滥用职权罪、玩忽职守罪或者其他罪的规定，依法追究刑事责任：

（一）利用职务上的便利收受他人财物或者其他好处，对不符合本条例规定条件的涉及生产、经营、储存、运输、使用危险化学品和处置废弃危险化学品的事项予以批准或者许可的；

（二）发现未依法取得批准或者许可的单位和个人擅自从事有关活动或者接到举报后不予取缔或者不依法予以处理的；

（三）对已经依法取得批准或者许可的单位和个人不履行监督管理职责，发现其不再具备本条例规定的条件而不撤销原批准、许可或者发现违反本条例的行为不予查处的。

第五十六条　发生危险化学品事故，有关部门未依照本条例的规定履行职责，组织实施救援或者采取必要措施，减少事故损失，防止事故蔓延、扩大，或者拖延、推诿的，对负有责任的主管人员和其他直接责任人员依法给予降级或者撤职的行政处分；触犯刑律的，依照刑法关于滥用职权罪、玩忽职守罪或者其他罪的规定，依法追究刑事责任。

第五十七条　违反本条例的规定，有下列行为之一的，分别由工商行政管理部门、质检部门、负责危险化学品安全监督管理综合工作的部门依据各自的职权予以关闭或者责令停产停业整顿，责令无害化销毁国家明令禁止生产、经营、使用的危险化学品或者用剧毒化学品生产的灭鼠药以及其他可能进入人民日常生活的化学产品和日用化学品；有违法所得的，没收违法所得；违法所得10万元以上的，并处违法所得1倍以上5倍以下的罚款；没有违法所得或者违法所得不足10万元的，并处5万元以上50万元以下的罚款；触犯刑律的，对负有责任的主管人员和其他直接责任人员依照刑法关于危险物品肇事罪、非法经营罪或者其他罪的规定，依法追究刑事责任：

（一）未经批准或者未经工商登记注册，擅自从事危险化学品生产、储存的；

（二）未取得危险化学品生产许可证，擅自开工生产危险化学品的；

（三）未经审查批准，危险化学品生产、储存企业擅自改建、扩建的；

（四）未取得危险化学品经营许可证或者未经工商登记注册，擅自从事危险化学品经营的；

（五）生产、经营、使用国家明令禁止的危险化学品，或者用剧毒化学品生产灭鼠药以及其他可能进入人民日常生活的化学产品和日用化学品的。

第五十八条 危险化学品单位违反本条例的规定，未根据危险化学品的种类、特性，在车间、库房等作业场所设置相应的监测、通风、防晒、调温、防火、灭火、防爆、泄压、防毒、消毒、中和、防潮、防雷、防静电、防腐、防渗漏、防护围堤或者隔离操作等安全设施、设备的，由负责危险化学品安全监督管理综合工作的部门或者公安部门依据各自的职权责令立即或者限期改正，处2万元以上10万元以下的罚款；触犯刑律的，对负有责任的主管人员和其他直接责任人员依照刑法关于危险物品肇事罪、重大责任事故罪或者其他罪的规定，依法追究刑事责任。

第五十九条 违反本条例的规定，有下列行为之一的，由负责危险化学品安全监督管理综合工作的部门、质检部门或者交通部门依据各自的职权责令立即或者限期改正，处2万元以上20万元以下的罚款；逾期未改正的，责令停产停业整顿；触犯刑律的，对负有责任的主管人员和其他直接责任人员依照刑法关于危险物品肇事罪、生产销售伪劣商品罪或者其他罪的规定，依法追究刑事责任：

（一）未经定点，擅自生产危险化学品包装物、容器的；

（二）运输危险化学品的船舶及其配载的容器未按照国家关于船舶检验的规范进行生产，并经检验合格的；

（三）危险化学品包装的材质、型式、规格、方法和单件质量（重量）与所包装的危险化学品的性质和用途不相适应的；

（四）对重复使用的危险化学品的包装物、容器在使用前，不进行检查的；

（五）使用非定点企业生产的或者未经检测、检验合格的包装物、容器包装、盛装、运输危险化学品的。

第六十条 危险化学品单位违反本条例的规定，有下列行为之一的，由负责危险化学品安全监督管理综合工作的部门责令立即或者限期改正，处1万元以上5万元以下的罚款；逾期不改正的，责令停产停业整顿：

（一）危险化学品生产企业未在危险化学品包装内附有与危险化学品完全一致的化学品安全技术说明书，或者未在包装（包括外包装件）上加贴、拴挂与包装内危险化学品完全一致的化学品安全标签的；

（二）危险化学品生产企业发现危险化学品有新的危害特性时，不立即公告并及时修订其安全技术说明书和安全标签的；

（三）危险化学品经营企业销售没有化学品安全技术说明书和安全标签的危险化学品的。

第六十一条 危险化学品单位违反本条例的规定，有下列行为之一的，由负责危险化学品安全监督管理综合工作的部门或者公安部门依据各自的职权责令立即或者限期改正，处1万元以上5万元以下的罚款；逾期不改正的，由原发证机关吊销危险化学品生产许可证、经营许可证和营业执照；触犯刑律的，对负有责任的主管人员和其他直接责任人员依照刑法关于危险物品肇事罪、重大责任事故罪或者其他罪的规定，依法追究刑事责任：

（一）未对其生产、储存装置进行定期安全评价，并报所在地设区的市级人民政府负责危险化学品安全监督管理综合工作的部门备案，或者对安全评价中发现的存在现实危险的生产、储存装置不立即停止使用，予以更换或者修复，并采取相应的安全措施的；

（二）未在生产、储存和使用危险化学品场所设置通讯、报警装置，并保持正常适用状态的；

（三）危险化学品未储存在专用仓库内或者未设专人管理的；

（四）危险化学品出入库未进行核查登记或者入库后未定期检查的；

（五）危险化学品专用仓库不符合国家标准对安全、消防的要求，未设置明显标志，或者未对专用仓库的储存设备和安全设施定期检测的；

（六）危险化学品经销商店存放非民用小包装的危险化学品或者危险化学品民用小包装的存放量超过国家规定限量的；

（七）剧毒化学品以及构成重大危险源的其他危险化学品未在专用仓库内单独存放，或者未实行双人收发、双人保管，或者未将储存剧毒化学品以及构成重大危险源的其他危险化学品的数量、地点以及管理人员的情况，报当地公安部门和负责危险化学品安全监督管理综合工作的部门备案的；

（八）危险化学品生产单位不如实记录剧毒化学品的产量、流向、储存量和用途，或者未采取必要的保安措施防止剧毒化学品被盗、丢失、误售、误用，或者发生剧毒化学品被盗、丢失、误售、误用后不立即向当地公安部门报告的；

（九）危险化学品经营企业不记录剧毒化学品购买单位的名称、地址，购买人员的姓名、身份证号码及所购剧毒化学品的品名、数量、用途，或者不每天核对剧毒化学品的销售情况，或者发现被盗、丢失、误售不立即向当地公安部门报告的。

第六十二条 危险化学品单位违反本条例的规定，在转产、停产、停业或者解散时未采取有效措施，处置危险化学品生产、储存设备、库存产品及生产原料的，由负责危险化学品安全监督管理综合工作的部门责令改正，处2万元以上10万元以下的罚款；触犯刑律的，对负有责任的主管人员和其他直接责任人员依照刑法关于重大环境污染事故罪、危险物品肇事罪或者其他罪的规定，依法追究刑事责任。

第六十三条 违反本条例的规定，有下列行为之一的，由工商行政管理部门责令改正，有违法所得的，没收违法所得；违法所得5万元以上的，并处违法所得1倍以上5倍以下的罚款；没有违法所得或者违法所得不足5万元的，并处2万元以上20万元以下的罚款；不改正的，由原发证机关吊销生产许可证、经营许可证和营业执照；触犯刑律的，对负有责任的主管人员和其他直接责任人员依照刑法关于非法经营罪、危险物品肇事罪或者其他罪的规定，依法追究刑事责任：

（一）危险化学品经营企业从未取得危险化学品生产许可证或者危险化学品经营许可证的企业采购危险化学品的；

（二）危险化学品生产企业向未取得危险化学品经营许可证的经营单位销售其产品的；

（三）剧毒化学品经营企业向个人或者无购买凭证、准购证的单位销售剧毒化学品的。

第六十四条 违反本条例的规定，伪造、变造、买卖、出借或者以其他方式转让剧毒化学品购买凭证、准购证以及其他有关证件，或者使用作废的上述有关证件的，由公安部门责令改正，处1万元以上5万元以下的罚款；触犯刑律的，对负有责任的主管人员和其他直接责任人员依照刑法关于伪造、变造、买卖国家机关公文、证件、印章罪或者其他罪的规定，依法追究刑事责任。

第六十五条 违反本条例的规定，未取得危险化学品运输企业资质，擅自从事危险化学品公路、水路运输，有违法所得的，由交通部门没收违法所得；违法所得5万元以上的，并处违法所得1倍以上5倍以下的罚款；没有违法所得或者违法所得不足5万元的，处2万元以上20万元以下的罚款；触犯刑律的，对负有责任的主管人员和其他直接责任人员依照刑法关于危险物品肇事罪或者其他罪的规定，依法追究刑事责任。

第六十六条 违反本条例的规定，有下列行为之一的，由交通部门处2万元以上10万元以下的罚款；触犯刑律的，依照刑法关于危险物品肇事罪或者其他罪的规定，依法追究刑事责任：

（一）从事危险化学品公路、水路运输的驾驶员、船员、装卸管理人员、押运人员未经考核合格，取得上岗资格证的；

（二）利用内河以及其他封闭水域等航运渠道运输剧毒化学品和国家禁止运输的其他危险化学品的；

（三）托运人未按照规定向交通部门办理水路运输手续，擅自通过水路运输剧毒化学品和国家禁止运输的其他危险化学品以外的危险化学品的；

（四）托运人托运危险化学品，不向承运人说明运输的危险化学品的品名、数量、危害、应急措施等情况，或者需要添加抑制剂或者稳定剂，交付托运时未添加的；

（五）运输、装卸危险化学品不符合国家有关法律、法规、规章的规定和国家标准，并按照危险化学品的特性采取必要安全防护措施的。

第六十七条 违反本条例的规定，有下列行为之一的，由公安部门责令改正，处2万元以上10万元以下的罚款；触犯刑律的，依照刑法关于危险物品肇事罪、重大环境污染事故罪或者其他罪的规定，依法追究刑事责任：

（一）托运人未向公安部门申请领取剧毒化学品公路运输通行证，擅自通过公路运输剧毒化学品的；

（二）危险化学品运输企业运输危险化学品，不配备押运人员或者脱离押运人员监管，超装、超载，中途停车住宿或者遇有无法正常运输的情况，不向当地公安部门报告的；

（三）危险化学品运输企业运输危险化学品，未向公安部门报告，擅自进入危险化学品运输车辆禁止通行区域，或者进入禁止通行区域不遵守公安部门规定的行车时间和路线的；

（四）危险化学品运输企业运输剧毒化学品，在公路运输途中发生被盗、丢失、流散、泄露等情况，不立即向当地公安部门报告，并采取一切可能的警示措施的；

（五）托运人在托运的普通货物中夹带危险化学品或者将危险化学品匿报、谎报为普通货物托运的。

第六十八条 违反本条例的规定，邮寄或者在邮件内夹带危险化学品，或者将危险化学品匿报、谎报为普通物品邮寄的，由公安部门处2000元以上2万元以下的罚款；触犯刑律的，依照刑法关于危险物品肇事罪或者其他罪的规定，依法追究刑事责任。

第六十九条 危险化学品单位发生危险化学品事故，未按照本条例的规定立即组织救援，或者不立即向负责危险化学品安全监督管理综合工作的部门和公安、环境保护、质检部门报告，造成严重后果的，对负有责任的主管人员和其他直接责任人员依照刑法关于国有公司、企业工作人员失职罪或者其他罪的规定，依法追究刑事责任。

第七十条 危险化学品单位发生危险化学品事故造成人员伤亡、财产损失的，应当依法承担赔偿责任；拒不承担赔偿责任或者其负责人逃匿的，依法拍卖其财产，用于赔偿。

第七章　附　　则

第七十一条 监控化学品、属于药品的危险化学品和农药的安全管理，依照本条例的规定执行；国家另有规定的，依照其规定。

民用爆炸品、放射性物品、核能物质和城镇燃气的安全管理，不适用本条例。

第七十二条 危险化学品的进出口管理依照国家有关规定执行；进口危险化学品的经营、储存、运输、使用和处置进口废弃危险化学品，依照本条例的规定执行。

第七十三条 依照本条例的规定，对生产、经营、储存、运输、使用危险化学品和处置废弃危险化学品进行审批、许可并实施监督管理的国务院有关部门，应当根据本条例的规定制定并公布审批、许可的期限和程序。

本条例规定的国家标准和涉及危险化学品安全管理的国家有关规定，由国务院质检部门或者国务院有关部门分别依照国家标准化法律和其他有关法律、行政法规以及本条例的规定制定、调整并公布。

第七十四条 本条例自2002年3月15日起施行。1987年2月17日国务院发布的《化学危险物品安全管理条例》同时废止。

中华人民共和国国家经济贸易委员会令

第 34 号

《煤矿矿用安全产品检验管理办法》已经国家经济贸易委员会主任办公会议审议通过，现予公布，自 2002 年 11 月 15 日起施行。

国家经济贸易委员会主任　**李荣融**

二〇〇二年十月八日

煤矿矿用安全产品检验管理办法

第一章　总　　则

第一条　为了加强对煤矿矿用安全产品检验工作的管理，保证检验质量，保障煤矿安全生产，根据《中华人民共和国安全生产法》和《煤矿安全监察条例》制定本办法。

第二条　本办法适用于煤矿矿用安全产品的各类检验活动。

第三条　本办法所称煤矿矿用安全产品是指用于煤矿生产和建设，影响到煤矿安全生产和职工安全与健康的设备、材料、仪器、仪表和劳动防护用品等。煤矿矿用安全产品目录由国家煤矿安全监察局确定与公布。

第四条　本办法所称煤矿矿用安全产品检验指具有资质的检验机构对煤矿矿用安全产品进行检验，并提出证明该产品是否符合安全标准和相应技术要求的检验报告。煤矿矿用安全产品检验包括安全标志检验、维修检验、在用品检验、事故调查检验和申诉检验。

申请安全标志的矿用产品，必须按本办法的规定进行检验，未经检验或者检验不合格的，不予颁发安全标志。

第五条　煤矿矿用安全产品检验依据国家安全标准或行业安全标准进行；没有国家安全标准和行业安全标准的，依据国家煤矿安全监察局制定的检验办法进行。

第六条　取得国家煤矿安全监察局资质认可的检验机构负责煤矿矿用安全产品检验工作的具体实施。

第七条　煤矿矿用安全产品检验机构分为甲、乙两级。

甲级检验机构指可以承担煤矿矿用安全产品的安全标志检验、维修检验、在用品检验、事故调查检验和申诉检验的检验机构，业务上接受国家煤矿安全监察局指导和监督。

乙级检验机构指只承担煤矿矿用安全产品的维修检验和在用品检验以及受煤矿安全监察机构委托临时承担事故调查检验的检验机构，业务上接受省级煤矿安全监察局（未设省级煤矿安全监察机构的省、自治区、直辖市为省安全生产监督管理机构，下同）的指导和监督。

第二章　检验机构资质认可

第八条　国家煤矿安全监察局负责检验机构的

资格认可工作。甲级检验机构的资质认可申请，由国家煤矿安全监察局直接受理。乙级检验机构的资质认可向省级煤矿安全监察局申请，由省级煤矿安全监察局受理后向国家煤矿安全监察局推荐。

第九条 从事煤矿矿用安全产品检验的机构或者其所在的组织应当是能够承担法律责任的实体。

第十条 资质认可申请机构应当提交如下申请资料：

（一）按规定格式填报的申请书；

（二）营业执照复印件；

（三）质量体系文件（质量手册、程序文件、作业指导书等）；

（四）申请机构从事检验工作的历史资料以及从事研制、咨询、技术服务等方面的资料；

（五）其他部门对申请机构认可或者授权的资料；

（六）与资质认可有关的其他资料。

第十一条 国家煤矿安全监察局组织由技术专家、管理专家组成的评审组，对申请机构的资质进行评审。

资质评审依据《检测和校准实验室能力的通用要求》（GB/T15481—2000，等同ISO/IEC17025）进行。

第十二条 评审组通过书面资料审查和现场评审，向国家煤矿安全监察局提交评审报告。

第十三条 国家煤矿安全监察局自收到评审组提交的评审报告之日起15个工作日内决定是否颁发资质认可证书。

第十四条 取得甲、乙两级资质认可证书的检验机构，可以在资质认可证书规定的检验业务范围内，开展煤矿矿用安全产品的检测检验工作。国家强制性的煤矿矿用产品安全标志检验工作，由国家煤矿安全监察局指定具有甲级检验资质的检验机构在规定的范围内进行。

第十五条 资质认可证书有效期为3年。检验机构应当在期满前6个月提出复审申请，经复审合格的，方可继续从事检验工作。

第三章 检验机构的职责和义务

第十六条 检验机构应当按国家安全标准、行业安全标准或者国家煤矿安全监察局制定的检验办法开展检验工作，做到科学、公正、廉洁、高效。任何单位和个人不得以任何方式干扰检验机构正常的检验工作。

第十七条 检验机构应当履行下列义务：

（一）完成煤矿安全监察机构委托的检验工作；

（二）按规定程序和内容客观、公正、及时地出具检验报告；

（三）主动配合国家煤矿安全监察局对检验机构进行定期或者不定期的监督检查。

第四章 检验工作的监督管理

第十八条 国家煤矿安全监察局负责对全国煤矿矿用安全产品的检验工作进行监督管理，其职责是：

（一）组织对检验机构的资质评审和认可工作；

（二）发布煤矿矿用安全产品目录；

（三）对检验工作进行指导、监督和检查；

（四）对检验工作中出现的重大问题进行协调处理；

（五）受理对检验机构的申诉。

第十九条 省级煤矿安全监察局在本行政区内，对煤矿矿用安全产品检验工作进行监督管理，其职责是：

（一）负责组织本行政区内在用品检验和维修检验工作；

（二）受理本行政区内乙级检验机构的认可申请，并对其检验工作进行指导、监督和检查；

（三）受理本行政区内对乙级检验机构的申诉。

第二十条 甲、乙两级检验机构的主要人员、设备和检验范围等发生变更，应当分别及时向国家煤矿安全监察局和省级煤矿安全监察局报告。对发生重大变化的，国家煤矿安全监察局有权对其资质进行重新评审或者取消对其检验资质的认可。

第二十一条 检验机构应当对出具的检验报告负责。

检验机构应当保守被检验产品的技术秘密，不得非法占有他人科技成果和从事被检验产品的开发、生产、销售和对外咨询业务。

第二十二条 检验机构有以下情况之一的，视情节轻重由国家煤矿安全监察局给予警告、责令限期整改直至取消资质；违反其他法律法规的，由有关部门依法追究其责任：

（一）不严格按国家安全标准、行业安全标准或者国家煤矿安全监察局制定的检验办法开展检验工作的；

（二）伪造检验结果或者出具虚假证明的；

（三）出具的检验结果错误，造成损失的；

（四）超越资质认可范围开展检验业务的；

（五）检验工作拖延，严重影响检验工作正常开展的；

（六）检验人员收受被检单位财物或者无故刁难被检单位的；

（七）拒绝监督检查或者复审的；

（八）无故拒绝检验的；

（九）受所属单位的干预，有失公正的。

第二十三条 被取消检验资质的检验机构，经整顿（不少于6个月）后方可重新提出资质认可申请。

第二十四条 被检单位对检验机构的检验结果有异议时，可以在收到检验结果之日起15个工作日内向检验机构提出书面申诉；检验机构应当在收到申诉之日起45个工作日内对检验情况进行调查，对原始记录、检验报告进行检查分析，确定申诉意见是否成立；若申诉成立，应当宣布检验结果无效，进行复检；若申诉不成立，应当向被检单位作出书面解释。

被检单位对乙级检验机构的复检结果或者书面解释有异议时，可以在收到复检结果或者书面解释之日起15个工作日内向省级煤矿安全监察局提出申诉；省级煤矿安全监察局应当指定甲级检验机构进行检验，并在60个工作日内根据检验结论提出处理意见。

被检单位对甲级检验机构的复检结果或者书面解释有异议时，可以在收到复检结果或者书面解释之日起15个工作日内向国家煤矿安全监察局申诉；国家煤矿安全监察局应当指定其他甲级检验机构进行检验或者组织专家组监督原检验机构进行复检，并在60个工作日内根据检验结论提出处理意见。

第二十五条 煤矿安全监督管理机构工作人员在资格认可和监督管理过程中徇私舞弊、滥用职权、玩忽职守的，追究有关责任人的行政责任；构成犯罪的，依法追究刑事责任。

第五章 附 则

第二十六条 煤矿矿用安全产品检验费用标准按国家有关规定执行，并遵循以下原则：

（一）安全标志检验费用由申请安全标志的企业承担；

（二）维修检验、在用品检验费用由维修企业或产品使用单位承担；

（三）事故调查检验费用由发生事故单位承担；

（四）申诉检验费用由过错方承担。

第二十七条 本办法授权国家煤矿安全监察局负责解释。

第二十八条 本办法自2002年11月15日起施行。

中华人民共和国国家经济贸易委员会令

第35号

《危险化学品登记管理办法》已经国家经济贸易委员会主任办公会议审议通过，现予公布，自2002年11月15日起施行。

国家经济贸易委员会主任 **李荣融**

二〇〇二年十月八日

危险化学品登记管理办法

第一章 总　　则

第一条 为加强对危险化学品的安全管理，防范化学事故和为应急救援提供技术、信息支持，根据《危险化学品安全管理条例》，制定本办法。

第二条 本办法适用于中华人民共和国境内生产、储存危险化学品的单位以及使用剧毒化学品和使用其他危险化学品数量构成重大危险源的单位（以下简称登记单位）。

第三条 危险化学品的登记范围：

（一）列入国家标准《危险货物品名表》（GB12268）中的危险化学品；

（二）由国家安全生产监督管理局会同国务院公安、环境保护、卫生、质检、交通部门确定并公布的未列入《危险货物品名表》的其他危险化学品。

国家安全生产监督管理局根据（一）、（二）确定的危险化学品，汇总公布《危险化学品名录》。

危险化学品的登记单位为：生产和储存危险化学品的单位（以下分别简称生产单位、储存单位）、使用剧毒化学品和使用其他危险化学品数量构成重大危险源的单位（以下简称使用单位）。

生产单位、储存单位、使用单位是指在工商行政管理机关进行了登记的法人或非法人单位。

第四条 国家安全生产监督管理局负责全国危险化学品登记的监督管理工作。

各省、自治区、直辖市安全生产监督管理机构负责本行政区内危险化学品登记的监督管理工作。

第二章 登记机构

第五条 国家设立国家化学品登记注册中心（以下简称登记中心），承办全国危险化学品登记的具体工作和技术管理工作。

省、自治区、直辖市设立化学品登记注册办公室（以下简称登记办公室），承办所在地区危险化学品登记的具体工作和技术管理工作。

第六条 国家安全生产监督管理局对登记中心实施监督管理；省、自治区、直辖市安全生产监督管理机构对本辖区登记办公室实施监督管理。

第七条 登记中心履行下列职责：

（一）组织、协调和指导全国危险化学品登记工作；

（二）负责全国危险化学品登记证书颁发与登记编号的管理工作；

（三）建立并维护全国危险化学品登记管理数据库和动态统计分析信息系统；

（四）设立国家化学事故应急咨询电话，与各地登记办公室共同建立全国化学事故应急救援信息网络，提供化学事故应急咨询服务；

（五）组织对新化学品进行危险性评估；对未分类的化学品统一进行危险性分类；

（六）负责全国危险化学品登记人员的培训工作。

第八条 登记办公室履行下列职责：

（一）组织本地区危险化学品登记工作；

（二）核查登记单位申报登记的内容；

（三）对生产单位编制的化学品安全技术说明书和化学品安全标签的规范性、内容一致性进行审查；

（四）建立本地区危险化学品登记管理数据库和动态统计分析信息系统；

（五）提供化学事故应急咨询服务。

第九条 登记中心和登记办公室从事危险化学品登记的工作人员（以下简称登记人员）应经统一培训，由国家安全生产监督管理局考核合格后，发给《危险化学品登记人员上岗证》（以下简称登记上岗证），持证上岗。

第十条 登记中心应有10名以上有登记上岗证的登记人员；登记办公室应有3名以上有登记上

岗证的登记人员。

第十一条　登记中心和登记办公室应当制定严格的工作制度和程序，为登记单位提供良好的服务，保守登记单位的商业秘密。

第十二条　登记中心每年应向国家安全生产监督管理局书面报告全国危险化学品登记工作情况；登记办公室每年应向所在省、自治区、直辖市安全生产监督管理机构书面报告本地区危险化学品登记工作情况。各地登记办公室的报告应同时抄送登记中心。

第三章　登记的时间、内容和程序

第十三条　登记单位应在《危险化学品名录》公布之日起6个月内办理危险化学品登记手续。

对危险性不明的化学品，生产单位应在本办法实施之日起1年内，委托国家安全生产监督管理局认可的专业技术机构对其危险性进行鉴别和评估，持鉴别和评估报告办理登记手续。

对新化学品，生产单位应在新化学品投产前1年内，委托国家安全生产监督管理局认可的专业技术机构对其危险性进行鉴别和评估，持鉴别和评估报告办理登记手续。

新建的生产单位应在投产前办理危险化学品登记手续。

已登记的登记单位在生产规模或产品品种及其理化特性发生重大变化时，应当在3个月内对发生重大变化的内容办理重新登记手续。

第十四条　生产单位应登记的内容：

（一）生产单位的基本情况；

（二）危险化学品的生产能力、年需要量、最大储量；

（三）危险化学品的产品标准；

（四）新化学品和危险性不明化学品的危险性鉴别和评估报告；

（五）化学品安全技术说明书和化学品安全标签；

（六）应急咨询服务电话。

第十五条　储存单位、使用单位应登记的内容：

（一）储存单位、使用单位的基本情况；

（二）储存或使用的危险化学品品种及数量；

（三）储存或使用的危险化学品安全技术说明书和安全标签。

第十六条　办理登记的程序：

（一）登记单位向所在省、自治区、直辖市登记办公室领取《危险化学品登记表》，并按要求如实填写；

（二）登记单位用书面文件和电子文件向登记办公室提供登记材料；

（三）登记办公室在登记单位提交危险化学品登记材料后的20个工作日内对其进行审查，必要时可进行现场核查，对符合要求的危险化学品和登记单位进行登记，将相关数据录入本地区危险化学品管理数据库，向登记中心报送登记材料；

（四）登记中心在接到登记办公室报送的登记材料之日起10个工作日内，进行必要的审查并将相关数据录入国家危险化学品管理数据库后，通过登记办公室向登记单位发放危险化学品登记证和登记编号；

（五）登记办公室在接到登记证和登记编号之日起5个工作日内，将危险化学品登记证和登记编号送达登记单位或通知登记单位领取。

第十七条　生产单位办理登记时，应向所在省、自治区、直辖市登记办公室报送以下主要材料：

（一）《危险化学品登记表》一式3份和电子版1份；

（二）营业执照复印件2份；

（三）危险性不明或新化学品的危险性鉴别、分类和评估报告各3份；

（四）危险化学品安全技术说明书和安全标签各3份和电子版1份；

（五）应急咨询服务电话号码。委托有关机构设立应急咨询服务电话的，需提供应急服务委托书；

（六）办理登记的危险化学品产品标准（采用国家标准或行业标准的，提供所采用的标准编号）。

储存单位、使用单位应报送上述第（一）、（二）、（四）项规定的材料。

第十八条　危险化学品登记证书有效期为3年。登记单位应在有效期满前3个月，到所在省、自治区、直辖市登记办公室进行复核。复核的主要内容为：生产、储存、使用单位基本情况的变更情况，安全技术说明书和安全标签的更新情况等。

第十九条 登记单位履行下列义务：

（一）对本单位的危险化学品进行普查，建立危险化学品管理档案；

（二）如实填报危险化学品登记材料；

（三）对本单位生产的危险性不明的化学品或新化学品进行危险性鉴别、分类和评估；

（四）生产单位应按照国家标准正确编制并向用户提供化学品安全技术说明书，在产品包装上拴挂或粘贴化学品安全标签，所提供的数据应保证准确可靠，并对其数据的真实性负责；

（五）危险化学品储存单位、使用单位应当向供货单位索取安全技术说明书；

（六）生产单位必须向用户提供化学事故应急咨询服务，为化学事故应急救援提供技术指导和必要的协助；

（七）配合登记人员在必要时对本单位危险化学品登记内容进行核查。

第二十条 生产单位终止生产危险化学品时，应当在终止生产后的3个月内办理注销登记手续。

使用单位终止使用危险化学品时，应当在终止使用后的3个月内办理注销登记手续。

第四章 罚 则

第二十一条 生产单位、储存单位、使用单位有下列情形之一的，由县级以上安全生产监督管理部门责令其改正，并视情节轻重处3万元以下罚款：

（一）未按规定进行危险化学品登记或在接到登记通知之日起6个月内仍未登记的；

（二）未向用户提供应急咨询服务的；

（三）转让、出租或伪造登记证书的；

（四）已登记的登记单位在生产规模或产品品种及其理化特性发生重大变化时，未按规定按时办理重新登记手续的；

（五）危险化学品登记证书有效期满后，未按规定申请复核的；

（六）生产单位、使用单位终止生产或使用危险化学品时，未按规定及时办理注销登记手续的。

第二十二条 登记中心或登记办公室的工作人员违规操作、弄虚作假、滥发证书，或在规定限期内无故不予登记且无明确答复，或泄露登记单位商业秘密的，由省级以上安全生产监督管理机构责令其改正，对有关责任者给予行政处分，并追究登记中心或登记办公室负责人的责任。

第五章 附 则

第二十三条 危险化学品登记表、危险化学品登记证、危险化学品登记人员上岗证由国家安全生产监督管理局统一印制。

第二十四条 本办法授权国家安全生产监督管理局负责解释。

第二十五条 本办法自2002年11月15日起施行。2000年9月11日国家经贸委公布的《危险化学品登记注册管理规定》同时废止。

中华人民共和国国家经济贸易委员会令

第36号

《危险化学品经营许可证管理办法》已经国家经济贸易委员会主任办公会议审议通过，现予公布，自2002年11月15日起施行。

国家经济贸易委员会主任 **李荣融**

二〇〇二年十月八日

危险化学品经营许可证管理办法

第一章　总　　则

第一条　为加强危险化学品安全管理，规范危险化学品经营销售活动，保障人民群众生命、财产安全，根据《中华人民共和国安全生产法》和《危险化学品安全管理条例》，制定本办法。

第二条　在中华人民共和国境内从事危险化学品经营销售活动，适用本办法。

民用爆炸品、放射性物品、核能物质和城镇燃气的经营，不适用本办法。

第三条　国家对危险化学品经营销售实行许可制度。经营销售危险化学品的单位,应当依照本办法取得危险化学品经营许可证(以下简称经营许可证),并凭经营许可证依法向工商行政管理部门申请办理登记注册手续。未取得经营许可证和未经工商登记注册,任何单位和个人不得经营销售危险化学品。

第四条　经营许可证分为甲、乙两种。取得甲种经营许可证的单位可经营销售剧毒化学品和其他危险化学品；取得乙种经营许可证的单位只能经营销售除剧毒化学品以外的危险化学品。

甲种经营许可证由省、自治区、直辖市人民政府经济贸易主管部门或其委托的安全生产监督管理部门（以下简称省级发证机关）审批、颁发；乙种经营许可证由设区的市级人民政府负责危险化学品安全监督管理综合工作的部门（以下简称市级发证机关）审批、颁发。成品油的经营许可纳入甲种经营许可证管理。

第五条　国家安全生产监督管理局负责全国经营许可证审批、发放工作的监督管理。

省级发证机关和市级发证机关分别负责本行政区域内经营许可证的监督管理。

第二章　经营许可证的申请与审批

第六条　危险化学品经营销售单位（以下简称经营单位），应当具备以下基本条件：

（一）经营和储存场所、设施、建筑物符合国家标准《建筑设计防火规范》（GBJ16）、《爆炸危险场所安全规定》和《仓库防火安全管理规则》等规定，建筑物应当经公安消防机构验收合格；

（二）经营条件、储存条件符合《危险化学品经营企业开业条件和技术要求》（GB18265）、《常用危险化学品储存通则》（GB15603）的规定；

（三）单位主要负责人和主管人员、安全生产管理人员和业务人员经过专业培训，并经考核，取得上岗资格；

（四）有健全的安全管理制度和岗位安全操作规程；

（五）有本单位事故应急救援预案。

第七条　申请经营许可证的单位自主选择具有资质的安全评价机构，对本单位的经营条件进行安全评价。

第八条　安全评价机构应当对申请经营许可证的单位是否符合本办法第六条规定的条件逐项进行评价，并出具安全评价报告。

第九条　申请甲种和乙种经营许可证的单位，应当分别向省级发证机关和市级发证机关提出申请，提交下列材料：

（一）《危险化学品经营许可证申请表》；

（二）安全评价报告；

（三）经营和储存场所建筑物消防安全验收文件的复印件；

（四）经营和储存场所、设施产权或租赁证明文件复印件；

（五）单位主要负责人和主管人员、安全生产管理人员和业务人员专业培训合格证书的复印件；

（六）安全管理制度和岗位安全操作规程。

第十条　发证机关应当在接到申请之日起30个工作日内，对申请人提交的材料进行审查和现场核查，对符合条件的，颁发经营许可证；对不符合条件的，应当书面通知申请人并说明理由。

第十一条　经营许可证应当载明下列事项：

（一）经营单位名称；

（二）经营单位住所（地址和经营场所）；

（三）经营单位法定代表人或负责人姓名；

（四）经营单位的经济类型；

（五）许可经营范围（剧毒化学品应当注明品名，其他危险化学品应当注明类项，成品油应当注明油品名称）；

（六）发证日期和有效期限；

（七）证书编号。

第十二条　经营单位改建、扩建或者迁移经营、储存场所，扩大许可经营范围，应当事前重新申请办理经营许可证。

经营单位变更单位名称、经济类型或者注册的法定代表人或负责人，应当于变更之日起20个工作日内，向原发证机关申办变更手续，换发新的经营许可证。

第十三条　经营许可证有效期为3年。有效期满后，经营单位继续从事危险化学品经营活动的，应当在经营许可证有效期满前3个月内向原发证机关提出换证申请，经审查合格后换领新证。

第十四条　发证机关应当将经营许可证的发放情况，及时向同级公安、环保部门通报。

第十五条　经营单位不得转让、买卖、出租、出借、伪造或者变造经营许可证。

第三章　经营许可证的监督管理

第十六条　发证机关应当坚持公开、公平、公正的原则，严格依照法律、法规、规章和标准规定的条件及程序，审批、发放经营许可证。

第十七条　发证机关应当加强对经营许可证的监督管理，建立、健全经营许可证审批、发放档案管理制度。

第十八条　市级发证机关应当将本行政区年度经营许可证的审批、发放情况报省级发证机关备案。省级发证机关应当将本行政区年度经营许可证的审批、发放情况报国家安全生产监督管理局备案。

第十九条　发证机关应当对本行政区内已取得经营许可证的单位进行监督检查。经营单位应当接受发证机关依法实施的监督检查，无正当理由不得拒绝、阻挠。

第四章　罚　　则

第二十条　未取得经营许可证，擅自从事危险化学品经营的，由省级发证机关或市级发证机关依照《危险化学品安全管理条例》第五十七条的规定予以处罚。

第二十一条　经营单位违反本办法规定，有下列行为之一的，由发证机关吊销经营许可证：

（一）提供虚假证明文件或采取其他欺骗手段，取得经营许可证的；

（二）不再具备经营销售危险化学品基本条件的；

（三）转让、买卖、出租、出借、伪造或者变造经营许可证的。

第二十二条　发证机关的工作人员徇私舞弊、滥用职权、弄虚作假、玩忽职守的，依据《危险化学品安全管理条例》第五十五条的规定给予降级或者撤职的行政处分；构成犯罪的，依法追究刑事责任。

第二十三条　承担安全评价的机构出具虚假评价报告的，由省级以上安全生产监督管理部门没收非法所得并处以3万元以下罚款；没有非法所得的，处以2万元以下罚款；并建议授予其资质的部门吊销其资质证书；构成犯罪的，依法追究刑事责任。

第五章　附　　则

第二十四条　危险化学品生产单位销售本单位生产的危险化学品，不再办理经营许可证，但销售非本单位生产的危险化学品或在厂外设立销售网点，仍需办理经营许可证。

第二十五条　本办法生效之前已取得经营许可证的单位，应当在本办法生效之日起6个月内重新办理经营许可证。逾期不办理的，不得继续经营销售危险化学品。

第二十六条　经营许可证由国家安全生产监督管理局统一印制。

第二十七条　本办法授权国家安全生产监督管理局负责解释。

第二十八条　本办法自2002年11月15日起施行。

中华人民共和国国家经济贸易委员会令

第 37 号

《危险化学品包装物、容器定点生产管理办法》已经国家经济贸易委员会主任办公会议审议通过，现予公布，自 2002 年 11 月 15 日起施行。

国家经济贸易委员会主任　**李荣融**

二〇〇二年十月八日

危险化学品包装物、容器定点生产管理办法

第一章　总　　则

第一条　为了加强危险化学品包装物、容器生产的管理，保证危险化学品包装物、容器的质量，保障危险化学品储存、搬运、运输和使用安全，根据《危险化学品安全管理条例》，制定本办法。

第二条　在中华人民共和国境内生产危险化学品包装物、容器适用本办法。

第三条　本办法所称危险化学品包装物、容器（以下简称包装物、容器）是指根据危险化学品的特性，按照有关法规、标准专门设计制造的，用于盛装危险化学品的桶、罐、瓶、箱、袋等包装物和容器，包括用于汽车、火车、船舶运输危险化学品的槽罐。

第四条　国家安全生产监督管理局负责全国危险化学品包装物、容器定点生产的监督管理；省、自治区、直辖市人民政府经济贸易主管部门或其委托的安全生产监督管理机构（以下简称发证机关）负责本行政区域内包装物、容器定点生产的监督管理，并审批发放危险化学品包装物、容器定点生产企业证书（以下简称定点证书）。

第五条　危险化学品包装物、容器必须由取得定点证书的专业生产企业定点生产。未取得定点证书的，任何单位和个人不得生产用于危险化学品包装的包装物、容器。

第二章　定点企业的基本条件、申请和审批

第六条　定点企业应当具备下列基本条件：

（一）具有营业执照；

（二）具有能够满足生产需要的固定场所；

（三）具有能够保证产品质量的专业生产、加工设备和检测检验手段；

（四）具有完善的管理制度、操作规程、工艺技术规程和产品质量标准；

（五）具有完善的产品质量管理体系；

（六）具有满足生产需要的专业技术人员、技术工人和特种作业人员。

生产压力容器的，还应当取得压力容器制造许可证。

第七条　申请定点生产的企业自主选择具有资质的评价机构，对本单位的生产条件进行评价。

第八条　评价机构应当对申请定点生产的企业是否符合本办法第六条规定的条件逐项进行评价，并出具评价报告。

第九条　申请定点生产的企业应当提交下列申

报材料：

（一）危险化学品包装物、容器定点生产申请表；

（二）营业执照副本；

（三）企业生产条件评价报告书；

（四）生产、加工设备和检测检验仪器清单；

（五）企业质量管理手册；

（六）产品质量标准复印件；

（七）有关特种作业人员资格证书复印件。

生产压力容器的，还应当提交压力容器制造许可证复印件。

第十条 发证机关收到申报材料后，应当在30个工作日内进行审查和现场核查，符合条件的，颁发定点证书，并向社会公布；不符合条件的，应当书面通知申报企业并说明理由。

第十一条 取得定点证书的企业应当按照国家有关法规和国家、行业标准设计、生产危险化学品包装物、容器。危险化学品包装物、容器经国家质检部门认可的专业检测检验机构检测合格后方可出厂。

用于运输危险化学品的船舶的本载容器应当按照国家关于船舶检验的规范进行生产，并经国家海事管理机构认可的船舶检验部门检验合格后方可出厂。

第十二条 取得定点证书的企业，应当在其生产的包装物、容器上标注危险化学品包装物、容器定点生产标志（以下称定点标志）。

第三章 监督管理

第十三条 发证机关应当坚持公开、公平、公正的原则，严格依照法律、法规、规章和标准规定的条件及程序，审批定点企业。

第十四条 发证机关应当加强对定点企业的监督管理，建立、健全定点企业审批、发证和监督管理档案管理制度。

第十五条 发证机关应当将本行政区年度审批定点企业的情况及定点企业名单报国家安全生产监督管理局备案。

第四章 罚 则

第十六条 定点企业有下列情况之一的，由发证机关吊销定点证书：

（一）提供虚假证明文件或采取其他欺诈手段，取得定点证书的；

（二）转让、买卖、出租、出借定点证书的；

（三）被吊销营业执照的；

（四）生产条件发生重大变化，不再符合本办法第六条规定条件的；

（五）因包装物、容器质量原因造成重大化学事故的；

（六）所生产的包装物、容器经国家质检机构检测不合格，整改后仍不合格的。

第十七条 未取得定点证书，擅自生产包装物、容器或者使用定点标志的，按照《危险化学品安全管理条例》第五十九条的规定给予处罚。

第十八条 发证机关的工作人员徇私舞弊、滥用职权、弄虚作假、玩忽职守的，按照《危险化学品安全管理条例》第五十五条的规定给予处罚。

第十九条 承担定点企业资质评价的机构出具虚假评价报告的，由省级以上安全生产监督管理部门没收非法所得并处以3万元以下罚款；没有非法所得的，处以2万元以下罚款；并建议授予其资质的部门吊销其资质证书；构成犯罪的，依法追究刑事责任。

第五章 附 则

第二十条 定点证书和定点标志由国家安全生产监督管理局统一印制。

第二十一条 本办法授权国家安全生产监督管理局负责解释。

第二十二条 本办法自2002年11月15日起施行。

国务院有关安全生产的行政法规及文件

国务院办公厅关于立即组织开展安全生产大检查的紧急通知

（国办发明电［2002］11号）

各省、自治区、直辖市人民政府，国务院各部委、各直属机构：

进入4月份以来，全国连续发生多起重特大安全生产事故，从4月1日至5月10日短短40天内，全国共发生一次死亡10人以上特大伤亡事故17起，死亡487人，与去年同期相比，分别上升6.3%和33.9%，安全生产形势相当严峻。特别是"4·15"和"5·7"两起空难，人员伤亡惨重，影响恶劣，使国家和人民生命财产蒙受重大损失。针对当前安全生产出现的新情况、新问题，国务院决定立即在全国范围内开展安全生产大检查，坚决遏制重特大事故多发势头。经国务院同意，现将大检查有关事项紧急通知如下：

一、检查的主要内容

围绕国务院安全生产工作总体部署，以及《国务院关于特大安全事故行政责任追究的规定》（国务院令第302号）贯彻执行情况，确定以下主要检查内容：

（一）安全生产责任制、规章制度的建立健全和执行情况；

（二）事故隐患监控和整改情况；

（三）安全生产监督管理力量配备和职责履行情况；

（四）事故调查处理和行政责任追究规定执行情况；

（五）不具备基本安全生产条件的小矿、小厂关闭整顿和对非公有制企业安全生产监管情况。

二、检查的重点领域

除国务院已经确定的煤矿、危险化学品、民爆器材和烟花爆竹、道路交通运输、公众聚集场所消防安全等五个专项整治重点领域外，还将民航、铁路、水上交通、石油石化、电力、军工等行业，作为本次大检查的重点领域。

（一）民航系统。主要检查航空公司飞机安检和机械维护情况，机组空中防范措施落实情况，机场控制区安全管理情况，空中管制情况，地面旅客安全检查措施落实情况，公安、安全、民航等部门沟通协作情况，反恐怖、反劫机预案制定及实施情况。

（二）铁路系统。主要检查铁道、桥梁、隧道、道口、机车车辆、通信信号等设备的养护维修和保护情况，劳动纪律和作业纪律执行情况，指挥调度情况，车站和旅客管理情况，易燃、易爆和危险化学品的检查情况，铁路沿线治安综合治理情况。

（三）水上交通。主要检查渤海湾、舟山水域、琼州海峡、西南山区河流和长江干线等"四区一线"重点水域安全措施落实情况，客渡船、客滚船、高速客轮、旅游船和危险化学品运输船等"四客一危"重点船舶安全管理和主要设备保养情况，航运市场秩序和通航秩序的整治情况。

（四）石油石化行业。主要检查钻井队、采油区、炼油厂、化工厂、油气管线、油库、加油站等重要装置是否存在安全隐患和漏洞，整改措施是否落实。

（五）电力系统。主要检查电厂、电站、电网的安全运行管理和电网的统一调度情况，日常安全检查和维护情况，操作规程和调度纪律执行情况。

（六）军工行业。主要检查枪支弹药、爆炸物品的管理情况，特别是准备关闭破产的军工企业的原材料、半成品、产成品的管理情况，检查管理是否到位，各项措施是否落实。

三、检查方式

（一）检查与自查相结合。在各地、各行业、各单位进行自查的同时，国务院责成国家经贸委组织若干个检查组，对省级政府、国务院有关部门和中央大型企业进行检查。同时，结合“安全生产万里行”活动，组织新闻单位进行明察暗访，对发现的问题及时揭露和曝光。

（二）检查与整改相结合。坚持边检查边整改，以检查促整改。各单位要针对查找出来的突出问题，指定专人负责，采取有效措施，限期整改，及时消除事故隐患。该停业整顿的一律停业整顿，该停运的一律停运，该关闭的一律关闭。

（三）检查与责任追究相结合。对检查出来的突出问题，要按照《国务院关于特大安全事故行政责任追究的规定》（国务院令第302号），厉行责任追究。对检查中发现早应依法关闭的各类小矿、小厂至今还没有关闭的，一定要严厉追究业主的刑事责任，还要追究所在地区政府领导的行政责任。该降级的降级，该撤职的撤职，该开除的开除，该法办的法办。

为加大这次大检查的工作力度，对安全生产事故和重大隐患负有责任的地方各级政府和中央企业负责人，国务院安全生产检查组有权提出行政处分的建议，做到有责必究，有罪必罚。

四、组织领导

由国家经贸委牵头，会同公安部、监察部、教育部、国防科工委、劳动保障部、国土资源部、建设部、铁道部、交通部、卫生部、环保总局、民航总局、工商总局、质检总局、安全监管局、中宣部、全国总工会、国家旅游局等国务院安全生产委员会成员单位和有关部门，组成国务院安全生产检查组，负责本次全国安全生产大检查工作。大检查的具体实施方案由国家经贸委制定，并迅速组织实施。

各地也要参照国务院安全生产检查组的组成，组织地方安全生产检查组，对本地区安全生产情况进行检查。

各地区、各部门、各单位要充分认识安全生产的极端重要性，以对党对人民高度负责的精神，从改革发展稳定的大局出发，增强责任感、紧迫感，加强对安全生产大检查的组织领导，抓安全、保稳定、促发展。主要负责同志要亲自组织并参加这次安全生产大检查，要按照本通知的要求，结合安全生产的专项整治工作，深入进行安全生产大检查。检查要做到全面彻底，不留死角。在大检查中，要务求实效，力戒形式主义。要把安全生产大检查与日常的监督管理工作结合起来，集中精力，突出重点，狠抓落实，采取强硬措施，切实防止重特大事故的发生。

各省、自治区、直辖市人民政府要把这次安全生产大检查和整改工作情况，于6月底报国家经贸委，并由国家经贸委审核汇总后，报国务院。

国务院办公厅

二〇〇二年五月十四日

国务院办公厅关于黑龙江省鸡西矿业集团公司“6·20”特大瓦斯爆炸事故的通报

（国办发明电［2002］17号）

各省、自治区、直辖市人民政府，国务院各部委、各直属机构：

6月20日9时45分，黑龙江省鸡西矿业集团公司（原鸡西矿务局）城子河煤矿西二采区发生特大瓦斯爆炸事故。经查明，事故发生时井下有139人，除24人生还外，其他115人全部遇难。遇难人员包括正在井下检查工作的鸡西矿业集团公司和城子河煤矿的多名局矿领导干部。事故发生后，党中央、国务院领导同志非常重视，立即作出重要批示，并派有关部门负责同志赶赴现场，要求全力以赴抢救遇险人员，尽可能减少伤亡；对这起事故要迅速查处，妥为善后，严格进行安全生产大检查，防止连锁反应。这起特大事故给国家财产和人民生命造成巨大损失，带来严重不良影响，教训十分惨痛。

今年以来，全国煤矿共发生一次死亡10人以上的特大事故26起，造成556人死亡，分别占全国一次死亡10人以上特大事故的40%和42%，分别占全国工矿企业一次死亡10人以上特大事故的84%和91%。这些情况，特别是鸡西矿务局“6·20”特大瓦斯爆炸事故表明，煤矿安全生产形势相当严峻。为认真贯彻落实国务院领导同志批示精神，深刻汲取“6·20”特大瓦斯爆炸事故教训，进一步加强煤矿特别是国有大矿安全生产工作，现就有关事项通知如下：

一、严格安全生产大检查，切实消除事故隐患

从暴露出的问题看，一些地方、部门和企业，在组织开展安全生产大检查工作中，存在严重的形式主义，重声势，轻落实。有的甚至弄虚作假，敷衍了事，以致前面刚刚查过，后面接着事故不断。因此，必须重申，各地一定要严格按照5月14日全国安全生产电视电话会议精神和《国务院办公厅关于立即组织开展安全生产大检查的紧急通知》（国办发明电［2002］11号）要求，继续深入开展安全生产大检查。检查一定要认真、彻底，不留死角。要通过随机抽查、暗访等多种形式进行检查，决不能只浮在表面，走马观花。对检查出来的问题和事故隐患，政府监管部门和企业要高度重视，认真对待，立即指定专人负责限时整改，并跟踪整改情况，决不能置之不理；凡涉及责任人的，要处理到人。对检查工作本身不到位，对安全隐患没有提出整改措施，以致造成事故的，上级检查部门要追究下级检查者和有关领导人的责任。

二、深入搞好煤矿安全专项整治，防止发生连锁反应

各地要按照国务院的部署和要求，结合全国安全生产大检查，继续抓好煤矿安全专项整治：

（一）凡在大检查中发现存在下列隐患之一的煤矿，一律停产整顿，未经省级人民政府验收合格的一律不准复产：

1．存在超通风能力进行生产的矿井；

2．存在煤与瓦斯突出、未采取综合防治措施的矿井；

3．存在生产布局和通风系统不合理的矿井；

4．存在未安装矿井安全监控系统或系统运行不正常的高瓦斯矿井和煤与瓦斯突出矿井。

此外，鉴于近期各地降雨比较集中，降雨量较大，要特别注意矿区水害治理工作。凡存在严重透水和塌方隐患的煤矿，也要责令停产整顿。

（二）对未通过省级人民政府验收、未重新核发“四证”的小煤矿，要坚决依法予以关闭。

（三）各类煤矿企业及主管部门要严格执行煤

矿安全监察机构依法下达的责令关闭、停产整顿、停止作业、限期整改等监察执法指令，对拒不执行的，按未遂事故处理；酿成事故的，要依法查处，并追究有关地方政府或主管部门的行政责任。

（四）要高度重视煤矿安全生产技术改造工作。各级计划、经贸部门在审查煤矿企业固定资产投资计划时，要严格审查其安全生产基础设施建设状况，凡安全生产设施不完善、“一通三防”（矿井通风，防瓦斯、防火、防煤尘）不达标的，必须首先要求企业将资金集中投向安全生产设施改造，否则一律不安排新上其他方面的基建、技改项目。

三、严格落实各项安全生产责任制，依法严惩违反安全生产法律法规的责任人员

各级经贸、煤矿安全监察等部门在开展煤矿安全生产专项整治中，要对煤矿企业执行《煤矿安全规程》情况进行严格的检查，督促企业落实各项规章制度，遵守操作规程，坚决纠正各种违章指挥、违章作业现象。各级政府和安全监管监察部门要将安全监管与监察工作的关口前移，建立事故隐患报告和整改责任追究制度，搞好事前防范。对重特大安全事故查处落实情况和防范措施落实情况，各级煤矿安全监察部门要进行跟踪监察，确保落实到位。对玩忽职守、失职渎职等行为的人员，要依法从严惩处。

煤矿企业必须严格遵守有关安全生产的法律法规、规章规程、标准和技术规范。一要建立健全以企业法人代表为第一责任人的煤矿安全生产责任制、各级职能机构安全生产责任制和岗位人员安全生产责任制。二要健全安全目标管理制度、安全奖惩制度、安全技术审批制度、事故隐患排查制度、安全检查制度、瓦斯检查制度和事故应急预案等。三要严把职工岗前安全技术培训关，未经培训的人员一律不得上岗作业。煤矿必须严格执行入井检身制度，人员入井必须符合安全要求。当工作地点出现危及人身安全的紧急情况时，应立即停止作业，并将职工撤离到安全地点，直到险情得到排除。不论发生事故与否，谁违章指挥和强令冒险作业，就要严厉追究谁的责任。

各级政府和企业要高度重视安全生产，加强企业安全保卫工作。近一段时期，中央企业和地方各重点企业要继续做好影响企业安全生产因素的排查，发现不良苗头，要有针对性地采取措施，防止发生安全生产意外事故和人为破坏活动。各地在出现重大情况时，要立即上报，不得隐瞒不报或拖延迟报。

国务院办公厅

二〇〇二年六月二十五日

国务院办公厅关于加强危险化学品安全管理防范投毒事件的紧急通知

（国办发明电［2002］22号）

各省、自治区、直辖市人民政府，国务院各部委、各直属机构：

近一段时间，部分地区陆续发生多起投毒案件和中毒事件，严重危害广大人民群众的身体健康和生命安全。尤其是2002年9月14日，江苏省南京市江宁区汤山镇发生的恶性投毒案件，导致431人中毒，其中38人死亡，影响十分恶劣，教训十分惨痛。党中央、国务院高度重视，要求各地区、各部门要充分认识加强危险化学品安全管理工作的重要性和紧迫性，从已经发生的事件中汲取深刻教训，建立明确的管理制度和责任追究制度，严厉打击非法生产、销售危险化学品的犯罪活动，切实防范利用危险化学品投毒引起的中毒事件发生，确保广大人民群众生命安全和社会政治稳定。经国务院领导批准，现就有关问题紧急通知如下：

一、突出重点，继续开展危险化学品安全管理

专项整治工作

自本通知下发之日起，各地区、各部门要在现开展的危险化学品安全管理专项整治的基础上，集中一段时间，重点对有毒危险化学品开展一次深入、彻底的安全管理专项整治工作。专项整治工作的重点：一是对本地区流失在社会上的剧毒急性鼠药、剧毒农药和危险化学品进行彻底清查清缴，集中管理；二是对非法生产、销售剧毒急性鼠药等危险化学品的企业、小作坊、“黑窝点”，以及集贸市场摊点和游商游贩坚决予以查封、取缔；三是严厉打击非法生产、销售危险化学品和投毒等违法犯罪活动，从重从快严惩一批违法犯罪分子。专项整治工作由地方各级人民政府负责组织，整顿和规范市场经济秩序领导小组办公室牵头，公安、农业、卫生、工商、质检、环保、安全生产监管等部门共同参与，各司其职，各负其责，通过专项整治，坚决遏制非法生产、销售危险化学品和利用危险化学品实施投毒等犯罪活动。

全国整顿和规范市场经济秩序工作领导小组办公室要加强指导，适时组织监督检查。

二、明确责任，尽快建立健全严格的管理制度和责任追究制度

各地区、各部门要严格按照《中华人民共和国食品卫生法》、《危险化学品安全管理条例》、《农药管理条例》和《生活饮用水卫生监督管理办法》的规定，进一步明确危险化学品生产经营企业审核定点和工商注册登记、产品生产经营许可、包装和储运、污染防治、事故应急处置、中毒人员救治，以及查处非法生产经营犯罪活动等各个环节的责任主体，强化对农产品生产加工、食品生产加工、饮食烹饪供应、饮用水处理供应，以及饮用水源地、食品批发市场、公共餐饮场所、单位内部食堂等场所的安全管理措施，把管理责任落实到部门和个人。建立健全有关管理部门的责任追究制度，对因管理不到位，措施不落实，玩忽职守，疏于监管，而造成非法生产、销售活动猖獗，或发生重大案件和事故的管理单位和责任人，要严肃追究行政乃至刑事责任。

三、严密防范，完善重大突发事件预防、报告和处理机制

各地区、各部门要建立健全并严格执行重大突发事件的报告和处理制度，建立健全预警和应急处理工作机制，制定切实可行的工作预案，完善应对重大突发事件的各项防范措施，并认真开展工作。要完善食品卫生安全保障体系和标准，改进检测技术方法和手段，及时了解和掌握危险化学品的安全评价情况、危险化学品流向、储存和使用情况。要认真执行危险化学品排查制度，消除安全隐患，堵塞管理漏洞，预防投毒等重大事件的发生。要指定医疗机构，配备必要的急救药品、医疗器具、调查取证和卫生检验设备，确保中毒救治工作迅速有效开展。如果发生投毒和重大食品安全事件，要及时报告并迅速启动应急机制，对瞒报、漏报、缓报重大中毒事件，或未能及时发现、及时救治、及时处置的有关责任人，要按照有关规定从严予以惩处。

四、加强领导，确保国庆期间及十六大前后的绝对安全和社会政治稳定

各地区、各部门要按照江泽民同志“三个代表”重要思想的要求，树立高度的政治责任感，从维护广大人民群众身体健康和社会政治稳定的大局出发，切实加强领导，集中人力、财力、物力，认真做好危险化学品安全管理工作，确保国庆期间和十六大前后的绝对安全。要加强宣传教育，营造自觉抵制、揭发有关危险化学品犯罪活动的良好社会氛围。要积极疏导、化解社会矛盾，避免矛盾激化，预防恶性事件的发生。同时，要注意把握新闻导向，防止产生负面示范效应。

国务院办公厅

二〇〇二年九月二十八日

国务院安全生产委员会第三次全体会议精神

（2002年9月23日）

中共中央政治局委员、国务院副总理吴邦国9月23日在国务院安全生产委员会第三次会议上强调，要以江泽民同志“三个代表”重要思想为指导，牢固树立安全第一、预防为主的思想，狠抓薄弱环节，消除事故隐患，严格安全管理，深入开展安全生产专项整治，坚决防止重、特大事故发生，保障人民群众生命财产安全，为党的十六大的胜利召开创造良好的社会环境。

吴邦国指出，今年以来，各地区、各部门按照国务院的统一部署，开展专项整治，加强日常管理，强化监督检查，安全生产形势总体趋于好转。但是，当前安全生产工作的基础还很薄弱，一些重大事故隐患仍未消除，特大生产安全事故还时有发生，安全生产形势依然严峻。他强调，安全生产关系到国家和人民群众生命财产安全，关系到人民群众的切身利益，关系到改革发展稳定的大局，各级领导干部一定要按照“三个代表”的要求，从维护改革发展稳定大局出发，牢固树立安全第一的思想，以对党对人民高度负责的精神，增强责任感和紧迫感，高度重视，切实把安全生产工作抓紧抓实抓好。要坚决克服麻痹松懈思想和侥幸心理，警钟长鸣，常抓不懈，严格管理，狠抓落实。要着力解决本地区、本行业的薄弱环节和突出问题，消除隐患，堵塞漏洞，切实防止重、特大生产安全事故的发生。对下一步安全生产工作，吴邦国提出三点要求：

第一，深入开展安全生产专项整治，集中进行一次安全生产大检查。检查和整治的重点领域是煤矿及非煤矿山安全、交通及旅游安全、公共聚集场所消防安全、易燃易爆和危险化学品安全。要着重解决好以下几个问题：一要严厉查处应关未关和明停暗开的小厂小矿，严防死灰复燃。要彻底排查国有大矿“一通三防”上的安全隐患，确保安全生产。瓦斯灾害严重的国有大矿，必须坚持“先抽后采、监测监控、以风定产”的原则，从源头上避免特大事故发生。二要切实加强“十一”期间安全生产和安全防范工作，确保广大人民群众过一个欢乐、祥和的节日。要加强旅游场所、娱乐场所、大型商场、机场、车站、码头、油库等公共场所和要害部位的安全防范，制定应急预案，加强安全保卫，切实做到防患于未然。对各种大型庆祝、娱乐等活动，主办单位和有关部门要切实负起责任，精心组织，充实管理力量，确保万无一失。对交通运输工具带“病”运行、“三超”和疲劳驾驶等违规现象，要严厉查处。三要切实加强爆炸物品和危险化学品生产、运输、储存、销售和使用管理，严禁乘客携带易燃、易爆和危险化学品乘坐交通工具。四要加强节假日期间的值班制度，及时组织力量处置各种突发事件和异常情况。

第二，进一步加强安全生产督查，严格生产安全事故的责任追究。一是各级领导干部特别是一把手是安全生产的第一责任人，必须对本地区、本部门和本单位的安全生产负总责，做到守土有责，确保一方平安。领导要带头严起来，认真解决安全生产中的突出问题，一级抓一级，逐级负责，把安全生产的各项责任落实到基层，落实到人。二是对已经发生的生产安全事故，要按照“四不放过”原则，一查到底，依法追究责任，使有关责任人受到应有的惩处。三是要加大对县乡领导安全生产行政责任追究的力度。对非法小厂、小矿泛滥的县乡，要先解决领导班子问题，否则没有安全可言。四是要将安全生产的责任追究与打黑除恶、惩治腐败、社会治安综合治理紧密结合起来，深挖一些事故背后的“恶根”，坚决打掉“保护伞”。五是要继续组织开展安全生产综合督查和专项督查，加强对整改情况的跟踪检查，并形成制度，使安全生产工作有布置、有检查、有落实。

第三，认真学习和贯彻落实《安全生产法》，增强全民安全意识。各地区、各部门要认真学习和广泛宣传《安全生产法》，普及安全生产法律知识，增强全民安全生产法律意识。有关部门要加紧研究制定相关配套法规，组织修订现行安全生产规程和技术标准，逐步健全安全生产法律法规体系，为安全生产提供法律保障。要切实加强日常的监督检查和事故防范工作，尽快改变责任不清、纪律松弛、管理不严、有章不循的状况，坚决制止和纠正违章指挥、违章作业、违反劳动纪律的“三违”现象。要加大企业在安全生产方面资金投入力度，弥补企业安全生产欠账，完善各项安全生产监测和防范设施，提高安全生产综合防御能力，切实防止重、特大事故发生。

国务院安全生产委员会第四次全体会议精神

（2002年12月31日）

中共中央政治局常委、国务院副总理吴邦国12月31日在国务院安全生产委员会第四次全体会议上强调，要全面贯彻落实十六大精神，以“三个代表”重要思想为指导，以对党和人民高度负责的精神，坚持“安全第一、预防为主”的方针，牢固树立长期奋斗的思想，坚持不懈地抓好安全生产工作，保障国家和人民群众生命财产安全。当前要突出做好“两节”“两会”期间安全生产工作，切实防止重、特大生产安全事故发生，确保人民群众过一个欢乐祥和喜庆的节日。

吴邦国说，党中央、国务院一贯高度重视安全生产工作。近年来，针对部分领域和行业重、特大事故多发的情况，在加强领导、强化监督、健全监管机构、完善法律法规体系、开展专项整治、严格行政责任追究和增加安全生产投入等方面采取一系列重大措施，经过各地区、各部门和企业及安全生产工作战线上广大干部职工辛勤努力和积极工作，取得了一定成效，全国安全生产形势总体稳定、趋向好转。一是生产安全特大恶性事故以较大幅度逐年下降，重、特大事故上升势头得到有效遏制；二是安全生产专项整治取得阶段性成果，事故多发、人民群众普遍关注的行业和领域生产安全事故明显下降；三是安全生产责任制进一步落实，监督检查力度明显加大，特别是省、市级领导的重视程度普遍提高；四是一些地区安全生产出现稳定好转势头。

吴邦国指出，在看到这几年安全生产工作取得成绩的同时，一定要清醒地认识到，当前安全生产工作的基础还很薄弱，专项整治成果也只是阶段性的、不牢固的，全国安全生产形势依然十分严峻。他说，搞好安全生产是一项重要的、长期的、艰巨的任务，也是一项经常性的工作，只要加强，丝毫也不能削弱，必须警钟长鸣，常抓不懈。要增强责任感、紧迫感和自觉性，通过加倍努力、扎实工作，逐步实现安全生产形势根本好转。吴邦国强调，各地区、各部门和单位要以“三个代表”重要思想为指导，认真贯彻胡锦涛总书记在中央经济工作会议上强调的“安全生产关系群众生命，要作为一项重要工作切实抓好”的指示精神，从维护改革发展稳定大局出发，始终坚持“安全第一、预防为主”的方针，牢固树立长期奋斗的思想，发扬脚踏实地的作风，从薄弱的环节抓起，从解决突出的问题入手，明确责任，落实措施，严格管理，强化监督，扎扎实实地把安全生产工作抓紧抓好。

对下一阶段安全生产工作，吴邦国着重强调了三点：第一，全面贯彻实施《安全生产法》，逐步把安全生产纳入法治轨道。《安全生产法》是安全生产工作的根本大法，各地区、各部门和单位必须严格执行。要依法落实安全生产责任制，建立健全各项规章制度，加强安全生产培训，严格责任追究。要针对新形势下面临的情况新问题，积极探索加强对非公有制企业安全生产管理的有效办法，逐步建立安全生产长效机制。第二，深入开展安全生产专项整治，巩固和扩大整治成果。要继续以煤矿安全、危险化学品管理、烟花爆竹和易燃易爆物品管理、道路和水上交通运输等领域为重点，在前两年工作基础上，把安全生产专项整治工作深入持久地开展下去。同时，要加强日常监督检查，发现问题，及时整改。第三，加大安全生产投入，提高企业安全生产整体水平。企业要下决心解决安全生产欠账问题，集中力量建设完善安全生产监测和防范措施，改善作业环境和条件，规范规划建设和生产经营活动，最大程度地消除事故隐患，提高安全生产综合防御能力，从源头上防止重、特大生产安全事故发生。

吴邦国强调，当前要突出做好"两节"及明年"两会"期间的安全生产工作。各地区、各部门和各行业要结合年度工作部署，对安全生产工作进行全面安排，有针对性地开展安全生产大检查，认真排查事故隐患，坚决堵塞管理漏洞。他说，"春运"在即，有关方面要把"春运"的各项工作组织好、安排好，保证铁路、民航、公路、水路安全畅通，疏导民工合理有序流动，确保广大人民群众出行安全。要严格烟花爆竹和易燃易爆物品及危险化学品的管理，严禁携带易燃易爆物品和危险化学品乘坐车船飞机。对节假日期间举办的各种大型群众性活动，主办单位和有关部门要切实负起责任，精心组织，周密部署，确保万无一失。要把旅游场所、娱乐场所、大型商场、机场、车站、码头、油库等公共场所和要害部门作为安全防范的重点，落实防范措施，确保不发生重、特大事故。要加强节假日期间安全保卫和值班工作，严格岗位责任，制定应急预案，及时组织力量处置各种突发事件和异常情况，确保人民群众过一个欢乐、祥和、喜庆的节日。

关于变更国务院安全生产委员会成员的通知

（安委字［2002］1号）

各省、自治区、直辖市人民政府，国务院各部委、各直属机构：

根据国家发展计划委员会和国家质量监督检验检疫总局的申请，并报经国务院安全生产委员会主任同意，现将两部门变更其国务院安全生产委员会成员情况通知如下：

国家发展计划委员会因汪洋同志分工调整，其安委会成员变更为张国宝副主任。

国家质量监督检验检疫总局因朱明暹同志工作变动，其安委会成员变更为王秦平副局长。

国务院安全生产委员会

二〇〇二年三月二十一日

关于广西、安徽、广东境内三起危险化学品运输事故的通报

（安委字［2002］2号）

各省、自治区、直辖市人民政府，国务院有关部门：

2002年3月6日凌晨1时，广西正龙黄金物资供销中心雇用的一辆核载8吨的东风牌个体运输车，共载20.9吨（415桶）氰化钠运往贵州省黔西南州，行驶至324国道广西壮族自治区田东县境内路段时，发生翻车事故，车上80多桶氰化钠被抛出车外。事故发生后车主、司机和押运员均未报案，直至当日上午8时，田东县交警发现后迅即报告，引起了地方各级政府的高度重视并采取有力措施，将货物安全转移。

3月9日晨5时，江苏省连云港市一个体工程队雇用的一辆核载3吨的个体运输车，从江苏双菱化工集团有限公司装载熏蒸杀虫剂农药磷化铝粉剂4吨、片剂1吨，运往安徽省阜阳市，在行驶至安徽省亳州市利辛县境内时，因驾驶员疲劳驾驶，驶入路边5米深的水沟，车上部分磷化铝被抛入水中，遇水发生剧烈化学反应，并燃烧释放出有毒气体。事故发生后，亳州市和利辛县党委、政府及有关部门的负责人迅速赶赴现场，组织抢救，及时控制和消除了险情，没有造成严重环境污染和人员伤亡。

3月11日20时15分，广东省茂名市一辆核载5吨的个体槽罐车装载12.49吨二甲苯运往中山市，行驶至南海市小塘镇长安路皇宫酒店门前时，由于车辆严重超载，左后轮半轴突然断裂，车轮脱出，撞断罐体阀门，致使二甲苯全部泄漏。事故发生后，南海市委、市政府高度重视，采取得力措施，有效地控制和消除了险情。

上述事故发生后，根据国务院领导同志的指示，国家安全生产监督管理局会同公安部等部门组成调查组对这三起事故进行了调查，认定这三起事故均为责任事故。经查，三起事故的肇事司机和车辆均不具备运输危险货物的资质，又都严重违章超载运输。同时，广西“3·6”事故中，货主广西正龙黄金物资供销中心超出批准业务范围，跨省经销氰化纳，违规雇用不具备资质的车辆和司机承运危险化学品；安徽境内“3·9”事故中，货主为个体户，不具备经营危险化学品的资质，属非法经营危险化学品，江苏双菱化工集团有限公司违规向不具备经营危险化学品资质的个体户，以“以货抵债”的形式销售危险化学品；广东“3·11”事故中，肇事车辆的车主违规改装车辆，当地车辆管理和车辆检验机构管理混乱，在没有车辆合格证的情况下，违规为该车办理了机动车入户手续，并在车辆未到场，也未作任何技术检测的情况下，使其通过了机动车年检。

这三起事故虽然没有造成人员死亡、严重环境污染和重大财产损失，但事故性质十分严重。三起事故的发生，反映出某些地区危险化学品运输管理的安全专项整治不深入、不扎实；在危险化学品安全管理上，仍然存在着责任不落实、措施不落实、工作不到位和监管不力等问题。为了贯彻落实江泽民总书记等中央领导同志的指示精神和国务院发布的《危险化学品安全管理条例》（以下简称《条例》），切实落实危险化学品安全管理责任和措施，全面加强和改进危险化学品的安全监管工作，有效遏制事故多发势头，确保人民生命财产安全和社会稳定，各地区、各部门要做好以下工作：

一、严肃查处事故，认真汲取教训，做好事故预防工作。广西、江苏、广东三省（区）要认真汲取事故教训，并制定防范措施，切实改进工作。同

时，要根据国家有关规定，严肃查处这三起事故，严厉追究有关人员的责任。各地区、各部门都要从这三起事故中吸取教训，举一反三，认真落实安全管理责任和措施，做好危险化学品安全监管工作，防止同类事故的发生。

二、认真组织开展危险化学品安全管理专项整治。各地区各单位要在近期就危险化学品的管理工作进行一次大检查。在此基础上，按照国务院的统一部署，对危险化学品生产、经营、储存、运输、使用和废弃物处置等各环节的安全管理全面开展整治。要坚持依法整治，搞好标本兼治和综合治理，促进《条例》规定的各项管理措施的全面落实和危险化学品安全管理工作的进一步加强。

三、切实落实管理责任，加强监督检查。各有关部门要认真履行《条例》规定的职责，落实责任，强化监管。公安、交通等部门要严格危险化学品车辆证照管理和车辆检测，对达不到国家有关标准的，一律取消运输资格；对个体非法营运、私自违法改装和不符合安全条件的运输车辆要坚决予以取缔。要按照“谁审批，谁发证，谁负责”的原则，加强监督检查，把好各道关口，严防事故发生。各级地方人民政府，特别是县、乡人民政府要对本地区运输危险化学品的车辆严格管理，严格控制，做好事故防范工作。

四、加强宣传、教育和培训工作。各级地方政府和有关部门要切实加强危险化学品安全生产宣传教育和培训工作，大力普及安全知识，增强法律意识，尤其要加强对涉及危险化学品运输的驾驶员、装卸员和押运员的安全教育和培训，加强考核工作，推行持证上岗制度。

国务院安全生产委员会

二〇〇二年五月十三日

关于印发《深化煤矿安全专项整治实施方案》的通知

（安委字［2002］3号）

各省、自治区、直辖市煤矿安全生产专项整治领导小组：

现将国家煤矿安全监察局制定的《深化煤矿安全专项整治实施方案》印发给你们，各地要结合实际，按该实施方案的要求，认真制定本地区的整治方案和措施，落实各级地方人民政府和各部门的责任，确保深化整治工作取得成效，促进煤矿安全生产状况持续稳定好转。

国务院安全生产委员会

二〇〇二年五月二十日

深化煤矿安全专项整治实施方案

（国家煤矿安全监察局）

根据国务院关于继续深入开展五项安全整治的总体要求，现提出2002年深化煤矿安全专项整治实施方案。

一、深化整治的总体要求

以江泽民同志“三个代表”重要思想为指导，认真贯彻国办发［2001］68号文件和全国安全生产电视电话会议精神，以安全生产的法律法规为依据，坚持“安全第一，预防为主”方针，依法整治，强化监察，淘汰落后，提高水平，标本兼治，综合治理，实现全国煤矿安全生产状况持续稳定好转。

二、深化整治的主要目标

安全技术面貌明显改善，矿井“一通三防”和综合抗灾能力有所提高，依法关闭破坏资源、技术落后、污染环境和不具备安全生产条件的小煤矿，遏制重大、特大事故，减少伤亡人数，实现煤矿安全生产状况进一步稳定好转。

三、深化整治的重点

——对破坏资源、技术落后、污染环境和不具备安全生产基本条件的以下七类小煤矿依法予以取缔、关闭。

一是被关闭后擅自恢复生产和非法私开矿井；

二是截至今年3月底未通过省级政府验收的矿井；

三是通过验收后经复查不合格的矿井；

四是不符合国家煤矿安全监察局提出的《小煤矿安全生产基本条件》的矿井；

五是采用非正规采煤方法的矿井；

六是高瓦斯和煤与瓦斯突出而未按《煤矿安全规程》规定采取防治措施的矿井；

七是开采高灰高硫煤的矿井。

——国有地方煤矿按照新修订的《煤矿安全规程》进行全面整治。存在重大隐患的一律停产整顿，经整顿仍不合格的，予以关闭。

——国有重点煤矿以强化“一通三防”工作，防止重大、特大瓦斯事故为重点进行整治，加大安全技改投入，健全完善各项安全设施和安全技术措施，加强安全培训，提高安全技术装备水平和现场管理水平。

四、深化整治的步骤

一是部署落实阶段。各地要按照全国安全生产电视电话会议精神和《深化煤矿安全专项整治实施方案》的要求，立即结合实际研究制定本地区的整治方案和具体措施，并报国家煤矿安全监察局。

二是深入整治阶段。各地要按照新修订的《煤矿安全规程》进行全面排查。重点排查不具备安全生产基本条件的小煤矿和国有煤矿“一通三防”方面的重大隐患，有针对性地落实整治措施。对七类应关闭矿井，要采取果断措施，依法予以关闭。对国有煤矿存在重大隐患的，一律停产整顿。

三是督促检查阶段。从十月开始至今年年底，各省、自治区、直辖市按照本地制定的深化整治标准进行验收，并向国家煤矿安全监察局写出书面报告。国家煤矿安全监察局组织对各省、自治区、直辖市进行督查，凡深化整治不合格的，将责令其限期重新整治，问题严重的地区要停产整顿。

五、深化整治的主要措施

1．加强组织领导，确保深化煤矿安全专项整治工作取得实效。深化煤矿安全专项整治工作由各省、自治区、直辖市人民政府统一领导，组织实施。各地要结合本地实际，制定切实可行的整治方案。煤矿安全专项整治领导小组及办公室要做到机构不撤，人员不散，继续做好深化整治组织协调工作。要认真总结分析去年煤矿安全专项整治工作的经验教训，针对薄弱环节，制定措施，落实深化煤矿安全专项整治责任制，强化各级地方政府特别是县、乡两级政府以及有关部门的责任，确保深化整治工作取得实效。

2．坚持依法行政，惩治违法违纪行为，严格实行责任追究。深化整治必须严格执行有关法律法规，做到有法必依、执法必严、违法必究。对于干扰、阻挠深化整治工作的单位和个人，要依法惩处；对非法新开矿井和已关闭矿井死灰复燃的，要依法追究矿主的刑事责任；对存在应关闭矿井未关闭和关闭不合格问题严重的，要追究当地政府主要领导的行政责任。对在深化整治期间，小煤矿非法生产和因整治不力发生伤亡事故的，要依法从重从快处罚，并追究地方政府和有关部门主要领导的行政责任；对国有煤炭企业违法、违规生产造成事故的，要依法追究企业法人和主要领导的行政责任。对影响大、性质恶劣的特大事故，及时将查处结果通过新闻媒体予以公布。

3．强化监督与监察，促进深化煤矿安全整治各项措施的落实。各地要对现有的各类小煤矿进行全面排查，凡属应关闭的七类小煤矿，要采取果断措施，坚决予以关闭；凡属停产整顿的煤矿，必须制定整治措施，明确责任人，督促检查落实。各地人民政府要根据整治工作的进展情况，及时组织开展以巩固成果严防死灰复燃、依法查处和打击非法生产为重点的联合执法和监督检查。各级煤矿安全监察机构要加大监察执法力度，认真履行职责，确定监察重点，明确监察任务，落实监察责任制。对重点地区、重点矿井，进行重点跟踪监察；对依法关闭的、停产整顿的、限期整改的矿井，要按照执法程序及时下达执法文书。凡发现整治不彻底、关井不到位的，要及时向当地人民政府和相关国有煤炭企业提出监察意见，督促整改落实，并依法查处责任者。

4．加大整治力度，坚决淘汰落后生产能力。今后各地一律不得批准开办新的小煤矿。对在国办发明电［2001］25号下发前“四证”不全的矿井，又纳入整顿验收范围并通过验收的，也要吊销“四证”，予以关闭。各地要抓紧对小煤矿进行分类，确定关闭对象，并在新闻媒体上公布。要按照国家煤矿安全监察局制定的《小煤矿安全生产基本条件》，对已通过验收的小煤矿逐一对照检查，凡不具备安全生产基本条件的，一律予以关闭。各地要按照本实施方案的总体要求，对列入关闭对象的矿井，认真组织实施，落实关井责任，确保关井质量，不得以任何借口拖延。

5．加强安全基础工作，提高矿井抗灾能力。各地要继续抓好国有重点煤矿安全技术改造，围绕矿井“一通三防”，重点加大瓦斯抽放、通风系统和安全监测监控系统的技改投入；国有地方煤矿要加大“一通三防”隐患整治，完善各项安全设施和技术措施，坚决取缔非正规采煤工作面；小煤矿要采用壁式开采，严禁采用非正规、落后的开采方法。推进安全科技成果转化，应用高新技术解决煤矿重大灾害防治中的关键技术难题，提高煤矿灾害综合防治能力。强化安全培训，提高煤矿从业人员的整体素质。有关部门依法对各类煤矿矿长、特种作业人员进行安全资格和操作资格的培训、考核，认真履行职责，严格把关。井下作业人员上岗前，必须按规定进行安全培训，考试合格后方可上岗；特种作业人员必须取得上岗证，并持证上岗；实行安全资格一票否决制，凡未取得矿长安全资格的一律不得担任矿长。

6．充分发挥舆论监督作用。要利用各种形式，广泛宣传深化煤矿安全专项整治的重要意义，充分发挥新闻媒体舆论导向和舆论监督作用。结合开展以“安全责任重于泰山”为主题的“安全生产月”和“安全生产万里行”活动，形成全社会重视深化煤矿安全专项整治的良好氛围。各地人民政府和各级煤矿安全监察机构要设立举报电话和举报信箱，对群众举报的小煤矿死灰复燃及非法生产问题，要认真追查，依法严肃处理。对死灰复燃严重、整治不力的地区，通过新闻媒体予以曝光。

关于变更国务院安全生产委员会成员的通知

（安委字［2002］4号）

各省、自治区、直辖市人民政府，国务院各部委、各直属机构：

根据国务院安全生产委员会工作规则，现将国务院安全生产委员会部分成员调整情况通知如下：

因石万鹏同志工作变动，国家经济贸易委员会欧新黔副主任为国务院安全生产委员会副主任。

因张宝明同志工作变动，国家安全生产监督管理局（国家煤矿安全监察局）王显政局长为国务院安全生产委员会副主任兼国务院安全生产委员会办公室主任。

国务院安全生产委员会

二〇〇二年六月二十四日

关于做好当前安全生产工作的通知

（安委字［2002］5号）

各省、自治区、直辖市、计划单列市人民政府及新疆生产建设兵团，国务院有关部门：

今年以来，各地区、各部门认真贯彻落实党中央、国务院领导同志关于安全生产工作的一系列重要指示和工作部署，进一步加大了安全生产监督监察和专项整治工作力度，为减少伤亡事故、促进全国安全生产状况好转做了大量工作。进入三季度以来，全国安全生产状况总体上向稳定好转的方向发展。但由于我国安全生产工作基础薄弱，各类生产安全事故和隐患仍比较多，特大事故时有发生，安全生产形势依然严峻。国庆节即将来临，举世瞩目的中国共产党第十六次全国代表大会即将召开，各地区、各部门一定要按照“三个代表”的要求，牢固树立“安全第一，预防为主”的思想意识，高度重视并切实做好当前安全生产工作，积极维护社会稳定的大好形势，以实际行动迎接党的十六大的胜利召开。根据国务院安全生产委员会第三次会议精神，经国务院同意，现提出如下要求：

一、在10月底前，各地区、各部门要集中进行一次安全生产大检查。检查的重点是交通和旅游安全、煤矿安全、易燃易爆品和危险化学品的安全、公众聚集场所消防安全等。各单位要认真检查各级安全生产责任制的落实情况，各项安全规章制度的贯彻执行情况，各项安全工作措施的贯彻落实情况，特别要重视基层安全工作的落实情况和安全基础工作，发现问题立即解决。要认真排查事故隐患，对重大危险源要切实加强监控，并认真落实各项防范措施。

二、加强煤矿和非煤矿山安全生产监督监察。对存在隐患的煤矿和非煤矿山依照有关法律法规等的规定，严令限期整改或停产整顿，对非法生产的小煤矿、非煤小矿山要坚决取缔。要督促煤矿加强“一通三防”工作，认真落实瓦斯治理的各项措施和要求，坚决防止特大瓦斯事故的发生。要采取有力措施，严防已关闭小煤矿死灰复燃，防止各类煤矿不顾安全突击生产。

三、公安、交通、铁路、民航等部门要根据部门职责分工，切实加强运输安全监督管理，严格对运输设备设施的安全检查和司乘人员的安全教育工作，尤其要加强对客运安全的监督管理，既要组织各类运输企业根据客流量合理调整车次、船期、航班等，又要加强部门间的协调与配合，加大执法力度，坚决杜绝交通运输工具带“病”运行，严禁车船超载、超速、疲劳驾驶等违反安全规定的现象。要切实加强危险化学品储运的管理，落实安全检查制度，强化安全检查措施，严格查禁乘客携带易燃、易爆、剧毒等危险物品乘坐交通工具，确保交通运输安全。

四、各类风景名胜区、公园、游乐园管理部门要根据规定的接待容量，合理安排游览活动，采取有效措施控制高峰时段游人总量，并安排专人进行合理的人流量疏导。要按照国家有关规定和标准，加强对汽车、游船、轮渡、缆车、索道等游客运载工具及带有危险性的攀岩、蹦极、探险、漂流、射击等旅游项目和大型游艺机等设备的安全检查，排除各种事故隐患，同时加强日常检查、维护和管理，达不到安全要求的，一律不得投入使用。要采取各种措施，使广大游客了解安全注意事项，防止游客发生危险行为。在节日期间，要充实安全管理力量，完善安全监控设施，并及早制定切实有效的应急预案。

五、加强对公众聚集场所和车站、机场、港口、码头和大型商场、超市等的安全管理和监督检查，及时发现和解决存在的问题，落实以消防安全为重点的各项责任制，保证消防设施完好、有效。各地举办的各类大型群众活动，要有严密的安全措施和意外情况处置预案。

六、坚决取缔无证、非法的小火药厂、烟花爆竹厂等，严肃查处违反规定藏匿炸药和爆炸品的行为，加强对危险化学品和易燃易爆品生产、包装、储存、运输、销售和使用等各个环节的监督管理，预防各种突发事故。

七、各地区要进一步建立健全安全生产责任制，并依照国务院第 302 号令，严格进行责任追究，真正做到各尽其职、各负其责。各级领导干部特别是一把手是安全生产的第一责任人，必须对本地区、本部门和本单位的安全生产负总责，做到守土有责，确保一方平安。各级企业领导要带头严起来，认真解决企业安全生产中的突出问题，一级抓一级，逐级负责，把企业安全生产的各项措施落到实处。各地区、各部门要严格执行节日期间领导同志值（带）班和生产安全事故专报制度，随时掌握安全生产动态，对各种突发事故和异常情况必须组织力量及时妥善处理，并按规定及时、如实向上级有关部门报告。

请各省（区、市）于 2002 年 10 月 7 日 12 时前，将本地国庆节假期安全生产简要情况（主要是伤亡事故汇总数据）传真报送国务院安全生产委员会办公室（设在国家安全生产监管局，传真：010－64234662；电话：010－64214078）。

国务院安全生产委员会

二〇〇二年九月二十四日

国务院综合管理部门有关安全生产的规章及文件（目录）

一、综合管理

关于表彰2001年安全生产监督管理先进单位和先进个人的决定（安监管办字［2002］2号）

关于表彰2001年先进煤矿安全监察办事处和优秀煤矿安全监察员的决定（煤安监办字［2002］3号）

关于印发《安全生产调度例会制度》的通知（安监管司办字［2002］1号）

关于进一步精简会议和文件、减少事务性活动的通知（安监管办字［2002］7号）

关于严格控制一般性出国（境）考察和培训团组的通知（安监管外字［2002］8号）

关于对8省市进行安全生产督查情况的通报（安委办字［2002］2号）

关于加强安全生产伤亡事故调度报告工作的通知（安监管司办字［2002］17号）

关于做好“五一”节假日和汛期安全生产工作的通知（安委办字［2002］4号）

关于印发《国家安全生产监督管理局（国家煤矿安全监察局）2002年立法计划》的通知（安监管政法字［2002］33号）

关于切实搞好“调查研究年”活动的通知（安监管政法字［2002］34号）

关于2002年以来全国安全生产情况的通报（安监管办字［2002］44号）

关于印发《国家安全生产监督管理局（国家煤矿安全监察局）2002年立法调整计划》的通知（安监管政法字［2002］58号）

关于进一步贯彻落实全国增收节支电视电话会议精神的意见（安监管财字［2002］60号）

关于发布《国家安全生产监督管理局（国家煤矿安全监察局）专项资金管理暂行办法》的通知（安监管财字［2002］59号）

关于发布《国家安全生产监督管理局（国家煤矿安全监察局）法规工作规定》的通知（安监管政法字［2002］66号）

印发《关于建立巡视制度的试行办法》的通知（安监管党字［2002］23号）

关于开展特大安全事故责任追究落实情况检查的通知（监发［2002］4号）

关于印发《国家安全生产监督管理局（国家煤矿安全监察局）领导同志工作分工》的通知（安监管办字［2002］70号）

关于印发《国家安全生产监察专员管理暂行办法》的通知（安监管人字［2002］71号）

关于加强预算单位零余额账户管理的通知（安监管司办字［2002］57号）

关于进一步完善机关工作制度的意见（安监管司办字［2002］58号）

关于做好维护社会稳定和安全生产工作的通知（安监管司办字［2002］65号）

关于加强非公有制小企业安全生产监督管理工作的意见（安监管办字［2002］84号）

关于印发《国家安全生产监督管理局（国家煤矿安全监察局）固定资产管理暂行办法》的通知（安监管财字［2002］102号）

关于进一步加强安全生产调度统计工作的通知（安监管司办字［2002］85号）

关于加强国有大中型企业安全生产工作的意见（安监管办字［2002］106号）

关于发布《安全生产监督检查和行政执法统计报告规定》的通知（安监管政法字［2002］121号）

关于完善安全生产监督管理和煤矿安全监察工作机制的意见（安监管政法字［2002］129号）

二、煤矿安全监察

（一）工作部署

关于重新核发"四证"的小煤矿在中国煤炭报进行公告的通知（煤安监司办字［2002］5号）

关于加强煤矿建设工程安全监察工作的通知（煤安监监一字［2002］62号）

关于印发《小煤矿安全生产基本条件》的通知（安委办字［2002］6号）

关于印发《煤矿安全监察员培训考核办法》的通知（煤安监人字［2002］59号）

关于做好煤炭企业主要经营管理者安全资格证书发放工作的通知（煤安监司办字［2002］19号）

关于黑龙江省鸡西矿业集团公司城子河煤矿特大瓦斯爆炸事故的通报（煤安监传真［2002］17号）

关于立即采取措施做好煤矿安全监察执法工作的紧急通知（安监管传真［2002］18号）

关于进一步做好煤矿安全监察罚款管理工作的通知（煤安监财字［2002］70号）

关于加强煤矿"一通三防"工作的紧急通知（安监管传真［2002］21号）

关于印发《国有大矿"一通三防"专项监察工作方案》的通知（煤安监监一字［2002］73号）

印发《关于加强煤矿安全监察行政执法工作的意见》的通知（煤安监办字［2002］75号）

关于实施国有大矿瓦斯防治重点监控的意见（煤安监监一字［2002］80号）

关于国有大矿"一通三防"专项监察情况的通报（煤安监监一字［2002］81号）

关于进行重点监控矿区"一通三防"安全互检的通知（煤安监司办字［2002］24号）

关于加强煤矿安全监察队伍建设的决定（煤安监党字［2002］4号）

关于国有重点煤矿用工调查情况的通报（煤安监监一字［2002］87号）

关于印发《煤矿安全监察执法统计报告办法》的通知（煤安监政法字［2002］119号）

关于进一步抓好深化煤矿安全专项整治工作的通知（安委办字［2002］11号）

关于加强十六大期间煤矿安全监察工作的紧急通知（煤安监办字［2002］126号）

关于加强煤矿安全监控系统监察工作的通知（煤安监监一字［2002］137号）

关于印发《国家煤矿安全监察局特聘煤矿安全监督员管理办法》的通知（煤安监监一字［2002］138号）

关于加强国有地方煤矿安全工作的通知（煤安监监一字［2002］145号）

关于煤矿安全督查情况的通报（煤安监监一字［2002］153号）

（二）煤矿事故处理

关于陕西省韩城矿务局下峪口煤矿多种经营公司二号井"4·21"特大瓦斯煤尘爆炸事故的处理决定（煤安监监一字［2002］55号）

煤矿特大生产安全事故批复目录

三、非煤安全监管

（一）工作部署

关于加强重大建设工程项目安全生产监督管理预防重大事故发生的通知（安监管办字［2002］22号）

关于加强非煤矿山安全整治工作的意见（安监管管一字［2002］29号）

转发广西壮族自治区安全生产监督管理局关于卧铺客车整顿和改造报告的通知（安监管司办字［2002］20号）

印发《关于深入开展公众聚集场所消防安全专项治理的实施方案》的通知（公发［2002］4号）

关于转发公安部、国家安全生产监督管理局《2002年预防道路交通事故工作方案》的通知（安委办字［2002］7号）

关于开展民用爆炸物品专项整治工作的通知（公治［2002］65号）

关于由国家安全生产监督管理局负责危险化学品安全生产监督管理综合工作的通知（国经贸法规［2002］323号）

关于开展危险化学品安全管理专项整治工作的通知（国经贸安全［2002］327号）

关于转发吉林省安全生产委员会办公室《关于长春市境内"11·5"二硫化碳罐车翻车事故调查处理情况的报告》的通知（安监管司办字［2002］3号）

关于印发《渔业船舶报废暂行规定》的通知（农渔发［2002］8号）

关于开展有毒有害化学品生产、销售和使用专项整

治工作的通知（卫法监发［2002］129号）

关于加强农业机械安全生产工作的通知（农机发［2002］7号）

关于接连发生爆炸物品丢失被盗案件情况的通报（安监管管三字［2002］46号）

关于认真落实非煤矿山安全整治工作会议精神的通知（安监管司办字［2002］36号）

关于2002年上半年建筑业伤亡事故情况的通报（安监管管三字［2002］67号）

关于印发《"交通安全村"和"交通安全社区"建设指导意见》的通知（公通字［2002］43号）

关于建立非煤矿山安全整治工作月报制度的通知（安监管司办字［2002］63号）

关于印发《平安大道评价指标体系》和《平安大道评价办法》的通知（公通字［2002］47号）

关于印发《HAN阻隔防爆技术应用试点工作会议纪要》的通知（安监管司办字［2002］72号）

关于进一步加强民用爆破器材安全管理的通知（安监管管三字［2002］98号）

关于加强渔业安全生产的紧急通知（农渔发［2002］27号）

关于印发《危险化学品登记管理办法》等三部规章实施意见的通知（安监管管二字［2002］103号）

（二）事故处理

关于"8·23"特大道路交通事故结案的通知（安监管管三字［2002］13号）

关于"9·21"特大道路交通事故结案的通知（安监管管三字［2002］14号）

关于广东省清远市"1·11"特大火灾事故的批复（安监管管二字［2002］49号）

关于贵州省盘县"2001·1·30"特大交通事故的批复（安监管管三字［2002］56号）

四、安全培训和宣传教育

（一）安全培训

关于印发《2002年人事和培训工作要点》的通知（安监管党字［2002］6号）

关于煤炭企业主要经营管理者安全资格培训考核工作的实施意见（煤安监人字［2002］64号）

关于做好安全生产监察员培训考核和证书管理工作的通知（安监管人字［2002］64号）

关于印发安全生产监察员培训大纲的通知（安监管人字［2002］77号）

关于加强和规范安全生产培训管理工作的通知（安监管人字［2002］97号）

关于生产经营单位主要负责人、安全生产管理人员及其他从业人员安全生产培训考核工作的意见（安监管人字［2002］123号）

关于特种作业人员安全技术培训考核工作的意见（安监管人字［2002］124号）

（二）宣传教育

关于认真学习贯彻党的十六大精神的通知（安监管党字34号）

关于深入学习党的十六大精神的通知（煤安监党字［2002］7号）

关于开展2002年"全国安全生产月"活动的通知（安监管政法字［2002］4号）

关于开展"安全生产万里行"活动的通知（安监管政法字［2002］5号）

关于印发《2002年全国安全生产宣传教育工作要点》的通知（安监管政法字［2002］6号）

关于印发《安全生产法》宣传提纲的通知（安监管政法字［2002］51号）

关于学习宣传贯彻《中华人民共和国安全生产法》的通知（安监管政法字［2002］52号）

关于广泛开展学习宣传《安全生产法》活动的通知（安监管政法字［2002］63号）

关于2002年"全国安全生产月"活动总结的函（安监管函字［2002］96号）

关于进一步规范生产安全事故宣传报道的通知（安监管司办字［2002］56号）

关于利用消防站开展社会化消防安全宣传教育工作的通知（公通字［2002］17号）

五、科技、装备和认证认可

关于国家防爆电气产品质量监督检验测试中心和国家民用爆破器材质量监督检验中心开展煤矿矿用产品检验工作的批复（煤安监技装字［2002］16号）

关于15＃以上主扇风机防爆问题的批复（煤安监司办字［2002］4号）

印发《国家安全生产监督管理局 国家煤矿安全监察局关于加强安全生产科技管理工作的意见》的通知（安监管技装字［2002］11号）

印发《国家安全生产监督管理局　国家煤矿安全监察局关于开展安全生产科技成果奖励工作的意见》的通知（安监管技装字〔2002〕18号）

关于规范特种作业人员 IC 卡操作证管理工作的通知（安监管人字〔2002〕12号）

关于对劳动防护用品防护性能检验机构进行复审的通知（安监管司办字〔2002〕15号）

关于煤矿许用爆破器材实施安全标志管理有关问题的通知（煤安监技装字〔2002〕34号）

关于调整全国职业安全健康管理体系认证指导委员会及工作机构组成人员的通知（安监管技装字〔2002〕21号）

关于颁布《煤矿建设工程安全设施设计审查与竣工验收程序》、《煤矿建设工程安全设施设计审查标准》、《煤矿建设工程安全设施竣工验收标准》的通知（煤安监监一字〔2002〕35号）

关于开展劳动防护用品安全许可证换证和专项监督检查等工作的通知（安监管技装字〔2002〕27号）

转发国家计委、财政部关于核定特种作业操作证（IC卡）收费标准的通知（安监管司办字〔2002〕19号）

关于成立安全生产科技成果奖评审委员会的通知（安监管司办字〔2002〕26号）

关于开展安全生产培训机构资格认定工作的通知（安监管人字〔2002〕37号）

印发《关于加强安全评价机构管理的意见》的通知（安监管技装字〔2002〕45号）

关于调整和充实第三届国家安全生产专家组的通知（安监管司办字〔2002〕34号）

关于印发《注册安全工程师执业资格制度暂行规定》和《注册安全工程师执业资格认定办法》的通知（人发〔2002〕87号）

关于授予中国航天建筑设计研究院（集团）等43个单位安全评价资质的通知（安监管技装字〔2002〕74号）

关于开展注册安全工程师执业资格认定工作的通知（安监管人字〔2002〕87号）

关于进一步做好安全生产培训机构资格申报及认定工作的通知（安监管人字〔2002〕88号）

关于授予国家电力公司大坝安全监察中心等48个单位安全评价资质的通知（安监管技装字〔2002〕111号）

关于加强煤矿矿用产品安全标志管理工作的通知（煤安监技装字〔2002〕141号）

关于认可劳动防护用品防护性能检验机构（第一批）检验资格的通知（安监管技装字〔2002〕131号）

六、机构编制管理

关于华北矿业高等专科学校等16家单位更名的通知（安监管司办字〔2002〕42号）

关于调整国家安全生产监督管理局（国家煤矿安全监察局）党风廉政建设和反腐败工作领导小组的通知（安监管党字〔2002〕20号）

关于调整国家安全生产监督管理局（国家煤矿安全监察局）知识分子工作领导小组组成人员的通知（安监管司办字〔2002〕61号）

关于调整国家安全生产监督管理局（国家煤矿安全监察局）职称工作领导小组组成人员的通知（安监管司办字〔2002〕62号）

关于调整国家安全生产监督管理局（国家煤矿安全监察局）"四五"普法领导小组组成人员的通知（安监管司办字〔2002〕59号）

关于成立国家安全生产监督管理局（国家煤矿安全监察局）扶贫工作领导小组的通知（安监管司办字〔2002〕67号）

关于成立国家安全生产监督管理局（国家煤矿安全监察局）维护稳定工作领导小组的通知（安监管党字〔2002〕26号）

关于调整国家安全生产监督管理局（国家煤矿安全监察局）维护稳定工作领导小组组长的通知（安监管党字〔2002〕32号）

关于调整国家安全生产监督管理局（国家煤矿安全监察局）保密委员会成员的通知（安监管司办字〔2002〕7号）

关于调整国家安全生产监督管理局国家注册安全工程师执业资格工作领导小组组成人员的通知（安监管司办字〔2002〕60号）

关于调整全国职业安全健康管理体系认证指导委员会主任的通知（安监管技装字〔2002〕95号）

关于印发外事中心职能配置内设机构及人员编制方案的通知（安监管司办字〔2002〕6号）

关于印发煤炭工业展览中心（安全生产宣传教育中心）职责范围机构设置及人员编制方案的通知（安监管司办字〔2002〕73号）

国务院行业主管和相关部门有关安全生产的规章及文件（目录）

公安部

机关、团体、企业、事业单位消防安全管理规定（中华人民共和国公安部令第61号　2002年5月1日实施）

卫生部

工业企业设计卫生标准（GBZ1－2002）

工作场所有害因素国家职业接触限值（GBZ2－2002）

国家职业卫生标准管理办法（卫生部令第20号　2002年3月28日发布，2002年5月1日实施）

职业病危害项目申报管理办法（卫生部令第21号　2002年3月28日发布，2002年5月1日实施）

建设项目职业病危害分类管理办法（卫生部令第22号　2002年3月28日发布，2002年5月1日实施）

职业健康监护管理办法（卫生部令第23号　2002年3月28日，2002年5月1日实施）

关于加强《中华人民共和国职业病防治法》宣传工作的通知（卫法监发［2002］67号）

卫生部关于印发2002年国家卫生监督抽检工作计划的通知（卫法监发［2002］3号）

关于开展消毒有害化学品的生产、销售和使用专项整治工作的通知（卫法监发［2002］129号）

卫生部关于对制鞋行业从业人员开展职业健康检查的通知（卫法监发［2002］195号）

关于有毒有害化学品专项整治工作第一次督查情况的通报（卫法监发［2002］231号）

关于印发《职业病目录》的通知（卫法监发［2002］108号）

国家质检总局

电梯监督检验规程（国质检锅函［2002］1号　2002年1月9日颁布，2002年3月1日实施）

厂内机动车辆监督检验规程（国质检锅函［2002］16号　2002年1月21日颁布，2002年4月1日实施）

锅炉压力容器压力管道特种设备无损检测单位资格审查实施指南（试行）（国质检锅［2002］25号　2002年1月23日颁布）

锅炉压力容器压力管道特种设备无损检测资格审查咨询单位备案管理办法（国质检锅［2002］30号　2002年2月7日实施）

压力管道安装安全质量监督检验规则（国质检锅［2002］83号　2002年3月21日实施）

锅炉压力容器压力管道焊工考试与管理规则（国质检锅［2002］109号　2002年4月18日颁布，2002年10月1日实施）

关于加强游乐设施等特种设备安全宣传教育活动的通知（国质检锅联［2002］122号　2002年5月15日颁布）

滑索安全技术要求（试行）（国质检锅［2002］120号　2002年5月16日颁布，2002年7月1日实施）

施工升降机监督检验规程（国质检锅［2002］121号　2002年5月16日颁布，2002年8月1日实施）

游乐设施监督检验规程（试行）（国质检锅［2002］124号　2002年5月20日颁布，2002年7月1日实施）

锅炉压力容器特种设备普查整治工作验收办法（质检办锅［2002］171号　2002年6月10日颁布）

锅炉压力容器制造监督管理办法（总局令第22号　2002年7月12日颁布，2003年1月1日实施）

压力容器压力管道设计单位资格许可与管理规则（国质检锅［2002］235号　2002年8月14日颁布，2003年1月1日实施）

起重机械监督检验规程（国质检锅［2002］296号　2002年10月8日颁布，2002年12月1日实施）

客运架空索道监督检验规程（试行）（国质检锅［2002］326号　2002年11月22日颁布，2003年1月1日实施）

蹦极安全技术要求（试行）（国质检锅［2002］359号　2002年12月13日颁布，2003年1月1日实施）

液压电梯监督检验规程（试行）（国质检锅［2002］358号　2002年12月13日颁布，2003年2月1日实施）

自动扶梯和自动人行道监督检验规程（国质检锅［2002］360号　2002年12月13日颁布，2003年4月1日实施）

铁道部

关于印发《2002年全路运输安全工作要点》的通知（铁安监［2001］127号，2001年12月17日发布）

关于十五期间深入推进铁路安全规范管理强基达标的意见（铁办［2002］62号，2002年8月26日发布）

合资铁路地方铁路及专用铁道与国家铁路接轨站安全管理办法（铁办［2002］89号，2002年11月18日发布）

2002年全路行车安全情况通报（铁安监［2003］16号，2003年2月23日发布）

铁路企业伤亡事故处理规则（铁道部令第7号，2001年10月10日发布，2002年1月1日实施）

交通部

海上滚装船舶安全监督管理规定（交通部令第1号，2002年7月1日实施）

农业部

关于印发切实加强农业安全生产工作意见的通知（农人发［2002］8号　2002年3月13日发布）

关于加强农业机械安全生产工作的通知（农机发［2002］7号　2002年6月25日发布）

关于进一步加强渔业安全生产工作的通知（农渔发［2002］13号　2002年7月8日发布）

关于印发《饲料及畜产品中“瘦肉精”等违禁药品专项整治计划》的通知（农牧发［2002］27号　2002年9月29日发布）

关于切实加强当前农机安全监理工作的通知（农机发［2002］8号　2002年9月30日发布）

信息产业部

电信运营业重大事故报告规定（试行）（信部电［2002］114号　2002年3月29日颁布）

关于切实保障通信安全畅通的紧急通知（信部电［2002］185号　2002年5月16日发布）

国防科工委

国防科技工业安全生产监督管理责任制（暂行）（科工爆［2002］1056号　2002年12月19日实施）

中国航天科工集团公司

事业单位安全性评价 Q/QJB100－2002（2002年1月8日发布，2002年1月8日实施）

中国兵器工业集团公司

中国兵器工业集团公司关于发生安全生产违章责任事故对领导人员进行责任追究的补充规定（试行）（兵器生字［2002］521号　2002年8月13日颁布）

中国兵器工业集团公司“反违章、保安全”奖罚规定（试行）（兵器生字［2002］555号　2002年8月21日颁布）

中国兵器工业集团公司消防安全管理规定（兵器生字［2002］832号　2002年11月10日颁布）

中国兵器工业集团公司实施破产计划企业安全生产管理规定（兵器生字［2002］878号　2002年11月19日颁布）

中国兵器工业集团公司开展“安全生产优秀班组”和“安全生产标兵”活动暂行办法（兵器生字［2002］902号　2002年11月25日颁布）

中国兵器装备集团公司

中国兵器装备集团公司安全生产责任制度（兵装经［2002］131号　2002年4月18日发布）

安全生产责任制度（兵装经［2002］131号　2002年4月18日发布）

事故管理规定（兵装经［2002］131号　2002年4月18日发布）

易燃易爆性科研、试验安全管理规定（兵装经［2002］131号　2002年4月18日发布）

安全技术措施管理规定（兵装经［2002］131号　2002年4月18日发布）

成员单位技安部门业务建设指导原则（兵装经［2002］131号　2002年4月18日发布）

安全检查制度（兵装经［2002］131号　2002年4月18日发布）

职业卫生管理办法（兵装经［2002］131号　2002年4月18日发布）

职业卫生监测管理规定（兵装经［2002］131号　2002年4月18日发布）

中国兵器装备集团公司破产企业安全生产管理规定（兵装经［2002］368号　2002年9月11日颁布）

国家电力公司

电力安全工器具预防性试验规程（试行）（国电发［2002］777号　2002年11月7日颁布）

中国石油天然气集团公司

中国石油天然气集团公司安全监督管理办法（中油

质安字 [2002] 266 号 2002 年 7 月 8 日颁布)

中国石油天然气集团公司职业病防治管理办法(中油质安字 [2002] 503 号 2002 年 11 月 22 日颁布)

中国化工安全卫生技术协会

离子膜法烧碱生产安全技术规定 HAB004 - 2002 (2002 年 5 月 10 日发布, 2002 年 10 月 1 日实施)

石油化工企业健康教育与健康促进工作标准 HAB005 - 2002 (2002 年 12 月 4 日发布, 2003 年 1 月 1 日实施)

中国机械工业安全卫生协会

关于表彰安全生产先进单位的通知(中机安协 [2002] 21 号 2002 年 11 月 11 日发布)

省、自治区、直辖市有关安全生产的地方性法规、规章及文件(目录)

北京市

关于进一步优化发展环境的意见(北京市人民政府 2003 年 4 月 3 日发布)

河北省

河北省建设工程安全生产监督管理规定(河北省人民政府令第 1 号 2002 年 1 月 5 日颁布, 2002 年 2 月 1 日实施)

山西省

关于印发《山西省安全生产监督管理安全暂行规定》(草案)的通知(晋安字 [2003] 8 号 2003 年 2 月 19 日实施)

辽宁省

关于对全省非煤矿山企业实行安全生产资格审查的意见(辽政办发 [2002] 87 号 2002 年 10 月 16 日颁布)

江苏省

省政府办公厅关于在全省开展乡镇(街道)安全生产达标活动的通知(苏政办发 [2002] 29 号 2002 年 3 月 20 日颁布)

关于印发《江苏省建设工程项目劳动安全卫生预评价和“三同时”监督管理办法(试行)》的通知(苏安监 [2002] 51 号 2002 年 4 月 8 日颁布)

省政府办公厅关于印发江苏省安全生产委员会成员单位工作职责的通知(苏政办发 [2002] 119 号 2002 年 11 月 14 日颁布)

江苏省安全生产监督管理行政执法程序等十二项制度(试行)

安徽省

安徽省水上交通事故处理办法(安徽省人民政府令第 141 号 2002 年 2 月 8 日发布, 4 月 1 日实施)

安徽省人民政府安全生产职责暂行规定(皖政 [2001] 65 号 2002 年 2 月 6 日颁布)

江西省

江西省人民政府关于印发贯彻落实省委常委安全生产专题会议精神实施意见的通知(赣府发 [2002] 7 号 2002 年 2 月 6 日实施)

江西省人民政府办公厅关于印发江西省加油站专项整治行动实施方案的通知(赣府厅发 [2002] 13 号 2002 年 4 月 5 日实施)

江西省人民政府办公厅转发省公安厅省安监局关于 2002 年全省预防道路交通事故工作方案的通知(赣府厅发 [2002] 23 号 2002 年 5 月 17 日实施)

江西省人民政府办公厅关于全面开展危险化学品安全管理专项整治工作的通知(赣府厅发 [2002] 24 号 2002 年 5 月 30 日实施)

关于印发省河道采砂治理整顿工作会议纪要的通知(赣府厅字 [2002] 117 号 2002 年 8 月 12 日实施)

江西省人民政府办公厅转发省国防科工办等部门关于进一步加强民用爆炸物品安全管理意见的通知(赣府厅发 [2002] 57 号 2002 年 12 月 19 日实施)

山东省

山东省建筑安全生产管理规定(山东省人民政府令第 132 号 2002 年 1 月 7 日发布)

关于落实省安委会成员单位安全生产工作职责的意见(鲁安发 [2002] 3 号 2002 年 1 月 21 日发布)

山东省承包采掘工程施工安全管理规定(鲁安监发 [2002] 15 号 2002 年 2 月 20 日发布)

山东省安全生产监督管理局公文处理办法（鲁安监发［2002］37号　2002年4月9日发布）

山东省建设项目（工程）劳动安全卫生审查验收工作程序（鲁安监发［2002］46号　2002年4月28日发布）

山东省特大安全事故调查处理工作程序（鲁安监发［2002］47号　2002年4月29日发布）

山东省安全生产监督管理规定（山东省人民政府令第141号　2002年7月15日发布）

山东省特种作业人员安全技术培训考核管理细则（鲁安监发［2002］67号　2002年8月20日发布）

山东省劳动防护用品监督管理办法（省安监局鲁安监发［2002］68号　2002年8月20日发布）

关于统一全省安全生产监督管理行政执法文书的通知（省安监局鲁安监发［2002］73号　2002年8月31日发布）

山东省安全生产监督管理局行政复议程序（省安监局鲁安监发［2002］71号　2002年9月4日发布）

山东省安全生产监督管理行政处罚听证程序（省安监局鲁安监发［2002］72号　2002年9月4日发布）

山东省危险化学品安全评价机构管理暂行办法（鲁安监发［2002］74号　2002年9月6日发布）

山东省公共场所消防安全管理办法（山东省人民政府令第149号　2002年11月19日发布）

山东省安全生产监督管理局文件材料整理及归档办法（鲁安监发［2002］89号　2002年12月17日发布）

山东省安全生产监督管理局计算机信息网络暂行管理办法（鲁安监发［2002］90号　2002年12月17日发布）

山东省安全生产中介机构暂行管理办法（鲁安监发［2002］92号　2002年12月25日发布）

湖北省

湖北省锅炉压力容器压力管道和特种设备安全监察管理办法（湖北省人民政府令第226号　2002年3月19日公布，2002年6月1日实施）

湖南省

湖南省省直单位安全生产责任制度（湘政发［2002］20号　2002年8月6日颁布）

湖南省各市州人民政府安全生产责任制度（湘政发［2002］20号　2002年8月6日颁布）

广东省

广东省安全生产条例（广东省第九届人民代表大会常务委员会公告第147号　2002年10月13日公布，2003年1月1日实施）

广东省重大安全事故行政责任追究规定（广东省人民政府令第80号　2002年10月22日发布，2003年1月1日实施）

重庆市

重庆市乡镇船舶安全管理办法（重庆市人民政府令第124号　2002年1月14日颁布，2002年2月1日实施）

四川省

四川省安全生产委员会关于《凉山州人民政府关于盐源县“2002·6·20”特大农机伤亡事故调查处理意见的请示》的批复（川安委［2003］4号　2003年1月4日公布）

四川省安全生产委员会关于《泸州市人民政府关于转呈合江县“8·2”特大水上交通事故调查报告的请示》的批复（川安委［2003］5号　2003年1月20日公布）

四川省人民政府关于修改《四川省企业职工伤亡事故调查处理办法》的决定（实施省人民政府令第98－1号　2002年5月17日颁布）

四川省安全生产委员会关于《南充市人民政府关于“3·1”特大火灾事故调查及处理情况的报告》的批复（川安委［2002］16号　2002年5月28日公布）

四川省安全生产委员会关于《攀枝花市人民政府关于盐边县“1·20”特大交通事故结案的请示》的批复（川安委［2002］17号　2002年5月28日公布）

四川省安全生产委员会关于《甘孜州人民政府关于雅江“4·1”特大交通事故调查报告的请示》的批复（川安委［2002］39号　2002年9月9日公布）

甘肃省

关于印发甘肃省劳动防护用品管理暂行规定的通知（甘安监［2002］28号　2002年4月22日颁布）

关于贯彻全国电话会议精神进一步做好非煤矿山安全整治工作的通知（甘安监［2002］36号　2002年5月20日颁布）

甘肃省人民政府关于东乡县董岭乡“1·1”农民自治非营运船舶翻沉事故调查处理意见的批复（甘政函［2002］67号　2002年6月17日公布）

甘肃省人民政府关于重大安全事故行政责任追究的规定（甘肃省人民政府令第25号　2002年5月21日

公布，2002年6月25日实施）

甘肃省人民政府关于印发甘肃省各级政府安全生产工作责任制实施办法的通知（甘政发［2002］54号　2002年7月8日颁布）

关于印发《甘肃省特种作业人员培训暂行规定》的通知（甘安监［2002］73号　2002年10月30日颁布）

甘肃省安全委员会关于对全省重大危险源单位实施分级监控管理的通知（甘安发［2002］3号　2002年11月21日颁布）

关于印发《甘肃省重特大生产安全事故应急救援预案编制指导意见》的通知（甘安办发［2002］18号　2002年12月24日颁布）

关于印发《甘肃省危险化学品经营单位安全管理培训考核暂行办法》的通知（甘安监［2002］87号　2002年12月24日颁布）

关于印发《甘肃省安全警示标志管理暂行规定》的通知（甘安监［2002］88号　2002年12月24日颁布）

关于印发《甘肃省安全生产监督管理人员工作守则》的通知（甘安监［2002］89号　2002年12月24日颁布）

青海省

青海省重大安全事故行政责任追究办法（青海省人民政府第25号令　2002年7月18日发布，2002年9月1日实施）

宁夏回族自治区

关于印发《宁夏回族自治区特种作业人员安全技术培训考核管理细则》的通知（宁经贸（安全）发［2002］245号　2002年4月29日颁布）

宁夏回族自治区重大安全事故行政责任追究规定（宁夏回族自治区人民政府令第43号　2002年7月18日发布，2002年9月1日实施）

关于印发非煤矿山企业《矿长安全资格审查管理办法》的通知（宁安监管发［2002］38号　2002年10月24日颁布）

新疆维吾尔自治区

关于对新疆第五建筑工程公司“5·12”伤亡事故的处理决定（新安监管字［2001］32号）

关于对新疆旅客运输公司“8·10”特大交通事故责任人处理意见的报告（新安监管字［2002］57号　2002年6月18日颁布）

关于对“12·24”特大铁路路外事故的处理决定（新安监管字［2002］81号　2002年7月31日颁布）

关于对新疆棉麻产业（集团）有限责任公司大河沿棉麻站“3·19”特大火灾事故有关责任人员的处理意见（新安监管字［2003］1号　2003年1月3日颁布）

深圳市

深圳市企业负责人安全管理责任追究办法（深圳市人民政府令［2002］第107号　2002年2月1日实施）

厦门市

厦门市劳动安全卫生条例（厦门市人大常委会公告第24号　1996年11月21日公布，1997年1月1日实施，2002年3月29日修正）

厦门市消防条例（厦门市人大常委会公告第31号　1997年7月23日公布，1997年11月9日实施，2002年3月29日修正）

厦门市道路交通安全管理规定（厦门市人大常委会公告第23号　2001年1月9日公布，2001年3月1日实施）

厦门市海上交通安全管理条例（厦门市人大常委会公告第33号　2002年12月17日公布，2003年3月1日实施）

青岛市

青岛市劳动安全卫生管理规定（青岛市人大常委会1月9日公布，2002年3月1日实施）

第十三部分

安全生产大事记及安全生产先进单位和个人名单

2002年安全生产大事记

1 月

△2日　截至1月2日，乌鲁木齐铁路局哈密铁路分局创造了安全运行4000天的佳绩，连续安全生产10年无事故。

△9日　国务院第52次常务会议通过《危险化学品安全管理条例》，自2002年3月15日起施行。

△14日　云南省文山州文山县德厚镇水结村个体小煤矿(无证私开)发生瓦斯爆炸事故,死亡25人。

△15~16日　全国安全生产工作会议在北京召开。会议强调，2002年要把安全生产工作继续作为整顿和规范市场经济秩序的重要内容，认真执行"安全第一，预防为主"的方针，立足防范，落实责任，深入整治，强化监管，推进创新，促进安全生产工作上台阶、上水平，实现全国安全生产状况的进一步好转，创造稳定的社会环境，迎接党的十六大的胜利召开。

△26日　河北承德市暖儿河煤矿(国有地方)413回采工作面发生瓦斯爆炸事故,造成19人死亡。1月27日,在抢险救灾现场发生二次爆炸,当时有25人在井下,其中3人生还,11人受伤,10人死亡。此次事故共造成29人死亡,11人受伤。

△31日　重庆南桐矿务局南桐矿一井6408回采工作面发生煤与瓦斯突出事故，死亡21人，受伤2人。

2 月

△7日　国务院召开全国安全生产电视电话会议，通报2001年全国安全生产和五项整治的情况，部署2002年安全生产工作。

△7日　河南省安全生产监督管理局成立。

△17日　湖南省常德市石门县常德欣运集团石门分公司一辆大客车（核载25人，实载66人），在石门县境内省道1829线51公里+800米处翻入150米深谷中，造成25人死亡，10人重伤。

△18日　坐落在唐山古冶区的开滦建材厂家属区一非法游戏厅发生重大火灾，造成17人死亡。

△20日　国务院第55次常务会议通过《医疗事故处理条例》，自2002年9月1日起施行。

△21日　安徽来安县一辆加长拖煤货车与一辆载有20多名乘客的中巴车迎面相撞，造成13人死亡。

△22日　江苏204国道东台廉贻大桥向南2公里处发生一起特大交通事故，一辆牌号为苏JN1350的面包车由北向南行驶，与一辆由南向北行驶的牌号为苏FU0068的卡车相撞，造成15人死亡，3人受伤。

△23日　截至2月23日18时，北京铁路局实现安全生产2000天，创我国铁路安全生产最高纪录。

△25日　湖南湘西州龙山县第二汽车运输公

司一牌号为湘 U60499 双层卧铺大客车，载客 32 人，从广州返回龙山途中，在慈利县甘堰境内省道 1801 线 119 公里处发生翻车，造成 24 人死亡。

△28 日　辽宁阜新市清河门区三道壕煤矿（乡镇有证）在做生产准备时，井下发生火灾，井下有 23 人作业，造成 21 人死亡，2 人受伤。

3 月

△10 日　重庆开县运输公司一辆大客车(渝 F21168)载客 30 余人,从开县开往云阳县双坪村十组,由于人货(烟火药)混装,突然车内爆炸起火,翻于路边 10 余米高的坡下,造成 23 人死亡,10 人受伤。

△14 日　邯郸高等农业专科学校的一辆载有 40 余名教职员工的专用客车在往学校行驶途中，在 107 国道黄粱梦收费站北约 1 公里处，与正在向南行驶的一辆河南郑州载有货物的货车相撞，车祸和引发的无情大火酿成 15 人死亡、24 人重伤的惨剧。

△15 日　湖北恩施州利川市一个体中巴车（鄂 Q20739），核载 22 人，实载 34 人，由利川市城区驶往长顺镇，当车行至距该镇 3 公里处，翻入 100 米高的山崖，造成 22 人死亡，9 人受伤。

△23 ~ 25 日　全国预防道路交通事故工作会议在江苏扬州召开。会议确定的工作目标是，通过建立一个新机制，治理 7 种严重违章，改造一批危险路段，杜绝一次死亡 30 人以上特大恶性交通事故，减少一次死亡 10 人以上特大交通事故，遏制致人死亡的交通事故的上升趋势。

△26 ~ 27 日　在北京召开的全国安全生产宣传工作会议提出，发扬开拓创新、与时俱进的精神，推动安全生产宣传教育工作的创新，为促进全国安全生产工作和安全状况的稳定好转奠定坚实的思想基础，提供强有力的精神动力和舆论支持。

△29 日　河南许昌市新峰矿务局二矿（国有地方）31080 风巷掘进面发生瓦斯爆炸事故，当时井下有 26 人作业，其中 3 人受伤、23 人死亡。

4 月

△4 日　《国家安全生产监督管理局（国家煤矿安全监察局）公告》正式出版发行。

△4 日　党中央、国务院分别发出任职通知，任命王显政同志为国家安全生产监督管理局（国家煤矿安全监察局）党组书记、国家安全生产监督管理局（国家煤矿安全监察局）局长。

△8 日　黑龙江鸡西矿务局东海煤矿五采区 194 采煤队发生瓦斯爆炸事故，死亡 24 人，重伤 14 人，轻伤 23 人。

△8 日　国家煤矿安全监察局在北京召开煤矿安全整治会议，总结煤矿安全生产专项整治情况，交流典型经验，部署 2002 年煤矿安全生产专项整治工作。会议强调，要进一步认清形势，统一思想，深化安全整治，强化监察执法，促进煤矿安全生产状况稳定好转。

△8 日《工业企业设计卫生标准》发布，2002 年 6 月 1 日实施。

△11 日　107 国道湖南汨罗市境内发生一起特大交通事故，一辆河北的大货车在由南向北行驶时与同向行驶的一辆长途卧铺大客车相撞，造成 28 人死亡，23 人轻伤，4 人重伤。

△11 日　辽宁省安全生产监督管理局成立。

△12 ~ 16 日　第十届海峡两岸及香港、澳门地区职业安全健康学术研讨会在昆明召开，来自两岸四地的 160 多名职业安全健康方面的专家、学者就安全管理的法制建设、现代安全管理模式的应用、安全事故预防、员工培训、安全文化建设、企业安全管理经验等话题进行学术研讨。

△16 日　国务院安委会办公室召开全国非煤矿山安全整治电话会议。

△22 日　黑龙江省安全生产监督管理局成立。

△24 日　四川攀枝花矿务局花山煤矿三区二队 4234 刀柱掘进工作面发生瓦斯爆炸事故，死亡 24 人。

△30 日　国务院第 57 次常务会议通过《使用有毒物品作业场所劳动保护条例》，自公布之日起施行。

5 月

△1 日　《机关、团体、企业、事业单位消防安全管理规定》施行。

△1 日　2001 年 10 月 27 日第九届全国人民代

表大会常务委员会第二十四次会议通过《职业病防治法》，自2002年5月1日起施行。

△4日　山西运城地区河津市富源煤矿（乡镇无证），井下发生透水（水源为历史上遗留的老空水），透水后大量瓦斯随之涌出，在井口绞车房附近遇煤炉明火发生燃烧。当时井下有23人作业，其中2人生还，21人死亡。

△8日　中共中央政治局常委、国务院总理朱镕基在5月8日下午主持召开国务院第58次常务扩大会议上强调，当前交通、生产安全形势相当严峻，各地区、各部门、各企业都要切实树立安全第一的观念，高度重视和集中精力抓安全生产，坚决采取有力措施，防止各类重大安全事故发生。

△11日　全国民航安全生产紧急会议在京举行。中国民航总局局长刘剑锋传达了中央领导同志有关“4·15”和“5·7”空难的一系列重要指示和5月8日朱镕基总理等中央领导在国务院第58次常务扩大会议上的讲话，要求民航广大干部职工汲取教训，举一反三，并结合实际，提出扭转当前安全生产严峻形势的九条措施。

△11日　全国预防交通事故宣传日提示“保护生命，拒绝违章”。

△15日　国家经贸委、国家安全生产监督管理局联合下发的通知明确，国家安全生产监督管理局承担危险化学品安全监管八大职责。

△15日　国务院召开全国安全生产电视电话会议，中共中央政治局委员、国务院副总理吴邦国在会议上强调，各地区、各部门、各单位一定要认真贯彻落实国务院第58次常务扩大会议精神，把安全生产作为当前和今后一个时期工作的重中之重，采取强有力的措施，坚决防止重特大事故的发生。

△15日　国务院办公厅发出紧急通知，要求在全国范围内立即组织开展安全生产大检查。

△20日　中国劳保交易会在天津召开。交易会期间，国家安全生产监督管理局召开了全国劳动防护用品管理工作研讨会。

△20日　宁夏安全生产监督管理局挂牌成立。

△21日　召开全国危险化学品安全管理专项整治工作电视电话会议，强调要全面深化整治，健全防治措施，消除事故隐患，促进危险化学品安全管理状况的稳定好转。

△22～23日　推广铁路职代会保安全经验现场会暨全国工会劳动保护工作会议在湖北襄樊市召开。

△28日　河北省安全生产监督管理局挂牌成立。

△5月底　国务院安全生产大检查已在全国范围内展开。14个检查组陆续分赴重点行业、部门和部分省份。

6　月

△1日　第一个“全国安全生产月”活动开始。由中宣部、国家安全生产监督管理局、全国总工会、共青团中央、国家广电总局联合主办的“祝你平安”安全生产文艺晚会于6月24日在中央电视台播出。

△3日　广西壮族自治区安全生产监督管理局成立。

△5日　国家经贸委主任李荣融率国务院安全生产检查组对铁路和民航系统的安全生产情况进行了检查。检查中，李荣融强调，安全生产管理要不断创新，努力适应市场经济的需要。

△9日　我国第一个“安全生产月”的宣传咨询日。

△9日　“安全生产万里行”在北京中华世纪坛启动。来自9家中央主要新闻单位的记者历时22天，行程4000多公里，先后采访了北京、天津、山东、安徽、江苏、上海等六省（直辖市）。

△14日　国家安全生产监督管理局（国家煤矿安全监察局）召开机关全体公务员和在京单位负责人大会。王显政在会上强调抓好“三件大事”，构建“五个支撑体系”，处理好“五个关系”，推进“四个创新”。

△15日　国家安全生产监督管理局、中华全国总工会、公安部消防局联合举办全国消防知识“五星擂台赛”。

△16日　北京紧急部署防火安全，整顿所有网吧及娱乐场所。

△19日　全国非煤矿山安全整治工作会议在江苏镇江召开。

△20日　黑龙江鸡西矿务局城子河煤矿西二采区发生瓦斯爆炸事故，事故波及145、140采煤工作面和801、804掘进工作面，造成124人死亡。

△21日　国家安全生产监督管理局、国家煤矿安全监察局发出《关于立即采取措施做好煤矿安全监察执法工作的紧急通知》。

△22日　山西忻州地区繁峙县沙河镇义兴寨松井沟金矿发生炸药爆炸事故，造成38人死亡。事故发生后，矿主隐瞒不报并逃跑。

△24~26日　全国"安康杯"竞赛活动研讨会在厦门召开。

△29日　第九届全国人民代表大会常务委员会第二十八次会议审议通过了《中华人民共和国安全生产法》，国家主席江泽民签署第七十号主席令予以公布，自2002年11月1日起施行。我国第一部全面规范安全生产的专门法律诞生了。

△本月　我国首家以安全管理、安全防范专业技术人才为培养对象的正规高等院校——湖南长沙社会安全职业技术学院正式成立。

7　月

△7月1日~8月31日　文化部、公安部、信息产业部、国家工商总局将联合开展网吧等互联网上网服务营业场所专项治理行动。

△4日　吉林白山市江源县松树镇富强煤矿（个体非法生产）井下发生瓦斯爆炸事故，造成39人死亡。

△6日　湖南省长沙市岳麓区麓山南路左家垅集贸市场发生一起高墙突然倒塌，造成13人死亡。

△7日　国家安全生产监督管理局（国家煤矿安全监察局）党组于7月份确立一个时期的工作思路——抓好"三件大事"（进一步完善安全生产监管体制和工作机制；切实加强安全监管和安全监察执法队伍建设；以贯彻实施《安全生产法》为契机，推动安全生产法制建设），构建"六个支撑体系"（安全生产法律体系、安全生产信息体系、安全技术保障体系、宣传教育体系、培训体系、事故应急救援体系），推进"五项创新"（思维观念创新、体制和机制创新、监管手段创新、安全科技创新、安全文化创新）。

△8日　黑龙江鹤岗市南山区鼎盛煤矿（第七煤矿）发生瓦斯爆炸事故，井下有44名作业人员死亡。该矿为乡镇煤矿，设计能力6万吨，斜井开采，井下有4个掘进头。在专项整治中，该矿通过省政府验收，"四证"已核发3证，尚缺营业执照。7月6日，鹤岗办事处对该矿下达现场处理决定，明确要求该矿在未取得"四证"前，立即停止作业。

△24日　贵州省水城县一非法矿井发生特大瓦斯爆炸事故，造成22人死亡，7人受伤。

△26日　召开全国深化公众聚集场所消防专项治理电视电话会议，公安部、建设部、监察部、国家安全生产监督管理局等11个部委局将深化公众聚集场所消防专项治理工作。

△31日　河南省安全生产监督管理局挂牌成立。

8　月

△4日　山西省霍州市赤峪煤矿劳动服务部煤矿主立井井底电缆着火，继而引起支架煤屋燃烧，当班作业的19名工人，1人生还，18人死亡。

△16~17日　第三届国家安全生产专家组会议在北戴河召开。

△20日　重庆彭水县一辆山花牌中巴客车（准载19人，实载29人）从长滩开往彭水（乡村公路），车行至距彭水县城25公里处翻于40米高的坡下，造成25人死亡。

△26日　山西省安全生产监督管理局成立。

△28~30日　国家安全生产监督管理局（国家煤矿安全监察局）与中国煤炭工业协会在辽宁铁法煤业公司召开全国煤矿瓦斯治理现场会。会上确定煤矿安全要突出瓦斯治理，瓦斯治理要坚持"先抽后采、监测监控、以风定产"的12字方针，并选择45个国有重点煤矿作为重点监控单位。

△本月　首次参加国际金属和非金属矿山救护比武的中国矿山救护代表队在个人项目的比赛中，来自平顶山煤业（集团）公司的张彬获得呼吸器席位竞赛第一名，来自内蒙古平庄煤业公司的于彬获得急救竞赛第三名。

△本月　由高等院校安全工程专业教学指导委员会编审的《安全学原理》、《安全系统工程》、《安全人机工程学》、《安全管理学》、《安全工程概论》五本安全工程专业统编教材出版，结束了我国高等院校安全工程专业教育中无统编教材的历史。

9 月

△3 日　湖南娄底市双峰县秋湖煤矿（股份制矿，省级已验收）发生瓦斯突出事故，当时井下有55名作业人员，其中16人生还，39人死亡。

△18 日　国务院第63次常务会议通过《禁止使用童工规定》，自2002年12月1日起施行。

△23 日　中共中央政治局委员、国务院副总理吴邦国在国务院安全生产委员会第三次会议上强调，严防事故发生，创造良好环境。

△23 日　内蒙古丰镇市第二中学教学楼发生楼梯护栏坍塌事故，造成21名学生死亡、47名学生受伤。

10 月

△8 日　国家经贸委公布《危险化学品登记管理办法》、《危险化学品经营许可证管理办法》、《危险化学品包装物、容器定点生产管理办法》。

△9 日　以“关心21世纪安全生产，保护劳动者健康”为主题的中国国际安全生产及职业健康展览会在北京正式开展。

△10～11 日　来自中国、美国、加拿大、俄罗斯、波兰、英国、德国、日本等20多个国家和地区的400多位政府官员、专家学者、企业安全生产管理者，携带169篇论文来到北京，参加“2002中国国际安全生产论坛”会。论坛的主题是：21世纪安全生产与职业健康。

△14 日　第一届安全生产科技成果奖专业组评审会议在北京召开。

△23 日　山西吕梁地区中阳县朱家店煤矿（国有地方矿）发生瓦斯爆炸事故，当班作业人员66人，其中，22人生还，44人死亡。

△29 日　广西南宁市二塘煤矿（国有地方）井下4采区变电所变压器着火，引燃相邻木支架，火区长度70米。当时井下共有作业人员35人，其中5人跑出脱险，30人遇难。

△31 日　国家安全生产监督管理局（国家煤矿安全监察局）矿山医疗救护中心在煤炭总医院成立。

11 月

△8 日　山西阳泉市盂县西潘乡乡办煤矿丈二坑口（有证）发生瓦斯爆炸事故，当班作业人员35人。其中，9人安全升井，26人死亡。

△10 日　山西晋中市灵石县两渡镇太西煤矿（村办无证）发生瓦斯爆炸事故，当时井下有作业人员54人，事故发生后有17人获救，37人死亡。

12 月

△2 日　山西临汾地区临汾市尧都区一平垣乡阳泉沟煤矿（村办有证）发生瓦斯爆炸事故，30人死亡，4人重伤，1人轻伤（这是一起瞒报事故）。

△8 日　重庆市辖区长寿水运公司所属的“长运1号”长江渡船，从长寿港小岩子码头驶向江南码头。在掉头靠岸时，与下行的宜昌市江顺汽车滚装船有限公司所属“宜盛”轮（滚装船）在重庆市长寿港区（长江上游里程583公里处）发生碰撞。“长运1号”当即沉没，47人落水（其中包括9名船员，38名旅客），7人生还，40人死亡。

△13 日　湖北省安全生产监督管理局挂牌成立。

△16 日　吉林白城市洮南市万宝煤矿（省属国有地方煤矿）小新井＋210水平暗绞车房发生火灾，＋140水平有30名作业人员被困井下。30人全部遇难。

△18 日　重庆市长寿区发生特大水上交通事故，造成40人死亡。

△19 日　从10月份开始的《安全生产法》百题知识竞赛活动落下帷幕。共有100多万人参加了竞赛活动。

△26 日　九届全国人大常委会第三十一次会议专门听取了国务院关于安全生产工作情况的报告。

△30 日　国家安全生产监督管理局（国家煤矿安全监察局）安全生产宣传教育中心成立。

2002 年安全生产监督管理先进单位名单

（62 个）

北京市朝阳区安全生产委员会办公室
北京市门头沟区安全生产委员会办公室
天津市塘沽区安全生产监督管理局
天津市西青区安全生产监督管理局
河北省石家庄市安全生产监督管理局
河北省保定市安全生产监督管理局
山西省晋城市安全生产监督管理局
山西省朔州市安全生产监督管理局
内蒙古自治区兴安盟经贸委安全生产监管科
辽宁省沈阳市安全生产监督管理局
辽宁省朝阳市安全生产监督管理局
吉林省长春市安全生产委员会办公室
吉林省四平市梨树县安全生产委员会办公室
黑龙江省哈尔滨市安全生产委员会办公室
黑龙江省绥化市安全生产监督管理局
上海市松江区安全生产监察局
上海市长宁区安全生产监察局
江苏省无锡市安全生产监督管理局
江苏省镇江市安全生产监督管理局
浙江省杭州市安全生产监督管理局
安徽省铜陵市安全生产监督管理局
安徽省马鞍山市安全生产监督管理局
福建省莆田市安全生产监督管理局
福建省石狮市安全生产监督管理局
江西省南昌市安全生产监督管理局
江西省上高县安全生产监督管理局
山东省莱芜市安全生产监督管理局
山东省邹城市安全生产监督管理局
河南省焦作市安全生产监督管理局
河南省汝州市安全生产监督管理局
湖北省鄂州市安全生产监督管理局
湖南省怀化市安全生产监督管理局
湖南省岳阳市安全生产监督管理办公室
广东省中山市安全生产监督管理局
广东省惠州市安全生产监督管理局
广西壮族自治区梧州市安全生产监督管理局
广西壮族自治区柳州地区安全生产监督管理局
海南省海口市经济贸易局安全生产管理监督科
重庆市九龙坡区安全生产监督管理局
重庆市南岸区安全生产监督管理局
四川省自贡市安全生产监督管理局
四川省广元市安全生产监督管理局
贵州省贵阳市安全生产委员会办公室
云南省曲靖市富源县安全生产监督管理局
云南省思茅地区景谷傣族彝族自治县安全生产监督管理局
西藏自治区拉萨市经贸委安全生产监督科
陕西省榆林市安全生产监督管理局
陕西省西安市雁塔区安全生产监督管理局
甘肃省兰州市安全生产监督管理局
甘肃省武威市凉州区安全生产监督管理局
青海省海北藏族自治州门源回族自治县安全生产监督管理局
青海省西宁市大通回族土族自治县安全生产监督管理局
宁夏回族自治区吴忠市安全生产监督管理局
宁夏回族自治区隆德县安全生产领导小组办公室
新疆维吾尔自治区昌吉州安全生产监督管理局
新疆维吾尔自治区克拉玛依市安全生产监督管理局
大连市经济技术开发区劳动人事局劳动安全监察处
宁波市安全生产监督管理局
青岛市安全生产监督管理局
厦门市安全生产监督管理局
深圳市安全生产监督管理局
新疆生产建设兵团农四师安全生产委员会办公室

2002年模范安全生产监察员名单

（14人）

邯郸煤矿安全监察办事处　冯广存
大同煤矿安全监察办事处　刘　根
锦州煤矿安全监察办事处　孟凡杰
七台河煤矿安全监察办事处　韩敬和
济宁煤矿安全监察办事处　卜庆林
河南煤矿安全监察局　薛纯运
咸阳煤矿安全监察办事处　冯　景
库尔勒煤矿安全监察办事处　吴　刚
上海市杨浦区安全生产监察局　孙培德
江西省景德镇市安全生产委员会办公室　童第云
山东省济南市安全生产监督管理局　刘少玲
广东省汕尾市安全生产监督管理局　黄兴初
四川省成都市安全生产监督管理委员会办公室　陈庚文
陕西省宝鸡市安全生产监督管理局　张汉民

2002年安全生产监督管理先进个人名单

（91人）

北京市安全生产监督管理局　王保树
北京市宣武区经贸委安全生产监督管理监察科　王德昆
北京市门头沟区安全生产委员会办公室　李有敏
天津市北辰区安全生产监督管理局　季恩孝
天津市开发区劳动人事局（安全生产监督管理处）　庞琼珍
天津市津南区安全生产监督管理局　孙连德
河北省安全生产监督管理局　王　辉
河北省保定市安全生产监督管理局　刘义和
河北省石家庄市安全生产监督管理局　朱存柱
山西省太原市安全生产监督管理局　胡德照
山西省大同市安全生产监督管理局　段建华
内蒙古自治区经贸委安全生产处　戈　壁
内蒙古自治区鄂尔多斯市经贸委安全监督管理科　刘虎胜
内蒙古通辽市经贸委安全生产监督管理科　贾海臻
辽宁省安全生产监督管理局　王永利
辽宁省辽阳市安全生产监督管理局　宋多金
辽宁省本溪市经贸委安全监察处　王长春
吉林省安全生产委员会办公室　叶德福
吉林省安全生产委员会办公室　吴向远
吉林省安全生产委员会办公室　卜庆安
黑龙江省七台河市安全生产监督管理局　孙绪兴
黑龙江省大庆市安全生产监督管理局　伊文琦
黑龙江省安全生产监督管理局　魏丙新
上海市闵行区安全生产监察局　李嘉梁
上海市虹口区安全生产监察局　李选民
江苏省南通市安全生产监督管理局　倪建明
江苏省宜兴市安全生产监督管理局　吴其华
江苏省南京市安全生产监督管理局　李　宁
浙江省丽水市安全生产委员会　戴　蔚
浙江省舟山市安全生产委员会办公室　赵圣荣
安徽省经贸委安全生产监督管理局　赵春桥

安徽省淮北市安全生产监督管理局　于勤周
安徽省凤阳县安全生产监督管理局　李治赢
福建省长乐市安全生产监督管理局　吴生瑜
福建省安全生产监督管理局　戴　洁
福建省泉州市安全生产监督管理局　赖尾兴
江西省新余市安全生产委员会办公室　廖少敏
江西省九江市安全生产监督管理局　范瑞林
山东省安全生产监督管理局　林　东
山东省东营市河口区安全生产监督管理局　韩学君
河南省安全生产监督管理局　马天希
河南省洛阳市经贸委安全生产监督管理局　潘京洛
河南省郑州市安全生产监督管理局　郑金泉
湖北省安全生产监督管理局　邓文荣
湖北省宜昌市安全生产监督管理局　史文新
湖北省武汉市安全生产委员会　李上玉
湖南省经贸委安全生产监督管理局　王自力
湖南省邵阳市安全生产监督管理局　肖育斌
湖南省益阳市安全生产监督管理办公室　龚智慧
广东省顺德市容桂区安全生产委员会办公室
林贵友
广东省珠海市安全生产监督管理局　夏克军
广西壮族自治区安全生产监督管理局　陈家良
广西壮族自治区梧州市安全生产监督管理局
李伟强
广西壮族自治区桂林市安全生产监督管理局
谢　彬
海南省安全生产监督管理局　廖　强
海南省三亚市经贸局安全生产科　曾祥文
海南省安全生产监督管理局　沈国祚
重庆市大足县安全生产监督管理局　白德模
重庆市渝北区安全生产监督管理局　罗雯盛
重庆市秀山县安全生产监督管理局　杨秀荣
四川省广安市安全生产监督管理局　李双全
四川省眉山市安全生产委员会办公室　肖成新
贵州省经贸委安全生产局　蒙秉生
贵州省毕节地区安全生产委员会办公室　孙　杰
贵州省习水县安全生产委员会办公室　刘绍银
云南省安全生产监督管理局　张　滇
云南省昭通市安全生产监督管理局　方国林
云南省红河州安全生产监督管理局　刘东明
西藏自治区安全生产监督管理局　白　央
西藏自治区安全生产监督管理局　黄　平
西藏自治区拉萨市经贸委安监科　扎西平措
陕西省安全生产监督管理局　马延平
陕西省汉中市汉台区安全生产监督管理局　陈晓东
甘肃省嘉峪关市安全生产监督管理局　彭洋明
甘肃省安全生产监督管理局　周忠金
甘肃省成县安全生产监督管理局　杨国旺
青海省安全生产监督管理局　胡志华
青海省海东地区土族自治县安全生产监督管理局
戴朝鼎
青海省海北藏族自治州安全生产监督管理局
阿存财
宁夏回族自治区银川市安全生产委员会办公室
方　仁
宁夏回族自治区惠农县经贸局安全生产委员会办公室　王寿文
宁夏回族自治区吴忠市安全生产监督管理局
马少生
新疆维吾尔自治区昌吉州安全生产监督管理局
张永朝
新疆维吾尔自治区安全生产监督管理局　玛依努尔
新疆维吾尔自治区哈密地区安全生产监督管理局
张建新
大连市安全生产监督管理局　张旭璐
宁波市安全生产监督管理局　徐国宝
青岛市安全生产监督管理局　孟广华
厦门市安全生产监督管理局　张福发
深圳市安全生产监督管理局　姚　亮
新疆生产建设兵团农一师安全生产委员会办公室
吕宏俊

2002年煤矿安全监察先进办事处名单

（25个）

邯郸煤矿安全监察办事处
邢台煤矿安全监察办事处
大同煤矿安全监察办事处
西山煤矿安全监察办事处
赤峰煤矿安全监察办事处
乌海煤矿安全监察办事处
锦州煤矿安全监察办事处
铁法煤矿安全监察办事处
延吉煤矿安全监察办事处
七台河煤矿安全监察办事处
淮南煤矿安全监察办事处
萍乡煤矿安全监察办事处
济宁煤矿安全监察办事处
淄博煤矿安全监察办事处
郑州煤矿安全监察办事处
常德煤矿安全监察办事处
万州煤矿安全监察办事处
宜宾煤矿安全监察办事处
广元煤矿安全监察办事处
盘江煤矿安全监察办事处
曲靖煤矿安全监察办事处
榆林煤矿安全监察办事处
平凉煤矿安全监察办事处
大武口煤矿安全监察办事处
奎屯煤矿安全监察办事处

2002年优秀煤矿安全监察员名单

（127人）

张家口煤矿安全监察办事处　于振旗
邢台煤矿安全监察办事处　李江红
唐山煤矿安全监察办事处　张　祥
河北煤矿安全监察局　白卫生
河北煤矿安全监察局　牛银海
河北煤矿安全监察局　李建生
西山煤矿安全监察办事处　张志斌
临汾煤矿安全监察办事处　侯　斌
大同煤矿安全监察办事处　李　俊
西山煤矿安全监察办事处　李忠有
阳泉煤矿安全监察办事处　阎令飞
吕梁煤矿安全监察办事处　许晋维
长治煤矿安全监察办事处　胡慧松
长治煤矿安全监察办事处　崔云高
阳泉煤矿安全监察办事处　祁　砖
山西煤矿安全监察局　王志杰
山西煤矿安全监察局　王小花
赤峰煤矿安全监察办事处　董魁武
包头煤矿安全监察办事处　张　瑞
乌海煤矿安全监察办事处　杨全威
海拉尔煤矿安全监察办事处　韩俊庆
内蒙古煤矿安全监察局　王占宽
内蒙古煤矿安全监察局　朱凌晨
内蒙古煤矿安全监察局　郑　飞

内蒙古煤矿安全监察局　赵跃飞
辽宁煤矿安全监察局　宁亚文
辽宁煤矿安全监察局　王如城
沈阳煤矿安全监察办事处　胡德胜
沈阳煤矿安全监察办事处　满学东
锦州煤矿安全监察办事处　金绍宝
阜新煤矿安全监察办事处　刘国树
铁法煤矿安全监察办事处　高庚昕
吉林煤矿安全监察局　李鹏程
吉林煤矿安全监察局　张国林
辽源煤矿安全监察办事处　赵清源
白山煤矿安全监察办事处　何立坤
延吉煤矿安全监察办事处　赵永鑫
延吉煤矿安全监察办事处　马和平
鸡西煤矿安全监察办事处　刘　广
鹤岗煤矿安全监察办事处　谭永福
双鸭山煤矿安全监察办事处　姜兴国
黑龙江煤矿安全监察局　周晓明
黑龙江煤矿安全监察局　张茂静
黑龙江煤矿安全监察局　袁贵斌
黑龙江煤矿安全监察局　卢海利
江苏煤矿安全监察局　徐　林
徐州煤矿安全监察办事处　杨树民
徐州煤矿安全监察办事处　徐建春
安徽煤矿安全监察局　张向农
淮北煤矿安全监察办事处　赵元放
淮北煤矿安全监察办事处　张公水
淮南煤矿安全监察办事处　张　毅
淮南煤矿安全监察办事处　徐维骏
皖南煤矿安全监察办事处　陈太和
萍乡煤矿安全监察办事处　陈文华
萍乡煤矿安全监察办事处　韩昌顺
宜春煤矿安全监察办事处　杨水石
景德镇煤矿安全监察办事处　付帅水
江西煤矿安全监察局　郑学平
江西煤矿安全监察局　李金平
淄博煤矿安全监察办事处　冷家俊
淄博煤矿安全监察办事处　孙登峰
泰安煤矿安全监察办事处　张成功
枣庄煤矿安全监察办事处　张学常
山东煤矿安全监察局　赵日峰
山东煤矿安全监察局　宇仁茂
山东煤矿安全监察局　李国财
山东煤矿安全监察局　杨文杰
郑州煤矿安全监察办事处　王　进
洛阳煤矿安全监察办事处　张灵召
鹤壁煤矿安全监察办事处　毋济州
平顶山煤矿安全监察办事处　丁　安
商丘煤矿安全监察办事处　崔立志
河南煤矿安全监察局　许胜铭
河南煤矿安全监察局　张法民
常德煤矿安全监察办事处　陈　滨
衡阳煤矿安全监察办事处　王训生
郴州煤矿安全监察办事处　朱峻华
娄底煤矿安全监察办事处　杨力强
湖南煤矿安全监察局　贺德安
湖南煤矿安全监察局　栗建军
常德煤矿安全监察办事处　梁大树
重庆煤矿安全监察办事处　唐　敏
綦江煤矿安全监察办事处　严　锦
万州煤矿安全监察办事处　牟维华
重庆煤矿安全监察局　王春晓
重庆煤矿安全监察局　郝杰生
重庆煤矿安全监察办事处　姚友江
攀枝花煤矿安全监察办事处　朱银彬
宜宾煤矿安全监察办事处　包希强
四川煤矿安全监察局　刘　明
达州煤矿安全监察办事处　庞　华
四川煤矿安全监察局　梁　达
广元煤矿安全监察办事处　李怀兵
攀枝花煤矿安全监察办事处　郭　刚
贵州煤矿安全监察局　陈晓辉
贵州煤矿安全监察局　姜学鸣
遵义煤矿安全监察办事处　钟启超
水城煤矿安全监察办事处　刘长华
盘江煤矿安全监察办事处　李　涛
林东煤矿安全监察办事处　郭晓明
曲靖煤矿安全监察办事处　张子金
曲靖煤矿安全监察办事处　沈庆孟
红河煤矿安全监察办事处　朱成雄
大理煤矿安全监察办事处　刘朝明
云南煤矿安全监察局　裘兴荣
曲靖煤矿安全监察办事处　杨　华
渭南煤矿安全监察办事处　高兴宏

榆林煤矿安全监察办事处　强春林
铜川煤矿安全监察办事处　刘高文
陕西煤矿安全监察局　白长安
陕西煤矿安全监察局　李晓恒
陕西煤矿安全监察局　吴　锋
甘肃煤矿安全监察局　康习勤
甘肃煤矿安全监察局　陆立洽
兰州煤矿安全监察办事处　侯登科
兰州煤矿安全监察办事处　郑太平
平凉煤矿安全监察办事处　祁　炜
灵武煤矿安全监察办事处　马　毅
大武口煤矿安全监察办事处　宫文童
灵武煤矿安全监察办事处　陈　向
大武口煤矿安全监察办事处　刘孟伟
灵武煤矿安全监察办事处　康宏中
奎屯煤矿安全监察办事处　边德运
新疆煤矿安全监察局　田光雄
奎屯煤矿安全监察办事处　谢玉成
库尔勒煤矿安全监察办事处　罗树志

图书在版编目（CIP）数据

中国安全生产年鉴.2002/国家安全生产监督管理局编.—北京：煤炭工业出版社，2003

ISBN 7-5020-2317-8

Ⅰ.中… Ⅱ.国… Ⅲ.安全生产-中国-2002-年鉴 Ⅳ.X93-54

中国版本图书馆CIP数据核字（2003）第059286号

煤炭工业出版社 出版发行

（北京市朝阳区芍药居35号 100029）

网址：www.cciph.com.cn

煤炭工业出版社印刷厂 印刷

*

开本 889mm×1194mm 1/16 印张 38 3/4 插页 80

字数 1120千字 印数 1-2,000

2003年7月第1版 2003年7月第1次印刷

社内编号 5088 定价 168.00元

中国港湾建设(集团)总公司

中港集团是以港口与航道设计、施工、科研、咨询和大型港口装卸设备制造为主业的国有大型企业集团，同时兼营公路、桥梁、市政、水利、环保、工民建等多项业务。拥有各类工程船舶近1000艘，各类施工设备3000多台（套）。集团成员单位有中港第一、二、三、四航务工程局，天津、上海、广州航道局，中交水运规划设计院，第一、二、三、四航务工程勘察设计院和上海港口机械制造厂、广州港机实业总公司。在岗职工5万余人，拥有逾万名经验丰富的高级管理和专业技术人员，资产总额260多亿元，年产值超过200亿元，是我国港口、航道建设和大型港口机械设备制造安装的主力军。

集团广大职工以《安全生产法》为准则，在全面建设小康社会进程中，坚持“安全第一，预防为主”的方针，努力做到“确保人身安全、确保设备安全、确保工程安全”。在企业文化建设中不断丰富安全文化内容，安全生产监督管理保证体系运行有效。

集团成立了以安全生产第一责任人为主任的安委会，设置安全生产监督管理部，负责集团安全生产日常管理工作。集团每年召开安全生产例会，并组织3次全系统的安全生产大检查。结合国家安监局和交通部、建设部颁布的有关法令，针对水上施工作业的高风险特点，重新编制中港集团《安全生产管理规章制度汇编》和《项目部安全生产管理过程控制推荐用表》等规章制度，建立健全了四级安全生产监督管理保证体系。2002年层层签订《安全生产责任书》近3000份，落实安全生产分级责任制，并进行严格的考核。中港集团在推行现代安全管理理念过程中，坚持“以人为本”，率先在企业内实行“安全工程师岗位”制度，严格过程控制，加强现场检查，及时排查危险源，消除事故隐患。遵照国家海事局有关要求，主要工程船舶已通过《国际船舶安全营运和防止污染管理规则》（ISM规则）认证。2002年克服水上施工作业环境恶劣实际困难，有效避抗十余次台风，做到安全调遣航行近50万海里无事故。做严做实安全基石，对增强企业核心竞争力，不断提升企业可持续发展后劲，具有重大的现实的意义。

集团安委会副主任
集团副总裁 陈云

长江口深水航道整治工程文明施工一瞥

秦皇岛十万吨级航道工程疏浚施工

温州大桥全景

为美国奥克兰港制造的桥吊

直径13.5米钢圆筒重力式码头振沉工法施工

江苏渔船检验局
江苏渔港监督局

江苏渔船检验局、江苏渔港监督局是江苏省海洋与渔业局的直属单位。江苏渔船检验局业务归口中华人民共和国渔业船舶检验局，江苏渔港监督局业务归口中华人民共和国渔政渔港监督管理局。下设4个科室、4个分局和62个分支机构。作为渔业行政执法机构，船检局承担渔业各类船舶的法定检验、渔船用产品的检验和渔业系统船舶修造的行业管理等职能，港监局承担渔业各类船舶的登记、船员考试发证、渔业生产的安全监督和渔业水上交通事故的调查处理等职能。

2002年江苏船检局和港监局的工作重点：一是进行安全专项治理，以“人、船、港、滩涂”为重点，开展系列安全治理活动；二是开展安全生产月活动；三是进行渔业安全检查；四是全省渔港普查；五是建立安全管理网络；六是进行渔业船舶检验；七是进行船用产品检验；八是机构达标认可验收；九是开展渔船船东互保工作；十是组织海事救助调处工作。

地址：江苏省南通市青年西路32号
邮编：226006
电话：0513-3534205

局长　沈国华

2003年度全省渔业船检港监工作会议在常州召开

为2002年度“渔业安全知识竞赛”获奖单位颁奖

执法人员在渔船上检查证书证件

2003年度全省渔业船检港监工作会议在常州召开

江苏船检局和港监局举行互联网知识讲座

济南铁路局

积极探索过程控制的长效机制　努力促进安全逐级负责制的落实

近年来，济南铁路局始终坚持安全第一不移位，规范管理求深化，强基达标抓落实，积极探索过程控制的长效机制，取得了显著成效，截止2003年8月8日，实现连续安全生产1800天。

一、以差点公示为载体，推动系统负责制

千里之堤溃于蚁穴。安全生产的大堤，则往往溃于安全管理相对薄弱的个别单位。要确保安全生产有序可控、基本稳定，就必须从安全管理相对薄弱的“差点”单位抓起、补强。一是明准标准，二是“差点”公示，三是责任追究。

二、以规范检查为手段，强化系统负责制

各专业部门在实施安全检查时，均要按照事先编制的安全检查表进行，依表检查、按表达标、逐项消号。对发现的安全隐患及时签发整改通知书，对重大隐患签发整改指令书。发书部门或人员要对接书单位或部门的整改过程和结果实施跟踪督查和验收。切实做到：谁接书、谁整改、谁发书、谁验收，分清相互责任，各自负责到底。

三、以系统责任制为纽带，贯通逐级负责制

在落实安全逐级负责制的实践中深刻认识到：只有切实突出业务系统和安全过程管理的主体地位，发挥其纽带作用，才能有效地促进安全逐级负责制的上下贯通、快速传递和逐级落实。一是突出主题地位，坚持管生产必须管安全的原则，由业务系统直接参与安全管理的全过程 二是发挥纽带作用，通过业务系统的亲和力，来贯穿和连接路局、分局和站段三级管理层面。

四、以动态考核为动力，落实岗位责任制

要真正把安全生产的责任逐级传递到班组和岗位，就必须以逐级负责制动态考核为动力，强化干部和职工岗们责任制的落实。一是强化干部责任，二是强化职工责任，三是完善分配办法。

通辽铁路分局

近年来，通辽铁路分局认真履行分局职责，加大对站段从严管理力度，逐级传递考核压力，夯实了安全基础，确保了分局安全形势的持续稳定。2002年5月12日，实现安全生产3690天，比最高纪录多2019天。2002年获“全国五一劳动奖状”。

一、思考安全管理中突出问题，增强从严管理站段意识

思考之一：站段是安全的直接管理层，千层万抓，站段不抓就事倍功半。一工区两名巡道员短期内连续出现严重“两违”，而该段上至段长、书记，下至科室干部，多次到这个工区检查，可就是没有发现问题。然而分局检查“锯”响就有“末”，说明站段自己“刀”难削自己“把”，强化站段管理迫在眉捷。

思考之二：站段是“落不下去、严不起来”的关键，千严万严，站段不严就功亏一篑。去年有一个站连续发生两起性质相同的调车事故，直接原因是安全关键点失察失控，从深层分析，既有日常对“两违”处理“严不起来”问题；也有各项安全管理制度和控制措施“落不下去”问题。集中暴露出站段“严管”不力、不实的问题。

思考之三：站段是安全考核机制动作的主体，千管万管，站段不管就难以落实到位。去年对22个站段检查考评，发现有9个没有严格执行分局“两加严”规定，有12名站段正职和43名副职在半年之中没有发现一件严重“两违”问题，。其症结在于站段“中间环节”不畅通。

二、履行分局安全职责，实施从严管理站段机制

（1）重落实，指导站段认真去作从严考核机制。实现机关职能部门“带标测查”，强化对站段从严考核的专业指导；成立综合检查组，强化对站段从严考核的监督指导。纠正个别站段领导执行“加严”考核“松扣、变形”以及少数站段领导班子远离考核、没有量化要求等问题，指导站段认真细化内容，规范操作程序，统一处罚标准，从严落实。

（2）硬约束，规范站段正职管理行为。一是实时检查。凡是站段正职深入一线检查工作，要向主管部门汇报检查发现问题；参加现场作业监控，要向分局高度指挥中心汇报作业过程；节假日值班值宿，要向分局总值班室汇报活动情况。二是定期评估。业务分处每季纵向解剖一个站段，安监室每季横向解剖一个安全专题，并将解剖情况在全分局通报。三是失职行为追究。对站段正职实行安全管理失职行为责任追究制度，规定“在安全管理工作中出现漏洞较多、关键点失控、不认真研究安全工作”等问题，追究站段党政主要领导责任。

（3）勤考核，强化站段班子整体功能。分局本着“重讲问题、公开通报”原则，月对各级干部逐人考评；季度召开一次安全讲评电话会议；半年一次安全基础工作评审；还采取“调研解剖、排队抓尾”办法，从站段发现问题与分局发现问题比例、领导班子成员发现外理问题数量、处罚情况，分类排序，讲评通报。

三、强化站段主体作用，激发自身从严管理积极性

（1）站段考核由被动加严变为主动加压。过去站段对“二级加严”考核处于被动运作，现在为了不到或少到分局交班，都补强了《二级加严考核办法》。奈曼车务段与职工环流竞争上岗机制对接，实行百分累进考核，按“行标”环流竞争上岗。赤峰机务段、车辆段实施“小违章积分”考核，达到一定界限给予待岗处理。从而出现了站段考核待岗与分局查处人数比例同步上升。

（2）处理“两违”由被动严管变为主动严管。过去站段、车间层处理职工“两违”，怕处理重了伤害感情，也怕暴露多了影响形象。而今由于分局对站段有硬约束、严考核措施，同时也为站段严管留出了一定空间，所以掩盖问题、层层护短的现象得到了有效解决。

（3）基础工作由被动受检变为主动规范。过去站段对上级检查安全基础工作习惯于推着干，“打快拳”，甚至靠感情和关系“过关”，现在出现了各系统、站段之间互相借鉴规范模式，主动争取受检的好风气。

地址：内蒙古通辽市昆都仑大街4号
邮编：128000
电话：0475-2228310

福建省煤炭工业(集团)有限责任公司

经过40多年艰苦创业的福建省煤炭工业（集团）有限责任公司,已发展成为以原煤生产为主业,集地质勘探设计科研、建筑施工、房地产开发、旅游酒店、煤电热电、商贸业等多种经营为一体的综合性企业集团。现有下属企业37家，从业人员1.9万人。多年来，福建煤炭集团公司坚持深化改革谋求发展。经过1985～1999年的三轮投入产出总承包、2000年的资产战略重组和2001年11月以来的资产授权经营等重大改革,福建煤炭集团公司较早地从行政管理向企业化转变,从单一的煤炭生产经营向多元化经营转变，经营规模不断扩大，经济效益逐年好转，职工收入稳步提高。至2002年末，集团公司资产总额35亿元，经营收入24亿元，比上年增长14%，从业人员人均收入1.1万元，比上年增长11%。

福建煤炭集团公司认真贯彻“安全第一，预防为主”方针，严格执行《安全生产法》、《煤炭法》和《煤矿安全规程》等法律法规,积极推广应用新技术、新装备和新工艺，不断提高企业安全生产条件；努力推进企业安全文化建设和职业安全健康管理体系等现代安全生产管理模式，不断提高企业安全科学管理水平；下属28个安全技术培训中心应用多媒体教学，有效地提高了培训质量；8支矿山救护队全部达到特级队标准，战斗力明显提高。多年来，福建煤炭集团人以特有的执著,形成了安全生产“严、细、实”和“安全无小事”等具有福建煤炭集团特色的企业安全文化。

吴德厚董事长（中）在煤矿井下检查安全生产

许炜华总经理（左一）在全国煤矿安全工作调研座谈会上介绍经验

2002年6月18至19日，集团公司举办首届矿山救护技术比武

姜初炎副总经理（右五）、陈胜利董事（右四）等出席安全技术培训中心（国家二级）挂牌仪式

地址：福州市省府路1号
电话：0591-7550066　传真：0591-7550033
邮编：350001
电子信箱：fmanjian@sina.com

中铁十八局集团有限公司

董事长　赵广发

党委书记　李永军

总经理　张璠琦

中铁十八局集团有限公司驻天津市，系全国首批一级资质工程总承包、工程施工总承包企业，并具有对外承包工程经营权，2002年7月通过建设部施工总承包特级资质企业审批。公司下辖五个综合工程有限公司、四个专来工程有限公司（电务、建安、大都、金属结构工程有限公司），七个直属分公司（建筑、土木、隧道、路桥、华东、海外、物业公司）、一个科研设计院等生产经营单位。公司现在职工2万余人，其中有职称的各类专业技术人员逾5000人，中高级工程技术人员1786人。2001年，集团公司和九个控股子公司全部通过ISO9001质量管理体系认证。我公司自组建以来，始终坚持"安全第一，预防为主"的方针， 连续多年实现安全生产达标年，相继被天津市评为"安全生产达标先进单位"，被全国企协评为"全国先进建筑施工企业"，相继获得国家级施工企业管理优秀奖、天津市市级先进企业、全国优秀施工企业、企业信用等级"AAA"级等荣誉称号。

华北地区最大的天津滨海立交桥，建筑面积87322平方米荣获国家优质工程银质奖

全国最长的铁路隧道－西康铁路秦岭隧道，全长18460米，荣获中国建筑工程鲁班奖

地　址：天津河西区柳林中铁十八局集团有限公司
邮　编：300222
电　话：022-60282328
传　真：022-60282301

世界上最高的V形支撑铁路桥－南昆铁路八渡南盘江特大桥，全长530.18米，建筑高度118米，荣获国家优质工程银质奖

中国长江航运（集团）总公司

中国长江航运集团（简称中国长航），是我国内河最大的骨干航运企业集团，国家首批57家试点企业集团之一，现为国务院国资委管理的大型企业集团之一。

中国长航以水上运输为主业，同时经营造船工业、水上旅游、水上油品贸易等航运相关业务。货物运输主要航线包括长江干线运输和干支直达、江海直达以及沿海、近洋、远洋运输。运输方式及货类包括干散货（煤炭、矿石、黄砂、非金属矿、钢铁等）、石油、集装箱运输、液化气、滚装、散装水泥、沥青和特大件等。

作为一个跨地区、多层次、运输为主、相关多元经营的企业集团，中国长航在长江干线和全国内河航运企业中均为最大企业，截止2002年底，拥有各类运输船舶1858艘，总客位4.3万个，载货吨317.1万吨，标准箱位4182TEU，主机功率74.66万千瓦。其中客货轮77艘，货轮68艘（其中滚装船5艘，集装箱船30艘），油轮61艘，推轮218艘，驳船1434艘。

中国长航总经理刘锡汉检查青山船厂安全工作

中国长航党委书记王镭（前右二）检查船舶基地安全

中国长航总经理刘锡汉（中）、副总经理沈光汉（右）、安全总监俞光耀（左）在三峡大坝现场察看船舶过闸情况

中国长航大型船队由武汉港开航

中国长航“长江62004轮”顶推船队（四万吨级——长江上最大的顶推船队）正在通过九江长江大桥

地 址：武汉市沿江大道69号　　邮 编：430021

铜陵市安全生产监督管理局

安徽省铜陵市境内有矿山227座、尾矿库39座、危险化学品生产经营单位176户、各类重大危险源70个、江岸码头和渡口22道，安全监管任务艰巨繁重。铜陵市安全生产监督管理局于2002年1月成立，下设安全教育室和安全生产执法监察大队（矿山安全救护大队），共30人。在市委、市政府高度重视、上级安全监管部门精心指导下，认真履行职责，不断加大对安全生产的组织领导、教育培训、监督检查、专项整治和责任追究力度，开拓进取，扎实工作，强化工作落实，全市安全生产形势稳定。工矿企业连续3年未发生重大事故，全市连续14年未发生特大事故，连续6年被安徽省政府安全生产委员会评为安全生产先进单位。2002年，该局被国家安全生产监督管理局评为“安全生产监督管理先进单位”。

铜陵市委、市政府将安全生产工作摆上重要议程，每年召开一次全市安全生产工作会议，与县、区和部门签订责任状，实行目标管理

铜陵市重视抓好企业安全生产基础工作。图为市委书记陈松林（右三）、副市长王纲英（左四）率安委会成员考察企业安全标准化班组建设

主要工作特点

(1)着力强化组织领导。层层落实“一把手”安全责任，建立政府及部门安全责任制，实行目标管理和“一票否决”制，健全部门分工负责、例会、安全检查、隐患整治、经费保障等7项安委会工作制度，充实力量，形成安全监管网络。颁布《铜陵市特大安全事故应急处理暂行办法》，组建专业分队，落实预案，事故应急救援能力提高。

(2)积极推进专项整治。抓住重点、难点，会同有关部门全力推动矿山、危险化学品、交通、民爆物品和公共场所等专项整治，依法取缔非法采矿、剧毒品流失等非法行为，整治消除矿山、电力和交通等重大隐患，规范安全生产秩序。

(3)扎实开展社会化宣传教育。坚持开展“安全生产月”、“安全生产周”、“安康杯”竞赛、“安全生产铜都行”、“安全知识送校园”和“安全在我心中”演讲等活动，精心营造安全氛围。

(4)创新安全监管机制。与时俱进，积极探索改进监管办法，着力形成责任明确、齐抓共管的工作机制，规范监管制度，强化监管手段，增强针对性和有效性，努力实现安全生产形势的稳定好转。

市经贸委副主任、市安全监督局局长周久生（中）、副局长徐庆杰（右）、副局长包宝林（左）在研究工作

市委副书记、市长刘战平（左三）与市人大、市政协等领导参加街头安全生产法规宣传咨询活动

地址：安徽省铜陵市北京路16号　邮编：244000　电话：0562-2110007

安徽省马鞍山市安全生产监督管理局

安徽省马鞍山市是一座新兴的钢铁工业城市，这里有全国著名的十大钢铁企业之一——马钢，有全国最大的露天铁矿—南山铁矿，有全国最大的井下硫铁矿—向山硫铁矿，有亚洲最大、中国惟一的车轮轮箍厂…… 这一切决定了该市安全生产工作的复杂化、多样性。面对安全生产的严峻形势和艰巨任务，组建仅一年的马鞍山市安全生产监督管理局，在省安全生产监督管理局和市委、市政府的大力支持下，全体工作人员勤奋学习、知难而进、开拓进取、扎实工作，突出工作重点，认真做好国家安全监督管理局要求抓好的“三件大事”，切实履行安全监管职责，狠抓安全生产责任制的落实，大张旗鼓地开展“全国安全生产月”宣传活动，广泛深入地宣传、贯彻《安全生产法》，积极探索市场经济条件下安全监管工作的新思路、新方法，取得了明显的成效。全市三区一县均成立了安全监管局。各生产经营单位专兼职安全员落实，形成了有职有权的全市安全监管网，并卓有成效地开展了各项安全生产监管工作。同时，市安全监管局还在全市建立了安全事故行政追究制度，市安全监管局建立了向各级领导、部门及时报告制度，并向社会公布了安全生产举报电话，为全市安全生产管理工作再上新台阶奠定了良好基础。全市安全生产事故呈现逐年下降的趋势，连续8 年未发生特大安全事故，连续6年被评为安徽省安全生产单位。2002年，市安全生产监督管理局被评为全国安全生产先进集体。

地 址：安徽省马鞍山市湖南路8号　邮 编：243000　电 话：0555-23377423

江苏省交通厅

2002年，是开展三年“水上运输安全管理年”活动的最后一年，江苏省交通厅根据交通部的统一部署，结合辖区内水上交通安全管理实际，不断加强活动的组织领导和宣传发动，紧紧围绕活动的目标，坚持长效管理与专项整治相结合，突出水上交通安全管理重点，强化安全管理责任，夯实安全管理基础，推动了全省水上交通安全各项管理工作的顺利开展。2002年，全省水上交通安全工作得到全社会的普遍关注，形成了各级领导重视、广大从业人员参与、社会群众普遍关注的良好氛围。全省通过全面实施乡镇渡口“渡船更新改造”、“渡口达标”和“撤渡建桥”三大工程，共投入奖励资金2236万元，更新老旧渡船700艘，渡船钢质化达80%以上，渡口达标达98%，撤并渡口968道，建成代渡桥404座，乡镇渡口由活动前的2217道降至目前的1249道。共淘汰老旧运输船舶2873艘，淘汰水泥运输船4023艘，运输船舶钢质化比例上升到70%以上。水上市场管理进一步规范，重点水域通航秩序明显好转，超章超载“三无”船舶得到了有效遏制，乱停乱靠等问题得到了有效解决。共投入航道基本建设和养护经费20亿元，改善航道里程1800余公里，204公里的苏南运河率先成为全国“文明样板航道”，535公里重点航道建成文明航道，保障了航道的安全畅通。

地址：江苏省南京市石鼓路69号江苏交通大厦
邮编：210004
电话：025-4464149

加强乡镇渡口现场执法检查

消防救生模拟演练

加强海事巡逻和现场监控

加强海事巡逻和现场监控

全国第一条文明样板航道—京杭运河苏南段夜景

加强现场安全执法检查

全国第一条文明样板航道——京杭运河苏南段

神华神东煤炭有限责任公司

神华集团神府东胜煤炭有限责任公司（以下简称神东煤炭公司）是神华集团的全资子公司。2001年，在国家财政部等5部委对169家中央直管企业的综合绩效评价中，神华集团位列第六，在煤炭企业中排名第一。神东煤炭公司主要负责开发经营神府东胜煤田骨干矿井及其配套项目。

神府东胜煤田，地处秦蒙交界之处、毛乌素沙漠向黄土高原的过渡带，北临黄河，南扼麟州（现陕西神木）。煤田总面积3.12万平方公里，探明储量2236亿吨，远景储量1万亿吨。煤田地质构造简单，煤层稳定，开采条件优越。煤质特低灰、特低硫、特低磷、中高发热量，为高挥发分的长焰煤和不粘结煤，是优质动力煤、化工煤和冶金喷吹煤，市场定位为“神华环保煤”。

神府东胜矿区规划面积3481平方公里，地质储量354亿吨。从1985年开建至今，累计投资126亿元，建成矿井9个，设计规模1970万吨／年。通过不断改扩挖潜，目前生产能力已达到6500万吨。

矿区开发建设以来，始终坚持高起点、高技术、高质量、高效率、高效益的建设方针，解放思想，实事求是，依靠理念突破带动制度创新。自1999年始，

现代化集控室

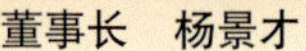
董事长　杨景才

总经理　王金力

公司原煤产量连续4年实现千万吨跨越，2002年，公司原煤生产突破5165.25万吨，吨煤综合成本67.89元，完成还本付息11.87亿元，实现利润2.016亿元（税前），全公司原煤生产效率71.49吨／工，回采工效228.69吨／工，生产实力跃升全国领先水平，成为技术一流、装备一流、管理先进的国内最大煤炭生产企业。

公司按照现代企业制度完善治理结构。导入了ISO9001国际质量认证体系、国际职业和环境卫生认证体系，在管理水平同国际接轨的同时，形成了具有个性特色的经营理念和管理模式。

春潮涌动，百舸争流。面向新世纪的神东煤炭公司，将以开放创新的崭新姿态，开创更加美好的未来。

地址：陕西省神木县大柳塔镇
邮编：719315
电话：0912-8222449、8222819

兖矿集团有限公司

兖矿集团有限公司是国家重点特大型企业集团，是全国100家现代企业制度和120家企业集团试点企业。目前拥有五大专业公司（煤业、实业、电铝、煤化、物业）、50家全资子公司、控股公司和参股公司，涉及采矿、煤电铝、煤化工、金融等10余个行业，总资产261.81亿元，年销售收入突破145.67亿元。所属子公司兖州煤业公司是我国第一个在境内外同时成功上市的煤炭企业。目前有8对生产矿井，年煤炭生产能力超过4000万吨，年出口煤炭1450万吨，是华东最大的煤炭生产基地和全国最大的煤炭出口企业之一。

集团公司总裁兼董事局主席　耿加怀

2002年，兖矿集团认真贯彻“安全第一，预防为主”的方针和上级一系列安全生产指示精神，坚持“管理、装备、培训并重”的原则，依靠科技进步和管理创新，加大安全投入，强化薄弱环节控制，全面实行安全风险抵押管理，推行安全生产“双基”建设，在取得ISO9001质量管理体系（证书编号：0303Q10083R2）、ISO14001环境管理体系（证书编号：142003161）认证证书后，又积极开展职业安全健康管理体系的宣传贯彻工作，其中，煤业公司将三个体系相整合，实施“三位一体”的体系化管理，进一步提高了安全装备水平和安全生产管理水平，提高了全体员工素质，完善了生产现场作业环境，安全、生产主要经济技术指标创出历史新水平：杜绝了各类重大及其以上人身事故和非人身事故，综放工作杜绝了伤亡事故。原煤生产百万吨死亡率继续保持了煤炭行业领先水平；原煤总产量达到4081万吨，实现年产400万吨以上综采队4个，其中东滩煤矿综采队、兴隆庄煤矿综采一队分别达到606.9万吨、639.9万吨，均居全国同类型矿井领先水平。

地　址：山东省邹城市凫山路40号
邮　编：273500
电　话：0537-5382221

现代化采煤工作面

山东省烟台市安全生产监督管理局

山东省烟台市安全生产监督管理局于2001年8月成立，现有干部30人。2002年2月成立了安全生产监测培训中心，工作人员11人。

党组书记、局长　王学彰

建局以来，全体机关干部在局党组的领导下，认真贯彻落实党中央、国务院和省、市党委、政府关于强化安全生产工作的一系列方针政策，开拓进取，大胆探索，完善制度，落实措施，保证了全市安全生产形势的稳定。2002年，被烟台市委、市政府授予”2002年市级机关先进集体“，被山东省安委会通报表彰。

领导班子成员

地址：烟台市菁罘区白石路93号　　邮编：264000

首都经济贸易大学
安全工程系

安工系领导成员从左到右：钮英建、姜亢、史简、柴建设

首都经济贸易大学安全工程系成立于1958年，是我国职业安全卫生领域历史最为悠久的教学、科研基地，是安全工程专业教育和人才培养的摇篮。40多年来，该系累计为社会输送职业安全卫生领域专门人才3000余名，为我国的职业安全卫生事业做出了突出贡献。

该系现有安全工程、环境工程、工业工程3个本科专业，安全技术及工程、劳动卫生与环境卫生学2个硕士点。该系师资力量雄厚、教学设备先进，有教授7人、副教授12人、其它教学教辅人员10余人，有各类实验中心或实验室6个。近年来，该系完成了“三峡工程安全信息管理系统”等一批科研课题，出版了“安全工程系列教材”等一批专著和教材，多项成果获省部科技进步奖或著作教材奖。隶属于该系的首都经济贸易大学劳动安全卫生评价中心是我国第一批评价单位，已完成各类评价项目60余项，以其高水准的评价和优质的服务赢得了社会的广泛赞誉。该系还设有安全与环境科学研究所。该系常年举办硕士研究生课程进修班。

该系现任领导是，系主任姜亢教授、系党总支书记史简副研究员、系副主任钮英建副教授、系副主任柴建设教授。他们携全系教职工向全国同仁致意，愿与大家精诚合作，为中国的职业安全卫生事业做出更大的贡献！

“三峡”工程安全管理信息系统评审会

系研究生课程结业典礼

外国专家正在给学生讲课

安全工程系编写的专业教材

地 址：北京市朝阳区金台里2号　　邮 编：100026
电 话：010-65976431　　传 真：010-65976436
Email：safedep@cueb.edu.cn

山西煤矿安全装备技术测试中心

山西煤矿安全装备技术测试中心，是经国家煤矿安全监察局批准成立的省级煤矿安全技术测试机构，直属于山西煤矿安全监察局。主要承担全省煤炭生产和建设在用安全产品的维修检验、在用品检验以及受煤矿安全监察机构委托的事故调查检验等，下设大型固定设备、井下电气装备、钢丝绳及受力器件、电缆和输送胶带阻燃、粉尘分析、安全仪器仪表等六个实验室，为全省煤矿安全监察部门和煤炭企业安全生产提供强有力的技术支持。

该中心经国家安全生产监督管理局（国家煤矿安全监察局）授权，对煤炭开采和洗选业具有安全评价和评估的资质，同时为煤炭企业提供煤矿安全培训、技术咨询、煤矿安全生产能力核定、煤矿安全技术研究及推广、煤矿安全产品开发等服务。

该中心拥有多年从事煤炭生产的高素质技术人员和技术专家，坚持科学、公正、准确、满意的质量方针，以一流的装备、一流的技术、一流的管理、一流的服务回报社会，致力于煤矿安全生产事业，为煤炭生产保驾护航，共创美好未来。

主任　张福瑞

测试中心实验室

测试中心实验室

地　　址：山西省太原市并州北路205号　　电　　话：(0351)4092645
邮　　编：030012　　传　　真：(0351)4117576
E-mail:sxmkcs@sina.com

黑龙江华安工业(集团)公司

黑龙江华安工业（集团）公司系中国兵器工业集团公司大型军工骨干企业，位于齐齐哈尔碾子山区，现有职工 9586 人。建厂 50 多年，曾在捍卫国家主权和国防建设上做出过重大贡献，多次受到表彰。

1997 年 5 月，原兵总党组调整充实了工厂领导班子，企业的经济形势发生了可喜变化。几年中由“亏损大户”一举转变为“减亏大户”，安全生产工作也取得了令人瞩目的好成绩。通过开展安全评价，发展企业安全文化、企业安全素质有了明显提高。已连续三年获得全国“安康杯”竞赛优胜单位，多次被省、市评为“安康杯”竞赛和“安全生产”先进单位。

“五一”劳动奖章获得者、十届全国人大代表、公司党委书记兼总经理许远明

公司办公楼门前一角

公司安委会定期召开会议，研究制定安全改造计划

提高了企业本质安全程度，机加生产线实现了数控化

引进的 1250 吨油压机，取代了 50 年代的水压机，实现了自动化，确保了安全

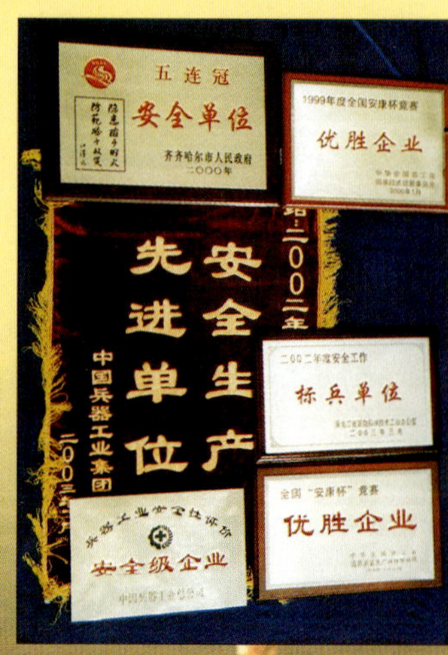

安全工作工作成绩显著，受到各级政府和主管部门的表彰

大连周水子国际机场

大连周水子国际机场自1973年4月6日开航起，机场始终把安全工作放在各项工作的首位，认真贯彻落实周恩来总理关于"保证安全第一，改善服务工作，争取飞行正常"的指示精神，在安全工作的组织建设，基础设施建设和安全文化建设方面，都做出了卓有成效的工作，取得了令人瞩目的成绩。1996年机场被民航总局评为"保证航空安全先进单位"；2001年被民航总局授予"安全评估合格单位"，同年还获得中华全国总工会和民航总局授予的"安康杯"竞赛先进单位称号，连续保证航空安全30年。

机场总经理胡志安（左）、党委书记高广文（右）、陪同民航东北管理局局长谭万庚（中）在机场检查指导工作

热情周到的服务让无人陪伴儿童放心去"飞"

大连机场全景

安全检查

大连国际机场
安全评估合格单位
中国民用航空总局
二〇〇一年九月

全国职业道德建设先进单位
中华全国总工会
全国职工职业道德建设指导协调小组

文明单位
中共辽宁省委员会
辽宁省人民政府

文明机场
CIVILIZED AIRPORT
中国民用航空总局

大连周水子国际机场
全国卫生机场
全国爱国卫生运动委员会
一九九八年四月十六日

大连周水子国际机场
中国诚信经营企业
中国企业发展研究中心
2002年9月

地址：大连市甘井子区迎客路100号
邮编：116033

中国水利水电第十二工程局第一分局

中国水利水电第十二工程局第一分局，现有职工近600人，其中专业技术人员近百名；有各类大中型施工机械设备300余台（套）。1990年始，在福建万安、浙江宁波等地已建成3个大中型水利水电工程，先后获得国家水利水电规划设计总院和国家水利部科技进步一、二等奖及浙江省优良工程奖。目前承建国家重点建设项目——浙江天台桐柏抽水蓄能电站主体土建、金属结构和机电安装等工程。

第一分局多次获得“国家电分公司先进集体”、“浙江省重点工程建设先进集体”；连续4年被评为“中国水利水电建设集团公司安全生产管理先进集体”；2002年被评为中国水电建设集团文明单位，获得浙江省“安康杯”竞赛活动优胜企业。

工程局副局长兼分局长孙阳（左）向两院院士、中国工程院副院长潘家铮等中外专家介绍“桐蓄”施工情况

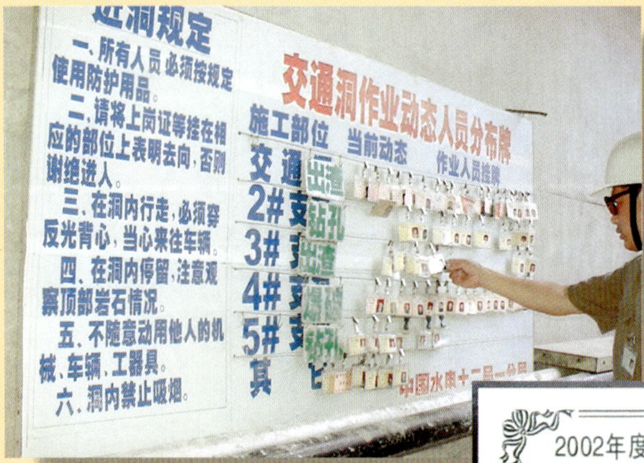

地下洞室作业人员动态管理，严格控制

第一分局已建成的浙江宁波白溪水库

2002年度“安康杯”竞赛

优胜企业

浙江省总工会

浙江省经济贸易委员会

2002年12月

地下厂房开挖（高60米，长182米）

地下洞室机械化作业

注：“桐蓄”为浙江桐柏抽水蓄能电站的简称

地 址：浙江省天台县桐柏抽水蓄能电站　　邮 编：317200

电 话：0576-3953419　　传 真：0576-3953177

民航东北空中交通管理局

民航东北空中交通管理局于1996年1月18日成立，是行政上隶属于民航东北管理局、业务上受民航总局空中交通管理局管理和领导的中国民航六大地区空管局之一，下辖民航哈尔滨空管中心、大连空管中心、长春空管站及沈阳空管运行中心、服务保障总公司5个二级单位，有员工1500人，固定资产2.4亿元。对内实施企业化管理，实行局长负责制，履行部分政府职能，承担东北地区132万平方公里空域内民用航空飞行的空中交通管理和管制指挥，及对其提供航空通信、雷达、导航、气象、情报服务。截止到2002年底，全区已开通国际、国内航线320余条，保障各类飞行163.57万架次，创造了连续6年无严重业务差错以上问题的安全生产周期，是全国民航空管系统保证安全周期最长的单位之一。近两年，为适应国民经济特别是民用航空业的快速发展，东北空管局加快了改革与发展步伐。于2000年在全国同行业中率先通过了"英国劳氏"ISO9002-1994国际质量认证，于2002年完成了空管体制改革，建立了现代企业制度，完善了安全管理体系，在行业监管、安全生产、系统建设等方面，取得了显著成绩，为东北地区民航安全工作作出了突出贡献。

民航东北空管局通过ISO9002质量认证

组织《安全生产法》知识竞赛

管制员上机为机组服务

工程技术人员安装雷达天线

地址：沈阳市大东区小河沿路3号　　邮编：110043

河北保定市安全生产监督管理局

局长　刘义和

保定市安全生产监督管理局于2002年1月19日正式成立，编制30人。承担着全市安全生产综合监督管理职能，负责市安全生产委员会日常工作。

2002年，保定市安全生产监督管理局以"三个代表"重要思想为指导，认真贯彻党中央、国务院和省委、省政府关于安全生产的一系列重要指示，按照市委、市政府的部署要求，坚持"安全第一，预防为主"的方针，大力推进安全生产"四个转变"，立足防范，落实责任，深入整治，强化监管，开拓创新，使重特大事故得到了有效遏制，全市安全生产秩序明显好转，被国家安全生产监督管理局和省局分别授予2002年度全国安全生产监督管理先进单位。

保定市安全生产监督管理局工作例会

保定市第一期安全生产监督管理人员培训班开班典礼

获2002年度河北省安全生产监督管理先进单位

获2002年全国安全生产监督管理先进单位

地　址：河北省保定市车风西路1号　　邮　编：071051
电　话：0312-3088665　　传　真：0312-3088665

四川华蓥山广能（集团）有限责任公司

SICHUAN HUARONGSHAN GUANGNENG YOUXIAN ZEREN GONGSI

四川华蓥山广能（集团）有限责任公司现有生产矿井3个、在建矿井2个、煤矸石发电厂2座、特种水泥厂1 座。公司以煤炭、电力、建材为支柱产业，融建筑、机械修造、通讯、汽车运输等为一体。2002年度，全公司共生产煤炭137.37万吨，进尺21580米，发电1亿度，生产水泥10.49万吨。煤炭生产百万吨死亡率未突破上级下达的考核指标。

广能集团办公大楼

生产矿井调度系统

一、坚持安全方针，落实安全责任。从明确董事长、总经理安全生产责任制入手，层层落实各级管理人员安全生产责任，签订《安全生产目标管理责任书》，加大了监督考核力度，促进了安全生产。

二、突出安全生产重点，遏制重特大事故发生。针对高瓦斯突出矿井的实际，该公司始终将“一通三防”作为安全生产的“重中之重”，制定了严格的《“一通三防”考核管理办法》，细化考核内容，量化考核指标，明确管理效果与奖惩。

三、狠抓安全技改，增强抗灾能力。2002年，全公司共安排安全技措资金721.5万元，积极进行安全生产补欠，建立起矿井瓦斯监测监控系统2个、瓦斯抽放系统1个，各生产矿井均配备了防突预测预报仪器及隔离式自救器，进一步增强了矿井安全抗灾能力。

四、开展质量标准化建设，夯实安全生产基础。该公司修订完善了质量标准化考核办法，狠抓作业现场安全生产环境的整治，规范员工操作行为，加大动态考核力度，组织进行矿与矿之间交叉验收，打分排队。“奖头惩尾”，以工作质量保证工程质量，以工程质量确保安全生产。

五、采取强硬措施，加强预防工作。狠抓全员安全生产培训，开办员工夜校，加强班组安全建设，强化对现场重点工程、重点环节、重点区域的重点监控，坚持进行经常性的安全检查和隐患整改，做到防患于未然。

生产矿井瓦斯监测系统

煤矿大倾角综采工作面

地　址：四川省华蓥市滨河东路1号　　电　话：0826-4442386　　邮　编：638600

抚顺矿业集团有限责任公司

总经理　尹亮

西露天矿为提高员工安全意识，举办安全技术培训

老虎台矿开展“安全生产月”宣传一条街活动

辽宁省政府在西露天矿召开“全省安全生产群众监督现场会”

抚顺矿业集团有限责任公司是一个具有百年开采历史的国家特大型煤炭企业，是全国最大的500家工业企业之一。建国以来，共生产煤炭4.7亿吨，上缴国家利税54.5亿元，为国家的经济建设和地方经济发展作出了突出贡献。

2002年，是抚顺矿业集团公司生产经营各项工作取得丰硕成果的一年，全公司保持了稳定的安全生产形势。认真贯彻落实《安全生产法》，坚定不移地执行“安全第一，预防为主”安全管理方针和党中央、国务院的一系列重要指示精神，以安全工作“十靠”、“十化”为指导，以“一通三防”为重点，以深化安全专项整治为主线，以安全质量达标为手段，以文明生产、安全生产全程标准化和岗位标准化作为基点，全面深入地开展了以“四个竞赛季”和“四项工程建设”活动为内容的争创“安全生产最佳年”活动。按照国家煤矿安全监察局对深化安全专项工作的要求，集团公司成立了以总经理为首的安全整治工作领导小组，制订工作方案，在全公司开展了整治工作。全年投入安措资金1486.72万元，解决了一批历史遗留的安全欠账，夯实了安全生产基础。在开展“一通三防”隐患大会战中，加大了检查力度，先后开展大检查936次、专业检查863次，有效地控制了各类事故的发生。2002年，百万吨死亡率为0.137，创历史最好水平，安全生产形势稳定，有力地促进了各项工作任务的完成。

地址：辽宁省抚顺市中央大街25号
电话：0413-2534171
邮编：113008

抚矿集团公司举办的“祝你平安”广场晚会

韩城矿务局

韩城矿务局位于陕西省渭北煤田东部的韩城市境内，全局下辖16个二级矿、厂和控股的陕西创能煤电股份有限责任公司，其中有3座煤矿4对矿井，其中2对为煤与瓦斯突出矿井，2对为高瓦斯矿井，是煤尘、瓦斯、自然发火等灾害严重的矿区之一。全局矿井年设计能力510万吨，核定能力380万吨。

2002年，韩城矿务局认真贯彻落实《安全生产法》，大力开展了“安全生产月”、“安全宣传教育月”等形式多样的活动，制定和完善了《安全事故责任追究制度》、《各级各部门安全生产责任制》等一系列安全管理制度，加大了依法管理的力度。认真贯彻国务院、国家安全生产监督管理局有关指示和部署，继续开展了安全专项整治工作，消除了事故隐患。努力加大对安全生产的投入，切实把“一通三防”作为安全工作的重中之重，认真落实瓦斯治理“十二字”方针，完善了井下瓦斯监测和瓦斯抽放系统，完成安技措资金1336万元，提高了矿井抗灾防灾能力。以搞好“两化”为主线，坚持动态管理，实行重奖重罚，使矿井质量标准化保持了经常化。进一步加强现场管理、安全监察执法和安全培训工作。杜绝了瓦斯、煤尘等重大恶性事故，其他各类事故较上年同期有了大幅度下降，安全工作创近年来最好水平。

局长、局党委副书记　褚能冰

局党委书记　胡大选

韩城矿务局办公大楼

局长、局党委副书记褚能冰在全局安全生产宣传教育活动启动仪式上做动员讲话

地 址：陕西省韩城市金塔路　邮 编：715400　电 话：0913-5261180

江西新洛煤电有限责任公司

新洛煤电有限责任公司位于江西省丰城市洛市镇境内，其前身为洛市矿务局，1999年被江西省列为第一家煤矿破产企业。同年11月，由宜春地区法院宣布破产。破产后，在省政府、省煤炭集团公司的领导下，于2000年进行了企业生产重组，经过3年的艰苦努力，公司面貌焕然一新，公司现有2对年产30万吨的矿井，一座洗选能力90万吨的洗煤厂，一家有1.2万千瓦发电机组的矸石发电厂和一家矸石砖厂，公司现有员工2000人，2002年产值7351万元，成为江西省煤矿破产重组生产企业的楷模。

2002年，公司认真贯彻各项安全生产方针，加强安全生产管理，摆正安全与生产、效益与安全投入的关系，按照《煤矿安全规程》、《安全生产法》等有关要求，完善了企业各种安全管理制度，消灭了重伤以上人身事故和重大机电设备事故，全面实现了2002年安全工作的奋斗目标。

一、加强领导，把安全工作始终放在第一位。

二、强化安全监督，完善安全管理机构。公司成立以来，一直由一位副总经理分管安全工作，并成立了安全监察处，专门负责全公司安全监察管理工作。各厂矿亦按照《安全生产法》第19条要求，设立了安全科，配备了专职或兼职的安全监察员，完善了安全管理机构，同时成立了由安全监督处、生产部、机电部人员组成的安全督查组。以救护队员为主的公司安全小分队，经常深入井下、作业场所进行安全督查工作。与此同时，公司每月至少召开一次全公司各单位负责人、分管安全工作的厂长、副厂长参加的安全办公会，并形成了每月至少一次的全公司安全大检查，各厂、矿亦按照各自特点，进行了更为频繁的安全活动，如周二安全活动，安全小分队、安全互保和全员风险抵押等，充分体现了安全工作全方位齐抓共管的良好局面。

三、紧缩非生产性开支，千方百计保证并增加安全投入。

四、建立并完善公司各种安全管理制度，自觉执行上级各种安全监督指令。

五、加强安全技术培训，把《安全生产法》的学习作为安全学习的重要内容。

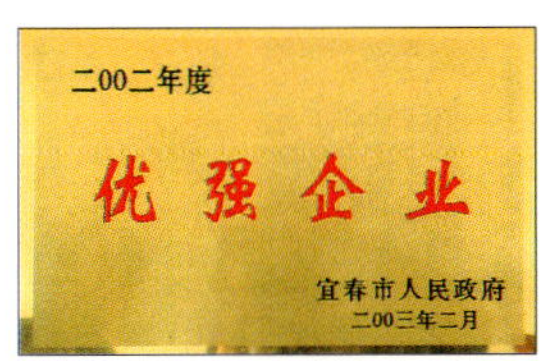

董事长、党委书记　孙宗辉

总经理　樊飞

煤矿、选煤厂工业广场全景

地址：江西省丰城市洛市镇
电话：0795-7037532
传真：0795-7037318
邮编：331107

广州市盾建地下工程有限公司

GUANGZHOUSHI DUNJIAN DIXIA GONGCHENG YOUXIAN GONGSI

广州市盾建地下工程有限公司是由广州市建筑集团有限公司、广州市建设投资发展有限公司和广州广重企业集团有限公司于1999年10月共同投资组建的技术管理型现代企业。公司主要从事地铁车站、地铁区间隧道盾构工程、地下管道、地下廊道、地下通道、地下室结构、深基础、地下连续墙、基坑支护结构及其他市政工程的施工。

赤客区间贯通

广州盾建本着“创新、协作、精品、服务”的企业精神，走技术密集型和管理型的企业发展道路。公司管理人员中，90%具有大专以上文化程度。精简的机构、高效的管理和高素质的人才，使广州盾建在短短的三年时间内，顺利通过了广州市安全资质认证、ISO9001:2000质量管理体系认证（注册号：1801Q10037ROM）和OHSMS28001国家职业健康安全管理体系认证（注册号：AR25L-02S026），全方位向技术管理型企业就位，并发展成为一家不断自我完善、自我超越的学习型现代公司。

广州盾建引进世界先进的盾构设备、盾构施工技术以及管片设计技术，提前按质完成了广州市轨道交通二号线（赤—鹭区间隧道）盾构工程项目，同时坚持“安全第一、预防为主”的方针，关爱员工身心健康，荣获“2001年度广州市安全生产先进项目部和先进单位”称号，并于2002年喜获广东省和广州市两级“建设工程安全生产、文明施工优良样板工地”。

安全生产，责任重于泰山。广州盾建将以人为本，不断加强安全意识和环保意识，为社会作出更大贡献。

地 址：广州市广仁路1号广仁大厦19F 邮 编：510330 电话：020-83399123

永城煤电（集团）有限责任公司是集煤炭开采和加工、火力发电、运输、多种经营于一体的大型现代化企业集团。2002年，集团公司以市场为导向，以效益为中心，进一步推进"三化"管理，各项工作均取得显著成绩。全年共生产标准煤502万吨，完成产值12亿元，实现利润1.4亿元，上缴税金1.26亿元，人均创利税5万多元。利润总额、人均利税均位居河南省同行业首位，实现了历史性突破。2002年，集团公司消灭了水、火、瓦斯、煤尘、顶板等重大事故，百万吨死亡率控制在上级下达的指标以内，矿井质量标准化工作稳步提高，继续保持行业级水平，实现了安全生产的平稳发展。一是利用经济杠杆，调节安全生产；二是坚持安全专项治理，依靠科技进步，消除事故隐患；三是坚持以人为本，强化安全培训。

永城煤电(集团)有限责任公司

集团公司董事长兼总经理　陈雪枫

集团公司党委书记　王自立

省企工委领导入井检查安全生产

集团公司安监局长张树良在安全工作会议上作报告

公司职工观看"煤海钟声"

莱芜钢铁集团有限公司
LAIWUSTEELGROUP,LTD

莱钢通过职业安全健康管理体系认证

莱芜钢铁集团有限公司拥有包括上市公司莱芜钢铁股份有限公司在内的21个子公司，是一个以钢铁为主业的大型钢铁联合企业。具有年产400万吨钢的生产能力。现有职工3.6万人，总资产132.87亿元，是国家重点扶持的520家企业之一。2001年，在冶金行业第一个通过职业安全健康管理体系认证，成为中国冶金行业首家具有ISO9002、ISO14001认证的企业。

2002年以来，莱钢认真实践“三个代表”的重要思想，在企业安全生产中实行“标本兼治，管理创新，深化安全培训教育”，强化绩效监测与不符合纠正，推动安全文化建设，保持了职业安全健康管理体系的有效运行并持续改进。被山东省总工会、安全生产监督管理局授予“安康杯”竞赛优胜单位，被省冶金工业总公司授予“安全生产先进单位”称号。

山东省省委书记张高丽（左三）在莱钢集团董事长姜开文（左一）、总经理李名岷（右一）的陪同下视察安全生产工作

目前，莱钢正以“一卡一表、一班三检、二十四小时安全督察”为手段，建立企业安全生产信息管理系统，搭建安全生产动态控制管理平台，以实现“预防的关口前移”和“管理的重心下移”，提高安全生产管理绩效，保持职工安全健康管理体系有效的运行。为实现长周期的安全生产和建立安全生产的长效机制奠定良好的基础。

地址：山东省莱芜市钢城区友谊大街
邮编：271104

中华人民共和国长江海事局

中华人民共和国长江海事局是经国务院批准在全国设置的交通部直属的20个海事局之一。主要职责是依据国家法律、法规，实施长江水上安全监督、防止船舶污染、船舶检验、航行保障和行政执法。长江海事局是交通部设在武汉、主管长江水上交通安全监督管理工作的行政管理机关，管辖重庆江津九层岩至安徽芜湖驻马河口长2013.5公里的水域。根据国务院关于水监体制改革的决定和交通部海事局的统一部署，中华人民共和国长江海事局已在沿线设立重庆、三峡、宜昌、荆州、岳阳、武汉、黄石、九江、安庆、芜湖十个分支海事局，55个海事处、站以及长江引航中心，武汉港航监督职工中专学校等单位，现有在职职工2711人、各类专业技术人员1518人、拥有固定资产3.4亿元、监督艇99艘、囤船68艘、登记船舶5700余艘。

2002年，长江海事局按照“围绕中心、抓住关键、深化改革、规范管理、夯实基础、提高水平、依法行政、树立形象”的工作方针，深入开展了“水上运输安全管理年”活动，通过标本兼治，狠抓五个“秩序”的整顿，提高了安全管理水平。根据不同季节、不同时段长江干线的航运特点，组织开展了战枯水保春运、防汛抗洪、水上统一执法联合行动、“安全生产月”和“反三违月”活动、“三防一禁”、百日安全无事故、渡口渡船安全巡查、“四客”船舶整顿等共20次专项活动，较好地维护了通航秩序，切实整改了安全隐患，有效遏制了事故的发生，保持了辖区的安全稳定。

长江海事局领导班子

监督艇巡查

芜湖局搜救演习

地 址：湖北省武汉市解放大道1525号
电 话：027-8242242
邮 编：430016

中国铝业公司

CHINALCO ALUMINUM CORPORATION OF CHINA

中国铝业公司（Aluminum Corporation of Chain，简称CHINALCO），是国家授权的投资管理机构，在国家宏观调控和监督管理下，公司依法经营国家投资形成的国有资产和国有股权，按国家控股公司方式运行。2001年，财政部对中央直管企业（集团）进行效绩评价，本公司国有资产增值保值率为优良，在中央管理的100亿元以上资产的企业中，经营效绩排名第四，在冶金行业排名第一。

公司是集铝土矿开采，氧化铝、电解铝生产，铝加工和科研设计、施工建设及进出口贸易为一体的综合性公司。拥有16家所属单位，其中1家控股子公司、9家生产型企业、4个科研设计单位和2个施工单位。拥有资产502亿元。主要产品为氧化铝、化学品氧化铝、电解铝、铝加工产品、碳素制品和金属镓等。

公司始终坚持“安全第一，预防为主”的思想，认真贯彻《安全生产法》及党和国家的安全生产方针、政策，以人为本，严字当头，认真抓好生产安全，保证了公司生产经营、改革发展目标的实现。主要做法：一是搞好安全生产管理制度和组织机构，做到制度科学、规范，组织机构运行高效；二是严格落实安全生产责任制，特别是各级行政一把手的安全生产责任，并严格考核；三是深入开展以安全生产管理标准化、现场标准化、操作标准化为体系的安全生产标准化工作，不断夯实安全生产的基础工作；四是坚持不懈抓班组和现场的安全管理，使各项工作真正落到实处；五是认真开展安全生产检查，加大对安全生产的投入，及时消除事故隐患；六是强化安全教育培训，全面提高员工的综合安全素质，特别是自我保护意识；七是积极推行职业安全健康管理体系，不断完善安全生产管理体系。

中铝公司领导合影：公司总经理郭声琨（中），公司副总经理梁中秀（右二）、熊维平（左二）、罗涛（右一）、吴伟成（左一）

公司坚持“励精图治，创新求强”的企业精神，以“振兴中铝，报效国家，回报股东，造福员工”为发展理念，以“以铝为主，兼营其他，做强股份，办好母体”为发展方向，以“优先发展氧化铝，有条件地发展电解铝，跨越式发展铝加工，有选择地发展非铝产品”为发展方针，以“超常规快速发展，全方位开放发展，低成本高效发展，多方式灵活发展，高科技抢先发展，强管理稳健发展”为发展举措，不懈地追求价值第一，不断增强公司的整体素质和核心竞争力，把公司建成具有规模经济效益和良好成长性的、在国际上具有较强影响力和竞争力的、以铝业为主的资源型、综合性的跨国公司。

地址：北京市复兴路乙12号
电话：010-63971767
传真：010-63963806
邮编：100814
网址：chalco.com.cn

环境优美的氧化铝厂区一角

交通部水运科学研究所安全环保工程部（北京交运安全卫生技术咨询中心）

交通部水运科学研究所安全环保工程部（北京交运安全卫生技术咨询中心）成立于1985年，是经交通部批准的专业性研究实体，主要从事交通行业安全卫生技术、法规、标准的研究，安全卫生检测、安全健康管理体系咨询、建设项目安全预评价、现状安全评价、验收评价及危险化学品专项安全评价。

中心于1988年开展港口工程安全评价工作，1994年获得原劳动部职锅局颁发的安全卫生评价资格资质，1999年获得国家经贸委颁发的建设项目安全评价A类资质（证书编号：APJ-0004-Y.ZX-2003），2001年获得了职业安全健康管理体系咨询资质（证书编号：安字备案-09-2002），2003年获得安全预评价及化学危险品专项安全评价资质（证书编号：APJ-0004-Y.ZX-2003）。交通部批准成立的港口劳动安全卫生试验检测中心获得国家安全生产监督管理局批复，同意开展港口劳动安全卫生检测工作的资质。

交通部人事司组织的安全评价审查会议

中心现有专业安全技术人员22人，其中研究员4人、国家级专家1人、副研究员及高级工程师12人，开展了港口、石化、管道、石化装置、铁路轮渡、塑料制品、建筑业工程等方面的劳动安全预评价，开展了港口工程现状安全评价、验收评价及危险化学品专项安全评价，完成了160余项各类工程的安全评价，获得国家、行业、省市科技奖及专利共28项。形成了具有国内领先水平的、科学的评价方法和体系，评价工作得到了国家各级安全管理部门、行业主管部门的高度评价，在安全技术服务领域赢得了广泛的信誉。

上海港外高桥四期集装箱码头调研

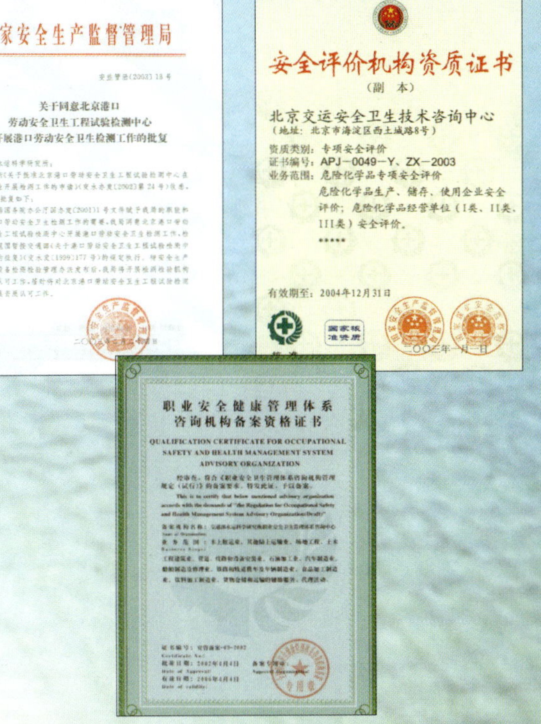

国家安全生产监督管理局

关于同意北京港口劳动安全卫生工程试验检测中心开展港口劳动安全卫生检测工作的批复

安全评价机构资质证书

（副本）

北京交运安全卫生技术咨询中心

（地址：北京市海淀区西土城路8号）

资质类别：专项安全评价

证书编号：APJ—0049—Y、ZX—2003

业务范围：危险化学品专项安全评价

危险化学品生产、储存、使用企业安全评价；危险化学品经营单位（I类、II类、III类）安全评价。

有效期至：2004年12月31日

职业安全健康管理体系咨询机构备案资格证书

QUALIFICATION CERTIFICATE FOR OCCUPATIONAL SAFETY AND HEALTH MANAGEMENT SYSTEM ADVISORY ORGANIZATION

地址：北京市海淀区西土城路8号
邮编：100088
电话：010-62079630、62079624
传真：010-62364733
E-mail：sgq@wti.ac.cn

東西電子

煤矿专用分析仪器

煤矿安全仪器定点生产企业

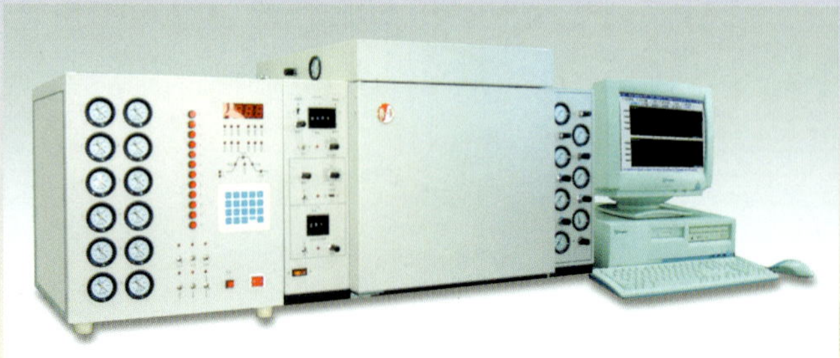

GC-4085 型矿井多点自动采样色谱系统

GC-4085 型矿井多点自动采样色谱系统是国家“八五”科技攻关成果，是矿井预测预报煤层自然发火的有效监控仪器。

本系统可直接与井下束管取样管缆连接，实现12-24路采样点的自动巡回检测，实现实时监控煤层氧化自热过程中气体产物的自动分析，提高早期预测预报自然发火的准确率，测定密闭火区内气体组分浓度的变化，判别密闭火区熄灭程度，是煤矿火灾的克星。

分析组分：火灾气体常量及微量组分O_2、N_2、CH_4、CO、CO_2、C_2H_6、C_3H_8、C_4H_{10}、C_2H_4 及 C_2H_2 等。

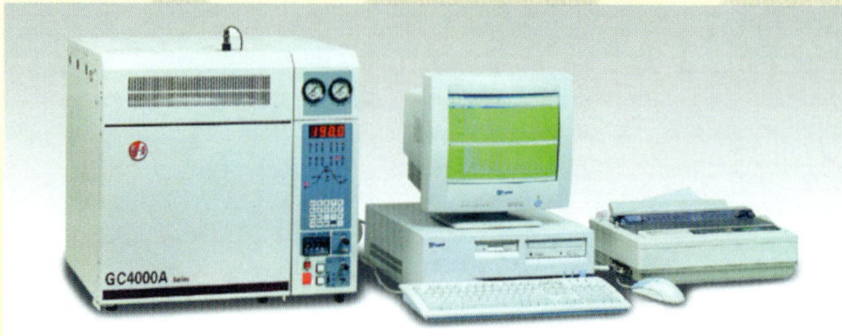

GC-4008A/B 气相色谱仪

GC-4008A/B 气相色谱仪，本产品是为煤矿火灾预测、防火安全而设计的专用实验室气相色谱议，其基本性能与 GC-4085 相同。

产品适用于：

(1) 矿井大气分析、火灾预报瓦斯爆炸危险程度判别；

(2) 瓦斯突出气体组分全分析；

(3) 火灾气体组分全分析。

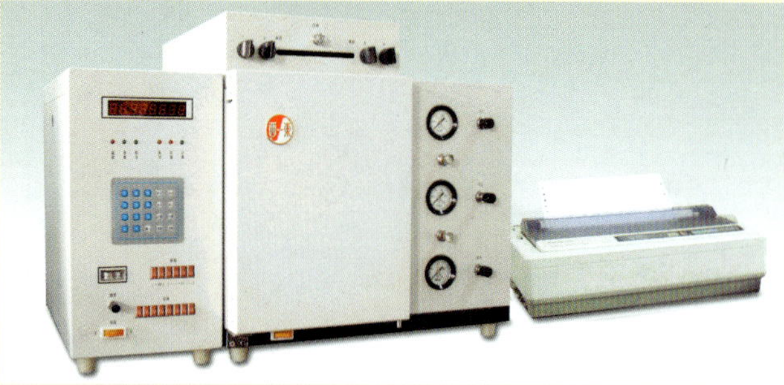

GC-4075(ZRJ-1)型煤自燃性测定仪

GC-4075(2RJ-1)型煤自燃性测定仪是煤矿安全分析仪器定点产品，是我国《煤矿安全规程》规定使用的煤自燃倾向性色谱吸氧鉴定法的专用仪器。以煤在即定条件下的吸氧量对煤进行自燃倾向性等级分类，是煤炭系统百项推广项目之一。

CA-9000 型矿井救灾气体化验车

CA-9000 是专用的煤矿救灾检测设备。中型旅行汽车上安装有 GC-4008B 或 GC-4085 煤矿专用色谱仪，由工业电脑控制。该产品适用于矿井气体分析、煤自燃火灾预报和瓦斯爆炸危险程度的判别，是矿区内日常流动的气体分析实验室。

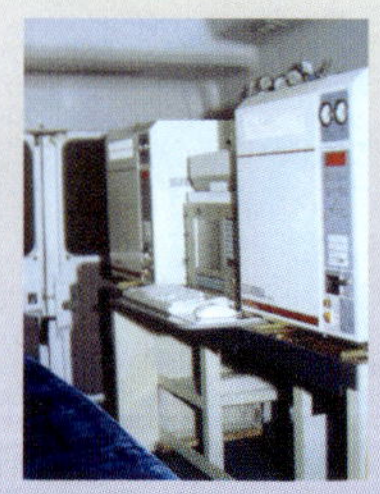

地址：北京颐和园北宫门安和桥大街 16 号
邮编：100091
传真：010-62882381
销售热线：010-62881688、62876879

企业通过 ISO9001 质量体系认证

网址：http://www.ewch.com.cn
Email:ewch@public3.bta.net.cn
技术服务：010-86261017、62871447

长广民爆器材制造有限责任公司

长广民爆器材制造有限责任公司地处苏浙皖三省交界、秀丽的太湖之滨，始建于1970年1月，是国家定点的民用爆破器材生产企业。主要产品有：铵梯炸药、乳化炸药、铵油炸药、工业电雷管。核定生产凭照能力：炸药11000吨／年，工业电雷管500万发／年。经国防科工委批准的、具有国内领先水平的年产2000万发的多功能柔性工业雷管生产线正在建设中，预计2004年该产品可以投入市场使用。

2002年，公司在上级行政和业务领导机关的正确领导和大力支持下，坚决贯彻执行“安全第一，预防为主”的安全生产方针，积极推行系统安全管理工程，巩固本质安全；通过内容丰富、形式多样的职工安全教育和多元化的安全活动，营造出了具有公司特色的群众安全文化，为公司继续保持平稳健康地向前发展奠定了广泛的群众基础，实现了年初制定的安全生产奋斗目标，达到了“三无一消灭”（即无重伤以上人身伤亡事故、无重大火灾和爆炸事故、无重大机电设备和质量事故，消灭了轻伤）。实现了公司自建成以来33年安全生产，有力地促进了企业的可持续发展。

公司多次被评为全国煤炭工业“现场管理先进单位”、浙江省“安康杯竞赛优胜企业”、“浙江省产品质量创优定点监督单位”、浙江省“重合同、守信用”AAA级信用企业、浙江省级“青年文明号”、“双文明工程”优胜单位等荣誉称号。

地址：浙江省长兴煤山镇
邮编：313117
电话：0572-6702391

国防科委领导来考察

爆破试验塔

全自动全连续乳化炸药生产线

保利卡自动包装机

华北煤炭医学院

国家安全生产监督管理局领导来院考察工作

华北煤炭医学院位于燕山脚下、渤海之滨的河北省唐山市，是原煤炭工业部所属的惟一一所医学高等院校。学校前身为开滦高级护士职业学校，创办于1926年。1963年成立唐山煤矿医学院。1984年更名为华北煤炭医学院。1998年9月，实行中央与地方共建、以省管理为主的办学模式。经过几十年的建设与发展，目前已形成多层次、多科类、多种形式的办学体系。

学院现有副教授以上职称的402人，有29名荣获国家“政府特殊津贴”人员。学院还聘请了多名国内外专家、学者担任名誉教授。近年来，获国家、省部级教学、科研成果奖36项，国家专利14项，国家自然基金6项。在煤炭职业病防治等领域取得了引人注目的成绩。

学院面向全国招生。目前在校统招本专科生8200余人，研究生343人，有成人教育学生8400人。学院现有两个校区（含秦皇岛校区），占地面积44.4万平方米，建筑面积21万平方米。现有63个学科教研室、1个院级实验中心和12个二级中心实验室。设有临床医学系、预防医学系、药学系、口腔医学系、护理学系、中医学系、生物科学系、管理学系及心理学系和基础部、外语部、体育部12个教学系部，以及成人教育学院及冀唐分院。学院设有临床医学、预防医学等20个本专科专业和专业方向。有流行病学与卫生统计学、外科学等15个硕士学位授权点。有直属附属医院1所、非隶属附属医院6所、教学和实习医院32所。设有创伤、医药、预防医学、计划生育等5个研究所和医学分子生物学研究中心。图书馆现有藏书30余万册。

预防医学为国家管理重点专业，流行病学、外科学为省级重点学科，职业卫生与安全实验室为部级重点验室。该实验室主要开展以下工作：现场劳动卫生学和流行病学调查；职业病发病因素及遗传易感性研究；煤工尘肺的诊断、治疗、控制和发病的预测预报；治疗尘肺药物的研制和劳动保护用品及食品的开发与研制；职业卫生与安全的推广与普及；煤矿安全与卫生监督员的职业医学培训与煤炭企业主要经营管理者安全资格认证工作的医学培训等。学院主办的《中国综合临床》、《华北煤炭医学院学报》、《中国煤炭工业医学》、《健康心理学》等杂志在全国公开发行。

今后，学院将进一步充实内涵，改善办学条件，扩大办学规模，到“十五”末期，将学院建成集医药科学、生物科学、卫生管理于一体，以临床医学为基础，以职业卫生与安全、工业创伤救治、海洋生物医药开发为特色，日制生万人规模的综合性医科大学。

地址：河北省唐山市建设南路57号
邮编：063000
电话：0315-3725361

已通过 ISO9001 2000 版质量体系认证
（注册号：0502Q10084RIM）

天地科技股份有限公司常州自动化分公司
煤炭科学研究总院常州自动化研究所

KJ95 型煤矿综合监控系统

为国家“八五”科技攻关项目，1997年获得部级科技进步二等奖。

该系统博采众长，充分吸收了我单位先期开发的各个煤矿监测监控系统的长处；吸取了国内外其他同类煤矿监测监控系统的优点，可监测监控瓦斯、风速、负压、一氧化碳、烟雾、温度、风门开关等环境参数，煤仓煤位、水仓水位、压风机风压、箕斗计数、各种机电设备开停等生产参数，电压、电流、功率、电度等电量参数，胶带跑偏、胶带速度、轴承温度、机头堆煤等各种机电设备的运行情况。汇接管理胶带输送机控制保护装置和集中控制系统、轨道运输监控系统、电力监测系统、选煤厂集控系统、水泵监控系统、火灾监测系统及人员监测系统等，实现全矿井生产及管理环节的自动化。该系统适用于大、中、小各类矿井。

KJ69 型矿用动目标安全监测系统

- 可实时查询当前井下人员的数量及分布情况（分布区域的大小由检测器的数量决定）
- 可实时查询任一指定井下人员在当前或指定时刻所处的区域
- 可实时查询任一指定井下人员本日或指定日期的活动踪迹
- 可对特定的人员实时跟踪显示

KJ32 型光纤工业电视监视系统

广泛应用于煤炭、冶金、石化、建材、电力等行业。1996年获部科技进步三等奖。

- 防爆、防尘、防水,全方位、低照度、远距离摄像
- 光纤传输防雷、抗电磁干扰、无中继传输距离长，防爆场所采用无火花接续
- 系统采用模块化设计，容量易扩展，并可实现汉字、日期叠加
- 数码录像、图像压缩网上传输
- 可与闭路电视系统、监控系统、防盗系统等联网

地　址：江苏省常州市木梳路 1 号
邮　编：213015
电　话：0519-6974971（总机）　6966044（营销中心）
传　真：0519-6960492
Emall:cari@public.cz.js.cn
Http://www.cari.com.cn

重庆市消防培训基地

重庆市消防培训基地位于重庆市北部新区人和镇，占地56000平方米，建筑面积为18725平方米，主要由教学综合楼、训练实验楼、模拟训练场、消防教育馆、体育运动场及招待所构成。教学综合楼集吃、住、学为一体，楼内设有标准间和普通间，可一次容纳500人住宿；有可供700人同时就餐的餐厅2个；能容纳250人听课的大礼堂1个，能容纳100人听课的大教室1个，能容纳40人听课的教室12个；另设有电教室2个，配有电脑媒、投影机、视屏展示台、幻灯机等先进的教学设施；有与培训规模相适应的学习讨论室4个，实验室4个，图书资料室1个；还有计算机教室1个，安全教育室1个，拥有用于教学和实验的化工灾害模拟训练装置、烟热训练装置等设施设备。目前的教学仪器设备总值已达到725万元，能满足不同层次的培训教学需要。

重庆市消防培训基地师资力量雄厚，配有不同专业的专职教师19人，兼职教师17人，专、兼职教师均为本科以上学历，且都具有十分丰富的教学经验。建有一套完整的培训工作计划，制定了相应的教学管理制度、学员管理制度、教员管理制度和后勤管理制度。自1999年12月投入使用以来，消防培训基地承担了一系列的对内、对外培训业务，举办培训班共计54期（次），培训人员达28975人次，受到了有关领导、专家和受训单位的高度赞扬。

重庆市委副书记邢元敏，市委常委、市政府常务副市长黄奇帆，公安部消防局副局长李世雄少将在重庆市消防总队王沁林总队长的陪同下，到消防培训基地参观安全教育馆

重庆市公安局驻企业、事业单位安全保卫民警在市消防培训基地进行学习

教学综合大楼，集吃、住、学为一体，可一次容纳500人进行培训

化工灾害模拟训练装置可以进行气体火灾、油类火灾和堵塞泄漏等化学灾害的模拟训练

先进的计算机教室

地　址：重庆市北部新区人和镇汪家桥新村119号
电　话：023-67315708
传　真：023-67640667
邮　编：401121

发展壮大中的

太原理工大学安全生产培训中心

安太堡露天煤矿

安太堡露天煤矿位于山西省朔州市宁武煤田北部，距北京500公里，交通便利，高速公路直达北京、太原，铁路距秦皇岛港口773公里，纵贯全省的大运高速公路从矿区经过。安太堡露天煤矿从1982年开始筹备，1985年7月1日开工，经过3年准备、2年建设，于1987年9月建成投产，1988年转入生产阶段。项目总投资6.49亿美元，设计年产原煤1533万吨，地质储量22.2亿吨，设计服务年限90年。原煤生产已超过设计能力，达到了1635万吨。该矿拥有世界一流的洗煤厂，原煤全部入洗，洗精煤畅销欧亚17个国家和地区，内销煤畅销华北、华东 、华南的大型电厂、石化企业和省、地燃料公司。

2002年，安太堡露天煤矿在平朔煤炭公司党政的正确领导下，矿党政领导以“三个代表”重要思想为指导，始终把安全工作放在首位，坚持“安全第一，预防为主”的安全生产方针，在各级管理人员和全体职工中牢固树立“安全责任重于泰山”的安全理念，实行全员年度安全风险抵押金制度，以人为本，不断加强安全培训教育，狠抓安全生产责任制的落实，完善安全生产管理有关规章制度，加强现场安全生产管理力度，安全生产工作取得实效。2002年，安太堡矿完成采剥总量9239万立方米，生产商品煤1316万吨，安全工作取得了良好的成绩。

总经理 刘勇

党委书记 李彬

地址：山西省朔州市安太堡
电话：0349-2057426
邮编：036006

兖矿集团兴隆庄煤矿

兖矿集团兴隆庄煤矿是国家“六五”期间自行设计和建设的第一座年设计生产能力300万吨的大型现代化矿井，于1981年12月21日正式投产。自投产以来，兴隆庄煤矿牢固树立“安全第一”的思想，以争创“中国第一、世界一流”的高产高效矿井为目标，以经济效益为中心，以科技进步为依托，大力实施“大规模、低成本、高效益和品牌制胜”的发展战略，积极推进技术创新和管理创新，实现了矿井的跨越式发展，并创出了连续安全生产8周年的国际井工开采好水平。特别是2002年，矿井安全产煤708.66万吨，提前3年完成了“700万吨高效洁净示范矿井建设”的“十五”规划目标；承担的国家“十五”科技攻关项目通过国家验收，整体技术被评定为世界领先水平、单面年产突破了639万吨，一举刷新了全国综放面年产纪录；在全省和煤炭行业首家创建学习型企业，并率先获得了AA级认证；全年完成利润3.78亿元，在实现行业八连冠的高起点上，经济效益继续保持了全行业领先水平。截至2002年，矿井共生产原煤7932万吨，累计上缴利润28.39亿元，先后获得“现代化矿井”、“特级质量标准化矿井”、“部特级高产高效矿井”、“中国矿井排头兵”、“全国精神文明建设先进单位”等130多项省部级以上的荣誉称号。

矿长来存良、党委书记李昭贵在研究安全生产工作

矿领导高度重视现场安全管理

承担国家“十五”重点科技攻关项目的年产600万吨自动化采煤工作面

环境优雅的矿貌

SHANGHAISHILAODONGBAOHUKEXUEYANJIUSUO

上海市劳动保护科学研究所

上海市劳动保护科学研究所创建于1979年12月，是上海市安全生产科研的公益性事业单位，是一家集安全生产科研、教育培训考试、职业安全卫生管理体系认证和安全咨询服务于一体的专业性机构，现有高中级专业技术人员51人。它座落在上海市西南角著名的高新技术开发区漕河泾新兴技术开发区，占地面积近6000平方米，建筑面积7000平方米。

地址：上海市田林路191号　　邮编：200233
电话：021-64855322 转各部门　　传真：021-64852278

上海锦辉职业安全卫生咨询事务所

上海锦辉职业安全卫生咨询事务所是由上海市劳动保护科学研究所投资组建的全民所有制企业。其主要工作是面向社会各类企事业单位提供职业安全技术与管理等方面的服务。事务所在安全生产方面的服务内容旨在促进本市安全技术咨询业的开拓与发展，我们将本着科学性、公正性、权威性和有效性的服务宗旨，贯彻“安全第一，预防为主”的指导方针，不断地、更好地满足社会各类企事业单位对职业安全技术与管理等方面不断增长的需求。事务所提供服务的领域包括：

安全评价

根据《中华人民共和国安全生产法》及有关法律法规，为使企业建设项目中的劳动安全卫生设施、设备、装备与主体工程同时设计、同时施工、同时投入生产和使用（简称“三同时”），提供安全预评价、安全验收评价、化学危险品专项评价和安全现状评价等服务，凭借自身在系统安全技术方面的优势，协助企业开展系统危险辨识，努力控制与预防各类事故的发生，为企业有效实施“三同时”规定提供安全技术支持。

认证咨询

为促进建立现代化企业制度，规范职业安全健康管理体系，预防和控制事故的发生，保障劳动者安全和健康，面向所有企业开展“职业安全健康管理体系认证咨询”工作。为企业建立职业安全健康管理体系提供咨询并提供内审员培训服务，如：标准的理解与运用、体系文件的编写、作业场所危险源的识别、事故预防与控制技术等，以优质的宣贯和服务，积极促进企业的职业安全健康管理体系认证工作的发展，提高企业的安全管理水平、增强企业的市场竞争能力。

地址：上海市田林路191号　　邮编：200233　　电话：021-64852244　　传真：021-64852278

上海职业安全卫生管理体系认证中心

上海职业安全卫生管理体系认证中心（简称“认证中心”）是上海市经济委员会批准建立，经全国职业安全健康管理体系认证机构认可委员会认可的具有相对独立地位的第三方专门从事职业安全健康管理体系认证审核的组织。“认证中心”建立了一套完备的认证质量保证体系，并拥有16名专职国家注册审核员，是上海市唯一一家由长期从事职业安全健康科研和管理专家组成的专业认证审核机构。“认证中心”以在建设项目安全评价方面享有很高知名度的上海市劳动保护科学研究所为技术支持，拥有一批经验丰富、长期从事“三同时”安全评价的专家队伍。

“认证中心”在全国职业安全健康管理体系认证机构认可委员会批准认可的业务范围内实施职业安全健康管理体系认证活动，以国家法律、法令和法规为行为准则，以《职业安全健康管理体系指导意见》和《职业安全健康管理体系审核规范》为工作指南，为顾客提供客观、公正、科学、经济的优质服务。

地址：上海市田林路191号　　邮编：200233
联系人：马材增、童遂放　　电话：021-64855144
传真：021-64852278

发展中的中国地质大学安全工程学科

俄罗斯专家

锐意进取的班子

中国地质大学安全工程专业本科创办于1988年，1993年12月获“安全技术及工程”硕士学位授予权，在本校地质工程与环境工程两个博士点中设有“安全工程”学科方向。1999年，经湖北省学位办批准为湖北省重点学科。2002年，经批准，与武汉安全环保研究院联合共建“安全技术及工程”博士点。

本学科点有一支锐意进取的学术队伍，为培养高素质人才并承担重要科研课题提供了基本前提，本学科学术带头人在国家安全生产专家组等重要组织任职，多位教师在全国及地区性安全科学技术类学术团体任重要职务。

近年来，实验设备与条件、图书资料及电子媒体逐步完善，保障了人才培养与科研的需要；教学质量提高，招生规模扩大，10余年来，分配渠道畅通；科研的层次与经费有了明显提高，取得了一批较高水平的成果；本学科与美国、俄罗斯、挪威、港、澳、台等国家和地区开展了广泛的学术交流与合作。此外，我校主办了教育部主管、国内外公开发行的刊物《安全与环境工程》，由著名的环境科技领域专家、中国地质大学（武汉）副校长、博士生导师王焰新教授任编委会主任。本学科点在安全生产领域有较大的影响与较强的实力，为服务于国家经济建设发挥了重要作用。

地　　址：湖北武汉鲁磨路中国地质大学
电　　话：027-87489267
电子信邮：yshzhao@cug.edu.cn
邮　　编：430074

风景如画的校园

胜利石油管理局建设项目(工程)劳动安全卫生预评价研究中心

胜利石油管理局建设项目（工程）劳动安全卫生预评价研究中心（简称“中心”）是由国家经贸委于2000年3月授予的建设项目（工程）劳动安全卫生预评价单位、国家认可资格的专门从事劳动安全卫生评价的技术服务机构。2002年9月，经国家安全生产监督管理局批准，中心具有危险化学品专项安全评价资质。

中心现有专职评价人员34人、预习评价资质17人、危险化学品评价资质20人。中心拥有国家级安全专家、教授级高工1人，高级工程师4人，工程师12人，助理工程师4人。评价人员专业涵盖了石油和天然气开采、石油化工、机械制造、电力、轻工等许多领域。

中心自成立以来，先后在中石化系统及山东省内完成了50多项安全评价项目。中石化系统评价项目30余项，涉及海上石油设施、陆地油库、石油化工、输油（气）管线、提高采收率、加油（气）、油（气）井以及石油机械等专业。评价业务区域辐射江苏油田、滇黔桂石油管理局、管道储运分公司、中原油田、河南油田、新星西北局、新星西南局等中石化企业和山东省各大企业。

中心一贯坚持科学、严谨的工作态度，技术实力雄厚。中心将竭诚为您提供优质、高效的安全技术服务。

主任　龙凤乐

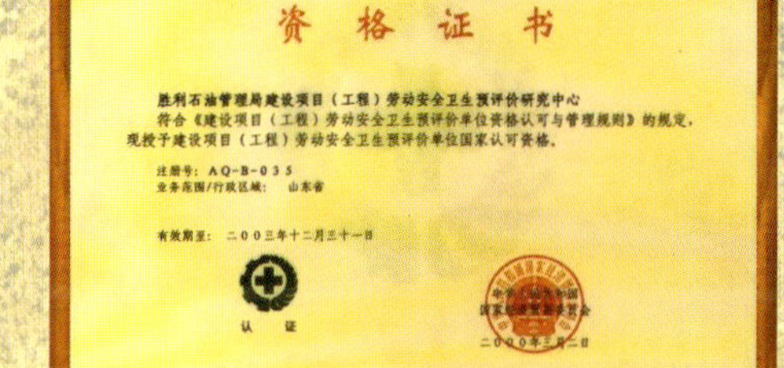

建设项目（工程）劳动安全卫生预评价单位

资格证书

胜利石油管理局建设项目（工程）劳动安全卫生预评价研究中心

符合《建设项目（工程）劳动安全卫生预评价单位资格认可与管理规则》的规定，现授予建设项目（工程）劳动安全卫生预评价单位国家认可资格。

注册号：AQ-B-035

业务范围/行政区域：　山东省

有效期至：二〇〇三年十二月三十一日

认　证

二〇〇〇年三月二日

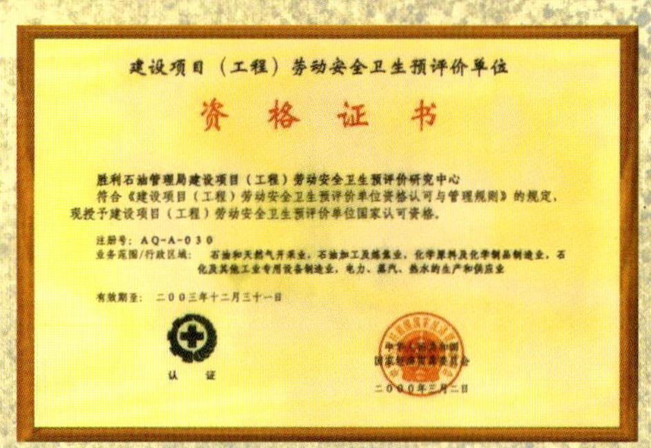

建设项目（工程）劳动安全卫生预评价单位

资格证书

胜利石油管理局建设项目（工程）劳动安全卫生预评价研究中心

符合《建设项目（工程）劳动安全卫生预评价单位资格认可与管理规则》的规定，现授予建设项目（工程）劳动安全卫生预评价单位国家认可资格。

注册号：AQ-A-030

业务范围/行政区域：　石油和天然气开采业，石油加工及炼焦业，化学原料及化学制品制造业，石化及其他工业专用设备制造业，电力、蒸汽、热水的生产和供应业

有效期至：二〇〇三年十二月三十一日

认　证

二〇〇〇年三月二日

部分评价业绩：

① 中石化胜利油田东营原油库在役装置风险评估

② 中石化胜利油田东营原油库扩建库容项目劳动安全卫生预评价

③ 中石化滇黔桂石油勘探局液化石油气销售网络二期工程劳动安全卫生预评价

④ 江苏油田泄洪道油区安全综合评价

⑤ 中石化管道储运公司仪－南原油管道工程劳动安全卫生预评价

⑥ 齐鲁石化－青岛输气管线项目劳动安全卫生预评价

⑦ 山东潍坊海化集团高级石油焦和石脑油改造工程劳动安全卫生预评价

⑧ 山东九九有限公司50万吨／年能源酒精工程劳动安全卫生综合评价

地 址：山东省东营市西二路 46号　　　　电 话：054-8775339

邮 编：257000　　　　传 真：054-8775339

浙江物产民用爆破器材专营有限公司

浙江物产民用爆破器材专营有限公司是一家省物产集团公司控股的成员企业。公司注册资本1128万元。经营范围：民用爆破器材的销售、储存化工原料及制品、橡胶及制品、建筑材料、金属材料的销售、储存；承接爆破拆除工程；爆破技术咨询及技术服务。

公司设有民爆经营部、化工一部、化工二部、化工三部等业务部。还拥有全省规模最大、设施齐全、管理一流的储存爆炸物品和危险化学品的仓库——良渚仓库。长期以来，公司注重合法经营，强化安全管理，实现了40年经营、储存安全无事故。

地址：中国杭州天目山路45号
法人：刘炯 董事长、总经理
邮编：310007
电话：0571-85115679
传真：0571-85113741
电子信箱：zjmb@hzcnc.com

公司办公大厅

库区内哨位

驻库武警巡逻队

危险品仓库一部分

武警战士守卫仓库大门

平顶山煤业(集团)公司

2002年，在上级领导的高度重视和正确领导下，全公司认真学习实践“三个代表”重要思想，贯彻落实上级安全工作会议及文件精神 。按照公司年初提出的安全工作总体要求，以思想教育和培训为先导，以制度建设为基础,以科技进步和装备为支撑，以“一通三防”和防突为重点，深入开展“安全素质年”活动和安全生产治理整顿，强化安全管理和监督检查，狠抓隐患排查及整改工作,零星伤亡事故得到了有效控制。原煤生产百万吨死亡率为0.437，比省下达的安全考核指标降低 0.563，打瓦斯抽放钻孔62万米，瓦斯抽放量2800万立方米，实现了年初提出的安全奋斗目标。

2002年，我们主要抓了以下几个方面的工作 ：一、扎实有效地开展“安全素质年”活动。二、深入开展安全生产治理整顿。三、突出各类重大事故的防治。四、切实抓好阶段性安全工作。五、加强矿井质量标准化建设。六、大力开展安全评价和职业安全健康管理体系推行工作。七、加强业务保安和安全监督检查。

地　址：河南省平顶山市
电　话：0375-2724134
邮　编：467000

龙口矿业集团有限公司

龙口矿业集团有限公司位于胶东半岛西北部、渤海湾南岸的龙口市境内，东临烟台，西接潍坊，北与天津、大连、秦皇岛隔海相望；设有5万吨级泊位的龙口港与之相邻，206国道横贯其中，大莱龙铁路环绕其外，水陆交通便利，地理位置十分优越。

龙口矿区于1968年开发建设，1980年成立龙口煤炭建设指挥部，1987年改为矿务局，2002年11月7日改为龙口矿业集团有限公司；所辖煤田横跨龙口、蓬莱两市，现已勘明地质储量26.8亿吨，固定资产20多亿元。集团公司下属煤电、实业、物业三个公司，直管洼里矿、北皂矿、梁家矿、综合工程处、热电厂、总机厂、中心医院、教培中心等8个单位，是一个集煤、电、建筑安装、汽车运输、精密铸造、橡塑制品、建材生产为一体的国家大型企业。

董事长、党委书记 宋子安

总经理 梁金久

梁家煤矿安全生产指挥中心

井下综采工作面

龙矿集团主要煤炭产品为长焰煤，被誉为“绿色燃料”，适用于各种动力配煤和发电、化工、玻璃生产及民用生活领域，倍受用户青睐。集团公司多元化经营也已取得实质性进展，碳纤维、生物农药等高科技、高附加值产品已经形成工业化生产能力，具备比较广阔的发展前景。

目前，龙矿集团已经建立了比较规范的法人治理结构和现代企业制度，确立了大集团发展的基本格局，在“博采众长、创新发展”的企业精神指引下，未来5年将通过全面实施“1551”工程，力争到2007年，原煤产销量达到1000万吨，逐步形成五大产业群。公司年总产值突破50亿元，实现税后利润1亿元，逐步建成一个煤、电、油、商贸旅游和资本运营五业并举、实强富美、独具特色、高度文明的现代化特大型国有企业集团。

地 址：山东省龙口市　　邮 编：265700

北京京煤集团有限责任公司化工厂

北京京煤集团有限责任公司化工厂是国家定点生产民用爆破器材的中型企业，是北京市安全生产重点单位。位于北京市房山区青龙湖镇境内，占地面积110万平方米，现有员工735人，固定资产7561万元，年利税483万元，是ISO9001:2000标准和OHSMS GB/T28001:2001标准双认证企业。曾荣获中国煤炭工业优秀企业－金石奖、首都"重合同守信用"企业、首都绿化美化花园式单位荣誉称号。连续5年被评为北京市安全生产先进单位，连续4年获北京市"安康杯"竞赛先进单位。

该厂始终把贯彻执行国家、行业各项安全法规、安全规程作为企业各项工作的安全之本，坚持"安全第一，预防为主"的生产方针，加强企业安全文化建设。在管理上坚持"安全可控、事在人为"的管理理念，以落实安全责任制为关键，以强化生产全过程规范化管理、防止重大机电、火灾、爆炸事故发生为重点，建立了一整套以责任制为核心的安全管理制度；在预防上以危险源辩识、风险控制为核心，制定职业安全管理方案进行有效控制，关键工序实行闭环管理，隐患整改实行"三定一反一验证"；在培训上坚持先培训后上岗原则，不参加安全培训的人员不准上岗，安全培训考核不合格的人员不准上岗；在装备上依靠科技创新，采用新工艺、新技术、新设备，加大安全技术投入，不断改进以防火、防爆、防静电、防雷电、防尘毒为重点的生产作业环境和安全防护装置，实现间接防护、隔离操作、远程视频监控。经过几十年的探索，摸索总结出了适于本企业特点的安全生产管理模式和运行机制，实现了系统、主动、本质、超前的安全管理。

党委书记　谢保国

瑞典进口雷管自动装配机

乳化炸药装药机

生产区

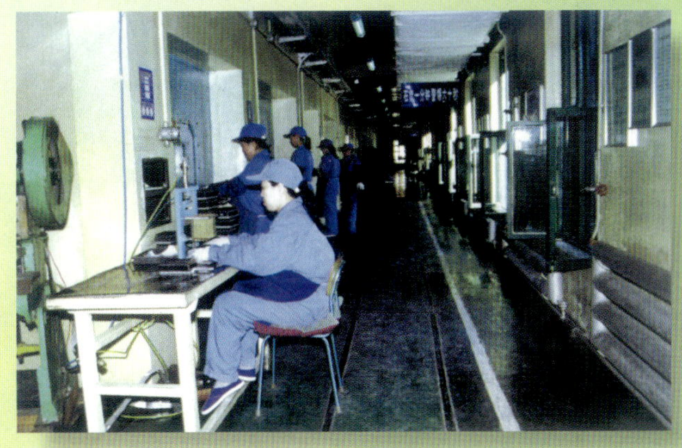

毫秒雷管生产车间

地　址：北京市房山区青龙湖镇坨里　电　话：010-80379270　网　址：http://www.bj-explosive.com.cn
邮　编：102471　传　真：010-80374040　企业代码：80272573-2

湖北昌泰化工有限公司

董事长　宋秀明

国防科工委民爆器材监督管理局领导、中国工程院汪旭光院士到公司调研

湖北昌泰化工有限公司是由国防科工委民用爆破器材原定点生产企业——湖北楚源化工厂通过民营化改革组建的股份制企业，位于宜昌市。现有职工300余人，拥有资产5346万元，民用炸药年生产规模1.2万吨，主要生产岩石型和煤矿许用型膨化硝铵炸药、乳化炸药和铵梯炸药共10余种产品，下设粉状炸药、乳化炸药、乳化剂三个车间和包装箱分厂、运输公司、爆破工程公司。

建厂10年来，企业始终坚持“安全第一，预防为主”的方针，认真贯彻中央及各级政府有关安全生产的各项指示精神，严格按照《安全生产法》的要求，层层落实安全生产责任制，开展“安全生产月（周）”活动，制订了40余种共计10余万字的安全生产管理规章，大力推行科学的安全管理办法，建立健全安全防范和责任体系。企业按照民爆产业发展方向，依托大专院校、科研院所，加快技术进步与产品升级，投资近千万元进行了9次大的技术改造，引进了膨化硝铵炸药、乳化炸药连续化微机自动控制生产和粉状炸药自动卷管装药等居国内领先的生产线，使企业本质化安全水平得到显著提高。同时投资30余万元，率先在湖北省民爆行业建设了电视监控跟踪报警系统，建立人防、物防、技防的立体安保体系。企业还按照省级“清洁无公害工厂”的标准改造企业环境，实现了作业环境的绿化、美化、香化，劳动卫生条件得到显著改善，树立了园林式现代化民爆企业新形象。建厂至今，实现了“零伤亡、零事故”，连续6年被评为区安全生产先进单位，从2000年起连年被评为湖北省安全生产先进单位，成为湖北民爆行业安全生产的一面旗帜。

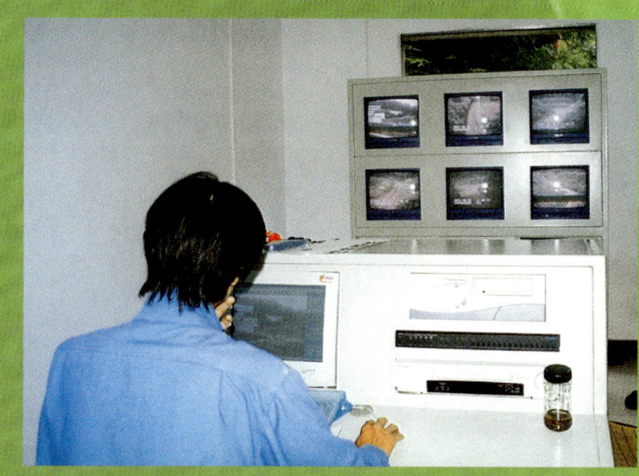

电视跟踪报警监控中心

优美的生产办公环境

地　址：湖北省宜昌市夷陵区小溪塔　　电　话：0717-7803142，7801401
邮　编：443100　　传　真：0717-7801400

北京航空工程技术研究中心

Beijing Aeronautical Technology Research Center

中心简介

北京航空工程技术研究中心是研究航空技术、装备的多种专业、多种学科的综合性研究机构。其中的飞行事故和失效分析中心主要从事飞行事故的调查和航空装备的失效分析，以及相关课题的研究。

我中心技术力量雄厚，所属专业齐全，拥有各种先进的进口科研设备，是国内开展航空装备失效研究最早、规模最大的研究机构。主要分析、检测设备有：扫描电子显微镜、X射线能谱仪等材料分析仪器，油液分析仪、颗粒计数器等油液分析仪器，工业CT、声发射等无损检测设备。

多年来，我中心承担了一千余项的航空、航天、民用等方面的重大事故、故障、失效的调查、分析，在事故故障检查、机电装备失效分析方面进行了深入、系统的研究，取得了数十项研究成果，出版了多部失效分析专著，发行了《飞行事故和失效分析》杂志，在国内外享有盛誉，对保证飞行安全、促进航空工业的发展做出了重大贡献。

典型事例

从国外引进的某型直升机发生坠机事故，经过调查分析，迅速、准确地判明该事故是由于尾减速器输出齿轮轴的产品质量问题造成。这项工作取得了重大的社会效益和经济效益，获得了300万美元的赔偿。

某型进口飞机发生空中失火事故，经分析是由于鸟在发动机舱内做窝，在发动机工作时产生的高温下燃烧引起，原因是发动机设计不当，使鸟类有机可乘。外方免费对发动机进行了修理。

北京某化工厂发生球罐爆炸并引起罐区火灾、人员伤亡特大事故，我中心参加了事故现场的调查和残骸件的分析，为判断事故性质、查明事故原因提供了重要依据。

三峡工地从国外引进的塔带机垮塌，造成重大事故，我中心进行了塔带机残骸件的分析，找到了产品质量及其他方面的问题，为查明事故的原因作出了应有的贡献。

欢迎合作

本中心可承担各种军用、民用、航空、航天、地面装备（设备）等事故的检查，各种机电装备（设备）的失效分析，各种材料（包括金属材料、非金属材料、油液等）的分析检测，各种构件的无损探伤，以及装备（或部件）的寿命研究等。欢迎各有关单位共同合作。

通信地址：北京市9203信箱16分箱　邮政编码：100076
联系电话：010-66713316、66713280

国家煤矿防爆安全产品质量监督检验中心

国家煤矿防爆安全产品质量监督检验中心是通过国家审查认可和计量认证并正式授权的国家级产品质量监督检验机构。煤炭工业抚顺煤矿专用产品质量监督检验中心（原煤炭工业部审查认可和原国家技术监督局计量认证）和煤炭科学研究总院抚顺分院防爆安全产品实验室（中国实验室国家认可委员会认可）等均设在本中心。本中心同时是原国家科委、原国家技术监督局、原煤炭工业部、辽宁省科委和辽宁省技术监督局授权的国家级和省部级科技成果检测鉴定检测机构。煤炭工业煤矿安全标准化技术委员会防爆分会、提升运输分会、救护装备及仪表分会、火工分会等机构的秘书处也设在本中心。

本中心是以矿用安全产品检验为主的国家级大型质检机构，检验历史可以追溯到20世纪30年代，在国内外享有盛誉。多年来，为保证我国矿山安全生产作出了积极贡献。中心下设办公室、标准计量室、质量监督室三个职能部门，防爆、提运、火工、仪表、电器、电缆六个检验室和标准物质室。承担着全国防爆产品、提升运输产品、火工产品、安全仪表及救护器材、煤矿用高低压电器、煤矿用电缆及聚合物制品等的质量监督抽查检验、安全标志检验、生产许可证检验、检测鉴定检验、质量认证检验、仲裁检验、进出口商品检验及委托检验等工作。此外，还从事检验技术研究与咨询、标准制修订及专业技术人员培训等项业务。中心坚持“质量第一，客户至上”的原则，奉行“公正、科学、廉洁、高效”的宗旨，遵循“为客户保密并提供优质服务”的方针，竭诚欢迎国内外客户前来检验，中心将会对其产品及时作出公正、科学、权威的评价。

地　　址：辽宁省抚顺市丹东路（西段）10号
邮政编码：113001
传　　真：(0413) 6684462
电　　话：(0413) 6883359；6883338
电子邮件：cmexc@mail.fsptt.ln.cn

炸药可燃气安全度试验巷道

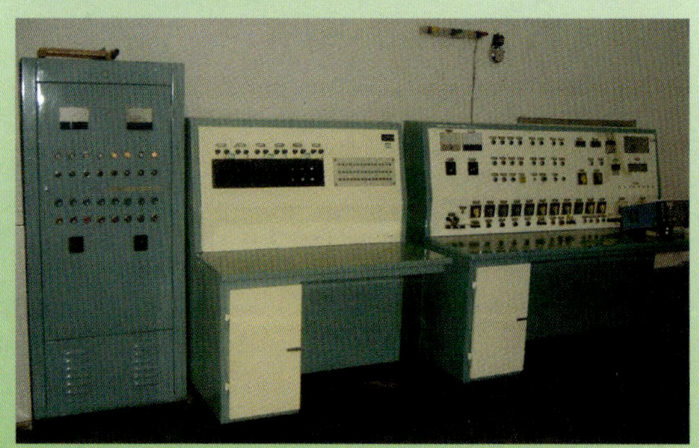
电寿命试验台

直径2.6米防爆试验装置

400吨拉力试验机，主要用于提升运输设备及长试件的拉力试验

焦作工学院安全培训中心

焦作工学院是一所以工为主，理、工、文、管、财经等多学科相结合的具有悠久历史的高等工科院校，位于中原新兴工业城市——河南省焦作市，与省会郑州市毗邻，公路、铁路交通便利。

安全培训中心依托学院的安全技术及工程学科。安全技术及工程学科是省、部级重点学科，河南省特聘教授设岗学科；安全工程实验室是河南省重点开放实验室；安全工程专业是全国本科及硕士点举办较早的专业之一，也是学院最早的硕士学位授权点，同时也是学院进行博士点建设的重点学科。本学科现有教学科研人员32名，其中教授5名，副教授（高工）12名，博士学位获得者5名，博士后出站人员 2名，硕 士12名，在读博士5名。其中1名为原煤炭工业部跨世纪学术带头人，1名部级专业技术拔尖人才，3名河南省优秀中青年骨干教师，2名河南省跨世纪人才，2名河南省创新人才，具有一支实力强大的教学科研队伍。

在煤矿安全科学研究、火灾研究与防治、通风、安全系统工程研究、教育教学等多方面成绩显著。成立至今。共举办各类安全培训班近50期（届），为国家培训各类煤矿安全技术人员3623名。

焦作工学院安全技术培训中心具有优良的教学、食宿及后勤服务设施。是国家批准的安全生产培训资格一级单位。目前，安全培训中心正以饱满的热情迎接培训工作。

开班典礼

学员座谈会

学员结业照

王显政局长来我院视察指导工作

地 址：河南省焦作市解放中路142号
邮 编：454000
电 话：0391-2923836

平顶山煤矿机械厂

平顶山煤矿机械厂是国内生产煤矿综采支护设备的定点厂家，主导产品是矿用液压掩护支架和乳化液泵站。现有职工1118人，年产值1亿2000万元，属ISO9001-2000标准获证企业。

近年来，平顶山煤矿机械厂紧紧抓住煤矿机械市场持续好转的难得机遇，在组织抓好生产经营的同时，始终坚持"安全第一，预防为主"的方针，从建立健全厂内三级安全组织网络入手，完善各项安全生产管理制度，认真实施安全生产责任制，坚持各项安全工作例会制度，定期组织开展安全生产大检查活动，不断加大整改力度，以贯彻实施《安全生产法》为契机，教育职工遵章守记，杜绝"三违"，认真落实安全资金投入及安全技改项目的实施。几年来，安全生产形势稳定，连续14年实现了"杜绝死亡，消灭重伤，轻伤负伤率不超过3%，重大设备事故为零"的安全生产目标，多次受到上级政府及主管部门的表彰。

2003年，厂党委一班人决心在贯彻实施《安全生产法》的基础上，借全国"安全生产月"的有利时机，带领全厂广大职工，奋力拼搏，开拓进取，以安全促效益，以效益求发展，力争取得经济效益和安全生产的双丰收。

厂长钟东虎（左三）与安全部门人员一起在车间进行安全检查

厂领导在装配现场查看产品质量安全情况

PRB5-80/20型乳化液泵

ZFS4000-15/32L型放顶煤液压支架

地 址：河南省平顶山市南环路西段南2号
邮 编：467001
电 话：0315-4942152

华亭煤业集团有限责任公司

华亭煤业集团有限责任公司（简称华亭煤业集团）是经甘肃省人民政府批准，由原华亭矿区建设管理委员会、华亭矿务局、平凉地区华煤集团（包括华亭煤矿）三户骨干企业联合重组，于2002年4月24日正式成立的国有独资的千万吨的大型煤炭企业。

董事长兼总经理 何元纲

华亭煤业集团自成立以来，始终把安全生产作为各项工作的重中之重，摆在首要位置，坚持以党的十六大精神和“三个代表”重要思想为指导，坚持“安全第一。预防为主”的安全生产方针和“管理、装备与培训并重”的原则，牢记“安全责任重于泰山”，全面贯彻执行安全生产的法律法规。2002年，安全生产原煤823万吨，比上年净增214万吨，同比增长35.1%；销售商品煤870万吨，同比增长45.5%；销售收入6.64亿元，比上年净增2.89亿元，同比增长76.9%；实现利润4305万元，比上年增长51.58%；缴纳税金9701万元，比上年增长57.36%；全年人均工资11844元，比上年提高3342元，同比增长40.88%。实现了企业增效，国家增税，职工增收，矿区团结稳定，各项工作全面发展。

党委书记兼副董事长 李人志

2003年，我们将努力把华亭煤业集团打造成中国西部煤业的“航空母舰”，为推动甘肃陇东地区工业化进程、全省实现“工业强省”战略作出积极的贡献。

地址：甘肃省华亭县城东大街132号
邮编：744100
电话：0933-7728440

安全高效的现代化综采工作面

河北省遵化市六五一零厂

河北省遵化市六五一零厂始建于1965年10月，是国家民用爆破器材定点生产单位，河北省中二型企业。全厂占地面积103813平方米，建筑面积17055平方米，共有干部职工380人，固定资产2573万元，是河北省遵化市工业企业中的利税大户，河北省国防科技工业办公室民爆产品四大重点扶持企业之一。连续多年被评为遵化市“四星级明星企业”、河北省“小巨人企业”、“诚信纳税企业”。

厂长　陈国梁

1997年底转换企业经营机制后，企业以市场为导向，坚持走内强管理、外拓市场和科技兴厂之路，通过抓技改、增品种、扩能力、增效益，使企业不断发展壮大并已成为生产品种齐全、综合技术实力较强的河北省民爆骨干企业之一。年生产3号普通棉线导火索2000万米;岩石粉状铵梯油炸药、煤矿许用炸药、粉状乳化炸药、胶状乳化炸药10000吨。产品畅销于唐山、承德、秦皇岛等河北北部地区。

先进的粉状乳化炸药生产设备

六五一零厂生产历史悠久，产品质量可靠，尤其是引进国家专利技术开发生产的具有国际先进水平的工业粉状乳化炸药（岩石型和煤矿许用型），兼顾了乳化炸药和工业粉状铵梯炸药的优点，贮存期内性能稳定，产品内不含梯恩梯等单质炸药，各项性能指标明显优于工业粉状铵梯炸药，是工业粉状铵梯炸药理想的换代产品。

生产区一角

制索车间

地址：河北省遵化市苏家洼镇大刘庄　邮编：064200　电话：0315-6630620　6639846　传真：0315-6630625

兖州煤业股份有限公司南屯煤矿

兖州煤业股份有限公司南屯煤矿坚持“安全第一，预防为主”的方针，深入实施《煤矿安全程度评价办法》，大力加强安全“双基”建设，狠抓教育培训、制度规范、现场管理“三大环节”，强化作风转变、责任追究、监督检查“三项重点”，调动一切积极因素，实现了矿井的安全生产。

南屯煤矿从“依法从严勤俭办矿、规范从细科学管理”入手，提出“传递动力、分担压力、变压力为动力；借势而上、集中精力、消除事故隐患；严查深究、凝心聚力、不留当政遗憾”的安全工作总体要求，确立了“依法行政除隐患、依法监察堵漏洞、依法自治造环境、依法追究重防范、依法从严抓落实”的安全工作思路。倡导“深严细实真、紧慎稳准狠”的“十字工作法”，不断增强职工“违章就是违法，违法就要受到严惩”的意识，提高“遵章守纪保自我”的自觉性。坚持抓好矿领导、区队长、班组长、特殊工种岗位等各级各类层次人员的业务培训，持证上岗率达到100%。建立、修订、完善了一系列安全管理制度，落实各级各类人员安全生产责任制和岗位责任制，执行“各级领导干部安全工作勤政考核若干规定”，把安全作为岗位绩效考核的首要指标，对事故处理坚持“四不放过”的原则，把追究事故结果变为追究事故隐患，不断优化安全监督监察体系，推动了安全管理方式方法的创新。狠抓五大自然灾害的防范与治理，把采煤面作为瓦斯重点区、地压重点区、水火重点区对待，加强顶板和“一通三防”管理，从源头上消除重大事故隐患。组织安全、质量、生产“三面红旗”竞赛评比、“最佳（差）班组”评选、“安全标兵”评选、“安全生产创水平”评比，坚持“激励为主、重奖重罚”的奖惩原则，实行浮动工资总额与安全挂钩考核办法，实行安全风险抵押金制度。

南屯煤矿坚持以严治矿、依法办矿，不断创新安全管理模式，促进了矿井的长治久安。

矿长王希锁（左）、党委书记潘兴友（右）在采煤工作面指挥生产

南屯煤矿安全文艺演出

南屯煤矿开展百日安全生产活动誓师大会

南屯煤矿矿景

开滦（集团）有限责任公司

开滦（集团）公司于1878年建矿，至今已有125年的历史。其声名远播中外，有“中国煤炭工业源头”之称。

开滦矿区富庶广袤，煤田总面积890平方公里，已探明储量约71亿吨；其煤种精良，是冶炼、焦化、动力首选用煤。2002年产煤2300多万吨，主供国家冶金、焦化、发电等大型骨干企业，并出口日本、韩国、印度、巴西等国。建国后至2002年，开滦（集团）公司共生产原煤8.4亿吨，精煤2亿多吨，上缴利税50多亿元，为国民经济发展作出了重要贡献。除煤炭主产品外，机械制造、建筑安装、建材、电力、化工、矾土、运输、商贸等多经产业也具有相当规模。

开滦地理位置优越，交通便利，处于环渤海经济区腹地，与京津相毗邻。京山、京秦铁路纵横其中，秦皇岛港、塘沽港与之相接，新崛起的京唐港建有开滦业主码头，煤炭可直接抵华东、华南市场，远销海外。

改革开放，使历经沧桑的开滦焕发了勃勃生机，被中宣部、国家经贸委推荐为深化改革、扭亏为盈先进典型，并荣获全国“五一”劳动奖状和全国优秀企业“金马奖”，获全国煤炭工业优秀企业荣誉称号。近年来，开滦（集团）公司在快发展、大发展、全面发展的战略目标引导下，加快结构调整，促进经济增长；实施专业化重组，完善现代企业制度；推进管理创新和技术创新，为企业发展提供新动力，企业经济实力进一步增强。2002年销售收入52.5亿元，是河北省百强企业和全国500强企业之一。2003年，根据河北省政府的决定，地质储量近15亿吨的蔚州矿业公司并入开滦（集团）公司统一管理开发，为百年老矿的进一步发展增添了后劲。

开滦（集团）公司始终把安全生产摆在重中之重的位置，坚持管理、装备、培训并重原则，不断强化安全生产基础工作。近年来，为适应企业发展战略要求，在安全生产上大力推进管理创新，进行了安全管理业务流程的整合与再造，形成了一整套全新的安全管理体制，建立了较为完善的安全生产自我约束机制，使安全生产管理水平得到进一步提高，实现了安全生产持续稳定发展。进入新世纪，开滦（集团）公司决心以“十年百亿、做精做强”为奋斗目标，努力把开滦建设成结构合理、技术先进、管理科学、国内国际具有较强市场竞争力的“四跨”型企业集团。

集团公司董事长杨中（左二）陪同付双建副省长（左一）在井下检查安全生产

集团公司总经理钟亚平（右三）在井下检查安全生产

开滦（集团）公司坚持每月召开一次安全领导小组会议

年产原煤500万吨的特大型矿井—开滦钱家营矿业分公司

开滦（集团）公司总部大楼

地 址：河北省唐山市新华东道70号　邮 编：063018　电 话：0315-2816031

山东肥城矿业集团公司白庄煤矿

山东肥城矿业集团公司白庄煤矿，是一座年产煤120多万吨的全国煤炭工业现代化矿井。近年来，白庄煤矿在自身的改革与发展中，勇于探索，大胆实践，创新思路，规范管理，积极适应国家安全管理体制和安全监察变化的新特点、新形势，正确处理安全与生产、安全与效益、安全与各项工作的关系，坚持“管理、装备、培训、教育”并重，狠抓安全生产责任制度的落实、安全教育和安全管理效果的提高，不断提高职工安全技术技能和矿井防灾能力，不断完善安全生产自我管理机制和激励约束机制，使白庄煤矿走上了安全制度法制化、现场管理动态化、岗位作业规范化、隐患排查系统化的“四化管理”发展轨道，从而确保实现安全生产。

2002年以来，白庄煤矿又把实现更长的安全生产周期作为企业的重要目标，坚持走依法治矿之路，紧紧围绕“以人为本”这个核心，以提高基层全员安全素质，夯实安全基础手段，大力开展“双基”建设、煤矿安全生产专项整治和创建“精品工程”活动；以强化员工的“自治”意识为重点，着力构建适合本矿实际、独具特色的企业安全文化和安全生产保障体系，杜绝了水、火、瓦斯、顶板等重大事故和人身伤亡事故，实现了安全生产的持续稳定发展。2002年，全年累计产煤1251166吨，完成掘进总进尺22078米，在全公司始终保持了领先地位。实现利润6036万元，创出了全国同类矿井的最好水平。该矿先后被评为全国“煤炭工业现代化矿井”、“质量标准化矿井”、省安全工作先进单位、集团公司“质量标准化样板示范矿”等荣誉称号。

矿长 陈玉贵

安监员在现场检查工程质量

发展中的白庄煤矿

地　址：山东省肥城市湖屯镇

邮　编：325603

电　话：0538—3135145

安全科学技术研究中心

National Center of Safety Science & Technology

国家安全生产监督管理局安全科学技术研究中心（简称国家安科中心）是国家安全生产监督管理局直属事业单位，是安全科学领域中的国家级科研机构。

安科中心主任 刘铁民

国家安科中心现设有5个综合管理部门、10个业务处室，另有中国劳动保护工业企业协会秘书处挂靠本中心。

经过二十余年的开拓奋斗，国家安科中心已经发展成为在安全领域具有重要影响的科研机构之一，拥有一支国内一流的高素质科技队伍。在目前100余名人员中，有高级研究人员46名，博士后3人，博士14人，硕士19人，是一支充满朝气、锐意创新、积极进取的团队。

主要职能

★ 研究安全生产的理论、政策、法规、标准、宏观战略及发展规划等，为国家安全生产监察提供支持和技术服务。

★ 协助制定国家安全生产科技发展规划，重点承担安全科技领域中的国家科技攻关项目、技术基础与社会公益型项目等。

★ 组织和承担对工业设施和重大危险源的安全评估与隐患治理，承担安全评价、职业病危害因素评价及其他评价工作。

★ 承担对安全防护产品、安全设备与设施的安全性能检测和技术性审查工作。

★ 承担国家安全生产监督管理局委托的安全评价中介机构、劳动保护用品检测、职业安全健康管理体系注册审核员等技术资格评审及管理工作。

★ 协助国家安全生产监督管理局开展事故调查的技术分析、伤亡事故统计及重大事故的紧急救援技术支持等工作。

★ 对企业开展职业安全健康管理体系、环境管理体系的审核认证及技术咨询等技术工作。

证书

證書

安科中心获科研奖项证书

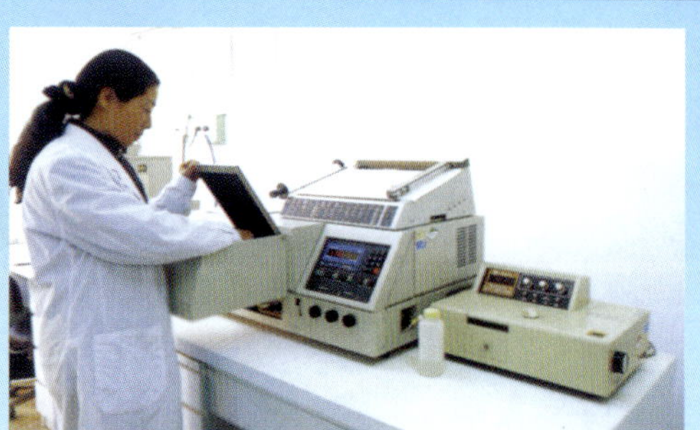

安全检测

体系认证、咨询

安全评价

地址：北京市朝阳区惠新西街17号　　邮政编码：100029　　电话：(010) 64914670
网址 www.chinasafety.ac.cn　　电子信箱 ncs@chinasafety.ac.cn　　传真：(010) 64976190

云南煤矿安全监察局

2000年5月，云南省煤炭工业管理根据国办发104号文件和中编办有关文件精神，改组为云南煤矿安全监察局，为正厅级机构，属国家煤矿安全监察局的直属机构，实行国家煤矿安全监察局垂直管理体制。中编办核定行政编制115名。局机关内设办公室、安全监察处、行政复议处、安全技术装备处、人事培训处（机关党委）、纪检组（监察室）以及后勤服务中心、调度信息中心和《中国煤炭报》驻云南记者站。局下设有曲靖、大理、红河三个煤矿安全监察站（为副处级机构）。

云南煤矿安全监察局的主要职责是：贯彻落实国家关于煤矿安全生产的方针、政策和法律、法规及规章、规程；按照分级管理的原则和上级授权，组织查处煤矿伤亡事故；组织、指导煤矿安全生产技术培训、职业危害防治、煤矿救护及其应急救援工作，负责煤矿使用的设备、材料、仪器仪表的安全监察工作；查处不符合安全生产标准的煤炭企业，承办国家煤矿安全监察局的其他事项。

云南煤矿安全监察局成立近三年来，在国家煤矿安全监察局和省委、省政府的直接领导下，依据国家安全法律法规和规章、规程，在全省煤炭行业开展了严格的安全执法监察、监督工作。2001年5月以来，又按照国务院的安排部署，开展了全省煤矿安全专项整治工作，进一步加大安全法律法规的执法力度，采取经济、法律等手段，严厉打击非法私挖滥采的违法犯罪行为，加大了行政处罚力度，对乡镇煤矿实停产整顿，进行了矿井安全技术改造，狠抓了各类煤矿和特种作业人员的安全技术培训，认真开展了核发采矿许可证、生产许可证、矿长资格和工商营业执照的“四证”核发工作。广泛深入地进行了安全生产法制宣传教育工作。充分发挥了社会舆论监督作用。至2002年末，共关闭不具备基本安全生产条件和布局不合理的矿井1000对；取缔、炸封无证非法矿井20000多处，经省政府整治验收领导小组按标准组织验收基本合格，同意核发“四证”的矿井1446对。通过专项整治，淘汰了一大批破坏资源、污染环境、生产方式落后的小煤矿，各类煤矿的办矿水平和管理水平有了明显进步，初步调整了云南煤炭工业结构，小煤矿私挖滥采的势头得一定的遏制，煤矿布 局逐步趋向合理，煤矿安全生产条件明显改善，安全生产投入逐步增加，安全生产状况明显好转，促进了云南省煤炭工业持续、稳定、健康的发展。

2000年5月25日，国家煤矿安全监察局副局长王显政（右）为云南煤矿安全监察局成立揭牌

目前，云南煤矿安全监察局正进一步狠抓深化全省煤矿安全专项整治验收工作，进一步采取措施，以法律手段，规范小煤矿办矿秩序，促进云南小煤矿逐步走上依法办矿、依法治矿的法制化轨道。

云南煤矿安全监察局周世贵局长（右一）陪同云南省政府领导（中）现场检查煤矿安全工作

黄石市矿山安全卫生检验所

黄石市矿山安全卫生检测检验所是在1989年8月原劳动部召开的全国矿山安全监察工作会议上确定建立的第一批48个重点矿山事故多发地、市、州"矿山安全卫生检测检验机构"之一。主要承担本市境内生产和建设单位的特种设备、作业场所环境条件、矿井通风系统、露天矿山边坡稳定性、尾矿设施矿井提升机等项目的检测检验工作。同时还承担受企业委托或安全生产监督管理部门委托的"危险化学品专项安全评价"、"安全验收评价"、"安全状况综合评价"工作。技术力量雄厚，检测设备精良。建所以来，承担了原劳动部两项科研课题，起草了LD87.1—87.7—1996《矿井提升系统检验规范》、《尾矿库安全评价规定》两项部级检验标准。是原劳动部矿山安全监察先进单位。十几年来，我所坚持树立"科学、公正、廉洁、高效"的行业形象，在完成检测检验工作的同时，还承担完成了省内外247家单位的乡镇煤矿安全专项评价、非煤矿山专项安全评价、危险化学品专项安全评价、安全验收评价、尾矿库安全评价等项评价工作，为企业安全生产和国家安全生产监察工作作出了较大的贡献。

地 址：湖北省黄石市沿湖路399号
电 话：0714-6229642、6227410
传 真：0714-6211242
邮 编：435000

中国煤矿工人昆明疗养院昆明安全培训中心

中国煤矿工人昆明疗养院（昆明安全培训中心），为国家安全生产监督管理局直属事业单位，地处四季如春、风景如画的昆明滇池国家旅游度假区怡景路，环境优美，交通便利。院区占地120余亩，拥有高档花园别墅式疗（休）养楼近400床位和与之配套的水上餐厅、医疗中心、会务中心、多媒体（电脑）培训中心，集健身房、网球场、迷你高尔夫球场、歌舞厅、室内外游泳池、桑拿浴、斯诺克、棋艺厅等为一体的康体娱乐中心，是疗（休）养、举办会议、旅游度假、健康休闲的理想之地。

在改革开放的大潮中，中国煤矿工人昆明疗养院坚持"以满足宾客需求为中心"的服务宗旨，树立"信誉第一、宾客至上、奉献社会"的服务意识，十余年来，接待了国务院各部委、省委、省人大、省政府、省政协、省属各部委办厅局和保险、电信、金融等公司的各类会议、培训；接待了全国煤炭、民航、电信、航运等系统的职工疗养。走出了一条求真务实的发展之路，赢得了市场，赢得了顾客。

我院（培训中心）竭诚欢迎您的惠临！

院长　魏光宁

地　　址：云南省昆明市滇池国家旅游度假区怡景路
邮　　编：650228
服务热线：0871—4311123(24小时开通)
传　　真：0871—4313761
网　　址：http://www.kmlyy.com(网络实名：昆明疗养院)
E—mail：kmlyy@kmlyy.com

泰山无线电厂

泰山无线电厂是生产工矿电子产品的专业厂家，主要产品有矿山绞车综合后备保护系列产品、矿山运输语言声光信号系列产品、矿用高压接地选择性保护装置、矿用照明系列产品、矿用通讯声光信号器、架线电机车逆变电源、矿山运输岔位指示器等产品。其雄厚的技术力量和庞大的生产体系，加之现代化的质量检测手段，使我厂生产的工矿电子产品受到全国矿业部门的一致好评，其中主导产品绞车后备保护系列和语言、通讯声光系列始终走在国内前列。其中我厂生产的JSB-3B隔爆兼本安型绞车速度保护器，可广泛地应用于煤矿井下各种型号的绞车。JHB-A型绞车综合后备保护器应用了电脑芯片的高速处理和智能化功能，达到了所有绞车保护类产品的较高水平。目前，我厂研究所的工作人员正在开发新型高科技产品，有几款产品即将问世，而且我厂可以根据用户的需要开发新型产品，并诚心期待与各单位和个人 联合开发。在此我们热烈欢迎新老客户前来洽谈业务我们愿与您携手共创美好明天。

JSB-3B型矿用隔爆兼本安型绞车速度保护器

该产品是煤炭工业上海电器防爆检验站和煤炭工业安全办公室认可的产品，并相应获 得《防爆合格证》(证书：2032017)、《安全标志准用证》(煤技监证字第20030239号)。该产品具有绳速显示、超速保护、减速保护、近井口超速保护、深度指示器失效保护、过卷保护、事故记忆和自校检验功能，是煤矿井下绞车安全生产必不可少的设备。

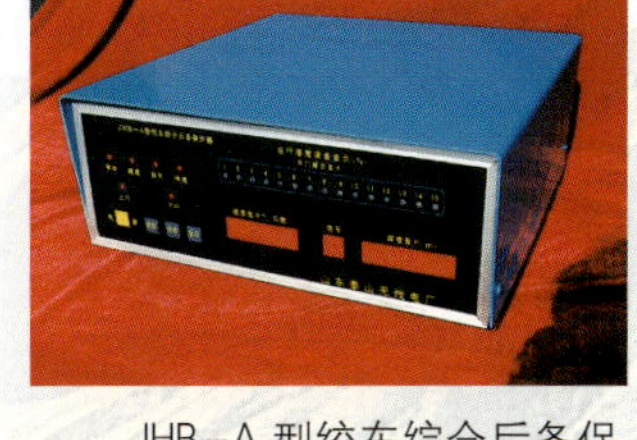

JHB-A型绞车综合后备保护器

该产品可广泛用于煤矿地面(单、双水平提升的)竖井、斜井提升机上，主要由主机、深度转速传感器、井口校正传感器、提升机深度提示器、故障检测传感器、微型打印机组成。该保护器主要利用单片机对提升机的运动状态进行连续的、快速的检测，同时将测量的实际运行参数与预先输入微处理的基准运行参数相比较，主要对提升机的运行速度、深度、速度偏差、超速、减速、过卷、卡箕斗等状态进行连续的监护，从而为提升机的安全运行提供有效的后备保护。该产品是煤炭工业上海电器防爆检验站和煤炭工业安全办公室认可的产品，并相应获得《矿用检验合格证》(证号：203005)、《矿用标志准用证》(煤技监证字第20030240号)。

厂　长：马利民

地　址：山东省泰安市泰山大街112号(办事处)

山东省泰安市高新技术开发区1号路

邮　编：271000

电　话：0538-8417298

董事长：郭双威

地　址：山西省汾阳市杏花村

邮　编：032205

电　话：0358-7229307

传　真：0358-7220394

山西杏花村汾酒集团有限责任公司

山西杏花村汾酒集团有限责任公司是山西省政府批准设立的国有独资公司，是以生产经营中国名酒——汾酒、竹叶青酒为主的大型企业，是国家520户重点企业和山西省12户授权经营企业之一，是全国名白酒生产基地之一。公司现有员工7000余名，占地面积230万平方米，资产总额达20亿元。公司拥有中国驰名商标“杏花村”，拥有全国第一流的酿酒工艺、技术装备和科技队伍，拥有得天独厚、无与伦比的名牌优势、质量优势、规模优势和历史文化优势，名优酒年生产能力达5万吨，年销售收入10亿元，年出口创汇2000万美元，年创利税3亿元，在同行业中日益显示出强大的核心竞争能力。

在汾酒事业日益发展壮大的进程中，公司念念不忘“安全生产”。授权经营改制后，领导重视安全生产工作，组织健全，制度完善，教育超前，检查到位，整改得力，走上了时时抓安全、事事保安全的良性发展轨道，多次受到上级部门的表彰。

安全生产，任重道远。汾酒人将与时俱进，开拓创新，围绕“健全机制、强化意识、依法监督、遏制事故”的安全生产总方针，向着新的目标阔步迈进！

今日酒都杏花村

万吨酒海

中国中煤能源集团公司

2003年4月18日，随着中煤建设集团公司的并入，经国家工商行政总局核准，中国煤炭工业进出口集团公司更名为中国中煤能源集团公司（简称中煤集团公司）。中煤集团公司坚持实施可持续发展战略，通过加快产业结构调整和改革，现已发展成为集工程设计与施工、煤炭生产与贸易、煤焦化、煤层气、煤电铝和煤矿装备等相关产业的生产、贸易、加工、咨询、服务于一体的国有重要骨干企业。现拥有平朔煤炭工业公司、大屯煤电公司、太原煤气化公司、北京煤机厂、张家口煤机公司、中煤第一建设公司、中煤第五建设公司和煤炭工业西安、邯郸设计院等40多家全资和控股二级企业，公司总资产320多亿元。2002年，原煤产量3153万吨，洗精煤产量 1319万吨，焦炭产量75.3万吨，发电量112521万度，煤气产量21098万立方米，煤机产品产量30617吨，煤炭贸易量7931万吨，企业销售收入205亿元，进出口额18.2亿美元。

总经理经天亮在姚桥煤矿井下检查安全生产工作

公司2002年"安全生产月"活动部署会议

总经理经天亮和副总经理范宝山到炉峪口煤矿检查安全生产工作

平朔安太堡煤矿

集团公司从实践"三个代表"重要思想的高度，坚持"安全第一，预防为主"的方针，认真贯彻落实《安全生产法》等安全生产的法律、法规，建立以一把手负责制为核心的安全生产责任制，以重大安全隐患的排查和监测监控为重点，及时消除事故隐患。各企业高度重视安全生产工作，不断加强和改进安全生产管理，安全生产呈现稳定发展的良好局面。2000～2002年，百万吨死亡率分别为0.19、0.3和0.19人，连续800天没有发生重大伤亡事故。

平朔安太堡煤矿工业广场

地址：北京市东城区安定门外大街乙88号
邮编：100011
电话：010－64287188
传真：010－64287166
网址：www.chinacoal.com
E－mail：cnciec@chinacoal.com